本套书为

河南省民间文化遗产抢救工程系列成果

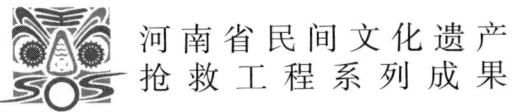
河南省民间文化遗产抢救工程系列成果

嵩山文化大系

主编 梅耀元

嵩山民俗

梅淑贞 编著

河南人民出版社

图书在版编目(CIP)数据

嵩山民俗 / 梅淑贞编著. — 郑州：河南人民出版社，2019.8
(嵩山文化大系 / 梅耀元主编)
ISBN 978-7-215-11119-6

Ⅰ. ①嵩… Ⅱ. ①梅… Ⅲ. ①风俗习惯-介绍-嵩山 Ⅳ. ①K892.461.3

中国版本图书馆 CIP 数据核字(2017)第 295265 号

河南人民出版社 出版发行

(地址：郑州市郑东新区祥盛街27号　邮政编码：450016　电话：65788059)
新华书店经销　　　河南瑞之光印刷股份有限公司印刷
开本　889毫米×1194毫米　　1/16　　印张　44.5
字数　1165千字
2019年8月第1版　　　　　　2019年8月第1次印刷

定价：280.00元

"嵩山文化大系"编撰单位与工作人员名单

领导机构 河南省民间文化遗产抢救工作委员会 河南省民间文艺家协会

参与单位 登封市科普作家协会 嵩山文化研究会 国际少林武术家协会

工作策划 程健君 刘爱芳 李松坤 吴聚财 段玉山

学术指导 张振犁 民间文艺学家、河南大学教授

夏挽群 民间文艺学家、中国民间文艺家协会顾问、河南省民间文艺家协会名誉主席

张国臣 嵩山文化学者

周昆叔 环境考古学家、国家文物局专家组成员

谢均祥 族史研究专家、河南中原姓氏文化研究所所长、研究员

程健君 民间文艺学家、中国民间文艺家协会副主席、河南省文联副主席

陈江风 民间文艺学家、河南省民间文化遗产抢救工程专家组组长

高有鹏 民间文艺学家、上海交通大学教授

耿相新 历史学家、民间文艺学家、中原出版传媒集团公司总编辑

马世之 考古学家、河南省社会科学院考古研究所研究员

徐金星 嵩洛文化专家,《洛阳市志·文物志》(主编)、《洛阳市志·白马寺志》(主编)

魏 敏 民间文艺学家、河南省文联编审

总 编 审 梅淑贞

总 编 梅耀元

副 总 编 秦慧君 李振亮

美 编 梅淑贞 宋瑞敏 梅耀元 李振亮

统 筹 姜献永 赵镇威 张松波 靳银东

参与工作　李春敏　焦红波　王向民　邢希芬　吕宏军　韩有治
　　　　　　赵爱娟　王雪宝　弋梅荣　耿　直　阎锦木　陈　明
　　　　　　宋瑞敏　刘振海　王丽霞　唐仁福　景新源　郝焕斌
　　　　　　王占敏　李振敏　王昭渠　常松木　杨朝玲　孙宏欣
　　　　　　贾艾莉　邰明朝　吴卫永　陈俊杰　黄天弘　郝晓科
　　　　　　付秋红　尚自昌　孙淑霞　曹书敏

"嵩山文化大系"（全十册）

书名	编者	职责
《嵩山通志》	梅淑贞	主编
《嵩山三教志》	梅淑贞　秦慧君　梅耀元	编著
《嵩山艺文志》	梅耀元	编著
《嵩山神话传说》	梅淑贞	主编
《嵩山古遗存》	梅耀元	编著
《嵩山民俗》	梅淑贞	编著
《嵩山古诗》	梅淑贞	主编
《少林武术发展史》	李振亮　焦红波	编著
《嵩山碑刻》	梅淑贞	编著
《嵩山名人传》	梅耀元	编著

作者简介

梅淑贞,女,1956年生,登封市大金店镇人,河南大学中文系毕业。曾任登封县政协第五届委员会常委,市政协第一届、二届委员。先后任《少林文艺报》主编、登封市文化局副局长、登封市文学艺术联合会主席、登封市政协文史资料委员会主任、《登封时报》总编、登封市旅游局党组书记。1982年开始发表文学作品,主要作品有纪实性文学集《闪光的功勋》《情系嵩山》;有《漩涡里的人家》《幸福的黄手帕》《野樱桃》《我们的六爷》《盲嫂》《莲子河边的笑声》《复活之后》《素心腊梅》等中短篇小说几十篇,报告文学《嵩山的女儿》《校园卫士》《金戈铁马少林风》《人们心中的乌金碑》《〈穆桂英挂帅〉幕后的悲剧》等,另有散文、纪实、随笔等文学作品100余万字。

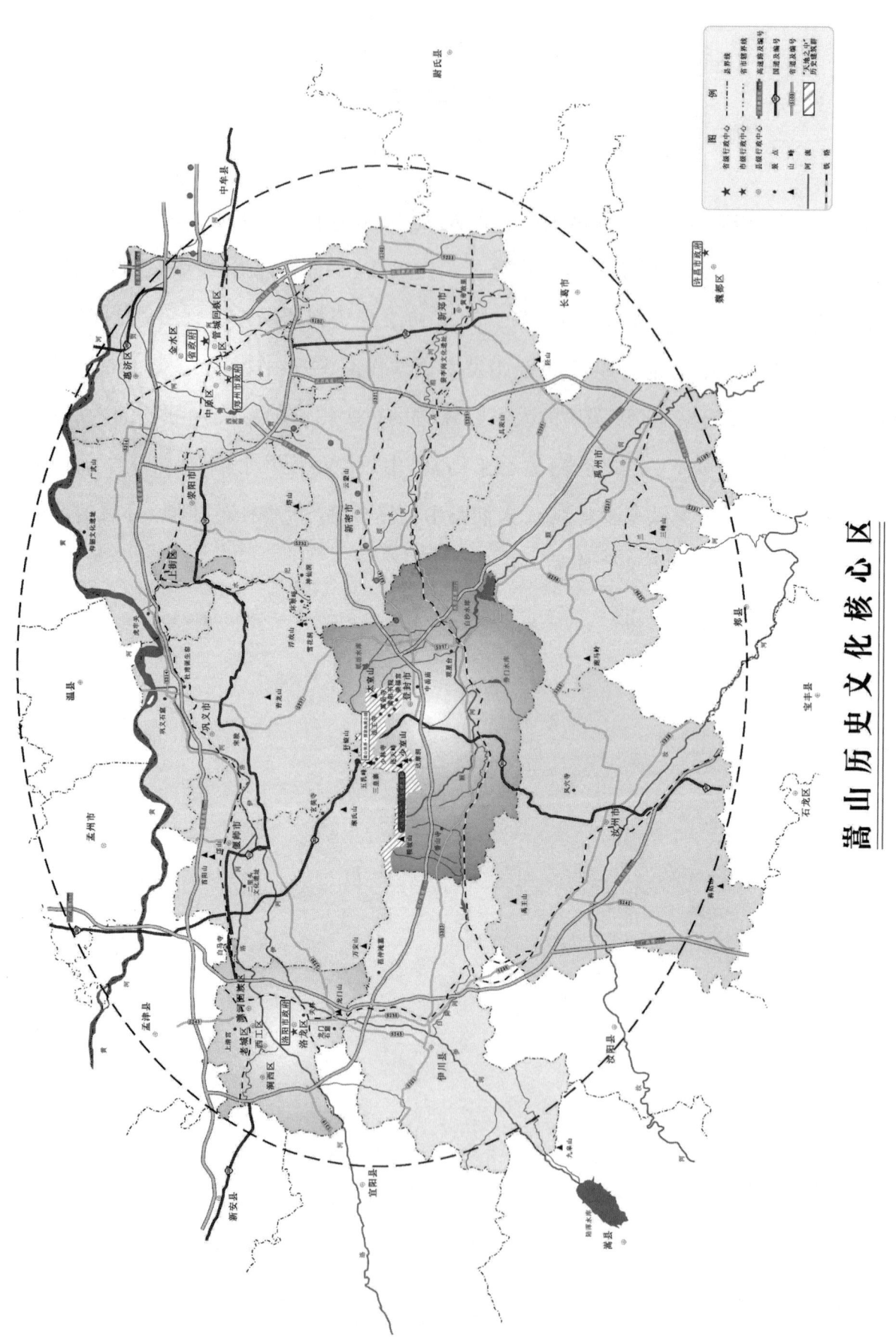

中国文化的神圣大山
——"嵩山文化大系"序

高有鹏(上海交通大学人文学院教授,中央电视台百家讲坛主讲人)

嵩山文明是中国文化的核心内容,被誉为天地之中。司马迁在《史记·封禅书》中说,昔三代之居皆在河洛之间,就是这个意思。《孟子·万章上》《古本竹书纪年》《世本·居篇》《史记·夏本记》《今本竹书纪年》都提到"禹都阳城",也是这个意思。如今,嵩山洛口伏羲台、八卦台、力牧台、夏朝的古钩台及汉石阙、周公测影台等古老的文化遗迹,都有力证明了这些历史的真实。

嵩山是一个文化整体,包括以嵩山主要山脉的太室山与少室山,和周围地区以嵩山为地望的登封、伊川、偃师、巩义、荥阳、新郑、禹州、新密、汝州等广大地区。黄河、颍河、伊河、洛河、溱河、洧河、汝河等河流在大山中分布,融入黄淮大平原,成为中华民族的心脏。历史上,从夏王朝开始,商、西周、东周、东汉、曹魏、西晋、北魏、隋、唐、后梁、后唐、后晋等朝代相继在嵩山地域建立政治文化中心,西周、西汉、新莽和十六国后赵、五代后梁、后唐、后晋、后汉、后周以及北宋、金等朝代,也都以嵩山为文化中心,设立中央政权。《诗经》《周礼》《史记》等浩瀚的典籍,包括清代景日昣的《说嵩》,都详细记录了这些历史。近年来的考古发现,更进一步以实物的形制,证明了嵩山与嵩山文明的谱系特征及其特殊价值。

嵩山以五岳中的中岳而闻名,是集结中华民族信仰的大山,是天然的中国文化博物馆。嵩山是中国文化的神山、圣山,被称为崇山、崇高、天室山,见证着中华民族的重要形成与发展壮大。考古发现,100万年前,嵩山地域就有旧石器时代早期的张湾猿人。这里分布着9000~7000年的裴李岗文化、磁山文化,分布着7000~5000年的仰韶文化,分布着5000~4000年的龙山文化,分布着4000~3700年的二里头文化。从遗存的动物化石、火迹灰坑与石器、骨器、陶器等原始文化遗址中,可以看到,这里很早就有我们的祖先在这里生活,是我国原始文明密集分布区。

笔者曾经考察嵩山文明的历史。轩辕黄帝是较早的嵩山神,他在这里留下许多神话遗迹和众多的神话传说故事,诸如具茨山、风后岭、大隗山、演兵洞等神话风景。后人建立中岳庙,把黄帝称作天中黄帝,就是对轩辕黄帝统一天下丰功伟绩的纪念。传说中的尧、舜、帝喾也都在这里活动。禹都阳城不仅是一则传说,而且是一种文化谱系的表达。大禹的父亲鲧,是中国上古时期的重要历史人物,是黄帝的后裔,是颛顼的儿子,曾经被尧封于崇地,即嵩山为伯爵,所以历史上称为崇伯鲧,或崇伯。神话传说中的大禹视嵩山为他治理天下洪水的大本营,他在嵩高山开辟大山通道,让河水浚流,平息

水患,化作大熊,被妻子涂山氏误解,"石破北方而生启",形成启母石和启母庙的传说故事。当年,大禹与涂山氏在此相会,涂山氏高歌"候人猗兮",形成一场轰轰烈烈的爱情,这应该是中国文化最早的神话史诗。

嵩山是诗歌的大山,这里有传说中的《击壤歌》《箕山歌》《涂山女歌》《嵩高八章》《顺伊洛河吹箫》和《诗经》中的《大雅》《小雅》《桧风》《郑风》等诗篇,保存许多关于嵩山的歌唱。如《诗经·大雅·崧高》歌唱道:"崧高维岳,峻极于天。维岳降神,生甫及申。维申及甫,维周之翰。"东汉张衡在这里留下《轩辕道》;三国曹植在这里留下《黄帝赞》《帝喾赞》;北朝庾信在这里留下《黄帝见广成子于崆峒山》;唐朝卢照邻在这里留下《中和乐九章·歌登封》,刘希夷在这里留下《嵩岳闻笙》,宋之问在这里留下《登嵩山岭应制》《嵩山天门歌》《幸少林寺应制》,李白在这里留下《送别嵩山七首》《送裴十八图南归嵩山》《送于十八应四子举落第还嵩山》《嵩山采菖蒲者》《赠嵩山焦炼师》《题嵩山逸人元丹丘山居》,杜甫在这里留下《寄张十二山人彪》《凭孟仓曹将书觅土娄旧庄》《奉寄河南韦尹丈人》,白居易在这里留下《嵩阳观夜奏霓裳》《从龙潭寺至少林寺题赠同游者》《梦上嵩山时足病未平》《观嵩洛有叹》《早春题少室东崖》;宋朝欧阳修在这里留下《嵩山杂咏》《赠嵩山许道人》《箕山》,苏轼在这里留下《少林寺》《将军柏》《启母石》等,如琳琅满目。这里山山水水,一草一木,都有诗篇与歌声相伴,成为中国诗歌文化的宝库。

在人文教化发展中,嵩山以博大的胸怀拥抱世界,有佛教禅宗祖庭少林寺,有道家洞天中岳庙,还有儒学圣地嵩阳书院。嵩山不是中国道教文化的发源地,但是有众多道教领袖在这里传经布道。如唐代《三洞珠囊》卷五引《道学传》卷二《张天师传》称:"张天师弃家学道,负经而行,入嵩高山石室,隐斋九年,周流五岳,精思积感,真降道成,号曰天师。"张道陵的五斗米道,起源于嵩山。北魏太平真君年间,嵩山道士寇谦之改革道教,"清整道教,除去三张(张陵、张衡、张鲁)伪法","专以礼度为首",佐国扶命,使道教由民间宗教转化为国家宗教。不用说,毗邻白马寺,嵩山汇聚了早期的佛教与佛教文化,达摩在这里面壁十年,留下了美好的传说。

少林寺钟楼前开元碑阴刻"混元三教九流图赞",释迦牟尼、孔子、老子三圣合体图像;少室山安阳宫主殿洞有三皇洞,供奉释迦牟尼、孔子、老子;宗教与武术相融,与音乐和舞蹈相融,与社会风俗相融,与医术和中药相融,与各种人文艺术相融。嵩山既有体现原始文明生殖崇拜的摸摸会,又有佛教文化与道教文化共为一体的中岳庙会,在大山的怀抱中,历史与时代一同见证文化多元共存。

嵩山是屹立天地间的一部大书,是中国文化神圣的碑石,是刻写在大地上的天书。这里发现了中原地区珍贵的岩画。这里诞生了河图洛书的神话传说,成为中华民族重要的文化图腾。而且,嵩山现存的太室山庙阙、启母庙阙、少室山庙阙的铭记,都是我国最早的刻石,已纳入《世界文化遗产名录》。这里出土了《东汉侍廷里父老僤买田约束石券》,见证汉代社会的土地制度;这里保存了《熹平石经》《袁安碑》《汉故安乡侯张公碑》《东汉袁敞碑》《甘陵相尚府君(博)之碑》《仙人王子乔碑》和《夷齐庙碑》,见证汉代文化的灿烂辉煌;这里保存了校正五经文字、统一诸家经本的《洛阳太学石经》,保存了记录管理水利的《王晦碑》、堂溪典请雨嵩高山的《汉堂溪典嵩高山石阙铭》,这里保存了《韩仁铭碑》《河南梁东安乐肥君(致)之碑》,见证汉代社会的风风雨雨。这里的《正始石经》,以古、篆、隶三种不同的字体对照刊刻,展现出我国书法从篆书到隶书发展变化的历史轨迹。这里的《大晋龙兴皇帝三临辟雍皇太子又再莅之盛德隆熙之颂碑》,记录了晋武帝司马炎在太学中举行乡射礼的教育历史;《西晋韩寿墓表》《东武侯王基墓碑》《晋故处士成君(晃)之碑》《晋武帝贵人左棻墓碑》《荀岳墓志》《中岳嵩高灵庙之碑》《中岳嵩阳寺伦统碑》《北齐姜纂造像题记》和《韩寿墓表》《元怀墓志》《元怿墓志》《高猛墓志》《元肥墓志》以及《巩义石窟》《北齐刘碑造像碑》《在孙寺造象记》《库庄造像记》《北齐造佛像碑》《东魏造佛像碑》《北齐姜篡造像碑记》《齐造神碑记》《齐宋买造像记》《孟阿妃造像记》等,都是书法的精品、经典。大唐一代,李世民、李治、武则天、李隆基、李豫、颜真卿、王行满、李邕、徐峤、徐浩、徐珙、颜师古、褚遂良、刘禹锡、薛稷、薛曜、王知敬、钟绍京、狄仁杰、欧阳通、柳公权、张旭、孙过庭等;大宋一代,欧阳修、司马光、程颢、程颐、邵雍、鲜于侁、文彦博、苏轼、苏辙、王曾、孙崇望,等等;元明时期的赵孟頫、董其昌、朱载堉,都在这里留下珍贵的墨宝。嵩山是中国书法艺术与书法文化的宝库。

嵩山是中国文化的大山,是中华民族神圣的大山。它不仅属于中原,也不仅属于中国,而是人类文明的一部分,是中华民族对人类文明的重要贡献。

了解嵩山与嵩山文化,是打开中国文化的一条重要通道。

文化是民族的灵魂和血脉,是中华民族的精神家园。中国优秀传统文化蕴藏着中华民族千百年来的聪明才智、情感、意志和信念,对于实现中华民族伟大复兴事业中的文化自信、理论自信,具有重要的价值意义。中国文化走向世界,与世界进行平等对话、交流、沟通,需要弄清自己的文化家底,懂得自己的价值意义。深入挖掘中国优秀传统文化的价值,成为中华民族伟大复兴的重要基础。因此,面对这座中国文化的神圣大山,深入挖掘嵩山文化的底蕴和内涵,盘点整理博大精深的嵩山文化,是时代赋予我们的一项艰巨的工作。尤其值得赞扬的是"嵩山文化大系"的编撰者们,完全是出自于对嵩山文明的热爱,自发地组成一个团队,近十年时间,有的是利用工作的业余时间,有的是在退休以后,以坚韧不拔的精神,遍查历史文化典籍,通过对嵩山文化景观和自然风光的深入考查,不断挖掘、整理、研究嵩山文明,编撰出这套卷帙浩繁的"嵩山文化大系",给中国文化,给人类文明,在文化遗产的保存与传承上增添了不可或缺的内容与光彩。

"嵩山文化大系"主要从山水与文明、神话传说故事、名人史迹、古代诗选、综艺文释、碑刻文释、民俗风情、古文化遗存、宗教发展、少林武术等多个方面梳理嵩山文化的历史脉络,勾陈历史文献,辨析其中的历史文化疑案,全方位描绘出嵩山文化的历史地理与文明现状。因为这套书中的内容有世界文化遗产、世界非物质文化遗产,有国家民间文化遗产,有国家文化遗产和非物质文化遗产项目,还有全国、河南省重点文物保护单位,具有丰富深厚文化底蕴。既有历史的挖掘,又有现实的记录。将古老的历史文化不断激活,这是展示、介绍、宣传、保存中国优秀传统文化的一部力作。

中华传统文化源远流长,其遗留与积存,为数极多,但系统展示区域文化的史料不多。"嵩山文化大系"的问世,使人们通过阅读,能够世代相传地吸取、传承、弘扬嵩山文化,这对促进嵩山文化进一步的挖掘和研究,开展国内区域间和世界各国间的文化交流等方面,都有着极为重要的作用,具有不容忽视的历史价值。

2017年1月

总　　序

　　文化是人类在社会历史发展过程中所创造的物质财富和精神财富的总和。文化是不断向前发展的,是社会生活的物质要素和精神要素的统一,是人的生命活动发展的特殊方式。有了人类社会才有文化,文化是人们社会实践的产物。一定文化(指观念形态的文化)是一定社会的政治和经济的反映,又给予伟大影响和作用于一定社会的政治和经济。

　　这里所说的文化,是关于嵩山的文化。现在学术界有很多争论,有人认为嵩山地域的范围很大,河洛地区就在嵩山地域之内,所以嵩山文化包括了河洛文化;也有人认为,河洛文化是嵩山文化的中心;还有人认为,嵩山地处洛阳盆地盆沿之上,距洛阳60公里,是处在河洛文化的地盘上,应该从属于河洛文化……编者认为,嵩山文化与河洛文化有很多相同之处,如地域上的重叠性、形式上的多样性、文化上的侧重性、内容的多元化等。但嵩山文化与河洛文化各有自己的体系,说嵩山地域在河洛地域也好,还是说河洛地域在嵩山地域也好,这两种说法的地域概念似乎并不矛盾。但与河洛文化稍有不同的是,嵩山文化则是以嵩山为中心而辐射在嵩山地域的一种有着其独特渊源的社会历史因素所形成的文化,与河洛文化相比,更加强调突出了嵩山在这一地域文化中的源头和先导作用,她应当属于区域文化范畴。

　　在中华民族的文明发展史上,从黄帝统一中原部落开始,嵩山地域逐渐成为我国古代政治、经济和文化的活动中心,嵩山地域都占有不可取代的的源头与核心地位。在此地域产生的嵩山文化,是指孕育、诞生、发展、繁荣、传承于以嵩山为中心及其周围的黄河、伊河、洛河、颍河上游流域的嵩山地域文化,经历了距今100万~1万年之间的旧石器时代,经历了距今1万~3600年之间的新石器时代中的距今9000~7000年的裴李岗文化、距今7000~5000年的仰韶文化、距今5000~4000年左右的龙山文化、距今4000~3600年二里头文化的发展序列,以华夏先祖尊奉信仰的嵩山"山"文化和"中"文化为渊源,以闻名天下的嵩山称号"神山""祖山"和"天地之中"为根本,以轩辕黄帝、华夏部族以及后来商、周部族的文化系统为先导,涵盖了古代各历史时期的山水文化、神祇信仰、礼乐制度、三教源流、军事战争、文学艺术、文献典籍、民俗风情、少林武术以及姓氏、名人、建筑、教育、科技、考古、天文等多种传统文化元素的根基文化。著名民俗学家丁慰南说:"嵩山文化的本体决不是某单一的文化现象的遗迹,而是我国几千年来历史上多种文化'元素'积淀融合而成的产物。"正因为嵩山地域在历史上占据着这么多文化元素的源头,故被当今考古、历史、政治、文化界称之为天地之中、文明之源、华夏之根。

一、嵩山与嵩山区域文化

　　中岳嵩山的名称,历来变化甚多。黄帝时期称太室;尧舜时称外方、嵩高、中岳嵩高,夏朝时称为外方、崇山、崇高,商称嵩高中岳,夏、商、周三代尊称嵩山为太室、天室、大室。西周时称黄室、嵩高中岳、中岳嵩高,称嵩山地域为地中、天地之中、中国。周平王由镐京东迁洛阳以后,定嵩高太室山为"中岳",称中岳嵩高,以后历代均沿称嵩高为中岳。嵩山位于天地之中,泰、华、衡、恒四山拱卫四方,故嵩山也称"天中之山",自古即为华夏民族所奉祀的名山。

　　嵩山东西绵亘200公里,主体面积约450平方公里,地域面积约11110平方公里。嵩山地跨河南省的巩义、偃师、伊川、登封、新密、新郑、荥阳、禹州、汝州等县市,与郑州、洛阳相连,嵩山主体部分太室山和少室山位于登封市境内。嵩山北瞰黄河、洛水,南临颍水、箕山,东通郑汴,西连十三朝古都洛阳,素为京畿之地,是古都洛阳重要的东方屏障,具有深厚的文化底蕴,是宋代程朱理学的发祥地之一,也是中国佛教禅宗的发源地和道教圣地。

　　嵩山属秦岭山脉伏牛山系东延的系列山脉,向东北、东、东南方向扇形展开,地势自西向东逐渐降低。区内地势起伏较大,地貌类型复杂多样。《山海经·中次山经》中说:嵩岳西起昆仑,过秦岭,进入河南后,经熊耳山、伏牛山、大苦山,自龙门以东有香山、万安山、八风山、马鞍山、五佛山、青龙山、挡阳山、少室山、轩辕山、君子山、太室山、讲山、牛山、东龙门山、浮戏山等,北至巩义、偃师的北邙山、敖仓山。山体到登封分为三支,往东有新密青屏山、新郑的风后岭,东北有新密的浮戏山,往南有马岭山、密岵山、荟萃山,东延为具茨山、大隗山,西延隔颍水为箕山、大小鸿山、风穴山,诸多支系山脉构成矗立中原大地的庞大的嵩山山系。嵩山各大山脉的高度一般为700米～1500米之间。其中最高的少室山最高峰连天峰海拔1512.4米,太室山主峰峻极峰海拔1492米,而黄帝居住的具茨山峰海拔793米,上古名人许由所在的箕山峰海拔仅723米。嵩山山脉呈东西向横贯全区,各大山脉绵延起伏,如一条巨龙盘踞在中原腹地。

　　嵩山不仅有连绵起伏的山峰和丘岭,还有庞大密集的水系。其中,挡阳山与少室山相连,称少室通阜,为颍水发源地;鸿山贯宝山南麓是洗耳河的发源地;八风山是洧水的发源地,洧水西流入伊河;阳城山是洧水的发源地,洧水入新密后,纳溱水,称双洎河;轩辕山北麓的休水河、五指岭北麓的石子河、东西泗河,均北流入洛河;伊河、洛河在巩义神堤村汇流,叫伊洛河;黄河、洛河在巩义神都山下汇流的地方,叫洛汭。在嵩山主要的分支山脉之间,都有独立的水系分布,蜿蜒着黄河、洛河、伊河、颍河、汝河、溱水、洧水等河流。山脉与水系相间,水流河谷与盆地相互串连,形成了地势低凹的开阔地带和较为平坦的盆地,这里有充足的水源,有繁茂的林木,地理位置优越,生态环境良好,是中华文明的天然"摇篮",为华夏的原始先民聚居、生产与生活提供了极为有利的条件,也为嵩山区域文化的形成和发展,奠定了由自然要素与人文因素作用而形成的一个综合性的基础。

　　嵩山远古时期人们崇信的"天室",是祭祀华夏民族先祖的"祖山",也是历代帝王进行"祭天法祖"的神圣之山。古人认为,嵩山是大地距离上天最近的地方,圣地灵境,天地相通,得天独厚。嵩山地域不但处于"天地之中"优越的地理位置,融四方文化于一体的中心地带,又率先跨入"文明的门槛",而且在以后的数千年里,长期是我国政治、经济、文化、交通的中心,这不但使嵩山文化在"野蛮"进入"文明"的大变革时期,抢占了先机,充分展示了她的先导性,并为她最终成为中华民族的主体文化,为她的正统地位打下了宽厚坚实的基础。

嵩山文化是产生于嵩山地域的一种区域性文化,关于嵩山文化区域的界定,从大的范围说,我国著名民俗专家张振犁教授称:"嵩山文化,狭义指包括北至黄河,南至河南襄城一带,东至虎牢关,西至华山,方圆数千里的(包括河洛文化)的地域。广义就是中原文化的泛称。简单地说,嵩山文化区基本上涵盖了中原腹地的沿黄河、颍河、洛河、伊河、汝河、溱水、洧水两岸的广大河谷、盆地、平原的肥沃地带。嵩山地域之所以被称为中原文化及后来华夏文明的摇篮,是因为炎黄先民在这块土地上开发、经营了近万年。就像埃及原始先民开发尼罗河流域,巴比伦先民开发美索不达米亚(希腊语:底格里斯河和幼发拉底河中间的地方,意为两河之间)和印度先民开发洹河、印度河流域,而创造世界文明古国一样,中国中原地区的'嵩山区'先民开创华夏文明,首先是由独特的地理环境和自然条件所造就。"

从小的范围说,嵩山地域就是当今我国考古界、地质界、历史界的一些专家将以嵩山主要山脉的太室山与少室山所在的登封以及嵩山余脉的所在地伊川、偃师、巩义、荥阳、新郑、禹州、新密、汝州的九个县级市,以及为邻的古都郑州和洛阳的这个地域,称之为"嵩山历史文化核心区"或"嵩山文化圈"。这与考古中发现的以嵩山为中心及其周围的黄河、颍河、洛河、伊河、溱水、洧水一带的中原腹地的范围完全一致,实际上也是秦汉以前以"中国"一词称名的小"中国"。嵩山地域从上古以后各历史时期的古代文明不断代,原始文化序列清晰,历史遗迹随处可见,她不但是一部完整的嵩山区域文化史,还是中华文明史的一个完整的缩影。完全可以说,这是一个在中华民族发展史上占据着重要位置的地域。因此,我国著名环境考古学家、国家文物局专家组成员、中华文明探源工程专家组组长周昆叔称"嵩山文化是中华文化的发动机、孵化器"。

孕育、诞生、发展、繁荣、传承于嵩山区域的嵩山文化,就是嵩山区域在一定的历史、经济条件下产生的古代文明,这一文明的产生、发展,奠定了华夏民族文化的基本模式,同时也包容了几乎整个奴隶社会、封建社会主体文化的发展和演变历史。嵩山文化不同于其他区域文化,如山东齐鲁文化、河北燕赵文化、山西晋文化、陕西秦文化、两湖荆楚文化、江浙吴越文化、川渝巴蜀文化等,嵩山文化不是一般性的区域文化,她对中华民族文化的形成和发展起着巨大的奠基作用。因此有人说,嵩山文化以黄帝统一古华夏部落,与炎帝成为我国远古时代华夏民族的共主,具有中华传统文化的根源性;以夏文化和商周文化为主干,具有中华传统文化的厚重性;以秦汉三国两晋南北朝隋唐的分裂融合为兼容并蓄的全面繁荣,具有中华传统文化的博大性。从黄帝竖起中国大一统的旗帜,到大禹开国建立夏朝,再到嵩山区域的民族融合的与时俱进,外来佛教的中国化,及"河洛"南迁等一系列重大的事件说明,嵩山文化既有强大的吸收、包容、凝聚的力量,把周围的文化吸纳进来,同时也有很强大的辐射作用,把自己的文化传播、渗透出去,影响周围地区,乃至海内外,具有中华传统文化的辐射性。

嵩山文化不仅是名山文化、中央文化、国都文化,在历史上长期处于主导和核心地位,它还是中华文明的摇篮,是中华民族的根亲文化、母体文化、主流文化,是中国传统文化的源头与核心,是构成中国传统文化最主要的组成部分,是华夏五千年文明的源泉与主脉,在中国古代文化史上占有十分重要的地位。中国民俗学会名誉会长、中国民间文化遗产抢救工程专家委员会副主任、文化部中国民族民间文化遗产保护工程专家委员会委员乌丙安说:"嵩山的中岳之中,占据了五行方位中央的最佳位置,理应在发扬和开拓中华名山文化的跨世纪文化建设中发挥领头羊的导引作用。在积极倡导中华名山文化的大潮中,建设并发展嵩山文化。"

二、三十六亿年的嵩山地质

地球的年龄约为46亿年,远古时的地球全是被水包围着,后来地壳不断运动后才形成陆地、海洋。据地质学家研究,嵩山是世界上最早出露大海的古陆地。35亿年左右,当地球尚处在天地茫茫、混沌未开、一片汪洋之时,嵩山在大海中已经形成了小块的陆核,之后在漫长的造陆和造山运动中碰撞、裂变、聚集,山体开始在海水中沉浮慢慢地发育成长。

嵩山地域清晰地保存着发生在距今25亿年的"嵩阳运动"、距今18亿年的"中岳运动"、距今5.6亿年的"少林运动"等三次前寒武纪造陆和造山运动所形成的角度不整合接触面及典型的构造形态遗迹。嵩山一次又一次地浮出水面,又一次又一次地沉入海底,历经千万次激烈的起伏、颠簸、沉积、褶皱,历经无数回剧烈的碰撞,终于横空出世,成为世上山龄最长的山脉之一。嵩山经历了这三次大的造山运动,其独特的地质地貌景观,成为世上绝无仅有的地质经典之作。

据中外地质学家考察,嵩山经过这三次大的造山运动,才结束了地质史上的元古代,进入了古生代的寒武纪和奥陶纪。又经过约两亿年,此处地壳上升至海平面以上,因其受风化和剥蚀作用,形成了嵩山地区的含煤地层。

大约在6亿年前后,当时的陆地还没有完全浮出地表,但是北边的中国已开始浮出地表,这里面也包括了嵩山。也就在这一时期,嵩山最后一次升出海面矗立于世间时,以高著称于世的喜马拉雅山和整个秦岭都还在海底沉睡。

大约在2.3亿年前后,中国的版土上,又发生了一次延续很长时间的地壳运动,即南北广大地区的"燕山运动",嵩山受到南北方向的推挤,在这里已经形成了1500多米的高度,成就了今天瑰丽多姿的山势及地质地貌,确定了嵩山地质的基本格局。

嵩山地域内连续完整地显露着太古代、元古代、古生代、中生代和新生代五个历史时期的变质岩、沉积地层,加之伴随历次构造运动,形成了地球上独一无二的嵩山"五代同堂"的地质奇观。嵩山地质构造以其岩龄古老、类型齐全、构造复杂、形迹各异、发育完整、出露良好而闻名中外,被国际地学界誉为"地学百科全书"和"天然地质博物馆"。嵩山地域位于天地之中,上下数十亿年,大自然所造就的嵩山各地质时期千变万化的地质遗存和类型多样的地势地貌,使嵩山成为世界地质史上的一枝奇葩。

嵩山复杂的地质地理条件,经过漫长的地质作用,形成了独特的气候条件,造就了种类繁多的地质遗迹。内外力的地质作用形成了宏伟壮阔的构造形迹、典型的地层层型剖面、灭绝的动植物化石、重岩叠峰的断块山体、千尺飞泻的悬流瀑布、清流晶莹的素湍绿潭、幽静宜人的湖光山色。嵩山地质不仅给地质科学的研究留下了各历史时期千姿百态的地质变化遗迹,而且为人类提供了适宜居住的生活环境。

鉴于嵩山地质在世界地质的独特性,世界上许多国家著名的地质科研部门和地质大学都将嵩山列为科研、考察、教学的基地。2004年2月13日被联合国教科文组织列为世界地质遗产,命名为"嵩山世界地质公园"。

三、嵩山文化一万年

以嵩山为中心的嵩山地域是东方文明的重要发祥地,这里不但最早进入文明时代,而且在以后的漫长时期里,成为我国政治、经济、文化、交通的中心。在史前考古学文化方面,从旧石器时代文化遗址说起,大约在100万年以前,嵩山地域就有了人类生活的史迹。在嵩山地域汝州张湾村发现的旧石器时代早期的简单石器劳动工具,是人类早期的活动遗物。洛阳北窑旧石器文化遗址除了出土有动物化石及人类用火痕迹,还有近800件石制品连续分布在黄土地层内,在国内外十分罕见,这就把旧石器考古与黄土研究紧密联系起来,对研究全球气候变化和探索黄土时期的人类生活环境有着重大的意义。荥阳织机洞遗址展示了旧石器时代与新石器时代的过渡和交替,对于追溯嵩山古文化的渊源和研究嵩山古代环境面貌及其与人类的关系提供了珍贵的史料。

大约距今一万年左右,嵩山地域进入新石器时代。新石器时代与旧石器时代相比,人类社会有质的飞跃,首先是陶器的出现、石器的精致化;其次是原始农业的产生,我们的先民已进入了农业定居阶段,早期的聚落已经形成。到了新石器时代中晚期,出现阶级分化,王权开始形成,文明在嵩山地域最先产生。人类在进入新石器时代后,嵩山作为中国史前文化最发达的地区之一,孕育了原始社会最著名的裴李岗文化、仰韶文化、龙山文化和二里头文化等,使嵩山区域最早成为原始文化的核心部分,在中国文化发展史上,占有相当重要的地位。嵩山文化核心区内,嵩岳高山纵横,河(黄河)、颍、洛、伊、溱、洧诸水纵横其间,这就形成了原始先民们居住、生产、生育、繁衍的最理想的地区。嵩山地域现在保存的大量的古文化遗存就足以证明,嵩山地域经历了距今100万~1万年之间的旧石器时代,经历了距今1万年~3600年之间的新石器时代中距今9000~7000年的裴李岗文化、距今7000~5000年的仰韶文化、距今5000~4000年的龙山文化、距今4000~3600年二里头文化等,从1万年至今,一直延续不断,前后相接,形成了一个完整的文化发展系列。其遗址数量之多、分布之密,居全国之冠,它们充分反映了嵩山地域原始社会时期的繁荣景象。

从考古学上看,嵩山地区的新石器早期文化是裴李岗文化,在此基础上形成仰韶文化、龙山文化、二里头文化。从考古成果看,嵩山地域的新石器时代文化遗址有1000余处,每处遗址一般包含着几个文化层的堆积。各文化层的叠压层次清晰,具有明显的时代连续性,如郑州的林山寨遗址、吴湾遗址,洛阳的楚李遗址,登封的袁村遗址,汝州的中山寨遗址等,其中每个遗址上都堆积有新石器时代的多种文化遗存,其类型有裴李岗文化、仰韶文化遗存;有仰韶文化、龙山文化遗存;有裴李岗文化、仰韶文化、龙山文化遗存;有仰韶文化、龙山文化、二里头文化和商代文化遗存等等,对研究嵩山地域中的各文化之间的发展过渡和承袭关系具有重要价值。

中华民族史前时期的"英雄人物"——"三皇""五帝"生活在这里,"河图洛书"的传说也发生在这里。大量的考古发掘和田野调查资料证明,人类生活环境早在8千至1万年以前,这里已经是农业文化的稳定时期,物质文明和精神文明已达到了相当高的水平。从传说中的燧人氏、伏羲氏、神农氏的"三皇",到中华民族始祖黄帝、颛顼、帝喾、尧、舜的"五帝",他们是远古人类始祖和人文始祖,他们在嵩山的活动情况,皆是嵩山文化的源头和组成部分。相传上古之世,有龙马负图出于河,伏羲据此画八卦。上古时代的主要生产之事,都萌生于伏羲手中。如神农氏在嵩山地域尝百草、制造耒、耜等农具、始种五谷。如生于嵩山地域的炎、黄二帝,《国语·晋语四》载:"昔少典娶于有蟜氏,生黄帝、炎

帝。""黄帝都新郑"。如尧帝巡狩,崩于阳城。如舜帝迁居负黍城,《世说》载:舜迁于负黍(今登封大金店一带)。如帝喾都西亳(今偃师)。在中国文明早期阶段的历史上,远古人类以不屈不挠的顽强意志、勇于探索的精神和卓越的聪明才智,绘就了人类文明史上光辉绚丽的画卷。

炎黄文化是华夏文明的前身,而炎黄帝族系的形成和发展,却经历了漫长的复杂演变过程。在中原聚居的众多部族之间,由于利益的冲突,经历了长期的斗争。黄帝部落的大发展,为中华民族的物质文明奠定了牢固的基础。以后历经颛顼、帝喾、尧、舜、禹、文王、武王的对以嵩山为中心及其周围的河洛、伊洛平原以及整个中原文化的开发,便成就了古代华夏文明繁荣昌盛的壮丽景象。

远古时代各部落的融合与分化过程,打破了部落的地方隔绝,完成了地区性部落联盟向国家与民族的过渡。公元前21世纪,中国历史上的第一个王朝——夏王朝在嵩山地域诞生,夏为中国历史上第一个奴隶制国家。夏王朝的建立,标志着人类社会由"野蛮"跨入"文明"。从考古发现来看,此时的生产力有了一次突飞猛进的发展,出现了青铜礼器、文字和城市,率先进入了文明时代,并从此在相当长的时期内,成为中国古代文明的核心。著名历史学家刘庆柱说:"学术上严格意义的古代文明起源、形成,实质上就是国家的起源、形成,因此说古代文明起源与形成是个政治范畴的问题。"嵩山之所以称为华夏文明的摇篮,就因为嵩山地域的华夏先辈不断繁衍生息,逐渐发展进步,形成疆域,出现"国家"。史料记载,夏王朝的统治区域西至华山之东,东到豫东平原,北达济水之南,南抵淮河沿岸,方圆千里,展示了人类社会的文明和进步。

嵩山地域作为中华民族的发源地,从一开始就具有非同寻常的生命力。通过继承发展的凝聚性和相互交流的多样性,终于形成了以商周文明为核心的主体部分,并导致多民族的统一国家的形成和壮大。因此,我国文物考古界的有关专家称黄河为中华民族的母亲河,称嵩山为中华民族的父亲山,称"天地之中"的嵩山地域为中华民族形成的中心!

由夏以降,商、西周、春秋、战国、东汉、曹魏、西晋、北魏、隋、唐、武周、后梁、后唐、后晋均曾建都于嵩山地域,许多影响中国历史的重大政治、军事事件发生在这里,许多彪炳史册的民族英才生活在这里,许多光耀千秋、泽被万世的科学文化成果诞生在这里。嵩山地域号称是"举手摸到秦文化,抬脚踢到汉砖瓦"的"文物之乡",古代文化遗存数量之多,分布之密,为全国之冠。从夏王朝到春秋战国,从汉魏两晋到南北朝,从隋唐五代到宋金元明清,都清晰地记录了华夏民族的先祖们在这里繁衍生息、生产活动和后来炎黄子孙自强不息、发展壮大的历史足迹。从一定意义上讲,一部嵩山地域史,就是一部中国发展史;嵩山文明5000年,就是中华文明5000年。

以中岳嵩山为中心的黄河、颍河、伊河、洛河、溱水、洧水、汝河流域孕育、产生、繁衍的"嵩山文化",正是在这一土地上孕育、产生、繁衍的一种中国最古老、最权威的文化。嵩山文化从古到今,一脉相承,延绵不断,流传至今。有学者认为,广义的嵩山文化产生于史前原始社会时期的旧石器时代,距今至少有170万年的历史,是目前所知世界上产生和形成最早的文化之一。即使从新石器时代的裴李岗文化算起,迄今也已延续了大约一万年之久,这是世界文明、文化史上仅有的现象。

四、天室、祖庙、地中、华夏、中国

嵩山地域是人文始祖黄帝的主要活动区域,为嵩山成为政治中心及"天地之中"奠定了基础。距今5000年前后,轩辕黄帝在嵩山地域修德振兵、抚万民、度四方、融炎帝、一统天下,建都有熊(今新郑），带领先民们创文字、织丝帛、分州土、立朝市、定历律、制舟车、撰《内经》等等，创造了最为先进的民族文化，奠定了中华民族的根基。

黄帝建都于嵩山地域之后，即把太室当做祭天的神山。《史记·封禅书》说"天下名山八，而三在蛮夷，五在中国。中国华山、首山、太室、泰山、东莱，此五山，黄帝之所常游，与神会。"可以说，从黄帝时期开始，就开创了祭祀嵩山的先例。正由于此，嵩山成为了中华民族的文化圣山。

《五帝本纪》载，黄帝打败了炎帝（族）、蚩尤，统一了华夏，天下万国的诸侯都尊黄帝为天子。据历史记载和文物佐证，黄帝统一天下，奠定中华，肇造文明，缔造了最早华夏族的核心。从黄帝开始有了民族融合，有了国家雏形，有了制度草创，有了农业大发展，有了物质和文化建设。相传尧、舜、禹、皋陶、伯益、汤等均是他的后裔，因此黄帝被奉为中华民族的共同始祖。《礼记·郊特牲》载："万物本乎于天，人本乎于祖。"由于黄帝开创华夏文明的功绩，夏、商、周、秦、汉时都把黄帝作为共同的祖先进行祭祀。

嵩山古时称嵩高、崈（古写的"崇"）山，据《唐汉字解字·汉字与日月天地》解释，"嵩"字原本指对男性生殖器的崇拜，故音"耸"。而"崈"字是一个会意字兼形声字，从古写的"崈"字可以看出，崈本身就是以宗在上，山在下，顾名思义，有山之宗的意思。崇的称名起源很早，《国语·鲁语》载："在昔有虞，有崇伯鲧。"相传，"鲧作城郭"，其地因山为名，故址就是现在登封的王城岗夏代遗址。崇，古音从宗声。宗，《说文》载：尊祖庙也。从字源学的角度看，祭祀祖先的所在叫宗，祭祀天帝的所在也应该叫宗。因此，后人理解的嵩山是天人合一，具有"天室"与"宗庙"双重的尊贵地位。一方面，嵩山古称"天室"，是天帝居住的地方，是神宗所在，也是上天与人间沟通的地方；另一方面，嵩山又称崇高山，是华夏民族的宗庙，宗庙祭祀的主神为华夏始祖轩辕黄帝。在华夏文明起源与形成过程中，存在着两条主线：一是神祇信仰，二是祖先崇拜。而嵩山恰恰是集这两条主线的条件于一身。换句话说，嵩山祖庙所祭祀的始祖主神和古人祭祀的嵩山天神是一个天人合一的人物——即轩辕黄帝。因此，在敬仰天神、崇拜祖先的远古时期，"嵩高山""崇高山"即为华夏民族所祭天法祖的神山和祖山，是我们华夏民族的族根和精神归属。

"天有心，地有胆，天心地胆在告县"，这是登封广为流传的一首民谣，民谣中所说的天心地胆即位于登封市东南12公里处的告成周公测影台。即3000年前的西周初年，周公因营建洛邑选址时，曾在此建测影台，据地表、测日影、求地中。《周礼·地官·大司徒》："以土圭之法测土深，正日景（影），以求地中。"郑众注："土圭之长，尺有五寸。以夏至之日，立八尺之表，其景（影）适与土圭等，谓之'地中'。""地中"即国家的中央地区。在古代人们还没有认识到地球是圆的之前，我们中国人传统的宇宙观就一直认为，地球直观上看是一个平面，进而认为平面为方形，而方形必然有一个中心点，这个中心点则与圆形天的中心相对应。《周礼》中说："谓之地中，天地之所合也，四时之所交也，风雨之所会也，阴阳之所和也。"所谓的"地中"，与天相对应，就是"天地之中"，是天地相合之地、四时交汇之地、风雨相会之地、阴阳相和之地，是圣山灵境，而阴阳相和之地意义更为深远，古代以为万物乃阴阳相和而生，因而"地中"作为阴阳相和之地，也就是天地万物发生发展的根源之地。

华夏、中国的名称据考证源于嵩山地域。

"华夏"之名，源于夏代。其"夏"的得名，显然与夏王朝的建立有关，古人解释"夏"为"大国"，乃自称美名；周人往往自称为"夏"，历史上有"周人尊夏"的记载。

至于"华夏"之"华"名，似由一望可辨的服饰而来，夏人冠冕衣大带采饰，《周礼》解"冕服采章曰华"，亦当为自称美名。《左传》定国十年："中国有礼仪之大，故称夏，有服章之美，故称华。"故"华"为

美好之意。《左传》载:"冕服采章曰华,大国曰夏。"《疏》:"华夏为中国也"。系释"华夏",乃文物典章制度最盛的炎黄中国而言。

有专家考证"华"与"夏"二字之初源,应为地名、国名,亦民族部落名之转化,民族愈发展,地理范围愈广大,滋"大国曰夏"之意,后逐衍称"中国"。

说华,非今陕西之华山,陕西之"华",古称"太华",似乎东周始而显名;华夏之"华",是另一地,当在嵩山一带。《国语·郑语》云:"前华后河,右洛左济。"说的是公元前773年,郑桓公姬友见西周衰败,西周将乱,诸侯多叛,为预避国难,求教于太史伯。太史伯救之曰:只有出居"前华后河,右洛左济"之地,"主芣騩而食溱洧"才能逢凶化吉,兴旺发达。即《史记》中所说之"独雒之东土,河济之南可居"之地。芣騩,山名,溱、洧,水名,皆在嵩山地域的密、郑一带。然而,此地当时已先有东虢、郐国两个国家居住,因其国君皆贪心好利,有失民心。这为后来郑桓公灭两国创造了有利条件。此地西陲与东周王室为邻。考东虢、郐两国具体位置,《国语·郑语》说"其济洛、河颍之间,是其子男之国,虢、郐为大";《史记·郑世家》裴骃解,"虢在成皋,郐在密县","右洛左济"其左陲,在黄河与济水交汇处,与"夏桀之居"之"左河济",两左陲东疆正相一致。因此,可证虢、郐两国国土,正处在夏桀时的国土之内,不言而语,"前华后河"的"华"地,也必然在嵩山地域的范围之内。

嵩山地域古有华国。同样是《国语·郑语》记载,公元前773年,郑桓公见西周衰败,诸侯多叛,问太史伯:郑国何处可以立国。太史伯对桓公曰:"虢、郐十邑,华其一也"。华,即指华国。太史伯谓郑桓公曰:"华,君之土也。"华,西周时期封国,都城为华阳。简称"华"或"芈"。考其地望,"华"应在嵩山之南,在今新郑、新密一带。《潜夫论·志氏姓》云:"华氏……子姓也。"《水经注·洧水》对华城的记述颇详:洧水又东与黄水合,《经》所谓潧水(溱水),非也。黄水出太山南黄泉,东南流迳华城西。

华阳故城位于新郑市区北20公里的郭店镇华阳寨村周围一带,平面呈南北长方形,各面城墙中部均有折曲,周长2300余米,面积约36万平方米。华阳故城城南、城东是一条古河道,宽20米~70米,深4米~8米,古名华水,现今潮河的源头。华阳故城就座落在古华水北面较高的岗地,距其源头郭店村南仅1.5公里。据《水经注》《新郑县志(乾隆版)》记载"为七虎溪,亦谓之为华水也"。西晋史学家司马彪曰:"河南密县有华阳山"。国在山水间,故而名华。

华阳故城春秋属郑,战国归韩。秦灭六国后堕城毁门,华阳故城遭到严重破坏。隋代伊斯兰教徒入住城内。唐以后对城墙整修,局部增高并增加马面设施。清咸丰年间华阳寨村建清真寺,整修南门,门上刻青石门额"古华邑"。华阳城自古就是很重要的城邑。2013年5月被国务院核定为第七批全国重点文物保护单位。

华夏之"夏",是指夏民族所分布的地区。从禹的族源上说,禹也是始祖黄帝的后裔。《史记·夏本纪》云:"禹之父鲧,鲧之父曰帝颛顼,颛顼之父曰昌意,昌意之父曰黄帝。禹者,黄帝之玄孙而帝颛顼之孙也。"由此可知,同在嵩山地域的夏族和黄帝族一脉相承。其"夏"得名,显然与夏王朝的建立有关。《史记·夏本纪》之《索隐》引《连山易》载:"鲧封于崇",史书称夏部族的祖先鲧和禹为"崇伯鲧"和"崇禹",说明他们曾是崇山即嵩山地域的部落首长。《太平御览·地部四》嵩山条引韦昭注云:"崇、嵩古通用。夏都阳城,嵩山在焉"。史料记载,夏代第一个帝王大禹在嵩山地域治理洪水,辟山筑道,开拓了夏朝统治的基地,而且夏启、太康、胤甲、孔甲、帝皋、夏桀6个帝王先后都居于此,同时连后羿、寒浞、少康都攻占过这里。

"华"在西周时期有文献记载。周穆王时的命簋铭云:"唯十又一月初吉甲辰,王在华,王锡命鹿,用作宝彝,命其以多友飤。"著名考古学家唐兰也在他的《西周青铜器铭文分代史徴》中说:"华,地名……在河南省密县,西为嵩山,是夏族旧居,所以华即夏,中华民族起源于此。"

而"中国"一词,最早见于《尚书·梓材》和1965年在陕西宝鸡县贾村塬出土的西周青铜器《何尊》,其底部铸有一篇122字的铭文,其中有"宅兹中国"四个字,就是指嵩山周围及伊洛河一带。"中国"的本意为"天地之中""中央之国",与"四方"相对,故文献又称之为"土中"。在嵩山地域文化中,有两个概念特别突出,一是自然的"嵩山",二是西周都城"洛邑"。著名河洛文化学者徐金星在谈到嵩山与洛阳的关系时,曾经有过一个形象的比喻。他说洛阳是一个天然的盆地,而嵩山则是在这个天然盆地的盆沿之上,它们之间是无法分割的。在古人以天为命的理念中,嵩山就是古都洛阳所依附的一座神山和祖山。夏、商、周三代之所以要在嵩山地域建都,首先是以"天室""祖庙""天地之中"的嵩山为根本,必须是在"毋远于天室"的前提下,依靠嵩山来建立国家,以取得天神和祖先的庇护。如司马迁《史记》所载:"昔三代之居,皆在河洛之间,故嵩高为中岳,而四岳各如其方。"于是作为"天地之中"的嵩山地域,很自然地就成为实际意义上的"中国",成为夏、商、周三代的中心。

由于夏、商、周的疆域面积小,《孟子·商公孙丑(上)》曰:"夏后,殷、周之盛,地未有过千里者也。"《诗经·商颂》曰:"邦畿千里,维民所止。"据史料记载,夏代的疆域面积为210万平方公里;商代的疆域面积为300万平方公里;周代的疆域面积为320万平方公里,三代的疆域面积均未超过400万平方公里。所以,秦汉以前,以"中国"一词称名的嵩山地域,实际上是一个小中国;秦汉以后,经过华夏民族的发展,随着国家的统一,疆域和版图的扩大,过去的"中国"已经成为了一个大中国。而原来以"中国"称名的嵩山地域,在统一帝国后,连同整个河南,已经成为属于大中国的"中原"或"中州"。

故"中国"一词的初义来自"天地之中"。"惠此中国,以绥四方"是《诗经》中的古训。"宅此土中",是包举宇内、一统山河的象征;"迁宅土中",更是寄托了一代代贤圣"囊括四海、并吞八荒"的伟大抱负。正是在大自然恩赐的这块小"中国"的丰土吉壤上,产生了华夏民族的先祖。

历史发展与文献证明,以嵩山为中心的嵩山地域是华夏祖先最早生活的地方,是中华民族的摇篮。经过夏、商、周三代文明的发展,嵩山文化成为了中华民族的文化之根。

夏、商、周以降,对嵩山的祭天法祖已成定习。太室祠(中岳庙)成了古代帝王祭祀远古始祖、中岳主神—轩辕黄帝而设的官方庙宇。从周时的太室祠到公元前110年,汉武帝刘彻祭祀嵩山,起神官斋戒七日,"闻嵩山呼万岁者三,登礼罔不答。其令祠官加增太室祠(周时旧祠),赐山下三百户为之奉邑,祠衙合一,专奉祭祀",至今香火已绵延3000余年。从北魏孝文帝迁都洛阳,亲撰祭文,认定"轩辕曜哲,伊祁载形。逮于有周,实光洛征",到武则天封禅中岳,尊中岳主神为"天中黄帝";从宋太祖赵匡胤向中岳主神黄帝敬献衣冠剑履、冕服,令祀官按宗庙谥册之制、详定中岳仪注及冕服制度,到元世祖忽必烈为中岳神加封号"中岳中天大宁崇圣帝";从明代历任皇帝即位及有关国家大事对中岳主神黄帝的祭告,到创造"康乾盛世"的乾隆皇帝亲祭中岳,这一系列漫长的嵩山朝圣活动,都说明了华夏始祖和中岳嵩山主神轩辕黄帝在后世帝王心目中的崇高地位。尤其是在那种"天人合一、君权神授"的大一统封建社会中,他们之所以要到嵩山祭天法祖,主要是为了向世人宣布,他们统治的权力和正义性来自于上天和先祖的赐予和庇护,他们正统至尊的地位不可动摇。

五、河图·洛书·太极·八卦与洛汭

在古人心目中,嵩山是神秘的"天室",嵩山地域也是神秘的历代统治者封禅祭拜天地山川的中心。闻名古今的洛汭就是嵩山北麓神都山下黄河与洛水的交汇处,这也是中国文明起源中太极图、伏羲八卦和上古时期帝王们修坛沉璧,出现"龙马负图""神龟献书"的河出图、洛出书之处,反映了嵩山地域的史前文化在中华文明史上具有独特的地位。

河图洛书的出现及历代皇帝祭祀河流山川的地点就在巩义市南河渡村、北至神堤村、黄河以南的洛河湾的"洛汭",周围称为洛汭地区。这一地区早在远古时代便是人烟稠密、物产丰富的地方,从考古发现的裴李岗文化遗址、仰韶文化遗址、龙山文化遗址,以及夏、商、周的众多遗址便是最好的证明。据先秦典籍记载,洛汭是中华文明发源的集中地,又是向四面八方辐射华夏文化的核心地区。河图、洛书、太极图、八卦,在科学家心目中,有着博大精深的文化内涵。

相传伏羲氏时,神都山下的黄河与洛河交汇处的洛汭中,有一匹龙马从黄河浮出,背负"河图";还有一只神龟从洛河中浮出,背负"洛书",伏羲依此"图"和"书"画"太极"与"八卦",这就是后来《周易》一书的来源。《易经·系辞上》曰:"河出图,洛出书,圣人则之。"孔安国认为:"河图则八卦是也,洛书则九畴是也。"

有人发表文章说太极图起源于洛汭,认为太极图虽然含有深奥的哲理,但它的图像是来自于自然、受自然的启发而形成的。具体一点说,在洛汭黄河水暴涨时,堵截洛水倒流,如洛水同时暴涨,黄、洛两水在洛汭交汇撞击,形成旋涡,清浊分明。通过这个自然现象触发灵感,启迪了伏羲创造出"太极"和"八卦"。太极是中国古代的哲学术语,意为派生万物的本源。太极图形象化地表达了阴阳轮转、相反相成是万物生成变化根源的哲理。而八卦是表示事物自身变化的阴阳系统,用"—"代表阳,用"— —"代表阴,用这两种符号,按照大自然的阴阳变化平行组合,组成八种不同形式,叫做八卦。八卦其实是最早的文字表述符号。它在中国文化中是与"阴阳五行"一样用来推演世界空间时间各类事物关系的工具。每一卦形代表一定的事物。乾代表天,坤代表地,巽代表风,震代表雷,坎代表水,离代表火,艮代表山,兑代表泽。八卦互相搭配又变成六十四卦,用来象征各种自然现象和人事变动。《易经·系辞上》曰:"易有太极,是生两仪,两仪生四象,四象生八卦。"伏羲依河洛而画八卦,文王依八卦而演《周易》,遂使河洛八卦成为华夏文明的源头活水。

河图洛书神话中所包含的哲理,是我国上古游牧时代(伏羲时代)广大牧民在生活实践中创造的文化结晶。它是我国自然科学的萌芽,也是人文科学发展的基础和起点。

除伏羲氏外,洛汭还跟远古时代帝王祭天、决策国家重大事件有关,因而成为上古帝王祭天的圣地,是"君权神授"传统文化现象之源。史料记载,黄帝、尧、舜、大禹、商汤、周武王都曾在洛汭祭天,修坛沉璧、受命、禅位,均得到了自然界赐予的龙马负图、神龟负书的奇观圣景,达到了君权天授的目的。尽管上述记载传说性、神话性很强,但是这些帝王们利用古人对天神的信仰,来达到自己的政治目的,则是完全可信的。可见,这里是中华文明的发祥地之一,又是向外辐射的文化核心地区。至今这里尚有神都山、伏羲台、羲皇池、羲圣祠、图门、龙峰、图录文、洛璧书、河渎庙等遗址。

河图洛书是以天地之数的奇妙组合来涵盖天人合一思想的宇宙图式。图中数字的结构和方位,是按照阴阳五行相生相克的原理配置的。河图洛书的基本内容是代表"天命""神意",应帝王圣君出世而出现。《三国志·魏志·文帝纪》:"君其祗其大礼,飨兹万国,以来承天命。"裴松之注引《献帝传》:"河图洛书,天命瑞应。"后世人将其内容总结为:一是天文占验,二是地理情况,三是受命帝王的祥瑞、符命之类的神话。河图洛书的文化性质是古代神话传说与古代历史传说的结合体,在神话外衣里,包含古代各方面的文化知识。后经过东汉《七纬》对其内容加以充实,使其内容更加丰富,涉及古代哲学、史学、文学、地理、天文、历法、气象、几何、数字、预测、礼制、宗教、歌谣、民俗等,是极有价值的文献资料。这是河图洛书长期存在、流传的根本原因。

河图洛书之说,文字部分距今已有2000余年,图样部分距今已经1000多年,是嵩山文化中的重要组成部分,有着重要的文化价值。2000多年来,它不仅对我国古代多种学科起到了极为重要的奠基作用,而且对现代的哲学、预测学、数学、物理、化学、生物学等也有很大影响。因此,以"河图""洛书"和太极、八卦起步的《易经》,历来被尊为中华文明之始、中国文化的百科全书,甚至被人誉为"中国先民心灵的最高成就。"河图洛书所反映的天人合一思想是东方哲学的精髓,因而对我国古代的政治、经济、军事、科技、文化等,都产生了深刻的影响。尤其是在当今,河图、洛书、太极、八卦,在海内外已成为中华文化独特的文化标志。

六、神话传说故事

神话、传说、故事是一个民族古老的记忆。远古时代,在进入有文字记载的历史之前,实质上是一个"传说的时代"。虽然文字还没有产生,但有关史实靠口耳相授而流传下来。

嵩山地域是中华先祖最早的集聚地,我国古代黄帝、帝喾、唐尧、虞舜、夏禹等神话,多传于此。从原始社会到奴隶社会,这里产生了大量的神话。盘古、女娲的《盘古开天地》《盘古初分》《女娲补天》《滚磨成亲》,有巢氏的《落地而居》,燧人氏的《钻木取火》,伏羲氏的《伏羲八卦》《神农播五谷》,黄帝的《指南车》,嫘祖的《养蚕造丝》,仓颉的《仓颉造字》以及夏朝时的《大禹治水》《启母石》等神话在这里广泛传播。

古老的嵩山地域是产生神话的沃土,许多有关盘古、女娲、伏羲、夸父、黄帝、尧、舜、许由、大禹、商汤、周公、老子等的远古神话和丰富多彩的民间传说、民间故事、寓言、笑话是嵩山文化的精华。它们不但具有源头文化的价值,而且曲折、生动地展现了中华民族的先民们为生存而进行斗争的古代文化风貌,这些具有原始文化特色的民间口头创作,无不闪耀着中华民族文明智慧的光辉。从夏、商、周起,历经秦汉、三国、魏晋六朝、隋唐五代、宋、金、元、明、清各代,在嵩山地域中发生的重要事件、出现的伟大人物、学术思想、文献典籍、文学作品、碑碣石刻以及风景名胜等,在当地的民间都流传有与之相应的神话、传说、故事。它们伴随着历史的脚步,一直保留至今,成为嵩山文化的重要组成部分。

嵩山地域流传的远古神话,反映了这一地区漫长的远古中原人类居住、活动的社会生活的实际,表现了中华民族不断与自然、灾难、环境作抗争的英雄气概,歌颂了"劳动创造生活,人民创造世界"的光辉历史,展示了我们的祖先不惧恶魔,不怕困难,战天斗地的大无畏精神,从而探寻了人的生命和命运这一永恒的主题,表达了先民的心理愿望和生活渴求,折射出中华民族的信仰与追求。

七、主要学术成就与宗教信仰

在中国文化史上,儒学长期以来居于正统地位。嵩山地域在儒学发展过程中,有着非常重要的意义。嵩山地域既是儒学的发源地,又是其传播、发展、演变的重要地区。追根溯源,周公是儒家文化的先驱,孔子在继承殷、周文化的基础上而创立了儒家理论学说。

依据传统说法,儒家学派的创立者是春秋战国末期的重要思想家和教育家孔子。然而,在孔子以

前已经出现了诸多儒学思想的要素。礼乐是儒家思想的核心内容,而追寻礼乐产生就成为追寻儒学发展脉络的一个关键。在华夏文明的起源与形成过程中,存在着两条主线。一是以神祇信仰为内核的非礼乐系统文化由盛而衰,二是以祖先崇拜为内核的礼乐系统文化从无到有、由弱到强,二者形成鲜明对比。而夏商两代的礼乐文化的勃兴与扩展,成为礼乐文化的集大成者,使礼乐文化成为华夏文化的主流。这在儒学乃至整个华夏文明的发展过程中,均具有里程碑式的作用。

在礼乐制度发展过程中,周朝是最早对"礼"和"乐"作出规定的时代。周公制礼作乐,奠定了儒家学说的基础,对巩固周王朝发挥了重大作用。成王、康王之时,天下安宁,40年不用刑罚,史称"成康之治"。正是因为周公封于鲁、周公后人治理于鲁,故鲁国成为保存西周典籍及文物制度最多、最丰富的国家,成为周公思想、儒家思想的根基深厚之国,所谓"周礼尽在鲁也"。后鲁国诞生孔子,孔子向往周,故又有了"孔子入周问礼乐"之事。就是说,孔子不但长期受周文化熏陶,还不远千里到周王室学习。孔子向老子请教诸如"先王之制""礼乐之源""道德之归"等许多事情。在此基础上,孔子倾毕生精力,丰富、发展、弘扬周公开创的礼乐学说,整理编订《诗》《书》《礼》《易》《乐》《春秋》等古代典籍,兴办教育,诲人不倦,成为一位伟大的思想家和教育家。鉴于周公在儒家学说中的创始作用,历代儒家尊周公为"元圣"。因此说,嵩山地域实为儒学渊源之乡。

经学本系阐释儒家经典之学,在汉、魏、晋以后的相当长的一个时期内,一直是中国文化的正统,对我国传统文化的哲学、史学、文学、艺术等产生过重大的影响。东汉时,今文经学派和古文经学派在洛阳展开了空前热烈的大讨论。当时古文经学大师辈出,最有名的如桓谭、班固、王充、贾逵、张衡、许慎、马融、服虔、郑玄等。许慎的《说文解字》是文字学、古文经训诂的一大总结;郑玄则是古文经学的集大成者,"郑学"成为魏晋以后经学的主流;而东汉洛阳太学则是当时讲授儒经、抒发己见、著书立说、相互诘难最重要的学术场所,立于洛阳太学的《熹平石经》,更是经学的范本。

魏晋时期,以国都洛阳为中心,玄学大为流行。这种哲学思潮用唯心主义解释天道自然,以老庄思想糅合儒学经义,以虚无玄远的"清淡"相标榜,引领当时的社会风尚。早期的代表人物是何晏和王弼。何晏撰有《论语解释》《道德论》;王弼撰有《周易注》《老子注》《老子指略》等。他们认为"无"是宇宙万物的本体,"凡有皆始于无",名教出于自然。接下来的代表人物有嵇康、阮籍,他们反对司马氏为夺权而标榜的名教,"非汤武而薄周孔",主张"越名教而任自然"。再后来,经西晋重臣曾任中书令、尚书令等诸多要职的王衍的大力提倡,玄学更为盛行,其势力甚至已超过原来的经学,从而取得了思想上的支配地位。西晋玄学的另一派代表人物是向秀、郭象。向秀认为万物自生自化,主张合儒道为一,撰有《庄子注》等;洛阳人郭象,将向秀的《庄子注》述而广之,阐发老庄思想。

理学是佛学和道家学说渗透到儒家学说后而形成的一种新儒家学派。它不但是两宋300多年的支配思想,而且对宋以后的中国社会、中国文化都产生过重大影响。宋代理学的创立者邵雍和程颢、程颐兄弟祖籍都在嵩山地域,他们长期在嵩山地域聚徒讲学,著书立说,进行理学研究、讲学传播。嵩山的伊川书院和嵩阳书院是他们传播理学的重要场所。

程颢、程颐兄弟创立了一套系统的客观唯心主义体系。程颢著有《明道文集》《明道先生语录》等;程颐著有《伊川文集》《易传》《经说》等。后人收集整理,编为《二程全书》。他们把儒学提高到了"本体论"的层面,把"理"或"天理"作为哲学的最高范畴,"理"是宇宙天地万物的本源,是人类社会的最高准则。理是第一性的,它产生出天地万物,又存在于天地万物之中,"一草一木皆有理","理"是永恒的。他们又把理作为封建伦理道德的最高准则,认为"为君尽君道,为臣尽臣道,过此则无理","父子君臣,天下之定理";还把"三纲""五常"纳入"理"的范畴,进行"饿死事小,失节事大"的说教。

理学中有价值的内容,是它包含有朴素辩证法的因素,认为事物的矛盾具有普遍性,对立面相互作用是事物发展变化的原因,"万物莫不有对""天地间无一物无阴阳",还提出了"动静相因""物极必反"的辩证观点。同时理学重视气节,把气节置于生命之上,有它积极的一面。宋代理学对中国影响很大,对塑造中国文化,对塑造中国民族性格起了重要作用。

老子是公认的道家学说和道教的鼻祖。姓李,名耳,字伯阳,亦称老聃,曾作过京都洛阳周王室守藏室之吏。他生活的时代,社会动荡。他纵观社会的治乱祸福、历史兴衰成败,并融合多种思想观点,创立自己的学说。他认为:"道"是世界万物的根本。"道生一,一生二,二生三,三生万物",而"道"则是"先天地生""惚兮恍兮""寂兮寥兮""不可名状""视之不见、听之不闻、博之不得"的精神实体。"道"创生万物,在万物创生后,还要守着"道"的精神,依"道"而行。"万物道既是万物之母,又是万物之宗,道是天地万物的根源,又是天地万物的依据。"《道德经》五千言,又名《老子》,被称作道家学说或道家学派的最高经典。道家构筑了中国历史上第一个严格意义上的形而上学体系,是中国哲学、科技、政治、宗教、文学艺术及风俗习惯得以创生及发展的活水源头。不仅对中国文化产生了重大而深刻的影响,而且对世界文明的发展也具有积极影响。

道教在嵩山的形成与发展,主要与古代人们对山神的崇拜有关。道教是在汉代及以后特定的历史条件下,在中国原始宗教信仰的基础上,以"道"为最高信仰,综合古老的巫史文化、鬼神信仰、民俗传统、各类方技术数,以道家黄老之学为旗帜和理论支柱,囊括儒、道、墨、医、阴阳、神仙诸家学说中的修炼思想、功夫境界、信仰成分和伦理观念,构成度世救人、长生成仙,进而追求体道合真的总目标下的神学化、方术化的宗教体系。

史料记载:道学创始人张道陵先是在嵩山古洞里修炼九年,后在四川鹤鸣山继续修炼,创立了天师道(即五斗米道)。张道陵创立的天师道,常被农民用作组织和发动起义的号召,统治阶级对它怀有戒心,也深为当时士大夫所不满。北魏时寇谦之居嵩山修道,声名渐著。神瑞二年(415年),他宣称太上老君亲临嵩山授予他"天师之位",赐《云中音诵新科之戒》20卷,传授导引服气口诀诸法,并令他整顿道教,除去伪法,专以礼度为首,而加之以服食闭炼。寇谦之亦依之对道教进行整顿;泰常八年(423年),他又称老子玄孙李谱文降临嵩山,亲授《录图真经》60余卷,赐以劾召鬼神与金丹等秘法,并嘱其辅佐北方太平真君(北魏太武帝)。始光中(424~428年),寇谦之亲赴魏都平城(今山西大同),献道书于太武帝拓跋焘,倡议改革天师道、五斗米道,制订乐章,建立诵戒新法。帝赐于平城东南建立新天师道场,重坛五层,遵其新经之制,后人称为"新天师道";太延年间(435~444年),太武帝听从寇谦之的进言,改年号为"太平真君",并亲至道坛受箓,成为道士皇帝,封寇谦之为国师。至此,天师道大盛。终北魏之世,崇信不衰。后周承魏,崇奉道法,每帝受箓,如魏之旧。由此,寇谦之的改革使民间道教走向官方道教。中岳庙内被称为道教立碑之始的《中岳嵩高灵庙碑》记述的就是寇谦之改革道教的事迹。而后金代王重阳的全真教在嵩山地域兴起后,王重阳所传七弟子,其四在嵩山地域为开教祖庭:丘长春在嵩阳崇福宫传全真龙门派;谭长真在宜阳韩城传全真南无派;孙不二在洛阳三井洞传全真静修派;刘处玄在洛阳云溪观传全真随山派。《云笈七签》载:"北邙为天下七十二福地之第七十,中岳嵩山为道教三十六小洞天之第六小洞天。"嵩山中岳庙是我国最大的道教建筑群,嵩山崇福宫是我国北宋时期最大的道宫,邙山上的上清宫是我国的四大道观之一。修真胜地,分列南北,堪称钟灵毓秀。今天,我们仍然可以看到当年的胜迹。

在我国历史上,发生于东汉时期的古代印度佛教的传入,是一次大规模的外来文化输入。佛教的教义,包括苦集灭道"四圣谛"、灵魂不灭、生死轮回、因果报应、慈悲为本等。佛教初传于东汉的国都

洛阳,最先在当时的政治、经济、文化中心区——嵩山地域生根、开花,经过魏晋南北朝数百年的吸收消化,逐步与中国传统文化融合为一体后开始枝繁叶茂,至隋唐之际,佛教便蓬蓬勃勃地发展起来。在佛教初传时期,一些著名的外来译经大师聚集在嵩山地域,译出了大量的佛教经典,形成了以嵩山地域为中心的大规模的译经和传经活动。正是这些大量的汉译佛经,为佛教推向全国提供了基础。

在中国佛教史上,嵩山地域有许多寺院闻名遐迩。白马寺是中国早期佛经翻译、佛教传播和进行各种佛事活动的中心,法王寺是东汉时期全国广建寺院的首唱,永宁寺是一座接待安置外国僧人译经的重要场所,嵩阳寺是北魏孝文帝的离宫,永泰寺是全国第一所皇家尼僧寺院,会善寺在唐代则以佛教戒坛而著称于世。著名的禅宗祖庭少林寺早期则是以译经而闻名于佛教丛林,后则以禅宗与武术结合而名扬天下。从嵩山地域历史遗存的白马寺、法王寺、慈云寺、少林寺、刘碑寺、石窟寺、风穴寺、卢崖寺、清凉寺、灵岩寺、香山寺、唐僧寺等众多的名家寺院看,就知道嵩山地域曾经有过的高僧云集,寺院密布,佛教辉煌。无论是在不同文化的协调中和佛教经典的最初翻译中,还是在佛教寺院的广建中,嵩山地域为中国佛教的传播与发展,都做出了巨大贡献。

佛教在中国传播与发展的过程中,外来佛教对中国文化的影响是多方面的,虽然也一直存在着与中国传统文化的冲突,但最终与中国传统文化融合,密不可分。尤其在一般民众心中,佛教观念已成为日常生活的价值观念。时至当代,佛教文化已成为传统文化的一部分,在中国这块土地上扎下了根。嵩山地域和嵩山文化在推动佛教民族化、中国化过程中起到了不可忽视的重要作用。

自中国原始社会解体,进入文明时代后,中国思想学术史上先后出现了儒学、经学、玄学、道学、佛学、理学等学派。嵩山文化在历史上,出现了五次大的文化演变:一是中国传统文化的官学化,二是吸收和改造佛学并使儒、道、佛融为一体,三是寇谦之在嵩山将原来民间的五斗米改革为官方的新天师道,四是宋儒理学对中国文化彻底全面地加以改造,五是金末元初的儒释融会。这些学术思想和文化演变,对形成中华民族、中国人民的思想观念和"品格",对中国人民的社会生活、文化生活都产生了关键性的影响。古代的嵩山三教荟萃,多种学说和学派共存与发展。

八、民俗风情

以嵩山为中心的嵩山地域,是中国古代文明的发祥地。进入文明时代之后,逐步成为中国政治、经济、文化、交通的中心,因此不管是在姓氏开始形成的时期,即三皇五帝时期,还是在姓氏发展的夏商二代、在姓氏普及时期的周代,以及北魏孝文帝实行汉化政策等时期,嵩山地域均是姓氏形成、起源的一片沃土,给形成姓氏的种种方式(如:以图腾取姓,以氏族、部落取姓,以封国、邑、亭、乡名取姓,以先人名或字、先人谥号、爵位、官职、技艺取姓,赐姓、改姓等)提供了最理想的条件。伏羲氏、有河氏、有洛氏生活于此,黄帝族生活于此,帝喾居于此(偃师),夏后氏生活于此,涂山氏也生活于此。《史记·五帝本纪》载:"自黄帝至舜、禹,皆同姓而异其国号""帝禹为夏后而别氏,姓姒氏;契为商,姓子氏;弃为周,姓姬氏",以上姓氏均与嵩山地域有渊源关系。夏、商、周三代,嵩山地域为王畿之地,封国甚多,不少姓氏渊源于此。北魏太和二十年(496年),孝文帝在国都洛阳下诏,将鲜卑族117个(或说118个)复姓改为汉族单姓,共改得114个姓。著名学者袁义达先生说:"姓氏是中国人一直使用的代表血缘关系的一种符号,代表中国几千年来父系相传的一种文化。"众多姓氏,根在嵩山地域,充分证明了嵩山地域在"中华民族形成和进化"过程中的重大作用。

由于嵩山地域奴隶制最早取代原始公社制,在以后的长时期里,又是我国境内各地区、各民族以至境外不少地区、国家、民族交往的中心,这就决定了嵩山地域的民风民俗,必然会具有表率及示范作用,从而对周边及其他地区甚至境外产生深远的影响。同时,各地的民俗时尚也流传到嵩山地域,而被有选择地、程度不同地吸纳和接受。

嵩山地域的民风民俗是在漫长的时期内逐渐形成、演变,反映在广大人民群众一年四季日常生活的方方面面,内容极为丰富多彩。如农业、手工业、餐饮业、商业等经济活动,日常生活中的衣、食、住、行,节日庆典,集会结社,人生礼仪,婚丧嫁娶,信仰崇拜,邻里乡亲,游戏娱乐,民间艺术等无处不在,无时不有,和广大民众的生活水乳交融。嵩山民俗文化既受不同时期政治、经济、文化、宗教等发展变化的影响,又具有相对的独立性,能够多侧面、多角度地反映各个时期的社会现实。嵩山民俗特有的先导性、正统性、开放性,是和嵩山地域独特的历史地位、嵩山文化独有的特征和优势相吻合的,但它同时也在更多方面体现了我们民族共同的风俗时尚。

九、名人文化

以嵩山为中心的嵩山地域,作为中国古代文明的发祥地,长时期是中国政治、经济、文化的中心,历史上有许许多多对中国历史产生过重大影响,或对中国文化做出重大贡献的政治家、军事家、哲学家、史学家、文学家、艺术家、科学发明家等长期生活或活动在这里。翻开嵩山历史名人谱,我们可以看到,从三皇五帝到大禹商汤,从周武王到汉武帝,从曹操到孝文帝,从隋炀帝到武则天,从后周柴荣到宋徽宗,从忽必烈到清乾隆……这些历史上的王者,既是一个国家的统治者,又是一个历史的创造者,他们以自己的心血与睿智,与天下人民一起,塑造了中华民族不朽的精神内涵,推动着历史的车轮滚滚向前。

在彪炳史册、享誉时代的名人行列中,和嵩山地域相关的名人有炎黄二帝、唐尧、虞舜、帝喾、大禹、夏启、后羿、杜康、商汤、伊尹、贾谊、华佗、韩非子、子产、弦高、郑国、庄子、周文王、周平王、周武王、周公、老子、孔子、吕不韦、刘邦、项羽、张良、田横、陈胜、刘秀、刘彻、桑弘羊、司马懿、鬼谷子、苏秦、孙膑、庞涓、郑国、韩擒虎、宇文凯、蔡伦、马钧、李冲、班固、张衡、马援、司马迁、陈寿、蔡邕、张道陵、曹操、曹植、曹丕、袁绍、董卓、吕布、司马师、刘禅、拓跋宏、裴秀、左思、钟繇、达摩、寇谦之、李世民、李治、武则天、柳宗元、张旭、褚遂良、李龟年、杜甫、李白、吴道子、白居易、李商隐、元稹、韩愈、刘希夷、宋之问、孟浩然、玄奘、神秀、僧一行、潘师正、赵匡胤、赵炅、赵恒、李诫、文彦博、范仲淹、欧阳修、苏洵、苏轼、苏辙、蔡京、颜真卿、赵普、王安石、司马光、吕蒙正、邵雍、程颢、程颐、朱熹、李纲、杨时、李诫、丘处机、元好问、耶律楚材、赵秉文、李纯甫、王重阳、忽必烈、完颜彝、赵孟頫、姚枢、郭守敬、董其昌、王应鹏、俞大猷、唐顺之、高拱、王铎、冯时可、程宗猷、汤斌、耿介、景冬旸等,他们有的是雄才大略的开国君臣,有的是潜心治学的文化圣人,有的是叱咤风云的英雄豪杰,有的是胸怀大义的仁人志士……这些历朝历代的名人堪称中华文明的火炬,千百年来,指引着一代又一代的中国人自强不息、百折不挠、奋勇前进。

十、碑刻文化

碑刻是一种特殊的历史文化的传播载体,以其独特的方式记录着当时社会政治、经济、文化,乃至

军事、宗教、民俗等方方面面的信息,它在补史证史、记载各时代书法艺术方面,在我国传统文化史上有着重要的、不可替代的作用。嵩山的碑刻漫山遍野,这些碑刻文字所反映的社会经济和历史文化领域的内容十分广泛,是嵩山地域文化研究中的第一手原始资料,具有较高的历史、科学和艺术价值。嵩山碑刻主要分布在嵩山的太室、少室、邙岭之中,由此向四周放射,由密集到疏散,逐渐分布在嵩山系列山脉及其所在县市区的寺庙宫观、园林建筑、城镇村庄、丧葬墓地及古文化遗址上。嵩山碑刻作为嵩山文化的重要组成部分,在数量、质量、品类、内容、规模、年代诸方面占天下之先。嵩山碑刻不仅是我国石刻档案的大宗,也是我国书法演变发展的真实记录。嵩山碑刻向来以数量庞大、内容丰富、书法精湛、史料性强而著称于世,是我国重要的文化遗产和旅游资源。

嵩山地域的现存碑刻上自东汉、三国、西晋、北魏,下至唐、宋、金、元、明、清,时代绵延不断,碑刻发展变化明显,碑刻形式多种多样,书法遗迹充分。碑文内容十分丰富,涉及面很广。既有人物传记、改朝换代经过、军事战争纪实、重大历史事件纪实、自然灾害实录、建筑物兴废史记、官方诏令和牒文、典章制度、道家经箓、佛教经典、民间守则,又有民间生产组织机构及分配形式、诗赋名作等。涉及哲学、宗教、历史、地理、经济、政治、军事、文化、艺术、教育、科学、技术、民族等许多方面,它们以石刻的形式记录了古代文明。这些重要的石刻不但有其重要的政治意义,也有着珍贵的历史价值、文学价值和书法价值,能代表各个历史时期的史实和时代精神。它们不仅对篡志征事、正经补史、考字习书、研究嵩山古代社会发展史和中国书法演变发展史有着重要的实证作用,还给社会发展提供极为详实的历史依据。

嵩山地域中有众多的石窟及摩崖、造像、石碑、刻石、碑刻、石阙、石经、墓志、画像石等,还有满布纹饰的陛石、碑额、石柱、额枋等,这些珍贵碑刻文物,反映了2000多年来历代石刻艺术创作的伟大成就。据不完全统计,嵩山历史文化核心区的碑刻现有2600余通,有龙门石窟、巩义石窟及分散于嵩山各市县的造像题记3500余品,还有出土的古代墓志5000余方。石刻文献,林林总总,堪称是一部绵延2000余年的中华石刻通史。

十一、史料典籍与科学艺术

历数中国五千年文明史,文化艺术瑰宝如繁星盈天,举世瞩目。寻根溯源,博大精深的中国文化——哲学、历史、伦理、政治、医学、农桑、文学、美术、书法、音乐、舞蹈等,大都发端于嵩山地域。

嵩山地域诞生了中国最古老的文化经典,孕育了中国最原始、最具生命力的艺术萌芽。素有美术起源之称的仰韶文化中的陶绘代表作《鹳鱼石斧图》,就是出土于嵩山汝州。在洪荒时代,人类就已经知道利用声音的高低、强弱等来表达自己的意思和感情。随着人类劳动的发展,逐渐产生了统一劳动的节奏号子和相互间传递信息的呼喊,这便是最原始的音乐雏形。音乐与诗歌、舞蹈同源。产生于黄帝时期的二言诗《弹歌》,是我国最早的诗歌。我国最古老、最具代表性的舞蹈,用于国家大典和宫廷祭祀活动的《六代乐舞》(包括黄帝时期的《云门大卷》、唐尧时期的《大咸》(也称《大章》)、虞舜时期的《韶》、夏禹时期的《大夏》、商汤时期的《大濩》以及周武王时期的《大武》),是远古时期华夏族乐舞,也是周公制礼作乐时所继承和依据的经典之乐。《易经》与哲学,《尚书》与史学,《诗经》与文学,《道德经》与伦理学,《山海经》与地理、民俗学,《周礼》与政治学,蔡邕的《笔论》与书学等,这些占据着源头地位的经典之作,其根大都在嵩山历史文化核心区内。

同样,嵩山地域也是中国典章文化的策源地。历史上,许多著名的史学典籍都是出自于嵩山地域,而后流播于全国。西周时,周公姬旦营建洛邑后,在主持东都政务时,制定《礼乐》,成为西周奴隶制国家的统治纲领;东周时,孔子入周问礼于老聃(老子),访乐于苌弘;道祖老子在这里写出了千古名篇《道德经》,成为道家哲学思想的重要来源;西汉司马迁在洛阳受命写《史记》;大学者蔡邕鉴于"经典去古久远,文字多谬,俗儒穿凿颇误后学"的情况,于熹平四年(175年)奏定《七经》文字,刻《熹平石经》立于东汉太学,作为法度森严的官定标准范本。东汉班固撰《汉书》,许慎撰《说文解字》,三国陈寿撰《三国志》,北宋司马光撰《资治通鉴》,欧阳修撰《新五代史》与《新唐书》等,这些历史上的皇皇巨著,都与嵩山地域有着不解之缘。

嵩山地域的古代科学技术成果作为嵩山文化的一个重要组成部分,同样有着惊人的辉煌历史,并处于当时那个时代的最前列。从早期的仰韶文化历经龙山文化到二里头文化,反映了从黄帝的农耕、陶绘,尧、舜的农业开发,到夏王朝文化巨大成就的取得,无一不是在以嵩山为中心的广大中原地区发展起来的。从上古时期起,聪明智慧的嵩山人就有了许多发明创造。如旧石器时代的石器,新石器时代的陶器、骨器、青铜器,夏代杜康(少康)酿造的美酒等,都是人类历史上最早的智慧结晶。

嵩山以其沟通天地的神奇和奥妙,使其一批又一批纵横八方、威名远播的名人志士和英雄豪杰,在嵩山开始了科学与艺术的创造,百舸争流,绵延不绝。春秋时期的老子在嵩山写出了千古名篇《道德经》,标志诸子散文的出现;战国时期水利专家郑国奉命在秦国设计修筑了我国第一条长300多里的大运河——"郑国渠";西周初期,周公姬旦通过古阳城测景(影)台的测影,确定了嵩山地域为"天地之中";西汉小说家虞初在这里根据《周书》写成了小说集《周说》,被推为中国古代小说家鼻祖;东汉太史令张衡因探索天文奥秘而创制天文测具浑天仪、候风地动仪,撰写天文著作《灵宪》,绘制我国第一张完备的星图《灵宪图》等,被称为"地动仪的鼻祖";东汉蔡伦在这里发明了造纸术,创制成"蔡侯纸",成为世界发明的先驱;东汉水利家王景主持治理的黄河,后世评价:"王景治河,千年无患";蔡邕在嵩山古洞里学书三年,写出了流传千古的论著《笔论》《九势》与《篆书势》《隶书势》,为后世书法发展奠定了基石;文学家曹植在这里撰写的《洛神赋》,成为我国文学史上不朽的名篇;魏晋时期的机械制造家马均在这里发明、改进、制作的指南车、织绫机、龙骨水车、水转百戏、翻车、转轮式发石机等,创下了我国科技制造业的奇迹;魏晋数学家刘徽注《九章算术》,太医令王叔和著《脉经》,西晋司空裴秀创制《制图六体》,当时在国家引起了巨大轰动;著名的"建安七子""竹林七贤""金谷二十四友"等文学名流在这里谱写了最华彩的篇章;左思一篇《三都赋》,曾一度导致"洛阳纸贵";散文家杨衒之以京城洛阳佛寺的兴废而撰写的《洛阳伽蓝记》,用优美的文笔描绘出一幅京都洛阳的巨幅图画,成为后世研究北朝城市经济地理的珍贵资料;唐代天文学家和佛学家僧一行在这里观天测雨,计算子午线,编制《大衍历》,成为天文学史上的一大创举;"诗仙"李白在这里寻仙访道,赏景咏诗,为嵩山留下了千古不朽的诗篇;杜甫从这里走出,沾着嵩山泥土的芬芳,带着乡亲的眷顾和牵挂,最终成为"诗圣";诗人白居易以所作大量感叹时世、反映人民疾苦的诗篇,成为唐朝现实主义诗歌的巅峰人物;画圣吴道子用嵩山自然的水墨和色彩,使其"吴带当风"成为画作艺术的永恒;出自于嵩山地域的"唐三彩""汝瓷""钧瓷"是唐宋时期朝廷专用的贡品,他们的光彩和美丽至今还是中国陶瓷业的骄傲;北宋王安石、欧阳修、司马光、苏洵、苏轼、苏辙、范仲淹、梅尧臣等一批思想和文学大家相继在这里著书作诗,他们的诗文与嵩岳同高、与日月同辉;北宋建筑大师李诫所写的建筑巨著《营造法式》,成为当时建筑科学技术的一部百科全书;金元时期被称为"北方文雄"的元好问,正逢国家危难、山河破碎之时,和其文友们一起在嵩山腹地创作了大量的忧患诗,用诗记录了当时国破家亡的现实,成为嵩山文化特有的

一道风景;天文学家郭守敬在这里建造观星台,主持编订的《授时历》,比西方发明的、当今世界上通用的公历《格里高利历》要早300多年;旅行家、地理学家徐霞客在这里旅行考察,所写的嵩山游记,给嵩山留下了永久的纪念……他们每个人都在中华民族的历史上留下了浓墨重彩的一笔。嵩山地域的古代科技成就与艺术成果,不但对于中华民族几千年来屹立于世界民族之林做出了巨大贡献,而且对东方各国乃至西方世界都产生了重要影响。这些千古不朽的壮举,这些人类智慧的结晶,在华夏民族漫长的历史长河中,世代传唱,历久弥新。

十二、少林武术

少林武术是指在嵩山少林寺这一特定佛教文化环境中形成的以佛教信仰为基础、以佛教禅宗智慧为文化内涵、以少林武术完整的技术和理论体系、以少林寺武术技艺和套路为主要表现形式,是中国武术界各大派系中历史最悠久、种类最繁多、体系最庞大的门派。

佛教作为异国宗教,自汉时传入中国,它与中国传统文化产生了互动互融的影响,并最终形成了中国化的佛学宗派——禅宗。禅宗简单易行的修行方法,使传统佛教摆脱了繁琐高深的理论和严酷的修行戒律,迅速融于中国社会,这为僧人习武现象的出现营造了理论依据,从而为少林武术的诞生奠定了基础。佛教以普度众生、大慈大悲为主旨。禅宗以宽容开放的精神接纳了武术,并集寺院武术、民间武术、军事武术于一体,在汇集百家武术的基础上创造了少林武术。

少林武术源于北魏,然而嵩山作为华夏文明的发源地,早已是中国政治、经济、文化的中心。从黄帝起,到大禹在此建立第一个华夏王朝,在漫长的人类历史中,人与天斗,人与兽斗,人与自然环境斗,嵩山人民的生活与原始武术的萌生相辅相成。早在少林寺建寺之前,少林寺北侧的轩辕关自周至秦汉都是军事重镇。在冷兵器时代,武术与军事的关系十分密切,少林寺地区频繁发生战争,两军对垒力者胜,这对居住在这里的人们习武风俗的形成和少林武术的孕育产生起到了巨大的影响与促进作用。少林武术的产生由跋陀落迹嵩山、达摩面壁少林、寺僧的生存生活及禅宗的世俗化缘起,到习武维护寺产经济的需要,体现了少林武术健身与护教的价值;从唐初少林僧人助唐平定王世充,到明代少林僧人御敌抗倭,体现了少林武术在军事实践中的价值。少林武术不但使少林武僧超越与世隔绝的修行生活,英勇报国,更使少林武术同搏斗格杀的武术融为一体,在众多的武术流派中独树一帜,成为中国武术的杰出代表。可以说,少林武术的发展过程是传统的中国文化与异国宗教文化的融合与张扬的过程。

翻阅少林武术发展史,少林僧人正义、爱国的精神,始终贯穿于少林武术发展提高的过程中。少林武术得以名扬天下,除了武技高超之外,还因为少林武僧在民族危难的时刻能挺身而出,为民族、为人民而赴沙场、洒热血。少林寺僧人从唐初帮助李世民战王世充至明代镇守边关、平叛抗倭、抵御外敌,保家卫国,使少林武林一直受到社会的广泛尊重和重视。清廷禁武,使少林武术从历代政治的重心中游离出来,但在复杂的社会民族矛盾中,依托民间强烈的爱国热情,少林武术产生了新的发展动力,促进了少林武术更快地传播发展。

回顾少林武术发展史,少林武僧在历次大的争战中,都充分体现了佛教禅宗教义中慈悲为怀、普渡众生、扶正祛邪、弃恶扬善等思想。这与中国传统文化中儒家思想的核心"仁"是一致或相通的。"仁"与"禅"相融合,形成了少林武术"武德"的主要精神。

武以禅魂,禅以武传,禅武相融,相得益彰。这就是少林武术的特点"禅武合一"。

所谓"拳者小拳,禅者大拳",一代代禅宗祖师将禅宗智慧赋予少林功夫,使之从优化人体运动技能和攻防格斗的武艺,到两军对垒时排兵布阵的武学,在持戒修行的武德约束下,提升为放下我执的武道,最终追求的至高境界是无我、空性的"禅武合一"。所以,少林功夫的最终主体是禅者,禅心运武,透彻人生,内心无碍无畏,表现出大智大勇的气概。禅武合一不仅将少林功夫提高到民间武术难以企及的精神品格的高度,更重要的是,它为相当大的一类人群提供了一条有着完整方法的内在超越之路。"天下功夫出少林"作为民间流传的说法,透露出传统社会对"禅武合一"理念与方法的广泛认可。少林武术以禅入武、以武扬禅、禅武不二的文化内涵,已得到世界武术界的赞同,当今,少林武术作为中国传统文化的杰出代表和人类文明的生动展示,已经成为中华民族的精神财富和全人类共同享有的文化遗产。

结束语

嵩山,有许多思想信仰从这里发端,有许多文化种类从这里起源,有许多帝王将相、英雄豪杰在嵩山活动,有许多名人志士为嵩山提笔赋诗,呕歌吟唱……正因为有了那么多,人们才称它为文化之源、华夏之根!

一万年岁月的烟雨风尘在嵩山文化的山野上留下了深刻的痕迹,这些痕迹的文化内涵则为中华民族精神的源泉。从《盘古开天辟地》《伏羲降龙》《二郎神担山赶太阳》《后羿射日》《明火的发明》,到《黄帝治国》《大禹治水》《子产执法》等远古神话与传说中,就隐藏着一个民族精神起源的密码,体现出了一种"战天斗地""自强不息"与"厚德载物"的精神。在漫长的历史长河中,嵩山的文化精神是伴随着环境的变化而变化,特别是随着文化的发展而发展,嵩山文化精神是在"邈彼嵩华,维岳之峻。岩岩高大,配天作镇"的嵩山文化背景下,通过众多标志性人物的具体行为体现出来的:大禹治水三过家门而不入的奋争精神,许由拒绝荣禄、谦让隐退的高风亮节,伯夷叔齐互让王位、信崇仁义、忠孝节烈的圣贤道德,田横和500壮士"富贵不能淫,威武不能屈"的崇高情操,达摩在山洞面壁九年的坚强意志,玄奘西天取经历经磨难、百折不挠的高贵品质,杜甫"三别""三吏"中的忧国忧民的忧患意识,李白"黄河之水天上来,奔流到海不复回"的豪迈气慨,南宋英雄岳飞抗金凛然无畏的民族气节,女真族英雄完颜彝为在抗击蒙古军入侵的战争中,勇敢杀敌,慷慨赴死不低头的钢铁意志,以及嵩山文化所体现的系列精神和品质,诸如仁爱豁达,笃行纲纪;自力更生,自强不息;天下兴亡,匹夫有责;抗击强暴,英勇不屈;同甘共苦,团结互助;勤俭节约,艰苦奋斗;尊祖睦亲,爱国爱乡;不怕吃苦,勇于开拓;辉煌大气,厚重深沉;崇尚自然,天人合一等等,都是我们中华民族面向未来、面向世界厚重而宝贵的精神动力。

我们通过对嵩山历史文化和自然风光等方方面面的考查和研究,主要从自然山水、文化遗存、神话传说、名人史迹、宗教发展、民俗风情、碑文石刻、少林武术及古代散文和诗词等十个方面突出地相互印证而又有所侧重地表现中国传统文化渊源的嵩山文化,编撰《嵩山通志》《嵩山神话传说故事》《嵩山三教志》《嵩山名人传》《嵩山古诗》《嵩山艺文志》《嵩山碑刻》《嵩山民俗》《嵩山少林武术发展史》《嵩山古遗存》,结集为一套"嵩山文化大系"丛书。

历史上有关嵩山文化的资料浩如烟海,一套书的内容和篇幅毕竟有限;嵩山有太多的自然风景、神话传说、宗教学术、英雄伟人、民俗风情、碑碣石刻、少林武术、典籍诗文、文化遗存等,更难以把博大

精深的嵩山文化全部都选入书中,有很多东西我们只能忍痛割爱。在撰写"嵩山文化大系"过程中,我们尽可能从多方面吸纳历史、文物、考古学界多年来的史学研究和考古发掘的最新成果,参阅和征引了不少古人和今人的著作。对资料显示的不同之处,我们反复地查找了多种不同的资料,并进行反复的对照和论证后,都在这本书中进行了编校。行文中一般不做过多考证,寓观点精神于叙述之中。力争做到雅俗共赏,科学性、知识性、可读性兼备。尽管我们作了很大的努力,但对于全套书仍难免存在疏漏之处,敬请有关专家学者、同仁朋友以及广大读者不吝赐正。

文化的自觉与繁荣不仅是中华民族复兴的重要标志,更是民族安顿心灵、寻求意义的精神归属。因此,我们有必要重新审视嵩山文化的意义和价值,不遗余力地捍卫中华民族自己的文化根脉和特性,努力使大家对嵩山文化有全面的认识并充满敬意。

写于 2012 年 8 月

修改于 2017 年 12 月

目 录

前 言 ·· 1

凡 例 ·· 1

第一章 生活习俗 ·· 1

第一节 服饰 ·· 1

一、发冠 ·· 2

二、日常服装 ·· 4

三、礼仪服饰 ·· 5

四、寿衣 ·· 5

五、丧服 ·· 6

第二节 饮食 ·· 6

一、汉族饮食 ·· 7

二、回族饮食 ·· 23

第三节 居住 ·· 23

一、民居种类 ·· 24

二、民居构造 ·· 30

三、房屋绘饰 ·· 34

四、设施环境 ·· 36

五、居处礼俗 ·· 37

六、起居习俗 ·· 39

第四节 出行 ·· 40

一、道路 ·· 41

二、交通工具 ·· 50

三、交通方式 ·· 52

第五节 生活民俗传说 ··· 55

一、大禹与筷子 ·· 55

二、登封烧饼的传说 ··· 55

三、虎头鞋 ··· 56

四、五毒肚兜 58
　　五、盖房上梁放鞭炮的传说 59
　　六、泰山石敢当 61
　　七、影壁墙的来历 62
　　八、房顶没有烟囱的传说 62

第二章　农林副生产习俗 64
　第一节　生产组织与体制 65
　　一、生产组织 65
　　二、村规民约 66
　　三、生产体制 66
　第二节　节气与季节生产 71
　　一、二十四节气 71
　　二、二十四节气与季节生产 73
　第三节　农业作物 83
　　一、粮食作物 83
　　二、经济作物 88
　第四节　生产工具 93
　　一、耕播农具 93
　　二、收获工具 95
　　三、运输工具 97
　　四、水利工具 99
　　五、粮食加工用具 100
　　六、棉花加工工具 101
　第五节　畜牧养殖 102
　　一、大牲口的喂养 103
　　二、家畜饲养 108
　　三、家禽饲养 110
　　四、特种养殖 111
　　五、水产养殖 113
　　六、饲草饲料 113
　　七、疫病防治 114
　第六节　林业习俗 114
　　一、嵩山林业历史沿革 115
　　二、林业资源 117
　　三、种植习俗 119
　　四、树木品种与育苗形式 123
　　五、管理习俗 124
　　六、采集习俗 127

七、林木生产	128
八、林木保护习俗	131
九、木材采伐、运输与加工	136
十、木材交易习俗	137
十一、林木信仰与禁忌	137

第七节　手工生产 … 138
　　一、陶瓷工匠业 … 139
　　二、其他工匠业 … 141

第八节　狩猎 … 145

第九节　生产习俗传说 … 146
　　一、五谷的来历 … 146
　　二、迎春花的传说 … 147
　　三、颍水春耕 … 148
　　四、少林冬青缠柏的传说 … 149
　　五、银杏树的传说 … 151
　　六、芝麻凹 … 152

第三章　集贸风情 … 154

第一节　集市贸易 … 155
　　一、古代贸易 … 155
　　二、近代贸易 … 156
　　三、现代贸易 … 157

第二节　集贸形式 … 159
　　一、集日 … 159
　　二、庙会 … 159
　　三、春会 … 175
　　四、时令会 … 175
　　五、物资交流会 … 175
　　六、著名集市 … 177
　　七、特色市场 … 178
　　八、超市商场 … 179

第三节　市井百态 … 180
　　一、坐贾 … 180
　　二、行商 … 180
　　三、市贩 … 183

第四节　嵩山特产 … 185
　　一、水果类 … 185
　　二、蔬菜类 … 190
　　三、粮食类 … 191

四、食品类 192
　　五、植物加工类 196
　　六、酒水类 198
　　七、医药类 201
　　八、用品类 203
　　九、动物类 205
　　十、器械类 206
　　十一、工艺制品 207
　第五节　集贸风情传说 212
　　一、舜王庙 212
　　二、九龙圣母殿 213
　　三、老庙 214
　　四、虫王的来历 215
　　五、簸箕庙山 216
　　六、杜康酿酒 216
　　七、金银花 218

第四章　人生仪礼 221
　第一节　人的诞生 222
　　一、怀孕 222
　　二、出生 222
　　三、取名 223
　　四、认干娘 224
　　五、过继 226
　第二节　成长 226
　　一、周岁 226
　　二、启蒙 226
　　三、成年礼 226
　第三节　婚姻 227
　　一、婚龄及婚姻形式 228
　　二、结婚形式 230
　　三、旧的封建婚嫁仪程 231
　　四、移风易俗 245
　　五、婚后礼仪 245
　第四节　通礼 248
　　一、见面礼 248
　　二、来往礼 249
　　三、贺吊礼 250
　　四、添仓礼 250

五、吃面礼 ··· 250
六、恭让礼 ··· 250
七、借还礼 ··· 251
八、拜八字礼 ·· 251
九、拜师礼 ··· 251
十、挂匾礼 ··· 251
十一、立碑礼 ··· 252

第五节 嵩山仪注 ·· 252
一、拜牌仪注 ··· 252
二、接诏仪注 ··· 253
三、迎春仪注 ··· 253
四、朔望仪注 ··· 253
五、救护仪注 ··· 253
六、祈祷仪注 ··· 254
七、到任仪注 ··· 254
八、开印仪注 ··· 254
九、封印仪注 ··· 254
十、乡饮酒仪注 ··· 255
十一、宾兴仪注 ··· 256
十二、乡约仪注 ··· 256
十三、送学仪注 ··· 257

第六节 丧葬 ··· 257
一、汉族土葬 ··· 257
二、汉族火葬 ··· 262
三、回族丧葬 ··· 263

第七节 禁忌 ··· 265
一、婚育禁忌 ··· 266
二、丧葬禁忌 ··· 266
三、节日禁忌 ··· 267
四、日常禁忌 ··· 267
五、生意禁忌 ··· 268
六、出行禁忌 ··· 268
七、其他禁忌 ··· 268

第八节 人生仪礼传说 ·· 268
一、大红囍字的由来 ··· 268
二、属相相克的来历 ··· 269
三、红毡辟邪的由来 ··· 270
四、"天作之合"的由来 ··· 271

五、民间婚俗的由来 ··· 271
　　六、闹洞房的来历 ··· 273
　　七、燎锅底的由来 ··· 274
　　八、麦梢黄，女看娘 ··· 274
　　九、守灵的来历 ··· 276
　　十、披麻戴孝的由来 ··· 276
　　十一、摔老盆的传说 ··· 277
　　十二、给死人烧纸的由来 ··· 278
　　十三、出殃的趣闻 ··· 279
　　十四、烧七纸的缘由 ··· 280
　　十五、"驾鹤仙游"的来历 ··· 281

第五章 民间信仰 ··· 283

第一节 预知 ··· 283
　　一、预兆 ··· 284
　　二、预言 ··· 285
　　三、占卜 ··· 285

第二节 民间祭祀 ··· 285
　　一、天地祭祀 ··· 286
　　二、中岳神祭祀 ··· 286
　　三、鬼神祭祀 ··· 287
　　四、动植物祭祀 ··· 288
　　五、祖宗祭祀 ··· 289

第三节 巫术 ··· 291
　　一、巫术种类 ··· 291
　　二、巫术形式 ··· 292

第四节 俗信 ··· 293
　　一、算卦 ··· 293
　　二、观摸 ··· 295
　　三、堪舆 ··· 295
　　四、圆梦 ··· 296
　　五、犯块与破块 ··· 297
　　六、驱鬼镇邪 ··· 297

第五节 民间信仰传说 ··· 298
　　一、门神的来历 ··· 298
　　二、祖师的来历 ··· 300
　　三、卢医庙的来历 ··· 301
　　四、药王的传说 ··· 302
　　五、城隍庙的来历 ··· 303

六、土地爷赐煤土的传说 ………………………………………………………………… 304
　　七、傅二别子的故事 ……………………………………………………………………… 305
　　八、活神仙算卦 …………………………………………………………………………… 306
　　九、夜闯女儿坟 …………………………………………………………………………… 307

第六章　乡里风情 ……………………………………………………………………………… 309
　第一节　姓氏 ………………………………………………………………………………… 309
　　一、姓氏的源流变迁 ……………………………………………………………………… 309
　　二、嵩山地区的姓氏 ……………………………………………………………………… 313
　第二节　村落 ………………………………………………………………………………… 354
　　一、村落分布 ……………………………………………………………………………… 355
　　二、村名由来 ……………………………………………………………………………… 355
　　三、村落的变迁 …………………………………………………………………………… 355
　　四、传统村落的特点 ……………………………………………………………………… 356
　第三节　家族 ………………………………………………………………………………… 357
　　一、家族的形成 …………………………………………………………………………… 357
　　二、家族文化 ……………………………………………………………………………… 358
　　三、家庭 …………………………………………………………………………………… 359
　　四、家规家风 ……………………………………………………………………………… 363
　　五、家教 …………………………………………………………………………………… 364
　　六、家政家务 ……………………………………………………………………………… 366
　　七、分家 …………………………………………………………………………………… 367
　　八、财产继承 ……………………………………………………………………………… 369
　第四节　邻里 ………………………………………………………………………………… 369
　　一、日常往来 ……………………………………………………………………………… 370
　　二、生产合作 ……………………………………………………………………………… 370
　　三、房屋修建 ……………………………………………………………………………… 371
　　四、红白事办理 …………………………………………………………………………… 371
　　五、礼物馈赠 ……………………………………………………………………………… 371
　　六、纠纷调解 ……………………………………………………………………………… 372
　第五节　乡亲 ………………………………………………………………………………… 372
　　一、敬称 …………………………………………………………………………………… 372
　　二、远行 …………………………………………………………………………………… 373
　第六节　乡规民约 …………………………………………………………………………… 373
　　一、乡规民约的制定 ……………………………………………………………………… 373
　　二、乡规民约的内容 ……………………………………………………………………… 374
　第七节　乡里风情传说 ……………………………………………………………………… 374
　　一、八面神村与刘秀的故事 ……………………………………………………………… 374
　　二、马蹄沟 ………………………………………………………………………………… 374

三、兄弟俩分家 376
　　四、丈母娘燎锅底习俗的由来 377
　　五、老农称呼的传说 379
　　六、"老弟"称呼的由来 380
　　七、仁义胡同 381

第七章　节日风情 382
　第一节　传统节日 382
　　一、春节 383
　　二、立春 389
　　三、破五节 389
　　四、元宵节 390
　　五、燕九节 396
　　六、填仓节 396
　　七、龙抬头节 396
　　八、祭祖节 397
　　九、清明节 397
　　十、牛王诞 399
　　十一、谷雨节 400
　　十二、端午节 400
　　十三、姑姑节 402
　　十四、夏至 402
　　十五、七夕 403
　　十六、中秋节 404
　　十七、重阳节 406
　　十八、寒衣节 407
　　十九、冬至 409
　　二十、腊八节 409
　　二十一、祭灶节 410
　　二十二、除夕 412
　第二节　民族宗教节日 412
　　一、开斋节 413
　　二、古尔邦节 413
　　三、圣纪节 413
　第三节　现代节日 413
　　一、元旦 413
　　二、"三八"妇女节 414
　　三、植树节 414
　　四、"五一"劳动节 415

五、"五四"青年节 415
六、"六一"儿童节 415
七、中国共产党成立纪念日 416
八、"八一"建军节 416
九、教师节 416
十、国庆节 417

第四节 外来节日 417
一、情人节 417
二、愚人节 417
三、母亲节 418
四、父亲节 418
五、光棍节 418
六、圣诞节 419

第五节 节日风情传说 419
一、"过年"的传说 419
二、"年"的来历（一） 420
三、"年"的来历（二） 421
四、老灶爷吃糖瓜 422
五、灶王奶奶的传说 423
六、送大蒸馍的传说 424
七、正月十五十六挂红灯的缘由 424
八、元宵灯节的传说 425
九、灯谜的传说 426
十、二月二的传说 427
十一、清明节的来历 428
十二、端午插艾的故事 429
十三、六月六的传说 430
十四、中秋赏月的来历 431
十五、中秋节的传说 432
十六、腊八粥 433

第八章 民间艺术 435
第一节 民间戏剧 435
一、戏剧历史 436
二、戏剧种类 437

第二节 民间曲艺 442
一、曲艺历史 442
二、曲艺种类 443

第三节 民间音乐 447

一、历史渊源 ··· 447
　　二、音乐种类 ··· 449
第四节　民间工艺 ·· 454
　　一、绘画 ··· 455
　　二、书法 ··· 455
　　三、剪纸 ··· 456
　　四、刺绣 ··· 460
　　五、烙画、熏画 ··· 460
　　六、雕塑 ··· 461
第五节　民间歌舞 ·· 463
　　一、歌舞历史 ··· 463
　　二、歌舞种类 ··· 463
第六节　大型娱乐观赏 ·· 477
　　一、灯展 ··· 477
　　二、焰火 ··· 478
　　三、电影 ··· 478
　　四、戏剧 ··· 478
　　五、文艺专场 ··· 479
第七节　民间艺术传说 ·· 479
　　一、狮子舞的起源 ··· 479
　　二、猴七打疙瘩锣 ··· 480
　　三、马窑高跷的来历 ··· 481
　　四、独脚舞的由来 ··· 481
　　五、玩龙 ··· 482
　　六、杨庄的花篮舞 ··· 483

第九章　体育游戏 ·· 484

第一节　体育 ·· 484
　　少林武术 ··· 485
第二节　民间体育游戏 ·· 497
　　一、个体游戏 ··· 498
　　二、双人游戏 ··· 500
　　三、多人游戏 ··· 503
　　四、集体游戏 ··· 505
　　五、智力游戏 ··· 507
　　六、动物竞技 ··· 508
第三节　体育娱乐民俗传说 ·· 510
　　一、少林拳的来历 ··· 510
　　二、少林和尚救秦王 ··· 512

三、鹤拳	513
四、"铁膝盖"提敬	515
五、觉敏接箭	517
六、单棍伏倭记	519
七、铁掌小沙弥	522
八、大刀义静	523
九、寂照打擂	525
十、放风筝	527

第十章 民间文学 529

第一节 神话传说故事 530
一、神话 530
二、民间传说 533
三、民间故事 535

第二节 民间歌谣 535
一、远古歌谣 536
二、古代民谣 538
三、传统歌谣 539

第三节 民间谚语 565
一、农业生产 566
二、林业种植 586
三、饲养 587
四、气象变化 588
五、生活修养 591
六、习俗风情 594
七、节俗礼俗 596
八、禁忌 597

第四节 歇后语 598

第五节 民俗笑话 602
一、不要命 602
二、比美 603
三、自病不觉 603
四、置业不知败业难 603
五、哭爹找不着墓谷堆 603
六、贴春联 604
七、土地爷看供 604

第六节 绕口令 605
一、传统绕口令 605
二、新编绕口令 606

第七节 民间谜语 ... 609
  一、物具类 ... 609
  二、自然类 ... 612

第八节 方言 ... 615
  一、一画 ... 615
  二、二画 ... 616
  三、三画 ... 616
  四、四画 ... 618
  五、五画 ... 620
  六、六画 ... 623
  七、七画 ... 627
  八、八画 ... 630
  九、九画 ... 632
  十、十画 ... 634
  十一、十一画 ... 636
  十二、十二画 ... 638
  十三、十三画 ... 640
  十四、十四画 ... 641
  十五、十五画 ... 642
  十六、十六画 ... 643
  十七、十七画 ... 643
  十八、十八画以上 ... 644

第九节 民间格言 ... 644

第十节 对联 ... 645
  一、春联 ... 646
  二、婚联 ... 646
  三、寿联 ... 646
  四、挽联 ... 647
  五、戏联 ... 647
  六、趣联 ... 648
  七、行业楹联 ... 649
  八、名胜联选 ... 654

编后记 ... 661

前　言

古人认为，由自然条件不同而形成的习尚叫作"风"，由社会环境不同而形成的习尚叫作"俗"，概称为风俗。民俗是人类的一种相沿成习的文化意识的综合表现，是人们在日常的物质生活和精神生活中通过语言或行为世代自然传承下来的诸如信仰、习俗、风尚等人类社会普遍而广泛的社会文化现象，它不是任何人能主观决定的。它是一定社会历史的产物，在人们长期的生产、生活实践中逐步形成，反过来又对人们的现实生活和精神文化有着不可忽视的制约和影响。

任何一个民族、国家或地域都会因为所处的自然条件、地理环境、历史变革、社会制度、经济水平和文化教育程度等方面的不同，造成"百里不同风，千里不同俗"的诸多差异，这些差异正是民俗属性的体现。作为社会文化现象的民俗，尽管千差万别，但它们的民族性、地方性、传统性和群众性则是其共同的特征。正是这些特征使民俗显得丰富多彩、生机盎然，使之能够扎根于社会，并成为社会生活中须臾不可分离的道德规范和行为准则。

以嵩山为中心的嵩山地域，是我们传说中三皇五帝时期和夏、商、周三代的众多氏族、部落生活、活动的主要地区。由于这一带奴隶制最早取代原始社会，在以后的长时间里，又是我国境内各地区、各民族以至境外不同地区、国家、民族交往的中心，这就决定了嵩山地域的民风民俗，必然会具有榜样、楷模、表率及示范作用，从而对周边及其他地区甚至境外产生深远的影响。同时，外地的风俗时尚也会流传到嵩山地域，而被这里有选择的、程度不同的吸纳和接受。

嵩山地域是我国古代文明的发祥地之一，有悠久的历史，珍藏着丰富的文化遗产，这对于研究历史和文化的渊流，都具有十分重要的意义。

嵩山民俗风情古朴淳厚，从黄帝以后，历代统治者都讲求维护统治秩序的礼仪（天道、人道、君臣父子之义等）。古代的周礼，已经相当完备。经过几千年的时间，不少风俗、礼仪流传至今，仍伴随着人们的生活（如婚俗、葬礼、生子、成丁、祝寿等）。民俗的内容虽几经变化，但仍保持着它的基本面貌。有的民间风习在一些庙会文化活动中，不时流露出来（如庙会、集市、祭祀）。又如一年的四时八节，岁时风习，由于和每年的生产节令紧密结合，所以，从古至今，许多地方的民间还保留着一套完整的生产经验习俗。许多关于地名、节日、四季民俗风情、土特产等传说故事，历史悠久，可以追溯到汉、唐，特别是帝都洛阳的民俗文化，对这类传说影响深远。一些古代的风俗风情，保存得相当完整。结婚习俗、丧葬习俗、祝寿的、宴席的、过年的、民间艺术以及各行各业的习俗，丰富多彩。嵩山民俗，包含着人民对生活的情感和欲求，千百年来，发挥着潜移默化的教育作用。要创造和发展现代文化，就离不开民族传统文化的基础，不从民俗文化的土壤中汲取营养，就没有合理的继承和发扬。希望不断地除

旧布新,祛祸降福,生活美满,这也是民俗文化的出发点和归宿。

中华人民共和国成立以前,嵩山地域大都地瘠民贫,各县市四民(旧称士、农、工、商)各勤其业。至于士,性多谨愿,勤工助学于诵读,无嚣凌奢靡之习。有地之家,入则横经,出则负耒。其贫无地者,有技能的,设馆授徒,常聚数人,而馆谷甚微。士人妇女,皆甘荆布,操井臼,亦佐田事。至于农,忙则男耕女馌(给田间的人送饭),暇则男粪女织,出作入息,不遑他务。田禾成熟时,妇女割刈,一如男子,终岁勤劳,鲜辍耕游惰之人。其硗确之地,不能耕者,以种植为业。多收果核,即属有年,是又不以禾黍丰凶为利病也。至于工,民生溪谷,气性淳朴,目不睹奇技淫巧,故工匠颇拙。其治寻常器用外,唯织棉茧、陶黑瓷、刨煤采石及一些杂艺。至于商,民性恋土,不善贸利,市镇交易,抱布握粟而退。中华人民共和国成立以前,唯煤、铁矿石、大蒜、桑杈、金银花利稍多,然皆属远客。其服贾牵车、操奇计赢市利者,皆外来之人,大者则盬当二商。城中行盐官店,乡镇分店遍布。当铺各县不多,仅一二家。郑州、洛阳城内的当铺则不少。其风俗急公义,乐输将,从无遗粮。尤崇俭朴,务节啬,布衣粝食,率以为常。屋宇多草房土洞,富者用砖瓦。器用瓦缶荆筐,富者用磁竹。宴客止鸡豚,馈送惟果蔬。婚丧之家,同里皆效奔走,肩舆抬重,亦不雇觅,谓之帮忙。贫民不免佣工,然不肯鬻人为奴,亦见风俗之厚,廉耻之尚焉。

在编辑这本书时,我们特别把嵩山的自然环境、山水地貌、历史变迁、经济条件等做了高度概括和深刻分析。从时、空、物的角度,来研究嵩山民俗的成因、变化和特点,既能高屋建瓴地看到全貌,又能深刻地透视内涵,既知其然,又知其所以然。如嵩山古称太室或天室,被认为是天神所住的地方,是祭祀华夏始祖黄帝的始祖山,居五岳之中,自古即为华夏民族所奉祀的神山和祖山。《史记·封禅书》称:"昔三代之君,皆在河洛之间,故嵩高为中岳。"在这样一个特殊的山脉中,其民间信仰中的根脉一目了然。再者夏商周三代的国都建在"无远天室"的地方,而十三朝古都的洛阳盆地所依附的也是位于盆沿之上的嵩山,依靠嵩山来建立国家,以取得天神和祖先的保护。由此可见嵩山地域在历史发展中的特殊地位和重要性。处于华夏民族和文明起源的地方,嵩山地域的风俗与风情在漫长的时期内逐渐形成、演变,反映在广大人民群众一年四季日常生活的方方面面,内容极为丰富:如农业、手工业、商业等经济活动,日常生活中的衣、食、住、行、节日庆典、集会结社、人生礼仪、婚丧嫁娶、信仰崇拜、邻里乡亲、游戏娱乐、民间工艺、民间文学等,无处不在,无时不有,和广大民众的生活水乳交融。

以嵩山为中心的嵩山地域是中华民族的摇篮,是华夏文化的发祥地之一。千百年来,由于特殊的地理位置和不同时期政治、经济、文化的影响,嵩山地域人们形成了自己独特而良好的风俗习惯,蕴藏着不少的良风美俗,如嵩山地域人民的纯朴善良、勤劳忠厚、乐于吃苦、勤俭持家;民间礼俗中的重礼好客、谦恭大度;生产习俗中的先进技能和知识;俗信中对各种神灵虔诚的崇拜;经商中的灵活和重义;邻里之间的互相帮助;婚俗中的良好祝愿;节庆中的良俗;民间游艺中的嬉乐;民间文学中生动形象的神话、传说、故事、谚语、歌谣、笑话、歇后语、格言、对联等,处处彰显着嵩山地域特有的民俗与风情。

民俗像一面镜子,通过它可以看到一个国家,一个民族,一个地区的风土人情、生活习惯、意识形态等。它是历史特定条件下产生的,因而它和各个民族、地区的政治、经济、文化有着紧密的联系。因民族、地区等的不同而产生了不同的民间风俗和习惯。民间的风俗习惯是由民族的历史、生活环境和民族心理等多种因素决定的。嵩山是东方文化的发祥地,嵩山人民在悠久的历史年代中形成了各种富有民族特色的风俗。

民俗中有我们的根,有我们民族的精神,有我们民族的灵魂。斯大林同志说,民族是"人们在历史上形成的一个有共同语言、共同地域、共同经济生活以及表现于共同文化上的共同心理素质的稳定的共同体。"世界上不同的民族,所处的外在的社会环境和长期形成的内在的心理素质、性格特点、情操、审美习惯、艺术情趣以及表达感情的方式方法都是各不相同的,然而往往能从各自的民俗中找到它们。民俗就是民族生活的一面镜子。

嵩山民俗文化既受不同时期政治、经济等发展变化的影响,又具有相对的独立性,能够多侧面、多角度的反映各个时期的社会历史现实。嵩山民俗有自己的地方特色,"士向诗书,民习礼仪,务正立业,有周召遗风"(《宋史·表》)。嵩山地域民俗特有的先导性、正统性、开放性,是由嵩山地域独特的历史地位、嵩山文化独有的特质决定的。它同时在更多方面也体现了我们民族共同的民俗时尚。

民俗是民族意识、民族心理上比较稳定的沉淀物,惰性较大,是民族心理和民族意识的一种"凝聚剂",是民族的一种重要因素。当今社会的现代化,对各国民族特点形成了一种巨大的冲击。有的国家已敏锐地感到这种冲击的危险性并做出了有力的反应。日本在第二次世界大战后迅速现代化,曾袭用了西方一切现代化手段,甚至也输入了西方的习惯和意识,对古老民族造成了一种冲击。现代化迈步伊始,显示了这种冲击的积极作用,但长此以往,却带来了消极恶果:全盘西化,泯灭民族特点,日本传统文化有在前进中灭亡的危险。为此,他们才在多年搞一次的文化大奖赛中,把头名给了从事民俗、民间文学事业的人,以表示他们亡羊补牢的决心。

民俗是民族文化的一部分,也是地方人民生活的真实写照。对于这样一项重要的工作,嵩山地域的各市县志中,都分别记述了当地的民俗与风情,为我们今天编写嵩山地域的古代民俗及其传承、变化提供了不少数据。但由于历史条件的限制,各地市县的志书对于民俗的记述,主要偏重于民间的人生礼仪、岁时节日、生活生产等方面的内容,对于经济民俗、生产节气、民间文学以及所应包括的各个方面则记述较少,对此,我们想方设法进行了全面地搜集、整理。

民俗是一种历史,是一种科学。目前,我国通常限定"民俗是研究一个国家内部民众所创造,享用人传承的、社会的、集体的、约定俗成的文化。"民俗的内容十分广泛,涉及人类衣食住行、人生礼仪、婚丧喜庆、道德情操、民间信仰和游艺等等,既是人们生产、生活中具体的物质存在,又是思想意识形态领域里抽象的道德观念。这些民俗活动反映了各民族精神上的愿望和物质上的需求。民俗是历史的产物,又给历史以影响。有是,有非;有善,有恶;有良,有莠。如嵩山丧葬风俗礼节中糟粕较多,弊端甚大,但仍不失为嵩山习俗的一项重要内容。嵩山旧有的丧葬习俗礼仪,有叫魂、盥洗、穿老衣、烧倒头马、上灵箔、打狗弹、发丧、守孝、吃孝、散孝、挖灵穴、出棺、下棺等项内容。其中有多项为陈规陋习,诸多弊端在改革之列,唯给死者洗尸净身还有一点实际意义和价值。这一切陋习均和土葬紧密相连,改土葬为火葬后,大部分陋习就一并消除了。

我们在编纂此书的过程中,尽量把有利于社会进步的好的风俗和不利于精神文明建设的恶风陋习加以区分,进行筛选,运用辨证唯物主义的历史观精选精编民俗资料,以达到扬善除恶、明辨是非、惠及子孙、服务社会的目的。同时,我们突破旧史志框架的束缚,依民俗学研究的内容,科学立目,广征博采,详细记载和表述了从衣食住行、生产劳动到集会贸易等各种经济民俗以及社会民俗、精神民俗和游艺、口传语言民俗等近现代嵩山民俗的方方面面,使之成为一本全面系统、立体地记述一个地方风俗习惯的书。

尽管我们水平有限,本书所记述的内容依然只能说是嵩山地域民俗的一部分,或会有讹误,其疏漏之处在所难免,但相信它的出版会对"存史、资治、裨风教"有一定的意义,也会对革除陋俗,发扬良俗,建立社会主义新风尚提供有用的数据。

对民俗的改造和发展将是一个长远而艰巨的历史任务。中华人民共和国成立以来，人民政府在移风易俗方面做了许多工作，并取得了显著成绩。旧社会中一些为地主、资产阶级服务的场所，如妓院、赌场、烟馆等被摒弃；改革婚姻中的陋习，取消了旧社会的一夫多妻习俗，实行一夫一妻制；殡葬改革方面，丧事简办，用追悼会的方式寄托哀思，积极推行火葬等；在民间俗信方面，在生产和生活中带有封建迷信色彩的习俗正在逐步消亡，如算命、看麻衣相、请巫婆神汉治病祛邪的迷信活动越来越少。旧民俗的改造和新民俗的建立，恶习陋俗的淘汰，良好风尚的继承和发展，都需要在一定的历史条件下来进行，在提高物质生产的基础上，在发展教育，振兴科学文化的前提下，使群众提高认识，分辨丑美、良莠、善恶，以定取舍，移风易俗，使民俗文化得以健康发展，使当地民俗风情更加文明，更有特色，使作为人类发祥地之一的嵩山地域，更能彰显出中华民族特有的民俗与风情。

所谓"习以为俗，则移其志；安之既久，则移其质"，我们通过对民间习俗的整理研究，将其良好的风俗赋予社会主义的新内容而传承下去，必将对于提高民族自信心，增强民族自豪感，发扬民族文化的优良传统，建设社会主义精神文明和物质文明产生积极的作用。

凡　　例

一、"嵩山文化大系"是在河南省民间文化遗产工作委员会的领导和关怀下立项编写的。目的是帮助读者了解、研究嵩山的历史状况，以促进嵩山地域政治、经济和文化的发展。

二、《嵩山民俗》所写范围为"嵩山历史文化核心区"，其地域划分是以嵩山为中心，涉及面积主要涵盖了以嵩山主要山脉太室山和少室山所在的登封以及嵩山余脉所在地伊川、偃师、巩义、荥阳、新郑、禹州、新密、汝州9个县级市，以及与之为邻的古都郑州市和古都洛阳市。也就是被史学界、考古界、地学界所说的"嵩山文化圈"，书中简称嵩山地域或嵩山地区。

三、在组织结构上，我们根据嵩山民俗风情的特点，仍按通常的章、节、目、次目设置。全书分设前言、正文、编后记等部分。其正文内容分设生活习俗、生产习俗、乡里社会、岁时节日、民间游艺、民间文学等十章计六十四节。

四、为更好地反映嵩山地域的民俗民情，我们特在本书在每一章后，加了一节与本章内容相关的民俗传说，以使本章的内容不但出自于民间，且直接与民间文学相连，使人读之更加亲切，更加通俗。

五、本书姓氏一节，其姓氏资料来源于河南省及嵩山地域的各市、县、乡（镇）、村志书、大姓史、家谱等姓氏史料。

六、民间俗语有"三里不同风，十里不同俗"之说，这说明每个地方的风俗都不大一样，即使同在一个嵩山地域，而郑州与洛阳、市与市之间，市与县之间，风俗也是大同小异。为此，此书中有关饮食、服饰、生产、礼仪、方言等日常生活中的风俗习惯，本书以求大同为立足点，尽量反映嵩山地域整体的民俗风情。

七、时间记述，清代以前历史纪年、民国纪年括号加注公元纪年；中华人民共和国建立以后，直接写公历时间。

八、采用资料主要有三部分：一部分来自嵩山地域的市、县、乡（镇）的志书及有关部门档案资料，另一部分来自民间现存碑记、族谱族规、村史等，还有一部分是由采访座谈、调查搜集而来的民间口碑相传的资料。

九、在编写过程中，尽量保留个性，删削、减少共性，力避大同而存小异。

十、文字表述中凡使用"现"、"今"、"现存"等类字样即指本书下限近临年份。

第一章 生活习俗

人类要生存,最基本的条件就是衣、食、住、行。人类只有在生存下来的基础上,才能增加和自然界进行长期斗争的能力,才能谈及生产的发展和社会的进步,从而再回归到提高人民生活水平的目的上来。

自远古以来,人类的生活从茹毛饮血到甘旨美味,由裸体、披树叶、穿兽皮到豪华佩饰及服装,从巢居穴处到茅屋草舍而庭院楼阁,从攀登跋涉到陆海空航……在奔腾的历史长河中发生了沧桑巨变,相应地,风形于上,俗成于下,经过几千年的沿袭变化,各个地区形成了千姿百态的生活习俗。故记述民俗者,无不十分重视对服饰、饮食、居处、起居和行旅等资料的收集。

日常生活

嵩山地域和我国其他地区一样,在其独特的生活环境中,人们也形成了独特的生活习俗。根据这里四季分明的气候和地理条件,形成了自己特有的衣食住行的习惯:夏单冬棉、实用耐穿的衣着,一日三餐、经济实惠的饮食,砖瓦结构、朴实结实的居住建筑等,而且衣、食、住、行之俗受生产发展的制约,代有变化,然而其中较为稳固少变者,为饮食、居处。而仅就居处言之,其习俗也最能从一侧面表现出嵩山独特的地域特色。

第一节 服　饰

早在新石器时代,嵩山先民们便已开始使用骨针进行缝纫,利用兽皮制作简单的原始服饰,抵御

— 1 —

寒冷、保护身体。那时，这里的人们已掌握了纺织技术，开始用植物纤维来纺线并织成布匹，进入了"黄帝、尧、舜垂衣裳而天下治"的时代。商代，嵩山地域人民已有了束发甚至戴冠的习俗。西周时期，嵩山地域人们的衣着已形成了上衣下裳的服饰形制，这种形制相沿几千年。清时，人们将衣裳相连，穿上了长袍马褂式的连身衣服。辛亥革命爆发以后，随着西方文化的不断传入，中山装和西式服装也在嵩山地域出现。中华人民共和国成立以后，伴随着人们的身心解放，服饰也发生了重大的变化。但总体上说，嵩山地域的服饰，崇尚素雅、大方、实用，单纯装饰性的饰物很少。

一、发　冠

（一）发型

上古时期，嵩山地域的先民们披发裸体，男人和女人一样蓄留长发，只有犯人才被剃去长发。商代，人们开始束发于顶，此习一直沿袭至明。清代，男性去头前之发，头后之发则梳成一条大辫，或垂于身后，或盘于头顶。女子在结婚前还要净脸，就是用两根线将脸上的绒毛（俗称"汗毛"）拔掉，也叫开脸，表示已婚。妇女在没出嫁前多梳一条长辫拖在背上或"盘髻"，出嫁后要盘起头来，称之为"盘头"，别上一根用金、玉、银、骨等做的簪子，外面罩个丝网。冬春季节顶一条手巾（有黑、花等区别），既可保暖，又可遮灰尘。

"民国"初年，男子逐渐剪去发辫，头发留至肩头，嵩山地域俗称"木梳柄"，此发仅限于官僚、乡绅、地主，广大农民则常剃成光头，商界和知识界也有留正、偏分头，大背分，或是平头的。这一时期，妇女绾髻戴耳环的居多，出门串亲戚的仍保持着清代薅脸的习俗。讲究人家的妇女除薅脸以外，还要画眉、施粉脂。"民国"二十年（1931年），提倡妇女放足，成婚女子挽髻，未婚女子剪发，知识女性穿长裙、短宽袖上衣，偏僻山乡因倡导新风难度大，女孩仍留大辫。过去妇女头上饰物有玉簪、银簪、五花枝等，富有者戴金、银、珠、翠的耳环、玉戒指和手镯等。

中华人民共和国成立以后，青年妇女多改独辫为双辫。

20世纪30年代到80年代，或是正分，或是背头，或是偏分，或是平头。20世纪80年代以后，双辫已少见，城乡女青年多留短发，55岁以上的妇女仍为盘头，但基本不戴首饰。随着改革开放的深入，人们的思想不断解放，各种发式都有，以青年头、板平头为多，也有的留披肩发。这时期，一个最为显著的特点是，女性烫发在城乡已广为流行。青年妇女又兴起戴耳环风，城镇富裕者还佩戴金银、宝石等各种项链和戒指。21世纪前后，"韩风""日潮"吹过来，嵩山地域的年轻人也开始把头发染成各种各样的颜色，这种时尚流行至广大的乡村，这是继烫发之后，头发的又一次大的革命。

民间男子留须。20世纪50年代以前50岁以上者多见，常见的胡须样式为"山羊胡""络腮胡"，个别青壮年留有"八字胡"。中华人民共和国成立后，留胡须者渐少，偶有一些老人仍留长胡须。

嵩山地域女性的发式历代变化多端。汉代流行倭堕髻（堕马髻）和垂云髻。唐时堕马髻依然盛行，此外，高髻、凤髻、半翻髻、双髻、单刀髻亦是唐代流行的发式。直至明代，女性的发式依然以各种挽髻为主。清朝初年至20世纪50年代，多数未婚女性留双辫或独辫于脑后，头前留齐眉集中式刘海儿，嵩山人称它为"齐刘海儿"。已婚女性均将头发盘成圆"纂儿"结于脑后，用发网罩住，嵩山人称此为"油旋头"。年轻媳妇也多留齐眉刘海儿。20世纪20年代开始，郑州、洛阳市中的进步女学生留至肩的剪发头，官绅、富家女子烫发。20世纪60年代，女子留的是齐耳的短发，俗称"运动头"。20世

60年代后期,女青年流行梳齐肩短辫,辫梢扎蝴蝶形彩带。20世纪80年代以后,各种烫发、直发头式更加丰富多彩。

童发,20世纪50年代以前,男孩留前半部头发,即囟门上留一片头发,俗称"茶壶盖儿",头后颈上有凹的地方常留一小撮头发以示娇贵,多数男孩剃成光头。女孩自幼留发梳辫,也有在12岁之前留男孩发式的。20世纪70年代以后,男孩以光头和平头为主,女孩依然是以束发、剪发和各式小辫为主。

(二)冠饰

上古时代,人们利用兽皮缝合成帽形戴于头上。商代,人们开始束发戴冠,但当时的冠,只限于士戴,普通男子只能梳髻后用巾包头。巾有三种形式:一种形似屋顶,故称"介";一种为平顶,称为"平";还有一种空顶,是未成年男子的头饰。汉代及以后依然沿袭这种冠饰。清代男子留长辫,戴的是衬帽,上缀丝疙瘩或红珠子,帽体系缎、绸、绫、罗、黑皂布等布料。官绅、商界、知识界人士,则戴礼帽。后来提倡男剪辫子,新兴礼帽和兵帽,多为上层人物所戴。人群中最常见的为帽衬儿、毡帽、狗头帽、凉帽等。"民国"时期,男子逐渐剪了辫子,普遍带卷边毡帽。这时期,嵩山地域人们春秋多戴帽壳,夏季戴凉帽、礼帽、大檐草帽;冬季戴毡帽、风帽、老婆帽、马虎帽、火车头帽子,马虎帽用棉线织成,放下把脸部遮住,只露两眼,火车头帽子和军用棉帽式样相同。中年妇女多勒"圪勒",上边缀有玉翠装饰。老年妇女多勒包头巾,少数戴绒帽子。小孩多戴"福锦帽",上缀银铃、小佛爷、八仙等。

中华人民共和国成立后,男子多戴青年帽、前进帽等,多数妇女只勒头巾不戴帽子,少数戴毛线帽、人造帽。1978年改革开放以后,人们穿着自由,多种样式的帽子出现在城镇大街上,有鸭舌帽、礼帽、呢帽以及妇女所戴的各种样式的毛线帽,干部、工人、知识分子甚为喜爱,而在农村男人仍戴马虎帽,女人戴方围巾、长围巾,偶尔也有戴毛线帽的。

嵩山地域的回族妇女大部分戴卫生帽,少女戴绿色的,中青年妇女戴黑色的,老年妇女戴白色的。卫生帽多用精美布料做成,实为一种装饰品。回族男子多戴白色或黑色无檐小帽,称"礼拜帽"。

(三)鞋袜

中华人民共和国成立以前,嵩山地域人的袜子多是妇女手工用棉布做成,冬季是中间夹有棉花的长筒棉袜。"民国"时期,人们开始穿机织粗线袜子,有工厂出产和手工两种,初为长筒。中华人民共和国成立后,机织的细线短袜盛行。

中华人民共和国成立以前,妇女都得缠足,足上除裹脚布外,还要套上袜子,再穿两双鞋,里面一双软底的叫穿鞋,外面一双硬底的叫套鞋,一年四季扎裤脚带子。"民国"时期,少数官绅开始穿皮鞋和皮底布面鞋。"民国"二十年(1931年),提倡妇女放足,妇女缠足的少了,只穿一双鞋子,知识女性穿带袢鞋或圆口鞋,而偏僻山乡因倡导新风难度大,女孩仍缠足。中华人民共和国成立后,人们一般穿手工纳帮硬底布鞋,黑色斜纹布鞋面,男性多为方口、圆口,女性多为尖口,很多女性穿扎花鞋。幼儿穿老虎头鞋。在冬季,无论男女,均穿鞋帮里套棉花的棉靴。嵩山地域农村的大多数妇女会纳鞋底、做布鞋,式样有方口、圆口、尖口3种,还有鞋面起两道筋的"双脸鞋",起一道筋的"踢死牛鞋","踢死牛"意为结实,山区多穿这种鞋。20世纪80年代,手工布鞋渐被淘汰,机制鞋慢慢成为鞋的主体,妇女多穿带袢鞋,青年多穿草绿色军鞋。夏天穿塑料凉鞋。雨天则穿浅腰或深腰胶鞋。此后,随着人民生活水平的提高,城乡人民衣着差别逐渐缩小,青年男女均穿皮鞋,夏穿凉鞋,冬穿毛皮鞋。男性皮鞋款式新颖。妇女时兴高跟鞋、长筒靴、尖头皮鞋,式样繁多,美观大方。

二、日常服装

古时候,因贫富悬殊大,人们衣着各有不同。清代时,一般家庭的男人冬季多穿偏襟长袍、长衫,有钱人家还要罩对襟马褂。下裤的特点为大腰、大裆,大裆上带有裤腰,中老年人绑腿带。裤子分为三种:一种是单裤,一层的;一种是套裤,里表两层;还有一种是棉裤,是双层里边套棉花的。套裤又分双套裤、棉套裤两种,套裤的主要特征和双裤、棉裤大致一样,只是没有臀部部分。除套裤以外,裤子、棉裤都可以前后穿,一年四季都扎腿带。妇女的上衣一般长至膝盖,大袖口,衣服领口、袖口镶花边。裤子大腰、大裆、窄腿。结婚或作客时穿披风、云件,下系裙子。妇女夏穿偏襟大衫,平时穿便衣便裤。年轻女子多穿偏襟衣衫,袖腿肥宽。大富户人家穿绸缎,一般绅商富户穿细布,普通人家多为自织土布,夏季多穿白粗布衣裤,冬季多穿黑蓝棉布袄裤。小孩的服装与成人类似。

"民国"时期,由于"五四"新文化运动的影响,军、政、学界人士开始着中山装,但穿的人不多。农民仍穿旧式便衣。富人冬天多穿长袍长衫,俗称大衫儿,出门做客时外套马褂。夏天,市区、城镇有钱人家穿旗袍、裙子,多用绫罗绸缎制成,有长有短,有胖有瘦,因人而异。妇女衣服样式很多,上衣下裤。穷人穿自织的粗布,粗布用黄土泥、石榴皮或沤成的墨水来染色,也有用黄豆面印花布。男女上衣均有大襟,布扣系于右侧。下衣长腰、大裆、不开裆、无开衩、束腰带,下口缠腿带。一般百姓多穿带襟短衫棉袄,棉裤扎带子。

日常服饰(电影资料图)

中华人民共和国成立初期,人们所穿衣料多用自织棉布,以白、青、黑、蓝四色为主。长袍马褂消失,男穿对襟上衣,冬天黑色对襟棉袄,夏天白色布衫,裤子仍为长腰。女穿大襟上衣,黑、蓝两色。青年妇女裤腿放开,老年妇女仍扎带子。

20世纪50年代,嵩山地域群众衣着变化较大。由于社会的发展,人民生活水平的提高,城镇男人多穿中山服、青年服,城镇女子多穿列宁服,颜色多为灰、兰、黑色。农村有的穿短衣长裤。衣料增添机制布,老百姓称其为"洋布"。农村青年妇女及女童多穿花布衫,男童则多穿"和尚领"夹袄和棉袄。

20世纪60年代,国家干部流行中山装,裤子前开口、带兜、束腰带。农村老年人的常用服装仍袭旧制,中年人穿中山装、列宁服。女性改穿翻领上衣,对襟棉袄,领子较大,俗称"开关领",女棉裤改为紧腰、两侧开兜、向右开衩,名为"偏开门";男性裤子则在前开口,俗称"前开门"。在布料质地的选择上,有斜纹、条绒、毕叽、咔叽、华达呢等品种。当时流传着关于女性衣服的民谣:"翻领安袖斜插兜,对襟布衫两排扣。西式裤子偏开口,袋口一前一向后。"

20世纪70年代，尤其是"文化大革命"期间，人们多穿绿平布、斜纹、的确良等布料制作的服装，颜色以蓝、黑、白、草绿为主，以草绿色和军装最为流行。帆布和革制皮带代替布腰带。农村有很多人除了穿自纺的粗布衣外，还用从日本进口的尿素袋缝制成裤子，面料薄而软，夏天穿很凉快，在农村着实流行了一阵子。这时期，男性长腰大裆裤逐渐消失。渐渐地，衣料又增添灯芯绒、咔叽和化纤、涤纶、凡尔丁等品种。随着新式面料品种的增多，农村自织布逐渐退出历史舞台。20世纪70年代起，青年人冬天不穿棉衣裤，代之以绒衣裤或线衣裤。冬天，大都穿棉大衣，俗称"大氅"或军用大衣。

改革开放以后，人们的衣着变化更大。男性服装样式有中山装、青年服、军干服、夹克、西装等，女性服装样式有大翻领、小西装、连衣裙、百褶裙等。此外更有体恤衫、直筒裤、七分裤、八分裤、九分裤、喇叭裤、牛仔裤、四片裙、八分裙、斜裁裙、超短裙等，冬季呢子大衣、羊绒大衣、皮大衣等，奇装异服花样百出，难以尽述。

20世纪90年代，西装流行。同时，各种样式的服装在市场上随处可见，质地有各种化纤布、毛料、毛皮、棉纺等织品，民间的服饰已经从重实用向讲究装饰上转变。

进入21世纪后，嵩山地域和全国各地一样，城乡经济更加活跃，群众生活明显改善，人们自做服装的时代已经一去不复返了。这时期，市场上衣着布料多是机织细布，各种化纤、毛料、呢绒、绸缎应有尽有，各种流行款式的服装层出不穷，人们选择服饰的自由度更大，城市乡村的服装都呈现出百花齐放的局面。

嵩山一带的少数民族人士在服装方面，由于长期杂居，与汉族的穿着大体上相同。

三、礼仪服饰

嵩山地域民间很重视节礼，所以节礼期间，自有一些古已有之的礼服的形制。

婚服主要指新娘和新郎的服饰。

过去，新娘上轿时，不论春夏秋冬，都须头戴凤冠，身穿新郎送来的大红吉服，吉服外罩霞帔或云肩，脚穿大红绣花鞋，也有新娘在裤外穿一大红裙，裙子前幅彩绣牡丹或"喜上眉梢"等，新郎长袍马褂，头戴礼帽，斜挂佩红，佩红为红绸子，胸前结如意花。

"民国"中后期，青年男女结婚的礼服多为：新郎戴礼帽，穿燕尾服，打黑领结，胸前插一红花，手提文明棍，脚穿黑皮鞋。新娘穿红色或浅红细布织花旗袍，头顶大红绸结，身披大红或粉红披风，脚穿尖口布底彩穗绣花鞋。

20世纪五六十年代，新郎婚服多为新制的"中山制服"，也有穿大翻领的列宁装的，农村多袭旧制。新娘多穿红色套装，着红色皮鞋。20世纪80年代以后，新郎主要是西服系领带，新娘多为西装裙或大红衣裙。20世纪90年代以后，新郎依旧为西装、皮鞋，新娘则多着婚纱、戴手套，手捧鲜花。

四、寿　衣

寿衣是去世后的人所穿的衣服，也称"送老衣"。

寿衣的颜色取白、红、黄、蓝、棕诸色，不穿毛皮之衣。夫妇中先亡者穿单数寿衣，一般为五大件

（一般为上衣数），后故者穿双数。男性亡者贴身穿白衫白裤，外边依次为蓝棉袄、棉裤、棕色袍子、外套对襟长袖大褂，头戴帽衬或清帽；女性死者一般内穿白衫、红袍、粉红衫或贡衫、红小袄、蓝小袄、棕色长衣，下身穿白单裤、蓝棉裤、蓝裙或黄裙，裙上绣龙凤，用黑纱包头。男女均头枕元宝形枕头，脚穿尖口软底鞋，鞋底绣莲花或天梯，意为可以成仙或升天。衣服宽大，不缀扣子，两襟相掩即可。

五、丧　服

丧服又称"孝服"，是亡者的后人在掩埋或悼亡时穿的衣服。

古代丧服有五类：斩衰、齐衰、大功、小功、缌麻。现基本袭古制。

斩衰，是五服中最重的一种，是孝子贤孙（儿子、未出嫁的女儿和长孙）穿的服饰，是不缝边的粗麻布衣。上衣右衽不缝扣，用麻绳从腰间束住，俗称"披麻戴孝"。孝子手柱柳杖，俗称"孝棒"或"哭丧棒"。

齐衰，是缝边的粗麻布衣，是侄子侄女、孙子的丧服。服期三年到一年不等。

大功和小功，皆用细麻布制成，是堂兄弟姐妹、堂孙及孙媳等的丧服。服期九个月至五个月。缌麻用精细的熟麻布制作，一般为死者远亲所服，服期三个月。

孝子贤孙都要穿裱过的白鞋。裱白鞋，是在日常布鞋（即鞋面）上缝一层白布，俗称"裱鞋"。若父母双亡，裱鞋的白布上下皆留毛边，否则仅留上毛边。"民国"时期，农村多沿此制。现在，有的地方还保留此俗。

寿衣和孝服忌用缎子，因其与"断子"谐音。

第二节　饮　食

饮食，简言之，即吃。俗话讲："人生在世，吃穿二字。"吃，是人生第一需要，是维系生命、繁衍发展的最根本的基础。人类的生产劳动，首先是为了吃，然后才是其他。饮食的质量和状况，可以反映一个国家、一个民族的基本经济情况。随着历史的进步，饮食进入了人们的精神生活，成为文化的不可短缺的组成部分。

民以食为天。

旧时，嵩山地域因受嵩山独特地理情况和自然条件的限制，嵩山地域内的几个县市，大都处在以山地、靠近河川的丘陵为主的地理环境中，这里的有关春种秋收一切生产活动，相对平原而言，都要艰难得多。虽然一年两熟，但夏季产量低，所以一般农民，常年多吃粗粮。每年夏季很少收小麦。有时候，碰上灾旱天气，局部地方，根本不收小麦。因此，受自然条件的限制，嵩山地域的人们，历来有勤劳淳朴的风尚，素以节俭为美德，一般居民的日常生活多不讲究。五谷杂粮都充饥，瓜菜糠皮做饭用。历史上有着"糠菜半年粮"的真实写照。能吃上纯玉米面馍，喝上纯小米稀饭或玉米稀饭的农户极少，尤其是山区，粮中除掺糠之外，还要掺进大量麸、粉渣、豆腐渣，只有春节时，才能吃上白馍和饺子。贫苦人家和老佃农，在收获季节时，边收边吃，收啥吃啥；待收获完毕，除了交租还债而外，所剩无几。

新中国成立后,农民分得土地,生活较以前有所改善,但也以粗粮为主,细粮调剂。一般群众在主食方面,常年以粗粮为主,只有在改善生活时,在粗粮中加些。主要是逢年过节或接待宾客用。

20世纪60～80年代,人们除了粗粮以外,还把红薯以作为主粮。早饭主要是红薯稀饭,中午饭里有蒸红薯,或是红薯面加工制作的红薯面条和红薯面馍。在20世纪的"文化大革命"以前,当地人简直把红薯当成了宝贝,当地人有这样的民谣:"红薯汤,红薯馍,离了红薯不能活。"足见红薯在当时人们的生活中起着多么重要的作用。

在副食方面,人们除常吃的豆腐、粉条外,则是根据季节不同,种植不同品种的蔬菜,一般常吃的有韭菜、芥疙瘩、豆角、丝瓜、笋瓜、茄子、黄瓜、包菜、西红柿、辣椒等,当然最多的还是白菜、萝卜、倭瓜。家家户户都是自己在房前屋后,或是在自己地里种菜,基本上是自种自吃。略有多余,亲戚邻里在交往中进行交换作调剂,处于半封闭状态。街上以卖菜为生的很少。但由于生产条件、物质基础和地理环境的差异,所以在生活水平和饮食习惯上,也因地而异,穷富不同,且因季节时令、农事闲忙、老幼体力、农活轻重等种种关系,人们的饮食上也都有所不同。

嵩山地域民族饮食分类的不同,又分为汉族饮食和回族饮食。

一、汉族饮食

汉族饮食根据本民族的特点,形成了汉族饮食的生活习惯。一般地说,饮食分为日常饮食、招待客人、社会酬祝、改善提高四个方面。

(一)日常饮食

1. 粮食

嵩山地域人们的饮食,相比全国来说,处于较低水平的,基本上是种啥吃啥。嵩山地域是产粮区,夏季收获小麦是细粮,秋季收获的玉米是粗粮,红薯、谷子、豆类是杂粮。一年之中饮食讲究精细粮搭配。

小麦的吃法很多,白面可蒸馍、烙饼、炸油条、包饺子、做面条、搅稀汤;小米可做成粥和稀汤;玉米可加工成玉米仁做汤吃,玉米面可制成馍,还可爆玉米花;黄豆主要用来做豆腐,也可磨面做豆面条,榨油等;红薯可生吃、熟吃,还可刨片晒干磨面,吃馍吃面条。红薯经过加工制粉后,可做成粉条、粉皮、凉粉;小米、玉米和红薯片还可以做醋酿酒。以上几种吃法,除红薯在新中国成立后能制成粉条、粉皮外,其他和新中国成立前无多大变化。

嵩山一带人民主食为面食。面食也分细粮与粗粮。细粮包括麦面、大米,粗粮包括玉米、红薯、小米、豆类。一日三餐,过去山区农民及贫困户,多以粗粮或掺入蔬菜作主食。富裕之家,多以细粮作主食。

2. 菜肴

嵩山地域人们的菜肴在改革开放以前,长年以红白萝卜、白菜、倭瓜等大众菜为主,基本上是当地品种和自种自吃。副食品则以豆腐、粉条为主。为了节约食油,多数农家则有腌制咸菜(韭花、蒜薹、芥丝)的习惯,以备入冬及次年开春食用。百姓家常年以素菜为主,至于荤菜,一年到头唯有过年或办喜事才能吃到;由于油料欠缺,肥肉成为农家的首选。

改革开放后,以蔬菜、肉类为主的副食品在人们饮食中的比重逐步增加。吃肉也很平常,进而肥肉也令人生厌改吃瘦肉;进入21世纪后,原来很少吃的牛羊肉、鸡鸭鱼及海鲜也司空见惯。季节性大众菜已逐步退出主导地位,而反季节大棚蔬菜和外来品种蔬菜深受普通百姓的喜爱。几乎和杂粮重新受到欢迎的同时,过去灾荒年常吃的多种野菜,譬如洋槐花、榆钱儿、毛妮菜、黄花苗、面条菜等也重新回到了人们的餐桌上。

3. 一日三餐

日常饮食中的一日三餐,早、午、晚的饭菜是有所区别的。

◆早饭

农村饭时

当地群众一般早饭的习惯是喝玉米糁汤或白面汤、小米汤配之以烙馍或蒸馍等,家境不好的吃糠饼、糠窝头。早上除部分家境好些的炒菜外,大部分农家都是拌生菜(腌生红白萝卜、白菜、芥疙瘩、韭菜等所有能生吃的蔬菜),冬天家家户户都有自己腌制的泡菜、咸菜,以作下饭菜,取其耐饥利口。

◆午饭

午饭较早、晚两餐的品质相对是要好些的。因为农村人一般都下地干活出力,家家户户都把好吃的放到午餐中来,午餐要吃顶饥的。午餐的习惯一般都是馍、汤、菜一齐上。如果吃面条,也多是掺野菜杂面的汤面条,少数人家间或吃一顿捞面条或小米捞饭。

午饭吃面条时,家境好的要炒菜兑到面条里,为之"浇面条";家境差些的,就白蒜水、在面条里加青菜浇拌,为之"蒜面条"。冬天的午饭,很多家都好做用白菜、豆腐、粉条熬成的大锅菜,每个人盛一碗,里面有菜有汤,当地人称之为"大锅菜"(又叫熬菜),吃馍就菜,这也算是好饭了。午饭的目的,是吃饱,相对早、晚两顿饭来说,是要吃饱、吃好。

旧社会,嵩山农民很少饮酒。20世纪80年代以后,嵩山群众家里的中午饭好了,酒也成了家常便饭。中午饭大多是捞面条、卤面、饺子、大米饭等,吃饭时佐以酒、肉也习以为常。

◆晚饭

嵩山地域的群众把晚饭称之为"喝汤"。新中国成立以前,吃的总是不足。加之中国农民生活历来节约的习惯,晚上收工回来,已天晚了。喝罢汤后,没什么事的,一般早早地就歇息了。因此,晚饭大都为稀面条或糊涂面条(在面条锅里加一些面糊),面条不多,看起来像稀粥一样。晚饭一般没有菜,饭量大的,一般会喝两碗糊涂面条,吃上一个馍就行了。当然,现在农民的生活富裕了,"喝汤"的内容也变了。说是喝汤,实际上馍、菜都有。但朋友、邻居们傍晚前后碰面时,仍然以"喝汤了没有?"来进行互相问候。外地来人不知道此俗,往往将喝汤理解为喝稀饭,不让吃主食。其实,这种习俗已经悄然变化,喝汤只是晚饭的代名词,它的内容已变得十分丰富。

按照嵩山封建家庭的传统习惯,一家之内饮食有别,长辈和幼儿及担负主要劳动的男子饭菜稍好,操持家务的女子,要等家人饭毕,方才就食,剩稀吃稀,剩少吃少,不再重做。

贫穷人家,如果粮食不足,常年虽是每日三餐,但整年不吃馍光喝汤的有的是。饭是以玉米糁为主,夏、秋煮红薯、蒸倭瓜等,取其充饥和填饱肚子。

以上所说是老百姓所吃的日常饮食,但就少数的官绅富户、商号掌柜的来说,常年一日三餐,精米细面,白馍肉菜也是存在的。

新中国成立以后,缩小了贫富差别。1958年吃大锅饭时,统一实行一日三餐,家家户户,无论人多人少,都在食堂用餐。但这只限于那个特殊性的年代。

(二)待客饭菜

自古以来,嵩山地域的人们在日常生活上虽然崇尚节俭,但有着热情好客的习惯。每遇亲朋好友来访,亲戚上门,主家都要在不同的基础上,想方设法改善一下生活,以示热情。虽为贫寒之家,也要做一顿好吃的。当地人把招待客人所做的饭菜称之为"待客饭"。

一般的待客饭,与日常饮食有所不同。平时来客,多是客人到家,先煮荷包蛋(每碗最少4个),然后吃饭。有准备的人家,多是吃饺子,没准备的吃捞面条;困难人家,也要熬一碗素菜,配上客人带来的白面蒸馍,叫作"馍菜"。

如遇到没有带礼的客人,主家把平常不舍得吃的白面用来烙油馍、包饺子(又叫馄饨),在菜肴上要煎豆腐、炒鸡蛋;富裕人家则要割肉、买酒,进行款待,表示真诚好客。改革开放后,多数人家已注意泡茶饮酒,设几荤几素的饭菜。

(三)社会酬贺

当地人习惯把婚、丧、嫁、娶、老人寿辰、孩子满月、周年纪念等活动,通称为"红白喜事"。凡遇到这些事情,主家都要上街割肉买菜,油炸美食,专门邀请"总管"、厨师、礼桌先生及一般人帮忙等,进行明确分工,主人向总管交待预计来客人数、准备桌次、设置情况、事情规模等情况,叫做"交底"。总管然后根据主家的交底情况,确定宴席规格。次日,按照分工,分头进行安灶、切洗菜蔬、煮肉、过油、发面、蒸馍等事宜进行准备。对来宾进行整桌相待,当地人把它称之为"待客",宾客们又将它称之为"吃桌"或"宴请"。

旧时,嵩山人婚丧嫁娶,多是几碗素菜,待客席面有一桌6碗的,有10碗的,有待3顿的,有待两顿的,菜为时令蔬菜,间或豆腐、猪、羊、牛肉。主食在新中国成立前,一般为小米捞饭,少数富户做大米捞饭,或待一顿白馍,一般无酒。新中国成立后,特别是改革开放以来,宴请全都是摆酒设宴,除荤素菜以外,还有海参、鱿鱼及各种名烟、名酒。

宴请亲友的菜肴:从城镇居民及乡村农家都很讲究,有经济条件的到饭店里宴请,一般的家庭则在自己家里准备。自己家的规格也需备肉(猪肉)杀鸡。制作酒席,一桌八人,每桌必备八盘八碗。现在人民生活水平提高,酒席更为丰盛。每桌八盘十二碗,为八凉八热,另加两汤(一咸一甜)两面点,每桌都有全鸡整鱼等。21世纪以来,宴请亲友大都在酒店和宾馆订餐。

丧葬的菜肴:历来以素菜为主,俗称"豆腐席",用以招待祭吊之人。近年来,荤菜办理丧事,也已成风。

待客的主食一般为蒸馍，有纯白面和白面与玉米面两掺之分，也有纯玉米面的。一般每桌的菜酒和饭菜根据经济条件有不同的规格。

（四）年节菜肴

逢年过节，家家户户都要用白面、小米或玉米面做些各色各样的食品。用白面蒸成各种各样的馍馍，包素馅和肉馅饺子，油炸各式各样的面食。特别是过春节，每年的腊月二十八，要蒸出正月里所吃的一个月的馍，这样，按照当地的风俗习惯，大正月里，就是玩，女人到厨房做饭，除了炒菜、烧汤，就不用再蒸馍了。以上这些习俗，现在农村仍然盛行。

（五）吃桌

"吃桌"，其实就是赴宴。逢亲朋好友婚丧嫁娶或者生日寿辰，备上礼品或礼金，如约前去参加主人举办的宴席，风雨不改。乡下有句话叫"请吃喜酒烂吃面"，其意为喝喜酒是要等着办喜事的人来请的，过生日则需要你主动上门道贺。农村的百姓虽然穷但却在待客这方面很讲究，那时候的桌子一般都是八仙桌，四四方方的，每面坐两个人，无论有钱没钱，都摆八碟冷盘，以鱼头或者鸡头所在的位置为尊，叫"上席"，也有的地方叫"桌面子"，就是一桌之门脸的意思。能坐上席是很光荣的事情，此席一般都是面南背北且在右手的位置。上桌之前大家总是先要客气地推让一番，然后是本桌辈份最高的人首先在上席落座，敬酒夹菜都是上席先来。

吃桌

吃桌有一个特点，那就是大家一坐到桌前就变得很斯文，鸡鱼肉蛋尽管已经不再是稀罕之物，但也不是天天都吃得起，奇怪的是到了酒席上，人们总是含蓄得很，很多道菜都是吃一半留一半，似乎吃光了是很不礼貌的事情。旧时，每场酒席的最后，都要上一道鱼，鲫鱼或鲤鱼，那可不是用来品尝的，是用来观赏的，不能动，表示年年有余。吃到这个时候，也就表示酒席已近尾声。有条件的再上两道用水果制作的冷菜，没条件的直接就盛汤上饭了。

农村的吃桌是检验一个人是否懂得礼仪的好所在，夹菜要夹自己面前的，不要站立起来伸长手臂——好像多少年没吃过一样，即便真的多少年没吃过，也不能显得迫不及待！否则就叫没品！敬酒要先从长辈开始，饭毕放下筷子，要把筷子并排整齐摆放在碟上。孩子或者少年不喝酒等等，规矩确实不少。

有些人可能因为不便没有及时吃桌的话，主家一般都有名单记录，忙完后会专门去家里登门拜谢，并会带上一些半成品的食品专门作为回谢的。体现一种淳朴的民风传统。

(六)改善生活饭

一般人家的改善生活,就是不逢年过节的,想吃什么了,就在平常饮食的基础上,变变花样。例如,把平常吃烦了的玉米面或红薯面,烙成油饼,口感会特别香;把平常吃惯了的萝卜,煮熟切碎,掺些豆腐,包成素馅饺子,也算是改善了生活;把玉米面煮熟,放到漏斗搅动,下到锅里,做成面鱼,把做好的菜浇到上面,再泼些辣椒油,吃起来也是香辣可口。给孩子过生日,熟几个熟鸡蛋交给他,也能让孩子感到与平常有所不同。家境好的,改善生活,就丰富多了,买肉、割豆腐、包饺子、炸油条,或者炒几个菜,喝喝酒,也是常有的事。

(七)风味小吃

嵩山地域历来有很多著名的风味小吃,颇受群众的欢迎。这些小吃历史悠久,吸收了很多地方的特色,最终形成了自己独特的风格,不仅强调味道的鲜美,入味深,回味香,还强调滋补功能。改革开放以后,随着人们生活水平的提高,全国各地各种菜系相继进入嵩山地域,大大丰富了人们的饮食。但是,嵩山地域民间饮食中常见的饭菜品种仍然散发着浓郁的乡土气息。嵩山地域饮食中和外地相同的饭菜,不再赘述。这里仅将民间饮食中常见的具有乡土风味的几个饭菜品种及做法分述如下:

1. 馍饼米糕类

嵩山地域的特色馍饼种类众多,主要有芝麻焦盖烧饼、牛舌头锅盔、火烧、烙馍、煎饼、芝麻干饼、油条、油旋、麻花等,尤以芝麻焦盖烧饼、牛舌头锅盔等最受欢迎。

◆登封焦盖烧饼

登封焦盖烧饼,圆形厚墩,表面黄焦,底面干酥,内层松软,焦盖上全是脱壳芝麻仁,焦盖可以揭起,吃起来,酥脆馨香,味美异常。这种烧饼的制作,有一道复杂的工序。它是用一半发面,一半死面,再加少量食油和好后,内敷少量五香粉、油、盐及其他佐料先做成油饼。接着在正面用毛刷刷上一层水后,扣在用面箩筛铺得非常均匀的芝麻仁上面(芝麻仁须提前拣好淘净浸泡,夏天浸泡1~2个小时,冬天浸泡7~8个小时,泡好的芝麻仁必须用湿布盖好,以保持水分,保证芝麻仁的饱满)。

登封焦盖烧饼

然后将粘芝麻仁的一面朝上放在炉鏊上,烙得面皮干涸出浅花为度,再翻过来烙贴芝麻仁的一面,烙得芝麻仁发黄为度,而后起饼放入炉圈内直接烘烤,先烤底,后烤面。若使小火20分钟,就会烤出硬盖烧饼;若用旺火10分钟就会烤出软盖烧饼。至于焦盖烧饼,还需再加一道工序,即在圆面团时,用右手拇、食、中指捏住蘸有油、盐、佐料的小面块尾部不放,同时在左手心把面团圆圆后,顺手将小面团捏扁,贴入一层油面,然后包好,再打成圆饼,铺上芝麻,像炕硬盖烧饼一样炕好后,焦盖就会翘起来,入口酥脆焦香。

◆颖阳牛舌头锅盔

颖阳锅盔是和登封芝麻焦盖烧饼齐名的特色面食。其形状一头厚一头薄,一头大一头小,约有半尺多长,因原产于登封颖阳而得名。相传青牛精曾祸害四方,吕洞宾变为美女咬掉其舌头将其制服,为纪念此事人们炕制出形如牛舌的特色食品。颖阳牛舌头锅盔以质脆肉厚、筋软可口、味香宜人、面味悠长而闻名。

◆大隗火烧

大隗火烧即新密市大隗镇烧饼,中间薄,边上厚,上面沾满了芝麻。大隗烧饼很容易揭成两层,便于夹肉。最神奇的是揭开后中间还有一层抹了香油,像舌头一样,吃起来又香又软。

烙馍

◆烙馍

烙馍是在中间凸起四周漫平的铁鏊子上烙成的一种薄饼。它与摊煎饼很相似,但与摊煎饼又有所不同。做煎饼的面是稀面糊,而做烙馍的面是揉好的硬面团。面擀好以后,小擀杖随手一挑,不偏不斜就搭到鏊子上,核桃大小的面团,就能烙出直径约一尺的圆如月、白如雪、薄如纸的"张子"。

◆煎饼

摊煎饼至今已有数百年的历史。煎饼是粗粮细做的一种方便食品,其原料广泛,制作简便,易于携带和保存。煎饼的做法通常是先把谷子、玉米拿到石磨上压碎去皮,用水泡透,再用石磨磨成糊。煎饼糊磨得要细,稀稠适当。摊烙时鏊子放在火上烧热,刷上一层油,舀一勺糊倒在鏊子中间,再用木扒子把米糊向右旋转摊开,摊成平而薄的圆饼。摊的时候手要麻利,火候还要适当。待白色的圆饼变成金黄色,把它慢慢揭下来,再翻过来烙一下。好的煎饼薄如蝉翼,厚薄均匀。刚刚从鏊子上揭下的煎饼很柔软,可以将其卷大葱来吃。刚摊好的煎饼色泽金黄,酥软可口,香气扑鼻,若蘸蒜汁,味美异常。

◆芝麻干饼

煎饼

芝麻干饼是跟平常的烙饼差不多的一种面食,只不过比烙饼要薄,近似于透明,表面有芝麻。制作方法是:把淘洗干净的芝麻同面粉和在一起,再拌上盐等调料,和成一块大面团,揉到面团发亮,再把面团切成许多均等的小份,用擀面杖擀成薄薄的、大如蒲扇的饼皮,放在锅里烘烤,边炕边不停地翻动以免烤糊。炕好的干饼一个个晾着,随吃随烤。面里也常和上些鸡内金粉,以消食、健胃、止咳。

◆绳头麻花

绳头麻花分甜、咸两种。具体方法是:用精粉、纯香油、纯白糖、盐、碱面,经过兑料、打花、兑水、和面、切剂儿、揉条、烹炸等七道工序制成。其色泽金黄透亮,口感香甜酥脆,形状似麻绳头,故曰"绳头麻花"。

◆豌豆糕

豌豆糕是嵩山地域由过去流传至今的一种小食品,工序简便,即将豌豆泡胀,去皮煮熟,放白糖搅拌匀,用木制工具压实,笼蒸至豆粒不易散结的垛状即成。特点:色泽橙黄、沙甜质软、豆香清盈。

◆油炸桧

油炸桧,即油条,嵩山地域传统的早餐小吃。传说南宋时,有卖早点的饮食摊贩用面团分别搓捏成形如秦桧和王氏的两个面人,绞在一起放入油锅里炸,并称之为"油炸桧"。此后人们争相仿效,各地都出现了油条这一食品。特点:色泽黄亮,松泡脆香,根根酥韧,长短粗细均匀。

◆豆沙糕

讹称瞪叉糕,是嵩山地域流传较广的一种小食品,通常只有小贩沿街叫卖,起始何时无从考证,但流传至今,深受老人、孩子的喜爱,可见生命力之旺盛。豆沙糕和豌豆糕作法基本相同。

◆咸食菜

咸食菜是嵩山地域城乡群众喜爱的一种小食品,过去一般在过年时每家做一些以丰富节日餐桌上的食物或供家里的老人、孩子们享用。现如今已成为平日居家的一种菜面结合的一种食品。材料为:萝卜、面粉、五香粉、味精、盐、食用油。做法:将萝卜切成细丝,漓水后,放入由佐料调成的面糊里,下入温热的油锅中炸至金黄色即成。特色:里嫩外焦、香美可口,色泽金黄、香味扑鼻,健胃增食。

咸食菜

◆油旋儿

油旋儿是一种旋涡状葱油小饼。最早出现在清朝。油旋制作方法为:首先将面粉加适量水和少许精盐和好,醒2小时后,下剂,擀皮。将擀好的皮抹油、精盐、葱花,卷好,再擀。再入油成剂,再擀如此几次。放在炉上层,淋花生油烙制。然后放进鏊子下面的炉壁烘烤,中间翻烤一次,至金黄色成熟即可。刚出炉的油旋色泽金黄,内软外酥,葱香扑鼻。因其形似螺旋,故名油旋儿。

油旋儿

◆馓子

馓子是一种油炸食品,形如盘酥,入口焦香。清油细面馓子的制作方法为:将面粉放入盆内,兑入温水,放入鸡蛋和盐,同时把面揉成柔软光滑有筋力的面团,盖上湿布饧20分钟。然后在案子上抹些油,把面放在案子上,在面皮上抹一层油,搓成筷子样粗细的一根长条,分层盘入盆

馓子

内,并层层刷油。接下来将面条的一头夹在左手的虎口处,用右手捋住面条,往左手并排伸出的4个指头上缠9～10圈,再取一双筷子,撑在缠好的面条圈套内,用双手拿住两头,往外抽至20厘米左右长,投入七成热的油锅中,刚一见热,立即将一头扭一个半剂,然后抽出筷子,在油锅中炸至定型,成柿黄色捞出即成。

2. 面条类

嵩山地域的面条类食品种类也很多,主要有捞面条、汤面条、浆面条、糊涂面、蒜汁面条、红薯面条、羊肉烩面、卤面等。

◆捞面条

捞面条是嵩山地域人们的家常便饭,尤其夏天几乎每日一顿。先是把青菜、鸡蛋、西红柿或黄瓜、肉丝炒好,做一锅菜当浇面的卤头,然后在另一个锅里煮好面条,捞出面后,夏天在凉开水里过一次,冬天就直接浇上菜卤头,既省事又方便快捷。

◆汤面条

汤面条是春秋及冬季人们的主食。汤面条的做法是:先把里脊肉切成又细又长的肉丝,把大葱、蒜、姜、干辣椒切丝,用旺火把油烧得冒烟时加入肉丝翻炒几下,再迅速放入盐、大葱、蒜、姜、干辣椒、胡椒粉等调料翻炒一下,加入滚水后,下入手工擀制的面条。待面条熟时加一点青菜、蒜苗、味精、小磨香油,一碗喷香可口的汤面条就做成了。

◆浆面条

又叫小罐饭,常见于中岳庙会上,是嵩山地域家常面条饭食的一种,但与普通面条的味道截然不同。浆面条的主料是面条,配料是一种特制的面浆水。做浆时,先把绿豆或豌豆用水浸泡,膨胀后放在石磨上磨成粗浆,用纱布过滤去渣,然后放在盆中或罐里。一两天后,浆水发酵变酸,把酸浆倒在锅里煮至80℃的时候,浆水的表层泛起一层白沫。这时,要用勺子轻轻打浆,浆沫消失后,浆体变得细腻光滑,再放入香油、五香粉等调料。待浆水煮沸时,把面条下锅,勾入面糊,再放入盐、葱、姜、花生、芝麻、黄豆、芹菜、辣椒等调料,这样,浆面条就做成了。因为这种煮面条的方法是在浆水中下面条,所以人们都叫它"浆面条"。浆面条余香满口,回味无穷,倍受人们喜爱,因而在嵩山地域的洛阳、郑州等市县的车站、集贸市场、大小街道人群聚集的地方,都能见到浆面条这种独特的风味小吃。

◆糊涂面

糊涂面是嵩山地域大众居家生活当中的一道主食,为大众所钟爱。制作方法是在做面条的汤内搅入面糊。先下面条再和入黄面糊,然后把炒熟的花生、芝麻、葱、姜、蒜末等放入面中,芳香扑鼻,沁人肺腑。汤内还常常放些红薯叶、芝麻叶、干菜、酸菜或新鲜青菜。这种带糊的面条,人们俗称为"糊涂面"。吃糊涂面时,可根据个人口味和喜好佐以辣椒油、炒青尖椒、韭菜花、糖蒜、腌萝卜条。特点:素香绵软、糊口热乎。

◆蒜汁面条

也叫"蒜面条",是嵩山地域夏季人们常吃的一种面食。面条在沸水中煮熟后捞出,放在凉开水中拔一下,拌以蒜汁、苋菜、荆芥和黄瓜丝,吃时清凉利口,防暑降温。

◆红薯面条

做红薯面条的关键是用开水烫红薯面,加点碱面,这样不会太软。手工擀制,切成小指宽的面条,煮时下些青菜。煮好后,浇卤汁拌吃,或浇蒜汁搅拌,味道鲜美,筋道滑溜,甜润爽口。

◆ 羊肉烩面

羊肉烩面是嵩山地域最具特色的面食之一。它是一种荤、素、汤、菜、饭兼而有之的传统风味小吃,以味道鲜美、经济实惠而享誉嵩山地域。羊肉烩面的高汤是用太行山区一年生的小山羊腿骨加入党参、当归、黄芪、白芷、枸杞等多种中药熬制而成,用它煮面既去了羊肉的膻味,又消减了羊肉的火气。烩面是用优质小麦面粉制成。和面时将鸡蛋和盐揉入面粉中,反复揉搓,使其筋韧。和好一次面通常要加4次盐,其量和间隔的时间非常讲究。煮面时,抓起一块扯开抖动,面块便由粗变细,被拉成宽约2厘米的薄面条,在滚水里浮沉几番也不易断开,再加入少许红薯粉条同煮,烩面便盈润如百合瓣,外滑内韧,汤的鲜味细细渗透进面里,鲜香扑鼻。然后加上黄花菜、木耳以及几块煮熟的上好鲜羊肉,点缀鲜红的枸杞和新鲜香菜,便是一碗浓酽醇厚味美的羊肉烩面。烩面是嵩山地域的经典面食,常食能使人皮肤细腻,并且还有一定的滋补效果。

◆ 卤面

卤面是嵩山地域一年四季人们常吃的一种美食。卤面的做法为:先把面条放在笼箅子上蒸,同时把肉片用盐、酱油、胡椒粉腌上,大蒜切片,韭菜切段儿备用。炒锅放油,油热放肉和大蒜、黄豆芽、蒜薹、豆角、酱油、盐和胡椒粉,加少许水,烧开放韭菜、味精即可。把蒸好的面条放进菜中拌均匀后再放回箅子里,盖上锅盖蒸15分钟就可以食用了。

◆ 浆米清儿

浆米清儿是浆面条的一种改良和延伸。即在浆面条制作基础上,又增加一道工序,提高了技术难度,除保持原有风味外,比浆面条更富特色。由于工艺较为复杂,制作技术不易掌握,过去只有技术娴熟的巧厨或钟情于浆面条的食客才能做出地道的浆米清儿。该小吃虽通常、普遍,一些人家为饱口福,往往求助深谙妙法厨者。现如今,几乎见不到。但一些知道浆米清儿的"老洛阳",每谈及此,津津乐道,赞不绝口,回味悠长。用料:与浆面条同。做法:用浆水将小米煮熟,熬制成小米稀饭状,下面条,放菜、佐料等,其他工序做法与浆面条同。特点:酸淡糊口,米香清逸。

◆ 饸饹面

饸饹面是嵩山地域人们喜爱吃的一种面食,制作者把和好的荞麦面、高粱面(现多用小麦面)放在饸饹床子(做饸饹面的工具,有漏孔)里,并用杠杆直接把面挤轧成长条在锅里煮熟,捞出后拌炸酱(肉或鸡蛋都可)拌着吃,面条筋道,风味独特。这种传统独特的饮食制作方式,不知从何时一直延续至今,成为嵩山地域的美食。

◆ 绿豆面条

绿豆面条就是用绿豆面加工制作的面条。作捞面条和汤面条都可,作法和其他面条做法相同。特点是绿豆味鲜浓,面条筋道,口感特别好。

3. 汤粥类

嵩山地域的特色汤粥类小吃主要有玉米糁、小米粥、大米粥、甜面汤、牛肉胡辣汤、丸子汤、酸汤面叶、茶糊涂、八宝粥等。

◆ 玉米糁

嵩山地域人们普遍爱吃的一种粥饭。玉米糁就是在玉米成熟后去皮,上磨子粉碎成小颗粒,大约是放在手里有沙粒感的大小,也可磨成很细的面粉状。作法,就是水烧开后,将玉米糁均匀地撒入锅内,搅匀,然后用中火慢慢地煮成黏糊状即可。嵩山地域人们吃玉米糁有一个习惯,就是在里面煮红薯,名叫玉米糁煮红薯,家家户户都爱吃。早饭、晚饭,很多家都是这种饭。特别是早饭,十家就有九家都是玉米糁。

◆小米粥

小米粥就是用小米熬成的粥,这是嵩山地域人们常吃的家常饭。过去,小米少,小米营养丰富,只有病人和月子婆娘才能吃的。现在,人们生活好了,小米算是家常便饭了。

◆大米粥

大米粥是用大米熬成的粥,以前因为嵩山地域很少产大米,所以食用的不多。现在,大米粥也是百姓生活中的家常饭。

◆甜面汤

甜面汤是嵩山地域人们的特色饭。甜面汤没有糖,就是用小麦面粉烧成的稀面糊,但家家户户的人都爱喝。它和玉米糁一样,都是嵩山地域人们的主要的汤粥。

◆面旗

面旗和甜面汤一样,都是没放糖的饭。做法,就是将面擀成面皮,切成菱形状,锅开后,将面旗下到锅内,煮熟后,再将少许的面糊倒入锅中搅匀,煮沸即可。特点是面香味浓,解渴润胃。

◆牛肉胡辣汤

牛肉胡辣汤是小吃系列中的一绝。它源于清代中叶,兴于民国初年,之后花样不断翻新。牛肉胡辣汤的特点是稀稠均匀,咸甜适中,肉烂如泥,酸辣可口,香味四溢,是人们最喜爱的传统早餐。胡辣汤的做法为:先将红薯粉条和切碎的牛肉放入铁锅里炖,同时加入花生仁、芋头、山药、金针菇、木耳、干姜、桂仔、面筋泡等。待八成熟后勾入适量精粉,不断搅拌。然后兑入配好的调料及花椒、胡椒、茴香、精盐、酱油,加食糖少许,一锅色香味俱佳的胡辣汤就做成了。胡辣汤无冬夏之分,四季皆宜。它不但是一种传统的美味佳肴,而且具有抗感冒、美容、健脾、开胃等良好保健功效,因而成为人们早餐时的首选。

◆牛肉汤

牛肉汤是嵩山地域中最为普遍的一种汤。牛肉汤分甜牛肉汤、咸牛肉汤两种,甜牛肉汤即不放盐、辣椒和配菜,汤鲜肉嫩,可迅速补充体内所需营养和水分;咸牛肉汤除各种佐料齐全外,再浇以辣椒油,格外出味,冬天喝浑身冒汗,夏天喝痛快淋漓。

◆臭杂肝汤

臭杂肝汤的佐料与牛肉汤基本相同,不同的是制作工艺独特,配料用是牛下水(杂肝)在汤中加工煮制后加以特殊处理,其气味既有牛肉的香味,又散发着下水的异香,因香味特别,无法形容,故戏称为"臭",实着闻香诱人,而非闻"臭"生厌。臭杂肝汤历经年代久远,吸引众多食客,就是人们爱享受这种汤肥肉纯,异香独味的醇厚。

◆丸子汤

丸子汤味浓厚,丸子嫩香,咸香爽口。制作方法为:首先将精瘦肉洗净,切块,和葱剁碎,放入盆内,加入精盐、鸡油、胡椒粉、味精,加鸡蛋搅拌均匀,加水150毫升,随倒随搅,和成肉泥。然后用小勺舀糊,在热油锅中炸制成丸子。最后,往锅内放油烧热,把胡萝卜丁、葱头丁放入,随之放入胡椒粉、干辣椒,炒熟后加入精盐,调好口味,加水,待水开后把丸子放入,微火稍煮,撒上香菜即可。

◆羊肉汤

羊肉汤对嵩山地域的人来说,是一种温补汤。辅料讲究,佐料齐全,汤肥肉鲜,不膻不腻,喝后浑身轻松、有劲,是补肾补虚佳肴。制作方法,将羊肉提前煮好,切片入碗,同时放入各种佐料,用煮羊骨肉的沸汤冲入即可。

◆驴肉汤

驴肉汤辅料特别,味浓汤厚,肉香质纯,再配以白血(血清蛋白经特殊工艺加工而凝固的豆腐状血块)。春、夏两季食用,温而不燥;秋、冬两季食用,滋补壮体。

◆酸汤面叶

酸汤面叶白亮透明,鲜香清淡。制作方法为:手工擀出薄如叶片的大面皮,用刀切成形如树叶的小片,清水煮制,加香油、醋及几片青翠的香菜叶子即成。

酸汤面叶

◆茶糊涂

茶糊涂是人们因春节期间吃油腻东西过多而在元霄灯节前后食用的一种特色饭食。它是先将小米或黄豆炒熟磨面后做成面汤,再加入豆腐丁、肉丁、黄豆、花生、红枣、杏仁、芝麻、粉条末、佐料面等熬制而成。其味道鲜美,营养丰富,咸香宜人,余香悠长,是登封人民非常喜爱的粥食。

◆八宝粥

八宝粥原是腊八节的传统饮食,现成为四季皆宜的早餐。八宝粥主要成分为桂圆、莲子、薏仁、花生、红豆、绿豆、麦片、糯米、冰糖等,有利水疗湿、健脾补肺、养颜护肤、轻身益气、阻止癌细胞生长等功效。

茶糊涂

◆调浆饭

调浆饭是浆饭(把以浆做主料的饭食称浆饭)的一种做法。与浆面条、浆米清儿做法几乎相同,但去掉一种主料——面条,改作为辅料的大白菜为主料。即整碗饭不见面条,只有蔬菜。吃起来和浆面条不同,不但味美,且营养丰富。

◆绵枣汤

嵩山上有一种叫作绵枣的野生植物,是一味中草药,叶圆长,像韭菜叶样,根部结果像大蒜,能清热生津。当地人将它采回家后,将它的果实洗净放入锅中,用小火慢煮熟以后,再将它倒入罐中,浸泡一至两天即成。即吃果实又喝汤,味道甜美,沁人肺腑。如今人们又给它取了个别致的名字"嵩山人参果"。

4. 肉菜类

嵩山地域的特色肉菜类美食主要有扣碗红烧肉、大酥肉、小酥肉、烩羊肉、羊肉杂个、五香牛肉、酱牛肉、红烧肘子、杂烩菜、卤鸡、酱猪蹄、酱鸭等。

◆扣碗红烧肉

扣碗红烧肉的特点是色泽红亮,肉烂绵香,余味深长。制作方法:将五花猪肉洗净,烧开一锅水,把五花肉放进去煮至七八成熟,捞起沥干水分,抹盐,腌制半小时左右;锅内放油烧开,把腌好的肉放进去炸,皮在下肉在上,然后翻转过来,直至全部炸成金黄色,捞起备用;准备一碗调味汁:姜蓉、碎葱、生抽、老抽、蚝油、白糖、盐等拌匀;把炸好的肉放凉不烫手后,切成一小指厚的片状,皮在下肉在上,一片一片地在大碗内摆放好,均匀地浇上调味汁;放进蒸锅蒸1.5~2小时,取出蒸好的大碗,放至不烫手后用手端着碗,轻轻蓙出汤汁,用盘子盖住大碗,双手瞬间倒扣,拿掉大碗即成"扣肉"形状;烧热锅,放一点点食油,转小火,将调好的芡汁煮成透明状的玻璃芡,浇到扣肉上即成。

◆烩羊肉

烩羊肉的特点是量足,肉烂,味醇正。煮汤料用的佐料是根据季节的变化分别投入提神、清热或滋养的香料。其中以登封卢店冯石头的烩羊肉最为有名。

◆酱牛肉

尤以登封石道五香酱牛肉最为出名,其为选用优质牛肉,采用传统工艺和配方精制而成,是一种风味独特的传统肉制品。制作方法为:选膘肥肉满的新鲜牛肉,洗净后剔骨,按前腿、后腿、腰窝、腱子等不同部位截选,将截选好的肉块清洗后按肉质老嫩分别放置。然后调酱,将面酱和适量的清水在锅内搅拌均匀,捞出酱渣,约煮1小时,撇掉浮沫用大火烧煮。接着码锅煮制,用滑头垫锅底,将较老的肉码在下部,腿和腱子码在中层,嫩肉码在最高层。待锅烧开后,将丁香、砂仁、桂皮、大料、茴香、花椒、甘草、陈皮这些配料装袋投入锅内,用压锅板将肉压好,烧开4个小时。开锅第1小时撇去浮沫、杂质以去腥去膻,每隔1个小时上下倒锅1次,使每块肉熟烂一致。根据耗汤情况酌情加入老汤、盐、酱油和肉汤,再用文火煨煮,最后视熟烂程度出锅。出锅时保持肉型的完整,晾凉后即为成品。由于选料认真,制作精细,火候适度,五香酱牛肉表面油亮,切面色泽一致,肉质脆嫩利口,肥而不腻,瘦而不柴,不腥不膻,香味浓郁。

羊肉杂个

◆羊肉杂个

羊肉杂个是自民国时起登封极具盛名的一种小吃。制作方法是:把羊肉内脏切块,先过水,把肉质里边的血水涤清去腥后下锅炖。然后,坐锅点火倒入底油,油热后放入姜片,煸炒出香味后倒入开水,加盐、鸡精、料酒、胡椒粉调味,水烧开后先放入煮熟的羊肉内脏,再放入白萝卜,用小火煮至萝卜软熟,撒上葱丝和香菜叶即可出锅食用。20世纪90年代后,从初始的羊肉杂个做汤演变为纯羊肉汤或杂个与羊肉混合汤。其特点是汤清味美,羊肉鲜嫩爽滑,馨香扑鼻。

◆五香牛肉

以新密大隗镇五香牛肉为代表,历史悠久,经创始人马玉顺及经几代人研制改进,配方独特,工艺严密,加工精细,具有色鲜、味美、肉烂筋香等特点,食时气息芳香,余味悠长,味道出众,在中州大地享有盛名。

◆红烧肘子

红烧肘子色泽金黄,醇香软嫩,肥而不腻,色、香、味、形俱佳。制作方法为:先将猪肘刮洗干净,顺骨缝划切一刀,用沸水焯去血沫,放入汤锅煮透捞出,剔去肘骨,表皮涂抹糖色,再放入垫有猪骨的砂锅内,加入煮肉原汤及葱节、姜、料酒在旺火上烧开。然后将洗净的雪豆下入开沸的砂锅中,盖严,移小火上煨炖约3小时,直至用筷轻轻一戳肉皮即烂为止。吃时放川盐连汤带豆舀入碗中上席,蘸以酱油味汁食之。

大隗牛肉

◆卤鸡

登封卤鸡最有名,有100多年的历史,又以马家最为著名。马家烧鸡的特殊就在于卤汤中一年四季的下料与众不同,即春天下入提神的香料(药物),夏天加入降温的香料,秋冬以补养为主。

◆潘金和烧鸡

潘金和烧鸡是洛阳的一种名吃。制作精细,味道纯正,皮色黄中透红,肉质外焦里嫩。因其风味独特,经营灵活,因而生意兴隆,曾远销山西、陕西等省,深受顾客欢迎。如今经营潘金和烧鸡的是潘金和的独生子潘栓柱,许多上了年纪的老顾客品尝后说:风味不减当年。

◆红烧鲤鱼

红烧鲤鱼呈黄色,鱼嫩蘑香,汁浓味美。其做法:在锅中放入适量油,然后将鲤鱼放入锅中煎。鱼两面煎得都差不多了,再往锅中倒入一碗水继续烧鱼,并放入料酒、生抽、姜丝和盐,然后盖上锅盖。鱼熟后将青红椒等辅料洒入锅中的鱼汤中翻炒调味,再将勾芡均匀。最后倒入盘中即可。鲤鱼在嵩山地域的比较普遍,有野生的,也有水库、池塘专养的,所以红烧鲤鱼是人们常见的菜肴。

◆小酥肉

小酥肉原是穆斯林的一款清真名食,后来改进了制作工艺,成为一款大众化小吃。制作方法是:先将羊肉放进碗里,加入酱油、干淀粉、面粉和鸡蛋,搅匀挂糊。接着将锅上火,加菜油,用旺火烧至七成热,逐个下入已挂糊肉片,炸至焦黄色时捞出,沥去余油。然后装入碗里,加入鸡清汤或高汤、酱油及适量精盐、葱段、鲜姜、八角等,上笼用旺火蒸约1小时即成。其特点是肉质酥烂,香醇味厚。

◆大酥肉

大酥肉是人们年节时的一种美食。先将猪五花肋条肉去皮,切成肉片,用盐水、酱油拌后加入鸡蛋、面粉,用粉芡拌匀。然后,锅内加花生油,烧至七成热,将调好的肉下锅,炸至柿黄色捞出,放在扣碗内,放入大茴香、花椒、葱姜丝和高汤,上笼蒸40分钟,去掉大茴香、花椒、葱姜,扣在海碗内,浇上汤汁即成,味美可口。

◆杂烩菜

杂烩菜是嵩山地域常见的一种美食。旧时,人们生活贫穷,杂烩菜是逢年过节或招待来客的一种美食。现在,人民生活富裕了,杂烩菜也就成了人们生活中的家常便饭。杂烩菜就是把白菜、粉条、白豆腐、油炸豆腐、肉丸子等放在一起,再加上姜、葱、香菜以及其他佐料熬成一大锅。吃时一人一碗,或就蒸馍,或吃大米,既简单方便,又经济实惠。

5. 含馅类

嵩山地域的特色含馅类美食主要有家常包子、水饺、水煎包、小笼包子、菜馍、菜合子、鸡蛋灌饼等。

◆家常包子

家常包子是嵩山地域老百姓餐桌上的家常饭,特点是包子皮松软,包子馅味道好吃。制作方法:将面发酵好备用。将肉和红萝卜、包菜等切好放入盆中,放入葱、鸡精、盐等搅拌均匀,后将面团切成一小块,再擀成皮,开始做包子。包好之后,放入锅中开始蒸,15~20分钟后出锅即成。

◆水饺

水饺的馅有荤素之分,荤馅有三鲜、鱼馅、鸡肉、猪牛羊肉等;素馅则有全素馅和半素馅之别。在调制馅料时要加些葱姜末、香油、花椒水、味精等调味品,素馅还得加五香粉。制作面皮时,和冷水面团,下剂、擀皮、包馅成型。饺子包好后,水沸下锅。食时蘸香油醋汁,佐大蒜瓣食之,皮嫩柔劲道,馅味鲜美,是传统的节日食品。

水煎包

◆水煎包

水煎包制作方法是:首先把肉剁碎,放入酱油、精盐煨起,再将切碎的姜、葱与调料一起放入肉里拌好,再加入剁碎挤压出水分的白菜或萝卜及香油,拌匀成馅。然后将面粉与酵面兑好加入温水和成面团,再用碱水揉匀,揪成一个个小块,逐个擀成小圆片。接着,用面皮包上馅成大饺子形,摆放在刷匀油的平底锅里,摆满为止,淋入食油,盖上盖儿,大火煎5分钟后,倒入稀面糊,再盖住煎焖,待底部呈焦黄色时,用铲将四周与鏊底分离,大翻鏊,离火即成。

◆小笼包子

小笼包子历史悠久,风味独特,是嵩山地域著名的食品之一。小笼包子选料讲究,制作精细,通常采用猪后腿的瘦肉为馅,精粉为皮,爆火蒸制而成。外形美观,小巧玲珑,皮薄馅多,味道鲜美。

◆菜馍

菜馍是嵩山地域城乡人皆爱吃的一种带馅类的饼子。制作方法:将面做成两张薄圆皮,在一张上放入提前切好的菠菜或苋菜、韭菜、君达菜叶等,然后把另一张面皮覆盖在上面,放到鏊子上烙熟,再用蒜泥、辣椒、姜、香油、醋等搅拌成汁,用菜馍蘸汁食用。

◆菜盒子

菜盒子与菜馍制作方法相同,所不同的是,菜馍中的菜是不放盐不调味的,菜盒子中的菜馅是调过味的,烙好后不用蘸料汁,可直接吃。菜盒子所用菜馅大都为韭菜鸡蛋,味道鲜美。

◆鸡蛋灌饼

鸡蛋灌饼是饼中间夹有一层鸡蛋。制作方法:平底锅上放一层油,将面和好后,做成一薄饼,放在锅里,待面发热后,将一鸡蛋打到饼上,用锅铲抹匀,待鸡蛋凝固后,往上面抹一层提前调好的酱汁,然后,再往上面盖一层薄饼即可。特点,浓香可口。

6. 其他

嵩山地域的特色风味小吃除了馍饼类、面条类、汤粥类、肉菜类、含馅类之外,还有其他一些特色美食,如水席、焖子、胡粕、萝卜丸子、糯米粽子、炒凉粉等。

◆水席

水席是以汤水为主的一套传统宴席。其名称的由来,在于一是紧扣水席汤水多的特点,二是指似水流云般的上菜顺序。整桌席由24道菜组成,即8个冷盘(凉菜)、16道热菜。关于水席的来历:一是16道热菜全都离不开汤水,二是上菜按程序一道一道缓缓而上,即撤一道,上一道,似行云流水。整个一桌席由菜的内容与用法形式的臻美统一,故取名曰:水席。水席的格式非常讲究,8个凉菜、16个热菜不能有丝毫偏差。客人到齐坐定后开始上凉菜,8个冷盘分为4荤4素。16个热菜中又分为大件、中件和压桌菜,上菜顺序非常严格,一个大菜和两个略小的中菜搭配成组,一组一组上,味道齐全,丰富实惠。水席独到之处是汤水多,菜、汤交替食用,能使人肠胃舒适。24道菜的最后一道菜是鸡蛋汤,即为送客汤,表明水席结束。洛阳水席的主要特点有四:一是有荤有素,有冷有热,有甜有咸,用各种菜肴组合而成;二是素菜荤做,粗粮细做,以假做真;三是可繁可简,可高可低,可丰可俭;四是就餐方式符合卫生要求,每道菜上桌,服务员用公勺直接分到客人碗里,这种中餐西吃的方式受到卫生部门的肯定和表扬。

嵩山地域的洛阳、偃师、伊川、登封等县的农村待客,都有用水席的习惯。水席一直保持着传统的饮食风格,是平时民间婚丧嫁娶、诞辰寿日、年节喜庆等礼仪场合很受欢迎的一种宴席,人们亲切地称它为"三八桌"。嵩山地域中,洛阳水席最为有名,相传,唐朝女皇武则天品尝过洛阳水席后,倍加称赞。

◆焖子

焖子是流行于禹州、汝州和登封东部的一道特色菜肴。制作"焖子",是把当地特产的粉条和红薯粉芡、蛋清、水加以葱花、姜末、料酒、小磨香油、精盐等调味料调和均匀,堆成圆盘状放入蒸笼,大火焖蒸而成,因此而得名"焖子"。焖子的食法多种多样,可与多种食材搭配,进行煎炒,特点是筋道好吃。常见的是香煎、焖炒和烩菜。在嵩山地域的焖子中,登封市大冶镇的焖子最为有名。

◆胡粕

君召胡粕原产于登封君召乡而得名。其制作方法是先炕制胡粕馍,然后将其切碎,放入已炒好的菜中烩制而成。

◆萝卜丸子

萝卜丸子松软可口,香脆润滑,是一种美味可口的传统食品。制作方法:首先将萝卜切丝再切丁,然后加适量面粉、盐、味精、胡椒等调料,下油锅烹炸即成。

◆糯米粽子

糯米粽子原只是端午节传统食物,是人们日常喜欢吃的可口食品。做粽子的糯米须用上等白元米,适当浸泡,保持软性。粽叶去根蒂、煮沸,裹扎时把米粒放均匀,加入枣、果脯、豆沙,包成三角形,然后用五色线缚粽子。接下来急火煮,慢火焖,熟后出锅用凉水浸泡。这样制作的粽子色、香、味、型俱佳,保存期较长,别有风味。

◆汝州槲坠粽

汝州槲坠粽,汝州的特色粽子,有千年的历史。汉时汝秀(汝州人)做粽不下百种。今传下的槲坠粽唐代时曾作为洛阳宫内素膳之物。槲叶醒脑祛湿,端午食之,杀百毒诸虫……临近端午节,家家将

备好的糯米、红枣或花生仁筛选干净,用清水浸泡一天一夜。待到米粒儿膨胀、红枣花生色鲜饱盈,便可使用了。包粽子用的是最上乘的槲叶。汝州城南、城东的山上,生长的槲叶面阔若团扇,油绿呈黛色,韧而不脆。人们采摘后,将其洗净晾干,将调好的粽子馅填放叶内,握两头,裹中间,形成长约20厘米的纺锤,最后用五色彩线捆扎而成。为使粽子好吃,包时,在馅内甩些清水,这样的粽子煮后味道清香,爽口不黏滞。汝州槲坠粽的煮粽子水也是有讲究的,先要将稻草灰用细布裹起淋汁水,才可将裹成的粽子入煮。说用此水煮出的粽子色表不污,有泥荷之香。粽子熟后放在汤中不捞出可存月余,其味不馊。汝州槲坠粽的特点:在极有特色的香味中,夹带着微微的甜味,吃起来让人回味无穷。

◆炒凉粉

炒凉粉是嵩山地域人们喜食的一种风味小吃。凉粉以红薯或绿豆淀粉打制而成。炒凉粉就是以凉粉为主料,加入少量的油,把凉粉放入平底锅内,然后佐以豆酱、青蒜苗、姜,用锅盖盖住焖少许。炒好的凉粉热香鲜嫩,焦而不糊。

◆郑州炒凉粉

郑州炒凉粉的特点是香辣,热气腾腾,味道浓郁。制作方法:用平底锅上油,将凉粉切成小块,炒成糊状,再加入切碎的青蒜苗、麻辣酱,煨成一体,即可。

◆烙馍卷菜

烙馍卷菜的特点是菜多,味好,实惠,营养丰富。作法:将辣椒、土豆丝、海带丝、豆腐皮、豆角、绿豆芽、包菜等多种炒菜放在一起,在一张烙馍上,放上多种爱吃的菜,然后洒上芝麻酱、辣椒油,将烙馍卷成一筒状,即可食用。

◆黄菜

嵩山地域的城乡,人们冬季有一个习惯,即制作一缸的黄菜,可用来制作糊涂面、炒黄菜,或制作包子、菜盒都可以。特点菜品筋道,味道酸浓,下饭爽口。

◆腌韭花

腌韭花的原料是来自于秋季韭菜刚开的花。制作方法:将韭菜花、青辣椒、白萝卜放在一起,搅碎,再放入盐,搅拌均匀,放入罐中,作为一种咸菜,用于常年调味菜。特点:时间久长,味道浓郁。嵩山地域过去人民生活水平低,很多家中都是将腌韭花作为早晚的主菜食用。现在人民生活水平提高了,腌韭花虽不是主菜,但它仍在人们的餐桌上占有一席之地。

◆柿子醋

柿子醋,即农家用鲜柿子制作的醋。特点:味道酸中有甜,别于其他直酸的醋。喜爱吃酸的人,甚至可喝醋。

◆谷子醋

即用小米制作的醋,俗称米醋。特点:酸香,味道绵长。

嵩山地域从清末、"民国"到新中国成立前后有很多有名的风味小吃,颇受群众的欢迎。如巩义千层饼、洛阳浆面条、密县绿豆面等小吃。改革开放以后,随着人们生活水平的提高,全国各地各种菜系相继进入嵩山地域,大大丰富了人们的饮食内容。

二、回族饮食

嵩山地域的几个县市,都有不少的回族人。回族人有自己的饮食习惯。回民不吃猪肉,全世界将近十亿信仰伊斯兰教的穆斯林,都是如此。《古兰经》第二章《黄牛篇》规定:穆罕默德禁戒他们吃自死物、血液、猪肉,以及诵非安拉之名而宰的动物。据考,在远古时期,阿拉伯半岛闪米特人以放牧牛羊为主,不养猪,因而产生视猪为秽物的观念。这种观念后来被古犹太人吸收,并写进其圣书《旧约》中。当七世纪伊斯兰教产生时,又把这些禁食习俗传承并写入《古兰经》,为所有穆斯林所遵从。回民不但禁食猪肉,而且还禁食驴、骡、马、狗等肉,以及其他各种猛禽、海兽的肉。

回族饮食

回民是择食而食。凡是"禽食谷""兽食绿(草)"的禽、兽的肉可食。具体地说:凡兽类会反刍的(倒嚼)如牛、羊、驼等类的肉可食;凡禽类有嗉(胃)的如鸡、鸭、鹅等类的肉可食,否则,皆不可食。同时,还不食自死之动物肉。因为自死之动物,血液未出,其质不洁,所以禁食。为什么要请阿訇宰牲呢?因为阿訇是回民的掌教者、监证人,经他所宰的动物(按一定部位下刀),血液全部流出,其肉洁净可食。一般回民,只要身带大净,会念安拉名者,自宰动物也可,否则是不能食的。

回族食品亦称清真食品,其特点是加工精细、清洁卫生。嵩山地域的大街上,凡是回民开的饭店和食品商铺,店面外均有穆斯林的标志。

第三节 居 住

嵩山作为伏牛山的支脉,位于我国五岳之中。几千年来,历代人们在这块美丽的土地上,充分发挥自己的聪明才智,利用这里的山山水水,建造出各种各样的居住设施,形成了自己独特的住房风格、习俗和信仰。

在远古时期,古人类居住在"橧巢"和"地窟"中。这在我国的许多古文献中都有记载,如《诗经·大雅·绵》描述太古人居所是"陶复陶穴,未有家室",《礼记·礼运》篇也载有"昔者先王未有宫室,冬则居营窟,夏则居橧巢。"和上古高士许由同时代、巢居嵩山之南的箕山巢父便是巢居的证明。在偃师、巩义、登封、新郑、新密等地的考古发掘中就发现有古代人居住的"陶复"式地窟。

人类进入氏族社会之后,在生产实践中学会了盖房,开始营造房屋,逐步从"橧巢"和"地窟"中走出来,住进了"上栋下宇"式的房屋里。这一时期的房屋是半地穴式的建筑,人们在地上挖一坑穴,穴壁即墙壁,穴四周再接上低墙,然后在四壁和屋的中间立起木柱,木柱上搭起屋顶,在穴壁一边留个斜坡或垒上土阶作为出入口。后来,在不断地改造和发展中,"洞穴"、"橧巢"以"窑洞"、"庵棚"的形式存留在嵩山人们的住房形制中。

夏、商时代,随着阶级的产生,人类的住房形式开始出现差别,奴隶仍住半地穴式房屋,奴隶主则从地穴房屋走出来,住进了地面建筑。从西周开始,地面建筑,日益雅致,建的房屋前有堂,后有室,中间有过廊,左右有房,整座建筑被叫作"宫"。《易·系辞下》曰:"上古穴居而野处,后世圣人易之以宫室,上栋下宇,以待风雨。"这就是对人类进入氏族社会之后,住房形式发展变化的概括。"上栋下宇"的"宫室"就是指其顶部结构上有脊梁(栋)、下有屋檐(宇)的房屋建筑,这种住房形式,一直延续至今。

居住

嵩山民间住房的基本构造大体分两类:一是利用自然物或为了适应自然条件而建起的居住设备,如"窑洞"、"庵棚"。原始系建筑窑洞主要分布在颍河以北、邙山以南一带,各种形式的庵棚在嵩山各地随处可见。二是"上栋下宇"式的住房和由此发展改造而出现的现代住房,这种住房建筑遍布嵩山各县市,建筑形式有草房、瓦房、平顶房和各式楼房。

在古代,嵩山地域贫穷人家住的是土墙草房,石窑土洞;中等人家,一般是砖跟脚、土墙、草顶或瓦顶房;富裕人家住浑砖到顶瓦房,也有两熟山(山墙为砖包墙)、顶窗户砖墙基,多数是三间上房,少数明三暗五;极个别官僚商户,前客厅,后楼院,油漆椽头,推窗亮格,高阔的走马门楼,内有屏风门,大门外有石狮拱护,两侧竖有拴马桩。

"民国"期间,城乡住宅多为土木结构的草房,或造石基砖柱的灰瓦房屋,有三合院和四合院之别。在山区,人们则因地制宜,开辟崖头、挖掘土洞或天井窑院居住。富户人家则建造石基高墙、深宅大院,有二进院,有三进院,多为砖木结构。

中华人民共和国成立初期,人民住宅无大的变化。20世纪80年代后,人们开始建造混凝土结构的平顶房和楼房。进入21世纪,人们多建水泥结构的小楼。

一、民居种类

自古以来,嵩山民居无论采取何种形式,在采光取暖、选择地利、量测坐向上都根据各自的条件,坚持向阳背阴、避风防涝、面水靠山、坐北朝南以及便于耕作、便于生活的原则,而且一直保持着不思华丽、注重实用的住房传统。但在住房类型样式上，呈现出多种多样的特点。

(一) 窑洞式民居

嵩山地域的各县大都地处丘陵山区，因而人们就沟畔崖腹开辟院落，挖凿洞穴，俗名"窑洞"。

窑呈穹庐状，洞口置门、窗，这是我国最古老的建筑形式之一，至今仍保留着上古遗风。它充分发挥了黄土高原黄土的可塑易凿、保温和坚固耐久的自然特性，窑居不仅冬暖夏凉、干燥防潮，而且挖凿方便，只要选好地点，抹好"窑脸"、"窑脑"，便可利用农闲季节，随时开挖，人们称赞它"得山水之势，享自然之乐"。因而，这种形式殊异的窑洞，长期为人们所喜爱。

挖窑洞居住是嵩山地域的先民们遗留下来的传统。窑洞的开挖，一般是依坡靠崖，在崖架高、土质坚硬的崖壁和土坡下面，根据崖壁与土坡的宽窄、高度和土层的硬度，安排挖凿三孔窑洞或一孔窑洞。三孔窑洞，只在中间一孔开门，两边开窗，中间挖个通道连成一明两暗，前边再修接檐，安装明柱，乍一看好像出檐上房，往前再修厢房和门楼，从而组成一座完整的院落。一些人家住在一种房、洞结合窑中，这种外屋内窑的居室是紧接窑洞前盖房，因山就势，自然成趣，初到之人，乍一看，误认为房，进房之后，方知里边还有窑洞。一孔窑洞，人们要先从将开挖的窑洞前脸正中，凿一可置一门之宽、一门一窗之高、其深度又适合门窗前壁之厚的门洞后再扩挖窑体，它巧妙地利用了石和土混合层的坚固的特性，省去了窑洞前壁的垒建，洞体一经挖好，装上门窗便可居住。也有在窑洞一侧再挖"拐窑"，在战争年代，拐窑曾成为人们躲避战乱的藏身、藏物之所。窑顶高的人家，还在窑上再凿"天窑"，从下面窑内挖洞，设梯而上，形似楼房。还有每孔窑洞安一门一窗，不与邻窑相通的独立窑。窑门上置一方格式木窗，冬天才糊纸避寒。

嵩山窑洞分土窑洞、砖石券窑洞和砖券平顶窑洞。

1. 土窑洞

窑挖成以后，除安装门窗外，其余的窑壁全都还是原始的土质，或是用土坯和泥草砌一遍，这种窑叫土窑。

2. 砖石券窑洞

砖石券窑洞多为富裕人家所居住。窑挖成后，用青砖拱门、窗拱，并将窑壁全部用砖或用石垒砌一遍，外层粉刷，和盖的房子无大差别。窑内空气流通，阳光充足，干净舒适，且保暖性能很好。还有一些人工"箍窑"，是纯用黄土坯砌成的窑形建筑，这种窑不坚固，如遇长期阴雨，容易倒塌。中华人民共和国成立以后这种"土坯箍窑"逐渐减少，不少被砖、石箍窑所代替。

3. 砖券平顶窑洞

20世纪90年代以后，嵩山地域农村兴起砖券平顶窑。这种民居建筑一般是选好地基后，采用一面靠崖或四边不临，垒砖起墙。待墙垒到2.8～3米高时，用钢筋拉牢，翻券起拱，拱高采用0.8～1米的弧。券起后，顶用水泥罩面，使之不漏水。这种窑洞保暖性能虽比土窑洞差一些，但透光、防潮性好，而且造价低，冬暖夏凉，多被村民所采用。也有在墙垒起后，每隔一米摆放一根水泥预制梁，然后在水泥梁上翻券起拱。洞券好后，顶部有的用土填平，也有的就依券形粉上水泥。后种方法，虽然在造价上便宜些，但防热保暖性能差。

砖券平顶窑洞

居窑人家很会利用窑洞的自然特性。过去，许多人家的桌凳床厨，皆就窑内自然之壁开凿而成。现在虽多数已为时尚家具所代替，但此风犹存。窑内傍壁凿筑的土炕，令人十分惬意，冬天在炕下洞内点燃柴炭，犹如暖气。

嵩山地域的巩义、登封、新密、荥阳等地都有挖得很好的窑洞，窑内极宽敞，粉饰墙，高级的还有木板楼。还有数百年的历史，至今完好无损的窑洞。

随着人们生活条件的提高，如今许多人家的窑洞用红砖遍砌或用水泥抹光，即使一般人家，也将窑脸修整一新并上设流水檐道，过去那种被水冲刷，残缺不堪的破旧窑脸已很少再见。

4. 天井窑院

在嵩山地域的登封、偃师、巩义、新密等较为平坦的丘陵上，有一种形制奇特的建筑叫"天井窑院"，或叫"地窑"。天井窑院是在平地上挖坑，辟成一个数十平方米大小的方井，即深两丈多的四方宅院，然后在其四壁凿挖窑洞，其中一洞呈45度斜坡通向地面，称"窑漫道"，为居民进出通道。井院内设置出水通道，院内种上树木，沿井院顶部四周筑起带有流水檐道的土墙或砖墙，四周设置院围、打谷场。井院内作仓的窑洞，于窑顶凿孔，直通地面打谷场，孔口置避雨席棚，收获之日，直接将谷场的粮食灌入窑内仓中。

天井窑院

天井窑院也有两进院和三进院之别，即多个井院的组合。当外地人路过井院区，常闻人们嬉笑言语和鸡犬飞扑鸣唱之声，却不见村屋庄舍之形。对于此类窑院，有诗赞曰："上山不见人，入村不见村，院落地下藏，窑洞土中生，平地起炊烟，忽闻鸡犬声，寻觅树影处，农家乐融融。"

5. 窑院村落

嵩山地域的偃师、巩义、登封、新密、荥阳等地方，山地、丘陵中的民居多为窑院村落。村落顺沟沿坪以列,窑院背山面沟而立。人们根据自己宅基大小傍崖挖窑,窑前围院。各家窑洞数目不等。两孔窑者,右为正窑,左为陪窑;三孔的,中为正窑,两边为陪窑。一家长者住正窑。一些人家的陪窑和主窑以洞相连,前面不设门,只开一窗,此陪窑也称"暗窑"。窑院内,一般人家多在院内两侧一角,或在大门外一侧盖设草房,作厨房、牲口房或他用;有的窑院傍崖挖一凹字形院,沿凹挖窑,在凹前设置院墙和门楼;还有的是临街挖一门洞,这就是院门,向内开挖一天井窑院,院内种植各种花草树木,十分幽雅娴静。

窑院之居,有简易者,院内只一两孔窑洞;有十分讲究者,院内汇窑、房、楼等建筑为一体。巩义市康百万庄园,便是这种窑院建筑的典型。

各种窑院,一进院落大门,就是"影壁墙",或称"照壁"。在豫西,影壁墙上开挖一土龛,便是"土地神"俗称"土地爷"的居所。许多人家喜在照壁前种石榴树,在花红叶绿之时,院内景色宜人。

窑院村落中之沟、坪,广狭、深浅不同。沟坪狭浅地方,沟洼夏秋日为阴雨流水通道,平日则为人们进出的路径。坪阔而深的地方,窑院层叠,呈一层、两层或三四层布置,站在上层窑院,沟坪之中窑院尽收眼底。沟深而又狭窄的地方,上部只能建一层窑院,沟底又不能作出入通道,两崖人家隔沟也不能相互交往,人们便在沟口架筑桥梁,桥下为洞,穹庐如门,为沟内夏日出水通道。石桥两侧,筑土砌石,形如城阙,外人初到此地,看不见其沟,误为街道。沟的两崖树木浓密,民居可相望对谈,颇具情趣。窑院村落多以"沟""洼""窑"命名。

长期窑居的人们对居住的窑洞感情颇深,至今许多人家新建现代住室,也要采用窑洞的造型,用砖或钢筋水泥建筑平地窑洞,保持穴居风味。

改革开放以后,随着国内外对建筑与节能、建筑与环境等问题的研究,冬暖夏凉、幽静娴雅的洞穴生活方式得到人们的重视,民间窑居又获得新的生命力,各地都开始着手进行窑洞的革新试验,民间出现了许多新式窑洞和窑洞式的新型住室,这一古老的建筑日益焕发出新的光彩。

(二)"上栋下宇"式住房

"上栋下宇"式的房屋是由天棚、四壁和地板组成的,民间居住的这类房屋无论是草房、瓦房、还是平顶房,大都采取"有梁无柱,以墙为架"即梁椽直接架在墙上的建筑形式。

1. 草房

草房是人类祖先从巢居进化而来的原始房屋,建筑简单,房架由梁(包括梁架)、檩、椽组成,顶部用草覆盖。这种房屋虽然简陋,但形式多样。草房用料,多就地取材,其栋梁房架大多取榆树、桐树、杨树之干做成,直接架在墙上,房顶用黍秆、谷草、麦秸等材料覆盖,檐下密封。房顶覆草极厚,草檐厚达一尺。为

草房

便于通风出烟,檐下均留有较大间隙。

草房建筑方法:先垒石砌成墙基,再用夹板筑夯成土墙,两山墙内插两根柱子,在前后檐上横架两根大梁,梁中竖柱,柱上架脊檩,檩上挂椽,椽上每隔七八寸远绑上几根苇子,苇子上另盖厚厚的一层黄麦秸即成。草房顶部坡度很陡,便利于出水。建草房一般农村人都会操作,邻里相互协助,不需请工匠。其优点是省工省料,但远不如瓦房耐久。草房一般能住10～20年,如茅草腐朽漏水,可除旧修缮。

草房是历代嵩山劳动人民的主要的一种住房形式,由于比较简陋,人们常为阴雨风雪所苦。中华人民共和国成立后,随着生产的不断发展,农村以瓦房、水泥平房和楼房为主的院落、村舍日益增多,草房在不断减少。改革开放以后,嵩山大部分地区的草房已经绝迹。随着社会的不断发展,民间"上栋下宇"式住房中的"泥壁茅屋"终成历史的陈迹。

瓦房

2. 瓦房

用瓦盖顶的房屋,称为瓦房。嵩山民间的瓦房,是用称为"汉瓦"的一种青色的弧形小瓦覆盖。中华人民共和国成立以前,瓦房多为富裕人家的住房。

瓦房的房架和草房一样,设有梁、檩、椽支架,敷以荆笆或木板,外用小青瓦盖之。一般人家瓦下多铺以草或芭席之类,上面再覆以厚厚的"麻扎泥"。富裕人家还要在瓦下铺以"巴砖"(即厚度很薄的方砖)、毛毡等。

嵩山民间盖瓦房十分讲究,人们在房顶上瓦的行数上,喜用单数,恶用双数。据说木工始祖鲁班乳名"双",为避其讳,自然盖瓦也不能用双了。上瓦以严实为好。房坡上瓦的放置大都是有阴无阳,即弧形瓦凹部向上,凸部向下,层层相压,两瓦交界处,以泥灰封实。也有在两行瓦之间,再反扣一层者,以求结实耐久。坡檐有勾檐滴水。

为适应气候特点,嵩山地域的瓦房多出前檐,不出后檐。20世纪50年代以后,嵩山地域出现橙色瓦和红色的砖,人们将这种瓦称之为"机制瓦",将这种砖称之为"机制砖"。一开始,民间将这种机制的砖瓦用于公共建筑的垒墙和盖顶,民居则很少用。到了20世纪70年代,这种机制的砖瓦成了民居建筑的主力军,而且房子都加长了梁檩,增加了高度,安上了玻璃门窗。

3. 缘边房

缘边房就是用草瓦相结合盖起的房屋,嵩山民间称为"瓦接檐""瓦缘边""瓦金边"等。这种房顶部结构和草房、瓦房一样,只是用草覆盖后,再在近房檐处或屋顶脊梁处镇以瓦,以此减轻雨水的冲刷,延长房屋的寿命。缘边房多将瓦缘着屋顶脊梁两侧覆盖。另有一种缘边房,形式独特,除房上缘边盖瓦外,大都还要在房屋山墙上部表面盖瓦,称作"瓦甓",十分坚固。这种房不高,多前后出檐,它适应多变的雨季,无论雨水如何冲刷,山墙始终为瓦甓所保护。

4. 平顶房

平顶房是民间住房的主要形式之一。过去民间的平顶房和草房、瓦房一样,梁、檩、椽俱全,只是房顶不起脊,顶部以砖瓦或用石灰、煤渣、沙土拌泥捶平,故称"平顶房"。

改革开放后,农村许多人家盖起用水泥、钢筋制板的平顶房,并在房顶四周垒以花墙,又设置上下阶梯,晴日可在上边晾晒粮食及其他物品。这种民居的建造形式,主要吸取了楼房的结构特点。建房时在

平顶房

墙垒到四米左右后,上面架上空心预制板。板可分稀密两种法,密者不留空隙,稀者两板之间用砖夹缝,最后用混凝土封顶。上屋、厢房都采用这种形式。有的人家还在顶部留一个向室内的通道,如晴日晒粮后,可直接将粮食从通道泄入房内囤中,通道上部则盖一小阁楼,保护其不受风雨侵扰。这种平顶房的不足之处是防热和保温性较差。

5. 楼房

中华人民共和国成立以前,嵩山地域民间住楼房的户很少,只有个别富豪家庭才能盖得起这种建筑。清朝末到"民国"期间,嵩山各地也不同程度地分布着木式的小楼房。这种楼房样式,也是瓦房建筑,不同的是,在房内之间用木板搭隔成楼层。那时的楼房多建两层,三层的很少。用户只在上层留有窗户和楼梯口,上层一般只存东西不住人。楼棚用桁条和木板棚起,屋顶与房屋相同。楼房的门前都留有支柱的前檐台,讲究人家的门窗上都镶有好看的木雕,外观的工艺比一般的房屋要精细、美观。这种少有的小楼,在农村普遍的瓦房和草屋中,鹤立鸡群,很招眼。

改革开放后,嵩山一带的农村住宅建筑群中,城镇、农村相继出现了用钢筋、水泥、砖建筑而成的双层小楼和高层楼房,这些建筑设计整齐、朴素大方,具有现代化的特色。到了21世纪后,这种现代化的民居小楼越来越多,占了普通民居的多数。

(三)巢居式庵棚

和穴居遗风一样,上古巢居的遗风,也仍然在嵩山地域人们的生活中保留着。中华人民共和国成立以前,一些贫穷之家无处居住,便在这种庵棚中度日。后来,庵棚则成为人们看管园圃的临时性居所。至今在嵩山各地市县的农村,无论是在山区还是在平地,无论是在瓜园、菜园,还是在果园里,还经常可以看到颇具巢居特色的庵棚。

庵棚一般有两种:一种是用四根柱子搭起个半人高的平台,上边架起棚子。这种棚子,下面不影响种地,站在上面可居高临下,看管园圃。夏日,妇女们在上边一面看园圃,一面做针线,十分方便。

另一种是以木棍搭成两个人字形,中间架一横木,斜放几根椽子,上边覆以麦秸或稻草,现在也有的用帆布和塑料布覆盖,棚内供休息和放置生产用具或其他用品。

(四)山民居室

嵩山地域的颍河以北一带,大都层峦叠嶂,地势起伏,林木茂密,山下也大都为丘陵、山地,凹凸不平,沟壑交叉。因此,居民在选择居住的地方时,多为数十家聚居。村民们堆石作墙,编茅覆檐,院落多用竹梢或树枝编成的短栅为墙,主屋内一分为三,迎门而入为堂屋,两边为厢房,一边住人,一边或为厨房,或为仓房,院内有禽兽牲畜圈棚设置。在深山区,全以石板房为居。改革开放以后,嵩山地域的很多乡镇都出现了一批傍山就崖的砖石楼房或平房,在绿树掩映之下,显出一派幽静娴雅的山乡风光。

(五)城镇民居

中华人民共和国成立以前,嵩山地域各市县的城镇民居多住瓦房,门面设置也多和各自的职业相结合,处处显示着便于经商的特点。这在一些城镇老街中更为突出。县城内临街居住的人家,其院落前面是店铺(多为两层楼房),后面是住房。后无院落的沿街楼房,楼下是店铺,楼上是住房。没有店铺的人家,多住在背街小巷,一院之中大多住三五家甚至七八家。

中华人民共和国成立后,市、镇规模不断扩大,新建市区的住宅统一规划、统一设计。住户大致分两类:一类是旧式瓦房,一座四合院内,住几户人家,每家都有住室、伙房,厕所为公用,或利用院落的旮旯搭建一简易厕所。主体建筑有上房、东西厢房、临街房、厕所等;另一类则是郑州、洛阳或县城中政府所建的单间瓦房或是少量的筒子楼,这些楼房大多建于20世纪五六十年代,楼房多是二三层高,布局也是不配套的单间房,厕所为公用,烧火做饭的一套用具全都搁置在走廊上,单用或几家共用,有几平方米的空间。

改革开放以后,嵩山地域城市楼房的建筑不断向高层发展,嵩山地域各市县的民居水平大踏步地向前发展。各市县城区都出现了漂亮的住宅区,乡村里的农民也都住上了独家小院,小院内有上房、厢房、厕所等建筑,而市区里的居民都住上了六七层的高楼,其布局大都是宽敞的三室一厅、三室二厅、四室二厅、五室二厅等套房,厨房、卫生间设施完备,既美观大方,又方便实用。在市民自建的独家小院,大多也盖了二三层高,楼上楼下都配有走廊或阳台,厨房、厕所、车库,应有尽有,人们的居住水平显著提高。

(六)临时房屋

在嵩山地域,有一些农民为经营编、织等生产活动,或到集镇上进行买卖活动而临时营造的简易窝棚,叫"临时房"。临时房的搭建,一般在向阳、干燥、地势稍高处挖一个约两米深的土坑,上面用棍棒搭成略呈"人"字形的房坡,然后铺以树枝、秸秆,上面覆土,厚尺许。群众称这种房舍叫"地窨"。因其冬暖夏凉,有一定的湿度,故适宜于在内劳作或贮藏某些产品。

二、民居构造

嵩山地域农村房屋的形制一般多为面阔三间,一明两暗。大户人家的住宅面积特别大的,也有面阔五间,三明两暗。因坐向不同,形制也有变化。一般正房多坐北朝南,较高大,建筑材料用质量好的,而东西配房相应矮小些,建筑材料也差些。嵩山农村旧式住房房门多居中,其两侧各设窗户一个,后壁则不设窗。旧式楼房用木梯、木楼板,因梯在楼内,故楼上无向外之门,四壁则均设小窗。另外,除城镇临街房出檐外,民房多不用外柱,不出檐,无廊庑。

(一)房屋结构

嵩山民居的结构,多用泥土、砖、木、灰、草为建筑材料,但其使用方法也不尽相同。以土墙为例,有版筑夯打而成,有泥垛即和泥时杂以麦秸或稻草而成,有用一般土坯垒成,有用以秸泥制的水坯垒成,不一而足。房屋木架结构规模的大小不一,梁架、椽、檩的制作亦不同,不仅有三檩二椽、四檩三椽、五檩四椽和六檩五椽,还有一梁、重梁之别,亦有使用圆木、方木之别。民房之门多为两扇,以坚厚之木为之,外设镣环,以供上锁之用,内设门闩,用以启闭。窗户多为密棂,垒于墙壁之中,十分坚牢,但不能随意开、关。

房屋的种类,按在庭院中的位置,可分为上房、厢房、耳房、过房、厅房、群房等;按屋檐的长短可分为"出前檐"和"出小檐"。

(二)房屋墙壁

房屋的墙壁因家庭贫富不同,建筑的样式也有所不同。因为"上栋下宇"式的房屋采取"有梁无柱,以墙为架"即梁椽直接架在墙上的建筑形式,因而墙壁在房屋建造中就显得十分重要。改革开放以前,嵩山民居的墙基多采用下根基为石头,墙体为夹板墙或土坯墙,大多盖瓦为顶。改革开放以后,嵩山民居仍多采用石头为下根基,墙体为水泥砖墙,上覆钢筋水泥结构的平顶,建筑的坚固度进入了现代化。

嵩山民居的墙壁垒砌形式多样,坚固耐久,颇具特色。房屋墙壁按其建筑材料和形式来分,有以下几种:

1. 夹板墙

这种墙直接用两木板相夹作面,中间填上泥土,用碓夯实,待泥土干后,拆去木板,就是一堵墙。

2. 土坯墙

将碾碎的麦秸掺入土拌成泥,将其打成方块土坯,晒干后用以垒墙,结实耐久。这种土坯的生产制作速度非常快。

3. 砖墙

用土坯烧制的砖块和白灰垒起的墙。

4. 砖坯结合墙

砖和土坯混用的墙。

5. 土瓦结合墙

用土和瓦垒成的墙。

6. 石块墙

用石头垒成的墙。嵩山地域农村中的石块墙和土石结合墙到处可见。人们就地取材,用石块砌墙,或用石块为基。

7. 里生外熟墙

这种墙外边一层砖,里边垒以土坯,由于外边一层是经过烧制的,里边一层是未经烧制的土坯,故名。它是一种砖、坯结合墙,又称里坯外砖墙。

8. 平窗墙

这种墙大多数是下砖上坯,即墙基全用砖垒砌,上部用土坯。砖基高度多依贫富而定,有七层、九层、十二层之别。多把砖基垒得和窗户台一样高,群众称这种墙为"平窗墙",又叫砖坯结合墙。

9. 水泥砖墙

用砖和水泥垒砌而成的墙。

以前,农村大部分人家用的是夹板墙和土坯墙,镇上条件富裕些的家庭才用的是砖墙。

改革开放以后,随着人们生活水平的提高,在建筑民居时,室内开始用白灰粉墙,也有采用白胶粉刷以及用乳胶漆批墙等新工艺的,垒墙采用了水泥、沙灰等新型的建筑材料,室内装饰一新,样式别致。

(三)房屋地板

20世纪70年代前,农村大部分农户家为将房内土地夯实压平的土地板,富裕人家才用砖铺地。20世纪80年代后,房屋的地板多用水泥和混凝土铺之。20世纪90年代,房屋的地板多为用水泥和石子碾成的水泥石子地,这种地板表面光滑,质地坚硬,在农村来说,能防止老鼠打洞,显然比土地面和砖地面要好得多。进入21世纪以后,市场上大量出现了烧制而成的地板砖,用它铺制地面,坚实耐用,漂亮美观,因而受到城镇、农村居民的青睐,从而迅速走入嵩山的寻常百姓之家。

(四)院落布局

中华人民共和国成立以前,由于生活贫困,嵩山地域的大多数人家是几户一院,弟兄成家以后,还住在老宅内,一户一院的情况很少。中华人民共和国成立后的土改时期,贫雇农分得地主富农的房子,根据人口的多少不等,也是几家住一个院子。一院的布局也有三合院、四合院之分。

1. 四合院

俗称"四阁斗宅",庭院内的主宅为上房(亦称堂屋、主屋、正屋),两侧为厢房(也叫陪房或东西屋),与上房相对的房称之为厅房(亦称临街房。一般为五间,其中一间是过道),由以上四座房组成的院落,称为"四合院"。

2. 三合院

三合院与四合院比,则缺少临街房。

3. 成院与并排院

在三合院的两厢房下端各续修两间房的称耳房,并在两厢房下山墙位置修二门楼的称"成院"。在成院一侧修边脊上房,边脊厅房,并列三座厢房,中间厢房两面开门的称"骑马厢",这样的庭院为"并排院"。

农家四合院

4. 二进院与三进院

若在以上的厅房下面再修两厢房一厅房,为之"二进院",又称"一进二"。若在此进院的基础上,再往厅房下面再建两厢房一厅房的,称之为"三进院"。二进院与三进院之别,都是由两个以上的三合院、四合院组合而成的庭院。这些庭院中的上房,若位居中间院落的上房,即是通向后面庭院的必经之道,因此是前后有门的(这样的上房,也称厅房、过屋)。有富裕人家,在过屋的位置上,前后无墙,装木制花隔窗,中间为通道,称"过厅"、"花厅",专供红白喜事待客摆供品用。

这些复合庭院多是旧时地主、豪绅的居所,院中不仅有四合院所具有的一般房舍,还有砖木结构的楼房、穿廊过厅、花园、屏障、砖石院墙及大门、二门等设置,其黑漆大门由两个青石雕制的凶恶怪兽形门礅和高高的门槛相托。官宦人家大门外两侧还树以狮兽以显威严。

这种四合院为基础的庭院布局,体现着封建大家庭中尊卑的等级制度,如家长住正房;侧室住厅房;晚辈住厢房;奴仆丫鬟住群房、耳房;嫡系住房后院、正院,旁系住前院、偏院。因为有了人的等级高低之分,所以在修建设计的高低尺寸上也有所不同。如每座梢间房不能大于或等于中间,厢房只能低于上房,耳房不能高于厢房,厅房不能高于上房,群房不能高于或大于厢房,偏院以能大于正院,后续梢间不能大于或高于原房,否则就是破了风水,是出了"毛病"。

5. 不成院

由主屋和简陋陪房为建筑主体,整个小院以土墙、土坯墙相围或以黍秆、树枝编栅为墙的院落则叫做半截院或称"不成院"。不成院的大门多是土坯门楼,以不大的石磴托以两扇未油漆的白茬门,两扇门外侧各置简易门环一个,内侧设门闩,用以启闭。还有"过道门楼"、"脊架门楼"等。过去,有不少人家的不成院都没有大门楼,仅以树枝、谷杆等编栅相挡。

6. 无院房

还有一部分人家的住房没有院子,房前即是道路或有用的场地或其他的房屋,没有闲置的地方。此房多为一幢三间,一明两暗,中间为堂屋,内设神龛、祖宗牌位;左右两间住人,窗户开在这两间前壁。一般窗户窄小,垒于墙中,设方格木棂,糊以薄纸,遇岁时节日或婚嫁喜事,有的则以各类花鸟剪纸贴在上面。小户人家住此三间房的多,一边住人,一边饲养牲口或作他用。在旧中国,这类人家仅几间泥壁茅屋,遇到灾害,即弃之而去。

7. 前院、中院与后院

一般指二进院与三进院所说。不论二进院或三进院,最南端的院落称前院,中间的院落为中院,最北端的为后院。若是面朝东的大门,则最东端的院落称前院,中间的院落为中院,最西端的为后院。

除上述情况以外,还有不成院的"前院"与"后院"。由于贫富不同的情况,嵩山一带的许多百姓人家没有院落,也就是有房无院,有院无墙,或有一上房和一厢房的半个院。厢房修于北侧,猪圈、牛圈修于南侧,以避风向阳,厕所多设在房后,20世纪50年代以前,厕所一律皆为加盖的茅池。这样的情况,多以上房或居北的厢房为界,在此以前的俗称"前院",在此以后的俗称"后院"。

院落的堂屋多坐北朝南,坐南朝北的称作"倒座房"。三合院进门看到的便是"影壁墙",四合院的影壁墙则筑于二门以内。

中华人民共和国成立以后,嵩山民间大多数人家的院落首先向干净、整齐发展,破墙陋院逐年减少。特别是改革开放以后,农民劳动致富以后,民房建设发展迅速,建筑形式也日益先进,大多以排房形式并列。排房设有前檐走廊,院内一般都有自来水装置,生活设备日趋完善。

进入21世纪后,在住房的修建布局上有了更大的起色,一般皆按集体单位的统一规划,修成一排排新型的楼房,农家的庭院布局也有了很大的改善。统一规划的农家小院,一般是外表贴了瓷砖的新式"二层楼三合院",有人称它为"三条腿式"。这种二层楼三合院缺西厢房,每层有上屋三间、东厢房两间、一层的临街房(含大门楼、厕所、杂屋)组成,空下来的西厢房的位置上,可以种些花草,使布局合理的农家小院更加美观干净。这种新型的民居里,自来水、天然气、暖气一应俱全,极大地提高了嵩山地域人民的生活水平。

三、房屋绘饰

嵩山周边各县(市)的乡镇,过去由于生活条件的局限,一般的窑洞及泥墙草房,多不绘饰,砖墙瓦房或瓦缘边房,则多绘饰。绘饰多在房脊、房檐、庭院壁墙、门楼。居处的绘饰,从一个方面反映了当地群众的文化水平和住房信仰,也是一种生活水平提高的标志。

(一)屋脊

嵩山地域民居的屋脊装饰多种多样,最能表现出住户的经济实力。民居屋脊多设鸟类、兽形。有的用五脊六兽、脊鱼海马,脊底有云瓦,有用筒瓦或小瓦叠成样式各异的花脊,图的是一个吉祥如意。但大多数只叠花脊而不用装饰物,也有用砖垒成平脊的。但不管哪种样式,建成后都在脊中间插两面小三角红旗,以示吉庆。房檐四角墙壁多用石灰抹成一尺见方的平面,上绘花鸟,或写"福"、"禄"、"祯"、"祥"字样。屋山顶部,亦多用石灰抹成一平方米大小的三角形平面,因东、西、南、北不同,分别写"泰山"、"华山"、"衡山"、"霍山"字样,两侧则书写修建时间,如"甲午孟秋月修"等。

(二)门楼

自古至今,嵩山地域人们对庭院的门庭建设比较讲究,但在穷人与富人之间,差别很大。因为一所宅第的大门,既代表着宅主的政治经济地位和精神面貌,同时又起着保护安全的双重作用,故一般富裕之家对修建门楼都非常重视,特别是名门世家则更是追求尽善尽美。

1. 大门楼

官宦人家的四合院大门楼,多利用厅房靠边的一间作为过道,屋脊上雕有"五脊六兽",屋檐下设有"飞檐斗拱"。门橱上装饰有精美的木刻、砖刻图案,工艺精湛秀丽,造型玲珑美观。中间悬挂亲友送的金字匾额,其题字多为名家所书,内容有"福如东海""紫气东来""吉祥如意""富贵呈祥"等字样。框架的周围还绘有不同样式的雕花,看上去十分美观大方。大门内靠厢房的山墙上,设计有造型美观大方的照壁,壁上为名人书画,与门楼上的匾额相对应,更显得和谐一体,十分雅致。

2. 二门楼

二门楼一般都设在第一进院两厢房靠前边的山墙之间的中心处,多为砖木结构,其造型为前高后低。前门面木工和砌工精雕细琢,精益求精,上面一般都刻有4个大字,如"钟灵毓秀""忠孝传家""天官赐福""富禄祯祥"等字样。二门内靠后有明柱两根,中间安装有活动式的屏门,俗称"中门"。平时屏门经常关闭,出入皆走两边,遇有婚丧嫁娶的大事和贵客临门才打开中门迎客。此种门楼样式,俗称"内屏门楼",观之给人以深邃莫测、清幽雅致之感。

大门楼

3. 三进门

三进门多设在过庭之内,庭前及堂内都挂有金碧辉煌的匾额,庭前、庭后都装有雕工精美的屏门,过庭正中矗立着一个巨型的屏风,其造型有浑然一体的,也有四扇屏相连环的,两面皆为名人书画。整个过庭的布局,既显得美观大方,又显得内外有别。

以上所说的大门楼、二门楼、三进门都是过去旧社会中的豪门之宅,有钱花在门面上,也是常有的事。但门楼的目的是安全,有防御野兽、盗贼之功能。至于穷苦人家,连温饱都顾不住,更拿不出钱来用到门楼上,因此他们的住宅,多为破烂不堪的院落,无须修建高大气派的门楼。他们世世代代穴居野处,习以为常,那些位于丘陵地区和山地的农舍,或傍岭依崖打窑洞,或借山搭盖茅屋草棚,只要有个简易而牢固的门即可。

改革开放以后,随着人民生活水平的提高,嵩山家家户户的民居都发生了很大变化,高大气派的门楼不再为旧时豪门人家所独有。变化最大的是老百姓也拥有了独家新宅院,农村在落成新宅院的同时,也修建了许多穿靴戴帽的大门楼,门板一般为木制。一些富裕之家的院墙、门楼皆为混砖结构,大门为铁制,上面镶有漂亮的门环,不设门槛,以便车辆畅通无阻。这种大门楼结构简单,式样美观,气派大方,很是坚固耐用。

(三)院墙

院墙的绘饰一般都在院墙外。

中华人民共和国成立以前,有富户人家在院墙外绘饰一些吉祥的图案。随着社会的发展,这个习惯已悄然消失,居民院墙上再也没有什么绘饰。

中华人民共和国成立以后,随着我国政治形势的需要,一般临街或村头人家的院墙上,不断地绘制有关政治运动的宣传画和配合政治运动的标语口号,绘画多为彩色,标语口号多为红色或白色。群众称这种院墙为"政治墙"、"宣传栏"或"方向形势墙"。

四、设施环境

(一)室内设施

嵩山民房,多一明一暗或一明两暗,明间处事待人,暗为卧室。明、暗两室之间,多以什物相遮。陋者以高粱秆结编为壁,或以土坯垒成与房梁相齐的短墙。有的则喜用竹子制成隔扇,上糊以纸。富裕人家多用木制隔扇,上镂以图案,古朴典雅。明间正面多设方桌、条几、靠椅等,以供祖宗牌位和接待客人。内室多设木床、衣箱等物,供人休息之用,也有些地方不用木床而建土炕。

中华人民共和国成立以前,从明清传下来的家具中,有很多样式别致、雕刻精美的,可谓是古代家具中的珍品。而嵩山地域中一些财主富户家庭多用木制家具,诸如顶子床、八仙桌、罗圈椅、长条几等。一般百姓睡土炕,使用两屉带斗长桌、方桌、方凳、板凳等。

中华人民共和国成立以后,嵩山地域大部分农家仍习惯睡土炕,以便于冬天取暖,仍使用桌椅、箱子、板凳等老式家具。

20世纪70年代后期,农村土炕逐渐消失。农村群众习惯于在青年人结婚前赶制家具,一般新房内置木制床,上铺荆席和苇席,桌子是雕花马蹄腿方桌,矮柜橱上放置木箱用来存放衣被。

20世纪80年代,农村家具中的木箱被淘汰,代之以带镜子的三开门大立柜,带床头的木板床也代替了铺荆席的宽木床,人造皮革沙发也进入了普通百姓之家。

20世纪90年代,时兴贴面装饰的组合柜和梳妆台,布艺沙发代替了人造革沙发,新式组合大衣柜、席梦思床开始使用并逐步普及。

21世纪以来,成套家具开始风靡,高档木制家具和真皮沙发走进一般家庭,整洁明亮的厨房内装设了整体厨具,绞肉机、豆浆机、榨果汁机和做饭用的燃气灶、微波炉、电磁炉、光波炉、电烤箱、高压锅、电饭煲、电炒锅等科学先进的机械化和电气化设备,个别农民的家庭里还通有沼气排气管,人们用沼气燃火做饭和照明,享受着现代化的生活。

(二)室外环境

院落是嵩山民居的特点之一。院落由房舍和围墙组成,于围墙适当之处设大门一座,兼有设二门和照壁的习尚。院落因房舍不同分为三合院或四合院,院内视具体情况而设有厨房及饲养禽畜的栏、圈以及厕所等。

按照当地人喜好植树的传统,宅院内外多种有树木,院内还喜栽些石榴、葡萄等花果树木。这样,春日有绿,夏日有荫,秋日有果,冬日有枝,花木点缀在民居中,分外展现出一种勃勃生机。

五、居处礼俗

嵩山地域的人们不喜迁移,居处一旦固定,子孙后代便十分珍视,往往数代不移。因此,人们对居处的选择、营造、使用、修葺、继承、变卖、租借等,便有许多有趣的"规矩"。

(一)看风水

嵩山地域民间在选择建房基地时,首先要请"风水先生"相宅、看地脉、论"风水"。选择宅基要请星相家,造房舍也要选择吉年吉辰,如俗谓甲子年建正房多灾,故是年不建正房。按"阴阳八卦"确定方位、坐向、院型,如有不妥,则设法破之。

在豫西住窑人家,如窑院大门对面不该有山丘、豁口、河沟、道路等,有则在适当位置埋上桩橛或石块,有的还要写上吉祥之语,如"泰山石敢当"之类,以祛灾邪。

(二)动土

宅基确定后,还要择日,俗称"看好儿",择日要选在"太岁出游日",不能"太岁头上动土",所以,"太岁出游"修盖,便无障碍,俗称"偷修"。现在仍有此风,盖房多在农闲之日进行。选定"黄道吉日"后,便要打扫场地,先在房基地上钉上桩橛,摆上几块砖石,鸣放鞭炮,然后动工修建。

(三)立柱

在建房过程中,根据房屋建筑情况,举行各种仪式。建房立柱时,房主人要抱一下房柱,称作"抱柱"。据说这是古代人因缺少量具而以怀抱测量房柱的遗风。有的认为,以怀相抱,以示柱子的粗壮、结实。立房柱这天,人们认为下点雨是最吉利的,俗语有"掏钱难买雨浇梁"。这时主人要赠送"红封儿"给建房工匠,封子里包有钱物之类。

(四)上梁

房子上梁时,要鸣放鞭炮,隔檩扔馒头,房主人要在脊梁中间拴块红布和一双筷子,并贴一红纸联,上书:"姜太公在位"、"姜太公在此,诸凶神退位"或"姜太公在此,万无禁忌"等语。在今天,此类用语大多已被一些颂歌及祝福之词所代替。

房上脊梁签杆上要写上建房时间,房主姓名。如写到数字,只能写单数,不能写双数。相传木工始祖鲁班乳名"双",故用单数以避其讳。在中间脊梁里,还要放上文房四宝,以示后辈人要读书知礼。上房上梁时,一定要注意将其木料根部向阳,俗称"晒根不晒梢"。

上梁时,人们会唱这样的上梁歌:

擦东方,甲乙木,五谷杂粮盛满屋。
鸡鸭鹅,还有猪,牛羊骡马兴旺福。

擦南方,丙丁火,庄稼田园生殖多。
居家乐,多平安,兴家立业不凋落。
擦中央,戊己土,荣华富贵由此出。
寿比南山不老松,世世续修永不没。
擦西方,庚辛金,满口清吉万年春。
出贵子,入朝门,代代子孙帝王臣。
擦北方,壬癸水,合家福寿垂光辉。
七八十,一百岁,丰衣足食永不亏。

(五)赓兽

房屋建成后,建房人家都要在房脊上设"赓兽",即鸽子、龙、獬豸之类,以求其防火祛邪和象征吉祥。

(六)竣工

房子建成以后,主家要举办竣工仪式,仪式上,要燃放鞭炮,设祭台,摆供香,奉神灵,以示大功告成之意。

(七)庆贺

房屋施工中,一般在"上梁"、"叠脊"、"剪檐"和"完作"时,亲朋邻居都要给建房人家送礼以示庆贺,礼物多是肉菜烟酒之类。

(八)乔迁

建筑新房是大事,居住搬迁也是人们十分重视的事情。新居落成以后,主人如要搬家,首先也要"择日""看好儿"。天亮前在新居院内鸣放鞭炮,杀鸡驱邪,还有在房内贴"姜太公在此,诸凶神退位"的红帖。搬迁时,先生火炉,发面蒸馍,昼搬杂物,夜搬箱柜。迁毕,亲友携礼品登门庆贺。礼品一般为饭锅、蒸笼等炊具,还要用新锅新灶做饭,宾朋聚餐,名曰"燎锅底"。搬迁者所迁新居头一天还要贴上大红对联,多以"先抱琅环地,常占富贵春"为联,横联用"人杰地灵"以示吉祥。

(九)禁忌

嵩山地域人们在建筑房屋时有诸多禁忌。

1. 房屋建筑必须要做到"眉高眼低"

眉,指房门,眼,指窗户,就是说,房门要高于窗口,否则,就是"不知眉高眼低了"。窑院主窑的门框和宅院堂屋的大檐也要高于陪窑及厢房的门框和大檐,不然,就是犯"儿子欺侮老子"的讳。

2. 窑院大门禁忌

窑院的大门要比院内的窑门、房门窄一些,这样才能"蓄财"。

3. 厢房的窑院和厢房的上山禁忌

有厢房的窑院,厢房的上山,即和"窑脸"相邻的厢房山墙,要离窑脸7尺宽,其下山墙与临街房或前院墙要相距8尺宽,俗称"上七下八"。

4. 两边厢房距离禁忌

两边厢房之间的距离应为9尺,否则,便是"不依章法"。

5. 建房材料禁忌

建房材料也有一定讲究,如一些地方做门喜用杏木,取其谐音"幸",进门即幸运。门上衡木俗称"过木",以用枸木为上,取其谐音"够",以预示其家过日子吃穿够用。

6. 门墩禁忌

门墩石只能用青石而不能用红石。

7. 兄弟盖房禁忌

兄弟盖房时,若在一中轴线,则前房高度不能超越后房,否则对"运气"有妨害。若后房较简,其高度实无法超越前者时,则必在后房屋脊正中处竖起一块青砖,以示超过。

8. 房屋山墙禁忌

有些地方房屋山墙忌直对大路,认为朝大路者不吉。若无法避免时,则用一石或一砖刻上"泰山石敢当"字样,将其嵌垒于迎路山墙之中,以示破邪。

六、起居习俗

嵩山人民历来就有早起早睡的习惯,起居多以"黎明即起"为准则。嵩山有句俗语:"一早三光,一晚三慌。"

中华人民共和国成立前,官、民贫富之间的差别很大。劳动人民披星戴月,栉风沐雨,日夜辛苦,尚且食不能饱,居不能安。农忙时,人们要五更喂牲口,担水,垫圈,扫院子,凌晨下地,不违农时。农闲时,则要另谋生计。年老体弱者,则要拾粪,拾柴。年富力强者,则要从事副业生产,为赶路起得更早,必要时彻夜不眠。农家妇女,习惯于起早坐在纺花车子前用棉花纺线,打扫庭院,涮锅做饭。村里只有个别病号、懒汉,才起床晚些。群众对天亮不起床者,称之为"睡懒觉"。

嵩山地域的富豪大户人家,多骄奢淫逸,沉湎酒色,常常是夜半时分还没入睡,日上三竿时犹未起床,睡懒觉亦是家常便饭。他们的生活大都是一个状态:饱食终日,好吃懒做,无所用心。中华人民共和国成立以后,通过对他们进行社会主义的教育和改造,大部分人员努力克服好吃懒做的坏习惯,基本上都能早睡早起,按着所在辖区的管理,与劳动人民一样,早起干活。

小手工业者和店员,也和农村老百姓一样,起早打扫街道,整理商品,招揽生意。

中华人民共和国成立初期,由于生产工具仍处于落后状态,生产效率低,人们逐渐形成多干活少休息的习惯。夏收农忙时,晚上摊场,搭垛,忙到深夜;秋收季节晚上还要铡草喂牲口,玉谷串穗,将晒的粮食收盖起来等,常常熬到深夜以后才睡。

20世纪50年代以后,农民凭劳动工分吃饭,为了不耽误参加集体生产,大家都起早干私活,然后再去生产队里上工。那时出工按时记分,工效不高,故有"早起先发一阵风,然后再去打轰轰"的说法。连年的"水利化""大炼钢铁""梯田化""园林化"等运动,号召人们早起床,夜会战,搞"连续作战,不怕疲劳"战术,结果形式上紧张忙碌,实质上工效一般。

改革开放后,农村实行联产承包责任制,国家提倡劳动致富,农民生产热情提高了,忙时起早摸黑,闲时从事副业生产和搞工商业活动,只要有劳动能力的人很少有睡懒觉的了。实行联产承包责任制后,生产自己安排,起居有常,成效显著。

国家机关工作人员,实行8小时工作制,早上8点上班,上午4小时班,下午4小时班。学校师生,按规定早上5点钟出操,8点上课,中学生还要上早晚自习,夜里到10点熄灯睡觉。

离、退休人员,不甘衰老,坚持早起锻炼,以保持良好的身体状况和充沛的精力,以期健康长寿。

第四节 出 行

自行车出行

嵩山地域属豫西北丘陵山地,由于自然条件的限制,古时的交通比较落后,除古都洛阳和开封通往登封嵩山的帝王祭岳御道较宽阔外,其余大多为狭窄的崎岖山路,县与乡之间,乡与乡之间,没有公路,大部分是村镇相连的蜿蜒土路或石子小路,交通状况很差。就拿位于嵩山腹地的登封来说,境内只有一条郑登石子公路贯穿东西,路面坎坷不平,汽车很少见到,偶尔会遇上铁、木轮车子,公路旁竖有"铁木轮大车靠右边走"的标牌。多数行商小贩以驴驮肩挑背负而行,穷人出行基本上靠步行,富户人家出门则骑驴、骑马。当时,承担驮运的牲口最常见的是毛驴,因为毛驴儿脾性温和、有耐劲、容易使唤。那时,专门从事驮运工作的称"赶脚儿哩"。请赶脚儿的驮人、运东西要交费,如不收费或少收费则叫"捎脚儿"。后来个别村子的富户买了自行车,出行时可以以车代步。官宦出行,或中等以上人家逢结婚大事,才能坐轿、坐马车。"民国"时期,登封开始修筑简易公路,但由于数量少,加上地形复杂,交通状况仍然较差。

中华人民共和国成立以后,交通事业得到发展,交通条件有了一定的改善。但人们出行少数人骑驴、骑马,大多人还是靠步行。在郑州、洛阳和各县城中,街道上偶然可以看到自行车的出现。公务人员的来往交通有驴、马、自行车等。那时,人们很少远行,但一旦有事远行,要骑马到郑州、洛阳再乘坐火车远行。

20世纪60年代后,自行车开始出现在百姓家中,但数量很少。机关工作人员办公务除了骑马以外,逐渐地有了自行车、摩托车、吉普车等,农村还出现了极少的拖拉机、敞篷汽车。为了方便百姓出行,各县先后建立了汽车客运站。人们出行逐渐由步行、骑马而改为坐拖拉机、汽车,再后来汽车也换上了有蓬大客车,远行可以直接乘汽车去郑州、洛阳,再换乘火车。

改革开放后,随着经济的发展,嵩山地域的道路建设步入崭新的阶段,不断新修或扩宽国道、省道、县乡道路及村道,从而形成了四通八达的交通网络。这一时期,城镇居民星期天多在嵩山各景区旅游,旅行社开始组织周末休闲游,开辟石人山、白云山、小浪底、鸡公山、红旗渠、重渡沟、云台山等省内线路,青岛、连云港、日照、威海、黄山、华山等省外线路2日游。更有去北京、上海、天津、桂林、西安等大城市及泰山、黄山世界文化遗产地的多日游。

20世纪90年代,随着国民经济的快速发展,嵩山周边各县境内的公路四通八达,交通工具有公共汽车、班车、拖拉机和个体的电动三轮车。人们进城或到外地,可乘坐班车和机动三轮车,远方大批货物运输有专门的汽车。嵩山地域的新密、巩义、荥阳、偃师、禹州等一些县市都通了铁路,并和全国的大铁路接轨,登封也在修铁路,人们出行可以直接乘坐火车。这一时期,人们旅游的目的地发展到四川九寨沟、西藏、青海、哈尔滨、乌鲁木齐、鄂尔多斯大草原,甚至出境到日本、韩国、泰国、西欧等国。

20世纪末及21世纪初修筑的铁路及高速公路,使嵩山地域的交通实现了历史性飞跃。随着社会的发展和进步,人民的生活水平提高了,嵩山周边各县市很多机关、团体、单位都有汽车,很多家庭也都有了私人汽车。各县市区内相继开通公交车,收费低廉,中老年人多乘坐公交车,少部分中老年人骑自行车或电动车。嵩山各地区也都有了火车、飞机的专门售票点,无论坐火车或乘飞机,在当地都可以提前订票、买票,出行非常方便。人们周末休闲游多采用往返火车卧铺、飞机、空调旅游车等。国内长途旅游采用单飞一卧,出境游多采用双飞。乘坐火车或飞机不再是人们的梦想,它已经变为一种一般人都能享受的交通方式。

在嵩山地域各县市的交通出行发生着翻天覆地的变化的时候,郑州,这个嵩山地域最为重要的省会城市,也一步步成为举世瞩目的交通枢纽。郑州自古交通发达,北控黄河,西扣潼关,南达荆楚,东连淮海,有"九州通衢"之称。据《汉书·地理志》记载,"黄帝作舟车以济不通,旁行天下。"作为黄帝故里及其活动中心的郑州地区,可以说开中华交通之先河。郑州优越的地理位置和现代化的交通条件,使之成为我国公路、铁路、航空兼备的综合性交通枢纽。京广、陇海两大铁路干线在此交汇,郑州北站是亚洲最大的铁路编组站,作为全国最大的铁路客运、货运中转站,郑州素有中国铁路"心脏"之称。公路纵横交错,107国道、310国道和京港澳、连霍高速公路以及境内18条公路干线,联结全省乃至全国各地,构成了四通八达的公路交通网络,使郑州成为国际知名、全国一流的交通中心城市。

一、道　路

(一)古道

嵩山地域古时为京畿之地,是京畿通往东南、正南的必经要冲,又是历代皇帝、文人的游幸之所,故古道很多。据历史记载,夏禹曾在这里凿山疏水。周代已修通了轩辕关。秦始皇统一六国,出台

"车同轨"的措施之后,始皇二十七年(前220年)即"治驰道"。古代的嵩山地域有无驰道,驰道长宽,没有文字考据,不过古诗词里有直接叙述古代道路的。唐朝诗人宋之问的《扈从登封告成颂应制》诗曰:"御路回中岳,天营接下都"。诗中的御路,就是当时全国规格最高的路——轩辕关古道。唐高宗李治曾在轩辕关凿山开道,明、清两代先后重修了轩辕关古道。

轩辕古道

嵩山地域的古道状况,仅从位于嵩山腹地的登封为例,便可见一斑。据明嘉靖《登封县志》、清乾隆五十二年(1787年)《登封县志》等所载,登封历史上有众多古道,仅通往邻境州县的古道就有15条,清代以前修筑的有13条,清代修筑的有2条。在这15条古道中,登封至偃师的3条,登封至新密的3条,登封至巩义的1条,登封至禹州的3条,登封至汝州的3条,登封至洛阳的2条。这些古道不仅是登封通往外界的通道,也是登封境内的主干道。

1. 轩辕古道

此道又称嵩洛古道,清乾隆《登封县志》称其为西北通偃师之道。这是登封境内有史可查最古老的道路。据《淮南子》载,此道为大禹治水时所开的通道。清席书锦《嵩岳游记》说:"轩辕防于周。"认为此道始于西周。此道不仅是登封通往偃师及洛阳最重要的通道,而且是开封、许昌等地通往洛阳的重要通道。古时历代帝王自洛阳、西安到中岳巡游祭祀皆走此道,故轩辕古道也被称为御道。特别是轩辕关一段道路在唐代以前相当险要。唐高宗时,为了便于高宗入嵩祭岳,将此段道路开凿为可双向通辇的道路。宋代登封知县马仲甫曾重修轩辕关道路,使之成为坦途。轩辕关自清初修通了西口比较近的道路后,清光绪二十八年(1902年)又将西口修为比较宽阔的道路。轩辕古道的线路是:登封——邢家铺(今西十里铺)——郭店——轩辕关——偃师——洛阳。其中登封县城至偃师县界段长30里。

2. 风门古道

即登偃西北古道,也是太室山通往偃师的一条干道,古时登封西部的人前往偃师多走此道。清乾隆时《登封县志》称为登封西北通偃师道。此道的线路是:登封——冠子岭——后河——尹新庄——钱新庄——关庄(今君召)——颍阳——风门——偃师。登封县城至偃师县界段长85里。

3. 登偃水泉古道

此道是登封最西部通往偃师的道路,古时县西部的人前往偃师常走此道。乾隆《登封县志》称此道为西北通偃师县道。此道的线路是:登封——冠子岭——后河——尹新庄——钱新庄(今秦新庄)——关庄(今下北庄)——颍阳——段家村(今属伊川)——武家寨(今属伊川)——水泉口(今属伊川）——偃师。登封县城到偃师县界段长 110 里。

4. 登密正东古道

这是登封古代通往新密、开封的最重要道路。古代帝王及官员巡游中岳从东方来走此道。明嘉靖七年（1528 年），登封知县侯泰在卢店镇、景店村建立接待官员的官亭，并重修此道。此道的线路是：登封——中岳庙——新店——韩家村（今韩村）——卢店——吴家岗（今吴岗）——景店——新密。登封县城至新密界段长 45 里。

5. 登密东北古道

此道也是古代登封通往新密的一条重要道路。此道较景店道窄，但距离较近，百姓多走此道。该道的线路是：登封——中岳庙——四里河——南新庄——圣母店——焦河（今焦河沟）——唐庄——玉台——新密。登封县城到新密界段长 33 里。

6. 登密东南古道

此道在古代是登封东南一带百姓前往新密的重要通道。此道较景店道窄。该道的线路是登封——中岳庙——新店——韩家村（今韩村）——卢店——施村——大冶——弋家湾（今弋湾）——扬子台（今扬台）——新密。登封县城到新密界段长 62 里。

7. 登巩洛口古道

乾隆《登封县志》称此道为登封东北通巩县（今巩义市）道。洛口道是古代登封通往巩义市的唯一干道。古时此道翻越嵩山的路段相当险要，而且路面皆由石板铺成，故当地人也称为"石板道"。此道的线路是：登封——中岳庙——焦河——杨庄——冯沟——搬倒井——巩县（今巩义市）。古时登封市东部的人去巩义则由卢店至唐庄到杨庄步入此道。这条道路也是登封、禹州等地和巩义进行粮食、油料、棉花交易的重要信道，到 1948 年时，尚有马帮等运输队往来于此道。

8. 登禹高庄古道

此道是清代以前通往禹州、许昌、南阳的重要通道。乾隆《登封县志》称其为登封东南通禹州道。它与登偃轘辕古道是相互连接的，所以也是洛阳到许昌的重要通道，其历史与轘辕道相近。此道的线路是：登封——高家庄（今在市区）——十里铺——茶亭——竹园——告成——水峪——庙庄——费庙——禹州。登封县城至禹州界段长 57 里。

9. 登禹新店古道

该路修筑于清朝乾隆时，故乾隆《登封县志》称此道为东南通禹州新道。此道的线路是：登封——中岳庙——新店——黄家楼（今黄楼）——纸坊——五渡——告成——曲河——蒋庄——石羊关——费庄——禹州。登封县城到禹州地界段长 57 里。

10. 登禹白坪古道

此道乾隆《登封县志》亦称为登封市东南通往禹州的古道，比较险要。古代登封西南部人去禹州时多走此道。该道的线路是：登封——玉皇庙——碑子村（今北旨村）——石桥——背阴坡——库庄——古洞——券门——孙家桥（今孙桥）——王家屯（今王屯）——舜帝庙——屈家沟（今屈沟）——马峪口——禹州。登封县城至禹州地界段长70里。

11. 登洛峻嶝坡古道

此道是明嘉靖前登封通往汝州的一条险道，也是登封通往汝州的最主要的通道。据明、清《登封县志》载，嘉靖七年（1528年）登封知县侯泰为了沟通汝州，将位于石道东南最险绝段峻嶝坡修筑成比较宽的石坡路，使之成为坦途。同时，侯泰还在大金店和送表建立官厅（古时登封隶属汝州），专门接待官员。该道线路是：登封——耿庄——陈家楼——顾家河——大金店——段家村（今段村）——峻嶝坡——刘家楼（今刘楼）——送表——汝州。登封县城至汝州地界段长50里。

12. 登汝蔡沟古道

此道大金店至刘楼段修筑于清乾隆时，故乾隆《登封县志》称其为通汝州新道。这条道是为了避免走峻磴坡而修的。该道的线路是：登封——耿庄——陈家楼——顾家河——大金店——蔡家河口——刘家楼（今刘楼）——送表——汝州。登封县城至汝州界段长50里。

13. 登汝大熊山古道

此道是登封通往汝州比较险要的通道，要穿越大熊山峡谷。古时非官道，而是百姓行走的通道。此道的线路是：登封——玉皇庙——碑子村（今北旨村）——石桥——背阴坡——库庄——古洞——券门——西白坪——交崖寨——毛家岭（今平岭）——汝州。登封县城至汝州界段长62里。

14. 登汝五里头古道

此道是登封西南部通往洛阳的重要通道，行走者也较多。乾隆《登封县志》称此道为西南通道，该道历史也相当悠久。此道的线路是：登封—冠子岭——后河——尹新庄（今尹辛庄）——钱新庄（今秦新庄）——关庄（今下北庄）——胥店——颍阳——五里头（古属登封，今属伊川）——江左河（古属登封，今属伊川）——叶家寨（古属登封，今属伊川）——洛阳。登封县城至洛阳地界段长100里，此道登封至胥店段古时也有走登封——大金店——石道——胥店的。这段也是登封西部的重要通道。宋欧阳修、谢降等当年游嵩山回洛阳即走此道。

15. 登洛吕店古道

此道也是登封通往洛阳最西的古道，乾隆《登封县志》亦称为西南通洛阳道。该道的线路是：登封——冠子岭——后河——尹新庄——钱新庄——关庄（今下北庄）——胥店——颍阳——段家村（古属登封，今属伊川）——武家寨（古属登封，今属伊川）——吕店（古属登封，今属伊川）——袁家庄（古属登封，今属伊川）——洛阳。登封县城至洛阳地界段长120里。

（二）近代道路

近代登封分别扩建了至洛阳75公里、至开封140公里，以及至新密、偃师、巩义、禹县、汝州等古道。

1. 偃登公路

偃登公路崿岭口至登封县城一段,原为吴佩孚在1924年拟修的洛阳到韶关公路的一段。1924年洛韶路被定为七省干线,并于同年修简易路,由登偃界经登封到登禹界,这种简易公路当时已能通汽车。登偃界到登封城段成为后来G207国道最早的道路。1936年9月,县长毛汝采接河南省第十区洛阳行政督察专员王泽民密令,为蒋介石11月在洛阳庆祝50大寿后游登封抢修公路,他调集5000民工,以工代赈,于10月中旬,修通了自登偃交界经登封至中岳庙的一段公路。其中西从登偃交界崿岭口起,东至登封县城,是G207国道早期西段道路。此路线形差、坡度大、弯急、视线不良,从未正常通汽车,日本侵略军侵占登封时,遭破坏而中断。

2. 登禹公路

登封至禹州段为1924年吴佩孚拟修洛阳到韶关的公路的一段,同年即修通了登偃交界经县城、告成到登禹交界的简易公路,这是登封历史上的第一条公路。此路从告成经石羊关到白沙出县境,成为S237线最早公路的一段。临时通车,遇河无桥,坡陡、弯急,过后就不再通车。1932年,何慎斋任登封县长时,为迎接河南省省长刘峙来登,筹资并派民工修通从登禹交界经告成至登封的一段,登禹交界到告成段道路与1924年吴佩孚拟修的洛韶公路重合,后来就成为S237线登封境内南段,但遇河过沟未建一座桥涵,勉强临时通车,后因失修再次中断。

3. 郑洛公路

1936年9月,登封县长毛汝采趁河南省建设厅厅长张静愚随蒋游登之机,建议扩建郑州经登封到洛阳的公路,得到同意及拨款并设郑洛工程处,在登封境内扩修了登密交界处至崿岭口37公里的公路。其中县城到景店的一段即是后来S316线的登封段,全长20公里。

4. 白临驿道

1944年冬,白栗坪根据地抗日政府在颍南动员2000人,扩修了从白坪的毛岭到临汝的大峪店道路,全长14公里,供支前运粮草之用。

5. 登禹驿道

1944年冬天,八路军豫西抗日先遣支队在白栗坪建立了抗日根据地,为传递抗日消息,抗日政府成立军运代办所,即驿道管理站。管理站动员群众扩修登禹驿道,线路是:白坪——徐庄——费庄——王村——白沙——禹州。

6. 登巩驿道

1944年,八路军抗日政府组织群众扩修的第二条道路为登巩驿道,线路:徐庄——费庄——白沙——王村——大冶——下庄河——巩义。

7. 登汝驿道

1944年,抗日政府组织群众扩修了登封到汝州的古道,此路折北可到偃师等地,是绕过县城日军据点、联络八路军抗日部队的大道,可以打马飞驰。

(三)现代道路

中华人民共和国成立后,嵩山地域翻开了现代公路建设新的一页。

1969年,旧郑州黄河铁路桥改造为公路桥,拓宽了两岸交通事业的发展空间。20世纪70年代,公路运输业发展进入昌盛时期。1980年河南省政府出台公、铁分流规划,开辟出公铁分流线路15条,总长1734公里。1986年9月30日,郑州黄河公路大桥竣工通车,该桥长5546.86米,居当时国内公路桥之冠。1992年实现辖区内乡乡通公路,62%的村通柏油路。1995年郑洛高速公路建成通车。1997年国道107线郑州段21公里工程竣工,并与国道310线相交,这是河南省第一条高等级公路。同时,郑州绕城高等级公路竣工,从而形成郑州外围"大口字"型公路,缓解了郑州市区公路的压力。至此,连接东西,沟通南北,居全国公路网重要地位的郑州公路网络基本形成。

嵩山地域县级公路的发展,以登封为例加以说明。1961年,登封历史上第一条晴雨畅通路建成,路段从登封县城到登临交界处,后来交通部进一步把这一条道路确定为G207国道。1975年,登封建成历史上第一条沥青路面公路,即从登密界过登封县城到登伊界贯穿登封全境的公路,此路1981年以后河南省定为豫03线。此后,随着桥梁技术的进步和筑路的机械化,登封的公路建设进入一个全新的时期。1993年,登封建成历史上第一条收费公路——登告公路。1994年,建豫03线登封西岭收费站,公路也开始迈向商品化。2000年10月,登封第一条旅游专线——耿庄到三皇寨——竣工通车,该路为水泥路面,标志着公路建设进入更高的档次。2003年年底郑少(郑州至少林寺)高速公路通车,2005年8月12日少洛(少林寺至洛阳)高速公路正式通车,2005年8月修筑许少(许昌至少林寺)高速公路,这使得登封的公路四通八达,实现了现代化和网络化。截至2005年年底,登封的国、省道干线通车路线4条,总里程157.6公里,其中国道39.96公里,省道117.64公里。另有县道78.15公里,乡道606公里,全市307个行政村,村村修建油路通汽车。全市公路密度为每百平方公里92.9公里,平均每分钟车流量为19.1辆。

1. 国道

登封境内的国道为锡海线(G207)登封段。锡海线起于内蒙古的锡林浩特,止于广东海安,登封境内全长39.96公里。登封段由登偃交界崞岭口经少林寺、玄天庙、十里铺到登封城区、大金店、送表至登临交界。此路是由原来登偃公路崞岭口到登封城12.1公里,郑州至卢氏公路登封城至大金店段11公里,登临公路大金店至登临交界段16.1公里三段连接而成。自1976年开始,多次对G207国道登封段拓宽、改建和防护,2005提升为2级公路。

国道

2. 省道

其一，郑登路（S316线）。郑登公路即原豫03线的东段，2001年5月全省干线公路普查后更名为S316线。全长22.1公里，东起登密交界，经景店、卢店、中岳庙至登封城区，西与国道207线平交。中华人民共和国成立后，该路为郑州到卢氏县公路的一段，郑州到卢氏的公路原系灵宝至永城的干线公路的一段，1983年定为省道后，省交通厅把郑州到卢氏的公路改称为郑卢公路，又称豫03线，在登封境内全长57.2公里，其中登封到大金店11公里和国道重合，除重合段外，境内尚有46.2公里，分为东、西两段。从市区到新密段为东段，2001年普查后将东段定为S316线，即郑登公路。大金店以西为西段，公路普查后将此线定名为S323线，即八官线的一段。自1985年开始，多次对这条道路拓宽、改建和防护。

其二，八官线（S323线）。八官线起于新郑八千止于卢氏官道口，简称八官线，2001年5月全省公路普查后更名S323线。S323线在登封境内全长59.13公里，自西向东途经颍阳、胥店、石道、大金店、东金店、告成、塔庙、大冶出境至八千。大金店以西原为豫03线西段，豫03线西段是郑州至洛阳物资交流的主要道路。大金店以东为县、乡道路。这条道路得到多次拓宽、改建和防护。

其三，许巩线（S237线）。许昌到巩义的公路，是大（堂）练（练寺沟）线（S237线）的一段，该路在登封境内南起登禹交界，经郑庄、告成、卢店、唐庄、井湾到登巩交界，全长36.41公里，是贯穿登封市东部南北的运输干线。1981年公路普查时省局把大练线更名为豫31线，2001年全国公路普查后大练线被定名为S237线。这条道路得到多次拓宽、改建和防护，于2005年上升为二级道路。

3. 县道

县道是通往各乡镇的主要道路。2001年5月第二次全国公路普查对地方公路进行了统一规划，确定登封为4条县道，即文颍路（文村—颍阳）、书背路（书院—背阴坡）、龙禹路（龙头沟—塔庙—白沙—禹州）、登塔路（登封—塔庙）。

4. 乡道和专用公路

乡道是由乡镇通往行政村的道路。据2005年统计，登封市境内共有乡道38条，总长328.91公里。除了乡道之外，登封还有几条工业专用道路要比村道路面好。第一条是水新线，在告成乡，从水峪到新峰煤矿，全长2.41公里。第二条是水阳线，也在告成，从水峪到阳城煤矿，全长1.9公里。第三条是白教线，在白坪乡，从白坪到教学煤矿，全长3.07公里。第四条是冯南线，在唐庄乡，从柿沟到冯沟，全长0.89公里。第五条是教徐线，在徐庄乡，从教学煤矿到徐庄，全长2.6公里。这5条工业专用线总长10.87公里。

5. 村道

中华人民共和国成立前，登封的村道最宽的可以通牛车，窄的只能步行。1980年后，随着拖拉机的普及，各村之间自行加宽了道路，后由政府改建或扩建成公路。到2003年，登封市境内村村通沥青公路，共有村道140条，350.02公里，由当地群众自行组织养护。

6. 旅游道路

其一，旅游公路。登封位于嵩山旅游胜地，境内文物荟萃，景点众多，故境内公路多具备旅游功能。专供旅游并且全长在2公里以上的道路共有11条，分别是少林支线、嵩书路、法五路、卢韩路、夹王路、申无路、耿三路、黄清路、会五路、书会路、书三路、塔梯路、塔石路、塔石环路。

其二，登山步道。嵩山登山步道共10条，太室山5条，少室山5条，除少部分路段自然条件优越，石材充足，用石英岩、自然石材外，其余全部采用石灰岩青石材制作铺建。

太室山步道

7. 桥洞

桥梁、涵洞、隧洞都是道路的组成部分。登封地处山区，山高岭多，溪涧纵横，颍河贯穿东西，因而桥梁、涵洞、隧洞颇多。

其一，桥梁。全县现存古桥10余座，有建于元代的西胜寺桥，清代的少阳桥，清道光年间的少林寺桥，这些古代桥梁，就地取材，相势立形，随材定貌，因而式样繁多，综合起来，大致有平桥、石磴桥、临时木板桥、砖石拱桥等，部分桥两边有青石栏杆，并雕刻有各种图案。中华人民共和国成立后，县内公路网逐渐形成，新型桥梁相继出现。20世纪60年代末第一座钢筋混凝土桥问世。自70年代起多采用现代化建筑材料，建筑永久性桥梁。截至2005年，国、省道上建桥梁44座，桥梁总长1600.2米，其中大型桥3座，中型桥梁22座，小桥19座。另有地方道路桥梁69座，桥梁总长1628.3米。共有桥梁113座，总长3228.5米。

其二，涵洞。登封的涵洞很多，就地取材，设计简单。因为在山高岭多的情况下修路，必随山就岭选线，在沟深水少的峡谷中修桥造价太高，且沟中常年无水，即使夏秋洪水季节，也因坡陡，流速急，水势猛，泄洪快，不宜建造大孔高桥，故造价不高、施工方便的涵洞到处可见。截至2005年，登封市内国、省道路和地方道路共有涵洞1281个，总长17176.8米。

其三，隧洞。登封有太子沟隧洞和一步岭隧洞，因道路改线现已废弃不用。

8. 高速公路

其一，郑少高速公路。郑州至少林寺高速公路是加快郑州城市化进程的重要建设项目，是郑州市自筹资金修建的第一条高速公路，也是郑州市（包括登封市）公路建设史上标准最高、投资最大的工程。郑少高速起自郑州市西南绕城高等级公路马砦南1公里处，沿西方向穿新密，止于登封市中岳区的韩村，与少洛高速公路相接，全长53.254公里。郑少高速登封段全长9.4公里，途经唐庄乡的玉台、唐东、下迁、张村和中岳办事处的康村、焦河口村、韩村7个行政村,占地1200余亩。路基宽26米。其中行车道为2×3.75米双向四车道,中间带宽3.5米,两侧各设2×3米的硬路肩和2×0.75米的软路肩。设计行车速度为100公里/时,在登封有上道口2个,互通式立交桥2座。总投资为14亿人民币,2001年9月16日破土动工,2003年12月28日建成通车。

高速公路

其二,少洛高速公路。少林寺至洛阳高速公路建设项目是河南省"十五"规划公路建设重点项目之一,少洛高速公路东起登封市东侧韩村(郑少高速公路终点),西至洛阳市伊川县彭婆镇与洛(洛阳)界(界首)高速公路连接。路线全长58.76公里,其中登封市境34.65公里,伊川县境24.11公里。双向四车道,设计行车速度100公里/小时,全线特大桥1座、大桥12座、中桥5座、涵洞99道、互通式立交桥4处,分离式立交桥10处,在登封上道口两处。总投资18.6亿元,2002年11月20日开工,2005年8月12日正式通车。

其三,少许高速公路。许昌至少林寺高速公路全长80公里,总投资30亿元。登封境段全长22公里,投资8亿元。

其四,焦少高速公路。焦少高速公路也称巩少高速公路,即焦作至少林寺高速公路。

9. 铁路

郑州是全国性的铁路枢纽,我国主要铁路干线陇海铁路从洛阳、巩义、新郑经过至郑州,南来北往的火车很多都要经过郑州。郑州铁路运输业始于1904年。当年平汉(京广)铁路修筑之时,郑州车站便先期建成。随后,平汉铁路、陇海铁路于1906年和1909年先后通车,这便是举世闻名的郑州铁路枢纽的雏形。不过,至1948年郑州解放时,郑州站仅有8股铁道,7间平房,1个兼办客货运输业务的大席棚。1953年郑州铁路货场迁至二里岗,设立郑州东站。1955年至1956年,先后建成海塘寺车站和郑州西站。1960年郑州黄河铁路大桥建成通车。1972年郑州铁路局首次使用国产内燃机车牵引旅客列车。1986年陇海线郑州至三门峡电气化铁路开通。1990年京广线电气化铁路开通,6502型大站电气集中装备改装完毕,结束了郑州站人工扳道岔的历史。1991年国内最大的国际集装箱中转基地在郑州二里岗建成并投入使用。1997年国务院批准东站为我国陆路货运一类口岸,这也是国内内陆省份唯一的一个。根据铁道部列车提速的战略要求,郑州铁路分局于1997、1998年两次承担并完成列车提速实验,最高时速达每小时240公里,创造了中国当时之最,这标志着中国铁路由此跨入世界高速铁路行列。

20世纪90年代以后,新密、巩义、荥阳、偃师、禹州都通了铁路,并和全国的大铁路接轨,登封也在修铁路,人们出行几乎可以直接乘坐火车。

其一,地方小铁路。1974年,当时归属的开封地委动员全区人民采取"民办公助"的方针,兴建开封地区地方铁路,西起登封大冶公社朝阳沟的登封县粘土矿,经新密、新郑,东达尉氏,全长102公里,轨型18公斤/米,轨距762毫米。其中登封境内16.5公里。1974年10月,成立开封地区登封县地方铁路修建指挥部,办公地址在大冶,各公社也相应建立指挥部,动员一万多名民工,协同会战。1975年5月完成路基修建工程,包括正线11公里,小河煤矿支线2公里,东施村煤矿支线2公里,粘土矿支线1.5公里,并修建了54处桥涵,其中桥5座,涵洞及渡槽49处。1976年6月完成铺轨任务,交付运行。该铁路的上一级管理机构为"开封地区地方铁路局",设在新郑市。1985年,开封地区撤销后,改为"河南省地方铁路管理局新郑分局"。登封设有1个中心站(大冶车站),3个车站(朝阳沟、川口、炮房沟),3个工区(川口、炮房沟、大冶),8个货场(朝阳沟、粘土矿、川口、炮房沟、东施村、小河煤矿、大冶、弋湾)。中心站成立党支部,配有正副站长,工区配有领工员,在登封境内沿线四站三工区共有职工138人。这条铁路的主要营运业务是运输煤炭、铝矾土和砖、瓦、灰、沙、石等。

其二,登封铁路。登封铁路前身是登封矿区铁路,后改为交通铁路,从筹划设计到建设,时间跨度长达15年之久。1994年6月,河南登封矿区铁路有限公司成立。2001年10月,成立河南省登封铁路有限责任公司。登封铁路全长114公里,衔接平顶山、洛阳、郑州、许昌4个地市,经汝州、汝阳、伊川、禹州四个县(市),东西横贯登封南部,西与焦枝铁路临汝镇车站接轨,东与新密矿区铁路连接至京广线,东南自登封境内延伸与平禹、平舞、漯舞、漯阜等地方铁路连接至京九线的阜阳车站。登封铁路自1995年12月开工建设,2002年4月全线达到贯通条件,2003年9月与焦枝铁路临汝镇车站至白坪车站开通61公里的营运路线。这条铁路的主要营运业务是运送各类物资。

二、交通工具

嵩山地域交通工具的发展,从中华人民共和国成立到21世纪,是一个由人担、畜驮发展到拖拉机、汽车运输的渐进过程。从中华人民共和国成立至20世纪50年代末,嵩山地域各县市积极组织原有的民间人畜力运输工具,完成运输任务,同时发展较先进的胶轮马车和架子车,使部分运输工具得到更新换代。从20世纪50年代末至80年代初,是机械化运输工具逐步代替人畜力运输工具的发展时期。初期,民间把人畜力运输工具改进到胶轮化、轴承化,机关、企业发展汽车运输工具。后期,到1978年党的十一届三中全会后,人畜力运输工具逐步被机械运输工具所代替。从20世纪80年代初至21世纪初,机械运输工具发展很快,人力车、马车基本绝迹,许多家庭拥有小汽车,运输工具迅速向现代化迈进。截至2005年,登封市拥有客车338辆,货运汽车3208辆,小汽车9576辆。

(一)传统交通工具

嵩山地域古老的交通工具在古诗中有所反映。唐代王邕在诗歌《嵩山望幸》中写道:"象车因叶瑞,龙驾愿升中",这是说古代的交通工具"象车"(大臣乘的车)和"龙驾",可见唐时登封已有当时最好的交通工具。

1. 肩舆

肩舆俗称轿子,分官轿、蓝轿和花轿。官轿造型华丽,多为绿色或黄色;蓝轿为富户或小官绅所用;花轿为农村嫁娶所用。

2. 挑担

挑担俗称挑脚,大道小道均可通行。

3. 独轮推车

嵩山地域几乎家家必备,大道可走,小道亦可畅行。1960年以前均为木轮,1960年以后均为装有轴承的橡胶内外胎的架子车轮子,载重约100~200公斤。

4. 驮运

驴、马载人为送脚,是商业性的。马、驴、骡载货为驮货。运价为双方临时协商。

5. 铁轮车

铁轮车又称牛车,轮子为生铁铸造,木制车盘,载重约500公斤。

6. 架子车

架子车是人驾辕掌握方向,车出骖加力走路,多用于货运,载重为500公斤。20世纪60年代至80年代为嵩山地域的主要运输工具。其后,运输功能即被小拖拉机取代,少量的架子车只用于田间耕作。

驮运

7. 胶轮马车

车棚木质,前出双辕,底盘铁铸,轴辐之间有轴承、汽车轮胎,载重一般1500~2000公斤,三马或二马拉拽。1953年,登封县公安局购进第一辆胶轮马车。

(二)现代交通工具

1. 自行车

1935年,登封县县长毛汝采购买了登封第一辆英国制造的菲利浦牌自行车。20世纪60年代后,自行车开始出现在百姓家中,但数量很少。20世纪70年代自行车多了起来。80年代,嵩山地域流行天津飞鸽、上海永久、安阳飞鹰等名牌自行车,家家户户达到普及。

2. 拖拉机

拖拉机本为农业机械,但在嵩山地域的农家兼营运输。20世纪60年代开始有大中型拖拉机,多为天津铁牛、洛阳东方红、开封40等。手扶拖拉机出现较晚。

3. 摩托车

摩托车属机械动力车辆,有正三轮、偏三轮和双轮。正三轮绝大部分为营运车辆。20世纪80年代中期,青年人赶潮流买小摩托车的较多,流行"小木兰"、"天津·本田"等,摩托车快速出现嵩山各地。1995年以后,嵩山地域的摩托车多为名牌摩托,新大洲、雅马哈、豪爵铃木在大街上随处可见。

4. 汽车

登封人第一次看到汽车是1936年蒋介石来登封。1958年7月,登封有了第一辆汽车——美式T214中吉普救护车。1980年以后,登封有了大量汽车运营,分客运和货运。到2005年年底,全县有货车3208辆,客车338辆,小汽车9576辆。登封各种机动车辆(不包括拖拉机、摩托车)共有13122辆。

5. 火车

1972年,郑州铁路局首次使用国产内燃机车牵引旅客列车。1986年,郑州电气化铁路开通。

6. 飞机

1989年四架伊尔-4型飞机在郑州机场落户,从此郑州民航业有了自己的飞机。1993年,两架波音737飞机先后入驻郑州机场,结束了河南没有大型客机的历史。

三、交通方式

中华人民共和国成立前,嵩山地域的人们靠古道运输,山区靠人背,驴、马驮。中华人民共和国成立后,交通运输业得到大力发展,道路不断升级,交通工具快速改进,交通方式自然也得到相应地改变,人们再也不为乘车难、货运难而发愁。1948年郑州市人力车工会成立,1950年郑州市托运公司成立,1951年公司自筹资金购进一辆4吨位载货汽车,从此便有了真正意义上的现代公路运输业。1953年郑州搬运公司汽车队成立。随着1954年河南省会迁到郑州市,运输任务更加繁忙,3000余辆社会车辆加入搬运公司,扩大了运输队伍。1985年政府鼓励社会办交通,出现了跨部门、跨地区的联合运输公司,从而打破了交通部门垄断经营的局面。同年,首开零担运输,拥有47条营业线路,营运里程20064公里,范围达全国600个县市。1988年实施市区客运分流,增设郑州东站、西站、北站、嵩山站、旅游站等6个长途汽车站,使郑州客运秩序明显好转。1993年郑州公路运输推出长途卧铺客运新业务,1998年全市公路通车里程达5815公里,全部机动车辆数达49.77万辆。从此郑州的立体交通体系形成,一支现代化、规模化、专业化,并拥有四通八达优质快捷公路网络的运输生力军,日夜为郑州的客货运输提供着服务。

(一)公路交通

1. 客运

1953年以前,客流量小,嵩山地域客运全靠驴、马驮运和肩舆轿运。1953年,开通了登封到回郭镇马车班车路线,途径营房口、姚洼、府店、参驾店、郭店、西十里铺等。马车载运旅客,开始日发马车一辆,乘坐十余人,后增至二三辆。1954年以后,登禹、登临、登密等公路开始有省营汽车客运,机械运输方式逐渐代替了人、畜力客运。1955年,郑州汽车站开辟了到登封的第一条班车路线。从此以后,嵩山地域各县市的交通事业实现了跨越式的发展。

其一,长途客运。20世纪50年代中期,嵩山地域开始有汽车运输旅客,从郑州运输站发往各县市,以货运为主,兼营客运,班车先为代客车,后改为客车,日发一趟,晴通雨阻。20世纪60年代,嵩山地域的班车路线开始增多,为提高服务质量,除在车站窗口售票外,又增设了预售票和电话送票等服务项目,并且渐渐开辟各县市通往乡镇的班车路线,以及跨县市班车营运线路,登封日发车30余班次,年完成客运量65.16万人次,周转量2423.6万人公里。20世纪80年代,各县市成立城乡汽车站,从此旅客运输有了强有力的竞争对手。20世纪90年代,开辟郑州到兰州、呼和浩特、包头、西安、银川、太原、大同、阳泉、长治等十几条长途路线,最长客运班线达1332公里。21世纪初,发展跨省线10条,南至广东汕头,北至内蒙古的呼和浩特、包头,东至江苏的射阳,西至甘肃的兰州、宁夏的银川、山西的太原、大同、阳泉、长治等市,并开通公交车豪华大巴全省精品线路,实行全程一票到达,沿途不下不上,为旅客提供一流服务。

其二,城镇客运。20世纪80年代,嵩山地域的社会客车得到发展,营运线路由县内短途发展到临近县、市的长途。政府按照"五统一"(统一名称,统一证照,统一调度,统一班线,统一票证和票价)、"三不变"(人、财、车权不变)的办法把这些社会客车组织起来进行管理,随之个体户和联合办客运蓬勃发展。这些车大部分夜宿农村,早出晚归,逢村设站,招手即停,深受广大群众欢迎。21世纪初,客运市场竞争激烈,中巴车被逐步淘汰,客运出租市场兴起,更加方便了老百姓的出行。

其三,旅游客运。1978年,党的十一届三中全会后,旅游事业迅速发展。少林寺、中岳庙、观星台等名胜古迹对外开放,嵩山地域成为游览胜地,中外游客与日俱增。由于专业运输单位客运工具增加缓慢,不能适应需求,出现了旅游乘车难的状况。为了方便游客,20世纪80年代中期,嵩山风景管理局购进日本产三菱空调大轿车和中轿车,并成立出租旅游汽车公司专营旅游。

2. 货运

1953年以前,嵩山地域货物交流全由人、畜力运,货物流量小。党的十一届三中全会后,随着经济的大发展,各种现代化运输工具迅速增加,人畜力运输逐步被机动运输工具代替,不仅各县市成立有汽车队,各企业、厂矿、公司也分别成立专业车队,甚至私人也拥有自己的车队,解决了运力不足、运输困难的问题。20世纪80年代以后,私人购车大增,货运车辆逐年增多,社会货运力量迅速发展。到21世纪,各县市的社会货运车辆达几千台。货运一般不以公里计价,而是按货物、运程由双方协商。国营和集体均无营运车队。

3. 公交

进入21世纪,嵩山地域各县市区内相继开通公交车线路,收费低廉,中老年人出行或学生上学多乘坐公交车。

(二)铁路交通

从1904年郑州铁路运输业开始到1948年郑州解放,一昼夜从郑州发客车两列,日办理行包量只有400余件。在"一五时期"铁路运输业客货发送量年均递增分别达6.5%和8.5%。1968年海塘寺车站开办零担运输业务,1972年郑州铁路局首次使用国产内燃机车牵引旅客列车。1985年建成全国最大的零担货物中转站。1987年郑州车站大型跨线高架候车室建成并投入使用,日发旅客13万人次,中转旅客人数居全国第一。1995年郑州至上海、广州空调列车正式运行,提高了乘客旅行的舒适度。1994年,郑州站二期工程竣工并投入营业,使到郑旅客候车、购票及行包到、发、转等问题随之解决。1996年开通微机售票系统,方便旅客购票。1997年,改变经营方式,适时加开民工专列、学生专列、球迷专列,并在汽车东站开行"五定班列",极大提高客货运输质量。1998年,郑州至青岛口岸铁、海联运开通,为郑州铁路运输业开拓了更加广阔的发展空间。

(三)航空交通

郑州航空运输的历史可追溯到1924年郑州马寨机场修建之时。郑州至洛阳航空运输于次年开始。此后,虽有民营航线经过郑州,并且郑州至开封航线业已开通,但到郑州解放之时,郑州仅是过境航线上的过站保障点,并不开办民用客货运输业务。

新郑机场

1950年,中央军委在郑州建立导航点。1953年始建郑州备降机场,办理不定期民航客货运输业务。1956年改建郑州航空站,开辟定期航班,当年发送旅客12人次,货邮发送量793千克。这便是郑州民航业营运的开始,它标志着郑州交通业的发展达到了一个新水平。

1982年修建郑州机场停机坪,增大了停降飞机规模。1985年成立中原民间航空公司,这便是现中原航空公司的前身。1984年大型客机波音737—200型首次在郑州机场起降,1987年首开郑州——香港包机飞行业务。1989年四架伊尔-14型飞机在郑州机场落户,从此郑州民航业有了自己的飞机。1990年郑州民航创造了开航以来最好成绩,全年发送旅客9514人次,货邮发送1566.4吨。

1993年,两架波音737飞机先后入驻郑州机场。1997年8月28日,郑州新机场——新郑国际机场建成通航。该机场占地7100亩,跑道3400米,宽60米,机场飞行区等级为4E级,可满足国际目前最先进的波音747—400型飞机全载起降。至此,郑州民航运输水平达到国内先进水平。1998年,共完成旅客吞吐量145.9万人次,在全国144个运营机场中排22位。每周航班达448班,可通达48个大中城市,并开通郑州至澳门、新加坡、日本、俄罗斯、马来西亚等国家和地区客、货包机航线。

第五节 生活民俗传说

一、大禹与筷子

传说尧舜时代,洪水泛滥成灾,舜命禹去治理水患。大禹受命后,发誓要为民清除洪水之患,所以三过家门而不入。他日日夜夜和洪水恶浪搏斗,别说休息,就是吃饭、睡觉也舍不得耽误一分一秒。

有一次,大禹乘船来到洪水围困的一个岛上,饥饿难忍,就架起陶锅煮肉。肉在水中煮沸后,因为烫手无法用手抓食。大禹不愿等锅冷却而白白浪费时间,他要赶在洪峰到来之前治水,所以就砍下两根树枝把肉从热汤中夹出,吃了起来。从此,为节约时间,大禹总是以树枝、细竹从沸滚的热锅中捞食,以省出时间来制服洪水。如此久而久之,大禹练就了熟练使用细棍夹取食物的本领。手下的人见他这样吃

大禹治水

饭,既不烫手,又不会使手上沾染油腻,于是纷纷效仿,就这样渐渐形成了使用竹木棍夹食的习惯。

促成筷子诞生,最主要的契机应是熟食烫手。上古时代,因无金属器具,再因兽骨较短、极脆、加工不易,于是先民就随手采摘细竹和树枝来捞取熟食。当年处于荒野的环境中,人类生活在茂密的森林草丛洞穴里,最方便的材料莫过于树木、竹枝。正因如此,小棍、细竹经过先民烤物时的拨弄、烫食时的捞夹、蒸煮谷黍时的搅拌等,筷子的雏形逐渐出现。这是人类在特殊环境下的必然发展规律。

其实,筷子的诞生,应是人民群众的集体智慧结晶,并非某一人的创造。但传说将数千年百姓逐渐摸索到的用筷制筷过程,集中到大禹这一典型人物身上。所以,筷子至少起源于禹王时代,经过数百年的发展,到商代成了普遍使用的餐具。

二、登封烧饼的传说

登封的焦盖烧饼历史悠久,是登封最有代表性的特色食品之一,其外形敦厚,表面酥脆,内层松软,吃起来焦香可口,可谓登封一绝。登封焦盖烧饼是当地人的一道传统美食,逢年过节或者谁家有红白喜事,走亲戚看朋友,人们总会买些烧饼当作礼物。凡来登封出差、旅游的人们吃了以后赞叹不

已,大都买几个带回去让家里人或朋友品尝。烧饼好吃,但追根求源,这里还有一个在历史上与国家有关的大事呢!

登封民间流传,这焦盖烧饼跟岳飞抗金有关。相传,最早的焦盖烧饼还是登封的一个店小二发明出来的。当年抗金名将岳飞来到登封抗击金兵,胜利后在一家酒店里吃饭,这家的店小二对岳飞仰慕已久,说什么也不肯收酒饭钱。但岳飞还是如数把钱给了店小二,店小二很感动。

后来从京城传来岳飞被当朝宰相、卖国贼秦桧害死的噩耗,人们都痛恨秦桧,骂他是王八。于是店小二就把面和成王八的样子,两面沾上芝麻,放在炉壁上烘烤,并为焦盖烧饼取名"秦桧"。秦桧烧饼烤得又圆又厚,吃起来又焦又香,很是招人喜爱:"秦桧,你个大卖国贼,吃了你,看你还嚣张不?"

店小二的这个举动,得到了登封老百姓的赞同。消息传出后,许多人都来买店小二的秦桧烧饼。人们买了烧饼后,边吃边骂祸国殃民的秦桧:

秦桧秦桧你是鳖,
吃你的肉,
喝你的血,
还要把你的盖子揭。

人们借吃烧饼,抒发对秦桧的愤慨。后来,"秦桧烧饼"也就变成了后来登封"焦盖烧饼"的模样。现在,这一登封的历史名吃,越来越红,几乎遍及整个嵩山地域,很多市县都有专门制作登封烧饼的店铺。

三、虎 头 鞋

谁家添了娃娃,总喜欢弄双虎头鞋让娃娃穿。说起人们的这种爱好,里面还有一段动人的故事呢。

早年,黄河岸边有个姓石的船工,他老实本分,为人厚道,摆渡从不死要钱,有钱多少给俩,没钱拉倒,而且不管刮风下雨,随叫随到。照老石的话说,他摆渡是为两岸的人行个方便。老石平常不爱多说话,有一幅憨厚老实相,三四十岁了,还没讨老婆,人家都说他是老实(石)疙瘩。

有一天,风凉嗖嗖的,还下着小雨。老石正在小屋里收拾工具,听见门外一声接一声地哼哼。他出门一看,见一位老奶奶坐在河边上,双手捧着头呻吟。他看老奶奶身单衣薄,全身都湿透了,赶忙把她搀进小屋。老石又烧了点热汤让老奶奶喝下,不一会儿,老奶奶就好多了。原来,老奶奶的儿媳将要临产,她急着到对岸请人接生,谁知,风一刮,雨一淋,头就一阵一阵地疼开了。老石一听事情紧急,便冒雨过河替老奶奶请来了接生婆,并把他们送到了家里。

风停了,雨住了。老奶奶的儿媳生下了一个大胖小子。老奶奶喜得合不上嘴,她对老石谢了又谢,还觉得过意不去,就从屋里拿出一张画,说:"多亏了你,俺一家才平平安安。你风里雨里在河上摆渡,一个人怪孤单,这张画送给你做个伴吧!"老石接过画一看,画上是个俊俏的姑娘在绣一双虎头鞋。老石谢了老奶奶,带着画回到了茅屋,把画贴在了墙上。

谁知,自从这天以后,老石收罢船回到屋里,都有一桌香喷喷的饭菜在等着他。他很纳闷,但又累又饿,顾不了多想,就大口大口地吃起来。酒足饭饱,他总是仔细地端详着画上的姑娘,进入梦乡。

有一天,老石回到茅屋,忽然发现画上的姑娘正坐在自己的床上。他站也不是,坐也不是,脸一下子红到了脖子根。姑娘却笑眯眯地看着他,说:"我是天帝的女儿,天帝看你忠诚老实,派我下来与你做夫妻。"

老石过了半辈子,穷得叮当响,光棍一条,现在有这样一个标致、贤惠的姑娘做妻子,当然十分欢喜。

过了一年,他们添了个胖小子,因为生在虎年,取名叫石虎。

一晃几年过去了。老石娶画上美人做妻的事被知县大人知道了。知县大人姓范,整天不干一点正经事,老百姓都叫他饭(范)桶。范知县一心二心想弄到老石的画,霸占他的妻子。

虎头鞋

一天,知县坐着轿子,前呼后拥,来到了小渡口。碰巧老石带着小虎摆渡到对岸了。老石妻子一人在家,她一见来者不善,来不及躲藏,便收了凡身,回到画上。范知县来到茅屋,找不到美人,就顺手把画揭了下来,耀武扬威地走了。

等老石领着小虎回来,一看小虎妈不在了,墙上的画也没有了,就知道是恶人来把她抢走了,急得他抱着小虎痛哭了一场。

再说知县抢走了画,当晚就贴在了自己的床边。可是,不管知县怎样甜言蜜语,钱财相许,画上的美人就是不下来。范知县急得要死,想把画撕了,可又舍不得,也就只好干着急。

过了几天,小虎一直哭着要找妈,老石也乱了方寸,团团转,就是想不出一个好法子。就在这个时候,那位老奶奶又来到了渡口。老石把画被偷以及妻子不见的事说了。老奶奶说:"你不要急,你的画和小虎妈被知县抢去了。我有一个办法可以救她。让小虎的姑姑连夜做三双虎头鞋,让小虎穿上,烂了就穿新的。你带着他,直奔县衙,就可以找到小虎妈。"

按照老奶奶的吩咐,小虎的姑姑为小虎赶做了三双虎头鞋。这三双鞋一色的白底红帮,虎头绣得活灵活现,跟真的一样。第二天一早,老石为小虎穿上一双虎头鞋,把另两双牢牢地绑在小虎腰上,就带着他上路了。

父子俩一路上翻山爬坡,忍饥挨饿。说也奇怪,几岁的小虎穿上虎头鞋,怎么跑也不知道累。山里的狼见了他们也躲得远远的,不敢近前。来到县衙门前,小虎的第二双鞋也跑烂了。小虎喊着要妈妈,老石说要进县衙门找人,可那些衙役们连打带推,就是不让他俩进去。这时,老石突然想起老奶奶的话,就对小虎说:"孩子,把这双新鞋换上,咱不能穿着烂鞋见你妈。"虎子扔掉烂鞋,换上新鞋,父子俩双双往衙门里闯。

那些衙役,刚轰走一老一小,忽又见一人带着一只老虎直闯过来,吓得他们乱喊乱叫:"老虎来了!

有人带着老虎来了!"一个个抱头窜了。

范知县听说有人领着老虎进了县衙,吓得扭头就往后花园里跑,刚好被小虎看见。小虎一急,脱下鞋子就向知县砸去。谁知鞋子一出手,就变成了两只老虎,呼啸一声,直扑知县而去,把知县活活咬死了。

小虎妈妈见他父子俩来救她,就从画上跳下来,抱着小虎亲了又亲。然后,她把她绣的那双虎头鞋从画上拿下去,给小虎穿在脚上,三个人高高兴兴地回家了。

现在的人们喜欢给孩子做虎头鞋穿,传说能驱鬼辟邪、除恶魔保平安。特别是在河南的一些地区,至今还保留着姑姑必须做三双虎头鞋给侄儿穿的习俗。俗语有:"头双蓝(取谐音拦,即拦住不夭折),二双红(红能辟邪,可以免灾),二双紫落成(意即孩子在自己长大成人)。"有了蓝、红、紫三双不同颜色的虎头鞋,孩子必会安然无恙、健康成长。

四、五毒肚兜

每当端午快到的时候,老太太们就忙活起来了。他们飞针走线,为自己的孙子或外孙缝制五毒肚兜,这五毒就是蝎子、蜈蚣、蛤蟆、长虫(蛇)、蝎虎(壁虎)。这几种东西看上去就叫人恶心,可为啥人们却偏偏要在孩子们的肚兜上精心绣上它们呢?

肚兜

传说,豫西伏牛山里住着一对老伴,身边无儿无女,两人相依为命,以打柴为生。有一天,老汉天不亮就起来了。他想赶个早集,把柴卖掉,换点米面回来。老汉见老伴睡得正香,就自己动手做饭。老两口家境贫寒,点不起油灯。老汉摸黑烧开了水,把老伴头天晚上切好的半筐儿苋菜倒进锅里,做了几碗糊涂。

老汉匆匆吃了两碗菜汤。上路前,他又顺手从水桶里舀了半碗凉水喝了,免得路上干渴。老汉担起柴担,脚下生风,翻山越岭,一口气走了十多里山路。天放亮时,他突然感到肚子疼痛难忍,喉咙里热辣辣地像火烧一样。他看看前不着村,后不着店,只得放下柴担,捧起路边小水坑里的肮脏水就喝。几捧水下肚,老汉觉得好受多了,就又担着柴担继续走。约摸又走了两袋烟的功夫,肚里又是一阵疼痛,口干舌燥。好不容易遇到一户人家,可家里只有一个小孩在玩,老汉忙上前问道:"小兄弟,家里有水吗?寻给我点喝。"

"没有。"

"水井远得很,得到山下去挑!"

这时候,老汉一眼看见这家灶房的窗台上有一把破茶壶,上面落满了灶火灰。他抓起一晃,里面还有半壶水,不管三七二十一,对着壶嘴就喝。

喝过这壶水,老汉肚里竟一点也不疼了。他谢过孩子,就担起柴担赶集去了。

再说老太太早上起来洗脸时,发现桶里漂着老伴喝水的碗,碗沿上还趴着一个死蝎虎。老太太这下可担忧坏了:听人说喝了蝎虎尿,人就会哑巴,身上还出白斑,不知道老头儿喝了泡死蝎虎的水有事没事。

等老太太去做饭时,发现锅里剩了两碗苋菜汤,汤里竟有一条死毒蛇。这一下,老太太可真害怕了,心想:肯定是毒蛇钻进了苋菜,老头儿没看见,就放在锅里一块煮了。老太太顾不得吃饭,一路哭哭啼啼去追老汉,心想老头儿要是有个好歹,日后自己靠谁呢。

老太太紧跑慢跑,来到山下的集市一看,老头儿竟像没事人一样在卖柴呢,这才松了一口气。老汉正在卖柴,忽见老伴气喘吁吁地跑来,就问:"你咋跑下来啦?"

"你没事吧?"

"咋啦?"

"你还问我,早起喝凉水了没有?"

"喝了,就这路上还渴哩!"

"吃饭没有?"

"吃了,苋菜糊涂。锅里还给你剩两碗,你没看见?"

"看见啦,看见啦,看见锅里有根儿死长虫,桶里有个死蝎虎!"

"哟嘿!真的?怪不得来时候肚里恁疼,口渴得难受。"

"现在啥样?"

"好了,一点事儿也没有。"

老太太惊奇了:"你吃解毒药了?"

"没有。"老汉想了想,突然想起了那半壶水和那个小水坑。

散集以后,老两口又回到了老汉早起寻水的那一家。老汉对这家主人说:"我早起从这里路过,家里只有小孩,喝了您的半壶水,真谢谢啦!"

这家主人忙说:"哎呀!这都是小孩儿不懂事,那壶水放在那儿好多天了,不能喝!"

"我喝了觉得怪得劲。"

主人把壶拿过来一看,里头有一只死蝎子和一条死蜈蚣,便吃惊地说:"看看,这都是有毒的东西,弄不好要坏事的,你快去找先生看看吧!"

老两口急急忙忙赶回去找医生,路过那个小水坑时,只见坑沿上爬着许多癞头蛤蟆,老汉也禁不住恶心起来。回去找到医生,老汉把前前后后说了一遍。医生看看老汉跟没事人一样,就说:"你早上喝了有毒的汤和水,所以似火烧心,口干舌燥;可后来你又喝了有蛤蟆、蝎子和蜈蚣毒的水,这五毒相克相解,你才平安无事。这就是以毒攻毒的道理。"

这件事一专十、十传百,许多人都知道了。后来人们就把五毒绣在小孩子的肚兜上,用来避邪祛毒。据说,孩子们只要带上五毒肚兜,什么毒虫都不敢来伤害他们了。

五、盖房上梁放鞭炮的传说

盖房上梁为啥放鞭炮呢?这是姜子牙年轻时候的故事。

传说黄河北有个村庄,即现在河南省卫辉市的吕村,有一家财主,新盖了五间新瓦房,高高大大,漂漂亮亮。于是,三个儿子争着要住新房,要不是老财主许下晚些再盖两个五间,分别由老二、老三住,他们非打破头不可。

盖房上梁放鞭炮

谁知老大住进新房的第一天夜里,窗前月明地里就有一位神仙训斥一个披头散发的小鬼:"日后不许到处乱跑,只准在此歇宿、玩耍。"第二天,老大把这事一说,老二、老三都说他没福气,不压邪,该把新房让出去,老大却舍不得,硬着头皮没有让。夜里,他早早闩上房门,刚躺床上就听屋角"吱吱嘎嘎"地响,一会儿哭,一会儿笑,一会儿嚎,一会儿叫,还说他占了它们的家,要他滚出去。老大本来就胆小如鼠,吓得赶忙用被子蒙住头,身子蜷成一团,不敢吭,不敢动,活活给闷死了。

埋了老大,老二洋洋得意住进了新房。谁知夜里又闹起鬼来。这个鬼头大如斗,上下一身黑,扒着窗棂向屋里喊:"老二,你好狠毒,还我命来,还我命来!"老二不以为然,对着窗外的鬼说:"别来这一套,有啥绝招请使吧,反正这房归我了。"别说,他还真安安稳稳地过了十天。但是,第十一天头上,丫鬟去叫他吃饭,一看他伸着舌头翻着眼,一命呜呼了。

埋了老二,财主说啥也不叫老三往里住,怕这唯一的儿子再被鬼害死。

这财主为人奸诈,算账能抠到你的骨子里,一般人谁也不愿来他家当把式,这几年只有个外地的年轻人在他家当伙计。他想:我的三个儿子死了两个,这个鬼要害我断子绝孙啊!我得给老三找个替身,叫这小伙计住进去。

主意一定,财主就拿出黄鼠狼给鸡拜年的本领,对小伙计说:"你看,那五间新房成天空着没一点用场,你住进去享享福吧!"哪想到小伙计毫不犹豫地满口答应了。是他傻吗?长得浓眉大眼,精灵着呢!说来也怪,自他住下以后,夜夜安安静静,一个月既没有神来,也没有鬼闹。

这是咋回事?除老三知道外,就数这小伙计清楚了。

原来,老二、老三表面听了爹的话,背地里却商量出个坏主意。他俩夜里装神扮鬼,吓死了老大。老三比老二更歹毒,为了独占家产,他一不做二不休掐死了老二。这些都没躲过聪明的小伙计,只是他们一家狗咬狗,不碍自己的事,没戳穿罢了。要说呢,他真恨不得这一家都死绝才好。另外,他也明白,老三已成了这家唯一的继承人,只等老财主蹬腿了,何必再害他,因此情愿住进这闹"鬼"的房中享几天福。

可老财主呢?并不知道内情,先前以为小伙计是个屌头、傻瓜,后来又认为他是个命大福大之人,能够镇住鬼神,将来肯定是个了不起的人物。他与老婆一合计,决定把女儿嫁给小伙计。老三当然不同意,有心阻拦,可又不能把原因明讲,只好听之任之。反正嫁出的闺女泼出的水,老爹一死,这产业还不是自己独吞?

再说小伙计,一听说老财主要把闺女嫁给他,心里又气又急。为啥?因为他知道这闺女和她爹、她三哥一样毒,河边洗手鱼死,路过青山树枯。他咋能娶这样的人做老婆过一辈子呢?无奈何,他把财主家的丑事向朋友一抖露,就远走高飞了。

几十年后,姜子牙辅佐周武王打江山来到牧野,吕村有人认出了他。原来率领各路诸候大军的大元帅姜子牙,就是当年的小伙计啊!

后来,"姜太公封神的故事"在百姓中间传开了,大家都觉得他是位高于众神之上的大神仙。于是,吕村一带的泉水也称"太公泉"了,老百姓还在那一带修了庙来纪念他。当然,这时候谁也不愿相信当年财主家闹鬼是他们自家搞的,而宁愿相信是姜太公的神力驱赶走了各路神仙和众多小鬼。

往后谁家盖房,都在上梁的时候先贴在梁上一条红纸,上写"姜太公在此诸神退位"这几个字,还要"劈劈啪啪"放一挂鞭炮,为的是迎太公,驱鬼神,避妖邪,保平安。有的人又多想了一层,说既然请太公保佑,就该让他常住下来,就该有吃有花,所以就在新梁上放一双筷子一个碗,用红线系一串铜钱。

这种办法代代相传,越传越远,至今嵩山地域及许多地方上梁时都还沿用这种风俗。

六、泰山石敢当

过去,泰山山脚下的一个村子里,有个叫石敢当的小伙子。一天,他在地里锄地哩,他娘给他送去了晌午饭,把饭罐儿放在地头儿就走了。不一会儿,他看见一只狐狸在偷吃饭,悄悄过来,抢起锄狠狠打去。那狐狸翻身打个滚儿就不见了。他很奇怪,心想这一定是个狐狸精。

附近陈家庄有个陈员外,他女儿秀花得了邪病,连忙请来和尚、道士降妖捉怪。和尚和道士都看出来是狐狸精作怪,可就是降不了它。陈员外贴出告示,谁能降服狐狸精,就把女儿许他为妻。石敢当打过狐狸精,不怕它,就揭了告示。于是,陈员外把他请到家里降妖精。

晚上,石敢当带着锄,躲在秀花的绣房里,等狐狸精到来。三更时分,刮了一阵风,从窗口闪进来一只狐狸,转眼变成一个书生。石敢当大喝一声:"泰山石敢当在此!"举锄就打。狐狸精叫了一声,留下几滴血,又不见了。十几天过去了,狐狸精再没敢来,秀花的病慢慢好了。陈员外很高兴,让女儿秀花和石敢当成了亲。

再说狐狸精被石敢当一锄打伤,回到洞里养了好些日子。等伤口长好,狐狸精又到附近村里害人。石敢当降狐狸精的消息早传开了,因而它每到一处,人们就把石敢当请来。但是,狐狸精很狡猾,只要石敢当一露面,它就赶快逃跑。过不了几天,它又在另一个村里害人。石敢当慌忙赶去,狐狸精又逃跑了。石敢当只能把狐狸精赶跑,却没有办法把它除掉。

这天,秀花对石敢当说:"狐狸精既然只怕你,何不叫大家把你的名字写在村口路旁呢?狐狸精见了,以为你在那儿,就不敢进村害人了。"石敢当就让大家在村口路旁的石头、墙壁上写上"泰山石敢当"五个字,试试咋样。一试怪灵,狐狸精再不敢来了。

消息传开,人们都在村口儿、街口儿、胡同口儿的墙上砌块石头或砖头,上面刻上"泰山石敢当"五个字来辟邪。

不知从什么时候起,嵩山地域也兴起了这个规矩。

七、影壁墙的来历

早时候有个泥巴匠,名叫王得财。这人手艺好,又是个孝子,大家都对他格外抬举。有家姓赵的请他盖房子,他安排好老娘,就去了。

影壁墙

赵家很大方,顿顿少不了鸡鸭鱼肉。可吃鸡时总不见鸡大腿上桌,王得财心里很生气:哼,鸡腿不往上端,光叫啃鸡骨头,真不抬举人!当时他就想撂下活不干回家,又一想,就这样走了人家不说我争吃喝没出息吗?不能走。王得财忍着气继续给赵家盖房子。

快到垒房脊的时候,王得财想起师傅说过:盖房子时在房脊里放个推小车的泥巴人儿,就会叫主人家慢慢变穷。王得财心里有气,就暗地里捏个推小车的泥巴人儿,放在了房脊里。

房子完工了,主人先拿出工钱,然后又递过来一个瓷坛子,说:"王师傅,你是大孝子,你娘年纪大了,应该补养补养身子。这坛子里积攒些鸡大腿,带回去给你娘捎个心意吧。"王得财一听这话,知道错怪了人家,心想:如果那个泥巴人儿真能把人家变穷,自己算是坏良心坏到底了。想当面把推小车的泥巴人儿扒出来吧,怪不好看,只有使个破法给破了。

想到这儿,王得财放下坛子,在院里转了一圈儿,然后对主人说:"赵大哥,我看你这么大个院子,又大门冲二门的,实在不好看。干脆用剩下的砖,在大门里边垒道墙吧?"主人说:"你看着办吧,咋着都中。"

王得财拿出自己的手艺,把这道墙垒得又结实又好看。王得财知道:有了这道墙,小车就推不出大门,主人家也就不会破财了。

主人家不知道原因,看这墙又好看又能遮挡门户,直夸王得财想得周到。后来引得家家模仿,成为习俗。

八、房顶没有烟囱的传说

在嵩山地域,无论你走到哪儿,都看不到房顶上有烟囱。为啥哩?有这么个传说:说是明朝以前,嵩山地域农村的房顶上,和山西、河北一样,家家户户都有一个高高的烟囱,每当烧火做饭的时候,浓烟就从房顶上的烟囱里滚滚升起,飘到空中。

元朝末年,朱元璋在安徽举旗造反,势力一天比一天大。元顺帝怕朱元璋打到北京去推翻他的统治,就派兵去镇压。元军被朱元璋打败后,没命地向河南境内逃窜。朱元璋穷追不舍,一直撵到了河南。元军被追赶得走投无路,就分散钻进村里,藏了刀枪,换了军衣,混到群众里头,吃百姓的粮,穿百姓的衣,并下令:谁向朱元璋的部队告密,就满门抄斩,灭绝九族,株连全村。老百姓被控制得死死的。

话说朱元璋带领千军万马,紧追慢赶来到河南,不见了元军的踪影,心里非常纳闷:元军前边跑,我在后边追,为啥一进河南元军就没有影了呢?朱元璋细细一想,元军上不了天、入不了地,准是藏起来啦。于是,他便命兵将沿村搜查。果然,兵将们在村里发现了元军的刀枪、军衣。朱元璋又命他的部队挨村挨户地去抓元军。可是,元军都换了老百姓的衣裳,脸上又没刻字,谁是谁不是,也分不清楚。于是,不管青红皂白,他们见人就抓,抓住就杀。这一下,老百姓可遭殃了,好多百姓都被当作元军杀啦。人们一看朱元璋的队伍胡抓胡杀,都躲的躲、逃的逃、不敢露面啦。

朱元璋抓不到人,使了个"金银计",叫他的兵将在村里的路上和农民院里,扔下些散金碎银。第二天,他们再去检查,发现散金散银被人拣了,说明庄里还有人,又来一次大搜查,搜出人来又杀了。人们上了朱元璋的当,再也不敢拣银子啦。

朱元璋不放心,又叫他的队伍隐藏到高大的树上、土岗上,看哪个村的房顶上冒烟,就去哪个村里抓人。很多农民又遭到杀害,尸横遍野,血流成河。有些村庄杀得鸡犬不留,人烟断绝。侥幸活过来的人们,一看朱元璋的队伍是寻着房上冒的烟来的,就把房上的烟囱扒了,在地上砌个尺把高的小烟囱,让烟顺着地皮排出去。朱元璋的队伍看不到房顶上的烟囱冒烟了,认为人都被杀光了,才走啦。

从那以后,嵩山地域的房顶上,再也不留烟囱了。

第二章 农林副生产习俗

嵩山地域的农业生产历史悠久,可追溯至上古时期。在登封城东宋家沟口新石器时期遗址中就发现有谷壳。大金店的南城子,在夏商时期叫负黍聚,是当时劳动人民进行粮食交换的地方,可见在那时农业生产就有了相当的规模。从裴李岗文化时期石器、骨器的使用到夏商时期铜器的使用,再到战国时期铁制农具的使用,都在不断地促进农业生产的发展。但是,由于受地形、地理环境、气候等条件的限制,嵩山地域的农业生产发展缓慢。传统种植业作为嵩山地域农业的重要组成部分,布局单一,结构单一,品种单一。但在长期的农业生产实践中,人们探索出了一套符合

农业生产

本地实际的"铁掘耧耙手撒种"的耕作方式,以及春播、夏种、秋收、冬藏的农事活动习俗,在农业发展进程中发挥了巨大的作用,有些至今仍在沿用。在农业生产的历史上,林木种植成为补充农业、抵御风沙、保持水土、改善生态环境的重要途径。广大农民习惯根据传统的农业节气,用传统的耕作方法播种传统的粮食品种,使用传统的农具进行传统的农业生产。同时,家庭养殖业也发挥着重要作用。民间百工,补充和丰富着庞大的农业文明。

从中华人民共和国成立到十一届三中全会以前,嵩山地域经济基本是传统农业占主导地位的农业经济。十一届三中全会以后,随着社会发展和科学技术的进步,人民长期以来形成的观念发生了变化,农村经济由自给型逐步向商品型转化,农机具在农业生产中大量使用,农作物的布局结构发生了较大变化。20世纪90年代初,嵩山地域有了农业综合开发项目区,每年按照省市下达的国家农业综合开发项目计划实施,为农业生产条件改善,粮食增产,农业增效,农民增收注入了新的活力。通过采取修管道、埋输水管、建提灌站、打机井、修机耕路、植防护林、购农机具、实施良种良方等措施,使项目区的农业生产条件得到明显改善,基本形成田成方、林成网、渠相通、路相连、旱能浇、涝能排的生产格局,农业面貌大有改观,为农业可持续发展奠定了良好基础。

进入21世纪,市场经济体制进一步完善,农业生产也被推向了市场,农业商品化、农业市场化成

为发展的主流。嵩山地域结合本地资源,调整种植结构,引进优良品种,推广先进技术,大搞特色农业、旅游农业和高效农业,传统农业逐渐被富有生命力、符合时代特征和市场规律的新型农业所取代,农业生产迎来了新的发展阶段,也呈现出有别于传统的新的风俗。

第一节 生产组织与体制

一、生产组织

(一)农村乡级、村级组织

农村的生产组织是随着时代和执政者的制度不同而不断变化。在中华人民共和国成立前,"国民"时期是县下面划片为一个保,保下面是甲,保里面有保长、副保长,甲里面有甲长、副甲长。中华人民共和国成立初期,县政府下面有农村合作社,合作社里面有社长、副社长等;乡里的领导班子有乡党委书记、副书记、乡长、副乡长。"文革"中变成了人民公社革命委员会,人民公社革命委员会中有革委会主任、副主任、成员等职务。人民公社下面有生产大队、生产队,每级组织里面都是一个集体领导班子,在队里有大队党支部书记、副书记、大队革委会主任、副主任、妇女主任、民兵营长等职务;生产队的领导班子中有生产队长、副队长、妇女主任、民兵队长等职务。改革开放以后,人民公社变成了乡镇,下面基层组织又变成了行政村,村里面有党支部书记、副书记、村主任、副主任、妇女主任、民兵营长等职务;生产队变成了生产组,生产组里面有村民组长、副组长、妇女队长、民兵队长等职务。

(二)临时性的生产组织

1. 互助组

中华人民共和国成立后,在政府的倡导下,各乡村农民自愿结合,成立了许多劳动互助组。组员或七八户,或一二十户不等,各户的主要农活皆由全体组员承担,各户出工得工之多少,由组长掌握,使之基本平衡。合作化以后,互助组消失。

2. 护秋组

在20世纪50年代农村合作化以前,地里的庄稼到了成熟期,总是有人到农田里偷成熟了的庄稼,根据这个情况,嵩山各市县下面的村庄,为了保护丰收成果,防止个别地痞流氓偷青吃青,每年秋季由各村领导出面组织青壮年若干人,成立"护秋组"。护秋组组员分工包片,日夜巡查,其报酬由看护区农民按秋作物面积分摊。护秋组在各户地头插上标记旗,以示包看之意。经多年之实践证明,成立护秋组是一种行之有效的护秋办法。

3. 联保组

20世纪80年代,农民有了自己的责任田,在解决了温饱问题以后,各村里为了尽快地完成国家规定的公粮交纳指标,由村委会组织村民,在自愿结合的基础上,按片划分,成立由十几户组成的联保组,互相帮助、互相督促,共同完成交纳公粮的任务。如联保组内有一户农民没有按时完成交纳任务,则本联保组所有成员家庭都要受到相应的批评与处罚。

二、村规民约

中华人民共和国成立前,一些大的村落和大的家族,都由村内主事人或族、门长主持会议,制定出一些自治性的规章制度,村民共同遵守,如有违犯者轻则责之,重则处罚。

中华人民共和国成立后的合作化时期,以基本核算单位为单位,都明确制定有一整套规章制度,如劳动管理制度、财务管理制度、社员出工出勤记工制度等。干部和群众相互监督,共同执行。

改革开放以来,农村实行了家庭联产承包责任制,1986年农村整党之后,各行政村都分别制定了"村规民约",特别是进入21世纪以来,随着新农村建设步伐的加快,制度要求更加全面完备,如"全村村民选举村委会制度"、向群众公开"村里的财务收支情况"、"农村实行公费医疗的政策研究规定"、要求村民们遵守的"五讲四美"、"村民义务"等,有的村还印发到户,发动群众互相监督,共同自觉遵守。除乡规民约以外,还有一些临时性的通知,如"免费给村民检查身体"、"免费给村民接种疫苗"、"鼓励群众安装沼气池的优惠补助政策"、"全免中小学生的学杂费"等,都能迅速公布上墙,通知到千家万户。

三、生产体制

(一)土地占有和租佃

土地是人们赖以生存的基础,自古到1949年前,土地为私有,可以买卖,大量的土地和生产工具为少数地主所占有,广大农民只占有少量土地。地主拥有大量土地,采取雇长短工、土地出租或课地等形式剥削农民。课地又分钱课、物课两种形式。钱课纳钱,每亩价格不等。物课分三种:一是佃户和地主在庄稼将要成熟之前,双方同到田间观察、估计产量,按比例收课;二是分课,佃户和地主承佃之先,双方协议分成比例,或三七分成,或二八分成,或四六分成,这种形式是每季按产量分成,产量高,分的就多,产量低,分的就少;三是固定租额,地主按事先讲明租额数目招租某地块,而佃户承租以后,根据合同,不论收成如何,必须按数交纳。如果不予交纳,地主有权收回土地,另改佃户。田赋粮税由地主负担,耕畜、种子、肥料、劳力由佃户负担。佃户租种土地之先,向地主付押金若干,大约一次交押金数额可以抵上一年以上课额,是一种抵押性质。佃农若交不上钱粮时,地主就从押金内扣还,如果退地不种时,押金归还佃户。

(二)土地改革

1950年6月30日,中央人民政府颁布了《中华人民共和国土地改革法》。从1950年冬季起,规模空前的土地改革运动逐步轰轰烈烈开展起来,嵩山地域也掀起了声势浩大的土地改革运动。

1. 土地改革运动过程

土地改革运动是根据《中国土地法大纲》《河南省土地改革实施办法》以及国务院关于划分农村阶级成分的决定等中央、省以及各级政府颁布的土改政策和指导思想进行的,依靠贫农雇农,团结中农,限制(中立)富农,有步骤、有区别地消灭封建剥削制度,发展农业生产是土地改革的总路线。嵩山地域的土改运动在具体的实施过程中基本可分三个阶段:

第一阶段,结合剿匪、反霸,开展减租、减息,选择基点进行试验,同时宣布成立县"农筹会"。1950年1月,根据中原临时人民政府减租条例,各县人民代表大会做出"二五"减租决议,地主富农土地和学田、祠堂、寺庙、教会所出租的土地,一律实行秋季减租,如已交租,按要求退还,草随牲口、柴随粮。不论何种租佃形式,一律按原租减去二成五,租额最多不超过千分之三百七十五,超者再减。按减租后的租额交租,租额不及者不得增加。

第二阶段,反霸斗争一结束,立即抓紧春节前后的农闲时间,开始土改的准备工作,首先进行土改试点,接着在全地区展开。1950年6月30日《中华人民共和国土地改革法》颁布以后,由县、区、乡三级干部组成土改工作队,认真深入贯彻土地改革法。

第三阶段,是土改复查阶段。对土改运动搞得不彻底、不扎实的乡,进行土改复查运动。

2. 土地改革运动步骤

第一,访贫问苦、扎根串联。由经过学习培训的县、区干部组成的土改工作队进驻乡村、了解情况、宣传政策,找村里苦大仇深的贫雇农,作为土改的骨干力量培养,这样村村都涌现出许多土改积极分子,使土改运动有了坚强的依靠。

第二,建立组织,成立农会。在武装骨干的基础上,发动和组织全体贫雇农学习贯彻土改政策,启发他们提高觉悟,勇敢地站出来与封建势力和剥削阶级斗争。经过发动群众,村村都建立了农民自己的组织——农民协会。

第三,诉苦算账,划分阶级。农会建立以后,运动转入诉苦算账和划分阶级阶段。诉苦即选择典型的贫雇农走上讲台,诉自己所受的阶级苦,算地主阶级剥削穷人的政治账和经济账;划地主、富农的阶级成分时结合斗争一些民愤大的地主恶霸,控诉他们的剥削罪行。经过诉苦算账,使贫雇农认识到穷人常年劳动不得温饱的原因是没有土地和被地主剥削的结果,认识到剥削者是寄生虫,广大贫雇农应团结起来,与地主富农展开斗争,要求"土地回老家"。

第四,没收征收和分配果实。通过诉苦算账、划分阶级之后,运动便转入没收征收和分配果实阶段。没收征收就是把地主、富农的土地、房屋、农具、牲畜、粮食和钱财等进行丈量、计算、登记后,按政策留给他们一定的数量,把多余的没收和征收,归村里所有。分配果实,就是按贫雇农土地、农具的有无多寡,根据政策把没收征收所得分给贫雇农,达到土改的实际目的。

第五,发土地证和房产所有证。发证是土改运动的最后一个步骤。贫苦农民在得到土地和房产以后,再由政府发给他们土地证和房产证,保护他们的所有权。

3. 土地改革运动意义

土地改革提高了农民的政治觉悟和生产积极性,为恢复和发展农业生产及国家经济建设、巩固人民民主专政、支持抗美援朝都创造了极为有利的条件。土改运动除了剥夺和削减地主阶级的土地,使无地、少地的群众能够耕者有其田外,也是党在农村所领导的一场政治革命和思想革命,特别是通过划分阶级和诉苦算账,使农民认清了剥削阶级的本质和土地还家的正义性,认识到只有共产党才能领导人民翻身当家做主人,从而拥护毛主席、拥护共产党,并迸发出空前的生产积极性。

(三)农业互助合作化

1. 互助组

农业互助合作化

经过土地改革的广大农民,特别是土地改革中获得土地而缺少其他生产资料的贫下中农,一方面有着极大的生产积极性,另一方面又面临着生产资料缺乏的状况。为避免重新借高利贷,甚至典当和出卖土地;同时为了兴修水利、抵御自然灾害的需要,他们都有走互助合作道路的要求。为了保护个体农民生产积极性和劳动互助积极性,党倡导农民按照自愿互利的原则组织起来,走互助合作的道路,以克服生产困难。遵照党中央土地改革结束之后转向生产运动的指示精神,嵩山地域在结束土地改革以后,于20世纪50年代初开始宣传和发起了农业互助合作运动。按照"自愿互利、典型示范、稳步发展"的方针,掀起了互助合作的第一个高潮。

2. 初级社

在广大群众社会主义觉悟空前高涨的情况下,在某些带有社会主义萌芽的农业生产互助组的基础上,开始迈出第二步,即发展以土地入股、统一经营为特点的小型带有半社会主义性质的初级农业生产合作社。1953年9月13日,登封唐庄玉台村李太合互助组第一个转为农业生产合作社。合作社实行土地、牲畜、生产工具入社,按地五劳五分成,分秋、麦两季预分,年末按农副业总收入搞年终决算,后来演变为地三劳七分配。这是登封第一个初级社,是登封农业合作化的一面旗帜,社长李太合多次被评为县区劳动模范,并出席开封地区劳模表彰大会。

农业生产合作社可以互通有无,力量强大,能够抵御灾害,减少损失,利于兴修水利等大型建设,还利于学习推广新技术,实行科学种田增加收成,而且实行农副业结合,给剩余劳动力找到了出路。广大群众看到了农业生产合作社的优越性,初步解除了一些顾虑和误解,社会主义觉悟空前提高,走互助合作道路情绪高涨,入社的要求日趋迫切。20世纪50年代中期,嵩山地域全部建成初级社。

3. 高级社

在春耕生产中,初级社显示了地尽其力、人尽其才、物尽其用的优越性,大大鼓舞了广大群众参加高级社的热情,农民对土地的私有观念迅速消除,按劳取酬的社会主义分配原则已为广大群众所欢迎,转高级社走集体化道路已成为广大群众的迫切要求。紧密结合春耕生产,嵩山地域开展了规模宏大的建立高级社运动。高级社取消了按土地分红的原则,打破地界,大块土地耕作,统一实行按劳取酬。

1956年1月1日成立的登封第一个高级社——唐庄先锋社,是初级社转高级社的典范。唐庄先锋社是以唐庄、杨庄两个乡的初级社为基础成立起来的,下设10个生产中队,44个生产队,以中队为核算单位,全社共有1488户,6133人,总耕地12046亩,总牲畜775头。分配制度是:按劳分配、多劳多得、五保残疾加照顾。初建社时实行工资制,满勤为26个劳动日,出勤不够者,不发或少发工资。当时省里奖有康拜因联合收割机一台,县里奖给两头大黄牛、两匹大马、两头约克夏种猪。社里先后成立了马场、猪场等,还建立了卫生院、妇产院、兽医站、俱乐部等,俱乐部又创办了《先锋社报》服务中心,推广科技,表扬好人好事,每周八开两版发行,每期发行300多份。为抓好业余教育,提高社员文化素质,建立业余初中、高中各两个班,同时各中队建有初小、高小班级不等,每天晚上学习一至两个小时。该社被省和开封地区新闻单位、《河南日报》多次采访,被誉为社会主义文化艺术盛开的"嵩山之花"。

嵩山地域遵循自愿互利、典型示范和国家帮助的原则,从临时互助组、常年互助组发展到半社会主义性质的初级社,再发展为社会主义性质的高级社。合作化运动极大地调动了农民的社会主义生产积极性,解放和提高了农业生产力,推动了社会进步,使农村出现了社会主义建设高潮。除了促进生产力的发展之外,合作化运动还对农村精神文明建设起到了促进作用。伴随农业合作化的进程,农村先后出现了扫盲高潮、卫生运动、技术革新运动和水利化运动,但由于运动后期要求过高过急,发展过快,形式过于简单,导致了后来大跃进中浮夸风的出现。

(四)人民公社

20世纪50年代后期,嵩山地域范围内,以村、队为单位兴办农忙食堂,麦收大忙季节后,变为长期的集体伙食单位——农民食堂。口粮一律不发给各农户,凭饭票到食堂就餐,取消一户一灶传统的生活方式,为成立人民公社创造了条件。此后,人民公社化运动轰轰烈烈地开展起来。

1. 人民公社体制

人民公社不单是经济组织,也是工、农、商、学、兵五位一体的基层组织,是经济组织与政治组织的同一体(政社合一、乡社合一)。经济上实行公社所有,统一核算,农、林、牧、副、渔五业统一经营,劳动力统一调配。社员吃粮实行供给制,统筹调拨,花钱实行工资制。基本建设统一部署,打破了核算区域界限、行业界限、全民和集体界限,取消记工计酬,名曰大协作。由于过分推行"一大二公",滋生出种种弊端,如强迫命令风、干部特殊风、瞎指挥风、"一平二调"共产风和高指标、高产量、高征购浮夸风等。1959年4月29日,毛主席给各级干部的六条指示,也未认真得到贯彻执行,致使农民生活水平下降,严重挫伤了广大干部、群众的生产积极性。1959年人为造成歉收,加上1960年、1961年自然灾害,人民生活十分困苦。

1962年9月党的八届七中全会制定了《关于进一步巩固人民公社集体经济 发展农业生产的决定》和《农村人民公社工作条例修改草案》,明确了人民公社以生产队为基本核算单位的"三级所有、队为基础"的管理体制,对人民公社一系列的经济政策和经营管理做了具体的规定,农村才有了较好

的生产秩序。后来,农村食堂解散,恢复一户一灶的生活方式;恢复行政区,调整人民公社体制,各县改为区,区下设公社。

2. 人民公社实物分配办法

人民公社实物分配办法有"三基本"分配法、人劳比例分配法及其他实物分配法三种:

所谓三基本分配法,是生产队根据各种农活的需要,依据常规劳动定额和劳动力情况,分夏、秋两季向各户评定应做基本劳动日和基本积肥任务,完成两个基本劳动任务,可分得基本口粮(基本口粮=每人平均口粮60%)。

人劳比例分配法是社员分配粮食总额,按人口和劳动工分分配粮食,多数生产队执行人六劳四或人七劳三,少数生产队按人四劳六或人劳各半。

其他实物分配法,对于棉花、蔬菜、花生及其他各种小宗实物,大多按人分配。

(五)联产承包责任制

人民公社化后,由于统管过死及分配上的平均主义和财务、工分、账目、仓库不清等问题,挫伤了农民的生产积极性,导致农业发展缓慢。党的十一届三中全会以后,全国推行了联产承包责任制。嵩山地域的联产承包责任制形式有以下几种:一种是土地面积按人口包工包产到组,实产交队,队按包工数统一进行分配,超产奖励,减产处罚,组对户,以工分分配。一种是按劳力以产承包耕地,包工包产到户,实产交队,队按包工数对户进行分配,超产奖励,减产处罚。也有按人口包工包产到户,包干上交,余归自己(取消工分)。林、牧、副、渔、水利设施实行专业承包,包上交、包报酬、包费用。联产承包责任制大大激发农民的生产积极性,促进了生产力的解放,在农业生产的经营管理上是个大的改革。

1980年,逐渐实行按人口以产承包,包干上交的办法,统称"社员家庭联产承包责任制",按照"宜统则统,宜分则分"的原则,实行"四统一包"。四统即统一领导,统一种植计划,统一农田基本建设,统一使用大、中型机械及水利设施。一包即包干上交,队与社员建立合约,牲畜、农具作价给农户。1982年通过了中央第一个一号文件,开始发展专业户、重点户。1983年中央做出了《关于大力发展农村重点户、专业户的决定》,发展两户一体经济。1984年中央第三个一号文件出台后,进一步放宽两户一体的政策,扩大他们的自主权,对先富起来的农民进行表彰。

1985年初,嵩山地域各市县贯彻中央《关于进一步活跃农村经济的十项政策》的指示精神,因地制宜调整产业结构,发挥资源优势,发展家庭经济,发展专业户、专业村,退耕还林还牧,加快山区建设。当年年底在种植业、林业、建筑业、服务业、文化宣传等其他行业都有了专业户。

联产承包责任制是农业生产经营管理上的一次改革,克服了原来集体经营中的平均主义弊病,激发了农民的生产积极性!农民有了种植自主权,可以因地制宜自主选择,从而出现了种植的多样性。同时农民舍得投入,不仅有劳力投入和生产资料投入,还逐步增加了新技术投入,粮食产量、经济收入、农业总收入大幅度增长,使农业生产得到了迅速发展。联产承包责任制的实行,解决了农民长期未能解决的温饱问题,农村自给经济迅速向商品经济转化,新型的经济组织越来越多,出现了各种专业户、专业村。

(六)土地延包

土地延包是联产承包责任制的延续和发展。20世纪末嵩山地域开始延长农村土地承包期工作,从而使广大农民安下心来在承包土地上投工投资,使农业生产呈现出勃勃生机。

第二节 节气与季节生产

几千年来,农民们日出而作,日落而息,勤勤恳恳耕种,认为"要吃饭,得流汗","八口之家农为本,百亩之田粪当先","扫帚响,粪堆长",千家万户,堆肥劳作,辛勤终日。嵩山地域一年四季的农业生产,呈现出一个季节生产的特点。

节气与生产有着紧密相关的联系,节气对不同农作物的耕种具有不同的农业气象指示。每个节气的时间概念定为:代表该节气的前后若干天,即代表该节气所在月份(阳历)的前半个月或后半个月。在每

节气与季节生产

个季节的不同节气,又有不同的习俗。合理运用24节气,掌握天气气候规律,科学地安排日常生产生活,顺应农时、不违农时、科学种田,争取农业丰收,是季节生产的关键。

一、二十四节气

节气是华夏祖先历经千百年后,用他们敏锐的洞察力,考察了气候变化与农业生产关系而总结出来的宝贵科学遗产。在古代,节气简称为气,实际是天气气候的意思。古代一年分为12个月纪,每个月纪有两个节气。合12个月纪的节气便是24节气。24节气以春夏秋冬来划分,它表明气候、雨水的变化和昼夜、霜期的长短,农民可参照各个节气安排农事活动。24节气从春秋至秦汉之际逐步创立,至今已2000多年,仍然是深受人们重视的农历,节气和因为节气形成的习俗文化,已经成为我们生活的一部分。

二十四节气是根据地球在环绕太阳运行的轨道上所处位置划定的,属于阳历的范畴。地球每365天5时48分46秒,围绕太阳公转一周,每24小时还要自转一次。由于地球旋转的轨道面同赤道面不是一致的,而是保持一定的倾斜,所以一年四季太阳光直射到地球的位置是不同的。以我国所居的北半球来讲,太阳直射在北纬23.5度时,天文上就称为夏至,即指已经到了夏季的中间了;太阳直射在南纬23.5度时称为冬至,指已经到了冬季的中间了;一年中太阳两次直射在赤道上时,就分别为春分和秋分,也就是到了春、秋两季的中间,这两天白昼和黑夜一样长。

由于地球围绕太阳公转,我们看起来,太阳在星空中移动的路线叫做黄道。我国劳动人民在长期

二十四节气表

的生产劳动中把寒暑变化、昼夜的长短、中午日影的高低等和农事安排与太阳在黄道上的位置联系起来,并用黄经来表示太阳在黄道上的位置(也就是地球在轨道上的位置)。天文学上地球绕太阳公转一周为360度,自春分起算,春分为零度,夏至90度,秋分180度,冬至270度,更进而至春分,合成360度,即复于零度,其间每相距之90度,以六分之,规定太阳黄经每变化15度叫做1气,共得24节气,分配于12个月,在月首者为节气,在月中者为中气,共12中气,12节气。以地球绕太阳运行一周而言,每月皆有节气、中气,其日期在阳历中是基本固定的,不合于阴历纪月,故旧历法以无中气之月置闰。节气、中气通称节气,各有专名,如春分(黄经零度),清明(黄经15度)等,通常也指每一节气所在的那一天。

24节气是一年中12节气和12中气的总称,是在一个回归年(用阳历计算的年)中,太阳行经黄道上24个特定位置的日期。中国过去长期使用的是农历(也叫阴历、古历、旧历)是以12个朔望月为一年,其长度和回归年大约相差11天。用19年置7个闰月,使其周期和回归年相符。因此,农历的月份与实际季节可能有半个月左右的差异,不利于指导农业生产。为此,我国劳动人民在长期的生产劳动中把寒暑变化、昼夜的长短、中午日影的高低等和农事安排与太阳在黄道上的24个具有季节意义位置的日期相联系,给以有关季节、气候和农业生产的名称,用来反映季节气候和指导农时,这就是24节气的由来。24节气中的各节气也各有专名,通常也指每一节气所在的那一天。反映四季变化的节气有:立春、春分、立夏、夏至、立秋、秋分、立冬、冬至8个节气。其中立春、立夏、立秋、立冬叫作"四立",表示四季开始的意思。反映温度变化的有:小暑、大暑、处暑、小寒、大寒5个节气。反映天气现象的有:雨水、谷雨、白露、寒露、霜降、小雪、大雪7个节气。反映物候现象的有惊蛰、清明、小满、芒种4个节气。

24节气中的四"立"(立春、立夏、立秋、立冬)为四季的开始,二分(春分、秋分)、二至(夏至、冬至)为四季的一半。12节气和12中气相间安排。为便于记忆,人们把24节气各取一个字,按照它们在一年中出现的顺序,编成24节气歌:

  春雨惊春清谷天,夏满芒夏暑相连;
  秋处露秋寒霜降,冬雪雪冬小大寒。
  每月两节不变更,最多相差一两天;
  上半年来六、廿一,下半年是八、廿三。

二十四节气是中国独创的历法,是我国古代科学文化的辉煌成就之一。二十四节气是由我国劳动人民的创造的表明气候变化和昼夜长短的时令,它自春秋至秦汉之际逐步创立起来,沿用至今已两千多年,农民可参照各个节气进行农事活动。

二、二十四节气与季节生产

(一)春季

1. 春季节气

在24节气中,春季的节气有立春、雨水、惊蛰、春分、清明、谷雨6个节气。

(1)立春

公历每年2月3~5日交节。太阳经过黄经315度。人们习惯地把立春作为春天的开始。立春是一年中的第一个节气,从此揭开了春天的序幕,草木开始萌芽,农民开始播种。

(2)雨水

公历的每年2月18~20日交节。立春之后,太阳经过黄经330度的位置,是为雨水。雨水本来是指冰雪融化成水。历书说:"斗指壬为雨水时,东风解冻,冰雪皆荣而为水,化而为雨,故名雨水。"雨水时节,正是从这以后雨水逐渐增多,万物欣欣向荣,草木萌生的时候。

(3)惊蛰

公历的每年3月5~7日交节。太阳经过黄经345度的位置,是为惊蛰。惊蛰指春雷初响,惊醒蛰伏中的昆虫。惊蛰之后,气温地温渐渐升高,土地已解冻,春耕开始,蛰伏地下的昆虫和小动物开始出土活动。这时已经进入仲春,桃花红、李花白、黄莺鸣叫、鸟儿高飞。

(4)春分

公历的每年3月20~22日交节。太阳经过黄经0度,是为春分。"分"就是半,春分是春季的一半。我国古代习惯以立春、立夏、立秋、立冬表示四季的开始。春分、夏至、秋分、冬至则处于各季的中间。春分这天,太阳光直射赤道,地球各地的昼夜时间相等。所以古代春分秋分又称为"日夜分"。民间有"春分秋分,昼夜平分"的谚语。春分之后,阳光直射的位置便向北面转移,北半球就白天长夜里短了。

(5)清明

公历的每年4月4~6日交节。太阳经过黄经15度的位置时,即为清明。清明含有天气晴朗、空气清新明洁,气候逐渐转暖,草木繁茂之意。农村忙于春耕春种。清明这天,民间有踏青、寒食、扫墓等习俗。常言道:"清明断雪,谷雨断霜。"时至清明,气候温暖,春意正浓,鸟语花香,适宜郊游。

(6)谷雨

公历的每年4月19~21日。太阳经过黄经为30度的位置,农民布谷后望雨是为谷雨。是春季最后的一个节气。谷雨前后,气温比较稳定、暖和,雨量也开始比以前增加,适于谷物生长,是我国春季作物播种、出苗的重要季节。农谚曰:"谷雨前后,种瓜点豆。"

2. 春季生产

按照传统习俗,春季的节气与农业生产之间的关系为:正月立春,农乃修田器。雨水,出粪于场。

季节生产

二月惊蛰、春分,耕者毕出,上粪犁地。三月清明及时雨,麦苗勃发,稻秧初种,耩高粱、木棉。谷雨乃耩植谷、种芝麻。麦始秀。

立春俗说"打春",前一天叫"迎春"。嵩山地域有"一年之计在于春"的农谚。传说,7000千年前,原始社会神农氏教人们制作耒、耜,种植五谷,这时,原始农业便开始了。黄帝、尧、舜、禹都很重视农耕,到了奴隶制社会,西周更把生产提到了天子朝议上来,周武王曾责令地方官每年举行迎春仪式。立春前一天,各地方官浴身素服步行郊外,聚集乡民,焚香上供,叩头礼拜后,使"芒神"举鞭押土牛,意在打去春牛惰性,迎来全年丰收。宣告春耕播种,大忙开始。进入封建社会,春牛以纸糊成,内装五谷,鞭打春牛破,五谷四下流,象征五谷丰登,大囤尖、小囤流之意。

有关春季生产的当地农谚有:"春雷动,阳气升";"春打六九头,种上芝麻吃香油";"春打五九尾,不种谷子也吃米";"打罢春,阳气透,笑看富人穿得厚"。

新中国成立后,每年开春,嵩山周边的县市的政府几乎都要召开三级(县、乡、村)干部会,总结交流去年丰产经验,奖励劳动模范,安排当年生产,打响春耕第一炮。

(二)夏季

1. 夏季节气

在24个节气中,夏季的节气有立夏、小满、芒种、夏至、小暑、大暑6个节气。

(1)立夏

公历的每年5月5~7日交节。太阳经过黄经45度位置,夏季开始,是为立夏。古谚有云:"立夏小满,雨水相赶。"我国习惯把立夏作为春季的结束,夏季的开始,立夏的"立"就是开始的意思,传说古代君王常在这一天到京城外去迎接夏天的到来。夏日开始,雷雨增多,进入夏忙季节。

(2)小满

公历的每年5月20~22日交节。太阳经过黄经60度位置,是为小满。"小满"正当是农历四月中下旬,这时候田里的夏熟作物籽粒渐渐丰实饱满,成熟在望,逐步进入夏收夏种季节。庄稼人家眼见辛勤与努力,即将有了丰收,于是把这个节气形容成为小满。

(3)芒种

公历的每年6月5~7日交节。太阳经过黄经75度位置,是为芒种。这一时节,已经进入典型的夏季,天气相当炎热。"芒"就是代表一些有芒的作物,"种"就是种子的意思,芒种表明小麦、大麦等芒作物成熟,或表明晚谷、黍、稷等作物播种,进入最忙的季节。芒种接近端午节。

（4）夏至

公历的每年6月21～22日交节。太阳经过黄经90度,太阳过赤道最北位置,是为夏至。夏至标志天气炎热的开始,夏至是太阳直射北回归线,故北半球一年中最天长夜短的一天。夏至过后,地面受热强烈,空气对流旺盛,午后至傍晚常易形成雷阵雨。这种热雷阵雨聚来疾去,降雨范围小,人们称为"夏雨隔田坎"。唐代诗人刘禹锡曾把这种天气称为"东边日出西边雨,道是无晴却有晴"。民谚语:"到了夏至节,锄头不能歇"。

（5）小暑

公历的每年7月6～8日交节。太阳经过黄经为105度的位置,是为小暑。小暑已是盛夏,暑气上升,颇感炎热。"暑"是炎热的意思,小暑是气候炎热而尚未达到最热的时候。

（6）大暑

公历的每年7月22～24日交节。太阳经过黄经为120度的位置,是为大暑。小暑尚未达到最热,而大暑则是一年中最炎热的节气,七月份进入汛期。民间有"小暑大暑淹死老鼠"的谚语,就是说这两个节气雨水多,要注意防汛、防涝。

2. 夏季生产

按照传统习俗,夏季的节气与农业生产之间的关系为:四月立夏,旱田耘草,菜料成熟。小满十日,麦尽登,水田耘草,乃种穄稷。五月芒种,及时雨,乃耩晚谷,于麦田种豆。夏至,晚田三四耘,种晚穄稷于麦田。六月小暑,稙谷高粱咸吐穗,稻田亦秀,芝麻出桀子。大暑,大雨时行,谷苗勃发,穄稷吐穗,晚田咸秀。中伏种荞麦、菜料。

俗语曰:"春争日,夏争时。"农村对夏季生产习惯于"谨慎庄稼,消停买卖",突出一个"抢"字,有农谚曰:"五黄六月去种田,一天一夜差一拳";"芒种芒种忙芒种"。到了立夏麦齐穗。农谚曰:"立夏不出头,割掉喂黄牛。"

夏季生产中的重中之重是夏收。嵩山地域大部分属于山地、丘陵地带,平均海拔高,干旱风大,这里的农作物靠嵩山近的地方都比其他地区要早熟,嵩山南麓的地方相对要成熟得晚些。特别是夏季的小麦收获时间,山地中的小麦比平地和水浇地的小麦要早10～15天成熟。往往是山地、丘陵地上的小麦早已收获上场了,而水浇地的小麦还青秆绿叶的长在大田里呢。因此,这里的麦收期,前后要延续一个月左右。一般规律是农历四月下旬起拖延到五月底。因之有了"有钱难买五月早,六月连阴吃饱饭"的农谚。

夏收为农业最紧张而繁忙的季节,自古至今就有"五黄六月,绣女出房"和"五黄六月争回垄"的俗语,都说明这一时期是农事的关键时刻。中华人民共和国成立前,夏收前要举行"小满会"。旧时为唱敬神戏,保佑夏收平安。打下第一场麦,磨下新面,家家户户蒸新麦面馍"敬天地",放鞭炮、烧香、叩头,以示丰收功在"天地神明"。中华人民共和国成立后,小满会改为物资交流会,农民此时置买夏收用的镰刀、桑杈、掠耙、牛套等农具。"夏收有五忙,割拉打晒藏。"因此,男女老少都下地,日夜加班,生活上都需要改变常规。这一时期,一切别的活计都要停下来,服从于这个大局。

夏收时,进场不带火,不吸烟。旧时忌讳妇女进场,曰"扑场"。不准小孩进场,怕"打光肚"。打场时不准说"少见"、"没风"、"净啦"等。俗语有"夏至前,场打完","夏至不打场,打场一把糠"。

夏季粮食的储藏用苇制的粮圈及茓子,分固定大小及随意放大和缩小活动的两种形状,其中活动的一种,不像固定的限有一定容量,而是装一层向上续一层。有的用木制大粮囤盛放。少量品种则用

夏收

缸、坛、瓮盛之。

嵩山地域各县市所种庄稼都是一年两熟,即"麦黄种豆,豆黄种麦",耕作方式自然大同小异。当地的农业习惯为前收后种,收一块种一块,趁墒抢种。夏种苞谷、绿豆、黄豆、芝麻、红薯。也有收了不种,犁后晒垄,俗说"炕地",让地力得到恢复,但一年只一熟。

中华人民共和国成立以前,丘陵地多为两年三熟,俗称"三倒茬",即麦收后晒旱地,秋后种麦;次年麦收后种豆,豆收后留作大秋地;第三年种早秋,秋收后种夏杂粮。这种耕作方式,可以使土地有休整和缓力的机会,是先民们在农耕方法上的一大创造。山地另有一种轮歇地,即种过三年之后,让它荒芜三年,然后再行烧草开荒,连种三年再荒,这种地叫"二荒地",一般不上粪,靠烧草作肥。开展护林防火以后,这种地逐渐少了。

中华人民共和国成立以后,在科学种田的思想指导下,嵩山地域的耕作方式有了新的改革,庄稼大都变成了一年两熟,大田里基本是夏收小麦,秋收玉米。很多地方实行间作套种,部分改为一年三熟。如麦地套瓜,瓜收种菜,菜地套麦;丘陵地,麦垄套玉谷或麦捞谷子。这种播种耕作方式,扩大了复播面积,增加了粮食收入。

(三)秋季

1. 秋季节气

在24个节气中,秋季的节气有立秋、处暑、白露、秋分、寒露、霜降6个节气。

(1)立秋

公历的每年8月7~9日交节。太阳经过黄经为135度的位置,是为立秋。立秋是节气迈入秋凉的先声,因为大暑过后,夏去秋来,表示酷热难熬的夏天即将过去,凉爽舒适的秋天就要来临了。在划分季节时,人们习惯把立秋作为秋天的开始。但是我国地方很大,各个地方的气候有差别,所以划分季节,要根据当天平均温度在23度以下,才算是秋天的开始。

(2)处暑

公历的每年8月22~24日交节。太阳经过黄经为150度位置,暑气渐消,是为处暑。处暑的"处"是躲藏的意思,表示"处暑"节气以后,炎热的暑天将逐渐消退,躲藏起来。但有时也会出现热如炎夏,即所谓的"秋老虎",大概是夏季的回光返照,因其炎热程度不亚于盛夏,因此称为处暑。处暑以后,我国大部分地区气温逐渐下降,雨量逐渐减少。

(3)白露

公历的每年9月7~9日交节。太阳经过黄经为165度的位置,是为白露。白露以后,天气逐渐转凉,白天气温高,晚上气温低,形成露水,早晨的草木上便有了露水。俗语所说:"白露身不露",说明这是暑气已经尽了,气候凉爽,特别是早晚必须有适当的衣服保持体温。

(4)秋分

公历的每年9月22～24日交节。太阳经过黄经为180度,太阳过赤道位置,是为秋分。秋分是北半球秋天的开始。秋分这天,太阳位于黄经180度,阳光几乎直射赤道,昼夜等长。过了这天,太阳渐渐更加向南转移;北半球开始白天短、黑夜长了。秋分之后,进入了凉爽的秋季,所谓的"一场秋雨一场寒"就是对此节气特点最好的描述。

(5)寒露

公历的每年10月8～9日交节。太阳经过黄经为195度,夜寒水气渐凝结成露是为寒露。这个节气之后,天气逐渐转冷,气候变化极快,遇到寒流侵袭,会突然变冷。要注意加穿衣服不要受凉。在农时上,民间谚语有:"寒露麦,霜降豆。"

(6)霜降

公历的每年10月23～24日交节。太阳过黄经为210度的位置,是为霜降。霜降是秋季的最后一个节气。霜降之后,天气将寒,露积为霜,霜是晴冷天气的产物。霜降时有霜,说明天气晴好,便于秋庄稼的收割,减少损耗。所以,俗话说:"霜降见霜,米谷满仓。"

2. 秋季生产

按照传统习俗,秋季的节气与农业生产之间的关系为:七月立秋,木棉吐花,稙谷成熟,高粱黍稷皆先登,豆田出荚子。处暑,水稻登场。八月白露,及时雨,上粪犁麦地,晚田成熟,打谷忙,荞麦乃出椠子。秋分,豆田成熟。九月寒露,种宿麦,木棉乃收。霜降,荞麦始登于场。

秋季的生产习俗主要表现在秋护、秋收、秋耕、秋种4个方面。

(1)秋护

秋护主要指对秋庄稼的护理,生产习俗主要以锄地为主。俗话说得好:"秋收一张锄"。其意义在于,勤除草,会使秋庄稼长得更快更好。除小草或间苗,有拉锄和堑锄两种方法。锄地的步骤为松土、锄草、上肥。如果雨水能跟得上,就更好了。自2003年开始,除草剂在农业上推广应用,先后使用玉米宝、玉丰、乙草胺、百草枯、氟磺胺草醚、麦乐乐、苯磺隆、骠马等10余种除草剂,作物涉及小麦、玉米、大豆、花生、蔬菜等5种作物。

对于病虫害的防治,在中华人民共和国成立前基本上是处于束手无策的状态。对于蚜虫,用苦楝皮或烟秆熬水灭治。对休闲地即旱地或秋地,采取多犁的办法防虫,犁至二至三遍。20世纪90年代开始,为减少农药在产品中的残留,减少环境污染,开始使用生物杀虫剂。蔬菜多使用无毒、高效农药"7216",各类经济、粮食作物则使用仿生类药剂"阿维菌素"。

(2)秋收

嵩山地域种植的五谷杂粮多,有玉米、谷子、豆子、花生、红薯、棉花、烟叶等各色品种十几样,秋收从玉米开始,一样一样,收获到家。然后再从腾地开始,往地里送粪、犁地、耙地、播种等,拖拖拉拉要忙一个月。有时,天不好,连续干旱,地里没墒,麦种播不下去,还要等雨,这样时间更长。秋收迟缓,自然影响麦播。所谓"一季赶不上,季季赶不上"的农谚,说的就是一季晚而季季晚的道理,这会对农业丰收造成很大不利。为了改变这一种植上的落后局面,农业生产推行麦捞玉谷,实施早播。特别是农村实行了家庭联产承包责任制以后,家家户户对收获自己的粮食更加上心。每到收获季节,县、乡

秋收

政府都专门派工作组到各村进行检查，帮助老百姓解决运粮到家、打玉米、种麦、浇地、犁地、播种等问题。特别是一些贫困农户，缺少生产工具，这时候只能靠借，可是此时家家忙碌，很多时候都是靠干部协调帮忙。遇到干旱天气，县里还拨水利专款，帮助农民抗旱种麦，大张旗鼓地宣传、催促，恐怕哪家的地种不上麦子，误了生产。

在秋天收获的庄稼种类很多，有玉米、豆菽、红薯、棉花、花生、芝麻、烟叶等，收获秋庄稼的活儿在农村干起来，拖拖拉拉地能干上一个多月，玉米、豆子、棉花、花生、芝麻哪一样干起来不要时间？自从20世纪70年代初种植烟叶以来，秋天的收获在立秋之前就开始了，打一次烟叶，就进行一套工序：打烟叶、系烟叶（用细绳子把烟叶系在竹竿上）、炕烟（用专筑的烟炕把烟叶炕到一定的成色）、出炕（把烟叶从烟炕里拿出来）、拣烟（按烟叶的规则和要求，将炕好的烟叶分拣成若干等级）、卖烟（将拣好打包的各类烟叶拉到收购站去卖），这个过程真的是太长了，这个烟叶炕好没时间拣时，会一直拖到腊月。除烟叶以外，红薯的收获也算是秋收中的一个重头戏了。红薯的收获总要等到秋种基本结束后，延续到深秋，很多人都穿上了棉衣去地里干活儿，而白天收获的红薯总是要到顶着月光的时候才能把它运回家。从"民国"时期，嵩山地域的粮食除了小麦、玉米、豆类外，以红薯为主食。因嵩山地域大多处于山地、丘陵地区，十年九旱，小麦、玉米总是歉收，相应的耐旱作物红薯收成要好得多。20世纪的六七十年代，在嵩山地域的农民的口粮中，红薯是人们生活中的重头戏。从农村到城市，到处都流传着"红薯汤，红薯馍，离了红薯不能活"的民谣。

秋收相对时间长，但人力依然紧张。一个秋收下来，把全家人都拖得筋疲力尽，但看到满院的庄稼果实时，人们都是满心喜悦的。

秋收中的一个重要环节，就是收了庄稼以后，还要尽快地把地腾出来，为下一步的秋耕做准备。

（3）秋耕

秋耕在秋收以后，为秋种的一个必备的基础。小麦是嵩山地域的主食和主要商品粮，故人们历来注重小麦生产，在小麦播种的各个环节都有一定的习俗。整地要求达"五土"，即多上粪土，犁着生土，耙成细土，耩到湿土，不叫闲土。播种的时候，种麦的劳力不回来不开饭，头碗饭先上供"老天爷"，保足墒下种，来年丰收。

秋耕程序大致说分为施肥、耕地、耙地、除涝几项：

◆施肥

秋收后即送粪，为冬播小麦作准备。把农家土肥及牛铺、猪圈、厕所所积肥掺草木灰拉到地里散开，作基肥。农谚曰："麦收胎里富，底肥必施足。"中华人民共和国成立初期至改革开放前，主要以农家肥为主，主要有牛粪、马粪、人粪尿和沤制的猪、鸡等草粪，最好的肥料是香油饼、鸽子粪，也有用打油的麻糁饼、黑豆磨糁上地的，但很少。20世纪70年代后，则以施化肥为主，除使用本国生产的化肥以外,还使用从日本进口的尿素,农家肥用得就少了。

施肥主要采取根外叶面喷磷法、磷肥作小麦基肥法、配方施肥、叶面施肥等方法。

根外叶面喷磷法:于20世纪80年代推广,是为解决小麦生长中后期对磷肥的需要。方法是在作物生育中后期,每亩用磷酸二氢钾2~4两,兑水50公斤,在晴天上午11时前或下午4时后,喷洒在叶面上,一般喷1~3次,每次间隔7~15天。这种方法可以协调作物体内养分含量,促进生长发育。小麦一般增产5%~10%。如把此法用于烟草和瓜果,同样可以提高烟草等级、增加瓜果甜度。

磷肥作小麦基肥法:于20世纪80年代起使用。因为连年使用氮素化肥,土壤氮磷供应失调,影响农作物的生长发育,所以在小麦播种前,把磷肥直接撒于地表,或与农家肥混合堆沤后,撒于地表,每亩25~50公斤,耕掩土中作基肥,效果更佳。这种方法可以协调氮磷供应比例,促进作物生长发育,增产30%左右。严重缺磷地块,增产更着。

配方施肥:配方施肥是一项综合的科学施肥技术,包括配方和施肥两部分。所谓配方是根据作物需肥情况、土壤供肥能力、灌溉条件、耕作管理措施和计划目标产量,结合肥料特性及其增产效果和经济效益等,开出施用肥料的品种和数量的处方。施肥是配方的执行,即将所用肥料在作物不同的生育时期进行合理的分配,并采用不同的方法施入土壤,以获取尽可能多的农产品和经济效益。

叶面施肥:叶面施肥是把不同化肥品种按一定浓度和养分比例配制溶液后,对作物叶面喷施。这种方法的突出特点是针对性强,养分吸收快,可以避免土壤对某些养分的固定作用,提高养分利用率,且施肥量少,是土壤施肥的有效辅助手段,甚至是必要的施肥措施。

秸秆还田:秸秆还田也是增加土壤有机质、培肥土壤的一项重要措施。一般是将作物收获的秸秆切碎,不经堆腐直接翻入土壤。在进行秸秆还田时,要根据秸秆的C/N和田间肥力情况,适当添加速效氮肥,以免微生物和作物竞争土壤有效氮素,影响作物的生长发育。通常翻压秸秆应在播种前半月以上,翻压深度在20~25厘米左右。

◆耕地

耕地自古便有一定的习俗。嵩山地域的农民多用畜力耕作。俗语说:"秋耕五更。"牛把式在三更鸡叫时起床喂牛,习惯是五更给牛包饺子拌入槽内,边搅边说:"打一千,骂一万,初一五更变顿饭。"后来,这样的习惯演变成正月初一早饭时给牛草里拌饺子的习俗。天明下地。给每头牛再带来两个"窝窝头",即蒸馍,待犁够一歇儿时,停下来让牛倒沫。再开始动犁前将馍喂牛,边喂边念叨:"叫你修,你不修,不转人身转耕牛。"

耕地,在嵩山地域被普遍叫作"犁地"。耕地时讲究大、小墩之分和搅、伏墩之别。除少量山区外,大部分土地呈长方形或正方形,大墩宽约10米左右,小墩2米左右。至于搅墩或伏墩,则是看前茬决定的,前茬若是搅墩,此次就变为伏墩,前次若伏墩,此次就变为搅墩,这叫"搅伏轮换制",忌讳连搅连伏。农谚曰:"连年搅,地成川;连年伏,地成山。"搅墩,是从左右两侧开犁,叫"打墒",相背(即向外)翻垡每遭向左拐弯,靠右边走,活垡在两边,越犁板茬越窄,最后合拢,正中间是一条墒沟。伏墩,是在正中间打墒,相向(即向内)翻垡,向右拐弯,靠左边走,活垡在墩心,越犁越宽,最后到边,两侧两条墒沟。

深耕是土壤耕作中最基本的措施,具有翻土、松土、混土、碎土的作用。深耕对土壤的性质影响很大,同时作用范围广,持续时间也远比其他各项措施长。随着农业机械化程度的提高,多采用机耕,一年耕翻两次。1970年后,随着麦黄、麦垄套种玉米技术的推广普及,耕作制度得到改进,减少了耕翻次数。进入20世纪80年代,逐渐演变为一年耕翻一次。

嵩山地域的民间在耕地中也总结有具体的耕法：

两熟两耕法：即每年分夏、秋两季播种两种作物，每播种一次耕翻一次，如夏播玉米、秋播小麦。

两熟一耕法：即每年分两次播种两种作物，而只耕翻一次，如秋播小麦时耕翻一次，翌年麦收前在麦垄套种玉米，不再耕翻。

一熟两耕法：即一年播种一次，而冬、春分别耕翻两次，冬季耕翻一次，不耙叫晒垡，来春再耕翻，耙平，结合整地一次，如春播烟叶红薯等。

三熟两套一耕法：即一年只耕翻一次，可收获三种作物，耕翻后种白菜或萝卜——套种小麦——套种西瓜。浅耕改深耕，以往犁5寸深，如今可犁到7寸深左右，增厚土层，提高蓄水保肥能力，有利于作物根系发育。

蔬菜园地耕：在蔬菜园地耕作上，在土质好的菜园地耕作，可犁地；遇到山地或开垦出来的沙石地，

耕地

为避小石子，多使用镢头挖及用铁锨翻。

◆耙地

地耕过之后是耙地，耙地的作用有二点：一是压碎土块，二为保墒措施。耙地，旧时用木耙铁齿，分斜耙和顺耙两种。

顺耙：以牛牵引，人站耙上，一耙挨一耙，此端到彼端。

斜耙：从地头的一角扎耙，到边拐直角，一耙挨一耙，耙严后，横耙两遍，上虚下实，无明暗坷垃。

农谚曰："掏钱难买合墒地。"合墒地即5厘米土壤，用手一捏成蛋，丢到地上散成面，正适合耕作，耙起来轻快，易耙细碎，土质好，养苗，苗势壮。若土壤含水量过大，犁后耙不碎，团成疙瘩，种子多死，苗也不齐，这叫"暴墒地"。边犁边下雨的地，叫"浇墒地"。与合墒比起来，暴墒、浇墒就差得多。

◆除涝

秋雨连绵是嵩山地域的气候特点之一。俗语说："秋甲四十五。"这是说阴雨连绵四五十天不见太阳。除涝办法是挖沟：干、支、斗渠、毛五沟相通。

（4）秋种

在将土地进行了合理的犁、耙之后，开始按计划播种小麦，这样秋天的一整套生产习俗才算完成。

小麦种植多采取精播和半精播栽培技术。小麦精播是在高肥水条件下，实行每亩8万～10万基本苗的高质播种技术，以调整群体与个体的矛盾，充分利用光能，使个体生长健壮，穗大，粒多籽饱，获得理想的产量。半精播是在中等肥力水浇麦田或播种技术条件和管理水平较差的以及品种分蘖力较弱的田块，作为生产上逐步向精播过渡的一个步骤。

为了充分利用地力，提高经济效益，并且适时夏播瓜菜，以增加秋作物产量，20世纪70年代开始推广小麦、油菜间作技术。这种技术又分为两种情况：其一，每隔1～2耧小麦，播一耧油菜。旱地多

用此法。其二,4.2~6尺为一畦,畦埂1.2~1.5尺,埂打半成时撒油菜籽于埂上,封畦埂成,每畦播小麦2耧。翌年,油菜收割后,在埂上套种玉米或瓜菜。水浇地多用此法。另外还有麦豆混作法,这在历史上就有使用。每亩小麦可混种扁豆种子2公斤或豌豆4公斤。

嵩山民间在农业生产过程中常用的播种方法有三种:撒种、点播和耧播。

撒种即犁后撒种,耙后即可。撒种的作物主要是豆子。山坡陡地,特别是一些小块的"镢头地"种植小麦,也要进行撒播。

点播即用锄挖穴,下种子于穴内,然后封土。播种花生多用此法。点播的作物有玉米、花生、大豆、瓜类、棉花。玉米又有直接点种或跟犁两种方法。

耧播即一人两手扶耧柄,前边用一牲畜拉行,一人牵牲口称"帮耧",照一定方向和播种行距前进,种子随耧播下播种小麦、谷子、芝麻等多用此法。改革开放后,由于大牲畜数量减少,多由人拉耧播种,即在耕地时,一人扶犁前行,一人跟在后边,顺犁沟溜种,最后耙平。耧播作物有小麦、谷子、油菜、芝麻等。小麦播种在平地一般用三腿耧,丘陵地用两腿耧,浅山地用犁,宽行条播。20世纪70年代以前播种玉米也用此法。

农业生产中采取的其他播种方法还有栽苗、撒播、摆播等。随着种植技术的进步,还出现了改晚播为早播、改稀植为合理密植的方法。红薯火坑育苗可以使薯苗提高发芽率、成苗率,早栽早种。麦垄内套种玉米或贴茬点播、棉花营养钵育苗、地膜覆盖、瓜类地膜、蔬菜地膜都可以使播种期提前10~19天。20世纪60年代前,一亩小麦下种7~9斤,行距7.3寸,此后按品种不同,改稀植为合理密植,每亩下种量15~20斤,行距5.5寸,每亩可增加麦苗6~8万棵。棉花原来株距2.4尺,行距2尺,后来改为行距1尺,株距6寸,每亩棉花苗比以往增加3倍。玉米留苗原来每亩是2000株,后来最密每亩留到4000株。红薯原来是2000株,后来一般是3000株,还有密植达到4000株的。

(5)秋藏

收秋完毕,便有曝晒农作物的任务。玉谷多数辫成串,悬挂在农院中的树上或专搭的木架上,待晒干后用手搓落或棒打脱粒。后来虽有脱粒机问世,但人们多不习惯使用,仍保持手搓为主。也有富裕的家庭,把辫成串的玉米挂在树上、木架上、屋檐下等,一直挂到来年春天,经历秋冬两季,才慢慢地将它拿下,剥籽磨面。那一串串金色的果实,很像是一串串盛开在庭院里的美丽花朵,每每看一眼,便给人一种说不出的喜悦和安慰。

(四)冬季

1. 冬季节气

在24节气中,冬季的节气有立冬、小雪、大雪、冬至、小寒、大寒6个节气。

(1)立冬

公历的每年11月7~8日交节。太阳经过黄经为225度的位置,时序开始进入冬天,是为立冬。冬天来了,秋天终了,有作物收割后要藏起来的意思。当地民谚有:"立冬之日,水始冰,地始冻。""立了冬,把地耕,能把土里养分增。"

(2)小雪

公历的每年11月22~23日交节。太阳经过黄经为240度的位置,气候寒冷逐渐降雪,是为小雪。从这天开始,气温下降,开始降雪,北方已到封冻季节,当地农谚有:"小雪雪满天,来岁必丰年。"

大雪

(3) 大雪

公历的每年12月6~8日交节。太阳经过黄经为255度，"至此而雪盛也"，是为大雪。大雪的意思是天气更冷，降雪的可能性比小雪时更大了，并不指降雪量一定很大。积雪覆盖大地，可保持地面及作物周围的温度不会因寒流侵袭而降得很低，为冬作物创造了良好的越冬环境。大雪之后，气温继续下降，地面上有了积雪，河塘开始封冻。当地农谚有："副业生产冬天搞，莫把农闲空过了。"

(4) 冬至

公历的每年12月21~23日交节。太阳经过黄经270度，是为冬至。冬至日，刚好是太阳直射在南回归线上。所以这一天，北半球的白昼最短，夜间最长。从这天以后，太阳照射的光线又向北回转，渐渐接近北半球的地面，北半球的白昼就渐渐加长，相对夜间渐短。从冬至日数起，每九天为一段落，数到九九八十一天，寒冷算告结束，这叫做"数九寒天"。

(5) 小寒

公历的每年1月5~7日交节。太阳经过黄经285度的位置是为小寒。小寒之后，我国气候开始进入一年中最寒冷的时段。俗话说，冷气积久而寒。小寒时节天气虽冷，但还不算是最冷，大冷还未到达极点，所以称为"小寒"。气候观测数据表明，我国大部地区从"小寒"到"大寒"节气，这一时段的气温是全年最低的，民谚"小寒、大寒，冻作一团"，就是形容这一时节的寒冷。

(6) 大寒

公历的每年1月20~21日交节。太阳经过黄经300度，气候严寒，是为大寒。时序已到了隆冬，天气冷到了极点，是一年中最冷的时段，所以这个节气称为"大寒"。它是中国二十四节气最后一个节气，过了大寒，又迎来新一年的节气轮回。

2. 冬季生产

按照传统习俗，冬季的节气与农业生产之间的关系为：十月立冬、小雪，杂粮入到圈囤，乃泥封园，蔬入窖，犁茬地。十一月大雪、冬至，农事毕，填牛羊圈，积粪土，以贮来岁之用。十二月，小寒，腊雪布于野，则蝗蝻入地，宿麦盘根。大寒，新酒初熟，乃碾谷米，以备春耕。

"千家万户，末子粪土。"这是嵩山地域冬闲冬忙的谚语。入冬后，场光地净，将末子（植物枯叶儿）拉至牛屋垫牛铺。勤谨人家，每年冬积末子几十、几百车，生产队集体劳作时乃至上千车。若遇雪雨天，农民并不休息，而忙于将雪抬至麦地。农谚曰："雪水甜，雪水壮，雪水浇麦苗发旺"。又曰："麦盖三床被（即雪），头枕蒸馍睡"。

嵩山周边的县（市），都习惯入冬磨粉，有红薯、绿豆、豌豆、黄豆、玉米、红薯干等多种加工。这些加工是以红薯、豌豆、绿豆、黄豆为主要原料，泡涨后，用驴拉石磨磨成糊状，以水过滤，析出渣浆，沉淀为粉浆，分类制成豆腐、粉芡、粉条。粉条又分宽粉和细粉，韧性强，耐煮熬。粉芡、豆腐、粉条都属于当地人十分喜爱的菜食。

民国以来,嵩山地域的粮食除了小麦、玉米、豆类外,主要以红薯为主要食料。因这里大多处于山地、丘陵地区,十年九旱,小麦、玉米总是歉收,相应的耐旱作物红薯收成要好得多。特别是20世纪的六七十年代,红薯就成了农民生活的主食。红薯除了自己吃以外,剩余的大都加工制作成粉条,拿到集市上销售。

党的十一届三中全会以来,当地农村逐渐使用钢磨,磨粉的机械化程度迅速提高。20世纪80年代中期,驴拉石磨已成为历史,新式的钢磨和粉碎机一统天下,粉碎机一小时将万斤红薯打成糊状,庄户人家全都享受上了现代机械化的成果。村村有机器、有磨房,户户都磨粉,不仅制作加工粉芡、豆腐、粉条,有的还加工成粉皮或扁粉供应市场。

第三节 农业作物

嵩山地域的农作物种类夏季以小麦为主,有的地方种植大麦、荞麦。山地、丘陵地区,间种碗豆和扁豆,但由于产量低,到20世纪70年代以后改为种植烟叶。秋季农作物以玉谷为主,混作杂豆。豆类中有绿豆、小豆、黑豆、黄豆、红豆、白豆、绿大豆、红大豆、黑大豆、豇豆等,另有高粱、黍子、红薯、土豆、棉花、蓖麻、芝麻、油菜、大麻、花生等,品种繁多。由于地理位置和地形、气候等多种原因,使嵩山地域成为中原地区的产粮区。位于登封市君召乡胥店村的旱地小杂粮综合技术开发示范基地,每年可为社会提供无公害小杂粮200万公斤,年产值达1000万元。

旧时的作物种子靠自然选种,或以粮换种,即谁家的种子好,人们就去用粮换谁家的。凡旱地两年三收,凡水地种稻,一年一收。凡雨泽愆期,大田迟误,不得已乃种荞麦,以补缺乏。20世纪40年代以后,嵩山地域各县市除了种植棉花、小麦、玉米外,也开始少量引进外地和国外的新品种。中华人民共和国成立以后,引进外地优良品种的数量和种类不断加大。改革开放后,作物种子发展成购买粮种。

嵩山地域在历史上种植的品种繁多,但经多次变化,截至21世纪的今天,群众常年种植的农作物,仍然是夏种的小麦、烟叶,秋种的玉米、谷子加杂豆,这与其说是历史沿袭下来的种植习惯,倒不如看成是自然条例的选择使然。

一、粮食作物

(一)夏粮作物

夏粮作物即夏季生产的粮食作物,主要有小麦、大麦等。

1. 小麦

嵩山地域的夏粮主要是小麦,相传在新石器时代已有种植,1000多年前在河南一带已盛产小麦。小麦是嵩山地域的主要粮食作物之一,在粮食生产中,以小麦为主的夏粮占有举足轻重的地位,原来嵩山地域有"一季小麦全年粮"的说法,可见小麦在粮食生产中的重要性。小麦是高产、稳产作物,具

有适应性和抗倒伏性强的特点。嵩山地域的光、热、水、土等资源基本上可以满足小麦生长的需要。虽然干旱、干热风、霜冻等灾害对小麦生长影响较大，但由于小麦有较强的抗灾能力，加上科学管理，一般情况下，都可获得较好的收成。

中华人民共和国成立以前，小麦的亩产量很低。中华人民共和国成立初期，嵩山地域的小麦亩产量比以前稍有提高，一般年景亩产50公斤左右，最高80公斤，低时30多公斤。党的十一届三中全会以后，党和政府格外重视小麦生产，播种前召开备播会、技术培训会，播种时召开现场会，出苗后召开麦田管理会，支持和鼓励农民扩大小麦种植面积，掌握小麦种植技术，千方百计促使农民搞好小麦生产，小麦种植面积逐年增长，产量大幅提高。

小麦播种期在秋分到霜降，自古就有"秋分早，霜降迟，寒露种麦正当时"的谚语。嵩山地域地势地形复杂，气候温差大，故也有"秋分种高山，寒露种平川"之说。由于小麦生育期长，管理有调节的余地，在特殊情况下，也有"雪不落，地不冻，有籽只管种"的说法。

小麦有红、白二种。红麦多，白麦少。品种属性分冬性、弱冬性、春性、弱春性几种。播种期一般10月3～18日为宜，10月20日以后，一般情况下晚播一天，晚出两天，且须加大播种量，播种量因品种、地质、播期早晚而异。每亩用种一般15～25斤。小麦一般多与玉米轮作，还有小麦与豌豆、扁豆和大麦混植，与豌豆混植的，农民叫"豌豆交"，和扁豆混植的，农民叫"扁豆交"。小麦的收获期一般在5月下旬至6月上旬。

凡小麦多作面。麦秆可作为饲料。

影响嵩山地域小麦产量的主要虫害是地下虫、红蜘蛛、蚜虫、黏虫，主要病害是小麦腥黑穗病、赤霉病、白粉病等。

2. 大麦

大麦成熟早，在春夏之交青黄不接之时成熟，可接济农民断粮，又是酿酒的好原料。中华人民共和国成立前后种植面积较大，20世纪60年代以后种植较少。1985年以后种植面积有所增加，20世纪90年代后极少种植。

凡大麦多作饲料。

(二) 秋粮作物

登封的秋作物主要是玉米，其他有红薯、谷子、豆类等。但种植历史最长而且占绝对优势的还是玉米。秋粮常年种植面积总是高于夏粮面积，玉米单产也常常高于小麦。

1. 玉米

玉米也称玉蜀黍、玉菱、苞谷、棒子、珍珠米、御麦、金黍。玉米是喜光需水肥较多的作物，大多种在水肥条件好或土肥条件较好的耕地上。玉米最怕伏旱，故有"三天不雨一小旱，五天不雨一大旱"的说法。由于嵩山地域地处丘陵山区，旱灾频繁，产量很不稳定。1949年，单产只有60公斤，土地改革、合作化后，亩产量比以前稍有提高，一般为80公斤，最高100公斤左右。党的十一届三中全会以后，调整了农村政策，农民积极性提高，加上新技术的应用，产量大幅上升，1981年单产达240公斤。

玉米的品种较多，清末至"民国"年间，常用老品种大黄、小京子、小猪牙等，产量很低，已被淘汰。20世纪50年代多用农家品种，后来逐步推广混选1号、金皇后、白马牙。20世纪60年代推广洛阳八

五、双一号、新单二号。20世纪80年代推广75-2、鲁原单四号、豫单五号、豫农704、丹王13。20世纪90年代推广沈单10号、豫玉22等品种。

玉米在地温达18℃即可种植,播种期不得晚于6月10日。20世纪50年代推广玉米去雄法,即在玉米雄穗刚露头时,隔行或隔株把雄穗(俗称玉米顶花)掰掉。这种方法可以减少雄穗消费养分和水分,保证雌穗生育成长,另外有利于通风透光。这种方法80年代得到普及,一般可增产10%左右。

为保证玉米有足够的生长期,要适时早播,贴茬抢种,麦黄期套种。20世纪60年代末推广麦黄、麦垄套种玉米法。因在麦黄时间点播,故又称麦黄玉米。方法是在小麦变黄时,在麦垄内点种玉米。若点播过早,玉米苗瘦高不健壮,也影响小麦产量。若点播得太晚,收麦时玉米苗因幼小多受损,起不到争时作用。小麦和玉米共生期为15~20天。这种方法的优点,一是争季节,使玉米在良好的温度下生长;二是人为蹲苗,降低茎秆,便于密植;三是调整农活,麦收后即转上玉米管理,因而使地力较多地分配到中期和后期的生长发育上,利于高产。

玉米

20世纪70年代推广玉米育苗移栽法,适于生长期90天以上的品种。其方法是麦熟前20天在水肥较好的土地内育苗,长到尺许时,小麦收割后开沟施肥,前边栽苗,后紧灌水,一天一灌,连灌3天,即可成活。3天后,平均追肥,其他管理照常。每亩栽种3000~4000株。这种方法的优点是育期蹲苗降低株高,利于密植,耗肥少,通风透光好,缩短大田生育期,因而使地力较多地分配到玉米中期和后期生长发育上,利于增产。

玉米系高秆作物,多有与耐阴、低棵的豆类、白萝卜套种的习惯。玉米生长期短,从播种到收获因品种不同,90~120天不等,灌浆期需20摄氏度以上,9月20日以后停止灌浆。

玉米秆可作大牲畜饲料。

玉米的主要虫害有蝗虫、蚜虫、玉米螟,病害主要有黑穗病、大小叶斑病、红叶病等。

2. 红薯

红薯又名甘薯、白薯、甜薯、番薯、地瓜。红薯有耐旱、耐瘠薄、少虫害、产量稳定等特点,有"铁杆庄稼"之称,曾经是嵩山地域的主要粮食作物之一。原来有"一季红薯半年粮"的说法,可见红薯在粮食生产中地位的重要。改革开放前,为了解决吃饭问题,大面积种植红薯,红薯在粮食生产中占第三位。人们的食物结构以红薯为主,烙饼、馒头、面条、包饺子也用红薯面,而且还可以生食红薯、蒸红薯、煮红薯、掺玉米糁或小米熬粥等。此外,红薯加工可以制淀粉,作粉丝、粉皮、粉条、凉粉、酒、醋等。随着人们生活水平的不断提高,红薯在日常生活中又变成了副食。

中华人民共和国成立前,嵩山地域种植红薯大都为当地传统品种,有紫皮红肉、红皮红肉等,产量较低。中华人民共和国成立后,推广胜利100号、老日头。20世纪60年代引进华北553、宁薯1号、宁薯2号、郑州红、丰收白、徐薯18等,产量增加2倍以上。嵩山地域红薯多栽种在边远薄地上,故产量不高,中华人民共和国成立初期,嵩山地域的亩产量比以前稍有提高,红薯亩产750公斤至1000公斤,山地或坡地亩产只有250公斤至400公斤。1984年,产业结构调整,红薯播种面积减少。2002年

红薯

3月,河南省优质红薯生产示范基地落户登封市告成镇。该基地以日本川山紫、北京553、梅营1号、苏薯8号、郑红11等优质红薯生产为主,发展优质红薯种植面积达2万亩,涉及8个行政村,年产值达5000万元。

红薯种植技术最早是平栽,20世纪60年代末推广红薯埂栽法,即在整地时将耕地拢土,制成一行一行的埂子,将薯苗栽种其上。这种方法可以增加土层厚度,使肥料集中,又能保墒,也易排水,而且加大地温的昼夜差,利于薯块生长,提高产量。

红薯种植时间原来多在春季,20世纪60年代中期开始推广夏栽,即在春播薯棵上剪蔓7寸许,栽种在夏收作物茬地上。夏栽红薯法有三个优点:一是春播薯蔓经阳光照晒老化,不受黑斑病菌侵害,栽后安全生长,以防治黑斑病;二是春播薯块含水分多,易贮存,且出苗多,宜作种薯;三是改春播为夏播,提高耕地复播指数。

红薯耕作技术采用20世纪60年代末从山东引进的红薯下蛋法。其方法是:将鸡蛋大小的小薯块,浅埋于地下,发芽寸许,将封土清除,使薯块1/3露土。在生长中,种块逐渐木质化,在种块下端根部逐渐长成薯块。故名红薯下蛋。这种方法的优点是种块比种苗壮实,发芽多而早,增长生育期,且有原种养分,利于生长,故能增产,缺点是用种量大,薯质不如苗栽佳,故停。

嵩山地域的红薯贮藏,在中华人民共和国成立以前多用直筒窖贮藏,直筒径60~80厘米,深3~4米,在底侧挖窑洞贮藏。该窖温度不易控制,贮藏期间腐烂严重。20世纪60年代对老窖进行改良,在窖顶挖一直径10厘米的通气孔,使空气对流,温度高时开孔散热,温度低时闭孔保温,使窖温保持在11~16摄氏度之间,以保持红薯质量。同时又从山东省引进红薯大屋窖贮藏法,即在大屋内作一火道,有加火处和排气处,在火道上使红薯离地面尺许整齐地棚起来,加火,使室温达40摄氏度,保持3天,以后逐渐降温至13摄氏度左右即可。红薯黑斑病毒经40摄氏度高温即可被灭。以后保持常温在13摄氏度左右,相对湿度保持90%~95%,红薯长期不坏。

红薯育苗采用火炕育苗法,即人工控制火温进行育苗。20世纪50年代前,是用沫子、畜粪制温床,以其发酵增温育苗,温度不易控制,致使出苗有早有晚不整齐,出苗率低,出苗晚,易带病菌,不能及时栽种。后来引进火坑育苗法,即苗床用少量温床原料垫底,上面再盖上沙土,种薯摆其上,畜粪盖之,表面再以棉布覆盖,防雨保温,床下修火道加温。火道制作法有回龙式、十字沟式、喷火式、蒸气式、炖火式五种,以回龙式为多。这种方法不仅使温度易掌握,出苗快而齐,而且能消灭病菌,保苗健壮,可及时栽种。20世纪60年代中期以后,改棉布为塑料薄膜覆盖,防雨保温性更佳。

薯藤、薯蔓可作家畜饲料。

红薯主要病虫害有红薯线虫病、地蛆、黑斑病、根腐病等。

3. 谷子

谷子原名粟、黄粟、小米。谷子在嵩山地域种植历史悠久,登封宋家沟口新石器时代遗址中,即有谷壳实物。它耐旱,抗病,营养丰富,富含人体必需的微量元素硒,制醋最佳。带谷壳易于贮藏,可贮十年不变质。因其易管理,特耐旱,生长期短,在干旱成灾年份常被当作补充秋粮作物。

谷子即小米,有黄白二种。时早为稙谷,三月下旬耩种,六月上旬吐穗,七月上旬成熟,约120日收获。晚种为晚谷,五月中旬耩种,六月下旬吐穗,八月上旬成熟,约百日收获。单产200斤上下。

凡谷多作饭。谷草可作饲草。谷子主要病害是黑穗病。

4. 豆类

嵩山地域种植的豆类有大豆、绿豆、黄豆、扁豆、豌豆、黑豆、豇豆、小豆、南豆等。

大豆种植在嵩山地域以玉米地间作为主,单作较少。它的根有根瘤菌,根瘤菌能够把土壤中的游离氮转化成易于作物吸收的氨态氮,有固氮功能,是以地养地的好作物。大豆按色泽分有青豆、黄豆、白豆。黄豆有大小二种。中华人民共和国成立初期以"8月炸"、"牛毛黄"为种,后来有"尉氏青豆"、"跃进4号"、"跃进5号"、"徐州109"等。五月麦后耩种,七月中旬出荚,八月中旬成熟,约100日收获。凡黄豆多作面,磨豆腐,打豆浆,榨油。20世纪80年代人们用它制作人造肉,作菜食用。

◆绿豆

豆粒因呈绿色,故称绿豆。绿豆多与玉米间作。其根上生有根瘤,有固氮作用,是养地良好作物。绿豆茬宜种麦,农民称"小旱地"。绿豆在杂粮中仅次于黄豆,成熟早晚与黄豆相同。绿豆多作凉粉、粉条。熬制绿豆汤,有清热败毒之功效。亦可磨面,用于加工绿豆面条。亦可用来生豆芽。

◆黄豆

黄豆有大小二种。五月麦后耩种,七月中旬出荚,八月中旬成熟,约100日收获。凡黄豆多作面、磨豆腐、打豆浆。

收豆子

◆扁豆

古名鹊豆,也称胡豆,多与小麦混作,叫"扁豆交"。扁豆一般作饲料,嫩果可食,味甜。

◆豌豆

也属胡豆,常与大麦混种,成熟早晚与大麦相同。豌豆多作饭,或用于包馍作馅。也作饲料。嫩果可食,味甜。

◆黑豆

营养丰富。种植面积少,成熟早晚与黄豆相同。黑豆种植面积少,多用于牲畜饲料,或医用。

◆豇豆

原产非洲中部,耐旱、耐薄,种植较少,但无间断。豇豆有红、白、杂色三种。豇豆很少单作,多与谷子混种,成熟早晚与谷相同。豇豆多作饭,可煮汤,有滋补作用,也可以入药。习惯过年过节蒸馒头作馅用。

◆小豆

色白,和绿豆相仿,种植不多,常与玉米混种。成熟早晚与黄豆相同。小豆多作饭,或用于包馍作馅。

◆南豆

红色,与小豆、绿豆形状相似。20世纪60年代以前种植较多,后来很少种植。南豆可作饲料。

5. 荞麦

荞麦因生长期短,易种植。属于救灾作物,无大量种植。六月中伏耩种,八月上旬出槊子,九月上旬成熟,约70日收获。荞麦不堪久贮。凡荞麦多作面。

6. 稻谷

稻谷,即稻米、大米。稻谷三月中旬栽培,六月中旬吐穗,八月中旬成熟,约150日收获。凡稻米多作饭。

嵩山地域水源不足,中华人民共和国成立前水稻种植极少,只是沿河岸有少量种植,产量不高。20世纪80年代引进旱稻品种,平均单产130公斤,最高达360公斤。后来引进早稻种,麦收后贴茬直播,播后浇蒙头水,喷洒除草剂。20世纪90年代以后很少种植。

7. 高粱

高粱有黑、白、红三种。三月上旬耩种,六月上旬吐穗,七月上旬成熟,约120日收获。高粱不堪久贮。

高粱多作酒,亦磨面蒸馍。

8. 其他

除了以上秋粮作物,嵩山地域还有酒谷、黍米、稷米等。

◆酒谷

俗称小黄米,成熟早晚与粟谷同。酒谷多作酒,亦作饴糖。

◆黍米

亦称大黄米,四月中旬耩种,六月上旬吐穗,七月上旬成熟,约80日收获。黍米多作酒。

◆稷米

有称作黎、黑二种,成熟早晚与黍米相同。稷米多蒸馍。

二、经济作物

经济作物是具有某种特定经济用途的农作物,又称技术作物或工业原料作物。经济作物的种植具有地域性强、技术性高、经济价值大和商品率高的特点。嵩山地域种植的经济作物,有棉花、烟叶、花生、芝麻、油菜、蔬菜、药材、瓜类、麻类等。20世纪60年代前以棉花为主,70年代后,棉花减少,转以烟叶为主,其次是花生、油菜、芝麻、瓜、菜等。

20世纪80年代以来,嵩山地域在"决不放松粮食生产,积极发展多种经营"的方针下,根据"因地制宜,适当集中"的原则,调整作物布局,逐步扩大经济作物面积,促进了经济作物的发展。进入20世纪90年代后,嵩山地域走上农业产业化发展道路,政府积极引导农民扩大经济作物种植面积,压缩粮食作物种植面积,优化品种结构,依靠科技进步、信息引导,积极推进产业化规模经营。旱地以种植小杂粮、红薯、花卉、烟草等耐旱作物为主,水肥地以种植蔬菜、无根蔬菜、花卉为主,积极引进推广农业高新技术,大力发展日光温室设施农业。嵩山地域的各县(市)都建有现代农业园区,种植有多种蔬菜、花卉等,极大地优化了种植结构。

蔬菜

嵩山地域种植的经济作物,按其用途分为纤维作物、油料作物、嗜好作物、药用作物、园艺作物等。

(一)纤维作物

嵩山地域的纤维类经济作物有棉花、桑麻等。

1. 棉花

棉花生产从14世纪到15世纪发展到黄河流域。棉花一度是嵩山地域的主要经济作物。

棉花

中华人民共和国成立前,嵩山地域多种土红棉,均稀植,每亩1500～2000株。20世纪50年代后引进"大斯棉"、"岱字15号"、"鄂光棉"、"中棉10号"等。棉花多种在边远旱薄地,密度小,病虫害多,产量不高,仅几斤。20世纪60年代,推广棉花密植播种,每亩6000～10000株,并加强中耕、打顶、剥赘芽、治虫等管理措施,亩产量比以前稍有提高,亩产皮棉15公斤,高坡地只产籽棉10多公斤。70年代后,播种面积逐年减少。改革开放后,种植面积虽然不多,但因采用新技术、新品种,单产比原来有所增加,单产达25公斤,出现了不少百斤棉地块。

嵩山地域有"谷雨前后种棉花"之说。种棉花时节,农民有吃鸡蛋之俗。种花者到田间后,先将煮熟的鸡蛋供奉"花奶奶",祈祷"花奶奶"保佑棉花儿大如鸡蛋,花白如雪,棉花丰收;然后自食;最后才开始种棉花。棉花生长期125天。

棉花是工业原料,主要用于织布、做衣裳、套棉衣棉被。棉籽可以打油,古时是百姓生活的主要油料。

2. 麻类

20世纪60年代以前,多为自用性的轻麻生产,登封唐庄乡的井湾村、玉台村有大麻生产,产量很少。20世纪60年代后,生产更少,多由外地供应。

3. 桑蚕

新中国成立前,有桑蚕饲养。20世纪50年代末期,推广胡蚕、蓖麻蚕。70年代末,农技站设有专业技术员负责蚕技工作,其后停止。21世纪,桑蚕饲养又悄然兴起,但多为小量养殖,转为一种喜好。

(二)油料作物

嵩山地域种植的油料类经济作物有花生、油菜、芝麻等。

1. 花生

花生

花生是嵩山地域的主要油料作物之一。花生耐瘠薄,适应性强,多种在沙土地,很少施肥,密度每亩2500株左右。

嵩山地域的花生在1978年前多为土蔓型品种,生长期长,成熟晚,故多春播,果实小,产量低。20世纪70年代末,引进"开农27"。20世纪80年代,引进"天府3号"、"开农8号"、"徐州684"、"海花1号"等早熟品种,推广夏播,在麦收前20天左右进行套种,每亩密度8000~10000株。播种程序为小麦——花生——小麦。这种方法的优点,一是花生自生固氮,不与小麦争氮;二是小麦、花生两熟比小麦、玉米两熟制经济价值高;三是改春播为夏播,提高了耕地复播指数,产量明显提高。

花生种植于20世纪80年代推广清棵法、地膜覆盖法。清棵法是花生芽出土寸许时,把周围的土扒开露出子叶,使之早见阳光,促进第一对侧枝早发育,早结果。因为花生主要靠第一对侧枝生长发育得好才能多结果。地膜覆盖法是在耕地时打埂,宽尺半,高3寸,每亩点种6000株以上,喷洒除草剂(除草醚),盖薄膜,待发芽后在发芽处将薄膜开口,使苗露出薄膜。先盖薄膜再点种也可以。这种方法可以增地温,保水分,抑杂草,早发育,促生长,早结果,果实饱,能增产。1984年,产业结构调整,花生播种面积增加,登封进行万亩花生技术开发研究,试验单产达200余公斤,采用地膜覆盖的最高达420公斤。

花生一般4月下旬至5月上旬(即谷雨至立夏)播种,9月中下旬(白露至秋分)收获,生长期120天至150天。花生茬口好,收后可种小麦。

花生秧是好饲草,经济效益高。

2. 油菜

嵩山地域的油菜种植原来都是本地的耙齿蔓,面积也很少。20世纪70年代中期,发展麦油套种,面积逐年扩大。20世纪80年代,单产达80多公斤。其后引进甘蓝型胜利油菜和白菜型品种,使之成为嵩山地域主要油料作物之一。

9月下旬至10月上旬(即秋分至寒露)播种,次年5月上、中旬收割,生长期230天左右。油菜入夏成熟早,茬口好,对后播作物有利,收后可栽红薯、烟叶,适时早播玉米、豆类等作物。

3. 芝麻

芝麻含油量高,质量好,味道殊香,营养丰富,经济价值高。芝麻怕涝,宜在透水性好、排水方便的土地上种植。

芝麻5月上旬(立夏)播种,六月中旬出桨子,8月中旬(立秋至处暑)收割,生长期110~120天,边晒边抖籽。单产100公斤左右。

芝麻颜色有白色、黑色、黄色之分,有稀果株型和密果株型。品种有"中芝一号"、"社旗一号"。

凡芝麻多作油,或作以拌菜、烤馍的香料。芝麻叶煮后浸泡可食,古时度荒多食之。

(三)嗜好作物

嵩山地域种植的嗜好类经济作物为烟叶。

20世纪60年代嵩山地域开始种植烟叶,仅是在田头、地边或小片荒地里试种。70年代开始大面积种植,成为生产队增加分值的重要来源。1973年,国家轻工业局烟草研究所确认登封烟叶具有"色泽金黄,气味芬芳,油润丰满,持久力强"的优点,登封正式被国家定为优质烟叶基地。其后种植面积逐年扩大,亩产达220公斤。

烟叶生产,2月中旬育苗,4月中旬(清明、谷雨)栽种,7月上、中旬开始打烟上炕,生长期90天左右。

烟叶一开始只是自种自吸,不烘烤,成熟后的烟叶,一刀一叶杀下,利用叶柄绑在双股麻绳上,晒干,揉碎装旱烟袋吸;后来烘烤销售,成为农民主要的经济来源。

(四)药用作物

药材原是天然生长,后来人们开始种植一些品种。嵩山地域的中药材达1000多种,其中很多为野生的。晚清和"民国"初年,嵩山地域几个县的某些地方,曾一度种植罂粟,俗叫"大烟",到了1931年以后种植渐少。中华人民共和国成立以后禁种大烟,政府主导人工培植的中药材有天麻、党参、黄芪、枸杞、银花、红花、田菊等。

(五)园艺作物

嵩山地域种植的园艺类经济作物包括蔬菜、瓜类等。

1. 蔬菜

嵩山地域的蔬菜品种很多。中华人民共和国成立以前有白萝卜、红（胡）萝卜、茄子、芹菜、辣椒、莴笋、葱、蒜、芥菜、笋瓜、南瓜、韭菜、金针菜、香椿菜、小茴香等。1927年，登封石道乡范窑村即有西红柿种植。中华人民共和国成立以后，新增品种有土豆、甘蓝、黑白菜、冬瓜、洋葱等。改革开放后，多用塑料大棚种植反季节蔬菜。塑料大棚是在晚秋、冬季、早春为提高地温充分利用地力发展生产而采用的先进技术，是农业生产向集约经营性方向发展的重要措施。大棚制作是用钢铁、竹木作架，塑料布蒙于架上即成。其面积一般为0.5亩。大棚技术的推广，提高了经济效益。20世纪90年代塑料大棚在嵩山地域迅猛发展，在城区及农村蔬菜供应方面起了重大作用。与大棚种植同期采取的还有地膜覆盖栽培技术。地膜覆盖是农作物栽培的一项重要技术措施，具有增温保墒，促进土壤生物活动与养料分解，改善土壤物理形状，增加田间光照强度，抑制杂草，减少病虫害等生态效应，可以促进作物正常生长，比露地栽培明显增产，在小麦、玉米、花生以及瓜菜种植上都有广泛的应用。自20世纪90年代开始规模发展香菇产业，登封市2000年香菇种植规模达到16700多棚，成为当年河南省四个重点县之一。由于发展迅猛，受技术、市场、气候等因素影响，致使香菇、木耳收益欠佳，规模急剧下滑。同时，由于香菇生产要用木屑，造成大量毁林和销售方面的原因，21世纪后香菇产业陷于停顿。但在个别地方，仍有一些种植能手年年栽培，形成许多种菇大户，最大规模种植在200棚，产品多销往泌阳，每棚香菇纯收入在2500元以上。

位于登封市卢店镇的登封现代农业科技示范园，总面积532亩，拥有日光温室318座，固定资产4000多万元，年产蔬菜600万公斤，加工销售200万公斤，产值达3000万元。园区采用"公司+农户"的经营方式运作，主要种植美国、荷兰、以色列等国的樱桃、西红柿、大果彩椒、洋香瓜、紫甘蓝、黄金西葫芦等名、优、特、新蔬菜瓜果。采用地膜覆盖、防虫网等技术，严格按无公害生产操作，产品达到国家A级水平，开发的"嵩山绿"牌无公害蔬菜供不应求，畅销省内外。

位于登封市东金店乡河门村的嵩山观光农业科技苑，是一个集反季节生产、高新技术开发名、优、特、新、奇品种示范、小杂果生产、水产养殖、休闲、垂钓、娱乐、观光为一体的综合示范园，承包荒滩80亩，项目总投资300万元，年产值1000万元，创税利300万元。农业观光园的建设，带动了以日光温室为主的反季节蔬菜规模化生产。

2. 瓜类

嵩山地域种植的瓜类有西瓜、甜瓜。改革开放前，生产队有少量种植，成熟后分给群众。改革开放后，技术和水肥条件好的地方有个体户大量种植出售。

瓜类一般4月中旬（清明至谷雨）播种，8月中旬（处暑）罢园，生长期110天左右。20世纪80年代以后实行早春播种，为防冻害，采取拱棚和地膜双层覆盖，2月中旬至3月上旬（雨水至清明）播种，7月上旬（小暑）罢园，生长期100~110天。

甜瓜品种原来较多，有蛤蟆眼、菜瓜等，已消失。

嵩山地域的各县（市）都有大面积的西瓜种植园。西瓜中的大籽西瓜也消失。

第四节 生产工具

嵩山地域的农业生产工具可追溯至数千年前的仰韶文化时期。嵩山地域从考古发现的出土文物中,有18000年前的原始社会农业生产中使用的上部木柄、中部踏木、下部骨或石制的铲头耒耜,有七八千年前的石磨盘石棒,5000年前的石铲、石镰、石斧等,有2200多年以前战国时期的锄、铲、犁,有汉代的犁铧、石磨,有唐宋的镰、锄、镢头、车轮、犁面等。但由于经济水平和科技水平发展较慢,中华人民共和国成立前夕,农民一直用传统农具从事耕播、收获、运输、灌溉、作物加工等农业生产活动,农具笨重而简单,耕作粗放。中华人民共和国成立后,毛泽东主席提出"农业的根本出路在于机械化"的重要指示,传统农具逐步被农业机械所代替。

一、耕播农具

(一)传统耕播农具

农田劳作沿用传统工具在嵩山地域由来已久。数千年前的人类在这里的生产生活中,就使用了极为简单的生产劳动工具,并通过长时间的实践,由简及繁逐步改进,至中华人民共和国成立前夕,已形成了一整套传统的生产工具体系。中华人民共和国成立以后,随着农业生产的发展,农具的改进,耕地的农具有木犁、铁犁、铁齿木耙、耩地的三条腿木耧、耖子、连枷、锄、镢、斧等专业生产工具。20世纪50年代中期,农业生产合作社里开始使用新式的七寸步犁和双轮双铧犁,双铧犁由三头牲口作动力。人们在生产过程中多使用木制生产工具,耕作时以大牲畜为动力,常用的小件农具有鞍子、驮子、驮架子、扎脖、牲口套以及铁锨、锄、镢头、拌粪箢子、出粪叉、十齿箢子,平笆等。

嵩山地域的耕播工具有传统耕播农具和现代耕播机械两种。

1. 犁

犁有木式犁、山地犁、双轮双铧犁三种,用途是耕地。木式犁,形制为曲形木柄铁拐,由犁拐、犁铧、犁镜三部分构成,以畜力或人力为动力,特点是翻土较浅。山地犁,形制为木柄、铁铧,由犁把、犁铧两部分构成,动力为畜力或人力,特点是翻土较深。双轮双铧犁,形制为铁制,由铁轮、铁铧构成,动力为畜力,特点是翻土较深。

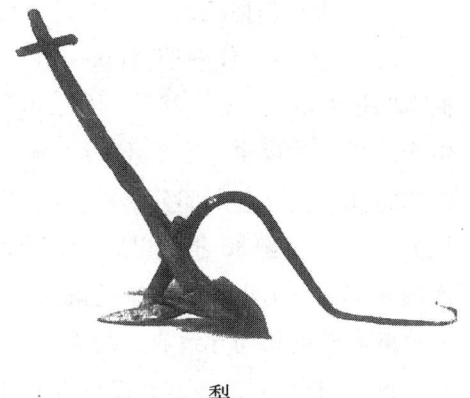

犁

2. 耙

耙有木框铁齿和铁框铁齿两种,形制为长方形,由框与齿构成,为耕地之后平整土地之用,动力为畜力或人力,使用时大人踩耙或小孩压耙。

3. 耙

耙有十字耙和平板耙两种,为平整土地或打畦之用,均以人力为动力。十字耙形制为铁齿,由耙头、木柄两部分构成,平板耙,形制为无齿,由耙头、木柄两部分构成。

4. 镢头

镢头是刨土的一种农具,一头是铁制的,一头是木制的,由镢头、木把两部分构成。用途是挖掘土石之用,动力为人力。铁质木柄形制多为7字形,也有丁字形。木制的作为用手握住的部分,就像我们所拿的铁锹的后部,铁制部分一头有一个圆环扣在木制部分上面,铁制部分的另一头比较锋利。形状大体与锄头差不多。使用时两手一前一后,在前一手用力向下刨,可将土挖起。

5. 铁锹

铁锹形制为方形或圆头,由锹头、木把两部分构成,用途是铲土及装卸之用,动力为人力。

6. 锄

锄为钩形铁制,由锄板、木把两部分构成,用途是中耕除草,动力为人力。

7. 耧

耧为木质,由耧身、耧腿、耧斗、铧尖、耧杆等组成,耧腿中空,上连耧斗,安耧铧,耧斗后接耧身,斗后壁有孔即仓眼,孔内有拨籽板,耧身两侧安有一对耧杆。用途是播种小麦、豆类、谷子、芝麻等作物,俗称耩地。扶耧耩地为技术活,开沟、下种、复土一气呵成,动力为畜力或人力。

8. 连枷

连枷由一个长柄和一组平排的竹条或木条构成,用来拍打谷物、小麦、豆子、芝麻等,使籽粒掉下来。

(二)现代耕播机械

20世纪50年代中期,首次引进动力机械。嵩山地域20世纪60年代后,各公社成立了拖拉机站,拥有"铁牛55"、"长春28"、"开封40"、"东方红75"和"波兰单缸拖拉机",这些拖拉机有偿为各大队、生产队犁地和运输。改革开放后,随着经济条件的改善和农业机械的发展,6匹、8匹、12匹手扶和15匹四轮拖拉机已进入部分农户,有条件的村组,1/3农户都购有小拖拉机,大部分农户的土地耕作走向机械化。20世纪80年代以后,家庭联产承包责任制落实后,农户购买拖拉机的热情日益高涨,山东生产的8~10马力小手扶拖拉机得到迅猛推广,主要型号有"潍坊"、"时风"、"沭河"等。与此同时,土地分散经营的格局导致农户购买大型农业机械的积极性不高。

这一时期,嵩山地域在播种方面开始使用点播器播种玉米和黄豆。这种机器由一个人操作,能合理播下种子,出苗均匀。20世纪90年代,在小麦播种方面又推广机播耧,改七寸播幅为六寸播幅,达到合理密植。这种机播耧下籽均匀,没有缺苗断垄现象,有利于小麦增产。2000年后,发展为小拖拉机牵引播种机,这样的六条腿作业大大提高了播种速度。2003年,国家实施农机具购置补贴政策后,大型拖拉机迎来了发展机遇。

1. 小麦播种机械

20世纪80年代初期,登封农机科研所综合旧式木耧的特点,研制成功了2B—3型通用畜力播种机,通过省级鉴定后,在各地推广使用。小麦播种机械大多为多功能机械,有人畜力三行播种机、手扶拖拉机牵引五行播种机和四轮拖拉机牵引多行播种机。

2. 玉米播种机械

20世纪80年代中后期,登封农机科研所成功研制了玉米点播机,并不断更新。这种点播机多为链条传动胶轮式,操作起来方便灵活,不但可播玉米,还可播花生、大豆、油菜等作物。另外,随着多功能播种机的诞生,与"小手扶"、"小四轮"配套的多行玉米播种机、玉米灭茬播种机也大面积推广应用。

二、收获工具

(一) 传统收获工具

中华人民共和国成立以前,嵩山地域在农作物收获时,老百姓使用的农具都很落后。小麦收割多用镰刀,小麦面积大的也有用戳子或掠子的,距麦场近的地块用包子抬、扁担挑。脱粒用牲口拉、石磙碾压或用桑杈拍打。秋天收获玉米则用小板镢,玉米脱粒用棍捶或用手抠。

中华人民共和国成立以后,但大部分地区的打麦大都在场内进行,用箩筐套石磙后边拴耢子,用畜力拉石磙(俗叫碌碡)碾。秋季豆类少的用棍棒打,较多的用枝条编制成长方条形网状,另用连枷拍打,连枷就是带有小木轴的长木把,大量的还是由畜力碾。打场的农具有翻晒打垛的桑叉、扬谷物的木锨、搂沫子的竹笆子、扫场的毛扫帚、扫场的竹扫帚、扫场边的柴扫帚、撂短草的撂笆、拾短草的芒叉、集中谷物的捻板、接牲口粪的粪叉、罩牲口嘴的牛笼嘴等。

1. 镰刀

镰刀有无裤和带裤两种,均由镰刀头和木柄两部分构成,动力为人力。无裤的形制为平板镰刀头安弯曲木柄,用途是收割麦子、谷子等。带裤镰刀是以割草为主,

2. 小镢

小镢,俗称小盘镢,又称黍黍铲,形制为铁质短木柄,由小镢头、短木把两部分构成,收获玉米时砍玉米根或砍柴之用,动力为人力。

3. 掠子

掠子形制为竹制刈刀片,由木柄、竹编网状掠兜、刀片构成,用途是收割小麦,但麦子长势差稀才能使用,若长势良好且密植便不适用。动力为人力,使用掠子为技术活。

4. 包子

包子形制为木制加绳网兜,由半圆形曲木框、直抬木杆、绳网兜构成,专供麦掠子的容器,紧跟掠

子之后,和掠麦同步进行,掠子不用则包子无用。使用时,一人割麦在前,一人推网包在后,由人力拉和抬。

5. 桑杈

桑杈有桑木杈和铁质杈两种,桑木杈为桑树加工成三股杈,弯曲向上,杈下留长柄。铁质杈为铁质杈头加长木把。两种都有三股杈木柄,用途是收打麦子时翻晒麦子、堆垛或秸秆之用,动力为人力。

6. 木锨

木锨形制为全木质锨形,由梢部弯曲的木锨板安木柄构成,专供麦场脱粒麦子时扬场弃秕糠或攒堆、装谷物之用,也有家庭用于冬天铲雪。动力为人力,使用时要巧借风力,是技术活。

7. 掠耙

掠耙形制为木质长弯耙齿安木柄,由弯曲耙齿木框、木柄构成,专业麦场用具,专供麦子或油菜脱粒时掠弃较长禾秆使用,使用掠耙是技术活,动力为人力。

8. 石磙

石磙有红石、青石两种,形制为石质圆柱形,由石头加工而成,直径不等,作碾压脱粒麦子或油菜之用,以畜力或小拖拉机带作动力,石磙后须带集束木杆。

9. 打地磙

打地磙为石质细圆柱形,由石头加工而成,两端有孔,外套木制磙框,用来碾压麦苗或播种前碾压粉碎土坷垃,一般坡地旱地使用,以畜力牵引。

(二)现代收获机械

1. 小麦收获机械

机器收麦

中华人民共和国成立以后,嵩山地域有的县市收割小麦用马拉收割机(三匹马拉)和苏联产的康拜因联合收割机。20世纪60年代后,农村在麦子、谷子、豆子脱粒时,少量使用人力足踏打麦机。20世纪70年代,有生产队使用拖拉机打场,外加石磙。20世纪80年代,很多地方都使用了小拖拉机带的割晒机、收割机、打麦机、谷物脱粒机等,特别是各县机械厂生产的滚筒式脱粒机在农村大量使用,极大地方便了百姓,但一部分村落由于没有电而不能得到普及,还有山坡地、小块地则仍由人工收割。20世纪90年代,开始使用中型收割机与四轮拖拉机配套收割脱粒,同时又出现了二分离脱粒机和三分离脱粒机。

进入21世纪后,地块大而平展的村庄,开始大面积使用大型联合收割机,品牌多以"新疆2A"、"福田谷神"、"佳木斯"、"新三王"、"中原2A"、"大丰王"为主,另外随着大中型拖拉机的普及,与其配套的背负式小麦联合收割机也得到了大力推广应用。山区用割晒机收割小麦,配套用机动脱粒机和扬场机作业,大大缩短了麦收时间。2003年以后,因实施农机具购置补贴政策,农民购买联合收割机热情大增,小麦收获的机械化水平大大提高。

2. 玉米收获机械

20世纪90年代引进玉米收获机,但因适应性较差,一直未能普及。直到21世纪玉米收获技术成熟后,引进与70马力拖拉机配套的三行玉米收获机,作业质量与效果良好,情况才有好转,但仍存在效率低、与种植结构不太适应的情况。较之小麦收获机械,玉米收获机械发展仍较缓慢。

三、运输工具

(一) 传统运输工具

嵩山周边的县市,大都是山地和丘陵,村庄通向农田的路大都是蜿蜒的小路,中华人民共和国成立以前,农村生产条件落后,运输工具简单,用来装载运输货物的主要有筐子、提篮、木制的人力车、挑担使用的扁担、箩头、箩筐,以及使用牲口驮粪的驮子,用来拉车的牛、驴、马、骡子等。但由于经济条件落后,春夏秋冬,无论是给地里施肥,还是收获果实,使用牲口者很少,大部分农家是靠人力运输,甚至几乎都是依靠人的肩膀挑担子的运输方式来完成的,农民一年的劳作量非常大,十分辛苦。

人力车多是中等以上的人家才有的一种运输工具,为木制的独轮推车,后面有人推,前面有人用绳拉,但此种工具除用于粮食运输外,还作为盖房运石料及土坯之用,也有作为送老年人探亲所用。此车的优点是农村的崎岖小道也可以走,载重能达100～200公斤,可以减轻人的劳动强度。这种车子带有一根五尺长四寸宽二寸厚的木板,称为"垫板",遇有沟、缺等情况,道路中断,车子不能通过时,用垫板搭在沟缺之上,可以起到一个搭桥的作用。但此车的速度太慢,一天只走五六十里地,而且用此车必须是两人,后面一个棒劳力推,前面一个辅助劳力用绳子拉。这种推车使用时有一个诀窍:"上坡把腰躬,下坡要挺胸。"

1. 独轮小车

独轮小车有木轮、胶皮轮、汽胶轮三种。木轮形制为木质轱辘,胶皮轮形制为木轱辘轧胶皮,汽胶轮形制为充气轱辘。三种均由铁链导轮,穿以橡胶皮垫链条,由木轮与车架构成,车架平面是三角形,前高后低,用途是推运粪土、粮食等,运载粪土时与车筐配套使用,动力为人力。

独轮小车

2. 箩头

箩头为小形圆筐容器,与车筐相似,盆形小,由荆条、白蜡条等编制,筐上穿4根木条用绳联结,与

笾头

扁担配套装运粪土,以挑为主,也有单筐子两人抬,动力为人力,是一般丘陵山地独轮车不能推运时的一种运输工具。

3. 车筐

车筐为圆筐形容器,由荆条、白蜡条等编制,放置独轮车上与独轮车配套使用,动力为人力。

4. 马车

马车有铁轮和汽胶轮两种,由一对车轱辘加车架构成,用于运输货物或谷物粮食等,动力为畜力,以马或骡子为主,是一种较远距离运输工具。

马车

(二)现代运输机械

中华人民共和国成立以后,农民通过技术革新逐步从古老的生产力方式中解放出来,半机械化的交通工具出现,农村开始有了手推式的胶轮独轮车、胶轮人力车、胶轮架子车,此种车子的车轮利用铁制的大杠和钢碗、钢子的作用,比起过去的独木轮车,速度提高了两倍,载重提高了三至五倍,不过需要有六尺宽的道路方可以通过,所以农民收割庄稼,少数用独轮车推、架子车拉,多数人还是用肩挑。后来农村的交通条件也有了很大的改善,村庄到大田的路也由过去的羊肠小路变成了能行人力车的小路,人们逐步使用半机械化的手推式独轮车、架子车、牛车、马车等。

20世纪80年代,在农民由原先使用的独轮车、人力架子车、牲畜拉的驴车、牛车、马车等运输农具的基础上,农田运输机械得到了迅猛发展,出现了多样化、现代化的运输农具,有东方红拖拉机、手扶拖拉机、机械三轮车、农用工具车等,由此代替了过去落后而笨重的肩担背扛,彻底地把农民从粗笨的劳动中解放出来。20世纪90年代以后,农村的很多家庭有了手扶拖拉机,有的甚至拥有了农用运输车和农用三轮车,农用运输车以"川路牌"为主,农用三轮车以"时风牌"为主。较之以前相比,运输效率有了很大提高。

除了农田运输机械,现代运输机械还有秸秆还田机械、秸秆打捆机、秸秆青贮机械等。

四、水利工具

(一)传统水利工具

嵩山地域在历史上旱涝灾害频发,远古以水患为主,近现代以旱灾为主。据文献记载,上古尧舜时期,登封出现为时较长的多雨气候,连续发生特大洪水。《尚书·尧典》云:"汤汤洪水分割,荡荡怀山襄际,浩浩滔天,下民其资。"可是随着历史向前走,这个地方反倒缺水了。自明朝以后,这里大多是十年九旱,农业生产受自然条件和天气的影响较大,民间有"三天一小旱,五天一大旱,连续几天雨,山洪就泛滥,几天不下雨,吃水都困难"的说法。旱灾的频繁发生给农业生产造成了巨大损失,成为农业生产的主要障碍。中华人民共和国建立前,农业基础设施薄弱,抵御自然灾害能力差,"石厚土薄地难种,十年就有九年歉"的状况严重困扰着粮食生产、林业、畜牧业等的发展,加之自然灾害,尤其是旱灾频发,人民的生活极度贫困。

为了改变靠天吃饭的农业生产状况,人们除担水浇地外,也利用"秤杆"吊水,个别地方的农民还自制了笨式木斗水车,以此浇少量的土地。由于农村水利农具的落后,农田灌溉基本上是靠人力挑水、水车拉水。中华人民共和国成立以前,嵩山地域农田灌溉使用的农具,多为木桶、铁桶、秤杆、丢斗、辘轳、铁水车等。

1. 秤杆

秤杆由三脚架、直木横杆(加石负重)、细木长杆、吊桶构成,作从河边或水塘边往上汲水灌溉之用,动力为人力,劳动强度大。

2. 辘轳

辘轳有木制和铁制两种,分别由木筒木曲把加绳索或铁筒铁曲把加绳索构成,形制为空心圆筒加曲把,从井里汲水饮用或灌溉,动力为人力。使用时手摇曲把,转动横木上圆筒,使绳缠绕,把水桶提出井口。

3. 解放式水车

解放式水车为齿轮转动式,由平竖齿轮铁筒、铁链水平、横杆构成,用于灌溉提水,使用于架设相对固定的井口,动力以畜力为主,兼有人力。

解放式水车

4. 木桶

木桶为木质圆筒形,成对木桶和钩担配套,用于挑水,动力为人力,因制作工艺较难,代价高,渐被铁桶代替。

5. 驮桶

驮桶为木质扁圆筒形,与木制驮架配套放置驴身上托运,动力为畜力,是缺水地方较远距离运水的工具。

(二)现代水利机械

中华人民共和国成立以后,农村开始使用解放式水车,又称洋水车,随后又出现了离心泵(机电两用)、潜水泵。20世纪50年代后期,政府主张大修水利,嵩山周边的几个县市都新修了人工水库和一些大型的蓄水池、人工大渠等,增强了抵御自然灾害的能力,但水利灌溉的农具还很落后,开始使用锅驼机(即小型蒸汽机)、煤气机、柴油机、电动机等以链条为主的配套机械。20世纪60年代,随着工业和科学技术的发展,水井配套动力逐渐由柴油机和电动机代替,而且推广利用水泵,包括轴流泵、离心泵、潜水泵、深井泵等,水车被淘汰,打井工具也向机械化发展。20世纪70年代起,由于水利建设的发展,各种水利机械动力相继出现,最初有了简单的抽水机,后又有了潜水泵抽水机、高扬程的电动抽水机。这些机械化的提水农具的普及应用,提高了提水效能,扩大了灌溉面积,使嵩山农村的灌溉进入到了一个新的水平。自20世纪80年代后期,随着乡镇企业的快速发展和煤矿等矿产的过度开采,地下水位急剧下降,加上干旱等气候因素,原先已配套建成的深井及提灌等水利设施大多废弃。20世纪90年代,推广节水灌溉,引进了喷灌包括固定和半固定、管灌、微灌等设施。

五、粮食加工用具

(一)传统加工工具

嵩山地域在粮食加工上使用的工具,主要有筛捡粮食用的簸箕、筛子、麻筛、米筛,磨面用的石磨、石碾,舂米、搡菜用杵捣的碓灸、石臼、木臼等等。

石磨

1. 石磨

石磨为石制的圆盘,有大、小两种,大的由上下碰有凹凸槽的磨扇(上下相合)及磨盘构成,用于小麦、玉米、豆类等磨面,以畜力或人力为动力,后渐被机磨代替。小的由稍薄石磨扇与带围槽石磨盘构成,用于磨豆腐,畜力为主,今仍有使用。

2. 石碾

石碾为石质滚筒形,由圆柱形石碾和上刻沟槽的大石盘构成,

石碾

用于碾轧粮食,以畜力为动力。

3. 石臼

石臼为石质圆筒形,中间凹下成臼,由石臼和带木柄石舂凹凸配套使用,用于轧碎粮食菜蔬等,以人力为动力。

石臼

(二)现代加工机械

20世纪70年代后,嵩山地域农村出现了磨面用的"一风吹"式磨面机。这种磨面机磨成面粉不除糠皮,连皮带面一遍下来。80年代后,又出现了更加精良的粉碎机、打米机、碾米机、磨面机等。后来,村村都出现了轧面条机,使人们的生活更加方便。

六、棉花加工工具

(一)传统加工工具

棉花收获后,再进行棉花脱籽,俗叫"轧花"。先是手摇木机,到脚踏铁机,再演变为纯电力机械化的"轧花机"。

从棉花到成品布,要经过一个复杂的操作过程。纺棉花线用的是原始的手摇纺车,家家户户的女人,从几岁的幼儿到老年人,都能手持摇车纺棉花线。

织布用的是纺花车(又称为木机)、打线车、梭子、织布机,做衣服的缝衣针、线、锥子等。嵩山地域的农家大部分都有织布机纺织的粗布,因而农家人的炕上,炕单、被子的表、里等生活用布都是粗布,人们都穿着自家女人纺织的粗布衣服。直到20世纪80年代,所谓的"洋布"、"斜纹"、"的确良"、"凡尔丁"等机织化纤布料才逐渐地替代了农家自织的粗布。如今,农村个别家中还有纺花织布的,但花色只限于双色和多色变化而成的彩条和方格,只是用于床单。

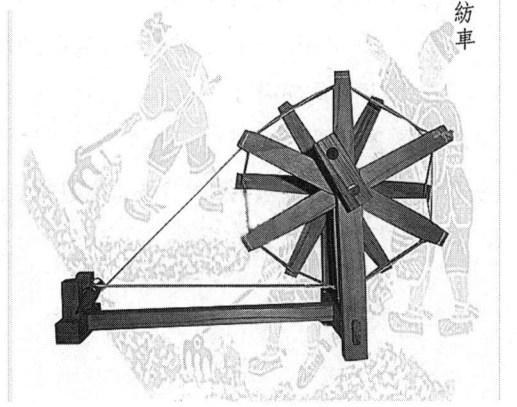

纺花车

1. 纺花车

纺花车为木制,由薄木片和细皮绳组成的转轮和固定基座及铁线钉构成,用于纺棉花,以人力为动力,一般由老年村妇操作使用。

2. 织布机

织布机为木制,由机框、机楼、机轴、梭子等构成,用于家庭织布,以人力为动力,一般由农村妇女操作使用。

3. 弹花弓

弹花弓由弓形木框连皮绳构成,用途是把皮棉弹蓬松,以人力为动力,一般为男技术工使用。

织布机

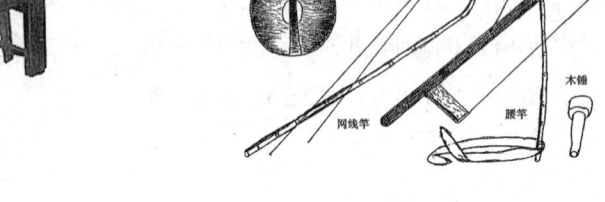
弹花弓

(二)现代加工机械

20世纪70年代以后,由于缝纫机的出现,嵩山地域的衣服缝纫也提高到了一个崭新的阶段。这时的缝纫机是一个新生事物,村里拥有缝纫机的家庭并不多,但也标志着嵩山缝纫由原来纯手工的一针一线操作发展到了半机械化的阶段。20世纪80年代后,农村缝纫机已较为普遍,甚至也拥有了锁边机,90年代后就变得很平常了。进入21世纪后,由于人民生活水平的提高,许多家庭都不再用缝纫机加工衣服,衣服大都从市场上买现成的,缝纫机只用来做一些小孩儿的衣被用物,或做些缝补一类的简单活。

(三)现代化的生活用具

到了20世纪末和21世纪初,嵩山地域的人民和全国人民一样,开始过上了现代化的生活,生产工具和生活用具都有了翻天覆地的变化,科学先进的机械化、电气化使这里的人们变得喜气洋洋。特别是到了21世纪,用具有了包饺子机、绞肉机、豆浆机、榨汁机、洗衣机,有制冷制热的空调,有做饭用的燃气灶、微波炉、电磁炉、光波炉、电烤箱、高压锅、电饭煲、电炒锅,等等,使人们无论在生产上和生活水平上都有了很大的提高。

第五节 畜牧养殖

畜牧业是嵩山地域农业的重要组成部分,与城乡人民的生活密切相关。自古以来,牲畜在农业生产中都具有十分重要的地位。相传尧时,许由、巢父就在箕山养牛种地。登封市君召乡发现的晋代砖墓中,出土有牛拉车、马、狗等陶器。这些说明,在古代牛已成为重要的农用家畜,狗、马已是人们的好朋友,不仅生前效犬马之劳,而且死后还要作为殉葬品陪伴主人。随着时代的发展,畜牧业的地位也发生着重大的变化。原始时期,人们捕捉野畜,驯化后使之成为家畜,解决了食物不足的问题,使人类能够生存,种族得以延续。封建社会,家畜不仅用于役使、战争,而且主要用于财富的积聚。十一届三中全会以后,畜牧业成为群众发家致富的重要和快捷手段,专业化、集约化和规模化养殖大发展,涌现出各类专业户和养殖小区。21世纪,畜牧业生产以扩大饲草动物养殖为主,努力开拓畜产品市场,大力发展畜产品加工,促进畜牧业向高产、高效、优质、无公害方向发展。畜牧业作为一项重要产业,成为国民经济的重要组成部分。

大牲畜饲养是传统畜牧业的重要组成部分,尤其牛的饲养,自古以来便被作为农田耕作主要动力和主要肥料的来源而受到高度重视。至今在丘陵、山地,农业生产仍然还是牛马当先,耕地碾场的主要动力依然靠牲畜。农民饲养的牲口,主要从事犁耙耕地、碾场等田间耕作和磨面、碾米以及短途运输,它是农民进行农业生产、交通运输和日常生活的重要工具。这正是人们饲养牲口的主要目的。同时,饲养牲口也便于积肥,牲畜粪是农家十分重视的肥料。人们在牲口棚的地面上垫上土、树叶、杂草、水等,加上牲畜的粪便,便成了粪圈,这些粪便出圈后就成为高级的农家肥了。另外,有些牲口可作为肉食来源供人们享用,比如菜牛,就是很好的肉食品。

俗语说:"牲口是庄稼户的半拉家当。"在庄稼人的眼里自然是很看重出大力的牲口的,尤其是中华人民共和国成立以前,农民手里一旦有了钱,一是要买地,二是要买牲口,第三才是修房盖屋娶媳妇。从某种程度上说,一个农家户若喂养有几头牲口,那就是富裕的象征,左邻右舍都会刮目相看。因此,农民对牲口的感情是很深的,有牲口的人家都很注意对牲口的精心饲养与合理使用。

一、大牲口的喂养

大牲口一般指能帮人干活的牲口,有牛、马、驴、骡等。嵩山地域人们在喂养大牲口方面,有一整套的习俗。

嵩山老百姓称牲口栖息、进食的场所为"牲口棚"、"牲口圈"、"牲口窑"、"牲口屋"等,也有直呼"马棚"和"牛棚"、"牛圈"的。新中国成立后,在牲口以生产队为单位集中饲养时期,饲养牲口的场所则称作"牲口院"或"马号"。到了20世纪的90年代,饲养大牲口的地方被称作"养牛场"。

大牲口喂养

(一)牲口品种

嵩山地域牲口的原始品种为黄牛、马、驴。清末和"民国"时期,兵荒马乱,嵩山地域大牲口的数量比较少,品种古老,大都是本地的土种,个子不太大,但适合本地水土,生长良好,饲养也比较简单。"民国"时期引进南阳黄牛,又称"高脚

楼",与本地黄牛进行杂交改良。中华人民共和国成立以后,大牲口由一家一户小槽喂养,后来嵩山地域除了成批引进南阳黄牛,又引进少量的荷兰黑白花奶牛,建起配种站,对本地黄牛进行改良,大牲口发展得很快。当时的牛有两种,一是原来的土种,二是改良后的杂交种。其中黄牛,又有用作役使的耕牛和供食用的菜。役使的都要扎上鼻圈,而作菜牛的便依着性子,信马由缰地满山跑,这种牛多品种退化,个小性野,后来经过改良,它们逐渐温顺,变得体大肉多。20世纪50年代末至70年代末,引进秦川红牛,俗称"爬地虎",还有泌阳驴、关中驴及伊犁马、西南马,当时牲畜作价入社,实行大槽喂养,大牲畜数量下降。十一届三中全会以后,集体的牲畜实行保本保值,分畜到户,私人饲养。后来引进良种肉牛瑞士的"西门达尔"、法国的"夏洛来"、"利木赞",并用肉牛冷精液颗粒,开始开展肉牛人工授精及改良工作,大牲畜养殖规模开始直线回升。但是,随着交通条件的日益改善和农业机械化的大力推行,加上粮食喂养不划算,大牲口饲养相对较少。20世纪90年代,随着市场经济的发展,牛的饲养逐渐呈现出规模化和专业化的趋势。为了满足人们饮食需要,嵩山地域各县市相继成立了专业养牛场与公司,很多公司和专业养牛场采取向农户发放母牛,统一配种,肥育牛犊的方式,以更好更快地发展大牲口的养殖。

21世纪后,嵩山地域不少县市引进了一些欧洲品种牛,主要有"蓝白花"、"皮埃蒙特牛"、"安格斯牛"、德国黄牛、"短角红牛"等,这种牛比一般的本地牛要高大得多,特点是个大,肉厚,生长周期快,成本低。

1. 蓝白花

该牛生长性能好,成年公牛可达1300公斤,母牛可达800公斤,日平均增重2~2.5公斤。屠宰率高达40~70%,肉质好,细嫩、多汁、适口性能好。耐粗饲性和适应性强,抗病性强,是改良其他品种牛的首选品种。

2. 皮埃蒙特牛

该牛是一种肉奶兼用的优良品种,是如今世界上终端杂交最好的父系。适应性强,增重快,可放牧或圈养。繁殖性能良好,屠宰率和瘦肉率高,屠宰率达到68~70%,高档肉率高,肉嫩,胆固醇含量低,产奶量及乳脂率高,年产奶量为4000公斤,乳脂率4.17%。

3. 安格斯牛

安格斯牛起源于苏格兰,呈黑色、无角,体量较低,是肉质最好的肉牛。该牛性成熟早,母牛泌乳能力强,具有易产、生长快、早熟等特点,胴体品质高,出肉多,适应性强,耐寒抗病。缺点是母牛稍具神经质。

4. 德国黄牛

该牛是著名乳肉兼用品种,以肉用为主,毛色为浅黄色、黄色或淡红色,体格大,胸深,背直,四肢短而有力。育肥性能好,母牛乳用性能好,年产奶量4164公斤。

5. 短角红牛

该牛原产于英国,分为有角和无角两种。其外貌特征为头短宽,颈短粗,胸宽深,肋弓开张良好,鬐甲宽平,腹部呈圆桶型,背腰宽直,尻部方正丰满。

(二)牲口喂养

嵩山地域人们在喂养大牲口方面,有一整套的习俗。

1. 牲口放牧

大牲口饲养有三种类型,即山区放牧为主,特别是牛;丘陵区半放牧,半舍饲;平原集镇区以割草舍饲为主。放牧形式又分群牧、牵牧、自由放牧三种。山区大都习惯群牧,零星居民自由放牧。放牧方法是每年春季开始,由一名劳力拦牛群,把各家各户的牛集中起来,赶到山上放牧,天黑返回,各归各家。深山独居户,多采用自由放牧,白天把牛赶入山中,自动寻草、找水,吃饱喝足就在山中反刍休息。天黑时,牛自动下山回家,后来因封山育林,自由放牧形式自行取消。丘陵和少数平原区每年五月下旬到十月底,习惯采用牵牧,由一人牵一到两头牲畜到田埂、河边和零星草场放牧,一为节约饲料,二为催膘复壮。

2. 牲口食料

喂养牲口的食物一般是粮食作物的秆儿,如玉米秆儿、谷秆儿、麦秸、红薯秧、豆秧等,也喂各种青草、干草。粮食、麸皮等只作为牲口食用的精料,农闲时牲口的食物草多于料,农忙时则适当增加精料。

喂养牲口的草秆儿类食物在喂养前需要先行铡切。嵩山地域农民用的铡是由铡刀、铡床和联系二者的铡钉三件组成,有木质铡床和铁质铡床两种。铡草时一般由二人合作进行,一人执草或玉米秸秆、麦秸向铡口喂入,一人执铡刀柄向下,前者蹲下进料,后者猛按铡刀。会用铡刀者,轻松而快,不得要领者,则累得满头大汗也铡不出活儿。人们说:"铡草不用高汉,高抬猛按"。个子高的人因弯腰幅度大,提铡次数多,铡起来劳累。个子矮一点倒没关系,只要铡刀抬得高,用力猛,就会铡得干脆利索。俗话说:"寸草铡三刀,没料也上膘。"因而铡草不能怕麻烦,铡得越短越好。

3. 喂养方法

嵩山地域人们喂养牲口的方法十分讲究,通常是用一根三尺来长、一把余粗的木棍儿作为搅拌棍,把草料搅拌均匀,以利于牲口增食发(长)膘。"有料没料,四角搅到",就是人们养好牲口的经验总结。冬季,牲口喜欢吃干一点的食物,人们喂草料时少加水或不加水,搅拌草料时得听见"呼呼啦啦"的响声。夏季,牲口体力消耗大,体内需补充的水分多,所以,人们喂养时常把草料中加入多量的水,使牲口吃起来利口,以增进食欲,故有"冬呼啦,夏噗嚓"之说。

另外,牲口长时间劳作后,在又渴又饿、疲惫不堪的情况下,喂养者都不急于给其饮水、喂食物,而要牵着牲口慢慢遛一遛腿儿,缓一缓劲儿,然后才使其进食,以防止因饮食过急过猛而导致消化不良症,所以有"牲口下了套,莫忘遛遛道"、"渴不急饮,饿不急喂"的俗谚。大牲口喂养定时定量,一日喂两次,而且吃足喝饱后,还留给其一定的反刍时间。人们对于骡马等大牲口的喂养尤为讲究,认为大牲口一般在白天活计比较多,歇息、吃草料的时间很短,甚至没有,所以有经验的饲养人员知道"马不吃夜草不肥",注意在晚上多添加几次草料,俗称多喂上"几和"。

4. 牲口护理

牲口栖息、进食的场所,嵩山地域的老百姓称为"牲口棚"、"牲口圈"、"牲口窑"、"牲口屋"等,也有直呼"马棚"、"牛棚"、"牛圈"的。中华人民共和国成立以后,在牲口以生产队为单位集中饲养时期,饲养牲口的场所则称作"牲口院"或"马号"。

牲口吃草料的食槽,人们称为牲口槽。牲口槽有石槽、木槽、水泥槽之分。一般放置在距地面二尺多高的台子上,槽的四角各埋一根木棍,俗称"槽夹杆",其上端绑上一根横杆以拴牲口。拴牲口讲究"高拴骡马低拴牛"。据说骡马歇息时宜站着,故把缰绳拴得高一些,以限制其躺卧,而牛则适合卧在地上,所以缰绳就要拴得低一点,否则牲口就容易生病。

对于牲口圈,人们总是勤垫草,勤撒土,同时注意通风,以保持清洁卫生。冬季还要注意保温。由于晚上是牲口进食的最佳时间,因而牲口棚里的灯光总是彻夜不息。嵩山地域的农民十分爱护自己喂养的牲口。夏季每隔一段时间,都要给牲口洗个澡,用刷子把牲口浑身上下的毛梳一梳。

即使过春节贴喜联时,也总忘不了家中的牲口,有的在大车棚子上粘贴大红对联,如"日行千里,夜行八百",有的在牲口槽的外表贴上"槽头兴旺"等,以示吉利。

(三)牲口使役

嵩山地域农民对牲口的使役也有一套独特的习惯。

1. 使役行头

人们在使用牲口拉犁、耙、耧、石滚等从事农业生产时,大都在牲口头上拴上一个用皮条或绳子与木条相连接而成的笼头,上面系一根缰绳,大牲口的笼头上还要带上铁制的嚼子,牛鼻孔里则要扎上一个软木条做的鼻曲儿,有时还要戴上用铁丝、树条、竹篾、绳等做成的各种不同的牲口凑,使它们不能随便吃食物。牲口拉套时,要套上跑子,大牲口脖子上还要戴上扎脖儿。扎脖儿一般用长条形的细一些的布袋,内装谷糠和棕毛做成,有的外表也用皮革。牛脖子上还要戴上木制的像弓一样的索头。若用两头或三头牲口同时进行劳作,称作"一套"或"一犋牲口"。犁、耙地时、每犋牲口的左右两边要拴上一根长撇绳。使役者站在犁耙的后边,一手扶持着犁管儿(柄),一手扬鞭并拉着撇绳。

使用牲口拉石碾和石磨时要给牲口戴上碍眼,一般人家的牲口碍眼用破旧衣物做成,讲究之家则用布和草帽辫儿制作成风镜形状的不透明对象。牲口只要戴上了碍眼,不用鞭打,只需吆喝几声"嘚——"或"嘚哟",它就会按照人们给其界定的路线不停顿地转圈圈,给人磨面碾米。

嵩山周边的大部分县市处于山地和丘陵地区,中华人民共和国成立以前由于道路狭窄不平,不便用车拉,农民运送货物时,一般用牲口驮。人们到三里五里之外赶集赶会、结婚迎娶、出远门办事等也都骑牲口。为便于驮人和驮东西,牲口背部都要放个鞍子,鞍子由坐垫、扶手、脚蹬组成。驮东西则不用鞍子,直接用一长条口袋装运,一口袋东西叫"一驮儿"。专门从事驮运工作的称"赶脚儿哩"。请赶脚儿的驮人运东西要交费,如不收费或少收费则叫"捎脚儿"。承担驮运的牲口最常见的是毛驴,因为毛驴儿脾性温和、有耐劲、容易使唤。

民间饲养牲口比较讲究的人家,平常喜欢在牲口的前囟门上系"红缨",脖子下挂个小铃铛。有的给牲口挂一环围脖子的"操子",上面系上多个小铃铛。这样,牲口干起活来红缨飘飘,铃铛声声,颇有精神。

2. 使役口令

嵩山地域周边几个县市民间的使役口令很多,要牲口向左走叫"咧咧",向右走叫"大大",向左后转叫"咧咧回",向右后转叫"大大回",开步走叫"嘚",停止叫"吁"。在大声吆喝口令的同时,还要会用撇绳,需往哪个方向走就拉一下哪边的撇绳。使役者口手并用,牲口就会服服帖帖地听从使唤。用牲口拉马车,一般要套上四头大牲口。在大车(即马车)杆里驾车的大多是比较壮实、劲大并且脾性温顺的牲口,称作"驾辕儿的"。驾辕儿的作用主要是保持车身前后平衡,顺利拐弯抹角。驾辕儿前边拉车的三头牲口称作"稍儿"。拉运东西时,"赶车哩"又称"掌鞭哩",只要站在马车的左前方,右手高举皮鞭,左手提着一根拴在左边梢笼头上的小绳,指挥牲口前进就行了。赶车口令开步走叫"走"或"嘚"或"驾",向左走叫"哟吁",向右走叫"喔",停车叫"吁"或"站"。

3. 牲口驯养

嵩山地域农民使役牲口从牲口的幼年便开始了。人们认为牲口通人性,因此在其幼年还是骡驹儿、马驹儿、牛犊儿时便进行调教和训练。如对马的训练,母马劳作时便让马驹儿跟在旁边,使其熟悉作息规律,进而试套,到了适当时候就开始正式使用。

4. 牲口交易

嵩山地域的牲口交易,要到牲口市上通过"经纪"或"行户"进行。交易时采用摸手指的方法,双方各伸出一只手,用衣袖或手卷盖起来摸指头。其指法是:一到五用伸出的手指表示,伸几个指头表示几个;六到十则是用指头的握指形式和变换来表示,如:大拇指和食指并拢捏几下,表示六;大拇指和中指并拢表示七;大拇指和食指分开,形如八字表示八;食指指尖弯曲表示九;五指握拳表示十。为了便于记忆,人们把它编成顺口溜:"捏七儿、叉八儿、勾九儿、拨捏拨捏六儿"。懂行者出价还价都是笑而不语伸手来摸,同时,伴之以点头同意、摇头否定来示意,或者只说"多啦!"、"少啦"等简单、笼统的字眼。看上去就像在打哑谜或做游戏一

农村牲口交易市场

样,嘻嘻哈哈之间,生意也就做成了。很少有因价钱不合而发生口角的。如果是个外行,张口就说出牲口要卖的价钱,就会惹人笑话。牲口成交以后,买卖双方都要向从中撮合的"行户"酬谢一番,现在叫交纳管理费。在嵩山民间买卖牲口,还有一个不成文的规矩,即凡买回家的牲口,三天(成交之日不算)之内,如有不吃(草)、不喝(水)、不拉(屎)、不撒(尿)、(晚上)不睡、(牵着)不走,有其中任何一款者,买者可以通过"行户"将牲口退回,如果情况属实,卖方不得无理拒绝,并要一分不少地退回款项。这就是俗话说的"牲口不吃不喝,三天管(负责)六倒(退货)"。

中华人民共和国成立后,在1990年以前,由于交通条件和农业机械化条件的改善,饲养大牲口的

农户越来越少,加上粮食喂养,划不来,有逐渐绝迹的趋势。

二、家畜饲养

嵩山地域家畜的饲养以养猪、养羊、养兔为主。

(一)养猪

嵩山人养猪的历史非常悠久。周朝时(公元前11世纪),人们捕捉小野猪进行驯养繁殖。封建社会,养猪业成为农家的重要家庭副业和肥料来源,养猪方式由放牧改为舍饲。粉坊、酒馆、糖坊、醋坊四大作坊因饲料充分,多成批圈、喂猪。中华人民共和国成立以后,这些作坊改革,不再圈养,仅靠住户零星喂养土猪。党和政府非常重视生猪生产,采取了一系列方针政策进行鼓励。农民有粮食,有饲料,加上引进湖南白猪和短腿瘦肉型花猪,这种猪喜吃草,不单纯靠精饲料喂养,能降低成本,生猪发展较快。1958年后,由于错误政策的影响,平调群众的猪,办起集体"千头猪场"、"万头猪场",致使20世纪初生猪饲养下降到最低点。20世纪60至70年代,国家对养猪实行奖励政策,由于精粗饲料充足,家家户户几乎都养猪,生猪饲养发展很快。十一届三中全会以后,引入新品种猪"杜洛克",这种猪原产美国,毛色呈红棕色,鼻镜和蹄呈黑色,耳向前稍下垂,后躯丰满,四肢粗壮,对环境适应性较好,瘦肉率高,生长快,主要作为父本应用于商品生产,与"长白"、"大约克"生产的三元商品种育肥4个月即可出栏,生猪饲养迅猛发展,出现许多养猪专业户和重点户。

登封市大金店镇三里庄村的养殖场——郑州嵩山养殖有限公司,下设养殖场和种猪场,占地面积4.2万平方米,种猪有"大约克"、"斯格"、"杜洛克"、"长大二元"、"长白"等瘦肉型种猪1000头,设计年出栏商品猪10万头,远销上海、广东等地。登封市规模最大的养猪场——郑州浩杰养殖有限公司,存栏猪2.1万头,品种有"长白"、"杜洛克"等,年出栏生猪5.9万头,产值1712万元,该场通过统一供应仔猪、饲料,统一销售,带动养猪规模场(户)100多家,养猪4万头,户年均增收4万元。

养猪禁忌,带猪娃不准进入别人家院子,赶猪途中也不能将猪放进人家院里。不管汉民还是回民,这都是一大禁忌。

(二)养羊

养羊是仅次于养猪的家庭副业,它为农业生产提供了肥料和经济来源。由于羊秉性温顺,合群性好,毛可织衣,肉味鲜美,是人类重要的衣食之源,因此羊被视为吉祥的象征。然而,中华人民共和国成立前,嵩山地域的养羊业发展十分缓慢。本地饲养的羊大都是本地的土种,个子都不大,但适合本地水土,生长良好。

中华人民共和国成立后,数量增加,质量改善。嵩山地域的羊有两种,一是原来的土种,二是改良后的杂交种。后来又引进大批奶山羊,可月产100多公斤鲜奶,饲养奶羊之风盛行起来。20世纪50年代末期,引进新疆细毛羊。20世纪90年代后,引进大量波尔山羊、杜泊羊、无角陶赛特、南江黄羊等新品种,建立波尔山羊繁育场,嵩山地域开始规模养殖。随着商品经济的发展和市场需求量的增长,养羊技术进入较快发展时期。进入21世纪,嵩山各县(市)养羊业都有大的发展,其中突出的要数登封市大金店镇三王庄村建起嵩山绿源畜牧养殖有限公司,占地300亩,设种羊场,主要品种有波尔山羊、杜泊羊、无角道塞特，以及杂交一、二、三代和纯种奶山羊，年存栏羊925只，年销售羊1600只，产值达380万元，通过"基地＋农户"的模式发展农户1300户，养羊5000只，户年均增收6000元。2004年被评为郑州市重点龙头企业。该公司采取"公司＋农户＋基地＋金融"的模式发展，在植保园间套种高效牧草菊苣、苜蓿、鲁梅克斯等，利用羊粪施肥，种植蔬菜，同时经营餐饮，消费羊产品，实现了由农田到餐桌的直接对接，既减少了流通环节，又增加了食品的安全性，是集畜牧、园艺为一体的富农型企业。

21世纪后，嵩山地域一改过去只养本地土种羊的习惯，引进外来优良品种，使养的品种也多了起来，常见的品种有以下几个：

1. 波尔山羊

原产于南非，是肉用山羊品种，具有体型大、生长快、繁殖力强、产羔多、屠宰率高、产肉多、肉质细嫩、耐粗饲、适应性强、抗病力强和遗传性能稳定等特点。一般年产两胎，羔羊生长发育快，有良好的生长率和高产肉能力，是世界公认改良山羊终端杂交父本。

2. 杜泊羊

该羊是南非共和国利用英国有角陶赛特与国内波斯黑头羊杂交培育而成的肉绵羊品种，分长毛型和短毛型两个品系。母羊泌乳力强，母性好。与人亲善，易管理。

3. 无角陶赛特

无角陶赛特公母羊均无角，头短而宽，胸宽深，背腰宽平而长，肌肉丰满，后躯发育良好，四肢粗短，泌乳力旺盛，产肉量高。4月龄公羔体重可达20～24公斤，母羔可达18～22公斤，肉质好，瘦肉多。

4. 南江黄羊

该羊是南江县培育而成的中国第一个肉用性能最好的山羊新品种，以其个体大、生长快、适应性强而著称。产肉性能好，胆固醇含量低，蛋白质含量高，口感好。皮质量优，质地良好。

（三）养兔

家兔有毛用和肉用之分。中华人民共和国成立初期，嵩山地域只有少量饲养。20世纪50年代末期，引进安哥拉品种，一度在嵩山地域的饲养量达80%以上。20世纪80年代以后，先后从上海、浙江、安徽、安阳等地引进西德长毛、短毛兔，各县市畜禽良种示范场办起家兔繁殖场，繁殖西德长毛兔。长毛兔以喂饲料和青草为主。饲养兔子限于家庭化，在长毛兔大受欢迎的时候，一般家庭都养几十只，最多达几百只，光每年卖毛一项可收入几万元钱，很多家庭因饲养长毛兔而发财。后又引进丹麦、新西兰、比利时等皮肉兼用兔，品种为杂色和白色，特点是生长快，周期短，成本低。后来兔毛跌价和兔病防治效果不好，死亡率高，养兔专业户逐渐下降。21世纪，登封市成立大冶镇香山牧业有限公司，总占地面积4500亩，基地建筑2万多平方米，拥有23栋标准化兔舍，并建有活兔收购市场和兔毛分拣房间，对养兔业起着重要的引导作用。

1. 安哥拉长毛兔

该兔原产于土耳其的安哥拉地区。全身绒毛长而厚,色洁白,并呈波浪形。成年体重2.5~3公斤,平均年产毛0.2~0.4公斤。随着其他优良品种的引进改良,21世纪后该品种在嵩山地域几乎断种。

2. 西德长毛兔

西德长毛兔原产于西德,是用安哥拉长毛兔经过提纯复壮、人工杂交培育改良而成。该长毛兔成年体重3.5~4公斤,最高可达5.5公斤。平均年产毛量1.1公斤,绒毛密生,长而洁白。每窝平均产6只,最高可达12只,幼兔生长发育迅速。由于该品种非常适宜嵩山地域的自然条件,其生产性能良好,适应性强,产毛量又高,群众乐意养,21世纪占嵩山地域总饲养量的98%以上。

3. 短毛兔

短毛兔属皮、肉兼用型,毛色以白和灰青为主。白色者多为大耳白兔杂交种,原产于日本。灰色者多为青紫兰兔种,原产于法国。上述两种短毛兔品种均体型较大,成年兔体重都在4~6公斤以上。主要特点是早熟、生长快、适应性较强,耐粗饲,母性好,繁殖力强,肉质好,皮质优良。这两个品种都非常适合嵩山地域的自然环境条件。

(四)肉兔

肉兔,又称菜兔。肉兔品种很多,按体型大致可分为大、中、小三种类型。体重5公斤以上为大型兔;3~5公斤为中型兔;3公斤以下为小型兔。据测定,肉兔瘦肉率高达70%;肉中蛋白质达21%;赖氨酸、磷脂、钙、维生素量的含量也很高,特别适宜老人、小孩食用。因此,20世纪90年代以后,肉兔逐渐兴起,成为嵩山地域农家热门的养兔品种。

三、家禽饲养

嵩山地域家禽有鸡、鸭、鹅,其中以鸡为主。

(一)养鸡

养鸡业一直是嵩山地域群众的一项重要副业。虽然从清光绪三年(1878年)到中华人民共和国成立初期,数量增加了不少,但实质上并没有大的突破和发展。嵩山地域原有品种为当地土鸡,20世纪50年代,开始引进新品种鸡,有固始鸡、来航鸡等。20世纪80年代以前,嵩山地域的鸡鸭鹅的养殖不上规模,一般农民都是在自家饲养,以养鸡为主,品种一般为本地土鸡,花色有芦花鸡、纯红色鸡、纯白色鸡和杂色鸡。

十一届三中全会后,嵩山地域的养鸡业有了较快的发展,很多农民在村庄里建起了养鸡场,涌现出许多规模户和养殖小区。鸡的品种大都为白色和花色两种,还从上海引进英国蛋用型"罗斯"。2000年以后,很多养鸡专业户都兼养蛋鸡、肉鸡,满足了市场需求,有了很好的经济效益。这些规模养殖场采取先进的技术,如大棚养鸡、水帘降温等,并且与双汇等一些大型食品集团签订供应协议,开始订单养殖。在规模养殖场的带动下,嵩山地域出现了许多养殖小区。

21世纪,嵩山地域养鸡业有了更大的发展,其中登封市的振翔农副产品有限公司成为全省最有名的养鸡企业,主要进行土鸡饲养,带动农户发展,成功注册"小苍娃"土鸡蛋,存栏一般商品蛋鸡3万余只,土鸡4万余只,是河南省原产地禽产品无公害认证单位。

嵩山地域饲养的品种蛋鸡和肉鸡,都有不同的特点。

养鸡

1. 蛋鸡

"农大3号"粉壳蛋鸡是节粮小型蛋鸡新配套系,21世纪后引进嵩山地域。该鸡采食量小,比普通型蛋鸡的饲料利用率提高15%以上。一般在林地或果园放养,具有易管理、效益高、蛋质好等优点。

2. 肉鸡

明星肉鸡是法国伊莎育种公司培育的四系配套白羽肉鸡品种,20世纪90年代引入嵩山地域。该品种在选育过程中引入矮小型基因,故与其他品种相比,体型小30%,而饲料耗料低20%左右。

(二)鸭、鹅

20世纪80年代以前,嵩山地域鸭、鹅的养殖不上规模。改革开放后,鼓励农民致富,农村出现了很多养鸭专业户,鸭的品种大都是从外地引进,有北京鸭、北京大白鹅等不同的品种,但都为单一的白色。鹅的养殖则一直很零星,不成规模。

四、特种养殖

特种养殖主要是指一些比较稀少品种的养殖,如蜜蜂、鸵鸟、梅花鹿、山鸡等的养殖。

(一)蜜蜂

1. 金喀

20世纪90年代,嵩山地域从湖南引进金喀种蜂。该品种体黄个大,蜜浆兼用,蜜产量比当地品种提高30%,王浆提高40%。

2. 原意

20世纪90年代,嵩山地域从吉林蜜蜂研究所引进原意种蜂。该品种个体大,性情温顺,蜜浆产量分别比当地品种高25%和30%。

3. 松单1号

20世纪90年代,嵩山地域从吉林蜜蜂研究所引进松单1号蜂种。该品种为黑、黄杂交系,抗白垩病,产蜜型,蜜产量可提高30%以上。

4. 国蜂213号

21世纪,嵩山地域从北京蜜蜂研究所引进国蜂213号。该品种为黑蜂、金喀杂交系,抗白垩病,抗螨,耐寒,产蜜型,蜜产量可提高35%以上。

5. 黑环系

郑州和洛阳市都有农户养殖黑环系,但养殖户很少。在养殖业中,所占比例小。该品种耐寒、抗病、体大、吻长,蜜产量比普通蜂高25%以上。

(二)梅花鹿

梅花鹿适应性强,遗传性能好,药用价值高,野生数量极少。20世纪90年代引进。

(三)山鸡

美国七彩山鸡是一种深受人民喜爱的高蛋白、低脂肪的野味食品,具有羽毛艳、体型大、抗病力强、适应性广的特点。年产蛋60~80枚,得肉率高,肉质鲜美,同时又是医学、轻工业的珍贵原料,还具有一定的观赏价值。20世纪90年代从河北引进。

(四)鸵鸟

人工驯养的非洲鸵鸟以草食为主,不与人类争食,繁殖性能强,寿命达70年,繁殖期40~50年,适应性和抗病力强,体型大,生产速度快,年产蛋100枚。20世纪90年代引进,以出口为主。

鸵鸟

(五)野猪

现代人由于种种原因开始思考吃什么对身体好、什么食品绿色,加之人们对新奇特的追求,于是野猪这一特种养殖业逐步兴起。

21世纪以后,嵩山地域出现了一些新兴的野猪养殖业。各市县都有,但都属于个体养殖,规模都不大。野猪肉质鲜美、营养丰富,价格也比一般的生猪要高,在市场上占有一定的优势。一般的野猪养殖场所养野猪多则几百头,少则几十头。野猪通常过群居生活,每群多达50只左右,喜欢泥浴因而常常在泥中翻滚数小时,活动由傍晚开始的话,一夜能走3~5公里路。其食物为草木、种子、昆虫、青蛙等。野猪具有营养丰富、肉质鲜嫩、脂肪含量低等特点,而且市场价是家猪的3倍。野猪养殖虽说是放养,但野猪光吃野味生长太慢,在喂养中,还得加些玉米面和一些其他饲料,这样才能长得好。

根据对嵩山地域几家野猪场调查,他们所办的野猪养殖公司或猪场,虽然规模不大,但都属于集野猪养殖、种猪销售、肉猪销售、仔猪销售为一体的综合性的野猪养殖繁育基地。

五、水产养殖

中华人民共和国成立前,嵩山地域没有相对稳定的固定水面,受季节性影响,鱼类生长处在自然的原始状态,渔场养殖无从谈起。中华人民共和国成立后,嵩山地域的水面主要来自库、塘、坝、池。20世纪50年代,成立水产组,作价收买水库沿岸渔民的小船,捕捞小杂鱼。后来建立渔场,购进水花鱼投放于水库,又因1960年三年自然灾害,渔场解散。20世纪70年代恢复渔场,建立孵化池,孵化繁殖青鱼水花鱼、鲤鱼水花鱼。20世纪80年代,试验网箱养鱼20个单位,每个网箱每年养殖1750公斤。至21世纪,养殖品种有鲤鱼、草鱼、鲫鱼。

除养鱼外,嵩山地域还有甲鱼养殖场。

此外,各种水域及河岸边潮湿地带也有芦苇、莲藕种植。

六、饲草饲料

(一)饲草

嵩山地域地处山区,荒山草场面积较大,饲草资源较为丰富,草场主要分布于嵩山山脉、箕山山脉和熊山山脉。可食用的主要有白草、茅草、野菊花、掐不齐、黄白草、羊胡子、马兰花、狗尾巴草、马鹿草、迎春、鬼棘针、蒲公英、牛筋草、疙巴皮、野豌豆、野苜蓿、羊角叶等40余种。多数属原始品种,产量低,而营养价值高的豆科牧草比例较小。随着畜牧业的发展,成功地引进了苜蓿、沙打旺、鲁梅克斯等牧草。

(二)饲料

丰富的农作物秸秆和叶子,如玉米秆、麦秸、豆秆、豆叶、角皮、谷草、红薯秧、花生秧以及农产品的玉米、大麦、豌豆、黑豆、黄豆、小豆和副产品麦麸、谷糠、花生饼、芝麻饼、棉油饼等均可做饲料,大大提高了饲草的利用率。随着畜牧业规模化和集约化的发展,预混料、浓缩料、全价料的需求量越来越大,嵩山地域建起一些饲料厂,生产浓缩料和全价料。饲料经营门市经营的品牌主要有"希望""正大""牧鹤""洪展""北农大""康达尔""红门""黑汉""三泰""广安""罗氏""大总统""骆驼"等。

七、疫病防治

清末至"民国"时期,嵩山地域的兽医很少。20世纪50年代开始,政府设立县、乡牲畜兽医机构,组织民间兽医,建立协会,配备专业技术人员,按牲畜头数统一收取"看槽粮"、"看槽费",并培训防治畜禽疫病的方法,推广新技术。20世纪80年代中期,各县(市)动物检疫防疫站成立,主要负责畜禽及其产品的检验检疫、防止畜禽疫病的发生,对动物疫情进行科学管理及动物防疫、检疫体系指导。20世纪90年代,各县(市)兽医卫生监督检验所成立,主要对动物疫病预防、控制、扑灭和动物及其产品检疫工作进行监督,保证消费者人身安全,保护畜牧业健康发展。20世纪末,登封市被农业部批准为河南省无规定动物疫病区项目市。

(一)主要疫病

嵩山地域的畜禽疫病有三类:一类疫病有口蹄疫、猪水泡病、禽流感、牛传染性胸膜肺炎、羊痘、鸡新城疫。二类疫病有狂犬病、魏氏梭菌病、布鲁氏菌病、弓形虫病、牛焦虫病、猪乙型脑炎、猪细小病毒、猪繁殖与呼吸综合病、猪链球菌病、猪支原体肺炎、旋毛虫病、猪囊尾蚴病、马传染性贫血、鸡传染性法氏囊病、鸡马立克氏病、鸡产蛋下降综合征、鸡白痢、鸡球虫病、鸡传染性喉气管炎、兔病毒性出血病、兔球虫病。三类疫病有肝片吸虫病、牛流行热、疥癣、传染性脓疱炎、犬瘟热。

(二)疫病防治

嵩山地域的畜禽防疫实行春秋两季普防、月月补防制度。20世纪80年代至90年代,实行各乡镇防疫统筹,集中免疫。21世纪初,实行动物免疫标识管理制度,使免疫目标、免疫证和免疫档案达到三位一体。

第六节　林业习俗

嵩山属于秦岭山脉,连绵起伏的山峰和丘陵,使嵩山区域山脉相连成片,有茂密的森林和丰富的水源。远古时期,人们就生活在丛林、山洞之中,山中的树木全都是自生自灭。约至中古,由于人口增加,人们扩展耕地,把伐木当作谋生的主要手段,加上山火焚烧,山下有平地被人们逐渐开垦成生活区。自产生社会以来,人们依赖树木挡风避雨、生火取暖、搭建房屋、制造各种农具、工具和器具等,已成习惯。鉴于林业在人们生活中的重要作用,嵩山地域自古至今,人们素有植树造林的习俗。

一、嵩山林业历史沿革

(一)古代原始的森林利用和嵩山林业的形成与发展

嵩山地域在古代原始的森林利用时期(远古至公元前21世纪)至古代林业形成的漫长岁月,可上溯至旧石器时代。如从已发现的旧石器时代遗址的荥阳织机洞遗址中,发现有烧骨遗物,说明当时人类活动中已有了火,而火的使用是森林开发的前兆。至旧石器时代中晚期,人们为取得衣食而驱赶并猎取野兽时,已有意识地放火烧林。史料记载,新石器时代晚期(公元前3000~前2000年),黄河流域的地理环境适宜于植被的生长与人类生产生活活动的开展,温度较高的气候环境为农作物和植被的发展创造了优良的条件。在这一时期,黄河中下游流域有雷夏泽、大野泽等大量的湖泊存在。《孟子·滕文公上》曾记载黄河流域"草木畅茂,禽兽繁殖",直到战国时期,嵩山地域依然有着"山林川谷美,天才之力多"的美称。这一时期,随着原始农业的形成和发展,已广泛使用木器作为生产工具。《史记》载:"黄帝之孙颛顼静渊而有谋,养材以任地。"说明当时对山林管理、利用的水平均有所提高。

林木

嵩山主体山脉太室山与少室山位于中岳嵩山腹地,自古以来就林茂草丰,树木翁郁,山清水秀。远古时期,人们就生活这里的丛林、山洞之中,山中的树木全都是自生自灭。嵩山地域的古代原始林业大约产生于8000~9000年前的新石器时代,即裴李岗文化时期。从新郑裴李岗文化遗址出土的生产工具及生物种子看,当时的人们已经有了农业、木材的利用。

相传虞舜时期,嵩山地域洪水泛滥成灾,被封于崇山(嵩山)之地的崇国的"崇鲧"、"崇禹"父子在此开始治水之路。在禹的父亲鲧治水失败后,大禹前赴后继,带领大家与洪水搏斗,历经千难万险,在治理洪水的同时对国土进行了一次大规模的治理,并将疏通河道的经验推向全国,对古代林业的发展具有深远影响。洪水过后的嵩山地域出现了水草丰美,树木丰茂的景象。大禹在此建立国家,有了"夏都阳城"。自夏朝产生社会以来,人们开始依赖树木挡风避雨,生火取暖,搭建房屋,制造各种农具、工具和器具。夏、商、周时期,青铜器出现,社会分工进一步深化,随着嵩山地域人口繁衍和封国、城邑的不断增多,开垦林地,发展农业,成为当时社会经济发展的一个重要方面。周王朝建立后,奴隶制进入鼎盛时期,此时对森林的开发利用,除由于城邑的增加和农田的扩大外,战争、畋猎、建筑、丧葬等均曾大量消耗木材。林地还被辟为良田或用作狩猎苑囿。由于林木的重要性,原始宗教中出现对植物的图腾崇拜和对林木、山泽的祭祀;五行八卦中就有"木"的成分。周初规定"春三月山林不登斧,以成草木之长",说明已知保护山林。奴隶社会的森林、土地均为国家所有,禁止林地交易和自由采伐森林。

(二)嵩山林业历史沿革

古代林业形成于春秋战国时期。这时正值中国奴隶社会向封建社会过渡的阶段,政治、思想和科学技术的进步,有力地促进了林业的发展。据战国时成书的《周礼》记载,当时山林政令、林木贡赋、边境造林、春季山林防火、森林采伐运输等均已有专人负责。在林业科学思想方面,《尔雅·释木》列举木本植物70余种,提出了灌木、丛木、乔木的概念。对于林木的栽培、采伐,当时强调要兼顾天时、地宜、人力三方面因素的综合作用。"天时"指因时制宜。如《荀子·王制》载有:"斩伐养长不失其时,故山林不童,而百姓有余材也";《夏小正》中已有何月适宜从事何种农林生产活动的有关规定。"地宜"指因地制宜。如《管子·地员》中根据地势的高下、地下水的深浅和不同的土壤,提出了适地适树的原则。先秦诸子著述中,有关农林生产要重视人力因素的言论更是屡见不鲜。据《左传·襄公二十五年》载:楚国令尹子木命司马 掩"书土田(登记土地)、度山林(调查森林资源),鸠薮泽(聚敛水陆资源……)"这是较早的有关森林资源调查和土地规划的记载。秦商鞅提出过"为国任地者,山林居什一,薮泽居什一……此先王之正律也",是较早的有关城乡规划和森林覆盖率的论述。公元前554年,郑国已种植果树为行道树。这一时期还出现了木工技术规范——《周礼·考工记》。当时的木业分工有"轮""舆""弓""庐""匠""车""梓"七种之多。

秦、汉以后的2000年间,治乱相因,几度统一、分裂,林业经营随之或兴或衰,林业政策或张或弛。但总的趋势是:随着人口和国民经济的不断增长,在林业逐步发展、林业科学日趋进步的同时,森林面积逐渐缩小,生态环境逐渐恶化。

随着公元11世纪气候转冷的开始,伴随着中国经济中心的南迁,嵩山地域的生态破坏开始减少。然而森林覆盖已经难以恢复到公元前3世纪的状况。并且,随着植被的破坏,嵩山地域的巩义、荥阳、登封、新密、伊川、汝州等地开始受到水害侵蚀,被卷走大量的土壤,形成千沟万壑的地表形态。据科学家研究,嵩山地域的地质发生变化最重要的是以山地为主,有两方面的原因。一是自秦朝以来,气温转寒,暴雨集中。加上黄土本身结构松散,很容易受侵蚀和崩塌,助长了水土流失,使大量泥沙进入河流。二是人口迅速增长,无限制地开垦放牧,使森林毁灭,绿色植被遭到严重破坏,山岭失去天然的保护层,引起严重的水土流失。据专家考证,每年黄河流域每平方公里就有4000吨宝贵的土壤被侵蚀掉,相当于一年破坏耕地550万亩!更严重的是,水土流失使土壤的肥力显著下降,造成农作物大量减产。越是减产,人们就越要多开垦荒地;越多垦荒,水土流失就越严重。这样越垦越穷,越穷越垦,黄河中的泥沙也就更多,因而黄河决口、改道的次数也就越来越频繁。

这一时期,除森林灾害、战火毁林、营造宫室、以竹木为简牍等原因外,人口因素,包括人口迁移、屯田垦边等都成为森林覆盖率迅速下降的重要原因。其中,黄河、洛河流域的植被破坏成为长期而严重的现象。

1927~1944年,"民国"时期豫西示范造林局设在登封,负责豫西各县造林工作。1945年至1948年嵩山为示范林场,属中央林业实验所领导。这两个时期,山林地权归地主、山主、庙院、寺院所有,也有部分官坡、官地。对森林经营基本上是掠夺式,很少造林。

中华人民共和国成立后,河南省农林厅林业局接管嵩山示范林场,建立登封会善寺林场,负责登封、巩义、荥阳三地的造林工作。1955年林场下放到县管,1956年省林业厅调查队进行全面调查设计,根据土地法,没收山主、地主、庙产、官坡、官地和部分征收土地、山林,用图纸和说明书固定下来,从东到西划分了林区。20世纪50年代以前,嵩山地域的林业所有制,分为官有林、公有林、私有林。

大片山林,如少室山、太室山的森林归国家所有,由农林部委托地方管理,因之称官有林;寺庙林、村有林或几村共有的山林,称为公有林,登封市马峪川水峪寺就有成片公有林5千多亩。

20世纪50年代以后,林权分为国有林、集体林和个体林。20世纪80年代,按照中共中央、国务院《关于保护森林发展林业若干问题的决定》,重新给群众划分自留山,发放林权证,集体林大部分作为责任山承包给群众管理,果园、山林、集体的小片林也以不同形式承包给个人经营。除国有林、集体林和个体林外,还有合作林、集体林以责任片等形式承包给群众经营,订立合同,收益一般按二八比例分成,大头归群众。同时,实行采伐证制度,集体林和个体林的采伐必须持采伐证。

随着人口日益增多和毁林垦田,尤其是1958年的大炼钢铁引发的乱砍滥伐,使山区、林木和村庄老树遭到毁灭性破坏,即使年年植树造林也是杯水车薪。十一届三中全会后,随着各项农村经济政策的颁布,嵩山实施封山育林,大规模植树造林,承包荒山,退耕还林,林业资源逐步恢复,自然生态渐趋优良,绿化面积达12万亩,植被覆盖率达65%,一年四季,松柏常青,林木郁郁葱葱。21世纪初,仅嵩山的主体太室山、少室山所在的登封市就拥有林野地总面积72万亩,其中有林地63万亩,森林覆盖率达33%,林木蓄积80万立方米,年生长量达15万立方米,古树名木32种796棵。

二、林业资源

嵩山地域地处中纬度地带,气候比较温和,四季较为分明,属于典型的暖温带半湿润大陆性季风气候:春季温暖有风沙,夏季炎热雨丰沛,秋季晴朗日照足,冬季寒冷雨雪少。年平均温度14℃,一月气温平均-0.1℃;七月平均气温26.9℃,气候的年较差、日较差均较大。

嵩山山脉属秦岭山系东延的余脉,它由西向东北、东、东南方向呈扇形展开。地势自西向东逐渐降低,山脉亦变得分散、破碎,至东部则形成低山丘陵地貌和平原。嵩山地域位于豫西山区向东部平原的过渡地带,整个地势西、北、南部高,中、东部偏低,地势西高东低,地形一般主要为山脉、丘陵、谷地、盆地等。其地形地貌大致包括北部山地丘陵区、南部山地丘陵区、西南盆地区、东部平原区。

在这样的生长环境中,嵩山地域适宜多种树木生长。历史上,嵩山太室山、少室山、浮戏山、大熊山、小熊山、万安山、钟灵山、大隗山等山脉中的大片森林,多属于天然林,即原始森林与原始次生林。山中林木品种繁多,史料记载的林木有100多种,果树30多种,油料树10多种,灌木60多种。尤其是嵩山山地遍布的檀树、苍柏、黄桂、榆树、翠竹、麻栎、酸枣及多种灌木,使嵩山到处都是郁郁葱葱。即便是现在走进太室山和少室山中的老山密林中,这些树木仍然存在。

(一)县市区的国营林、地方林和庭院树木

新中国成立以后,嵩山地域各县市林区都成立有管理林业的组织,除了政府的专管林业工作的林业局以外,各县市都有专门管理林业的林场,且每个县市都以自己所辖的林业资源——山上的原始森林、山地林、丘陵坡地林、平原林、谷地林进行了分块划分,合理管理,使嵩山地域的林业有了很大的发展。在这些县市的林场中,以管理嵩山主体山脉太室山和少室山区的登封林场最为著名。

登封林场位于登封市境内西北部,地理坐标在东经112°28′,北纬34°45′,北邻巩义、偃师,西接伊川,东起嵩山东麓,西至八风山,东西呈带状,长120余华里,总面积18.3万亩,分为8个林区(14个护林点,37个林班,370个小班,护林员180人):林区有中岳庙2.7万亩,会善寺3万亩,少林寺2.4万

亩,清凉寺3.8万亩,红石头沟2.7万亩,琉璃崖1.3万亩,王河1.4万亩,龙潭河1万亩,森林面积约14万亩,基本上涵盖了嵩山太室山、少室山、箕山、五指岭等嵩山主体山脉和区域。

登封林场属石质山区林场,海拔350～1500米,整个林区山势起伏,峡谷纵横。嵩山地域石质复杂,东半部以石英岩为主,中部有片麻岩、石英岩及少量的石灰岩,西部以花岗岩为主,也有少量石英岩。海拔800～1000米土壤为棕壤,大部分为褐土,PH值在6～7。

登封林场位于南暖温带落叶林地带,以华北植物区系成分为主,兼有华中、华东、西北、华西等区系成分。初步调查有植物187科,720属,1442种。山区乔木层由群种栓皮栎、麻栎、槲栎、橿子栎、鹅耳枥、化香、油松、侧柏等组成,其他尚有刺槐、杨类等。植被的垂直分布比较明显,海拔600米以下主要由荆条、酸枣、黄栌、黄背草、白羊草和多种蒿类组成的灌丛、草甸或人工营造的侧柏、刺槐林。600～1000米以栓皮栎、麻栎林、柜乐林、化香林等为主,也有人工油松林和其他杂木林,灌木类有胡枝子、黄栌等。草本有突脉台草、野青茅等。1000米以上有锐齿槲栎、鹅耳栎林,还有灌木、草本植物胡枝子、绣线菊、六道木、连翘、臭草、黄背草、羊胡子草等。森林植被类型主要有天然次生林麻栎林、化香林、橿子栎林、鹅耳枥林、化香栓皮栎林、化香杂木林、灌丛、草甸等,人工营造的油松林、侧柏林、侧柏刺槐混交林、侧柏栓皮栎混交林等。

登封林场于1986年被国家林业部批准为国家森林公园,区内有许多优良的风景树种,如银杏、侧柏、油松、青檀、黄连木、三角枫、泡桐、楸树、香椿、椴树、枫杨、大果榉,等等。这里的花木种类繁多,其中流苏树属世界稀有品种,春季开花,犹如积雪。还有天目琼花,春开白花,秋结红果,枝叶美丽。其他还有玉铃花、白鹃梅、杜鹃花、绣线菊、紫丁香、醉鱼草等,万紫千红,满山春色,供游人鉴赏。嵩山还有不少秋季的红叶树种。所有这些树木花草都得以妥加配植和保护,不仅使名山增辉,又具有涵养水源、保持土壤、净化空气的功能,有助于保持山清水秀、空气洁净、健康卫生的良好环境。树多,草多,自然也招引得珍禽异兽在此栖息繁衍,造就了"四时花香,万壑鸟鸣"的生机盎然的旅游胜景。

(二)原始树种

从20世纪50年代末建立的林木场档案和史料记载及大肆采伐和现存的母树情况看,嵩山上原始森林树木品种有油松、雪松、落叶松、侧柏、黄檞、桐树、核桃树、柿子树、山楂树、木荆芥树、栎树、楝子树、姜树、皂角树、楸树、合欢树、花椒树、槐树、桃树、榆树、银杏树、菩提树、梭罗树、椿树、枣树、柳树、杨树、杜仲树(俗称棉木树)、水曲柳、楠树、大小青叶树、桑树等上百个品种的树木。

(三)古树名木

嵩山地域古树名木繁多,郑州市和洛阳市的林业部门都建有古树名木的档案,现在清朝以前的古树名木就达到几万株,仅嵩山腹地的登封市内国家

中岳庙侧柏(4000年树龄)

一级保护的古树名木树龄在千年以上的就有500余株。古树中以古柏、国槐、银杏最多,其中古柏仅中岳庙就有300余棵,内有汉柏40株,两晋柏3株,南北朝柏24株,其余多为唐、宋时所植。另有古国槐17株,古银杏19株,其他树木若干株。

嵩山的古树名木生长奇特,典故多。少林寺的千枝柏、凤尾柏、六祖手植柏、卫矛抱古柏,中岳庙内的鹿柏、猴柏、羊柏等,嵩阳书院的汉封将军柏、儒槐,箕山巢槐,嵩岳寺迎宾槐,法王寺和少林寺的千岁银杏,永泰寺的娑罗树等,它们形态各异,千姿百态,是嵩山森林文化的精品。

三、种植习俗

嵩山地域的人们热爱森林,自古以来就有与大自然和谐共处的习惯,又有依据自然规律持之以恒地改造恶劣环境的毅力,因此,生活于斯的民众历来克服重重困难,把植树造林当成了生活中的重要部分。他们除了平时努力保护外,也在住家附近与荒山荒坡种植树木。1958年前,无论到哪个村庄,迎接你的就是绿色的树木。在嵩山地域的洛阳、郑州及偃师、巩义、登封、荥阳、新密、新郑、禹州、汝州、伊川等市县区内的村庄,曾经有许多树龄过百年或者几百年的大树,有的整个村庄似乎都处于林中。从春天到初夏,杏花、桃花、楸树花、桐树花、槐花、枣花、石榴花等相继开放,村庄里弥漫着芬芳的气息。

嵩山地域的老百姓把种树看得十分重要,而且栽植树木也有一定的习俗。

(一)房前屋后的种植习俗

树木在嵩山地域的人们生活中,占有重要的位置。民间有一种流行的说法:树旺财旺,树旺人旺。在这些地方种树的树种有两类,一是用材树,主要是适宜本土生长的槐树、楸树、楝树、苦椿树、泡桐树、刺槐(洋槐)、榆树等,二是果树,主要是柿树、杏树、桃树、枣树、石榴树、葡萄树、核桃树等。

用材树主要是将来使用木材,果树主要给人们的生活提供食用水果。宅院前后左右栽植的树木,高大的树干枝叶既能调节院内的空气,又可防风阻尘,对人的健康很有益处。人们喜爱在自家的房前屋后和院外四旁种植树木和花草,来美化环境。庭院掩映在绿荫碧翠之中,鸟语花香,很有诗意。于是庭院种植成为居处不可缺少的组成部分。

在人们日常生活中,通常是堰边岭头多栽柿子树,河滩路旁多栽杨柳树,村外场地多种桑、榆和楝树。坟前墓地多栽松、柏和柳树,特别的庙宇、祠堂,更以柏树为最普遍。而群众的树园子内大都栽成材快、用项多的桐树。人们在自家的庭院中,多栽有苹果树、梨树、桃树、石榴树、葡萄树、樱桃树等果树,以象征家院的日子过得殷实富裕。

嵩山地域的民间对于树的种植十分讲究,不知从何时起,嵩山各地普遍流行着庭院"前不栽桑,后不栽柳,门前(或当院)不栽鬼拍手(对毛白杨的俗称)"的谚语,这可能是因为"桑"与"丧"谐音,人们最忌讳。"后不栽柳"之说,很大的因素大概是因为坟前或坟后插柳,是阴宅的象征,故而阳宅是要避讳的。桑和柳看来主要是因和死人有关才避而不用。另外也有说因为柳树不结子儿,如果栽在房前屋后,尤其是屋后或院后,更应了那个"后"字,就意味着这家人留不了后代,会断子绝孙。又有说"柳"与"溜"、"流"同音,如果在后院或屋后栽了柳树,家里的财气、福气都会从前门进来又从后门溜掉了或流走了。鬼拍手指杨树。杨树叶子质硬厚实,一经风吹便会哗啦哗啦作响,尤其在夜深人静时其响声更显得嘈杂,搅人不得安睡,故认为是夜间鬼在拍手。

随着时代的发展,栽植习惯也有了很大的变化。20世纪70年代以前嵩山地域有养蚕习惯,所以有些人家喜务桑园,近年却大有绝迹之势。国槐虽然寿命长但生长慢,也很少有人再栽种,所以当刺槐(俗称洋槐)传入嵩山后得到迅速的发展,现在庭院也多栽植,成片造林则更多采用,山坡、荒岭到处都是洋槐,它不仅速生,而且作为一大蜜源,还招来很多放蜂者。

20世纪末期,因有些县市和日商建立桐木交易关系,嵩山地域栽植泡桐树者大为增加,林农间作,田间地中的泡桐树也多起来。桐树的用途也越来越广,如可打家具、作棺材,这也促使了泡桐树的栽种。民间普遍流传有"栽桐树,喂母猪,三年发个大财主"的谚语。嵩山地域,山地、浅山丘陵较多,祖先们因地制宜进行干果类果树种植。旧时,种植干果树是嵩山地域百姓的一个典型的种树习俗。

嵩山地域新中国成立前各市县都有成片柿子树、梨树、桃李树,到20世纪80年代以后,在政府鼓励农民种苹果的热潮中,很多山地、丘陵都栽了苹果树,成了苹果园。但农民的庭院中还是以栽植石榴、梨、杏、木槿、木瓜、桂树、百日红等有特色的树木为主。在种植树木的习俗中,嵩山地域的人们对具体树种还有具体的习俗。

1. 柏树种植习俗

嵩山地域的人们传统上有大门前不种柏之习俗,说种柏会引起阴盛,阴盛必定阳衰,对于阳宅当然不好。松柏虽是好材,但在民间俗谓柏树是坟头树,传统上住宅是绝对禁止栽种的。但西部人家也有在大门口、坑子院窑头栽种柏树的,传说柏树能为主人家带来常年瑞气,富有生机,并能避邪,保护主人身心康健。

2. 竹子种植习俗

从传统习惯上说,人们生活的家院里不栽竹,因为竹子中间是空的,栽在院子里就意味着后代无人,是空的。这和"后不栽柳"是同样的习俗。这种说法同样没有道理。但大部分村镇(包括市区)的院子里栽竹,因为菊竹梅兰为四君子,院子里栽竹子,意寓主人正气凛然,也预示着后人虚心好学,前途如翠竹般富有生机。

3. 槐树种植习俗

槐树冠大荫浓,树姿优美,枝叶翠滴,老而不衰,自古以来,人们非常喜爱栽植。中国槐,民间又叫黑槐、国槐。槐树全身是宝,槐花、槐米、槐角均可入药,枝叶也有清热解毒的功效。其木材优良,是建筑和做家具的好材料。所以俗语有"门前栽棵槐,有福慢慢来"。喜爱栽槐树还有一个传说,因为河南有相当大部分人是明初从山西洪洞县迁来的。那首歌谣流传极广:"问我祖先在何处,山西洪洞大槐树。"栽槐树以示不忘祖根,另有繁衍庇佑的吉祥含意。

4. 榆树种植习俗

榆树也常见于农家宅院中,榆树的木材也是建房用材。尤其是春天它的叶子和结的"榆钱",均是农民度春荒代替粮食的好东西,人们往往把它掺在面里蒸馍或烙成饼,或者直接掺面上笼蒸后,用蒜水调味儿,很好吃。尤其在新中国成立前,更为一般穷苦人家解决了大问题,是活命树。"榆"又和"余"谐音,家里有节余是农民的美好愿望。因此人们对它格外亲切,房前屋后,代代栽种。

5. 枣树种植习俗

枣树是宅院种植的又一常见树。春天,点点枣花散发出甜香,引得蜜蜂飞来飞去采蜜不止,勤劳的蜜蜂往往给庭院带来无限生机。到了秋天,成熟的红枣像红玛瑙一样,闪烁在浓绿的树叶丛中,逗引得孩子垂涎欲滴,爬到树上摘枣或用竹竿打枣,撒落满院一片红,给家院带来了丰收和喜悦。唐代大诗人杜甫的故居内至今还有一棵传说是杜甫小时曾爬上打枣的枣树。杜甫曾写诗"庭前八月梨枣熟,一日上树能千回",追忆小时枣树给他带来的愉悦。

6. 花椒树种植习俗

花椒树也不少见。花椒的香气能祛腐驱蚊蝇等,同时结籽儿繁多,封建皇宫后妃的住室内壁涂椒,称为"椒房",即取椒多子之意。多子即多福,不仅皇家祈之,平民百姓家也一样。一般习惯种到院墙边,或者场院边,又可当篱笆又可有收获,一举两得。

7. 香椿树种植习俗

椿树也是人们喜栽的庭院树种之一。红椿树是主房脊檩下的神木,故而人们普遍喜栽。巩义有"椿树为树王"的说法。如果家里孩子个子矮,长不快时,大年初一大清早要孩子搂抱着椿树,口里念着"椿树椿树你是王,我长高来你长长,我长高了穿衣裳,你长高了作栋梁"的祝愿词,对其的热爱和尊敬溢于言表。香椿还有一个很大的好处是其在春天发出的嫩叶,是名贵的菜蔬。将其叶调制成凉菜,拌以蒜醋,清香利口。如果与鸡蛋炒在一起,那就更是道名菜了。如果有客人来临,主人一定会用这道菜来招待客人。因为树叶很多,仅炒着吃是很寥寥的,大量的嫩叶则被用盐和花椒等香料腌制起来吃,变成深绿色或褐色,香味浓烈,十分诱人。

8. 石榴树种植习俗

石榴树是常见的庭院树,尤其在邙山岭的村庄里,种植更多。石榴树为灌木,主干很短就发枝,弯弯曲曲,形状很好看。到了五月,石榴花开得如火焰一般红,在油绿的叶子衬托下非常醒目。大多人家爱把它栽在一进门的影壁前,影壁往往用石灰刷成雪白,那绿叶红花在白墙的映衬下特别的美丽!一进门,红红火火、生机勃勃的气氛就扑面而来。到了秋天,果实累累,有的成熟后甚至把皮都撑破了口,露出里面晶莹密实的红宝石般的籽儿,更

石榴树

是爱煞人。其果实不仅好吃而且能消食治病。它的果实结籽儿非常多,俗话说"牡丹开花像绣球,石榴开花结籽稠",这正是人们祈求多子多福的吉兆。所以石榴树是家庭的吉祥树。

9. 柿树种植习俗

柿树多种山坡地和边角地头的空闲地,以向阳背风的地块为好。选择抗寒性强的柿子砧木。柿子砧木可在秋季(10月)或春季(3月份)播种。播种时可用点播或撒播柿子树嵌芽接技术。在品种纯正、树杆健壮、丰产稳产、已进入结果期的母树上选取1~2年生芽眼饱满、生长充实且无病虫害的枝条作接穗。选抗逆性强的君迁子或野柿子作砧木。削接穗先在接穗芽上方1厘米处向下斜削一刀,长约1.5厘米,然后在接穗芽下方0.5~0.8厘米处呈30度角斜切一刀,到第一刀口底部,取下芽片。砧枝剪切砧木留10~15厘米高,用同样的方法在砧木适当部位切下长2.5~3厘米、宽0.5~1厘米的切口。砧木的切口应比芽片稍长。砧穗对接将芽片嵌入砧木切口中,注意芽片上端必须露出一线宽窄的砧木皮层,形成层(表皮以下绿色的部分)要对齐。绑缚砧穗用塑料条自下而上捆绑好砧穗接合部。要求嫁接后芽萌发的,要把芽露在外面。因柿树幼苗冬季易抽条,春栽较好。先将柿苗灌水假植于阴凉处,待田间柿树萌芽时再栽植、埋土、浇水、覆膜,可显著提高成活率。

10. 夹竹桃种植习俗

夹竹桃是很常见的庭院花木。夹竹桃有用大缸花盆栽的,也有直接种地下的,往往栽在窗下,桃叶狭长秀气,花却比桃花更好看,花大成伞形,一簇一簇,有粉红色和白色两种。尤其是白色夹竹桃,人们认为它能辟邪,故而对它另眼相看,更加爱护它。但近年来,传说夹竹桃会损健康,庭院种植少了许多。

11. 合欢树和其他花树种植习俗

一些人家喜欢在庭院里种合欢树,巩义人也称其为"绒花树",因花开时节繁花似锦,满院生辉,清香四溢。

此外有爱花者栽种月季、菊花、大丽花、兰花等。有在院子中另辟一小块花圃地的,但大多数是盆栽,台阶前、窗台上,可随意布置。此外,无论农村还是城镇,普通人家喜在院中辟一小小的菜园,种韭、蒜等四季时鲜蔬菜,品种多样,数量有限,既美化了院子,又方便了食用,经济实惠。

除了植树种花草外,在庭院中搭花果架是嵩山人的又一种习惯。堂前空地,用竹竿或木棍搭起棚架,高与房檐齐,棚面可大可小,根据种植的品种或院子的布局决定。有葡萄之类的果架,有紫藤类的花架,然而对于农家庭院来说,最爱的是丝瓜、豆角、葫芦之类的瓜菜架,炎热的夏天到了,架子上布满了绿色,正好遮挡住火热的阳光,给院子带来一片荫凉,好像是一个巨大的空调器,室内也清新凉爽了。夏秋之际是最佳时节,碧绿的叶丛中,白的、红的、黄的、紫的等各色各样的花开了,接着,或是晶莹欲滴宝石般的葡萄,或是条状的瓜,或是新月样的梅豆,或是两头圆、中间细的凹腰葫芦,或是金红色形似蟠桃的南瓜,从架子上一个一个、一串一串、一嘟噜一嘟噜、大大小小地挂下来,散发出清香。人们在架下吃饭,孩子在架下学习写字,老人在架下休息。晚上,如银的月光透过花架,斑驳摇曳,大人小孩坐在架下听手摇扇子的老人讲故事,这时的庭院最迷人。

(二)水塘、大路边的种植习俗

在水塘、大路边习惯栽种柳树、杨树(大叶杨、小叶杨、箭杆杨、毛白杨)等速生树种,在村边小片荒地种植桑树、构树、香椿等树种,主要起美化环境的作用,也用于养蚕、食用等。村民在自家庭院与房前屋后多植石榴树、国槐、榆树、椿树(苦椿、甜椿)、香椿树、洋槐树(刺槐),有人还种植合欢树(绒花树)、无花果树、木槿花树,这些树有的是好木材,可以做梁檩家具,国槐花蕾可入药(清热、补养),洋槐花可以食用,香椿叶是上好的菜蔬,榆树叶、榆树皮都是救命的"粮食",合欢树美化环境,无花果的果实和木槿花都是补品。老百姓习惯在坟地里种植柏树、柳树、桑树等。

(三)丘陵、山区的种植习俗

嵩山地域的人们还特别注重利用荒山荒坡、田间地头栽种树木。用材树多是适宜当地生长的松柏树、槐树、杨树、楸树、榆树、洋槐树、老栎木(橡树)等,果树多是号称"铁杆庄稼"的柿树、枣树、核桃树等。有顺口溜:"要想长久富,家里必栽树;眼前人养树,日后树养人;人生没种树,定是心糊涂。"山区、丘陵地带的老百姓利用小片荒地和田间地头种植柿树、枣树、杏树等,年年都能给人们带来丰厚的回报。

(四)因地制宜的种植习俗

嵩山地域在种植习俗中,不同品种的树木,有不同的种植特点。如柳树喜湿润,多种河塘边;松柏耐干旱,多植山岭巅;刺槐性随和,哪里都可栽;橡树喜山间,石缝也可栽;椿榆桑槐树,村边宅第边;泡桐能生财,农田织网络;柿枣苹果树,可当庄稼种。

(五)节气的种树习俗

种树有节气要求,经过数代人的摸索,一般种树多在清明前后,老百姓说,这时的树木尚在睡梦中,好成活。有顺口溜"清明前后,挖坑种树"为证。也有在冬至以后种树的。有些树种,如侧柏、松树,多在伏天种植,天气暖和,只要管理得当,水分跟上,适宜这些树生根成长。葡萄树种植也在五六月热天,多以压条法培育,然后带新根移植。

后来,国家兴起了"植树节"。这是国家以法律形式规定的以宣传森林效益,并动员群众参加义务造林为活动内容的节日。按时间长短可分为植树日、植树周或植树月,总称植树节。通过这种活动,激发人们爱林、造林的感情,提高人们对森林功用的认识,促进国土绿化,达到爱林护林和扩大森林资源、改善生态环境的目的。我国曾于1915年由政府颁令规定3月12日为植树节。后来到了1928年的4月7日,"民国"政府颁布了植树令:以后旧历清明植树节应改为总理逝世日为植树节。民国政府之所以颁布这道令,是因为孙中山幼年就对"树艺牧畜"十分热爱的缘故。孙中山在海外留学时,经常利用假期回故乡种植桑树。1979年2月23日,第五届全国人大常务委员会第六次会议决定,仍以3月12日为我国的植树节,以鼓励全国各族人民植树造林,绿化祖国,改善环境,造福子孙后代。

20世纪80年代以后,嵩山地域的各地政府每年都要组织广大群众上山义务植树,其面积之大,范围之广,是历史上所罕见的。

四、树木品种与育苗形式

从传统的育苗形式说,按树木品种的不同,育苗的形式也有所有不同。有自家育苗的,还有种子直接播种的。农村有许多庄户人家会自己育苗,然后到市场上叫卖。

嵩山地域的树木集中育苗始于20世纪的"民国"六年(1917年),当时嵩山地域有了专门的育苗基地,大部分县市区出现有专业苗圃。当时嵩山的育苗基地主要在登封,培育有楝树、榆树、椿树等。中华人民共和国成立后,按"自采、自育、自造"的方针,按所有制性质分国家、国家与集体、集体、个人四种育苗形式。国家育苗以引进、示范、推广为主,国家与集体合作育苗、集体和社员个人育苗以植树造林为主。按地形分,有山荒造林育苗和河荒造林育苗两种。

新中国成立以后,20世纪50年代培育软枣,嫁接柿树;60年代培育泡桐树苗。60年代以前,嵩山地域育苗的主要树种以经济林苗木为主,有核桃、软枣、苹果、梨、葡萄、柿子、枣树、石榴等;70年代嵩山地域育苗的主要树种以用材林和水保林苗木,有刺槐、杨类、柳类、泡桐、紫穗槐、花椒等;80年代嵩山地域育苗的主要树种以用材林为主、经济林为辅,有泡桐、意大利杨、毛白杨、沙兰杨、苦楝、刺槐、核桃、文冠果、无花果、软枣、花椒、山楂、苹果、梨、葡萄、山萸肉、香椿、紫穗槐、侧柏、法桐、雪松、柏树等。90年代以前,苗圃场生产的苗木以经济林、用材林为主,服务于周边县市及其他地区造林。此外,还承担着国家、省、市级科研项目,包括核桃嫁接技术的研究与应用,杏种资源调查,黄杨扦插技术的研究等。20世纪90年代以后,大力发展生产生态林、经济林和园林花卉苗木,引进推广了新品种以及全光照喷雾育苗技术和雪松人工授粉育苗技术等新技术。

从树木育苗的民俗上说,育苗凭经验,也讲究科学。比如:核桃播前,将种子用1%的石灰水浸种12小时,然后捞起拌优质肥料(如5kg/亩的过磷酸钙),并拌细土(20kg/亩)。条播行距15～20cm,条深2cm左右,并覆好细土,也可视林间空地块播。

五、管理习俗

管理树木,就是各种树木有着不同的生态习性、特点,要使树木长得健壮,充分发挥绿化效果,就要在树木的管理中,给树木创造满足需要的生活条件,要满足它对水分的需要,既不能缺水而干旱,也不能因水分过多使其遭受水涝灾害。

(一)灌溉

树木灌溉

嵩山地域人们在种植树木时,从古至今,都是挑水浇树的习俗。从科学管理上讲,树木生长所需的水分,主要是由根部从土壤中吸收的,在土壤中含水量不能满足树根的吸收量,或地上部分的水分消耗过大的情况下,都应设法满足他们的需要,这种措施就叫灌溉。新中国成立前,嵩山地域在树木的种植中,基本上没有灌溉,只有植树时,人工担水浇树,无法保证树木的成活率。新中国成立后,在党和人民政府的领导下,修水库,开水渠,在种植树木方面,有了灌溉树木的条件。后来,随着人民生活水平的提高,对树木进行抗旱浇水也有了先进的电器设备和科学的管理方法。

抗旱灌水,新栽的树木、小苗、灌木、阔叶树要优先灌水,长期定植的树木、大树、针叶树可后灌。夏季正是树木生长的旺季,需水量很大,但阳光直射、天气炎热的中午最好不要浇水,中午时叶面灌水也不好。

灌溉的原则应根据不同树种、树木大小和土壤干旱程度来确定灌溉水量和灌溉次数,做到适时灌溉。新植树、幼龄树、喜湿树要先灌溉、多灌溉,耐旱树种或定植3年以上的树木可后灌溉、少灌溉;土质差、土壤特别干旱时要及时浇,树叶已出现枯萎现象的要立即浇。

灌溉时要做到适量,最好采取少灌、勤灌、慢灌的原则,必须根据树木生长的需要,因树、因地、因时制宜的合理灌溉,保证树木随时都有足够的水分供应。

生产中常用的灌水方法是树木定植以后,一般乔木需连续灌水3~5年,灌木最少5年,土质不好或树木因缺水而生长不良,以及干旱年份,则应延长灌水年限。每次每株的最低灌水量——乔木不得少于90公斤,灌木不得少于60公斤。

灌溉常用的水源有自来水、井水、河水、湖水、池塘水、经化验可用的废水等,根据水源距树木的远近,采用的方式主要有单堰灌溉、畦灌、喷灌、滴灌、水车灌等。

一般来说,树木灌溉时间主要集中在2、3、4、5月和6月浇水,其中3月和4月是关键时期(夏季抗旱为特殊情况)。使用现代化的水车浇水的注意事项是水压不能过大,不能直冲堰土;浇水要充足均匀,切忌边行车边浇水,浇成"跑马水";若出现漏水漏浇应堵塞漏洞,补浇一次;若因灌水而使树木倾倒,要及时扶正。

(二)排水

在管理树木中,有遇到水灾须排水。土壤含水过多,造成树木生长不良甚至死亡。不同树种、不同年龄、不同长势以及生长条件的不同,树木对水涝的抵抗能力会有所不同。

嵩山地域的人们常用的排涝方法有:

地表径流:地表坡度控制在0.1%~0.3%,不留坑洼死角;

明沟排水:适用于大雨后抢排积水;

暗沟排水:采用地下排水管线并与排水沟或市政排水相连,但造价较高。

(三)施肥

嵩山地域人们在树木管理中,一直有施肥的习俗。过去,生活不好,人们对树木施肥一般都用农家肥。现在条件好了,除农家肥以外,还有有机肥、复合肥等化肥。施肥方法分为基肥和追肥两种。基肥多选用有机肥或复合肥,施用的方法有穴施、环施和放射状沟施等。追肥一般用化肥或菌肥,施用的方法有根施法和根外施法。

为了树木能正常生长,要定期对树进行施肥。一般在每年的12月到翌年3月树木的休眠期内,应施用基肥,基肥以充分腐熟的有机颗粒肥为最好。在每年的3~8月生长期内,以施用追肥为主,追肥可用复合有机肥或化肥。花灌木在开花后,要追施一次追肥。行道树施肥在有绿带的地方,可在树冠投影线处挖一直沟,宽30厘米,长为绿带宽度,深20~40厘米,肥料施入洇干后应立即回土填平;在无绿带有树池的地方,以树池的大小作为施肥沟。绿篱施肥可在绿篱两侧挖10~15厘米深的浅

沟,将肥料施入后灌水、覆土。

注意事项:对新栽树木在受伤根系未愈合前,不应施肥。

(四)修剪

修剪是树木养护中的一项重要技术。

修剪是树木抚育管理的重要措施之一,修剪应根据树种习性、景观效果来进行,通过修剪,以达到均衡树势,调节生长,使树木生长健壮、树形整齐、树姿美观,更重要的是能提高新移植树木的成活率。

一般乔木的养护性修剪应当按照"多疏少截"原则进行,修剪不宜过重,保持其自然树形。花灌木的养护修剪应保持内高外低自然丰满的树形,按时疏剪细弱枝、过密枝、干枯枝、外围枝、病虫枝,分期更新丛生灌木的衰老主枝,短截影响树姿、树势的徒长枝、下垂枝和竞争枝。

修剪的方法:

◆抹芽

树木移植后,经过较大强度大的修剪,树干、树枝上会萌发很多嫩芽、幼芽,影响树木生长,对此,在春季萌发时可用手摘除多余嫩芽。冬季修剪后,第二年春季,在枝干切口处又会萌发嫩芽,摘除后,以免主枝无力,树枝丛生交错。总之,在定干以下的枝芽尚未木质化之前应全部摘除,定干以上的无用芽也应摘除。

◆修剪

修剪是指对苗木枝条或主干进行的短截。修剪时要根据苗木树形及生长发育的需要而进行。要剪去病虫枝、内膛枝、竞争枝、过密枝及萌蘖枝,剪口必须平滑,不劈不裂,过粗枝条的剪口必须涂抹。

◆整形

对于偏冠的或树形不整齐的树木,对一侧生长太强的主枝或侧枝,可去大留小,或者截去强的领导枝,以向外的侧枝代替。如果因一面的枝条缺少造成偏冠,可以用绳索牵引两侧枝条补其缺陷。作行道树的松类,在树长大后应提高分枝点。

一般说,无主轴落叶乔木如刺桐、法桐的定型修剪,确定定干高度,一般为2.5~3.0米。有主轴落叶乔木如银杏的定型修剪,分枝点的高度控制在2.5~3.0米。常绿乔木的定型修剪,定干高度为2.5米。花灌木的定型修剪,独干型灌木,定干高度为40~60厘米。绿篱的修剪,应按规定的形状、高度修剪。每次修剪应保持轮廓的清晰;降低绿篱高度的修剪应在休眠期进行;绿篱生长过密影响通风透光时,要进行内外疏剪,剪去过密茎、枯死茎、纤弱茎及枯枝;剪茎要齐地面平,不能留桩。修剪落叶乔木一般在落叶后至萌芽前的休眠期进行,常绿乔木一般在4~8月上旬"立秋"前的生长期进行,剥芽、去蘖应在萌芽抽枝未木质化前进行,定干、短截、整形、更新树冠等强度修剪应在休眠期进行,春季开花花木则应在开花后进行。

(五)果树管理

嵩山地域在果树种植管理中,有谚语说:"桃三杏四梨五年,要吃核桃十五年,想吃小枣在眼前"。但是,过去老百姓栽种果树,一般都是粗放型的管理,因为除了河边滩地有人专门经营桃园、杏园、梨园外,多数果树都种在田间地头、宅第边,零零星星。中华人民共和国成立以后,农村在普及科学知识的同时,人们兴起果树管理科学化,主要抓住几个方面:一是治虫。秋天以后,许多果树的树干要刷白(即用石灰水掺药物),防止越冬后的害虫返爬树上;春天多防止蚜虫等害虫,果期防钻心虫、果蝇等,都要根据时机喷药或者采取夜间灯光诱杀、放害虫的天敌等办法及时消灭害虫;二是及时修枝打叉。这主要是为了保障果树透光、透气,使养分集中在果子上;三是剔除多余的小果子,保证果子的质量;四是及时改良品种,使果子能够跟上人们对优质品种的追求等。

(六)松土除草

松土一般在每年4～10月进行,在浇水后地面板结时和夏季降大雨后则随时可进行,以保持土壤疏松,空气流通。休眠期松土,可结合施肥、浇水进行。除草坚持"除早"、"除小"、"除了"的原则,以控制杂草的生长。

(七)扶正和补栽

扶正的原则:倾斜度超过10度的树木,须进行扶正。落叶树扶正在休眠期进行,常绿树扶正在3～5月进行。

补栽的原则:应使用同品种、同规格的大苗。若苗木来源有困难,可略小于原规格,但乔木胸径相差不能超过5厘米,灌木高度相差不能超过1米。

六、采集习俗

嵩山地域拥有山地、丘陵、盆地、平原、河谷、河滩川地等多种类型的地形地貌。在历史上,嵩山地域农业原始条件比较落后,故历史上老百姓习惯采集野生菜蔬、果实,以补充粮食的不足。另外,还有许多药材资源,老百姓适时采集、炮制,使之变换成钱,以补贴家用。从嵩山地域发掘的裴李岗、仰韶、龙山等文化遗址中,都可以发现古人类采集野生植物、加工野生植物所用的器皿、投掷器等。

靠山吃山,靠水吃水。嵩山地域的人们在种植管理果树的过程中,发现总结了

果子的采摘

不同品种的果树其果子成熟的时间也不同的规律。如柿子过白露就可采集,因这时的柿子可以作醋了。有的柿子如八月黄、圆光红等则熟了即摘,新鲜生吃,过时候了,就只能吃烘柿,或者晒柿饼、柿瓣。有的柿子如小柿等,要等树叶落光,甚至霜降以后才能采摘。枣子的采摘,也看成熟的早晚。酥枣一般是七月红边,八月红圈,就可以采摘了。酥枣适宜生吃,属于水果型的枣子。笨枣要等到霜降过后才能采摘。笨枣多做药引子或者熬汤用,肉厚、绵甜,属于补品。一般说,核桃的采摘在白露后几天内。其他果品的采摘也都看果品成熟程度而定。

七、林木生产

（一）植树造林

嵩山在历史上较大的植树造林，有档案记载的是明朝钦命无言正道住持少林寺时。当时，无言道公带领众僧，千辛万苦，在少室山北坡（即少林寺南山丘）上种下了上千棵柏树，人称"柏坂"。可惜的是，到了清雍正十三年（1735年），出任河东总督兼河南巡抚的王士俊，在上书皇帝建议全面修整少林寺得到御批后，在修整少林寺的工程中，因工程的需用，下令砍伐了少室山北坡的上千棵柏树。原来已翁蔚葱郁的少林寺南山丘，随着僧人们的斩伐，很快就变成了秃山野岭。

"民国"时期和中华人民共和国成立以后，嵩山地域采取了许多措施来发展林木生产。

山区造林

1. 山区造林

20世纪50年代，嵩山开始进行封山育林，但荒山造林不仅数量少，而且成活率和保存率都很低。20世纪90年代末期，全党动员，全社会大干林业，集中打春、夏、秋三大造林战役，实施全面灭荒任务，实现了嵩山地域林业史上的空前跨越。自21世纪以后，随着淮防林、退耕还林的实施，荒山造林又进入高潮，由于落实了责任制度，造林质量也有明显提高，树种以刺槐、侧柏为主。

2. 河荒造林

主要是在一些河畔滩地，进行植树造林。河荒造林以县、乡、村三级组织，分段负责实施，冬春突击，国家适当补助。20世纪80后代以后，随着农村家庭联产承包责任制的完善，多数河荒地上，原有树木作价集体，增长部分按二八、三七或四六比例分成，大头归农户。其他小片河荒地上，谁栽归谁有。

3. 公路绿化

21世纪起，嵩山地域开始对国道、省道进行全线绿化，每侧栽植17行树，由于采取政府免费提供树苗，对所占地每亩每年补助现金500元、连续补助8年的优惠政策，群众造林及管护积极性空前高涨，全线林木存活率达到92%以上。后来，高速公路绿化成为嵩山地域的林业重点工程，采取针阔叶树混交，彩色树种与一般树种相搭配，簇团交叉绿化的建设方针，林木成活率高达98%以上。有些县市在秋末冬初，在当地的政府安排下，由各机关企事业单位和学校等，组织人们开展路旁植树。而各乡（镇）村公路的植树，由乡镇、村规划，自行治理。

4. 义务植树

20世纪50年代,政府要求山区每人栽树一棵,后来改为两棵。改革开放以后,有的县市要求适龄人员每人每年栽植5棵树。每逢植树节,嵩山地域各县市领导都会带领干部职工全员出动,在山坡或旅游公路沿线等地挖树坑或挖地沟,参加义务植树活动。自21世纪开始,各县市实行县直单位义务植树点制度,根据县市绿化委员会安排,各单位每年集中对指定地点进行绿化,达不到造林要求的必须补植。

5. 农林间作

为了更好地利用土地资源,有些县市在农业种植的基础上,坚持农林间作的习俗,种植一些果树和经济树木,如农柿间作、农桐间作、农桑间作、农果间作等。还有的县市安排农户在果园中进行套作,利用果树间隙种植小麦、油菜、豆类等。

6. 经济林木

中华人民共和国成立前,大多是农户在房前屋后零星栽植果树。当地果木品种有桃、梨、杏、石榴等。中华人民共和国成立以后,嵩山地域引进国内外果树品种,其中苹果树有"祝光""青香蕉""倭巾""东洋红"几种品种,梨树有欧洲"孔德梨""白来发梨""香蕉梨"、日本"长十郎梨"和国内品种"砀山梨"、"鸭梨"等。组织果树园艺生产合作社,建立果树园艺场,具有一定面积并形成规模的果园才逐渐发展起来。20世纪60年代以后,苹果、梨、桃等果树普遍栽植,大面积发展,苹果主要品种有"富士系"、"元帅系"短枝型,桃有水蜜桃、油桃、"川中岛"、"中华寿桃",李有美国黑李,杏有"金太阳"、"凯特杏"等。80年代末和90年代初,苹果种植进入鼎盛时期,面积最大,发展最快,一度有万亩果园,经济林基本上是以苹果为主。但是大部分果园由于采取分户管理的办法,技术和投资跟不上,再加上个别地方苹果质地较差,加之销售形势不佳,逐渐被市场所淘汰,20世纪末这些果园大部分已不存在。

20世纪60年代末从湖南引进毛竹,首创南竹北移并且获得成功。20世纪70年代末引进"沙兰杨",80年代引进"69"、"72"等杨等。

20世纪80年代,为促进产业结构调整,发展商品化生产,由农艺师指导农民栽植"巨峰"葡萄,首次把葡萄引进嵩山地域。同时期,嵩山地域大面积栽植山楂,但由于没有大型加工厂,产品销不出去,导致后来山楂树逐渐被砍伐。

20世纪90年代中期以后,经济林木生产紧紧围绕生态环境建设,突出造管并重,把改善生态环境和调整农村产业结构及增加农民收入结合起来,由群众根据市场需求自主发展,重点建了一些林果产业化基地,林木品种出现多样化趋势,有苹果、桃、柿、枣、梨、水蜜桃、葡萄、杏、无花果、花椒、李子、山楂、核桃、石榴、银杏、猕猴桃等,取得了良好的生态、经济和社会效益。

这一时期,嵩山地域各县市在种植用材林方面,其树木品种也逐渐增多。主要树种有杨树、刺槐、国槐、麻栎、泡桐树、椿树、榆树、柳树、柏树、雪松、檀子树、黄楝树、油桐、梧桐、乌桕、椋子、桑树(制权用)、花椒、紫穗槐、香樟树等。

20世纪90年代以后,嵩山经济林发展较快的项目有:

嵩山八龙潭生态林果观光基地,种植葡萄1070亩,梨枣300亩,板栗700亩,苹果、水蜜桃、中华寿桃等果树1500余亩。

登封市送表乡刘楼北坡坡改梯工程,以发展坡改梯、经济林建园为重点,总规划面积4500亩,累计治理3500亩,栽植果树8万多株、黄花菜30多万墩。该工程被国家林业局、全国妇联命名为"全国三八绿色工程",被河南省政府评为"农田水利基本建设优质工程",曾被定为省长李长春的造林绿化点。该工程位于登封市境内的嵩山南麓,土壤主要是沙土或沙壤土,年正常降雨量580毫米,年平均气温14摄氏度,林草覆盖率百分之8.9,水土流失面积4.1962万亩(27.9平方公里),占总面积的百分之59.6,长期以来被当地群众称为"登封西北的戈壁滩,四十五里黄沙岭"。为了彻底治理这一区域,20世纪末,嵩山万亩水保基地建设项目在此立项。如今,嵩山万亩水保经济林基地总面积70336亩(46.9平方公里),其中耕地18074亩,含坡耕地11050亩;林地6286亩,含经济林2660亩;荒坡30912亩。该区域植无花果、花椒、侧柏8万株,经济林5万株,这些经济林长势良好,已发挥明显的经济效益。

7. 森林公园建设

森林公园以大面积人工林或天然林为主体。森林公园面积较大,具有一至多个生态系统和独特的森林自然景观。20世纪70年代以后,嵩山地域相继出现了多个森林公园。森林公园是以森林自然环境为依托,具有优美的景色和科学教育、游览休息价值的一定规模的地域,经科学保护和适度建设,为人们提供旅游、观光、休闲和科学教育活动的特定场所。森林公园公园内的森林,普通只采用抚育采伐和林分改造等措施,不进行主伐。

◆国家森林公园

嵩山地域首选被评为国家森林公园的是"嵩山国家森林公园"。嵩山国家森林公园是在充分利用森林资源和自然资源的基础上,以国营登封林场的18.3万亩山林为主体,以中岳嵩山众多的名胜古迹为依托的国家首批十个国家森林公园之一。

嵩山国家森林公园是在原登封林场的基础上筹建的,主要由太室山、少室山、挡阳山和马鞍山林区组成,位于登封市北部。这里年降雨量563毫米,年蒸发量1954毫米,年平均气温26.3摄氏度,属北温带季风型大陆性气候,四季分明,气候温和,无霜期平均224天。

嵩山国家森林公园开辟有少室山森林生态游线路。少室山景区不仅以山势陡峻、奇峰怪石、雄伟壮观的自然风光而著名,其森林资源更为突出。少室山南麓、西麓、北麓枫树、黄栌、柿树等,每到深秋,红叶满山,山风吹拂,朱海荡波。三皇寨梯子沟丛林茂密,空气清新,犹如一个天然氧吧。

除嵩山国家森林公园以外,嵩山地域还有"郑州国家森林公园"、新郑的"河南始祖山国家森林公园"、"汝州风穴寺国家森林公园"、禹州的"大鸿寨国家级森林公园"。

◆河南省森林公园

进入21世纪后,嵩山地域还出现有经河南省林业厅批准的省级森林公园,如登封的"大熊山森林公园"、"香山森林公园",等等,都属于这一类的森林公园。

◆各县市规划建设的一些森林公园及一些有特色的植物园。

如洛阳的"周山森林公园"、"隋唐城遗址植物园"、洛阳樱桃沟,偃师的"双龙山原始森林公园"、郑州樱桃沟,新郑的"黄帝古枣园",禹州的森林植物园,新密的桃花园,荥阳的"环翠峪森林公园"等,都是进入21世纪后发展起来的森林公园。

八、林木保护习俗

森林保护是指预防和消除森林的各种破坏和灾害的措施,保证树木健康生长,避免或减少森林资源损失的重要措施。森林保护是营林工作中的重要环节,主要内容包括护林规约和预防、消除森林火灾、林木病虫害、林木鸟兽害以及灾害性天气对林木的损害等措施。

防治或控制林木自然灾害的生产活动,是林木经营的内容之一。林木灾害包括病害,虫害,鸟、兽害以及火、烟和气象灾害等(见林木病害、林木害虫、林木火灾、林木鸟兽害、森林气象灾害),其中病、虫、火对林木的威胁最大。各种林木灾害的发生既有其独立性,又有其相关性。如森林遭受火灾或气象灾害后,除部分森林立即被毁外,留存森林木还会因病、虫、火、鸟、兽、气象等因子的急剧降低而易罹病、虫害而大量死亡,甚至全林被毁。病、虫、火、鸟、兽、气象等因子都是林木生态系统的组成部分,如何使这些因子在这一系统中处于相对平衡的状态,是控制灾害发生的关键。人们认识到,林木保护从预防灾害开始,首先是选用良种造林,注意树种搭配,提高造林质量,实行集约经营,形成良好的林木生态系统。其次要开展预测、预报工作,对已发生的灾害采取综合措施。同时,又不能污染环境。

嵩山地域人们在长期的林木保护过程中,也形成了自己的风俗习惯。

(一)护林规约

1. 心理约束

心理约束是嵩山地域民间护林的传统。从迷信的角度,过去人们把一个地方的林木多少与当地风水的优劣联系到了一起,信仰村庄附近、家园附近、耕地田边地头树木茂盛,主人就可能人旺财旺,到处光秃秃一片,肯定是主人家活得没有生机。所以人们就塑造出了各种树神、树仙,以保护当地的林木,在心理上诱导人们注重保护树木,这显然成了民间保护林木的心理约束。

2. 村规民约

在新中国成立以前,嵩山地域的各县市区在护林方面,当地乡村中的村民组织负责人及当地的士绅等,大都订有保护林木的村规民约,以阻止破坏林木的行为。巩义市如南山区核桃园的平定寺就发现一通清代咸丰五年(1855年)所立的"公议断坡碑",其内容就是如何保护林木的规约。其碑云:"平定寺官坡,林麓荟蔚,昔日固尝美矣,但剪伐不以时,则山虽犹是,而今与昔异焉。何也?根宜养也,而人偏斩其根,木宜植也,而今辄拔其本。"中华人民共和国成立后,嵩山地域很多地方的村规民约中,都制定有保护树木的条款,其中还有违者的惩罚措施。一般来说,按照嵩山地域保护林木的习惯,村子大路旁、祠堂庙院、学堂及公用地(包括山地)里种植的树木都属于公有,严谨私自砍伐、破坏,将来的成才树木,作为公用。

3. 组织约束

历史上,嵩山地域很多县市都建有保护林木的组织。如"民国"时政府中的农林科,村一级的组织都曾经有过巡弋制,他们的任务主要是看护田地的庄稼和树木等老百姓的财产。新中国成立后人民政府中的林业局、林场,乡镇一级的政府都安排有林业科和专职的护林员,这些组织和人员都是为保护林木而设。尤其是许多村里将过去的巡弋制变换为保卫员制,各户派人夜间轮流到野外看护庄稼与树木。各乡镇也都有相应的护林防火组织,如民兵小分队等,贯彻"防重于救"的方针。

这些保护林木的组织,是对砍伐林木的重要约束。如少林寺、中岳庙的景区内大量的古树名木,得以保存至今。"民国"期间,登封知县毛汝采就将这些树进行编号建档,进行保护。

4. 政策法规约束

"民国"时期,政府曾经出台过《河南道苗圃规则》《河南省暂行树木保护条例》《中华民国森林法》等。新中国成立后,按照国家政策要求,嵩山地域各县市区都成立了护林委员会,目的就是保护林木。1957年,还制定了严禁放火烧山、山坡开荒、封山育林等策略。后来,国家出台了森林保护法。这些国家及地方的政策法规,对于林业的持续发展都起了一定的促进作用,也养成了老百姓植树、护林的自觉习惯。对于破坏森林植被的违法违纪行为,政府也都给予了惩处。比如:20世50年代,国家正处于复兴初期,百废俱兴,巩义一个领导干部,因为文化水平、政策水平不高,为了在老县城建第一个人民会堂,私自下令砍伐了大力山石窟寺的一批古柏树和张岭村村东口高大的白杨树,违反了保护古木的规定,被处分撤职。新中国成立后,因为破坏山林、树木而被判刑处置的案例还有不少。

(二)封山育林

嵩山历史上出现过4次严重地乱砍滥伐森林的现象,1958年,受"左倾"思想的影响,伐树木烧木炭大炼钢铁;1959年至1961年,3年自然灾害,社队林场解散,人员下放,林木被毁;1974年至1978年,改河造田,毁坏河道林4万余亩;1980年至1998年,社队林场和田间树木遭到严重破坏。20世纪80年代以前,群众上山打草,杀梢条,采草药,找野菜,放牲畜,使正在生长中的各种苗木一直成不了气候。大量的采伐利用引起的负面影响,使人们从直观上感受到林木的价值,并从水土流失的危害等方面体会到生态平衡和林木的作用,因而认识到封山育林是发展林业省时省工的简单易行的有效办法。改革开放以后,政府实行封山育林的策略,原来采取的办法是:山林面积大,人烟稀少的地方,不封近山,长期封禁远山;山少人稠的,封树不封草;山多人稠的,轮流封禁;嵩山森林区、风景区、幼林区一律封禁。加上自留山的划分和"谁造谁有,伙造伙有,村造村有"政策的贯彻,推广山林承包制度,实行产权承包,充分调动了广大老百姓植树造林的积极性,使已经荒芜了的嵩山,变得植被厚实,水土充沛,满山遍野郁郁葱葱。

封山育林

(三)森林防火

森林防火是指森林、林木和林地火灾的预防和扑救。森林防火期就是从每年3月15日到6月15日为春季森林防火期,9月15日到11月15为秋季森林防火期。森林防火期内,在林区禁止野外用火。

嵩山地域冬春干旱,群众又有放牧、上坟烧纸、割草积肥等习惯,容易引起山林火灾发生。由于受自然和人为因素的影响,嵩山每年都要发生火灾。集体山林火灾主要是割草、放牧人员吸烟引起,也有一些地方是由点山拉荒引起的,还有少数因小孩玩火、实弹演习等引起。自20世纪80年代嵩山被开发成国家风景区对外开放以后,国有林区火灾次数增多,火灾原因多数系游客吸烟所致。

为了保护森林,嵩山地域的人们早已认识到,"火"是森林的天敌,要保护森林,必须要有防火意识,防范它给人类造成无法挽回的损失。

防火是人类的一个古老而永恒的话题。100多万年来,人类为此作了不少的努力,但还是没有扼制住这让人喜欢而又让人害怕的火。森林火灾不仅能烧死许多树木,降低林分密度,破坏森林结构;同时还引起树种演替,由高价值的林木让位于低价值的树种、灌丛、杂草等,降低森林利用价值。由于森林烧毁,造成林地裸露,失去森林涵养水源、保持水土的作用,将引起水涝、干旱、山洪、泥石流、滑坡、风沙等其他自然灾害发生。被火烧伤的林木,生长衰退,为森林病虫害的大量衍生提供了有利环境,加速了林木的死亡。森林火灾后,促使森林环境发生急剧变化,使天气、水域和土壤等森林生态受到破坏,失去平衡,往往需要几十年或上百年才能得到恢复。森林火灾能烧毁林区各种生产设施和建筑物,威胁森林附近的村镇,危及林区人民生命财产的安全。同时森林火灾能烧死并驱走珍贵的禽兽。森林火灾发生时还会产生大量烟雾,污染空气环境。此外,扑救森林火灾要消耗大量的人力、物力和财力,影响工农业生产。有时还造成人身伤亡,影响社会的安定。

"民国"时期,每个县市的政府都成立有林业科,专门负责全县市的树木种植、生产、经营、管理、保护等工作。中华人民共和国成立以后,为防止山林火灾,保护森林,政府大力开展护林防火工作,不断在群众中进行护林防火的宣传和教育,并禁止陡坡开荒,固定耕地,停止毁林开荒,而且在造林规划时留有林道和防火隔离带,在营造成片林时注意针、阔叶混交,使山火得到有效的抑制,林木也有了发展的先决条件。

20世纪50年代中期,嵩山地域的县市组织成立护林防火指挥部,发布护林防火的指示、通知、通告等。各区成立护林指挥队,配备指挥队员,建立护林组织。后来,各公社成立护林分部,大队设护林委员会,生产队成立护林小组。国营林场营林区设护林点,配备专职护林人员,扩大护林队伍。同时,在沿山大队聘用群众护林员,林场给予适当经济补贴。20世纪60年代中期,林区社队普遍确定专职护林员,或在林业队中指定负责护林的人员,护林员持"护林员证"上岗,并佩带护林员标志。护林员在责任区内巡察,制止一切可能破坏森林的行为,并将引起森林火灾、盗伐或其他破坏森林资源的人员送交有关部门处理。

20世纪70年代成立林业派出所,负责森林案件的处理和林业法制的宣传、教育,并及时处理肇事人员。80年代,政府印发"入山须知",发至郑、汴、洛等地,游人入山人手一张。同时,国营林场在嵩山山顶设防火瞭望哨。之后,建防火检查站,对入山人员进行检查。90年代成立专业森林消防队伍,负责森林火灾的预防和扑救。

20世纪末,经郑州市人民政府护林防火指挥部批准,登封、巩义、偃师三个相邻地区实行防火联防

制度,县与县之间交界地区发生森林火险,联防单位都必须及时参加扑救。每年召开一次联防工作会议,对上年度防火工作进行认真总结。随后,伊川县也加入联防组织。每年防火期到来之前,市县政府都要组织召开动员会,护林防火指挥部与各乡镇区办事处签订目标责任书,落实责任,对护林防火成绩突出的先进集体和先进个人分别给予奖励。

进入21世纪后,嵩山实施森林分类经营,区划界定国家重点公益林38.3万亩,批准第一批国家重点公益林27.9万亩,聘用专兼职护林员249名,工资由国家补助资金发放。如今,人们不管是到山上进香、庙里求神拜佛,还是上山旅游,到名胜景区观光,护林防火已成为老百姓崇尚的一种习俗,特别是信仰迷信的群众,在敬香中,格外注意香火纸灰,会祷告火神保佑大家平安无事。

(四)病虫害防治

1. 病虫害种类

嵩山地域林木病虫害危害严重,有害生物种类包括昆虫类、病原微生物、鼠害类、有害植物等。最常见的病虫种类有侧柏毒、白粉病、栎毛虫、食心虫、吉丁虫、柿蒂虫、梨星毛虫、天牛等。

昆虫类有芝麻鬼脸天蛾、春尺蛾、小地老虎、舟形毛虫、茴香螟、杨毒蛾、榆蝶、梧桐木虱、棉蚜、栗红蚜、铜绿金龟子、桑天牛、榆锐卷叶象虫、黄斑椿象、亚洲飞蝗、长脚黄蜂等。

病原微生物有杨树黑斑病、杨树叶枯病、杨树炭疽病、杨树黑星病、国槐腐烂病、国槐瘤锈病、刺槐干腐病、合欢锈病、枣炭疽病、杨树溃疡病、杨树腐烂病、泡桐丛枝病、根癌病、枣锈病、枣缩果病、流胶病、角斑病等。

鼠害类有中华鼢鼠等。

有害植物有窄叶野豌豆、苍耳、黄花蒿、狗尾草、加拿大一支黄花、菊叶香藜、野薄荷、车前草、菟丝子、涩拉秧、山葡萄等。

2. 林木病虫灾害

林木病虫害种类很多,每年都有不同程度的危害发生,重者造成林木大面积死亡。

20世纪70年代,山区种植的木本油料树黄楝,曾经因为黄楝种实小蜂的危害,几乎绝收。1978年,河南省林业厅拨专款示范防治,打药灭虫,使危害减轻。

20世纪60年代,登封国营林场栎树发生病虫害,毒蛾危害,受损林木面积6000亩。70年代,在登封,裴家岭、任村等果园的苹果树80%受到红蜘蛛危害。20世纪70年代木橑尺蠖危害刺槐1.5万亩以上,星天牛普遍危害大关杨枝干,使树干形成虫孔、肿瘤、蜂窝、弯曲变形,以致材质低劣无法使用。70年代末至80年代初,在登封,在天然次生林中,栎毛虫发生危害面积达3.5万亩。20世纪80年代,在登封,国有林场迎仙阁一带发生侧柏毒蛾危害约5000亩左右。20世纪90年代初,在登封,农桐间作区,公路两侧桐树林带,四旁树大量发生泡桐大袋蛾危害。21世纪初,登封市送表乡安庄北山栎树林中大量发生舞毒蛾危害,单株幼虫数量平均数千头,树叶被食光,就连侧柏也被食成光杆。同时,国有林场的少林寺梯子沟一带发生大量木橑尺蠖危害,上山步道布满幼虫,使游人兴趣倍减。还有大面积发生杨树食叶害虫杨扇舟蛾、柳毒蛾危害,较严重的有登封市韩村东岭、蛟马岭、屈家坊、豫03线两侧颍阳张庄至少林办事处耿庄的二年生杨树。嵩山卢崖寺以西、少林寺和三皇寨以东区域发生严重的侧柏毒蛾、松毛虫和木橑尺蠖危害,受损林木面积2.8万亩。

3. 林木病虫害的防治技术

在防治林木病虫害方面，主要方法有人工扑打、药物毒杀、烟雾熏治等。中华人民共和国成立以后，嵩山地域各县市政府把林木的病虫害防治列入了重要的议事日程。对林木病虫害的防治有了新的防治措施，在每年病虫害出现的重要时期，都由各级政府林业部门安排专业的林木保护员提前进行喷药防治。其主要措施有悬挂诱捕器防治、灯光诱杀、在冬季成虫非羽化期集中清理枯死松树、生物防治、直升飞机喷洒药物、用灭虫药包和人工地面喷洒化学药剂防治等。

其中生物防治，就是老祖宗流传下来的方法，栽种树木品种追求庞杂，避免大片单一品类。如苦椿、苦楝等树木有防虫作用，夹杂其他树群中，就可以制止病虫害的传播。另外，树多可引来各种鸟儿，如有益的瓢虫，对消灭病虫害有一定的帮助。

直升飞机喷洒药物就是遇到大面积的林木病虫害，政府采用直升飞机进行空中洒药，进行较大强度的灭杀。

嵩山地域在防治林木病虫害的历史上，有过这样的记录：20世纪60年代以前的林木防治主要是用人工扑打。除了雇用劳力捕捉，还发动当地居民捕捉害虫。同时，注意清除苗圃果园的枯枝、落叶和杂草，摘除虫枝、虫叶，集中烧毁。后来开始使用药物毒杀的方法，用农药制成毒饵诱杀，主要使用"666"粉和"滴滴涕"普治苗圃和果树虫害。20世纪60年代中期以后，用"1059"、"1605"、"乐果"、"3911"等高效农药防治苗圃和果树虫害。70年代以后，防治果树虫害以石硫合剂、"波尔多液"、"敌敌畏"为主。20世纪80年代中期，设专职植物检疫人员，对林木进行检疫，防治病虫

用药物毒杀

飞机洒药

害的发生。这期间，国营林区用"741"烟雾剂防治栎毛虫，效果较好。90年代以后，防治红蜘蛛、蚜虫多用"灭扫利"、"三氯杀螨醇"等，防治桃小食心虫则用性诱剂或套袋技术防治。21世纪初，嵩山地域开始实施直升飞机防治林木病虫害工作，用"灭幼脲"、"快杀一分钟"、"敌百虫"稀释后人工喷洒，防治林木病虫害，害虫死亡率90%以上。在对苹果、梨等果树病虫害的防治上，人们按照技术规程，每年施药防治，结合生物防治，大大减轻了虫害。泡桐树的丛枝危害较重，政府组织选用良种、剪除病枝焚烧等人工措施，使损失降到了最低程度。

九、木材采伐、运输与加工

用材树的采集,主要根据树木成长的程度和主人的需要,适时砍伐采集。古代《诗经》里就有"坎坎伐檀兮,置之河之干兮",可见,那时就有了砍伐树木的记载。巩义境内的浮戏山里,现在仍然生长着檀树。

当地用材树分为两种,一种是硬木,可作梁檩或家具的,如槐木(黑槐、黄槐)、苦椿、核桃木、枣木、老栎木(橡木)、刺槐木、楸木、榆木等;二是软木,多作家具隔板、案板,如杨木、泡桐木、柳木等。嵩山地域北部的偃师、巩义、登封、新密、荥阳等地及个别人迹罕至的山窝里,一些原始次生森林人们不便采伐运输,保留了一些面积不大的林区,现在都属于国有林场管辖。这些林区在嵩山地域比较罕见,对于维持生态平衡起到了不可替代的作用。

自然采伐:旧时的林木采伐,全由业主决定。一般习惯都是根据建设需要或是树龄太大的实际砍伐。中华人民共和国成立后,省政府曾经规定,国营林采伐必须由省政府批准,集体林采伐,10株以下由乡镇政府林业管理部门批准,机关、厂矿、学校、街道的树木采伐,必须由县主管部门批准,发给采伐证。

掠夺性采伐在历史上延续时间很长,从"民国"时期的1938年到新中国成立后的1985年的采伐,远远超越了林木的自然更生能力,许多都属于掠夺性的采伐。其中,日本人占领期间,曾经大量砍伐树木,进行战争掠夺。1958年"大跃进"年代,伐树烧木炭"大炼钢铁",大批的树木被砍伐,使嵩山地域的林木遭到了大面积的破坏。改革开放后,实行家庭联产承包责任制,在初期因频繁调整承包土地,集体时期所修建的水利设施被破坏,许多田间地头多年的林木被非法砍伐。比如邙山岭区田间地头由先辈传下来的几十年、上百年的枣树、柿树等果树和用材树,几乎被砍伐殆尽,这些,都极大地破坏了生态环境。

嵩山地域采伐林木的运输要数巩义最为典型。巩义的林业规模较小,因此没有专门的运输季节,采伐后就抬装车上,或者依山就势滚下山,挪动至运输方便的大路上,再装车运输。但从外运来的木料旧时较多,新中国成立前多为船运。巩义最大的船队为康百万家的船队,传说在清朝时最多达到三千多艘船只,其他还有些船队。黄河、京杭大运河、渭河、泾河、沂河、洛河等都可到达,南方、北方,甚至通过大海可运来东北的木料。据说,康百万家大型建筑的木材有来自南方的章子松,也有来自东北的红松。

民用木材大部分都是取自于本地。过去农民盖房,大都是取自于本地百姓所种植的树木,或到当地的木材交易市场上购买。陇海铁路、公路修通后,巩义的铁路、公路运输木材代替了水运木材。

木料的加工方面,1949年后才有专门的木工厂,1949年前多是根据个人家庭或公共建筑的需要,木材运输到加工地点,进行加工。嵩山地域的今巩义市旧时有两处较大的木材加工地,一是康百万家族的造船场,二是位于河洛交汇处的神堤造船场。那里有外地运来的大批适宜造船的楸木、杉木、柏木等,专门制作各类船只。

榆木用于建筑,多作斗拱和昂(挑檐),但加工多用湿榆木做成样式,然后再文火烘干。因干榆木坚实,难以加工,所以有顺口溜说:能在家里喝糊涂,不去拉锯干榆木。榆木做床帮床簧、车架子、桌椅板凳等都是上等材料。

核桃木光滑细腻,传统上多制作砖斗子(即制砖的模子)。民间认为柏木做棺材最好,传说能耐腐几百年;桐木做棺材也好,据说腐而不垮;柳木最适宜做擀面杖切菜板,柿木次之(说柿木菜板犯黑山羊肉,切黑山羊肉人吃了会中毒);椿木、槐木做门窗、家具;栎木、槐木做梁檩;桐木做家具中的挡板;梨木做章坯、擀面杖、棒槌等。

十、木材交易习俗

嵩山地域的木材交易,自古以来就有当地的风俗习惯。改革开放前,国家实行计划经济,县市的物资局下设的木材公司专门从事国家木材的批发和买卖。当时,嵩山地域的木材交易市场每个乡镇都有。逢集逢会,市场上都设有专门的木材交易市场。除去专门从事木材生意的人以外,乡下老百姓自家的树砍了,也要拉到集市上卖。平常谁家盖房子用檩、用椽,做家具用各种木材,以及生产中所用的木制锨把、锄把,生活中所用的案板、肉案之类的木具等,都要到集市上去买。这种旧的交易方式,一直延续到20世纪70年代末期。

改革开放后,国家的计划经济转向市场经济,物资放开了,所有的木材交易都要到市场上进行。后来,随着国家对林业伐木政策的调整设限,木材市场的木材来源受到限制,木材市场也随之低落。

21世纪后,国家对木材统管力度加大,木材交易市场逐渐消失。如今,人们要买木材,就到专营的商业网点中进行,木材商业网点里所经营的木材全都是经过厂方加工过的七合板、五合板、三合板,及加工拼制而成的原木板、木条、木线等。

十一、林木信仰与禁忌

(一)林木信仰

1. 信山神

山区的老百姓认有山林为山神管辖,保护林木首先要敬奉山神。有人说山神其实就是狐狸精,有说是野狼精。过去,山民受野兽侵害较大,就在年节时杀鸡子,到山神庙供奉(有的山神庙其实就是几块石头垒就的)。有人说山神是类似于土地神的神灵,按照敬土地爷的方法用面食和肉类敬奉。

2. 信火神

过去由于雷电袭击,山林常发生大火,人们认为是火神所致,因此山区就建庙敬奉火神,年节还为火神演社火、祭祀,以求平安降福。嵩山地域的很多山上都建有火神庙,以求火神保佑山上树木平安无事。规模大的火神庙还有庙会,庙会期间,人们来庙里祭祀火神,在庙会上除购物、尝风味小吃外,还能看到热闹的民间演出,这些风俗习惯都是老祖宗传下来的。

3. 信树神

人类据说是从森林中走出来的,森林哺育了人类,无论各个民族,对树木森林都有一种特殊的感

情,于是就产生了树神崇拜。在嵩山地域的民间,过去凡是巨大的树木,人们认为上边都有神灵。于是,为求得保佑,都少不了祈祷降福。即使在当代,山上的古树上也经常挂有红色的布条和绒绳,这些东西大都是信仰者和香客来祭祀时所挂。

传说中,树神是古树所生或"居住"在某种树木之上的神灵,俗称"仙家",或"某树仙儿"、"某树王"、"某树公"、"某树母"、"某树爷"等。

树神是在自然崇拜影响下形成的,在漫长的岁月中,人们发现和培植了树木,或者作为建筑、制造器物的材料,或者作为燃料,或者作为食物(以其果实为食),或者作为装点风景的观赏物。人们根据各种树木的习性、特点、用途等将其与社会生活联系起来,借树神故事来抒发自己的生活情感,表达自己的理想愿望,或教育子孙后代,或陶冶性情。

嵩山地域在树神信仰中,人们对不同树种有不同的信仰。人们常称银杏树为"仙",称椿树为"王",称柳树为"后土娘娘",称松树为"爷""郎",称槐树为"先生",称山楂树为"姥",称桂花树为"神",称杨树为"鬼",称柏树为"将",称桃树为"剑客",称杉木为"哥",称柿树为"公",称石榴树为"婆",称杏树为"大郎"、梅子树为"二郎"、李子为"三郎",称桑树为"妖怪",称核桃为"孙子",称李子为"佬",称黄连为"仙姑",称㯁为"大王",称榆树为"母",称枣树为"山神",等等。

(二)树木禁忌

嵩山地域的树木有以下禁忌:

凡庭院中栽的树如果死了,要立即连根刨掉,马上植上新树,人们迷信认为,死树预示着有家人要去世,或预示家运破败,大凶大难,植新树可以挽回。

庭院植树的数量也有禁忌。院子里忌只种一棵树,俗谓如"困"字,不吉祥。

种植的树种也有禁忌,特别是桑树、柳树、杨树,不适宜在庭院附近种植。有顺口溜:"前不栽桑,后不栽柳,门前不栽鬼拍手(杨树)。"

嵩山地域有"东宅不栽杏,栽杏不吉;西宅不栽桃,栽桃淫乱"的说法。对于杏,认为"人兴树不兴(杏),树兴(杏)人不兴"。"杏"要从发音上讲是与"幸"同音,应该是很幸福吉祥的。不知为何弃而不用?民间认为桃木有法力,谁家种桃树,主灾邪多。还有以为种桃主逃荒要饭。另有"门前一棵桃,讨气受不了"的说法,这是与谐音有关的。其他原因是否有以桃花比喻美女,"人面桃花",易引起青年人情欲有关?总之,这些禁忌很奇怪。但嵩山地域也有大门外栽桃树的习俗,认为桃木可做神剑,能避邪。

过去,田间禁忌种树冠大的树木,如泡桐、槐树等,说容易惹恼土地爷,使田地少打粮食。平地、丘陵地地头不宜多种柿树,言易使主人家多事儿。实际是害怕影响与邻地的关系,闹不团结。

第七节　手工生产

嵩山地域位于夏商周三代的中心区域和河洛交汇的战略要地,历来不仅有帝王将相、英雄豪杰、文人志士、高僧名道聚集生活,同时也是小手工业生产者的聚居之所。

嵩山地域自从人类社会生活开始,就逐步有了社会分工,比如:狩猎者要自己制作弓箭和捕机,打鱼者要自己制作舟船和网罟,农耕者要自己制作耒耜和耧犁,甚至窑洞要自己挖,房屋要自己盖,布要自己织,陶器要自己烧造。劳动创造生活,他们既是生产者,又是消费者。随着生产力的不断提高,尤其是原始市场的出现和交换生活用品的需要,一些手艺超群的能人,即是社会中各类专职的工匠。

手工生产,又称百工生产。百工虽不是嵩山地域主要的生产行业,但农林畜养都离不开他们。在人们心目中,百工都是有特殊本领的人,所以有"是匠三分才"的俗语。比如,为了满足人们住房和生产工具的需要,便产生了泥瓦匠、石匠、木匠、铁匠、篾匠、弹花匠等;为了满足人们家庭日常用品的长期需求和维修,便产生了窑匠(陶匠)、焊匠、擀毡匠、箍桶匠、凿磨匠、补锅匠;为了满足人们穿着方面愈来愈高的需求,便产生了织匠、染匠、皮匠、裁缝、鞋匠、首饰匠等;为了满足人们宗教信仰和文化生活方面的需要,便产生了画匠、雕塑匠、祭器匠、乐器匠以及专门生产笔、墨、纸、砚的工匠。这些从事各类手工业生产的劳动者,便是手艺匠。

工匠们的绝技,是他们聪明智慧和灵巧双手相结合的产物,在行当里的绝技多为祖传秘方。嵩山地域的工匠们一直有一些不成文的行规,即工匠们的师承关系大多为师傅的家庭成员或亲戚关系,在工匠的技能传授方面有严格的保密性,而且很多工匠在做关键性的工艺时,除保密之外,还要求助于神灵的佑护,以便顺利、成功。因此,工匠们技艺的传承,是要通过收徒授艺、言传身教、实践为主的办法来实现的。创艺艰辛,得道不易,记之于心,流传于口,代代相传,遂奉为秘诀而不轻易传人。从事各类专业技能的工匠们在嵩山地域的民间地位是很高的,很受人们的尊敬。家中请了工匠来做活儿,除了应有的工钱外,一般都是好吃好喝好招待。古时,民间流传有"家有良田万顷,不如薄技在身"的俗语,这反映了劳动大众为了谋生而重视技艺的心态。

"七十二行,庄稼利长",历史上当地人认为"手工钱,不顶钱;庄稼钱,万万年。"所以,搞手工业的人,外出经商的人很少。即使有现实生产生活上的需要,也是以农业为主而兼营的,很少有人搞专营的。随着时代的发展,社会的进步,生产和生活上的需要量日渐增加,兼顾和需要相互脱节,日益显得不适应、不协调,才有一些人在原来的基础上逐渐走向专业化。各类工匠因其劳作性质的不同,有的必须常年流动,走乡串户,登门服务。有的则在集镇摆摊设点,或建立固定的作坊,出售各自的产品。嵩山地域的各类工匠一般收入不高,他们凭着自己辛苦的劳动和精湛的手艺,赚取薄利来赡养全家老小,维持生活。就是这些普通的工匠们在生产劳动中,在饮食、服饰与居住等方面,以他们精湛的工艺,满足着人们的需要,丰富着人们的生活。

一、陶瓷工匠业

嵩山地域是中华民族的发祥地之一,也是中华文明的起源地之一。从一些古文化遗址和古墓葬群中出土发现的遗物来看,数量最多的要属陶器和陶片。陶器的生产是从人们掌握和利用火不久就会操作的一种原始手工业。直到中古、近代,甚至于中华人民共和国成立前,这些器具的使用仍最为广泛、最为普遍。即便是现在,嵩山农村仍有大量使用陶瓷器具的习俗,随便到农村里走一走,看一看,家家户户用来盛放粮食和其他物品的陶器,诸如盛油盐的,盛饭、炖肉、煲汤、熬药的等,在人们的生活中简直无所不在。

(一)陶瓷历史

唐代时期,嵩山地域的洛阳曾是烧制唐三彩的地方。在陶瓷兴盛、贵为国礼的宋代,全国仅有的

陶瓷加工

四座"官窑"中,嵩山地域就占有汝窑和钧窑两座,名满天下的汝瓷和钧瓷都是在嵩山地域烧制而成的。据说,按照宫廷要求,每年制作好陶器后,朝廷派人来验货,将好的挑走,将稍有瑕疵的货全部砸碎,不让流入民间,以示皇家官窑之陶器的稀有和珍贵。在两座官窑的周边,其实还有许多座半官方的瓷窑,这里面的能工巧匠,照样能烧制出精美的陶器。据嵩山周边县市的史料记载,现在档案记录的一些历史上的名贵陶瓷,很多都出自于这两座官窑之外的巩义、登封、新密等地。

陶瓷烧制在嵩山地域世代传习,从明朝到清朝,嵩山地域各市县的很多乡镇,都有烧制瓷器的瓷窑。掌握这项技术的人以嵩山的巩义、偃师、禹州、登封、新密、汝州、伊川为最多。操这项业务的,是包括制作、烧窑、卖货的人。

(二)陶业习俗

陶瓷手工业生产者信奉的是太上老君(也有信奉土地爷的),所以这些制作陶器的手艺人,总好和宫、观、庙、宇的道士以师兄弟相称。旧时,道士到了瓦盆窑上,住上多久也不能赶他走。同样,烧制瓦盆的匠人,到了道士的地盘上,也是常客。因为烧瓦盆的用的那根搅"作轮"棍,据传是太上老君给留下的。

(三)由独立行业到国有企业

陶瓷业的最初手艺是从做瓦盆开始的。农村人家房顶上用的红、青瓦都是出自于瓦窑匠之手,就连每家用的瓦盆、瓦罐等盛物的器皿,全都是从瓦匠手中买来的。

从前,这个行业没有规模,瓦窑一般建在没人注意的地方,它的产品太平常,谁也没有把它上升到一种行业来认识,所以,陶瓷业一直是没有被人注意的行业。它的路子基本上是自产自销,制作者从老家来时,就带上"挑子手"(推销者)。担卖瓦盆、瓦罐的销售者,赶集市,游转农村,既卖钱,又换粮、物。经营的又是人们日常生活的必需品,历史上习惯称作"要饭吃事情",形成了一种既不属于商界管理,也不归于手工业管理的一种独立行业。还有一个特点,不知啥原因,在兵荒马乱、土匪骚扰的年月,连"抢案土匪",都不理他们,所以后来"跑兵的"、"避难的",连开小差下来的士兵,都到瓦盆窑上寄居谋生,于是人员也慢慢地杂起来了。所以民间习惯有"小梁山"之称。

20世纪50年代的大跃进,农村多数人家将锅砸烂卖了铁,盆盆罐罐都不要了。1962年集体食堂停办,各家各户都要置备一套生活用具,于是,瓦盆瓷器一时成了抢手之货。那时,随着人民生活的需要,弄得瓦盆瓷器应接不暇。紧接着,嵩山周边的县市都成立了陶瓷厂、陶瓷社,专门生产和经营有关陶瓷类的产品。

二、其他工匠业

嵩山地域除了陶瓷生产之外,还有其他许多种类的小手工业生产者。

(一) 木匠业

木匠是民间八大作(木、石、泥、画、油、漆、竹、扎)的首作。从古至今,百姓的生活离不开木匠。现在,虽然生产力发展很快,人们需要的东西在市场上可买到,但木匠仍是活跃在民间的一支匠作大军。人们生产生活中使用的桌椅床箱、车船犁耙,无不出于木匠之手;盖房安门装窗、立梁架檩也都是木匠"领作"。现在家庭的装修,也离不开木匠。木匠善用"百工五法",即"距、规、绳、水、垂"。木匠的主要工具有刨子、锤子、斧子、锯、锉、凿、墨斗和直角弯尺等。木匠有坐地匠作和流动匠作两种:坐地的是在小铺子里或家里做木活,做好摆到门口或到集市、庙会去零卖;流动匠作多是肩扛长柄锛子,前面挂着装有刨子、墨斗、尺子等的工具箱,后面挂着锯子等大件工具,应户主的邀请,到户主家里做活。

木匠业有很多的禁忌,如忌讳将拐尺拿在手里旋转,以防停业;做完活要在家具里留点刨花,叫"留尾巴",以示后续有活儿干。但做棺材是例外。

木匠都奉鲁班为自己的行业保护神,每到节日,要焚香祭祀。木匠一般都带一至两个徒弟,学徒须满三年方可出师。逢年过节,出师的徒弟要去看望师傅。

嵩山地域的木匠遍地都是,但做工精良的还要数洛阳古都的,他们做的木器活样式新,气派,据说有的木匠还在皇宫里做过家具呢。到了20世纪30年代,学木匠的人大为增加,有盖房上高架的,有做家具的,有搞木雕花刻的,等等,大部分村庄都有几位能独立进行木匠活的高手,而且有木匠社、家具店出现。

(二) 铁匠业

铁匠在嵩山地域的民间是一种很常见的行业,因为过去制造业不发达,人们所用的铁器和生活中的刀、剪、锅、铲、锁、门搭以及生产所用的锄、镰、犁、耙等多是铁匠铺手工制作的。现在,工业虽然发展很快,但民间仍有一部分东西依赖铁匠手工。铁匠所用的工具有锤子、钳子、铁砧子、钻、火炉、风箱等。铁匠的功夫在于火、锤、钳和蘸水。工作时,师傅掌钳,徒弟抡锤,师傅用右手的钳子把烧红的锻件夹起放在砧子上,左手拿小锤指挥,徒弟拿大锤锻打。师傅的锤子敲向那里,徒弟的大锤要打到那里,轻敲轻打,重敲重打,慢敲慢打,在这种轻重快慢不同的节奏中掌握铁器的火候和造型。蘸水也叫"淬钢",是技术性很强的活,必须熟练地掌握火候,这个活一般是师傅干的。

铁匠铺为了能扩大产品的销路,往往在自己的产品上打上特殊的标记,如十八子菜刀、张小泉剪刀等。

俗语有:"长木匠,短铁匠。"本来这句话指的是这两种工匠的作业特点,可人们有了误解,所以学铁匠的人少于木匠。当然,铁匠苦,劳动强度大,也是非常重要的一个原因。嵩山地域长期流传着"开过药铺打过铁,任何事情都不热"的说法。就嵩山的铁匠来说,没有木匠那么多,也不是每个村庄都有,但三里五地的都会有一个铁匠铺方便群众生活。

铁匠业还有一个从属行业,就是磨刀磨剪。他们出来的时候,肩扛一条板凳,上绑一块磨石,一小

桶水,边走边嘴里喊着:"磨剪子啦——戗菜刀",以招徕生意。

铁匠业供奉的祖师是太上老君。

(三)泥瓦匠业

泥瓦匠也叫泥水匠,主要工作是建房、修路、修桥等。他们的主要工具是瓦刀、泥抹子、泥包、水平尺、吊线等。泥瓦匠多和木匠结伙干活。和木匠一样,他们多农忙务农、农闲务工。民间泥瓦匠干活时,很少用设计图纸的,多凭借自己的一套经验和一副好眼力。无论草房瓦房,墙起多高,如何挑脊,都有老规矩。如果房主想要个新花样,只需向匠人交待一下,就会让你称心如意。

"泥瓦匠,住草房。"这个民谚是对泥瓦匠生活的真实写照。在历史上,嵩山大多数泥瓦匠是住草房成长起来的。山中人人人会盖草房子,在这基础上转向正式、专职的泥瓦匠。泥瓦匠在农村很普遍,每个村都有,谁家盖房了,前街后邻的喊几个泥瓦匠是不成问题的。泥瓦匠有两种:一是做砖瓦的,一是建房的泥砌工匠,也有泥、木兼施的,所以有时也有叫"泥木匠"师傅的。

泥瓦匠业也有自己的祖师,和木匠一样是鲁班。盖房时,也有一些忌讳,如房上的瓦数须用单数而不许用双数,因鲁班乳名为"双"而忌讳。

(四)石匠业

石匠是嵩山地域较早出现的一种手工业匠人。他们从事专业的时期也最早,这是由于这项手工业在嵩山地区是最有基础的。嵩山民居中的窑洞,最早都是用石头券的。所以,石匠活有起石匠、雕刻匠和建筑石匠之分。

起石匠也叫采石匠,是专门在石山上挖石头的匠人。所挖的石头称为"料石",料石用手工或炮火采下以后,稍作加工待用。雕刻匠将石头做成各种石碑、牌坊、房梁、匾额、房柱等,也有的把石头加工成简单的石碾、石磨或石礅等,或根据主人需要或石头所用的地方,在石上雕刻出鸟兽、花木、人物或刻上"勤俭持家"、"忠厚人家"等。建筑石匠用锤子、凿子、石钻等,根据石头的质地、纹理和用途,把石头锻造成房基石、门墩或砌墙所用的石头。

嵩山的石匠较多,大都是本地人,说明这是有传统习惯的职业。在嵩山,建筑石匠又有两种专业分工,第一种是锻磨石匠,第二种是刻字石匠。锻磨石匠是指专门给人锻磨石头的工匠。锻磨石匠的活儿有三种:一是最基础的石匠,专门给人做盖房奠基和券窑用的方石头块;二是走乡串户,专门给人锻磨锻碾;三是专门在磨茬上做基型,俗称"做坯子"。做坯子的石匠是待石坯从山上放下运到户门前再开凿,按过去的立碑习俗,是专门做石碑的。而刻字石匠是专门在石碑上刻字的。

(五)烧窑业

嵩山地域的烧窑业除了唐时烧制著名的唐三彩窑外,还有砖瓦窑、石灰窑和缸窑。烧窑的地方称为"窑场",窑场一般设有制坯的地方。窑的形状是大圆球形,内部中空,有信道直达洞外,信道口称"火门",窑顶留有烟囱。烧窑首先要制坯子,主要原料是黄土、黏土和釉土等。坯制好后在太阳下晒干,然后装入窑内烧制。装窑和火候都是关键技术,窑匠师傅要亲自动手装窑。在烧制过程中,要通过窑道洞眼观察窑内情况。烧成后,立即停火,封闭窑门并从上面向窑内浇水。待全冷却后,即可出窑。

嵩山地域的烧窑业一般将太上老君作为自己的行业神。民间窑业忌讳颇多:忌讳妇女进窑;忌讳人在窑场说"红了",因为红色砖瓦为次品;窑场开工,要选黄道吉日;毕火,要举行祭窑礼等。

（六）漆匠业

漆匠又称"油漆匠"，因漆里必兑桐油才能使用，且有单用桐油油家具的缘故，故名。大凡油过的东西尚可漆，而漆过的不油。所以，有句歇后语叫做"漆漆的尻子（底子）——油（由）不得"。

民间的油漆匠大多是木匠兼作，也有少数专业的漆匠。漆匠做活一般是应主家邀请，直接到主家干活，用料由主家供给，也有包工包料的。

据传，油漆匠的祖师是黄龙真人，也有敬奉葛洪的。

（七）编织业

在嵩山地域，编织业是一项重要的副业，很多人或专业或兼职从事这一生产活动。嵩山地域编织业一般分竹编、芦苇、草编和条编四种。

在编织业中，编织作品的收沿是编织业匠人的关键绝活。看一个编织匠人的技术高低，一定要看他的编织作品的收沿。

编织

1. 竹匠

竹匠的绝招在于制篾子，即把竹子劈成厚薄均匀的竹青层、二青层、竹黄层等五层。竹匠仅用一把特制的竹刀和有刃有巢的"别子"及一把小竹锯，就能编造出各种器具和篮子、圈、囤、篱笆、凳子、箱柜、筛子、笤帚等日常生活用具。

嵩山地域的竹匠原本不多，后来随着嵩山地域竹子的种植，学竹编作竹匠的也多起来。

2. 篾匠

篾匠就是用芦苇编织成各种床上的用品，诸如炕席、看席、坐垫、铺垫及各种好看的工艺品。篾匠在嵩山地域的农村不多，但在盛产芦苇之乡不少，男人女人都有，都是能工巧匠。

3. 草编匠

草编所用的原料有麦秸秆、高粱茎、玉米皮、茅草、龙须草、蒲草等，所编的成品有提包、凉席、草鞋、帽子和各种工艺品等。

4. 枝条匠

嵩山地域的枝条匠以荆条为主要原料，另有柳条、杨条、紫槐条等原料，所编成品有簸箕、簸箩、篓子、篮子、筐子、粮囤、荆笆等。

在嵩山地域，几乎有一半农家中的男人都是荆条匠。因为山上长有荆条，人们常用荆条编箩筐、篮子、煤火上炕衣服的腾架、架子车上用的荆巴护栏等一些生产生活器具和用品。一般是深秋时节，农田里的活儿干完了，男劳力就利用空闲到山上杀荆条，把从山上杀了的荆条担到家中，再把它编成各种成品,或自家用,或拿到集市上去卖。

(八)纸扎匠业

嵩山地域民间在丧葬的时候大都要用到纸扎,所以迄今为止,此行业仍活跃在城乡各处。纸扎匠所用的原料主要有五色纸、白麻纸、竹竿、麻秆、铁丝、金箔、银箔等。工具有剪刀、裁刀、钳子、糨糊、筷子等。所做的主要是祭祀用品,如花圈、纸马、纸神、纸车等,现在还多有制作摇钱树、聚宝盆、小轿车、彩电、冰箱、洗衣机、楼房的。

做纸扎最忌讳退货,被视为奇耻大辱。

古代酿酒

(九)酿酒业

酿酒业的工匠,简称酒匠。据考古发现,早在新石器时代,嵩山就有酿酒业。传说杜康是粮食酒的创始人,被后人奉祀为酒祖、酒神、酒仙。农历八月初一,民间酒作坊都要祭祀酒祖杜康。据说杜康所在的村子在今伊川县杜康村。

嵩山地域传统的酿酒原料主要有高粱、大麦、小麦、小米等粮食作物。酿酒时,首先用这些粮食定比制曲。然后用传统的老酒泥池发酵。三天以后再上锅加热蒸馏取酒。酒制成后,还要放一段时间,称为"窖酒",存放时间越长,酒味越浓。

中华人民共和国成立以来,嵩山地域酿酒业有了很大的发展,也酿造出多种种类的酒,有粮食酒、山楂酒、葡萄酒、苹果酒、药酒等。

以前,酒店作坊有一定的规矩。新酒酿成以后,师傅要领着徒弟烧香、磕头,先要敬天地与河神,然后端一碗酒慢慢倒在地上,以敬土地神和谷神。祭祀之后,开始品酒。

(十)制粉业

嵩山地域的山区红薯种植面积大,以前,大多地方农民的口粮以红薯为主。但只吃红薯,一则单调,二则红薯难以久放。因此,嵩山地域的人们就想法巧吃红薯。主要做法就是把红薯进行加工粉碎,提取出其中的粉芡。粉芡有很多用途,如做粉条、凉粉;用粉芡和粉条做焖子、焦炸丸子;用粉条与其他菜一起制作各种馅类,如包子馅、饺子馅等;粉芡还可以作为多种汤菜的辅料。在过滤了粉渣、沉淀粉芡的时候,缸里的上层是大量的红薯水,经过一段时间的发酵,水就会变酸,可以当浆做浆面条,味道和绿豆浆差不多;剩下的粉渣可以蒸了吃或喂猪。

(十一)理发匠业

嵩山地域的人以前将理发匠称为"剃头的"。概因中华人民共和国成立以前对这项职业歧视,把它划入了所谓的"下九流"之内。中华人民共和国成立以后,社会分工不分贵贱,人们赞之:"虽是毫毛技艺,确属顶上功夫。"

另有缝纫匠、裱糊匠、塑像匠、画匠（专门画神像的），等等，都非人们生产生活上所必须有的工匠，但百工百艺，各有长短，而且都是社会的组成部分。

第八节 狩 猎

狩猎又称捕猎、打猎，是猎取野生动物来补充生活的活动。它曾为先民提供了主要生活来源。这项带有先民遗风的生产项目，可以说是由来已久。根据出土的大量动物化石看来，狩猎是先民们向自然界索取食物和财富的重要生活方式。在嵩山，这一生产活动比较突出，概为山大林密的自然条件所致。

狩猎这个生产过程，除猎捕野生动物，开发国家野生动物资源以外，还起到控制野生动物种群，维持自然生态平衡的作用。凡是使用套、夹、笼、网、窖、夹剪、压木、猎枪、猎禽、猎犬等各种猎捕工具，或使用围猎、巡猎、伏猎、隐蔽、引诱等方法猎取野生动物、开发野生动物资源的，都叫狩猎活动。狩猎活动必须遵守狩猎法规，遵循国务院制定的"积极保护和合理利用"的方针。

嵩山地域的猎人们喜在隆冬之际狩猎。猎人不但熟悉猎物出没的

狩猎

地方，而且凭声响、气味、粪便、蹄印，便能判断出是狗熊、野猪、野羊或獐子来。对一些山禽、野兔的习性和栖息地，更是了如指掌。嵩山地域的猎人们打猎，大部分使用的是火枪。他们都有一套过硬的狩猎本领，对于大兽，除了用猎枪以外，也有用陷阱办法捕捉的。对于獾，则只能熏。对飞禽、兔子，则采用绳套的办法进行捕捉。冬日里，猎人们在山野上转一天，甚至一整夜，会猎一只大兽回来。逢年过节的，有猎人打着大兽的，会拿出来让全村人品尝。这时，这个猎人就是全村的英雄。

原始社会人类为了获取食物，不得不想方设法猎取野兽。当农业和畜牧业充分发达能的满足人类需要的时候，狩猎活动就具有了其他方面的意义：可以练兵，可以娱乐，甚至可以选拔人才。

长期以来，嵩山地域的狩猎活动都保持着一定的习俗。

1. 打猎地点的习俗

旧时，猎人忌将打猎的方向及地点告诉别人，就连亲人也不例外。因为猎人相信野兽有事前预知的本领。在和无关的人交谈时，不能讲计划打多少只野兽或想打到何种野兽。

2. 打着大兽要祭祀

打着大兽归来后,必须进土地庙,祈祷土地神保佑平安无事。

3. 打大兽的合作与分配

凡捕猎,除需结伙成队集体进行外,这一帮和那一帮也要主动协调联合,特别是打狗熊、野猪之类凶猛的大动物,就须三五人分工合作才行。东山或后山发现猎物,西山或前山务须配合接应。在分配所获时,至今仍继承、遵守着一条传统规矩——"天下食,大家吃"和"见一面,分一半"的分配原则。无论认识与否,只要你跟上跑一趟,或行路碰上获得猎物的时候,狩猎者是一定要分给你一部分的。

4. 不打狐狸

真正的打猎人,从不打狐狸。因为狐狸肉不能吃,皮毛虽好,一惊易脱,而且狐狸狡猾,有灵性,"能成仙",打了不吉利。

5. 正式猎人,一般不打野鸡、兔子等小动物

中华人民共和国初期,嵩山地域的猎人们主要猎取的大兽有熊、野猪、獐子、山羊、獾、狼、虎等,小动物有山鸡、野兔、狸等。1958年之后,嵩山地域野生大兽数量减少,猎人改打猪獾、野兔、果子狸、山鸡。改革开放以后,为了保护森林,保护野生动物,嵩山地域采取封山的办法,禁止进山狩猎。因此,狩猎这一古老的生产活动基本绝迹。

近年来,在嵩山地域中的一些浅山区,出现了一些专门打小动物的人,他们的目标是散跑在山坡丘陵或庄稼地里的山禽和野兔。这样,每年有大量的山禽和野兔成为人们餐桌上的美食。

第九节 生产习俗传说

一、五谷的来历

远古的时候,人们群居在一起,靠打猎过生活。后来,人慢慢地多了,猎物渐渐地少了,这样一来,人们因打不到充足的猎物常常挨饿。

那时候,一个名叫稷的青年人,望着面黄肌瘦的人们,心里非常难受。他是个有心计的人,想把满山遍野的东西都尝一遍,看什么好吃,好为大伙寻找些食物。因而,不管树上结的,还是地上长的,他都放在嘴里尝一尝、品一品,就这样给大伙找着了水果和蔬菜。人们在吃完当天捕获的猎物感到不饱时,就再吃些水果和蔬菜充饥。

稷虽然给大伙找着了能充饥的水果和蔬菜,但这些东西都是应时而生,只能吃个新鲜,不宜贮藏,难当主粮。于是,稷下了决心,要走遍华夏大地,尝尽天下所有的草木果籽,为大伙找些能做主粮的食物。

那时候的首领是女娲圣母,稷把他的打算给女娲圣母说了。正在为人们食物犯愁的女娲圣母听了稷的打算非常高兴,当即把她束发的红头绳解下送给稷,让稷作鞭去鞭打草木,寻找食物,并把她的五个儿子给稷做侍从。

女娲圣母给稷做侍从的五个儿子名叫稻、黍、麦、菽、麻。临行时,女娲圣母拿出五条五色袋,把白袋子给了稻,把黄袋子给了黍,把红袋子给了麦,把绿袋子给了菽,把黑袋子给了麻。女娲圣母对她的五个儿子说:"稷立下了大志,要走遍天下为大伙寻找粮食,你们跟着他,要听他的话。"

稷领着稻、黍、麦、菽、麻出征了。他举着红绳鞭在前面开路,稻、黍、麦、菽、麻身背五色袋子在后边跟着。稷不管见到什么草籽,都必须要捋下来放在嘴里嚼一嚼,品品味。特别是对那些长得饱满的草籽嚼得更碎,品得更细。他觉得好吃的,就让稻、黍、麦、菽、麻去采集,按色按类分别装在五条袋子里。

他们周游四方,选择、收集着好吃的草籽。慢慢地,五色袋子也都装满了。这天,他们正走着,忽然看见一座险山上长着一种高秆红穗的东西,想采集,可山陡上不去。怎么办?几个一商量,便砍倒古木,搭架而上。他们费了九牛二虎之力,终于上到了那座山顶。站在山顶上,俯视山下,见有五条山谷,稷便对五个侍从说:"要得人们永远不挨饿,单靠采集野粮是不行的,必须学会耕种。现在这架山有五条谷,你们每人可选一条谷下去,把袋子里的种子种下,摸索出一套耕种技术。然后,我们再去四面八方,向人们传播推广。大家只有动起手来耕种,才会永远不挨饿。"

稷说罢,他的五个侍从各选一条山谷下去了。在临水的地方砍草开荒,下种子,干了起来。稷为了兼顾各条谷的庄稼,就住在山顶上。他也开了一片荒,把那高秆红穗的东西种下。他一面管理他种的庄稼,一面下到山谷去指导稻、黍、麦、菽、麻的耕作。就这样,他们在那座山上住了三年,摸准了各种作物生长的习性,总结出一套耕作经验,然后分头去四方教人耕种。

后来,人们把稷种的庄稼叫稷,把稻种的庄稼叫稻,把黍种的庄稼叫黍,把麦种的庄稼叫麦,把菽种的庄稼叫菽,把麻种的庄稼叫麻。因它们是在五条山谷里种成的,就把粮食总称为五谷。

稷死后人们怀念他,为了不忘他尝百草、种五谷、开创农业的功绩,称他为神农氏。因为他亲手种的红穗稷一来秆高,二来又是在山顶上种的,后人多称稷叫高粱。

二、迎春花的传说

远古时候,大地上洪水泛滥,一片汪洋。庄稼淹没了,房子冲塌了,老百姓们只好聚集在山顶上。天地间整日混混沌沌,连春秋四季也分不清。那真是饥寒交迫,苦不堪言。

那时候的皇帝叫舜,舜命大臣鲧带领人们治水,可治了几年,水不但没消,反而更大了。后来,鲧死了,他的儿子大禹毅然继承父志,又担起了治水的重担。

当大禹率领人查找水路的时候,在一个叫作涂山的地方遇到了一位姑娘。这位姑娘给他们烧水做饭,帮他们指点水源。大禹很感激姑娘,这姑娘也很钟情于大禹,患难中两人产生了爱恋之情,并在众人的撮合下订下了终身。

可大禹忙于治水,他们相聚了几天,就要分手了。分手时,姑娘默默地把大禹送了一程又一程。来到一座山岭上,大禹忍不住了,深情地对她说:"送到什么时候也总得分别啊!我为天下生灵奔波的决心下定了,不达目的是死也不回头的。"姑娘泪眼盈盈地看着大禹,说:"你走吧。我就站在这里,看着你治水成功,等着你回到我身边。"大禹感动得流下眼泪。他把束腰的荆藤解了下来,送给姑娘做纪念。姑娘抚摸着那条荆藤腰带,又坚决地重复说:"去吧,你去吧。我就站在这里等。等到荆藤开花,洪水消去。人们安居乐业的时候,我们就团聚了。"

大禹辞别姑娘后,就带领人们转战各地,开挖河道,历尽艰辛。几年过去了,江河一条条疏通了,洪水归海了,庄稼出土了,杨柳发芽了,万物回春了,人民安居了,治水终于成功了。

大禹高高兴兴地日夜兼程,赶回来和心爱的姑娘团聚。当他远远地看见姑娘手中举着临别时赠的那束荆藤立在那高高的山岭上时,高兴得要跳起来。大禹奔跑着,呼喊着……可当他攀上山岭,来到跟前一看,啊!那姑娘早变成了一尊石像了。

迎春花

原来,自大禹走后,姑娘就每天站立在这山岭上,不管刮风下雨,天寒地冻,等啊,等啊。后来,草籽儿在她身上发了芽,生了根,她仍然手举荆藤,一动不动。天长日久,姑娘变成了一座石像。她的手和荆藤长在一起,她的血浸润着干枯的荆藤。不知过了多久,荆藤竟然变青了,变嫩了,抽出了新的枝条。大禹扑到石像上,呼唤着心爱的姑娘,泪水落在石像上。说也奇怪,那荆藤绽蕾了,开出了一朵朵金黄金黄的花儿。人们说,是姑娘那颗赤诚的心感动了玉帝,玉帝才派一条神龙下凡,帮助大禹制服了洪水。人们还说,是大禹和姑娘那忠贞的爱情,使干枯的荆藤开了花。

荆藤开花了,洪水消除了,大地回春了。为了纪念姑娘的崇高情操,大禹就把这荆藤花儿命名为"迎春花"。

三、颍水春耕

嵩山西侧的颍河源头旁边,有所坐南向北的小庙。以前,每逢农历二月二日前后三天,庄户人都来这里参加"庆丰会"。赶会的人山人海,挤抗不动。

小伙子和青年姑娘们,都穿上新衣服,打扮得漂漂亮亮的。他们用两根丈八长的楸木长杆,将神像坐的椅子绑好,抬出来转游。神像是用檀木雕刻的,金粉涂面,浓眉长须,头戴一顶盘金官帽,身穿一件轻缎描金绣袍,脚蹬粉底朝靴,坐在透花木雕椅上,手里拿着一把折叠斑竹扇,显示出一副清官形象。小伙子们轮班替换着抬,姑娘们轮班配在两边,手扶轿杆,前走走,后闪闪,"哎呀呀呀"地唱着"春耕曲"。她们的歌声只要一响,赶会的人们这里一堆,那里一簇,万人千腔就一齐和起来。

人们抬的那个木雕清官像,就是"颍考叔"。传说春秋战国时候,颍考叔是郑国的一个大夫。三十五岁那年,颍考叔得到皇帝的封爵,管辖中岳颍阳郡一带。那时候,嵩山一带的人们,只知道一年种一季庄稼,加上山地瘠薄,收获的粮食也不多,所以生活非常贫困。颖考叔来这里做官以后,勤政爱民,终日思考着这样的问题:怎么能在田地里一年种出两季庄稼?如何改善农业生产,增加粮食收入,使民富国强?

为此,他多次在全郡私访调查。有一次,他视察到颖水源头,见那山峰岭巅之间,有一个方圆十余里的天然盆地。盆地中心有个清澈见底的水潭,潭中数百股泉,竞相喷出,翻滚而上,溅出水面四五尺高,好像一串串珍珠在空中飞舞。当地的居民说:这里一年四季泉水不断,每当春日一到,中岳嵩山顶上还冰雪未消,寒气未退,这儿已是芳草连天,莺啼燕语,柳絮飘飞,满溪春光了。

颖考叔通过看地形,查土壤,观气候,测日光,证实这一带土地肥沃,就命令从人在喷泉附近建立一座宅院,定居在那里。每日理案勤政以后,他就带领从人眷属,在颖水河源开荒耕田。

春天,他们深翻施肥,将种子埋进松软的沃土之中。每当晚霞洒在泉水溪流上面时,颖考叔便放下工具,伙同眷属从人,兴致勃勃地观赏颖水美景。此时,水绿得像碧玉,霞红得像胭脂,河畔垂柳,两岸青山,一派生机盎然。到了夏天,禾苗嫩绿肥壮,他们又开始灌溉,除虫,追肥。就这样,经他们亲手开拓出来的田地里,不但能收到一季小麦,而且还能收到一季豆类和谷、稷。这个喜讯传出去以后,颖阳郡的人们欣喜若狂。

颖考叔在颖水河畔整整勤政耕耘九年。每当红杏枝头饱含春意,彤彤日光射进颖源盆地的时候,颖考叔总是怀着高兴的心情,来到颖水珍泉岸边观看美景。这里,一时微风乍起,细浪跳跃,搅得满溪碎金斑驳陆离。当河水平静以后,周围的飞鸟树林,嵩山的峰巅胜景,统统倒影在颖水河中。站在河岸品评春光的颖考叔,如饮玉浆,似灌琼液。

无限欢快之中,他召唤眷属从人,套上牛马,扶犁春耕。他前边扶犁走,妻子后边播种,从人依照颖大夫模样,扬鞭催犊,步步相随。这时,人畜倒影于碧水之中,颖水河畔形成一幅天然的"春耕图"。颖考叔看到这种春耕胜景,心情愈加高兴,禁不住唱起《耕耘乐》来:

　　春风吹兮地苏醒,
　　庄户人兮早春耕。
　　勤耕耘兮地不懒,
　　秋天来兮粮丰登。
　　盼岁月兮长如此,
　　举国上下歌升平。

高昂的歌声,惊得流云徘徊荡漾,引得莺燕啁啾鸣啭。颖阳郡的农民们,跟颖大夫学习耕种以后,所有的土地一年都能收获到两季庄稼,家家麦满囤,户户谷满仓。

颖考叔去世以后,颖源的春耕歌声仍是岁岁不断,世代相传。后人为纪念颖考叔的勤政爱民功绩,就把他的住宅改称为"颖考叔庙",把每年农历二月二日定为"庆丰"节。而"颖水田春耕"也被列为中岳第三景。

四、少林冬青缠柏的传说

少林寺对面的钵盂峰上有座殿宇,叫二祖庵,是少林寺二祖慧可断臂后养伤的地方。二祖庵大殿前的卓锡泉旁,有一株伟岸挺拔的柏树,青翠的冬青藤攀枝而上,直插云天,奇特诱人,雄伟壮观,这就是驰名嵩山的冬青缠柏。

相传在一千多年前,二祖庵有个年轻的和尚叫觉生。觉生天资聪明,只因家境贫寒,才出家当了和尚。少林寺东边三里远的地方,有个永泰寺,寺里有个和觉生和尚命运相同、年龄相仿的尼姑,叫玉冬。

一天,觉生到少溪河南岸的五花屏上打柴。他手拉树枝往一座崖上攀登,由于用力过猛,把树枝拽断,打了个趔趄,从崖上滚了下来。永泰寺小尼姑玉冬往少溪河洗衣,路过这里,看到路旁躺着个小和尚,满身是血,急忙摸了摸鼻孔,发现还有气息,就掏出手绢,揩净血迹,又从洗衣篮里拣了一件比较干净的衣服,撕下来一条包扎了伤口,把小和尚移到崖边一块山石下。玉冬想:把觉生摔伤的事告诉二祖庵和尚吧,按照佛教戒律,和尚和尼姑是不能交往的;把觉生背进永泰寺吧,尼姑住的地方藏个和尚,成何体统?老尼姑更不会同意;丢下不管吧,还不叫狼吃掉?怎么办呢?出家人以慈善为本,哪有见死不救之理?想到这里,她决定把觉生背到自己住的永泰寺去。可是,玉冬年小体弱,哪能背得动小和尚?她救人心切,连拖带拉,一步一歇,不知流了多少汗,歇了多少次,终于把觉生拖到了永泰寺。

少林冬青缠柏

玉冬把觉生放到山门过道里,就跑去向老尼姑禀报。她以为老尼姑肯定会夸奖自己修行有道,谁知道当老尼姑听说救的是个和尚,还把和尚背到庵里来,就大发脾气,骂玉冬不知羞耻,不懂出家人的规矩,非让她立即把觉生弄出去。不然的话,就要把玉冬赶出寺院。玉冬满肚子委屈无处倾诉,无奈,只得和一个与自己相好的尼姑背着老尼姑,把觉生抬进五花屏一条深山沟,藏在了一个山洞里。野兽发现了咋办呢?她俩想了想,便在洞口垒了石头,摆了树枝。从此,玉冬趁每天到少溪河洗衣的机会,偷偷地给觉生送些吃的东西,同时,又给他擦洗伤口。觉生对玉冬的热心照料,更是感激涕零。再说二祖庵丢了一个和尚,四处派人寻找。一天,一个和尚来到这条山沟,走到隐蔽觉生的山洞前,听到有人说话,却瞧不见人。这个和尚顺着说话声音,悄悄来到山洞边,透过树枝往洞里瞧,看到觉生面前站着一个长得俊美的小尼姑。

小尼姑说:"我们寺里的老尼姑满口佛经,背地里却干那些见不得人的事,是个地地道道的伪君子,还装模作样地教训别人。咱们出家人清苦孤单,不如还俗回家过俗人生活,男耕女织,倒也快乐。"

觉生对凄冷的佛门生活,早已十分讨厌,就说:"我对佛祖并无诚心,只不过是为讨碗饭吃,才出了家。西方极乐世界我不追求,我不相信人能成仙成佛,我也愿意还俗。"

小尼姑见小和尚对自己如此信任,便毫不顾忌地说:"那咱就想法逃走吧!"

觉生坚定地说："你是我的救命恩人，你说咋办就咋办，一切听你的。"

玉冬听了觉生的话，更是喜出望外。但她看到他伤未痊愈，行走不便，想了想，说："你尽管养伤，等伤好以后再说。"

寻找觉生的这个和尚，听到觉生和玉冬的谈话，马上回去禀报给了二祖庵的老和尚。老和尚又到少林寺常住院禀报给了方丈，方丈和永泰寺老尼姑一联系，决定立即前去捉拿他们。

方丈跟前有一个随身小和尚，和觉生是要好的朋友，心地十分善良，他听到这个消息，连忙前去给觉生送信。觉生和玉冬得到要被捉拿的消息，慌忙向后山逃走。觉生行走困难，玉冬就搀着他往山上爬。此时，捉拿的人已到山下，觉生眼看自己要被活捉，还要连累玉冬，心里非常过意不去，就说："玉冬姑娘，快丢下我，你尽管逃命吧，要不咱们两个都没活命啦。"

玉冬说："我不能丢下你，就是死，我们也要死在一起。"

捉拿的人叫喊着，越来越近。觉生和玉冬十分艰难地往山上爬。行走中，跟前出现了一个十几丈深的悬崖。觉生和玉冬进退两难，又不甘心被活捉，俩人毫不犹豫地拥抱在一起，纵身跳崖身亡。

觉生和玉冬死后，为了显示他们对佛法的蔑视，又为了表示对爱情的忠贞，便在二祖庵前的卓锡泉旁，一个化作一棵小柏树，一个化作一条冬青藤，藤条盘树而上，你拥我抱，茁壮成长。

1000多年过去了，如今大柏树已有三四围粗，十几丈高，苍翠茂盛，生机盎然；水桶粗的冬青藤攀枝而上，青翠欲滴。如今，除根部外，冬青和柏树已长为一体，成为少林奇景——冬青缠柏。

五、银杏树的传说

早些年，嵩山脚下有一户财主，雇用了许多女佣人，有做饭的、磨面的、喂猪的、放羊的……财主不叫她们的名字，做饭的叫"饭倌"，磨面的叫"磨倌"，喂猪的叫"猪倌"，放羊的叫"羊倌"。

姑娘白果，十二岁就给财主当羊倌。有一天，白果正要赶着羊群到嵩山上放羊，忽然看见一只乌鸦叼着一个东西在前边飞，一群乌鸦在后边紧紧追赶。叼东西的乌鸦飞到财主家的上空，嘴一张，一个白点儿落了下来，其余的乌鸦就争先恐后地扑到院里来抢。羊倌急忙跑过去，赶走乌鸦，把那东西拾起来仔细看。哦！原来是一枚果核，像杏仁一般大，白细光滑，十分好看。

这一切，财主在楼上全看见了，他吩咐女仆去唤羊倌。羊倌一听财主叫她，心里一惊，急忙把果核塞进辫梗里，提心吊胆地走上楼去。

财主问道："刚才你在院里拾的是什么？"

羊倌说："什么也没拾。"

凶狠的财主二话不讲，上去就给了白果两个耳光，说："搜！"于是，他让人将羊倌浑身上下搜查了一遍，什么东西也没搜出来。恼羞成怒的财主又狠狠地照羊倌身上踢了几脚，说她不操心放羊，引逗乌鸦寻开心，以后再碰见这种事，要用皮鞭伺候。

羊倌赶着羊群来到山上，从辫梗子里把果核抠出来，翻来覆去地看了又看，越看越爱看，就把它种在嵩山的峡谷里。不多天，果核发了芽，嫩鲜嫩鲜地往上长。羊倌每天来放羊，都要来瞧瞧这棵嫩苗苗，不是给它培点土，就是给它施点肥。嫩苗苗好像通人性似的，越长越旺。

长到半米高的时候，多天没有下雨，嫩苗苗旱得耷拉了头。这可怎么办？这儿离水远，又没提水用具，急得羊倌抓耳挠腮。后来，她想了一个办法：每天上山放羊时，把身上的布衫脱下，放进水潭里

浸透,带到山上,再将布衫上的水拧到小树苗根上。这件事被山里住着的一位老大娘看见了,就把自己家种的大葫芦,送给羊倌两个,叫她用葫芦提水。羊倌就用两个葫芦当水桶,天天提,月月提,一直把小树浇成了大树。后来,这棵树长了一搂粗,结满了黄澄澄的果子,真好看啊!

就在这时,山下传起"大家病"。不管大人小孩,一经感染,马上就咳嗽、气喘,浓痰憋得人脸红脖子粗,上不来气。病轻的,十天半月就折腾得走不动了;厉害的,三五天就能把人憋死。羊倌也害了"大家病",咳嗽起来,汤水都咽不到肚里,瘦得皮包骨,可她还得拄着棍上山放羊。

这天,她来到自己亲手种的果树下,一连咳嗽了几十声,痰憋得她晕倒在地上。突然,她在昏迷中看见一个美丽的姑娘,从大树上飘飞而下,顺手摘下几颗果子,一颗颗剥去黄肉,露出白核,又将白核放进小手巾里搓成碎末,一点点喂进自己嘴里。不一会儿,痰就不堵了,喘和咳嗽也轻了。美丽的姑娘让羊倌再吃几枚。羊倌说:"我不吃了,山下还有许多人害这种病,留着让他们吃吧。"

美丽的姑娘指指树上的黄果,说:"多着呢!你让他们都来摘着吃吧!"

羊倌问她:"好姑娘,你叫什么名字?"

姑娘说:"我叫银杏。"她说罢,一眨眼就不见了。

羊倌从树上摘了许多果子,带到山下,送给害病的人吃,吃一个,好一个。一棵树结的果子,治好了成千上万人的咳嗽气喘病。

病人问羊倌:"这是什么果子?"

羊倌说:"叫银杏。"

病人问:"你叫什么名字?"

羊倌说:"俺叫白果。"

就这样,人们传来传去,这种果子,有叫"银杏"的,也有叫"白果"的。东汉的时候,一位名叫先觉的僧人,在这棵银杏树生长的地方,修造了一座佛寺,取名为"大法王寺",院墙正好把银杏树圈在寺里。直到现在,那株高大挺拔的银杏树还矗立在大法王寺里。

六、芝 麻 凹

嵩山南麓,卢崖瀑布崖下藏龙谷口有个韩家村,别名"芝麻凹"。并不是这里芝麻种得多,名气大,是因为这里流传着一个传说故事。

相传,年年三月三,众八仙都要相会在藏龙谷吟诗答对,吃酒作乐。有一年,八仙们相会以后,七家大仙驾起祥云,相继离去。纯阳子吕洞宾留恋美景,不愿离去,变成一个老道士,徒步漫游,体察民间风情。当他信步走出藏龙谷口的时候,觉得又饥又渴,拐到韩家村去化布施。

当他走到村头,碰见一个老头儿,肩扛着耧,后面他侄儿牵着驴,驴背上驮着芝麻种子,准备到地头种芝麻。老道士深施一礼,祈求说:"老善主,贫道走到这里,又饥又渴,请老善人施舍点吃的喝的吧。"老头儿出于善心,二话没说,让侄儿回家拿馍取水。小侄儿走后,老头儿又想到行路人热身子,吃了冷馍喝了冷水会生病的。于是,自己又赶紧回家添锅烧水,烙馍。

老头儿一走,剩下老道士一人,他大把大把地抓着芝麻种子吃起来。不大一会儿,把芝麻种吃得一干二净。老头儿拿着热馍,侄儿端着热水,来到地里一看,芝麻种被吃光了,心想老道士真是太饿太渴了。他毫无责怪之意,赶紧把热馍热水递给老道士。老道士接过馍和水,又吃净喝光了。

老道士感激不尽,顺手从地上拾起一根小草棒儿,从牙缝里掏出来五个芝麻籽,说:"老善主,就这五个芝麻籽就足够种了。"老头儿说:"四四方方一大块地,这五个芝麻籽咋种?"

老道士"嘿嘿"一笑,说:"你没办法种,我来替你种。"说着,他动手在地的四角和中间,挖了五个坑,把五个芝麻籽种上了。临走时,他交待说:"老善主,芝麻该锄的时候,我来锄。在我来以前,地里草再多,你也不要动啊!"老头儿半信半疑,随口答应,说:"中。"

老道士走后没多天,地里芝麻苗和杂草争着长。老头看在眼里,急在心上,天天扛着锄,来到地边上等。一天,老道士来了,问:"老善主,你看芝麻苗稠不稠?"老头儿嘴上没说,心里却想:一大块地只有五棵苗,还问我稠不稠,我就说老稠,看你咋办?于是,他说:"老稠。"老道士"嘿嘿"一笑,说:"稠了,剔剔苗。"说着,他接过老头儿的锄,"嚓嚓""嚓嚓"剔掉了地四角的四棵,独独留下地中间的一棵。他又问:"老善主,稀稠如何?"老头儿想:再剔一棵也没有了,就说:"不稀不稠正好。"

老道士走时,又嘱托说:"老善主,到秋后芝麻丰收了,可得给我送点儿芝麻,换油吃呀。"老头儿反问:"送到哪里?"老道士说:"浮丘峰下土德观。"老头儿满口答应。老道士没有走多远,又拐回来再三说:"送芝麻的时候,你可得让侄儿也去啊。"老头也答应说:"中"。后来,老头领着侄儿把草锄得净净的,水浇得足足的,芝麻棵长得像大树一样。秋天芝麻快成熟的时候,老头儿把一大块地轧成了一个场。芝麻熟了,籽角炸开,抱住芝麻树一摇,像下雨一样,落下厚厚一层。老头儿家大囤满,小囤流,到处都成了芝麻。这时,老头儿想起了老道士要芝麻换油吃的要求。

九月九这天,老头儿和侄儿赶着驴,去土德观给老道士送芝麻。走到半路上,碰见老道士正同一位老和尚在下棋。老道士说:"请老善人稍等一时,让俺两个把这盘棋下完。"说罢,他又聚精会神地同老和尚对弈。老头儿牵着驴,芝麻袋子在驴身上压着。等急了,他们抬起头来看看天,只见天上的日头像人们转的火轮一样,"咻溜"一圈,"咻溜"一圈。到一盘棋下完,日头转了多少圈,他们也没有数清楚。据说,天上日头转一圈,地上的时间就是一年。

老道士下完棋,送走了老和尚,领着老头儿和他侄儿回到土德观,说:"请老善人到客堂稍等一时,我去做饭。"老头儿等了好长时间,不见老道士送饭来,肚子饿得"咕咕"响。他走出客堂,来到厨房外,隔着窗棂往里一看,只见老道士蹲在锅台上正往锅里屙屎,不由一阵恶心,赶快离开。

他回到客堂刚坐下,老道士端着两碗黑乎乎的饺子来了。他把一碗递给了老头儿,另一碗递给了老头的侄儿,说:"您两个先吃,我再去端。"侄儿实在太饥了,接过碗狼吞虎咽地吃起来,老头哪能吃得下呢?当着老道士的面,他勉强喝了两口汤,等老道士一走,趁机倒给驴吃了。

老道士端着碗又来了,问:"老善主,你吃了没有?"老头儿一辈子没有说过瞎话,这一回却撒了谎,说:"吃了。"老道士长叹一声,说:"你甭哄我了,你给驴吃了,驴驮着侄儿成仙上天走了。"这时候,老头儿才知道是老神仙要度自己成仙哩,赶快跪下,向老道士说:"请老神仙再给我一碗,我连稠带稀一起吃了。"老道士说:"不中了,你错过机会了。但是,你喝了两口汤,虽不能成仙,却能长寿。"说罢,他隐身而去。

老头儿独自一人,无精打采地离开了土德观往家走。当他回到村里的时候,没有一个人认得他了,他走时的小孩子,现在都成了白胡子老头儿了。他究竟活了多大岁数,自己也说不清楚。

为了纪念这件事,他在芝麻地边上立起一块大石头,上刻"芝麻凹"三个大字。从此,韩村就有了芝麻凹这个别名。

第三章 集贸风情

嵩山地域的集市贸易历史悠久,源远流长。据史书记载,"舜迁负黍,三年成聚",从那个时候开始就有商品交换。唐宋明清时期,嵩山地域商贾云集,贸易活跃。中华人民共和国成立前夕,嵩山地域饱受战争创伤,市场萧条,商业凋零。

集市贸易

中华人民共和国成立后,中国共产党对资本主义商业实行了"公私兼顾,劳资两利,城乡互助,内外交流"和"利用、限制、改造"的政策,取缔和淘汰资本主义投资投机商业,扶助有利于国计民生的商业,引导个体商贩经营,嵩山地域集市贸易得到规范和发展。后来,由于"大跃进"和"文化大革命",商业遭到严重破坏,个体商业作为资本主义尾巴被割掉,集体商业被全民商业兼并。党的十一届三中全会以后,在"对外开放,对内搞活"的政策指导下,嵩山地域的商业流通体制进行了一系列改革,开放城乡市场,鼓励企业和个人经营商业和饮食业,商业队伍迅速扩大,商业贸易快速发展。20世纪90年代以后,嵩山地域按照大市场、大流通、大商业的思路,大力发展商贸流通,商业网点星罗棋布,各种行业异彩纷呈,商业贸易繁荣活跃,成为社会主义市场经济中沟通生产与消费、生产与生活的桥梁和纽带,为繁荣城乡市场、促进国民经济发展、满足人民群众日益增长的物质生活需要发挥了重要的作用。

自古至今,嵩山地域的集镇市井聚集着各种各样的小商小贩,经营着别具一格的嵩山特产,展示着嵩山地域独特奇妙的民俗风情。

第一节 集市贸易

集市是商品交易的场所,贸易是商品交换的形式。嵩山地域各县(市)的集市贸易由来已久,据景日昣《说嵩》记载:"舜迁负黍,三年成聚,日中为市,以物易物。"这是说舜迁到负黍一带,负黍三年以后成了一个大集镇(即登封市大金店镇南城子村),可见负黍当时已成为劳动人民交换货物的场所。随着历史的演变和交易的需要,自周代开始,货币产生,交易的形式由以物易物的小集市,发展至较大规模的集镇。春秋战国时期,嵩山地域的商品经济已较活跃。秦汉统一后,有了进一步发展。到了唐宋时期,商品经济空前繁荣。晚清时期,更进一步得到发展,商业资本活跃,市场经济繁荣。民国时期,嵩山地域的集市贸易也曾经有过繁华的景象,后来由于军阀混战,特别是抗日战争爆发后,商业经济一落千丈,百业凋敝,各类店铺几乎全部停业。中华人民共和国成立以后,嵩山地域的商业贸易经过几个阶段的发展,呈现出持续、快速、健康的繁荣发展局面。

一、古代贸易

早在原始社会末期,我们的祖先就在这里生息,从事贸易活动。据史书记载,帝舜迁于负黍后,为了解决部落与部落之间的生活需要,曾在此进行产品交换,那时没有固定的市场和货币,而是"日中为市,以物易物"。从古阳城遗址发掘出的大量铁器、陶片以及熔炉残壁来看,春秋战国时期(前770～前221年)阳城一带的冶金业就很发达。冶铁业的发展,带来了集市贸易的昌盛。后来,经过漫长的社会演变和生产力的发展,商贾贸易几经兴衰。到唐宋时期才初具规模。

以登封来说,《元丰九域志》记载:"宋代登封陶冶业驰名全国,为了畅销产品,划费庄、曲河、颍阳三镇,市场贸易繁荣。"明代,随着工农业发展和人民生活的需要,登封集镇由3个发展到6个,据明嘉靖八年(1529年)《登封县志》记载:"县东25里有大镇(卢店)、县东30里有告成镇、县东南50里有大镇(大冶)、县西80里有颍阳大镇、县西南25里有大小二镇(大金店、小金店)"。到隆庆三年(1569年)全县集镇发展到13个。除原来6个镇外,新增唐庄、白坪、后河、石道、丁流、吕店、江左。清康熙三十五年(1696年),小镇合大镇,全县归并为8个大集镇,即颍阳(在县西南70里,后魏颍阳县旧址)、告成(在县东30里,唐告成县旧址)、卢店(县东25里,唐卢鸿乙故居)、丁流(在县西100里处)、金店镇(在县西南25里,金代南岳庙旧址)、唐庄镇(在县东北25里处)、大冶镇(在县东南50里处)、王上寨(在县西南30里处),一直沿袭到清乾隆五十二年(1787年)。乾隆年间,八大集镇拥有大小商号500多家。

清朝末年,随着商品经济的发展,城镇商人先后自发组织同业行会。同行业的工商业者共同推举本行业中资金雄厚、有威望、地位高的人为会长,或轮流充当会长,以主持行会内外的日常工作。行会是封建社会中期,商品经济发展到一定程度时,工商业者为了防止竞争、排除异己、垄断市场而组织起来的一种团体,其性质都是带有封建性的行会组织。行会设有办公地址,根据市场情况商议解决本行业事宜,以维护本行业的经营利益。行会制度产生初期,行会能够在一定程度上保障本行业工商业者

古代集贸

的权利,并能缓慢地促进工商业发展的。与此同时,行会组织对行内工人学徒的最低限度的要求,也可以在某些方面暂时得到满足。但到了封建社会末期,随着商品经济的高度发展,资本主义萌芽的出现,行会组织的存在,对工商业的发展,无疑起着束缚和延缓的作用。

嵩山地域各市县都建有行会,较为普遍的行会有陶瓷行会、煤业行会、粮业行会、林业行会、牲畜交易行会、苇编织行会、药材行会等,它们对发展提高当地的行业技术、对外交流、稳定市场有着一定的积极作用。

古代嵩山地域的各个历史时期,除盐商是私人投资,官府发照,专业经营,带有官商性质外,其他行业均为私人经营。经营者大部分是以农兼商或以商兼农的小商小贩,他们农忙务农,农闲经商,背集进货,逢集出摊。自唐至清,嵩山地域的商业贸易都比较活跃。

二、近代贸易

"民国"时期,中国门户开放,洋货入侵,半封建半殖民地商业开始形成,它较之几千年封建社会的商业,有了长足的进步。为适应这一时期商业发展的需要,加强市场的领导和管理,"民国"五年(1916年),嵩山地域的登封建立了商业贸易管理机构——登封县商务会。各集镇也相应建立商务分会,会长和分会长的人选,大都是在政界有一定影响的权势人物。商务会的主要职能和任务是组织商人执行政令,维护市场治安,筹资会费,调解商人之间的纠纷和争议。

"民国"时期,随着生产的发展和人口的增长,登封集镇又有发展,素有"十大集镇"和"十小集镇"之说,"十大集镇"即颍阳、君召、石道、大金店、东金店、告成、卢店、唐庄、大冶、城关,"十小集镇"即后河、送表、白坪、徐庄、王村、垌头、水峪、西十里铺、三官庙、界头。其实,十个小集镇并未固定的集日,只是有几家店铺、粮行、饭铺等小门面,为过路行人和客商提供食宿之便。十个大集镇建有寨墙,以防兵乱,既是地方行政机关的所在地,也是群众逢集赶会进行商贾贸易的中心场所。随着工业和交通的发展,经商之人日益增多,主要集中在"十大集镇"和"十小集镇"。

至"民国"二十一年(1932年)市场已趋兴旺,登封商业活动出现繁荣局面,以作坊带门市的各类手工业十分兴盛,各类店铺最多时达1542户,从业人员3773人,资金175万元。按行业分类,杂货186家,京货21家,百货102家,银匠炉36家,染坊44家,屠行48家,油坊26家,铁木匠铺29家,弹轧花25家,寿衣铺9家,理发23家,旅店15家,以及照相、补锅、钉称、纸扎铺等,行业齐全,生意兴隆。当时,大金店、卢店、告成、颍阳、大冶5个集镇的商业较为繁荣,尤其大金店、卢店两个市场,地点适中,吞吐量大,除本地商贩外,山西、禹县、偃师、孟津、临汝的商人也纷至沓来。每逢集日会期,四方客商蜂拥而至,大街小巷人山人海,商品陈列琳琅满目,商贩叫卖声、饭铺锅勺碰击声、四乡赶会人群谈笑声,喧嚷震耳,俗有"小上海"之称。大金店市场的特点是棉花行、粮行较多,群众把生产的粮食、棉花拿到市场上去卖,买回食盐、煤油、细布等生活必需品。没有现钱的,还可以以物易物,如鸡蛋换盐,找头发换针等。群众把这种农村集市贸易的方式总结为:"十个鸡蛋一斤盐,谁也不找谁的钱。没有现钱东西换,买卖双方都方便。"

当时,商品流通的主要品种以日常生活需要的棉布、食盐、食糖、煤油、烟酒、药材为主;进货管道以周边的县市为主,如百货由郑州、洛阳进入,酒类由宝丰、临汝、郏县购进,卷烟来自许昌、巩义回郭镇,药材多由禹县购进;货物运输全靠车拉、人担、牲口驮;经营方式多为规模不大的"夫妻店"、"父子店"。全县有门牌字号的坐商238家,其中有门面、有商号、有店员(小相公)的坐商共125家,资金在万元(旧币为亿)以上的著名商号有15家,如城关栗长水的杂货店"长兴合"、李氏饭店"玉香春"、大金店王干海的粮行"永庆祥"、卢店杨周的杂货"全盛久"、君召冯金光的百货"魁太和"等。他们资本大,货物全,会经营,善管理,如大金店"保泰和"与"道生堂"两家中药铺有坐诊医生,不论逢集、背集,还是清早、夜晚,照常看病营业,而且对无钱买药的穷人赊账或免费治疗,很受当地群众欢迎。

民国三十三年(1944年),日本侵略军占领登封,使全县商业遭受极大摧残,商店倒闭,商户破产。民国三十一年(1942年),又遭大旱、蝗虫危害,加之连年战乱,给群众带来了很大灾难。民国三十四年(1945年),日本投降,商业恢复。民国三十七年(1948年),国民党政府败退,交通中断,造成商品奇缺,市场物价暴涨,纸币贬值,通货膨胀,达到每斤食盐20万元,每尺棉布12万元的天价,有些商贩本来是借人家的钱作本做生意,后来"储备票"变成一堆废纸,导致店铺关闭,倾家荡产,商业凋敝,贸易萧条,幸存的近400家商户惨淡经营,人民生活在水深火热之中。

三、现代贸易

中华人民共和国成立以后,党和政府为了发展生产,方便群众,调节余缺,互通有无,十分重视集市贸易。随着经济体制的不断变革,集市贸易大体经历以下几个阶段:

1949年至1952年,现代贸易的萌芽时期。政府号召商户恢复经营,私人商业在半封建半殖民地的废墟上很快恢复发展起来。同时,为适应国家经济建设需要,积极发展国营商业和供销合作商业,嵩山地域形成国营、集体、私营三种经济成分同时并存的商业格局。国营商业主要经营食盐、煤油、火柴、棉布之类生产资料。农村集贸市场上,行业齐全,管道畅通,各种产品的价格随着供求情况的变化时有涨落,但与国家计划价大体相符,集市贸易比较稳定。农村贸易稳定规范,有买有卖,群众感到非常满意。

1953年至1957年,现代贸易的发展时期。通过有计划、有步骤地对私营工商业进行社会主义改造,以及实行烟酒专卖管理、粮油统购统销、棉布计划供应、生猪派购派养等政策,很快形成以国营公司为代表的全民所有制商业和以供销合作社为代表的集体所有制商业网络,整个市场协调有序,经济日趋繁荣。国营商业主要经营呢绒、绸缎、面盆、香皂、暖水瓶等。1957年,社会商品零售额比1952年增加近一倍。

1958年至1961年,现代贸易的盲动时期。在"左"的思想指导下,限制集市贸易,取消私人经营,商业供销合并,流通渠道单一,同时盲目开展大购大销、预付赊销,导致商品积压,严重影响资金周转和商品流通。适逢自然灾害严重和国民经济困难,市场冷落,商品奇缺,许多生活必需品不得不实行

定量或减量供应,嵩山各县市集市贸易一度呈现萧条状态。由于违背价值规律,导致经济衰退,形成买东西走后门等不正之风。对紧缺物资实行凭票供应,有的执行高价政策,如食糖每公斤6元,糕点每公斤20元,自行车每辆600元。三年经济困难时期,根据国务院指示恢复了集市贸易,允许旧衣物、副食品、小家畜、家禽自由买卖,允许以物易物,以物换粮,对当时生产救灾,解决群众温饱起过一定作用。但这时期的集市价格猛烈上涨。史料记载,1961年嵩山周边的农村集市贸易的价格,议价每公斤小麦6元,玉米4元,小米5元,黄豆6.4元,高粱3.6元,红薯干3元。

1978年至1992年,现代贸易的振兴时期。党的十一届三中全会以后,实行对外开放、对内搞活的经济政策,打破国营商业一统天下的局面,鼓励和扶持个体、私营工商业发展,恢复供销社集体性质,全民、集体、个体等多种经济主体一齐进入市场参与竞争,集贸市场又获新生。商业部门为适应新的形势,全面推行经济承包责任制,加强市场预测和信息传递,拓展供应管道,除了主要经营收音机、缝纫机、自行车、手表、皮鞋外,扩大业务范围,开展文明经商、优质服务活动。至此,形成了以国营商业为主导,集体商业为助手,个体商业为补充的多种经济成分、多条流通渠道、多种经营方式并存的商业流通新格局,竞争日趋激烈,市场日益繁荣。上市品种繁多,在嵩山周边的市县中的乡镇集市上,形成了工业品、成衣、粮食、蔬菜、牲畜等专业市场,群众需要出售的中药材、禽蛋、竹器、木器、铁器、荆编、手工业产品可就近出售,生产生活所需的耕畜、农具、布料、服装等都可以在集贸市场上购买。这时期的农村集市交易额大大增加,集市贸易已成为重要的商品流通渠道,补充了国营商业经营之不足。随着经济形式的发展,集市贸易由农民间互通有无,调节余缺逐步向商品集散中心发展。嵩山各市县的专业户、重点户大量涌现,他们的产品70%以上通过集市贸易出售,为集市贸易提供了大量的商品来源,使农村集贸市场迅速得到恢复和发展。1983年,农副产品允许长途贩运,疏通了农村土副产品的流通渠道,各县市长期存在蔬菜品种少、价格高的问题得到缓解。1985年冬,嵩山周边的偃师、荥阳、临汝、禹县等县的白菜有70%向周边市县贩运,价格随上市量而浮动。其他如甘蔗、香蕉、桔子、苹果、大葱、芹菜、莲菜等蔬菜,通过贩运,缓和了嵩山有关县市蔬菜紧张的局势,起到了补缺泄余的作用,市场上常年有鲜品供应。国营企业主要经营彩电、冰箱、洗衣机、音响、电风扇等电器类产品。

1993年至2000年,现代贸易的加速时期。经济体制逐步完成了由计划经济向市场经济的过渡,货源充裕,商品供应环境宽松,消费品市场由卖方市场转化为买方市场,市场繁荣稳定。国有商业大力实施产权制度改革,全面改制,以经营空调、摩托车、VCD等居民高档耐用消费品及手机、金银饰品等为主,各种营养保健、方便快捷食品供销稳步增长,名酒保健酒销售看好,名牌职业套装、西服及风格独特的丝绸、纯棉、羊绒、丝麻等天然针纺织物、高中档化妆洗涤用品增长迅速。集体及个体私营商贸业积极参与市场竞争,迅速崛起。非公有制商业得到较快发展,增势强劲。外地客商也纷纷看好登封市场,前来安营扎寨,参与经营。超市、连锁店、量贩、专卖、代理等新型经营方式因物美价廉、方便快捷深受群众欢迎,极大地满足了广大人民群众不断增长的物质需要。流通领域不断涌现的多种业态异彩纷呈,从而完善了多种经济成分、多种运行方式并存的市场营销网络及良性发展的社会主义市场经济体系,促进了经济的持续、快速、健康发展。

进入21世纪后,现代贸易的繁荣时期。随着经济的发展和人民的富裕,国产名优高科技产品,如大屏幕彩电、电冰箱、全自动洗衣机、台式空调、家庭影院、汽车等成为经营热点,计算机、摄像机、文化用品、办公用品增势迅猛,社会购买力逐步增强,销售额逐年增加。嵩山地域的农贸市场有了更大的发展,各县市的农村集市如雨后春笋般地兴旺起来,每个乡镇、大一些的村庄,每年都有集市,形式多样。周边各县市、各乡镇的商业网点都会下乡赶集,农村集贸市场上的货物也是应有尽有,呈现出一派繁荣景象。

第二节 集贸形式

嵩山地域农村贸易形式有集日、古庙会（古刹会）、物资交流大会、集镇坐商以及各种专业市场、商埠、超市等，各具特色与风情。

一、集　　日

集日，是群众集中进行交易商品活动的日期，自古沿袭至今。

嵩山地域的集日有三种情形：一是市区，作为市县的政治、经济、文化中心，日日皆集，时时交易，以供应蔬菜、调味品、干鲜水果及副食品为主，兼营针织、百货、布匹、服装。二是农历双日集，以登封为例，大金店、送表、颍阳、卢店、徐庄5个市场为农历双日集；三是农历单日集，如登封市的东金店、白坪、石道、君召、唐庄、告成、大冶、宣化8个市场。农村每逢集日，小商小贩划行归市，市场摊点相连，店内货物齐全，商品陈列琳琅满目，四方之民集聚，交易秩序井然。上集的人数，小市场5000人左右，大市场数万人。开集时间，一般是上午8点开始，下午6点结束。农忙人少，农闲人多。秋收以后，春节以前，则是集市贸易的旺季。从早到晚，赶集的人群，川流不息，小商小贩沿街

集日一景

叫卖，互相竞争，群众根据自己的需求，任意挑选，高兴而来，满载而归。

21世纪以来，随着农村市场经济的进一步繁荣，嵩山地域的各县市的有些村子也结合自身优势，充分挖掘当地传统文化，启动集会日，唱大戏，搞旅游，如登封市颍阳镇颍北村、君召乡胥店村和红石头沟村、大金店镇文村、大冶镇弋湾村和朝阳沟村、告成镇八方村、少林办事处左庄村和耿庄村等，既满足了群众的购物需求，又繁荣了当地经济。

另外，少林寺、中岳庙等旅游胜地，小商小贩常年摆摊设点，为中外游客服务，没有固定的集日。

二、庙　　会

庙会，即古刹会，是中国寺庙的集市形式，本是因庙而来，因而也叫"庙市"。庙会是古代"赛社"

和缘于宗教"敬神"流传下来的,庙会古时多为群众烧香求神以保平安的迷信活动场所,因而多以宗教节日作为集会日期。大凡有庙宇者都有庙会,一般定期在寺庙内或寺庙附近举行。嵩山庙会有悠久的历史。它起源于人们对神的敬奉和崇拜。最早的庙会是伴随着佛教和道教活动而产生的,人们到寺庙道观中祈求神灵保佑,祭祀、膜拜神灵,前来祭祀的人多了,这种祭祀的场合和时间逐渐固定下来,精明的商贩便看到了其中的商机,于是在庙会之日贸易活动逐渐兴起,到后来娱乐活动也加入进来,成为农民在农闲季节为欢庆丰收而搞的娱乐集会。因此,庙会是集宗教信仰、文化娱乐和商品交易于一体的大型民间活动。

古代庙会

嵩山地域在不同的时间和地点有几十家庙会,每一个地方出家门不用走太远就能感受到庙会的红火热闹劲儿。特别是过年,逛庙会更是人们不可缺少的一项活动。

（一）庙会习俗

庙会,顾名思义是庙里的聚会,盖因庙宇是供祀神灵和祖先的场所也。《后汉书·张纯传》云:"元始五年,诸王公列侯庙会,始为禘祭。"也就是说,庙会起源于对供奉对像的祭祀活动。这种活动,逐渐成了在寺庙内或其附近的物品交易的集市,再后来就在节日或规定的日期举行。所以说,庙会因庙而生,因庙而盛,因庙而至今。

庙会又称"逢会",参加庙会活动称"赶会"。庙会会期一般为3天,少者一天,多者月余。第一天称"起会",第二天称"正会",最后一天称"末会"。庙会的筹办由庙会所在村镇负责,负责人由当地民众共同推选或轮流担任,称"执事",俗称"会头"、"神头"。庙会基金多采取摊派和捐献的方式筹措,大型寺庙也有使用庙产收入作会费的。

古时,庙会迷信色彩浓厚,烧香拜神颇众,求雨祈福,问医求药,求子求官十分普遍。还有多种社火如狮子、旱船、高跷等,甚至有许多庙会出现数台戏对演。各种生产资料及文化用品,南货北货及土特产品,无所不包,应有尽有。庙会期间,各路商贾云集,货篷、摊点沿街密布,戏曲文艺招徕顾客,一派热闹繁华气象。四乡群众对这种庙会很感兴趣,携儿带女前往,有的上香求神拜佛,祈祷风调雨顺,有的游玩散心,顺便购置生产生活用品。

"民国"时期,许多商贩为扩大物资交流,非常重视古庙会的贸易作用。民国二十五年(1936年),登封的古庙会达230个,县城地区有24个,大金店38个,东金店23个,大冶58个,君召15个,石道24个,唐庄31个,卢店8个,告成12个。

中华人民共和国成立以后,庙会上烧香求神活动渐弱,观光旅游和经商活动日盛,庙会成为以娱乐和贸易为主的物资交流会。20世纪80年代以后,各个集市都因地制宜,新兴了定期的古刹会,为发展农村经济、增加农民收入起到了积极的促进作用。

（二）庙会种类

嵩山地域的庙多，相应的庙会就多。俗话说："三里一庙，五里一寺"。哪个庙都有会，农村全靠这种庙会进行交流和热闹。庙会的名称繁多，细说有几十种，如三皇庙会、火神庙会、虫王庙会、太后庙会、龙王爷庙会、九龙王庙会、关帝庙会、玉皇庙会、观音庙会，等等，太多了。一个村的小庙会，可由附近几十里的人们参加，而大的庙会则由几百里的几个县的人来参加，差别之大是可想而知的。从参加庙会的人数和活动情况来看，具有一定规模的嵩山庙会，大体上可分为三类：一是每年定时的至少是县级以上的大庙会，后期逐渐演变成集商业、娱乐于一体的集市，如中岳庙会、玉皇庙会、香山庙会等；二是传统年节或结合佛、道两教祭祀活动按惯例开放的临时庙会，以宗教活动的道场、祭祀、唱经为主，兼有日用百货、民间艺人的演出，如正月十五的灯节庙会等；三是行业庙会，许多行业每年一次祭祀祖师时结合祖师诞辰日举行的"善会"，如厨行的腊月灶君节，瓦木行的五月初五的"极乐林"等。

（三）大型庙会

嵩山一带的周边市县中，各乡、镇、村的庙会达 1000 个之多。其中，最大的庙会要数中岳庙会，其他较大规模和影响的庙会还有少林寺庙会、太后庙会、三官庙会、圣母殿庙会、裂姜堂庙会、二仙庙庙会、太后庙、九龙潭庙会、龙泉寺庙会、刘碑寺庙会、玉皇庙会、歇马亭庙会、关帝庙会、关仙庙会等。

大型庙会期间，嵩山地域各市县都由一些大的神社举行文艺演出。神社系群众自发组织，以迷信敬神为主，兼有农闲聚餐及文娱诉求。旧时农家百姓信仰万物有神，为了向神表示虔诚，要给神建庙塑像，加以崇拜和祭祀。在这种背景下，同敬一神的各户联合起来，组成神社，以神为社名，如火神社、龙王社、关帝社、土地社等。旧时，嵩山地域各村都有神社，甚至于一村多社，一家也可参加几社。入社者每年轮流作社首，按规定日期各户捐款献物，修筑庙宇或举行祭祀。新中国成立后，神社逐渐消失。但改革开放以后，有些村庄仍将其恢复起来，作为民俗的一种而延续下来。

清代中岳庙会图

1. 中岳庙会

位于登封市的中岳庙，每年分别在农历三月初五和十月初五举办两次，每次会期一个月，中华人民共和国成立后改为十天左右。中岳庙会是嵩山地域时间最长、规模最大、香火最盛、最具特色的庙会之一。

中岳庙会的主题是祭祀中岳神、民俗文化和百货经营。方圆几百里地的百姓都要步行到中岳庙给中岳神进香,庙会还对这些远道而来的香客管饭,庙门外还有大型的民间文艺演出活动。赶庙会的人,除了信奉崇拜岳神的善男信女香客之外,还有各行各业的商贩和小手工业者,以及购买生产工具和生活用品的农民。半个月的会期内能来上万人到几万人。

中岳庙会是道教庙会,中岳庙里敬的是道家崇奉的华夏始族、中岳神轩辕黄帝。早在秦时,嵩山太室已有神祠。西汉武帝刘彻游嵩山,见"中峰南下二百步有岳祠",又听"山呼万岁"之声,下令扩建太室祠,并划山下300户为崇高邑,作为奉邑,负责对中岳神的祭祀。北魏文成帝太安年间中岳庙址在黄盖峰上,唐玄宗初年改建于黄盖峰下今址,并扩大修建规模,庙内神主神岳天中也因女皇武则天登嵩山封禅而改为神岳天中皇帝。以后香火连年不断,庙会规模也越来越大。

清初登封人景日昣著的《嵩岳庙史》中有一幅庙会图,形象而生动地再现了庙会的热闹情景。图上赶庙会的人熙熙攘攘,有的徒步而行,有的骑马坐轿,有的推车挑担或赶着牲口运货,一派繁忙的景象。庙会期间,庙院大门外为竹棚集市;大门内天中阁西围墙以外,建有"缨行"和"酒肆",屋外挑出条幡状的酒旗;天中阁高台下,东有农器行,西有铁货行,北为针行,神道东古神库铁人附近为帽行、粉行,再北,路东有扇行,西有"洋货"行,更北有"京货"行和药行;庙内最后一进院子里东有铜器行,西有油行、布行;在该院的墙角处,还有故衣行和旧夏布行。各色幌子、店招飞扬,大小席棚当是为摆摊所设。真是规模宏大,百货齐全,应有尽有,不一而足。清初店铺均以"行"称,所谓三百六十行,应该是各种货物皆有交易,而主要商品,则和当地农业生产及百姓民生大有关系,至于洋货、京货、广货,则为外来商品进入小农经济之见证,而庙之内外更是一派和谐祥泰景象。

"民国"时期,庙会期间前来赶会的除有黄河南北各县的人以外,上海、天津、武汉等地的商家也前来搭棚设点。由此可见,中岳庙会不仅是各地香客朝拜天中王的迷信会,也是各地商贾热衷参与的交易会。

中岳庙会的内容丰富多彩,主要是进香祭神和产品交易。此外,求子、挂锁、摸铁人也是多数赶会人的主要活动内容。据说,向中岳神奶奶——天灵妃娘娘求子最为灵验。每逢庙会,一些小媳妇、老婆婆便不惜远道赶来,到灵妃宫烧香许愿,请走一个男孩或女娃的偶像。给孩子挂锁,则是在镇守神库的铁人处进行。民间认为让孩子拜其中一位铁人为干爹,铁人就可保佑孩子健康成人。挂锁者摆供上香,举行挂锁仪式,每年一次,直至孩子12岁。另外,人们说如果自己身体的哪个部位不舒服,只要摸摸铁人相同的部位,便可以消病祛疾,所以赶会的人都踊跃争先摸铁人,这成为人们的一项娱乐游戏,一直盛行不衰。

20世纪50年代以后,庙会上烧香求神活动渐弱,求子、挂锁的人渐少,观光旅游的旅客和做买卖的生意人越来越多。

1950年,河南省人民政府下文,将中岳庙会以烧香叩拜为主改为以物资交流为主,由地方政府统一组织筹办。古庙会成为物资交流会,规模越来越大,特色突出,享誉中原。1952年,中岳庙物交会上展销产品283件,参观者8万人次。为保护文物,庙会从寺庙院内迁至寺庙院外南边广场,并抽调文艺团体到会助兴,同时宣传党和政府的方针政策。因此,庙会又成为以宗教活动为中心,融艺术、游乐、商贸、民俗等活动为一体的寺庙文化社会现象。"文化大革命"时期,庙会中止。

改革开放以后,庙会开始复兴,20世纪80年代,中岳庙会进入鼎盛时期,四面八方的善男信女,巨贾客商,巫医药师,百工杂役,民间文艺等,千里迢迢拥向庙会,小商小贩更是纷纷云集,生产生活资料大量上市,叫卖声不绝于耳,形成辐射周边数百里的区域性物资交流大会,日客流量达10万人以上。

据《登封县工商志》载:1981年10月中岳庙会到会者就有68万人次,庙会上商品成交额达到213万余元,同比增长43%。1984年10月庙会前,登封县工商局在《河南日报》和省电台刊登和播出广告,并向全国各省市发出会报和邀请书,致使当年到会110万人次,其中工商企业750户、2000多人,文艺团体12个,另有外地8省12市24县的人到会,还有5个友好国家的外宾多人,会上成交额220万元。1985年春,中岳庙会赶会人员70万人次,工商企业598户,个体商户413户,大会在中岳庙前广场陈列商品16条街,成交额160万元,物价稳定,秩序良好。1987年10月庙会,成交额上升到200万元。20世纪90年代以后,古庙会人数逐渐减少,规模逐步缩小,经济效益逐年下降。

2000年后,古庙会再次兴盛。据不完全统计,每年上会人数少则几十万,多则上百万。2003年10月,上会人数达30余万人,除本市商户外,省内外商户达100多家,营业额200余万元,参与庙会经营的当地群众人均纯收入均在1500元以上。2005年庙会期间,人流量直线上升,全年上会人数达50余万人次,营业额达450万元。中岳古庙会的健康发展不仅繁荣了登封经济,而且已成为宣传登封乃至嵩山文化的一个窗口。

2. 风穴寺古刹会

风穴寺在汝州市县城东北十公里的群山环抱中,创建于北魏,距今已有1400多年的历史。明万历年间,规模最为宏大,有殿堂禅舍350余间,拥有寺产土地2000余亩,僧众1000余人。清乾隆皇帝曾赐予寺内如意钩和念珠各一件,御书"大雄宝殿"、"千古香烟"两幅匾额。寺内现有保存完好的唐塔、宋钟、金殿、明佛,为河南省第一批重点文物保护单位。寺周山清水秀,古柏参天,自然风光如画,有珍珠帘、大慈

风穴寺古刹会

泉、玩站台、仙人桥、锦屏风、望州亭、吴公洞、悬钟阁八大景,还有七十二小景、三十六福地,确是旅游胜地。古往今来,许多墨客骚人留下了大量优秀的诗篇。

古刹会在嵩山地域遍地皆有,惟独嵩山南麓临汝的风穴寺会与众不同。就时间来说,一般庙会都在白天进行,风穴寺会却在夜间。说的是农历六月十九会,其实是这天散会。从三天前就有人来到,十八日晚,人数达到高峰,真正的会期在这天夜间。就性质而言,一般庙会是拜神、唱戏、商品贸易三种活动的综合性群众集会。而风穴寺会除了饮食瓜果之外,不搞商品贸易;参禅拜佛的人也为数极少;绝大多数人是为了娱乐、避暑、游览观光。所以,这个古刹会也可以叫避暑观光会。

会期正当三伏酷暑,风穴寺气候凉爽宜人。人们相约结伴,进山避暑,旅游观光。农历十八日夜,各地群众组织的地摊戏在寺内寺外到处演唱,通宵达旦。听众多的,演唱者自然兴致勃勃;没有听众的,演唱者悠然自乐,不减雅兴。地摊戏多唱曲子、梆子、越调,由听众各择所好。还有唱鼓子曲的,唱三弦书、坠子书的。寺内僧侣也组织"吹歌社"为游人演奏,以管子领奏,笙、箫伴奏,别有一番幽雅脱俗之风。据老年人说,最多的一次曾见过48摊。唱奏声此起彼伏,再加上寺内和尚的诵经声、击磬

声、木鱼声、钟声,交织成一片和谐的音乐。老太婆们成群结队敲起铜钵、木鱼,手舞足蹈地唱起"经歌",一人唱众人和,在殿前走起"剪子股",像是在佛前祈祷,又是自娱自乐。

一番喧闹,似乎污染了佛家清净之地。于是,十九日傍晚,往往乌云滚来,在雷鸣电闪中下一场"净寺雨",把山林古刹冲刷一新。

据统计,1984年的农历六月十九,前往风穴寺赶会的人达三万之多。每年这天下午3时便下起倾盆大雨——三伏天,本来是多雨季节,因而"净寺雨"很少有不下的。

3. 纸坊街火神庙会

汝州纸坊街火神庙会会期是农历正月二十八日。火神庙内的火神塑像,原在一乘木制轿内,平时抽去轿杆置于殿上,需要时可用轿杆抬走。每当过罢元宵节,就会有附近村里的人将火神"偷"走,然后向发起火神庙会的火神社透露火神的下落。到会期的两天前(正月二十六日),社中人带上金瓜钺斧、龙凤旗幡等全副仪仗,抬上供食,一齐出动多路铜器,放着冲天火铳,到"偷"神的村前迎接火神。"偷"神的大多是缺乏文娱活动的村庄,借此换来一场热闹,皆大欢喜。火神迎回后,即搭台唱戏,庙会上的商业活动正式开始。

4. 温泉庙会

汝州温泉庙会是河南省历史上有记载的最早庙会之一。汝州温泉素以温高、涌量大、富含多种微量元素而著称,历史上曾有9帝13妃到此洗浴。公元1161年3月10日,金暴君完颜亮于洛阳赴温泉打猎沐浴。4月17日下诏,150里以内的州县一律派商贾来温泉"置市"。其后渐成习俗。每年的农历初五、初十,汝州、汝阳、鲁山3县的群众云集于此,多时达数万人。

5. 郑州塔湾庙会

塔湾在郑州老城东北角,是唐朝开元寺所在地。开元寺建于唐开元元年(713年)至唐开元二年(714年),原有两道山门,一所佛殿,一座佛塔,供奉着如来佛像。殿堂山门毁后,一度只剩下佛塔,人们就把这个地方叫作塔湾。据说这里自唐朝开元寺建成就有了庙会,会期从农历三月十八至四月十八,历时一个月。赶会的人主要是烧香拜佛。会上有社火、戏剧、杂耍等娱神活动,也有农产品和其他商品交易。清朝庙会最盛世时期,河南各州府县以及山东济南、河北保定都有人前来赶会,从老城西门里到东城墙根,赶会的人挤拥不动。殿堂倒塌以后,求神拜佛的没有了,却成为药材、骡马交易会。此外,因会期在三四月间,临近麦收,会上买卖桑杈、扫帚、木锨、镰刀等收麦、打场工具的很多。

6. 郑州城隍庙会

郑州城隍庙会是郑州地区古庙会。明太祖洪武三年(1370年)重新敕封各府、州、县的城隍封号,敕封郑州城隍为"灵佑侯",并建庙祭祀,所以又称"城隍灵佑侯庙"。

城隍庙位于市区商城路东段(老城东大街)。大殿红墙绿瓦,飞檐斗拱,建筑宏伟壮丽。庙内曾塑有城隍爷、城隍奶奶、判官小鬼泥像。民间传说,城隍是坐镇地方的神灵,各地的城池都归城隍管着。因为城池多了,各地就封了许多大大小小的城隍。郑州的城隍封给了汉朝的纪信,管辖72州县。按民间迷信,城隍是掌握人间善恶的神灵,人们在阳间作了善事和恶事,到了城隍那里,便"善有善报,恶有恶报"。所以迷信的人,对城隍都十分敬畏。

庙会兴起当在庙宇建成之时,会期从三月初一至三月二十八,与塔湾会手搭手连在一起。"民国"五年(1916年)《郑县志》载:"庙会最盛,自十五日起,士女答赛拈香,或奠献花果,或恭悬匾额,或割股披红,或枷锁服罪,并有买卖赶趣,香茶细果,酒中所需。凡儿童玩物,例如彩妆傀儡,莲船战马,钖笙鼗鼓,枪刀剑戟,零碎戏具,样样成市。至一切耕具农器,尤属各色俱备。"20世纪50年代以前,城隍庙会期间,地方组织演戏、玩社火等以娱城隍神灵。三月十八日俗传为城隍灵佑侯圣诞,庙会最盛,四方百姓纷纷前来还愿许愿、祈福祈寿、进香摆供,有的儿女媳妇为父母公婆行孝,用竹篾秫秆扎成三角枷套脖上,来给城隍烧香磕头以赎其罪。庙会期间,各种买卖兴隆,粮食茶果、农耕器具、儿童玩具等种类繁多。从会头到会尾,城内几条街上总是人山人海,热闹非凡。20世纪80年代以后,由于各种大型专业批发市场和零售商场的发展,庙会逐渐衰微,规模大不如从前。

郑州城隍庙会

7. 郑州葛仙庙会

位于郑州小李庄葛仙庙,会期为每年农历九月初九。葛仙庙会历史悠久,但具体建庙和兴会年代已不可考。民间传说葛仙爷掌握着人间种靛收成的好坏,过去小李庄及其附近的几个村庄如关帝庙、孙八寨、齐礼阎、路寨等,大多种植染土布用的蓝靛,为求葛仙爷保佑种靛取得好收成,小李庄等村协商集资建了葛仙庙,每年九月九日起会拜祭。葛仙庙西侧是关帝庙,两庙相邻,庙会同期,因此庙会规模盛大,会上除唱戏和饮食叫卖以外,还有牲畜、土特产、农副产品、生活用品、小型农具、各种用具等买卖交易。20世纪80年代以后,人们生活逐渐富裕,心情舒畅,每逢会期,都要到会上走走转转,方圆百里的商贾摊贩也蜂拥而来,货摊挤满小李庄街,西至关帝庙,东至金海大道,农具、百货、针织、布匹、服装、饮食、玩具等应有尽有,还有戏剧、社火、文艺节目助兴,异常热闹。

8. 郑州虫王庙会

位于郑州南郊佛岗村虫王庙,会期为每年农历十月初十。从清康熙初期(1662年)至光绪三年(1877年)的200余年间,这里经常大旱少雨,蝗虫灾害时有发生,往往造成粮食减产甚至绝收,给百姓带来了很大灾难。光绪三年,郑州城南13个村联合,集资在佛岗村北建起一座虫王大庙,起会祭神,求虫王保佑这一方不生蝗虫之

郑州虫王庙会

灾。每年十月初十，13村会头协商集资，摆大供祭祀虫王，周围百姓也都来上香磕头。会期正值秋高气爽之季节，方圆十几里群众竞相赴会，会友串亲购物，赶会者达几万人之多。会上商品多为布匹、衣服、日用品、农具等。

9. 郑州南关眼光庙会

郑州南关眼光庙会

位于郑州城南眼光庙，每年农历三月一日起会，至三日结束，会期3天。眼光庙建造年代和庙会起始时间已无从查考，但清乾隆以来庙会就非常兴盛。庙会上各种买卖都有，以药材、骡马交易最多。庙会期间各地商贾云集，生意兴隆，再加上演大戏玩社火等，非常热闹，上会者达数万之众。"民国"初，庙宇年久坍塌，庙会渐衰，后被药材骡马大会所取代。

10. 郑州裴昌公庙会

裴昌公庙位于郑州西大街北边，约建于清代，庙会当兴起庙成时，每年三月二十日逢会。民间传说裴昌是黄帝时人，曾佐黄帝采药，擅治疮癞，世人害疮求之甚灵，俗转呼为"皮疮公"、"疙瘩爷"。据说郑州裴昌公庙里的香灰可治口疮、羊胡疮、疥毒等，诚心祷求每每灵验。所以每逢庙会之日，四乡男女叩拜焚香、求医求药者络绎不绝，或为自己，或为父母，或为子女，或为亲友。一些做买卖的也来赶趁生意，吃食杂果、针线布匹、玩具用品等货摊摆列街道两旁，来来往往，十分热闹。

11. 商都春节民俗庙会

郑州是华夏文明的发源地，也是春节和民俗庙会的发源地。郑州商都春节民俗庙会包括庙会旅游、群众体育、歌舞表演、民间绝活、天下名吃、民俗工艺、花灯展览、互动游戏、爱心祈福等节目，还有四世同堂过大年、台湾青年大陆行、童玩节等公益活动，以及寓意祛灾迎祥的吉祥物、"年"雕塑展示。通过一系列春节民俗庙会活动，"年"的形象在人们的心中更加清晰、具体化。

12. 巩义侯地祖师爷庙会

位于巩义市南白云山顶的祖师庙，每年三月初三为庙会期，由侯地和安头的5个村轮流举办，始起年代已不可考。每逢大会，山下会场要搭起彩色殿堂，三月三日早上，会首带领各神社到白云山祖师庙，用"盘子"（轿子，上张黄金伞）奉迎祖师爷下山（即把祖师爷神像放盘子里抬下来），各路神仙表演队随轿表演护送，直到把祖师爷像送进彩殿内，各地来的善男信女便开始在殿前摆供烧香、磕头祷告。各神社表演到下半天，再将祖师爷（像）送回白云山祖师庙。这时赶庙会的群众开始抢着拿殿内的供品，谁能抢到供品便被认为有福气。抢供品的热烈场面是庙会的高潮，所以这个会又叫"打/抢殿子会"。

13. 巩义站街佛教大会

巩义市站街镇的佛教大会,会期10天,从正月初七至十七,初七为正会,主要是举着火神、关帝、龙王、马王、祖师等神像及各种神社的彩旗,带着社火、鼓乐表演队来会上助兴。二三十个神社排队三四里长,从巩义老城出发,边表演边行进,到站街继续表演直至天黑。夜晚放河灯,家家户户将自制的纸灯置于一小木板上,一齐放入洛河里顺水漂游。一时洛河上千灯万盏,灿烂光明,直至天明。其后9天为物品交易,四乡群众前来赶会,或买或卖,每天都有数万人。

14. 巩义花垌垯庙会

该会会址位于巩义市东北郊石河道,会期为正月二十八日,当地群众有"收花不收花,单看正月二十八"的俗语,民间传说这天是棉花神——花垌垯奶奶的圣诞之日,此会主要是祭拜花垌垯奶奶,祈求棉花丰收。同时因为春耕大忙时间将临,所以也是为春耕春播做准备的交易会。会期有社火、大戏助兴,交易以农具、牲口、粮种、山货为主。20世纪60年代以前此会一直兴旺,四乡赶会者常达数万人。此后逐渐衰落,再未出现以前那样的盛况。

15. 巩义玉仙圣母庙会

玉仙圣母庙位于巩义市老庙山凤飞岗下。传说黄帝时,有一名叫玉仙的村姑在此山中协助嫘祖植桑养蚕、取丝织布、教化天下,因而被后人尊为玉仙圣母,唐朝时修建玉仙圣母庙,并起了会,会期从三月初一到十一,共10天。此会的祭拜仪式十分盛大,传说玉仙圣母有366个闺女,三月初一每个闺女都要带着神社表演队来朝拜圣母。可能因圣母为女性,会上音乐演奏不兴大锣大鼓,都是雅乐细社和较文雅的舞蹈表演。据说庙会最盛时,曾有366路细社前来表演,最少时也有二三十个。届会期间,周围登封、新密、荥阳、偃师、温县成千上万的人来这里朝拜进香、游山观景。

16. 巩义火神庙会

位于原巩县城北界沟火神庙,向东经过白沙滩,延伸到白沙集,系明嘉靖年间白沙与孝义联合兴起的庙会,初为祭拜火神,后来逐渐变为物资交流大会。会期从正月初七至初九共3天,初七为正会,有社火、大鼓社、细社、高台、演戏助兴。初七这天,会首站在戏台上把红旗一摆,正会开始,八台大戏一齐开锣。会上日杂百货、布匹绸缎、干果糕点、猪羊牲畜、农器家具、山珍海鲜,

巩义火神庙会

应有尽有。常常吸引洛阳、偃师、孟津、登封、荥阳等地的人前来赶会,多者每天五六万人,少者也有一万余人。

17. 登封舜帝庙会

位于登封徐庄乡南舜帝庙,会期为每年农历三月二十七日、四月四日、九月九日。庙会兴起年代已不可考,庙旁有舜帝庙村,村以庙名。每逢会日,搭台演戏、演奏歌舞,以娱舜王和娥皇、女英诸先祖神灵,四乡群众前来上香摆供、祭祀祈祷,求保风调雨顺、四季平安。因东配殿供有广生圣母神像,所以会期还常有很多妇女老妪来此焚香求子。此外,商贾云集,互通有无,使庙会十分兴旺。20世纪30年代后,庙宇及其附属建筑渐被暴雨洪水冲毁,庙会上的祭祀仪式被取消,只剩下唱戏娱乐和产品贸易,依然非常热闹。

18. 新密超化古刹庙会

位于新密市南超化村超化寺,会期为农历四月初八。超化寺建于隋开皇元年(581年),随后即兴起庙会,唐宋为鼎盛时期。传说四月初八是佛祖释迦牟尼圣诞日,故此大会主要为诵经拜佛而起。会日几千僧众诵经讲法,朝拜进香者络绎不绝。四月初八麦已挂黄,著名的超化蒜薹正在收摘,这个会实际上又是麦前物品交易会。会上卖蒜薹的、卖秋庄稼种子的、卖镰刀、大竹扫帚、扁担、木锨、桑杈等收麦打场工具的,摆满一街两行。邻近县乡的农民都趁此机会买些东西准备麦收,所以四面八方前来赶会者人山人海。

19. 新密洪山庙会

位于新密市东南陈庄村北洪山庙。洪山庙建于元代,供祀"洪山真人",同时兴起庙会,会期为每年清明节。会上有吹歌、社火、戏剧表演。据说洪山真人原籍河北,本姓顾,为宋朝名医,隐居洪山为群众医病,兼医牲畜,受到人们敬仰。清明前后正是植树季节,因此庙会上除有各乡的窑货、铁器交易外,最多的货物是药材和树苗,新郑、长葛的树农与禹州的药材商都把树苗、药材运到会上来卖。洪山庙会一直都很兴隆,每个会期赶会者达数千至数万人。

20. 新密药王庙会

位于新密市东南来集镇李堂村药王庙,庙中供祀古代伟大医药学家孙思邈,会期从农历九月十五至二十二日共8天。这个会上除歌舞戏剧外,主要为药材交易,黄河南北各州府县的药农药商都赶来做买卖,会场纵横十几里,摆满各种药材。四乡农民也都趁此秋后空闲时光前来赶会,祭拜药王,以求祛病消灾,同时在会上买些常用药材,以备不时之需。所以会上经常是摩肩接踵,人山人海。

21. 新密城隍庙会

位于新密市老城丁街城隍庙。城隍庙建于明洪武四年(1371年),随兴起庙会,会日为每年农历五月二十八。庙会有唱戏、社火表演、吹歌演奏以及杂技、曲艺表演。四乡百姓都来烧香求神,摆供还愿。因此时正是秋耕秋播的时候,会上产品交易以农具、条编和杂货为最多,如犁、耙、耧、绳、套、箩头、筐、篮等等。

22. 荥阳张村庙会

位于荥阳东南张村庙,唐朝时张村人在此建庙,并起庙会。每年农历二月二十七起会,二十九日结束,会期3天。庙会期间常有数台戏助兴,二十七日上午以炮为令,几台戏同时开演。会上药材、百

— 168 —

货、布匹、竹编、条编、山货、牲畜等交易摆列方圆几里地。新密、登封、郑州、许昌、洛阳等地的客商纷纷前来交易，每天上会者达数万人，素称荥阳一带第一大会。

23. 荥阳龙泉寺庙会

位于荥阳东北龙泉寺，此庙会为祭祀火神会，年代已很久远。正月初七为会日，各乡各村的社火都来表演，军张、袁垌的跑马，寨扬的独杆桥，关帝庙的棒棒鞭、大炮、笑伞，狼窝刘的大鼓，寺后的旱船、小车，韩寨的唢呐，冯寨的龙灯，北峡窝的跑驴，刘河的抬花轿，东吏村的水族舞，城关的打花棍、腰鼓舞，沙固的别官，王村的狮子锣鼓等，全县几十个村的民间文艺表演队汇集于此，数千人的表演队伍分场表演，轮流献艺，场面宏大，实际上成了民间文艺大赛会。方圆几十里的群众都来观看表演，多达数万人，十分热闹。

24. 牛心山庙会

牛心山位于偃师市大口镇南部。每年农历二月十四、十五、十六三天为牛心山庙会，期间附近几个县的善男信女们纷纷上山祈福。

牛心山亦称牛背山、文印山、南台山，万安山主峰之一，海拔583.7米，以形似牛心而得名。东45华里为登封嵩山少林寺，西45华里为洛阳香山龙门石窟。牛心山恰居其中。牛心山娘娘庙位于山顶，主要供奉送子观音，来祈求爱情、婚姻甜美，祈求早日生宝宝的年轻夫妻特别多。据说送子观音非常灵验，前来烧香拜佛的人络绎不绝。牛心山庙始建于明朝万历年间，曾于乾隆五年重修。牛心山庙门朝北。庙内最高处的观音大殿内供奉有坐莲台之观音菩萨，菩萨足有5米多高，神态安详，和蔼可亲。居中之观音菩萨比两侧的文殊菩萨、普贤菩萨略高半头。相传能祛百病健心智助财运的牛心就位于菩萨座前的香炉之下。据当地人说，每一天上山礼佛送子观音的可达十万余人。

庙会期间，附近的县市群众，纷纷将自己的拿手绝活在这里展示，各种民间文艺、戏曲、杂技、风味小吃都来这里交流。

25. 偃师市万安东镇火神圣社（庙会）

位于偃师市东南部的府店镇东口孜村。万安东镇"火神圣社"，实为当地百姓的一次文艺大汇演。参加范围包括南至佛光乡全体村，东至巩义市赵城、小巷村，西至府店镇西管茅，南至缑氏镇孙坡、扒头村。村村都有圣社文艺表演。按照以往的规律，这几道社每年轮流举办圣社活动。

万安东镇火神圣社与一般的庙会有所不同，具体说，万安东镇火神圣社由会首、会众组成。会首多是轮流，即每年轮流一次。会首往往还分为大会首、小会首，有时还会公推一位总会首。会首一般从举办的各道社中产生，会首必须是德高望重的。会众由各道社主要男劳力组成，会众的胸前一般缀上一缕红布条（丝线）。"火神圣社"举行时间在正月十四，会期六天。"火神圣社"举办祭祀火神程序及内容与时间安排为：正月十四，请神（迎神、接神），万安东镇旧时分为四道门：东门：紫气东来；西门：聚魁（清同治年间，改为"望龙"）；南门：佃财；北门：射斗。上午，会首组织由腰鼓、大鼓、龙灯等构成的"请神"队伍在前，紧随其后的"肃静""回避"牌、金瓜、斧钺、拳手等，从临时搭建的"神棚"出发，经过四道门，到李家祠堂（南）请神。会首带领会众依次将贡品摆放在桌上。三上香、三祭酒、行三叩九拜之礼，然后将火神从祠堂中抬出，安置在木制的"神楼"中，在仪仗、社火的簇拥下，走街串巷、游村过户（主要是到夹沟、西口子二村），各路社火各显神通做出精彩表演。最后抬回村中神棚安放。正月十五祭神（摆供），自早上四五点钟，万安东镇全村村民（含周围部分村民）凭其心向火神敬献祭品，分为看供、吃供。看供不能摆放其他神。上午10时左右，举行仪式，一是行三拜九叩礼；二是举行社火活动。正月十六敬神，举行各种文艺表演，包括狮子、大鼓、腰鼓、旱船等，每道社（或表演队）表演前率众在"火神"神棚前行三拜九叩大礼，并上香、裱、箔、放炮，然后进行表演。正月十七至十八娱神，"火神圣社"的神秘性主要表现在心理的虔诚和行为的庄重上，其神秘性的具体表现是：一、裱辞和誓言；二、经歌；三、献供的特殊性；四、对神像的敬奉。经歌是"火神圣社"娱神的主要手段。经歌又称神歌，由百姓在圣社上演唱。歌的内容多是唱颂神明的恩德与自己对神明的敬奉；语言一般朴素、生动，曲调优美，意境引人入胜。常常一人唱起，四面八方的香客共和。从语言文化的道理上讲，祷辞在于请求，而誓言在于感召。对火神神像的供奉，是圣社的神秘性特征更为具体的体现，主要表现在：作揖、鞠躬、叩首。正月十九送神，送神的主要步骤是：降神、奠献、叩拜、祠毕，整个过程井然有序。在进行祭祀火神活动后，圣社的文艺汇演按圣社的顺序安排照常进行。

26."三月三"偃师万安山庙会

"三月三"偃师万安山庙会

每年的阴历三月三，在偃师市境内的万安山都要举行庙会，游人如织。当地百姓称三月三日这天是祖师爷的生日，因此如潮的人流被称为"中国式朝圣"。

万安山位于洛阳城东南20公里处偃师李村、寇店乡与伊川县交界处，海拔930多米，其山势突兀，险峻挺拔，山顶有供奉真武大帝的祖师庙而远近闻名。万安山所处地理位置东接嵩岳，西达伊阙，共同构成洛阳东南面的自然屏障。顺着万安山北坡缓缓而上，从李村乡南宋沟登山，山腰依次有白龙王庙、玉泉寺、朝阳洞、磨针宫等古建筑。山南坡陡，高处山崖壁立。山西峰峦连绵，有"南天门"险景。在山的最高处，紧临南边崖嘴建有祖师庙，因此又称"北金顶"。如今，每年的三月三庙会，更是吸引了周边的游人香客纷至沓来，顶礼膜拜，踏青游玩。其时，沿途商贩云集，庙内香火颇盛。

"三月三"偃师万安山庙会的主要内容有物资交流、杂艺、文艺表演、特色小吃、祭祀祖师爷、踏青观景等。

27.偃师市高龙镇火神凹文化古庙会

每年的正月十九，是偃师市高龙镇火神凹古庙大会。庙会的活动内容有民间传统社火表演、附近村民的秧歌舞蹈、物资交流、宣传产品做广告、各种地方特色的小吃、各种杂艺活动、善男信女到庙内给火神烧香还愿等。当地的老年人说：这个庙会，古时候就有了，一直延续到现在，很火。每年的正月十七、正月十八、正月十九三天，不管是谁，也不管你是哪里人，只要你来火神凹了，都会一年四季都发财,日子过得红又火!

28. 九龙圣母庙会

嵩山有很多九龙圣母庙,尤以登封的康村和九龙潭为最大。嵩山地域人们敬奉的龙神主要是九龙圣母和九龙王。据说九龙圣母本是一位村姑,原名叫康凤英,机缘巧合,厚生九龙,女皇武则天得知后,封她为九龙圣母。嵩山地域特殊的历史、地理因素使人们对九龙圣母有着极深的崇拜,一求雨,二求家中平安、人丁兴旺,三求显贵。人们对龙王的祭祀非常严肃、虔诚,体现出传统的生产观念和生活观念以及对美好生活的向往。康村九龙圣母殿一年有三次庙会,二月二、四月初二、九月十九。这三个日子都各有说法,二月二是人们传说的龙抬头的日子,四月初二相传为九龙圣母生产之日,九月十九日相传为九龙圣母的生日,以后一次庙会为最大。四月初二因正值麦收前夕,人们也就趁庙会之机购买一些收麦所用的农具,如桑杈、扫帚、镰刀、箩筐、绳子、木锨等。因此人们后来也称这个庙会为"农忙会"。九月十九日庙会,方圆附近的群众都来赶庙会,远至郑州、开封、洛阳、许昌、平顶山的人们也都前来赶会。

29. 嵩山九龙庙摸摸会

每年的农历五月十五,是登封嵩山九龙庙的"摸摸会"。摸摸会,顾名思义,就是摸着黑儿赶会,缘于古代男女私会而渐渐兴起的"夜摸会"。

"摸摸会"是以登封市唐庄乡王河村九龙庙为中心而兴起的大型民间集体祭祀活动。参与人数众多,已有近500年的历史。它以生殖崇拜为信仰,通过还愿、祈求祭祀、民间社火、男女互摸等娱神娱己的娱乐活动,以实现谈情说爱,祈求良缘,求得贵子的美好愿望,再现了嵩山古老的"高禖"文化。

相传九龙庙中的九龙圣母十分灵验,古代未婚男女纷纷来此祈求良缘,已婚男女则来求赐龙子凤女,往往有求必应。传说农历五月十五是九龙圣母的生日,人们便在前一夜还愿,遂形成

嵩山九龙庙摸摸会(外景)

了每年一度的"摸摸会",如今这个习俗已成为河南省非物质文化遗产。每年的五月十四夜里上山,直到第二天早上下山,男男女女在山野、路径、林间祭拜、念经、彻夜游玩。在夜色中,九龙庙四周的岭崖上,峡谷里,星星点点亮起了灯笼。九龙庙和九龙圣母殿里,蜡烛生辉,香烟袅袅,有念老经的:"九龙圣母生九龙,千秋功德映岳峰……嗨嗨咪呀嗨嗨托",有念新经:"党的富民政策好,老百姓们齐赞颂;盛世带来好运气,共产党就是好神灵,嗨嗨咪呀嗨嗨托……"赶会的男女青年们也唱起了流行歌曲,跳起了迪斯科。念经声、唱歌声,婉转悠扬,在山谷中传响,在山巅上回荡。卖油条、水煎包和各种水果的叫卖声,相对和鸣。夜半时分,欢腾了大半夜的善男信女和赶会的人们,三三两两躺在石阶上,蹲在龙潭水旁,品尝着供品,畅饮着白酒、饮料,谈笑风生。翌日,朝阳从东方山坳露出,人们披着霞光离

嵩山九龙庙摸摸会

去。善男信女们认为，只要虔诚朝拜九龙圣母，便能生下贵子，加上中华人民共和国成立以前人们的婚姻不自由，男女青年借赶夜会之机，趁夜色谈情说爱，其中也不乏风流韵事，于是人们便嬉称为夜摸会。

摸摸会起源于哪个年代已经无从考证，自古有之。据当地年纪大的人讲，过去有不少女子婚后不孕，她们为了求子，便趁夜黑人静，来到九龙潭圣母庙内，祈祷求子。谁知圣母灵验，每来祈子的少妇第二年必生贵子。这一来，一传十，十传百，九龙圣母成了送子观音。后来，为了感恩，便把农历五月十五——九龙圣母的生日定为还愿日，人们从十四晚悄悄来此，天亮散去。由于摸摸会的存在，使嵩山地域形成了一种特有的民俗风情。时至今日，每逢会日，除本地的善男信女成群结队到此焚香还愿外，周边的群众也汇集于此，规模有上万人，"摸摸会"习俗一直延续至今。

30. 酒后祖师文化庙会

酒后祖师文化庙会于每年农历四月初一至初三在伊河东岸偃师市九皋山北麓的酒后村举行。庙会的"上社"，在整个河南地区的农村都很少有如此隆重的祭祀，全猪全羊规格，十余路响器吹奉，划旱船、踩高跷、舞龙、耍狮子、扭秧歌、二鬼摔跤等农村地道的习俗也将上演。最具代表的是"上社"的礼仪方式，原汁原味的地方特色。伊川县酒后村的祖师庙历史悠久，距今有一千余年的历史，香客云集，绵延不断。庙会规模很大，最大时有100余家文艺团体在此表演，商贸摊位近3000个，各种地方特色小吃的摊位上千个，四面八方到祖师庙祭祀的香客络绎不绝，每天有3万多客商云集于庙会市场，人山人海，车水马龙。

31. 洛阳关林庙会

关林位于洛阳市南郊7.5公里处的关林镇，相传三国时期蜀将关羽的首级埋葬在这里。冢前有规模宏大的古建筑群——关羽祠庙，俗称

洛阳关林庙会

"关帝庙"。百姓经常到庙里烧香磕头,不少达官显贵也来这里求神祭奠。随着流动人员的增多,商品交易活动相继兴起。据历史数据记载,过去中原地区庙会的交易规模,以关林庙会为最大。新中国成立以后,洛阳市人民政府对关林文物进行了重点保护和管理,到此参观游览的中外游客络绎不绝。每逢会日,更是人山人海,人数达10万以上,参加交易活动的除嵩山的伊川、汝州、登封、偃师、孟津、汝阳等十余县外,还有河北、山东、陕西、山西、湖北以及新疆等地的商户。洛阳市工商行政管理部门已将关林庙会作为重点集市规划和建设,按照划行归市的要求,分设粮食、木材、牲畜、农副产品、旧货等市场。每月农历逢三(初三、十三、二十三)为会日。上市摊位有3000多个,日成交额达30余万元。

32. 春节河洛文化庙会

春节河洛文化庙会自正月初一开始,正月初七结束,为期7天,来自全国各地的几十种风味小吃齐聚于此。庙会的文艺汇演中有"武皇十万宫廷乐舞"、"武皇致和"等雅俗共赏的河洛文化经典节目,有以洛阳百戏、吴桥大马戏、杂技为代表的民俗类节目,有以少林武术、散打为主的"武林风"专场争霸赛,也有以戏曲表演、戏剧擂台赛为代表的戏曲节目专场等百余个节目。观者如潮,参演艺人更是抖擞精神,尽展技艺。为适应不同层次观众的不同观赏需求,庙会还为相关爱好者们安排了书画作品展、面塑泥塑作品展、牡丹园艺展等展览活动,喜欢运动竞技的人们则有鞭陀螺、抖空竹、轮滑等各项趣味活动可以参加。由于春节河洛文化庙会是从洛阳各大公园春节庙会的的基础上发展起来的,所以庙会的地点不确定,每年都会有变化。如2007年在西苑公园举办举办洛阳春节文化庙会、2008年在中国国花园举办洛阳春节文化庙会、2009年在牡丹公园举办洛阳春节文化庙会。此庙会已成为洛阳市诸多入选国家、省、市非物质文化遗产项目名录的民俗绝活、民间艺术集中展示的舞台。

33. 洛阳牡丹花会

牡丹是我国著名花卉,被誉为花中之王。自唐宋以来,千余年盛传"洛阳牡丹甲天下"。1982年,洛阳市人大常委会通过决议,定牡丹为洛阳市的市花,每年花期的4月15日——4月25日为洛阳牡丹花会。千家万户倾城赏花的古老风俗又注入了新的活力。

洛阳牡丹花会

洛阳人栽培牡丹始于隋代,到了唐代武则天时,东都洛阳的牡丹已从宫廷普及到民间,"唯有牡丹真国色,花开时节动京城"。延及北宋,洛阳牡丹更是盛极一时,形成了"花开花落二十日,一城之人皆若狂"的观花习俗。男女老幼,簪花踏青,以至于到了日不尽兴、夜以继日的程度。北宋时洛阳已成为全国牡丹的栽培中心,在以后的600年间,繁衍到了河南的陈州、四川的彭州、安徽的亳州、山东的曹州等地,名满华夏,誉扬海外。

洛阳地脉花最宜,牡丹尤为天下奇。洛阳除了良好的自然环境外,再加之花匠们的栽培绝技,今天的牡丹花朵硕大,容颜端丽,花色奇绝,千姿百态,名品倍出。花的颜色分为红、黄、白、紫、粉、蓝和罕见的绿色与黑色。每类颜色又可区分出深、浅、浓、淡的不同。其花型有荷花型、皇冠型、楼子台阁型等,品种已达200多种,其中名品如姚黄、魏紫、欧家碧、鹤翎红、醉杨妃、玉天仙、二乔、璎珞宝珠等,各具殊姿,其数量已达十余万株。

每到花会期间,数十万株牡丹竞相开放,洛阳城中大小公园、路边花坛、家庭院落、窗户阳台均是牡丹花,洛阳成了一个花团锦簇的世界,不仅本城人千家万户争观牡丹,更有来自全国和世界各地的游客赶来观赏,每天不下数十万人次。明媚的春光里富丽多姿的牡丹更显得娇艳,惹得游人流连忘返,不忍归去。赏花的同时,还有不少人或吟诗,或描绘,或摄影,或歌唱,以助花兴。

34. 洛阳民俗文化庙会

洛阳民俗文化庙会

洛阳民俗文化庙会是洛阳牡丹花会的一项重要文化活动项目,庙会为每年4月14日至25日,在洛阳民俗博物馆隆重举行。庙会以弘扬河洛文化、展示民俗风情、丰富城乡文化活动为主题,精心组织来自全市各民间艺术团体和社火团队进行演出,有龙灯、狮舞、排鼓、腰鼓、秧歌、斗鸡等民间艺术节目。这些民间艺术活动既具有浓郁的中原地方特色,还处处洋溢着强烈的时代气息,吸引大批的中外游客前来光顾。

35. 伊川鸣皋南岳文化庙会

伊川鸣皋南岳文化庙会的会日为每年的农历三月十五。民间传说,南王爷和别人打赌,将南王奶奶输给了别人当丫鬟,南王爷和南王奶奶约定每年农历三月十五这一天相会,农历三月十六分别。多少年以来,每逢三月十五日鸣皋庙会,或多或少总要下雨,更为南岳庙会蒙上了神秘的色彩。位于伊川县鸣皋镇北衡桃山上的南岳庙,始建于公元493年北魏孝文帝年间,占地约20余亩,有前殿,后殿和东西厢房,庙里供奉着南王爷,距今1500余年。相传北魏孝文帝南巡至鸣皋,望见正南方鸣皋山主峰,联想到北魏政权已有四岳(东岳泰山、中岳嵩山、西岳华山、北岳恒山),尚缺南岳衡山。于是就尊鸣皋山为南岳衡山,建庙祭祀。该庙在"文革"时前殿和东西厢房被毁。后经鸣皋村民的组织募捐,重修了前殿和东西厢房,使千年古庙又恢复了原貌。

伊川鸣皋南岳文化庙会历史悠久,距今有1000余年的历史。每年庙会,当地政府都非常重视,特别邀请周边市县的文艺团体和大的商贸组织参加。庙会最大时,文化表演团体有100余家,来往人员最多时可达30万人,商贸摊位6000个,方圆几个省市的客商远道而来,参与经贸、民俗、文化交流。庙会中,民间社火,杂耍狮舞,风味小吃,香客唱经等,热闹非凡。

36. 金山寺庙会

金山寺位于伊川县白元乡白元村北,白元乡有著名的"五里三寺",即夏宝村的清凉寺、水牛沟村的净土寺和白元村的金山寺。清人张文德有《春日游净土、清凉、金山诸寺》诗:"晚来汲露煮茗芽,古寺无人犬护家。座上真文余贝叶,阶前云气绕昙花。蒲团半纳随藜枝,舍利多珠隐木瓜。为问老僧何处去,白云深锁众峰斜"。

农历二月初八,为一年一度的伊川县白元乡金山寺庙会日。庙会期间,周边几十里的百姓蜂拥而至,村村寨寨的社火全都来此表演,把庙会营造得热热闹闹。特别是近几年来,这里已经不再只是善男信女烧香拜佛的聚会,这一天,商贾云集,杂耍的、演艺的、卖小吃的、搞活动推销的以及借会上宣传产品、做广告的各种商业摊点应有尽有,完全是山里一道靓丽的风景线。

三、春　会

每年开春以后的会叫"春会",其中多数是庙会。仅农历三月之内嵩山地域比较大的就有45处之多。处于同一个地区的村庄,往往把春会的日期错开,互不重复,致使春节过后到春耕大忙之前,几乎天天都有会。遇到春会,主办村便请一台大戏,少者唱一天,多者连唱三天三夜。也有演电影、请唢呐班子演奏的。

春会风情

四、时　令　会

嵩山地域部分村庄的会,是根据时令需要而设置的。如有些村庄在清明节举办的"清明会",是以会为依托,进行祭扫祖墓活动的;有些村庄在小满节气到来那天举办的"小满会",是为老百姓在麦收之前置办杈、耙、扫帚、镰刀等劳动工具而设的;腊月内的会一般都叫"年会",是群众置办年货的盛会。

五、物资交流会

物资交流会是一种特殊形式的集市贸易。它的特点是间隔时间长,一般一年或半年举行一次;交易时间短,一般两三天,最长5天;规模大,上集人数和商品品种数量,都可达到平常集期的几十倍乃至上百倍;影响面广,参与交易的不仅有本地的,而且有来自邻县以至外省的,称得上商贾云集。

物资交流会可分为两种:一种是传统的旧庙会沿袭下来的,一种是新中国成立后由政府有计划、有组织、有领导地安排的。前者有固定的日期，后者的日期一般不固定，亦有少数固定的。

综合性的物资交流会的货品主要是农业生产用具、家具、衣帽、服装鞋袜等用品。广大群众总是把一年所需的主要生产用具和生活用品的购置，寄希望于物资交流会，并形成风俗习惯，因此成交额也特别大。而专业物资交流会则限于同专业的物资。

物资交流会在对外经济联络与交流、促进当地经济发展、活跃城乡物资交流、便利群众生产生活等方面，都起着不容忽视的作用。

（一）综合物资交流会

20世纪80年代以后，农村物资交流大会已成为嵩山集市贸易中的一种重要的交易形式。它有固定的日期。一般都是趁着农村村庄里的长街道，一街两行，搭起各色的帐篷，摆起各种小商品的摊位，货物齐全，价格可以根据老百姓的砍价，或高或低。这种纯朴的交易形式，很受嵩山人们的喜爱。

（二）专业物资交流会

专业物资交流会是指交流会的物资限于特定的专业，如郑州药材骡马大会、禹州中药材交易大会等，这种专业物资交流大会都是面向全国的，因此改革开放以后，不仅办得有特色，而且特别隆重。

郑州药材骡马大会

1. 郑州药材骡马大会

郑州药材骡马大会是近代兴起的商品交易会。1898年至1906年，陇海、京汉铁路相继通车，郑州成为中原的重要商埠，药材行业一度十分兴隆，以南大街为中心，东大街、西大街以及南关开设了很多经营中药材的商铺。"民国"初年，城里一些绅士和药行老板倡议，在原眼光庙会的基础上兴起药材骡马大会，有些人仍习惯称其为"眼光庙会"。会期分春秋两季，时间各一个月，春季会从三月初一开始，会址在南关一带。为招徕客商，大会期间定有豫剧、曲剧、越调三台大戏，连演一个月。会间以药材、骡马交易为主，禹州、汉中、邯郸等南北药材商人，漯河、周口各地骡马商人都赶来交易。此外，粮油果蔬、百货布匹、金银首饰、农具杂货、鸡鸭猪羊等各种产品都有专设交易场地，买卖兴旺，盛况空前。抗日战争爆发后交流会一度中断，1950年恢复，会址、会期不变。

2. 禹州中药材交易大会

禹州是我国中医药文化发祥地之一，具有悠久的中药材种植、采集、加工历史。早在唐朝初年，一代药王孙思邈就长年在此采药行医，著书立说，所以有"药王爷在禹州"之说，并留下了"医不见药王不妙，药不经禹州不香"之说。

从自然形成的药材市场,到受到众商家青睐的药材集会,再到目前现代化、规模化的药材交易大会,禹州药会历经千年沧桑,在繁华与没落间形成了自己丰富的医药文化。据《禹州市志》记载,元世祖至元元年(1264年),禹州已成为药材汇集之地,"填满街市,犹如粪土,故药农及深山大壑采药者往来不绝"。明太祖洪武年间(1368年),朱元璋刚刚统一中原地区就诏令全国药商集结钧州(今禹州),恢复了元末遭到战乱破坏的药业市场。到明朝崇祯十七年(1644年),药商已结帮而至,并在禹州筹建栈驿。乾隆十三年(1748年),原设于新密的洪山庙药交会因交通不便而迁至禹州西关,会期为每年农历三月一个月。从此,禹州的药材交易进入鼎盛时期,药材交易的规模越来越大。乾隆二十七年(1762年),禹州药市由南街迁至西关,并把会期增设在春、秋、冬三个季节。每逢会期,"内至全国22省,外越南洋、西洋,东及高丽(今朝鲜),北际库伦(今蒙古国乌兰巴托),皆舟车节转而至"。此时,季节性药会与常年性药市已成为一体,药材规模及交易量均达到历史高峰。至清朝末年,禹州城内城外经营中药材的商户有800多家,居民十之七八以此为生,出现了"无街不药行,处处闻药香"的繁荣景象。禹州的中药材市场从明到清发展到鼎盛时期,持续了200多年。但到"民国"年间,由于军阀混战、兵匪猖獗,药商屡遭抢劫,原先的药行纷纷迁址或停业,禹州药材市场日渐萧条,闻名全国的"药都"禹州也从此衰落。

中华人民共和国成立后,经过对工商业的社会主义改造,药业市场由国有药材公司统管,禹州传统的中药材交流大会从此中断。直到1985年3月,中断30余年的禹州药会才恢复交易。但由于当时参会的单位和代表有所减少,商家交易谨慎,成交额较小,禹州药会不得不于1993年中止。2002年5月,经过多方努力,禹州中药材交易大会又得以恢复。2003年中国禹州中药材交易大会在禹州市举办,来自国内外的600多家著名制药集团、医药企业代表及投资商参加了药交会,大会举行了项目签约仪式、项目发布会和中医药发展史论坛,还举办了医药产品展览展销及中药材信息发布会,达成投资和贸易协议301项,协议资金9.08亿元,其中投资协议10项,协议资金3.2亿元;贸易合同291项,合同资金5.88亿元。

禹州市中药材市场是集生产、加工炮制、交易于一体的全国17家定点中药材专业市场之一。截至目前,中药材种植面积达40万亩,上市品种几千种。

六、著名集市

嵩山地域著名的商业集市有郑州的管城、七里阁,洛阳的老街,巩义的东站镇、孝义镇、回郭镇、米河、小关、涉村,登封的大冶镇、大金店、颍阳,新密的超化镇、下庄河,荥阳的汜水、古荥镇,伊川的江左镇,新郑的老城、禹县的白沙镇,偃师市的三家口,临汝的城关镇等。这些集镇都位居交通要道,有铁路、公路贯穿其间,集镇上的人大都既务农又经商,南来北往的见得多了,做起生意来得心应手,交易很是活跃,自古以来就是嵩山有名的集贸市场。从清末到中华人民共和国成立前夕,商业经济以粮、煤、盐、布最为兴盛,其他各业齐全,颇具规模。后来,随着嵩山地域经济的发展,成为煤炭、铝石、机械、粮食、蔬菜、日杂用品的集散地。

中华人民共和国成立以后,集市的建设随着行政区划的变更而不断发生变化。原来是以区或公社兴集,20世纪80年代以后,行政区划由公社改为乡镇,以乡政府所在地建立贸易市场。这些市场的先后建成,完善了商品交易市场体系,增强了辐射能力,对沟通城乡物资交流,发展商品经济,满足人民群众生活需要都起到了重要作用。

七、特色市场

20世纪80年代以后,嵩山地域的各县市开始筹备兴建大规模的综合性集贸市场,成为集吃、住、购物于一体的大型购物商场。20世纪90年代,各县市相继建成商埠大街、自由贸易城、商贸大世界、购物广场、商业长廊、夜市小吃一条街等大型商业贸易中心,而且采取多种形式培育中小型综合市场,利用畜牧、商业、物资等部门的设施和场地,不失时机地开办建筑材料、小商品、水果、蔬菜、木材、废旧车辆交易等专业市场,建立大中小相结合、综合与专业相结合、集中与分散相结合、因地制宜、布局合理、多形式多功能的市场网络,形成万箭齐发、遍地开花的局面。

(一)夜市

郑州、洛阳市的夜市也出现了繁荣的景象。大城市的夜晚变得热闹无比。很多干部、工人在下班之后,也摆起了货摊,加入了生意买卖的队伍。在一些大街小巷,形成了小吃街、服装街、杂物街等一道道颇具特色的风景线,使城市的夜晚也有了难得的繁华。

夜市一景

在这种特殊的商业大潮中,各县市的夜市也开始遍地开花,县城市区不但有了夜市,即便在很多乡镇所在地,也有了夜市。如登封市有名的光明路夜市,是市民夜间常去之处。1995年以前,县城的夜晚只有少数卖烧鸡、烧饼的摊点,设在原菜市街。后来,夜间小吃摊点集中在光明路,更多的小吃商户参与夜市经营,夜市规模日益扩大,经营品种日益增多,旺季达100多商户,经营品种100多个,年营业额达300多万元。夜市整洁卫生,秩序井然,既有浓厚的地方特色,又有山陕面食、云贵米餗、西部烧烤和四川麻辣等浓郁的民族风味。国内一些著名的演艺界人士来嵩山地域演出时,曾到此夜市品尝小吃;美国、英国、日本、新西兰等到登封旅游的国际友人也频频光顾夜市。每当夜幕降临,夜市霓虹闪烁、香气扑鼻,人来人往,成为市区一道亮丽的风景。

(二)商埠街

20世纪90年代,嵩山地域各县市相继建成商埠大街,作为大型商业贸易中心。以登封市为例,有两条这样的商埠大街,分别为西商埠街和东商埠街。

登封西商埠街位于市区嵩山路中段,于1994年筹资3000余万元兴建,主要经营各种中高档服装、钻石、手表、玉石、照相器材、各种装饰品等。十几年间,市场规模日益扩大,经营品种日益增多,金利来、步森、七匹狼、阿依莲、波司登、梦特娇、花花公子、石头记等知名品牌产品专卖店纷纷进驻该市场。该市场有商户300余户,经营品种500多个,其中名牌产品150多种,年营业额达3000多万元。

登封东商埠街位于市区菜园路中段,于1996年筹集资金5000万元兴建,市场建筑风格为沿街建设,两边建筑为5层楼,其中一二层为经营店铺,三层以上为写字楼。现有商户200余户,主要经营各种高档服装、首饰、名烟名酒、文化娱乐产品、旅游纪念品等,年营业额达2000万元以上。市场十分繁荣,是市民尤其是白领人员购物的最佳去处。

(三)星期天市场

改革开放以后,特别是在走向市场经济以后,嵩山地域县(市)中的机关干部,也纷纷到商海中一试身手,他们也利用周六、周日两天的假期,批发进一批生活用品,先是在附近城区的街道上,摆一个小小的摊位,试一下经商的能力,在工作之余,也算是小有收获。一开始人不多,后来有的县市区工薪人员参加的多了,就形成了一个特殊的市场,名曰"星期天市场"。

各县市开办的星期天市场,为下岗失业人员再就业提供了方便。后来时间长了,参加农村物资交流大会的商家们也索性走进星期天市场中,两者合二为一,规模变得更大,经营的品种也就越多了。

八、超市商场

自21世纪,嵩山地域各县市开始出现连锁经营的超市和各类连锁店,乃至量贩、专卖、代理经营的商店,它们主要分布于市区和主要村镇、工矿区、学校及医院附近。超市这个新生事物,一经引进到嵩山地域就立即刮起了一股强劲的超市风。一些大的商店纷纷改为超市,除郑州、洛阳大城市中有了特大型的超市外,每个县市都有了大型超市,内有各类商品专柜,购物者可以任意去挑去拣。超市中都设有现代化的电梯,一连几层楼的上上下下,随意方便,极大满足了人民的购物需求。没有几年的工夫,超市就

超市一角

已经普及到了大街小巷、乡镇村庄。现在,县市级的城区中有多家大型超市,各乡镇有中型超市,村庄里有小型超市,超市几乎涵盖了整个社会。在这种超市盛行的大风中,不知不觉间,原来老式的商店已经消失了。"商改超"、"农改超"、"农加超"的经营方式改变了传统的市场经营和管理模式,对商品零售业态和经营理念起到了很大的推动作用。

与此同时,各县市的农贸市场、建材市场、水果批发市场、废品收购市场、服装交易市场、小商品市场、矿产交易市场、家电市场、汽修交易市场、纺织品市场、旅游产品市场、纪念品市场、专业烧烤市场、花卉市场等各类市场种类更加齐全,功能更加完善,一个多种经济成分和多态经济形式共同发展的商品市场网络已经形成。

第三节　市井百态

嵩山地域的集市聚集着各种各样的小商小贩,他们所经营的行业和别出心裁的经营方式构成了嵩山地域独具特色的市井风情。

一、坐　贾

嵩山地域的各县市区都有着非常大的生意区。如荥阳的汜水,郑州的管城,洛阳的老城,巩义的回郭镇、夹靖口,登封的大金店、大冶、颍阳,新密的超化,禹州的老城,伊川的西街,偃师的缑氏,汝州县城等,都是著名的商业区。

城乡集市的商店,古时称为"商号",一般都有个固定门面和招牌,上写字号名称,而且不同类型、不同性质的商号,大都有个含蓄典雅的字号,如"昌盛金店""隆昌布行""明盛魁""四海大染房""广兴肉铺""丰源纸行""天中大药房"等,均由当时著名的书法家写成招牌悬挂门首,借以招揽顾客。嵩山地域的县市城区、乡镇的所在地,都开有大小不等的商业店铺。

嵩山地域的商号还有另外一个特征,那就是不同专业店铺都挂有不同的象征性符号作为自己的招牌。如剃头铺门前会挂一撮长头发,肉店门口会挂一猪水泡,竹具铺门前会挂一捆竹木等,让来到嵩山地域的顾客能够一走到大街上,对所选的门店便一目了然。

二、行　商

嵩山地域古时的行商,大都是些小商小贩,或担,或挑,或背着货物,走街串村,靠口喊告知人们,有的则凭人所共知的器械来招徕顾客。

(一) 食挑儿

食挑儿,俗称担挑子卖货的商人。旧时,经济落后,嵩山地域的城乡常有人担挑子卖货,所卖商品大都是一些简单的食品,如盐、油、糖人、豆腐、馍、绵枣等吃食。

1. 卖油郎

卖油郎以敲木梆子为业号。他们带的有花生油、芝麻油、豆油、棉籽油、菜籽油和野蒿油,农民可根据油类的不同,用自己生产的油料如花生、芝麻、豆子、棉籽、菜籽、野蒿籽等来换取,当然也可以用货币购买。

2. 卖盐担

卖盐担主要靠口喊"称盐舀油（煤油）卖洋火"来招徕顾客，可用鸡蛋交换商品。

3. 吹糖人

吹糖人以打小铜锣为号，用所担小锅盛糖稀，边吹边捏成人物、鸟兽等形状的小玩意，以换取头发、绳头、烂皮、旧衣物等东西。

4. 卖吃食儿

嵩山地域有各种各样卖饮食的小贩，包括卖烧饼夹卤肉或豆腐串的、卖芝麻糖的、卖各种瓜果的，等等，这些人大都是担着两个盛满货品的大木箱或两个木桶，走街串巷，边喊边卖。

5. 绵枣挑儿

嵩山绵枣经过当地人的泡制，变成一种滋阴泻火、养颜凉血的甜汁，很受人们的喜爱。随着人民生活水平的提高，这种带有保健性的食品越来越受到人们的青睐。如今，这些卖嵩山绵枣汁的挑担郎少了，但一些随着形势发展应运而生的经营嵩山绵枣的厂家却不断增加。

6. 卖糁子面的

古时，嵩山地域的城区和乡镇所在地，多有贫民经营此项买卖。他们买下粮食，加工后零星卖给贫苦人家。这种行业一般都是挑着担子在集镇上卖，多为城里人家或街巷人家所买。

7. 卖馍

游乡卖馍者是用斗盛着，上盖一小白褥子，进村即喊："热馍——"或"热蒸馍——"。卖馍的收现钱。

8. 割豆腐

推独轮车卖豆腐就是将磨成的豆腐，在独轮车的车上面放一块平面的案板，将大块的豆腐放在案板上，用布盖好，推车走街串巷，口喊"割豆腐咧"或"换豆腐咧"，乡村里就有农民拿钱来买豆腐，或从家里挖些玉米、黄豆、小麦等交换豆腐，用钱买者很少，大多数者是用粮食进行交换。

卖油郎

吹糖人

割豆腐

9. 卖香油

卖香油者大多游乡。20世纪60年代以前,卖香油者均用扁担挑着,一头是油桶,一头是盛芝麻的斗,手拿油梆,进村就敲,梆声清脆贯耳,继而便有人端着芝麻换油,少数也有用钱买的。芝麻用秤称,油多用厄子量。80年代后,卖油的挑子换成了自行车。

(二)货挑儿

货挑儿,也是属于担着挑子卖货的商人。

1. 货郎担

货郎担以手摇拨浪鼓声召唤人,主要经营小儿成长所需的各种玩具、布匹和男女老幼服饰上的佩饰品等。

2. 杂货挑

杂货挑以手摇小锣、小鼓连在一起名叫"锵锵子"的发声为标志。经营的范围是针线、丝绒、染料、首饰、儿童用品和糖果、玩具,以及妇女头上所戴的各种发夹、绒绳、花朵等饰物,类似小百货。买者可用一些长头发和衣料废品换一些生活之类的小商品,所以有"卖头发换针"之说。

3. 瓦罐挑儿

瓦罐是嵩山地域的家家户户都离不了的一种生活用具。特别是在一些穷乡僻壤的农村,卖瓦罐的挑子手是很受欢迎的人。因为瓦罐挑儿出售的是一种生活用品,又容易打碎,况且多数妇女打了盆、罐,又不愿让当家人知道,而卖这样东西的人,又喜欢粮食、衣物换,因而这种交易便简,买卖方便,很受欢迎。

随着社会的发展和人民生活水平的提高,瓦盆、瓦罐已渐被搪瓷、塑料、铝、不锈钢及合金用具所代替,但在农村,农民腌菜用的瓦盆瓦罐、烧汤炖菜用的砂锅、夜里用的尿盆尿罐等,都还离不了这些瓦罐挑儿的商品,所以,这种瓦罐挑儿在嵩山地域仍有很大的市场。

(三)活儿挑

活儿挑,是指担着做活儿材料和工具找人做活儿的匠人。

张箩、缠簸箕

1. 张箩、缠簸箕

嵩山地域的群众用簸箕筛粮食,用箩筛面粉,特别是淘粮食、磨面粉时,家家户户都离不了这些生活用具,需求量很大。张箩、缠簸箕者凭精湛的手艺赚钱,也解决群众生活中的实际问题。因此,嵩山地域的乡镇村寨中至今仍还游走着这些张箩、缠簸箕的小商人。

2. 阉猫、骟狗、劁猪娃

嵩山地域历来有家家户户养家禽、家畜的习惯,因此,从事阉猫、骟狗、劁猪娃的人,在乡村中很受欢迎。嵩山地域从事这种职业的人出于职业习惯,外出招揽生意,多不吆喝,而是手持一小竹竿,顶端稍有小弯,上挂一小撮猪毛或羊毛。毛分两色,红色的意指对马、牛、羊等大牲畜和鸡、狗、猫、猪等家禽、家畜都能进行阉割;挂白毛的则指自己是一个兽医,只能劁猪娃。

3. 磨剪子戗菜刀

磨剪子戗菜刀的人总是背着固定了磨石、夹子、小砂轮等用具的板凳,串街走巷,沿途叫喊招徕生意,替人将使钝了的各种刀具和剪刀磨戗得锋利无比。这是一种迄今为

磨剪子戗菜刀

止都还流行着的一种家家户户缺不了的行当。从事这种职业的人,大都是一些年龄偏大的老头,虽然盈利不大,但每天出来转转,倒也有所收获。

三、市　贩

嵩山地域集市上的小商小贩大都是本地农民,有专业的,也有业余的。他们经营的商品大多是自产或自己加工而成的。个别的是贩卖,从加工户那里批发再零售。

(一) 食摊儿

食摊儿,是指在市场上摆有固定摊位卖食品的。

1. 蒸馍

集会上固定不动的卖馍者,用一箱子盛装,俗称"馍箱",箱上方写有"馍"字。他们不喊不叫,等买者上门。

2. 烧饼

集会上卖烧饼的,都是在炉子上随做随卖,称为"打烧饼"。烧饼炉子一般都靠近卖热牛羊肉或牛羊肉汤的,因人喜食烧饼夹肉。

3. 牛羊肉

卖牛羊肉者所卖大都是熟肉,压成肉墩儿,用一木制高腿平车推到街上,切着卖。倘是回族,则在车角上插一木棍,上挂一木牌,牌子上画一茶壶。

4. 猪肉

猪肉有卖生肉和熟肉两种。卖生肉者是用铁钩将肉挂在木架上,用刀割着卖。故称卖猪肉的为"挂架子"的。卖熟肉的,则用盆或篮子盛着卖。

5. 水煎包

卖水煎包者用一平底圆锅煎包子,随做随卖。为招揽买主,在包子出锅前,卖者故意用一油壶往包子上徐徐倒油,趁机大喊:"热包子——趁热吃吧!"他们对顾客异常热情,还设有小桌小凳,许多人因盛情难却而就餐。

一般集会上卖包子的都撑一布篷,故又称"包子篷"。

6. 绿豆糊涂和豆沫

卖绿豆糊涂和豆沫者,用一温缸盛着,备有碗筷,随卖随舀。他们往往是同卖油条的相邻,因人们早餐喜食汤泡油条。

7. 浆面条

卖浆面条者用一个温缸盛着,桌子上备有碗筷,配有芹菜丁、熟黄豆和芝麻盐之类的调料,随买随卖,当地人吃的很多。

8. 水果

卖水果者用条筐盛水果,摆在集会上。20世纪60年代以前,水果论个数出售。卖主往往扯着嗓子大喊大叫。

9. 瓜

20世纪60年代以前,不论西瓜、甜瓜,均是以个论价出售,后来都论斤。西瓜也有切开论块卖的,卖瓜者带有切瓜刀,不时地大喊:"沙瓤子西瓜,不甜不要钱!"

10. 焦花生

20世纪50年代前,卖焦花生者用口袋背着,再提一篮子,边卖边剥子吃,在集会上不大声喊,仅随口说道:"花生焦的,先尝后买!"游乡者才大喊:"焦花生——"20世纪60年代至70年代,基本上无卖焦花生者,80年代后复出。

11. 豆腐

卖豆腐者一般都早起,喊着"换豆腐"的号子叫卖,用钱买或用黄豆换均可。

12. 凉粉

凉粉是嵩山境内的一种很受人欢迎的特色小吃。根据个人喜爱,凉粉有热炒的,有凉拌的,配有各种调料,吃起来都很可口,是贸易集市上的一种很受人欢迎的一种小吃。

(二)货摊儿

货摊儿与食摊儿性质都一样,都是在市场上摆有固定商业摊位的。所不同的是食摊是卖食品的,而货摊儿所卖是其他货物。

1. 烟酒

中华人民共和国成立以前,糖烟酒都是私人经营,开设小铺,又曰"杂货铺",一天到晚,随到随买。中华人民共和国成立以后,一度是国营独家经营,用户又受上下班的限制,不便购买。20世纪80年代后,开设了许多个体糖烟酒门市部,现钱、赊账交易均可,非常方便。

2. 铁器

卖铁器者就地摆摊,以质论价。谁家制造的东西,就在成品上打上谁的姓氏。

第四节 嵩山特产

嵩山以其独特的地质结构和自然环境,造就了这一地区特有的产品。嵩山特产包括植物特产、动物特产、地矿特产、器械特产和工艺制品等。

一、水 果 类

(一)嵩山冬桃

嵩山冬桃,又名"十月桃",主要产于郑州、汝州、登封等地。大树可结果4300多个,重量可达250余公斤。该桃成熟晚,肉细核小,水分多,香甜可口,耐储存。其中登封冬桃11月月底果实成熟。果实长形,平均重100克。果皮白绿色,不易剥落。果肉白色,近核处紫红色,肉质硬而脆,味甘微酸,有香味,离核。

嵩山冬桃

(二)登封无花果

无花果,属桑科,极耐旱,好管理。主

登封无花果

要分布以登封市大金店镇为中心,辐射石道、君召、送表等乡镇,种植面积486.7公顷,产量850万公斤。

无花果果实可制果干、果脯、果酒、口服液等,营养价值高,含多种抑癌活性物质,被称为"天堂圣果"。

(三)洛阳樱桃

洛阳樱桃产于洛阳盆地四周,主要品种有"小元宝"、"鸭嘴形"和"北京红"三种。老树每株产200~250公斤,十年以下的树产40~50公斤不等。酸甜相宜,经测试甜度在11~12度以上。

(四)郑州蜜桃

郑州蜜桃分为白桃和黄桃两大类。白桃中较为有名的有"五月鲜"、"麦香"、"六月白"、"鸡嘴白"、"吊枝白"、"甜旱"、"白凤"和以高产而著名的"太久保"等品种。黄桃可分为"橙香"、"露香"以及早熟品种"黄甘桃"和中熟品种"黄露"、"丰富"、"橙艳桃"。白桃皮白,肉细,味浓,甜略有酸味,汁液较多,属味甜类。黄桃则属味甜酸类。

(五)偃师葡萄

偃师葡萄果型端正,果面光洁、色泽鲜艳,多汁爽口,果肉松脆、风味芳香。果实7月中旬至9月上旬充分成熟,具有本品种固有的风味。偃师市通过加大投入力度、技术引导、改良品种,实行绿色无公害种植,科学标准化管理,走向了提质增效的发展道路,经济效益逐步提高。目前,全市种植面积达5.5万亩,年产优质绿色无公害葡萄12万吨以上,是我国中部地区重要的优质葡萄原产地,2016年获"农业部农产品地理标志"称号。

偃师葡萄久负盛名,借助农产品区域公用品牌这一平台,其市场竞争力将进一步提升,这对偃师市鲜食葡萄的市场化、产业化和现代化生产具有重要意义。偃师葡萄地域保护范围为偃师市境内,涉及缑氏镇、府店镇、高龙镇、大口乡、邙岭乡、顾县镇、翟镇镇、山化镇、首阳山镇9个乡镇,总面积668.59平方公里,适宜种植面积15000公顷,年总产量2000多吨。

(六)郑州樱桃

郑州樱桃主要分布在郑州郊区、新郑及新密的石匠庄、上李河、大路西、西胡同等14个村,长达7华里。这里有6000多棵樱桃树在沟底形成绿色长廊,故名"樱桃沟"。这里的樱桃产量高,味道鲜美,色泽光洁,悦人心目。5月上旬成熟,平均单果重1.67克,三四十年

郑州樱桃

的树,每年可收200公斤左右,上百年的树可收300公斤左右。

郑州樱桃营养价值很高,含有蛋白质、脂肪、糖及钙、磷、铁和多种维生素。其中含铁量最高,每100克果肉含铁5.9毫克,比苹果、梨多二三十倍。郑州樱桃既是鲜食佳果,又可加工成罐头、果酱、果酒等,深得人们的喜爱。

(七)新郑小枣

新郑小枣,又名"鸡心枣",被誉为"甜似蜜"的名贵产品。鸡心枣形似鸡心,小如樱桃,核小,质细,味极甜,系枣中珍品。因摇之有"哗哗"的响声,故又名为"响铃枣"。其枣鲜果的含糖量达20%～36%,干枣高达60%～80%,比甜菜、甘蔗的含糖量还高。维生素C的含量在水果中名列前茅。

新郑小枣可加工成蜜枣、焦枣、无核糖枣及枣酒、枣香精、枣罐头等多种食品和饮料。改革开放以后,新郑小枣已开发研制成枣片、枣脯、枣干、枣酒、枣茶、枣粉冲剂等多个品种,目前已远销世界各地。

(八)沙河洛阳马场梨

洛阳是沙河市梨树的故乡,每逢艳阳三月,梨花盛开的季节,方圆数十里真是冰雕玉砌的世界。相传明末,崇祯皇帝有个亲随的叫王承恩,他在沙河边为崇祯皇帝饲养战马。杂草丛生的牧场上有棵不知栽于何年的梨树,果子异常甜美。一天,王承恩把几个梨子献给崇祯皇帝。皇帝尝后赞叹不已:"奇果誉天下,无过马场梨。"此后,马场梨成了皇家享用的贡品。清道光二十一年沙河知县鲁杰观洛阳梨花时曾慨赋诗道:"梨花本数洛阳芳,此地居然号洛阳;一路清香三十里,也应载酒洗春装。"鲁知县居然把"沙河洛阳"与"梨都洛阳"相提并论,可见当时沙河洛阳马场梨的发展之盛。

经过劳动人民长期精心培育的马场梨,果质甘甜,风味奇特,其果肉任凭在太阳底下暴晒,颜色艳白,味道不减,其特点为梨质细薄,香甜嫩脆,不成熟时两手一掰成两半,再一掰成四半。现在马场梨,不仅誉满神州,而且还销售世界各地。据科研人员检测,食用马场梨具有双向调节体内菌群、降低血压、软化血管、防止肥胖、女士养颜、男士醒酒和抗衰老等功能。

(九)荥阳柿子

嵩山地域周边的几个县市,特别是荥阳、巩义、登封、偃师、新密、汝州等地的漫山遍野,都长有柿子树。每到秋天,满树的红柿象小红灯笼一样,挂满了各棵树枝,在翠绿的树叶中,分外耀眼夺目,远远望去,真是嵩山的一幅特有的风景画。到了收获的季节,家家户户不但有澜柿,还放有淘柿,每天都可以尽情地享受。除此之外,家里收获柿子多的,都会加工柿子醋、晒柿饼。农

荥阳柿子

家和远房亲戚来往,所带礼物以柿子居多。柿子成了嵩山地域的礼品和宝贝。改革开放以后,一些乡镇加工作坊也开始加工柿子果脯,将产品推向外地。

嵩山地域的柿子以荥阳柿子最为有名。荥阳柿子以陇海铁路以南为集中产区。明《农政全书》记载:"今三晋泽沁之间多柿,细民干之,以当粮也。"清《乾隆·荥阳县志》称:"今荥(阳)蛮蛮之众,为资生口食计,种柿者十之九,枣梨者十之一。"荥阳柿树不仅栽植广,而且产量高。1975 年,在全国柿子鉴评会上,荥阳柿子产量、质量均名列前茅。

荥阳主栽品种是水柿和灰子。柿树寿命长,适应性强,产量高。柿树浑身是宝,树干木质坚硬,木纹细腻,是制作家具、器械、文具和工艺品的上好材料。嫩树叶中含有大量维生素 C 与芦丁、胆碱、甙等成分,具有稳定血压、清血、软化血管和消炎的作用,制成柿叶茶长期饮用,可滋润皮肤,安眠消肿。柿蒂中含有单宁、三萜酸、桦树脂酸,对夜尿症有一定疗效。柿果中含丰富的胡萝卜素、维生素 C、葡萄糖、淀粉、蛋白质、脂肪,同时还有钙、磷、钾等多种元素,其中维生素 C、糖分比一般水果高 1—2 倍。其营养价值高于苹果和梨,每 10 公斤柿饼相当于 8 公斤的标粉或 8.5 公斤大米所产生的热量。所以,人们称柿子是一种传统的木本粮食。

荥阳柿子加工而成的产品种类有柿饼、柿子炕饼、霜糖饼、柿子醋等。

(十)河阴石榴

河阴即现今荥阳市北邙乡一带。河阴石榴品种很多,以形体大小分,有"弧一二"、"弧三四"、"魁货"、"京货"四种;以果实颜色分,有铜皮、铁皮、花皮三种;以籽粒味道分,有甜、酸两种;以花瓣分,有红与白、单层与千层之别,等等。这里所产的石榴在宋代已驰名全国,享誉海内。

河阴石榴

一般石榴果汁含量约为果重的 36%,而河阴石榴多达 61%,除鲜食外,还可制作清凉饮料。河阴石榴的籽粒中含有丰富的营养物质,平均含糖量 11.1%,含酸量 0.4%,维生素 C 含量高出苹果、梨的 1—2 倍。果皮中含有单宁,可作皮革鞣料和丝、麻、棉、毛等染料工业原料。根、叶、花、果均可入药,根皮能驱除绦虫、蛔虫,果皮止痢、涩肠,对伤寒、绿脓、结核等杆菌和皮肤真菌有抑止作用,有"兽医着了急,苍术石榴皮"之说。

(十一)密香杏

密香杏主产于新密市百寨油坊庄,是河南省杏树研究组从 100 多个杏种中筛选确定的优良品种。密香杏 5 月中下旬成熟,杏体大者 100 克以上,小者也不下 50 克。其通体金黄有光泽,皮薄细嫩,味浓甜微酸,汁水多,含糖量大,果仁大且香,无苦味。密香杏不仅在嵩山地域名气大,而且在外地也有较高声誉。

（十二）嵩山绵枣

嵩山绵枣，俗名地枣，粘枣，嵩山人又称它为"长生果"。属百合科，多年生草本，地下有鳞茎，形状像枣，叶片线形，丛生于地面，像韭菜，7—8月间叶丛中生出直立的花梗，花梗顶端开出粉红色小花。嵩山的太室山、少室山、风后顶、老山坪、陉山一带山区的石缝中多有野生。每年4月，待绵枣发芽长叶时，将鳞茎挖出，洗净泥土，经过多次蒸煮，糖液自出，成为像果汁一样甜美的绵枣果汁汤，甜味沁脾，口感非常好，是滋阴补肾、凉血降血脂的保健食品。绵枣叶用盐腌，可当菜吃。据分析，新鲜绵枣鳞茎含糖量高达46.5%，含淀粉42%。绵枣属热性补品，营养价值高，久储不坏。如误食麦芒、骨刺等，吃些绵枣，芒刺随之而下，不治而愈。

嵩山绵枣加工而成的产品为著名的嵩山少林人参果。嵩山少林人参果是以嵩山天然野果绵枣为原料，采用传统和现代方法相结合，经过6昼夜温火加热而制成的纯天然无公害土特产品，营养丰富，长期食用有提气、健身、益气、美颜之效。它历史悠久，闻名遐迩。传说唐太宗李世民登基后，为答谢少林武僧救驾之功，摆宴食之称其为"绝"。女皇武则天游中岳登嵩山大功告成之时，设宴庆贺食之称其为"妙"。今人食之称其为"美"。改革开放以前，绵枣是当地人走街串乡挑担卖的一种风味食品。改革开放后，人们开办了大型的绵枣加工厂，把它加工成各种罐头，远销世界各地。

嵩山绵枣

（十三）嵩山人参

嵩山人参是以嵩山天然野味食品黄精（俗名鸡头参）为原料，沿用中岳千年制作秘籍，经过6昼夜精熬而成的一种保健佳品。该产品营养丰富，常食之则滋阴壮阳、强筋健骨、补脾益气。嵩山人参是历史上少林武僧习武练功的必备之品。

（十四）嵩山核桃

核桃是干果类树木，其木质坚硬，是优质木料，其果实是好的油料。中华人民共和国成立以前，产量较大，多作为油料使用。中华人民共和国成立以后，特别是外贸机构建立后，多加工成净核桃仁，远销国外。如此，价格也就提高了，农民培育、保护的积极性也大了。在深山区，遍坡都有，多是野生，平地多系人工移植或直播的。

二、蔬 菜 类

(一)嵩山芥菜

嵩山芥菜是著名的中岳地方特产。中岳嵩山四季分明,麦饭石量大质优,特殊的气候状况和地质条件孕育了独特的圆叶芥菜,通过挖掘中岳民间千年加工工艺精制而成嵩山芥片(或丝)。嵩山芥片(或丝)的工艺为:将芥疙瘩须根和表皮削去,洗净切成小薄片(或丝),再炒出香味,趁热装袋,高压密封,降温后装箱存放待售。

嵩山芥片(或丝)含有丰富的粗蛋白,游离态氨基酸、维生素C、核黄素、胡萝卜素及磷、钙、铁等矿物质,营养丰富,口感纯正,味窜香浓,沁人心脾,古今闻名。

(二)嵩山韭花

嵩山韭花是著名的中岳地方特产之一。嵩山地域富含矿物质,土地肥沃,植被茂盛,气候宜人,特殊地质和气候特征生长而成的韭花,口感纯正,香气浓厚,回味无穷,深受人们喜爱。嵩山韭花以野生为佳,通过精细分拣之严格工序,再加入少量辣椒,磨碎后高压消毒,精制而成,装入罐头瓶待售。

(三)"嵩山绿"蔬菜

登封现代农业科技示范园区是河南省无公害农产品认定委员会认定的无公害蔬菜、小杂粮、小杂果生产基地、郑州市农业产业化重点龙头企业、农业标准化示范基地。园区按照绿色蔬菜生产技术规程进行操作,引灌嵩山九龙泉水,采用滴灌、微喷等技术进行灌溉,施肥以有机肥为主,病虫防治以物理、生物防治为主,加之园区空气清新、土地肥沃,生产的产品完全达到无公害标准。年产无公害蔬菜400万公斤,品种包括大果彩椒、樱桃西红柿、礼品南瓜、球茎茴香、无刺黄瓜、洋香瓜、荷兰紫茄、荷兰菠菜、樱桃萝卜、紫甘蓝、金黄西葫芦、水晶尖椒、黄芯白菜、美国西芹等。"嵩山绿"品牌已成为知名农产品品牌。

(四)登封无筋白菜

登封市大金店镇东门外路南崔家拐附近,约有1公顷的菜园子,土地肥沃,土质松软,状如黑粪,为登封主要蔬菜基地之一。所产大白菜没有一丝筋,食之无渣,生吃味美,甜香可口,与其他地方所产白菜大不相同。

(五)登封无筋萝卜

登封无筋萝卜生长在疏松的沙壤里,温度在15~25度即可种植。萝卜上青下白,长20厘米左右,宽约2厘米,肉质鲜嫩、无筋,老后无纤维,可作水果生食。

(六)嵩山黑木耳

嵩山黑木耳是嵩山地域野生的一种菌类植物。据专家考证,其历史有3000余年之久。黑木耳的药用价值很大,能降血脂、降血压、化结石、提高人体的免疫力。因而,嵩山黑木耳已成为人们喜爱的一种野生食品。现在,嵩山地域人们向外地的亲朋好友馈赠礼品时,常用它来表示厚意。

(七)偃师银条菜

银条菜,又名银苗,银根菜,系唇形科植物,多年生,植株丛生,地下茎呈柱形,条细而长,颜色为乳白色,酷似白银,故称"银条"。可食部分为地下茎,鲜脆柔嫩,一般做冷菜,清、脆、爽口。

偃师银条菜是偃师市的一种特产。相传大唐贞观十九年(645年),唐玄奘天竺取经归来带回无名蔬菜,贡奉太宗皇帝李世民,皇上大加赞赏,赐名"银条"。清乾隆皇帝赞誉为膳食一宝。并作为宫廷菜肴,在唐玄奘家乡——偃师种植。偃师地处伊洛河冲积平原,气候温

偃师银条菜

和、水量适中,是银条菜在中原的原产地。据《偃师县志》记载,明朝弘治年间偃师银条曾为宫廷贡品。偃师银条洁白光亮,质地致密,色白鲜嫩,清脆爽口,具有解酒醒神、消腻利口、增进食欲等功能,是宴席上的著名凉拌菜。

据现代科学测定:银条富含糖类、酚类、维生素C、粗蛋白、氨基酸、有机酸等物质,对软化血管、降低血脂、改善血液循环具有独特的疗效。银条喜光照、耐潮湿,沙质土壤栽培尤为适宜。春分前后播种,谷雨前后苗齐,6、7月份进入旺盛生长期。银条生长期约300天,一般亩产1800~2500公斤。20世纪90年代以后,偃师银条产量占全国银条产量的95%以上。产品远销泰国、越南、蒙古等地。

(八)超化大蒜

嵩山是生产大蒜的主要区域,嵩山大蒜尤以新密超化蒜为最好,而超化蒜又以超化寺院周围的最为有名,历史上号称"超化大蒜"。《齐民要术》载,张骞通西域,始得大蒜、葡萄和苜蓿。当时新密超化寺的寺院主持将大蒜首先引种在寺院,然后逐步遍及超化地区和洧水河两岸。超化寺号称新密的鱼米之乡,水源充足,土地肥沃,所产大蒜闻名中州。超化大蒜的特点是:蒜头大,蒜瓣多为五瓣,排列整齐、均匀,皮薄而层少,肉质细腻,辛辣而不刺舌,回味带甜头,盛夏时节,捣烂成汁,隔夜不馊。明朝时,超化大蒜被列为贡品。清朝顺治已亥年《密县志》载:"蒜,黑须大瓣为上品,白皮者次之,红者为下。"

三、粮 食 类

(一)伊川小米

伊川县位于豫西洛南,交通便捷,人杰地灵,根据自然条件,适宜种植五谷杂粮,尤以盛产小米而闻名省内外。"金秋香"系伊川县地方特产,是中国古代四大名米之一,从明朝嘉靖年间到清朝各代一

直是宫廷贡品,新中国成立后仍然是中央首长和军队高级将领的特供食品,曾经多次进入国家餐宴,荣获国际国内十多项大奖。该产品生长期间不施化肥农药,无污染公害,安全优质高营养,属纯大片红土地天然绿色食品。

(二) 郑州凤凰台籼米

郑州凤凰台籼米,又名"大白芒",是产于郑州市东郊凤凰台村的优良水稻品种。其米一头粗大,一头尖细,色泽洁白而有光泽,蒸熟后颗颗直立,香软可口,食后香味绵绵。明清时已成为贡米。凤凰台籼米的独特是由水土和品种决定的。古代凤凰台村有一个湖,名曰"东湖",到清代已淤平为百亩大的低洼地,水味甜。如果把凤凰台籼米种到别的地方就缺少香味,如果把这百亩洼地种成其他品种,其饭也不会颗颗直立。今日凤凰台籼米,因凿井引水灌田,泉水枯竭,品种退化,只作为低产品种保存,已失去其原有的本色。

(三) 红薯

嵩山地域的红薯是个宝,特别是20世纪的六七十年代以后,在大集体的时代,嵩山地域的每个县市,每村每队都要种植大量的红薯。在粮食贵如油的年月里,红薯是人们充饥的最好的食物。一般的农家饭里,早上是玉米糁煮红薯,中午是红薯面捞面条,晚上还是蒸红薯和红薯面汤,一天三顿有红薯,农村有句农谚:"红薯汤,红薯馍,离了红薯不能活。"形象地道出了当时红薯在农家饭中的作用。由于年景差,每年所分的细粮吃完的时候,红薯就充当了饭桌上的大角色,那几十年,人们之所以能生存下来,红薯是做了大贡献的。

红薯除了蒸着吃、煮着吃、烧着吃,还能磨面,做成面汤、面条、蒸烙馍等各种美食。现在市场上流行的红薯粉条、红薯粉皮、红薯粉芡,都很受人们的青睐。

四、食 品 类

(一) 登封焦盖烧饼

登封焦盖烧饼不仅有着悠久的历史,做工也十分精细。它是由小麦面粉和白芝麻制成的,面粉和白芝麻搅拌在一起,和成柔韧的面团,面团分割成一个个饼状以后,再经过几道复杂程序,就成了现在的烧饼。它吃起来焦中透香,还有白芝麻的味道,真是妙不可言。说起这烧饼,相传还有一段来历。登封芝麻焦盖烧饼始于南宋高宗年间,传说是登封人为纪念岳飞和表达对秦桧的愤恨而创制的一种特色食品,距今已有800多年的历史。当时,抗金名将岳飞破郾城后,率兵进驻登封,后在朱仙镇大破金兵,正要渡河北上时,却被奸贼秦桧用十二道金牌召回杭州,害死在风波亭。登封人民闻之,个个都咬牙切齿,骂秦桧是王八。有人便用面团做成有头有尾的乌龟饼,放在火炉里烤,名曰"火烧秦桧",在市场上销售。并编了个顺口溜:"秦桧秦桧你是鳖,残害忠良如蛇蝎,吃你的肉喝你的血,最后再把你的盖儿来揭。"许多人都前来购买,在吃前还会用顺口溜来骂上几句,以解心头之恨。后来,这种饼越做越有名,盖焦里软、香味扑鼻,渐渐成了现在的圆形焦盖烧饼。

(二) 大隗虎家牛肉

新密市大隗镇五香牛肉,历史悠久、配方独特、工艺严密、加工精细,制作后具有色鲜、味美、筋烂、肉面等特点。食时气息芳香、余味悠长，不负五香牛肉之美称。大隗虎家牛肉创始人虎保龄，经几代人研制，配方独特，味道出众，顾客食后赞不绝口，在中州大地享有盛名。

（三）登封蜜食

登封蜜食以芝麻、花生油、细面粉、饴糖、蜂蜜、鸡蛋、豆沙泥、青红丝等近十几种原料，经磨、蒸、发、熬、炸、起酥、成型等近10道工序制成，工艺精巧考究，口感酥软香甜。

（四）少林八宝酥

少林八宝酥是有千余年制作历史的传统点心，由登封少林食品厂生产。它系少林僧人的传统食品，原为少林寺武僧提神、健身、壮筋所用，传说受过唐太宗李世民御封。20世纪80年代中期，经多方查阅资料和寻访少林寺大师后，恢复生产。以嵩山的灵芝、猴头、木耳、白果、银耳、香菇、平菇、茯苓等8种山珍为原料，分别制成八种香酥食品，各有不同疗效，交替食之，则能强筋、活络、提神、健身、延年益寿。

（五）少林素饼

少林素饼是出自少林寺的素食，松软爽口，内有新鲜香脆花生，甜而不腻，香而不油，是早点佳品。少林素饼的配方来源于少林寺祖传膳食秘方，由少林寺释延教大师监制。所用原料酥油是台湾产的纯素酥油。素饼低糖，不含脂肪，食后有迅速补充体能之功效。嵩山少林寺是举世闻名的禅宗祖庭，也是少林派拳术的发源地，在中国佛教历史上有着重要地位。素食真正的发展也是从佛教传入中国后开始的，寺庙和素食一直有着千丝万缕的联系。据记载，少林寺曾用少林素食在寺中先后招待过唐太宗、元世祖、清太宗等20多位帝王。公元629年9月，唐太宗因念及当年十三棍僧救驾之恩，亲率魏征等人拜访少林寺，昊宗和尚以60多款素食摆设蟠龙宴招待唐太宗。

（六）大隗荷叶饼

新密市大隗镇的荷叶饼最早始于清末，是一种风味独特的高级点心，因形似荷叶而得名。荷叶饼用蜂蜜、白糖、玫瑰和植物油做馅，用精粉、水和植物油和面做皮，在挖掘传统技艺的基础上不断创新，从熬制原料到包馅成饼、进炉烘烤，每道工序都严格掌握标准，从而形成了自己独特的风格，工艺精巧，成品洁白，绵软柔润，皮薄层多，甜而不腻，味美爽口，可存放月余，色香味如初。荷叶饼曾多次被省、市评为名优产品，2007年被全国商业协会评为"中华老字号"，是敬奉老人、馈赠亲友的佳品。

大隗荷叶饼

（七）郑州烩面

郑州烩面

据考证：郑州烩面，原是因飞机轰炸而来的。在抗战期间，日军飞机经常空袭郑州，当时有一位名厨叫赵荣光，特别喜欢吃面食。飞机来了，赵师傅就去躲飞机，回来后，就把剩下的面条揉搓后加羊肉汤烩烩再吃。久而久之，赵师傅发现重新烩过的面很好吃，就潜心研究，在面里加盐碱，使面更筋，后来就成了风靡一时的烩面。

羊肉烩面发展至今，制作则是选上好的鲜羊肉，经反复浸泡下锅，撇出血沫，放入大料，将肉煮烂。另用精白面粉，兑入适量盐碱和成软面，反复揉搓，使其筋韧。根据食客需要，用手工拉成宽窄不一、粗细不等的条状下锅。后配以原汁肉汤，放上羊肉，配以黄花菜、木耳、粉条。上桌时外带香菜、辣椒油、糖蒜等小碟，其味更鲜。目前，郑州比较有名的烩面馆有合记烩面、萧记烩面等。

（八）洛阳张家馄饨

洛阳人又称"马蹄街馄饨"，创始人为张须，至今已有150年的历史。1920年，张家馄饨第二代传人张坤对配料和品种加以创新和改进，以白面鸡肉、鸡血、薄鸡蛋饼、虾仁、水粉丝、榨菜等为主料；而以大油、胡椒、酱油、鸡汤、猪肉汤、陈醋等为辅料；冬天配韭黄、大葱，春天配嫩韭、香椿。从而使张家馄饨具有制作精细、味道鲜美、喷香适口，酸辣俱全的特点，渐渐名声大振。

（九）汝州锅盔

汝州锅盔历来以质脆肉厚，筋软可口，味香宜人，面味悠长而闻名于世。汝州锅盔是汝州市的特色面食，有着悠久的历史，相传古时有青牛精祸害四方，吕洞宾变为美女咬掉其舌头而将其制服，人们为纪念此事而炕制这种形如牛舌的特色食品。其一头厚一头薄，一头大一头小，约有半尺多长，放在锅内用文火蒸烤至熟。

（十）大冶焖子

大冶焖子是流行于登封东部的一道特色菜肴。相传，清代时登封名人、礼部右侍郎加礼部尚书衔的景冬旸幼时家贫，过年时因无钱买肉，其母亲在煮好的骨头汤内加入粉芡，并加入肉末、粉条、佐料，遂熬制而成了焖子这种风味小吃。因景冬旸的影响，这种小吃风行于登封东部及邻近县市。特别是大冶镇几乎家家都会做。

（十一）洛阳水席

洛阳水席是以汤水为主的一套传统宴席,其名称的由来,在于一是紧扣水席汤水多的特点,二是指行似水流云般的上菜顺序。

洛阳水席的格式非常讲究,24道菜不多不少,8个凉菜、16个热菜不能有丝毫偏差。16个热菜中又分为大件、中件和压桌菜。名称讲究,上菜顺序严格。客人坐齐后上凉菜,8个冷盘分为4荤4素,冷盘拼成的花鸟图案,色彩鲜艳构思别致,使客人食后赞不绝口。上热菜时,大件和中件搭配成组,也就是一个大菜要和两个略小的中菜配成一

洛阳水席

组,一组一组地上,味道齐全,丰富实惠。水席上的汤菜不重样,各有特色,鲜美无比。唐朝的武则天品尝过洛阳水席后,就倍加称赞。嵩山地域的洛阳、偃师、登封、伊川等县的农村待客,都有用水席的习惯。

（十二）洛阳浆面条

浆面条的主料是面条,但配料却很别致。煮面条的水不是常用的清水,而是一种特别的面浆,浆水做得如何,决定浆面条质量的好坏。

做浆时,先把绿豆或豌豆用水浸泡,膨胀后放在石磨上磨成粗浆,用纱布过滤去渣,然后放在盆中或罐里。一两天后,浆水发酵变酸。把变酸后的浆水倒在锅里煮至80°C的时候,浆水的表层泛起一层白沫,这时,要用勺子轻轻打浆,浆沫消失后,浆体就变得细腻光滑,放入香油、五香粉等调料。浆水煮沸时,把面条下锅,勾入面糊,再放盐、葱、花生、芝麻、黄豆、芹菜、辣椒等调料即成。

浆面条是洛阳人的家常饭食,也是当地的一种风味小吃。嵩山地域内,如洛阳、郑州等县市的车站、集贸市场、大小街道等人群聚集的地方,浆面条是常见的小吃之一。

（十三）花石羊肉汤

远近闻名的特色小吃花石羊肉汤以独具特色的风味,老少皆宜、肥而不腻的口感,让人吃后赞不绝口的口感而吸引着八方来宾。禹州花石周边山岗地较多,适合山羊的生长,花石羊肉汤以当地羊肉为主料,配以金针菇、禹州粉皮、西山木耳以及多种中药材制作而成。比起都市宾馆、酒店的生猛菜肴,花石羊肉汤的价格有着天壤之别,物美价廉——在花石,一大碗羊肉汤,仅是大酒店一盘黄瓜段的价格。

(十四)禹州十三碗

禹州十三碗是完全属于禹州本土、地地道道的农家菜肴。相传大明皇帝嘉靖曾巡视禹州,为体察民俗民风,召乡下名厨为其操办地方特色菜肴,乡厨急中生智,将民间操办喜事的地方特色菜"十三碗"精心调制,献于圣上,嘉靖皇帝品后大为赞赏,赐名"水席"。

十三碗主料为大肉、豆腐,辅料是焖子、粉条。农家往往在娶亲、嫁女、吃面条的喜庆之日,宰杀一头自家圈养经年的肥猪,用自家豆子磨上一筐豆腐,配以禹州当地的粉条,请邻近闻名的三五乡厨,精心料理、调制,就这样经历代乡厨刻意琢磨,传承发展,终成就一方特色十三碗。"十三碗"看似简单,实则选料考究,做工精良,富有浓郁的乡土气息。

(十五)荥阳柿饼

霜降前后柿子成熟,用旋柿子车削皮、暴晒、捂汗、吹风、出霜,使之软化、糖化,制成柿饼。根据处理柿蒂方法的不同,可以把柿饼分为毛货和净货两种。柿蒂外沿剥光者为净货,不剥者为毛货。根据形状和质量的不同,又可以把柿饼分为水饼和灰饼两种。水饼扁圆,个大,质软,糖多,甜性弱,肉色棕红透亮,来年天热易"回霜";灰饼椭圆,个小,质硬,肉色深褐,甜度持久,夹以核桃仁或花生米,咀嚼起来甜中带香,别有风味。

柿饼的功用很多。用撕碎的柿饼冲开水饮用,可醒酒。用豌豆和柿饼制成豌豆馅,冷凉切块,食之凉甜香软。

(十六)柿子炕饼

荥阳柿子炕饼,又称冻饼、焙饼。其制作方法是将刚刚出霜、红中泛白的柿饼经过打霜、上炕,以文火焙45天左右,达到外白内黄、黄中透红、坚硬如石、水冲速溶的程度。炕饼性温,有化瘀止泻功能。炕饼装篓后,内铺胡叶以防潮,远销广州、香港,并出口东南亚等地。

(十七)柿子霜糖饼

霜糖饼多产于荥阳的汜水镇,荥阳西关也有少量生产。霜糖饼,又称"霜糖",用柿饼外面的一层柿霜做成,为直径约5厘米的小圆饼,性凉,食药两用,味道凉甜,能治舌干口烂,是解热消暑佳品。上等霜糖呈棕黄色,每公斤120片,远销广州、香港及东南亚国家,名曰"广糖"。

五、植物加工类

(一)嵩阳米醋

嵩山地域自古以来加工的醋远近闻名。醋的品种有米醋、柿子醋、苹果醋、玉米醋、红薯醋、姜汁醋等,品种繁多,深受群众的喜爱。其中,尤以米醋最为出名。目前,嵩山的米醋已经畅销全国各地。

（二）荥阳柿子醋

荥阳柿子醋是以荥阳柿子为原料,由传统工艺和现代酿造技术相结合生产的一种调味品。据测定,柿子醋中除含有柿果中的胡萝卜素、维生素C、蛋白质、钙、钾等多种营养元素外,还有一种特殊的微量元素叫"单宁"。柿醋中的这种单宁元素不但大量存于醋液中,而且在酿制过程中还和其他元素组合,在醋液表层生成一种叫"醋衣"的物质,这种物质效能非常独特,可以治疗高血压以及由寄生菌虫引起的肚痛和恶性肿瘤。柿醋中的醋酸可以化解血管壁上沉积的血钙,使血液流通顺畅,达到降低血压的效果。荥阳柿子醋是地方名优产品。

荥阳柿子醋

（三）禹州粉条

红薯粉条,也有人称红薯粉丝、粉皮,是禹州传统的名特产品,已有600余年的历史。禹州粉条色泽黄亮,身干条细,均匀片薄,韧性好,拉力足,食之柔软爽口,深受人们喜爱。粉条采用优质鲜红薯淀粉,用传统工艺精制而成。纯红薯粉条不含任何人工色素,属绿色天然食品,柔软可口,营养丰富,久煮不化,宜烹饪、耐保存,素有"人造鱼翅"之美称。食用前开水浸泡5～10分钟,可冷拌、焖炖、热炒、涮火锅,一菜多吃,色香味美,老少皆宜。

（四）汝州粉皮

汝州粉皮属绿豆淀粉制品,是嵩山地域汝州市的传统特产。它薄如蝉翼,明若窗绫,柔如绸缎,洁若白璧。直径30厘米,每30张为一封,约半斤重。它性平且凉,清热解毒,益气明目,味道鲜美,清新利口,别具风味。

汝州粉皮始于清道光年间汝州城关西街水坑沿田新光家。当时,每斤绿豆粉可做30张左右,后增至每斤40张,1929年增至每斤48张,1942年增至每斤50多张,远近闻名,如今每斤可制60多张。其制作真谛,一言以蔽之:"七分旋,八分揭,九分摊,十分搬。"也就是说:"铜旋快慢看水温,溜连揭起能囫囵;收补窟窿摊圆整,水油刷晒看晴阴。"汝州粉皮可长期存放,且不易变质,既经济实惠,又食用方便。食用时,可先将干粉皮放入温开水中浸泡2～3分钟,待变软后,可撕成碎片,可用牛、羊、猪、鸡、鹅等肉丝/片搭配拌和,调成凉荤菜;或拌以菜蔬、芥末、麻酱、香油等,成为凉素菜。

六、酒 水 类

(一)嵩山矿泉水

嵩山矿泉水是来自嵩山地底层,经嵩山麦饭石矿床渗溶而出的天然矿泉水,主要分布在登封城关龙山、太室山南麓逍遥谷及石道乡颍源等地。嵩山以其独特的地质结构和自然环境,造就了麦饭石矿泉水独有的品质。嵩山矿泉水富含锶、硒、钙、镁,比例合理,营养丰富,味道甘甜,水质纯正,具有提高人体免疫力、促进血液循环、加强新陈代谢、养发润肤、益寿延年等多种保健功效,日涌水量300吨以上,四季水温13~16℃。经分析化验,泉水含钠、锰、锌、氢、氯化物、碳酸盐、总硬度等均符合国家规定标准,属天然优质含锶和偏硅酸的重碳酸钙型水。颍源矿泉水恒温恒量,无菌无毒,属"重碳酸盐矿泉水"。

(二)露可儿无花果酒

露可儿无花果酒产自登封市大金店镇,以嵩山脚下天然无污染之新鲜无花果为原料,引进法国酿造工艺,全汁发酵,精制而成,口感醇和,色泽诱人,质量卓越。

(三)嵩山山楂酒

嵩山山楂酒系分别采集嵩山野生、早熟、晚熟三种山楂,用先进生物技术酿制而成的健康养生酒。嵩山野生山楂资源丰富,质地优异,又称磨合梨,花期5~6月,果期8~10月。早熟山楂即"豫北红",是从太行山区引进的品种,果皮呈鲜红或紫红色,果面光洁,果肉粉白,质地松软,酸味稍甜,3月下旬萌芽,5月上旬开花,9月底果实成熟,单果10克以上。晚熟山楂即"大金星",是从山东引进的品种,果皮深红或紫红,果肉绿白色散发红色斑点,味酸稍甜,肉质细硬,10月中旬成熟,平均单果重16克。

嵩山山楂全部生长在林区,拥有适宜的生态环境,肉质松软,营养丰富,是真正自然的绿色环保食品。《本草纲目》记载:山楂可健胃、消食及疏通瘀血。洪昭光《食物是最好的医药》介绍:"山楂有很高的营养价值和医疗价值,常吃山楂制品能开胃消食,改善睡眠,保持骨骼和血液中钙的恒定,预防动脉粥样硬化,使人延年益寿,故山楂被人们视为长寿食品"。常喝山楂酒能开胃消食,改善睡眠,延年益寿。嵩山地域中最有名的山楂酒,为"嵩山山楂红",畅销国内外。

少林药酒

(四)少林药酒

少林药酒是以著名的林河大曲为酒基,根据少林秘方浸溶中药材,加工处理,勾兑而成,具有酒香浓郁、药香袭人、入口绵、落喉甜、回味长、饮后畅的独特风格,有特殊的药效。目前,少林药酒已出口东南亚及西欧等国。

少林药酒有"达摩增力酒"和"佛僧秘酿酒"两种。达摩增力酒由名贵药材人参、三七参、番红花、怀牛膝及稀有草药落得打、接骨仙桃等数十种药物配成,有活血化痰、散淤消肿、通络止痛、强壮筋骨、益气增力、振奋精神、消除疲劳之功,对跌打损伤、局部红肿疼痛、风湿关节痛、下肢无力、步履艰难、气短神疲、精神不振等有良好的医疗作用。佛僧秘酿酒由何首乌、黄精、山楂、五味子、怀山药、怀地黄等数十种药材组成,能滋养强身,补益肝肾,生精益髓,乌发固齿,软化血管,降低血脂,对血管发软、面色苍老、体衰无力等症有良好的疗效。

(五)伊川杜康酒

伊川杜康酒是因酿酒鼻祖杜康而得名。伊川县有杜康造酒遗址"杜康酒坊院"及"酒圣祠"等圣迹,《水经注》中的杜康河渊源及流经区域,皆在伊川县境,该县为杜康酒的主要发祥地之一。长期以来,"杜康醉八仙""杜康醉刘伶"等故事在民间广为流传。三国时曹操在《短歌行》中有"慨当以慷,忧思难忘;何以解忧,唯有杜康"的千古绝唱,历代人们把"杜康"作为美酒的代称。但是,杜康酒却在历史的长河中失传了。1971年伊川成立杜康酒复兴研制小组,采取传统酿造方法,结合现代酿酒工艺,率先生产出了具有"清

伊川杜康

冽透明,柔润芳香,醇正甘美,回味悠长"等特点的浓香型杜康酒,使失传的千古佳酿始得新生,并形成了年产万吨的生产能力,成为全国三大万吨酒生产基地之一。自1979年打入国际市场以来,杜康酒畅销欧、美、东南亚近60个国家和地区,在国际上享有"东方第一酒"的美称。1989年,伊川县在联合国教科文组织筹办的国际文化交流节目中被定为中国十大酒都之一;杜康酒也在我国第五届白酒评比中获国家优质酒第一名,而且38°和45°杜康酒在国际博览会上双获金奖。

(六)嵩山佛茶

嵩山佛茶是大法王寺的特产,是寺内方丈释延佛大师根据名贵中草药的药理功能,研制出对人体健康有促进作用的保健饮品。佛茶主要成分:有大法王寺院内1900多年历史的古老银杏树的银杏叶,有主产于嵩山的金钗、首乌、灵芝、玉竹、绞股蓝、黄芪、鬼针草及产自青藏高原的珍贵的冬虫夏草等十几味名贵中草药配合上等茶叶,精心加工配制而成。对人体有活血化瘀、补气补血、防癌抗癌、清热排毒、调解阴阳、降低血脂、安神醒脑、生津养颜、增强人体免疫力、防病治病、强身健体、延年益寿的独特功能。嵩山佛茶是现代人们生活中理想的保健饮品,也是馈赠亲友的健康礼品。

(七)嵩山石花茶

嵩山麦饭石是一种天然中药石,开发利用已有1400余年。据《本草纲目》记载,其气味甘温无毒,

可治疗一切痈疽等杂病。嵩山石花茶就是选用嵩山麦饭石为原料,并配以野菊花、野薄荷、山竹叶、土枸杞等十余种天然植物和矿物,依照佛、儒、道家传统饮茶配方,用现代技术精制而成。具有清热明目、生津润喉、利尿解酒、降脂降压、清除燥热等功效。其茶味口感清爽、回味醇香。该产品经现代技术分析检验,含多种挥发油、多糖苷、氨基酸、抗生素和多种维生素,不含咖啡因,适宜男女老幼四季饮用。冲泡时杯中呈现鲜花状,集观赏、饮茶、保健于一体,是当今生活中的理想饮品和馈赠佳品。

(八) 麦饭石茶

麦饭石是一种蕴藏着与人体血液浓度吻合惊人的稀土元素和十余种人体必需的活性元素所组成的神石。千余年来"麦饭石膏"医疗众疾、健身美容、延年益寿,麦饭石神奇功能于一九八九年通过了国家地质矿产部鉴定。郑州神农技术研究所以嵩山麦饭石和信阳毛尖为原料研发的"麦饭石神茶",自问世以来,受到了中外人士的一致好评。据专家介绍,麦饭石茶可连续饮用12小时,可和各种茗茶、麦饭石茶具、木鱼石茶具同时饮用。有人作诗祝贺说:

神石良泉出同源,少林武术谛真传。
帝王将相梦善食,文人侠士多惠恋。
和尚功绝依石水,常饮健身延寿年。

(九) 少林禅茶

少林禅茶

少林寺自古以禅、武、医同宗一源,享誉于世。现传茶道声名最彰者,当属禅宗茶道。禅茶相传始于达摩,传说当然并非信史,只是表明茶人对禅宗精神的认同。少林禅茶虽引渡众生无数,却千年而不显,如味入水,内隐于僧人的山林修持,外隐于众生的日常生活,而一脉相通的正是禅宗精神。禅宗禅、少林禅本是生活禅。为提升少林禅茶的品位,打造精品"少林禅茶",2005年10月,少林寺选择西双版纳隆昌茶业有限公司优质的普洱茶为原料精制而成"少林禅茶"。这批"少林禅茶"所用的原料全部采用六大古茶山之一的攸乐山百年野生古茶树的谷花茶,以高等级的采摘标准,用传统的手工石磨技术精制而成,堪称普洱茶中的精品,极具收藏价值。

七、医 药 类

(一)嵩山金银花

金银花别名二花、双花、二宝花、忍冬花和老翁须,也叫通灵草等。金银花系忍冬科忍冬属忍冬种,为半常绿多年生藤本缠绕灌木,是1984年国家医药管理局公布的35种名贵的中药材之一。

金银花在全国各地均有出产,而以嵩山为最佳。嵩山金银花盛产于新密、巩义、登封交界处的五指岭山区,五指岭主峰海拔1300多米,是我国金银花人工栽培的发祥地,其历史已达数百年之久,素有"五指岭金针"之誉。这里山区群众家家户户栽种金银花,所产药材质量在全国名列第一位,被誉为"金银花之乡"。

金银花味甘性寒,清热解毒,其根、茎、叶、花、果实均可入药,以花蕾最为珍贵。泡茶常饮,滋肺养脾,延年益寿。据明代李时珍的《本草纲目》记载:金银花产于登封五指岭下,可医"一切风湿气及诸肿毒痛疽、疥癣、杨梅诸恶疮、散热解毒。"金银花因独特的地理环境和清新的高山气候而造就了高贵的质量,因后汉刘秀赐封御用贡品而成为历代宫廷御用珍品。1915年,嵩山金银花获巴拿马国际博览会金奖。据《密县志》载,"民国"八年(1919年)密县金银花出口1万两,最高年产量达16万公斤。1957年,嵩山金银花曾敬献毛泽东主席。1980年,全国医药总局在北京召开的金银花评比会上,专家以为五指岭金银花具有"花条长,骨茬硬,色泽佳,质纯净,味浓清香,为全国同类之冠",被定为特级。

(二)白附子

白附子,又名禹白附,主产于禹州市,为嵩山地域著名的中药材之一。嵩山白附子以色白、个大、粉足、药效高而闻名全国。其味辛甘,性温,有毒,能祛风痰、逐寒,主治中风痰壅、口眼歪斜、偏正头疼、破伤风、毒蛇咬伤等症。

(三)淋巴膏药

汝州的治疗淋巴膏是民间制作的秘方膏药,远近闻名,但一直是民间小作坊制作的秘方药。此药疗效神奇,无论淋巴上有多大的病灶,膏药一贴,几天之后恢复如初。此药经济实惠,全部治好病也不过是几贴膏药的事。诸如大脖子病、老鼠疮之类的病,用此药膏治疗,有特效。

(四)禹州中药材

禹州市中药材种植有悠久的历史,明朝洪武年间已成为全国四大

禹州中药材

药材集散地之一,其中药材种植具有得天独厚的条件,禹白芷、禹南星、禹白附、金银花等名药名列李时珍《本草纲目》和现行中华药典,被列为国家保护品种。禹州中药加工炮制始于明朝,清朝趋于规范。饮片加工及炮制因药制宜,技艺独特,制作精细,在国内久享盛誉,有"药进禹州倍生香"之说。而中华药城的地位也使得禹州成为全国地道药材的销售中心。走进药材市场,可以随处看到零售、批发药材的各色小店铺,每户店面所陈列的药品都有百种以上。琳琅满目的药材充斥在禹州,弥漫在空气中的中药味道,使人置身于药材世界的同时,品味药材的清雅与厚重。现在禹州的中药材销售主要集中在药城路东侧的中药材专业交易市场(中华药城)内。

(五)中岳麦饭石

中岳麦饭石

麦饭石是经风化蚀变后,形成形似麦饭、具有一定的生物效应和医疗作用的二长岩类岩石。中岳麦饭石因产于中岳嵩山而得名。1986年地质部门在嵩山伊川江左及吕店乡重新发现麦饭石,其蕴藏面积1.5平方公里,储量达6000吨。

据李时珍《本草纲目》记载,麦饭石"甘温无毒,可治皮肤生疮,痈疽发背难症","世传麦饭石不膏治发背甚效,乃中岳山人吕子华秘方"。经研究发现,麦饭石含有钙、镁、钾、纳、锰、硅、铁、磷、氟、锌、铜、钼等数十种常量和微量元素,可以净化、矿化及优化水质,还可以用于电冰箱除臭,制作化妆品,以及作名贵花木的高效肥料等,在食品工业及医药卫生行业中有着较为广泛的用途。

伊川县先后成立"中岳"、"嵩山"两家麦饭石开发公司,其产品出口日本等国家和地区。伊川县杜康酒厂利用麦饭石生产的杜康麦饭石酒,颇受消费者的欢迎。

(六)四知堂药酒

四知堂药酒是主治风湿性关节炎的药酒。它渊源于明末清初,是汝州杨太和家的祖传秘酒,其配方严谨,只授儿子、媳妇,不传女儿。杨太和,原籍安徽亳州。四知堂药酒乃其先祖杨其贤所创,当时他身膺朝廷命官,府中家郎才女、仆役多有患风湿性关节炎者,为解除他们的痛苦,遂广收民间验方,研制出了四知堂药酒。杨太和时,亳州受灾,生活困难,携带家眷迁居汝州。

四知堂药酒在长期的制作过程中,潜心探索药物的性能、配伍、用量、效果、原料产地等,使之日臻完善。据杨家后代所述,四知堂药酒制作在夜间进行,翌晨休止。药酒残渣及时掩埋,唯恐他人窃之。药酒原料也须分散攫取,不在一处。特别是主料乌头,单独专门到嵩山脚下药农收购。以保证乌头的药效和质量。20世纪40年代后,药酒发展迅速,销售遍及全国。1956年,公私合营时,杨家后代献出了四知堂药酒的祖传秘方。此后药酒由县制药厂、东街制药厂继续制销,每年向东北、西北、海南岛等几十个省、市、自治区销售。

药酒配伍:乌头、当归、本香、良姜、白酒、红糖。主要功能是:舒筋、活血、除风祛湿、镇痛。主治痨伤吐血、咳嗽吐痰、祛气发喘、腰膝疼痛、风湿麻木、血不养筋、跌打损伤、半身不遂、闪腰岔气、麻木疼痛、寒热疟疾、经脉不调、赤白带下、中风不语等症。

四知堂药酒的"四知"的由来,源出于东汉乃祖先杨震的千古名言。杨震曾任荆州刺史,后调任东莱太守。当他前往上任时,路经昌邑,县令王密原是他保荐的荆州茂才。王密为了感谢杨震的知遇之恩,以重金赠杨震,杨震不受。王密说:"暮夜无知者"。杨震说:"天知、神知、我知、子知。何谓无知?"说得王密满脸羞愧携金而出。从此,"四知"传为美谈。杨其贤制成药酒后,为了光宗耀祖,就把自己用秘方制作的药酒,定名为"四知堂药酒"。

八、用　品　类

(一)桐油

桐油就是油桐树上所结果实榨出来的油。油桐的主要用途是制油,所以叫油桐。其油状似一般植物油,所以也有误吃的,吃时无异味且香,吃后呕吐难忍。桐油在工业上的用途较大,以前嵩山地域的人们只把它用来当油漆使,把新做的家具用色料刷上两遍后,再刷上桐油,不仅使家具的光泽度好,而且耐用,不易掉色。

(二)桑杈

嵩山地域是河南省主要桑杈产区之一,元代《农桑辑要》中已有记载。嵩山桑杈尤以新密为好,其特点为木质坚硬,体重,韧性大,易维修,不翘不裂,经久耐用,负载力强,而且统身核桃花纹,纹理清晰,精致美观,是打谷场上的主要农具。嵩山桑杈主要以"缠丝"、"大叶红皮鲁"、"红皮鲁"、"青皮"、"花叶"等10多个优良品种为主,尤以"缠丝"为佳,颇受省内外用户的欢迎。

除了制做桑杈,桑树浑身是宝,桑葚可食用、造酒,树皮可以造纸,枝条可以入药,叶能作饲料。

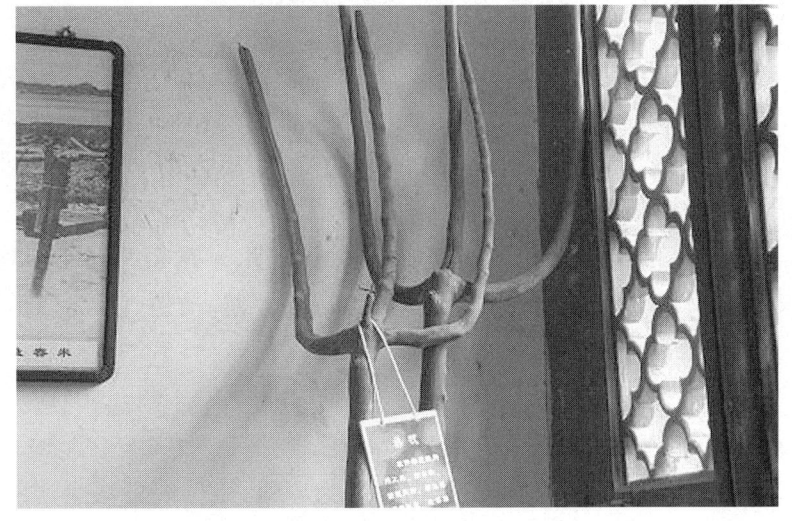

新密桑杈

(三)荥阳桥辫

荥阳桥辫就是荥阳草帽辫。据地方文献记载:"同(治)光(绪)年间,(荥阳)乡间妇女,择麦茎之最佳者编辫,以易钱文。光绪二十五年(1899年),邑绅孙钦旭在须水镇设恒祥成辫庄,招徕辫商,地天津、青岛等处。"历史上,荥阳桥辫曾远销欧、亚、非20多个国家。"民国"三年(1914年),在美国旧金山万国商品赛会上展出,并进入国际市场。"民国"五年(1916年),荥阳县知事念梅荫、汜水县知事梁有庚开办草帽辫传习所,使草帽辫生产得以普及,荥阳、汜水、荥泽(广武)等县,乡间劳动妇女多从事掐辫。

荥阳桥辫因其续茬方法采用插头法(不破茬),辫为花原草,"三白四黄"或"三黄四白",编织紧密,宽窄一致,辫口整齐,辫条均匀,独具一格,因而驰名。

(四)荥阳草帽

荥阳草帽

荥阳草帽分手工和机制两种,成品分黄、白二色。

农村制作多采用原色草帽辫,手工缝制,帽呈牙黄色,亦有巧妇以红、绿、黄、紫颜色染辫,手工缝制成花色童帽、女帽,颇受欢迎。

机制草帽始于20世纪初。"民国"元年(1911年),荥阳王村乡梁庄人曾赴山东学习制作机制草帽。机制草帽先用硫黄、漂白粉熏,漂草帽辫,然后用机器缝制,产品在当地供不应求。"民国"十三年(1924年),荥阳、须水、二十里铺、赵村、祥营、江沟有草帽加工厂11家,年产草帽22.7万顶。这些厂家制作的草帽式样随时代风尚而异。一种是普通型,折弯不断,携带方便,用工简单,价格公道,营销全国,历久不衰。另一种是礼帽型,凹顶,平沿,硬盔,丝绸布里,内衬商标,胶布帽口,清绸帽箍,造型美观,深受官僚、富豪、巨贾及教授、学者的欢迎,主要销往国内各大城市,并出口美、英、法、日等国。抗日战争时期,草帽销路迟滞,产量锐减。中华人民共和国成立以后,草帽制作工厂除生产草帽外,亦制作提篮、桌垫、椅垫、炕席、门帘等精巧玲珑的装饰品,花色品种多达100多个。

(五)新密绵纸

新密绵纸是以桑树皮、杨树皮等为原料,用传统方法生产的一种纸张。主要产于新密大隗乡一带。明代始有生产,抗日战争前期最盛,中华人民共和国成立初期亦有较多生产,20世纪50年代后期逐渐被机制的现代纸张所取代,但目前仍有生产。

新密绵纸的特点是质柔而细、薄而韧,吸湿性强,写字不渗,浸水不烂,印绘书画耐久存,除可作一般纸张使用外,还可用以制炮捻、上疮捻、糊油篓、酒篓、裱糊等特殊用途,一直在冀、豫、鄂、皖、陕等省享有较高声誉。

九、动 物 类

(一)郑州黄河鲤鱼

郑州黄河鲤鱼产于黄河郑州地段,中国地理标志产品(农产品地理标志)。郑州这里地势平坦,黄河水流舒缓,河槽宽阔,沉积物质丰富,适合鱼类生长。郑州黄河鲤鱼养殖历史悠久,《诗经》有"岂其食鱼,必河之鲤"的诗句。由于黄河特有的水质和郑州的地理环境,郑州黄河鲤鱼表现为金鳞赤尾,色彩艳丽,外形美观,肉质细腻,营养丰富,俗称铜头铁尾豆腐腰,历史上曾作为贡品上贡朝廷,列为中国四大名鱼之首。

黄河鲤鱼从外观上就跟其他鲤鱼不同,黄河鲤鱼的头、身、鳍全是金白色,稍微发黄,特别是鱼尾部分,红色里透黄,所以也称"红尾鲤鱼"。河南一些地方答谢"媒人"时,总是会选择"红尾鲤鱼"。红尾鲤鱼四根胡须两长两短,普通的鲤鱼嘴上只有两根胡须,而且是没有这么漂亮的。用油干炸后的黄河鲤鱼,鱼嘴是张而不闭的,味道也跟一般的鲤鱼有很大差别。

化验分析,郑州黄河鲤鱼每百克鱼肉中含蛋白质17.3克,脂肪5.1克,钙25毫克,磷175毫克,铁1.6毫克,核黄素0.1毫克,维生素B 20毫克。鲤鱼能供给人体优良的蛋白质,其蛋白质的利用率高达90%以上。且鱼肉松软,易于消化吸收和利用。

(二)新郑鳜鱼

新郑鳜鱼产于新郑市双洎河,当地群众又称其为季花鱼、桂鱼、花鲫鱼。春季最肥,仲春前后是捕获的良好季节,集市上常有出售。目前,双洎河污染严重,鳜鱼数量日渐减少,加之遭受过度捕杀,鳜鱼有绝灭的危险。

鳜鱼营养价值很高,药用价值亦好,味甘,性平,益脾胃,补虚劳。

(三)新密寒羊

新密寒羊是我国著名的地方优良绵羊品种,以毛细洁白质量优良而驰名国内外。新密寒羊的养殖,具有悠久的历史。中华人民共和国成立以前,新密一带"惠兰斋"、"德泰长"羊毛行经营的羊毛,远销上海、天津等地,部分羊毛还远销国外。当时,新密寒羊每只羊年单产羊毛为1.5公斤左右。

为了发展毛纺生产,提高新密寒羊的生产量,1953年河南省农业厅在新密云岩宫建立我省第一个绵羊人工授精站,引进苏联优良细毛

新密寒羊

种羊"斯塔夫罗波"5只,与新密寒羊进行杂交改良。"斯塔夫罗波"羊体重135公斤,年产毛量为20.25公斤。1956年6月该绵羊人工授精站改为河南省种羊场,基础羊群达1535只。经过杂交改良后的新密寒羊产毛量大大增加,成年公羊年产毛为12.5公斤,母羊产毛量为7.99公斤,而且质量更好,达到了国家细羊毛的标准,使新密一跃成为全国300个绵羊改良重点县之一。1979年至1983年,新密先后为国家提供羊毛162.4万公斤,为市场提供鲜羊肉食品87.5万公斤,为农业提供优质肥料16.8万吨。1983年新密存栏改良品种寒羊58156只,年产羊毛31万公斤,每只羊年平均产毛15.3公斤,比改良前提高了9倍多,并为全国10个省市、63个市县提供优良种羊15万多只,获净利润4250万元。新密寒羊的改良开发事业曾获河南省科技进步三等奖,郑州市科技进步二等奖。

(四)登封野兔

登封野兔主要分布在登封的西半部。登封大部分处于山地、田野间,山坡上、庄稼地里到处都有野兔活动的踪迹。秋冬季节,当地农民经常在地里下用铁丝自制的套子,套野兔。登封野兔颜色为土黄色,肚下为浅黄或白色,兔毛蓬松,质地柔软,很多当地人将其毛皮加工后,给孩子做帽子、鞋子等物品。

登封野兔头小个大,长有一对比家兔小得多的耳朵,与穴兔相比耳朵稍长一些。野兔四肢细长、健壮,后肢强健有力,敏捷,胆小,善于奔跑。登封野兔肉质鲜美,营养丰富,是人们餐桌上的美味佳肴。

十、器械类

少林宝剑

(一)少林宝剑

少林宝剑是嵩山少林寺内秘制的钢剑。据史书记载,它能削铁如泥,在战场上一直是很好的武器。少林宝剑,一直是嵩山少林寺独有的精良武器。改革开放以后,嵩山地域大力发展旅游业,少林宝剑已成为当地最有特色的旅游产品之一,无论哪里来的客人,都把少林宝剑作为最好的礼品带回。

(二)九节鞭

九节鞭在现代武术比赛中属其他器械组的第三类:软器械类。九节鞭由鞭把、鞭头和中间9个钢节组成,每节用3个圆环连接起来,故称:"九节鞭"。鞭的长度一般以人体直立,"把"顶触下颏,"镖头"触地为宜。九节鞭可缠在腰间或折叠藏身,携带方便,在古代用作暗器,如今在现代武术比赛中多有使用。除九节鞭外,还有七节鞭、十三节鞭之分。

登封九节鞭是嵩山少林武术武器中自造的器械。

九节鞭

(三) 洛阳铲

由于洛阳古墓葬多,洛阳人发明了洛阳铲。这种铲子极具科学性,用铲子往地下一扎,再拔出来,有经验的挖墓人就能根据其铲子上所带的泥土,来判定地下有没有墓葬及墓葬的年代,这种铲子得到了文物专家的认可,在考古挖掘界有很大的名气。

十一、工艺制品

(一) 汝瓷

瓷器的历史源远流长,在商代已开始烧造,至唐宋两代更加昌盛。宋大观年间,朝廷在汝州建青器窑,烧制瓷器以供皇宫使用,由此历代视汝瓷为名窑佳品。嵩山地域的汝州烧造青瓷器之窑即是"汝窑",亦称"官窑",所烧造之器物即称"汝瓷",为宋代五大名瓷之一。宋陆游《老学庵记》云:"故都时定器不入禁中,惟用汝器,以定器有芒也。"汝州一带,曾有"家有汝瓷一件,不愁家业万贯"之说。

汝瓷,土质细腻,骨胎坚硬,色泽浑厚,釉如膏脂之溶而不流,含水欲滴。扣声如磬,视如碧玉,明亮而不刺目。釉下遍布斑斑小点,犹如俊梨之皮;釉画隐纹纵横,恰似蟹过留痕;或如细碎之冰裂纹,或呈芝麻花型天然图案。这便是汝瓷中名贵的"梨皮、蟹爪、芝麻花"。其釉色有:柔和淡雅的粉青,古朴大方的灰蓝,海水碧玉般的豆绿,庄重穆静的虾青,以及葱绿、艾青、茶沫诸色。

汝州瓷器主要集中于汝州蟒川、大峪两地,并各有独特风格。蟒川河两岸有严和店、大郭店、大堰头、轧花沟、苇子园、任村、胡沟、寺沟、桃木沟等十几处遗址,其中严和店宋窑遗址规模最大,烧造时间亦长,包含物亦最丰富,也较典型。它以烧造豆绿釉为主,兼烧其他釉色。豆绿釉质,清澈透底,器物多印花与刻花。其刻花犀利而有锋芒,图案以团菊纹、缠枝牡丹、海水游鱼、水鸭卧莲、鸳鸯戏水等为多。另一处大峪,有东沟、黄窑、棉花窑、河东、吴家窑、陈农庄、班庄、龙王等十几处遗址,至今在群众中仍有"东沟到黄窑,七十二座汝瓷窑"的说法。这里窑场分布极多,其中以东沟旧址面积为最大,釉色以天青、天蓝、粉青、葱绿等为主,还有茶沫、虾青、鱼肚白等色,其釉质厚如堆脂。

汝 瓷

北宋末年,金兵入侵汝州,所到之处"搜山检海,焚烧屠杀,汝瓷被毁,工匠遭杀,人亡艺绝。"元朝后,虽历有仿烧,但"仿汝而色质均不及汝"。

1956年,周总理提出恢复汝瓷生产,并拨款扶持。1959年人民大会堂建成以后,经过千百次试烧成功的汝瓷花盆和透花基座被送往北京。1972年春季广交会初次展出了失传多年的汝瓷传统产品,其古朴典雅、熠熠生辉的盘、碗、瓶、炉、尊、洗、鼎,耀眼夺目,受到国际友人的啧啧称赞。1983年8月在汝州召开由轻工业部科学研究所、故宫博物院陶瓷研究所、文化部艺术研究院、中央工艺美术学院等单位30余名文物专家参加的汝窑天蓝釉试验成功鉴定会,新汝瓷被鉴定为:"汝窑天蓝釉的试制是成功的,接近宋代水平。特别是圆器更为逼真,是可以乱真的。能达到这一步是难能可贵的。"

(二)神垕钧瓷

神垕钧瓷

神垕钧瓷产于禹州市神垕镇,是我国宋代五大名瓷之一。钧瓷始于唐,兴盛于北宋。宋徽宗年间定为官窑,专为宫廷烧造御用贡瓷。神垕镇一带"南山煤、西山釉、北山瓷土处处有",具有得天独厚的自然条件。陶瓷艺人因烧制乳青釉成功而在釉里加入铜的成分,从而烧成了色彩绚丽、红紫掩映的铜红釉,成为一代名瓷,在世界陶瓷发展史上独树一帜。因禹州市场古称"钧州",瓷以地名,故称"钧瓷"。

钧瓷观之如景,叩之如磬,瑰丽夺目,浓艳晶莹,宋朝历代皇帝都把它视为奇珍异宝,只供皇室享用。人们将它和玉器、黄金并列,民间流传有"钧和玉比,钧比玉美"、"黄金有价钧无价"的说法。钧瓷之所以名贵,主要在于它烧造的窑变技术。钧瓷神奇的窑变技术使烧制出的瓷器绚丽多姿,自然而动感,因而格外悦目动人。同是一窑的产品,色彩效果各异,真乃"进窑一色,出窑万彩"。其色彩之多,不用枚举,最著名的有朱砂红、鸡血红、胭脂红、丁香紫、玫瑰紫、茄皮紫、葡萄紫、葱绿青、天青、月白等,而且红里有紫,紫中有蓝,蓝里泛青,青中透红,五彩互渗,相映生辉。通过窑变技术,釉面上还会出现一幅幅神奇的画卷,有高峡飞瀑、翠竹生烟、仙山琼阁、星辰满天、焰火怒放、龙凤飞翔。古人曾用"雨过天晴泛红霞,夕阳紫翠忽呈岚"的诗句,来形容钧瓷釉色的多变和出神入化。其纹饰有兔丝纹、蟹爪纹、鱼子纹和蚯蚓走泥纹。

北宋末年的靖康之变,导致钧瓷生产被毁。1955年,在周恩来总理指示关怀下,神垕镇建立钧瓷厂,并试烧成功。其后,钧瓷产品被列为国家领导人出国馈赠的礼品,畅销五大洲30多个国家和地区,被誉为"中国宝瓷"。

(三)洛阳唐三彩

唐三彩是古代洛阳、巩义一带的劳动人民所创造的一种具有独特风格的多色釉陶制品。唐三彩是唐代特有的一种釉陶制品,始于南北朝而盛行于唐代,距今已有1400多年的历史。据考证,唐三彩是在南北朝及隋代青瓦陶胎粉彩的单色釉彩的基础上发展起来的。唐代的陶制品突破了单色釉的限制,首创为多色釉彩陶塑,以黄、白、绿三种釉色并用,在汉代铅釉的基础上加入多种氧化金属烧制而成。釉色呈

洛阳唐三彩

黄、白、绿、褐、蓝、黑、紫等多种,实为七彩,但仍沿用三彩的名称,其制作工艺独特,经配料、粉碎、制模、成型、正修、素烧、施釉后再进行复烧。古代品种主要有三足炉、盒、壶、钗、盂、杯及各种人物俑、动物俑、人面兽身或兽面人身的怪物等,特别是各种马俑的制作,形态逼真。中华人民共和国成立初期,洛阳建立唐三彩研究机构及唐三彩复制厂,除复制仿古外,还推陈出新,创作现代作品,产品达400余种,年产量20余万件。1983年,"九都牌"唐三彩荣获国家金质奖,被定为国家领导人对外馈赠的礼品之一,并远销世界五大洲30多个国家和地区。

(四)洛阳宫灯

洛阳宫灯因悬挂于帝王宫殿而得名。洛阳宫灯的制作始于汉,盛于唐,衰于宋,复兴于清,一直流传至今。

嵩山地域的宫灯起源于洛阳,后来逐渐遍布嵩山地域。旧时,洛阳人每年元宵节,家家户户都要做灯、挂灯,也有专门订制出售的宫灯作坊。后来,这一习俗在嵩山地域遍布

洛阳宫灯

开来。逢年过节,嵩山地域的城乡中,经济条件稍微好一些的人家,都要挂宫灯,以示喜庆之意。现在,挂宫灯的范围就更普遍了,机关、厂矿、学校、商点、会所等单位,逢年过节的也都是高挂宫灯,一片张灯结彩的热闹气氛。

洛阳宫灯品种繁多,如六角宫灯、白绢方灯、蝴蝶灯、二龙戏珠灯等。从形式上看,洛阳宫灯大体可以分成红圆灯、四方灯、多角灯和游玩灯四类,其中以红圆纱灯最为著名。红圆纱灯,又名门灯,造型庄重,式样大方,精致美观,上面宜写宜画,具有浓厚的民族风格。洛阳宫灯样式有红纱圆灯、白帽方灯、六角龙灯、走马灯、罗汉灯、莲花灯等。中华人民共和国成立前,许多宫灯绝技面临失传的危险。中华人民共和国成立后,这一传统工艺得到了新生。目前,洛阳宫灯的品种达几十种,产量也大幅度提高,产品远销亚洲、欧洲和美洲等许多国家和地区。

嵩山剪纸

(五) 嵩山剪纸

嵩山剪纸的作者大都是女性,她们凭着一把剪刀、一张彩纸,再加上她们的慧心巧手,能剪出大小不同、形态各异的花草虫鱼,小到"三寸金莲"上的绣样,大到房屋的顶棚等。剪纸内容要根据不同的场合进行变化:过节时剪的是"喜上眉梢"、"百福图",窗户上贴的千姿百态的窗花;结婚时剪的是"鸳鸯戏水"、"连生贵子"、"龙凤呈祥"、"五子登科"和各种各样的双喜字。儿童的狗头帽、虎头鞋以及枕头上的各式绣花,多依托剪纸花样。嵩山地域的女作者很多都是从剪鞋花、窗花开始到创作各种各样的剪纸作品。她们大都不提前画样,只是在心中构出图后,一剪下去即成。有一少部分人要提前拿铅笔在纸上构图,然后再剪。

(六) 黄河澄泥砚

黄河澄泥砚是民间工艺品,是以黄河沉积泥土为原料,经多种名贵草药熏蒸后人工雕刻而成。其质地坚硬细腻,含津益墨,色彩纷呈,是一种融保健、实用、鉴赏于一体的新型砚台。近年来制作的"寿星"、"龙凤"、"黄河少女"、"祖国风光"等套砚在国内外享有盛誉。

(七) 泥塑

嵩山泥塑有两个类别:神像泥塑和泥娃娃泥塑。大型神像泥塑由多道工序,由多人共同完成。泥娃娃泥塑比较简单,一般先制好大小不同的各种泥娃娃的模具,然后用和好的泥压成前后两块胚子,尔后合成中空的躯壳,先刷成白色,再用颜料涂出娃娃身体的各个部位。旧时,泥娃娃多在庙会上销售,用于祈儿,现多用于收藏。

（八）密玉

密玉因产于新密市而得名。密玉产于新密助泉寺一带，商代时此地已用玉来制造玉雕品，并达到很高的艺术水平，以后历代均有少量开采，为全国重要的玉产地之一。初步探明储量在百万吨以上，年产玉石矿 70～100 吨左右。密玉属硬玉之列，其特点是质地坚硬，性脆，手感细腻，色泽纯净均匀，杂质少，具有鲜艳的天然色彩。

密玉有红、白、青、黑、绿五种颜色，其中以绿色最为珍贵，在国际市场上被称为"河南翡翠"，在中国与新疆和田玉、辽宁岫玉、南阳独山玉并称四大名玉。密玉色彩翠绿，质地坚细，色泽鲜透，历来被行家评为上乘之品。用其雕琢成的工艺品碧绿光润，剔透晶莹，著名的密玉作品有"济公"、"天安门蹲狮"、"达摩一苇渡江"、"攀登世界最高峰"等。玉雕艺术在新密市已有 3000 多年的历史，唐代曾被列为贡品。在密玉开采史上，新密曾出现过大的玉

密　玉

石。1960 年，密县助泉寺玉矿曾经发现过一块高 1.28 米、重 1.35 吨的大玉，由上海玉雕工人雕刻为"中国登山健儿登上珠穆朗玛峰"工艺品，受到中国领导人称赞，现被列为国宝，保存于上海博物馆。2005 年 11 月，新密市牛店镇助泉寺玉矿发现一块高 1.56 米、最大宽度 78 厘米、重达 1.8 吨的玉石，此石堪称"密玉之王"。2007 年 4 月，在新密市美玉桃园景区密玉矿又发现的一块高约 1.5 米、重约 4 吨的巨型密玉，其质地更加特别。据专家考证，此玉深绿，色泽鲜艳，质地上乘，是密玉中的珍品。几十年来，密玉多用于制作烟嘴、手镯、项链、耳坠等小件玉器和首饰。用绿色密玉生产的饰物或艺术品，深受中外人士喜爱。

（九）糖人

有吹糖人和换糖人两种。糖人艺人肩挑生有火炉、熬有糖稀的担子游乡串村。手艺高的艺人，可以随时用糖稀捏成老虎、老鼠、兔子、公鸡、莲花等动植物的样子，还可以捏出"黄鼠狼偷鸡"、"二龙戏珠"等带有故事内容的作品以及"关公耍大刀"等有丰富表情的人物来，也可以把糖稀吹成各种形状，称之为"吹糖人"；手艺低的艺人，则用木棍挑一团糖稀，在刻有动物或人物像的范本上练习制作，以此换取生活用品或农产品，此谓"换糖人"。史料记载，嵩山地域的糖人艺术在清代就达到了相当高的水平。

（十）纸扎

纸扎是丧葬时用的纸马、纸车、纸人、金银斗、摇钱树用品，因这些东西均是用竹、木或杆做架子，用纸糊成的工艺品，所以统称为"纸扎"。因为纸扎是与丧葬同行的工艺品，所以嵩山地域的纸扎遍布

城乡各地。尤其是现在,纸扎中工艺品种更多了,与过去相比,纸扎店的工艺品种也越发现代逼真,诸如纸楼房、电视机、洗衣机、小轿车等现代的家电纸扎一应俱全,应有尽有,非常逼真,堪称纸扎现代化。

(十一)木雕

嵩山地域的木雕工匠大都掌握着一定的木雕技术,或是服务于婚嫁、宅居习俗,雕刻一些诸如"松鹤延年"、"鹊登梅梢"、"连年有余"、"麒麟送子"等浮雕作品;也有为寺庙、宫殿进行镂空雕刻的。中岳庙、少林寺、关林、白马寺的木雕作品,是嵩山地域木雕艺术的精品。

(十二)石刻

嵩山地域人建宅院,多爱在门前树立一对石狮子,或在门楣上镶一块"泰山石敢当"、"勤俭持家"、"忠厚人家"等内容的石刻匾额,既是辟邪,也是勉励。旧时,在一些大户人家的门台上,多刻守门的狮子和各色各样的石雕,以示家庭的尊贵和威严。龙门石窟和巩义石窟中的石雕像,为嵩山地域石刻艺术的代表作。

(十三)布老虎

布老虎是嵩山地域民间常见的、很受人们喜受的工艺品,因老虎凶猛无比,人们以为可以辟邪,因而多为幼儿做虎头鞋、虎头帽,还给小儿买布老虎的玩具。布老虎制作工艺比较简单,外用黄色棉布缝制,里面填充谷糠或旧棉絮,有耳、鼻和高高翘起的尾巴,嘴、眼和全身的花纹用颜色勾画。在制作布老虎时,尽量使其抽象化,四肢缩小,头部加大,符合人们理想的形象。

第五节　集贸风情传说

一、舜　王　庙

偃师境内的邙山岭上,有一座舜王庙。人们用"前房檐水流到洛河,后房檐水流到黄河","好马跑不出山门",来形容庙的规模巨大。实际上,庙并不大,只不过所处的地势有利罢了——庙前是陡坡,没有山门,好马想跑也跑不下去。

那么庙的山门在什么地方呢?原来,在山下二公里处的平川上。据说:原来的舜王庙在山下,由于离洛河太近,常常被洪水淹没。有一天晚上,舜王爷显灵,一夜之间,便把庙搬到了邙山上。但是,还没有搬完,鸡叫天亮了,只好把一座山门留在了原地,而山上庙前也就没有山门了。当晚,周围各家的牲口都被调去拉东西。第二天早上,好多人家都看到牲口身上湿淋淋的。

至今山下还有一个村子叫"山门"呢。

二、九龙圣母殿

圣母殿又叫九龙圣母殿，在嵩山南麓焦河西岸几公顷大的草坪上。原建筑坐北朝南，有大门、正殿、配殿等，雕梁画栋，斗拱飞檐，金妆圣像，彩绘壁画，殿堂十分秀丽典雅。庙院前有戏楼相对，每年农历二月初二龙抬头的那一天，常有四邻五村的农家男女来这里赶会看戏，制买农具，从而开始一年辛勤的耕作。

这殿为啥叫九龙圣母殿？它和焦河又有啥关系呢？

焦河又叫蛟河，是大禹治水锁蛟的地方。禹治服了兴风作浪的蛟龙，洪水归槽，蛟河两岸长出了丰美的庄稼，人们便聚集到这里生息。可是，后来天不下雨，庄稼干旱，人们又困苦难当。蛟河也变成了焦河。

焦河东岸有个康村，康村有一户人家，老两口只有一个女儿。女儿十七八岁，承担着家里的全部农活和家务，炕上剪子炕下镰，耕种收割一人担。好年景，风调雨顺还好办，逢到坏年景，一遇干旱，就得起早贪黑地到焦河里挖泉，挑水，浇禾苗，累得腰酸腿疼，浑身瘫软。爹娘看在眼里，疼在心里，总劝她多歇歇再干。可是她却在想，怎能一担水就能把所有的禾苗都浇遍呢？

这天，她又在焦河挖泉，泉水清清凉凉地流出来，积了一滩，照见人影。她正高高兴兴地洗手，准备拿桶灌水，突然水滩中映出一个男人的影子来，那是个头挽发髻、身穿道袍的老道。他说："姑娘，我看你挖的泉水清亮，像你的心那样美丽，我的道袍脏了，能不能替我洗一洗呀？"

姑娘回头看时，真是一个二目和善、两耳垂肩的老道站在背后，便点头答应。老道便脱下道袍，交姑娘搓洗。姑娘心地善良，纯真，为他清洗干净，烂的地方，还给他补缀缝合，见有长短不齐的线头，便用嘴咬下来。但没承想，线头咬在嘴里，一不注意却被咽进肚里。姑娘把道袍还给老道。老道谢过，便不见踪影。

姑娘心犯怀疑，回家以后，不思饮食，渐渐喜吃酸辣，肚子也大了起来。老娘先看出了女儿的异常，慢慢地，爹也看出来了。他们试探女儿，女儿说不出什么。他们请郎中看过，说是怀有身孕。爹说女儿行为不正，败坏他家门风，要打她，女儿离开了家门。

她往哪里去呢？姥姥家人已在大荒之年饿死绝尽，姑姑家人为躲荒年讨饭在外。她来到焦河，看到挖出的泉水已经干涸，想起曾在此洗过的道袍，她恨死了那个老道。她过了焦河，登上西岸，来到自家的田边，看到亲自浇过的庄稼，她不忍离开一步。她就着地边蹲了下来，没想到这一蹲，肚子滚翻着疼痛，她站不起来了。

在庄稼棵里，她生出了九条龙来，前八条一出世，条条都欢腾活跃，亲昵地围着她的身边转。唯有第九条，不仅生不顺利，样子难看，而且远远地离开她的身子。她就掂住尾巴把它扔了。这一扔，扔到了嵩山后边。这些龙各自潜入到一个水潭，这水潭就称为龙潭。所以，当今嵩山前边有八龙潭，后边有九龙潭。后来，人们在山前修建了龙潭寺，在山后盖了九龙王庙，在生九条龙的地方盖了九龙圣母殿。

传说，这九条龙按照圣母的吩咐和民间的愿望，从每年的二月二日开始，抬头昂天，各负其责，耕云播雨，给大地降下甘露，使五谷丰登。所以，每年的二月二日，人们便成群结队地来这里向他们祭祀，祈求风调雨顺，降福民间。

三、老　庙

嵩山的玉仙圣母庙,又称老庙。这是为什么呢?传说秦始皇统一六国后,滥施苛政,不但焚书坑儒,并且扒坟拆庙,全国所有的庙宇几乎都被拆毁。

老　庙

有一年,秦始皇游罢中岳嵩山,因山路难行,便微服带领近身侍卫数人沿五指岭北下,准备再东游泰山。谁知刚走到方山,突然间云雾四起,大雨倾盆,秦始皇山中迷路,只好在石崖下避雨。眼看天色已晚,找不着住处,十分着急。少顷,山雨暂停,只见暮色四合,群山苍茫。忽然,听到不远的山坡下有纺麻之声,秦始皇急命侍卫打探。不多时,侍卫回报说:"前面不远有一所茅舍,只有一个老太太在纺线,万岁不如暂投宿一晚,明日启程。"秦始皇只得跟随侍卫来到茅舍,对老太太说:"我等是过路人,因山中遇雨,迷失道路,借宿一晚,明日便走。"老太太停了纺车说:"借宿倒可以,只是我这茅屋窄小,你们数人来投宿,恐怕委屈了你们,你们到别处另寻宽敞的地方吧!"

秦始皇觉得老太太说的也是实情,就问:"附近还有人家吗?"老太太说:"北去七八里,倒有人家。"秦始皇出门向北面张望,只见夜色深重,山林隐约,虎啸狼嗥,惊心动魄。秦始皇吓得出了一头冷汗,又回到茅舍对老太太说:"今晚只有住在这里了,纵有金銮宝殿,我也没有办法去住了。"老太太一听,笑了笑说:"你是过路人,咱们无亲无故,我纵然有心留你住宿,到底男女有别,况且只有这一间茅屋,可怎么住呀?"秦始皇急忙说:"既是这样,你到底比我年长,我拜你作姐姐,行了吧?"老太太呵呵笑道:"我比你年长少说也有20多岁,论经历,论年岁,都可以作你的长辈!"秦始皇心想,反正就借宿这么一晚,拜她作长辈,也是一锤子买卖,明天我一走,她一辈子也别想再见到我。于是便说道:"好吧,我拜你作干娘,这总可以了吧?"

于是,秦始皇就拜老太太为干娘,住了一晚。第二天,秦始皇一行人一早上路,走过一道山坡,又回头看借宿的茅屋时,哪里还有踪影?只见绿树掩映中,露出一座玲珑的庙宇。秦始皇不由吃了一惊,心想:我原以为天下所有的庙宇都已拆完,谁知这座庙宇,还完整无缺,想昨晚投宿遇见的老太太,定是神仙所化,但不知是哪家神仙?于是又回头来到庙前,但见庙的石柱上镌刻着一副对联:

　　藏风藏气龙盘地尊神先占
　　极幽极静凰飞岗圣母独居
　　横额:玉仙圣母殿

秦始皇走进庙内，撩起幔帐一看，大吃一惊。只见玉仙圣母塑像神态安详，却正是昨晚认的干娘。秦始皇看罢，喟然长叹："天下人有智有愚，仙界亦然，看来玉仙圣母早知吾是始皇，化老妈妈点化于我。我已认作干娘，岂能儿戏！"于是，撮土为炉，插草为香，对玉仙圣母像跪拜一番，然后启程而去。

秦朝时，全国庙宇多已拆毁，唯此庙独存。后人把玉仙圣母庙称作老庙，喻其年代久远。因而，这一带的山，便叫作老庙山了。

四、虫王的来历

外地人敬虫王，大多敬一位姓刘的勇猛将军，传说是南宋初年抗击金兵的大将刘锜，而登封人敬的虫王爷却是辅佐大禹治水的伯益，这里边有个故事。

伯益是舜的大臣皋陶的儿子，也是个了不起的英雄。年轻时，伯益是个发明家，他最早发明了打井取水。伯益的聪明才华，使他名闻遐迩。夏禹于是向帝舜推荐伯益，帝舜就派他去当夏禹的助手，辅佐治理天下的洪水。在治水时，伯益立下了汗马功劳，夏禹在治水成功后受赏时对舜说："治水不是我一个人的功劳，伯益的辅佐也起了很大作用。"舜于是又对伯益大加奖赏说："你立了大功，你的后代将繁荣兴旺。"舜的话果真灵验，后来伯益的后嗣非常繁荣显贵，分衍出黄、赵、秦、江等十多个姓氏。

大禹继任华夏部落联盟首领后，伯益和他的父亲皋陶都深受大禹的信任。大禹原本打算禅让于皋陶，不巧的是皋陶死了。于是，大禹又指定皋陶长子伯益为自己的继承人，并在晚年授政于益，而让自己的儿子夏启为臣。大禹在位10年，东巡会稽时去世，临终遗命传位给伯益。伯益为大禹守丧三年后，也像大禹避让舜的儿子商均一样，避让王位给大禹的儿子夏启，自己隐居到箕山之北。这样大禹的臣属都跑去朝见夏启，却不理会伯益；那些诉讼的人也都只去找夏启而忽略伯益，老百姓也归附夏启而疏远伯益，人们甚至歌颂起夏启来："我们君王帝禹的儿子，才是我们的新君主。"于是，夏启在人们的拥立下，自即天子之位，"家天下"而建立了中国历史上第一个王朝——夏朝。夏启即天子位后，便开始策划消灭伯益的行动。夏启六年，伯益被夏启杀害。伯益死后，夏启为了笼络人心，又以隆重之礼安葬伯益。

传说大禹治水后，原先洪水里的鱼仔都被晾晒在大地上，变成了蚂蚱。等到庄稼即将成熟时，蚂蚱们成了一大祸患，它们铺天盖地，飞来飞去，飞过去后地里的庄稼即被食得干干净净。人们眼看即将成熟的庄稼被食得光秃秃的，就急红了眼，纷纷挥舞树枝拍打蚂蚱，但蚂蚱还未被消灭，其后代就又长大了，吃庄稼也像刮大风一样，一溜烟庄稼就被一扫而光。

这时，夏启惊恐万状，又想起了被他杀害的伯益。因为伯益本是东夷少昊鸟氏族的首领，传说伯益知禽兽之言，有能与飞鸟通话的本领，曾帮助帝舜调驯鸟兽。帝舜还让伯益掌管火，伯益就用火焚烧山泽，迫使猛兽逃匿。因此夏启就不断祭祀伯益，希望他保佑天下黎民。据说伯益可怜黎民百姓，就指点人们用火攻、挖沟埋等方法消灭了蚂蚱，过上了安定的生活。夏启于是每年都供献牺牲来祭祀伯益的亡灵。后来人们也就尊伯益为"百虫将军"，建了很多虫王庙来供奉伯益。现在，登封大冶北五里庙等村的庙宇里都还供奉着虫王爷伯益，希望他保佑人们免遭蝗虫伤害呢。

五、簸箕庙山

秦末,刘邦、项羽争霸天下,大战于洛阳。刘邦驻兵万安山间,后有高山为屏,两翼有深沟为障,前方一马平川,进可攻,退可守,是比较理想的扎营之地。项羽扎营于北邙,前有伊、洛两河,背有黄河,可谓背水之战,乃兵家之大忌。

双方对阵,下了战书,只待次日大动干戈。刘邦把后帐扎在一个小山头上;此处孤山突兀,居高临下,山前景物,尽收眼底。刘邦宠爱的薄姬,就住在这里。刘邦临行之前,对薄姬说:"今日大战,胜负难定。回师之时,你可看队伍是否整齐。午时三刻,我若不归,夫人可自行抉择。"薄姬说:"我只等大王凯旋,若有不测,我宁可自尽,决不做项羽的俘虏。"说完,亲斟三杯辞行酒。刘邦饮罢,骑一头骡子,带领队伍下山去了。

双方开战,一场好杀。刘邦依仗地理上的优势,取得胜利。他因惦记薄姬,并急于午时赶回去,自己便纵缰而回。待跑到山脚下时,骡子失了前蹄,跌倒在地,生下一个小骡驹。刘邦急于赶回,反而欲速则不达,埋怨道:"你早不生,晚不生,偏偏在这时候生。以后你不要再生了!"从此,骡子就再也不会生了。"跌马沟"的名字就由此而来。

薄姬在山上,眼看已到午时,还不见刘邦回来,心里很着急,就走出后帐向山下瞭望。只见队伍不整,旌旗歪斜,兵士遍地奔涌而来,像是打了败仗的样子。薄姬看到这种情形,想到刘邦临行前自己的誓言,就解下身上的绸带上吊而死。等刘邦赶回,见薄姬已死,后悔不已。他本欲修庙宇一座,以示对薄姬的怀念,但因战争未休,来不及修建,就拔营而去了。当地百姓崇仰薄姬的忠贞,就在这座山上修庙一座,命名为"薄姬庙"。

薄姬庙以讹传讹,流传至今,已变成"簸箕庙",山也随着叫"簸箕庙山"。这座山坐落在洛阳东南十五公里的万安山下,远看倒也像个簸箕,叫它簸箕庙山确也形似。

六、杜康酿酒

在很久以前,洛阳城南全是高山丘陵。山脚下有一个小村庄,村里有一口枯水井,人们叫它"独坑"。独坑的一边有一间破草房,住着杜康和他的老母亲。因为杜康出生时,家里穷得只有一瓢谷糠,所以母亲给他取名杜康,一是"康"与"糠"同音,让他记住吃糠咽菜的穷日子;二是要他继承杜氏香火,健康成长。

杜康忠厚诚实,聪明能干。十几岁时替人牧羊,赶着羊群春放青、夏放绿、秋放黄、冬放白,走遍了洛南山乡。

有年盛夏的一天,烈日炎炎,杜康背着老母亲为他做的干馍馍,提着贮水的竹筒,在山上放牧。天热口渴,竹筒里的水早被他喝光了。于是,他把剩下的干馍馍放进了竹筒,顺手挂在头顶的枯树权上。他想:这山下要是有条河,该多好啊!我和羊群都可以洗个痛快澡,吃水也不用跑很远的路去取了。正想着,突然,一阵惊雷响过,天上下起了倾盆大雨。杜康慌慌张张地赶着羊群下了山,竹筒也忘了拿啦。

这场大雨,一直下了七天七夜。天一放晴,杜康就赶着羊群上了山。他又来到那棵枯树旁一看,竹筒子还在树上挂着。他摘下来,里面清冽冽一筒子水,一股喷香的气味扑鼻而来。他喝一口,顿觉心神爽快,有桃李的甘美,也有竹子的清香,还有别的啥滋味,是辣,是酸,杜康一时也说不清。这是天上下的雨水,为什么会这么好喝呢?他只觉得和竹筒里泡了好多天的干馍馍有关系。他舍不得再喝第二口,急忙把水带到山下,让老母受用,让乡邻尝鲜。喝到这水的人呀,都夸它好得很,美得不得了。

杜康酿酒

尝过水,大伙就想给它起个名字。有人说它叫"天水"好,因为是雨水变的;有人说叫"神水"好,认为是神仙显灵。杜康说:"这水是久雨而得,今年是酉鸡之年,这筒酉年之水组成一个'酒'字,用'酒'之字,取'久'之音。"大伙听罢,十分赞赏。自此,人间便有了"酒"这一名称。

杜康有美酒的消息像插了翅膀,很快传遍五里三乡,每天前来尝酒的人不断。这一筒酒够多少人尝呢?杜康犯了愁。他跑了好些地方取水,想再做些酒,但总做不出那种味道。

一天,杜康把羊群赶到山上后,闷坐在树下,不知不觉地昏睡了。这时,一位白须老翁手执拂尘,飘飘然自天而下,笑着对杜康念了四句诗,然后把拂尘一摇变成一根羊鞭,交给杜康。

杜康拉住老翁正要问个明白,那老翁就势一推,差点把他推下万丈深渊,惊得杜康大叫一声,翻身坐起,原来是一场梦。但老翁对他说的诗句还清清楚楚记得:"踏山呼喊甩鞭,千响百声四三,天河慰我子民,独坑是尔酒泉。"聪明的杜康一下子明白了诗中的意思。这是让他踏遍大山三千三百三十三天,每天呼喊沉睡的大山一百声,抽它一千鞭,那时这里就会有一条天河,一个酒泉。他摇了摇手中的鞭子,感觉鞭子的分量比原先重多了。他暗暗发誓:只要乡亲们有水用,有酒喝,我杜康宁肯跑断腿,喊破喉咙,甩折胳膊,也心甘情愿。

从此,杜康带着羊群,天天在山上跑,天天用力甩着放羊鞭,天天在山上喊:"大山快快开!"冬去春来,年复一年,三千三百三十二天过去了。

到了第三千三百三十三天,他起得特别早,吃得特别饱,拿起放羊鞭,赶着羊群上了山。到了山顶上,他挥起放羊鞭,使出吃奶的力气,"啪"地甩出了最后一鞭。只听得"轰隆"一声响,大山裂开了一条缝。只见滚滚的水流从地底下涌出,变成了一条河水,从他脚下流淌而去。乡亲们看见了,都高兴得跳了起来。因为万事开头称"伊始",所以大家就把这条河叫"伊河"。

说也奇怪,伊河水一流,杜康家那口多年干枯的独坑,真的复活了,一股清水从地下向上喷射,在阳光照耀下发出一束白光。"上白下水"不正是"泉"字吗?人们就叫它"独坑泉"。由于"独坑"与"杜康"音近,慢慢地人们就把"独坑泉"叫成了"杜康泉"。杜康尝了这泉水后,觉得不亚于当年在山上得来的天水,因此,就用这泉水酿酒,开始了专业酿酒的生涯。

七、金 银 花

很久以前,在巩义、新密、登封交界的五指岭的山腰里,住着一个姓金的采药老汉。金老汉为人厚道,勤劳朴实,与一位姓任的老中医在山下合开了一家中药铺。

任老医生也是个善良淳厚的老人,并且有一手超群的医术,经常给人看病,还舍药给远近村民,因而很受百姓的尊敬。

金老汉跟前有一个女儿,名叫银花,生得温柔美貌,聪明伶俐。她从小就跟着爹爹上山采药,每天把采到的中药送到山下的药铺里。

任老医生跟前有个儿子,名叫任冬,勤劳勇敢,纯朴善良,从小学过医道。他十五岁时,去登封少林寺习武,是个文武双全的后生。由于金、任两家交往密切,任冬和银花从小便青梅竹马,非常要好。随着年龄的增长,二人在交往中默默相爱。两个老人也看出了年轻人的心事,就做主给儿女订了终身。从此,两家老少相处得更加融洽了。

却说五指岭上有一种叫金藤花的名贵草药,能解邪热、除瘟病。一天,金老汉和女儿银花在山上采药。突然,乌云翻滚,狂风大作,飞沙走石,鬼怯神惊。黑云中有个怪物,伸出簸箕一般大的利爪,将银花一把掳走,不知去向。原来,这是一个名叫瘟仙的北海黑熊精。它听说从五指岭上的一百株金藤花上,采摘一百斤花苞,用一百斤天河水,煎一百个日出日落,熬成膏丹,服后可以长生不老,所以,它就在五指岭上住下来,想采花制药。这天,它发现金老汉和女儿银花来采金藤花,又见银花生得十分美丽,便吹起狂风,掀起飞沙,喷出云雾,挟走了银花。金老汉忽然不见了女儿,就呼喊着在妖风后面拼命追赶。

追啊,追啊,金老汉追到了一条黑黝黝的深谷,仍然不见女儿。忽然,一阵瘴气迎面扑来。金老汉觉得心里一阵搅痛,当即晕倒在山谷里。醒来后,浑身无力,两腿发麻,他只好一个人勉强摸回家中。

瘟仙有个嗜好,就是经常吞云吐雾,散布瘴气,传播瘟疫。它来到五指岭后,没有多久,五指岭一带的百姓,便染上了瘟疫。

再说山下的任老医生每天看病,近几天病人多得挤破门,还都是很厉害的瘟疫,就感到事情有些不妙,再加上一连数日不见金家父女下山送药,更是放心不下,便对儿子说:"冬儿,这些天为啥患瘟病的这样多?要治这病,必得用金藤花。你快到山上找你金伯父和银花,多采些金藤花回来。"

任冬遵了父命,挎上腰刀,直奔五指岭而来。任冬来到金老汉家里,没见一人。原来,金老汉一早又上山找女儿去了。任冬就直奔大山寻找,寻过一架大山又一架大山,寻了一条深谷又一条深谷。忽然,在一条谷口的草地上,他发现了昏迷不醒的金老汉。任冬急忙上前呼唤,金老汉睁眼看看,知道是任冬来了,便拉着他的手,说:"冬儿,五指岭来了瘟仙,抢走了你银花妹。你一定要除掉瘟仙,救出银花啊!"

任冬急忙把金伯伯背回家中,让父亲照看,又返身来到山中,心里暗暗发誓:不除掉瘟仙、救出银花妹,我绝不还家!

任冬又来到黑黝黝的深谷,走哇,走哇,山路越来越陡,山谷越来越深。突然,头顶峭壁上响起求救声:"任冬哥,任冬哥,你快来救我呀!"

任冬抓住崖壁上的藤条,攀上洞口,在洞内找到了囚禁银花的石牢。他砸开牢门,见银花面容憔悴,满脸泪痕,躺在苔藓斑斑的石板上,便跑过去抱住银花说:"银花妹,我救你来了!"

银花见了任冬,二话没说,拉着他就往外跑。二人出了洞口,沿着青藤溜到谷底,越过山涧,爬上峭壁,走过一座座山头,终于回到银花家里。

这时,银花才说:"任冬哥,我在洞中听瘟仙发呓症,说它最怕药王。它就是挨了药王的痛打之后,逃到这里来的。要想制服它,我们必须请药王来!"

任冬想起金伯伯和无数被瘟疫缠身的乡亲,更加仇恨瘟仙,便问银花:"银花妹,你知道药王住在哪里吗?"

银花说:"听瘟仙说,药王现住在蓬莱仙岛灵芝洞里。"

闻听此言,任冬从后院牵出白玉飞龙马,两人双双骑了上去,那马一声嘶鸣,直奔山东蓬莱。

马蹄哒哒,风声呼呼,终于,任冬和银花来到了山东境内。突然,黑云弥漫,狂风大作,银花急忙对任冬说道:"任冬哥,你看这漫天风沙,怕是瘟仙追来了。"

任冬说:"银花,我留下挡住它,你一个人去请药王。快!"说着,他就跳下了马背。

银花哪里肯依,勒马说道:"不,任冬哥,我们要留都留,要走都走……"

任冬说:"银花,瘟仙马上就到了,再说咱俩骑一匹马也跑不快。如果不让我留下来,咱们都走不脱,那就请不来药王,怎能降服瘟仙、拯救父老乡亲啊?"

银花垂泪说:"要留就让我留下。"

任冬见银花也要下马,就猛地朝马背上抽了一鞭,只见那马闪电一般飞腾而去。

银花走后不久,瘟仙果然驾着黑云赶来,冲着任冬哈哈冷笑道:"呔!你这小畜生,狗胆包天,想请药王治我。今日落在我手,看你还往哪儿跑!"说着,它降下云头,来抓任冬。任冬怒从心头起,举刀便砍,瘟仙急忙招架相迎,两个你来我往展开了一场恶战。瘟仙能吞云吐雾,善施魔法,任冬纵然有些武艺,哪是它的对手?战了十几个回合,他便被瘟仙拿住。瘟仙逼问银花下落,任冬死也不说。瘟仙无奈,只好携上任冬,返回五指岭。

再说银花骑着白玉飞龙马,跳沟壑、钻密林,涉过了九十九道川,翻过了九十九座山,终于,她来到了蓬莱仙岛灵芝洞,见了药王,把事情前后经过讲述了一遍。药王见这个年轻姑娘如此见义勇为,就说:"既然姑娘诚心相求,老汉怎敢推托?待我打点行装,即刻与你一同前往。"说着,他从身边的葫芦里,倒出两粒仙丹,让银花服下。仙丹落腹,银花顿觉精神焕发,饥饿全消。药王也已准备就绪,便牵出梅花鹿,带着沉香龙头拐、药葫芦与白玉杯出发。他让银花骑上白玉飞龙马,往马背上猛击一掌,只见一道金光闪过,那马腾空驾起一朵祥云,跟随骑着梅花鹿的药王,一起向五指岭飞来。

瘟仙远远看见药王与银花赶到五指岭,感到大事不好,就先把受尽折磨的任冬推下背影崖,扔进背影潭。然后,他站在五指岭上张开血盆大口,把生长在五指岭上的所有金藤花全部吞进肚里。正在此时,药王和银花赶到,只见药王手起杖落,打得那瘟仙连声惨叫,吐出金藤花,驾起一团黑云,向西南方逃去。

药王让银花把瘟仙吐出的金藤花拿回去重新种上,急忙动身追赶瘟仙去了。那瘟仙被打得遍体鳞伤,一跛一拐地继续奔逃。据说,它逃到了云南一带,在那里仍旧没有改邪归正,继续喷云吐雾,所以,直到如今,云南山区里一年四季瘴气不断。

再说任冬被瘟仙推进背影潭里淹死了,但他的尸体却直立在水中,硬是不下沉。乡亲们发现之后,便把他的尸体打捞上岸,葬于嵩山北麓的燕儿坡前。

银花回到家里时,父亲已经死去,任老中医也因思儿心切去世。她听说任冬也被瘟仙杀害,悲愤交集，痛不欲生。她来到燕儿坡前任冬的坟上痛哭起来。她哭呀，哭呀，那晶莹的泪水如同串串珍珠，洒在坟前的黄土上，坟上顿时长出一丛丛茂密的金藤花蔓。她哭哇，哭哇，眼泪哭干了，哭出了滴滴鲜血，那殷红的鲜血洒在金藤花蔓上，藤蔓上便开出金灿灿的花朵。最后，银花实在太悲痛了，便一头碰死在任冬坟前的岩石上。

乡亲们听到银花姑娘惨死的消息后，无不悲痛万分。大伙儿把她和任冬葬在了一起。

合葬仪式刚刚完毕，一个奇迹陡然出现在人们面前：只见整个的五指山岭上，漫山遍野开满了金藤花，金灿灿，银闪闪，一簇簇，一片片，光彩夺目，如云似锦。凡是患了瘟疫病的人，喝了金藤花茶，立刻痊愈。

再说药王追赶瘟仙返回五指岭后，听说银花姑娘已经死去，非常惋惜。他来到山上，看到满山盛开的金藤花，对乡亲们说："这些花全是银花姑娘和任冬的化身哪！"说着，他拿出白玉杯，倒上一杯水，把两朵金藤花放进杯内，并指着花朵，说："为百姓捐身，德高气正。溺水死，身不下沉，应为汝花之气节也！"

后来，人们为了纪念银花和任冬这两个年轻人，就把金藤花叫作"金银花"或"任冬花"。

为祝愿银花和任冬永远成双成对，也把这种花叫作"二花"或"双花"。直到如今，巩密关燕儿坡前所产的金银花仍然是泡在杯中直立而不沉。这正是药王亲口封赠给它们的特有气节。

第四章　人生仪礼

人生仪礼,是指人在一生中的某些环节上所要举办的仪式和礼节,主要包括诞生仪礼、成年仪礼、结婚仪礼、丧葬仪礼以及日常生活仪礼等。此外表明进入重要年龄阶段的祝寿仪式和一年一次的生日庆贺活动,亦可视为人生仪礼的内容。这些不同的仪式和礼节在不同的生活和年龄阶段中举行,各有不同的含义:如诞生仪礼,是人一生的开端礼,表示婴儿脱离母体进入社会;成年仪礼,是为承认年轻人具有进入社会的能力和资格而举行的礼仪,表示一个男子或女子生理发育成熟,被社会承认并接纳进入成人行列,获得了成年人的任何权利;结婚仪礼,表示社会承认一对青年男女所建立的配偶关系,这对配偶开始对家庭和社会担负一定的义务;丧葬仪礼是与死亡相关的仪礼,表示一个人完成他一生的全部过程,向社会告别。死亡被认为是人生旅途的一种转换,阳世到阴世。丧葬仪礼被认为是将死者的灵魂送往死者世界必经的程序。

送花馍

人生仪礼既是社会物质生活的反映,也表现了一个民族的心理状态。人生仪礼在实践时往往与信仰、民俗发生极大的关联,仪式所包含的社会特征与信仰特征交织在一起,形成复杂、多样的民俗结构,这种情况在嵩山地域的人生仪礼习俗中表现得十分突出。如传统的人生观念总是和人生的吉凶祸福观念联系在一起,佛教的轮回观念长期以来支配着人生仪礼的方方面面等。因此,各种人生仪礼反映着人民趋吉避凶的愿望,也往往带有很多封建、迷信、落后的因素。

第一节 人的诞生

关于人的诞生，嵩山地域从古至今，有许多神话传说。古人将造人女娲、送子奶奶、姐弟俩滚磨成亲等都说成是繁衍人类的开始。但是，就嵩山地域有关人的诞生的过程，确有着一整套的习俗。这套习俗将人的诞生、成长过程中的标志性节点，像庆贺重大节日一样，搞得隆重无比。即便是在贫穷落后的农村，老百姓也举办得华丽多彩，无不体现出对生命的尊重。纵观人生礼仪的民俗全过程，完全可以说，是一种生命的礼赞。

一、怀 孕

人从母体怀孕，就是生命的开始，也是虚岁的依据。已婚妇女怀孕，多数人说是"有喜"了。少数文人则说是身怀"六甲"。何为六甲？即甲子、甲寅、甲辰、甲午、甲申、甲戌六个甲日，是上天创造万物的日子，亦即妇女最易受孕的日子。因甲木长生在亥，亥居干宫，六甲易趋干。干为阳，在男女之间，是代表男的。身怀六甲，是说怀了个男婴。其实哪能都身怀六甲呢？

二、出 生

孕妇分娩，旧时多采用老法子接生，成活率较低，有一半以上夭折，甚至常有母子双亡的悲剧，所以分娩类似闯险关。一家人忐忑不安地守在窗外，他（她）们唯一可以做的，就是给送子奶奶、催生婆烧香磕头，一支支接着烧，一遍遍叩响头，嘴里念念有词："送子奶奶催生婆，或男或女快来吧。"直至婴儿呱呱坠地，这种虔诚的祷告方告停息。孩子生在什么年（生肖）就属什么，永不能变。

婴儿降生后家人的第一件事，便是给接生者做面条吃（也招待邻里帮忙者），这种面条在冬季常配红萝卜，在夏季则佐以红辣椒，配以红色，以示吉利，饭后给接生者一块一尺见方的红粗布，内包铜币数枚。当接生者收下红布拒收铜币时，预示待小儿满月时，主家还得请人家做客呢！

（一）坐月子

产妇在生了孩子以后，一个月内不得出大门，俗称坐月子。产妇在坐月子期间，家人多以鸡蛋和鱼肉做饭，以增加产妇的营养，俗称"补身子"。产妇不能出外，以免受寒、受风。

（二）送米面（贺喜）

出嫁的姑娘生第一个孩子，除婆家要摆席庆贺之外，娘家也要来"送米面"。而送米面需要进行以下几个程序：

1. 吃喜面

产妇生下孩子的第三天,要给左邻右舍及本家本族的人送面条,俗称"吃喜面"。

2. 报喜

也就是在吃喜面的这一天,除了给近亲近邻每家送两碗喜面条外,新爸爸还要挑上面条,带一只鸡(男孩带母鸡,女孩带公鸡)向岳父岳母"报喜",男婴报大喜,女婴报小喜。旧社会多数人经济困难,报喜只带一斤糕点或一块猪肉。

3. 送"小米面"

月子婆娘在坐月子内,娘家要去探望女儿两次。一次为送大米面(多在快满月或满月时进行),一次为送小米面(多在满月16天前进行)。

娘家人要先送"小米面",多数是一提兜面,一身小衣服、鸡蛋、红糖和一罐绿豆芽,走在路上还不许说话,到后,豆芽往床后撒一撒,俗称是"扎根"。有的地方称之为"送菜",送四样菜。在冬季有胡萝卜、大葱、豆腐、芹菜或鸡蛋,还要送两包红糖(贫富送糖不等)。如果带有白菜,就称"卷心菜",因白字不吉利。夏季送韭菜、豆芽、大葱、鸡蛋等。送菜者包括娘家近族伯婶母们。多在满月16天前进行。

4. 送"大米面"

送大米面是在送完小米面之后,多在快满月或满月时进行。所谓送"大米面",就是主家大宴宾客。娘家还要挑两大提兜面,还有被子、褥子、小褥子、婴儿小衣服(有棉有单)、帽子、肚兜等,贫富有别,几套十几套几十套不等(双数),富裕人家要送金银项圈、长命锁、玛瑙圈等。旧时,送来的面由正坐"月子"的婆娘挖两碗,其余的还挑回去,说是等满月去"挪骚窝"时吃的。娘家来的送礼者,则捎回四个蒸馍,两层油炸豆腐或两层面饼(称闷子)和几个丸子。

送大米面,规模较大。除女方的近门婶子伯母外,姐妹姑姘姨均参加。后来,发展到男女双方的近宗近族,朋友,邻里等,都要送二尺布作为贺礼。报酬是各回一份礼,每份礼是两包油炸果子。有的地方街坊邻居去挂锁,要携带蛋、糖交给月子婆娘,并用红纸包钱,挂在婴儿脖颈上。

按传统习惯和重男轻女思想影响,在庆祝形式上,一般男孩较女孩隆重。

5. 挪骚窝

等月子婆娘满月后,带上孩子一起回娘家小住,意为"挪骚窝",以取吉利。

三、取 名

满月后就要给婴儿取名了。男婴、女婴取名各有不同的习俗。

(一)男婴起名

男婴之名有几种取法:

1. 掐八字取名

多数人要请老学究看看八字,俗称"掐八字"。掐八字就是根据年月日时配天干地支八个字中各字的五行属性,甲乙寅卯属木,丙丁午巳属火,庚辛申酉属金,壬癸亥子属水,戊己辰戌丑未属土,看孩子缺什么,就取名来补什么。

◆若缺木就取名木森、木林、大木、迎春、甲寅、东方、喜林、木旺等。
◆若缺火就叫逢午、丙午、丙南、南方、仲夏、端阳、丙丁、火旺等。
◆若缺金就叫金秀、金成、金西、逢秋、庚申、辛酉、西方、金来等。
◆若缺水就叫江、海、河、汉、涛、泉、水、湖、北方、冬至等。
◆若缺土就叫中央、土旺、戊己、喜坤等。
◆若五行缺两种以上,则干支合用。如庚寅、庚戌、庚辰、庚午,丙寅、甲戌、金水等。
◆若五行俱全就叫五全、五行、五至、五丰、全行、全来,或看哪一行较弱取名补之。
◆想改变困境就取名发财、福禄、五福、全福、赐福、福臻等。
◆欲避免夭折就叫松寿、延年、长生、长命、无极等。
◆欲摆脱单根独苗就取名发旺、发枝、永茂、永盛、长茂、宗茂等。

2. 随意取名

无钱购礼品而看不起八字者,则随便取小名,如大旦、二旦、三旦、小旦、刚旦、铁旦、金旦、银旦、元旦、毛旦、剩旦、狗旦、狗头、狗尾、狗吞、狗撞、狗碰、狗嗅、大狗、二狗、小狗、牛、羊、马、驴、骡、猪、虎、豹、鹰、鹞、圪逆、阿碴等。

3. 排辈取名

也有不少人是按同宗排辈取名的。但是,第一个字虽按辈排名,第二个字则各取所需。

(二)女婴起名

女婴取名比较单调,多以桃杏霞纪嫩、惠芹叶婵娟、英菊仙丹桂、娅妮丑静贤、娥芳梅花粉、秀珍萍巧莲、香玲玉芝好、俊喜代见兰、鲜荣景竹蝶、变改转焕鸾、俏丽素风鸽、红白青里环、春夏秋冬节、雪姣云彩棉、肖莉奈淑典、金银爱敏范等为名。尽管女人千千万万,而绝大多数的名字,或单用,或双取,都在这几十个字中绕圈子。

四、认 干 娘

认干娘古已有之。民俗中的认干娘,就是孩子出生后常要认一个干娘,通常情况下,认干娘也就是认干爹。但一般只说认干娘,不说认干爹。认跟过继不同,过继是实质性的收养行为,认则只是记个名,走个形式,是象征性的。孩子并不离开生父、生母到干娘家生活,也没有继承权,没有赡养干娘、干爹的义务,但双方都认真按亲属关系对待。

（一）认干娘仪式

认干娘一般要举办一个简单的仪式：干娘、干爹办一桌酒席，送给干儿碗、勺和长命锁等，干儿要给干娘、干爹分别买一身布料。干儿在新年时要去给干娘、干爹磕头、拜年，生日时要戴着长命锁上门，由干娘、干爹亲手在挂绳上加裹一层绸缎或是加上一个制钱，直到12岁为止。干娘、干爹家有婚丧大事时，干儿也必须参加，丧事上还要戴孝。而干娘、干爹则要请干儿吃年夜饭、发压岁钱。干儿上学、结婚时，也会得到一个大红包。

（二）认干娘途径

嵩山地域民间认干娘，一般通过以下几个途径。

1. 命定认

据说部分婴儿命强硬，如命犯七煞、劫财、羊刃、伤官刑冲、奎罡修罗、中残夭折、克父妨父、再娶再嫁等。若犯夭折，就认给松树、柏树、常青树作干儿子。若犯中残，就认石碾、石碰、巨石作干大，即义父。若犯伤官（如戊戌日生时逢辛酉为土金伤官），需请印护官，离宫为戊戌之印，认干娘应在正南。若命犯劫财（如甲日乙时为劫财），需请官看财，甲木之官在兑宫，认干娘应在正西等。

2. 本意认

民间喜欢把亲属关系扩大化，以拓展或巩固人际关系，因而没有闺女的认干闺女，没有儿子的认干儿子。也有不少人是为了孩子随群认干亲，有的是两个大人关系好，再加上干亲，好上加亲。若代代单传，欲更改此处境，就认给多子女的父母作干儿，或将儿女认给与自己关系密切者，以期相互照应。

3. 感恩认

将婴儿认给有恩于己者，或在青年期感某之恩，叩头称父认之。

4. 消灾认

古时婴儿死亡率高，为了保障孩子的生命安全，父母为其认干娘取个吉利。有些婴儿体弱多病，或上几胎夭折，就认给铁匠、石匠、剃头的、唱戏的、说书的或者毫不相识的外乡人作干儿，称其"长腿干大"，认为这样可消灾。有些人把孩子认在大柏树上或中岳庙里的"铁人"身上，以取消灾之意。

5. 送出抱回

有些连死数胎的父母，认为自己能生不能养，因而待再生婴儿时，就将其包好送至野外，再托别人抱回来送给自己，认为这样就算是给别人代养了。

6. 招夫养子

丈夫故后或离异，儿女尚小，妻子不想再嫁出去，有招夫养子的习俗。

五、过　继

在古代,"不孝有三,无后为大"。没有男孩的人家为绝户头,为顶门立户,需要寻孩子、买孩子或要过继儿。过继儿,一般有几种情况:一是近族过继,侄过叔、伯的继;二是本族过本族、近族的继;三是亲戚过继,外甥过舅、姨的继,侄过姑的继。

第二节　成　长

按照人的成长过程,可以划分为不同的阶段,作为成长的标志。而在不同的年龄阶段,人们又会受到不同的礼遇。

一、周　岁

从周岁起,幼儿的行动即受祖父母、父母等左右,看戏赶会,走亲串友,都会被带在身边。有干娘者,每年生日还要到干娘家去桄锁。所谓桄锁,即用五色钱桄成圆圈,串上铜币,套在小孩脖子上,有拴紧锁牢之意。每年春节,幼儿还能得到长辈的压岁钱。还有的小娇生,要穿12红。小儿从满月起穿红衣,戴红帽,套红脖圈儿,直到12周岁方换掉,故称12红。

嵩山地域有不少儿童戴耳坠,男孩戴偏坠,女孩则戴双坠。也有在婴幼期刺字刺花的,即用针点刺身体某部皮肤,如手臂、脊背等,以墨涂之,愈后留下青色图案,俗称"刺记儿"。这样做的目的,是万一丢失时,便于成年后好相认。

二、启　蒙

旧时贫寒之家较多,多数儿童上不起学。勉强读几天书者,入学也较晚。大多在十岁左右入学。念念《三字经》及《百家姓》也就算家里的认字人了。也有五六岁启蒙的,毕竟为数极少。直至新中国成立前夕,二三年级停学者,仍占绝大多数。

三、成　年　礼

成年礼,也称成丁礼、成人礼,是由氏族长辈依据传统为跨入成年的年轻人举行的仪式,通过仪式的人才能获得承认。成年礼表示青年至一定的年龄,性已经成熟,可以婚嫁,并从此作为一个氏族的成年人,可以参加各项社会活动。

成年礼起源于原始社会,已有几千年的历史。旧时,嵩山地域有一个成年仪礼:儿童长至13虚岁,有干娘者要去开锁。开锁时,干娘要给一块布或一件衣服留念,而且穿红衣者脱红衣,戴偏坠儿者解偏坠儿。俗语云:"寒门儿早熟。"从此,不能吃闲饭,要当大人用了。有句俗话:"男过十三,磨肠研肩;女过十三,会做吃穿。"其实,多数贫寒子女,八九岁就已经承担家务了。

中华人民共和国成立以后,由于人民生活水平的提高,加之教育的逐渐普及,嵩山地域民俗中的成年年龄由十三岁延至十七八岁。昔日被作为大人对待的孩童都进学校学习了,成为名副其实的未成年学生。

成年礼是要提示行礼者:从此将由家庭中毫无责任的"孺子"转变为正式跨入社会的成年人,只有能践履孝、悌、忠、顺的德行,才能成为合格的儿子(女儿)、合格的弟弟(妹妹)、合格的

成年礼

公民(对于过去,即合格的臣下)、合格的晚辈,成为各种合格的社会角色。唯其如此,才可以称得上是合格的社会成员。

随着社会的发展,当代的年轻人或求学,或尽早地参加工作,志在四方,成年礼在嵩山地域已经渐行渐远,除本地的老年人还能耳熟能详以外,在年轻人中几乎鲜为人知。

第三节 婚 姻

婚姻为人类社会各民族同有,然而因族而异,其不同处,主要表现在婚姻的习俗上。嵩山地域婚姻习俗中保留着许多优良传统,近亲不通婚的良好习俗完全合乎近代科学精神。为了严格限制,婚姻中有许多禁忌:如近亲不能通婚,母子不能通婚,兄妹不能通婚,同姓不通婚。在同姓不能通婚上,《易经》说:"同姓相聚,吝道也,即犯诛绝之罪,言五属之内,禽行,乃当绝。"

嵩山地域婚姻史中也有许多不良的习俗,如娃娃婚就是其一。年龄相殊婚配的不良现象也有,如少男长女相匹配,其龄相殊,有至八九岁者。而老夫少妻者,多则相差几十岁的也有,但不多。这种不良习俗造成了许多青年男女的终身痛苦,也带来了许多社会和家庭问题。随着社会的发展和进步,娃娃婚的旧习俗已基本根绝,但老少配的婚姻还不断出现。

孩子长大以后,按规律就要进行男女成婚,组成家庭,此阶段称之为成婚。在成婚这个阶段,嵩山各地市的习俗虽有所不同,但大同小异,无不表现出人们对成婚的巨大重视,而给予的庆典和祝贺。

嵩山婚姻习俗中最具普遍意义的是婚姻仪注,嵩山婚姻仪注大略有:草帖子、细帖子、缴檐红、回

鱼箸、下小定、下大定、下彩礼、报结婚日、过大礼、铺房、起檐子、拦门、撒谷豆、下轿踢物、坐虚帐、坐富贵、走送、高坐、利市缴门红、牵巾、撒帐、合髻、交杯酒、新妇拜堂、赏贺、答贺、拜门、复面拜门、送蜜和油蒸饼、援女、洗头、满月等繁文缛节,久而久之,也就逐渐衰落了。

一、婚龄及婚姻形式

结婚是人生礼仪中的大事

在古代,婚龄极不规则,从10岁起至60岁都是正当的结婚年龄。俗话说:"十七不娶妻,等到二十一。"所以,17岁结婚的比较多。至于订婚年龄,更无限制,从未出生的胎儿直至80岁老翁都是订婚年龄,因而形成了婚姻的各种形式。

(一)命订婚(明媒正娶)

此类婚姻比例最大,约占形成婚约总数的百分之九十以上。

(二)娃娃媒

顾名思义,娃娃媒就是男女还是娃娃的时候,就由父母做主定下婚约。这种婚姻大都是因两家关系密切而定。更有甚者还有指腹为婚(如生一男一女的为婚,都生男,结为兄弟,都生女,结为姐妹)。新中国成立前,嵩山地域这种现象较为严重。新中国成立以后,这种婚姻已基本绝迹。

(三)抱养婚

这种婚姻,多为女方儿女多,欲养无力,欲扔不舍。男方为单身汉或孤儿寡母,欲娶无资,欲罢不忍。经中间人商定,由男方抱回代养。长大成人,即为其妻。偃师县高龙村有个年近五旬的老汉,从堤东村抱回一个女婴。此女十六岁与其完婚。生子取名"六七",乃六十七岁生子之意。

(五)买卖婚

买卖婚姻,多是言明身价。或实物,或现金,一经订立契约,即时生效。人财两清,该女就成他家人了。这种婚姻多在天灾人祸后进行交易。如果在贫富之间形成,此女或做妾小,或做续房,或成痴室,绝无幸福可言。若在贫与贫之间形成,多为一方贫穷潦倒,另一方稍有积蓄;或未婚老翁,或失室壮汉,买回幼女做妻,爱护备至。虽不甚幸福,但比起前面所述之状况,要算是幸运多了。

(六)血缘婚

血缘婚就是有血缘的人群中可以通婚。血缘婚包括姨表婚和姑表婚(姑表婚又分侄女随姑及骨血回堂)。这种婚姻,比以上三种婚姻形式之总和还要多,仅次于命订婚。其形成原因有三:一是门第相当,男女般配。二是一方苦于生计无资聘娶,另一方念其手足之情,悯其窘境,以女相许,委曲求全。三是一方得恩泽于另一方,以女相报。

嵩山地域过去有此习俗,曾有"姑表亲、姨表亲,打断骨头连着筋"之说。新中国成立后,《婚姻法》中禁止直系血亲和三代以内的旁系血亲通婚。

(七)换亲

换亲这种婚姻形式,大都发生在改革开放以前,嵩山地域各地市的农村都有,采取换亲形式的人家大都是男方因为家境贫寒,娶不起媳妇,才采用姐妹与对方交换媳妇来达到目的。农村也有转婚的或多家换亲,显然这样的婚姻不可能有感情,是包办婚姻的另一种形式。

(八)转房婚

过去有个民谣:"买来的马,娶来的妻,任我打来任我骑。"就是说,娶来的妻和马牛一样,可以任意处置。所谓的转房婚,是说兄亡可以娶嫂子,姐死妹妹可以嫁姐夫。

(九)倒插门

倒插门俗称"招女婿",或叫"入赘",意为男到女家落户。旧时,倒插门常被人看不起,受歧视,有的地方还得改为女方的姓。凡这种情况,往往是男方较穷或是别的特殊原因。

(十)老少配

男女双方年龄相差悬殊的婚姻,俗称"老少配"。老少配这种婚姻形式在嵩山地域的各市县都有,男大于女的婚姻形式多,女大于男的婚姻形式少。有一句民谚:"女大三,抱金砖;妻大两,黄金日日长。"有的女方年龄比男方大得太多,有民谣这样说道:"十八大姐周岁郎,每天晚上抱上床。睡到半夜要吃奶,劈头劈脑几巴掌,我是你妻、不是你娘!"随着社会的发展,男女婚龄在拉大。男大女小,相差几十岁也比较常见。

(十一)私奔婚

此种婚姻是男女双方不甘封建枷锁的羁绊,又得不到社会上任何人的支持与同情,实为唯一办法。但是私奔苟合一旦成为现实,就会遭到铺天盖地般的抨击与诽谤。这样的夫妻将永远不敢回来省亲,更不用说在故乡安居了。因当时族人们(即便父兄不问罪)将此事引为全族之耻。一经发现他(她)们,非将其捉回活活打死不可。为此而惨遭毒手的恋人,在当时绝非鲜见。

(十二)替婚

替婚是腐败社会之"怪胎"。或以小充大,或以少替老,或以聪替愚,或以健替残,种种花招,无所不用其极,真可谓无奇不有。

侯地有个四十岁的中年汉子,到鲁庄去相亲。对方家里出来个十几岁的少女,怀里抱着女婴。媒人用手一指说:"就是那闺女,属大龙的。"那汉子一看是个妙龄少女,属龙的也该14岁了,过两年即可成婚。就欣然应诺。以20捆棉花(300斤)的身价拍板成交。两年后男方提出要成亲。媒人却说小着呢,属大龙的才两岁多了。此时他方才醒悟,原来自己的未婚妻,是那少女怀抱的女婴。

还有些老年人要去相亲,就拉个小后生替相。等拿到了龙凤启,老者却出场当新郎了。这类婚姻有两个特点:一是要买通媒人。二是在龙凤启书上只写地支不写天干。属龙只写辰相,属虎只写寅相等,弄得对方有苦难言,无处申诉。这种不道德的骗婚形式,于当时的人们来说,只不过是在茶余饭后添点笑料而已,并无过多的谴责。

(十三)冥婚

冥婚在嵩山地域称为"配骨亲",即为已死的未婚男女合婚。新中国成立前,由于民间受阴阳两世存在的影响,这是生者为死者达成的某种姻亲关系。如果死亡多年,亦可将男女死者的骨头扒出来进行合葬。这是嵩山地域民间常见的一种为死者举行的婚姻形式。

二、结婚形式

传统结婚

(一)传统结婚

传统结婚方式就是按照老辈人传下来的民间结婚方式结婚。嵩山地域的各市县人们结婚一般都采用这种形式,它虽然程序复杂,但人们认为,只有按这种形式结婚,才是人们最认可的婚姻。

(二)集体结婚

改革开放以后,为移风易俗,很多单位都举办了集体婚礼。集体婚礼的特点是将单位很多对青年人的婚日定在一天,为参加集体婚礼的新人共同举办新婚典礼。

(三)旅游结婚

男女双方在结婚登记后,双方不再举办婚礼,而是以两人一起出去旅游作为结婚的一种形式。这也是改革开放以后年青人结婚的一种新形式。

(四)新婚茶话会

新婚茶话会是20世纪90年代后出现的又一种结婚的新形式。其实,这也算变化了的集体结婚。所有参加新婚茶话会的新郎新娘,坐在一起,桌上摆放糖果、瓜子、茶水,大家在喜悦的气氛中,畅所欲言,共度新婚佳日。

中华人民共和国成立以后,党和政府号召破除迷信,解放思想,移风易俗,喜事新办,在广大干部的带头下,20世纪50年代以后,旧的婚嫁习俗逐渐革除,婚嫁的仪式趋向简单,开始向文明、俭朴方向发展。特别是改革开放以后,集体婚礼、新婚茶话会、旅游结婚逐渐兴起,但旧的婚嫁陋习和影响仍然存在,如索要彩礼,沿用旧的结婚礼仪,婚事大操大办等。

三、旧的封建婚嫁仪程

历史上嵩山的婚嫁以"传统婚嫁"(俗称命订婚)的形式居多,仪式也很隆重,程序极其复杂讲究。为保存原貌,将其分为以下几个步骤。

(一)提亲(说媒)

提亲就是由媒人(雅称月老、冰人)向男女双方家长讲明相互之籍贯(祖居世居),姓名,年龄,经济状况,门第(此处只指有无狐臭和近代血缘关系),人品(德行),乡品(地位)等,之后征询双方意见。如双方都点头应诺,提亲即告成功。

中华人民共和国成立以前,男女双方结婚,全凭媒人介绍,由父母做主。嵩山地域自古有所谓"天上无云不下雨,地上无媒不成亲"的俗语。男女双方都要经人从中说合,才能喜结连理,百年好合。这种从事从中说合的人,被称为"媒人",雅称"月老""冰人"。

(二)相亲

一旦提亲告成,双方托人去向对方密访(俗称"打听")后,觉得合适,就择日相亲。

旧时的相亲,只不过父母看看未来的媳妇,岳父母看看未来的女婿罢了。至于男女主人公,只有听天由命的份儿。相亲也有正相、骗相、替相之分。正相者带真正主人公登场,让双方父母互相看之,中意者告成,否则告吹。骗相者是本身有生理缺陷,又找不到替身,就以期骗的手段,隐瞒其生理之不足。如豁子口衔鲜花,哑巴闭口打手势,跛子站在原地不动等。

(三)定亲

定亲虽说只有两个字,但其内容很复杂,里面有几项必需的程序。

1. 过庚

过庚,包括庚帖,合大相八字;送允帖;还复帖。这是旧时婚姻的一种程序。相亲结束时,可向对方递帖子。

庚帖:如果相亲中意,女方便用庚帖将其女生辰告知男方。

送允帖:男方请人合"大相",属相结合则允亲,即男方同意纳该女,并以书帖形式通知对方。

允帖文:

　　素切

　　斗仰久慕,德音幸逢,媒议伏遵

　　诺金

　　恭呈

××翁先生大人台下
眷弟××拜(附男命年庚)

还复帖:女方接帖后,如果同意,就还复帖。
复帖文:

合八字

幸逢
媒议忍弗,台命是从
谨复
××翁先生大人台下
眷弟××拜(附女命八字)

2. 合"八字"

男方接到复帖后,必须请人认真地合八字。这是90%以上的婚姻关系中,必不可少的一个程序。将双方八字列出后,从以下几个方面按一定公式进行推算。

第一,看大相合不合。口诀:

子鼠见羊万年愁,不叫白马见青牛;
虎见巳蛇如刀割,兔子见龙不长久;
酉鸡不与犬相见,亥猪不可见猿猴。

第二,看子女旺不旺。口诀:

长生四子中旬半,沐浴一双好儿男,
官带临官三个子,帝旺五七不虚传,
衰中二子病中一,命逢死绝断香烟,
胎养头胎必生女,墓地有女没有男。

如女方是甲辰年生,日柱为乙亥时落甲申,甲木长生在亥,从亥上起长生,一字一官,顺行往下推数长生、沐浴、官带、临官、帝旺、衰、病、死、墓、绝。至申(时)字遇绝地。再看日柱乙亥,乙木长生在午,乙为阴干,阴干应逆行推数,乙至亥为死地,说明这个女命无子。

男命若是乙巳年辛卯日丁酉时生,乙木至酉时为绝地。日柱辛卯,辛金长生在子,从子上逆行至卯仍为绝地。说明男命也无子。这一对就不能成为夫妻了。

第三,看男命犯不犯再娶,女命犯不犯再嫁口诀:

男犯羊刃必再娶,女犯伤官必再嫁,
劫财伤官与羊刃,夫妻半路必离分。

犯了这些以后,还要看八字中是否犯了那个禁字。男为正酉二戌三亥四子五丑六寅七卯八辰九巳十午十一未腊月逢申。女命为正申二酉三戌四亥五子六卯等如男命三月生,原命犯羊刃,在八字的日时中又见到了亥字,男命三月忌亥。那就被认为必再娶无疑。遇到这种情况,执笔者就将毫不客气地在两者八字中间批上"下等婚姻"四字,任君自做选择。

第四,看有无妨克。双方年月日时的地支是否相冲刑(相冲者子午、丑未、寅申、辰戌、卯酉、巳亥,相刑者寅刑申、巳刑亥、子刑卯、戌刑未等),天干是否犯合(甲与己、乙与庚、丙与辛等),犯不犯狼藉八败等。

如以上四条无大妨碍,就批个中等婚、中上婚、上等婚等,也就是说可以成婚了。上述各项、多数人们都信奉若神。

3. 互问门第

互问门第,俗称"打听媒"。主要是根据媒人提供的情况,逐项进行核实。最紧要的有三条:一问血缘关系(看有无狐臭),二看人品好坏(看职业、习性、品质),三看家产厚薄(看土地、房产、生产资料)。如果中意,即互致书帖通知对方。

4. 初定

初定指实帖,女方复帖。

这种书帖主要是指定订婚(行小礼)日期征求对方意见。交换文书指男方给女方指实帖文,女方回复帖文。

指实帖文:

　　泊詹×月×日
　　敬遵冰言纳采贵府
　　言定有期肃此予闻
　　大××翁先生大人台下
　　眷弟×××拜

女方复帖若同意如期订婚,复帖。

复帖文:

　　高攀名门幸蒙玉聘,
　　敢不唯命是从
　　允复
　　大××翁先生大人台下
　　姻弟×××拜

(四)登记

1. 传启

传启,也就是过龙凤启书,也叫"换喜书""换表记",这是旧式婚姻中最严肃、最认真的一道程序。指实帖过后,就进入了订终身的关健时刻。男女年庚"八字"相投,门第情况了解,男方择日将聘礼托媒人转送女方,以示定亲。男方行前先请人写好启,备好所许诺之财物,包括言明之身价、彩礼、互赠礼品等,经过一遍遍的检查,直至满意方休。

2. 行小礼

待到指定日期,男方行小礼,由媒人牵只母绵羊,背个钱褡,内装酒、点心、大肉等,还有两个拿礼人抬着内装各种礼品的食盒。所送礼物,全是双数,唯羊是一只。男方并不去人,全由媒人代办。诸人到女家后,主人即招待吃面条,饭后女方查点男方所赠财物、礼钱,回赠手巾、扇子、笔墨之类礼品,尔后互换启书。

男家启书文(龙启)

  启上
  大××翁亲家大人先生台下
  伏承
  尊兹不弃寒微　允以×××与仆之×××结为百年佳偶不胜欣幸
  高攀
  时维×年×月×日谷旦
  天长　地久　光前　裕后　白首　偕老

女启书文(凤启)

  眷姻弟×××端肃顿首拜
  启复
  大××翁亲家先生大人台下
  伏维
  尊慈不弃寒门　过听冰言　允以×××栋梁之材下配仆之蒲柳之质为百年偶者　兹成礼联愧乏回仪　恭具鸾笺　聊作鲁书　仅特小女籍贯三代　年庚命名列左
  一籍贯　世居×县××村
  一三代　曾祖讳××祖讳××父讳××
  一年庚　生于×年×月×日×时
  一命名　×××乳名×××

千万莫轻看这一纸启文,千百年来,数以亿万计的妙龄淑女,就被囚困在这一纸启书上,听天由命,动弹不得,甚至饮恨终生。

换过龙凤启,就是法定的婚姻关系了。至此,两亲家即开始频繁地往来。但是未婚夫妻,仍旧是不能往来。直至大礼观成(结婚)前,他(她)们之间常常是互不相识的陌路人。

(五)看好

选择结婚日期,俗称"看好"。嵩山地域民俗婚娶中的"好儿",即是吉利日子、好日子。看"好"是男方的事,未看好之前,媒人先给女方打招呼,女方答应,男方可看"好"。看好是民间习俗,为看一个好日子,要找念过书的老先生合合相,再与当年结合起来,看是不是吉利年,如果当年不是吉利年,可推迟到下一年。看好是个非常麻烦的过程,大都是根据一对新人的属相和八字进行推算、选择。

1. 看男女禁婚年

男禁婚年:子年禁蛇,丑年禁马,寅年禁羊,卯年禁猴,辰年禁鸡,巳年禁狗,午年禁猪,未年禁鼠,申年禁牛,酉年禁虎,戌年禁兔,亥年禁龙。

女禁婚年:子年禁兔,丑年禁虎,寅年禁牛,卯年禁鼠,辰年禁猪,巳年禁狗,午年禁鸡,未年禁猴,申年禁羊,酉年禁马,戌年禁蛇,亥年禁龙。

2. 看女命大利月

兔正鸡七,虎二猴八、蛇三猪九,龙四狗十、羊五牛十一,马六鼠腊。

女命若是阳相(属寅午戌申子辰),应在大利月或大利月以前结婚,若在大利以后结婚,就有妨克。例如属虎之女,大利在二月,在三四五六七等月结婚就不行。因三月妨媒人、四月妨翁姑,五月妨父母、六月妨丈夫、七月妨自身。若是阴相(属巳酉丑亥卯未),应在大利月或大利月以后结婚。大利月以前也不行。如属兔之女,大利正月,阴相逆数,腊月十一月十月九月八月所妨同上。有些属兔属小龙之女要赶到除夕结婚(除夕百邪朝天,可避妨克),就是这个道理。

3. 看男女禁婚日

男禁婚日:正戌、二酉,三申、四未、五午、六巳、七辰、八卯、九寅、十丑、十一子、十二亥。如婚期在腊月,绝不能用亥日。

女禁婚日:正辰、二卯、三寅、四丑、五子、六亥、七戌、八酉、九申、十未、十一午、十二巳。如在正月结婚,绝不能用辰日。还有天火日不用、红煞日不用、黑道日不用、星宿凶日不用、五鬼方位不用等。

在除了上述种种忌讳以外,选个黄道吉日、星宿良辰,而这个吉日良辰必须在周堂图上查到堂第等字。若遇到翁姑等字,该日仍不能用,还要另选。无怪乎人们说"嫁娶择日,理难十全",择吉如"烟中捕云,雾里捉烟",实难筛选。

(六)送好儿(通知婚期)

送好儿,也就是送婚书,通知婚期,是婚前最后一道程序。事先由媒人到女家非正式地告知婚期,商定行大礼的日期。女方则提出索要财物之数量,否则不接好儿。经媒人说合,通变,最后拍板。

（七）送红

传统婚事中的送红，就是行大礼，给新娘送结婚用的红衣裳。送红预示着婚姻大事已成定局，即将结婚。

1. 行大礼

行大礼

行大礼俗称"送红"，就是给新娘送结婚用的红衣裳和红钱。有的地方称送宝盒，包括一缸酒（小口大肚子）、红裤子、小袄、红顶头布、束腰带、鞋、袜子等，凡是新娘第二天结婚时所要穿的戴的，应有尽有。换言之，新娘离开娘家门，穿的戴的都是婚日前一天新郎宝盒里所送的东西。送好的当日，也就是送红的时候，男方除了应送以上礼物及付给"迎亲指实帖"上的内容外，还要送蜜食，即一种油炸的甜面食，须是双数。有的地方则送油炸馓子数百把。女方将这些蜜食或馓子分送给众亲友，以期收礼致贺。

男方还要交付"婚元嫁娶"礼书一份。内容主要写明婚期注意事项，上轿（迎喜神）面向何方，下轿（迎财神）面向何方，安帐（床位）向何方，梳妆向何方，迎送之人忌哪三属相（新人属相前一五九，如女命属龙，应忌属蛇鸡牛三相迎送）。

送好儿的当日，女方除给男方回赠鞋袜手巾外，还要给拿礼者开"小钱"。

2. 添箱

添箱，是针对女方说的。婚期将临，女方便告知亲戚朋友、街坊邻居，亲朋便向待嫁的姑娘送添箱礼，又名"压箱礼"。箱，俗称为女方的嫁妆。添箱所送礼品不拘一格，轻重程度和送者的经济壮况与待嫁人的亲属大有关系，可送衣服、布料、毯子、被面、床单，也有送脸盆、暖水瓶的。

女方受礼后，经济条件好的家庭要设宴留客答谢。隆重者要杀猪宰羊，大宴宾客。有的还请乐队剧团，热闹几天。经济条件差的家庭多是给添箱者一些点心、花米糕、糖果之类的东西。

（八）成亲

1. 迎客纳礼

完婚之日，多数订有鼓乐（唢呐班），少者两三人，多者十几人不等。于婚前一日下午赶到，夜里要吹奏一场，时间约2~3小时，称"迎客纳礼"。

同在婚前一日，男方就将院里门外装饰一新，门上挂红绫、贴喜联。喜联文多为：

喜今日三星在户,卜他年五世其昌。
玉镜人间传合璧,银河天上渡双星。
少华牛郎归阁内,风流织女下天台。
风流才子结连理,窈窕淑女成良缘。

横批多为:天作之合、五世其昌,钟鼓乐之、琴瑟友之。

从家门口开始,将大红对联、双喜字贴至村口迎亲路上的大树、大石头上。古时,农村许多人家对应大门的墙壁上敬有土地神,婚日要用红纸遮盖。

入夜送礼者、帮忙者、贺喜者络绎不绝。俗话说:"贫有贫友,富有富客。"在这一点上不分贫富,都要忙乎一阵子的。

入睡时,新房床上要有个弟弟陪着新郎睡觉,叫作压床。如无胞弟,可找堂弟或表弟。

2. 铺床朝祖

迎娶前夜,先要铺床朝祖。

铺床。行前鼓乐在洞房门口吹奏,主家要另封小钱。男方在乐声中进行铺床仪式,铺床者由两个预定搀新娘者担任,边铺边念铺床歌和撒床歌。

铺床歌:

良辰吉日铺喜床,床上被褥绣鸳鸯。
俺把棉花撒床上,头胎生个状元郎。
这把撒在床里边,二胎孩子当大官。
三把棉花撒当中,再生两个女花童。

撒床歌:

满心走进新人房,新人请我来撒床。
头把撒到床上边,张生莺莺配姻缘。
二一把,抓得满,撒个夫妻到百年。
三一把,撒得高,早生贵子怀中抱。
四一把,撒两边,金童玉女两头拴。
五一把,撒个五子登高科,陪王伴驾在期间。
六一把,撒当中,生个闺女坐正宫。
七一把,撒外边,生一小子中状元。
八一把,撒得长,生个孩子会叫娘。
九一把,猛一撒,福气带到婆子家。
十一把,一把核桃一把枣,大孩扯着小孩跑。
四角当中都撒到,新人低头抿嘴笑。
核桃枣,都撒完,撒得腰疼胳膊酸。

新娘子,咋谢俺,你咋脸红不开言?
等到日后福气到,看你开言不开言。

朝祖。铺床后,要进行朝祖礼。在院中鼓乐的吹奏下,引礼者戴礼帽、穿长衫、十字披红的新郎给列祖列宗行叩首礼,给父母行大礼。

以上程序要在黎明前进行完毕。

3. 迎娶

正日迎亲,乃新婚大喜之日。黎明即起程去迎娶,俗称"抢喜神"。

嵩山地域的传统迎亲习惯是用花轿,极少不坐轿的。贫家只去一乘轿子,轿内坐个不超过13岁的小孩儿,俗称"压轿",轿后跟一匹马,供压轿者回来骑。新郎借衫子穿,戴大红花,骑马或坐轿去迎娶新娘。也有穷家只骑马的,骑马三匹者,引礼人走在前头,新郎走第二,第三匹马去时无人骑,回来时新娘走在前头,新郎居中,引礼者排后。

富家多为三乘轿子,新郎坐一乘,引礼先生坐一乘,娶女客坐一乘。引礼先生即专职引导新郎者,多为有功名者或教书先生充当。娶女客由已婚青年女子担任。另备两匹披红戴绿的高头大马,供回来时新郎和引礼先生骑。富户还有用五乘轿的,全路执事(锣、旗),那就更排场啦。富家大都配有一个鼓乐班,少者五人,多者八九人,甚至有二班、三班的。还有打彩旗、送物品及其他陪送人数不等,少则几人,多则十几人,还有一个夹毡的,亦称"领娶人",而且路上多摆有贺桌恭贺新喜。新郎穿袍子,戴礼帽,帽插金花,十字披红。富家婚娶,规模庞大,礼节颇多。所谓"富家多礼,贫家多虑",果是千真万确。

迎 娶

迎娶新娘的队伍点炮起程,直达女家门口,女家已有专人迎候,双方互致一揖后,请进就坐。一阵寒暄过后,领娶人即献出用红纸封着的"下厨礼"钱。厨师收到此礼,便开始上饭。轿夫及领娶者一桌。鼓乐一桌,因属下九流,不能入客室,就在室外就餐。贫寒之家多为4个盘,内盛豆芽、豆腐、粉条、胡萝卜之类。饭要慢点吃,饭后还要抽烟,要等新人打扮一番。消磨一段时间后,就婉言道别。主人赶忙给每人一个红包,内封"小礼钱",鼓乐除外,并一再请求路上多关照。

上轿时,鼓乐鞭炮齐鸣。新娘粉面盛装(装饰多是借来的),头顶红绫,俗称"盖头",由两位嫂子搀扶,轻步移出,哭着上轿,但不能哭出声。上轿时,新人要根据当日之喜神方位,面迎喜神。所谓喜神方位,即甲己在艮乙庚乾,丙辛坤位喜神安,丁壬只在离宫坐,戊癸原来在巽间。若当日是甲,喜神要艮,新人应面向东北上轿。为此,新人不得不退着入轿。花轿起程时,新娘的母亲立即往轿上撒一把土,表示有带去风土人情之意。

新娘离开娘家,怀揣蒸馍,大多为椭圆形。这是说,人家有不如自己有,自己有不如怀揣。俗说:掏出干粮就是馍,有一切要靠自力更生之意。怀揣蒸馍还有一层意思,就是每逢过河,向河水投馍一个,让河里鱼、鳖、虾、虫吃馍,无有干扰,顺利通行。

女家还要来送女客,也由已婚青年女子担任,送婿客(老先生)、娶女客乘轿在前,新娘子乘娇居中,轿帘要垂放,送女客乘轿在后。鼓乐引路,也有用大旗、大锣、大铳引路的,夹毡的紧跟。轿前三头大马,其中女家的一匹,引礼先生骑马在前,新郎居中,带钥匙小孩儿骑马在后,护轿者随新人轿。轿子后面,跟随轿子数辆,供送婿客、送饭老婆等乘坐。最后是送嫁妆的队伍,送的多是箱子、柜子、桌子、椅子、衣物被褥、脸盆、盆架、风门等。因每样都要有专人拿,送嫁的队伍往往多至数十人乃至近百人。贫寒之家送者较少,一般由4个亲属帮轿,即护轿,一个小孩儿带钥匙,还有一些送嫁妆的,即拿礼的。

鼓乐在前,花轿居中,拿礼者在后。夹毡的左胳膊夹个大红毡,右手拿着红纸条,上书"花红盖之大吉大利",沿途若逢大树、丁字口、十字路、枯树古井、寺庙庵祠、磨碾臼塘等,夹毡者便都贴上花红盖之,用红毡遮挡,以示吉利,待花轿过后再赶往轿前。路上每遇贺桌,娶送队伍就得停下,花轿要用"点棍"顶着,不能使其落地。引礼者引新郎下马至桌前行礼,送婿者也前往作陪。致贺者捧出一张帖子,上书:

　　道左一卮　敬迓鸾舆
　　乡眷×××拜

引者接帖后,令新郎面朝贺桌行大礼。夹毡的忙将红毡铺地,经谦让一番后,多是互致一揖了之。引礼者奉帖致谢,上书:

　　粗完佳礼　愧荷宠光
　　眷弟×××拜谢

拜完一桌又一桌,礼仪皆同。唯先生给学生致贺时,身为新郎的学生要行叩首礼。这样一来,往往二三里的路程,要走大半天。但无论路程远近,花轿概不落地,直至男方家的大门口。

轿至门首,鼓乐鞭炮齐鸣。门内跑出两人,概由厨师担任。他们一个手执谷草火炬在前,一个左手用钳子夹个烧红的铁铧,右手端一碗醋在后,绕轿跑倒转三圈,顺转三圈,边跑边向铧上浇醋,暗示驱除一切病魔妖邪,过幸福日子。然后,下马落轿。

新郎下马前,母亲递给他一对长糕,即长形馒头用红线缠腰。新郎咬一口,便背后扔出,任人争抢。这一举动,据说出自"周公桃花女"的一个典故:桃花女给人选了婚期,周公不悦,暗使"六耗"扰之,桃花女识破,用上法借六耗夺食之际,让新郎乘机摆脱。

新郎下马后,侍者奉方形小木盘,上放红纸包着的一小封钱,是对送钥匙小孩儿的施礼奉钱。对方收纳后,将钥匙放入盘内,互致一揖入内。

此时,两个搀新人者,从轿内将新人搀出。搀新娘的人,禁用克相,必须选择父母双全、儿女满堂之人。新人下轿,要面迎财神,寅卯辰女向西,巳午未女向北,申酉戌女向东,亥子丑女向南。然后,新人徐徐向门首移步。

4. 撒喜钱

新娘一到门口,谷节草迎面撒来。嵩山大部分地方为晚辈或平辈之晚者担此撒草之任,但在偃师,则为长辈担此任。

据说此际,白虎、黄羊、乌鸡、螣蛇、天狗、青牛等六邪聚于户,撒谷节草乘其争食,新人可夺门而入。与此同时,还要放鞭炮、撒米团(喜团圆)、撒生枣(早生)、撒喜钱(含核桃、花生、铜钱、水果糖)等。这时,许多人争拾喜钱,热热闹闹,笑着说"好!好!好!"以取吉利。

5. 骑马过剩

新人入门时,要过鞍骑剩子。所谓剩子,就是布机卷线轮,是织布机上掷线的器件。剩子横放大门口,新娘走进大门必得跷腿而过。这有两种说法:一说圣与剩谐音,鞍与安谐音,取其意"循圣礼而来,安分守己";一说鞍为马,剩为轿,新人由此处骑,寓意日子越过越好,胜过别人,下代将"光宗耀祖"。其实,新娘手拿银质"虎头",似汉代空心砖的虎头图案,因俗说虎势威力大。腰束布剪"寿"字,象征长命百岁。

6. 扒斗

走进大门,新郎手拿用柳条编的斗,斗里装满小麦,由新娘扒撒在地上。俗话说:"新娘扒斗,越扒越有。""扒"有"发"之意,说明只要勤俭劳动,就能发家致富。

7. 拜堂

在司仪的主持下,主婚人、证婚人、来宾代表分别致词、讲话后,新娘、新郎开始拜堂。拜堂,又分为拜花堂和拜高堂。

拜花堂,也叫拜天地。天地桌多为八仙桌或三斗桌,桌上蒙着红毯子,摆有花供、水果、糖果和蜡烛、香炉之类的东西。天地桌上放只斗,斗用粉红色或大红纸糊住。斗其形如盆,金玉满斗,象征聚宝盆;斗内装满小麦,象征丰衣足食;含分钱,象征富有;带籽花,意为发家致富;插有机杼,象征爱情长久;有秤杆、秤盘、尺子,秤为禄,尺为寿,象征夫妻公平,吉星高照,称心如意;秤上挂的铜镜,象征照妖驱邪;有模糊肉,象征难得糊涂,知足常乐;插柏枝,象征儿女满堂;放宝瓶,象征保佑平安。

民间有《拜堂摆设谣》:

> 天地桌上放只斗,五谷丰登啥都有;
> 斗内小麦平平手,吃穿不愁小两口;
> 斗内插杆秤,称心如意满门庆;
> 秤上十六星,当官发财往上升;
> 秤上挂秤盘,银子花不完;
> 秤上挂铜镜,平安家业兴;
> 秤上挂块模糊肉,模模糊糊一块凑;
> 斗内插柏枝儿,明年就抱孙儿;

斗内一把尺,做的鞋袜衣衫正合适;
斗内插机杼,婆子会把媳妇拴束住;
斗里埋把枣儿,明年就引小儿(生男孩);
斗里搁点带籽花,孩子媳妇一齐发;
斗里插棵带把儿葱,引妮引小搁哪哪中;
天地桌上点红烛,孩子媳妇都享福。

新娘、新郎在天地桌前拜过堂后,新娘将秤、斗、尺抱于洞房桌上,与宝瓶、铜镜并放以避邪。

拜高堂,也叫拜父母。拜高堂前,高堂要给新娘准备红包或礼物。原来只给父母拜,后来只要亲属都可以拜,如伯母、叔婶、姑妈姑父、舅父舅妈、义父义母,等等。拜不空拜,受拜人要给新郎新娘"拜礼钱"。这种礼俗的目的,并不在于"拜礼钱"的多少,而在于由此体现出来的亲戚关系,有明显的认知作用。

拜堂成亲

8. 入洞房

洞房亦即婚房。新娘被大家簇拥着走入洞房,看热闹的人也跟着拥进去。在古代,一般为新郎用一根绾着同心结的红绸牵着新娘入洞房。

洞房窗户上贴有大红喜字或红窗纸,此时便被年轻媳妇的孩子一撕而光。习俗是谁撕窗户纸谁不害眼病。

9. 上头

古时的习俗是新郎、新娘入洞房后,由两个已婚青年妇女给新人上头。这时,鼓乐吹奏上头曲,也要给其另封小钱。上头者边梳边唱《新娘梳头歌》:

其一
一木梳两拢子,头生孩子戴顶子。
梳三梳篦三篦,二生孩子会种地……
其二
一梳金,二梳银,三梳梳个聚宝盆。
其三
一梳金,二梳银,被窝里头一大群;
梳梳前,梳梳后,梳得儿女一大溜;

  梳梳银,梳梳金,梳得两口一条心;
  梳梳后,梳梳前,夫妻恩爱好百年。
  其四
  前梳七,后梳八,婆家娘家一齐发。
  梳成金,梳成银,梳得儿女一大群。
  其五
  梳梳头发梢儿,引个小鳖羔儿;
  梳梳头发根儿,引个小鳖孙儿;
  梳梳头发辫,引个孩儿带把儿(男孩)。

  原则上,送女客(送新娘的人)每人梳一遍唱一遍,以取吉利之意。新娘要给上头人员每人一个红包。

10. 端洗脸水

  新娘子在上头之后,小叔子或小姑子要为新娘端洗脸水。洗脸盆是娘家人用红布兜来的脸盆,洗脸盆里放有分钱和用红线绑着的两个皂角。新娘子把它们捞出,扔在床下。因为钱为币,宝贵,又取"币"与"必"、"皂"与"早"谐音,意为必早生贵子。新娘要为端水人发红包。一般这个红包较大,包钱比其他的多,因是自己至亲,钱包多了一家人高兴,皆大欢喜。

11. 甩面疙瘩

  娶女客要为新娘甩面疙瘩。用一棵对把儿葱甩,取双胞胎和生带把儿孩(男孩)之意。甩面疙瘩有歌诀,要边甩边唱:

  面疙瘩甩炕,生个孩子白胖。
  面疙瘩甩四角儿,生孩子一大窝儿。
  面疙瘩甩炕洞,生个孩子九斤重。
  面疙瘩甩床底儿,先生小子再生女儿。
  面疙瘩甩床边儿,生个孩子当大官儿。
  床上甩点面疙瘩,生得孩子一扑拉(多的意思)。
  床后再甩面疙瘩,一窝孩子炕上爬。

  甩罢之后,将葱扔到房坡上。碗放到新床下面。现在都是席梦思床,没法放,有的放在墙角,有的将碗端走。

(九)婚宴

  嵩山地域的各市县风俗不一样,但大部分地区人家的婚礼和宴席都在一块进行。所不同的是,一般人家的婚礼都是在自家的宅院里进行,而有钱人家的婚礼与宴席则是在豪华的饭店或宾馆举行。贺喜的宾朋们参加婚礼之后,再参加婚宴。

1. 给娘家人发红包

新郎要提前准备好,给娘家人发红包。其中,拿柜子钥匙的、压轿的孩子都是女方家的内亲,红包大,其他送客人员红包小。在古代,新娘下轿时新郎就要给拿钥匙和压轿的小孩子发红包,不给红包或红包里的钱少,这些小孩都可以不下车,一直到满意才下车。如今,发红包的时间上有所变化,一般是在进家坐定之后,发过红包不久便开始婚宴。

2. 给送亲者进餐

餐有一顿和两顿之分,一顿者饭前摆酒叩喜,两顿者饭后摆酒叩喜。送亲者要封"下厨礼",否则是不开饭的。饭应根据女方之桌面而定。若女家吃"八碗四",男家吃"十碗席";若女家为"十碗席",男家则要比女家的桌餐更丰盛一些。

3. 吃饺子

送亲人掂的饭盒中,有饺子、酒盅,两个细瓷碗、两双红筷子,还有红纸包着、红线绑着的咸食菜,这是新郎和新娘的夜宵。甩罢面疙瘩,娶女客要为新郎、新娘煮饺子,盛到带来的碗中,端给新郎、新娘。有的还在饺子碗上分别再扣上两个碗,叫合碗,新娘要一下子完好揭开,预示婚姻完美无缺。最忌讳把碗掉在地上摔碎,意思是婚姻不长久,容易破碎。

4. 宴后茶

婚宴之后,婆家要把娘家客让到新房屋"喝糖茶"。新娘要把蜜角、点心、喜糖拿来招待客人,新郎要为客人倒白砂糖茶水喝。宴后茶一般由新娘舅父、伯叔这些长辈参与。实际喝糖茶只是形式,主要目的有三:一是参观一下新房;二是与新郎父母见见面,说说话,客气一番;三是商定新娘回门日期,即回娘家的具体时间和串亲应带礼品的份数。

有的地方是在次日娘家来送饭时,商定回门日期。送饭时,两个人抬着食盒,内装100个饺子。有的姑姨婶都要来,所带礼物相同。送饭时要和婚日一样开拿礼钱,吃两顿饭,互道些客套之词,并商定来接闺女回门,也称"住九儿"的日期。

(十)度花烛夜

1. 闹房

闹房进行的时间长,人员多,是婚庆的一个高潮。主家希望闹房的人越多越好,越热闹越好。闹房的人非常广泛,老幼妇孺皆可,俗语说:"闹房没老少。"但长辈及平辈之长者,是绝对不可以的。

入夜,人们三五成群地来闹房。若是辈分高的新娘子,闹房者常告"满员"。也无别的需求,只不过要新人给拜一拜,赏几个"米团"或几块点心而已。闹房者主要是新郎的朋友、同学、邻居及平辈或晚辈的乡亲。闹房者在新房内,相互逗乐取笑,讲一些浑笑话,增加热闹气氛。而新娘子呢,则一不施礼,二不赏人,她知道一旦开了头,就会没完没了,只好坐在床上装聋子,任你吵破天,她都不搭理。因此,形成这样一条歇后语:新媳妇的话——难得。直到有些毛小子动手动脚时,她才勉强应诺。闹腾一阵子后,公婆们就给大家分"米团"。可是走了这一批,又来那一批,吵吵嚷嚷,直到深夜方休。

洞房花烛

2. 送房

闹房告终,送房开场。这要有两个中年嫂子主演。这两个角色非常活跃,一要伶牙俐齿,二要会察颜观色,三要会趣而知趣。新人郁闷一天了,既要使她乐乐呵呵,又不能惹她不高兴。这就要看送房者的本事了。

新郎在前,手端条盘,上摆四菜,四个馒头,两双筷子。送房者手端油灯紧跟,进房后随手扣门,口念《送房歌》:

洞房里灯不明,俺又送来长明灯。
条盘上四个菜,别把弟妹你饿坏。
也有酒,也有肉,保管叫你吃个够。

然后,让新娘吃饭。而新人是不会在这个时候吃饭的。推让一番后,送房者便又开口唱道:

对弟妹施一礼,俺把小弟交给你。
热了你照看,冷了你应急。
俺弟本是好兄弟,你照看不好俺不依。

嘻笑一阵子,送房者看着新娘子有了笑意,就接着唱道:

孩儿他爹,孩儿他娘,
他嬷给您来送房。
一不图喝喜酒,
二不图吃喜糖,
要知嫂子为了啥,
为你生个状元郎。

这时,新人羞得满面通红,无地自容。送者便知趣地唱道:

弟妹甭嫌丑,马上俺就走,
一会儿送枕头,可不兴放两头。

送房者是不会轻易退出的,她们还等着吃点心呢!这时,新娘急忙打开箱子,取出点心各赠一包。这出闹剧,方告终场。稍后,小叔送个便盆叩门,嘴里念着:"小叔送便盆儿,明年抱大侄儿。"新娘急忙开门接盆,随手送出一包点心。片刻,小姑将装好的枕头送去叩门,念道:

小姑送枕头,枕上绣鸳鸯,
明年生小子,后年生姑娘。

新娘子往往不等这些羞话说完,就提出点心,接过枕头,闭门大吉。

3. 听房

打发走诸人以后,新娘子在新郎陪同下,开始吃这难得的一顿饭。小夫妻窃窃私语,常引起窗外"哧哧"笑声。房外的听房者,吵着要搞恶作剧,于是,房里与窗外开始谈判。窗外条件苛刻,房内讨价还价,外边越强硬,里边越害怕。因为房外要用辣椒面和皂角粉点火熏洞房,那味道是够受的。因此,新人们不得不"倾家荡产"以满足要挟者,拿出所提数目之点心打发众人,也有拿不出所索数目的,就只好被子蒙头挨烟熏了,直到家长们拿出东西代分为止。

4. 点棉油灯

此日晚上,洞房点燃棉油灯(铁灯)通宵不灭,象征缠缠绵绵的日子喜庆长久,吉祥如意。

5. 端鞋

婚日晚上或次日凌晨,新娘把做好的鞋端给公婆及近亲,收到鞋的长辈要给新娘封红封儿。

至此,婚礼的全过程方告终场。

四、移风易俗

中华人民共和国成立后,党和政府号召破除迷信、解放思想,移风易俗,喜事新办。自20世纪50年代以后,嵩山地域的婚嫁仪式也相应变得比较简单,由传统的迎娶轿子,逐渐变为骑驴、骑马、步行、自行车、汽车、轿车等,在结婚的程序上,也相应简单了许多。20世纪50年代以后,甚至还出现了不少集体结婚、旅行结婚的形式,真正地变成了新事新办。

五、婚后礼仪

嵩山地域民间在举行婚礼之后,乃至于此后终其一生,还有一些固定的礼仪,其中有要求新郎、新娘必做的,也有要求新娘家人做的,这也属于嵩山婚嫁民俗中的一部分。千百年来,嵩山地域的民间就是按照这种风俗习惯进行的。

（一）新婚后礼

新婚后礼是指婚日之后所行的礼仪，主要有送饭、回门、躲灯、望夏、送扇。

1. 送饭

婚后第三天，新娘的伯或叔、舅、姑夫或兄弟到新郎家去看望，俗称"瞧亲"，同时给新娘子送饺子、果子等吃食，俗称"送饭"。

2. 回门

回门，即认亲，是新娘第一次回娘家。回门时间有两天，有四天，甚至有六天的，主要根据回门的日子吉利不吉利而定。

回门有两种情形：一种是由新娘的哥嫂等来请；另一种是不请，新娘、新郎一起去。请与不请，并无一定成规，只依俗行事而已。

3. 躲灯

新婚之后的第一个灯节，农历正月十五以前新媳妇必须回娘家小住，在娘家过灯节，俗称"躲灯"。农村至今还有"十五不躲避灯，不瞎婆婆瞎公公"的民谣。正月十七，婆家再将新娘接回去。

4. 添仓

躲灯后，新娘于正月十七早上（越早越好）回婆家，这次回婆家，娘家必须有人送，要给婆家"添仓"，不生子女，连添三年。添仓的主要礼品是用小米面捏制成对的灯盏，形状有龙、凤、狮子、聚宝盆以及鸡、鸭等各种花样，灯盏中有灯芯，可添食用油点燃，点燃后还可食用。有的是带上32个蒸馍，一根礼条，俗称"添馍缸"。添馍缸的意思是不能把自己家（婆家）背穷，这个礼节只限于新媳妇过门头一年。

5. 望夏

望夏是姑娘出门头一年夏天，新郎、新娘要背32个蒸馍和一根礼条及四样菜，回娘家住一段时期，民间称为"望夏"、纳凉，实际借此机会在娘家纳鞋底做鞋，一直到立秋才回婆家。

6. 送扇

姑娘出门头一年夏天，娘家要送扇。新郎、新娘望夏之后，岳父、岳母要通知至亲，如新娘家的哥姐等，买些纳凉的物品，农村一般要送32个蒸馍、一根礼条、两把用红纸红线包缠的扇子，外加姑娘、女婿每人一身新衣裳。时间选在入伏之后的吉日，给新娘送去。这一礼节，在民间被称之为"送扇"。

20世纪90年代以后，大部分人家开始送电扇。进入21世纪以后，送空调开始成为时尚。

7. 燎锅底

"燎锅底"是燎灶的俗称。出嫁的姑娘分家的头一年，娘家要带一盆发面、32个蒸馍、礼条和四样菜，还有鞭炮、纸钱，来给闺女家燎锅底。燎锅底时要给女婿家的祖先、灶君、财神、天地全神烧纸钱祈祷,保佑闺女、女婿一家富裕吉祥,家庭和睦,后代昌盛。燎灶时,要大放鞭炮,意为鞭炮崩后火旺、财旺、人旺。

20世纪80年代后,燎锅底成为一种时尚,而且随着人们生活水平的提高,农村的燎锅底风气更浓,凡搬家、乔迁新居、婆媳分家时,亲朋好友都来庆贺。

特别是进入21世纪以后,由送铁锅、铝笼一直发展到送煤气灶、抽油烟机。

燎锅底的习俗,体现了儿女们独立生活后长辈们的操心和牵挂。看看女儿、女婿,送上些必需的生活用品,是父母亲爱心的表现。

(二)终生之礼

终生之礼,即一生都要行的礼仪。

1. 春节拜节

嵩山地域出嫁的闺女、女婿在春节期间要回娘家看望父母,已订婚的未婚女婿也会在这个时间去拜见岳父母,俗称"拜节"。拜节的时间为农历正月初二至初五。拜节的礼物一般是32个大蒸馍和一根礼条(一块5斤左右的带肋子猪肉)、四样菜(葱、白菜、粉条等)。拜节时,大人要给孩子发压岁钱。已婚的干儿(义子)一般不拜节,逢年过节带些礼物去看干爹干娘。出门的干闺女每年需给干爹干娘拜节,礼物同上。旧风俗有"拜节不住节,住节死他爹"之说,所以初二拜节不论出现什么情况,都不能住节。

2. 节日探望

除了春节,出嫁的闺女每年分别在端午节、中秋节前后,要向爹娘送两次礼物。20世纪90年代以前,多为32个蒸馍、礼条,90年代以后多为各种营养品。

3. 送雁

此习俗兴起于中华人民共和国成立以后,每逢农历闰月年,出嫁的女儿要回娘家给父母送雁,以图闰月年吉利。

闰月的前一个月,女儿、女婿或干儿、干闺女用面蒸成大雁形状的一对馍,给父母各买一身衣服,一双红里鞋,一条红束腰带,表示为父母消灾除难。

进入21世纪,糕点房制成的蛋糕大雁,在市场上大受欢迎。

4. 麦梢黄看娘

嵩山地域有一种习俗,到每年的麦梢黄时,出嫁了的闺女要提一篮白馍回娘家看望母亲。如今,日子好了,麦梢黄时去看娘,大都以蛋糕、牛奶等更好一些的滋补品为礼物。

5. 拜寿

拜寿,俗称"做生儿""做寿"。嵩山地域的拜寿,是从老人60岁生日那天才开始的。做寿的老人从60岁以后,出嫁的闺女、侄女要回娘家给老人拜寿。最重要的礼物是给老人一块"模糊肉"(即不用秤称的肉),意味着女儿是父母身上掉下来的一块肉,用肉来报答父母的养育之恩,表示儿女对父母的

拜　寿

孝敬之意。渐渐地,形式大了,每年在生日那天摆酒席,诸多亲友、近门、晚辈都带上贺寿的礼品和鞭炮,来向寿辰的人祝贺,俗称"做生儿"。寿礼为大肉、面条、鸡蛋、寿糕等,也有送寿匾、寿星雕塑、寿星图或其他礼品的。拜寿的时候,寿老端坐在大椅子中,家人要按长幼顺序依次叩头祝贺,开筵前要先吃长寿面和长寿蛋糕,以求老人长寿。家人设宴招待亲友,一年一度,不得间断。若遇天灾人祸或其他原因,需由老人一方声明,方可停止。

第四节　通　　礼

　　民间往来之间所用的礼仪,称为"通礼"。
　　自古以来,嵩山地域的人们就热情好客,除了上述的婚俗礼仪之外,其他社交礼仪习俗也很多,从接人待物、迎来送往以及日常生活中的一些规矩,都能体现到人们崇尚礼仪的民风民俗。民间历史注重这种"通礼",把讲究礼仪者,称为"懂礼数""懂礼法"。反之,则说其"不懂规矩,少家失教"。通礼主要为民间常用的亲朋、乡邻之间的社交礼仪,以及一年之中每逢节日、古刹庙会的你来我往,互相馈赠礼品等礼仪。
　　通礼主要有见面礼、来往礼、庆吊礼、恭让礼、借还礼等。

一、见　面　礼

　　嵩山地域民间见面即有礼。见面一般指在路上或街上碰见的招呼礼。旧时,人们见面一般行拱手礼和叩拜礼。拱手礼俗称作揖,叩拜即跪拜。人们相见时,平辈之间行拱手礼,晚辈对长辈、学生对老师行叩拜礼。晚辈如见长辈须先退后一步,让长辈先行。女子相见时则是左手在里,右手在外相叠贴于左心口下,双腿微屈数下。后来改行脱帽礼和举手礼,女子行礼不脱帽。
　　中华人民共和国成立以后,人们相见时,多是握手礼或鞠躬礼,握手问好,久握不舍。有的还互相拍对方的肩膀,表示非常高兴、亲热。骑车遇见熟人,要下车相问,若下车不方便,也要点头或招手示意,同时还要解释"不下车了""不便下车,先走了"等。在乡间,早饭、午饭前后相见时,一般用"吃饭了吗?"或"吃了吗?"来问候。如果是晚饭时,则用"喝汤了吗?"来打招呼。如果看他带着东西似乎从外边回来,就会招呼:"刚回来""到家里歇会吧""到家里吃饭吧"。其余的时间相见,则问候"去哪里"。比如,一人在门口带着孩子玩儿,一人路过,带孩子的会问:"去哪儿";而路过的会回答"去地里,带孩子啊",然后如有急事就走开,没有急事就站下来逗孩子玩一会儿。两人见面如遇特殊情况,不便说话,如距离较远,或正和人谈话,便点头、招手致意。

二、来 往 礼

亲戚朋友之间相互来往的礼仪称为"来往礼"。嵩山地域除婚丧大事亲友之间礼尚往来外,一年之中每逢节日、古刹庙会,人们还要串亲戚,你来我往,互相馈赠礼品。来往礼又分待客礼和做客礼。

见面礼

(一)待客礼

待客礼即迎接、招待客人的礼仪。嵩山地域的待客礼一般来说,迎接客人到家时,主人须放下手中的事务,热情相迎,接过客人手中的物品,应走在前面引导;送走客人时,应走在后面相送。客人进了家,就嘘寒问暖,让座、倒茶、递烟。冬天让与火炉边或用柴禾点火取暖,夏天则让客人擦汗洗脸,递扇消暑。21世纪后,则是多打开空调或电扇,给房间里降温,给客人以舒适的温度。

如不到吃饭的时间,先给客人打荷包鸡蛋,俗称喝"鸡蛋茶"。正式招待客人吃饭的时候,饭菜须有别于日常饭菜,多以饺子、捞面、油馍、烧制鸡鸭鱼肉(一般荤菜一二盘),配上好酒来招待。如果是贵宾,还要请近亲长辈或邻里有身份地位的人来作陪。饭桌上主人谦让后客人再动筷子。宴席中,主人频频劝酒劝菜,招呼客人多吃多喝。要等客人全部吃完,主人和陪客才能放下筷子。客人在主人家里不能在各个房间乱走动,不能随意翻动主人的东西。坐在客人或长辈面前,既要谦虚谨慎,又要举止大方,不卑不亢。

给长辈或客人端饭递茶时,讲究双手捧递;接受他们物品时,要双手相接。

尊重客人人格的礼俗:对身有残疾的人,用语恰当。对看不见的盲人,应说"眼不好使";对听不见的人应说"耳朵背""听力不好"等;对腿脚残疾的人应说"腿脚不得劲";当着秃顶人的面不说头发之事。

中华人民共和国成立以前,人们受封建思想影响,家里来了客人,女孩子与客人见面打招呼后,要赶紧避开。中华人民共和国成立以后,这一礼俗也随之改变。

(二)做客礼

嵩山地域的人走亲访友,多携带礼物,忌空手前往。礼物可多可少,逢年过节礼物要重一些,平时的串门,礼物可少一些。新女婿第一次到岳父家,一般都是拿"四色礼"。串亲戚必须要早上或上午

去,忌下午或晚上串亲戚。

做客或赴宴时,要请长辈或年龄大的坐正位,请长者先动筷子,主动给他们敬酒。

吃饭时不能在菜里挑挑拣拣或夹起不吃,不能站起来夹菜,不能剩饭剩馍。宴席结束,客人不能马上就走,要稍事休息,和主人聊一会儿话,方可告辞。主人要多次挽留"再歇会儿""再坐会儿",客人道谢,主人送客人至门口或街上,客人说"别送了",主人含笑招手:"慢走,有空再来。"

三、贺 吊 礼

凡遇红白喜事,嵩山地域民间的亲戚、朋友、邻里都要送礼,俗称"行礼"或"随份儿"。礼品轻重,视亲戚远近和经济状况而定。同时,还要尽力帮忙。以前,男婚女嫁时,亲戚送礼一般是被面、床单、毯子、毛巾等,朋友多是脸盆、暖水瓶、茶具等,邻里一般是两盒点心。现在亲戚、朋友多是送钱,也有钱和礼物一起送的。关系近的,如姨、婶等,有的还要送做好的被子。邻里有送钱,也有依然送点心的。丧事的送礼,亲戚是四五斤的大肉和双数12或16个大馒头或饶饼,邻里送点心或黄表纸,朋友一般送花圈或挽联。现在,亲戚依然是和从前一样的礼品,邻里和朋友一般送钱。主家收了礼物,都要设宴感谢送礼者。主家收礼将来都要还礼,别人家有红白喜事的时候,也要如数或多于别家的数量来还礼。主家还要在红白事结束之后,把所剩的肉菜做成粉汤,一家一碗,如有馒头,再加上两个馒头,分送乡邻,以对送礼和帮忙者表示谢意。邻人在主家需要帮忙时,应主动来当"伙计"。

四、添 仓 礼

亦称添馍缸。闺女出嫁后,来年的农历正月十七,女方娘家要给婆家"添仓",不生子女,连添3年。添仓的主要礼品是用小米面捏制成对的灯盏,形状有龙、凤、狮子、聚宝盆以及鸡、鸭等各种花样。灯盏中有灯芯,可添食用油点燃,点燃后还可食用。

五、吃 面 礼

女人生头胎孩子要吃面,也叫送米面,即约定日期,亲朋好友到女家来贺礼,带米面、花布等前来表示祝贺,女家要设宴款待。

街坊邻居中,谁家有喜,即生小孩,男孩称大喜,女孩称小喜。去挂锁,要携带蛋、糖,并用红纸包钱。蛋糖交给"月子婆娘",所包锁钱用红线牵挂在婴儿脖颈上。

六、恭 让 礼

嵩山地域人民历来遵循长幼有序、尊老爱幼的礼仪。幼对老者坐遇让座,行遇让路。同行长者在前,乘车长者先上,入席长者上座,吃饭长者先动筷子,递物双手捧送。途中遇问路,坐车、骑车必须下车,问清后要道谢。上课老师进教室,学生全体起立问好,提问或回答问题要起立。学生进教室先向老师报告,得到允许方可进去。下课让老师先出教室学生再出。嵩山地域的邻里之间以谦让为美德。成年人之间若因事产生纠纷,多有周围德高望重者出面协调解决;孩子之间若产生矛盾,家长先管教自己的孩子。若自家孩子理亏,要主动带着孩子上门去向对方道歉。

七、借还礼

在嵩山地域民间的生活中,邻里之间借还东西是常有之事,大到生产工具(犁、耙、牲口等),小到一把面、葱蒜等。嵩山地域民风醇厚,借方以商量口气提出,被借方多慷慨应允,若不能满足借方的要求,被借方还要向借方道歉。借还讲究"好借好还,再借不难"。还东西时,如果是使用的东西,一定要完好、干净。如借了铁锨,用完要把铁锨擦干净再还给主人;红白喜事借了人家的桌凳碗筷,既要洗干净归还,还要在还的时候一并带去一些馒头或点心,以表示感谢。如果借的是吃喝的东西,讲究借的少,还的多,借一平碗,还一满碗,同时要向主人表示感谢。嵩山地域还特别注意一些特殊东西归还的礼仪,如借的是熬药的砂锅,还的时候要在锅里放一些粮食,即送回的是粮食而不是病灾,不能空锅送回;如借的是织布机,还的时候要给主人带一块"了机布"等。

八、拜把子礼

结拜兄弟、结拜姐妹,俗称"拜把子"。在嵩山地域来说,结拜干姐妹较少,结拜干兄弟较为普遍。一般是几个脾味相投的朋友结成结义弟兄。拜把子,设"刘备、关羽、张飞"神位,弟兄们跪地发誓,不求同年同月同日生,甘愿同年同月同日死,并书写"金兰簿"。依年龄排列大小,每年相轮设酒会一次,以示不忘。结拜弟兄间平常谁家有大小事,各自都应尽弟兄之力。

历史上三国时代的刘备、关羽、张飞三人的"桃园三结义",就是"拜把子"。

九、拜师礼

当地拜师,多为医生、木匠、泥水匠等技艺行业。凡收为徒弟者,只给饭吃,不给工钱,有"徒弟、徒弟,三年奴隶"之说。如今讲究师徒平等,人多不保守,收徒带徒,传授技艺,成为社会美德。师傅收下徒弟后,徒弟逢年过节要为师傅送礼物,以报师恩。

十、挂匾礼

清代和民国早期,官宦士绅常有自己挂匾或给亲朋送匾,以光宗耀祖,炫耀门庭。如今,政府奖励先进单位,群众感谢名医或为人民办好事者也有送匾的,而送镜框、锦旗者也不少。

十一、立 碑 礼

清代和民国立碑,多为墓碑、庙碑,而少数为士绅歌功颂德的功德碑,到民国后期已很少见。中华人民共和国成立以后,有给革命烈士和大型建筑物落成的纪念碑。民间多为德高望重的人物或有纪念性的建筑立碑。如子女对父母的敬爱,学生对老师的敬仰等,都要立碑刻文以作纪念。

立碑时,要举行"揭碑"等仪式,表示庄重。

第五节 嵩山仪注

仪注即礼节制度。仪注是礼中之仪,讲究的是进退俯仰、登降折旋的仪节,在影响、决定令的面貌方面,它虽然不如具有实质内容的礼,但对令的执行仍有指导、约束作用。制度仪节作为不脱离日常生活对象、环境的日常身体活动、行为方式既深深嵌入当下的世俗生活而又自然获得某种超越性,成为某种人文传统绵延的保证。

嵩山地域在古代有很多方面的礼节制度,久而久之,也就形成了一种习惯的礼俗,无论做什么事都有一整套的传统仪注。

本节所录的是清代沿用下来的传统仪注。

仪注场面

一、拜牌仪注

万寿圣节,前一日于县(某处)设龙亭。至期五鼓,文武官衣朝服趋立丹墀下,文东武西。礼生四名,赞、引至各拜位,行三跪九叩头礼毕,各退。前后三日,俱蟒服坐班。

皇后千秋令节,元旦、长至节,仪注俱同,不坐班。

二、接诏仪注

诏书至,文武官员皆朝服,具龙亭(在距公庭不远处设置)、彩舆、仪仗、鼓乐出郭肃迎。朝使捧诏书置龙亭中,南向,退立亭东。众官具朝服,北向,行三跪九叩头礼。众官及鼓乐前导,朝使上马于龙亭后,行至公庭门外下马,众官先趋入,文武分东西序跪,候龙亭至公庭中,朝使立龙亭东,西向,礼生、赞行三跪九叩头礼。朝使捧诏书授展读官,展读官跪受。诣香案前开读,众官跪听,毕。三品以上官员跪请圣安,退易服,与朝使行礼。如诏书经过及止宿,文武官员朝服,具鼓乐出城迎接,跪道右,候诏书过方起。随至邮亭,设香案供奉,礼生、赞行三跪九叩头礼,毕。易服与朝使行礼。临行,仍具鼓乐在道右跪送。如但经过,不进邮亭,则但迎送,不行礼。如有出使官员,亦同行礼迎送。路遇官员,军民等俱俯伏道旁,候过方起。如本市(县)遇有恩诏,本府委礼生恭赍跪迎。开读仪注照前。执事以礼生代之。在龙亭宣谕。

三、迎春仪注

旧时立春造土牛,以劝农耕,象征春耕开始。

每岁先期塑造春牛(土制的牛),并塑芒神(古代管木之官)。立春前一日,各官朝服迎于东郊,祭芒神,行三跪九叩礼。本日衣告服祭芒神,同前。礼毕,各执彩杖,正官击鼓三声,环鞭土牛者三下。

四、朔望仪注

每月朔、望黎明,长官及僚属谒文庙、武庙、文昌庙,行三跪九叩头礼。及各祠庙行礼毕,遂率僚属暨乡约、木铎老人(当地宣扬教化的人)、司约人(掌管乡约券书的人)等至讲约所,设香案。礼生唱:"序班,行三跪九叩头礼,兴。"退班齐至讲所,军民人等环列肃听。礼生唱:"恭请开讲——"司讲生按上谕登台,木铎老人跪,宣读毕,礼生唱:"请宣讲上谕——"司讲生按次讲毕,退。

五、救护仪注

凡日月薄蚀,先期设香案于露台(指露天舞台),金鼓列仪门(明清官署的第二重正门),乐人列台下,设拜位于台上,俱向日月。至期各官俱素服齐集,阴阳生报初亏,礼生、赞行三跪九叩头礼,正印官上香毕,击鼓三声,金鼓齐鸣。食甚,再行三跪九叩头礼。报复圆,鼓声止,各官仍素服行三跪九叩头礼,毕。

六、到任仪注

凡新官到任,行至廊外,更衣蟒服,先祭城门,行一跪三叩礼。入东门,避簧宫,绕后街行走,至本衙仪门前下轿。祭仪门,行一跪三叩头礼。从中道上露台,更朝服,望阙谢恩,行三跪九叩礼。拜印行一跪三叩头礼。更蟒服至宅内祭灶神,行一跪三叩头礼。连发三梆,出升公座,皂隶排衙,阴阳生报吉时,用印三颗;捕衙禀参免,各书吏、众役叩贺,堂吏禀堂事毕回署。次早诣各庙行香。

七、祈祷仪注

祈祷仪注

凡祈祷在城隍庙、龙王庙,设香案,僧、道各一班开坛诵经,鼓吹一班,礼生四名。各官衣素服,步行至庙,礼生引至拜位。赞,行一跪三叩头礼;宣疏文毕,赞,再行一跪三叩头礼。焚疏义,揖,退。祈雨则注水盈缸,插柳枝。

八、开印仪注

届期阴阳官报吉时,发三梆,鼓吹、鸣炮、开门,设香案于大堂。正官穿朝服上堂拜印,各官随班行三跪九叩头礼,望阙谢恩,亦行三跪九叩头礼。回署更衣蟒服,出升公座,各官禀贺,庭参免;堂吏请开印,禀发签押牌,九房挨次签押毕缴牌;皂隶排衙,书役叩贺毕,鼓吹、鸣炮、封门,典吏捧印进署。

九、封印仪注

届期阴阳官报吉时,发三梆、鼓吹、开门,正官穿朝服,上堂升公座,鸣炮、鼓吹、开门,各官禀庭参免。吏房请印,印"封印大吉"四字,用印三次。堂吏跪禀高升,典吏、书役分班叩贺毕,设案,率领各官随班拜印,行三跪九叩头礼。各官旁立,鸣炮、掩门、鼓乐,迎印进署。

十、乡饮酒仪注

每岁正月十五、十月初一,于儒学行礼。前一日,执事者于儒学之讲堂陈设座次,司正率执事者习礼。当天黎明,执事者宰牲具馔,主席及僚属、司正先诣学,遣人邀宾、僎(僎作遵,遵即乡人为卿大夫来观礼者)参加。

比至,执事者先报宾至,主席率僚属出迎于庠门之外以入,主东宾西,三揖三让而后升堂,东西相向,赞两拜,宾坐;执事又报僎至,主席又率僚属出迎,揖让升堂,拜坐如前仪。宾主俱至,既就位,执事者唱:"司正扬觯(古代酒器)——"执事者引司正由西阶至堂中北向立,执事者唱,宾僎以下皆立,唱:"揖——"司正、宾僎以下皆揖。执事者以觯酌酒授司正,司正举酒曰:"恭唯朝廷,率由旧章,敦崇礼教,举行乡饮。非为饮食,凡我长幼,各相劝勉:为臣尽忠,为子尽孝;长幼有序,兄友弟恭;内睦宗族,外和乡里;无或废坠,以忝所生。"语毕,执事者唱:"司正饮酒——"饮毕,以觯授执事者。唱:"揖——"司正揖,宾僎以下皆揖;司正复位,宾僎以下皆复位。唱:"读律令——"执事者举律令,案置堂之中,引读律令者诣案前,北向立,唱:"宾、僎以下皆立,行揖礼如前,读毕复位。"执事者供馔案,执事者举馔案至宾前,次僎、次介、次主、三宾以下各以举讫。执事者唱:"献——"宾主起,席北面立,执事酌酒以授主;主受爵诣宾前,置于席,稍退。唱:"两拜——"宾拜讫,执事又酌酒以授主;主受爵诣僎前,置于席,交拜如前,仪毕,主退,

乡饮酒仪注

复位。执事者唱:"宾酬酒——"宾起,僎从之,执事者酌酒授宾;宾受爵诣主前,置于席,稍退。唱:"两拜——"宾、僎、主交拜讫,皆就位坐,执事分左右立,介三宾、众宾以下依次酌酒于席讫。执事者唱:"饮酒——"或三行,或五行,供汤。又唱:"斟酒——"饮酒、供汤三品,毕。执事者唱:"撤馔——"候撤馔案,毕。唱:"宾、僎以下皆行礼。"僎、主、僚属居东,宾、介、三宾、众宾居西,赞两拜讫。唱:"送宾——"以次下堂,分东西行,仍三揖出庠门而退。

凡乡饮酒礼,序长幼,崇贤良,别奸顽。其坐席间,年高德邵者居上,高年淳笃者次之,依次序齿而列(按年龄长幼定先后次序)。其有违条犯例者,不许干于善良之席,违者罪以违制。敢有喧哗失礼者,扬觯者以礼责之。主,知县为之,位东南。大宾,以致仕者为之,位于西北。僎,择乡里年高有德之人,位于东北。介,以次长,位于西南。三宾以下之次者为之,位于宾、主、介、僎之后。除宾、僎外,众宾序齿列坐,其僚属则序爵。司正以教官为之,主扬觯以罚。赞礼者,以老生员为之。

亦有诵诗于席间者如下:

初歌《鹿鸣》(《诗经·小雅》之首章)

次歌《南山》(《诗经·国风·齐风》之首章)

三歌《湛露》(《诗经·小雅》之首章)

终歌《天保》(《诗经·小雅》之首章)

十一、宾兴仪注

科举时代地方官设宴招待应举之士,谓之宾兴。即仿古乡饮酒礼。后又径称乡试为宾兴。

凡大比之年(科举时代称乡试为大比),先试期一月,知县择吉,具启筵致应试诸生。届期大堂设宴、演剧。驾登瀛桥于中门外,诸生至,谒知县,行四拜礼,见学师三揖。即席,知县命送酒,酒三巡诸生簪花披红,由彩桥出,送至大门外。礼毕。

宾兴仪注

十二、乡约仪注

凡县城内及四乡大村店,各立讲约所,设约正一人,以老诚有学行者为之,选朴实谨守者为直月(值班之月),三四人。置二籍,德业可劝者为一籍,过失当规者为一籍,直月掌之。每月朔,预约同乡之人夙兴集于约所,俟约正及耆老、里老皆至,相对三揖,众以齿分左右立,设案于庭中,直月向案北面立。大声宣讲《圣谕广训》,众皆肃听。约正复推其说,必剀切(切实)丁宁,务期警司通晓,未达者许其质问,但不得喧哗。讲毕,乡人有善者众推之,有过者直月究之。约正询其实状,众无异词,乃命直月分书于籍。直月高声读《记善籍》一遍,其《记过籍》呈约正及在约众人默视一遍,直月收之,事毕揖而退。岁终则考核其善过,汇册报知县行劝惩之法,有能改过,一体奖励之。

十三、送学仪注

凡岁科试,新进红案到县,择日设席于大堂。至期,诸生皆蓝衫,分班参见,行四拜礼。即席,给花红,鼓乐导送至文庙墀下,行三跪九叩礼。退诣明伦堂,知县与学师交拜,新生参见学师,行四拜礼,宣读《卧碑》。即席饮三巡起立,新生向上三揖,辞退。

清代顺治九年(1652年),礼部奉旨规定八条规则,颁《卧碑》于天下学校,令士子必须遵照。

第六节 丧 葬

从新石器到秦汉时代,嵩山地域的丧葬礼俗经历了从形成以及由简至繁的过程。丧礼形式,民国之前的历朝历代多提倡土葬,宋代民间曾流行火葬,新中国成立后的五六十年代又提倡火葬,但火葬仍然未普及。进入21世纪后,殡葬改革进入了快车道,除当地农民的家用墓地外,当地政府安排有大型的公共墓地,嵩山地域各市(县)都建有火葬场,并严格要求汉族人实行火葬,使火葬制度在民间得到了落实。

人死以后,按照嵩山民间一般的习俗,家中孝子要哭泣尽哀。然而,不同的民族又有着不同的丧葬习俗。由于土葬习俗延续了几千年,以下丧葬习俗着重介绍汉族和回族的土葬习俗。

一、汉族土葬

从丧到葬(土葬),汉族有净身换衣、掐殃、压魂、报丧、行孝、入殓、祭棺、守灵、观殓、封口、打墓、起魂、送行、捆棺、送坟、出殡、入土等民间葬俗,埋葬之后的出殃出魂、谢孝、祭奠等为丧俗。

(一)墓地选择

墓穴的位置、方向一直被认为是事关后世子孙兴旺发达的大事,备受重视。丧家一般要请"阴阳先儿""风水先儿"来看风水,主要是看地脉、风水、点墓穴、定墓向。嵩山地域民间讲究十不葬:一不葬粗顽石块,二不葬急水拦头,三不葬沟原绝境,四不葬孤独山头,五不葬寺前庙后,六不葬左右休囚,七不葬洞前山顶,八不葬风水忧愁,九不葬坐下低凹,十不葬虎龙煞头。

(二)葬俗

1. 净身换衣

在死者快要断气的时候,子女用温水给其洗手、脸、脚,剃头,并用新的布擦干,此称"净身"。然后换衣,寿衣要上穿5件,下穿3件,为"巧八件"。寿衣不得是红色的。据传说,净身换衣在老人断气前进行可得济,断气后净身换衣不得济。所以,一般都在断气前净身换衣。

2. 掐殃

人死后的拇指(男左女右)所掐其他4个手指头的任何一个指头的纹路,称为"掐纹"。亲属把掐纹报给懂掐殃方法的阴阳先生,阴阳先生根据死者的月份、时辰、掐的指纹,看灵魂,定出殃(灵魂)的日子,写出殃单。

3. 压魂

压魂是由死者的子女拿着烧的纸张,到小庙前或十字路口,用土坷垃压上几张纸,并燃着几张,祷告给土地爷,说明谁死了。传说压魂是到土地爷那里销去阳间户口,注上阴间鬼册。因此多在小庙里办,所以又叫"报庙"。

4. 报丧

报丧

如死者是个女的,死者的子女须头系孝巾,脚穿糊着白布鞋头的鞋,腰系散麻,到舅父家报丧信。见到舅父母后,要跪下磕头,说明死者情况。在报丧时,不得坐在板凳和椅子上,表示对老人的孝心,以求舅家宽容。

5. 行孝

死者的晚辈之人统称为"孝子"。孝子们在家长丧期内,辈低三分,见人均须磕头,民间曰:"为家长行孝。"

6. 入殓

子女用托单托着死者的遗体放在棺材里,叫"入殓"。

入殓均于单日举行。一般来说,棺材放在堂屋当门,前后用板凳垫起。放尸体时,子女默默叫:"你搬进自己屋里去的呀!"

入殓前,先焚烧孝子们为死者制作的楼房、轿车、马、摇钱树、聚宝盆等各种纸扎,民间认为此是"送死者上西天"之意。孝子们上街在十字路口压白纸、烧纸钱,民间称作"压纸",表示为死者上西天买路。

入殓时,孝子们要在棺木内铺青灰、炉灰、7张白纸、7个黄铜钱、五色布和五色线,棺内撒五谷杂粮,然后铺放黄色褥子(儿子制作),然后将尸体放主棺内,尸体上盖红绸花被(女儿制作),民间称为"铺金盖银",亦称"铺儿盖女"。在死者口中放金子、铜钱,如今用硬币,民间称作"噙口钱"。子女们边塞噙口钱边说:"俺爹(娘)呀噙着钱,这是你的噙口钱,阳间你省着给儿女花,阴间不能缺你零花钱,噙到嘴里算方便。"此俗体现了子女们对长辈的体贴之情。在死者右手内放置白色如银的如意、杂谷饼,民间曰"喂狗饼"。传说,喂狗饼是在赴阴曹路上遇到恶狗咬时,以饼砸之,恶狗只顾吃饼,顾不得咬死者。在死者左手内放置白元宝、麦麸、神曲,表示为死者上西天行路方便。最后,孝子们还要为死者盖蒙脸纸。死者的脚脖要用散麻捆上,称"拌脚绳"。传说古时有一个不孝之子,父死后从棺材里走出,其子害怕极了,便用麻绳捆其脚。后来,人们怕遇到游尸,便用散麻捆之。

入殓后,孝子们还要披麻戴孝,在灵堂里或自家摆放棺木的堂屋守灵3~7天,至下葬完毕。

7. 祭棺

死者入殓之后,在棺木前边放一张小桌,桌上摆上4碟熟供菜,用纸写个牌位:"严父之灵位"或"慈母之灵位"字样。桌上还要放一圆镜子,并点一盏长明灯。

8. 守灵

死者的子女及其亲属,在入殓后,未葬前,跪在棺材的周围,昼夜陪守3~7天,俗称"守灵"。如今守灵是坐在棺材周围的草上。据传说,守灵的目的是怕猫、狗、鸡从棺材下穿过,猫过了死者要托生成猫,狗过了要托生成狗。万一有猫狗从棺材底下钻了,死者的子女立刻也从棺材底下钻过,并边钻边说:"爹(娘)呀,别害怕,刚才是我过的。"子女为了尽到孝心,就是钻棺也心甘情愿。现在虽然人们知道这是迷信之举,但是死者在殡埋前,灵前没人,子女们总是过意不去,还怕有"人在人情在,人不在情不在"之嫌。再者,作为家属子女,老人死了是格外悲伤的,有能多看一眼棺材,就是多看一眼老人的感觉。所以,至今人死后,子女还是要守灵的。

9. 观殓

邀请舅父母、姐丈、姑夫等主要亲友来到灵前,把棺盖错开,看看死者衣服穿得是否够数。若遇衣服穿得不周正,便用手轻轻拉拉拽拽,使之理顺。观殓后,亲友要烧纸,祭拜,告别,孝家出来磕头答谢,执事人便代为发给孝巾或孝衫、孝带。

10. 封口

封口,就是扣棺。在娘家人观殓后,孝家请木匠扣棺。封口时,子女要与死者遗体做最后一次告别。女儿把棉花放进棺材里几团,边放边说:"闺女栽花,儿拾花,荣华富贵都随你花。"连说三遍,然后,让其子把放进的棉花一一拾起,边拾边说上述之话。之后,其子便拿起灵前桌上的小圆镜,来回照着尸体,其女端一碗清水,子女们连说三遍:"清如水,明如镜,光照大路走,别照小路行。"最后,把噙口钱、蒙脸纸、拌脚绳去掉,放在棺材里,然后盖好棺盖,棺口涂上稀浆糊,贴上纸,封口完毕。

11. 打墓

执事人选择4位身强力壮、父母双全的男子去挖墓坑,谓之"打墓"。打墓时,孝家长子扛着幡旗,领着打墓人到坟地,先掘一掀土,谓之"破土"。然后,打墓人开始挖掘,孝家便扛幡旗回村。

丧葬中最困难的事就是打墓,遇到土质差的,白天黑夜轮班打,衣服揉脏了,皮肉磨破了,全不在乎。开堂窑更是难,打墓的人爬着、跪着,脚蹬手扒,遇到雨雪天气就更难。但在丧葬事上,无论谁去打墓都是全心全意,不会有任何推诿。

12. 起魂

当破土孝子回来时,执事人早报给守灵男女,一同去起魂。起魂路上痛哭不止,来到压魂处,用火点着压的纸张,口喊:"爹(娘),领你走的呀,别在这儿了。"说后,便哭着回来。

13. 送行

起魂回来,早有人准备好半桶浆水,里边放进些熟面条之类,交给孝家,孝家男女提着桶,把死者穿过的衣服以及用纸扎的轿车、楼房、聚宝盆、摇钱树等,拿到棺木要经过的路口烧着,并把浆水泼在地上。扎的轿车上写有路单一份,即路途遥远,徒步难行,特备轿车一辆,购买黑骡一匹,银鬃银尾,四条白蹄,特命×××(近门少者之名字)赶着。

14. 捆棺

孝家去送行时,执事人便命抬棺人把棺捆好,插上杆子、扁担。棺头上放些钱,作为给抬头杠的报酬。然后,人们把棺徐徐抬出大门口,放在门前摆好的棺架上。这时,重新绑好杠子,等送行的孝家归来。

15. 送坟

送坟中要提前准备老盆、哀杖和幡旗。

所谓老盆,就是一瓦盆,底上钻有眼,有几个儿女钻几个眼。据传说,盆底钻眼是为了让老人生前污染的水漏出。人在活着时,毕竟要污染一些水的,到了阴间,阎王爷就叫死者把一生所污染的水喝完,子女怕老人在阴间受罪,就把老盆钻了眼,使污水漏出。因而,老盆是为孝子所用,农村摔老盆的人,一般为死者的长子或最直接继承人。

哀杖就是从柳树上砍下的柳橡子,截一尺半长,用白纸裹着,以防孝家悲痛过度,头晕倒地。哀杖是为近门的晚辈所用。

幡是用粗柳枝制成,五尺长,尖处捏弯,系上五色纸剪的长条。幡指送葬中为死者招魂的旗帜,扬幡即打起招魂的旗帜。嵩山地区的丧事习俗,老人死后,由长子或死者最亲近的人打幡,送葬时,走在最前头。

谁拄哀杖,谁扛幡旗,谁参加分老人的遗产。无儿女的老人,死后由近门晚辈来拄哀杖,扛幡旗,摔老盆,请受家业。

送行的孝家归来,便跪在灵前。这时,执事人已把早准备好的老盆放在灵前的砖上,孝家男女对着灵床哭声悲切,男子手拄哀杖,长子肩扛幡旗,哭得鼻涕一把,泪一把。扛幡旗的人在出殡前,双手端起灵前砖上的老盆,用力朝砖上摔,摔得越碎越好。

16. 出殡

摔过老盆之后,扛幡旗的人领着全家男女走在灵前,灵床起动,孝家男女号啕大哭着朝墓地走去。另有一人在灵前路上撒着用纸剪裁的纸钱,纸中间裁有方孔,为"买路钱"。

17. 入土

灵床放进墓坑之前,死者亲属要先到墓坑里察看,看看墓坑的大小、高低以及是否舒适。看过之后,孝家从墓坑里上来,执事人才可发话,将灵柩轻轻地放入墓坑。此时,孝家男女跪在灵床尾,烧起纸张,号啕大哭。与此同时,亲友们施行庄重礼节,夹放礼炮,向死者告别。礼毕,棺上要放用柳条绑的一张弓和三根秫秸挺扎的箭,朝着三煞凶神(即灾煞、岁煞、却煞)方向投射(习惯上申子辰年煞在南方,巳酉丑年煞在东方,亥卯未年煞在西方,寅午戌年煞在北方)。弓箭摆好后,用芦席盖棺,子女把腰间系的散麻解下,放在棺材上。然后,由孝家先封一掀土,把幡旗插在棺材的尾端,打墓人便可以封土。

出　殡

(三)丧俗

1. 谢孝

嵩山地域的谢孝之日,是在埋葬死者之后,由死者的子女同其外婆家共同商定。谢孝那天,死者的子女一同到外婆家去。见了外婆家的近门,都要跪下磕头,还要带着祭品到外婆家祖坟上烧纸。死者子女带去的祭品有大肉、果子、蒸馍和纸等。祭祖是告诉外婆家死去的亲人,死人已到了阴间,好让他们在阴间来往。饭后,向外婆家人磕个头才能离去。回到家后,就可以改穿白鞋、戴孝帽或"孝"字袖标。如不这样,外婆家的人就会怪罪外甥大礼不通,忤逆不孝。

2. 出殃

出殃,就是出魂。出殃的日期是在掐殃时定的。传说,在人死后,不到出魂日期,阴魂总是恋家不走,到了出魂日期才不得不去。死者离去总要对家庭细观一番。出魂这天,全家人要离开,并在灶前放上吃的东西,以便鬼魂辞别灶爷时吃。

3. 祭奠

祭奠,俗说"烧纸"。人死之后,家属为怀念亲人,都要烧纸祭奠。祭日有一七、二七、三七、四七、五七、百天、周年、两周年、三周年,尤以三周年为最隆重。到祭日时,不仅亲戚、本家、左邻右舍及全村人来参加祭奠,连亲朋好友也带着祭品前来烧纸、参祭,以示对死者的哀思。三周年这天,死者的家属为表示对老人的孝敬和怀念,有请唢呐队吹奏,扎糊"楼宇""金山""银山"等冥品,抬到坟前烧掉,以示让死去的老人在阴间能丰衣足食,住上楼房。参加悼念的人,都要到坟前行大礼,还请有唱礼人。较大的礼节有"九叩""十三太保""二十四拜"等。行礼时,由懂得礼仪的老年人在前带队,其他人跟随行礼。家属会摆设宴席,酬谢前来烧纸祭奠的亲朋好友。

4. 祭礼

嵩山地域祭礼中的"七"共有十个,从死者亡故之日算起,每七天为一七。逢七之日,家人要上坟祭祀,称为"做七"。民间一般比较注重一七、三七、五七、十七。其中"五七""十七"最为隆重。做"五七"时,亡者的女儿要带一只大公鸡。据说,这天亡者要过关,阎王爷爱吃鸡,吃到鸡就可以使死者顺利过关。"十七"也称"满七",是最后一个七,因此和"五七"一样,要把亲戚都通知到。女儿要为亡者做纸扎。"做七"忌讳"犯七",即做七之日正好是初七、十七、二十七,尤其是忌犯"五七",即做七之日犯了"五七",儿女要做和死者岁数相等的五色纸旗,在坟上插一圈,称为"护灵城",孝子要通宵守墓,并不时呼叫死者到城里躲灾。

百日是亡者亡故百天时,家人为其举行的祭祀活动,祭祀者主要是亡者的儿女。

周年。周年一共有三次,即一周年、二周年、三周年。嵩山地域民间有"头周二不周"之说,头周即一周年,是说做了一周年,就不做二周年了,所以周年一般做一周年和三周年。这两个周年时,亲戚朋友要一起做,要大宴宾客。二周年只有死者的儿女做。三周年是最隆重的一次,此次祭祀一过,新丧的祭祀就结束了,以后就转入正常的节日上坟了,所以一般非常隆重。死者的女儿要准备比一周年、二周年更多的纸扎,还要请响器班。是日,孝子穿孝衣到坟上进行烧香祭祀。

5. 守孝

守孝,包括留孝头、戴孝帽百天,以及穿孝鞋,有余哀未尽之意。从父母死的那天起,儿子一百天不剃头、不刮脸,俗称"百日孝头"。据说,这是报老人对小的擦屎刮尿之恩。如果不到百日剃头、刮脸,人们就会说是不孝之子。老人死时,儿女们要身穿白孝衣,头戴白孝帽,腰系麻绳,俗称"披麻戴孝";埋葬老人后,将孝帽戴在头上,直到过了百天;老人去世后,子女要改穿白布做的鞋,俗称"孝鞋",要穿够3年,要等到三周年的祭日,到坟上祭祀时,才脱去孝衣,以示守孝期满。后来,这种传统的葬俗时间逐渐改变为百日。如今,留孝头、戴孝帽、穿孝鞋逐渐为衣袖上戴缝"孝"字的黑纱所代替。据说,这是在古代的欧洲,当一个贵族死了后,他的仆役都要为他穿黑色丧服致哀,英国仆役在购不起孝服的情况下,首次倡导用一块黑纱佩戴在右臂上替代丧服致哀。后来,这种佩黑纱孝礼传到我国,先从城市流传,后流传到嵩山地域,一直沿用至今。

以上之丧葬民俗,为自古传下来的,均受封建迷信思想影响,人们以为人死还有魂在,灵魂不散,活人不安宁,占风水不好,会祸及子孙后代。因而,活着的人必须为死者消灾免罪。

中华人民共和国成立以后,丧葬习俗有了很大变化,开追悼会、送花圈、送挽幛之新习俗已从城市流传到农村,但是旧的丧葬风俗还不同程度地被沿袭。嵩山地域各市县的丧葬民俗各有不同,即便一个县,县东县西也有不同之处,但总的来说,大同小异。

20世纪90年代后,嵩山除郑州、洛阳市有火葬厂之外,各县市也办起了火葬厂。随着殡葬制度的改革,火葬的好处逐渐为人们所认识,不久的将来土葬将必然被火葬所取代。

二、汉族火葬

嵩山地域在宋代,就有火葬的形式。此后,火葬形式一直存在于民间。20世纪五六十年代,因政府的提倡开始在民间有火葬,但没有普及。至20世纪90年代,政府大力提倡火葬,嵩山地域的城乡基本上都实行了殡葬改革,火葬形式在民间得到了普及。火葬仪式除尸骨用火烧之外,其他仪式和土葬相同。

现在土葬、火葬多举行追悼会。

三、回族丧葬

回族的丧葬按照宗教规定实行土葬、速葬,从快从简,反对奢侈浪费。回族把人的死亡叫"无常",称死人为"亡人"。认为人死后入土为安,要快速埋藏,不能拖延时日,免得尸体腐败。"亡人盼土如盼金","入土为安"是回民的共同观念。按习俗,有的在"无常"的当天或第二天发送。人死在哪里就葬在哪里,不远道搬运尸体回故乡安葬。其俗语:"清水洗,白布包,不过三天就埋了。"如果遇到特殊情况,如等待亲人的到来、涉及法律或处理事宜等,可延长一二日,最多不超过三天。

回民都有公墓,回族墓地选在地势平坦、土质干燥之处。凡回民亡后,不论富贵贫贱,不分男女老幼,均按顺序葬在一方专用墓地,各占一穴。不合葬,不鬼配。对一些吸食大烟、酗酒、赌博和受法律处决的,被人杀害的,死于车祸或其他意外原因而违背教规、破坏民族风俗的尸体,一律不得进入公墓,要在公墓以外的地方埋葬。

回族也有一套完整的丧葬习俗,按照葬礼习俗,回族丧葬一般有以下形式:

(一)报孝

回民崇尚节约、互助。回民家中有人"无常"了,要尽快通知亲属、朋友,叫作"报孝",亦即报丧、讣告。"无常"的家人,要在亲属中委托一人领着孝子去本族的亲友或街坊邻居家,报知死亡和发送时间。接到报孝的亲友要沐浴净身,男人们要按时到丧主家做"塔乐吉业",即吊唁,见了男丧主要说"俩目"表示致哀,接着双方相互合手,各自从上而下摸脸,表示安慰主人,哀悼和向亡人告别,并以实物或现金对丧家予以资助。来吊唁的人由孝子送给一顶白布孝帽,吊唁者戴上即可离去。妇女去吊孝则送白布或白纱罩头,吊唁者进入停放亡人的房内,坐在亡人"水流子"(木床)前面的板凳上,表示哀悼。然后丧主来请她到另一间房,以油香和烩菜招待。

(二)挖坟

回族人的坟墓都是南北向挖坑,根据土质虚实而定墓坑深浅。一般挖深七八尺,坟口长6尺左右,宽2尺左右;坟底长7尺左右,宽3尺左右;坑底西侧挖一坑窑,即偏圹,长6尺,宽3尺,高3尺。

(三)料理

1. 沐浴净身

亡人在"无常"后,要立即脱去全身穿着,将尸体大净,将其手、脚指甲剪短,剃去腋毛和阴毛,头发也剃光,如镶有金牙、瓷牙及其他异物都得去掉。洗的时候,要戴上手套、用消毒棉花。男尸由男人洗,女尸由女人洗。

2. 缝"克番"

"克番"为波斯语,即裹尸布。将尸体洗净、擦干后,要包在"克番"里。

回民亡后用白布包身,应其俗语:"人生在世,来时衣包,去时布包。""克番"一律用棉布料,禁用绫、罗、绸、缎做"克番"。男的3块布单,简称"三件",第一块布长10尺,宽4.4尺(2幅);第二块布长8尺,宽3.3尺至4.4尺(1幅半至2幅);第三块布长6尺,宽18尺。女人用5块布,除与男用3块布外相同外,另加一块裹胸布(长5尺,宽1.2尺),一块盖头布,通称"五件"。小孩用布依尸体长短而定。总之,对"克番"用布均依照统一标准规格使用。回族人民坚决反对和禁止弃婴、溺婴。

按照回民的习俗,在包尸体以前,先把第一块"克番"放在塔布底上,撒上樟脑粉,继而把第二块布放在中层,再撒樟脑粉,后放第三块布,仍撒樟脑粉。然后,将洗净的尸体,由尸床(水板)上移到"塔布"上,按顺序一层层地把尸体裹起来。有的地方要给男的戴一顶白帽,女的戴一顶风帽和穿一双袜子。裹好后,把两头所余的布,掐放在亡人身上,把公用的木匣子套起来,这种木匣即称"塔布",底活盖。尸床和塔布均在清真寺存放,以供丧家使用。

全部料理完毕以后,要请阿訇到家里来给亡人颂经赎罪。

安放遗体

(四)戴孝

早先回族依照伊斯兰教的教义规定是不戴孝的,由于长期与汉族杂居,在经济、文化各方面受到影响,后来也讲究戴孝。亡人的妻子、儿女、儿媳、侄男、侄女都戴重孝,女婿穿孝袍、戴孝帽,孙子穿孝衫、戴孝帽。如果妻子"无常"了,丈夫只戴一顶白帽。回族"无常"了人,也准哭泣,表示对亡人的缅怀,到天黑或埋葬后就不再哭泣了,也不准到坟上哭。回族丧葬都不准用唢呐、鞭炮,不奏哀乐,也不烧纸,但准点香(清水香)。

(五)殡仪

按照伊斯兰的宗教仪式,亡人经过沐浴料理后,请阿訇诵经赎罪,举行"站者那则",即集体诵经告别,然后就将亡人抬往准备好的墓地埋葬。

(六) 埋葬

1. 送葬
送葬用的是专门抬亡人的匣罩,木质,长2米多,宽1米,高1米,将亡人尸体放入匣罩内,上盖一个拱型木盖,外罩红缎黑绒边的外罩,由亲友8~32人抬至墓地。

2. 安放遗体
坟坑下偏圹内的四周,钉上白布围帐。然后,墓坑内下去三人,一人在窑内,二人在墓道,通力协作,安放遗体。继而将"塔布"除去,由孝子近亲6人分工负责,用一根白布带拖住亡人肩膀,一根白布带拖住亡人胯骨,一边各两人紧扯两根布带的两头,其余两人抓住"克番"布两头的余布,稳妥地将亡人抬起,缓慢地放入坟坑,安放在窑洞里,让亡人头北脚南,仰面而卧,解开"克番",露出脸部,面向西方,以示归根圣地(伊斯兰教圣地在西方)。

3. 填土
当孝子检查诸项完毕后,再用土坯砌好洞口。举行诵经仪式后,用土填平墓坑,余土堆在坑上,形成马脊形坟堆,再在墓前立碑记之。

(七) 约规
回民崇尚节约、互助。人死了以后,确定埋葬日期,向亲戚、街邻报丧(出讣告)。亲戚、街邻即陆续前往丧家吊唁,并以实物或现金对丧家予以资助。

回民都有公墓,不论男女老少,都按顺序葬埋,也不分贫富、职位、身份,都埋在一个公墓内。回族夫妻不合葬。对一些吸食大烟、酗酒、赌博和受法律处决的、被人杀害的,死于车祸或其他意外原因而违背教规、破坏民族风俗的尸体,一律不得进入公墓,要在公墓以外的地方埋葬。

在埋葬之期,对送殡客人不招待吃喝。

(八) 祭奠
也叫作日子,亡人死后五日、七日、百日、周年等,在这些日内分别请阿訇和近亲到坟上诵经,哀悼,以示追思之意。再往后至1年、3年、5年、10年等,根据其家庭情况和孝意,开经纪念。

每逢"古尔邦节""大尔代节"都要到坟上"游坟",表示悼念。或有的要请近亲和好友到家中坐谈亡人生前的事迹,表示纪念。

第七节 禁 忌

禁忌习俗是一个地方的民俗与风情的组成部分,它渗透在人们生活的各个方面。但是,随着社会的发展和人们思想观念的变化和更新,民间禁忌习俗也在不断地变化。因此,民间禁忌习俗是一定社

会和生活方式的反映,具有一定的时代性和地域性。

一、婚育禁忌

婚育禁忌,就是婚姻和生育中的禁忌。

(一)婚姻禁忌

1. 男女订婚忌属相干支相冲,认为相冲的双方结婚以后不会幸福,过不长久。歌曰:羊鼠相逢于旦休,不叫白马见青牛。金鸡不与犬相见,兔子见龙不长久。虎见蛇相如刀切,猿猴见猪泪交流。

2. 男女结婚时,女方属相妨某些属相之人,被妨之人办喜事那天忌近新婚之人。有歌曰:寅午戌年(忌)猪兔羊,申子辰年鸡蛇牛;亥卯未年鼠龙猴,酉巳丑虎马狗。

3. 娶媳妇来回忌走两条路。

4. 新媳妇进大门时,忌与怀孕妇女照面。

(二)生育禁忌

1. 妇女生小孩忌生在别人家里。

2. 有月子婆娘的人家,未出满月忌往外借东西。

3. 月子婆娘不出满月,忌到别处活动,如到别人家,视为不吉利,须放鞭炮祭宅。

4. 产妇未满月,凡洗涮婴儿尿布、产妇秽物的地方,待满月后,要设供表示谢罪。

5. 有疮或带伤之人忌往月子婆娘跟前去。

6. 娘给闺女送米面,未到闺女屋前,一路不许说话。

7. 抱自家或别人家的小孩时,如小孩的身体重,不能说"沉"字。

二、丧葬禁忌

(一)丧礼禁忌

1. 老人去世忌说"死人",改说"去世了""走了""老了"或"没了"等。

2. 小孩儿夭折忌说"死了",改说"没成人""不成人"。

3. 家里亡人,殡埋前不兴扫地。

4. 报丧之人,忌直接走进亲戚家里,应将人喊出家门叩头报信。

5. 去参加祭奠仪式的路上,忌将花圈、纸扎、食盒等放在别人家门前或正照别人家大门的地方。

6. 身上长疮或带伤之人忌去热丧(刚死人)人家。

(二)葬礼禁忌

1. 未结婚的闺女给亲人送葬时不许到坟上。

2. 去给亡人烧"五七""周年"纸时,忌将烧纸、冥钱拿进家里去。

3. 祭祀祖先的供品禁用牛肉,因牛耕田种地有恩于人,这样做不义。
4. 抬棺木殡葬的路上,棺木重,抬棺之人不能说"沉"字。俗谓越说沉,棺木越重。
5. 埋人下葬时,在场干活的人员禁叫名字。

三、节日禁忌

(一)春节禁忌
1. 腊月三十下午"安神"后至大年初一这天,不兴扫地打水。
2. 大年初一五更,家内不烧纸,放鞭炮前,老少说话不叫名讳,这叫禁喊名讳。

(二)寿日禁忌
给老人拜寿送礼品时,忌送钟表,因"钟"与"终"谐音。

四、日常禁忌

日常禁忌就是家常生活和生产中的禁忌。

(一)生活禁忌
1. 吃饭时不能把筷子插在盛饭的碗里,因这是敬鬼神的做法。
2. 吃饭前禁用筷子敲空碗,因乞丐才这样做。
3. 吃饭时忌将空碗扣在桌子上,因病人喝了药才这样做,表示以后不再吃药了。
4. 农家忌吃自家养的狗肉,因为"猫狗是家里一口儿"。
5. 吃中草药熬的渣子忌乱倒,有倒高不倒低的说法。
6. 古时妇女的内衣、内裤忌在院里过夜。
7. 年纪大的人忌在外留宿,恐有不测。旧有"七十不留宿,八十不留坐"的说法。
8. 坐在高凳子或床边时,忌乱摇摆腿(就身缝补衣裳)。
9. 担别人家的水,忌担着空桶进家,应用手提桶。用人家水不兴还。
10. 借别人家的药砂锅,用了不兴还,只有主家用时自己去拿。
11. 炸油条时,不能说费油。

(二)生产禁忌
1. 收麦时,扠着篮子、提兜拾麦,忌从别人麦场走过。
2. 在场里装粮食时,忌说粮食多少。
3. 到农场里去,忌坐石磙,俗说石磙上有财神爷。忌坐扫帚,俗说姜子牙的神位在扫帚上。
4. 古时忌妇女到煤窑、砖窑、作坊、农场里去,俗说不吉利。

五、生意禁忌

1. 古时打扫店铺里的地,忌往外扫,意为扫去了钱财。
2. 生意开门没发市前不兴赊账,恐对一天不利。
3. 进了商行店铺,忌乱拨人家算盘。
4. 进店铺忌坐柜台上边,意为对生意不利,也不礼貌。
5. 生意人用的扁担,忌别人从上面跨过,意为晦气。

六、出行禁忌

1. 出门远行,有"七不出门,八不回家"之说。
2. 坐船过河忌说"沉""翻",改说"重""转"。

七、其他禁忌

1. 给健在的老人准备棺木,忌说棺材,要说"喜板"或"大棉袄"。
2. 给死者行三鞠躬礼时,忌说"二",改说"再",因"二"与"儿"谐音。
3. 剧团到新戏台上演戏,要先用白公鸡血破台。

第八节 人生仪礼传说

一、大红囍字的由来

中国人在结婚办喜事的时候,总爱在门窗上、房间里、嫁妆上贴上个大红"囍"字。这个大红的"囍"字,几乎无人不晓。但是,你翻遍所有字典,包括当今最权威的《辞海》,查遍所有的偏旁部首,却查不到这个"囍"字。至于这个字的读音,也是各取所需。那么,这个"囍"字是从何而来的呢?相传与我国北宋宰相,著名政治家、文学家王安石有关。

王安石23岁赴京赶考,在汴梁(今开封)城东马家镇的舅父家住宿。晚饭后散步,走过乡绅马员外家门口,见众人围着门前挂着的走马灯指指点点。王安石上前一看,见走马彩灯上闪出"走马灯,马灯走,灯熄马停步"的对子。他不禁拍手称好:"好对呀,好对!"这时,旁边站着一位老人家向他作揖:

"哈哈,这上联已贴了好几个月,至今尚无人对出,相公既说好对,请你略等片刻,让我进去禀报我家员外。"王安石刚才是赞赏上联出得好,并不想对下联。不料老人家要请他对下联,他因明日要去赴考,无时间思考答对,不等老人家出来,便急急地回到舅父家去了。

第二天,在考场上,王安石发挥得淋漓尽致,答卷十分出色。主考大人传他面试,王安石对提出的问题对答如流,主考大人于是指着考场门前的飞虎旗说:"飞虎旗,虎旗飞,旗卷虎藏身。"王安石十分敏捷地反应,这是要他对下联。他想起马员外家门前的走马灯,不假思索地对答:"走马灯,马灯走,灯熄马停步。"主考大人大为赞赏。

王安石考毕,回到舅父家去等待朝廷发榜,谁知刚进舅父家门,只见马员外家那位老人家已在恭候:"哎哟,相公,昨天我找你好半天,今天才打听到你住在这里,快去快去,我家员外等急啦。"一面说,一面拉着王安石就走。

马员外一见王安石,急忙施礼让座,取出笔墨纸砚,请他写答下联。王安石就将主考大人的上联挥笔写上:"飞虎旗,虎旗飞,旗卷虎藏身。"

剪纸红双喜

马员外看他写得龙飞凤舞,十分满意,便吩咐丫鬟拿给女儿去看。马小姐一看,字体遒劲,对仗工整,含羞应承。马员外大喜,便对王安石说明:"此上联是我独生女为选婿而出,已悬挂多日,至今尚无人应对。现在,为王相公对出,联句成对,姻缘成双。"马员外征得王安石舅父同意,就择良辰吉日,为他们两人完婚。

结婚那天,忽然门外人欢马叫,两个报子高声报道:"王大人官星高照,金榜题名,头名状元,明日一早,皇上召见,请赴琼林宴!"

王安石与马小姐拜过天地,进入洞房。新娘笑着对王安石说:"王郎才高学广,一举成名,今晚又逢洞房花烛,真是'大登科'与'小登科',双喜临门啊!"王安石听后,哈哈大笑,便将此事叙述了一遍,说:"全仗娘子出得好联,下官何功之有!"王安石春风得意,不仅顺利通过考试,而且又娶到了员外貌美的千金为妻,真是喜上加喜。

于是,他一连写了两个斗大的红"喜"字,连在一起,贴在大门上,以表示他内心的喜悦之情。又吟诗一首:

巧对联成红双喜,天媒地证结丝罗;金榜题名洞房夜,"小登科"遇"大登科"。

从此以后,人们遇有喜庆吉日,在大门上,器具上,都要贴上大大的大红"囍"字。

二、属相相克的来历

按老皇历,一年一个属相,人生在哪年,就是哪年的属相,男女成婚的时候,都要看两人是不是属相相克。这种说法是从汉朝传下来的。

有一年元宵节,皇上脱去龙袍,换上便衣,上大街观灯。他见人群里来来往往有不少姑娘都打扮得漂漂亮亮的,一连问了几个,都说是16岁。他想:民间有恁些美人儿,选进宫里多好。他回宫后就下旨,要选1000名16岁的姑娘进宫。

皇帝选美女进宫的事很快传遍了全国,上至文武百官,下到黎民百姓,凡有16岁姑娘的人家都吓坏了。

朝里有个叫东方朔的大臣,有个女儿叫玉妹,正好16岁,长得天仙一般。这天,玉妹正在花园里赏花,有个选美大臣来到玉妹面前,从怀里掏出圣旨说:"万岁有旨,宣玉妹明年正月十五进宫伴驾。选中不从者,以欺君之罪,家灭九族!"说完,就走了。

当天晚上,玉妹将此事禀告父亲,东方朔急得直打转。他掐指算了算:16岁,丁卯年生,是属兔的。算到这儿,他哈哈大笑起来:"女儿,别发愁。我有办法啦!"

眼看就要过年了,东方朔化装成平民,到大街上卖皇历,走着喊着:"卖皇历!卖皇历!皇历里面有天书!"赶集的人看看皇历上的天书,都说看不懂。东方朔说:"天书只有天子能看懂,你们去问当今天子吧。"

很快,皇历传到了皇上手里。皇上看那天书,只见写的是:"属相相克,切莫违背。鼠羊于旦休,白马怕青牛,虎蛇如刀锉,龙兔泪交流,金鸡怕玉犬,猪猴不到头。"皇上不明白是啥意思,忙问东方朔。

东方朔说:"万岁,人都有属相,有的属相相克。就像这天书上写的鼠羊相克,就是说属羊的和属鼠的不能成婚。下面这马和牛、虎和蛇、龙和兔、鸡和犬、猪和猴,也是相克的属相。万岁,您要选的1000名16岁的女子,她们都是丁卯年生,正是属兔。万岁是龙体,选她们进宫伴驾,岂不正好是龙兔相伴,要泪交流吗? 我说话打嘴,不是您驾崩,就是她们丧命。今天幸好得了皇历天书,要不可就糟啦!"皇上听罢,当即收回选美女的圣旨。

东方朔为了自己的女儿和天下16岁的姑娘不被选进宫里,编造了"属相相克"的瞎话。人们不明真相,信以为真,就流传了下来。

三、红毡辟邪的由来

嵩山地域人们娶亲时,总要有一人夹块红毡,走在新娘坐的轿前或车前,遇见奇石怪树、古老建筑,便走上前去,用红毡遮一下。据说,这是为了避邪。咋会形成这样一种风俗呢? 还得从一个故事说起。

很早以前,嵩山脚下,洛河岸边,有董庄、柳营两个村子。董庄的小伙子董山和柳营的姑娘柳水结了婚。男才女貌,乡亲们都说他们是天生的一对、地就的一双。谁知道他俩结婚不久,董山竟写了一封休书,把柳水给休了。柳水模样儿好,又聪明贤慧,是打着灯笼也寻不来的好媳妇,为啥被休了呢? 找不到原因,人们说:八成是董山中了邪。

董山写罢休书,来到一个小酒馆里喝酒解闷,正好遇着邻村一个名叫李勇的朋友,也在这里喝酒。董山本来不会喝酒,几杯辣酒落肚,再也憋不住心中的闷气,便把休妻的事倒给了李勇。原来他休妻的原因,是听孔二说柳水在娘家不规矩。孔二和李勇是一个村上的人,李勇最知他的底细。李勇听完,便对董山说:"你上当了! 那是孔二向柳水求婚,遭到了拒绝,他怀恨在心,才故意挑拨你们的关系呀！你也不打听打听,三里五村谁不知道柳水在家是个百挑一的好姑娘?"董山听罢,知道冤枉了柳水,心里非常后悔,可是休书已经抛出,可咋办呢?他心烦意乱地走到村口,蹲在一块大青石上,愣起神来。

再说柳水,受到这样的屈辱,气得大哭了一场。她想想自己立得端、行得正,事情总有水落石出的时候,便决定回娘家住一时再说。走到村口,她看见董山在大青石上蹲着发愣,头也不扭,便从他面前走了过去。董山看着柳水气成那个样子,心中更是不安。柳水在前面走,董山悄悄地跟在后边,有心上去拦住柳水,又不知咋说才好。眼看柳水快走到前面一座桥上,过去桥就是柳营了。董山撒开双腿,急步跑到桥上,拦住了柳水,流着泪说:"我冤枉你了!"接着,他就把事情的原委讲述了一遍。他把休书又要回来,撕碎扔进了河里,然后咬破中指,血滴桥头,向柳水起誓,从今以后,夫妻重归于好。从此,夫妻恩恩爱爱,和睦相处,日子过得美满幸福。

本来,董山夫妻破镜重圆,是由于解除了误会,可是,不明真相的人,却认为是中了邪的董山,血滴桥头,冲散了邪气,夫妻才重归于好。因而,人们认为红色能避邪,所以娶亲时,都要用红毡在路上遮遮挡挡。

四、"天作之合"的由来

唐朝贞观年间,洛阳王生与邻居一个姓李的姑娘相爱,海誓山盟要结为夫妻。但不久,王生被征入伍,去镇守边关。接着,李家的姑娘也被选进皇宫,当了宫娥。

这年冬天,皇帝命宫女缝制棉衣,慰问边防将士。姓李的姑娘怀念王生,暗暗写诗一首,缝在棉衣内送往边关。

冬去春来,士兵拆洗棉衣,恰巧那首诗就缝在王生穿的棉袄内。诗曰:

> 沙场征戎客,苦寒难成眠。
> 战袍亲手做,期落王生边。
> 含情更添线,蓄意多着棉。
> 今生已过也,愿结来世缘。

这件事传来传去,一直传到皇帝那里。皇帝查问这首诗是谁写的,姓李的姑娘承认是自己写的。皇帝很感动,说:"这真是天作之合啊!你们别等来世了,今生我就让你们成亲。"于是,他便下令把王生召回来,与姓李的姑娘结为夫妻。

所以,后来凡是办婚事的,门上都用红纸写上"天作之合"四个字。

五、民间婚俗的由来

在嵩山地域,农村娶媳妇至今还保留着新娘子进门放鞭炮、绑草把,骑马过柽子、铺红毡、扒斗,斗内放镜子、红枣、花生、对把儿葱,新娘子怀揣梭子的习俗。这些习俗来源于古老的民间传说。

很久以前,嵩山南麓有一位老妇人,丈夫早逝,只有一个孩子在外做生意,三年未归。老妇人终日思念着儿子,以泪洗面。

这天,她到周公那里给儿子算卦。周公听完老妇人讲完了她儿子的生辰八字,推测片刻,断然说:"你儿子命已归黄泉。"老妇人一听,如五雷轰顶,痛苦万分,回家一直哭了三天。

老妇人的哭声惊动了邻居一位姑娘。这姑娘名叫桃花。桃花问明了原因,对老妇人说:"你再把你儿子的生辰八字讲一遍。"老妇人又讲了一遍。桃花闭目沉思了一会儿说:"你儿子没有死。不过你得按照我的话办,方可保你儿子平安。"母亲思子心切,忙问怎样去办?桃花说:"两天以后,天下大雨时,你用饭勺敲打你家大门头,边敲边喊你儿子的名字即可。"

这天,老妇人的儿子因外出三年,便急急忙忙回家探母,路上忽降大雨。正好路边有一破瓦窑,他便走进去避雨。刚进瓦窑,似乎听到

民间婚俗

母亲的喊声,便出来探望。他刚出窑口,瓦窑轰的一声倒塌了。他吓得倒吸了一口冷气,这时,他也顾不上雨了,赶紧往家里跑。跑到家门口,见母亲用饭勺子敲打门头喊他的名字呢!

母子相见,甚是欢喜。

这件事传扬开来,桃花名声大震,弄得周公好没面子。周公再三谋虑,如果与桃花结为夫妻,岂不珠联璧合!二人通力合作,互相切磋技艺,卦术岂不更加准确!

周公多次请媒人去桃花家求亲,均被桃花拒绝。周公十分恼火,要寻机陷害桃花。

数月后,桃花同外村一位后生择定吉日就要结婚。周公闻知,心生毒计,请来两头犀牛精,企图害死桃花。桃花早已心中有数,暗中告诉夫说:"结婚那天,在花轿落地时要放鞭炮,用醋浇烧红的犁铧,大门两边竖两个捆好的草把儿,草把儿里包上鞭炮,食品上插松柏树枝儿。从轿前到天地桌前要用红毡铺路。我走在红毡上要用麸子草料迎着我的面撒。我进大门时要骑马过栲子,怀揣织布梭子,梭子上用红线系上照妖镜、酒壶、花生、红枣。还要准备一个装满粮食的斛斗。当我走到天地桌前,将梭子插入斛斗内。拜罢天地,方可搀我入洞房。照此办理,犀牛精纵有种种毒计,它也无处可施。

婚礼那天,桃花的夫家照桃花的安排,平平安安地举行了婚礼。从此,后人都沿用了桃花的婚礼程序,直到今日。

六、闹洞房的来历

嵩山一带人们结婚时,亲朋、好友、村人都要闹洞房,据说这还是大禹时传下来的风俗呢。

相传大禹和涂山氏结婚时,惊动了淮河水怪巫支祁。巫支祁父子四人神通广大,他们就准备当夜暗中滋事,不想让大禹安度新婚之夜。王母娘娘知道巫支祁父子将要派人前来滋扰,就托梦给大禹的部下庚辰、竖亥、黄魔、大翳等人,要他们好生小心,守护洞房,以免发生不测。

大禹和涂山娇从相见到结婚才仅仅四天,第一天纳采与问名,第二天纳吉与纳征,第三天请期,第四天亲迎。大禹的部下竖亥认为时间太过紧急,就建议说:"婚姻大事,百年好合,不可草率,应该尊重夫妇之礼,选择一个吉日。"大禹说:"合婚择日,自是正理。但天下事有轻有重,我现在身负治水重任,不可在此事上耽延时日,再说结婚是人生第一大喜事,合乎天理,日子即使不吉,只要吾心所安,也会化而为吉,何必再等待时日呢。"竖亥当时虽无话可说,但心想无论如何都不敢掉以轻心。

大禹夫妇拜完天地后,就进入了洞房安寝。竖亥为不让更多人知道巫支祁闹事,以免惊扰大家,就陪着真窥等人吃喜酒,而让庚辰、黄魔、大翳三人一人拿了一面轩辕宝镜,不住地在洞房之外照耀巡视。到了寅时,果然从西北方向飞出一个夜叉模样的妖魔,直向洞房扑来。庚辰对大翳说:"你们守在此地,不要走开,也不要惊扰大禹,我去拿他。"说着手执大戟迎上前去。那妖魔见庚辰到来,虚晃几招,便往后退去,庚辰不赶了,妖魔便又回来了。庚辰一看,知道是调虎离山之计,提了戟退回洞房周围,只见大翳正与另一个妖魔交战,妖魔败下去后,大翳正要追赶,庚辰止住他说:"不要追赶,这是调虎离山之计,想把我们引开,他们好趁机闹事呢!"大翳恍然大悟,不再追赶,那妖魔听庚辰说破了他的计策,就也退了回去。庚辰问大翳道:"黄魔哪里去了?"大翳说:"追妖魔去了。"庚辰说:"他已上当,我们两个万万不可离开。"等到卯时,黄魔回来了,还说:"那妖魔可恶,用车轮战法来诱我,但都被我杀散了。"大翳说:"你已经中他的计了,都像你这样,洞房里不出事才怪呢?"黄魔一想也是,后来他们只将妖魔驱散,不再追打,一直守到了天明。竖亥听了晚上发生的事后,认为守护洞房的人太少,就又从治水工地叫来了伯益、狂章、童律等人。

第二天,真窥就问竖亥:"昨夜怎么不见庚辰等人吃喜酒?"竖亥就将昨夜发生的事讲述了一遍。庚辰道:"千万不要告诉大禹,如果让他和夫人受到惊吓,那可是我们的罪过。"真窥说:"那今天晚上妖魔再来怎么办呢?"竖亥说:"有我们七个保护,不会有什么妨碍。"到了夜里,巫支祁见小妖无能,就派三个儿子领了几十个小妖前来挑衅,竖亥就让真窥、童律守洞房,其他人都出马迎敌,结果杀死了巫支祁的小儿子和无数小妖,其他妖魔也大败而归。

第三天夜里,恼羞成怒的巫支祁亲自出马,竖亥等七员大将拼死奋战,庚辰用神宵宝剑刺伤了巫支祁,巫支祁才狼狈而逃。这三天晚上发生的事,大禹浑然不知,等到三天灾症过后,竖亥才告诉了他。后来,大禹治理淮水时,就将巫支祁锁在了淮河源头的一口井里。

大禹结婚后,和涂山娇相携回到了家乡嵩山,嵩山一带的人们听说妖魔扰乱大禹洞房的事情后,新人洞房花烛夜亲朋好友们就来闹洞房,以免妖魔惊扰新郎新娘,这种风俗一直流传到今天。现在人们还说:"前三天无老少,人不闹鬼闹。"

七、燎锅底的由来

燎锅底的习俗,最早还是起源于农村。相传,民间有一刘姓人家,金来和银来是同父异母兄弟。父亲去世后,家由母亲李氏一人掌管,她做主提出分家,以跟亲子银来为由,把家里像样的东西全算在银来名下,其后娘的偏心显现无疑。金来是个懂事孝顺的人,以继母把自己养大不易,劝说妻子春花不必相争,分给啥要啥。春花虽有一肚子的委屈,为了丈夫和这个家,也只好听之任之。

分家后,春花回娘家对母亲诉说分家的不平事,说分给一个锅还是破的。其母是过来人,知道做媳妇的苦和分家后的难,且心地善良,通情达理,认为家庭应以和为贵,遂劝说女儿:"一个大家庭总是要分的,该分不分憋断牛筋。人们常说,好女不图嫁妆衣,好男不图庄和地,只要自己双手勤,土坷垃里刨出银。"一番话,说得春花点头称是。

做母亲的总惦记着女儿。第二天,春花娘背了捆高粱秸秆,拿了把用脱过粒的高粱穗做成的小笤帚,还有两瓢高粱面,直奔闺女分得的小草屋而来。女儿见娘落下泪,母亲却强装笑脸用自带的小笤帚,把破锅底扫了几下,点着秸秆,烧了一锅高粱糊涂。这顿饭,女儿、女婿边吃边笑,非常香甜,很是开心。这样一来,锅不漏了,秸秆总也烧不完,高粱面烙的黑饼咋吃咋香。小两口自此过得有滋有味,痛痛快快。

乡亲和邻居们知道了这件事后,传为美谈。凡遇到女婿家分家时,也都学着春花娘的做法去给闺女、女婿燎锅底,做一顿可口的饭菜。日子久了,便形成了一种民俗,流传下来。

在长时间的流行演变中,有的母亲去为女儿燎锅底时,还要带上油条和发面的渣头,说是让女儿分家后扎牢根基,兴旺发达,图的是个吉利。还有人家不但送去米面吃食,还买一口新锅,在女婿家门口当众点火燎锅底。

有歌谣道:

一燎锅底明晃晃,做的饭菜喷喷香。
二燎锅底不沾灰,一锅做出百样味。
三燎锅底不招虫,五毒四害死干净。
四燎锅底避风尘,家中多出做官人。
五燎锅底响当当,福禄寿喜尽吉祥。

八、麦梢黄,女看娘

嵩山地域的农村有一种风俗,每年五月小麦黄熟的时候,出嫁了的闺女要挎着一篮白馍回娘家去看望健在的老娘。俗称:"麦梢黄,女看娘。"

相传很早以前,有个德高望重的老学士,名叫党阁老。家中有个如花似玉的独生闺女,名叫小青。这闺女从小体弱多病,百般医治吃药无效,老是病病歪歪的。

党太太心疼女儿,盼女儿早日病除安康,百般无奈只好带着女儿常去庙里烧香还愿,求神问卜。

一天,党太太和女儿小青、丫鬟春香上山烧香,回家的路上突然狂风大作,暴雨倾盆,山洪暴发,洪水冲垮小河上的木桥,三人被阻挡在河边。正在犯愁的时候,有个小伙子从对岸走来,看到小桥冲掉了,河边有三个女人过不了河,回头就走。不大一会儿工夫,扛来两块又宽又长的木板,搭在小河上,又跳进水中扶着木板,很有礼貌地请党太太三人过河。党太太拉着小青、春香的手,稳稳当当地过了河,对小伙子千恩万谢,说了许多感谢话。小青也被小伙子助人为乐的行为感动,用饱含感激的目光看了小伙子一眼。只见那小伙子眉清目秀,英俊朴实,一表人才。那小伙子也正看着她,四目相对,小青心里一慌,羞得满脸通红。

第二年春天,小青和春香去赶集,看到许多人都拿着工艺精巧、造型优美、栩栩如生的泥人、泥马,十分喜爱,就打听卖泥人、泥马的地方。两人来到一个小摊前,果然看见五颜六色的泥人、泥马,买的人摩肩接踵。小青和春香一看,卖泥人的就是扛木板搭桥的小伙子。小伙子也认出了小青和春香,拿起两个雕工精致的泥人、泥马,说:"你俩也来啦,拿两个去玩吧。"小青说:"那天多亏你帮助俺啦,要不是你给俺搭桥,俺就过不了河啦。"

男大当婚,女大当嫁。青春妙龄的小青,招来许多说媒的,求亲的都是些官家、财主家的公子少爷,小青一个也不同意,把党太太急坏啦。她说:"闺女家迟早要寻婆家。这个你说不行,那个你相不中,我再给你说个吧。"

说媒的越多,小青越急。不久就急出病来了,整天不吃不喝,痴痴呆呆地抱着泥人、泥马。党太太更心焦了,问春香:"你每天在小青身边,知道她的心思吗?为啥提亲的那么多,她一个也不同意呢?"春香说:"太太,提亲的都不是小姐心上的人,她能同意吗?小姐相中那天扛木板搭桥的那个小伙子啦。"

回娘家

"噢,原来是这么回事。"

党太太费了几天工夫,打听清了小伙子的情况,对小青说:"那个小伙子虽然品德端正,真诚厚道,人才英俊,可是家景太穷,无田无地,是靠捏泥人、泥马为生的。你嫁给他要受一辈子罪的,你爹也不同意,算了吧,另找个门当户对的吧。"

小青理直气壮地说:"我非他不嫁。爹娘要逼我,我就出家当尼姑去。"

党阁老看看铁了心的小青,火冒三丈,气咻咻地说:"随她的便吧,只当没她这个女儿,我一文钱的嫁妆也不给她!"

就这样,小青和小伙子成了亲。

转眼就是几年,小青的孩子会放牛了,党阁老也不认她,她也没回过娘家。党太太心想:女儿是娘身上掉下来的肉,生米已做成熟饭,好赖还是骨肉之情,女婿虽穷,总是一门亲。她就不断捎口信,叫

小青回家来看看,还背着党阁老送点银钱给女儿。

其实,小青结婚后,一反在家的小姐脾气,纺纱织布,还学会了雕捏泥人、泥马的手艺。小两口恩恩爱爱,和和气气,勤劳致富,买了房,买了牲口,日子越过越红火,街坊邻居都眼气她会过日子。

这一年五月,小麦黄梢了,本来是青黄不接的时候,小青家的粮食还吃不完,仓里满满的,小青怕老娘担心她吃不饱穿不暖,就扛着一篮白馍,穿着新衣服,带着女儿,骑着大红马回家去看老娘。党太太见女儿、外孙女穿着新衣服,扛着大白馍来看她,笑得眯着眼,说道:"女儿变白了,变胖了……"小青说:"娘,你放心吧,女儿不受罪,你看看小麦又黄了,俺的陈粮还多着哩。"

街坊邻居的大娘大嫂见出嫁几年的小青回来了,就问她:"你回家怎么带一篮馍呢?"小青笑嘻嘻地说:"我是想告诉老娘,女儿有吃有穿没受罪,叫她老人家甭挂念呀!"

邻居的姑娘媳妇们听小青说得有理,都效仿她的样子,扛着一篮白馍去看老娘。天长日久,就形成"麦梢黄,女看娘"的习俗,一直流传至今。

九、守灵的来历

人死了,要停尸三天,儿女们还得守着,三天过后才能埋,这叫"守灵"。它的来历,老辈人是这么讲的:

很久以前,有户人家,一个老头儿,俩儿,老大常年在外跑生意,老二在家种地。这一天,老大做生意回来了,他爹说:"儿啊,我快不中了,你们哥俩在家守我几天吧。"老大说:"爹,这几天生意很忙,一天能赚好多钱呢。"说罢就走了。

过了几天,老头儿去世了,临死前对老二说:"我活着时你哥没在身边,我死后叫他守我三天再埋吧。"老头儿刚死,老大回来了。老二把爹死前的话说给哥哥,叫他留下来守三天。老大说:"生意正旺哩,人死了还守着干啥?"说完又走了。

老二就独个守着爹。他想着爹把自己拉扯大不容易,越想越难过,哭了一天又一天。第三天夜里,老二正哭哩,见他爹的身子动了一下,就哭着说:"爹呀,你回来吧!"话没落音,他爹坐了起来。老二吓得忙后退。他爹说:"儿啊,别怕,我不是鬼。我到阎王爷那儿,阎王爷说你心眼儿好、孝顺,叫我回来再指点你几年。等你成了家,再叫我到阴间去。这不,我就回来了。"老二一听大喜,抓住爹的手,说:"爹你饿了吧?我给你做饭去。"

老头儿活过来后,身体很硬朗,一直干到帮老二娶了媳妇,盖了房子,置买了地才去世。

老大呢?生意做砸了锅,赔了老本儿,只得回来跟老二过活。

这事一传开,别家死了人,也都学着老二的做法,守上三天灵,盼着死去的人能再活过来。

十、披麻戴孝的由来

以前有个叫张果老的人,活了8600岁。一天,他的一个不知是第多少代的孙女对他说:"祖爷爷呀,我做了一个梦,阎王爷叫你哩。"张果老笑着说:"那生死簿上就没有我的名字,你祖爷爷要跟天地同寿哩。"他孙女说:"你不信,去问问阎王爷嘛!"张果老嘴上说不信,可心里犯了嘀咕:这傻闺女今儿

276

个咋说这种话哩?"

张果老心里有事,就到山道上去散心。他走到一条小河边,看见个闺女在河边洗东西,只见她洗呀洗呀,洗个没完没了。张果老问:"闺女,你洗的啥东西,咋老是洗不净啊?"闺女说:"俺今年打罢新春就20岁了,俺爹不给俺找婆家。俺看中个人,俺爹听说了不愿意。他逼俺说,啥时把这木炭洗白了,才答应这门亲事。"张果老一听生气地说:"我活了8600岁,没见过木炭能洗白的。你爹不懂人情,我去劝劝他。你爹姓啥叫啥呀?"闺女站起来说:"俺爹是阎王。你看他来啦!"张果老一扭脸,闺女不见了。张果老心想:不好,这一定是阎王爷派来的小鬼来找我哩。他急急忙忙回到家,对满堂子孙们说:"阎王爷叫我去哩。我死后,你们不要吃好的穿好的,要吃粗粮素菜,穿白麻布衣。"张果老说罢就死了。他的子孙按照他的嘱咐,穿着白麻布衣给他送葬。

张果老来到阎罗殿,阎王对他大喝一声:"张果老!你知罪吗?"张果老跪在殿下说:"我不知罪。请阎王指点。"阎王说:"你活了8600岁,在阳间作了不少恶,挥霍浪费掉不少吃的、穿的。你的名字在生死簿的夹缝里,叫我找了无数遍才找到。你害得我好苦啊!今天我要把你打进十八层地狱,叫你永世不得托生!你有啥话说吗?"张果老说:"阎王爷,我冤枉。我张果老活的岁数大,都是做的好事,修桥铺路,积德行善。我吃的都是粗茶淡饭,穿的是白麻布衣,从没有挥霍浪费过东西。我的子孙后代也像我一样知道俭省。你不信,可以去查访查访。"阎王亲自一查访,当真见他的子孙个个穿白麻布衣,桌上摆着粗茶淡饭。阎王回来,对张果老说:"念你是个诚实人,一生节俭,教子有方,我让你升天堂,去成仙。"

张果老上天成了仙,把这事托梦告诉子孙们。人们听说后,为了让死去的人能升天堂,都穿上白麻布衣给死去的人送葬。后来有棉布了,人们就穿上白棉布衣,腰里勒麻绳,给死去的长辈送葬。这就是披麻戴孝的由来。

十一、摔老盆的传说

出殡时,得到死人家产的人要摔个瓦盆,这叫"摔老盆"。这风俗是烧盆的祖师爷陶朱公传下来的。

陶朱公的真名叫范蠡,是越王勾践的大臣。他帮勾践打下江山后,看勾践对他不一样了,怕落个卸磨杀驴的下场,就从朝里逃了出来,改名叫"陶朱公"。陶朱公的意思,就是逃出来的穿着朱红衣裳的公卿。

这天,范蠡来到了一个小镇上,身上带的钱也花完了。他在街上正走哩,迎面过来个老头儿,手拿一根竹竿,在地上打摸着路走。范蠡向东躲,他向东走;范蠡向西躲,他向西走。"咚",两人碰了个响头。范蠡手捂头,发火说:"你瞎啦?"老头儿说:"你也瞎啦?"范蠡仔细一看,见老头儿真是个瞎子,心里说:唉,睁眼的碰着瞎眼的,还有啥讲呢?他只好说:"好,好,你快走吧!"瞎老头儿一把抓住他,说:"别慌。我要问问,你叫啥名字?"范蠡说:"我叫陶朱公。你,你想咋着?"瞎老头儿说:"嗯,你叫陶朱公,你知道这儿是啥地方吗?这地方叫定陶,定住你走不了啦!"瞎老头儿说罢,一阵大笑,撇下范蠡走了。

范蠡一想,这老头儿话里有话,我得问问他,抬脚就撵那老头儿。撵到一条小河边,他见瞎老头儿

把竹竿往河面上一伸,又往外一甩,钓出一条大鱼来。范蠡正愣神,"扑棱"一声,那鱼落到了他的怀里。他抱住鱼,一抬头,瞎老头儿不见了。范蠡想:今儿个这怪事都叫我碰上啦!管它哩,先把鱼弄熟吃了治治饿再说。他从河边挖泥,捏个泥盆,把鱼收拾收拾放进去,添上水,找些柴火,点着煮起来。

不一会儿,鱼煮熟了,范蠡把鱼吃完,端起盆把汤也喝了。喝罢汤,他看看盆,又结实又硬梆,用手敲敲,"当当"响。

这时,忽听一声大笑,瞎老儿又到了他面前。常言说,拿人家的东西手短,吃人家的东西嘴软。范蠡吃了人家的鱼,想着瞎老头儿是来要鱼钱,就说:"老人家,我把你的鱼吃了,眼下没钱给你,把这个盆赔给你吧。"

瞎老头儿说:"你过去好行善,又帮越王打江山,积了大德。眼下你穷得没一个子儿,我咋能要你的东西呢?我是特意来给你指路哩。你在这儿烧盆卖吧,这样既方便了百姓,又能使自己有饭吃,死后还能收一路香火。这根竹竿也送给你,你敲敲盆,跟这个盆的声音一样的就卖,可别把那些炸纹漏水的坏盆拿到街上坑人。"

范蠡连声道谢。

瞎老头儿又说:"这个盆你可别卖,留着有用。你记住,谁摔了它,就让谁得你的家业。"说到这儿,瞎老头儿一晃又不见了。

范蠡想:既然神仙指路,看来自己后半生只能操持这个行业了。

从这儿起,范蠡就在定陶做起了烧盆子和碗罐的营生。他把烧好的这些物件担到街上,用竹竿"当当"一敲,不用吆喝,都争着买。因为这些物件是陶朱公制出来的,大家就叫它"陶器"。后来,范蠡收了很多徒弟,烧陶器的人就多起来了,所有烧陶器的人都拜陶朱公为师傅。

范蠡是个绝户头,日后家业留给谁哩?临死前他躺在床上,想起了神仙交代他的话,就把徒弟们叫到床前,拿出一个瓦盆,对大徒弟说:"这是我当年烧的头一个盆,我一直当宝贝放了几十年,现在我把它交给你。我死后,等出殡的时候,你当着乡亲们的面把它摔烂,我的家业就算给你了。"说罢,他两眼一闭咽气了。大徒弟按师傅交代的话,出殡时把那个盆当众摔了。

从那以后,谁家死人出殡时,下辈人也弄个瓦盆摔烂,谁摔谁得死人的家业。

十二、给死人烧纸的由来

先前,有个人叫胡能,会做纸,靠做纸养活老婆孩子。可他手艺不强,做的纸不好,没人买。眼看日子过不下去了,咋弄哩?他两口子想啊,想啊,最后想出个孬点子。

他们悄悄做了口棺材,棺材后面安个活门,能往里面递吃食。胡能就装着暴病死去,他老婆把他装进棺材里,请人砌个墓丘。他老婆天天拿些纸去烧,烧纸时把带的吃食从墓丘后面留的孔里递进去。一连烧了七天纸,胡能又活着出来了。邻居听说后,都来看胡能,问他咋又活啦?胡能就把早编好的一套瞎话讲了出来。他说:人死了变成了鬼。鬼在阴间过日子,跟人在阳间差不多,谁有钱谁好办事,谁没钱谁作难。他老婆给他烧的纸,就是阴间的钱。他用钱买通阎王爷,阎王爷又把他放回阳间来了。

邻居听了胡能的话,都买他家的纸去给自己死去的亲人烧。胡能以前卖不掉的纸,很快就卖光了。这事一传开,谁家死了人都要买纸烧,可烧来烧去,谁也没把自己死去的亲人烧活。

不过,人们都想念死去的亲人,总想着就是不能把亲人救活,也能使亲人在阴间有钱花。这样,给死人烧纸就成了一代代人的规矩。

十三、出殃的趣闻

早先的时候,村里有两个大胆,一个叫于大胆,一个叫许大胆。

有一天,村里老齐家吊死了人。阴阳先生看了看死人的手,说:"三天后的半夜子时,要出殃。到时候,全村人都要躲开。要不,殃照着谁谁死。那就叫遭殃了。"这话一传出,全村男女老少都准备躲开。唯独两个大胆哈哈大笑,说:"我才不信那鬼八卦呢。人死如灯灭,啥也没有了。"

阴阳先生说:"你俩敢看,我就输你们每人二两银子。"于大胆、许大胆当即打手击掌,说:"我们不敢看,输你二两银子。"

于大胆回家一想,出殃就是鬼回门。鬼最怕无常神,我咋不打扮成无常神吓鬼跑?于是,他做了顶黑高帽,用纸剪了个三尺长的红舌头,准备吓鬼。

许大胆也是那么想的,他做了顶白高帽、三尺长的红舌头,也准备吓鬼。

阴阳先生回家一想,于、许二大胆,敢在棺材里睡觉,咋不敢去看殃?要是没殃,银子输了岂不可惜?于是,他就装扮成了个吊死鬼。

到了第三天半夜,于大胆扮成黑无常,拿着铁索链爬上了老齐家的房东脊;许大胆扮成白无常,拿根大木棒,爬上了老齐家的房西脊;阴阳先生打扮成吊死鬼,舌头伸着,脖子上套着绳子,从正门进来。

就在这时候,月牙升起,把院里照得朦朦胧胧。阴阳先生刚进门,于、许二大胆就从房上跳下,大叫一声:"无常来也!"说时迟,那时快,黑无常将铁链套在吊死鬼的脖子上,白无常用木棍捣住吊死鬼的脊梁骨,拉着就走。

阴阳先生吓得魂不附体,急忙缩回舌头哀叫:"神仙饶命!我不是吊死鬼,我是阴阳先生……"他话还没说完,就栽倒在地上。

两个无常互相看了一眼,也吓得掉头就跑。他们回到家,把帽子一摘,舌头一拿,钻在被窝里,直打哆嗦,第二天就病倒了。

天亮了,阴阳先生被人唤醒之后,他眼都吓直了,一个劲儿说:"我遭殃了,遭殃了……"回到家里,他也是卧床不起。

大胆终归是胆大,没有两天,就好了些,他俩又到一块儿晒太阳。于大胆问许大胆咋病的,许大胆说:"那天晚上打赌,我想不能输,就头戴五尺白高帽,身穿爷爷的白布袍,用三尺长的红纸剪个舌头,挂在嘴上……咳!哪知道,我从房西头跳下去捉吊死鬼,那真无常来了……"

于大胆听到这里哈哈大笑,说:"那就是……"他也说了一遍,许大胆也大笑起来。二人一笑,病就好了。第二天,两个大胆去找阴阳先生要银子。阴阳先生问:"以何为证?"他俩就把他们装扮黑白无常捉住假吊死鬼的事说了。

阴阳先生一听,赶紧向他俩磕了两个响头,说:"你俩可把我的病治好了。我送你们每人二两银子。至于出殃这事,我也只是听说,并没有亲眼见到过。"

于大胆、许大胆从此以后更大胆了,阴阳先生在那一带就吃不开了。

十四、烧七纸的缘由

民间有这样的风俗：人死以后，每逢七天忌日，要带上酒肉、果点等供品和烧纸、鞭炮等，到死者的坟上去祭奠一番，俗称"烧七纸"。

相传，包公在世的时候刚正不阿，秉公执法，耿直无私，是个难得的清宫，老百姓很尊敬他，都称他"包青天"。包青天死了以后，玉皇大帝念他在人间的功德，就封他为地下阎君，专管亡灵鬼魂，审理枉死的冤魂。在人间作恶多端的人，死了以后就被包公一铡两段，推入十八层地狱，永远不得投胎还阳。在人间行善积德的人，包公一审理，就让其升入天堂享福或投胎还阳。

烧　纸

当时，有一户人家，只有母子二人，母子俩相依为命，为人善良。儿子叫王小，因家境贫寒，眼看四十就出头，还没有讨来个媳妇。王小娘守寡半生，原本指望孝顺的儿子为自己养老送终，不料有一天王小忽然暴病身亡。这一来，年迈的母亲失去了依靠，抱着儿子的尸首哭得死去活来，迟迟不忍将儿子下棺入葬。王小娘越哭越痛，哭着哭着就骂开了："老天爷呀，你为啥不长眼，撇下我这老婆子今后可去靠谁呀！全指望俺儿给我养老，没想到却叫我这白发人去送黑发人。俺只知道阳间的昏官不讲理，谁知道这阴曹地府的当官哩也不讲理呀！"

包公正在理案，忽听人间哭声凄凉，忙令王朝马汉："快去打探明白，是谁为何如此悲伤。"不多时，王朝马汉就回殿报告："大人，哭者为一老妇，她儿子王小，今日暴病身亡。"包公说："让王小来殿见我。"

王小来到殿前，急忙跪下。包公问："王小，家中还有何人，如实讲来。"王小说："家中只剩年迈体弱的老母亲，别无他人，请大人明鉴。"

包公拿过亡灵册一看，王小所讲属实，便说："念你在人间老实本分，为人和善，孝敬老人，今暴病而亡，家中老人无人养，本官现将你发还阳世，增寿二十，回家好好孝敬老母。"王小听罢，忙磕头谢过包公，返身出了地府。

地下一日，人世七天。王小娘抱着儿子整整哭了七天七夜，王小忽然睁开了双眼，活了过来。母子重又团聚，自然是欢喜不尽。王小把在地府见到包公的事一说，王小娘更是感恩戴德。从此以后，民间凡有惨死之人，都不肯下葬，停尸在家，期望七日后能死而复生。

后来，因包公放还人世的死者太多，玉皇大帝听信谗言，想加罪于包公，但又知包公不畏权势，只得把包公调任二殿阎君。据说鬼魂每过一殿，人间就是七日。十四天被包公放还人世的还有。这样，包公一直被玉帝从二殿、三殿、四殿，调到五殿。鬼魂从一殿走到五殿，人间已三十五日，就是该放还人世的,也因肉身已变,不能还阳了。尽管这样,民间却仍然期望自己死去的亲人死而复生,所以每逢七忌日都要烧纸祭奠,久而久之,就形成了一种逢七烧纸、寄托哀思的习俗。

十五、"驾鹤仙游"的来历

洛阳东南一带的农村,哪家死了人,大都要在门头上贴"驾鹤仙游"4个字。这是从何说起呢?

相传周灵王在位的时候,太子子乔厌倦宫廷生活,一心想到深山拜师修道。但他深知父王母后不会同意,就把这个想法一直埋藏在心里。

这一天,子乔心烦意乱,想去打猎散心,骑马离开洛阳,朝城南万安山走去。来到山中,忽然草丛里跳出一只白鹿,子乔张弓搭箭,一下射中了白鹿的后腿。白鹿带箭往东跑,子乔骑马在后边追,一直追到猴山下的体水河边,转眼不见鹿的去向,只见悬崖峭壁下有个山洞,名叫"浮丘洞",里面坐个老翁。

子乔上前施礼,问道:"老人家,方才我射中一头白鹿逃到这里,请问您可曾见到?"

老翁微微一笑,说:"我的家鹿,刚从野外回来,请公子观看。"说罢,他从袖中取出一只小白鹿,放立于手掌之中。

子乔一看老人掌上的鹿那么小,摇了摇头,说:"这不是我射的那只。"

这时,老翁将手一翻,小白鹿落在地上,变成了一只大白鹿,腿上还带着子乔的雕翎箭。

子乔这才恍然大悟,向老翁再拜道:"啊!您老人家就是浮丘仙翁了,子乔愚眼不识仙体,请恕我射鹿之罪。师父,我早有出家修道的心愿,请收下我为弟子吧!"说罢,跪在地下。

老翁扶起子乔,说:"修道可以,你必须答应我一件事。"

子乔说:"浮丘仙翁,只要您肯收留,什么条件我都可以答应。"

浮丘公拿出一把宝剑,说:"我给你这把宝剑,回宫将你母后杀了。"

子乔一听大惊,望着宝剑,不敢去接。

浮丘公看子乔为难,又说:"你母后是妖魔所化,将要祸乱朝纲,残害忠良,不杀是我周朝的大患。"

浮丘公这么一说,子乔伸手接了宝剑。浮丘公又如此这般地交代了一番,便飘然而去。

子乔扬鞭催马回到朝中,按照浮丘公的吩咐,砍下他母后的头,放在首饰盒内,把宝剑挂在宫门上,就向猴山奔来。

浮丘公笑着迎到洞外,接过首饰盒,打开让子乔看,里边只有一只玉簪和一盒香粉,别的什么也没有。

子乔很惊奇,他正要问是怎么回事,浮丘公说:"子乔,你放心吧,你母后不是妖魔所化,也没有死,还健康如常。现在,他们倒说你自缢于宫门。你不死他们是不会放你出家的。"

子乔还没有明白到底是咋回事,只听浮丘公吹一声口哨,白鹿就规规矩矩地站在了他面前。浮丘公用香粉敷在鹿的伤处,伤口即刻痊愈。他把玉簪又向空中一抛,化作一只白鹤。子乔正看得入迷,只见白鹤轻轻飘落在他们面前。

浮丘公骑在鹿身上,让子乔坐在鹤背上,二人一前一后,慢慢升上天空。

再说子乔挂在宫门上的宝剑,在皇宫所有人眼里却是子乔的尸体。周灵王和王后悲痛万分。

安葬太子的茔地选在猴山,殡埋之日,灵柩运到墓地时,抬的人觉得棺材突然轻了许多,不知是什

么原因,就议论开了。消息传到周灵王那里,他便命人开棺察看。打开棺材,里边只有一把宝剑,并无太子尸体,灵王就让把宝剑埋下。

宝剑埋好之后,忽听空中鹤鸣。众人抬头望去,只见太子骑在鹤背上于空中徘徊。大家都很惊奇,说是太子升仙成神了。

从此以后,这一带谁家死了人,就要在门头上贴"驾鹤仙游"4个字,渐渐成为一种风俗。

第五章　民间信仰

　　民间信仰主要指对一些非凡人物、自然事象、生活事象或某种思想的信服和尊重,同时以一定的方式表现在行为中。民间信仰,从历史来说,源于对神的信仰。神,也叫神仙或神灵,是宗教及神话中所幻想的超自然的、不具物质躯体、能对物质世界施加影响直至主宰物质世界的一部分或全部的形象。嵩山地域流传有许多关于神的传说、故事。迷信者对一种或几种神祭祀,祈祷保佑和庇护,并为之塑像,建立庙宇。当地祭祀的神名目繁多,有造物神、自然神、人杰英灵神、物主神、动物精灵神等。

　　民间信仰决定于广大人民所处的自然环境和社会环境。随着社会的发展和各种宗教的兴起和传播,形成了信神的各种教派,如道教、佛教、伊斯兰教、天主教等,产生了专门从事宗教活动的教徒及各种传教人;民间的一些被认为能施行巫术、有特殊技能的人,譬如,会念咒语,会占卜吉凶,会面相抽签、算卦等,则激发了人们迷信思想并产生了专门从事巫术活动的巫师、阴阳先生等。

　　嵩山地域,在道教的规模宏大的中岳庙内,敬奉着中岳大帝(俗称中王爷),庙内不仅有几十个出家守庙的道士,平日(尤其每年农历三月、十月庙会)有成千上万的善男信女都到庙里烧香叩头,祈求福寿。在佛教的禅宗祖庭少林寺内,敬奉着释迦牟尼等佛祖,寺内也有百多个出家守寺的和尚,平日则是更多的善男信女和来自全国、全世界的游人拜佛朝祖,祈求安康。在儒教的嵩阳书院、伊斯兰教的清真寺、基督教的福音堂内,信徒们也经常进行聚会活动。再加上其他寺庙,来自四乡八村和省内外的信奉群众就更多了。

　　由此,人们的信仰也杂而多样,反映到生产生活中则是趋利避害的迷信活动居多,凡事都有看法,凡事都要考虑如何行动,即便是出行也要选择吉日,盖房住屋也要看好儿,逢年过节也要敬神驱鬼,丧葬埋人也要请阴阳先生安排行事,等等。

　　嵩山地域的民间信仰有如下特点:一是这种信仰有一定的约束力,但又没有必然的或强制性的约束力;二是没有统一的组织,没有统一的领导人;三是没有教义,没有戒律,是一种典型的约定俗成;四是人神不分,具有一定的道教色彩;五是以向善为主调,具有维系社会正义和道德的作用。

第一节　预　　知

　　预知是指预先知道。预知信仰是根据自然现象或人的行为表现,推测人物或事物将要发生的变

化,以便探知神的态度,预卜吉凶、命运好坏。预知的形式有以下几种:

一、预　　兆

预兆,又称为征兆、征象、前兆,是事情发生前的征候或迹象。它是根据自然出现的异常现象,从中预知事物所要发生的结果。

(一)预兆的性质
预兆从性质上看,有吉兆和凶兆之分。

1. 吉兆
吉兆,亦称"喜兆""祥瑞",是吉祥的预兆。民间认为某些事物和现象能够预示吉祥如意的事情发生,这些事物和现象便被称为吉兆。如有吉兆出现,人们便欣喜、庆贺,并期冀吉兆应验。

2. 凶兆
凶兆,亦称"不祥之兆",指不吉祥的预兆。民间认为某些事物或现象能够预示不吉祥的事情发生,给人们带来祸凶,这些事物和现象便被称为凶兆。如有凶兆出现,人们便恐惧、不安,或小心提防,或祈神庇佑,或寻求破法,以避凶事祸害。

(二)预兆的种类

1. 天体兆
月蚀的发生、星辰的突变、气象的异样、地震等,为天体兆。农谚有:"瑞雪兆丰年。"

2. 动物兆
喜鹊临门,为吉兆。鸡上房、母鸡啼鸣、乌鸦降宅、狗哭泣等现象,为凶兆。

3. 植物兆
二树连理、嘉禾生、朱草现、不是季节的植物开花等,主吉。

4. 人体兆
耳鸣、眼跳、做噩梦等,主凶。打喷嚏,是被人惦念的征兆。

5. 物体兆
打破老年人使用的饭碗,或家中某种东西被意外破裂或打碎,都预兆不祥。

二、预　　言

预言是对未来将发生的事情的预报或者断言。这里所说的预言是巫觋和相面师常用的一种方式。他们根据当事人的体态特征，预知其人或其事的发展趋势或成败。

三、占　　卜

占卜是人们借助某种手段，对未知事物进行预测的一种活动。嵩山地域的民间占卜方式有很多，如扶乩、云占、求签、测字、鸟卜、钱卜、六爻、算姓名等。占卜分公开和秘密两种，此活动都由很多专业占卜师来完成，较复杂的占卜要请巫觋操办。

第二节　民间祭祀

民间祭祀是民众向民间神祇祈求福佑或驱赶灾祸的一种行为惯制，这种习俗在嵩山地域世代传承，具有相应的仪式制度。嵩山地域民间祭祀的对象大都是各种神灵。从最初的图腾和祖先祭祀，发展为后来的祭天、祭地、祭日月星辰等等。新中国成立后，民间祭祀已经大为减少，主要是祭中岳神、土地神、祭山、祭月、祭财神以及祭祖神、祭灶神等。

嵩山地域的民间祭祀有一定的规程：一是祭祀通常在供奉神灵的地主，如庙宇、寺院、祠堂、墓地及自然神所在地进行；二是有主祭人和参加祭祀的人群；三是本族祭祀由同族人参加，由族长主持；四是家庭祭祀只限于家庭人员参加，大都由家长主持，而祭灶、迎财神之类则由巫师、祭司等主持。五是祭祀程序包括请神、降临、叙述、祈求、送神、谢神；六是有供奉神的钱财和供食，后来出现的血祭，即杀牲祭神，有全牛、全羊、全猪等祭祀礼物，大型的祭祀还有集体的文艺表演和歌唱。

民间祭祀

嵩山地域的很多节日活动起源于祭祀的祈神活动。如二月二的祭土地神，三月三祭始祖轩辕黄帝，四月清明的祭鬼，五月端午节的祭屈原，八月十五的中秋祭月，九月九的祭山登高，腊月二十三的

祭灶等民间祭祀活动，都是祭祀各种神灵和鬼魂的。

祭祀是通神的主要手段，是祈神、谢神的基本形式，其目的在于防灾殃，求好运；同时，通过祭祀也能加强家族、氏族、部落内部的团结，提高凝聚力。此外，嵩山祭祀时所保存的神话、传说、故事、歌舞演出活动等，也起到了传播民族文化的作用。

嵩山地域的民间祭祀，分为天地祭祀、中岳神祭祀、鬼神祭祀和祖宗祭祀。

一、天地祭祀

古代原始人的观念和信仰决定于当时生产水平的低下，人们没有足够的能力去认识自然和改造自然，相反的要依赖自然，进而祈祷自然。他们看到天上生云，便认为是老天阴沉着脸；云中有闪电雷鸣，便认为是老天发怒，要惩罚某些人；天上下雨是老天在哭泣。下雨小，是给人们送来甘霖；下雨大，甚至暴雨成灾，则是对人们的惩罚。他们打猎，打不到野兽，或捕鱼鱼情不好，或家畜病死，瘟疫流行，人畜遭难，都认为是天、地、山、水等自然威力的作用。

人们把有些天象和人际间的事物发展变化都归之于不可捉摸的"神"所主宰和抽象的"命"所注定。同时，在未发现医药之前和发现之初的缺医少药的情况下，人们对疾病死亡、悲欢离合，也求助于神来保佑，因而有了"天意难违"的警言。而"神"似乎有一个最高主管，各神的权威主宰者，就是至高无上、总宰万物的"天神，"它的代表化身就是玉皇大帝。所以遇人间无法解脱的事，最后只有求助于天。为了想预知吉凶祸福，或祛除邪恶，免受灾难，也求"神灵"庇护和赐福。于是卜筮占卦、巫婆、神汉等应运而生，久而久之，形成了原始的迷信观念和自然崇拜。

在嵩山地域的民间习俗中，习惯上常有对天盟誓以解困境的迷信者，连男女结合，也要先拜天地，求作见证；遇难决之事更常常呼天唤地，以求神的佑助，连经典文献都记载着"获罪于天，无所祷也"。因此，古人对天地的崇拜是一件神圣的事情。后来随着古人对天地的信仰和崇拜，祭祀的对象更加具体，譬如，对天、地、山、川、大河、湖泊的祭祀也成为天经地义的事情。

二、中岳神祭祀

关于中岳神轩辕黄帝的祭祀，要从先秦起，在古人的世界观不断形成与深化的过程中，华夏先祖尊奉的"山文化"和"中文化"，作为一种老祖宗传承下来的俗念，在嵩山地域的民间是长期存在的。

所谓嵩山的"山文化"，具体说，就是夏商周三代都把嵩山看作是"天室"，即天神居住的地方。古人认为："天室"（嵩山）、"祖庙"（中岳庙）是中心，必须是在"依天室""毋远于室"的前提下，依靠嵩山来建立国家，才能获得正统的天命，以取得中岳神轩辕黄帝和华夏始祖轩辕黄帝的庇护。因此，才有了司马迁《史记·封禅书》中的："昔三代之居，皆在河洛之间，故嵩高为中岳"的名言。

而嵩山的"中"文化，则是华夏先祖对"中"的一种信仰。"天有心，地有胆，天心地胆在告县"这是登封市广为流传的一首民谣，民谣中所指的告县，即位于登封市东南12公里处的周公测影台，那里就是天地的中心。3000年前的西周初年，周公为营建洛邑，在此建立圭表，以观测日影，求得地中。"地中"即国家的中央地区。古人崇信，以嵩山为中心的嵩山地域是大地距离上天最近的地方，天地神通，人杰地灵,得天独厚。于是,作为"天地之中"的嵩山地域,很自然地成为夏、商、周三代的中心,成为历史上名称与内涵一致的最早的"中国"。因此,无论是夏商周三代的古都也好,还是十三朝古都洛阳也好,这些都城都是建立在以嵩山为中心的嵩山地域,以此求得中岳神的庇护和保佑。

自古至今,嵩山地域的人们都认为,中岳嵩山是天人合一,具有"天室"与"宗庙"双重的尊贵地位。一方面,嵩山古称"天室",是天帝居住的地方,是神宗所在,是中岳嵩山主神轩辕黄帝所在之处,也是上天与人间沟通的地方;另一方面嵩山,又称崇高山,位于嵩山脚下的中岳庙,是华夏宗族的家庙,而家庙祭祀的主神,就是华夏民族始祖轩辕黄帝。这样说来,中岳神轩辕黄帝和华夏民族始祖轩辕黄帝就是同一个神人合一的形象,他既是中岳神轩辕黄帝,又是华夏始祖轩辕黄帝。也就是说,中岳嵩山神与华夏民族始祖同为一人,即轩辕黄帝,这是古人"天人合一"理念的具体表现。因此,中岳嵩山自古以来就是华夏民族祭天法祖的神山。

中岳庙为典型的道教庙宇,庙内除祭祀中岳嵩山神和华夏始祖轩辕黄帝以外,为报本追源,还配享有道教中的众多神仙。中岳庙是一个以轩辕黄帝为主神的"王朝",这个王朝在人世间享有至高无上的地位。在此理念的传承下,中岳神祭祀在嵩山地域已成为一种民间习俗。每月的初一、十五,或逢年过节,嵩山地域的民间都要向中岳神供奉酒食、祈福免灾,以期保佑天下的吉祥太平。

三、鬼神祭祀

由于生产力水平的低下,古代人们对一些自然现象无法解释,对一些复杂怪异的自然事物、现象、便产生了敬畏感。因此,古人在对神的认识上,认为除天神之外,似乎各种物象都有专门的神来分管,在观念中便产生了各种敬畏的崇拜的神的巫术形象。久而久之,便认为天上有老天爷,地上有土地爷,打雷的是雷神,下雨的是龙王,火有火神,山有山神,水中有龙王,管人生死的有阎王,管牲畜兴旺疫情的有牛王爷、菩萨、奶奶、马王爷,甚至人们进门有门神,一家之主有灶王爷,掌管经济财权的有财神,掌管福、禄、寿命的三官神。当然,随之而来更多的还有火神、风神、医药神、城隍神,月下老人、送子观音、文昌帝、观世音、祖师爷、等等,除这些主神,还有主神各自的从神(俗称站神)以及小鬼,小伴等。

嵩山各地区都建有庙、宫、观、寺、庵、院,是庙都有神,庙多神多,塑上不同形体的神像供之于庙内,这样一来,各种各样的神便出现在人们的生活中。在这些神鬼中间,有的是自然现象,有的是古人、古动物、古树木、古圣地等人格化了的各种形象。人们对他(她)们都要敬畏,都要崇拜,都要祈祷。人们将冥想之神,进而人格化、形象化、社会化了。随之而来,对古树、怪石、山坡等自然实物和有些野生动物,也都广泛加以崇拜,山坳、路旁、村头村边、古树之下,普遍建起小庙,庙的墙壁四周,树的上下,悬挂起写有"保佑四方"、"保我赤子"等布制的匾额;多数人赶集上店、赶会上街或短途旅行,逢庙烧香,见神磕头,祈祷上供,许愿还香,求其保佑。如遇到天旱无雨,人们进行大规模的祈雨还要到嵩山中岳庙祈求中岳神,乡镇、村庄等一些小规模祈雨,则就近到龙王庙,或大的水潭、山洞中祈求龙王爷、九龙圣母等神灵降雨。

随着社会的发展,文化的演进,社会上出现了神话英雄和现实生活中的非凡人物,于是又有了对黄帝、女娲、伏羲等的崇拜,有了对孔子、关公、岳飞、包公、孙悟空等的崇拜;有了对行业始祖的崇拜,如木匠崇拜鲁班、蚕工崇拜嫘母、茶行崇拜陆羽、笔匠崇拜蒙恬,其他如理发者、杀猪者、唱戏者等行业,皆有其始祖崇拜。

嵩山地域各市、县、区的民间,为供奉有关神灵建庙、塑像,大都建有三官庙、火神庙、土地庙、观音庙、龙王庙、城隍庙、山神庙等。逢年过节或遇大事,人们便设供祝愿,把对生活的美好希望寄托于神灵。

在嵩山地域诸多的庙宇中,火神庙的祭祀活动尤为隆重。从人类发展史上,火的使用提高了征服自然的能力,推动了人类社会的全面进步和发展。因此,火最受人崇拜,嵩山地域的人们对火神最为崇敬。自古以来,都有祭祀火、崇拜火的习俗。嵩山地域的各市县,都建有火神庙。过去各村各片,每家每户,都入火神社敬火神爷。据传每年的正月初七,是火神的生日,各地兴办祭神大会,有的地方还建有戏楼,在祭神大会上还要唱戏,以示对火神的尊崇。新中国成立前,大的村庄供奉火神还成立有火神社,火神社有会首,由社内富户轮流承当,负责组织火神会时的一切活动。火神及一切祭品都视为神圣,谁要是亵渎了,有"老头烧胡子,小孩烂眼睛,妇女马上报应肚子疼"的流传。每年一入腊月,会首就开始准备火神会的各种供食。供品有八仙庆寿、麻姑献桃、锦鸡飞凤、孔雀开屏等造型,可谓民间艺术的大展览。所需果品,果子生长时,会首见谁家的果子好,挂一个"火神供品"的牌子,到用时由果主挑选上等果子无偿敬送。神牌一挂,再也无人乱摘果子了。全猪大供是必不可少的,猪由会首头年正月买下,在猪脖子上拴一红绳,谁都知道是神猪,平时有好食供给,不能打骂,偶尔上街走到谁家的店铺摊案前,不能赶,皆捧好菜好食,口中尊道:"吃吧,他老人家。"。会日前三天杀猪,不能捆,不能赶,必须"请"。由会首焚香烧纸跪称"请老人家上路",如卧不起,还得向猪焚纸祈祷:"一年来照顾不周,请您老人家多多海涵。"然后送食引诱,并鸣炮以贺,神猪受惊奔走。到谁家都怕不好"送"。所以,遇到杀猪这一天,巷口店堂门前,都站满了看热闹的人们。祭火神大会的会日,高搭神棚,供品长列,多达几十张方桌。焚香祭拜,鞭炮长鸣,烟雾弥漫,整日不断。同时,火神社所组织表演的狮子、龙灯猩猩怪、抬杆、竹马、高跷、旱船、鬼扳跌等各种游艺节目,从早到晚夜以继日,通宵达旦。观社者来自四周数十里,往往尽兴而归。

中华人民共和国成立以后,各类祭祀活动在县城和国家工作人员中少了,但农村依然按传统习惯进行。

四、动植物祭祀

1. 动物祭祀

用动物祭祀叫牺牲,嵩山地域的民间古已有之。古代用于祭祀的肉食动物叫"牺牲",指马、牛、羊、鸡、犬、豕等牲畜,后世称"六畜"。六畜中最常用的是有"三牲"。"三牲"祭礼,是指古代以三种牲畜组成的祭祀用的供品。嵩山地域民间祭祀中的"三牲",为牛、羊、猪三种动物。

民以食为天,古人最初的祭祀是以献食为主要手段。《礼记·礼运》称:"夫礼之初,始诸饮食。其燔黍捭豚,污尊而抔饮,蒉桴而土鼓,犹可以致其敬于鬼神"。意思是说,祭礼起源于向神灵奉献食物,只要燔烧黍稷并用猪肉供神享食,凿地为穴当作水壶而用手捧水献神,敲击土鼓作乐,就能够把人们的祈愿与敬意传达给鬼神。

沿用古人动物祭祀的习俗,在嵩山地域当今的民间祭祀中,每逢大的节日与祭祀活动,仍以牛、羊、猪"三牲"为供品,以示对神灵祭品的丰盛和大气。

2. 植物祭祀

植物祭祀主要是树木祭祀。

嵩山是系列山脉，东西绵延近200公里，主体面积约450平方公里，地域面积约11110平方公里。嵩山深处有些山水林木自古以来未经开发，保留了大自然的灵动之气，会吸引各种精灵和仙人到此修炼。树木根植地下，枝叶伸向天空，自然成了天地之间联系的纽带。生化万物的云雨由树神掌管，所以，树神就成了万物生殖力的主宰，树木被看作有生命的精灵，它能够行云降雨，能使阳光普照，六畜兴旺，妇女多子。

植物祭祀

嵩山地域的许多乡镇村落，生长有一些老树，因为被认为长期吸收灵气而具备了一定的灵性，在民间被尊称为"树神"。还有人对于枝繁叶茂的古树、老树，认为是仙家的居家之所，称它们为"山精树怪"。因些，树神是一方神灵，敬拜则获吉，不敬则遭灾，民间普遍存在祭祀树神、祈福求吉的习俗。

在嵩山地域可以看到有些大树的树身缠满了红色的布条和绒线，树下还有石头垒起的供台，这些都是当地民间祭祀树神所为。

五、祖宗祭祀

祖宗祭祀是人类自史前文明时期就出现的一种后代子孙缅怀先人的极其重要的、本能的文化行为。《史记·礼书》云："上事天，下事地，尊先祖而隆君师，是礼之三本也。"这更是以儒家文化为代表的中华文明极其显著而又殊为重要的一个特点。儒家祭祀祖宗的意义是为了"追养继孝，民德厚望。"追养是对亲恩的追思和缅怀，血姻归宗族的一种仪式。继孝是为了发扬孝道，家庭有孝道才和睦。古人云：百善孝为先。祖宗是我们的根源，我们有祖宗的德荫，才能真正产生安定人心的正能量，才能有来日的美好环境与健全身心。

祖宗祭祀是又分为族祭、家祭、坟祭和圣贤、祖师祭四种。

（一）族祭

族祭是祭祀先族的一种祭祀活动，参加人员全都是本族的族人，由族长任主持人，一切活动的项目都由族长按祭祀的规程进行。

20世纪50年代以前，嵩山地域民间的祭祖风气很浓，每一族人都设有祖先堂或祠堂，里面安放神

祖宗祭祀

主的牌位,上面书写有祖先的名讳、生卒年月、原配、继配姓氏。古人认为,牌位所在就是祖先的灵魂所在,因而也叫"灵位"。宗族祭祀的形式是隆重的,宗族实行四时祭祀,即每年春、夏、秋、冬,多在民间传统节日进行,如清明、夏至、秋分、冬至,再加一个春节。当然,遇有子孙科举、晋升官爵或受朝廷的恩赐奖赏,也要进行族祭。

祭祖的原则是"必丰、必诚、必洁、必敬",其中最根本的是"敬",就是对冥冥之中的祖先心存敬畏,虔诚信奉,"事死如事生"。

族祭的大致程序是:1. 主祭人向祖宗神位行礼;2. 族长离开享堂,迎接牺牲供品;3. 初献:在供桌上摆酒杯、筷子、匙勺、盏碟等;4. 宣读祭词;5. 焚烧明器纸帛;6. 奏乐;7. 族人祭拜;8. 二献:上羹饭、肉;9. 三献:上饼饵菜蔬、果品、糕点(在初献、二献、三献之间,都要进行上香、礼拜等仪式);10. 撤走供品;族人会餐(古人称为享胙),分发供品(古人称为散胙)。族祭一般有主祭人、族长、祭词、乐队、祭器、供品等。族祭费用一般由族田、族产公共收益中支出。后来,由于社会发展没有族田、族产的公共收益了,就按支出的多少,由同族的各户平均分担。

族祭的场面严肃庄重,与祭者必须身着礼服,衣冠干净整齐,不得蓬头赤足,或身着短衣小帽。同时,在旧的封建礼制中,不少宗族除禁止妇女入祠与祭外,还禁止孩童与祭。祭祀开始,族众应依照辈份列队,不得先后逾越。在按祭规行礼时,不得乱言、戏谑、喧哗。

(二)家祭

家祭,顾名思义,是在家里面祭祀的意思。嵩山地域的家祭是一个深刻而古老的形式,这种形式相沿数千年,源远流长,至今依然兴盛无比。家祭是家中的后人按照民间的观念,将自己的祖先和天、地、神一样认真地顶礼膜拜。因为祖宗的"在天之灵",时时刻刻的在关心和注视着后代的子孙们,尘世的人们希望通过祭祀来祈求和报答他们的庇护和保佑。

从习俗上说,嵩山地域的民间有慎终追远的传统,一般家庭中都设有一个供桌,桌上方的墙上贴有祖宗的牌位,逢年过节总不会忘记祭拜先人,供奉食物或鲜花,焚香烧纸,叩头敬拜,以表心意,以示纪念之意。

(三)坟祭

坟祭是我国传统的祭祀节日,相传起源于周代。历史相沿,已成习俗。人们到亡者的坟前祭祀,以示孝敬,不忘本。

嵩山地域的人们逢春节、正月十五、清明节、七月十五、十月初一,子孙必备供品到先人墓地,上供品、焚香烧纸,叩头祭拜,这便是坟祭。在坟祭中,十月初一的寒衣节是一个特殊的节日。后人除准备以上物品外,还要为去世的亲人,焚烧纸扎的棉衣、棉裤、鞋子,以防御寒冷,俗称"送寒衣"。

(四)圣贤、祖师祭祀

嵩山地域对后世影响较大的先贤有老子、孔子、周公、关羽等,他们的思想都和嵩山地域的文化有着密切关系,民间的圣贤祠堂、寺、庙里供奉的较多。

嵩山地域所敬奉的各行业的圣贤和祖师分别有木匠、石匠、泥瓦匠的祖师鲁班;铁匠、铜匠、银匠、砖瓦匠与冶铸业的祖师老子;造酒业的祖师杜康;商贾行业的财神是关羽;医药行业尊崇孙思邈等。供奉的形式也多是建庙并举行庙会,如二月十五为老子生日,火界工匠要在家里或到老君庙烧香祭祀;四月二十八日为药王诞辰之日,医药行业者要到药王庙集会祭祀;五月初七,在鲁班诞生日,那天民间匠人要为鲁班做寿;五月十三日各关帝庙都要举行祭祀关羽的活动,以求商贾兴盛。

第三节 巫 术

巫术由"降神仪式"和"咒语"为主要内容,企图借助超自然的神秘力量对某些人、事物施加影响或给予控制的方术。巫术是嵩山地域民间最古老、最普遍的,也是一种有着联想或模拟的能动性的一种信仰。巫术本来是很低级的准宗教现象,与鬼神无关,但是随着鬼神观念的发展和巫术形式的变化,嵩山的民间巫术也掺入了鬼神观念。

巫术是人们企图借助超自然的神秘力量,对人或事物施加影响以达到某种目的。因此,施行巫术一般都有一定的功利目的,有一定的巫辞和行为,企图通过影响人们的主观判断进而间接改变客观事物。

一、巫术种类

嵩山地域的巫术种类可分为以下几种:

(一)模仿巫术

模仿巫术,又叫相似巫术,即以相似的事物代替当事人或事,作为施行巫术的对象。如摧毁对方的画像或姓名,就认为可以致对方于死命,等等。

(二)接触巫术

接触巫术,又叫感染巫术,它认为两种事物接触时,彼此会产生一种长期的感应关系。如接触岩石会坚硬,接触大树会长青,对对方的指甲、头发施加巫术就可以挫败对方等。

(三)吉巫术

吉巫术,又叫善巫术,如祈福、求子、催生、驱疫、驱鬼等。

(四)黑巫术

黑巫术,又叫恶巫术,它以害人为目的,如放蛊、下毒、针刺偶人、转嫁、替身等巫术。

(五)口头巫术

口头巫术是巫术师动口不动手而施行的巫术。如祷告、誓言、诅咒等巫术。

(六)行为巫术

行为巫术,即巫术师以动作行为来完成的巫术。如求偶巫术、生产巫术、生育巫术、饮食巫术、出行巫术、战争巫术等。这种巫术言行结合。

二、巫术形式

嵩山的巫术形式有多种,常见的形式有以下几种:

(一)招魂巫术

招魂巫术比较复杂,形式颇多。一是人刚死时,要进行"喊魂",目的是要把刚刚走失的灵魂叫回来,使其复活。二是小孩或成年人生病,认为这是灵魂暂时出走,丢了魂,必须把魂招回来,病才会好。三是祭祖时,招祖先亡灵回来享祭,祭毕再把亡灵送走。赎魂,是一种招亡魂巫术。

(二)驱鬼巫术

在嵩山地域,驱鬼巫术又称驱疫巫术,它是一种驱赶恶鬼、瘟疫、灾难的巫术,在生产、建房、修墓、治病中广泛应用。最早的逐疫,就是巫觋戴着面具,拿着工具、武器做驱打状,把恶鬼打走。

(三)神判巫术

神判巫术是假借神意裁决争讼是非曲直的一种巫术形式。由巫师主持,通常请天神、土地神公决。神判就是通过一定巫术形式,即捞油锅、捏鸡蛋、吃血酒、打鸡、剁狗、捧铁铧、嚼米、蒸猫等,请神来说出巫术所要的结果。

(四)恋爱巫术

恋爱巫术有两种巫术方式:一种是施巫者在对方不备时将药物投入食品中,让其食之,事后对方即失去理智,出现某种性冲动,主动追求意中人。另一种是请巫师念咒语,设法让对方服入咒符水,或者将咒符放在对方身上,同样被认为能达到上述目的。

(五)辟邪巫术

辟邪巫术是利用一定对象防止鬼神来犯的一种巫术,这是一种比较流行的巫术形式。嵩山地域最初的辟邪物有生产工具、武器,如在门上悬挂弓箭、刀、枪,令鬼神望而生畏;后来改为以神灵辟邪,如图腾、门神、钟馗等;再后来又出现了专门的辟邪物,如照妖镜、石敢当等。民间信仰认为辟邪物有一种神秘的威力,可以与鬼神对峙,抵御鬼神闯入,保佑家庭安全。因而,人们在一些辟邪活动中,采取画符、戴护身符、佩压胜钱、佩长命锁、放朱砂、撒白公鸡血、撒铁屑、给宅院内及坟上埋物品等辟邪形式,进行辟邪。

除上述形式以外,嵩山地域的辟邪巫术中还有节日辟邪,如五月端午节在家门上插艾蒿、戴艾虎,正月里给老树绑红线,九月九插茱萸,等等。

第四节 俗　　信

俗信是民间为了满足生存的需要,特别是心理安全的需要而创造和传承的一种文化现象。这种民间古老的传统信仰,在嵩山地域有其适宜生存的文化土壤。信前兆的现象,早在上古时代就有了。人们不仅相信自然兆象、生物兆象,也相信梦兆。至现代,民间仍有一部分人相信兆验,如"喜鹊叫喜,乌鸦叫灾","左眼跳财,右眼跳灾",自己无意识打喷嚏就认为家人思念自己或有人在责骂自己,等等。

民间俗信类型主要有以下几种:

一、算　　卦

算卦就是根据人的出生年月日及时辰,结合天干地支推算出人的运气的一种方法。算卦形式包括以下几种:

(一)测八字

测八字是指算命者以《周易》为基础,根据人的出生年、月、日、时所在的天干地支八个字进行推断,再以五行相生相克推出命象,从而推出人的命运中的祸福吉凶的一种算卦形式。

古时,人们一生孩子就要去测八字,看命中缺什么,就起什么名字。逢出门经商、建造房屋、选择坟地、选择配偶等,都要请算命先生算

算卦

一算,判断吉凶祸福。中华人民共和国成立以后,在无神论的教育下,多数人不算命了,但也有少数人暗中求算。在以前,从事这种职业的人也不少,有一部分是盲人。改革开放以后,每个县还成立有"易

经研究协会"，从事这种职业的人大都参加了这种协会。

（二）抽签

抽签

抽签是庙观道士常用的一种方法。抽签又称打卦，测者备竹签 24 根，在薄竹片上写上签名和箴语，分"上上、中上、下下"三种类型，将竹片放置于竹筒内。另备签谱，上写含混其辞的诗句。游人求签时，先将竹筒摇晃几下，连抽 3 根竹签，然后由测者查谱阐释，如 3 根都是下下签，免收卦金，抽上上签者加收一倍。其实下下签原本就少，故抽签多为吉签。抽签种类很多，有金钱课，推背图，增删卜易，大、小六壬，等等。抽签问运气，摇课问是非。

（三）叨卦

叨卦是用麻雀、黄莺、喜鹊等将求算者的属相从画有十二属相的纸牌中叨出，然后推测命运的算命法。

（四）拆字法

拆字法是利用汉字偏旁部首的组合规律，通过分合增减，将要表达的意思寓于其中的算命法。测字时，问事者任写一个字，测者就字体形状，引申或分解开解释之，借题发挥以答所问之事。也有备好的字卷，开后解答的。

（五）择吉日

趋吉避凶是人们的普遍心理，因而遇到红事、白事、动土、出行等重大事项必选择吉日良辰，避开凶日忌日，这是嵩山地域民间信仰的普遍现象。

旧历书日号之下，注有天干、地支、五行、二十八宿星名；另有 12 字反复循环排列，其中建、满、平、收等四字主凶，称"黑道日"，逢之"诸事不宜"；除、危、定、执等四字主吉，为"黄道日"；另有成、开二字可用；闭、破二字不能用。凡事择吉，特别是婚娶必须在"黄道吉日"方可，就是通常说的"通年、利月、吉日、良辰"；除此之外，还要五行相生，日干相合。特别要避大小红煞和"狗绞"。埋葬要避"重丧""月见""大小煞"等。连伐树也要选"天聋日"，坟上树需伐时，则要择"地哑日"。所有这些清规戒律，其实都是按照天干地支、五行生克的顺序排列而来。

男女结合，双方属相只能相合，不能相冲和相穿，忌"大相不合"及"犯月生"，特别忌讳"铁扫帚"。犯者就是对岳父家不好。所以，凡是犯这种忌讳的，不是将生月改了，就是订婚时隐瞒了。

随着社会的发展，这些旧的习俗，已逐渐被青年男女的自愿结合、移风易俗、新事新办的理念取代了。

（六）看风水

看风水是在选择阳宅或阴宅时人们常用的方法，要请阴阳先生按照一定的方法选择，如果原有的地方不好，还要请阴阳先生修禳宝地，以协调天地人的关系，达到消灾、保佑家庭兴旺发达的目的。

（七）其他

除上述几种外，还另有六爻占卜、诸葛八阵图、量手算命、看麻衣相、奇门遁术等。

二、观　摸

这里所说的观摸有两层含义：一是观，观察人的外部面貌形态、纹路走向及气色的明暗，来推测人生命运；二是摸，通过手指触摸五官和隐藏在皮肉下面的骨骼，从而判断人的一生吉凶祸福。观摸主要分为如下几种：

（一）看相

看相是一种通过观察人的五官面相、气色或凭手指和手心的纹路来推断人的寿命、婚姻、财产、性格、健康、运气等的预测方法，预判一生的尊贵贫贱，推断吉凶祸福。

（二）看背

通过看人的脊背的大小，骨与肉的厚与薄、平与凹、呈现的色泽等情况，来推断人的命运，说明一生的尊贵贫贱，推断吉凶祸福。

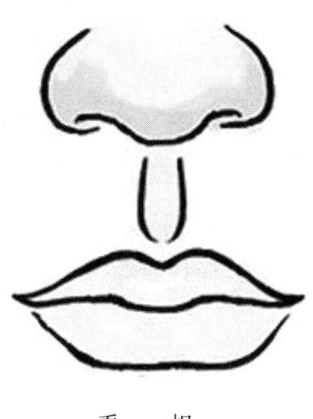

看　相

（三）揣骨

揣骨人在被揣人各骨节间进行揣摸后，结合人的五官、形体来综合推断人的命运，说明一生的尊贵贫贱，推断吉凶祸福。

三、堪　舆

堪舆，就是看风水，择吉地，是一种物兆信仰习俗。人们认为住宅或坟地的地理形势，如地脉、山水走向等，能招致住者或葬者一家的祸福，甚至影响其家庭、子孙的盛衰吉凶。

在先哲那里，天、地、人的和谐是最高的原则。由此而产生甲卜、蓍占、巫术等，无一不是企图解释人与自然的奥秘，从而寻求最佳的选择与结合。看风水之目的，就是为了求得天地人的统一，阴和阳的平衡，五行的相生。嵩山地域的民间曾有"一命、二运、三风水、四积阴德、五读书"的谚语流传，可见风水在人们心目中的位置。

民间有专职的看风水者，俗称"风水先生""阴阳先生"，他们把山形地势分为"福地""吉地""绝地""龙脉""凤脉"等，又有"青龙""白虎""灶陉""子午向"等禁忌，形成一套"风水经"，以择取吉地为目的，以取得迷信者的信赖为手段，从而骗取钱财。

(一)堪舆内容

看风水的主要内容包括方位、地势、方向、时间等。人们通过对这些内容的附会,让迷信者相信通过看风水可以求得平安无事、人财两旺,子孙昌盛等。

1. 方位

看处在什么位置,是否朝阳通风,四周有无山、水等。

2. 地势

看高低、坡度、地质状况。

3. 方向

看宅向,门窗位置及朝向、角度。

4. 时间

选择日辰等。

(二)堪舆种类

民间习俗中,看风水一般分两种:一种为阳宅看风水,另一种为阴宅看风水。

1. 阳宅

中华人民共和国成立前,建庙宇、寺院、宅院以及有钱人建工厂,都会花钱请阳宅先生选地址、开门口及定门口的高低大小。

阳宅先生主要是为建宅者选地址、定方向、定高度,包括建宅、建房、上梁头、砌窑洞、购买住房以及修建厂房、车间、大门、厕所、猪圈、牛棚、矿井,打水井、挖池塘,甚至安装织布机、弹花机、石磨、石碾、抽水机等各种设施都会请阳宅先生看。

2. 阴宅

阴宅先生主要是为挖墓穴、建坟茔者看风水。阴宅又分大宅和二宅。大宅是为活着的人选坟地待用,选地点,选朝向。二宅是为已故的人看坟地,定方向,定时间,看地的同时还要为亡人做纸扎,做纸钱,做砖瓦,做秧歌。

四、圆　梦

圆梦,亦称"占梦",是一种占卜习俗。人们认为梦中的事可以预示祸福,通过对梦的解说,附会人事的吉凶。《周礼·春官·太卜》有占梦之官。后东汉、唐、宋代都有占梦之说。

圆梦的规律有正梦律、反梦律两种,一般取反梦律较多,如梦见人家嫁娶,是凶兆;梦见丧葬,主吉祥;梦见被虎咬,主有大福;梦见拾银,主为鬼领斋,将死亡;梦见失足踏排泄物,主进财。亦有取正梦律的,如梦见捕大鱼,主发财;梦见死人,不祥等。

圆梦者一般由僧道、祭司、巫觋、算卦先生担任。遇有吉梦,则喜;遇有凶梦,则设法被除。如于翌晨用红纸写着"夜梦不祥,书之高墙,日头一照,凶化为祥"等字句,贴在墙上,以为破法。

五、犯块与破块

(一) 犯块

指犯忌讳,说了禁语。按行规俗约,犯块者要罚香,跪祖师爷,请茶,请饭,包赔同业者因此而蒙受的经济损失。

(二) 破块

指说了禁忌语,自以为不祥,当即采取补救措施。如自拧耳朵,连唾三口,撕破衣角,摘掉衣扣,碰落墙土等。

六、驱鬼镇邪

中华人民共和国成立以前,嵩山地域城乡流行驱鬼镇邪之俗。

(一) 驱鬼镇邪之方

1. 以物镇邪

高大屋脊之上有镇房兽,陵墓地宫前有天禄、避邪二兽,河边有镇河铁犀等,皆以物镇邪。

2. 以神驱邪

春节贴门神,房屋若面对大路者在墙上砌入一块刻有"泰山石敢当"字样的砖或石,盖房屋上梁时在梁上贴用黄纸或红纸写的"姜太公在此诸神退位"字条,在病人室内悬挂捉鬼大王钟馗像等,皆以神驱邪。

3. 以符驱鬼

以符驱鬼的方式很多,有在闹鬼的屋院设醮驱赶后将"符水"泼地,将所画之符烧掉或埋入地下,也有将符吃掉者,有用五色线缠桃枝于闹鬼处扑打并念咒语,之后将桃枝插于门上或丢于郊野十字路口,也有扶乩,施圣水、神水等。

(二) 驱鬼镇邪之人

有了闹鬼中邪的说法,便有了专门从事驱鬼镇邪的巫婆、神汉和法师们。

1. 巫婆

巫婆,又称"神婆"或"师婆"。她们多利用代神说话的方式进行活动,俗称"下神"。迷信的人认为得病是有鬼神缠身或碰着了什么煞神,常请巫婆或神汉坐宫传话,求神赐药和斩妖除邪。也有把巫婆请到自己家里"下神"的,除敬神和招待之外,还要给封"红包"(金钱)。古时的巫婆们多不识字,她们在装神弄鬼时,有时难免露馅,弄得狼狈不堪。因而,群众有这样的俗语:"跟着好人学好人,跟着巫婆下假神。"

2. 神汉

神汉的伎俩和巫婆的手段基本相同,因他们的性别之故而名。他们在进行具体活动时,也是装神弄鬼,能做出一些奇事,骗取主家信任,以拿到"红包"为目的。

3. 法师

法师,讹传凭"符""法""咒"驱除鬼怪,并制有令牌。据传令牌须用电击过的枣木制成,法师赖以役使鬼神,驱赶山精海魅,并能斩妖除邪。

中华人民共和国成立以前,嵩山地域城乡驱鬼镇邪的方法大体有三种形式:其一,送,就是给所谓仙、妖、精、鬼等焚烧纸箔,供献祭品,劝其离开。其二,若送不走,即招神将驱之,另给神将烧钱化纸上供。其三,驱而复来,则作法请神将斩之。法师之伎俩除了令牌之外,尚有念咒语和画符禁。法师之言行诡诈,可以信口雌黄,其所谓的神、仙、鬼、怪,人皆看不见、摸不着,其所索红包、礼品,数额甚巨,求之者任其摆布,不惜卖房卖地满足其要求,不少人事先求之,而后苦之。

中华人民共和国成立以后,嵩山地域的巫婆、神汉已基本绝迹。

第五节 民间信仰传说

一、门神的来历

敬德和秦琼都是唐朝的武将,为什么后人把他们的像刻印在纸上,过春节时贴在门上当门神呢?

话说唐朝贞观年间,有一年春天大旱,一连三个月,滴雨没落。麦苗枯焦,颗粒不收。人们顾命要紧,不虑后事,把牲畜宰了,卖钱籴粮度荒。皇上李世民看这样下去危害来年农事生产,下了一道圣旨,天不下雨,禁止屠宰,不准吃荤,违旨者斩。这样一来,可苦了一些靠打鱼为生的穷人。因为不准吃荤,他们打来鱼也卖不出去,没钱买米、买面。

打鱼的人和所有的人一样,都盼着天降喜雨。这一天,几个打鱼的来到长安街上,找到算卦先生袁天罡,问什么时候老天下雨。袁天罡掐指一算,说:"已经旱了两个七七四十九天,明天就要下雨了。"打鱼的人问几时落雨。袁天罡说:"巳时布云,午时下雨。"他们又问下多大。袁天罡说:"三寸三分零四十八点。"打鱼的人大喜,回家补网,准备打鱼去卖。

第二天,他们出门打鱼,想多逮些,等雨一落拿集上多卖点钱,便来到一条河湾里的深潭逮大鱼。深潭里住着管行云布雨的金花老龙,它正在水晶宫里打瞌睡,忽听外边"哗哗"水响,就变成书生从潭底出来,问打鱼的人:"皇上不准吃荤,你们打鱼干什么?"打鱼的人说:"天要下雨了,雨一落就让卖了。"金花老龙一听,奇怪,自己管行云布雨,还不晓得何时下雨,他们怎么会知道?就问:"你们听谁说的?"打鱼的人说:"城里的算卦老头袁天罡。"

金花老龙不信,恨袁天罡胡言乱语,惹得打鱼的人到龙潭搅混,害得自己不得安生,便进城找袁天罡算账。它来到袁天罡的卦摊前,袁天罡正要收拾摊子回家。金花老龙说:"先生慢走。听说您能掐会算,如今旱得赤地千里,百姓无不盼望天降喜雨。请问这天何时下雨,能下多大?"袁天罡说:"快啦,快啦!明天巳时布云,午时落雨,下三寸三分零四十八点。"

金花老龙说:"这话我却不信。"袁天罡说:"信不信由你。"金花老龙说:"我说明天不会下雨。你敢不敢跟我打手击掌,咱们赌个输赢?"袁天罡说:"你要和我打赌呀,赌啥你说吧。"金花老龙说:"那好,赌咱俩的头。你说错了,我割你的头;你说对了,你割我的头。"袁天罡听了哈哈大笑:"一言为定,不准反悔。"他便和金花老龙打手击掌。

金花老龙想:这个凡夫俗子,自以为聪明,口出狂言,看我明天割了你的头,叫你以后还胡说八道。它

门神

高高兴兴回到龙宫,屁股还没沾着座,玉皇大帝的雨簿送来了。展开一看,命自己明日巳时布云,午时下雨,下三寸三分零四十八点。顿时,金花老龙吓得目瞪口呆,不知如何是好。龙太子见父王愣在那里,忙问出了啥事。金花老龙便把跟袁天罡打赌的事说了一遍,又把雨簿递给儿子。龙太子毫不在乎,笑笑说:"父王,你心眼太死。这事好办,错错时辰,换换地方,调调雨量不就行了。明天咱午时布云,未时下雨,不下在长安,下到山东济南一带,下三尺三寸零四十八点。下罢雨,就去割袁天罡的头。"金花老龙点点头,说:"好!玉皇大帝高高在上,料他不会知道。"他便命龙太子按计行事,代他去济南行雨。这雨一下,济南城可遭了大灾,下得房倒屋塌,人死无数。天一晴,尸首腐烂,臭气熏天,直冲进灵霄宝殿。玉皇大帝闻到臭味,便问太白金星是咋回事。太白金星到南天门一望,原来是金花老龙行错了雨,忙向玉皇大帝禀报。玉皇大帝听了大怒,把金花老龙定为死罪。派谁去斩首呢?扳扳这个,扳扳那个,都跟金花老龙不是沾亲就是带故。这事还不能拖,不然它的亲朋好友都来奏本说情,事情就难办了。玉皇大帝问太白金星咋办。太白金星说:"大唐朝臣中有个魏征,此人耿直,铁面无私,让他去斩吧。"玉皇大帝点头答应。

再说金花老龙,行罢雨扬扬得意,心想:雨也下了,跟袁天罡说的根本不照,这回非割了他的头不可。想着,他又变为一个书生进了城。来到袁天罡的卦摊前,金花老龙微微一笑:"姓袁的,咱那天打手击掌的事你还记得吧?"袁天罡说:"记得,记得!我纵然忘了,你违反天规,故意把雨行错,害死百姓

无数,玉帝可忘不了。你的头也不用我取,玉帝已有安排,明天午时开斩。金花老龙呀,你跟我赌气,咋能违反天规,拿百姓的生命当儿戏呢?"金花老龙一听袁天罡认出了他,知道袁天罡不是凡人,对他的话也不敢不信了,身上直冒冷汗:"袁先生,玉帝他知道了?""济南城尸臭熏天,还能不知道吗?"金花老龙扑通跪在袁天罡面前:"先生,都怪我老糊涂了,犯下这滔天大罪。念我一辈子替天行道,为百姓行云布雨,求你生法救我不死。"袁天罡说:"我救不了你呀!斩你的是魏征。你去找当今皇上求情吧。"

这天夜里,李世民一睡着,金花老龙就变成个白胡子老头去找他。他忙让座倒茶,问金花老龙有啥指教。金花老龙便把跟袁天罡打赌,故意行错雨,玉帝派魏征明天中午把他斩首的事说了一遍,恳求李世民救自己不死。李世民听了很为难,说:"哎呀!您身为龙王,曾为百姓行云布雨,功德无量,为这事定个死罪未免太重。寡人有心救你不死,怎奈那魏征性情耿直,不徇私情。玉帝既然有令,只怕他不会听寡人的,阻挡不住啊!"金花老龙说:"只要您有心救我,这事也不难。只要明天午时您把魏征留在宫中不让他出门,过了时辰也就没事了。"李世民听金花老龙这么一说,茅塞顿开:对,到时候借故留住魏征,既救了龙王不死,玉帝也不知道寡人有意违抗他的旨意,两全其美。想到这里,他就答应了金花老龙的请求。

第二天,李世民对做过的梦,当真不当假,真个把魏征叫到身边,说:"今天无事,咱俩下棋吧。"魏征也不好推辞,就坐下来下棋。天晌午了,李世民也不收棋,一直跟魏征下。魏征感到困倦,想睡一觉。李世民心里说,你睡了更好,再不会走出宫门去,就让他睡了。魏征躺下不久,热得脸上冒汗。李世民怕他热醒了,拿着扇子给他扇风,还用袍袖替他擦汗。睡了一会儿,魏征醒了,睁眼见李世民在身边坐着,禀道:"万岁,刚才我把金花老龙给斩了。"李世民大吃一惊:"爱卿,刚才你睡了一觉,咋会能把金花老龙斩了呢?"魏征说:"我在梦中接玉帝圣旨,命我午时把金花老龙斩首。老龙见我就跑,我追了好远,累得满头大汗,追上把它斩了。"李世民后悔不该替他擦汗、打扇子,这是帮他斩了金花老龙啊。

金花老龙魂儿不散,恨李世民身为皇上,说话不算数,当面答应救命,背地里给魏征擦汗、打扇子,帮助魏征追他,夜里便到宫中大闹。李世民对金花老龙说那是误会,金花老龙不信,天天夜里闹得李世民睡不成觉。李世民问魏征咋办,魏征说:"你把敬德、秦琼从边关召回来,让他二人把门,金花老龙就不敢来了。"李世民就把他俩召回来把住门,果然夜里平安无事。

金花老龙还不死心,不敢到宫廷闹,又到民间闹,要闹得李世民的江山不太平。李世民又问魏征咋办,魏征说:"请万岁传旨,把敬德、秦琼的像刻出来,印在纸上,让天下百姓把他们的像贴在大门上,试试咋样。"李世民就下了一道圣旨,让百姓大门上贴敬德、秦琼的像。一试很灵,金花老龙再也不敢在民间闹了。

从此,民间形成习惯,年年把敬德和秦琼的像贴在门上,把他们称为门神。

二、祖师的来历

中国历代皇帝死后,都由皇帝的长子继位。明朝开国皇帝朱元璋的长子朱标,却死在朱元璋的前头,这可咋办呢?朱元璋就决定他死后让他长子的长子即他的长孙朱允炆继位。有一次,朱元璋想试试朱允炆的才学,就让朱允炆与他对对联。朱元璋出上联:风吹马尾千条线。朱允炆对下联:雨打青楼一片新。朱元璋一听不大高兴。为什么呢?皇太孙眼里只有一片青楼,心胸不广阔,看得不远,气度不大。再说,人们又叫妓院为青楼,皇太孙想的若是这片青楼,那就更糟了。

他们爷孙俩对对联时,朱元璋的四儿子朱棣来到跟前。他听了朱允炆对的下联也不赞成,就征得朱元璋的同意,对了一句下联:日照战袍万点金。朱元璋本是驰骋疆场、灭元建国的英雄,听了老四朱棣对的下联,心头一阵激动,感到朱棣有丈夫气概、将军胸怀。朱元璋一时高兴,就封朱棣为燕王,给他以重兵,镇守燕京。

后来,朱元璋死了,朱允炆即位,改国号建文。朱允炆知道他当皇帝,他那些被封为王的叔伯们未必服气。由于害怕他们夺他的皇位,他便采纳权臣齐泰、黄子澄的建议,按照汉朝削藩的办法,先后把一些藩王削职为民。削到燕王朱棣头上时,因朱棣握有重兵而碰了钉子。朱允炆命铁铉率削藩军往北打,朱棣便以"清君侧"的名义,率"靖难"军往南攻。两军相遇,靖难军敌不过削藩军。这时,朱允炆却把铁铉召回南京。削藩军没有铁铉指挥,便节节败退。靖难军一直打到南京城下,围了个水泄不通。

朱允炆被死死地围困在城内,外无救兵,跑也跑不脱,怎么办呢?大难临头,他忽然想起一个锦囊来,那里边必定藏有妙计,慌忙取了出来。

提起这个锦囊,还有一番来历。

话说朱元璋造了元朝的反,安邦定国以后,疑心跟他造反的文武大臣再造他的反,便用计盖庆功楼,把文武大臣请到楼上庆功痛饮,一把火将楼烧掉,害死文武大臣,消除心头之患。刘伯温识破朱元璋的计谋,决心辞朝归隐。刘伯温走的时候,朱元璋与他送别,问道:"你看蒙古人会不会再杀来?"刘伯温说:"蒙古人不敢再来,就怕燕子飞来。"朱元璋一听就明白,燕子是指燕王。莫非他要谋反吗?燕王朱棣智勇双全,手里有重兵,他要反了可如何是好呀?他便又问:"他飞来了怎么办?"刘伯温说:"送万岁锦囊一个,遇到危难时,打开自有妙计。"

朱元璋把锦囊保存在身边多年,没遇着大难,也没打开过。他临死时,想到要继承他皇位的朱允炆才能不高,怕会遇到危难,就把锦囊交给了他,并说:"遇到危难时,可打开来看。"

朱允炆此时取出锦囊,打开一看,里边包着一件和尚穿的袈裟,一个剃头刀子。朱允炆见这东西,叹道:"我该剃发为僧了。"他连忙摘下皇冠,脱掉龙袍,化装成和尚,逃出城去。

燕王朱棣攻破南京,皇宫内外,四处寻找,不见朱允炆的踪影,就派兵马各路追查。有一队兵马追到武当山,朱允炆刚跑到这里,听到追兵人喊马叫地追了上来,便被吓破了胆,死在武当山上。

朱棣当了皇帝,改国号永乐。他怕人说他篡位,对朱允炆特别尊崇,造出舆论,说建文皇帝在武当山成神了,封为"祖师",并让人在武当山上盖金庙,塑祖师金身,还亲自上山朝贺。他一去朝贺,朝里文武大臣也去朝贺。地方百姓看当朝天子和文武大臣上山朝贺,也都纷纷上山朝贺。

三、卢医庙的来历

嵩山东南凤凰岭上原有一座规制可观的青砖蓝瓦、古朴雅致的庙宇,庙门外一对怒目圆睁的石狮子把门,庙门里正中坐着一位面貌淳朴善良的白胡须金妆塑像,两边各有一个手托盘盏的童子像。这就是卢医庙,庙内的神像便是卢医扁鹊和他的弟子子阳、子豹。

卢医扁鹊,原名秦越人,号扁鹊,卢国人,也就是渤海郡鄚州(今河北省任丘县)人。有人说他是公元前五世纪人,有人说他是战国中期人,究竟是什么时代人,年代久了,没有记载,不能考究,反正是两

千年前的人。那时是奴隶社会,扁鹊出身很贫苦,聪明机灵,勤奋好学,青少年时期曾当过客舍的舍长,也就是管理员。客舍里住着一位很有学问的医生,名叫长桑君。扁鹊对他很尊敬,扫地、倒水、押床、端饭,处处事事给他行医的方便。长桑君看扁鹊殷勤可靠,又聪明好学,很可造就,就把扁鹊叫到自己的住室,说:"你是个好孩子。我有很多治病的秘方,我老了,想把它都传授给你!"扁鹊听了很高兴,说:"谢谢您!"赶忙拱手拜谢,跪地叩头,认长桑君为师父。长桑君搀扶扁鹊起来,立下教学规矩,把自己所知道的医学知识一五一十都教给了他。扁鹊认真听讲,仔细记住,有不懂的问题就虚心求教。他不仅要记住,还要思考,更要结合实际跟师父学着为人治病。就这样,经过十几年的勤奋学习和反复实践,他终于掌握了长桑君的全部医学知识,看病能看到肝胆五脏的症结,治病能药到病除,成为当时民间很有名的医生。因为他是卢国人,人们都称他是卢医扁鹊。

卢医扁鹊为人治病,兼治内科、外科、妇科、儿科、五官科等多种疾病。他对于当时社会上的巫医借治病图财害命的行径,进行坚决斗争。他行医到过河北、河南、山东、山西和陕西等地,设法为各地的人们解除疾病的痛苦。

一次,他到了阳城山下,正逢颍河涨水,临河村上的一个七八岁的小孩儿被水冲走,村上大人们一面跑着追赶,一面高呼救人。孩子的父亲不顾一切地跳入水中抢捞,旋涡几次把他卷进水里,又举出水面。他一露出水来就抹下满脸的泥水,盯准孩子的方向,又向前扑去。几个村民也下水打捞,几次被浪涛打倒。最后他们在河面较宽、河水平稳的地方,抢捞出了孩子。可是,孩子已经涨圆肚子,不能呼吸了。孩子的父母哭起来,同村的乡亲也都哭起来了,都说:"天造定的呀,快把孩子埋了吧!"孩子的父母也只好找人去挖墓坑。

这时,卢医扁鹊领着弟子子阳、子豹赶到了。他们看孩子脸色青紫,摸摸脉搏,还有呼吸,但心跳停止。扁鹊立即用手将孩子的下腭推向前方,使紧闭的嘴张开,再将孩子的腰托起,脊背向上,头向下,倒放在子豹的肩上,让他扛起快跑。孩子的父母一看,不知他们玩的什么花样,忙让放下。此时,孩子嘴里喝下的水不断倒出。扁鹊说:"这是肺内和胃内的积水,倒出来,就好了。"他说着,叫子豹把孩子放下,仰面平卧,自己两手握住孩子的两臂做屈伸扩胸,并按摩心脏,然后使孩子俯卧,用手反复挤压背部,使胸部自然张缩,空气自然进入肺部。不一会儿,孩子呼吸恢复,脸色又变红了。扁鹊又让孩子的父母拿来干衣裳为他保暖,又令子阳以汤药为他调服。不几日,孩子便恢复了健康。村里的人都说:"卢医扁鹊有起死回生的本领!"至于卢医扁鹊看蔡桓公疾病的事,诊断秦武王疾病的事,治疗虢国太子疾病的事等,传说就更多了。

卢医扁鹊确实是当时杰出的名医,受到广大人民的爱戴,但却遭到奴隶主贵族秦武王的太医令李醯的妒嫉而被杀害了。消息传来,人们悲痛万分,都说:"子晋乘鹤而去,扁鹊驾凤升天了。"为了永远敬仰他,怀念他,各地都为他修庙宇,立碑石,塑金像。阳城人民也为他在阳城山上修了庙宇,立了碑石,金妆了塑像,很多人还去烧香磕头、拜医求药呢!

四、药王的传说

药铺里敬药王爷,这药王爷就是孙思邈。中国历代有许多名医,如扁鹊、张仲景、华佗、李时珍等,他们都没被尊为药王,为什么孙思邈被尊为药王呢?这事还得从唐太宗李世民说起。

李世民当皇帝后,长孙皇后怀了孕,分娩时遇上了难产。朝中的御医一个个束手无策,眼看皇后性命难保,可把李世民愁坏了。没有办法,李世民就让人到乡间寻访名医,这就把孙思邈请到了宫中。孙思邈一针下去,皇后生了个太子。孙思邈救了长孙皇后和太子的命,李世民大喜,就赏赐孙思邈金银珠宝,孙思邈一概不受。李世民让孙思邈留在宫中做御医,享受荣华富贵,孙思邈也不干。李世民最后问孙思邈要什么,孙思邈说要回乡下去。

药王孙思邈

李世民看孙思邈什么都不稀罕,留也留不下,让他空手走了也不好意思,便让人取出冲天冠和赭黄龙袍,非让孙思邈收下不可。孙思邈没法推辞了,就戴上冲天冠,穿上赭黄龙袍,离开了京城。

孙思邈一离开皇宫,满朝文武对皇帝的赏赐议论纷纷。尉迟敬德听说了,冲天大怒:"老子南征北战,打下大唐江山,也没得到这般赏赐。他个乡下草医,有多大功劳?也不撒泡尿照照自己的影子,竟敢戴上冲天冠,穿上赭黄龙袍,招摇过市。拉马来!"尉迟敬德翻身上马,舞着马鞭大叫:"看我打落他的冲天冠,剥下他的赭黄龙袍!"说着,他催马追去。待撵上一看,尉迟敬德愣住了:孙思邈戴的哪是冲天冠?帽翅向下耷拉着!穿的哪是赭黄龙袍?穿的是个大红袍!原来孙思邈知道皇帝对他的这种赏赐会引起朝中功臣的忌恨,可能要招来麻烦,所以一出城,就把向上的帽翅拉了下来,把赭黄龙袍翻穿在身上。他一见尉迟敬德追来,就知道是咋回事,故意问道:"将军为何赶来?"尉迟敬德张口结舌,停了半天,红着脸说:"我来送你一程。"

孙思邈本来就不愿离开民间,所以李世民让他留在宫中,他不适应。尉迟敬德这一追,更使他感到远离朝廷为好。从此以后,孙思邈隐居深山,再也不出来了。

孙思邈救活的太子就是后来的高宗李治。李治长到十几岁时,李世民把孙思邈救活他们母子性命的事对他讲了,并把孙思邈不受金银珠宝,不愿在朝享受荣华富贵,最后赏赐王冠王袍等,也都讲了一遍。李治听了对孙思邈感恩起敬,一心要拜见孙思邈,可是遍查不知下落。后来李治当了皇帝,每年到三月二十日过生日,满朝文武向他祝寿时,他更思念恩人孙思邈。但孙思邈查不着,见不到,也不知他的生死,咋办呢?李治传旨封孙思邈为药王,在午朝门外建一座药王庙,庙内塑上孙思邈的神像,戴冲天冠,穿赭黄龙袍。从此,每年三月二十日,李治过生日时,就带着满朝文武官员,到药王庙朝拜孙思邈。

从此,药铺里大敬孙思邈,而且也在皇帝三月二十日过生日这天到药王庙焚香朝拜。各地广建药王庙,其中嵩山东麓新密市的药王庙较为有名。

五、城隍庙的来历

唐朝时候,郭子仪父子平定了安禄山叛乱以后,郭子仪的儿子郭艾被招为东床驸马。公主金枝生性骄横,从来不把公婆放在眼里。郭艾受不了这窝囊气,两口子经常吵架。有一次,郭艾还打了金枝。

城隍庙一景

唐王知道了,要斩驸马,多亏国太说情,才免了。这一来,金枝更加厉害,动不动就骂公婆。

郭子仪想了个办法:暗地里请了一些工匠,在城外修了一座庙,起名叫城隍庙。京城的百姓都来看,郭家故意不让金枝看。城隍庙里有阴曹地府、阎罗宝殿、十八层地狱。这十八层地狱有抽筋狱、剥皮狱、刀山狱、火海狱、油炸狱、磨研狱等,专门惩罚那些生前作恶和不忠不孝的坏人。除了十八层地狱,还有一座奈何桥,八丈高,桥面只有三寸宽,没有扶手栏杆。说是那些淫妇、泼女、骂公婆的媳妇死了以后,会被小鬼赶着上桥,掉下去的被蛇缠狗咬,不叫她们再托生。

金枝知道后,越是不让她看,她偏要去看。她从头到尾看了以后,吓得心惊胆战,痛改前非。从那以后,再也不骄横了。

唐王听说女儿看了城隍庙,变得贤慧孝顺了,心里很高兴。他下了一道圣旨,叫各州各县都修城隍庙,用这种办法教育人。

六、土地爷赐煤土的传说

土地爷是民间的一神仙。古时,地方分社,有的地方二十五户为一社,有的地方一百户为一社,管理一社地方的为地方长官,管着社里人们的生产生活和其他事务。群众迷信,认为也有神灵管理这一社地方阴间的事,管着这一地方的风雨阴晴,五谷收成,这个神就叫社神,也叫土地爷,每年春秋给社神祭祀,唱戏,那就是社戏。在嵩山箕山附近的村庄,都敬有社神,即土地爷。

传说古时候,箕山脚下很多地方有露头煤,但人们不认识,只知道是黑石头,有的风化了,就叫黑土。人们在地里干活,冬天冷就聚在沟壑里背风避寒,拾柴烧火烤,身上暖了再干活。可是,有时烧火烤,柴草烧尽之后,火

土地爷

不灭,反而着得更大了。人们用棍子扒拉一下火堆,见是把沟壕里的黑石头烧着了,知道黑石头能燃烧,而且比柴草的火力更旺,燃烧更耐久,便挖取黑石生火,叫它石炭,后来叫它煤。

天长日久,你挖我也挖,相近的村人因为挖多挖少,超出地界引起争吵,甚至打架。这天,两个村庄因挖煤多少争吵殴斗之时,一个白胡子老头,头戴乌帽,身穿长袍,善眉慈目,和颜悦色地过来劝架,说:"争吵什么?殴斗什么?挖多挖少都是我管的地盘,我再给你们些东坡的红土掺掺,不就多了吗?这样一掺,拿水和一下,烧着比纯煤还好,还耐烧呢!"两村人不争吵殴斗了,定睛看时,老头不见了。人们揣摸着:这是管一方土地的社神土地爷吧?

后来,人们照着办了,果然,很好烧。一传十,十传百,各村的人们都挖煤掺土来烧火做饭、取暖,还在村头巷尾都盖了土地庙,年年祭祀。

七、傅二别子的故事

说起傅二别子,嵩山脚下的登封城方圆十里八村没人不知道。可是,傅二别子的真名叫什么?谁也说不上来。原来,傅二别子弟兄两个,他是老二,这人脾气虽然有点僻,办事儿倒很利落,因此别人给他起个绰号叫"傅二别子"。当面叫他,他也答应,以后,傅二别子的真名倒没人知道了。

傅二别子的家在中岳庙西天民街,这个村总共住了一百来户。这一百来户年年轮流要给中岳大帝进供品做神社,这规矩不知是什么时候传下来的。据说谁家心不诚,社做不好,供品进不上,中岳大帝就要选招谁家的儿子、闺女作金童玉女。要想免选,就得心诚,把社做好,供品进齐。供品是:一猪二羊三匹绸,五两银子十担油。庙里的道士年年诈传:"今年中岳大帝要选金童玉女了。"这吓得一百多户人家人人胆战心惊。虽然年头久了,没见过谁家的孩子、闺女被选走,可也没人敢违这个规矩。

这一年,轮到傅二别子给中岳大帝做神社了。傅二别子整天东奔西跑,托人说合卖地借钱来筹备供品。可偏偏这年是歉收年,卖地没有人买,借钱没人给,眼看进供品的日期就要到了,还是没有一点门儿。道士天天上门催供品,每来一次,就像火上加一把干柴,愁得傅二别子老少四口人饭都吃不下。

一天,道士又来催供品了,一进傅二别子家门,就说:"傅二别子!这路我真跑够了。时候到了,供品你还不进,昨夜里中王老爷给我托梦说:'今年的社是该谁家做了,到现在咋还不见供品进来?'我好说歹说,把嘴皮子都磨破了,才把他老人家打发走。你要是再不进供品,中王老爷怪罪下来,可真要选你儿子闺女了。"

傅二别子家老少四口人一听,吓得汗直往外冒,都给老道跪下了,磕头求告说:"过几天卖了地借来钱,一定把供品进上。只求道长在中王老爷面前说几句好话。"

谁知越求告,道士的态度就越硬,眼瞪得比鸡蛋都大,非叫马上把供品交来不可,逼得傅二别子走投无路,老婆孩子放声大哭。道士一见,越发生气,大声说:"啊!好你个傅二别子,竟敢软抗中王老爷的供礼,真是胆大包天!我今黑儿跟中王老爷一说,叫你吃不了兜着走!"说着,他气呼呼地朝外走。到大门口,他又拐回来,问:"傅二别子,中王老爷的供品你打算进是不进?"傅二别子真叫逼得没法子,心一横也大声说:"要供礼没有,要命四条,你请看着办啦!"

道士一看,事弄僵了,怕真的把话说死以后没法办,就马上改口说:"嗨!我也知道你艰难,可我干这份差事,中王老爷的供品不催又不行。我还不是想叫中王老爷保佑咱过好日子!唉,叫我看,光棍不吃眼前亏,还是赶快想办法进供品好。人老几辈子,谁敢惹他老人家呀!这个家我替他当,再宽你一天,明儿不进可不行啊!"说罢,他扭头就走了。

傅二别子一夜没合眼,想得头疼也没想出一点法来。后来他想:谁也没见过显灵的真神,管他呢,反正是过不成,豁上了。

第二天,老道士又来催供品了,说什么也不肯宽期了。傅二别子一急,跑到屋后掂一把砍刀就出来了,老道士一见可真也毛了。傅二别子蹿上去拉住老道士,说:"走吧!咱一同去见中王老爷,说清楚与你没事,不叫你作难了。"老道一看,傅二别子那股犟脾气上来了,一句话都不敢吭就跟着走了。

来到中岳大殿,两人往地上一跪,傅二别子说:"中岳大帝在上,下跪弟子傅二别子,今年中岳大社是该我做了,可是供品我进不起。我听道长说你立时不等,要选我的一双儿女来侍奉你老人家。要叫我看,你是阴间一帝王,三宫六院七十二妃都有,也不差我的一双儿女。我求你还是免选了吧,咱大家都能过去。你要是一定要选,我家四条命都交给你。可咱还得说清楚,你不叫我过,你也不得太平,我现有砍刀一把,先砍你的金像,再焚你的庙宇。大家都不过算了!"说罢,他站起来,一刀下去把一块青石砍成两半,扭头走了。老道士在一旁吓得浑身筛糠,好大一会儿才哆哆嗦嗦地回庙院去了。

傅二别子这样做算顶住门事了,老道士再也不敢催供品了。从此,中岳神社倒了,再没人进供品了。

八、活神仙算卦

从前有个算卦仙儿,人称"活神仙"。他的卦摊儿前经常挤挤抗抗的,生意很红火。

一天,卦摊儿前有两个看客挤着挤着就打起来了。活神仙抬头一看,一个是个老头儿,怀里抱个火罐儿,另一个是个年轻娃子。他想:真要打起来,生意就做不成了。于是,他就把老头儿喊到一边,悄悄对他说:"老人家,你手里这个火罐儿,是南海老母的聚宝盆哪!这几天老母正到处找哩,赶快拿回去藏个牢靠地方,三天内只要老母收不走,就永远是你的啦!"老头儿一听,也顾不上吵架了,抱上火罐儿就往家跑。那个年轻娃子正要去追,活神仙一把拉住他说:"小兄弟,那老头儿三天内必遭横死。你可别惹他,小心吃官司!"年轻娃子吓得直伸舌头,也回家去了。小神仙又安安生生地做他的生意了。

算卦仙儿

再说那老头儿回家后,赶忙在山墙上掏个洞,把火罐儿放进去,用张纸糊住洞口,又搬把椅子对着墙一坐,瞪大两眼看着洞口,生怕那火罐儿飞跑了。他守了一天又一天,三天期限眼看就到了,实在太困了,忍不住打了个盹。就在这时,只听"噗嚓"一声,"聚宝盆"掉在地上,摔成碎片啦!老头儿心疼得要死,抱头大哭:"哎呀!宝贝叫老母收走了,我可咋活呀!"

火罐儿是怎么掉下来的呢？原来老头儿的隔壁住着一家卖豆腐的。卖豆腐老汉往山墙上㧟木橛子，准备拴驴，正好㧟到了那个墙洞里，把火罐儿冲出了墙洞。卖豆腐老汉听见隔壁传来哭声，不知出了啥事，赶忙跑了过去。他一问是为烂个火罐儿，不值个啥，劝说几句，就回来了。回来不见了驴，卖豆腐老汉急得四处寻找，也没找着。他猛地想起活神仙卦灵，就想算一卦，让他指指方向再找。

这天，活神仙的卦摊儿前仍是挤满了人。卦摊儿对面药铺的掌柜觉得卦摊儿遮了他的门面，搅了他的生意，就想把活神仙撵走。他板着脸来到活神仙面前，说："哎，我几天没发市了。你给算算什么时候能转运。"活神仙一听就知道他是来找事儿的，随口说："不用算，今儿晌午正当午时，你就能发两钱的利市。"药铺掌柜说："那好，到时候看！你若失算，就立刻给我卷摊子。"

药铺掌柜刚走，卖豆腐老汉就赶来了，催着活神仙，叫算算他的驴跑哪儿去了。活神仙想了想，说："不用着急，驴丢不了。你只要到对面药铺里抓两钱的药吃吃，驴自己就会回去。"卖豆腐老汉说："两钱太少了吧？"活神仙说："不多不少正合适。记住，一定得正当午时去抓，时辰不对也不灵验。"卖豆腐老汉说："吃什么药呢？"活神仙说："随便什么药都行。"

正当午时，卖豆腐老汉进了药铺："掌柜的，抓两钱的药。"药铺掌柜吃了一惊！他正在等着过了时辰就去找活神仙算账呢，这两钱的生意真的不迟不早找上门来。可他不愿轻易认输："老人家，两钱太少了，没法儿抓。"卖豆腐老汉说："不少不少，随便捏点儿啥药都行。"药铺掌柜说："我不要一文钱给你，行吧？"卖豆腐老汉说："那不行。这两钱算是花定了。"说着，他把钱扔了过去。药铺掌柜想：非抓两钱的药不行，莫不是和活神仙串通一气来捉弄我的？咱就对着捉弄吧，随手抓了一把大黄，包起来交给了卖豆腐老汉。

卖豆腐老汉回家，就叫老伴儿把药煎煎，喝了下去。他哪知道给他抓的是泻药呀，不大一会儿，肚里就翻花搅浪，他拉起稀来，不住地往屋后茅厕跑。后来跑不及了，他干脆蹲在茅厕里不起来了，一边还狠狠地骂着："我叫你拉！我叫你拉！明天非告你鳖孙不可！"他本来是骂药铺掌柜的，可这话叫他屋后那一家听见了。原来卖豆腐老汉的驴跑到这家院里了，这家想得外财，把驴昧起来了，想等天黑人静时，拉到外地卖钱花。谁知天还不黑，就见老汉不断地出来进去，想着是露了马脚，卖豆腐老汉在盯他们的梢，又听卖豆腐老汉骂着要告，可吓坏了，等到夜里把驴放了，只把驴缰绳昧下了。

第二天早起，卖豆腐老汉一开门，发现驴站在门口，高兴得抱住驴头亲起来。可缰绳怎么会丢了呢？他老伴儿想了想，说："我煎药时，怕药量太大你受不了，就扔了一点儿。"卖豆腐老汉埋怨说："是了，是了，人家活神仙叫吃的药还会有错？你要不打折扣，咱那驴缰绳肯定丢不了。"

九、夜闯女儿坟

"女儿坟，鬼拉人。"这在黄草坡村一带谣传得很厉害，谁提起村西黄草坡上的乱坟岗，都说那里"野"。

"女儿坟"敢不敢去？有名的"天不怕"王兴说："我敢去，输点啥？"一群半大小伙子伸着头、瞪着眼，和他打赌："你胆大敢去，我们给你买十斤点心！"团支书李新想，自己多次到乡里开会，晚上回来，路过那里，并没见到什么"鬼拉人"，应该破除大家的迷信，就说："啥也不输，我也敢去！"王兴说："不，我非叫他们输十斤点心不可！"争来争去，最后还是决定王兴去。条件是：夜里把砍好的桃木橛㧟在女儿坟东南角上。

女儿坟在哪儿？在黄草坡村西北二里多的荒草坡上。多年来四邻村上的闺女死了都埋在那里，逐渐成了乱坟岗。坟堆间长了一些柏树、荆条、荒草，风一吹，在坟堆上不停地摇晃，使人感到荒凉阴森，恐怖可怕。

这天夜里，王兴穿着大衣，拿着斧子和砍好的桃子橛，便顶着冷风上路了。

冬天的夜，北风呼啸，寒气逼人。王兴仗着路熟，大着胆子摸黑往前走。走了一里多路的时候，坟场里柏树呜呜作响，路旁的荒草、石头都像人立狼卧，他嘴里说"不怕！"但心里却真有点发毛。离坟堆更近了，柏树的响声更大了，黑糊糊的树影在风中摆动，身边的枯草也在风中哀鸣。王兴哆哆嗦嗦地摸到一个坟头，蹲下身来就往坟上搠桃木橛。一下两下，突然，他觉得大衣被谁拽了一下。他跳了起来，拔腿就跑。可是大衣角被拉住了，他使劲挣扎，"哧啦"一声，大衣被撕破了。他想："女儿坟真有鬼拉人啊！"为了不被拉住，他不管天黑路不平，跌跌撞撞，一气儿跑回了家，一头扎在床上，不住地筛起"糠"来。

大伙看他吓成这个样子，大衣又被撕破，有的人更相信女儿坟上有鬼了。李新想：奇怪！怎么会有鬼拉人呢？我今夜非去看个究竟不可，大家劝他不要去。他说什么也不听，还是拿了一支手电筒，抖擞精神出发了。

天更黑了，风更大了，李新一溜小跑，冲向女儿坟。一路上，听到呜呜的叫声，他说："这是柏涛。"看到黑影在远方起伏，他想："这是柏树在风中摇摆！"他摸到女儿坟的东南角上，在手电筒亮处，找到了斧子、桃木橛和被桃木橛搠住而撕下的大衣角，他心里明白了：啊！原来是桃木橛拉住了王兴！

当李新拿着斧子、桃子橛和大衣角回到王兴家的时候，小伙子们都很惊奇。听了李新的解释，又看见他拿回来的东西，不由得哄笑起来，都说："唉呀！哪有什么鬼拉人，尽是自己吓自己。"

第六章　乡里风情

关于乡里概念的来源,可以追溯到古代,乡和里是最基层的行政组织,所以往往连称"乡里",用来表示民众聚居的基层单位。现在说乡里,多指家乡、乡村;而风情指丰采、神情、情趣、人的仪表、邻里关系和风土人情等。作为华夏民族发源地的嵩山地域,在古老的姓氏、家族、村落、乡亲邻里关系等方面,充分表现出独特的民俗与风情。

第一节　姓　　氏

中国的姓氏林林总总,十分丰富,它是中华民族历史、文化悠久的特征之一。姓氏作为标志家族系统的符号,它的存在已有好几千年了。在漫长的历史长河中,它与一个民族的发端、形成、迁徙、地理、宗教、语言等历史状况有着密切的联系。姓氏原先是有贵贱之分的,只是随着社会的发展,这种区分才逐渐消失,最终只剩下符号这一主要功能而已。

一、姓氏的源流变迁

中国的姓氏产生于原始社会。明末清初的著名学者顾炎武根据《春秋》考证了秦汉以前的22个姓,然而这些姓究竟如何产生,语焉不详。在历史发展的进程中,姓氏总是随着历史的发展而不断演变的。从这个意义上讲,姓氏的变化,反映出了一定的时代特征。

(一) 姓与氏的渊源

在上古时代,姓与氏是有严格区别的。姓是表明个人所在家族的符号。汉朝的许慎在《说文解字》中说:"姓,人所生也,古之神圣人母,感天而生子,故称天子。因生以为姓,从女生。"所谓圣母生天子的神话,只是无稽之谈。但是,姓由"女"和"生"合成,这一现象值得注意。从《国语》中《周语》和《晋语》记载的上古天帝赐姓的名称,主要是姒姓、姜姓、妫姓和姬姓,而姒、姜、妫、姬都从女旁,可见绝不是偶然的现象。清代学者徐承庆说:"姓之本义谓生,故古通作生,其后因生以赐姓,遂为姓氏字耳。"显然,姓是母系氏族社会共同血缘关系的称号。

中华民族始祖黄帝像

随着社会生产力的向前发展,父权制代替了母权制,到了父系氏族社会,情况起了变化,开始以男子为主体,特别是进入奴隶社会以后,姓氏被打上了贵贱烙印。清人袁枚在《随园随笔》中说:"《礼》疏云:天子赐姓赐氏,诸侯赐氏不赐姓。贵有氏,贱无氏;男称氏,女称姓。姓者,所以统系百世而不变者也;氏者,所以别子孙所自出,一传而变者也。"这就是说,氏是辨别贵贱而又为贵族独有的标志。而每一个人生下来,姓是早就确定下来了的。在以男子为中心的周代,男子作为氏族的主体和当然代表,只称氏而不称姓。至于女子,则称姓。贵族女子在婚前和婚后,生前死后,有种种不同的称呼,但无论怎样称呼,必须带上姓。这时候的姓,实际上是能否通婚的标志。姓同而氏不同者,禁止通婚;氏同而姓不同者,则可以通婚。

姓与氏的区别还表现为:姓是稳定不变的,而氏则是可变的,有时还变化得相当频繁。尤其是诸侯公室和卿大夫,有的不仅上一代和下一代不同氏,而且一个人一生前后可以有两个或两个以上的氏。氏的这种变化更替,往往反映了在财产和权力再分配的政治斗争中,贵族内部各派力量的彼此消长。当然,姓和氏的区别也不是绝对的。如果把西周时代的一些异姓再追根溯源的话,完全相当于日后由一个姓派生出来的不同氏。所以说,姓和氏的区别总是相对于一定的历史条件而言的。

(二)姓氏的具体来源

中国姓氏的具体来源形形色色,五花八门。古代人在姓氏的发展变迁中,像一棵大树上生发出来的枝条,逐渐生长得稠密而旺盛。其中有以图腾为姓氏的,有以祖辈名字为姓氏的,有以国名、所封地名为姓氏的,有以爱好的东西为姓氏的,有以祖辈的职务为姓氏的,有以地名、山名、水名为姓氏的,有以植物名称为氏的,不一而足。这里主要选择与嵩山地域的姓氏发展有关的几种:

1. 氏族的名称来源于图腾

姓起源于原始社会的母系制时期,与先民们的图腾崇拜有关。母系氏族制也叫"母权制",是继原始人群之后的原始公社制度的一个阶段,始于氏族公社的产生,终于父权制的确立,大体上相当于考古学的旧石器时代中晚期至新石器时代。母系氏族制的主要特征是妇女在氏族社会中居支配地位。母权制早期,以狩猎、采集为生的原始人认为每个氏族都与某种动物、植物有血缘关系或其他特殊关系,往往尊奉此物为本氏族的名称,即氏族的徽号,这就是图腾。当时的部落多是用动物的名称命名,如:狼、龙、熊、鹿、牛、马、龟、蛙、鱼、鸟等,这些动物就是氏族图腾的崇拜对象,既用来作氏族的名称,又有点姓的味道。图腾不等于姓,但却是姓的最早来源。如白云姓,就是由图腾转化而来,系出轩辕氏。

2. 以祖先的族号或谥号为姓

如尧的祖先族号唐,其后代便姓唐。

3. 以职业和官职为姓氏

如卜、祝、巫、史等姓,就因为他们的祖先担任过这些职务。如卜姓,古人用火灼龟甲取兆,以预测吉凶,叫"卜"或"占卜"。后来用其他方法预测未来,也叫卜。周代掌管占卜的官叫"卜人",他们的后代以官为姓。

4. 以地名为姓

如敖姓,敖亦作隞,以地名为姓。

5. 以山名、河名为姓

如邙姓,嵩山北麓的邙山,居者以山名为姓氏。如汴姓,居住在嵩山地域中的汴水(即索河)边的人以水名为姓。

6. 以国号、封地名为姓

黄帝之子昌意的二儿子名安,居于西方,自号安息国(今伊朗高原),至东汉末年,遣世子高入朝,定居京城洛阳,以安为姓。如费姓,姒姓夏禹的后代建立费国,后以国为姓。如邲姓,春秋时郑国大夫食邑于邲,后以地为氏。如管姓,周武王姬发封弟叔鲜于管,叔鲜的子孙以国为氏,后来,周穆王又有庶子封于管,其后代以邑为氏,也称管氏。

7. 以祖辈的字为姓

如游姓,源于郑国公子堰,字子游,其子孙便姓游;如卑姓,以祖辈名字为姓氏,系春秋时郑国大夫卑谌的后代。如伯有,春秋时郑穆公的玄孙良霄,字伯有,其后以祖字为氏。

8. 以植物名为姓

如以杨、柳、柏、花等植物为姓。

9. 以数字为姓

如伍、陆、千、万等姓。

10. 以次第为姓

一家一族,按兄弟顺序排行取姓,如老大曰伯或孟,老二曰仲,老三曰叔,老四曰季等,后代相沿为氏,表示在宗族中的顺序。

11. 以技艺为姓

如巫、卜、陶、匠、屠等。

魏孝文帝迁都图

12. 因赐姓、避讳、犯罪而改姓

如恒姓改为常姓，敬姓改为苟姓等。

13. 以爵位称号及爵系为姓

如皇、王、公、侯、王叔、王子、王孙、公子、公孙等姓。

14. 古代少数民族经过民族融合，改为汉姓

北魏时孝文帝迁都洛阳以后，实施了汉化政策，鲜卑族纷纷改为汉姓。如褒姓，就是鲜卑族达勃氏随北魏孝文帝南迁洛阳后于496年改为褒氏的。如费姓中的一支，是北魏孝文帝于496年将匈奴族归附北魏的费连氏改为费氏的。

嵩山地域居"天下之中"，是我国古代文明的发祥地，又长期是我国政治、经济、文化、交通的中心，因此不管是在姓氏开始形成的时期，即三皇五帝时期，还是在姓氏发展的夏商二代，在姓氏普及时期的周代，以及北魏孝文帝实行汉化政策等时期，嵩山地域均是姓氏形成、起源的一片沃土，给形成姓氏的种种方式，如图腾取姓，以氏族、部落取姓，以封国、邑、亭、乡名取姓，以先人名或字、先人谥号、爵位、官职、技艺取姓，赐姓、改姓等提供了最理想的条件。

（三）姓氏联名的形式

1. 母子联名制

母权制早期，妇女从事采集，男子渔猎，实行族外群婚，子女知母而不知父，世系从母系计，所以，凡在一个氏族名下（即同一）的全体成员，都出自于一个母系祖先，有着密切的亲族关系。"姓"，在中国从"女"、从"生"，是母系生身的意思。周文王姓姬，就是从女。还有姜、姚等老姓，也从女。这说明在母系社会后期，产生了姓。不过，当时有以母姓为姓的，也有以母名为姓的。以母姓为姓的，堪称真正的姓。

2. 父、母、子联名制

人类出现了对偶家庭以后，姓就不再是完全按母系了。这个阶段的姓名名目最多，有的依母，有的依父，但更多的是二者兼而有之。采用父、母、子联名的也有，但数量不多。

3. 父子联名制

这里也包括父姓加本人名的。这种情况，是在人类家庭形态进入父权制家庭以后的事。文王姓姬，说明他有承袭母系家庭的一面，可是，他也是父系的起点。他没完全承母系。从他起，人姓父姓，不姓母姓，起码也得父名、子名联名。

姓名是随着家庭形态的演化而变更的。中华人民共和国成立以后,姓名又发生了新的变化。嵩山地域的姓氏情况发生了很大的变化,呈现姓氏形式多样化特征。有的人从父姓,有的人从母姓,有的一家当中两种并存,还有人以父姓为姓,以母姓为名。此外,还有人既不姓父姓,也不姓母姓的,如笔名、艺名、化名、播音名等。笔名、艺名当中,又有两种:有的用笔名、艺名等取代了名字;有的在普通场合用笔名、艺名,只是在一些庄重场合,如选举等,才用从父姓的姓名。这反映了现在人们的家族观念开始淡薄,不再像封建社会那样注重宗亲血脉了。

(四)姓氏的变异

嵩山姓氏习俗,多随父姓,而个别用母系姓的,由如下几个原因造成:

1. 外甥过继给舅。

2. 父亲为入赘的。

3. 父早亡,母族户面大,为不受欺凌,改随母姓。

4. 父氏遭罪,为避祸躲难,改从母姓。

5. 独生子娇惯,遂认义父,并有嫌原姓谐音不好,如王、苟、莫等姓,特意改为刘、常、郝等姓。

(五)姓氏规矩

嵩山地域的姓氏在长期的发展中,也有传统的姓氏规矩。

1. 姓氏不论大小,每个姓氏都讲究"认宗亲",注意编写自己姓氏的谱牒(家谱、族谱、宗谱),按辈分排列谱系。过去只排男性,不排女性;后来排夫妻,子孙,不排女儿;新中国成立后,讲究男女平等,也排女儿及其夫家。另外,在谱牒中还写族内的先进模范人物,以教化后人。再次也写族规、族约,以规范族人行为。最后要写"排辈字歌"或世辈,使其辈分不乱。

2. 每姓氏内支系居住,分长幼行事。族内年长辈高、德高望重者为族长,负责管理族内重要事务,包括处理族内各种矛盾、纠纷和祭祖事宜。

3. 同姓一家人分长幼居住。阳宅(朝阳的宅院),长辈住北屋,晚辈住东、西、南屋;兄弟排行,兄住东屋,弟住西屋。阴宅(背阴的宅院),长辈住南屋,晚辈反之。其他,依次类推。

二、嵩山地域的姓氏

嵩山地域各市县的姓氏由两部分组成:一为本地区的宗族、信仰或地名形成;二为外地迁徙而来的,尤其是明洪武至永乐年间政府组织的大迁移中由山西迁来。这两部分人各占多少,现在已无从考查,但这两部分人和谐共处已是不争的事实。

(一)源于嵩山地域的姓氏

源于嵩山地域且有据可查的姓氏有800个之多。

1. A

艾(ài) 艾氏在嵩山地域的姓源有二:其一,夏朝第五位王少康(都阳翟)之臣汝艾,其后裔以祖为姓而成艾姓。源于禹州(参考《魏书·官民志》《姓氏考略》)。其二,代北鲜卑族原有复姓去斤氏,北魏太和十七年(493年)随孝文帝迁到洛阳,后改为艾氏。源于洛阳(参考《魏书·官氏志》)。

安(ān)　黄帝之子昌意的二儿子名安,居于西方,自号安息国(今伊朗高原),至东汉末年,遣世子高入朝,定居京城洛阳,以安为姓。源于洛阳(参考《古今姓氏书辩证》)。

安国(ān guó)　楚汉相争时,侯公代表刘邦与项羽谈判,商定以鸿沟(今荥阳境内)为界,东属楚,西属汉。侯公死后谥号为安国君,其子孙以谥号为氏。源于荥阳(参考《姓氏寻源》)。

盎(àng)　系以器为姓。盎是古代一种腹大口小的器皿。源于郑州、洛阳等地(参考《姓氏寻源》)。

敖(áo)　姓源有二:一是颛顼(都帝丘)别号大敖,其后以祖字为氏。源于濮阳。另一支出自商代地名,在今荥阳境内,源于古地名敖或傲、嚻(今荥阳北敖山南),居者以地为氏。源于荥阳(参考《姓氏寻源》)。

寻根追祖

隞(áo)　敖亦作隞,以地为氏。源于荥阳(参考《姓氏寻源》)。

嚻(áo)　敖亦作嚻,以地为氏。源于荥阳(参考《辞海》)。

鳌(áo)　鳌即敖,春秋郑地。源于荥阳(参考《中华姓氏大辞典》)。夏代有鳌侯,其后以国为氏。

2. B

白云(bái yún)　由图腾转化而来,系出轩辕氏。源于新郑(参考《姓氏词典》)。

贩(bǎn)　一作阪。春秋郑简公时大夫游贩,其子孙以其名字为姓氏。源于新郑(参考《姓氏寻源》《中华大字典》)。

邦(bāng)　北魏孝文帝改鲜卑族秘邦氏而成。源于洛阳(参考《姓氏寻源》)。

褒(bāo)　鲜卑族达勃氏随北魏孝文帝南迁,太和二十年(496年)改为褒氏。源于洛阳(参考《魏书·官氏志》)。另有一支出自古褒国,系以国为氏,使周幽王烽火戏诸侯的褒姒即属此支。

保(bǎo)　周朝有官名保章氏,掌管观测、记录天象变异,以为氏,即保氏。源于洛阳(参考《周礼·春官》《元和姓纂》)。春秋时楚国公族亦有保氏。

葆(bǎo)　即保姓,后人加草头。源于洛阳(参考《姓氏考略》)。

豹(bào)　帝喾时有叔豹,为"八元(八个才德之士)"之一,其子孙以其名字为姓氏。源于偃师(参考《风俗通义》)。

鲍(bào)　西周初,夏禹后裔东楼公被封于杞,其后以国为氏。汉末有安定太守杞匡,惧怕董卓杀害,改姓鲍。源于偃师(参考《风俗通义》)。

卑(bēi)　系春秋时郑国大夫卑谌的后代,以祖辈名字为姓氏。源于新郑(参考《风俗通义》)。另有一支为卑耳国人之后,系以国为氏。

北(běi)　由北门氏、北宫氏省文而成。北门氏出自黄帝都城,北宫氏出自春秋时卫国。源于新郑、濮阳(参考《姓氏寻源》)。另有北郭、北人、北野等姓所改者。

北门(běi mén)　黄帝臣有北门成,系以所居为氏。源于新郑(参考《姓氏寻源》)。

被(bèi)　春秋时郑国有大夫被瞻,其后有被姓。源于新郑(参考《通志·氏族略》)。春秋吴国亦有被姓。

贲(bēn)　周代夏官之属有虎贲氏,掌王出入仪卫之事,其后以官为氏,即贲氏。源于洛阳(参考《姓氏寻源》《辞源》)。

邲(bì)　春秋时郑国大夫食邑于邲,后以地为氏。源于荥阳(参考《姓氏考略》)。

必(bì)　为邲姓所改。源于荥阳(参考《中国姓氏大全》)。另有燧人氏四佐之一必育之后。

毕(bì)　鲜卑族出连氏,随北魏孝文帝南迁后改为毕氏。源于洛阳(参考《魏书·官氏志》)。另一支为周文王姬昌的后代,系以国为氏。

汴(biàn)　居住在汴水(即索河)边的人以水为氏。源于荥阳(参考《姓氏寻源》)。

汳(biàn)　汴的本字,以水为氏。源于荥阳(参考《姓氏寻源》)。

宾(bīn)　系东周桓王姬林的后代。源于洛阳(参考《姓氏考略》)。另一支为西周晋靖侯孙栾宾之后。

丙(bǐng)　西汉李陵降匈奴,其裔孙自匈奴归魏,见于丙殿,被赐姓丙氏。源于洛阳(参考《古今姓氏书辩证》)。另有春秋时齐国大夫邴歜的后代以邴去邑为丙氏。

亳(bó)　古都邑名,为商汤时都城,共有三处,分别称为南亳、北亳、西亳,居者以地为氏。源于商丘、偃师(参考《姓氏考略》)。

薄(bó)　源于三个地方。一是春秋时宋国大夫食邑于薄(通亳),其后以邑为氏。源于商丘(参考《古今姓氏书辩证》)。二是为乌丸族薄奚氏随北魏孝文帝南迁后所改。源于洛阳(参考《魏书·官氏志》)。三为源于商代诸侯薄姑氏、出自姜姓的薄氏,还有羌族薄氏。

泊(bó)　源于姒姓,系夏禹的后代。出自登封(参考《姓氏考略》)。

柏(bó)　颛顼师柏亮父、帝喾师柏招,为最早的柏姓人物。源于濮阳、偃师(参考《风俗通义》)。

栢(bó)　"柏"的异体字,柏姓的分支,起源同柏姓。源于偃师(参考《风俗通义》)。

伯(bó)　古代岳始祖伯夷,因辅佐禹治水有功,于虞、夏之际被封于吕,其后代有以其名字为姓氏的,称为伯氏。另有一支为舜时东夷族首领伯益的后代。

伯封(bó fēng)　夏禹臣有伯封叔,其后代因以为氏。源于登封(参考《姓氏考略》)。

伯高(bó gāo)　战国时列子(即列御寇)之友伯高子,为伯高氏之始。源于新郑(参考《古今姓氏书辩证》)。

柏昏(bó hūn)　春秋时郑国有伯昏无人,是郑国名相子产的老师,为伯昏氏之始。源于新郑(参考《古今姓氏书辩证》)。

伯昬(bó hūn)　姓源同"伯昏"。"昬"为"昏"的异体字。出自于新郑(参考《姓氏考略》《辞海》)。

伯有(bó yǒu)　春秋时郑穆公的玄孙良霄,字伯有,其后以祖字为氏。源于新郑(参考《通志·氏族略》)。

卜(bǔ)　古人用火灼龟甲取兆,以预测吉凶,叫卜或占卜,后来用其他方法预测未来,也叫卜。周代掌管占卜的官叫"卜人",他们的后代以官为氏。源于洛阳(参考《元和姓纂》)。另有北魏孝文帝改鲜卑族须卜氏为卜氏。亦出自洛阳(参考《魏书·官氏志》)。

仓颉

卜成(bǔ chéng) 《抱朴子》云,卜成者犹云卦成也,取此义为姓。《周易》中象征自然现象和人事变化的一套符号叫"卦",古代常用卦来占卜。源于洛阳(参考《姓氏寻源》)。

补(bǔ) 周代虢国有补邑,在今荥阳汜水,居者以邑为氏。源于荥阳(参考《姓氏词典》)。另有一支为神农氏补遂之后,以国为氏。

步(bù) 鲜卑族步鹿根氏,随北魏孝文帝南迁后,改为步氏。源于洛阳(参考《魏书·官氏志》)。另有一支出自春秋晋国,系以邑为氏。

3. C

仓(cāng) 一是黄帝史官仓颉之后。二是周代有"仓人"一官,主管粮食,因以官为氏。源于洛阳(参考《姓氏寻源》)。

仓颉(cāng jié) 以祖辈名字为姓氏,系黄帝史官仓颉之后。

苍林(cāng lín) 黄帝二十五子之一,有苍林,其后代以祖名为氏。源于新郑(参考《古今姓氏书辩证》)。

草(cǎo) 《周礼·地官》有"草人"一官,"掌土化之法,以物地,相其宜而为之种"。其后以官为氏。源于洛阳(参考《姓氏考略》)。

鄵(cào) 春秋时郑国有鄵邑,居者以邑为氏。约源于郏县、新郑至鲁山间(参考《姓氏考略》)。

差(chāi) 系夏禹的后代。源于登封(参考《姓氏寻源》)。

虿(chài) 系以祖辈名字为姓氏,源于春秋时郑国公孙虿。出自于新郑(参考《姓氏词典》)。

产(chǎn) 春秋时郑国有政治家公孙侨,字子产,其后代以祖字为氏。源于新郑(参考《姓氏寻源》)。另有一支为秦国大夫改产之后。

昌(chāng) 系黄帝子昌意之后。源于新郑(参考《风俗通义》)。

常(cháng) 黄帝有大司空(掌管工程的官)常先,为常姓之始。源于新郑(参考《姓氏寻源》)。

常寿(cháng shòu) 系有熊氏(即黄帝)的后代。源于新郑(参考《元和姓纂》)。另有一支为周代吴国仲雍之后。

常仪(cháng yí) 传说黄帝之臣常仪,善于占卜月亮之晦、朔、弦、望,其后代以祖名为氏。源于新郑(参考《姓氏寻源》)。

长狄(cháng dí) 系帝鸿氏(黄帝名号)的后代。源于新郑(参考《姓氏寻源》)。

苌(cháng) 系东周景王、敬王的大臣刘文公所属大夫苌弘的后代。源于洛阳(参考《姓氏寻源》)。

苌伯(cháng bó) 东周世代承袭的卿大夫后代有苌伯氏。源于洛阳(参考《姓氏寻源》)。

朝(cháo) 东周景王之子王子朝,其后亦有朝氏。出自于洛阳(参考《通志·氏族略》)。

巢(cháo) 传说远古时的有巢氏,发明巢居,教民构木为巢,居住在树上,以避免野兽侵袭。帝尧时隐居于箕山的巢父,传为有巢氏之后,是巢姓始祖。源于登封(参考《通志·氏族略》《水经·颍水注》《路史》)。另有一支系以国为氏,出自安徽巢县。

车(chē)　一为黄帝之臣车区(即奥区)占星气,是车姓之始。源于新郑(参考《世本》《姓氏寻源》)。二为鲜卑族车焜氏,北魏太和二十年(496年)被孝文帝改为单姓车氏。源于洛阳(参考《魏书·官氏志》)。三为春秋时秦国公族子车氏所改。四为西汉丞相田千秋因年老特许乘小车入朝,子孙因以为氏。

砉(chè)　周代有"砉族氏"一官,职掌捣毁妖鸟之巢,其后代以官为氏。源于洛阳(参考《古今姓氏书辩证》)。

沉(chén)　亦作"沈",为实沈之后。实沈,传为高辛氏(帝喾)之子,与其兄阏伯不和,时动干戈,因被尧迁之于大夏,主参星,为参宿之神。源于偃师(参考《左传·昭公元年》《姓氏考略》)。

谌(chén)　以祖辈名字为姓氏,系春秋时郑国大夫卑谌之后。源于新郑(参考《中华姓氏大辞典》)。

辰(chén)　系北魏孝文帝改鲜卑族辟历辰氏而成。源于洛阳(参考《姓氏寻源》)。

陈(chén)　一为西周初舜帝的后裔妫满受封建立陈国,其后代以国为氏。二系北魏孝文帝改鲜卑族侯莫陈氏而成。源于洛阳(参考《魏书·官氏志》)。公元前672年妫满的第12代孙陈完因避难逃到齐国,改姓田。后来他的10世孙田和建立了田氏齐国。战国末年,齐被秦灭。齐王的长子升、次子桓先后改姓王氏,三子田轸逃至颍川(今河南禹州一带),恢复陈姓。

成功(chéng gōng)　夏禹治水成功,后人因以为氏。源于登封(参考《姓氏寻源》)。

城(chéng)　居于都市城墙以内者,以居住地为氏。出自安阳、洛阳等地(参考《风俗通义》)。

程(chéng)　帝颛顼的后裔于商代建立伯爵程国,至周宣王时程伯休父被召入朝做大司马,子孙以国为氏。源于洛阳(参考《新唐书·宰相世袭》)。

赤(chì)　系帝喾师赤松子之后。源于偃师(参考《风俗通义》)。

赤将(chì jiàng)　黄帝时有赤将子舆,时与市场中货缴,其后者有赤将氏。源于新郑(参考《姓氏考略》)。

赤松(chì sōng)　以祖辈名号为姓氏,系帝喾师赤松子之后。源于偃师(参考《姓氏寻源》)。

赤诵(chì sòng)　以名号为氏。源于洛阳(参考《姓氏寻源》)。

充(chōng)　周代有"充人"一官,主管祭祀用的牲口,其后代以官为氏。源于洛阳(参考《古今姓氏书辩证》)。

崇(chóng)　崇国为夏、商时方国,至崇侯虎时,为周文王所灭,子孙以国为氏。

犨(chōu)　春秋时郑国有犨邑,后属楚,居者以邑为氏。源于鲁山(参考《元和姓纂》)。

褚(chǔ)　春秋时,宋其公之子段,食采于褚,子孙以邑为氏。源于洛阳(参考《新唐书·宰相世袭》)。

褚师(chǔ shī)　春秋时,宋、卫、郑国都有穿红色衣服主管集市贸易的官,叫"褚师",其后代以官为氏。源于新郑(参考《姓氏考略》)。

亍(chù)　系行氏所拆改。行氏为《周礼》大行人之后。源于洛阳(参考《姓氏寻源》)。

川(chuān)　系三川氏所改。三川系战国时郡名,居者以地为氏。源于洛阳(参考《姓氏寻源》)。

歂(chuán)　系春秋时郑国大夫驷歂之后。源于新郑(参考《姓氏寻源》)。另有一支为春秋时鲁国大夫歂孙的后代。

喘(chuǎn)　五筠《说文句读》谓"喘"与"歂"同字,故喘氏即歂氏。源于新郑(参考《辞海》)。

淳(chún)　以祖辈名字为姓氏,源于夏后氏后裔淳维。源于登封(参考《姓氏寻源》)。另有一支为淳于氏省文而成。

纯(chún)　古有纯狐部落。夏代后羿相寒浞之妻为纯狐氏女,其后有纯氏。寒浞夺取王位后居斟鄩。源于巩义(参考《姓氏寻源》)。

郪(cì)　《左传》有郑国大夫郪张,其先封郪乡,因以为氏。源于新郑(参考《元和姓纂》)。

刺(cì)　同"郪"。"郪"为"刺"的俗写。源于新郑(参考《辞源》)。

4. D

大(dà)　黄帝师有大填、大山稽,为大姓之始。源于新郑(参考《元和姓纂》)。另有一支为大庭氏之后。

大成(dà chéng)　系夏禹师大成贽的后代。源于登封(参考《姓氏寻源》)。另有一支为大庭氏之后。

大夫(dà fū)　周代为大夫者以官为氏,产生于周朝都城及各诸侯国城。源于洛阳(参考《姓氏寻源》)。

大季(dà jì)　春秋时,郑穆公有公子志,即大子孔,称为大季氏。源于新郑(参考《通志·氏族略》)。

大隗(dà kuí)　黄帝时有大隗氏民,居住在具茨山。源于禹州(参考《庄子·徐无鬼》)。

大罗(dà luó)　《周礼》有"大罗氏"一官,为天子掌管以罗捕鸟兽之事,后以官为氏。源于洛阳(参考《广韵》)。

大叔(dà shū)　春秋时,郑穆公之孙有世叔仪,后为大叔氏。源于新郑(参考《姓氏词典》)。

大野(dà yě)　北魏赐给谢总(一作谢懿)的姓氏。源于洛阳(参考《姓氏寻源》)。

歹(dǎi)　源于新郑歹庄,罕见姓。今仍有200余户。

戴(dài)　周代人姬姓戴国,公元前713年为郑国所灭,子孙以国为氏。源于民权(参考《通志·氏族略》)。

单(dān)　鲜卑族阿单氏、渴单氏,随北魏孝文帝南迁后改为单氏。源于洛阳(参考《魏书·官氏志》《通志·氏族略》)。

儋(dān)　东周简王姬夷少子曰儋季,其后以祖字为氏。源于洛阳(参考《古今姓氏书辩证》)。

禫(dàn)　以祭名为姓氏。禫,古时丧家除丧服的祭祀。源于洛阳(参考《古今姓氏书辩证》《辞源》)。

宕(dàng)　源于姒姓,系夏禹的后代。源于登封(参考《姓氏寻源》)。

稻(dào)　《周礼·地官》之属有稻人,掌管种稻田之事,其后以官为氏。源于洛阳(参考《古今姓氏书辩证》)。

鞮鞻(dī lóu)　《周礼》春官之属有鞮鞻氏,掌四夷之乐,其后以官为氏。源于荥阳(参考《中华姓氏大辞典》《辞海》)。

翟(dí)　因周成王之子封于阳翟(今禹州),后代有翟姓(《姓考》)。

狄(dí)　鲜卑族有库狄氏,随北魏孝文帝迁至洛阳,改为狄氏。源于洛阳(参考《魏书·官氏志》)。另有一支,系周成王姬诵封同母弟孝伯于狄城,因以为氏。

— 318 —

帝鸿(dì hóng) 黄帝名号,其后因以为氏。源于新郑(参考《姓氏词典》)。

地(dì) 黄帝之臣有地典,为地姓之始。源于新郑(参考《姓氏考略》)。

典(diǎn) 周代有"典祀"一官,掌管按规定举行的大祭,其后以官为氏。源于洛阳(参考《姓氏考略》《辞海》)。

甸(diàn) 周代有甸人、甸师,分别掌公田、田事职责,其后以官为氏。源于洛阳(参考《中华姓氏大辞典》《辞源》)。

凋(diāo) 夏禹后代有凋氏。源于登封(参考《姓氏考略》)。

雕(diāo) 《周礼·考工记》有"雕人",即雕玉工,其后以技为氏。源于洛阳(参考《姓氏考略》《辞源》)。汉代匈奴亦有雕姓。

牒(dié) 为北魏代北牒云氏南迁后所改。源于洛阳(参考《古今姓氏书辩证》)。

东里(dōng lǐ) 姓源有二。其一支为禹时有处士东里槐,为东里氏之始。源于登封(参考《姓氏寻源》)。其二源于春秋时郑国名相子产居东里,支庶子孙因以为氏。源于新郑(参考《元和姓纂》)。

东陵(dōng líng) 春秋时有隐居东陵者,后因以为氏。源于商城(参考《通志·氏族略》)。

冬(dōng) 据《周礼》,周代设六官,称空为冬官,掌工程制作,其后以官为氏。源于洛阳(参考《姓氏寻源》)。

斗(dòu) 黄帝臣有斗苞,为斗姓之始。源于新郑(参考《姓氏寻源》)。

窦(dòu) 鲜卑族有纥豆陵氏,随北魏迁都徙居洛阳,太和二十年(496年)孝文帝定族姓时改为窦氏。源于洛阳(参考《魏书·官氏志》)。

豆(dòu) 鲜卑族赤小豆氏南迁,改为豆氏。源于洛阳(参考《姓氏寻源》)。

都(dū) 春秋时郑国有公孙阏,字子都,子孙以祖字为氏。源于新密(参考《姓氏寻源》)。

独孤(dú gū) 东汉光武帝刘秀裔孙进伯,击匈奴,兵败被俘,其子尸利被单于封为谷蠡王,号独孤部同,尸利六世孙罗辰,从北魏孝文帝徙洛阳,以其部为氏。源于洛阳(参考《新唐书·宰相世系》)。

堵(dǔ) 春秋时郑国大夫泄伯采邑于堵,后以为氏。源于方城(参考《姓氏寻源》)。

睹斯(dǔ sī) 《战国策·乐羊为魏将》有睹斯,注引《春秋后语》作堵师,可见睹斯即堵师。源于新郑(参考《战国策》《姓氏寻源》)。

度(dù) 古代有掌管全国财赋的统计和支调的官,叫"度支",其后代以官为氏,并省文为度氏。源于洛阳(参考《中华姓氏大辞典》《辞源》)。

𠱓(dù) 即度氏。𠱓,古"度"字。源于洛阳(参考《中华姓氏大辞典》)。

蠹(dù) 系春秋时郑国公族后代。源于新郑(参考《姓氏寻源》)。春秋时吴国公族后代亦有蠹氏。

杜(dù) 黄帝时酿酒的发明者杜康,为杜姓之始。源于新郑(参考《世本·作篇》)。另有

杜姓始祖杜康

鲜卑族独孤浑氏,随北魏孝文帝迁至洛阳,改为杜氏。源于洛阳(参考《魏书·官氏志》)。

段(duàn) 源于春秋时郑武公之子名段,其后代以祖为姓(《元和姓纂》)。

盾(dǔn) 春秋时郑国公族盾之后,以名为氏。源于新郑(参考《中华姓氏大辞典》)。

铎(duó) 古代施行政教传布命令时,必振木铎(木质的大铃)以警众,故称主持教化之官为"司铎"。司铎之后以官为氏。源于洛阳(参考《周礼·天官·小宰》《姓氏寻源》)。另有一支系春秋时晋国大夫铎遏寇的后代。

5. E

阿(ē) 其一,夏朝末年有伊尹,名挚,是商汤妻陪嫁的奴隶,后辅佐商汤伐夏桀,被尊为阿衡(宰相),其后代有一支以他的官名为姓氏,即阿氏。源于商丘(参考《风俗通义》)。其二,鲜卑族有阿伏于氏,太和十七年(493年)随北魏孝文帝迁到洛阳,后改为阿氏。源于洛阳(参考《魏书·官氏志》)。

6. F

方(fāng) 其一,炎帝八世孙帝榆罔之长子方雷氏,因功被黄帝封于方山(今登封、偃师、巩义一带),子孙以地为氏。源于禹州(参考《世本》《风俗通义》)。其二,宣王有大臣姓姬,字方叔,食邑于洛阳,子孙以其字为氏(参考《通志·氏族略》)。

方雷(fāng léi) 黄帝妃西陵氏名方雷,其后有方雷氏。源于新郑(参考《姓氏考略》)。

方叔(fāng shū) 系周朝大夫方叔的后代。源于洛阳(参考《中华姓氏大辞典》)。

方相(fāng xiàng) 周代有方相氏,为职掌"驱鬼"之官,其后以官为氏。源于洛阳(参考《中华姓氏大辞典》《辞海》)。

芳(fāng) 出自方氏,系西周宣王大臣方叔的后代。源于洛阳(参考《姓氏寻源》)。

斐(fēi) 春秋时郑地,居者以地为氏。源于新郑(参考《姓氏寻源》)。

费(fèi) 其一,姒姓夏禹的后代建立费国,后以国为姓。源于偃师(参考《史记·夏本纪》)。其二,北魏孝文帝于太和二十年(496年)将匈奴族归附北魏的费连氏改为费氏。源于洛阳(参考《魏书·官氏志》)。

鄪(fèn) 即费氏。源于偃师(参考《路史·国名纪丁》)。

奋(fèn) 高辛氏(即帝喾)有8个才德之士,称为"八元"。八元之一伯奋的后代有奋氏。源于偃师(参考《通志·氏族略》)。

丰(fēng) 以祖辈名字为姓氏,系春秋时郑穆公之子丰的后代。源于新郑(参考《通志·氏族略》)。

丰将(fēng jiàng) 《潜夫论》云,郑穆公之子各以字为姓,清人张澍云,其中有丰将氏。源于新郑(参考《潜夫论》《姓氏寻源》)。

封(fēng) 鲜卑族有是贲氏,随北魏孝文帝南迁后,改为封氏。源于洛阳(参考《魏书·官氏志》)。

封人(fēng rén) 《周礼》地官司徒的属官有封人,掌分封诸侯之事,春秋时为典守封疆之官,郑、祭、卫等国皆有,以官为氏。源于新郑、郑州、濮阳等地(参考《古今姓氏书辩证》)。

风胡(fēng hú) 以祖辈名字为姓氏,系黄帝将风胡之后。源于新郑(参考《姓氏寻源》)。

冯(féng) 其一,春秋时郑国大夫冯简子的后代。源于新郑(参考《世本》)。其二,姬昌后裔毕万的裔孙长卿,食采于冯城,以邑为氏。源于荥阳(参考《元和姓纂》)。

扶(fú)　其一,夏禹臣扶登氏的后代。源于登封(参考《姓氏寻源》)。其二,鲜卑族有乞扶氏,随北魏孝文帝南迁后,改为扶氏。源于洛阳(参考《魏书·官氏志》)。

扶登(fú dēng)　夏禹命扶登氏为九夏之乐,后因以为氏。源于登封(参考《中华姓氏大辞典》)。

伏(fú)　其一,出自风姓,系伏羲氏之后,以祖号为氏。源于淮阳(参考《古今姓氏书辩证》)。其二,北魏孝文帝时鲜卑族侯伏斤氏所改。源于洛阳(参考《魏书·官氏志》)。

凫(fú)　据《周礼·考工记》,周代有"凫氏"一官,掌作钟之事,后因以为氏。源于洛阳(参考《姓氏寻源》《辞源》)。

弗(fú)　其一,源于姒姓,系夏禹的后代,与费氏同源。出自于偃师(参考《世本》《路史·国名纪丁》)。其二,北魏黜弗氏、铁弗氏,皆改为弗氏。源于洛阳(参考《古今姓氏书辩证》)。

府(fǔ)　周代有内府、玉府、泉府,皆为掌财货之官,世袭其官者因以为氏。源于洛阳(参考《姓氏寻源》《辞源》)。

甫(fǔ)　出自姜姓。炎帝裔孙伯夷佐禹治水有功,被封为甫侯,又称吕侯,子孙以封号为氏。源于新郑(参考《姓氏寻源》)。

父(fù)　商、周时有父巳、父丁、父舟、父举等人,为父姓之始。源于洛阳(参考《姓氏寻源》)。另有春秋时齐相管仲被齐桓公称为仲父,其后亦为父氏。

富(fù)　系东周襄王大夫富辰的后代。源于洛阳(参考《元和姓纂》)。

副(fù)　鲜卑族有副吕氏,随北魏孝文帝南迁后,改为副氏。源于洛阳(参考《魏书·官氏志》)。

付(fù)　以祖辈名字为姓氏,系春秋时郑国史付的后代。源于新郑(参考《姓氏考略》)。

负(fù)　舜迁国于负(故城在登封西南的大金店镇一带),其后代以国为氏,即负氏。源于登封(参考《中华姓氏大辞典》)。

负黍(fù shǔ)　帝舜庶子七人,有被封于负国(故城在登封西南的大金店镇一带,春秋时为郑国之地)者,其后有负黍氏。源于登封(参考《中华姓氏大辞典》)。

7. G

盖(gài)　鲜卑族盖楼氏,随北魏孝文帝南迁,后改为盖氏。源于洛阳(参考《魏书·官氏志》)。另,春秋时齐国大夫良采于盖,其后以邑为氏。

干(gān)　系黄帝子昌意之子干荒的后代。源于新郑(参考《姓氏寻源》)。另说,一系周代宋国大夫干俯犨之后,二是鲜卑族纥干氏,随北魏孝文帝南迁,改为干氏。源于洛阳(参考《魏书·官氏志》)。

甘(gān)　周惠王姬阆少子叔带食采于甘,谓之甘昭公,其后以邑为氏。源于洛阳(参考《古今姓氏书辩证》)。

甘公(gān gōng)　系东周大夫甘昭公(即叔带)的后代。源于洛阳(参考《姓氏词典》)。

甘士(gān shì)　东周甘昭公裔孙甘平公为王卿士,因以为氏。源于洛阳(参考《元和姓纂》)。

甘先(gān xiān)　系东周甘昭公之子甘成公的后代。源于洛阳(参考《姓氏寻源》)。

甘庄(gān zhuāng)　系东周甘昭公之子甘成公的后代。源于洛阳(参考《姓氏寻源》)。

高(gāo)　黄帝臣高元作宫室,为高姓之始。源于新郑(参考《姓氏词典》)。另有鲜卑族是楼氏,随北魏孝文帝南迁,后改为高氏。源于洛阳(参考《魏书·官氏志》)。

高辛（gāo xīn） 古代部落首领帝喾，居亳，号高辛氏，其后代以祖号为氏。源于偃师（参考《中华姓氏大辞典》）。

戈（gē） 夏代有戈国，在宋、郑之间，为夏王少康所灭，子孙以国为氏。约源于新郑、通许、商丘之间（参考《通志·氏族略》）。

阁（gé） 周代"阍人（守门人）守王宫者，所以止扇阖扉，谓之阁，以为氏"。源于洛阳（参考《元和姓纂》）。

葛（gě） 其一，系远古时期中原葛天氏部落的后裔。其二，夏代有伯爵嬴姓葛国，为商汤所灭，子孙以国为氏。其三，系北魏孝文帝时鲜卑族贺葛氏所改。源于洛阳（参考《魏书·官氏志》）。

龚（gōng） 龚氏之先共氏避难，加龙为龚。为黄帝臣共鼓之后。源于新郑（参考《古今姓氏书辩证》）。

公伯（gōng bó） 周代宋、卫、郑等国公子以次第为氏。伯是老大。源于新郑、商丘、濮阳等地（参考《姓氏寻源》）。

公德（gōng dé） 出自春秋时姬姓郑国。源于新郑（参考《姓氏考略》）。

公父（gōng fǔ） 出自春秋时姬姓郑国。源于新郑（参考《姓氏寻源》）。鲁国亦有公父氏。

公牛（gōng niú） 《周礼·地官》有"牛人"，掌养国家公牛，其后以官为氏。源于洛阳（参考《姓氏寻源》）。

公孙（gōng sūn） 春秋时，诸侯之子称公子，公子之子称公孙，郑、卫、宋等国皆有，后演变为姓氏。源于新郑（参考《通志·氏族略》）。

公正（gōng zhèng） 周代官名，其后以官为氏。源于洛阳（参考《姓氏考略》）。

公仲（gōng zhòng） 战国时韩国公族有公仲氏。源于禹州（参考《姓氏考略》）。

公子（gōng zǐ） 春秋时，诸侯之子称公子，郑、卫、宋等国皆有，后演变为姓氏。源于新郑（参考《姓氏考略》）。

宫（gōng） 周代掌管宫门之官，以世官为氏。源于洛阳（参考《古今姓氏书辩证》）。

共（gòng） 古代同"恭"。其一，黄帝臣有共鼓，为共姓之始。源于新郑（参考《姓氏寻源》）。其二，西周姬和受封建立共国，称为共伯，其后代以国为氏。其三，春秋时，郑武公之子叔段政变失败，逃到共，子孙以地为氏。其四，系黄帝尧臣共工的后代。其五，商代有共国，在今甘肃泾川境内，子孙以国为氏。其六，春秋时晋献公太子申生，谥号"恭君"，子孙以谥为氏。

赣（gòng） 其一，源于姬姓，出自西周时齐国隐士赣娄子，其后以先祖名字为氏。其二，出自春秋时卫国端木赐之后。端木赐，字子贡（子赣），其后人以字为姓。

巩（gǒng） 源于姬姓。周朝有卿士简公，封于巩（今巩义），世称巩简公，后代以祖上食邑地为姓（参考《潜天论》《名贤氏族言行类稿》）。

缑（gōu） 西周时有卿士大夫因功封于缑邑（今偃师缑氏），后代以祖食邑地为姓。源于偃师（参考《通志·氏族略》）。另有北魏孝文帝改鲜卑族渴侯氏为缑氏。源于洛阳（参考《魏书·官氏志》）。

苟（gǒu） 系黄帝的后代。源于新郑（参考《元和姓纂》）。另

巩姓始祖巩简公像

有北魏孝文帝改鲜卑族若干氏为苟氏。源于洛阳(参考《魏书·官氏志》)。

鼓(gǔ)　周代有"鼓人"一官,掌教六鼓四金之音,其后以官为氏。源于洛阳(参考《中华姓氏大辞典》《辞源》)。

古(gǔ)　北鲜卑族原有复姓吐奚氏,太和十七年(493年)随北魏孝文帝迁到洛阳,后改为单姓古氏。源于洛阳(参考《魏书·官氏志》)。

骨(gǔ)　鲜卑族纥骨氏,随北魏孝文帝南迁,后改为骨氏。源于洛阳(参考《通志·氏族略》)。

官(guān)　春秋时,刘定公姬夏在周朝任官师,其后以官为氏,省文为官氏。源于洛阳(参考《中华姓氏大辞典》)。

官师(guān shī)　源于姬姓。刘康公子刘定公姬夏在周朝任官师,以官为氏。源于洛阳(参考《姓氏寻源》)。

关(guān)　夏代末年夏桀大臣关龙逢,因对夏桀的暴虐荒淫多次直谏,被夏桀囚禁杀死,其后代有一支以关为氏。源于巩义、偃师一带(参考《元和姓纂》《辞海》)。

关龙(guān lóng)　系夏桀时大臣关龙逢的后代。源于巩义(参考《通志·氏族略》)。

管(guǎn)　周武王姬发封弟叔鲜于管,叔鲜的子孙以国为氏。后来,周穆王又有庶子封于管,其后代以邑为氏,也称管氏。源于郑州(参考《元和姓纂》《通志·氏族略》)。

鬼(guǐ)　上古有鬼臾区(即大鸿),为黄帝臣,其后有鬼氏。源于新郑(参考《姓氏寻源》)。

跪(guì)　系周朝大夫原伯绞弟公子跪寻的后代。源于洛阳(参考《姓氏考略》)。

季(guì)　有一季姓儒生,被秦始皇所坑,其子孙逃难至今汝州境内,将"季"字头上的一撇改为一横,读音"桂",繁衍至今。源于汝州(参考《中原寻根》)。

郭(guō)　其一,始于夏禹(都为阳城)的车夫郭支。源于登封(参考《风俗通义》《姓氏寻源》)。其二,西周初,周文王之弟姬叔受封建立东虢,公元前767年为郑武公所灭。周平王封姬叔后裔姬序于北虢。公元前655年,北虢为晋所灭,子孙以国为氏,因虢、郭同音通用,后转而为郭氏。源于陕县(参考《元和姓纂》《中国古今地名大辞典》《中国姓氏寻根》)。其三,周代还有西虢,在今陕西宝鸡东,是姬昌之弟姬仲的封国,公元前687年为秦所灭,子孙以国为氏,后也转为郭氏。其四,上古居于郭(外城,即在城的外围加筑的一道城墙)者,以居处为姓氏。

国(guó)　出自姬姓。春秋时,郑穆公之子公子发,字子国,其孙以祖字为氏。源于新郑(参考《元和姓纂》)。

虢(guó)　系以国为氏,源于周代虢国(东虢、北虢)。出自荥阳、陕西(参考《古今姓氏书辩证》)。

8. H

亥(hài)　其一,夏禹臣竖亥的后代以其名字为姓氏。源于登封(参考《姓氏寻源》)。其二,鲜卑族俟亥氏,于北魏太和二十年(496年)改为亥氏。源于洛阳(参考《魏书·官氏志》)。

寒(hán)　夏代有个人叫寒浞,在后羿篡夏时为相,暗中收买人心,杀后羿,自立为王,并占有后羿的妻室,居于斟鄩,后被少康攻灭,其后代以其名字为氏。源于巩义(参考《通志·氏族略》《中国史稿》)。

邗(hán)　鲜卑族复姓邗氏,随北魏孝文帝迁到洛阳,于太和二十年(496年)改为邗氏。源于洛阳(参考《魏书·官氏志》《元和姓纂》)。

韩(hán)　其一,黄帝之子昌意有个儿子叫韩流,其后代以他名字中的"韩"为姓氏。源于新郑

（参考《姓氏寻源》）。其二,战国七雄之一的韩国,公元前230年为秦所灭,王族从原国名为姓,以新郑为居地。源于新郑（参考《元和姓纂》《魏书·官氏志》）。其三,鲜卑族三字姓出大汗氏,随北魏孝文帝迁到洛阳,于太和二十年（496年）改为韩氏。源于洛阳（参考《魏书·官氏志》）。

函(hán)　周代有制甲的工匠,叫"函人",以职业为姓氏。源于洛阳（参考《古今姓氏书辩证》）。

罕(hǎn)　源于姬姓,郑穆公之子公子喜,字子罕,其孙以祖字为氏。源于新郑（参考《通志·氏族略》）。还有一支系五代后唐明宗赐给契丹将军的姓。

汉(hàn)　汉朝历西汉、东汉至220年曹丕称帝,东汉灭亡,子孙以国为氏。源于洛阳（参考《通志·氏族略》）。

何(hé)　一系韩氏音讹形成。战国七雄之一的韩国,公元前230年为秦所灭,部分人分散于陈、楚的江、淮间,音讹读韩为何。二系鲜卑族贺拔氏,随北魏孝文帝南迁,于太和二十年（496年）改为何氏。源于洛阳（参考《魏书·官氏志》）。

合(hé)　鲜卑族三字姓大莫干氏,随北魏孝文帝南迁,于太和二十年（496年）改为合氏。源于洛阳（参考《魏书·官氏志》）。

和(hé)　鲜卑族系和氏,随北魏孝文帝南迁,于太和二十年（496年）改为和氏。源于洛阳（参考《魏书·官氏志》）。另有两支:一是尧时掌天地四时之官羲氏、和氏之后;二是春秋时楚人卞和之后。

纥(hé)　北魏纥单氏南迁洛阳后改为纥氏。源于洛阳（参考《姓氏考略》）。

貉(hé)　春秋时郑灵公,字子貉,其后代以祖字为氏。源于新郑（参考《姓氏考略》）。

鹖(hé)　有熊氏（黄帝）支系有鹖氏。源于新郑（参考《中华姓氏大辞典》）。

贺(hè)　鲜卑族贺赖氏、贺兰氏,随北魏孝文帝南迁,于太和二十年（496年）俱改为贺氏。源于洛阳（参考《魏书·官氏志》）。还有一支系庆氏避东汉安帝父刘庆名讳而改。

黑肩(hēi jiān)　系东周周公黑肩之后。源于洛阳（参考《姓氏寻源》）。

黑云(hēi yún)　源于原始社会氏族图腾,系出轩辕氏。源于新郑（参考《姓氏词典》）。

横(héng)　一是横革佐禹,为横姓之始。源于登封（参考《姓氏寻源》）。二是韩王子成,号横阳君,子孙以其号为氏。源于新郑（参考《风俗通义》）。

鸿(hóng)　一是黄帝名号帝鸿氏,其后有鸿氏。源于新郑（参考《通志·氏族略》）。二是黄帝臣鬼臾区,号大鸿,其后亦有鸿氏。源于新郑（参考《古今姓氏书辩证》）。

鸿蒙(hóng méng)　夏禹臣有鸿蒙氏,为鸿蒙氏之始。源于登封（参考《姓氏考略》）。

侯(hóu)　其一,春秋时郑庄公之弟叔段谋反,兵败逃到共,称共叔段,他死后,郑庄公赐他的儿子共仲姓侯。源于辉县（参考《姓氏寻源》）。其二,鲜卑族四字姓胡古口引氏,随北魏孝文帝南迁,于太和二十年（496年）改为侯氏。源于洛阳（参考《魏书·官氏志》）。其三,黄帝臣仓颉（姓侯冈氏）的后代。其四,春秋时晋侯缗的后代,以爵为氏。

候(hòu)　其一,周代有"候人"一官,职责为在道路上迎送宾客,其子孙因以为氏,即候氏。源于偃师（参考《通志·氏族略》《辞源》）。其二,郑国共叔段死后,郑庄公赐其子姓候于新郑（《魏书》）。

后(hòu)　共工氏长期活动于伊水和洛水流域,其子名龙,帝喾时任后土（上古田官）,子孙以官名为氏。源于偃师（参考《古今姓氏书辩证》）。

呼延(hū yán)　匈奴四族有呼衍氏,入中原改为呼延氏。源于洛阳（参考《元和姓纂》）。

胡(hú)　鲜卑族有纥骨氏,随北魏孝文帝南迁,于太和二十年（496年）改为胡氏。源于洛阳（参考《魏书·官氏志》）。

狐(hú)　周平王子王子狐之后,以名为氏。源于洛阳(参考《姓氏寻源》)。周代晋国有狐氏,世为卿大夫。

虎(hǔ)　系帝喾"八元"(八个才德之士)之一伯虎的后代。源于偃师(参考《风俗通义》)。

婋(hǔ)　系黄帝的后代。源于新郑(参考《古今姓氏书辩证》)。

扈(hù)　鲜卑族扈地干氏,随北魏孝文帝南迁,于太和二十年(496年)改为扈氏。源于洛阳(参考《魏书·官氏志》)。另有一支系夏代有扈氏之后。

滑(huá)　周代有滑国,姬姓,建都于滑(今河南省睢县西北),后迁都于费(偃师西南),又称旨滑。公元前627年灭于秦,旋为晋所有,子孙以国为氏。源于偃师(参考《通志·氏族略》)。另周公族后亦有滑氏。

滑伯(huá bó)　周代滑国为伯爵,公元前627年亡国,子孙有一支以国爵为氏。源于偃师(参考《通志·氏族略》)。

化(huà)　系黄帝臣化狐之后。源于新郑(参考《姓氏考略》)。

桓(huán)　其一,黄帝臣有桓常,审地利,为桓姓之始。源于新郑(参考《姓氏寻源》)。其二,鲜卑族乌丸氏,随北魏孝文帝南迁,于太和二十年(496年)改为桓氏。源于洛阳(参考《魏书·官氏志》)。

环(huán)　周代有官名"环人",夏官之属,掌以勇力却敌者;秋官之属,主迎送宾客。环人的后代以官为氏,即环氏。源于洛阳(参考《古今姓氏书辩证》《辞源》)。另,战国时楚国有环列之尹(宫卫之官,列兵而环王宫),子孙以官为氏,亦为环氏。

缓(huǎn)　鲜卑族和稽氏,随北魏孝文帝南迁,于太和二十年(496年)改为缓氏。源于洛阳(参考《魏书·官氏志》)。

黄公(huáng gōng)　系黄帝之后。源于新郑(参考《姓氏考略》)。

晃(huàng)　东汉末丞相司直韦晃,与金祎、耿纪等谋诛曹操,事败被杀,子孙以其名字为氏。源于洛阳(参考《姓氏寻源》)。

烜(huǐ)　《周礼·秋官》有司烜氏,职掌以凹形铜镜取火,其后代以官为氏。源于洛阳(参考《姓氏考略》《辞源》)。

惠(huì)　东周第五位国王姬阆,死后谥"惠",史称周惠王,子孙以谥号为氏。源于洛阳(参考《元和姓纂》)。还有一支系陆终第二子惠连(即参胡)之后。

阍(hūn)　《周礼》天官有"阍人"一官,掌晨昏启闭宫门,其后代以官为氏。源于洛阳(参考《姓氏考略》《辞源》)。

浑(hún)　其一,郑穆公之子偃,字子游,其孙为游氏,游氏之孙罕,字子宽,又别为浑氏。源于新郑(参考《古今姓氏书辩证》)。其二,匈奴浑邪王,随北魏拓跋氏徙居河南,因以为氏。源于洛阳(参考《新唐书·宰相世系》)。其三,鲜卑族谷浑氏,随北魏孝文帝南迁,于太和二十年(496年)改为浑氏。源于洛阳(参考《魏书·官氏志》)。

火(huǒ)　颛顼曾孙吴回,帝喾时任火正(掌火官),其后代有一支以官为氏。源于偃师(参考《姓氏寻源》)。

祸余(huò yú)　系战国时韩公族姓氏。源于新郑(参考《姓氏词典》)。

货(huò)　系黄帝臣货狐的后代。货狐一作"化狐","化"为古"货"字的省文。源于新郑(参考《姓氏考略》)。

霍(huò)　霍姓出处有二:其一出自殷姓。商代汝州为霍国,国都在今嵩山南麓汝州市汝河南古城一带,汝州一带是商汤的儿子霍侯的封地,一直传到周武王灭商。其二,出自姬姓,以国名为氏。周武王灭商后,将其六弟姬处(史称霍叔)封到霍国为侯,人称霍叔。姬处及后人也就以国为姓,改姬姓为霍姓。

9. J

羁(jī)　系春秋时郑国大夫祭仲的后代。源于新郑(参考《姓氏词典》)。

姬(jī)　黄帝居轩辕之丘,"黄帝之子二十五宗,其得姓者十四人,为十二姓",第一即为姬姓。源于新郑(参考《国语·晋语四》《史记·五帝本纪》)。

嵇(jī)　代北的统嵇氏,随北魏孝文帝南迁,于太和二十年(496年)改为嵇氏。源于洛阳(参考《魏书·官氏志》)。

稽(jī)　其一,系黄帝臣大山稽的后代。源于新郑(参考《元和姓纂》)。其二,鲜卑族三字姓太洛稽氏,随北魏孝文帝南迁,于太和二十年(496年)改为稽氏。源于洛阳(参考《魏书·官氏志》)。

几(jī)　鲜卑族俟几氏,随北魏孝文帝南迁,于太和二十年(496年)改为几氏。源于洛阳(参考《魏书·官氏志》)。

畿(jī)　北魏孝文帝改鲜卑族侯畿氏为畿氏。源于洛阳(参考《元和姓纂》)。

鸡(jī)　《周礼·春官》有"鸡人",为古代的报晓之官,其后以官为氏。源于洛阳(参考《姓氏考略》《辞源》)。

黄帝居新郑轩辕丘

己(jǐ)　黄帝二十五子中得姓,为十二姓,其四为己姓,相传青阳与夷鼓同为己姓。源于新郑(参考《史记·五帝本纪·索隐》)。

计(jì)　源于姒姓,系夏禹的后代。源于登封(参考《姓氏考略》)。

记(jì)　东汉置"记室"一官,掌章表书记文檄,其后以官为氏。源于洛阳(参考《姓氏词典》)。

茄(jiā)　黄帝臣有茄丰氏,为茄姓之始。源于洛阳(参考《姓氏考略》)。

鵊(jiá)　系黄帝臣鵊治的后代。源于新郑(参考《姓氏词典》)。

郏(jiá)　其一,周"周成王定鼎于郏鄏",居者以地名为氏。源于洛阳(参考《左传·宣公三年》《姓氏寻源》)。其二,春秋时郑国大夫郏张,其先以所食邑"郏"为氏。源于洛阳、郏县(参考《姓氏考略》)。

夹(jiá)　夹氏即郏氏。源于洛阳、郏县(参考《姓氏考略》)。

甲(jiǎ)　系春秋时郑国大夫石甲的后代以祖名为氏。源于新郑(参考《风俗通义》)。

甲父(jiǎ fǔ)　以祖辈名字为姓氏,系郑大夫石甲父之后。源于新郑(参考《中国姓氏大全》)。

简(jiǎn)　系东周大夫简师父的后代。源于洛阳(参考《元和姓纂》)。

谏(jiàn)　《周礼》地官有"司谏",主管督察吏民过失,选拔人才,子孙以官为氏,即谏氏。源于洛阳(参考《元和姓纂》)。

鉴(jiàn)　春秋时,周惠王姬阆之子叔带被封于甘,称甘昭公,甘昭公之后有鉴氏。源于洛阳(参考《姓氏考略》)。

建(jiàn)　春秋时,楚平王太子建在城父守边,因避难逃到郑国,其后代有以其名字为氏者,即建氏。源于洛阳(参考《风俗通义》)。

将匠(jiāng jiàng)　汉官有将作大匠,职掌官室、宗庙、路寝、陵园的土木营建,子孙以官为氏。源于洛阳(参考《风俗通义》)。

畺(jiāng)　姬姓郑国,为韩国所灭,其后有畺氏。源于新郑(参考《中国姓氏大辞典》)。

姜(jiāng)　其一,源于姬姓,系春秋时郑国公族的后代。源于新郑(参考《姓氏寻源》)。其二,因炎帝生于姜水而得姓,后炎帝之子变易他姓。

匠(jiàng)　《周礼·考工记》有匠人,主营宫室外城郭沟洫,他们以所从事的职业为姓氏,即匠氏。源于洛阳(参考《风俗通义》《辞典》)。

交(jiāo)　春秋时郑国大夫有交甫,其后有交氏。源于新郑(参考《中国姓氏大辞典》)。

佼(jiāo)　周代大夫有原伯佼,其子孙以其名字为姓氏,称为佼氏。源于洛阳(参考《古今姓氏书辨证》)。

姣(jiāo)　与佼氏同源,系周大夫原伯佼的后代。源于洛阳(参考《姓氏寻源》)。

蟜(jiǎo)　系黄帝孙蟜极之后。源于新郑(参考《风俗通义》)。另有出自有蟜氏及姬姓鲁国的蟜氏。

缴(jiǎo)　黄帝时有缴父,为缴姓之始。源于新郑(参考《姓氏考略》)。

颉(jié)　以祖辈名字为姓氏,系黄帝史官仓颉之后。源于新郑(参考《姓氏考略》)。

结(jié)　即姞姓,系黄帝之子所得十二姓之一。源于新郑(参考《姓氏考略》)。

节(jié)　《周礼·地官》之属有"掌节",为掌符节之吏,其后以官为氏。源于洛阳(参考《元和姓纂》)。

捷(jié)　黄帝臣有捷掇,为捷姓之始。源于新郑(参考《姓氏寻源》)。

接(jié)　接姓即捷姓。源于新郑(参考《姓氏考略》《辞源》)。

介(jiè)　夏桀(都斟鄩)有臣介之窥,为介姓之始。源于巩义(参考《姓氏寻源》)。

斤(jīn)　帝喾(居亳)子亡斤的后代以其名字为姓氏。源于偃师(参考《姓氏考略》)。

缙(jìn)　系缙云氏省文而成。源于新郑(参考《姓氏词典》)。

缙云(jìn yún)　远古传说黄帝以云纪官,夏官为缙云氏,因以为族氏。源于新郑(参考《左传·文公十八年》)。

精(jīng)　周平王长子名精,其后代以其名为姓氏。源于洛阳(参考《姓氏考略》)。

井(jǐng)　炎帝裔孙伯夷被封于吕,复赐以姜姓。姜子牙的后裔建立井国,后迁郑州,于春秋初期被郑国所灭,子孙以国为氏,即井氏。源于郑州(参考《广韵》《炎黄源流史》)。

京(jīng)　春秋时,郑武公之子段,封于京,号京城太叔,其后代因为氏。源于荥阳(参考《风俗通义》)。

郑武公之子段,号京城太叔

镜(jìng) 指器为氏,如杯氏、砚氏之类。源于洛阳(参考《姓氏考略》)。

敬(jìng) 黄帝孙敬康的后代以祖辈名字为姓氏。源于新郑(参考《元和姓纂》)。

酒(jiǔ) 《周礼·天官》有酒人,掌造酒店;还有酒王,掌有关酒的政令,他们以官为氏,称炎酒氏。源于洛阳(参考《元和姓纂》)。

就(jiù) 鲜卑族西方有菟氏,随北魏孝文帝南迁,于太和二十年(496年)改为就氏。源于洛阳(参考《魏书·官氏志》)。

僦(jiù) 相传黄帝臣僦贷季,为中国医家之最古者,其后代为僦氏。源于新郑(参考《姓氏考略》)。

娵(jū) 帝喾(居亳)三妃娵訾氏之后有娵氏。源于偃师(参考《姓氏考略》)。

沮(jǔ) 上古黄帝时有右史沮诵,和仓颉共造文字,为沮姓之始。源于新郑(参考《世本》)。

圈(juān) 本姓卷氏,郑穆公之后,秦末为博士,逃难改为圈氏。源于新郑(参考《元和姓纂》《风俗通义》)。

军(jūn) 源于姬姓,系春秋时郑庄公之弟共叔段的后代。

10. K

堪(kān) 系高辛氏(帝喾)"八元"之一的仲堪的后代,源于新郑(参考《风俗通义》《左传》)。

坎(kǎn) 丁周宋国始祖微子启的后代,居于埳(kǎn,坎的异体字)邑者,以地为氏。源于巩义(参考《姓氏寻源》)。

康(kāng) 周武王姬发之弟姬封,西周初被封于康,称为康叔,其子孙有的以他的封国为氏,即康氏。源于禹州(参考《古今姓氏书辩证》)。

康公(kāng gōng) 周匡王姬封其小儿子于刘,是为刘康公,其后有康公氏。源于偃师(参考《姓氏词典》《辞海》)。

邟(káng) 邟,古地名,居者以地为氏。源于汝州(参考《中华姓氏大辞典》《辞海》)。

考(kǎo) 系周考王姬嵬的后代以祖辈谥号为氏。源于洛阳(参考《姓氏考略》)。

柯(kē) 其一,代北魏鲜卑族柯拔氏,随北魏孝文帝南迁,于太和二十年(496年)改为柯氏。源于洛阳(参考《魏书·官氏志》)。其二,出自于新郑。

可(kě) 代北可地干氏、可地延氏随北魏孝文帝南迁,于太和二十年(496年)改为可氏。源于洛阳(参考《姓氏考略》)。

孔(kǒng) 其一,黄帝时有史官孔甲,为孔姓之始。源于新郑(参考《姓氏寻源》)。其二,春秋时郑国有出自姬姓的孔氏,卫国有出自姞姓的孔氏,陈国有出自妫姓的孔氏。源于新郑(参考《姓氏考略》)。

口(kǒu) 系口引氏省文而成。口引氏系黄帝之始。源于新郑(参考《姓氏考略》)。

口引(kǒu yǐn) 系黄帝(居轩辕之丘)的后代。源于新郑(参考《姓氏考略》)。

寇(kòu) 代北鲜卑族若口引氏,随北魏孝文帝南迁,于太和二十年(496年)改为寇氏。源于洛阳(参考《魏书·官氏志》)。

库(kù) 其一,周代有守库大夫,其后代以官为氏。源于洛阳(参考《风俗通义》)。其二,代北库褥官氏,随北魏孝文帝南迁,于太和二十年(496年)改为库氏。源于洛阳(参考《魏书·官氏志》)。

蒯(kuǎi) 系以邑为氏,出自周代的蒯邑(一作蒯乡)。源于洛阳(参考《古今姓氏书辩证》)。

蒉(kuài)　与蒯氏同源。源于洛阳(参考《姓氏考略》)。

会(kuài)　系古帝颛顼玄孙陆终第四子会人的后代。会人名求言,妘姓所出,处于祝融之墟,即郐国。源于新密(参考《史记·楚世家》《风俗通义》)。

侩(kuài)　源于妘姓,系陆终第四子会人的后代。源于新密(参考《姓氏考略》)。

郐(kuài)　郐,古国名,亦作会、侩、桧,妘姓,西周初分封,相传为祝融(陆终之父吴回)之后,公元前769年被郑武公所灭,国人以国名为氏,即郐氏。源于新密(参考《古今姓氏书辩证》《辞海》)。

桧(kuài)　古国名,即"郐",以国为氏。源于新密(参考《中国姓氏大全》)。

狂(kuáng)　一是《黄帝传》有狂屈竖,为狂姓之始。源于新郑(参考《姓氏寻源》)。二是黄帝之子任姓衍生有狂氏。

窥(kuī)　系黄帝之臣窥纪的后代。源于新郑(参考《姓氏词典》)。

匮(kuì)　与"蒯"通,即蒯氏。蒯通,《韩诗外传》作匮生。源于洛阳(参考《姓氏考略》)。

髡(kūn)　源于姬姓,以祖辈名字为姓氏,系春秋时郑国成公太子髡顽的后代。源于新郑(参考《姓氏词典》)。

11. L

来(lái)　商部族始祖契的后裔,封于郲(今荥阳),以地名为氏,后因避难去邑而为来氏。源于荥阳(参考《新唐书·宰相世系》)。

郲(lái)　商部族始祖契的后裔,封于郲,地以名为氏,称为郲氏。源于荥阳(参考《新唐书·宰相世系》)。

兰(lán)　一是郑穆公(公元前627年至公元前606年在位)姓姬名兰,其支庶子孙以其名为氏,即兰氏。源于新郑(参考《通志·氏族略》)。二是鲜卑族乌兰氏,随北魏孝文帝南迁,于太和二十年(496年)改为兰氏。源于洛阳(参考《魏书·官氏志》)。

狼(láng)　其一,鲜卑族叱奴氏,随北魏孝文帝南迁,于太和二十年(496年)改为狼氏。源于洛阳(参考《魏书·官氏志》)。其二,周成王封嬴姓孟增于皋狼,因以为氏。其三,东汉时先零羌、南夷均有狼氏。

阆(làng)　以祖辈名字为姓氏,系东周惠王姬阆的后代。源于洛阳(参考《姓氏考略》)。

雷(léi)　其一,黄帝时有诸侯方雷氏,因功被封于方山(今河南省禹州市方山),后代有方、雷二姓。源于禹州(参考《古今姓氏书辩证》《元和姓纂》《通志·氏族略》)。其二,雷姓源出自方雷氏,炎帝神农氏的九世孙方雷之后,以国名为氏。

嫘(léi)　黄帝的妻子、养蚕的发明者嫘祖的后代有以嫘为氏者。源于新郑(参考《元和姓纂》)。

累(léi)　一是黄帝妻嫘祖之后,或为累氏。源于新郑(参考《古今姓氏书辩证》)。二是为夏帝孔甲御龙的刘累的后代。源于偃师(参考《中国姓氏大辞典》)。

嫘　祖

纍(léi)　黄帝次妃方雷氏之女,曰女节,其后有纍氏。源于新郑(参考《姓氏寻源》)。

儽(léi)　黄帝次妃方雷氏之女女节之后有儽氏。源于新郑(参考《姓氏寻源》)。

厘(lí)　系帝鸿(即黄帝)的后代。源于新郑(参考《中国姓氏大辞典》)。

离(lí)　上古有明目者离娄(亦曰离朱),能于百步之外见秋毫之末,曾为黄帝寻找丢失的玄珠,其后有离氏。源于新郑(参考《古今姓氏书辩证》)。

离娄(lí lóu)　以祖辈名字为姓氏,系黄帝时明目者离娄之后。源于新郑(参考《姓氏词典》)。

狸(lí)　以祖辈名字为姓氏,系高辛氏(帝喾)"八元"之一季狸的后代。源于偃师(参考《元和姓纂》)。

犁娄(lí lóu)　夏禹臣有犁娄氏,为犁娄氏之源。源于登封(参考《姓氏考略》)。

黎(lí)　代北复姓素黎氏,随北魏孝文帝南迁,改为单姓黎氏。源于洛阳(参考《魏书·官氏志》)。另有两支系以国为氏,源于商代的诸侯国——黎国,一个在今山西长治县西南;另一个在山东郓城县西。

礼(lǐ)　周代有典礼,系掌管制度礼仪的官,其后以职为氏。源于洛阳(参考《姓氏寻源》)。

里(lǐ)　本为理氏,春秋时改为里,郑国里析即是。源于新郑(参考《元和姓纂》)。

隶(lì)　"黄帝臣隶首作算数,隶姓之始"。源于新郑(参考《姓氏寻源》)。

力(lì)　"黄帝臣力牧之后"。源于新郑(参考《姓氏寻源》)。

利(lì)　鲜卑族叱利氏,在北魏孝文帝实行汉化改革时改为利氏。源于洛阳(参考《魏书·官氏志》)。另有一支系楚国公子食采于利,因以为氏。

栎(lì)　栎,春秋郑邑,居者以地为氏。源于禹州(参考《中国姓氏大辞典》)。

连(lián)　代北魏鲜卑族原有复姓是连氏,随北魏孝文帝南迁,于太和二十年(496年)改为连氏。源于洛阳(参考《魏书·官氏志》)。另有陆终第二子惠连之后,齐大夫连称之后,楚国连尹、连敖之后以官为姓氏者。

梁(liáng)　鲜卑族原有拔列(一作拔列兰)氏,随北魏孝文帝南迁,于太和二十年(496年)改为梁氏。源于洛阳(参考《魏书·官氏志》)。另有一支系伯益后裔以国为氏。

凉(liáng)　东周惠王姬阆,一名毋凉,其后代有以其名为姓氏者,称为凉氏。源于洛阳(参考《姓氏寻源》《史记》)。

良(liáng)　春秋时,郑穆公庶子公子去疾,字子良,其后代以祖辈名字为姓氏。源于新郑(参考《姓氏词典》)。

两(liáng)　系帝鸿(黄帝名)名之。源于新郑(参考《姓氏考略》)。

林(lín)　一是源为姬姓。周平王姬宜臼有庶子(妾所生之子)叫林开,林开的子孙有的以祖辈名字为姓氏,即林氏。源于洛阳(参考《通志·氏族略》)。二是代北魏鲜卑族丘林氏,随北魏孝文帝南迁,于太和二十年(496年)改为林氏。源于洛阳(参考《魏书·官氏志》)。

邻(lín)　北魏纥突邻氏,随孝文帝南迁,改为邻氏。源于洛阳(参考《姓氏考略》)。

廪(lǐn)　《周礼》地官司徒之属有廪人,掌管粮食出入,其后代以官为氏。源于洛阳(参考《姓氏考略》《辞源》)。

泠(líng)　系黄帝时典乐泠伦的后代。源于新郑(参考《风俗通义》)。

泠沦(líng lún)　系黄帝乐宫泠伦的后代。源于新郑(参考《元和姓纂》)。

泠伦(líng lún)　与泠沦氏同源。源于洛阳(参考《通志·氏族略》)。

泠州（líng）　系东周景王时乐官泠州鸠的后代。源于洛阳（参考《元和姓纂》）。

伶（líng）　黄帝时泠伦做乐官，泠一作"伶"，故称乐官为"伶人"，伶人之后以官为氏，即伶氏。源于洛阳（参考《姓氏考略》《辞源》）。

刘（liú）　其一，源于祁姓，是帝尧的后裔。夏朝后期，尧的后裔有个人生下来手纹像"刘累"，于是便以此为名。刘累跟着精通养龙技术的豢龙氏学过驯化龙的本领，被夏朝第十三帝孔甲赐姓为御龙氏，住在孔甲的都城附近（偃师县南），负责驯养孔甲的四条龙，后来，由于饲养不善，死了一条雌龙，刘累怕孔甲治罪，便偷偷地带着家眷南逃至鲁县（即鲁山县）躲了起来。刘累的子孙以刘累的名字为姓氏，就是中国最早的刘姓。源于鲁山（参考《史记·夏本纪》《新唐书·宰相世袭》《中国姓氏寻根》）。其二，源于姬姓。东周匡王姬班，封其小儿子于刘（一作留）邑，是为刘康公。传至贞定王时绝封，刘康公的后裔以邑为氏，也称刘氏。源于偃师（参考《通志·氏族略》《辞海》）。其三，少数民族改姓。鲜卑族独孤氏，随北魏孝文帝南迁，于太和二十年（496年）改为刘氏。源于洛阳（参考《魏书·官氏志》）。

留（liú）　"出自周封内大夫食采王畿之留，以邑为氏。周庄王时有留子国、留子嗟，皆贤人。"源于偃师（参考《古今姓氏书辩证》）。

镏（liú）　"镏"与"留"通，镏氏即出自邑名的留氏。源于偃师（参考《姓氏考略》）。

龙（lóng）　其一，黄帝臣有龙行，为龙姓之始。源于新郑（参考《姓氏寻源》）。其二，黄帝己姓后裔颛叔安之子董父，为帝舜驯养龙，被任为豢龙氏，封于豢龙城，其子孙有一支将"豢龙"简化为龙，作为姓氏。源于临颍（参考《元和姓纂》）。其三，帝尧后裔刘累，为夏帝孔甲驯养龙（在登封、偃师一带），被赐姓御龙氏，后南逃到鲁县，子孙中有一支将"御龙"简化为"龙"，作为姓氏。源于鲁山（参考《急就篇注》）。

娄（lóu）　其一，上古黄帝时有明目者离娄，能于百步之外见秋毫之末，其后代以其名字为姓氏，称为娄氏。源于新郑（参考《姓氏寻源》）。其二，鲜卑族复姓匹娄（一作疋娄）氏，随北魏孝文帝南迁，于太和二十年（496年）改为娄氏。源于洛阳（参考《魏书·官氏志》）。其三，夏少康后裔孙东楼公封于杞，后为楚所灭，子孙食邑于娄，因以为氏。

蒌（lóu）　代北魏鲜卑族一那蒌氏，随北魏孝文帝南迁，于太和二十年（496年）改为蒌氏。源于洛阳（参考《魏书·官氏志》）。

楼（lóu）　其一，源于姒姓。夏少康裔孙东楼公，于西周初被封于杞，其支孙以楼为氏。源于杞县（参考《元和姓纂》）。其二，代北魏鲜卑族贺楼氏，随北魏孝文帝南迁，于太和二十年（496年）改为楼氏。源于洛阳（参考《魏书·官氏志》）。

漏（lòu）　古代以漏壶计时，掌漏之官因以为氏。源于洛阳（参考《通志·氏族略》）。

芦（lú）　代北魏鲜卑族莫芦氏，随北魏孝文帝南迁，于太和二十年（496年）改为芦氏。源于洛阳（参考《魏书·官氏志》）。

卢（lú）　代北魏鲜卑族吐伏卢氏，随北魏孝文帝南迁，于太和二十年（496年）改为卢氏。源于洛阳（参考《魏书·官氏志》）。其二，由莫芦氏改成的芦氏，后去草字头改为卢氏。源于洛阳（参考《姓氏考略》）。

鹿（lù）　鲜卑族阿鹿桓氏，随北魏孝文帝南迁，于太和二十年（496年）改为鹿氏。源于洛阳（参考《魏书·官氏志》）。

路（lù）　鲜卑族原有三字姓没路真氏，随北魏孝文帝南迁到洛阳，于太和二十年（496年）改为路氏。源于洛阳(参考《魏书·官氏志》)。

潞(lù) 北魏太和二十年(496年),鲜卑族改姓,没路真氏有部分改为潞氏。源于洛阳(参考《古今姓氏书辩证》)。

禄(lù) 周代有司禄,为地官之属,主管班禄之事,其后代以官为氏。源于洛阳(参考《姓氏考略》)。

陆(lù) 其一,陆姓的郡望主要有颍川郡,秦王政十七年(公元230年)置郡,治所在阳翟(今禹州)。相当于今河南登封、宝丰以东,尉氏、鄢城以西,密县以南,叶县、舞阳以北县地。这支陆氏是吴郡陆氏的分支,开基始祖为东汉颍川太守陆闳。其二,代北三字姓步六孤氏,随北魏孝文帝南迁到洛阳,于太和二十年(496年)改为陆氏。源于洛阳(参考《魏书·官氏志》)。

闾(lǘ) 周代有闾师,为地官之属,掌国中四郊官之长,其子孙以官为氏。源于洛阳(参考《姓氏寻源》《辞源》)。

吕氏始祖吕不韦

吕(lǚ) 秦朝宰相吕不韦,本阳翟人,子孙因以为氏。源于禹州(参考《元和姓纂》)。

旅(lǚ) 周代有亚旅,为上大夫的别称,其后以官为氏。源于洛阳(参考《左传·文公十五年》《姓氏考略》)。

履(lǚ) 系出嬴秦。秦针奔晋封于裴中,曰裴君,六世陵迁解(即解口邑),为解君,其后有履氏。源于洛阳(参考《中国姓氏大辞典》)。

略(lüè) 鲜卑族原有复姓跋略氏,随北魏孝文帝南迁到洛阳,于北魏太和二十年(496年)改为略氏。源于洛阳(参考《魏书·官氏志》)。

轮(lún) 登封西南有轮氏城,汉置轮氏县,是地因人姓而得名。源于登封(参考《姓氏考略》)。

伦(lún) 系黄帝乐人泠伦氏之后。源于新郑(参考《风俗通义》)。

纶(lún) 夏王少康逃奔有虞,居纶国,其后代因以为氏。源于登封(参考《姓氏考略》)。

罗(luó) 代北魏鲜卑族原有复姓叱罗氏,随北魏孝文帝南迁到洛阳,于太和二十年(496年)改为罗氏。源于洛阳(参考《魏书·官氏志》)。

雒(luò) 其一,春秋时有雒国,为任姓小国,后子孙以国为氏。源于洛阳(参考《中国姓氏大辞典》)。其二,以水名为姓氏,源于雒水,即洛河。西汉以火德行,忌水,故将洛去"水"加"佳"。源于洛阳(参考《古今姓氏书辩证》)。其三,帝舜之友有雒陶,为雒姓之始。

赖(lài) 《姓氏考略》载:"《风俗通》曰,春秋时有赖国,其后以国为氏,望出颍川、南康、河南。"最早的赖姓家族,出现于河南的颍川一带。

12. M

马师(mǎ shī) 源于姬姓,系以官为氏。郑穆公之孙公孙钮,为马师,因以为氏。郑穆公之曾孙羽颉为马师,亦以为氏,源于新郑(参考《通志·氏族略》)。

买(mǎi) 源于姜姓及莒子密州的买氏。

蟎 mán 系帝鸿(即黄帝)的后代。源于新郑(参考《姓氏考略》)。

鄤（màn）　春秋时郑国之地,居者以地为氏。源于荥阳（参考《姓氏寻源》《辞海》）。

邙（máng）　嵩山北麓的邙山,居者以山名为姓氏。源于洛阳、郑州（参考《姓氏词典》）。

茆（máo）　周公姬旦之子封于祭,为祭伯,其后衍生出茆氏。源于郑州（参考《姓氏考略》）。

茂（mào）　鲜卑族原有复姓茂眷氏,随北魏孝文帝南迁,于太和二十年（496年）改为茂氏。源于洛阳（参考《魏书·官氏志》）。

媒（méi）　周代有官名"媒氏",掌媒合男女之事,为地官之属,其后代以官为氏,即媒氏。源于洛阳（参考《姓氏考略》）。

门（mén）　其一,为《周礼》,公卿之子入王端门,教以六艺,谓之门子,其后为氏。源于洛阳（参考《通志·氏族略》）。其二,为代北鲜卑族复姓叱门氏,随北魏孝文帝南迁,于太和二十年（496年）改为门氏。源于洛阳（参考《魏书·官氏志》）。

弭（mí）　地名,春秋郑地,居者以地为氏。源于新密（参考《姓氏词典》）。

密（mì）　其一,为黄帝之后（《姓氏寻源》）。其二,为康公封于密（今新密东南）,后代以封地为姓。其三,以国为姓。古代有两个密国,一为姬姓,在今嵩山新密东南,春秋初期尚存。源于新密（参考《中国姓氏大全》《辞海》）。另一密国为姞姓,亦作密须,在今甘肃灵台西南,为周文王所灭。

绵（mián）　鲜卑族乐绵氏,随北魏孝文帝南迁,于太和二十年（496年）改为绵氏。源于洛阳（参考《魏书·官氏志》）。

冕（miǎn）　系黄帝臣冕侯之后。源于新郑（参考《姓氏考略》）。

冥（míng）　其一,《周礼·秋官》有冥氏,掌管狩猎之事,其后以官为氏。源于洛阳（参考《姓氏考略》）。其二,《史记·夏本纪》云:禹为姒姓,其后以国为姓,有冥氏。

明（míng）　代北鲜卑族原有三字姓壹斗眷氏,随北魏孝文帝南迁,于太和二十年（496年）改为明氏。源于洛阳（参考《魏书·官氏志》）。

末（mò）　夏朝末帝桀（都斟鄩）臣有末喜,为末姓之始。源于巩义（参考《中国姓氏大全》）。

莫（mò）　代北鲜卑族原有三字姓莫那娄氏,随北魏孝文帝南迁,于太和二十年（496年）改为莫氏。源于洛阳（参考《魏书·官氏志》）。

貉（mò）　春秋时郑灵公,字子貉,其后代以祖字为氏。貉,一读 hé。源于新郑（参考《中国姓氏大辞典》）。

墨（mò）　夏禹之师有墨如,为墨姓之始。源于登封（参考《姓氏考略》）。

嫼 mò　即墨姓,因事加女。源于登封（参考《姓氏寻源》）。

谋（móu）　源于姬姓,以祖辈名字为姓氏,系周卿士祭公谋父之后。源于郑州（参考《风俗通义》）。

牧（mù）　系黄帝臣力牧之后。源于新郑（参考《元和姓纂》）。

穆（mù）　代北鲜卑族人八族之首丘穆陵氏,随北魏孝文帝南迁,于太和二十年（496年）改为穆氏。源于洛阳（参考《魏书·官氏志》）。

邙（máng）　邙姓源出自方姓,为南宗方谆之后,御赐改为邙氏。

13. N

南伯（nán bó）　系西周虢叔的后代。虢叔是周文王姬昌之弟,被周武王封于东虢。源于荥阳（参考《姓氏寻源》）。

南郭(nán guō)　系西周虢国(东虢)始祖虢叔的后代。源于荥阳(参考《姓氏寻源》)。

男(nán)　析于姒姓,系夏禹的后代。源于登封(参考《姓氏寻源》)。

赧(nǎn)　周朝于公元前256年被秦国灭掉,以周赧王姬延为首的王族被废为庶人百姓,迁到惮狐,其后代以其谥号为姓氏,即赧氏。源于汝州(参考《姓氏考略》)。

郳(ní)　邾武公之子友被封于郳(今山东滕县东),变称小邾。春秋时,小邾穆公之子甲仕宋,又奔郑,始以国为氏,即郳氏。源于新郑(参考《古今姓氏书辩证》)。

儿(ní)　其一,系郳系氏避仇所改。源于新郑(参考《姓氏考略》)。其二,代北贺儿氏随北魏孝文帝南迁,于太和二十年(496年)改为儿氏。源于洛阳(参考《魏书·官氏志》)。

倪(ní)　倪氏即郳氏,因避仇改为倪。郳氏形成于春秋时的郑国。源于新郑(参考《通志·氏族略》)。

年(nián)　东周灵王姬泄心之子王子年夫,因周王室内乱被杀,其子孙以其名字为姓氏,即年氏。源于洛阳(参考《中国姓氏大辞典》)。

14. P

潘(pān)　北鲜卑族三字姓破多罗氏,随北魏孝文帝南迁,于北魏太和二十年(496年)改为潘氏。源于洛阳(参考《魏书·官氏志》)。

贩(pǎn)　一作贩。春秋时,郑简公有大夫游贩,其子孙以其名字为姓氏,即贩氏。贩一读(bǎn)。源于新郑(参考《中华大字典》《中国姓氏大辞典》)。

逄门(pán mén)　夏工善于射箭的人。《孟子》作"逢蒙",说他曾学射于羿,后又杀羿。羿夺取夏朝王位后,居于斟鄩。说明逄门世居于斟鄩。逄门的后代以其名字为姓氏,即复姓逄门氏。源于巩义(参考《姓氏考略》《辞源》)。

亨(pēng)　《周礼·天官》载有亨人,掌烹煮之事,其后以官为氏。源于洛阳(参考《辞源》《中国姓氏大辞典》)。

貔(pí)　有熊氏(黄帝)氏族之一,以图腾为姓氏。源于新郑(参考《中国姓氏大辞典》)。

裨(pí)　系春秋时郑国大夫裨谌的后代。裨,《风俗通义》作卑。源于新郑(参考《姓氏考略》)。

諀(pí)　裨的另一写法。諀灶(裨谌,字灶)之氏亦作諀。源于新郑(参考《古今姓氏书辩证》)。

皮(pí)　以祖辈名字为姓氏,系春秋时郑国大夫子皮的后代。源于新郑(参考《姓氏寻源》)。另有一支系周朝樊仲皮的后代。

篇(piān)　以祖辈名字为姓氏,系春秋时周大夫史篇的后代。源于洛阳(参考《通志·氏族略》《中国姓氏大辞典》)。

偏(piān)　帝喾居亳,号高辛氏,其后代有偏氏。源于偃师(参考《姓氏考略》)。

瓶(píng)　《后汉书·郡国志》在"河南尹成皋"下列有瓶丘聚。汉代居住在这里的人以地名为姓氏,即瓶氏。源于荥阳(参考《后汉书》《姓氏考略》)。

缾(píng)　即瓶氏。居瓶丘聚者以地为氏。源于荥阳(参考《姓氏考略》)。

评(píng)　汉置廷尉平,掌平决刑狱,其后以官为氏。源于洛阳(参考《辞源》《姓氏辞典》)。

凭(píng)　古作"冯",音píng。凭、冯为一姓。一为春秋郑大夫冯简子之后。另一支出自冯城,系以邑为氏。源于新郑、荥阳(参考《辞源》《姓氏考略》)。

繁(pó)　望居颍川郡(今禹州市一带)。历史名人繁钦为汉末文学家,字休伯,颍川(今河南省禹

— 334 —

州)人。出自子姓,殷商七旗之一有繁氏。

裒(póu)　北鲜卑族达勃氏随北魏孝文帝南迁,于太和二十年(496年)改为褒氏。一说古时裒、褒相通,改为裒氏。源于洛阳(参考《中华姓氏大辞典》)。

仆(pú)　出处有三。其一,以官为氏,系周代仆人(官名)的后代。源于洛阳(参考《元和姓纂》)。其二,系春秋时郑国大夫仆展之后。源于新郑(参考《姓氏考略》)。其三,北魏鲜卑族仆兰氏随北魏孝文帝南迁,于太和二十年(496年)改为仆氏。源于洛阳(参考《魏书·官氏志》)。

僕(pú)　"仆"的繁体字。僕氏即为仆氏。源于洛阳、新郑(参考《中华姓氏大辞典》)。

扶伏(pú fú)　"黄帝之臣茄丰氏有罪,刑而放之,扶伏(同匍匐,伏地而行)而去,是为扶伏氏。"源于新郑(参考《辞海》《姓氏辞典》)。

15. Q

祁(qí)　"黄帝之子二十五之宗,其得姓者十四人,为十二姓",第三为祁姓。源于新郑(参考《国语·晋语四》)

耆(qí)　《周礼·秋官》有伊耆氏,"掌国之大祭祀",其后以官为氏,单为耆氏。源于洛阳(参考《古今姓氏书辩证》《辞源》)。

綥(qí)　鲜卑族其连(《通志》作"綥连")氏,随北魏孝文帝南迁,于太和二十年(496年)改为綥氏。源于洛阳(参考《魏书·官氏志》)。

岐(qí)　系黄帝师岐伯的后代,以祖辈名字为姓氏。源于新郑(参考《古今姓氏书辩证》)。

奇(qí)　鲜卑族奇斤氏,随北魏孝文帝南迁,于太和二十年(496年)改为奇氏。源于洛阳(参考《魏书·官氏志》)。

祈(qí)　黄帝二十五子有十四人得十二姓,第三为祁姓。祈一作祁,源于新郑(参考《中华姓氏大辞典》)。

乞(qǐ)　北魏孝文帝迁都洛阳后,将随迁的鲜卑族乞伏氏、乞特氏及高车姓乞袁氏均改为乞氏。源于洛阳(参考《中华姓氏大辞典》)。

己(qǐ)　系黄帝之子十二姓之一。源于新郑(参考《中华姓氏大辞典》)。

启(qǐ)　出自姬姓,夏禹之子启,继位为夏王,称夏后启。其后代以祖名字为姓氏。源于禹州(参考《元和姓纂》)。

夏　启

强(qiáng)　系春秋郑国大夫强钼之后。源于新郑(参考《姓氏考略》)。

强(qiáng)　即强氏。源于新郑(参考《姓氏考略》)。

侨(qiáo)　以祖辈名字为姓氏,系春秋时郑国公族国侨的后代。国侨字子产,名侨,系长穆公之孙,子国之子,以父字为氏,故曰国侨。源于新郑(参考《姓氏寻源》)。

沁(qìn)　北魏孝文帝实行汉化改革,将古沁氏改为沁氏。源于洛阳(参考《中华姓氏大辞典》)。

青云(qīng yún)　源于原始氏族的图腾崇拜,系出轩辕氏。轩辕氏即黄帝。源于新郑(参考《姓氏辞典》)。

轻(qīng)　夏禹之七大夫中有轻子玉,为轻姓之始。源于登封(参考《中华姓氏大辞典》)。

丘(qiū)　魏孝文帝曾"七分国人,使诸兄弟各摄领之,乃分其氏",其次弟豆真被定为丘敦氏。孝文帝迁都洛阳,改革鲜卑族姓氏,于北魏太和二十年(496年)将其改为丘氏。源于洛阳(参考《魏书·官氏志》)。

邱(qiū)　与"丘"同音,作为姓氏,古代二字通用,现在两姓并存,区别不是很明显。丘姓写作"邱",一是地名丘有时也写作"邱",二是为避孔丘(即孔子的名讳)。清雍正三年(1725年)朝廷发出通知,除四书五经外,凡遇"丘"字,一律加邑为邱。这样,丘姓便改成了邱。清末民初有部分人恢复丘姓,但多数人仍沿用邱。源于洛阳(参考《中华百家大姓源流》)。

裘(qiú)　据《周礼·考工记》,裘氏系古代制皮工匠的一种,后以技为氏。源于洛阳(参考《姓氏寻源》)。

曲(qū)　夏桀(都于斟鄩)臣有曲逆,其后有曲氏。源于巩义(参考《姓氏寻源》)。

屈(qū)　北鲜卑族尸(一作屈)突氏,随北魏孝文帝南迁,于北魏太和二十年(496年)改为屈氏。源于洛阳(参考《魏书·官氏志》)。

屈南(qū nán)　战国时楚国爱国诗人屈原裔孙到北魏做官,北魏统治者重复姓,以其自南方来,乃加南字,为屈南氏。源于洛阳(参考《元和姓纂》)。

屈男(qū nán)　即屈南氏,系屈原的后裔到北魏做官,形成的复姓。源于洛阳(参考《元和姓纂》)。

渠(qú)　系东周桓王之宰渠伯纠的后代。源于洛阳(参考《姓氏寻源》)。

趣(qù)　系趣马氏省文而成。趣马氏系以官为氏,出自周朝都城。源于洛阳(参考《姓氏寻源》)。

趣马(qù mǎ)　据《周礼·夏官》,大司马之属有趣马,为掌养马之官,其后以官为氏。源于洛阳(参考《姓氏寻源》)。

去(qù)　系去疾氏省文而成,去疾氏出自春秋时郑国,系用先辈的名字为氏。源于新郑(参考《姓氏寻源》)。

去疾(qù jí)　系春秋时郑穆公子去疾的后代。去疾为姬姓,字子良。源于新郑(参考《世本》)。

全(quán)　系周官泉府之后,以官为氏,其后以同音而为氏。源于洛阳(参考《中华姓氏大辞典》)。

泉(quán)　其一,黄帝之子任姓后裔封于泉亭,因以为氏。源于洛阳(参考《中华姓氏大辞典》)。其二,《周礼》地官的属官有泉府,掌管国家的税收,并收购市场上的滞销货物等,其后以官为氏。源于洛阳(参考《姓氏寻源》)。

阙(què)　商和西周有阙巩国,子孙以国为氏。源于巩义(参考《姓氏考略》《中国历史地名辞典》)。

16. R

然(rán)　夏禹(都阳城)臣有然子堪,为然姓之祖。源于登封(参考《姓氏寻源》)。

染(rǎn)　系东周惠王姬阆支子叔带的后代。源于洛阳(参考《中华姓氏大辞典》)。

染女(rǎn nǚ)　系春秋时王子带(即周惠王支子叔带)之后。源于洛阳(参考《姓氏辞典》)。

冉(rǎn)　系高辛氏(即帝喾)的后代。源于偃师(参考《元和姓纂》)。

扰(rǎo)　以祖辈名号为姓氏,系夏代扰龙氏之后。源于偃师(参考《姓氏词典》)。

扰龙(rǎo lóng)　帝尧后裔刘累,曾经跟着精通养龙技术的豢龙氏学过扰(驯服)龙的本领,被夏朝第十二帝孔甲赐姓为御龙(即扰龙)氏。《括地志》云:"刘累故城在洛州缑氏县南五十五里。"源于偃师(参考《史记·夏本纪》)。

绕(rào)　系以地为氏,鲁成公六年,晋、楚遇于绕角是也。绕角邑,春秋时郑国之地。源于鲁山(参考《姓氏寻源》)。

日(rì)　以官为氏,系日官、日御的后代。《左传·桓公十七年》:"天子有日官,诸侯有日御。"日官、日御都是古代掌天文历数之官,其后代以官为氏,即日氏。源于洛阳、新郑(参考《姓氏寻源》)。

容(róng)　黄帝有大臣容成,最早发明历法,其后代有容成氏,又有省文为容氏者。源于新郑(参考《元和姓纂》)。

容成(róng chéng)　系黄帝大臣容成的后代。源于新郑(参考《通志·氏族略》)。

茙(róng)　代北鲜卑族茙眷氏,随北魏孝文帝南迁洛阳,于太和二十年(496年)改为茙氏。源于洛阳(参考《古今姓氏书辩证》)。

荣(róng)　其一,《吕氏春秋》有黄帝命荣将铸十二钟,当为荣姓之始。源于新郑(参考《姓氏寻源》)。其二,西周文王原大夫荣夷公,其先食邑于荣邑(今巩义),后代以祖为姓。西晋学者杜预云:"巩县西有荣锜涧,周畿内地也。"源于巩义(参考《通志·氏族略》)。

荣伯(róng bó)　以排行次第为姓氏,从荣姓衍生出来,系排行老大的后代。源于新郑、巩义(参考《姓氏词典》)。

荣公(róng gōng)　系从荣氏衍生出来的姓氏。源于新郑、巩义(参考《姓氏词典》)。

荣锜(róng qí)　春秋时周地有荣锜氏邑,在今偃师东北,周大夫食采其地者以为氏。源于偃师(参考《姓氏考略》《中国历史地名辞典》)。

荣叔(róng shū)　源于荣姓,以排行次第为姓氏,系排行老三的后代。源于新郑、巩义(参考《姓氏词典》)。

融(róng)　系祝融的后代。古帝颛顼的曾孙重黎,为帝喾(居亳)火正,"甚有功,能光融天下,帝喾命曰祝融"。源于偃师(参考《世本》《史记·楚世家》)。

柔(róu)　帝喾居亳,其子孙有柔软氏。源于偃师(参考《姓氏寻源》)。

如(rú)　其一,春秋时,郑国公子班,字子如,其后代以祖字为氏,即如氏。源于新郑(参考《姓氏寻源》)。其二,代北鲜卑族如罗氏,随北魏孝文帝南迁洛阳,于太和二十年(496年)改为如氏。源于洛阳(参考《魏书·官氏志》)。

茹(rú)　代北鲜卑族普陋茹氏,随北魏孝文帝南迁洛阳,于太和二十年(496年)改为茹氏。源于洛阳(参考《魏书·官氏志》)。

汝(rǔ)　源于姬姓,周平王姬宜臼的小儿子被封于汝州,其后有汝氏。源于汝州(参考《姓氏考略》)。

辱(rǔ)　即鄏,少昊裔孙台骀之后封鄏,封即《左传》所谓郟鄏,其后有辱氏。源于洛阳(参考《姓氏寻源》)。

鄏(rǔ)　古地名,在王城西,盖周成王定鼎于郟鄏,居者以地为氏,即鄏氏。源于洛阳(参考《姓氏寻源》)。

若(ruò)　代北鲜卑族若干氏,随北魏孝文帝南迁洛阳,于太和二十年(496年)改为若氏。源于洛阳(参考《古今姓氏书辩证》)。

婼（ruò） 战国时韩哀侯的小儿子名婼，其后氏以祖辈名字为姓氏。源于新郑（参考《姓氏考略》）。

17. S

萨（sà） 系北魏时期复姓萨孤氏南迁中原后所改。源于洛阳（参考《姓氏考略》）。

三川（sān chuān） 以地名为姓氏。西周以泾、渭、洛为三川。东周以伊、洛、河为三川。秦置三川郡，郡治在荥阳，居民有以地名为氏。战国以黄河、伊河、洛河为三川，战国秦庄襄王元年（公元前249年）置三川郡于此，治所在洛阳。源于洛阳（参考《姓氏寻源》《辞海》）。

啬（sè） 其一，周代有啬夫，为主币之官，子孙以官为氏。源于洛阳（参考《风俗通义》）。其二，系周桓王姬林之后。源于洛阳（参考《姓氏考略》）。

山（shān） 其一，周代有山师，为夏官的属官，掌管邦国的山川物产，辨别价值，并令进纳以供王室享用，其子孙以官为氏。源于洛阳（参考《广韵》《辞源》）。其二，代北鲜卑族土难氏，随北魏孝文帝南迁洛阳，于太和二十年（496年）改为山氏。源于洛阳（参考《魏书·官氏志》）。

膳（shàn） 《周礼》天官之属有膳夫，掌王及后妃的饮食，其子孙以官为氏。源于洛阳（参考《姓氏考略》《辞源》）。

鄯（shàn） 古代西域有鄯善国，国王宠之孙于北魏太平真君六年（445年）归国，以国为氏，即鄯善氏，初居西夏，后迁居洛阳，省文为鄯氏。源于洛阳（参考《中华姓氏大辞典》）。

少室山居者以山名为氏

单公（shàn gōng） 春秋时有周大夫单襄公，为周成王幼子姬臻的裔孙，其后有单公氏。源于洛阳（参考《姓氏词典》《通志·氏族略》）。

上阳（shàng yáng） 春秋时周匡王姬封其少子于刘邑，是为刘康公，刘康公的后代亦有上阳氏。源于偃师（参考《姓氏考略》）。

少室（shào shì） 出自山名，"居于嵩山少室山者以为氏"。源于登封（参考《姓氏考略》）。

少正（shào zhèng） 古官名，大正的副职。春秋时郑国有少正公孙侨（即子产），其后有一支以官为氏，即少正氏。源于新郑（参考《姓氏考略》《辞源》）。

奢（shē） 系黄帝臣奢比之后。奢比为黄帝七辅之一。源于新郑（参考《姓氏考略》）。

舌（shé） 周代司通译之官曰舌人，其子孙以官为氏。源于洛阳（参考《古今姓氏书辩证》）。

射（shè） 系谢姓所改。东汉末，大鸿胪卿谢服奉旨出征。天子以为将军出征姓谢名服不祥，将其改为姓射名咸。源于洛阳（参考《通志·氏族略》）。

申章（shēn zhāng） 春秋时郑公族有申章氏。源于新郑，参考《姓氏寻源》）。

姺（shēn） 源于姒姓，系中国第一个奴隶制国家夏朝的建立者启的后代。源于登封（参考《姓氏考略》）。

参(shēn) 系春秋时郑国大夫国参之后。源于新郑(参考《中华姓氏大辞典》)。

神(shén) 黄帝臣有神皇直,曾与力牧等讨伐蚩尤,神氏宜出此。源于新郑(参考《中华姓氏大辞典》)。

笙(shēng) 周代有笙师,为乐官,掌教笙、竽等乐器,其后代以世职为姓氏,就是笙氏。源于洛阳(参考《姓氏寻源》)。

剩(shèng) 系春秋时郑国公族之后有剩氏。源于新郑(参考《中华姓氏大辞典》)。

圣(shèng) 系黄帝臣五圣之后。源于新郑(参考《姓氏寻源》)。

师(shī) 商、周时乐官的称谓,其后代以官为氏,即师氏。源于洛阳(参考《姓氏寻源》《辞海》)。

师尹(shī yǐn) 系商、周时的三公官,为众官之长,其后代以官为氏。源于洛阳(参考《风俗通义》)。

师子(shī zǐ) 《氏本·氏姓》云,春秋时"郑有子师仆",其后演变为师子氏。源于新郑(参考《元和姓纂》《世本》)。

尸(shī) 周大夫食采于尸乡,其后以封地为氏。源于偃师(参考《风俗通义》)。

師 shī 古师字,系师姓的分族。源于洛阳(参考《中华大字典》《姓氏词典》)。

实(shí) 以祖辈名字为姓氏,系帝喾季子实沈的后代。源于偃师(参考《元和姓纂》)。

石(shí) 代北鲜卑族嗢石兰氏,随北魏孝文帝南迁洛阳,于北魏太和二十年(496年)改为石氏。源于洛阳(参考《魏书·官氏志》)。

石治(shí zhì) 汉碑有此姓,系石骀氏或石作氏所改。古代"作"与"治"义同。源于洛阳(参考《姓氏寻源》)。

石作(shí zuō) 古代有官名石工,殷制六工之一,周为刮摩之工,其后代以业为氏,即石作氏。源于洛阳(参考《姓氏寻源》《辞源》)。

时(shí) 春秋时郑国有时来邑,在今郑州市西北,居者以地为氏,称时氏。源于郑州(参考《姓氏寻源》)。

史(shǐ) 黄帝有史官仓(一作苍)颉,又称史皇,是汉字的创造者,其后代以官为氏,即史氏。源于新郑(参考《路史》)。

史龟(shǐ guī) 以祖辈名字为姓氏,系春秋时郑国大夫史龟的后代。源于新郑(参考《中华姓氏大辞典》)。

室孙(shì sūn) 王室之孙,因以为氏。源于洛阳(参考《通志·氏族略》)。

市(shì) 《周礼·地官》载,有司市,其后以官为氏。源于洛阳(参考《古今姓氏书辩证》)。

侍(shì) 汉代有侍中,为丞相属官,其后代以官为氏,即侍氏。源于洛阳(参考《姓氏寻源》)。

世叔(shì shū) 春秋时郑、卫公族均有世叔氏。《左传》载,卫太叔仪、郑太叔游吉俱称世叔,后以为氏。源于新郑(参考《姓氏考略》)。

是(shì) 代北鲜卑族是云氏,随北魏孝文帝南迁洛阳,于北魏太和二十年(496年)改为是氏。源于洛阳(参考《魏书·官氏志》)。

首(shǒu) 古代居住在首阳、首止的人,以地名头一个字为氏。首阳,即首阳山,在今偃师西北。首止,春秋卫地,在今河南睢县东南。源于偃师、睢县(参考《姓氏寻源》)。

叔孙(shū sūn) 北魏献帝叔父为乙旃氏,其后裔迁至洛阳后,改为叔孙氏。源于洛阳(参考《魏书·官氏志》)。

书(shū)　东汉时有"尚书",为协助皇帝处理政务的官员,其后以官为氏。源于洛阳(参考《辞海》《姓氏考略》)。

树(shù)　吐谷浑原有树洛干氏,归北魏后,于太和二十年(496年)由孝文帝改为树氏。源于洛阳(参考《魏书·官氏志》)。

尌(shù)　春秋时郑国有大夫尌拊,其后以名为氏。源于新郑(参考《中华姓氏大辞典》)。

竖(shù)　黄帝臣有竖亥,其后以名为氏。源于新郑(参考《姓氏考略》)。

率(shuài)　系春秋时周匡王(姬班)少子刘康公的后代。源于偃师(参考《姓氏考略》)。

帅(shuài)　本为师氏,西晋时避司马师名讳,改为帅氏。源于洛阳(参考《姓氏考略》)。

私(sī)　据《后汉书·百官志》,东汉中官设私府令一人,其后以官为氏,即私氏。源于洛阳(参考《姓氏寻源》)。

司(sī)　以祖辈名字为姓氏,系春秋时郑国大夫司臣的后代。源于新郑(参考《通志·氏族略》)。还有司马、司徒等复姓改为单姓司者。

司铎(sī duó)　相传古代颁布新令,必奋木铎以警众,故称主持教化之官为司铎。周代设有司铎,其后以官为氏。源于洛阳(参考《姓氏寻源》《辞源》)。

司空(sī kōng)　官名。禹在帝尧时任司空,子孙以官为氏。源于登封(参考《古今姓氏书辩证》)。

寺(sì)　系周代寺人的后代。寺人,官名,古代宫中供使令的小臣,掌王之内人及女宫之戒令。源于洛阳(参考《古今姓氏书辩证》《辞海》)。

佀(sì)　同似氏。"佀"系"似"的异体字。源于洛阳(参考《辞海》)。

驷(sì)　源于姬姓。郑穆公子公子騑,字子驷,其孙带、乙以王父字为氏。源于新郑(参考《通志·氏族略》)。

食(sì)　出自战国时韩国,系韩国公子食我的后代。源于新郑(参考《风俗通义》)。

姒(sì)　夏王朝祖姓。一说尧封鲧于崇山(今嵩山)为伯爵位,称崇伯鲧,并赐姓姒(《通志》)。一说,鲧之妻吃了薏苡(植物),而受孕生禹,故取苡氏。后去草加女,演为姒(参考《论衡》《姓氏考略》《史记·夏本纪·索引》)。

俟(sì)　代北鲜卑族俟奴氏,随北魏孝文帝南迁洛阳,于太和二十年(496年)改为俟氏。源于洛阳(参考《魏书·官氏志》)。

嵩(sōng)　五帝之一的帝喾,居亳,其次妃有娀氏(名简狄)之后有嵩氏。源于偃师(参考《姓氏寻源》)。

宿(sù)　代北鲜卑族三字姓宿六斤氏,随北魏孝文帝南迁洛阳,于太和二十年(496年)改为宿氏。源于洛阳(参考《魏书·官氏志》)。

肃(sù)　帝喾时"八元"之一的仲堪,死后谥"肃",他的后代以他的谥号为姓氏。源于偃师(参考《姓氏寻源》)。

邃(suì)　源于姬姓,系春秋时郑国公族的后代。源于新郑(参考《姓氏考略》)。

索卢(suǒ lú)　代北鲜卑族奚斗卢氏,随北魏孝文帝南迁洛阳,于太和二十年(496年)改为索卢氏。源于洛阳(参考《魏书·官氏志》)。

索罗(suǒ luó)　索卢氏一作索罗氏。源于洛阳(参考《姓氏考略》)。

索阳(suǒ yáng)　荥阳有索水,居索水之阳(水北)者因以为氏。源于荥阳(参考《姓氏寻源》)。

琐（suǒ）　古有琐国，又为春秋郑国大夫食采之邑，后因以为氏。源于新郑（参考《中华姓氏大辞典》）。

锁（suǒ）　与琐姓同源。源于新郑（参考《姓氏考略》）。

18. T

沓（tà）　代北鲜卑族复姓沓卢氏，随北魏孝文帝南迁洛阳，于太和二十年（496年）改为沓氏。源于洛阳（参考《魏书·官氏志》）。

太山（tài shān）　黄帝相有太山稽，后以为氏。源于新郑（参考《姓氏寻源》）。

大山（tài shān）　即太山氏。源于新郑（参考《古今姓氏书辩证》）。

大士（tài shì）　以官为氏，形成于殷商和周代。大士，官名，殷代掌管神事的官吏，周代治狱的官吏。源于洛阳（参考《古今姓氏书辩证》《辞源》）。

黄帝相太山稽

单（tán）　系春秋时郑国栎邑大夫单伯的后代。源于禹州（参考《康熙字典》）。

滕（téng）　黄帝二十五个儿子得十二姓，其五为滕姓。源于新郑（参考《国语·晋语》）。

眷（téng）　源于姬姓，系春秋时郑国公族的后代。源于新郑（参考《中华姓氏大辞典》）。

薙（tì）　《周礼·秋官》有薙氏，掌杀草（除去野草），其后代以官为氏。源于洛阳（参考《姓氏词典》《辞源》）。

天（tiān）　皇帝之相有天老，其后代以祖辈名字为姓氏。源于新郑（参考《古今姓氏书辩证》）。

田章（tián zhāng）　源于姬姓，系春秋时郑国公族的后代。源于新郑（参考《姓氏词典》）。

调（tiáo）　《周礼·秋官》有调人，"掌司万民之难而谐和之"，其后代以官为氏。源于洛阳（参考《古今姓氏书辩证》《辞源》）。

太士（tài shì）　即大士氏，系以官为氏，后世讹写为太士氏。源于洛阳（参考《古今姓氏书辩证》）。

太叔（tài shū）　源于姬姓，形成于春秋时期，有两支：一是卫文公子太叔仪之后；二是郑庄公之弟段封于京，谓之京城太叔，其后以为氏。源于滑县、荥阳（参考《古今姓氏书辩证》《姓氏寻源》）。

太祝（tài zhù）　以官为氏。太祝，官名，殷始置，周代掌祝辞祈祷之事。源于洛阳（参考《姓氏寻源》《辞源》）。

太室（tài shì）　其先人因居山（嵩岳太室山）名为氏。源于登封（参考《古今姓氏书辩证》）。

同（tóng）　《周礼》春官的属官有典同，掌调乐器，其后代以官为氏，即同氏。源于洛阳（参考《古

太室山先居者以山名为氏

今姓氏书辩证》《辞源》）。

仝（tóng）　即同氏，俗写作"仝"，后人因以为氏。源于洛阳（参考《姓氏寻源》）。

彤城（tóng chéng）　禹为姒姓，其后分封，有彤城氏。源于登封（参考《史记·夏本纪》）。

秃（tū）　帝喾时火正祝融之后一曰秃，封于舟，周人灭之，以秃为氏。源于新密、新郑（参考《中华姓氏大辞典》《古今姓氏书辩证》）。

頹（tuí）　即頹氏，东周大夫頹叔之后。源于洛阳（参考《古今姓氏书辩证》《辞海》）。

拓（tuò）　北魏皇帝姓拓跋，孝文帝迁都洛阳后，于太和二十年（496年）改为元氏，还有一支省文为拓氏。源于洛阳（参考《中华姓氏大辞典》）。

汤（tāng）　出自商成汤之后，得姓，在偃师（《名贤氏族言行类稿》）。

19. W

宛（wǎn）　源于上古，伏羲师有宛华，黄帝臣有宛朐，为宛姓之始。源于新郑（参考《姓氏寻源》）。

万（wàn）　代北鲜卑族万忸于氏、吐万氏，于北魏孝文帝时一并改为万氏。源于洛阳（参考《古今姓氏书辩证》）。

王（wáng）　在嵩山地域的源头有两支：一是东周灵王太子姬晋因直谏被废为庶人，其子宗敬在东周任司徒，世人称为"王家"，其后便以王为氏，出自今洛阳，后徙居琅琊（今山东胶南）、太原（今属山西）等地。源于洛阳（参考《新唐书·宰相世系》）。二是少数民族在中原改姓。南北朝时，高丽族拓王氏、代北可频氏迁入中原，均改为王氏。源于洛阳（参考《中华姓氏大辞典》）。

王叔（wáng shū）　源于姬姓。东周襄王季父王子虎官太宰，谥文，赐族曰王叔氏。源于洛阳（参考《姓氏寻源》）。

王子（wáng zǐ）　东周时，周王庶子到郑国做官，以"王子"为姓氏。源于洛阳（参考《古今姓氏书辩证》）。

委（wěi）　《周礼》有委人，掌委积（以国用的余财储蓄备荒），其后以官为氏。源于洛阳（参考《通志·氏族略》）。

味（wèi）　代北鲜卑族三字姓渴烛浑氏，随北魏孝文帝南迁洛阳，于太和二十年（496年）改为味氏。源于洛阳（参考《魏书·官氏志》）。

遗（wèi）　周代有遗人，地官之属，掌管施予、抚恤之事，其后以官为氏。源于洛阳（参考《古今姓氏书辩证》《辞源》）。

尉（wèi）　以祖辈名字为姓氏，系春秋时郑国大夫尉翩的后代。源于新郑（参考《通志·氏族略》）。

温（wēn）　代北鲜卑族复姓温氏，随北魏孝文帝南迁洛阳，于太和二十年（496年）改为温氏。源于洛阳(参考《魏书·官氏志》)。

翁(wēng)　夏后启(都阳翟)之臣有翁难乙,为翁姓之始。源于禹州(参考《姓氏寻源》)。

巫(wū)　上古有神医巫彭,是黄帝臣,为巫姓之始。源于新郑(参考《姓氏寻源》)。

巫马(wū mǎ)　周代官名,掌管疗治马病事务,其后以官为氏。源于洛阳(参考《姓氏寻源》《辞源》)。

巫咸(wū xián)　黄帝臣,神巫,其后代以祖辈名字为姓氏。源于新郑(参考《姓氏寻源》《辞源》)。

邬(wū)　陆终第四子求言,以妘姓,别封于邬,其后以封地为氏。邬,春秋的郑邑有邬,居者以邑名为姓。源于偃师(参考《姓氏考略》《辞海》)。

武(wǔ)　夺取夏朝太康王位的后羿(都斟鄩)有贤臣武罗,为武姓之始。源于巩义(参考《世本》)。

武强(wǔ qiáng)　即武强氏。源于郑州(参考《姓氏词典》)。

伍(wǔ)　黄帝臣有伍胥,为伍姓之始。源于新郑(参考《姓氏寻源》)。

兀(wù)　北魏改安乐王元鉴为兀氏。源于洛阳(参考《通志·氏族略》)。

乌(wū)　出自姬姓,是黄帝的后代。少昊氏以鸟命官,有乌鸟氏,他的后人去鸟字姓乌,称乌氏。望族出于颍川、汝南、鄱阳。

20. X

僖(xī)　黄帝二十五子,得十二姓,第九为僖姓。源于新郑(参考《国语·晋语四》)。

厘(xī)　通"僖",即僖姓。源于新郑(参考《姓氏考略》)。

熙(xī)　出自己姓。帝颛顼之后有熙,佐帝喾,其后因以为氏。源于偃师(参考《古今姓氏书辩证》)。

熙氏(xī shì)　帝喾使玄冥为水正,熙氏佐之,后为氏。源于偃师(参考《元和姓纂》)。

西宫(xī gōng)　春秋时,郑国西宫执政以所居而别于太子之东宫,后因以为氏。源于新郑(参考《古今姓氏书辩证》)。

西闾(xī lǘ)　周代宋、郑国大夫居于西门者,因以为氏。源于新郑(参考《通志·氏族略》)。

西周(xī zhōu)　周末分为东、西二周,赧王为西周,武公庶子以西周为氏。源于洛阳(参考《姓氏寻源》)。

奚(xī)　北魏鲜卑族宗族十姓有达奚氏,随北魏孝文帝南迁洛阳,于太和二十年(496年)改为奚氏。源于洛阳(参考《魏书·官氏志》)。

胖(xī)　以祖辈名字为姓氏,系周大夫郤胖的后代。源于巩义(参考《姓氏词典》)。

谞(xí)　系黄帝臣谞朋的后代。源于新郑(参考《中华姓氏大辞典》)。

下门(xià mén)　系春秋时周景王大夫下门子的后代。源于洛阳(参考《古今姓氏书辩证》)。

夏(xià)　由禹(姒姓)的儿子启建立的夏朝,曾建都阳城、阳翟、斟鄩、安邑等地,传十三世、十六王,至桀(都斟鄩)时为商汤所灭,子孙以禹时国号为姓氏,称为夏后氏。西周初,禹的后裔东楼公被封于杞。"其非为后不得封者,以夏为氏。"源于登封、巩义、禹州等地(参考《通志·氏族略》《史记·夏本纪》)。

夏后(xià hòu)　禹继舜而即天子位,"国号曰夏后,姓姒氏",其子启建立夏朝,传至桀(都斟鄩)

时为商汤所灭,子孙以禹时国号为姓氏,即夏后氏。源于巩义(参考《史记·夏本纪》)。

宪(xiàn)　周代有秋官的属官布宪,掌管刑政禁令,其后以官为氏。源于洛阳(参考《元和姓纂》《辞源》)。

想(xiǎng)　《周礼·春官》有眂祲,"掌十煇之法,以观妖祥,辨吉凶",十曰想。想氏当以此为姓。源于洛阳(参考《姓氏寻源》《辞源》)。

巷(xiàng)　春秋时宫中内官有巷伯,掌宫中之事,其后以官为氏,省文为巷氏。源于洛阳(参考《元和姓纂》《辞海》)。

巷伯(xiàng bó)　以官为氏,系春秋时巷伯之后。源于洛阳(参考《姓氏词典》)。

宵(xiāo)　以祖辈名字为姓氏,系春秋时郑国行人(管朝勤聘问的官)良宵的后代。源于新郑(参考《姓氏寻源》)。

销(xiāo)　帝鸿生白民,白民销姓。帝鸿,黄帝名号。源于新郑(参考《姓氏寻源》《辞源》)。

嚻(xiāo)　黄帝娶嫘祖,生玄嚻,玄嚻之孙曰帝喾,居亳,其后有嚻氏。源于偃师(参考《世本》《史记·五帝本纪》)。

小施(xiǎo shī)　禹为姒姓,都城,其后有小施氏。源于登封(参考《元和姓纂》)。

校(xiào)　周代夏官的属官有校人,为马官的头目或管理池沼的小官,其后以官为氏,即校氏。源于洛阳(参考《元和姓纂》)。

校师(xiào shī)　春秋时,郑国人欲毁乡校,子产说:"乡校是吾师也。"因有校师氏。源于新郑(参考《姓氏考略》)。

颉(xié)　春秋时郑国公族之后有颉氏。源于新郑(参考《姓氏寻源》)。

泄(xiè)　以祖辈名字为姓氏,其一,春秋时郑国大夫泄驾、泄伯的后代。其二,为春秋时陈国大夫泄冶的后代。源于新郑(参考《古今姓氏书辩证》)。

洩(xiè)　为"泄"的异体字,洩氏即泄氏。源于新郑(参考《古今姓氏书辩证》)。

泄堵(xiè dǔ)　春秋时郑国有泄堵氏,泄堵俞弥是也。源于新郑(参考《中华姓氏大辞典》)。

解(xiè)　代北鲜卑族复姓解枇氏,随北魏孝文帝南迁洛阳,于太和二十年(496年)改为解氏。源于洛阳(参考《魏书·官氏志》)。

刑(xíng)　古代有刑官,即掌刑法的官吏,其后代以官为氏。源于洛阳等地(参考《姓氏寻源》《辞源》)。

刑史(xíng shǐ)　古代有刑史,即刑官属下管刑书的小吏,其后以官为氏。源于洛阳等地(参考《姓氏寻源》《辞源》)。

荥(xíng)　一支出自战国时韩国荥邑(今荥阳),居者以邑名为姓(《汉·刘宽碑》);另一支源于古代有荥泽(亦称荥波,在荥阳),还有地名荥阳,居者以水以地为氏。源于荥阳(参考《姓氏寻源》)。

行(xíng)　《周礼》有大行人,其后代以官为氏。源于洛阳(参考《古今姓氏书辩证》)。

行人(xíng rén)　周代有行人,即掌朝觐聘问的官,其后代以官为氏。源于洛阳等地(参考《姓氏寻源》)。

熊(xióng)　传说黄帝建都有熊(今新郑),故亦称有熊氏。其后有一支以其国号为姓氏,称为熊氏。源于新郑(参考《史记·五帝本纪》《姓氏寻源》)。

修(xiū)　少昊氏之子修,为帝喾玄冥师,掌水官,其后以祖辈名字为姓氏。源于偃师(参考《古今姓氏书辩证》)。

— 344 —

休(xiū) 西汉封楚元王子为休侯,休在颍川,其后以邑为氏。源于禹州(参考《姓氏寻源》)。

貅(xiū) 源于原始社会的图腾崇拜,系出有熊氏(即黄帝)。源于新郑(参考《姓氏词典》)。

繻(xū) 源于姬姓,以祖辈名字为姓氏,系春秋时郑成公之兄繻的后代。源于新郑(参考《姓氏考略》)。

徐吾(xú wú) 系春秋时郑国大夫徐吾犯的后代。源于新郑(参考《元和姓纂》)。

熊 图 腾

许(xǔ) 上古高洁清节之士许由,避尧禅让,隐居箕山,其后裔为许氏。源于登封(参考《急就篇注》)。

轩(xuān) 以祖辈名号为姓氏,系轩辕氏(即黄帝)的后代。源于新郑(参考《风俗通义》)。

轩辕(xuān yuán) 黄帝居轩辕之丘,因以为名,又以为号,其后代以祖辈名号为姓氏。源于新郑(参考《史记·五帝本纪》《风俗通义》)。

儇(xuān) 黄帝二十五子,得十二姓,第十一姓为儇姓。源于新郑(参考《国语·晋语四》)。

嬛(xuān) 一作"儇",即儇姓,黄帝之后。源于新郑(参考《姓氏考略》《辞源》)。

旋(xuán) 即嬛姓,系黄帝之后。源于新郑(参考《姓氏寻源》)。

薛(xuē) 北魏鲜卑族复姓叱干氏,随北魏孝文帝南迁洛阳,于太和二十年(496年)改为薛氏。叱干本为部落之名,亦译薛干,本鲜卑族薛干部。源于洛阳(参考《魏书·官氏志》)。

学(xué) 以世职为氏,系学官的后代。学官,掌管学校教育的教官。源于洛阳等地(参考《姓氏寻源》《辞源》)。

荀(xún) 黄帝二十五子,得十二姓,第八姓为荀姓。源于新郑(参考《国语·晋语四》)。

寻(xún) 源于姒姓。夏代有同姓诸侯斟寻氏,后为寒浞所灭,子孙因为寻氏。源于巩义(参考《古今姓氏书辩证》)。

郇(xún) 郇,春秋时周邑,周大夫食采者以邑为氏。源于巩义(参考《古今姓氏书辩证》)。

鄩(xún) 系寻姓所改。源于巩义(参考《姓氏辞典》)。

训(xùn) 周代有训方氏,系掌管教导四方之民的官员,其后以官为氏,即训氏。源于洛阳(参考《通志·氏族略》)。

21. Y

雅(yǎ) 源于姬姓,系春秋时郑国公族的后代。源于新郑(参考《姓氏考略》)。

延(yán) 一是以祖辈名字为姓氏,系黄帝臣封逢第三子延的后代。源于新郑(参考《中华姓氏大辞典》)。二是代北鲜卑族三字姓可地延氏,随北魏孝文帝南迁洛阳,于太和二十年(496年)改为延氏。源于洛阳(参考《魏书·官氏志》)。

阎(yán) 源于姬姓,系西周晋升国始祖唐叔虞的后代。春秋时,晋成公之子懿食采于阎邑(今山西西南部),晋国于战国时灭亡,懿的子孙散处于河、洛一带,以原封邑为姓氏,即阎氏。源于洛阳、荥阳等地(参考《新唐书·宰相世系》)。

偃师(yǎn shī) 其一,源于妫姓。春秋时,陈哀公病,其弟昭杀掉太子偃师。偃师的子孙以祖辈名字为姓氏。源于淮阳(参考《春秋·昭公八年》《古今姓氏书辩证》)。其二,周人食邑于偃师,以邑为氏。源于偃师(参考《古今姓氏书辩证》)。

羊(yáng) 周代夏官之属有羊人,职掌羊牲及祭祀割牲等事,其后以官为氏。源于洛阳(参考《古今姓氏书辩证》《辞源》)。

阳城(yáng chéng) 出自春秋郑国阳城邑(今登封),居者以邑名为姓。源于登封(参考《姓氏寻源》《姓氏考略》)。

阳成(yáng chéng) 即阳城氏。后去"土"为"成"。源于登封(参考《风俗通义》)。

阳翁(yáng wēng) 以祖辈名字为姓氏,源于姬姓,系周景王之孙阳翁伯的后代。源于洛阳(参考《姓氏寻源》)。

冶(yě) 《周礼·考工记》有冶氏,亦称冶工,为冶炼金属的工匠,掌为兵器,其后以世职为氏。源于洛阳(参考《古今姓氏书辩证》《辞源》)。

夜(yè) 《周礼·夏官》之属有挈壶氏,主夜间提壶漏水计时,其后以官为氏。源于洛阳(参考《古今姓氏书辩证》《辞源》)。

掖(yè) 汉代有宫中官名掖廷,掌宫人事,其后以官为氏,即掖氏。源于洛阳(参考《古今姓氏书辩证》《辞源》)。

掖庭(yè tíng) 东汉桓帝皇后为掖庭氏,系掌掖庭(宫中旁舍、妃嫔居住的地方)之官的后代。源于洛阳(参考《中华姓氏大辞典》)。

谒(yè) 春秋时始置"谒者"一官,为国君掌管传达,其后以官为氏。源于洛阳(参考《风俗通义》《辞海》)。

依(yī) 黄帝二十五子,得十二姓,第十二姓为依姓。源于新郑(参考《国语·晋语四》)。

医(yī) 春秋时有医师,为众医之长,掌医之政令,其后以官为氏,即医氏。源于洛阳(参考《姓氏辞典》《辞源》)。

伊(yī) 来源有二。其一支出自帝尧之后,因尧生于伊水(今伊川一带),其后有伊姓;一说尧生时,其母在三阿之南,寄于伊长孺之家,故以从母所居为姓(参考《三辅旧事》)。其二是夏朝末年,"有莘氏女采桑于伊川",得婴儿,取名伊,后被商汤以为尹(官名),称伊尹,其后有伊氏。源于洛阳(参考《姓谱》《魏书·官氏志》)。

夷(yí) 一是黄帝臣夷牟发明矢,为夷姓之始。源于新郑(参考《世本八种》)。二是夏代曾夺取夏朝王位的羿,居斟鄩,为夷姓。源于巩义(参考《古今姓氏书辩证》《中国史稿》)。

夷鼓(yí gǔ) 以祖辈名字为姓氏,系黄帝子夷鼓的后代。源于新郑(参考《元和姓纂》)。

乙(yǐ) 代北鲜卑族复姓乙弗氏,随北魏孝文帝南迁洛阳,于太和二十年(496年)改为乙氏。源于洛阳(参考《魏书·官氏志》)。

意而(yì ér) 尧时高士许由,隐居箕山,其后有意而氏。源于登封(参考《姓氏辞典》)。

邑(yì) 系黄帝臣邑夷的后代。源于新郑(参考《姓氏考略》)。

佚(yì) 系春秋时郑国大夫佚之狐的后代。源于新郑(参考《古今姓氏书辩证》)。

羿（yì） 有穷国君羿,夺取夏帝相的王位,居斟鄩,其后代以祖辈名字为姓氏,即羿氏。源于巩义（参考《通志·氏族略》《中国史稿》）。

食其（yì jī） 系黄帝的后代。源于新郑（参考《姓氏考略》）。

印（yìn） 春秋时,郑穆公之子睔,字子印,其孙印段,以祖字为氏。源于新郑（参考《通志·氏族略》）。

胤（yìn） 夏王仲康时,羲和废时乱日,胤往征之,作《胤征》。胤,郑玄注为仲康之臣,其后代即为胤氏。源于巩义（参考《史记·夏本纪》《风俗通义》）。

颍（yǐng） 春秋初期,郑国大夫考叔,初为颍谷的封人,即掌管封疆的官吏,称颍考叔,其后以祖上封邑为姓。源于登封（参考《古今姓氏书辩证》《辞海》）。

颖（yǐng） 与颍氏同。颍一作"颖",颍考叔之姓。源于登封（参考《姓氏寻源》《宋本广韵》）。

羿姓始祖后羿

雍人（yōng rén） 周代宫中掌烹调之官称"雍人",其后以官为氏,即雍人氏。源于洛阳（参考《元和姓纂》）。

游（yóu） 源于姬姓,系以祖字为氏。春秋时,郑穆公之子名子偃,字子游,其孙以王父字为氏。源于新郑（参考《元和姓纂》）。

酉（yǒu） 黄帝二十五子,得十二姓,第二姓为酉姓。源于新郑（参考《国语·晋语四》）。

有鬲（yǒu gé） 夏王仲康封弟叔能于河洛,曰有鬲氏。源于巩义（参考《姓氏寻源》）。

有熊（yǒu xióng） 有熊,地名,为黄帝国都,黄帝以都为号,称有熊氏。其后因以为氏。源于新郑（参考《史记·五帝本纪·正义》）。

右史（yòu shǐ） 周代史官有左史、右史之分,"言则右史书之"。右史之后以官为氏,即右史氏。源于洛阳（参考《通志·氏族略》《辞源》）。

俞（yú） 太古医有俞柎,黄帝臣,为俞姓之始。源于新郑（参考《姓氏寻源》）。

渝（yú） 源于姬姓,系春秋时郑国公族的后代。源于新郑（参考《姓氏寻源》）。

舆（yú） 其一,《周礼·考工记》有"舆人",为造车工人,其后以技为氏,即舆氏。源于新郑（参考《姓氏寻源》）。其二,代北鲜卑族复姓莫舆氏,随北魏孝文帝南迁洛阳,于太和二十年(496年)改为舆氏。源于洛阳（参考《魏书·官氏志》）。

貐（yú） 音"逾"。有熊氏（黄帝）部落中有貐氏。源于新郑（参考《中华姓氏大辞典》）。

语（yǔ） 源于姬姓,系春秋时郑穆公弟语子人氏之后。源于新郑（参考《姓氏寻源》）。

圉（yǔ） 《周礼·夏官》有"圉师"官,掌教圉人养马,其后以官为氏,即圉氏。源于洛阳（参考《古今姓氏书辩证》《辞源》）。

圉人(yǔ rén)　圉人,周代官名,掌管养马放牧等事,其后以官为氏。源于洛阳(参考《姓氏词典》《辞源》)。

禹(yǔ)　夏禹(姒姓)后裔(在今登封)以其名号为姓氏,即禹氏。源于登封(参考《风俗通义》)。

羽(yǔ)　其一,源于姬姓,形成于春秋时期。郑穆公之子挥,字子羽,其孙颉为马师,以祖字为氏,即羽氏。源于新郑(参考《古今姓氏书辩证》)。其二,代北鲜卑族复姓羽弗氏,随北魏孝文帝南迁洛阳,于太和二十年(496年)改为羽氏。源于洛阳(参考《魏书·官氏志》)。

郁(yù)　夏禹之师有郁华,为郁姓之始。源于登封(参考《姓氏考略》)。

谕(yù)　源于姬姓,系春秋时郑国公族的后代。源于新郑(参考《中华姓氏大辞典》)。

喻(yù)　源于姬姓。春秋时,郑国公子渝弥,任司徒,后立别族为渝氏,至西汉景帝时,因皇后名志字阿渝,为避其字讳,改渝氏为喻氏。源于新郑等(参考《风俗通义》)。

御(yù)　源于子姓。周代有"御人"一职,负责驾车,其后以世职为氏,即御氏。源于洛阳(参考《元和姓纂》)。

御龙(yù lóng)　陶御氏后裔刘累学扰(驯龙),事夏王孔甲,孔甲赐其姓为御龙氏。源于偃师(参考《史记·夏本纪》)。

尉(yù)　其一,出自春秋时郑国大夫尉止之后。源于新郑(参考《通史·氏族略》)。其二,北魏"勋臣八姓"有尉氏,原为西方尉迟氏,随孝文帝南迁,改为尉氏。源于洛阳(参考《魏书·官氏志》)。

尉迟(yù chí)　尉迟,原为部落名,与北魏同起,如中华之诸侯国,北魏孝文帝时以部落名为姓氏,即尉迟氏,也有为尉氏者。源于洛阳(参考《魏书·官氏志》)。

鬻(yù)　源一姒姓,系夏禹的后裔。源于登封(参考《中华姓氏大辞典》)。

鸢(yuān)　有熊氏(黄帝)部族有鸢氏。源于新郑(参考《中华姓氏大辞典》)。

元(yuán)　出自拓跋氏,系黄帝后裔。黄帝子昌意少子悃,居北方,十一世为鲜卑君长。鲜卑族拓跋部建立代国,又改国号为魏,史称北魏、后魏。孝文帝南迁洛阳,定族姓,于北魏太和二十年(496年)改拓跋氏为元氏。源于洛阳,参考《魏书·官氏志》)。

园(yuán)　其一,姓于所居。"园"是用篱笆环围种植蔬菜、花木的地方。《诗·郑风·将仲子》有"无逾我园"我之句。源于新郑等地(参考《风俗通义》《辞源》)。其二,春秋时郑穆公之子圈,其后为圈氏,至秦朝博士逃难,改为园氏。源于新郑(参考《风俗通义》)。

袁(yuán)　周代陈国开国之君妫满的十一世孙诸,字伯爰,其孙涛涂,以祖父命氏为爰氏。涛涂的玄孙颇徙居郑国,裔孙告于秦末避难居于河、洛之间,告的小儿子政,于西汉初开始以袁为氏。源于洛阳、巩义(参考《古今姓氏书辩证》)。

圆(yuán)　系圈氏所改。圈氏系春秋时郑穆公之子圈的后代,以其名字为氏形成的。源于新郑(参考《姓氏考略》)。

苑(yuàn)　出于子姓。商王武丁之子名文,封于苑(今新郑一带)为侯爵,称苑侯,其后有苑姓。源于新郑(参考《元和姓纂》《尚友寻》)。

越(yuè)　北魏北方复姓越勒氏,随北魏孝文帝南迁洛阳,于太和二十年(496年)改为越氏。源于洛阳(参考《魏书·官氏志》)。

月(yuè)　古代帝王祭月称夕月。周代有负责夕月之官,其后以官为氏,即月氏。源于洛阳(参考《姓氏寻源》《辞源》)。

乐正(yuè zhèng)　周代有乐正,为乐官之长,其后以官为氏。源于洛阳(参考《姓氏寻源》)。

栎（yuè） 春秋时郑国有栎邑（今禹州），居者以邑为姓。源于禹州（参考《姓氏考略》）。

庾（yú） 两汉时代形成了颍川（禹州市一带）和新野两大郡望，而颍川庾姓是当今庾姓中最大支派。

云（yún） 其一，传说黄帝以云纪官，夏官为缙云氏，因以为族氏，后省文云氏。源于新郑（参考《元和姓纂》《辞源》）。其二，代北复姓有连氏，随北魏孝文帝南迁洛阳，于太和二十年（496年）改为云氏。源于洛阳（参考《魏书·官氏志》）。

妘（yún） 吴回（祝融）子陆续第四子曰求言（即会人），为妘姓，封于邬。源于新密（参考《古今姓氏书辩证》）。

鄖（yún） 系妘姓分族。源于新密（参考《姓氏寻源》）。

陨（yún） 即鄖姓，系妘姓分族。源于新密（参考《姓氏寻源》）。

应（yīng） 《郡望百家姓》《姓氏考略》载：应氏望出汝南、颍川（禹州市一带）。《姓氏考略》中记载：望出汝南、颍川。

殷（yīn） 汉代史游所著《急就篇》姓字注所载，"殷水在颍川（今河南禹州），居之者以地为氏。"

22. Z

宰（zǎi） 太宰，官名简称宰，殷商置，周为天官之长，辅佐帝王治理国家，其后以官为氏，即宰氏。源于洛阳（参考《姓氏寻源》《辞源》）。

臧（zāng） 秦至西汉间，臧姓逐渐播到河北、河南、甘肃等北方省份，并且在今河南禹州、甘肃天水一带形成望族，至东汉初，臧宫功封列侯，子孙袭爵，极大地壮大了臧姓颍川郡望（今河南禹州）。

祭（zhài） 西周国名，始封之君为周公姬旦之子。原为畿内之国，后东迁，在今郑州市东北。子孙以国为氏。源于郑州（参考《元和姓纂》）。

祭公（zhài gōng） 源于姬姓，以祖辈封号为姓氏，系周代祭国君祭公的后代。源于郑州（参考《姓氏寻源》）。

鳣（zhān） 系黄帝臣鳣先的后代。源于新郑（参考《姓氏考略》）。

占尹（zhān yǐn） 周代春官之属有占人，掌占卜卦兆吉凶。又官名有"尹"。主占之官以世官为氏，即占尹氏。源于洛阳（参考《姓氏寻源》《辞源》）。

詹（zhān） 其一，出自黄帝之后，封于詹（在新郑），后代以地名得姓。源于新郑（参考《姓氏考略》）。其二，春秋时郑国有詹伯，以邑为氏，形成詹氏。源于新郑（参考《姓氏寻源》）。

詹姓始詹文侯

詹伯（zhān bó） 系春秋时郑国詹伯的后代。源于新郑（参考《中国姓氏大全》）。

瞻（zhān） 系瞻葛氏省文改成，而瞻葛氏系黄帝之后。源于新郑（参考《姓氏寻源》）。

瞻葛（zhān gě） 系有熊（即黄帝）的后代。源于新郑（参考《古今姓氏书辩证》）。

展（zhǎn） 其一，帝喾时有展上公，为展姓之始。源于偃师（参考《姓氏寻源》）。其二，北魏时有

西方复姓辗迟氏,随北魏孝文帝南迁洛阳,于太和二十年(496年)改为展氏。源于洛阳(参考《魏书·官氏志》)。

章商(zhāng shāng) 夏禹臣有章商氏。源于登封(参考《姓氏寻源》)。

长孙(zhǎng sūn) 北魏献帝第三兄为跋跋氏(一作拓跋氏),孝文帝以其为皇枝之长,改为长孙氏。源于洛阳(参考《魏书·官氏志》《元和姓纂》)。

昭(zhāo) 夏禹臣有作衍历的昭明,为昭姓之始。源于登封(参考《姓氏寻源》)。

赵(zhào) 赵姓在漫长的繁衍过程中形成了许多郡望,主要有以下几个:颍川郡(治所在今禹州)、平原郡、汉阳郡、天水郡等。

者舌(zhě shé) 古代西域有者舌国,北魏时有使者来朝贡,留居中原,以国名为姓氏,即者舌氏。源于洛阳(参考《通志·氏族略》)。

者舍(zhě shě) 即者舌氏。源于洛阳(参考《姓氏词典》)。

斟(zhēn) 源于姒姓,系夏禹的后代。源于登封(参考《史记·夏本纪》)。

斟戈(zhēn gē) 即斟灌氏,源于姒姓,系夏禹的后代。源于登封、新郑(参考《姓氏寻源》《古今姓氏书辩证》)。

斟鄩(zhēn xún) 姒姓诸侯国,夏王太康与夏王桀所都。《古本竹书纪年》:"太康居斟鄩。"其后以国为姓。源于巩义(参考《史记·夏本纪》《中国历史地名辞典》)。

居溱水边者以水名为姓

溱(zhēn) 水名,源出新密东北圣水峪,居水边者以水名为姓氏。源于新密(参考《辞海》《姓氏词典》)。

甄(zhēn) 北魏时鲜卑族有三字姓郁郁甄氏,随北魏孝文帝南迁洛阳,于太和二十年(496年)改为甄氏。源于洛阳(参考《魏书·官氏志》)。

真(zhēn) 夏禹(都阳城)有辅佐之臣真窥,为真姓之始。源于登封(参考《姓氏寻源》)。

箴(zhēn) 黄帝二十五子,得十二姓,第六子为箴姓。源于新郑(参考《国语·晋语四》)。

葴(zhēn) 与"箴"同,即箴姓,系黄帝之子十二姓之一。源于新郑(参考《姓氏寻源》《辞源》)。

轸(zhěn) 轩辕氏(即黄帝)造车,车后用横木为"轸",因赐姓轸氏。源于新郑(参考《古今姓氏书辩证》)。

郑(zhèng) 源于姬姓,系以国为氏。西周末,周宣王封小弟姬友于郑(今陕西华县东)。周平王东迁后,郑国自陕东迁豫之溱、洧水之间,定都新郑,于公元前375年为韩国所灭,子孙播迁于陈(今淮阳)、宋(今商丘)之间,以原国名为姓氏,即郑氏。源于新郑(参考《新唐书·宰相世系》)。另有郑丘姓,在郐国(今新密)(参考《竹书纪年》《左传》)。

郑丘(zhèng qiū) 晋文侯同子多父伐郐,克之,居郑丘,因以为氏。源于新密(参考《姓氏寻源》)。

正令(zhèng lìng) 周官仪仆掌贰车(副车)正令,其后代以官为氏。源于洛阳(参考《元和姓纂》)。

职(zhí) 《周礼·夏官》有职方氏,其后以官为氏,又省文为职。源于洛阳(参考《元和姓纂》)。

职方(zhí fāng) 周官有职方氏,掌天下地图,主四方职贡,其后以官为氏。源于洛阳(参考《辞源》《姓氏词典》)。

纸(zhǐ) 其一,夏禹之后有纸氏。源于登封(参考《姓氏寻源》)。其二,嵩山纸氏系北魏渴侯氏所改。源于洛阳(参考《古今姓氏书辩证》)。

制(zhì) 周代东虢有制邑,虢叔的后代居之,以邑为氏,即制氏。源于荥阳(参考《姓氏考略》)。

秩(zhì) 古代有秩宗,是掌宗庙祭祀之官,其后以官为氏。源于洛阳(参考《姓氏考略》《辞海》)。

中黄(zhōng huáng) 系黄帝时中黄丈人的后代。源于新郑(参考《姓氏寻源》)。

中皇(zhōng huáng) 即中黄氏。源于新郑(参考《姓氏寻源》)。

钟(zhōng) 其一,《周礼·春官》有钟师,掌击钟奏乐,其后以官为氏。源于洛阳(参考《姓氏寻源》《辞源》)。其二,系钟离氏省文而成。宋桓公曾孙伯宗,在晋国任大夫,因忠直敢谏被杀,其子州犁逃到楚国,任太宰,食采于钟离(今安徽凤阳东北),因以为姓,即钟离氏。秦末伊卢(今江苏连云港市海州镇西南)人钟离昧,为项羽将,其第二子接,居于颍川长社,开始省"离"单姓钟。

钟古(zhōng gǔ) 即终古,系夏桀内史终古之后。源于巩义(参考《姓氏词典》)。

终古(zhōng gǔ) 系夏王桀(都斟鄩)内史终古的后代。源于巩义(参考《风俗通义》)。

仲(zhòng) 帝喾有八个才德之士,称为"八元",其中有仲堪、仲熊,他们的后代以祖辈名字为姓氏,称为仲氏。源于偃师(参考《元和姓纂》)。

仲熊(zhòng xióng) 以祖辈名字为姓氏,系帝喾"八元"之一仲熊的后代。源于偃师(参考《姓氏寻源》)。

仲雄(zhòng xióng) 即仲熊。源于偃师(参考《姓氏寻源》)。

周(zhōu) 其一,黄帝将有周昌,为周姓之始。源于新郑(参考《姓氏寻源》)。其二,源于姬姓。周朝传至周赧王时,于公元前256年被秦国所灭,周朝王族被废为庶人百姓,迁到惮狐(今河南西北),号曰周家,因以为氏。出自汝州(参考《史记·周本纪》《通志·氏族略》)。其三,北魏献帝次兄原为普氏,孝文帝南迁后实行汉化改革,改为周氏。源于洛阳(参考《魏书·官氏志》)。

周朝史官

周史(zhōu shǐ) 以官为氏,系周朝史官的后代。源于洛阳(参考《元和姓纂》)。

朱(zhū) 北魏北方三字姓渴烛浑氏、可朱浑氏,随孝文帝南迁,在实行汉化改革时,一并改为朱

氏。源于洛阳(参考《元和姓纂》《北朝胡姓考》)。

烛(zhú) 春秋时郑邑,在今河南新郑东北,为郑国大夫烛之武所居,以邑为氏。源于新郑(参考《通志·氏族略》)。

柱(zhù) 以官为氏,系周代柱下史的后代。老子李耳在周平王时任柱下史,其后因以为柱氏。源于洛阳(参考《通志·氏族略》《姓氏考略》)。

祝(zhù) 北魏时鲜卑族有复姓叱卢氏,随北魏孝文帝南迁洛阳,于太和二十年(496年)改为祝氏。源于洛阳(参考《魏书·官氏志》)。

祝融(zhù róng) 以祖辈名号为姓氏,系帝喾火官祝融的后代。"重黎为帝喾高辛居火正,甚有功,能光融天下,帝喾命曰祝融。"出自偃师(参考《史记·楚世家》《世本八种》)。

祝龢(zhù hé) 系高辛氏(帝喾)火正祝融的后代。祝融,一曰祝龢。

祝和(zhù hé) 即祝龢氏。"和"为"龢"的异体字。源于偃师(参考《姓氏词典》《辞海》)。

祝宗(zhù zōng) 系帝喾火官祝融的后代。源于偃师(参考《姓氏寻源》)。

庶(zhù) 《周礼·秋官》之属有庶氏,掌除毒蛊(虫物病害人者),其后以官为氏。源于洛阳(参考《辞源》《中华姓氏大辞典》)。

浞(zhuó) 以祖辈名号为姓氏,系夏代后羿相寒浞的后代。寒浞原居于寒(山东潍坊东北),后被后羿用为助手。后羿在夺取夏朝的王位后,居于斟鄩。源于巩义(参考《中国史稿》《中国姓氏大全》)。

濯(zhuó) 春秋时郑国有子濯孺子,其后有濯氏。源于新郑(参考《古今姓氏书辩证》)。

訾(zī) 春秋周地,在今巩义西南。居者以地名为姓氏。源于巩义(参考《辞源》《中国姓氏大全》)。

梓(zǐ) 周代有"梓人",即木工,专造乐器悬架、饮器、侯(箭靶)等,其后代以职业技术为姓氏,即梓氏。源于洛阳(参考《古今姓氏书辩证》)。

子良(zǐ liáng) 以祖辈名字为姓氏,源于姬姓。春秋时郑国公子去疾,字子良。《通志·氏族略》云:"郑公子去疾,字子良。"其后有子良氏。源于新郑(参考《通志·氏族略》)。

子公(zǐ gōng) 春秋时郑国公子宋,字子公,其后以祖字为氏,即子公氏。源于新郑(参考《古今姓氏书辩证》)。

子国(zǐ guó) 源于姬姓。春秋时郑国公子发,字子国,其后以祖字为子国氏。源于新郑(参考《通志·氏族略》)。

子罕(zǐ hǎn) 源于姬姓。春秋时郑国公子喜,字子罕,其后以祖字为子罕氏。源于新郑(参考《通志·氏族略》)。

子华(zǐ huā) 其一,郑文公报郑子之妃曰陈妫,生子华,其后有子华氏。源于新郑(参考《姓氏寻源》)。其二,战国时韩国有子华子,其后因以子华为氏。源于禹州(参考《元和姓纂》)。

子家(zǐ jiā) 源于姬姓。春秋时郑国公子归生,以子家为氏。源于新郑(参考《姓氏寻源》)。

子孔(zǐ kǒng) 源于姬姓。春秋时,郑穆公生公子嘉,字子孔,其后以祖字为氏,即子孔氏。源于新郑(参考《古今姓氏书辩证》)。

子宽(zǐ kuān) 源于姬姓。春秋时郑国公族的后代。源于新郑(参考《姓氏寻源》)。

子旅(zǐ lǔ) 系东周悼王、敬王时大夫子旅的后代。源于洛阳(参考《古今姓氏书辩证》)。

子南(zǐ nán) 源于姬姓。郑穆公子游之子曰楚,字子南,别为子南氏。源于新郑(参考《古今姓氏书辩证》）。

子旗(zǐ qí) 春秋时,郑国有七穆氏丰施,字子旗,其后以祖字为氏。源于新郑(参考《古今姓氏书辩证》)。

子然(zǐ rán) 源于姬姓。春秋时郑国公子子然的后代。源于新郑(参考《通志·氏族略》)。

子人(zǐ rén) 源于姬姓。春秋时,郑穆公之弟语,字子人,为大夫,其孙九,以王父字为氏。源于新郑(参考《古今姓氏书辩证》)。

子如(zǐ rú) 系春秋时郑国大夫子如班的后代。源于新郑(参考《姓氏词典》)。

子师(zǐ shī) 源于姬姓。春秋时郑国大夫子师仆的后代。源于新郑(参考《通志·氏族略》)。

子士(zǐ shì) 源于姬姓。系春秋时郑文公之子公子士的后代。源于新郑(参考《姓氏寻源》)。

子驷(zǐ sì) 源于姬姓。春秋时郑国公子𬴂,字子驷,其后以祖父字为氏。源于新郑(参考《通志·氏族略》)。

子晳(zǐ xī) 源于姬姓。春秋时,郑穆公孙驷氏之子曰驷黑,字子晳,别以字为子晳氏。源于新郑(参考《古今姓氏书辩证》)。

子晰(zǐ xī) 即子晳氏。源于新郑(参考《姓氏词典》)。

子轩(zǐ xuān) 源于姬姓。春秋时郑国公族的后代。南宋邓名世认为即子䍐氏,系穆公之子喜(字子䍐)的后代。源于新郑(参考《古今姓氏书辩证》《姓氏寻源》)。

子游(zǐ yóu) 源于姬姓。春秋时郑穆公生子偃,字子游,其后以祖字为氏。源于新郑(参考《古今姓氏书辩证》)。

子羽(zǐ yǔ) 春秋时,卫国、郑国皆有行人子羽,其后因以为子羽氏。源于新郑(参考《古今姓氏书辩证》)。

子臧(zǐ zāng) 源于姬姓。系春秋时郑国公子臧的后代。源于新郑(参考《中华姓氏大辞典》)。

子濯(zǐ zhuó) 系春秋时郑国子濯孺子的后代。源于新郑(参考《中华姓氏大辞典》)。

宗(zōng) 《周礼·春官》有宗伯,为六卿之一,辅佐天子掌管宗室之事。其后代以官为氏,即复姓宗伯氏,后有一支省文为宗氏。源于洛阳(参考《元和姓纂》)。

宗伯(zōng bó) 周代有宗伯,是辅佐天子掌管宗室之事的官,其后以官为氏。源于洛阳(参考《古今姓氏书辩证》)。

足(zú) 以祖辈名字为姓氏,源于祭姓,系春秋时郑国祭足的后代。源于新郑(参考《姓氏考略》)。

俎(zǔ) 北魏孝文帝将代北鲍俎氏改为俎氏。源于洛阳(参考《姓氏寻源》)。

组(zǔ) 源于姬姓。成周(西周的东都洛邑)周朝王族支庶子孙有组氏。源于洛阳(参考《辞源》《中华姓氏大辞典》)。

左(zuǒ) 上古时黄帝有臣叫左彻,黄帝铸三鼎于荆山阳,鼎成而死,他取衣冠几杖庙祀之,此为左姓之始。源于新郑(参考《辞源》《中华姓氏大辞典》)。

左史(zuǒ shǐ) 以官名为姓氏,系周代左史的后代。周代史官分左史和右史,左史记行动,右史记语言。源于洛阳(参考《辞源》《姓氏考略》)。

柞(zuò) 《周礼·秋官》之属有柞氏,掌管砍除树木杂草,以便开田种谷。其后以官为氏,即柞氏。源于洛阳(参考《辞源》《中华姓氏大辞典》)。

(摘自杨静琦、刘翔南、石小生著《源于河南一千姓》)

(二)外来姓氏

嵩山地域的外来姓氏主要有景、耿、王、李、杨、吕、郭、傅、马、张、赵、陈、韩、宋、吴、阎、秦、毛、屈等诸姓,他们大部分是600多年前的明初洪武至永乐年间(1368~1424年)从山西洪洞迁民而来(有的迁入其他地区后又迁入嵩山地域,还有的从嵩山地域又迁入别的地区)。

第二节 村 落

村落,主要指大的聚落或多个聚落形成的群体,常用作现代意义上的人口集中分布的区域。包括自然村落(自然村)、村庄区域。

村 落

中国传统村落,原名古村落,是指民国以前建村,保留了较大的历史沿革,即建筑环境、建筑风貌、村落选址未有大的变动,具有独特民俗民风,虽经历久远年代,但至今仍为人们服务的村落。2012年9月,经我国传统村落保护和发展专家委员会第一次会议决定,将习惯称谓"古村落"改为"传统村落",以突出其文明价值及传承的意义。传统村落中蕴藏着丰富的历史信息和文化景观,是中国农耕文明留下的最大遗产。

嵩山地域的小型聚落大多数是由同姓户家所组成,但是由若干相邻聚落中所有异姓家户组成的集体才是这里基层的村民自治组织形式。在姻亲交往、土地制度、特殊职业和村庄对外势力等方面的传统习俗规范与文化心态,由于均牵涉到家庭之间的权益与地位关系,因而"家族村落"历来为中国乡村基层社会研究所关切,以至于成为区别村落类型及自治组织形态的基本标准或理念。

嵩山地域大的村落可以包括多个村民小组、一个或多个行政村。对应于行政编组性质的基层组织"村"——行政村(建制村),村庄又称为"自然村"。与"自然村"意义相近的说法还有"寨""山寨""村寨""寨子",对于山地民族集中居住地也常冠以"寨"。

嵩山地域是中华民族的发祥地,其大大小小的村落分布也是密如蛛网。村落里的树木、村庄、房屋、小桥、流水、人家,将自然的山河点缀得更加绚丽多彩。

一、村落分布

夹在山河中的村落,像是一幅自然的风景画,浑然天成。可是,村落既然是农民聚居的地方,那么,人们在村落的选择上,自古至今,其理念都是以避风安全、水源丰富、林木茂盛、适合于人群生长的地方为前提的。人类在自然界的生存中,首要的问题就是自身的安全和生活的方便问题。

二、村名由来

嵩山地域的村名的由来大体可分为以下几种:

(一)以姓氏命名

有些村落是由某姓最早定居而得名。很多村落,最早居住的姓氏已无从查考,但村名一直沿袭至今。如张村、陈家沟、赵家窑、崔马岭、秦家,等等。

(二)以地理位置命名

有些村落以地理位置的特征而命名,如洛阳、石河村、黄岭后、伊南村、嵩岭南、花园口、龙峪沟、黄崖村、南坡、顾家河、石头湾,等等。

(三)以历史或神话传说命名

有些村落以历史或神话传说命名,如三官庙村、太后庙村、石佛沟、帝后村、将军、元帅沟村、少林寨、龙王寨,等等。

(四)以自然物命名

有些村落以自然物而命名,如杨树沟、竹园、苇子岭、桑园、槐树岭,等等。

(五)沿古道以县城里程命名

有些村落沿古道以县城里程为村名,如二十里铺、十里铺、三十里铺、二里洼,等等。

三、村落的变迁

村落的变迁,能折射出一个国家的兴衰。

古时的村落小,一百来户人家的村落算是大的,小的村落也就几户人家。村落的房屋破,树木少,人们居住的大都为窑洞和草房。而村上的路大都为土路,晴天是路,雨天是泥,村落环境非常不好。

民国时期,人民生活水平很低,自然灾害时有发生,兵匪窜扰,战争不断,地主盘剥,数以万计的劳

新式村庄

动人民衣不蔽体,食不裹腹,很多村落呈现出一副凄凉冷落的破败景象。村落里房舍简陋,树木稀少,草房石窑随处可见,家家户户的粪堆就积在门前屋后,既脏又乱。不少山沟里的村落,由于山贫水穷,石厚土薄,十年九旱,居住在这里的人们吃水困难,基本的生存条件都得不到保障。

中华人民共和国成立以后,嵩山地域的村落大有改观。在政府的支持下,山里的人们搬出穷山沟,迁到平坦处,为后代子孙创造了生产和生活的便利条件。随着人民生活的改善,平地村落里的人们,也就纷纷拆旧房,盖新房,不断地改善着居住的条件。特别是改革开放以后,随着人民生活水平的提高,村内的房舍建造得整齐划一,很多民居院落里的房屋都成了新式的2~3层的小楼房,村内的街道都变成了水泥路面,平坦笔直,整齐洁净。村落里树木林立,绿树成荫,座座村落都有了翻天覆地的变化。

自古至今,村落的发展与衰败,真实地反映出国家的兴衰和社会的发展和进步。

四、传统村落的特点

嵩山地域的传统村落是一种生活生产中的遗产,同时又饱含着传统的生产和生活,它具备以下几个特点:

一是物质与非物质文化遗产的整体

传统村落兼有物质与非物质文化遗产特性,而且在村落里这两类遗产互相融合,互相依存,同属一个文化与审美的基因,是一个独特的整体。人们曾经片面地把一些传统村落归入物质文化遗产范畴,这样造成的后果是只注重保护乡土建筑和历史景观,忽略了村落灵魂性的精神文化内涵,徒具躯壳,形存实亡。

二是呈现村落动态、嬗变历史进程的人文景观

传统村落的建筑无论历史多久,所有建筑内全都有人居住和生活,在不断地修缮乃至更新。所以村落不会是某个时代风格一致的古建筑群,而是斑驳而丰富地呈现着它动态、嬗变历史进程的人文景观。

三是村民生产和生活的基地

传统村落有别于"文物保护单位",而是生产和生活的基地,是社会构成最基层的单位,是农村小区。它面临着改善与发展,它的存在直接关系着村落居民生活质量的提高。

四是精神文化内涵与传统村落同存共进

传统村落的精神遗产中,不仅包括各类"非遗",还有大量独特的历史记忆、宗族传衍、俚语方言、乡约乡规、生产方式等,它们作为一种独特的精神文化内涵,与传统村落同存共进。换言之,传统村落的厚重鲜活是各种"非遗"不能脱离的"生命土壤"。

第三节 家　　族

家族指共同的祖先、血缘或具有姻亲关系、养育关系的人组成的网络,家族也是一夫一妻制家庭和宗族的合称。具体来说,家族是以血统关系为基础而形成的社会组织,包括同一血统的几辈人,它随着私有制的产生而形成,是中国传统文化和传统观念的产物。我国古代长期存留父系大家族制或父系家长制,家长对家族成员和经济生活享有很大权力。从传统来看,家族在社会生活中占有不容忽视的地位。即使今日,在人们心目中家族概念日益淡化,但在实际交往中,家族仍是乡村中维系人与人之间关系的纽带之一。

中华人民共和国成立以前,嵩山地域的家族势力很重,一般家族都是以族长制为基础的。族长依靠封建的宗法制度和封建礼教,掌握全家的经济等大权,在族人中居于绝对的支配地位,拥有绝对的统治权力。邻里之间互有冒犯,同族中便共同报复,家族人众则恃强凌弱,家族人弱则屈受欺辱,但同族中也是弱肉强食,互相倾轧。

一、家族的形成

家族是以婚姻和血缘关系结成的亲属集团,是社会的基本单位。家庭是用夫妻关系和子女关系构成的最小的社会构成体。它不断维持着最直接的人类社会的延续性,并形成家族体系。在原始杂交时期,不能产生家族。母系制氏族公社时期,由于这时男从妻居的多偶通婚,形成了母系家族,这种家族是大家族;到了父权制氏族公社时期,女从夫居的多偶通婚,又形成了父系大家族。但这时由于对偶、专偶的通婚,父系大家族之中已包容了若干父系小家庭组成的个体家庭。

在我国漫长的封建制度下,这种封建的父系家长制大家族始终存留着,不论大家族内部包罗的小家族、个体家庭有多少,始终保持着同姓一家族的观念。我国社会主义制度确立以后,从经济基础方面消灭了私有制,由私有制所支撑的父系大家族中的小家族或个体家庭已经从封建家长制下解放出来,形成了若干较为单纯的血统关系结合成的家族。

家族,实际上也是由一家繁衍的后代构成血缘关系的亲属的总称。始者,后代称之为"祖宗"。余则以世代繁衍之辈序以"高祖""曾祖""祖""父""子""孙""曾孙"谓之。此为居民同家族之内的一贯称谓。

嵩山地域民间的家族分三类:一是在当地生长繁衍的各氏家族;二是于公元496年随北魏孝文帝南迁洛阳,后改为汉族的鲜卑族;三是明朝洪武初年从山西省洪洞县移民来的山西各氏家族的分支,因社会上各氏族谱散失,目前已很难考证何氏何族是当地繁衍的家族,现存于民间的族谱如凤毛麟角。笔者考察数谱,多系洪洞迁来之家族。此类家族多为民间家族,故民间多以"来祖"区分。

家　族

"来祖"即明朝洪武初年从山西省洪洞县移来定居之人,各氏家族将"来祖"尊为本族"始祖"。因民间有本族亡者同葬一块墓地之风俗,故民间习称同坟园者为同宗同族。

各氏家族内,辈分有序,长次分明。尊辈称谓,人伦井然。本族世系及分支世系均详细载于"族谱"或"家谱"之册。同家族者,无论世系远近,均为亲属。随着后代的繁衍,分支增多,世系累增,传世既远,同族人相视如途人。嵩山地域民间都以相近的五代为至亲,即"曾、祖、父、子、孙"五辈,民间谓之"五服",俗云"亲得像没出五服一样"即由此缘起。

二、家族文化

(一)姓氏文化

家族文化由姓氏文化衍生而来,姓产生于原始氏族社会,若干氏族组成一个原始部落,部落内各氏族又独立存在。同时,各氏族之间又有着密切的婚姻关系,氏就作为识别和区分氏族的特定标记符号应运而生。中国最早的姓都带有"女字",如姬、姜、姒、妫等,可以推断早在母系氏族时期,姓已经形成,姓是由母权制社会妇女的地位所决定的,其作用就是便于通婚与鉴别子孙后代的归属。

(二)家谱文化

家谱本是封建贵族记录世系和事迹的书,后来,非封建贵族中的文人或富户率本族效法封建贵族始立家谱。旧时,一般家族缺乏有文化之人(俗称土户)不曾有家谱,仅有家堂轴,把列祖列宗姓名按辈次排列(指已去世者)写在布或纸上,岁时祭祀时,悬挂于屋中间后墙上。

饮水思源,重根尊祖,是中华民族的传统美德,也是家族文化的一个重要组成部分。立家谱的目的,在于纪世系、敬祖宗、规子孙。各氏族为使本族世系、辈分有序,族长在立家谱或族谱以及后世之长者在续家谱或族谱时,开辟各世辈字以作世系区别,将各辈字顺序载于谱册。后世各代依家谱沿用辈字。辈字是嵩山地域家族构成名字的要素,一般常规是姓在前,辈字在中,名字在后的三字姓名。

家谱的内容,分序言、开辟字派、世系三部分。若是续修家谱,则在世系后一章写续字派、家规、家训、祖墓碑文、本族居处分布、人口数量、户数、编修家谱人员名单及简历等项。

家谱分印刷和手抄本,每户或数户执一本。一般30年或60年续修一次。修编家谱由3~5人主持,费用由族人按户均摊。

很多家谱中都有家族制度的极为详细的资料,如家族的来源、组织系统、财产管理、赈济方法等。家谱的中心部分是家族人口的世袭传承,在家谱的"房派图""支派分布图""迁徙图""先世考""世袭图"以及家谱的一些序跋中,记录了家族人口的数量、迁徙、分布、婚姻状况等资料。

家谱既是一族之史册,又是反映该时代民风民俗、政治文化的宝贵历史资料。

此外,家族文化还包括家族礼仪、家族称谓、家族习俗等。

三、家 庭

由社会公认的或者法律认可的男女之间婚配而形成的关系,称之为家庭。换言之,家庭是由婚姻、血缘或收养关系所组成的社会组织的基本单位。包括父母、子女和其他共同生活的亲属在内。

家庭是由亲属中较小的户内群体,共同生活居住、共同经济核算、相互合作发挥作用的人所组成的单位。我们的一生中,大部分人属于两种家庭。出生并进行大多社会化的家庭是出身家庭;因结婚、生子而建立的家庭是生育家庭。现代社会人们主要忠于自己的生育家庭。

男女之间婚配的方式自古以来随着社会的进步而发生过多次变化,从而由男女婚配形成的关系即家庭,也随之发生过多次变化,家庭的种种变化表现为不同的家庭结构。

(一)家庭形式

家族由若干个家庭组成。嵩山地域的家庭形式,大体为联合家庭、直系家庭、核心家庭、单亲家庭四种形式。新中国成立以前,以联合家庭较多。新中国成立以后,农村以直系家庭、核心家庭较多,城镇以核心家庭最多。随着人们生活生平的提高,家庭结构趋势是由大向小变化。

按照传统家庭规模划分的家庭结构有:

1. 复合家庭

复合家庭有两种类型:由一对父母和多对已婚子女(或者再加上其他亲属)加各自子女,或再加上各自旁系近亲兄弟姊妹构成;或者以两对以上夫妻构成,或两对以上夫妻加各自子女、父母,或再加上各自旁系近亲兄弟姊妹构成。新中国成立以前,以"四世同堂""五世同居"为荣。家长为核心,几代人不分家或晚分家。民国年间,嵩山地域各县市都有五世同堂的典型家庭,家庭成员上百口,土地百余亩。这样的家庭成为旧时人们羡慕的典型。新中国成立以后,这种大型的家庭已不存在。20世纪50年代,十口之家还为数不少。当时人们的观念就是人多,有利于劳动致富。复合型家庭,均为生活富裕户。

建立发展大家庭,曾经是中国人的梦想,人们常常用"子孙满堂"来表达长辈的成功与幸福。在我国传统的家庭观念中,人们确实是以建立大家庭为梦想,但社会历史的发展事实证明,所谓的大家庭主要存在于大的世族门阀之中,而且这样的家庭毕竟是少数。随着社会的发展和我国人口观念的变化,绝大多数人们还是以主干家庭或核心家庭为主的小家庭,扩大家庭的复合家庭极少,尤其是在当代,几乎已经绝迹。

2. 直系家庭

祖孙三代,一般五六口之家,家长料理家务,其他成员从事生产活动。新中国成立后,这类家庭比率下降,但在农村仍然是主要家庭类型。据当时嵩山地域各县市的志书记载,解放初期,直系家庭已占80%之多。

3. 主干家庭

以一对夫妻和多对已婚子女(或者再加其他亲属)家庭构成。

4. 核心家庭

以一对夫妻加子女构成。或一对夫妻加子女,再加旁系近亲,即兄弟姐妹构成。核心家庭一般为两代人,父母和未婚子女组成的家庭。

按照非传统家庭规模划分的家庭结构有:

1. 重组家庭

夫妻一方或者双方再婚的家庭。

2. 单亲家庭

由单身父亲或母亲养育未成年子女的家庭。

3. 丁克家庭

双倍收入,有生育能力但不要孩子,浪漫自由,享受人生的家庭。

4. 单身家庭

旧时,即"光棍汉"或鳏寡老人独身生活,为数很少。现代社会中,有男女到了结婚年龄不结婚,或离婚以后不再婚,而是一个人生活的家庭。

5. 招亲家庭

20世纪80年代以后,由于计划生育的实行,嵩山地域无论城镇与农村女娶男、招赘入婚者颇多。这种家庭建成后,以女方为中心构成。生儿育女后,随母姓,为母家传宗接代,已成为一定的社会现象。

6. 空巢家庭

如今,大家族式的"五世同堂"已经极少存在,大多是一夫一妻及其子女和父母双亲在一起生活的小家小业。20世纪80年代以来,无论城市或农村,出现了年轻人外出做事,父母在家带孙儿的现象,这种家庭被称之为空巢家庭。尤其是农村,外出打工的年轻人越来越多,村里越来越多的家庭已成为空巢家庭。

(二)家庭关系

家庭关系是基于婚姻、血缘或法律拟制而形成的一定范围的亲属之间的权利和义务关系。家庭关系以主体为标准可以分为家长与成员关系、夫妻关系、亲子关系、婆媳关系、妯娌关系、翁婿及母女关系等。一个家庭最初是由男女婚姻关系而构建,后来才衍生出父母与子女,兄弟姐妹等其他家庭关系。

1. 家长与成员关系

家长是一家之主,多是家庭财产的创造者与支配者,其言行影响全家。中华人民共和国成立前,家长多系男性长者。新中国成立后,提倡民主家庭,遇事共同商量。农村在农业合作化以后,家长失去生产指挥权和决策权,一切由家长说了算的观念发生了变化,民主作风在大多数家庭逐渐形成。

2. 夫妻关系

新中国成立前,男尊女卑,男主女从,男人可随意打骂妻子,故有"娶来的妻子买来的马,任我骑来任我打"之说,妇女在家庭没有地位。新中国成立后,提倡男女平等,夫权逐渐削弱,丈夫打妻子的现象逐渐减少。20世纪60年代,双职工中出现夫妇分担家务。70年代中期以后,夫妇分担家务成为常事,不少妇女不但在家庭中处于支配地位,而且在社会活动中超出了丈夫。

3. 亲子关系

即指夫妻和孩子之间的关系。

4. 婆媳关系

新中国成立前,媳妇进门即承担全部家务,孝敬公婆,侍奉丈夫,稍不留意,便遭到公婆和丈夫打骂。新中国成立后,妇女解放,媳妇成了家庭生产的主力,地位相应提高,婆婆退居次要地位。20世纪60年代,农村有些家庭因公婆怕媳妇离婚,对其疼爱迁就。70年代后期,少数家庭出现媳妇视公婆为累赘,甚至虐待遗弃老人,社会上出现了"娶个媳妇卖个儿""媳妇好当,婆婆难做"的歪风。改革开放以后,提倡尊老爱幼,尊婆爱媳的社会新风,婆媳之间互敬互爱,家庭和谐。

婆媳关系

5. 妯娌关系

旧时,很多家庭不和,多由妯娌关系不和引起。矛盾原因,往往因家产、老人瞻养,生活中的一些琐事所致。特别是进入21世纪以后,家庭结构发生了很大变化,核心家庭几乎占90%以上,很多县市开展文明家庭教育和好妯娌评比活动,妯娌吵架、打架等不和现象逐渐减少,社会风气有了很大变化。

6. 翁婿、母女关系

新中国成立前,翁婿只是亲戚关系,招婿入赘把岳父母接家奉养者甚少。新中国成立初期,虽然《婚姻法》规定,夫妻有瞻养双方老人的义务,但除个别无儿户外,一般均未实行。70年代后,在机关、厂矿等单位中,有女职工接自己母亲到家操持家务,甚至成为家庭成员。农村也有部分妇女让母亲到家操持家务的情况。

(三)家庭管理

家庭管理就是运用管理技巧,使有限的家庭资源得到最有效率的使用,以满足家人的需求,提高家庭生活品质。家庭管理一般分为六大类:家庭教育管理、家庭关系管理、家庭健康管理、家庭文化管理、家庭财政管理、家庭生产管理。

1. 家庭教育管理

重家教,是嵩山地域人民的传统和美德。实践证明,很多孩子成功的基础和关键是杰出的家庭教育。教子成材是父母的职责和义务。家庭是人的第一课堂,也终身的学堂。父母是儿女的第一任教师,更是终身的教师。各家政治、经济情况与文化修养的不同,家教的目的、内容与方法各不相同。新中国成立前,其家教多以忠、孝、节、义为内容,以教子成材为目的。一些富家,教子则重于安贫守业,勤俭持家。新中国成立以后,移风易俗,党和政府以社会主义、共产主义的道德规范教育人民,其家庭教育亦发生变化。1979年以来,随着经济体制的变革,把热爱共产党,热爱社会主义祖国、劳动致富及关心和提高子女的道德品质、文化知识,成为家庭教育的主题。

20世纪六七十年代,由于受文化大革命的影响,在青少年中,犯罪案件曾一度增加,遵纪守法成了家庭教育中不可忽视的内容。

2. 家庭关系管理

在家庭管理中包括的内容有:家庭成员之间的关系,家庭关系和子女成长,婆媳关系,夫妻关系,邻里关系,社会人际交往方式。在家庭生活中能否处理好以上几种关系,是家庭关系管理的关键。

3. 家庭健康管理

内容包括身体和心理健康。家人身心健康是家庭幸福的重要保障。在家庭管理中包括的内容包有:饮食营养习惯,生活起居习惯,闲暇利用方式,日常疾病预防,心理健康保健。

4. 家庭文化管理

包括家庭目标规划、家族传统和家法家规。是一个家庭生生不息的源泉。家庭文化管理内容包括:男性文化气概培养、女性文化气质修炼,家庭核心价值理念、家庭动静态环境文化、文化育人要素、人性美德、性格塑造、兴趣挖掘、"德"是远行能力等诸多新理念、新思想、新概念进行内涵的挖掘与体现等。

5. 家庭财政管理

包括家庭收入和支出及家务管理,是家庭幸福生活的另一个重要保障。家庭理财就是管理自己的财富,进而提高财富的效能的经济活动。理财也就是对资本金和负债资产的科学合理的运作。通俗地说,理财就是赚钱、省钱、花钱之道。理财就是打理钱财。新中国成立前,家庭中的理财大都归一家之主的丈夫主理,现代生活中大都由女性管理。现代家庭管理中内容包括:职业计划,消费和储蓄计划,债务计划,保险计划,投资计划,退休计划,遗产计划,所得税计划,儿童财商培养。

6. 家庭生产管理

新中国成立前,家庭多是小农生产,男耕女织,自给自足。新中国成立后,组织起来发展生产。改革开放以前,家庭没有生产自主权,家庭生产只能限制在自留地和饲养家畜等小范围内。1979年,实行土地联产承包责任制,家庭生产单位重新建立,由传统的封闭式自然经济,向开放型的商品经济转化,新的农业科学技术、经营管理及市场信息也进入家庭。当时的家庭生产大体有三种情况:一是单纯农业生产型;二是以农业为主,兼营农副业生产型;三是以副业为主,兼农业生产型。进入21世纪以后,家庭生产也发生了很大变化。农村的家庭生产大体又有三种新的情况:一是单纯的种粮大户。就是把其他农户家不种的土地承包过来,种植各种农作物,以发展农业生产为主的种粮大户。二是农村专业户。有种植苹果、桃子、梨、山楂、山栗、葡萄、药材、花草等树种的种植专业户,有养鸡、养鸭、养牛、养羊、养鱼、养土元等多种养殖专业户,有专门以拖拉机、收割机、播种机、锄草机、收割机为生产工具进行农业生产的机械专业户,以及适合现代农业发展的多种类型的专业户。三是外出打工户。随着我国城乡一体化的发展,嵩山地域的农村和全国农村一样,很多村庄中年轻的夫妇都到大城市打工,将孩子留给年老的父母照管,每年只有过年时才回家团聚。尤其是21世纪以后,随着农民进城打工人数的增多和农民生活水平的提高,很多农民都在城里买了房,留在村庄的人越来越少,这种类型的家庭越来越多,城乡一体化的趋势也越来越明显。由于外出打工户的增多,有些村庄甚至出现了空村的现象。

四、家规家风

每个家都有家教、家规、家风,俗话说得好:"无规矩不成方圆。"封建社会历经千年,一家一户不拘贫富,各有家教、家规、家风。

(一)家规

家族有定规载于家谱。一些富宦门弟,书礼传家,用孔孟之道教化约束家人,以孝悌忠信为本。子女均受家长管制,处事须家长批准方可施行。家长的话无论正确与否,子女须绝对服从,不得反驳。"孝顺"二字是子女的行为要旨。子遵父命,女遵母命。父母与子女之间无戏言。中华人民共和国成立前,子女婚姻由家长决定;中华人民共和国成立后,《婚姻法》规定:婚姻自主。

新中国成立前,各氏家族中所定族规多系禁淫盗禁赌毒,行忠孝节义之规。若有违者,由族长或家长奉行家规族规,将违规者执于家庙祠堂或于室内祖宗牌位前,首先焚香祭祖,然后由族长视其违规情节处罚,轻者罚跪、杖责,重者活埋或打死暴尸于野。此重罚施于不务正业、惯盗、乱伦行淫情节严重者。若本家族女儿与他人私通,家长便将剪刀和绳索摆其面前,令择其一物自尽。若已婚妇女与他人奸淫,有辱门风,其夫即可将其休去。

家规对女子很严。女子无事不得出门,即使门外演戏,没有父母允许,女儿也不能出门观看。家中来了男客,女儿必须躲避到内室,不得抛头露面。家中来客,女儿不准入席作陪。妇女所用针线必须向家长求钱后在大门口流动货担上购买,不得擅自入集市。民间俗谓"只管三尺门里,不管三尺门外",意思是女儿在未出嫁之前,父母可管束女儿不得出门,女儿出嫁后,即由其公婆和丈夫管束。

(二)家风

指家庭或家族的传统风尚或作风。有宋辛弃疾《水调歌头·题永丰杨少游提点一枝堂》:"一葛一裘经岁,一钵一瓶终日,老子旧家风。"什么样的家规决定什么样的家风。由于家规的严格,长期养成了与之匹配的家风。新中国成立以前,在封建社会制度下,家风也是受旧的礼教制度的影响,很多家庭之风也是男尊女卑、望子成龙、三从四德等。中华人民共和国成立以后,社会主义制度代替了封建社会制度,旧的家长制、族长制已废除,新的家风代替了旧的家风,家庭事务已走向民主。妇女在家庭的地位得到提高,子女在不违犯国家法纪、不损害集体和他人利益的原则下,享有参加各种社会活动的自由权利,婚姻自主。

当今,随着社会的改革与发展,嵩山地域的家风一路从传统文化中走来,大多数的家庭都以尊老爱幼、崇尚文化、吃苦耐劳、勤俭节约、热情好客、劳动致富为荣,以培养下一代上大学、成为国家有用之才等为良好的家风。实践证明,良好的家风对社会而言,就是一种道德的力量。好的家教、家规、家风不仅承载了祖祖辈辈对后代的希望和鞭策,也同样体现了中华民族优良的民族之风。

家　风

五、家　教

家教是指人们在社会发展中受历史传统、文化知识、宗教信仰、风俗习惯、时代潮流等因素的影响而形成的一种习俗,既为人们所认同,又为人们所遵守,是以正确培养下一代为目的的多种家庭教育方式和生活习惯的总和。家教是一个人一生的初始化教育,对于人有非常显著的影响作用。

(一)家教意义

家教的本来意义是帮助孩子健康成长,教会孩子做人的道理,家教是个体社会化非常重要的途径。嵩山地域过去家庭教育,基本上还是由长辈传授家中先贤的经验、人生的历程给晚辈学习。

然而社会变迁速度越来越快,晚辈从长辈训诲中学到的资讯不见得对今日社会合宜,或需进一步的转换,这一点也造成了许多家庭的问题。举凡家庭暴力、失学儿童、孤独老人等现代社会问题,可以说都与家庭教育有关。

(二)基本目标

家教从传统意义上讲是指家庭内道德、礼节的教育,是指家庭内部家长对子女的言传身教,家长通过自己的善言善行来教育子女做人做事的道理。中国自古就是一个文明古国,自古以来,嵩山地域传统家教中就有"君子当自强不息"的育人目标。何为君子?"仁、义、礼、智、信"的五常观就指明了培养孩子的方向。

(三)基本常识

培养孩子成材,不是一朝一夕的事,《论语》有云:"弟子入则孝,出则悌,谨而信,泛爱众,而亲仁,行有余力,则以学文。"这句话说明了"德育在先,才艺次之"的家教理念。家教中首先要做的就是教育孩子要知道孝敬父母、友爱兄弟、做事谨慎、知恩图报、讲究诚信的道理,培养孩子成为一个真正的好人。

1. 不能忽视孩子的思想教育

教孩子如何做人,实际上就是对孩子的思想教育。如在生活习惯的培养上,要少给孩子零花钱,不能想要啥就买啥,一味地溺爱、迁就。要培养孩子的爱心,培养孩子的温和、善良、恭敬、俭朴、谦让、智勇,重视孩子的全面发展。

2. 培养孩子的爱心

爱自己的孩子,这是人人都懂得的道理。但如果对孩子一味付出而不求回报,就有可能将孩子培养成只知索取而不知奉献的人。现在生活水平虽然高了,但也不能不分对错而处处依着孩子,要给孩子讲道理,使孩子能够体会父母的喜怒哀乐,让孩子去了解生活,促使他们学会懂得珍惜生活,学会吃苦,学会关心别人。

3. 别让孩子过分依赖父母

一般来说,孩子过分依赖父母都与父母的溺爱有关,父母包办代替越多,孩子的依赖性越强。相反,父母如果鼓励孩子自己的事情自己做,孩子的依赖性将会大为减少。要不断培养孩子独立的生活能力。

4. 培养孩子良好的生活习惯

"家庭是习惯的学校,家长是习惯的老师。""家庭教育最重要的任务就是让孩子养成良好的习惯。"教育界有一句名言:"思想引导行为,行为变成习惯,习惯塑造品格,品格决定命运",可见"良好的习惯对于一个人的成长,乃至一生的幸福起着决定意义的作用"。

5. 培养孩子认真的做题习惯

做家庭作业是孩子必须的功课,家长一定要督促、指导孩子认真完成家庭作业,这要养成一个良好的习惯,如认真读题习惯、仔细检查习惯、认真书写习惯等。每次做完作业,都要养成从头到尾检查一遍对错就可以了。做完作业之后,再允许孩子干其他的事情。

6. 培养孩子按时作息的习惯

孩子必须有充足的睡眠时间,一是保障孩子身体的生长,二是能保证孩子第二天有充分的精力。

(四)存在问题

从嵩山地域城乡家庭教育的方式看,目前家长的教养方式主要存在以下几个方面的问题和误区:

1. 对子女过于娇惯溺爱,一味迁就。父母爱子女,这是人之常情。但对孩子一味地迁就,甚至对孩子纵容护短,很容易造成孩子自理能力低下,社会适应能力弱,并且还可能会产生孤独、自闭等心理问题。

2. 家庭教育中重学业成绩,轻品德教育。家庭教育原本应该是多关心子女的健康状况和培养子女良好的行为习惯,可越来越多的家长把家庭教育的重心转移到关注子女的智力发展和学业成绩上来,忽略了对子女非智力因素的训练培养,尤其是思想品德的早期培养和良好行为习惯的早期养成。

3. 疏于对孩子的关怀,亲子关系淡漠。随着社会竞争日益激烈,生活节奏加快,父母忙于工作、学习进修、外出打工,只能把孩子交给老人或保姆照看。由于孩子长期缺乏与父母进行沟通,导致了很多心理问题的产生。

4. 不顾孩子实际,拔苗助长。忽视了孩子好奇、好玩的天性,从小就让孩子学这个学那个,随意加重孩子的学习负担和心理负担,这样往往会束缚幼儿个性发展,不利于他们的健康成长。

5. 单亲家庭增多,家庭教育环境恶化。得不到父母应有的爱护和关怀,极易造成孩子各种不良的心理和行为倾向。

6. 缺乏科学的家庭教育和知识指导。一些父母认为家庭教育知识不需要学习,按照自己的理解或者盲目照搬别人的教子经验就可以,导致尽管也在家庭教育上花了很多时间,收效却并不理想。

以上所说都是嵩山地域城乡家教中存在的问题,要解决这些问题,父母必须要高度重视,用正确的方法引导孩子养成一个良好的生活方式和生活习惯。父母对子女教养的态度、观念、期望和教育方法对孩子的影响是巨大的,家长要求孩子们做的事情,首先自己要做好。常言说,家长是孩子最好的老师。想让你的孩子将来长成什么样的人,你现在就要做一个什么样的人,父母就是孩子最好的榜样。

六、家政家务

在封建社会,家庭是社会制度的缩影。由于受封建主义思想的影响,嵩山地域人们的观念一般都存在有"三纲五常"的思想。

家庭中以辈高者为长,操家政之权,如一国之君主,可以对其他成员发号施令,其他成员不得违抗。家长支配家庭财产权,经济收支全由家长决定,家庭成员的衣食住行亦受其管制。与社会间发生的交际事务,均由家长进行。家长即一家之主,俗云:"家有千口,主事一人。"社会上称家长为"户主"。

家长在家庭中享有特殊待遇,住必居上房上首之处,坐必位于上首之位。嵩山地域民间住房以上房的东屋为上,座位以正间左侧位置为上,家长不坐,其他成员不得坐。食必以家长为先,家长不食,其他成员不得先食。每餐必须由其他成员将饭食双手奉于家长面前,且必须择家中优等食品供之。家长权力必到其老弱不能操事时方让位给下辈居长者或能为者。在家长之下,长子的权力优于次子及其他成员。妇女在家庭中无权力,除非在夫亡子幼的情况下,妇女才操家长之权,待子成年即将权力移交给儿子。

家庭事务分工明确,田间劳作由男子操持,妇女辅之。牲畜的喂养及使役由男子操持,家禽家畜由妇女饲养。男子不事家务,家务统由妇女承担。妇女从事的家务主要有纺织、裁缝、磨面、做饭、养育孩子等。妇女在未娶儿媳之前,操厨房事务,或与女儿合干。当娶了儿媳之后,便由儿媳做饭。若儿媳多者,由儿媳轮流做饭,每饭必须向家长请示做何饭,待家长示下后从之,饭成后,待全家人吃过饭后,方能在厨房进食,若饭不够,则忍饥。

中华人民共和国成立以后,国家倡导民主制度和平等权利,家庭成员的权力、地位及分工发生了变化。家庭权力由男子世袭变为谁有能力谁当家,儿子结过婚能主事后即移交给儿子。妇女在家庭的地位与男子渐趋平等,婆媳之间的关系由奴役与被奴役的关系变为平等、互敬互爱关系。田间的农活由男女家庭成员共同操持,家务也由男子自觉主动承担一部分。家庭会客,女子亦可出面。重大事情,女子亦可参加意见。

七、分　　家

分家,指把一个家分开,分成若干个家。一个完整的家解体,几个新的家庭成立、诞生。

几千年来,我国人民对分家都持保守和谨慎的态度,追求五世同堂,争取家庭完整的思想根深蒂固,即使解放以后,在广大的农村,对于家庭来说,不到万不得已的时候,是不会分家的。除非是现有的家庭维持不下去了,才不得不采取此策。分家,主要是分财产。财产中,主要分固定资产和资金,即父母的积蓄,父母的私产。俗话说:"树大分杈,子大分家。"由此可见,在以前漫长的时代里,"分家"是常见的现象。

根据对农村分家情况的调查,分家有不同的分家成因与分家方法。

(一)分家的成因

分家主要是因家庭人口发展,或由婆媳、兄弟、妯娌之间的矛盾,家长为便于管理,或更好处理婆媳、兄弟、妯娌之间的关系而采取的办法。但同时应该看到,兄弟分家不一定是坏事,反倒会使大家庭变小家庭,关系变得简单。新中国成立前,农村分家后在农田的经营上或大的家庭投资上可能会受到影响。新中国成立后,嵩山地域的分家已成常事。尤其是在当今,更符合现代人对家庭的要求。

关于分家的概念,我国著名学者费孝通认为,"分家的过程也就是父母将财产传递给下一代的最重要的步骤之一。通过这一过程,年青一代获得了对原属其父亲的部分财产的法定权利,对这部分财产开始享有了专有权"。

嵩山地域的农村分家,成因很多,但归纳起来,主要有以下几点:

分　家

1. 人口太多,生活不便。儿女繁衍过多,且都已结婚生子,有的已是四世同堂,人口多,事务繁,不便于家庭管理,且易产生家庭成员间的纠纷。在这种情况下,家长主动提出分家。

2. 家庭管理负担太大。由于孩子多,家庭管理负担太大,家长为减轻家庭管理的负担,凡已成婚的儿子,成婚一个,分出去一个。

3. 兄弟之间不和。兄弟之间不和,父母调解无效,大都由当事人兄弟提出分家。

4. 婆媳不和。因婆媳不和,父母主动与孩子分家,或孩子主动与父母分家。

5. 家庭管理不当。因家庭不公事,引起子女间的纠纷,或儿子另有持家计划而得不到家长的采纳和支持,儿子及媳妇主动提出分家。

6. 妯娌不和。孩子多,媳妇多,妯娌间的是非多,造成家庭不和,为此分家。

(二) 分家的方法

自古以来,嵩山地域的民间分家一般都是沿用舅舅主持的风俗,若无舅舅,则由叔、伯代之。因民间认为,父母待儿女有偏向之分,而舅舅对外甥则一视同仁,故信其公正。所以请舅舅分家,其程序如下:

1. 在全家人关于分家的意见达成一致后,由家长或其他成员到舅舅家将舅舅请来,详诉分家的要求和理由。舅舅视情况进行调解,决定是否需要分家。

2. 分家时,一般是将家庭财产全盘衡量,本着照顾弱者和老人的原则,做合理分配。凡分出者,首先必须给其一套炊具,以及生活所需的粮食。富有之家分配其他家产,贫寒之家仅此而已。

3. 如果是全部分家,则共同对老人的生活赡养责任做妥善安置。可与其中一子分在一起生活;或由众子按规定的期限轮流赡养,民间俗谓"轮着吃";或由众子兑粮款,由一子供养。分家后,祖父、祖母尚在的,其赡养情况与父母大致相同。

4. 未成年的子女一般与父母分在一起。如果父母去世,一般由他们自选一个兄弟并与之生活。

5. 对家庭的姻亲,在分家时,也明确分配由谁招待何家之亲戚。逢年过节,来走亲戚者便按分配的门户走亲戚。

6. 家庭的债权债务,也在分家时做合理分配。

7. 民间有"要想好,大让小"之说,故在分家时,在财产分配方面一般长子让次子,次子让三子……

8. 房屋分配时,一般父母分正房上首,其余子女依序。

9. 若房屋质量不一,得好房者可少分其他财产,以作平衡。

10. 其他身份的家庭成员,其生存、生活情况由主持人及儿子和"中人"协商安排。分家时,若子女提出异议或产生纠纷,舅舅或叔伯可以权压服。

以上分家方法在解放前的农村通用。新中国成立后,嵩山地域的农村分家虽仍沿旧习,但遇分家纠纷,一般请当地行政村干部调解或由村民委员会主持分家。

随着人们生活水平的提高,20世纪80年代后,无论城里人还是农村人,对于兄弟或父母分家,都是习以为常,大都是自家人在一起说个意见就行了。个别有纠纷者,请当地的居委会和村民委员会主持分家。

八、财产继承

中华人民共和国成立以前,嵩山地域民间由于受"男尊女卑"的封建思想影响,普遍重男轻女,家庭财产的继承权只限于男子,女子无继承权。个别招赘入门者,被视为本家族的外姓人,而受到歧视甚至虐待,只有养老送终的义务,没有财产继承的权利。

无子之家庭,民间习俗是择本家族侄儿为"过继儿",即养子,由此过继儿继承遗产,过继儿的义务是在其继父母失去生活能力时予以赡养,并负责安葬。

无子亦无过继儿者,死后以"谁摔老盆谁继承"的原则确定其家庭财产继承人。一般在本家族内以血缘关系近者为先,远者次之。也有非本家族人抢摔老盆强取继承权者,也有本家族人为争此财产继承权而抢摔老盆者。此风习一直沿用至今。

中华人民共和国成立以后,随着《中华人民共和国继承法》《中华人民共和国婚姻法》的颁布,及《中华人民共和国宪法》的实施,在家庭中,女子享有同男子一样的继承权,"谁摔老盆谁继承"的做法行不通了,任何人都依法获得财产继承权,违犯者则会受到法律的惩处。

第四节 邻 里

嵩山地域民性忠厚,质朴善良,同村或居住较近的村落之间的一些邻里之间,不分姓氏和有无亲戚关系,平时能够相处融洽,遇事相互扶助,形成了一种淳朴的民风和高尚的习俗。人们还用"鱼傍水,水傍鱼"之词比喻邻里关系,说明邻居之间在平时生活中谁也离不开谁的帮助。常言道:"千年搁业,万年搁邻""远亲不如近邻",足以说明邻里关系在社会生活中至关重要。

邻里之间

嵩山民间的邻里关系主要表现在以下诸方面:

一、日常往来

嵩山地域在邻里关系上,历来有着良好的民风民俗。俗话说得好:"远亲赶不上近邻。"因此,大家能够住在一起,也是一个缘分。所以,同住一个院,各家都很重视与邻里之间的友好。邻里之间,有事没事的常在一起坐坐说说,来往频繁的经常在一起吃饭、聊天,亲热无比。

在生活方面,邻里之间常互相照顾。平时,邻居互相照看门户。遇到谁家有个大小事的,大家都前来帮忙,责无旁贷。一邻有病或灾难,其余邻居主动前往慰问和救助。邻里之间常常互相借用款、物及生产生活用具,邻居均视作理所当然,故有求必应,所借之物用后即还原主。民间俗谓:"好借好还,再借不难。"

二、生产合作

乡里风情

在农业生产方面,邻居之间常互相合作。例如:今天甲帮乙锄地,明天乙帮甲犁田;今天甲将牛借给乙拉车,明天乙将驴借给甲磨面;还有甲乙两家将劳力畜力合并,共同耕种两家田园的,收获各属。

中华人民共和国成立初期,尤其在1956年以前,农村邻居之间合养一头耕畜的现象较多见。由于经济困难,一家买不起耕畜,两家兑钱买一头,共同使用。民产称作"喂两条腿的牛(或驴)"。

民间还有借母畜繁殖的现象。例如:甲无钱买耕畜或仔猪,乙将雌幼畜或雌性仔猪借给甲饲养,甲将此幼小雌畜或仔猪养大繁殖出幼畜或仔猪后,再将已养大的母畜或母猪归还给乙,甲以此法得到了所需要的牲畜或仔猪。这样既解决了甲的缺耕畜的困难,又使乙受益。因为乙无须费草料就可将幼畜变为成畜,这实是一种为贫困户解决困难的妙方。

20世纪80年代以后,邻居合伙兑钱买拖拉机、收割机、喷灌机以及其他农业机械设备而共同使用的事增多。这种邻里间的互相合作,解决了各自的生产困难。

三、房屋修建

民间谓家庭以三件事为大:一是建房,二是娶亲,三是殡葬。之所以谓其大,是因为此三件事用人多,耗资巨,倾多年积蓄方能办成其中一件事。建房,是这三件大事之首。因修房建屋需要大批物资和人力、技工,故非一家之力所能为。所以,邻里之间,无论谁家修房或建房,都互相帮助,或帮助打夯、和泥,或帮助垒墙。至于建房所用之架木、工具,无论向谁家求借,均与。

更可贵的是邻里之间合资协作建房。两家或三家需要建房的邻居互相商妥互助建房事宜,一家先建,其余两家资助款或物。数年后,第二家建房,其余两家资助款物。再过数年,第三家建房,已建成房的两家为其资助款物。这样,合三家之财力分期建房,拉开了时间距离,便于积蓄财力,解决了建房难的问题。

相邻的两家,为了节约建房材料,还采取两家合用屋山墙的办法,将两家房屋建成一条脊。

农村人建房,四邻五舍的大都倾力相助。你建房时我全家出动为你帮忙,我建房时你全家来给我帮忙,这样就解决了两家人力不足的困难。

20世纪80年代以前,人们生活贫穷,住房条件不好,几家同住一个院落的情况很多。大家和睦相处,互相照料,视为家人。

四、红白事办理

"红事"系指婚嫁之喜事。"白事"系指丧葬之事。红白事是民间生活中的大事,需要众邻帮忙,非一家之人所能为。

"红事请,白事挤"是嵩山民间的风俗。

所谓"红事请",是因为民间凡办红事,必设酒宴待客,邻人为避"趋食"之嫌,所以不主动前往相助,等待事主邀请。一旦受到邀请,即感荣幸,立即备贺礼前往贺喜,并尽力说明料理事务。

所谓"白事挤"的"挤"字,在民间作"侧着身子往前挤进"的意思。"白事挤",是指邻居办理丧葬事,因需要众人说明,事主之邻人便争相前往帮忙,不索报酬,不怕难,不怕累,抬棺、掘墓、招待人,都争着去干,概不言苦,视作己任,当作应尽之义务。

五、礼物馈赠

20世纪80年代以前,由于人们生活水平差,同住一个院落里的人家,改善一下生活,做一顿好吃的,都要多做一些,分送给邻里,让大家共享。随着人们生活水平的提高,好吃的东西变得不再稀罕的时候,这种改善生活分送好吃的习俗随之消失。但逢年过节,邻里之间均习惯将自己所做的美味佳肴馈送给邻居一部分品尝。自家的远方客人带来本地少见的食品、烟酒、水果、工艺品或更好的东西,也送给邻居一些,以示友和之意。

遇有喜事,邻人们纷纷前往致贺,视作邻里荣光。逢年过节,邻里之间互相道贺。若有产妇分娩,大家便以红糖、鸡蛋、油条作礼品前去为新生儿庆生。若有老年人庆寿,邻居亦备贺礼前往祝贺。凡有远出者,临行前,邻人皆馈赠钱币作盘缠,并送至村外,祝其一路顺风。凡有远道而归者,邻人纷纷迎接,并设酒为其接风。

六、纠纷调解

邻居家庭成员之间或邻居之间若发生了纠纷,其余邻居则以息事宁人之态度主动前去劝解,并对输理之方予以善意的指责和批评。

嵩山地域这一传统的邻里友好习俗,已作为一种民间传统美德被后人继承下来。

第五节 乡 亲

乡 亲

嵩山地域的乡亲们,无论居家过活,还是在外打拼,都相敬如宾,相互照应,流露着浓浓的乡亲情分。

一、敬 称

称呼即是将对方叫什么。它本身包含着所要表达的情感、尊重以及对所从事专业的认可等,有着深刻而丰富的内涵。

嵩山地域的民间十分重视礼貌,非常讲究称谓,除亲戚中固定的称呼外,在对乡亲邻里的称呼上,颇有地方特色。见到长辈或年长者,最忌直呼其名,而必依辈分而称。乡亲邻里中的称呼,也是参照本家族的辈分来敬称对方的,如称爷、奶、大娘、婶子、伯、叔、老弟、老农、老师,等等。这是民俗风情中具有特殊性的一个方面,它不但具有浓郁的本土色彩,还有很深的感情含在其中。见到乡亲邻里的人,必须先称呼,后说话。见到政府、军队首长,称其职务。如不曾谋面,则问"贵姓"。一句称呼,把对方叫得心里暖乎乎的,很是亲热,两人的关系变得很近很近。

二、远 行

嵩山地域的人较为恋家,出门在外,总有一种"落叶归根"的理念。在外出的嵩山人当中,无论你走到全国或全世界的哪个地方,只要一说出自己是嵩山地域的哪个县市,双方立马就成了乡亲,大有"老乡见老乡,两眼泪汪汪"的一见如故的乡情感,相互关系也是亲密了一大步。很多地区的嵩山人,在外地都建有大小不一的"同乡会",通过定期或不定期的聚会,来不断增加老乡之间的感情和友谊。

从嵩山地域走出去的各路大家、名家,无论是在世界各地,早晚遇到嵩山的老乡,仍然是宾客相待,以力相助。

在海外的华人、侨胞,无论是走向各条战线,散布在各个角落,而每年除夕守岁,多仍保持着骨肉团聚的习俗。他们在支持自己家乡的建设中,都能尽自己的能力所为。尤其是到了晚年,总是千方百计地回到嵩山,以实现"叶落归根"的心愿。

第六节 乡规民约

乡规民约基本上是由农村基层组织、人群共同商议制定的,并在农村基层组织中得到广泛认同。因此它们在相当程度上,能够反映这些人对于其权利、权力、责任、义务和管制方法的认识。但乡规民约作为"依法治村"的证据,在实践中并不总是能够得到严格的执行。

嵩山地域的邻里社会,历史上不乏乡规民约,而且随着时代的变迁,乡规民约的内容也并不相同。

一、乡规民约的制定

中华人民共和国成立以前,乡规民约一般都是当地的统治者所为,也有当地的富豪劣绅为愚弄百姓,剥削和压迫人民,根据自己的意见而定的。还有一些大的村落和大姓家族,都由村内主事人或族长、门长主持会议,在一起议定乡规民约,要求村民共同遵守,如有违犯者,轻则责之,重则处罚。

中华人民共和国成立以后,共产党执政,打倒了富豪劣绅,族权统治也逐渐淡弱,邻里社会的乡规民约的制定也由此改变。如解放初期,提倡爱国家、爱劳动,鼓励群众勤劳致富,互不侵犯;合作化时期,以基本核算组织为单位,都明确制定有一整套规章制度,如劳动管理制度、财务管理制度、社员出工出勤记工制度等。20世纪50年代至70年代中期提倡遵纪守法,劳动致富,尊重知识。随着社会的向前发展,乡规民约也因时而定,内容多不相同。如20世纪六七十年代,一些村庄在大门口挂成分牌,写明户主、成分,有的还把成分牌分成黑色、红色,以示阶级属性;20世纪80年代则在大门口挂起遵纪守法光荣牌,各户均挂一样的牌子。如果有违犯乡规民约的,就摘掉光荣牌子,并处以罚款等,直到接受处罚,表示悔改,再给予挂上。这一时期,农村各行政村都分别制定了村规民约,干部和群众相互监督,共同执行。特别是进入21世纪以后,随着新农村建设步伐的加快,各村都制定了村民选举村

委会制度,向群众公开村里的财务收支情况、农村实行公费医疗的政策研究规定。除乡规民约以外,还把一些临时性的通知,公布上墙,公布到千家万户。有的村还把要求村民遵守的"五讲四美""村民义务"印发到户,发动群众互相监督,共同自觉遵守。

二、乡规民约的内容

乡规民约也是随着时代的变迁而变化。旧时,人们封建思想严重,乡规民约中以"三从四德"为主要内容;人们生活水平低下,乡规民约中大都有勤俭持家的内容;抗日期间,乡规民约中有中华民族团结一致,坚决把日本鬼子赶出中国去的内容;中华人民共和国成立初期,乡规民约中有破除迷信,树立新风的内容;20世纪60年代,乡规民约以割掉资本主义尾巴为中心内容。改革开放后,乡规民约又以鼓励人们发家致富,提倡计划生育,男孩女孩都一样为主要内容。进入21世纪后,乡规民约中有外出打工人员必须先学技术的内容,等等。

第七节 乡里风情传说

一、八面神村与刘秀的故事

"八面神"村是郑州市中原区沟赵乡所辖的一个自然村,其村名的来历有一个古老而有趣的传说。传说西汉末年王莽篡位后,自封为皇帝,属下文武大臣强烈不满。后来刘秀起兵讨伐王莽,攻占颍川、展开一场中原激战,刘秀败下阵来。王莽乘胜追击刘秀不放,一天追赶到沟赵南边一片空旷野地时,刘秀被追得筋疲力尽,眼看就要被王莽抓俘之时,突然狂风大作,天昏地暗,飞沙走石,一声炸雷响彻天空,大雨倾盆、电闪雷鸣中,出现一位身高丈余,金盔银甲,手持兵器的八面神,怒目对王莽吼道:"莫伤真龙天子!"

顿时,王莽吓得魂不附体,翻身落马,正在想着"天不助我"时,刘秀趁机逃跑,躲过一劫。

后来,刘秀在洛阳登基称帝,恢复大汉王朝。一日,想起当年在郑州西郊北遇难被王莽追赶的情景,心想上天派"八面神"救我,才有今天,定报救命之恩。遂颁旨在他当年遇难处建庙塑神——八面神。后来人们来此居住,人口越来越多,形成村庄,遂叫八面神村。

二、马 蹄 沟

公元八年,王莽篡夺汉室江山,爬上了皇帝的宝座,改国号为"新"。王莽篡位之后,为了维护自己的统治,连年征战,弄得天怒人怨。先是干旱千里,接着又蝗虫成灾。庄稼无收,老百姓只好背井离乡,四处逃难,不少人家破人亡,尸抛荒野。在走投无路的情况下,各地的饥民纷纷揭竿而起,抗暴灭莽的农民战争风起云涌。其中,南阳汉室后裔刘秀,誓与王莽争夺天下,决心恢复汉室江山。

刘秀在昆阳(今河南叶县)屯兵时,一时大意,被王莽团团围困,挣扎不得。一晚,天黑如漆,刘秀因逃不出重围而仰天长叹。当他遥望北方时,只见北斗七星一闪即逝。他认为这是天神的指点,便密传军令,向北突围。这一下真的成功了。王莽见刘秀突围,派重兵紧追不舍。刘秀为保存实力,马不停蹄,人不离鞍,日夜兼程,向洛阳的方向而逃。

当刘秀的部队来到伊川江左时,是一个新月高挂的夜晚。他断定已经摆脱了王莽的追赶,就下令让疲惫不堪的士兵安营休息。刘秀刚一躺下便睡着了。朦胧中,他走进一座皇城,金碧辉煌的金銮殿上,有一位金冠黄袍的皇帝,端坐在大殿正中的宝座上。八大朝臣、九卿四相排列左右,嫔妃宫娥、太监侍臣簇拥前后。刘秀望而生畏,扑通跪倒在地,口称"万岁",叩起头来。宝座上的皇帝见了刘秀,龙颜大悦,和和气气地让刘秀平身,并说道:"皇孙智勇双全,光复汉室,乃国器也!王莽篡汉,伤天害理,现气数已尽。朕赐你金龙宝驹一匹。这宝驹蹄大如盆,踩石留印,快如闪电,善辨吉凶,乃神龙所化。此马现在紫云山下,八风溪旁。要寻此马,必须到松涛吼叫、桃李飘香、竹翠草丰、泉甘溪清、气候适宜、景色瑰丽的地方。只要见到沟坡的石板上有马蹄的印记,就能找到这匹宝驹。"

王莽撵刘秀

刘秀一觉醒来,方知是南柯一梦。但梦中那位皇帝的话,却使他深受鼓舞。他一起床,就带上人马,伴着东方欲晓的朝晖,顺着梦中交代的路线,到山坡上去找宝驹。在现在马蹄沟这个地方,见这里的景色秀丽,气候宜人,和梦中皇帝交代的话毫无差别。他一询问,得知这里正处于紫云山下,八风溪西,就让兵士仔细寻找。最后,在现在后马蹄沟的后坡上,见石板上有个马蹄印,形大如盆,接着,一声嘶鸣,宝驹便出现在刘秀面前。刘秀就凭着这匹宝驹,冲锋陷阵,转败为胜,恢复了汉室江山,建立了东汉政权。

现在伊川江左乡境内的马蹄沟,就因刘秀在这里喜得宝驹而得名。这里的村子,也就叫作"马蹄沟村"。

三、兄弟俩分家

从前,有弟兄俩,老大刁狡,老二诚实。爹娘下世后,老大嫌老二连累自己,一心想要分家。

一天,老大说:"老二,咱分家吧。"

老二说:"咋分?"

"西岭上的二亩石渣地分给你,那里地势高,日头出来先照那儿,在那儿干活暖和。"老大还说,"再给你一只老公鸡,公鸡会打鸣,早上叫你去干活。"

老二说:"中。"

请人写了分单,兄弟俩都在分单上按了指押。老二分得二亩石渣地,一只老公鸡。剩下的好房子好地,都成了老大的。

姑姑听说两个侄儿分家了,回娘家来燎锅底儿,跟来一只小黑狗。

姑姑问:"老二,你分的啥?"

老二说:"分了一块石渣地,一只大公鸡。"

姑姑说:"叫我看看你的大公鸡?"

老二放开鸡笼,老公鸡拍着翅膀走出来,没提防,小黑狗忽地一下蹿上去咬住大公鸡的脖子。大公鸡扑楞扑楞两下子,腿一伸,死了。老二哭起来。

姑姑说:"甭哭了,我把小黑狗赔给你。"

姑姑走的时候,就把小黑狗留下来了。

从此,老二做饭不仅自己吃,也让黑狗吃。老二白天出外,小黑狗在后头跟着。老二夜间睡觉,小黑狗守在身边卧着。春天,老二扶犁,小黑狗拉犁,老二把石渣地犁得暄腾腾的。

老大一见,眼气,说:"老二,把小黑狗借给我拉拉犁吧?"

老二说:"中。"

老大犁地的时候,老嫌小狗走得慢,举起皮鞭猛抽狠打。小黑狗回过头来去咬老大。老大生气了,搬块大石头,砸死了小黑狗。

天黑了,老二不见小黑狗回来,去跟老大要:"哥,小黑狗呢?"

"打死啦!"

"死狗呢?"

"在地里。"

老二来到地里一看,小黑狗污血满嘴,不由心疼得哭着,用手扒了个坑,掩埋了小黑狗的尸体,还在小黑狗的坟上插了柳幡。老二天天担水浇灌柳幡。头天浇得柳条发芽,两天浇得柳幡长高成树,三天浇得柳条垂地。老二采下柳条,剥了皮,编成个白光光的柳筐。筐里放一把小米,嘴里念道:"东来的鸽儿,西来的燕儿,吃个米儿,下个蛋儿。"不大一会儿,从东面飞来一群鸽儿,一个个吃个米粒下个蛋飞走了。一会儿,从西边又飞来一群燕儿,也都是一个个吃个米粒下个蛋飞走了。老二天天收得的鸟蛋吃不完。

老大一见,又眼气。

老大说:"老二,把柳筐借给我用用吧?"

老二说："中。"

老大放了满满一柳筐米，也学着老二念道："东来的鸽儿，西来的燕儿，吃个米儿，下个蛋儿。"念罢，回屋里睡懒觉去了。鸽儿、燕儿一齐飞来，把一筐米吃完了，屙了一筐屎飞去了。老大睡醒一看，一筐米变成了一筐粪，恼了，"咔嚓咔嚓"两脚，把柳筐踩得稀巴烂，还不解恨，又点火把柳筐烧成了一堆灰。

老二来找老大："哥，柳筐哩？"

"烧啦！"

"在哪烧的？"

"在后院。"

老二去到后院一看，柳条筐烧成一堆灰。有一个大豆烧得焦黄焦黄，老二捡起来吃了，从此以后不饥又不渴，放个屁都满屋喷儿香。老二到员外家门外喊叫道："香香屁儿，屁儿香香，我给员外熏卧房，熏得臭，打我肉，熏得香，金子银子让我装。"

员外听说后把老二请进家里，老二从客厅到卧房，都给熏得喷喷儿香，员外赏给老二好几两银子。

老大一见，更眼气，问老二咋弄来的银子。老二一五一十说了一遍。

老大想，老二吃一个豆，放的屁闻着香，我炒吃两碗，放的屁闻着会更香，当然也会得到更多更多的银子。于是，他炒了两碗豆，全吃到肚里，觉得渴，又喝了两大碗冷水，进城到衙门前高声喊叫："香香屁儿，屁儿香香，我为官家熏卧房，熏得臭，打我肉，熏得香，官家银子让我装。"

前几天，官家听员外说过，有个放香屁熏卧房的，熏得满屋喷喷儿香。县官就叫衙役把老大叫进官宅，给太太熏卧房。

这时候，老大的肚子憋得实在难受，一进门，就"嘟嘟噜噜"屙了官太太一屋稀屎。

县官一看恼了，叫来三班衙役，"噼里啪啦"，把老大打死在衙门里。

后来，人们听说老大死在衙门里头，都说："活该，这就是坑害人的下场！"

四、丈母娘燎锅底习俗的由来

中国有个传统习惯，儿子们长大了，一旦娶妻，弟兄几个就要分家，各自立锅灶吃饭。这说起来是几百年前的故事了。在嵩山北麓的一个村庄里，有户人家，家有老母老父和两个儿子，大儿叫大小儿，二儿叫二小儿。兄弟俩先后娶了亲，成了家。大小儿游手好闲，心眼奸诈；二小儿勤俭能干，忠厚善良。真是啥人遇啥人，大小儿的老婆娇妞是个能把死蛤蟆说出来尿的人；二小儿的妻子软花却是一个能纺会织，嘴含冰凌化不出水来的人。

眼看该分家了，大小儿和老婆娇妞整天合计孬点，想法要多分东西，把二小两口光身撵出去。两口子一唱一和，大小儿出主意，娇妞在公婆面前耍能卖乖，说长道短，搬弄是非。时间一长，老两口处处偏着护着大小儿两口，不喜欢光会干不会说的二小儿和软花。

二小儿夫妻两个，对哥嫂的用心看得清，心里明。他们怕闹别扭，惹老人生气，邻家笑话，就处处忍着让着，只是不声不响地干活。

分家那天，大小儿请来了舅舅。大小儿一瓶酒，二斤肉，早把老舅灌迷了。

咋分法呢？大小儿先提出了办法：家里的东西留下八成是两个老人的，其余的东西再分成两份，

兄弟俩一人一份。大小儿一说，俩老人和舅舅都说行。二小儿心里透亮，给老人留下的东西，早早晚晚也是哥哥的。他实在气不过，刚要开口分辩，软花丢了个眼色，示意算啦，就按他们的意思办吧。二小儿和软花昨晚就拿定主意：好女不争嫁妆，好男不争产业，分给啥要啥，只要两只手，夫妻好好干，就不愁没吃没穿。

本来家就穷，没个像样值钱的东西。这一留那一留，就只剩下两口铁锅，两间草房，半袋白面，半袋烂高粱。铁锅还是一口新的，一口五扯六瓣、漏水不能用；草房一间新盖的，一间窟窟窿窿、没门没窗。大小儿说："看来这东西也难分均匀。干脆新草房，新铁锅，半袋白面算一分。余下的算一份，我是当哥的，这不好的一份我要，好的一份让给二小儿。"二小儿不要，大小儿又假惺惺地推让了几句。他心里有底，凭二小儿的脾气秉性，绝不会一让就要。万一二小儿不让，娇妞就会出马胡搅蛮缠不愿意。

兄弟俩来回让了几次，娇妞开口了："让来让去不是个办法，咱就听天由命，抓阄吧。谁抓住好的就要好的，谁抓住坏的就要坏的。"舅舅说抓阄公平，省得以后埋怨。

大小儿撕了两个纸条，上边都写成"坏"字，揉成阄，往桌上一扔，让弟弟先抓。二小儿说啥要让哥哥先抓，可大小儿死活不先抓。后来还是舅舅开了口，说大让小的，二小儿只有先抓了。二小儿展开纸条一看，写着"坏"字。大小儿说："这个纸阄不用看了，这是天意，我就不让啦。"

分过家，天已黑了。二小儿和软花一句话没说，掂着那口破铁锅，提着半袋烂高粱，钻进了四下透风的破草房里。

北风"呼呼"吹起来，夜里下起大雪，二小儿和软花依偎着过了一夜。天明了，两口子又冷又饿。锅漏水，就半袋烂高粱，冰天雪地又没有柴禾，咋做饭呢？二小儿看着妻子身上打战，肚里咕咕叫，十分心疼，就想去找哥哥说说，先用他家的锅灶，借上一瓢白面，做两顿饭吃吃。软花是个刚强志气的人，不让二小儿去，再难也不沾他们的弦。

软花娘也是一个心眼善良的人，听说女儿家分了家，啥也没分到手，挂记女婿和闺女。起早，软花娘背了一筐麦秸，兜着两瓢玉米面，就去闺女家了。二小儿见丈母娘来了，手足无措，连热水也不能叫老人喝。软花一见娘，泪"扑嗒扑嗒"掉下来。软花娘又生气，又心酸，就说："别怕，有娘在哩，只要我有一嘴，也得给你们剩半口，眼下先烧火做饭。"夫妻俩心酸得没动。软花娘强装笑脸，划着火，点着带来的麦秸，火烘烘地燎得锅直响。软花娘不知锅漏，掂起水就倒。二小儿猛地愣怔过来，忙说："那锅漏，不能用。"谁知，水倒进锅里，转眼就开了，一滴水也没漏。软花娘和里头一把玉米面，熬了一锅糊涂。三口人一吃，特别香甜。

也不知哪儿来的怪事：自软花娘做过这顿饭后，那锅不漏了，那麦秸咋也烧不完，用那锅把烂高粱也能熬成喷香可口的饭，烙的黑面饼，比白面不差啥，还用的面少，做的饭多。

大小儿和娇妞心想要饿饿二小儿两口哩，哪知人家却天天吃得得得劲劲，痛痛快快。

四邻的大娘、大婶、大嫂们知道了这事，都问二小儿："你的锅咋恁好使哩？"二小儿打着哈哈得意地说："我也不知咋回事，俺丈母娘来做了顿饭，那锅就变成宝了。"后来，这些大娘、大婶、大嫂们，遇上女婿分了家，就也学着二小儿丈母娘，抓些麦秸，带点面，去给女婿、闺女做分家后的第一顿饭。

就这样，分了家，丈母娘燎锅底的风俗就传下来了。如今连乔迁新居后，丈母娘也要去给女婿、闺女点把火燎锅底哩。

五、老农称呼的传说

清康熙年间,博望一带有一个彭财主,他有粮田数百顷,但年过五旬才得一子,起名彭宝。说也奇怪,彭宝满月,父亲就得暴症死去了。彭宝之母爱子宠子。转眼18年过去了,这彭宝除学会吃、喝、玩、乐以外,别的啥也不会。白馍是从哪里来的,他也不知道,不想吃就扔掉喂狗。衣服是什么做的,他也不晓得,稍沾点灰尘,就撕毁不穿。更有甚者,他因大便后找不到如意的东西擦屁股,就叫厨子拿蒸好的又白又软的蒸馍,供他擦屁股用。没出几年,彭宝就把家产糊弄光了。母亲气死,妻子回了娘家。他自己也成了一个叫花子。

这一天,彭宝饿得肚里咕噜噜直叫,忽见原来的厨子老汉给他端来了几个揭了皮的白面馍。他把这些馍捧在手中,大口大口地吃起来。馍到嘴里,又甜又香,他便向老人问道:"馍是从哪里来的?"老人一时也没有回答他,只说道"你只要爱吃,以后我每天给你送",竟一连给他送了数十天。这使他感到奇怪,他知道那老人也非常贫穷,哪里来这么多又香又甜的白馍?他问了多次,老人都没有告诉他。后来他拉着老人的手,再次追问这些馍的来历。老人说:"这都是你从前擦屁股扔掉

老　农

的馍啊!我看可惜,就把馍皮揭去,晒干贮藏,放到今天。"说罢,把彭宝领到家中,指着屋内的盆盆罐罐,说:"这里装的都是哩,还够你吃数月。"彭宝听到这里,扑通一声,给老人跪下,连声向老人哀求:"顾伯伯,您是我的再生父母,您收下我吧!我要学好,您快给我指条路吧!"老人见他可怜巴巴,把他搀了起来,问道:"你让我给你指条路,习文弄武行吗?"他摇了摇头道:"年过三十了,还能学习什么?"老人长叹一声,说:"学文习武晚了,就跟我学种地吧?"彭宝点头同意。

从此彭宝就跟老人家学饲养牲畜,使犁用耙,摇耧撒种,扬场放滚等农活。不几年,这些庄稼活彭宝都学会了。老人死后,他像亲儿子那样,埋葬了老人。遵照老人嘱托,他起早睡晚,勤勤恳恳地开荒种地。头年他就开了几亩荒地,收了百十担粮食,还添了几头牛犊,日子慢慢地好了。

清朝初年,地旷人稀。官府奖励开荒,新开的荒地十年不纳粮。不几年的工夫,彭宝开了几十亩荒地,打的粮食几个仓库都装不下,牲畜也发展到一大群。后来征收皇粮时,他一下向官府交纳数百担粮食,成了裕州首屈一指的人家。州里把他作为当地的一个农户典型呈报朝廷。

彭宝进京后,康熙皇帝问他是怎样开荒致富的。他就把自己由富变穷,又由穷变富的经过,一五一十地告诉了皇帝。他讲述后,又跪到康熙面前,恳求道:"万岁爷,我有今天,全赖我那再生父母李老爹的指教,您要奖励我,不如把荣誉给我那再生父母吧!"康熙皇帝听他这样一说,果然据笔在圣旨上

写了"老农"两个大字,在场的大臣不知是什么意思,齐声问道:"万岁,这老农……"康熙忙解释道:"祖宗之法,官分九品,'老农'嘛,即十品是也。"他说罢,又反问各位大臣:"朕命'老农'为十品,你们可明白这'十'字的含义吗?"众大臣想了又想说道:"十品,是不是十全十美的意思?"康熙忙接过话茬:"对、对,'老农'即十足的好人。"当即面谕大臣,要每个县三年选拔一次'老农'名单。只要农民自幼老老实实种地,年过六旬,没有犯过错误,都可为选拔对象。由朝廷发给奖励证书,这些老农就可以见官不跪。从此,康熙以后的历任皇帝,都沿用这种做法,久而久之,成了清王朝优待农民的一种政策。

六、"老弟"称呼的由来

不少地区的人称呼弟弟的时候,总喜欢亲热地叫一声"老弟"。既然是"弟",为什么前面还要加上"老"字呢?追起根源,还得从宋朝的大理学家程颢、程颐兄弟二人说起。

程颢、程颐兄弟二人出生在河南嵩县的程村,程颢年长一岁为兄,程颐年少为弟。二人虽一母同胞,却秉性各异。程颢酷爱读书,长期住在洛阳城中,足不出户,面壁苦修。长年的寒窗生活,使他长就了一副白嫩的面孔,是个标准的白面书生,看上去也格外年轻。程颐则与他哥哥不同,他生性贪玩,喜欢游历名山大川。长期的野外生活,风餐露宿,日晒雨淋,使他脸上过早地添上了皱纹,加上黝黑的皮肤,看上去比他哥哥还要老成。

有一回,程颐从江南游历回来,听说哥哥回老家程村给母亲上坟去了,便马不停蹄,想追上哥哥,一同尽孝。一进家门,哥哥程颢和几位年长的本家亲戚看见他就大笑起来。原来,程颐满脸尘土,汗水一冲,竟成了一个大花脸。一个本家兄长拉住程颐嘻笑他说:"你这弟弟可是比当哥哥的老多了,这回你就成了老弟了!"一听这话,程颐就非常恼火。因为平时大伙总是抬举程颢,斥责程颐到处乱窜,不务正业。这一回,程颐想趁人多的时候,给哥哥出个难题,让他当众丢丑。

程颐走到哥哥面前,拿出一个他在南方捡到的四方鸟蛋,对哥哥程颢说:"哥,这个东西是我在南方捡到的,你知道这是啥?"众人上前一看这个四方玩意儿,都不知为何物,便露出惊讶的神色。程颐扫视一下众人,显得很得意,也很自信。

程颢从弟弟手中接过来四方鸟蛋,仔细一瞧,大吃一惊,忙问程颐:"别的东西呢?"程颐愣了:"别的啥东西?"程颢非常泄气地说:"你真的就只带回来这个?"程颐还是满不在乎:"就这个,你能认出来就算差不多了!"

程颢一看弟弟真的只有一个四方鸟蛋,叹了口气对程颐说:"弟弟啊,你真傻,你没看到书上写着:'丁郎,丁郎,蕃蛋四方,灵芝草垒窝,垒在檀香树上。'你如果把窝端了回来,就值钱了。即使没有窝,能折枝檀香枝也算不错。你只拿回来一个蛋,有什么用处啊!"

听了这番话,程颐真敬佩哥哥学识渊博,悔恨自己才疏学浅,没有端回丁郎的灵芝草窝。从此以后,程颐便潜心读书,人再叫他"老弟",他也默认,不再气恼了。"老弟"的称呼也就由此在民间流传开了。

七、仁义胡同

在新郑城南街,有一条宽一丈,东西走向的胡同,名叫"仁义胡同"。这条胡同原先是仅有四尺宽的小胡同,住在胡同北侧的是当朝丞相高拱本家的叔侄们,南侧的是巨商李员外。

一天,高拱本家为了院子宽敞,趁修围墙之机向外挪了一墙根儿,李家一看气不过,心想:你们官家有权有势可侵吞土地,俺就不兴帮光占点便宜?于是,他也立即拆除旧墙,向外挪了一墙根儿。这样一来,两边把胡同挤得只能单行一个人,胡同深处的住户人家办事,都得绕道别处,闹得人们怨声四起,联名上告县衙,要求处理这件事情。为此,高、李两家也就打起了官司。李家气冲冲地说:"高家首先侵占地盘,只许他们放火,就不兴俺们点灯?"高家怒不可遏地说:"这李家为富不仁,到处侵占,还血口喷人,情实可恨,决不可轻饶!"李家是县里富豪名绅,财大气粗,高家官居一品,权势逼人。当时县官左右为难,按情理应先责高家退出地盘,可怕得罪高阁老,官职难保;若只判李家拆墙,又怕李家不服,百姓骂他赃官。此时,这县令才真知做官真难!他无计可施,只有暂且拖延。

高氏人家仗着高拱官大,咆哮公堂,要求县官处罚李家。见县官态度暧昧,他们非常恼火,就修书一封,飞马进京请求阁老为家里撑腰做主。高阁老打开书信一看,原来是为此事,就淡淡地笑了笑,随即回书一封道:

千里来书为一墙,
让他三尺又何妨?
万里长城今犹在,
不见当年秦始皇。

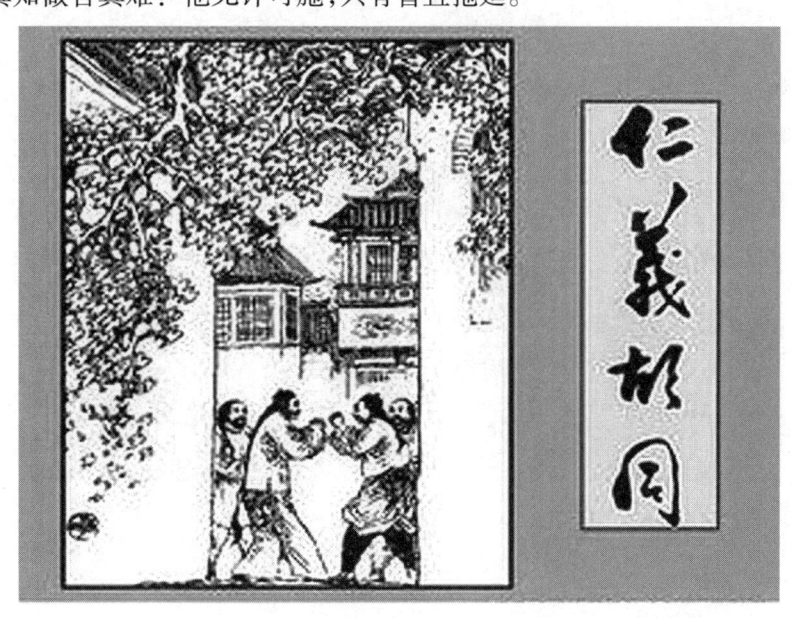

仁义胡同

阁老的书信捎回以后,高家诸辈看罢,心凉了半截,心想:既然阁老说了,我们就向里挪它三尺,也显示一下我们官家高风亮节的气度。当时外面都议论纷纷,说高家的人从京都回来了,这下可有好戏看了。谁人不知,嘉靖皇帝钦命旌表,从阁老门前向北一连5座大石碑坊,御笔亲书,煊赫一时,李家不是拿鸡蛋向石头上撞吗?其实,李家也明知不是高家的对手,只为一时顶气,骑虎难下,只好硬着头皮等着灾祸来临。还有那七品县令自认倒霉,碰到这样的麻烦官司,急得像热锅上的蚂蚁。

可是,一连几天过去了,丝毫不见动静。接着,看到高家拆墙,在原基础上又向里挪了三尺。这一下可轰动了全城,都知道阁老回书斥责,谦和仁让。李家对阁老的宽厚仁爱非常感动,立即找工匠拆墙,也向里挪了三尺。这样一来,两家互让互谅,言归于好。

从此,这里就有了一条宽敞的大胡同。后来,人们就把这条胡同叫作"仁义胡同",这名字一直沿用至今。

第七章 节日风情

节日是由国家、民间所定的各种节的具体日子,每一个节日都各具时令特色,有着深刻的历史文化内涵,蕴含着当地人们生活中的历史演变、风土人情、愿望信仰、道德伦理、文学艺术等诸种文化因素。节日习俗是各民族生活中不可缺少的、独呈异彩的一部分,人人享有,年年重现,它们在人们日复一日、月复一月的生活中,成为一种美好的期待和盼望,总能给人们带来幸福和快乐。这些充满希望的节日,在民族历史的长河中,世世代代,年年岁岁,为人们的生活增添着美好的记忆,振奋或抚慰着人们的心灵。在漫长的岁月中,这些特定的日子如一个个美丽的浪花,展现着它们不凡的风情。

节日风情

第一节 传统节日

嵩山地域的民间节庆习俗,自古至今保留得相当完备。最大的节日是年节,和年节相关的,又有腊八、除夕(守岁)、元宵等。一年其余节日及其习俗还很多,如清明、端午、七夕(乞巧)、中秋、重阳、冬至等。

从嵩山地域的节庆习俗中,不但可以窥探人类社会的一般发展历史,而且可以发现当地人民群众千百年来的心理变迁。

一、春　节

春节俗称"年节",是中华民族最隆重的传统佳节,也是国家法定的节日。年节古称"元旦",1911年辛亥革命以后,开始采用公历(阳历)计年,遂称公历1月1日为"元旦",称农历正月初一为"春节"。

(一)历史渊源

春节,俗称过年、年下。把春节叫作"年",在我国民间有悠久的历史。原始社会时,就有对"年"的不同叫法。据古书记载:唐虞叫作"载",是万象更新的意思。夏代叫作"岁",是表示新年一到,春天就来了。商代叫作"祀",是表示四时已尽,该编入史册的时候了。直到周代才开始叫作"年"。年的基本概念大约是从新石器时代(即人类以磨制加工的石器为生产工具的时代)初期开始的。我们的祖先以农、林、牧、副、渔业为生,因此,古代关于"年"的概念初意来自农业,古文上有"年,谷熟也"的说法,以谷熟为一年。《谷梁传·宣公十六年》中说:"五谷皆熟为有年","五谷大熟为大有年"。所谓"有年"就是好收成,"大有年"就是大丰收。甲骨文中的"年"字是果实丰收的形象;金文中的"年"字也是谷穗成熟的样子。谷禾都是一年一熟,引申一下,就把"年"作为岁名。

年 夜 饭

民间把过春节叫作"过年"。按照现在的解释,年,本来是一个时间单位,地球绕太阳一周的时间为一年。但"过年"在民间还有一段古老的传说。相传在太古时候,有一种凶恶的怪兽,长着血盆大口,凶残无比,人们叫它"年"。每隔三百六十五天,"年"就要晚上出来伤害人畜,毁坏田园。因此,人们到时候都要熄灯灭火,避难躲灾。一次,这个妖怪到了一家门口,恰巧这家人穿着红衣,点了一堆竹子取暖。先是小孩不当心,把一个盆子碰落在地下,"当啷"一声,把妖怪吓了一跳。紧接着,燃烧的竹子又"啪啪"地几声爆响,"年"因怕响、怕红、怕火而吓得掉头逃窜。因此,每至年末岁首,人们就以敲锣打鼓和燃放爆竹来驱赶"年",同时祈望五谷丰登,人畜兴旺,谓之"过年"。这样,年复一年,逐渐演化为每逢过年,人们互相拜年,表示庆贺。同时,出现了贴红对联挂红灯笼、穿大红衣服、放鞭炮等风俗。

古代记述年代、时间不是某年某月,而是"干支"纪年法,相传始于黄帝。夏、商时期是采用太阴历,它以月亮圆缺一周期(一次)为一个月,不见月亮的那一天叫朔,朔就是初一;月亮圆的那一天叫望,望为十五;月的开始就是从朔的子夜算起的。正月的朔日,从子夜起,即为一年的开始,所以,元旦又叫"元朔",这就是夏历纪年。可是历史上,元旦的起始各朝代很不统一。汉武帝之前,始终未固定,每到改朝换代,就把月份次序更换一下。据《尚书大传·略说》和《史记》记载,夏朝大禹把孟春之月定为岁首,称作"正月",同我们现在的正月一致。商朝时期,则以阴历腊月(十二月)为正月。周朝又

往前提了一个月,用仲冬之月(十一月)为正月,算作一年的开始。秦始皇统一中国后,又以十月为正月。

自汉武帝太初元年始,以夏历(农历)正月初一为"岁首",即"年",年节的日期由此固定下来,并一直延续两千多年至今。所以,人们至今仍把阴历称作夏历,也称它为农历或旧历。

正月就是一年的头一个月。正月本来可以念成光明正大的"正",我国民间人们为什么习惯地把"正"字念作"征"音呢?这是从秦始皇称帝时开始的。秦始皇姓嬴名政,这个"政"和"正"音相同,为了避讳,就下令全国把"正"字的念音改为"征"音。从此,人们就不叫"正月"而叫起"征月"了,以后相沿成习。

古代的过年不是在腊月二十九或三十,而是在"腊日",即后来的"腊八"。"冬至后三戌,腊祭百神。"从南北朝以后,才把"腊祭移至岁末"。据《书·舜·典》和《梦梁录》等文献记载,古代的春节叫"元日""元旦""新年"。到了民国时,改用阳历,才把阴历年叫作"春节",因为春节一般都在立春前后,因此称为"春节"。

自古至今,嵩山地域过年的民俗相似。大年初一,天不亮起身放鞭炮,祭先祖,吃饺子。各家各户儿童叩拜家长、乡亲邻居,讨压岁钱,是为"拜年"。这一天里,不汲水、不扫除、不干活,吃好的、穿好的,一心过年。

(二)活动内容

从民间传统的意义上讲,春节不但是一个集纳了除旧迎新、祭祝祈年、合家团圆、敦亲祀祖等多项内容的日子,还是一个民众娱乐狂欢的节日。因此,过春节并不止于正月初一这一天,人们从大年初一起,一直到正月十五元宵节,整整半个月时间,几乎天天都进行春节庆祝活动。

1. 辞旧迎新

清代,人们在子夜就起床梳洗,陈供品,焚香纸,鸣鞭炮,祝天地,祭影堂,换对联,贴门神,撒芝麻于地,逐疫驱邪。天明,子弟举杯拜贺,姻亲投笺互拜。三日内不得生炊,预先做熟,客来立待。早食年糕、马食菜(马齿苋),名曰"嚼鬼筋"。

民国时期,习俗略有改变。从头年腊月二十三,就开始了繁忙的过年准备工作。民间广泛流传有歌谣:

二十三,祭灶君;
二十四,扫房子;
二十五,磨豆腐;
二十六,蒸馒头;
二十七,杀鸡鸭;
二十八,去割肉;
二十九,去灌酒;
年三十,贴门旗儿;
初一儿,撅着屁股乱作揖儿!

这首歌谣是年节活动的大事记。年节活动看来是从二十三给灶王神祭祀送他上天开始的,从这天以后,家家户户天天都在做着过年的准备。

中华人民共和国成立以后,人们依然保持着传统的春节风俗习惯。从腊月二十三(或二十四日)小年节起,人们便开始"忙年":扫房屋,刷墙壁,剪窗花,贴春联,置办年货,缝制新衣,洗头沐浴,准备年节器具,杀猪宰羊,炸面食,烧肉做鱼,蒸馍包饺子,等等,人们把辞旧迎新作为一个盛大的节日活动来进行。

关于扫尘,相传早在3500多年前夏朝的少康帝就首创了扫尘用的笤帚、簸箕。传说虽不足信,但"帚"字最早见于甲骨文确属事实。明末清初朱柏庐的《治家格言》中有记载,扫尘被列为治家的内容之一。古人除经常扫尘外,每年春节前,还定期进行突击大扫尘。"十二月……不论大小家,俱洒扫门闾,去尘秽,净庭户。"这种春节前扫尘的习俗,一直沿用至今。

扫 房 子

2. 祭天祈年

祭天祈年,是年俗的主要内容之一。春节期间,诸如灶神、财神、火神、喜神、床神、井神等诸路神明,都要到民间来备享人间香火。人们借此酬谢诸神过去的关照,并祈愿在新的一年中能得到更多的福佑。除夕,民间俗信诸神下界,于是,燃爆竹,点旺火,迎神"燎祟",击鼓驱傩。我国古代过年,主要的形式是打鬼,从腊八开始,吃"腊八粥",在宫廷和民间都要打鬼,即"大傩"。特别是腊月二十三是灶君节,是祭祀欢送主宰人间善恶、吉凶、祸福的"灶君老爷"回天以求灶君爷庇佑家宅平安、衣食温饱的日子。古时,有副说灶君的对联:"上天言好事,回宫降吉祥。"这很能说明灶君的司职。

腊月三十日,家家贴对联、门神。春联亦名门对、春帖,俗称"对子",阴历新年用红纸写成联语贴在门上,其源亦出之桃符。在西汉刘安的《淮南子》一书中,就有悬挂"桃符"的记载。桃符是用桃木制成的,据说桃木可以避邪。五代时,西蜀宫廷里开始在桃符上题联语。《宋史·蜀世家》:"(孟昶)每岁除,命学士为词,题桃符,置寝门左右。末年,学士幸寅逊撰词,昶以其非工,自命笔云:'新年纳余庆,嘉节号长春。'后以为春联别名。"宋代开始把春联贴在门楣上。明代朱元璋建都南京后,有一年曾经传旨,百姓的门上都要贴一副春联。清人富察敦崇在《燕京岁时记·春联》中记载:"春联者,即桃符也,自入腊以后,即有文人墨客,在市肆檐下,书写春联,以图润笔。祭灶之后,则渐次粘挂,千门万户,焕然一新。"门神,追根溯源,出于桃符。南朝梁时宗懔的《荆楚岁时记》上曾有这样的记载:"帖画鸡户上,悬苇索于其上,插桃符其旁,百鬼畏之。"这就是说在门上画了鸡,挂上苇子编的绳索,并在其旁边插上桃木板,可以避邪。马鉴《续事始》说:"元日造桃板着户,谓之仙木……即今之桃符也。其上或书神荼、郁垒之字。"应劭的《风俗通义》上说:"上古之时,有神荼与郁垒兄弟二人,能执鬼,度朔山上有桃树,二人坐树下,简阅百鬼。无道理妄为人害,荼与郁垒缚以苇索,执以食虎。"这里所说的荼与郁垒兄弟二人,对害人之鬼是毫不客气的,抓住即用苇索捆起来喂老虎。所以说,在一些地方除桃符之

外,还挂着苇索。在中华人民共和国成立以前,不同的阶级对春联寄以不同的憧憬,但对劳动人民来说,只不过是梦想而已。穷人由于没有学习文化的权利,又找不到人写春联,只好贴一张红纸,无字无句,叫作"瞎对"。中华人民共和国成立以后,艺术工作者采用这些旧形式,赋予新内容,创作出大量的门画和春联,门画仍以人物为主,有栩栩如生的工农兵形象,也有春华秋实的丰收画面,春联则以党的方针政策、国内外大好形势为内容,文字对偶工整,平仄协调,通俗易懂,为广大群众所喜闻乐见。

除了贴对联和门神之外,人们还要摆放祖宗神灵牌位,带供品,到坟茔、神棚焚香纸,鸣鞭炮,以请祖宗神灵归位过年,名曰"请神"。零点钟声一响,忙点蜡烛,上色香,烧元宝,燃鞭炮,以欢庆辞旧迎新。信神的家庭,家中老人先向天空叩拜辞旧,接着向祖先牌位叩拜辞岁。

初一五更,人们视遍地有鬼神,焚香纸,鸣鞭炮,争先供奉。传说五更时分,灶君爷便从天上回来了。人们零点开始,便做供食放到灶君位前,随即点香烛,烧元宝,放鞭炮,以接灶君爷回来,这叫"接灶爷"。

放鞭炮,最早起源于汉代。当时是燃竹子时发出"噼里啦拉"的声音,叫作"爆竹"。南北朝时梁人宗懔在《荆楚岁时记》中说,正月初一"鸡鸣而起,先于庭前爆竹,以辟山臊恶鬼"。唐代叫"爆竿"。宋代才开始有纸裹火药的爆竹,把爆竹编成一连串儿燃放,响声不绝,谓之"鞭炮"。南宋周密《武林旧事·岁除》:"至于爆仗……内藏药线,一爇(点燃)连百余响不绝。"这就是鞭炮的由来。古人放鞭炮是为了恐吓驱赶鬼怪,我们今天放鞭炮却是为了欢庆和娱乐。

过年期间,各家各户还要把炸好的各种美食,分别盛放在碟内,一起摆放到各路神明的供桌上,进行祭祀。

这些风俗习惯,无一不与祈求吉祥有关。

3. 祭祀祖宗

除夕之夜和大年初一的早上,嵩山地域的本族人员,都要在族长的引领之下,按着祖宗辈分的高低,依次到各家的"祖志"供桌前,进行磕头、膜拜、祭祀,以示本家族对其祖的供奉和敬仰。

年夜饭和早饭按习俗都是统一的"饺子",嵩山地域有部分县市叫作"馄饨"。午饭前,各家还要先供奉祖神,然后吃饭。

4. 合家团圆

除夕又叫岁除,是除去旧岁的意思。除夕夜,大人、小孩换上新衣服,全家欢聚一堂,吃罢"团圆饭",长辈给孩子们分发"压岁钱",一家人团坐"守岁",如今是全家欢聚在电视机前观看春节联欢晚会,等待零时后拜年。无论大人小孩都喜欢熬过半夜,到了元日子时的交年时刻,鞭炮齐鸣,这时候,过年的喜庆达于高潮。各家焚香致礼,敬天地,祭列祖,然后依次给尊长拜年,继而同族亲友互致祝贺。

关于压岁钱,有的地方是大人们在大年三十夜里等儿孙睡熟时,用红纸包好悄悄地放在他们枕下,孩子们大年初一醒后的第一件事就是翻开枕头,准有红纸裹着的数枚铜钿——压岁钱平平稳稳地放在那里。压岁钱最早出现于唐代宫廷内。据王仁裕《开元天宝遗事》记载,唐玄宗天宝年间"内廷嫔妃,每于春时,各于禁中结伴三至五人掷钱为戏"。唐代春节是"立春日",当时正月初一叫"元旦",是宫内相互朝拜的日子,并不流传于民间。王建的《宫词》说:"宫人早起笑相呼,不识阶前扫地夫,乞与金钱争借问,外头还似此间无。""宿妆残粉未明天,总立昭阳花边树;寒日内人长打白,库中先散与金钱。"唐代宫廷内春日散钱之风是很盛的。又据《资治通鉴》卷二十六中记载,时杨贵妃生子,"玄宗亲往视之,喜赐贵妃洗儿金银钱"。王建《宫词》也有描写:"妃子院中初降诞,内人争乞洗儿钱。"洗儿钱除志喜外,主要还是长者给新生儿镇邪去魔力的护身符。赐钱新生儿的风俗逐渐从宫廷流传到民间,于宋代成为民间的重要风俗之一。宋、元以后,正月初一取立春日为"春节"而代之,不少原立春日风俗移到正月初一的春节,洗儿钱风俗又和春日散钱风俗混合在一起,演变为今天所见的压岁钱风俗。不过,早期压岁钱并不用流通货币,而是一种特制的不能流通的币制,叫"压胜钱"。到清代,"儿童度岁,长者与以钱,贯用红,置之卧所,曰'压岁钱'"。"百十钱穿彩线长,分来角枕自收藏,商量爆竹饧(糖)箫价,添得娇儿一夜忙。"这是前人描写分到压岁钱时的喜悦心情。

初一的早晨,人们着盛装,天明吃饺子。饭后,先给长者拜年,长辈给晚辈红包——压岁钱。而后,平辈互拜,再到近族或与乡亲拜年,户主以烟、茶相待,对小孩赠以花炮、大枣、核桃、花生、糖果之类,借此解平日之不周。午前再行供奉祖神,午餐丰盛,合家共享。下午,男男女女,三五成群,各奔所好。

合家团圆

一至五日,人们停工过节,早、晚各进一炷香,供奉神祖。二日至旬末,为探亲访友期,新亲先探,老亲居后,携带礼品,拜年谈心。男女老少见面时,总是互相礼貌地说声"恭喜发财"或"新年快乐"的吉祥语。新婚夫妇,多在初二探亲,带礼优厚。

5. 娱乐欢庆

春节期间,嵩山地域的民间娱乐活动接连不断,热闹非常:耍狮子、舞龙灯、扭秧歌、踩高跷、跑旱船、表演小黑驴、荡秋千、说书唱戏等,农村各种民间社火盛行,一直到正月十五的闹花灯、吃元宵,再次形成高潮,延至正月十六,这个长长的春节才算结束。

6. 大型摆供

春节期间,嵩山地域民间有举办神社和祭祀活动的习俗。神社系群众自发组织,以迷信敬神为主,兼有农闲聚餐及文娱活动。古时农家百姓信仰万物有神,为了向神表示虔诚,要给神建庙塑像,加以崇拜和祭祀。在这种背景下,同敬一神的各户联合起来,组成神社,以神为社名,如火神社、龙王社、关帝社、土地社等。嵩山地域各村都有神社,甚至于一村多社,一家也可参加几社。入社者每年轮流做社首,按规定日期各户捐款献物,修筑庙宇或举行祭祀。中华人民共和国成立以后,神社逐渐消失。但改革开放以后,有些村庄仍将其恢复起来,作为民俗的一种习惯而延续下来。

春节期间,民间为所请的火神爷摆供,名目繁多,形式多样,因地而异,各不相同。火神社几乎每个村庄都有,一般都是一家主办,全村人祭祀,场面之大,非常隆重。在众多神社中,登封市卢店镇景店村的火神社尤为规模宏大,热烈隆重,波及景店村周围大部分乡、村,以及新密的邻近乡、村。

景店村举办火神社的祭祀活动,大体有以下程序:

第一,确定主办者,即大会头。凡本村家有30亩粮地户,才有资格参加抓阄,抓住者即为本届主办者,并选聘一名帮办(二会头)参与当年神社,主管神事,管理神社的财产、经济收支和账目,筹办供品。景店火神社祭祀日期为每年正月初十,与古会同时进行。

第二,主办者在春节后就聘请有名的厨师,一般集中3~5天制作供品。全部供品多达数百种,包括全猪、全羊、全鸡、全鸭、荤供、素供若干、干果、水果、糕点、糖果、面制品等,有选用萝卜、红枣、南瓜之类制作的精致的手工制品,以及狮子、龙、凤凰、人物、花鸟等雕刻艺术品,还有用面捏制的看供人、木制的供楼等戏剧故事,所制人物按生、旦、净、丑各特点的头盔、脸谱、服饰、道具、造型配制彩绘,其形态栩栩如生,形可乱真。

民间大供

接下来,安神,筹备献供。初八上午剧团演出开始,先唱神戏,鸣放礼炮,主办者上香焚纸,叩拜,算是安神。此外还要组织大小锣、鼓乐队排练,安排唢呐、文艺社团,召集上供人员,准备仪仗、道具、旌旗、用品,布置神殿,披缎挂绸,张灯结彩,殿内通明。献供,也叫上供。初八下午,将备好的数百种供品,要一样一样、一件一件地从主办者家中献到神殿,上供队伍需200多人,挑选辖区内聪明、精干的中青年各着长袍、礼服、礼帽、外罩,毕恭毕敬,按序一字排开,一人一件(碗),双手拱捧,按锣鼓节奏缓行。队伍前有礼炮开道,两班唢呐吹奏,后跟仪仗、旌旗、执事,大小锣鼓乐队齐奏,一路鞭炮齐鸣,引导上供队伍,最后由大会头主举火神牌楼压后,排列一里多长。最壮观的曾有几次由24杆"顶子"即当时景店村的24名秀才率队,周边十数里的老幼夹道观看,从队伍出发到神殿排放结束,已是上灯时分,约用4个小时。

第三,看供、烧道香。从初九到初十,周边村民结伴到神殿拜神、上香、烧纸,有的求神,有的还愿,祈求平安。也有周边乡、村的其他神社带文艺社团、唢呐班、仪仗队、乐队,抬供品到殿叩头,看热闹,叫看供。

第四,隆重的祭祀仪式。正月初十景店大会,各乡、村文艺社团、锣鼓乐队到会贺庆,多有小黑驴、竹马、旱船、高跷,依次在神殿前演出,还有小演唱。上午火神殿庄重举办祭祀,主办者率火神社成员,个个穿戴一新,着长袍,戴礼帽,排列案前。先由大会头上香,献酒,行九叩或二十四叩礼祭拜,并口念祝语,求神护佑。祭祀中,礼炮、火鞭不断,唢呐吹奏,祭祀活动达到高潮。主办神社乃人生及家庭大事,所有亲朋都来烧纸,上供祝贺,算是交神。主办者也大摆宴席款待亲朋,一般都需二日,待客多达上百桌。

最五,神社祭礼结束,大会头召集所有成员,清算账目,主持抓阄,产生出下届主办者,交接手续,当年主办者的神事便宣告全部结束。

主办神社耗费较大,经费主要有以下来源:一是神社资产,即官地收租和用具出赁租金;二是民众布施,即有民众许愿还愿,求平安上供礼品;三是化缘,即大会前一年中,认为辖区内任何人的农田、果树、家畜中有兴旺和丰收景象的,即可挂上火神牌位,以保户主丰收、安全,但户主将挂牌田里收获的小麦、玉米、谷子、芝麻、棉花或水果和养的家禽、猪羊出卖时必须先向火神奉献;四是不足部分由主办者自理,但多数都能保证费用开支有余。

中华人民共和国成立以后,春节之俗,相沿不衰,除祀神祭祖等活动比以往有所淡化,封建迷信色彩大减外,其他年节主要习俗都完好地得以继承和发展。

二、立　春

立春是嵩山地域的民间传统时令节日。最早是在立春的前一日举行迎春仪式,后来改在立春当日。古时,立春前10日,当地的州县长官即督促各乡村整办各种物品,并选集社火班子扮演社火,如昭君出塞、学士登瀛、张仙打弹、西施采莲等,谓之"演春"。

古时的迎春仪式非常隆重,以郑州来说:至立春至日,县令沐浴更衣,身穿素服,率众僚属在社火的前引下,步行往东郊迎春,隶卒抬土牛随后。士女乡民跟随观看,竞以麦豆掷打土牛,人山人海,填途塞巷。每过官府豪门,则致祝福颂扬之语,谓之"说春"。到了东郊,摆上供品香烛,把象征春牛的土牛放供桌前,县令率众官员磕头礼拜,祭神迎春,祈求丰收,衙役扮的句芒神举鞭打碎土牛,遂把彩鞭、土牛分送官绅贤达,谓之"送春"。妇女们争扯春幡、春笺等,折成燕蝶之形佩挂身上。

打　春

然后回衙举筵,以粉皮及7种生菜陈放筵间,叫作"春盘"。人们以春饼(即面饼)裹生菜食之,叫作"咬春"。因此,立春也习惯称作"打春"。从此日起,春耕开始。

20世纪30年代后,鞭打春牛的迎春仪式渐失,但迎春活动更加丰富多彩,如迎春社火、演戏、放电影、文艺表演、联欢会、茶话会、赛诗会、舞会等,人们以各种形式迎接新一年春天的到来。

三、破　五　节

正月初五是嵩山民间传统节日"破五节",又称"泼污节",家家包饺子,放鞭炮,敬神祭祖,活动之盛,仅次于正月初一,所以本地人也称它为"小年下"。据说初五是财神爷的生日,按老规矩,各商家店铺这一天都要正式开业,民间吃"元宝",大概也含有招财进宝之意。人们称作"破五",意思就是打破过年以来的禁忌。

头年除夕,妇女把剪刀、尺子用红线缠住,把纺花车、织布机放置起来,城市的暂歇下生意和工作,农村的把各样农具收拾存放,各家各户还禁忌向外倒垃圾污水,怕掉了福和财。初一开始,人们一般不干活儿。一过正月初五,这些禁忌便可统统破除,工厂开工,商店开业,男人妇女都开始工作干活,家中存积几天的垃圾和污水也要倒掉,故有人称其为"泼污节"。

农村还有一些人家举行"送穷灰"仪式,即初五凌晨,每户由家长把初一以来积存的垃圾炉灰送到村外路口,烧香祷告,口中念:"穷,穷,穷,你走吧,俺家没钱难打发。"然后,在附近麦田里抓上几把土,拿回家撒在院子里,叫"迎富贵"。这些仪式,表达了人们追求幸福生活的愿望。

当今这些诸般禁忌仪式已逐渐破除,但"破五"吃饺子、放鞭炮、清垃圾的习俗还一直流行。

四、元 宵 节

正月十五日是一年中第一个月圆之夜,故称之为元宵节,又名"灯节""上元节"。春节也包括元宵节在内,所以元宵节也归属于春节中的一个活动日。它不但有着悠久的历史,而且是民间歌舞最活跃的日子,尤其是花灯大放异彩的日子,最为我国劳动人民所喜闻乐见。

(一)节日渊源

农历正月十五,作为中国人民的传统节日——元宵节,起源很古,相传始于西汉,盛于唐、宋。据说,我国早在2100多年前的汉代,汉惠帝刘盈死后,吕后一度篡权。吕后死后,一心保汉的周勃、陈平等人,协力扫除诸吕,在公元前179年拥刘恒为主,是为汉文帝。汉文帝在周勃、陈平扫除"诸吕之乱"后上台,这天正是元月十五日。"夜"在古语中称"宵",元宵则是元月十五之夜,故汉文帝把这天定为元宵节。是夜,君臣妃嫔都可出宫"与民同乐"。

汉代的元宵节之夜,还有燃灯以祭道教太乙神的风俗。佛教传入我国后,与佛教正月十五"燃灯表佛"之仪融合。因有官方大力倡导,

正月十五闹花灯

遂在民间广为流传。

到了隋末唐初,仍沿旧俗,朝廷还规定每年这天燃灯。到了宋代十分热闹,放灯又多了正月十七、十八两夜,而且规模愈加盛大。元、明的灯节依然可与唐、宋两朝媲美。明太祖朱元璋于洪武元年(1368年)在南京建都后,元宵节这一天更是热闹非凡。他们在秦淮河河面上燃放水灯万盏。明成祖

朱棣于永乐年间,还在午门大立灯柱,在中华门外开辟悬灯专区。是时,家家户户均制巧灯,相互贸易。精美、奇异的花灯,如龙灯、凤灯、鱼灯、兔子灯和各种历史人物灯、神话故事灯、走马灯等,以及各种鞭炮、焰火,还有舞龙、踩高跷、扭秧歌、打太平鼓、玩花船、跑驴、跳狮子舞等活动,声震街巷,热闹非凡。

清代,元宵节设灯火、花炮、秋千、箫鼓、灯谜、诗联之类。男女盛装,日登山,夜渡桥,到各寺庙游玩。民国时期,乡民从正月十四日起搭灯山,将彩灯悬挂在祠堂庙宇、门楼社稷的中央,添上男丁的人家也悬挂彩灯于厅堂,村村树秋千,备花炮。各家用白面蒸的长虫(蛇)、刺猬等置于囤中,以驱毒虫。十五、十六日,白天男女结伴出游,以求消灾除病,曰"游十六",夜晚家家花灯高照,燃放烟花鞭炮,人们观灯,荡秋千,猜灯谜,玩至深夜。十九日,灯节过完,拆除神棚,摘掉彩灯,送神灵升天归位。

中华人民共和国成立以后,元宵节习俗盛传不衰,但乡下花灯和迷信渐减。人们除进行灯展、玩社戏外,还要架秋千、蒙蒙转等。家庭中除奠祭祖宗外,许多人还要设供品大祭炎帝(即神农氏),人们带些金钱(纸箔),摆着供食,挂着灯笼,去社内敬神灵。改革开放以后,嵩山地域的元宵节仍然是热闹异常。到了20世纪末期,嵩山地域元宵节的内容更加充实。

(二)活动内容

1. 灯展

20世纪初的灯节期间,灯展遍及嵩山地域各市县。当时的灯多以黍秆和泥结合骨架,插上柏枝,置无数灯展于其上,曰"灯山""灯树"。以竹竿上劈尺许,构成笼状,彩纸罩稿,内置蜡烛,树之道旁,名曰"高照"。古时,乡人生子许愿,常设泥塑"娃娃"置"灯山"上,称"百子桥",四里八村,观赏者甚众。另有仿照狮、虎、兔、龙、凤、鱼、蛇和牛、羊、鸡、鹅等造型扎糊的彩灯,让儿童嬉戏,大人观赏。更有以灯火为动力的走马灯、抵羊灯、斗牛灯、舞龙灯等,以丝绸制作的大小六棱宫灯,瓜型纱灯,各具特色。

中华人民共和国成立以后,民间个人或村庄办的灯展次数少了,而各级政府每年都要组织大型灯展,以此来渲染灯节的气氛,为百姓营造一个祥和、娱乐的节日环境。改革开放以后,嵩山地域的元宵节仍然是热闹异常。正月十五闹花灯,仍然是元宵节的主流。每到节日前夕,当地的政府都要组织各单位准备灯展,在每个城市的主要街道展示各种各样的花灯,以庆一年国泰民安、人民丰衣足食的美好光景。在看花灯的同时,有的单位还准备了谜语竞猜活动,如果猜中,还能到举办方的台前领取奖品。当地的百姓,则要在正月十五、十六的夜间出来逛大街,在熙熙攘攘的人群中,看花灯,猜灯谜,尽情地享受节日的气氛和快乐。街头巷尾,花灯高照,鼓乐喧天,观灯者熙攘不绝,乃至通宵。

2. 焰火

清朝开始,嵩山地域民间就有人私设炮坊,自制中青炮、八厘炮、寸鞭、大鞭、起花、盘花、天地炮等,每年在农村正月里的古会上燃放,酬神,以后相沿成习。有些地方则借每年正月里举办的火神会,在村里唱大戏,在田野里放焰火酬神,使民间的节日更加丰富多彩,有声有色。

中华人民共和国成立以后,民间焰火的制作和燃放持续不断。改革开放后,嵩山地域的各市县燃放烟火的规模更大,由过去各乡镇和村庄的焰火燃放发展到各市县政府举办大型的焰火燃放,活动的意义由过去的祭神和娱乐变为单纯的娱乐,各种各样的焰火展示,象征着国泰民安、五谷丰登的兴旺景象。

自20世纪末期,燃放焰火的品种也多了起来,由过去当地民间的自造焰花变为到南方焰火产地去购进更加多样且科技含量高的焰火,而且当地政府每年还投巨资请外省燃放焰火的专家到当地燃放焰火,这些烟花科技含量高,花色品种多样,花朵奇异漂亮,让群众大饱眼福。每个市县在正月里都要举行大型的焰火晚会,这种活动成为嵩山地域各市县春节期间的保留节目。

3. 文艺表演

元宵节期间,嵩山地域各市县政府还要组织各乡镇选民间的武社高手,到市县区进行民间文艺汇演大赛。大赛的内容包括耍狮子、舞龙灯、踩高跷、扭秧歌、敲嵩山排鼓、玩花船、跑毛驴、跳狮子舞等多种多样的民间艺术表演活动。演出除集中展示以外,来自各乡镇的表演团,大街上行进时还不断受到群众的阻截,而时不时地停下来为群众表演。元宵节的文艺表演是一个在锣、鼓、钗、旗的伴奏下进行的流动的舞蹈团队,这不但使平时没有见过民间舞蹈的人大开眼界,也使深谙民间文艺的百姓们感觉骄傲无比,神采飞扬。

4. 吃元宵

元宵节的节令食品是元宵(汤圆),它寄托着人们期求新一年圆满顺遂的心愿,同时也表示全家团圆,春节已经圆满结束。

元宵节期间的乡村文艺巡演

元宵节还是一个民间走亲探友的好日子。人们在大正月里忙碌之余,携带礼品,走亲探友,与亲朋好友在一起坐坐,共同品尝节日中的美味佳肴。

嵩山地域元宵节的活动内容,丰富多彩,仅从嵩山地域巩义市堤东村之灯节活动便可见一斑。巩义市西村乡堤东村之灯节始于何时已无从考证。但是从一些庙碑的记载中可以断定,至少在明朝嘉靖至万历年间就已经是很盛大的一个节日了。如南訾乡(俗称南堂儿)东墙上一块志石有这样的记载:"凡元宵节香火五日不绝也。"志刻年号为:"大明嘉靖四十二年孟春"。再者有清朝乾隆及嘉庆年间之两面龙凤社旗,一直保存到1958年才被销毁。这说明早在明清时代,堤东人民就踊跃参加了灯节活动。

第一,文艺活动。灯节之民间文艺活动,并不一定在正月十五日,就巩义而言,回郭镇在初七,芝田在初九,西村在初十,小相在十二日,涉村在十三日,鲁庄在十九日,圣水在二月十五日,唯堤东村在正月十五、十六两日进行。堤东之民间文艺,由7个自然片形成6个单位:路角儿(村东北)是狮子社,曹角(村西北)是高跷社,董胡同(村中)是大鼓社,焦胡同(村西南)是高台,还有个民间吹奏乐社,南堂片(村东南)是大鼓社和竹成社,沟东片是狮子社。一进入腊月,各社就开始紧张的训练。为了给各自片社争口气,他们不分昼夜,一直练到正月十三日,从十四日请神起(也叫亮相,实则预演)连演3个下午。原来沟东狮子优于路角狮子。清末民初,路角逐渐转为优势,不但道具全新,阵容整齐,而且技术高超。其高场椅子功、凳子功,都有很好的表演艺术,曾多次应邀赴偃师、站街、孝义、回郭镇、鲁庄等地演出,受到热烈欢迎。沟东狮子的地摊儿好,如梢子棍、虎头钩、大刀、齐眉棍、大镰、绳鞭、窜铡等也都颇见功夫。特别值得一提的是焦胡同的吹奏乐社。自乾隆年间创办起,至清末民初发展到全盛时期。这个乐队由一个唢呐领奏,两根横笛,两根箫笛,四捧(也叫盏)方笙,四捧圆笙伴奏,打击乐有战鼓一面,二鼓一面,大锣、二锣、堂锣、小锣(10厘米大小,也称"叫钩儿",因敲打时发出"钩儿、钩儿"音而得名)各一面,大镲、三镲、小钹、小铰子(8厘米大小)各一副,另有彩旗四面,督旗一面,小令旗一面,黄罗伞一把,全班由30人组成(鸣锣开道打场子者不计算)。吹奏前,先由打击乐打一场别具一格的开场锣鼓,即"吃得、依得、依得依得铿",速度由慢渐快,最后再转到所吹奏的曲牌上来。执唢呐者头戴礼帽,身穿长衫,面戴墨镜,站在转动着的黄罗伞下吹奏,12位伴奏者站成半圆队形,执唢呐者居中。打击乐则在吹奏者之对面,按照所吹奏之节拍敲打。节目有《云内磨》《菠菜叶》《请寿星》《截断桥》《肚疼歌》《剪剪花》《外调》《玩灯》《阵儿》《弓字满州》《四字满州》等20多个曲牌。每个曲牌都音韵悠扬,悦耳动听,富有民间特色。这个吹奏乐队每年正月即应邀赴外地演出,曾先后到偃师的火神洼、缑氏、营房口,巩义的回郭镇、苏村观、老城、芝田、鲁庄及临近各村演出,并发生过正月初七老城同苏村观争邀的事,甚至新县长到任、老县长离任时都被邀去吹奏一番。中华人民共和国成立后,每逢新兵入伍或老兵复员,这个乐队都要走上街头吹奏迎送。自从进入农业合作化以后,这个生命为二百多岁的民间吹奏乐队就哑然失声。虽然灯节文艺各片有各片的组织,但是"地摊儿戏"则是全村合办。青少年们都跑去看灯了,只有太公、太婆们坐在地摊儿戏周围,来品赏堤东民间艺人的唱腔艺术。

  第二,灯展。巩义市西村乡堤东村之灯展,虽各社均有自己的灯社,但主要的还是三官社与火神殿社的社灯最为丰富多彩。三官社有12对丝制品外罩的花灯,图案多是"王祥卧冰"等二十四孝图。还有5对玻璃罩灯,图案是歌颂三官之"功德"的。挂灯沿街而上,与火神殿社文化灯街相接,直通整个焦胡同(约五百米长)。火神殿社有走马灯(利用蜡燃气体,使灯自转不息)4对,谜灯4对,丝制品方灯8对,圆纱灯8对。圆灯只写"火神圣社"4字,方灯图案多是三国故事,如"火烧战船""火烧连营""火烧博望坡"等。最讨人喜欢者莫过于谜灯了,或以画切字,或以字切物,并且年年更新,任观赏者任意猜测。如清末某年,在一盏四面谜灯上,一面画了一条五色金鱼,一面画了一只羊,一面写了一首诗:"半边有毛半边光、半边有味半边香,半边常在山坡跑,半边生长水中央。"另一面写:"打一字"(切"鲜"字)。而在第二年,一盏谜灯画了一只歪尾巴羊,还只有一眼,也写"打一字"(切"着"字)。火神殿社还有两座灯山,一座在大桥上,一座在庙南。大桥灯山是按五行八卦二十八星宿布局,庙南灯山则按天上星斗(南极北斗、启明长庚、牛朗织女等)布局。灯山连点三夜,彻夜通明,煞是好看。

  第三,画展。灯节画展,除各庙社之墙画刷洗一新任人观赏外,火神殿之屏画要算一大景致了。屏画共分两个部分展出:南半部为火神画,共16幅,图案全是歌颂火帝真君的,如"火烧轩辕坟""火烧摘星楼""焚绵山""火烧上方谷"等。这种画面天上几乎全是赤云密布,三头六臂的"火神爷"置身红云之中,六只手拿的全是火器,如火弓、火箭、火葫芦等,而那呲牙咧嘴的怪模样,足以使人望而生畏。此类作品多出自偃师口孜街名画家吴邦治之手。北半部是奶奶画,也为16幅,全是山水画,如"三阳开泰""五福并臻""六合同春"等。这类画的作者多是巩义鲁庄镇西侯村的周龙头,他功力深厚,构思精巧,所画山水似真,鸟兽类活,远观近觑都使人心旷神怡,犹如身临其境,置身其中,优美雅致之感久久不能忘怀。其他各庙社之壁画也都各有特色。关帝庙的壁画,全是颂扬关羽的,如"醉斩华雄""斩颜良""夜斩貂蝉""水淹七军"等。有趣的是人们生怕这些偶像发起神威来无法控制,就挖空心思地想了一些制约他们的办法,如在火神宫后壁上画了一个龙吉公主,这大概是因为火帝真君在《封神演义》中屡败于龙吉公主,故而请她来管教这位不可一世的火神爷吧。即便是玉皇大帝,人们对他也不太放心,生怕他滥用职权,危害"凡人",故而在天爷庙的左壁上画了幅"大闹天宫":孙猴子大打出手,众天将狼狈不堪,就是那至高无上的天王老子,也拂袖掩面,不敢再看。对瘟神则特别不客气,干脆在他的对面盖了个唐代大医学家孙思邈的药王庙,来对付这位不受欢迎的凶神恶煞。

元宵节大供

第四,供品展。所谓供品展,实则为烹调技术比赛,分为全供、荤供、素供、果供四大类。荤供者乃猪、羊、鸡、鸭、鱼制作工艺之大展。猪肉分全猪、猪头、肘子、香肠、红烧、白烧块等,羊肉分全羊、五花肉、冷拌、荷花盘等。这种供品多是为供奉关老爷、财神爷、四大先贤等神之用。果品供是女性神灵之专用品,有越冬西瓜、越冬鲜柿、佛手、橘子、核桃、花生、越冬桃李(水果埋在煤堆里即可越冬)等。观音奶奶、送子奶奶、花疙瘩奶奶、白衣奶奶等享受此类供品。素供属于三官之供品。三官者(天官、地官、水官)不知属何体系,他们的食性有点怪。不但不动腥荤,而且施过农家肥所收获的五谷,他们也一概"不食",弄得凡是种三官社地的人们,只好不施农家肥或人屎尿。久而久之,三官地的亩产逐年下降,至中华人民共和国成立时,三官地亩产不过50斤左右。人们只好将这些可怜的收成做成供品,供他老人家品尝。三官供品以蛋类和面食为主,什么三角蛋、四方蛋、六楞蛋、长方蛋等无奇不有,加之菠菜、杏仁、面猪、面羊、面桃、面梨等,倒也别有一番景致。全供是火神之专品。而火神宫的火神最有权威。供品的大致布局是:最前列是油炸馓子所拼的两头雄狮分列左右,衔接的是一头全猪、一只全羊(猪羊都口衔鲜花);接下来依次为面食、果品、蛋类、工艺、肉食;结尾是八碗四盘,或九碗供。全供用13个大方桌拼在一起,全摆在彩棚下。这些供品所放的位置年年不变,只不过内容不断更新罢了。

特别吸引人的,要属工艺供了,今年棉棵吐絮,明年麦株抽穗,或白杨垂柳、苍松翠柏,或飞禽走兽、奇鱼珍鸟、异花仙草,无所不精。民国十七年(1928年),路德至做社主,特地从洛阳请来个吹糖人儿的,从腊月初十到正月十三,整整吹了33天,共吹做工艺品1300余件,全部以"西游记"故事为题材,如"闹龙宫""闹天宫""红云洞""火焰山""三打白骨精"等。这些工艺品按每个故事的情节分组摆设,不但人物有生气有个性,而且场合设计巧妙,构思精绝,几十年过去了,人们还念念不忘。

再就是民国二十年(1931年)董年做社主,自己设计并制造了一个自动轧花机:一个半尺高的白胡子老头,脚蹬车轴,手拿花絮,日夜不停地蹬,该机也日夜不停地转动。人们至今还交口称赞。至于利用惯力(惯性)所做的狗撵鸡、鬼推磨之类的游艺小品更是屡见不鲜。

第五,结社敬神。堤东镇之神社共有72道:山神、土地、五龙王、青苗、牛王、马明王、四大先贤、商汤王、齐天大圣、张玉皇、奎星、瘟神、孙药王、文昌全神、地藏王、三官、财神、城冥王、关帝、火神、武穆王、送子花奶、仙姑、白衣奶奶、王母娘娘、玉泉圣母等五花八门，应有尽有。其中只有火神宫社为公社，拥有地银一两以上者方有资格参加，其余71道社均为私人结社。结社也有个特点，富与富结，贫与贫结，商与商结，士与士结等。各社大部分都拥有土地，由社主们轮流耕种，社地之收入则用来作为办社火。火神宫拥有土地12亩，火神殿8亩，南北三官庙7亩，火神阁3亩，关帝庙4亩，还有十几家一至二亩之神社，总占地面积73亩。无地神社之灯节开支，则由该社成员均摊。

　　清朝末年，神权已达到了登峰造极的境界。可怜的人们以为自己的一言一行，上神都已记账入册，善恶之分，只有神灵才能说清楚，因而对神灵顶礼拜膜，虔诚至极。当时曾发生过这样一件趣事：火神社的猪跑到赵某家的地里吃麦苗，恰被赵某碰见，赵急忙作揖，说："老人家换换地块吧，去那边吃个新鲜吧！"这畜生不理他那一套，继续大吃特吃其苗。赵只得叩头求饶："老人家请吧，请吧！"这畜牲食欲正旺，不肯离去。赵无计可施，只得照猪屁股上拍了一掌。那猪受惊恐，怪叫一声逃跑了。赵见猪受惊，恐惧万分，连忙打躬作揖道："老人家慢走，我和你闹着耍哩！"寒冬腊月里他被吓得出了一头冷汗，由此可见神权的厉害。在那神权至上的愚昧年代，敢于公开与之挑战者也大有人在。光绪年间，有个不得志的青年学者焦三星，元宵之夜他提笔将村中很多神社的对联肆意涂改。火神社之原联为"火龙岛上得道，丙丁营中为尊"，被他涂改为"火龙岛上德倒，丙丁营中伪尊"，横批"威镇离宫"被改为"危哉离宫"。关帝原联为"万古奇男子，千秋大丈夫"，被涂改为"万古欺男子，千秋打丈夫"，横批"汉室精忠"被改为"罕世精松"。山神原联为"名高镇三山，功大盖五岳"，被改为"身高污三山，体大辱五岳"，横批"镇山之圣"被改为"青山余剩"。土地原联"门内一老仙，四季各平安"，被改为"门内一老头，活像西山猴"，横批"保平安"被改为"甭平安"等。因他这种举动是在有充分准备的情况下在深夜进行的，所以竟奇迹般地未被人发现，当日在众社主目瞪口呆之际，他却信步上白云山去了。也有一些人，敬神流于形式，并不那么虔诚，还美其名曰："敬者如神在，不敬两无碍。"个别信徒还敢与神灵开个玩笑。有个叫焦信海的农民，农闲时到山上挖土粉子（可代替肥皂），曾对山神许愿说："老人家若是能让我发财，明年灯节我敬你一百大蒸馍、一猪一羊，外加大戏一台。"不料当年他还真的发了财，人们都劝他去还愿，其实他早有所备。灯节那天，他怀揣一个大蒸馍，扛着镢头、铁锨上山了，至庙前掏出大馍一掰两半放在神前，说："老人家，这是那一百大蒸馍。"他又用镢头向地下挖了一下，用锨铲起对空一扬，说："这是那一猪一羊。"最后他对着神像唱道："大戏是我亲口允，就是没说多少人，虽说就我一人唱，也算我敬神有诚心……"唱罢，他收起两半馍，扛着家伙悠然离去。

　　当然，那时也有借敬神泄私愤的，有个叫喻太和的老长工，在赵姓人家做工。灯节那天，赵家全家都吃白馍，唯独给老喻黑馍吃。老长工气愤至极，将黑馍嚼碎，偷着把赵家所有神像的嘴里都涂上了黑馍糊儿。老地主发现大怒，扬言一定要追查。老喻挺身而出，站在院中，双手叉腰破口大骂："你娘那×，大灯节叫诸神爷爷吃黑馍，白馍喂鱼鳖哩，你往爷嘴里塞黑馍，爷能不生气？"他越骂越难听，赵家人也只好自认倒霉。

　　灯节之社火费用，折现在的钱当在万元之上。在那糠菜半年粮的苦难岁月中，这个数字无疑是惊人的。无怪乎焦三星在南堂题壁诗云：

　　　　敬汝吾找穷，不敬穷找我，
　　　　既是穷为祸，多此一哆嗦。

灯节,这个几千年来的传统节日,自从中华人民共和国成立,特别是成立人民公社以后,就停止了它的全部活动。"文革"期间,更是连一天假也不给农民放,有很多民间文艺及制作工艺已濒临失传。改革开放以后,嵩山地域的各市县都恢复了灯节文艺活动,然其民间文艺演出的质量远非昔比。随着农村经济的发展,农民生活的不断提高,人们不断用新的文艺形式、新的内容丰富灯节的文艺活动,并且不断更新,不断丰富,永无止境。

五、燕九节

正月十九是燕九节,在封建时代是文武衙门开印之日。印是腊月二十三日封的,封印后即不再办公。所谓"开印",即是各衙门开始办公。正月里,从初一到十五,长长的年过了之后,该开始新一年的劳作啦。燕九节这天,民间也要祭先祖,吃饺子。

六、填仓节

农历正月二十五日,俗称"填仓节",也叫"天仓节",是旧历正月的最后一个节日。如果说腊八是春节的序幕,那么填仓节就是春节的尾声了。

填仓,意思是填满谷仓。据有关史籍记载:"正月二十五日为填仓日,作面汤蒸饭食之,平明以细灰散布门庭内外诸处,作囤形,谓之打囤。分置五谷少许于囤中,覆以甄瓦等物,谓之填仓。"

相传北方曾连续大旱三年,赤地千里,颗粒不收,可是,皇家不管人民的死活,照样征收皇粮。因此,连年饥荒,饿殍遍地,尤其在年关,穷人更是走投无路,冻饿而死的不计其数。这时,给皇家看粮的仓官守着大囤的粮食,看着父老兄弟们饿死,实在无法忍受。他毅然自作主张,打开皇仓,救济灾民,让人们把皇家的粮食抢运一空,救了一方灾民。但他向皇家不好交差,就在正月二十五日这天放火烧仓,连同他自己也烧死了。后人为了纪念这个无名仓官,每到这一天,就用细炭灰或柴草灰在院内外打囤填仓,以示对仓官的怀念。

古时民间,每当填仓之日,清晨,只听家家户户"嗒嗒"一片响声,但见上年纪的人们把用簸箕或木锨铲上筛过的炭灰、柴草细灰,在门前用木棒敲打,撒成一个圆圆的囤形粮仓,有的还镶上花边、吉庆字样以及上粮囤的梯子,并在囤中撒以五谷,象征五谷丰登,来表达人们填满谷仓救仓官的深情厚意。这样,填仓佳话就世世代代地流传下来了。

七、龙抬头节

农历二月初二是龙抬头日,民间称作"龙抬头节""春龙节"或"花朝节"。

嵩山地域民间相传,武则天改唐为周,当上皇帝,惹恼了玉皇大帝,玉帝传谕四海龙王,三年内不得向人间降雨,以示对武则天的惩罚。不久,司管天河的龙王眼见人间江河干涸、五谷不生,听着民间人家的哭声,看着饿死人的惨景,担心人间生路断绝。为救黎民百姓,龙王违抗玉帝旨意,为人间偷降甘霖。玉帝得知,把龙王打下凡来,压在一座大山下受罪,山上立了碑,上面写道:"龙王降雨犯天规,当受人间千秋罪。要想重登灵霄阁,除非金豆开花时。"人们为了拯救龙王,报龙王救苍生之恩,到处找开花的金豆。到了第二年二月初二这一天,人们正在翻晒金黄金黄的玉米种子,猛然醒悟过来:这玉米就像金豆,炒一炒开了花,不就是金豆开花吗?人们商量好后,家家户户将黄澄澄的玉米爆炒开花,并在院里设案焚香,供上开了花的"金豆",使龙王重返天庭,继续为人间行云布雨。

从此以后,民间形成了习惯,每到二月初二这一天,人们就爆玉米花吃,大人小孩还念着谚语说:"二月二,龙抬头;大囤满,小囤流。"这其中寄托着人们五谷丰登的愿望。

东汉许慎在汉和帝永元十二年(100年)撰写的《说文解字》记载:"龙,鳞虫之长,能幽能明,能细能巨,能长能短,春分登天,秋分而潜渊。"而据民间传说,天上主管云雨的龙王于头年的冬至蛰潭,来年的二月初二抬头升空,开始行云降雨,为民除旱。由于春雨贵如油,人们希望龙快点抬头,多下几场春雨,因而用龙抬头节表示感谢惊蛰已过,天空打雷就要开始,而且从此以后雨水逐渐增多起来。

嵩山地域的农村,到二月二这天早晨,家家不等太阳升起,便打着灯笼到井边或河边挑水,回到家里点灯、烧香、上供,而且还要烙煎饼,爆玉米花,炒白豆,俗称"炒蝎尾""吃龙胆""蝎子炸肚",说是吃了这些东西,一年之内蝎子不蛰,而且还预示着"金豆开花,龙王升天,行云布雨,五谷丰登",一年吉庆。民间还兴早晨挑头一担水者,向井内投扔石子告诉井龙王,也禁忌水桶碰井帮,防止碰伤龙头。民间少数不孝顺的媳妇,为防止遭天谴,被雷劈,早晨偷顶尿盆向龙王盟誓,请求龙王饶恕。

因二月二这天,又被称为"闺女节"和"女婿节",家家户户还要炸油香,做好饭,接闺女,请女婿,借机解劝他们春节已过,安心务农,夫妻团结,孝敬公婆,勤俭度日。

嵩山地域的民间还传说,正月理发对舅舅不好,一般要在二月二这天开始理发;民间也有传二月二为百花生日,所以"二月二"又称"朝花节"。

八、祭 祖 节

农历三月三,民间相传是黄帝的诞辰日。嵩山地域自古有"二月二,龙抬头;三月三,生轩辕"的说法,因此,三月三这天,作为黄帝诞生地的嵩山地域,人们都要朝拜中华民族始祖黄帝,特别是黄帝故里每年都要举行盛大的拜祖仪式。除了祭祀黄帝之外,还有踏青、吃煮鸡蛋的习俗。

农历三月三,古时又称"上巳节",原是古人消灾祛病、修禊吉祥之日,有"曲水流觞"的典故。古时以三月第一个巳日为"上巳",汉代定为节日。据《后汉书·礼仪志上》云:"是月上巳,官民皆絜(洁)于东流水上,曰洗濯祓除,去宿垢疢(病),为大絜。"后来,又增加了临水宴宾、踏青的内容。晚上,家家户户在自己家里的每个房间放鞭炮炸鬼,传说这天鬼魂到处出没。

农历三月三,还是传说中王母娘娘开蟠桃会的日子。传说西王母是我国西部一个原始部落的保护神,她有两个法宝:一是吃了可以长生不老的仙丹,二是吃了能延年益寿的仙桃——蟠桃。据说王母娘娘要在这一天发蟠桃。民间俗语有"三月三,吃鸡蛋",象征吃了仙丹蟠桃可保健康长寿之意。

九、清 明 节

清明节是中华民族古老而有意义的节日,也是我国历法中的二十四节气之一。节期在公历每年的四月五日前后,正是农历二月下旬春暖融融、万物复生的季节,也是农业播种的大好时候。清明时节,清气上升,浊气下降,天气清爽,故曰"清明"。"一年之计在于春",一切新的生活、新的打算,甚至丰收的希望,也都从此而始。

(一)历史渊源

《月令七十二候集解》:"三月节……物至此时,皆以洁齐而清明矣。"于是,称这一节气开始的一日为清明节。

黄帝故里拜祖大典

清明节也叫寒食节。据说,春秋时期晋国公子重耳被迫出奔,跟随他的有狐偃、狐毛、介子推、魏犨等二十多个有才能的人。因为路上饥饿,重耳叫狐偃去向田间蹲着吃饭的农夫要些吃的。一个农夫瞅了他一眼,开玩笑地拾起一个土坷垃递过来。魏犨一见冒火了,认为是奚落他们,便嚷着要去打他,狐偃忙拦住,说:"慢!老百姓给一块土,这不是得地的吉兆吗?"重耳虽然也很恼怒,也不好再说什么,无奈,只好饿着肚子悻悻而去。他们走啊,走啊,经过卫国,到了齐国,饿得实在没办法了,介子推就把自己胳膊、大腿上的肉偷偷地割下来,煮了给重耳吃。这样,他们饥一顿饱一顿地离开齐国,到了宋国,到了郑国,到了楚国,又经过秦穆公的帮助,二十年后才回到晋国,做了晋文公。在朝廷论功行赏的时候,各位大臣都在争功要爵,只有介子推却回家奉养老母。晋文公因刚即位,事情繁多,没顾多问,后来和群臣谈到出奔时介子推割肉进膳之事,便派人去找介子推,才知介子推因家中无食,几天前就背着老母上棉山去了。使臣上山去找不见他,无奈点燃山上荒草,想让山火将他们逼出来。可是山草烧尽,也不见他们出来,最后在山顶上发现他们合抱着一棵树被火烧死了。使臣差人报告晋文公。晋文公非常伤感,命令厚葬他们,并将他们合抱的树砍下来,做成木鞋穿在脚上,时时感慨,怀念故人,称为"足下"。因为烧山那天正是农历一年二十四节气的清明,晋文公为纪念他的忠臣介子推,规定这天还要禁火一日,军民都吃寒食,去为介子推祭坟扫墓,寄托哀思。

汉末蔡邕的《琴操》将禁火习俗与传说中介子推被焚事联系在一起,但禁火日期只说是在四月五日。魏晋之时,始将寒食节定在清明前一二日。东晋陆翙的《邺中记》云:"俗冬至后百五日,为介子推断火冷食三日,作干粥,今糗是也。"到唐代,唐玄宗于开元二十年(732年)正式下诏将寒食扫墓列入五礼之中。此后,寒食、清明祭扫坟墓的习俗就合二为一了,每年这样,慢慢成了整个中华民族的风俗。

2008年,经国务院假日办规定,我国传统节日清明节成为国家法定节日。当今,不仅民间在清明时节为祖宗祭坟扫墓,而且国家号召机关、部队、学校等各行各业为革命烈士祭扫凭吊,以寄托哀思,继承遗志,更好地完成他们未竟的事业,实现人类美好的理想。

(二)节日活动内容

嵩山地域民间清明节的活动内容大致有以下几点:

1. 春耕

清明,顾名思义,表明天清地明之意。这个节日与农业生产有密切关系。《岁时百问》云:"万物生长此时,皆清洁而明净。故谓之清明。"作为农事节气的清明,它标志着春耕时节的到来。俗谚云:"植树造林,莫过清明","清明前后,点瓜种豆"。

2. 扫墓

每年农历三月清明节,无论官员士庶、男女老幼皆出郊到祖宗或父母的坟前扫墓,要在祖先坟墓上烧纸钱或压纸衣(纸条代之),有的人则在祖坟墓上培一些新土。工厂、机关、学校等团体则要组织人们到烈士陵园扫墓,敬献花圈,怀念先烈业绩,寄托哀思。

3. 插柳

古代,由于寒食节禁火,火种熄灭,于是引出了清明节钻榆取"新火"、传"新火"以及沿门插柳、戴柳的习俗,民间有"清明不戴柳,红颜成皓首"之说。

4. 踏青

古来有三月上巳日(后固定在三月初三)踏青、祓禊。是日,临水洗濯祓除,踏青游春,文人雅士有"曲水流觞"之戏,青年男女则野外郊游,狂欢不禁。因上巳日与清明日很近,诸多游乐活动贯穿其间,形成清明前后的春游热潮。

后来,随着社会的发展,作为岁时节日的清明节,在融合了寒食节、上巳节的有关风俗后,春游的内容大多包括郊外踏青、荡秋千、蹴鞠、拔河、放风筝、斗鸡、聚会、野餐等活动,有些地区还伴有大型庙会、娱乐表演活动。

踏 青

十、牛 王 诞

农历四月初八日这一天,俗称"牛王诞"。

传说这个节日的由来,是古代人们在打猎中捕获了一头野牛,经过驯养后变成了家牛。有一年四月初八这一天,这头野牛生下了一头公牛犊,公牛犊经驯养后能耕田、拉车,并逐渐繁衍成群,逐步代替了人力耕地、拉车之苦。人们为了纪念公牛犊的功德,称它为耕牛的"始祖",并在四月初八这一天,为它过生日。

十一、谷雨节

农历的四月十九日、二十日或二十一日,是"谷雨节"。"谷雨"是我国二十四节气之一。古时,它也是嵩山地域民间的一个节日。

古时谷雨节这天,家家门上用黄表纸写有谷雨帖,帖上写:"谷雨三月半,蝎子有千万,老君吹一口,至死不见面。"有的上面还写道:"谷雨三月中,蝎子土中生,老君拂尘扫,从此永无踪。"

在谷雨这天,家庭主妇们先用蒜瓣在炕壁墙上,画三道圈线,然后在墙中央用蒜画一只公鸡啄蝎子,有的是剪一只纸或贴或吊在屋内,炕墙上有了蒜味,蝎子闻味远避,大人、小孩可不受毒蝎的威胁。

中华人民共和国成立以后,逢谷雨,人们照旧在炕墙上用蒜画画,但不再有人写谷雨帖了。

谷雨前后,气温比较稳定、暖和,雨量也开始比以前增加,适于谷物生长。民间有谷雨的农谚:"谷雨前后,种瓜点豆。"从此,农民进入繁忙的春季作物播种。

十二、端午节

农历五月初五,是我国传统的端午节,又叫"重午""端五节""端阳节""天口节",嵩山地域民间俗称"五月端午儿"。端,即初,是开始的意思。农历的正月是建寅月,按地支顺序推算,五月正是"午月",古人常把五日写成"午日","初五"也就可以写成"端午"了。因为"午月"和"午日"两个"午"字重复,所以,又叫"重午"。古人常把"午时"当作"阳辰",于是,端午可谓"端阳",重午又谓之"重阳"。道教称此日为"地腊节"。端午节是我国民间夏季最重要的传统节日。

(一)节日起源

这个节日的起源,有着很悠久的历史。嵩山地域从其传统节俗活动的内容看,端午节最初与祛邪、除毒、避瘟、止恶等观念是紧密相关的。仲夏时节,暑热即至,毒虫滋生、疫病易犯,为抗拒"五毒"袭扰,民间形成了一系列驱邪习俗:煎兰汤沐浴、采制草药;采菖蒲、艾叶插于门旁以禳毒气;剪艾虎钗于头、臂以镇妖辟邪;制作、饮用、涂抹雄黄酒以驱毒杀虫;贴"天师符""钟馗像"以捉鬼降妖;系五色丝、避兵缯、长命缕以辟灾除病、益寿延年,等等。

相传端午节是纪念祭奠战国时期的伟大诗人屈原投江而死的民间节日。

战国时候,楚国著名爱国诗人屈原,又名屈平,今湖北省秭归县就是他的故乡。他在22岁时,曾做过楚国的左徒、三闾大夫(官名)。当时,楚国屡遭秦国的侵略,百姓痛苦不堪。屈原站在楚国人民的立场上,为使国家免于覆亡,坚决主张联合齐国,对抗秦国。楚怀王不接受大夫屈原的主张,被张仪骗到秦国软禁,忧虑成疾,不久便死于秦国。这消息传到楚国,忠贞的屈原悲愤欲绝,上书新即位的顷襄王,望其近忠远奸,选将练兵,为怀王报仇。顷襄王宠信奸佞,将屈原削职逐放。秦国一看时机成熟,于公元前278年,出兵攻下楚国的郢都,掠地千里,百姓尸横遍地。屈原救国的思想绝望了,他在极端忧郁、悲愤,满怀爱国热情不得舒展的情况下,在农历五月五日投汨罗江而死。屈原在汨罗江怀沙自沉之后,当地老百姓怕江里的鱼虾蛟龙伤害屈原的遗体,便在岸上敲锣打鼓,驱赶鱼虾,从四面八方划来船只打捞屈原的遗体,还纷纷把粽子投入江里喂鱼虾,这就是后世吃粽子的来源。

端午节这天,人们还要喝雄黄酒,家家门口还要插上艾枝和菖蒲草。古代人认为艾枝和菖蒲草有避邪的作用,屈原是被代表邪恶的奸臣所陷害,插上这些东西,不但是一种对屈原怀念的表示,而且是一种避邪除恶的象征。

中华人民共和国成立以后,纪念屈原,成了端午节一切活动恒定的主题。2008年,经国务院假日办公室规定,我国传统节日端午节成为国家法定节日。

(二)节日活动内容

1. 吃粽子

吃粽子是端午节最主要的节俗活动。这个习俗最初亦属驱疫逐魅的活动之一,但自从与纪念屈原的故事结合后,传统节俗获得了更加重要的历史性含义,一直沿袭千年,久盛不衰。

2. 插艾叶柏枝

端午节早上,将提前采集的艾叶、柏枝、菖蒲插在门窗上,以防邪入。

3. 戴香袋

妇女用白芷、本香、木香等合制而成,缝制成锦囊、香袋,给小孩佩戴在脖子上,给小孩的四肢上绑五色丝,名为长命缕,以避邪、避兵缯。民间认为这些香料和五色丝有逐疫避灾之功,戴上后至农历六月六日才能取下。

4. 送油香

出嫁的闺女要回娘家给父母亲送油香、糖糕、角黍、油果等,以表孝心。

5. 喝雄黄酒、洗浴及风干杂草

人们喝雄黄酒,且以雄黄涂小儿耳鼻,取避毒虫之意。嵩山地域的伊川县的人还要到河边洗头、洗脚,说是可治百病。也有人在此日日出之前割一些杂草,捆好风干,据说可以避邪,也可作为药用。

6. 贴剪纸

过去民间有心灵手巧的人,为驱邪取利,除害灭病,用红、黄、绿纸剪成各式人物、鸟兽、虫等贴在门窗上,现已基本绝迹。

十三、姑 姑 节

农历六月初六是民间传统节日姑姑节,又称"天赐节"。

古时这一天要行香祭天,赛神社演戏剧,庆祝麦子入仓和祈祝秋粮丰收。此时正是暑热之天,也是多雨季节,乡间流传"六月六,发大水,官家闺女洗大腿",这一天常下雨。农历六月六麦收既毕,俗语有"打完场,乖瞧娘",新婿携妻带"夏礼"看望父母,谓之"望夏"。所带礼品以西瓜为主。六月六这天,嵩山地域人们吃炒麦面红糖粥,喝大小麦豌豆汤,说是可以祛热湿,免眼疾,防伤暑。有些地方在六月六日,晒衣服书籍,以免发霉生虫。

民谣曰:"六月六,请姑姑。"有些地方还有把出嫁的女儿请回来,好好招待一番再送回去的风俗。父母兄嫂要给出嫁未及一年的闺女送扇子、凉席。已出嫁的姑娘要带上新麦面做的馒头、糖包、油香瞧爹娘。农家则于这一日做麦曲,以备三伏中造酒、造醋和做酱油、面酱之用。所以,姑姑节也称"天赐节""晒衣节""瞧夏节""神曲节"等。

十四、夏 至

夏至是二十四节气之一,在每年公历6月21日前后。夏至是一年中白昼最长的一天,以后白昼渐短。夏至节,是指人们把夏至当作一个节日来过。

民间流传的夏至习俗很多,大多与气候有关。

夏至前后,我国许多地方都进入了闷热的夏季,气温一般都在30摄氏度以上,而且气压较低,天气闷热难熬,加之农忙,故"夏至之日始,百官放假三天"(宋代《文昌杂录》)。《辽史》礼志里的记载较为具体:"夏至日谓之'朝节',妇女进彩扇,以粉脂囊相赠遗。"彩扇是用来驱热的,而香囊则可压汗臭,用这两种物品纳凉消夏非常实用。

夏至里的"忌雨"习俗,其实就是一种气候期盼。古时农家把夏至半个月分为头时(前三天)、二时(中间五天)和末时(后七天),农人最怕的就是"时中下雨"和"时末打雷下雨",为此"慎起居、禁诅咒、戒剃头,多所忌讳"(《清嘉录》)。这些带有迷信色彩的习俗,反映了古代农民"靠天吃饭"的无奈处境。

"疰夏"是一种季节性病症,主要源于天气的暑热和体质的虚弱。古人在"夏至防疰夏"方面习俗很多,主要是"吃"的风俗各异。近人胡朴安在《仪征岁时记》中记载道:"夏至节,人家研豌豆粉,拌蔗霜为糕,馈送亲戚,杂以桃杏花红各果品,谓食之不疰夏。"

嵩山地域在这个节令之前刚刚收获了夏粮,人们在这时过夏至以示对收获的一种庆贺。因此,民间流传这样的民谣:"冬至疙瘩夏至面,腊八吃顿稠米饭。"在靠天吃饭的年月里,夏至能吃上面条已是很不错的事了,而且俗谓吃面条也防止疰夏。

十五、七夕

农历七月初七,旧称"七夕",又称"七巧节""乞巧节""少女节""双七节",是我国汉族和部分少数民族的传统节日。七夕节是民间传说中的牛郎织女在天河相会衍化而来。

相传,农历七月初七是牛郎织女在天河相会的日子。七月七这天晚上,正对我们头顶的一颗亮星就是织女星,而隔着天河,在天空的东南方,与织女星遥遥相望的一颗星,便是牛郎星。最早记载织女星名的是《夏小正》:"七月,初昏,织女正东向。"远在周代《诗·小雅·大东》里就有这样的诗章:"维天有汉,监亦有光。跂彼织女,终日七襄。虽则七襄,不成报章。睆彼牵牛,不以服箱。"从中可以看出,人格化的织女、牵牛分居天河两岸。到了汉代,《古诗十九首》云:"迢迢牵牛星,皎皎河汉女。纤纤擢素手,札札弄机杼。终日不成章,泣涕零如雨。河汉清且浅,相去复几许!盈盈一水间,脉脉不得语。"作为中国古代四大民间传说之一,牛郎织女的故事风靡天下,广为人知。

《月令广义·七月令》引殷芸《小说》中说:"天河之东有织女,天帝之子也。年年机杼劳役,织成云锦天衣,容貌不暇事。帝怜其独处,许嫁河西牵牛郎。嫁后遂废织衽,天帝怒,责令归河东,许一年一度相会。"梁吴均《续齐谐记》又记载了这样一段故事:"桂阳成武丁有仙道,常在人间。忽谓其弟曰:'七月七日,织女当渡河,诸仙悉还宫。吾向已被召,不得停,与尔别矣。'弟问曰:'织女何事渡河?兄当何还?'答曰:'织女暂诣牵牛。吾后三十年当还。'明旦,失武丁所在。世人至今犹云:七月七日织女嫁牵牛。"

七夕鹊桥会

汉代的七夕节俗,则可从葛洪《西京杂记》等文字记述中得知,大抵有白天曝衣、晚上看星、复于星光下引线穿针三项内容。针是"七孔针",应看成是专为七夕而置的游艺性器具,即通过用一根线连续穿过七个针孔的方式来表示向织女乞求智巧。到了魏晋南北朝时,七夕节俗益加丰富。据周处《风土记》、宗懔《荆楚岁时记》中记载,白天合制药丸,食面条,曝晒衣服,晚上于露天设酒筵,向织女乞富、乞寿、乞子,以及结彩楼、穿多孔针,或"陈瓜果于庭中以乞巧,有喜子(蜘蛛)网于瓜上,则以为符应"等。

唐宋起,七夕习俗中其他部分如合药、曝衣等都趋向淡化,而专门突出了祀星乞巧,传递出不同阶层女子祈盼美好姻缘的共同心愿。《东京岁时录》云:"七夕家家锦彩,结为乞巧棚。"盛况可见。宋代时每年自七月初一起,就有专卖各种乞巧物的"乞巧市",除了比试女红技艺外,姑娘少妇们还争以麦面、白糖、芝麻等为材料,做成各种外形美观的"乞巧果子",或以瓜果雕刻成各色花样,谓之"花瓜",成为受人欢迎的节令食品。到了元、明、清,七夕习俗犹盛,每年嵩山地域各市县的乡镇在七夕节都有不少的花样,如拜祭织女,比赛穿针,民间自发举办"乞巧会",还有把当地的女孩组织起来,做各种各

样的布艺,展示各自的智愚巧拙等,表现了嵩山地域民间的七夕风情。

乞巧活动大致分为两种。一是卜巧,就是卜问自己将来是笨是巧,如果是巧,能巧到什么程度。据《开元遗事》上记载,唐玄宗与妃子每到农历七月初七的晚上在清华宫吃饭时,都要让宫女们各以蛛丝放在小盒里,察看蛛丝的细密,用来卜问自己巧的多少。二是比赛穿针引线,看谁的针线活儿做得好。祖咏在《七夕》诗中是这样描写乞巧的:"向月穿针易,临风整线难。不知谁得巧,明旦试相看。"

嵩山地域受传统道德观念的影响,一向把尊老爱幼、知礼贤慧当作自己良好的美德,但也正是"三纲五常"等封建礼教的束缚和压迫,使她们社会地位低下,女红成了鉴别妇女能干不能干的重要标准。因此,广大妇女在自己的女红作品中,可以充分表达自己的思想感情、愿望和向往,表现出她们爱劳动、爱生活的美好质量。所以,妇女是很注重学习女红的,而乞巧节恰恰给了她们这样一个机会。

七月七这天晚上,弯弯的月亮像银盘一样照得遍野亮堂堂的时候,嵩山地域民间的姑娘们就聚集在一起,给牛郎织女送饭,求牛郎织女教他们纺纱织布做针线活,看牛郎织女鹊桥相会。姑娘们给牛郎织女送饭时,轻声地唱歌给他们听:

> 年年有个七月七,天上牛郎会织女,快快来相会。
> 牛郎哥哥,织女姐姐,
> 俺给你送馍,教俺学做活。
> 俺给你送汤,教俺扎鞋帮。
> 俺给你送菜,教俺学剪裁。
> 俺给你送水,教俺纳鞋底。
> 俺给你送醋,教俺学织布。
> 俺给你送瓜,教俺纺棉花。
> 俺给你送油,教俺学梳头。

姑娘们的歌声传到天河上,织女听见,便把技艺传授给她们。

在嵩山地域的民间,还有七月初七送健绳的风俗。传说,喜鹊为了让牛郎和织女相会,决定造一座天桥。然而,造桥要用大量的绳子,这绳子上哪儿去找呢?当初给牛郎织女说媒的老黄牛,突然想起当地居民有在端午节给小孩儿在手腕上拴彩绳象征健康而取名健绳的风俗,就到各个村子里讲牛郎织女的悲剧,发动人们献绳。人们听了老黄牛的话,都很同情这一对青年男女的不幸遭遇。于是,人们相约在七月初七的前一天晚上,解下孩子手腕上的健绳,扔到屋顶或窗台上,让喜鹊衔去搭桥,俗称"喜鹊桥"。在夜深人静的时候,少女们还喜欢躲到葡萄架下,据说这样可以偷听到牛郎和织女的相会细语声。

牛郎织女的神话故事,给后人留下了有趣的风俗,这些风俗寓意着人们对家庭团圆、渴望有情人终成眷属理想的向往。

十六、中 秋 节

农历八月十五日中秋节,俗称"团圆节"。在我国古代,人们把农历每季每月的十五,分别称为孟、仲、季。因为,农历八月十五日居于秋季的正中,所以,称作"仲秋","仲"即居中的意思,而八月十五日既居秋季之中,又居仲秋之中,故称为"中秋节"或"仲秋节。"这时,因为月色倍明于常时,所以又称为"月夕"。中秋节是中华民族的传统节日,也是国家法定节假日。

(一)节日起源

中秋节的起源,与古代秋祀、拜月习俗有关。在它的形成、发展过程中,月宫嫦娥神话的附会渲染,又起了直接的推动作用。先秦时代,即有帝王春天祭日、秋天祭月的礼制。汉魏以后,已有了赏月、咏月的诗赋之作。除了祭月、赏月之外,古时秋季谷熟之时,民间还有祭祀土地神的"秋报"活动。与之相伴随,自汉即已流传的嫦娥奔月神话不断被人加工、丰富,逐渐融进了古老的拜、祀习俗。到了唐代,中秋拜月、祭月、供月、礼月、赏月、玩月已蔚然成风,到宋代达于极盛。

据《淮南子》中的"嫦娥奔月"故事相传:月亮中美丽的嫦娥,原是古代传说中后羿的妻子。羿从西王母那里求来不死的药,嫦娥偷来吃下,就飞到月亮中去了。一说嫦娥由帝喾的妃子常仪演变而来,常仪善占月亮的晦、朔、弦、望。

所谓月宫,就是嫦娥的住处。传说唐明皇于八月中秋曾梦游月宫,名"广寒宫"。蒲松龄在《聊斋志异》中更说广寒宫"以水晶为阶,行人如在镜中",把月宫夸得更美了。又传说月中有桂树,汉朝有个名叫吴刚的人,因学仙而有过失,被贬到月亮中砍桂树去了。晋人傅咸又说:"月中何有?白兔捣药。"陆游说:"月兔捣霜供换骨。"方干的《中秋月》诗则云:"凉宵烟霭外,三五玉蟾秋。"这就是说月亮中还有小白兔和癞蛤蟆。所以,月亮又称"兔魂",月宫又称"蟾宫",月光又称"蟾光","蟾蜍""玉蟾"有时也作为月亮的代称。汉朝张衡更以为蟾蜍是嫦娥奔月后变的。

古代一无名氏为"听月楼"作七律诗一首,更说月亮是完全可以听的。诗云:"听月楼高接太清,倚楼听月最分明;磨天咿呀冰轮现,捣药叮咚玉兔鸣;乐奏广寒声细细,斧敲丹桂响咚咚;忽闻一阵香风起,吹落嫦娥笑语声。"

月饼的传说也很多。有说元朝末年,统治者残酷压迫剥削和奴役人民,因怕人民起来造反,凡是老百姓家中的金属器具一律没收,只准十家合用一把菜刀,引起人民的不满。当时的农民起义领袖朱元璋(后为明朝皇帝)、刘伯温组织农民起来反抗。为了秘密传递通知,他们制大饼,把起义通知藏在大馅饼中相互转送,约定在农历八月十五为起义的时间。当天晚上在月亮最明亮的时候,大家一齐动手,造反成功。中秋节互相送月饼的习俗得以流传。

嫦娥奔月

还有人说:清代乾隆皇帝下江南,游到杭州时正值中秋,一些学士奉献甜饼给乾隆品尝。乾隆一边赏月,一边吃饼,连声说:"好月,好饼,中秋良宵也。"从此,吃月饼也就在全国更为普遍了。

团圆之夜,月圆、饼圆、瓜圆、果圆、家人团圆……人们借助于各种象征团圆的事物与活动,表达一个共同的心愿:家人团圆,生活美满。

(二)节日活动内容

1. 祭月赏月

中秋赏月,对月述怀,是自古至今流传下来的习俗。中秋之夜,在自家的庭院中,摆一张桌子,全家人团圆聚会,用月饼、瓜果祭月,在赏月中共品月饼,论说收成,拉拉家常,是中秋之夜的最主要内容。

圆 月 歌

天又青,地又黄,小兔确确紧紧忙。

毛栗子,海柿子,当中又加酥白梨。

左边石榴右边枣,当中摆上红嘴桃。

毛豆角,放两边,西瓜月饼敬月仙。

先作揖,后跪倒,手捧金银把月圆。

2. 庆贺丰收

八月十五在仲秋之中,正是农作物开始收获的季节,古人说"八月其获",民间欢度中秋,祝愿和庆贺丰收。

3. 走亲串友

嵩山地域历来有"八月十五瞧亲戚"之说。在八月中秋节,也是在仲秋收获之时,人们带上月饼之类的礼品,到家中探望亲朋好友,以增加中国人特有的传统情感。

十七、重 阳 节

农历九月初九,是我国"一年一度秋风劲"的重阳节。"重阳"之名最早见于屈原的《远游》:"集重阳入帝宫兮,造旬而观清都。"三国时代曹丕《九日与钟繇书》云:"岁往月来,忽复九月九日。九为阳数,而日月并应,俗嘉其名,以为宜于长久,故以享宴高会。"我国古代以"六"为阴数,"九"为阳数,九月初九日正好是两个阳数相重,所以人们把它叫作"重阳",也叫作"重九"。又因重阳节有接出嫁女儿归宁的风俗,故又称"女儿节"。

(一)节日起源

重阳节的起源,最早可以推到汉初。汉高祖刘邦的爱妃戚夫人被吕后残害后,侍候戚夫人的宫女贾某也被逐出宫,嫁与贫民为妻,贾某传出:在皇宫中,每年九月初九日,都要佩茱萸,食蓬饵,饮菊花酒,以求长寿。

重阳节民间有登高的风俗,因而又叫"登高节",相传始于东汉。民间传说解释为与"桓景避灾"事相关。梁朝吴均《续齐谐记》云:"汝南桓景随费长房游学累年。长房谓之曰:'九月九日汝家当有灾厄,急宜去;令家人各做绛囊,盛茱萸,以系臂;登高、饮菊花酒,此祸可消。'景如言,举家登山。夕还家,见鸡、狗、牛、羊,一时暴死。长房闻之曰:'代之矣。'今世人每至九日登山饮菊花酒,妇人带茱萸囊是也。"于是,世人效法,沿之成俗。每逢这一节日,古人都要头插茱萸,手提菊花酒,登山游玩。

重阳节俗产生的初始之义,乃与祓禊、驱避的观念有关。按阴阳五行说的解释是,重九之日,地气上升,天气下降,天地之气交接,古人为避免接触不正之气,所以才登高避邪。

(二)节日活动内容

重阳节正值菊花盛开,又称"菊节"。重阳节活动内容中有许多与菊花有关,主要有登高,赏菊,赋诗,饮菊花酒,食菊花糕,其他有食面枣糕、羊肉,民间祀财神等。

重阳登高

随着社会的发展,重阳节中的信仰成分和消灾观念日渐淡薄而演变为一个娱乐性的活动。人们在秋高气爽,红叶满山之时,与亲朋好友结伴秋游,连袂登高,共赏秋色。如今的重阳节,更被赋予了新的含义。1989年,我国把每年的九月九日定为老人节,使古老的传统节日成为尊老、敬老、爱老、助老的老年人的节日。嵩山地域各机关、团体、街道都在此时组织从工作岗位上退下来的老人们秋游赏景,或临水玩乐,或登山健体,让其身心都沐浴在大自然的怀抱里。不少家庭的晚辈也会搀扶着年老的长辈到郊外活动或为老人准备一些可口的饮食。是日,百姓家出嫁了的女儿也回娘家同吃枣糕,共度佳节。

十八、寒 衣 节

农历十月初一,是民间俗称的"鬼节",也称"送寒衣节"。农忙已过,场光地净,传说阎王爷在这时让鬼出来放风,于清明节收回。为免先人们在阴曹地府挨冷受冻,这一天要为祖宗送寒衣。十月一,烧寒衣,寄托着今人对故人的怀念,承载着生者对逝者的悲悯。

(一)节日起源

祭祖节据说是从蔡莫烧纸开始的。

东汉和帝时蔡伦发明了纸,解决了写字困难。当纸刚发明出来的时候,人们争着购买,很能赚钱。这时蔡伦的嫂子慧娘心想,造纸有利可图,就让丈夫蔡莫去找蔡伦学造纸。蔡莫去到蔡伦那里,学了

三个月,就回来开起了造纸厂。因为蔡莫造的纸质量不高,卖不出去,堆了满屋,夫妻二人望着纸捆,非常发愁。后来,慧娘想出了一个办法,在丈夫耳边嘀咕一阵,就让丈夫按照她说的办。

三更半夜,突然,蔡莫放声哭了起来。邻居们不知蔡莫家出了啥事,都关心地过来看望。蔡莫跟邻人说,因他和妻子吵了几句嘴,她就上吊死了。他怕天明娘家来了人,闹个地覆天翻,求乡亲们行个好,万一她娘家问起,就说是得急病死的。邻人们听后,觉得有道理。

第二天,蔡莫在慧娘的棺材前哭得悲哀不止,死去活来。娘家来的人听说慧娘是得急病死的,又看到蔡莫那个悲哀劲,想到她夫妻俩平日和睦相处,也就不怀疑了。这时,蔡莫当着众人的面,越哭越痛,滚来滚去,哭得乡亲们也都掉泪。他哭了一阵,抱来一捆草纸,在棺材前点火烧了起来,边烧边诉说着:"我跟弟弟学造纸,不用心,没学好,造的纸不像样子,没人要,竟把你气得生了病。这草纸气死了你,我要把它烧成灰,解解心头恨!"他哭着,烧着,烧完又去抱,抱来又烧。烧着烧着,只听见棺材里有响声,他却像没听见,只管烧,只管哭。又停了一阵,只听慧娘在棺材里喊:"把门开开,我回来了。"这一下,可把人们吓呆了,只听慧娘一直在喊叫,人们无可奈何,只好壮着胆子把棺材的盖子揭开。慧娘坐了起来,装腔作势地唱道:"阳间钱能行四海,阴间纸在做买卖。不是丈夫把纸烧,谁肯放我回家来?"

慧娘唱了一遍又一遍,唱了一回又一回,接着说:"刚才我是鬼,现在我是人,亲戚邻人别害怕。我到了阴间,阎王就让我推磨受苦。丈夫给我送了钱,小鬼们为了钱,争着帮我推磨,真是有钱能使鬼推磨。三曹官知道我有了钱,也向我要,我把丈夫送的钱全给了他,他就暗暗地开了地府后门,把我放了回来。"

蔡莫听了妻子的话,装作不明白地问:"我没有给你送钱啊!"慧娘指着那燃烧的纸灰说:"那就是你给我送的钱,咱们阳间拿铜当钱,阴间以纸当钱。"

蔡莫一听,又跑去抱了两捆草纸,边说边烧:"三曹官,你把我妻子放回来了,我感恩不尽,我再给你老送两捆钱,你在阴间还得宽待我那爹娘呀,可别叫他们受苦。没钱花了,我还给你送。"说着,他又去抱了两捆草纸烧了起来。

在场的人们一听,知道烧纸有这么大的好处,都掏钱向蔡莫买纸。慧娘不要钱,慷慨地给亲戚邻人们各送了一捆草纸,他们都拿着草纸去各自的祖坟上烧了起来。这烧纸的奇妙作用立刻传开了,远近的人们都知死去的亲人手中无钱,在阴间受苦,争着来蔡家买纸。不到两天,堆积满屋的草纸被购买一空。

慧娘还阳的那天,正是农历十月初一,因此,后来的人都在十月初一祭祖,上坟烧纸,以示对先辈的怀念。

(二)节日活动内容

每当这一天,家家都要炸油香。中午,人们带着油香及其他供食、纸钱、五色纸帛(即阴间所用的布料),到坟墓前祭祖、焚烧,以示天冷了,提前把御寒的衣服和要用的钱财给送来,以免已故的祖先在阴间受苦。

嵩山地域民间最早的习俗是在天黑以后,家家户户在大门外或道路的十字路口,用草木灰撒两个灰圈,一个给自家的祖宗,一个给孤魂野鬼送寒衣。在圈内烧五色纸,并倒馄饨、汤在内,还念念有词地说"这是某老爷的,这是某奶的",等等,为早已亡故的祖宗送寒衣,因为寒冷的冬天来到了,故有了"十月一,送寒衣"的习俗。

尽管这一做法带有很大的迷信色彩,但民间仍把它作为对故人寄托哀思的一种方法,是悼念已故祖先、尽显孝心的最直接的一种方式,这个传统的风俗习惯在嵩山地域各县市的民间一直非常盛行。

十九、冬　　至

冬节就是指的冬至日,冬至原是二十四节气中的一个节气。早在2700多年前的春秋时代,我国已用土圭观测太阳测定出冬至来了,它是二十四节气中最早订出的一个,是一年中的最后一个节气,一般在公历12月21日、22日或23日。冬至前一日称为小至。

据《通纬·孝经援神契》载:"大寻后十五日,头号指子,为冬至,十一月中(夏历)阴极而阳始至,日南至,渐长至也。"此日阳光几乎直射南回归线,北半球白昼最短,夜晚最长,气候寒冷。冬至起交九,进入隆冬,此日后白天渐长,民间有"吃了冬至饭,一天长一线"的俗语。

冬至是交九之日,天气非常寒冷。每逢冬至,人们就会想起九九歌谣。关于九九歌,北方是这样唱的:"冬至属一九,两手藏袖口。"数九习俗的形成,距今至少已近1500年了。我国历来把从冬至起到惊蛰后六七天共九九八十一天

冬至饺子

分为9段,每段9天,称为"九九",即所谓"数九寒天"。一过冬至,嵩山地域就要进入朔风凛冽的严寒冬季。"三九"前后变得特别寒冷,故民间有"冷在三九"之说。

《汉书》曰:"冬至阳气起,君道长,故贺。"古人把冬至看成是节气的起点,从冬至起,白昼一天比一天长,阳气升,冬至是个吉日,因此,民间有了"冬至一阳生"的说法。古人认为,冬天来了,春天就要跟着到来,值得庆贺。

嵩山地域的人们都十分重视冬至节。古代冬节曾是一个隆重的节日,有"肥冬瘦年"之说,官府民间,祭祖敬神,学校祭孔,亲友相贺,一如过年,谓之拜冬。嵩山地域此俗至今盛行,现在还有"冬至大过年"的说法。每逢冬节之日,嵩山地域不论城镇或乡村,人们都要做水饺祭先祖并食用,俗语有"冬至吃顿扁(嵩山人称水饺为扁食),又不咳嗽又不喘","冬至不吃饺,冻掉耳朵没处找"。这天,外出的人都要回家过冬节,表示终有所归宿,合家团圆,亲朋各以美食相赠,相互拜访,欢乐过节。

现代人过"冬至",虽已无古人之隆盛,但吃饺子是不可少的。民间传说冬至不吃饺子会冻坏耳朵,所以家家户户都要和面拌馅包饺子吃,俗称"捏耳朵"。嵩山地域有谚语"冬至饺子夏至面",人们此时吃一顿饺子就很高兴。尽管时代在变迁,但冬至吃饺子的习俗却久传不衰。

二十、腊　八　节

农历十二月初八,是嵩山地域很久以来相沿成俗的一个传统节日——腊八节,俗称"腊八"。腊八

节是春节的序幕,从这天开始,人们就闻到"年味"了。

农历十二月为什么被称作腊月?据说远古时代,人们常在年终用打猎获得的禽兽来祭祀天地、祖宗,以祈福求寿,避灾迎祥,预祝来年风调雨顺。据《礼记·郊特牲》记载:"伊耆氏始为蜡。蜡也者,索也,岁十二月,合聚万物而索飨之也。"这就是说,蜡祭在史前传说的神农(伊耆氏)时代就开始有了。相传从周代起,我国民间开始称阴历十二月为"腊月"。《史记·秦本纪》中有"惠文君十二年初腊"的记载。因为古代"腊""蜡""猎"为同一个字,是一个祭祀名,腊(蜡、猎)祭在十二月举行,这样,沿袭下来,就把处在冬末春初、新旧交替之际的十二月叫作"腊月"了。

古人过腊八

古人为了祈福示寿,避灾迎祥,预祝来年风调雨顺,非常重视祭祀神灵。《说文》记载有"冬至后三戌腊祭百神"之说。腊祭之神有先啬神、农神、邮表神、司啬神、水庸神、猫虎神、坊神和昆虫神共八种,因此又称为"腊八"。传说,汉代以前,腊祭的日子不准确。有时在月初,有时到月底,从汉代开始才把祭日定在冬至后第三个戌日,第一年的祭日正好在腊月初八日。后来,人们为了好记,就把行祭的日子定在腊月初八这一天了。据说,腊月初八又是佛教节日,相传是释迦牟尼成佛的日子。到了南北朝时期,佛教盛行起来,又把年终祭日与佛祖纪念日合为一体,统一在十二月初八这一天。

嵩山地域的农村有"冬至疙瘩(水饺)夏至面(面条),腊八吃顿稠米饭(腊八粥)"的风俗,据说是从明太祖朱元璋吃腊八粥的故事演变而来的。朱元璋小的时候,家中非常贫困,父母亲把他送到财主家放牛。由于财主的刻薄和虐待,他常挨饿。有一次,他牵牛过独木桥,桥板太窄,老牛脚一滑,跌到桥下的溪水间折断了腿。财主恼怒极了,把他关在一间房子里,也不给他吃饭。三天三夜米粒未进,他实在饿慌了,便东找西找,想找出些吃的来。可是,这间阴暗的屋子里,什么吃的东西也没有,找了半天,只发现一个老鼠洞。朱元璋想,抓到老鼠来吃,也可充饥,于是就挖了下去,不料一挖开,却发现是个老鼠的粮仓,里面有大米、豆子、红枣、芋艿,什么都有,可是每样又只有一点点。他就把这些东西合起来,煮了一锅粥吃。因为肚子实在饿了,所以觉得这顿粥的味道,比吃什么都香甜。后来,朱元璋做了皇帝,吃肉吃鱼不要说,连山珍海味也都吃厌了,觉得什么都不合口味。一天,他忽然想起小时候吃老鼠粮煮的粥的味道,就叫太监用糯米、菽果,煮了一锅糖粥。那天正是腊月初八,所以叫它"腊八粥"。朝中的文武百官看见皇帝吃这种粥,就学着样来吃。以后,民间也跟着吃,吃腊八粥就成了一种风俗,一直流传到现在。

二十一、祭 灶 节

农历腊月二十三日,是民间祭灶的日子,民间称为"祭灶节",也就是"小年"。

祭灶就是祭灶王爷,也称"灶神"或"灶君"。人们把它供奉于灶头,认为灶王爷是掌管一家福祸的。灶王是何方神圣？说起来源远流长。我国最早的灶神是位女性。《庄子》说她"着赤衣,状如美女"。到汉代以后出现了男灶神。《淮南子》说："黄帝作灶,死为社神。"又说"炎帝于火,死而为灶"。古籍《礼记·礼器》孔颖达疏："颛顼氏有子曰黎,为祝融,祀为灶神。"《五经异议》也说："火正祝融为灶神。"《庄子·达生》曰："灶有髻。"司马彪注释说："髻,灶神,着赤衣,状如美女。"《抱朴子·微旨》中云："月晦之夜,灶神亦上天白人罪状。"《后汉书·阴识传》注引《杂五行书》云："灶神名禅,字子郭,衣黄衣。"南朝梁宗懔《荆楚岁时记》云："灶神姓苏,名吉利。"《三国·魏志·管辂传》："王基家贱妇生一儿,堕地,即走入灶中。辂曰'直宋无忌之妖,将其入灶也'。"是辂以宋无忌为神,而苏吉利当又为宋无忌之讹变,即为后世传说之灶神。

祭　　灶

据传,腊月二十三日这天,灶王爷要回天宫向玉皇大帝汇报他所在人家的善恶功过,玉皇大帝将根据灶王的汇报安排这家来年的吉凶祸福。《敬灶全书》说,灶王"受一家香火,保一家康泰,察一家善恶,奏一家功过"。被举告者,大错则减寿三百日,小错也要折寿一百日,多厉害呀！人们惹不起他,又躲不起,只好在上供时想些办法。于是腊月二十三日祭灶时,要供上许多糖瓜,用糖瓜糊住灶王的嘴,使他不能说人间的坏话,如果说也只能是些甜言蜜语。人们还把灶王奶奶请到一起为人间夫妻和睦做榜样,并在他们的像旁贴上一副对联："上天言好事,下界降吉祥",另加一个"一家之主"的横批。以寄托人们的美好愿望。

每年腊月二十三日,家家都要赶集买糖果,烙灶饼,为灶王爷爷、灶王奶奶上天准备干粮,晚上祭灶神。这天黄昏,老年人先给灶王烧香,供糖果,在剪好的纸马和几节喂牲口的谷草上稍洒几滴水,意思是给灶王爷准备行程的坐骑和草料。然后,人们把供了一年的一张灶王像揭下来,和"马匹""草料"一块放在黄表纸上烧掉,同时嘴里还小声念道："年年有个二十三,灶王老爷要上天,有大马,有草料,路途平安顺利到。供上糖果把你甜,玉皇面前进好言。"嘱托灶君爷："好话传上天,坏话去一边。"人们送灶神上天后,再将新买回来的一张灶王爷像贴在原来的地方,以示灶王爷常坐家中,以保平安。

姑娘媳妇们,在腊月二十三下午就停止了纺棉花。据说,若不停纺车,就会拧住灶王爷的坐骑毛。二十二夜里,水缸、面缸要盖严,怕灶王爷误把药撒在缸内。

民间流传有"糖果儿集到二十三,离年还有整七天"的说法。也就是说,从这一天起,年味愈来愈浓了。人们都要根据自己的经济条件置买衣服、家具、年货等,从此准备过年,这种准备从打扫房屋、撰写春联、购买年货、蒸馍做肉等一直要忙到腊月三十。

嵩山地域在每年的腊月二十三这一天,全家人必定团聚在一起,吃糖瓜,嚼灶饼,送灶王爷上天宫。灶王爷向玉皇大帝汇报人间善恶之事,直到春节那天五更时分返回人间,人们燃放爆竹庆贺灶神归来。这个风俗一直延传到今天。

二十二、除　夕

农历十二月三十日称"大年三十",也叫"除夕"。顾名思义,除夕是一年中最后一天的夜晚。传说古时候,老天爷为了使天下的老百姓都过上好日子,每逢大年三十的晚上,就把天门打开,把库里的金银财宝撒向人间。到那时候,满地金灿灿、银闪闪,所有的砖头瓦块、石头蛋都变成了金银。但有一条,所拣金银必须放进屋里,天亮才能开门。人们希望能过上幸福富裕的生活,年三十晚上总是全家团聚在一起,点上蜡烛,守到天亮。就这样,慢慢形成了"熬年"或叫"守岁"的习俗。

除　夕

后来,随着社会的发展,人们当天下午打扫干净房屋、庭院,贴上春联、门神及年画,除夕夜,即年三十,家家将包好的饺子(扁食)供奉天爷、灶王爷、土地爷、祖先等,灵堂桌上烧一炉香,作揖磕头,吃团圆饭。饭毕,全家人围坐桌前守岁。

嵩山地域的团圆饭,便是合家吃饺子。民谚曰:"初一饺子,初二面,初三的'合子'往家转。"饺子,是借除夕交子的谐音而得名。宋·孟元老《东京梦华录》载:"元旦子时盛馔,同享名食'馄饨',名角子(即饺子),取更岁交子之意。"古时,商界称饺子为"元宝",因其酷似元宝,故取招财进宝的吉利口彩。

中华人民共和国成立初期,嵩山地域由于生活贫困,除夕之夜的年夜饭,大都是一顿馄饨,穷家吃一顿豆腐白萝卜馅儿馄饨就知足了,富家能吃上一顿肉馄饨,也算是一个殷实的年夜饭了。改革开放以后,人们生活水平显著提高,农村农民生活自给自足,餐桌上的内容变得丰盛无比,人们想吃什么就吃什么,平常的日子比以往过年都强。因此,如今的年夜饭,除传统的馄饨以外,还有丰富的菜肴和美食、糕点、酒及各种饮料。

由于政通人和、国泰民安,人们除夕之夜的生活变得丰富多彩,完全称得上是民间向往的人间世界,神仙日月。吃过年夜饭后,全家不再单纯地坐在那里守岁,而是坐在电视机旁,观看中央电视台的春节联欢晚会节目,直到午夜,放罢鞭炮,才肯入睡。还有很多人看电影,下象棋,打麻将,打牌,一直玩个通宵。

第二节　民族宗教节日

嵩山地域是一个多民族的地区,除汉族以外,还有回族、蒙古族、藏族、满族、苗族、彝族、维吾尔族、壮族、布依族、朝鲜族、侗族、瑶族、白族、土家族、哈尼族、黎族、傈僳族、拉祜族、仫佬族、布郎族、仡佬族、锡伯族、普米族、鄂伦春族共30多个少数民族。从人数上来说,各少数民族中,回族人数相对较多。这里着重叙述回族的节日。

一、开斋节

伊斯兰教徒每年进行一个月的斋戒,称为"封斋"。回历九月二日,进入斋戒日,十月三日为开斋日。在斋日期间,封斋者每日自日升前到日落,禁绝一切饮食和房事。

节日期间隆重热闹,大部分回民到寺礼拜,见阿訇祝贺说:"挨塞俩姆阿来困(你好)?"阿訇回答:"我阿来库问塞俩姆(都好)。"接下来,沐浴,冲洗,更换新衣,在阿訇领导下进行礼拜和听阿訇讲经。

到开斋日,有的政府领导还到清真寺祝贺。回民各家打扫庭院,炸油香,制糕点,送给阿訇及亲友食用。

二、古尔邦节

古尔邦节即"宰牲节",于回历十二月十日举行,伊斯兰教规定宰牲节为三天时间。每逢此节,嵩山地域的很多回民到清真寺沐浴更衣,举行礼拜,表示庆贺。

三、圣纪节

伊斯兰教以回历三月十二日为穆罕默德诞生纪念日。穆斯林为纪念穆圣生平事迹定该日为"圣纪节"。嵩山地域的回民,当日到清真寺举行庆贺和礼拜。

第三节 现代节日

一、元 旦

每年公历元月一日为元旦。"元"是第一或开始的意思,"旦"是太阳升起的意思。"日"与"一"字连起来,就是太阳从地平线冉冉升起的景像。

为弄清元旦的来龙去脉,就要追溯到上古时代。元旦最早始于三皇五帝。据房玄龄等撰的《晋书》记载:"颛帝以孟春正月为元。其时正朔旦立春。"意思是远在颛顼帝时就开始把春季第一个月,即

农历的正月为元,初一为旦,这个月的初一恰是立春。朔旦是每月的初一,古代把日月相会叫"朔",也就是月亮运行到太阳和地球之间,看上去像日月相会,这一天就叫"朔旦"。为区别于其他月份,后人就把元月的朔旦称作"元旦"。南宋吴自牧的《梦粱录》中也说:"正月朔日,谓之元旦,俗称新年。"而梁三朝的《雅尔歌》中"四气新元旦,万春初今朝"之句,更是千古流传的佳句了。

元旦,在我国古代,指的是今天的春节。辛亥革命后,孙中山先生于1912年初在南京就任中国临时大总统时,宣布中国改用世界通用的阳历,也叫公历或"格里高利历",并决定以1912年1月1日(即辛亥年十一月十三日)为民国元年元月一日,为岁首,俗称新年。

1949年9月27日,中国人民政治协商会议第一届全体会议决议:"中华人民共和国纪年采用公元纪年法。"这就是我国说的阳历。为了区别农历和阳历两个新年,又鉴于农历二十四节气中的立春节气恰在农历新年前后,因此,便把农历正月初一改称为"春节",阳历1月1日定为"元旦"。从此,元旦成为全国人民的欢乐节日。

二、"三八"妇女节

3月8日是全世界劳动妇女团结战斗的节日。1909年3月8日,美国芝加哥市女工为了反对资产阶级的压迫,举行了声势浩大的罢工斗争和示威游行。1910年,在丹麦哥本哈根的国际第二次社会主义者妇女代表会议上,为了促进国际劳动妇女的团结和解放,规定3月8日为国际劳动妇女节。

1911年,纪念第一个"三八"国际妇女节这一天,德、美、奥、瑞典、丹麦等国的劳动妇女都举行示威游行,其中以奥地利的规模为最大,在首都维也纳有八万女工参加了示威游行。此后,"三八"节便成为富有历史意义的世界传统节日。

中国妇女第一次举行纪念"三八"节是在1924年第一次国共合作时期。在中国共产党领导下,广州的劳动妇女联合各界被压迫妇女,在中山公园举行纪念会,提出"打倒帝国主义""打倒军阀""同工同酬""保护童工孕妇""禁止童养媳多妻制""禁止蓄婢纳妾""建立儿童保护法"等口号,并列队游行。

嵩山地域到了这一天,通常有市妇联牵头组织各项庆祝活动,各单位向妇女发放纪念品,妇女干部、职工休假半天。

三、植 树 节

辛亥革命以后,民国四年(1915年),我国曾规定清明节为植树节。孙中山逝世后,中华民国政府于1929年2月3日公布各省应于每年3月12日——总统逝世纪念日,举行植树仪式及造林运动,以唤起民众关注林业。国民党政权虽也提倡植树,但他们忙于镇压人民,镇压革命,将这一节日抛却脑后,倡而不导,定而不行。

中华人民共和国成立以后,特别是党的十一届三中全会以后,为了教育全国人民重视植树造林,造福于国家,造福于人民,1979年2月23日第五届全国人民代表大会常务委员会第六次会议决定,每年3月12日为我国植树节。

国家规定植树节以来，每年这天，嵩山地域各市县都要组织机关、厂、矿、学校师生及广大群众，集中义务植树一天，以示纪念。

四、"五一"劳动节

"五一"国际劳动节，是世界上大多数国家的劳动节，是全世界无产阶级、劳动人民共同拥有的节日。它源于美国芝加哥城的工人大罢工。1886年5月1日，美国各城市

植树节

的几千万名工人，举行了总示威和罢工，要求实行八小时工作制，经过斗争，终于取得了胜利。1889年7月，在恩格斯的领导下，第二国际在巴黎召开代表大会，把"五一"定为国际劳动节。

中华人民共和国成立以后，"五一"劳动节仍然是我国的法定节假日，届时，很多单位、厂、矿、机关都要举行文体活动并放假一至二天，表示庆祝。1999年9月，国务院改革出台新的法定休假制度，每年"五一"法定节日加上双休日，全国放假7天。从此，"五一黄金周"掀起的旅游消费热成为我国经济生活的新亮点，假日经济成为人们津津乐道的新话题。嵩山地域各市县工会到"五一"这一天牵头组织举行丰富多彩的各项文体活动。从2008年开始，"五一"假期由3天调整为1天。

五、"五四"青年节

1919年5月4日，北京学生游行示威，对帝国主义列强侵犯我国领土主权的无理决定表示强烈抗议。通过这次运动，把马列主义传到中国，使革命理论和中国工人运动相结合，为中国共产党的成立作了奠基。1949年12月，中央人民政府政务院正式宣布5月4日为中国青年节。

每年5月4日，嵩山地域各地在团市委或各级团支部的组织下，举行各种报告会，集体学习，发展团组织，鼓励青年上进。多数社会青年在"五四"这一天举行入团仪式，并参加庆祝活动。

六、"六一"儿童节

6月1日是国际儿童节，该节日是国际民主联合会于1949年11月在莫斯科召开的理事会上产生的。为保障全世界儿童的生存权、保健权和受教育的权利，反对帝国主义虐杀和毒害儿童，会议决定把每年的六月一日定为国际儿童节。

我国自1931年起，根据中华慈善协会的建议，曾以每年4月4日为儿童节。中华人民共和国成立后，1949年12月23日，中央人民政府政务院通令，规定"六一"国际儿童节为中国儿童的节日。

嵩山地域每年在国际儿童节这天,各市县领导都要到附近的学校、幼儿园慰问少年儿童,对少年儿童成长教育中存在的问题进行专门解决。而学校、幼儿园等单位,为了使儿童们欢度节日,还要组织少儿、少先队员、中小学生集会,表演各种文艺节目,举行隆重的庆祝活动。

七、中国共产党成立纪念日

1921年7月,中国共产主义小组的代表毛泽东、何叔衡、董必武等12人代表着57名党员,在上海召开了中国共产党第一次全国代表大会,成立了中国共产党。此后,每年7月1日被定为中国共产党的诞生纪念日。

中华人民共和国成立后,每年7月1日,嵩山地域各市县、各级单位都要举行大型庆祝活动,表彰一批先进党员和模范党支部,吸收一批新党员,并在这天举行集体入党宣誓仪式。

八、"八一"建军节

1927年8月1日,中国共产党领导了南昌起义,打响了反对国民党反动派的第一枪。同年9月,毛泽东亲自领导秋收起义,在井岗山建立了第一个革命根据地,开创了农村包围城市、武装夺取全国政权的革命道路。1933年1月,以毛泽东为主席的中华工农民主共和国中央政府做出决定:"八一"为红军(现中国人民解放军)的建军节。

中华人民共和国成立后,每逢"八一",嵩山地域各市县地方党政领导都要到当地驻军慰问座谈,赠送礼品。各地都开展各项拥军活动,组织军民联欢会,组织民兵举行阅兵和军事演习,开表先会等,以示纪念。

九、教 师 节

我国历史上曾建立过"教师节"。中华人民共和国成立后,1951年教育部和全国教育工会领导人发表书面谈话,宣布"五一国际劳动节"同时为"教师节"。但执行的结果,教师节实际上不存在了。1985年1月21日,第六届全国人民代表大会常务委员会第九次会议同意国务院关于建立教师节的议案,决定每年的9月10日为教师节。

教师节前夕,各级领导带礼品分别到各学校慰问教师,举行座谈,征求意见,向教师祝贺节日。学校则组织教师举行形式多样的文体活动,以示庆贺。

十、国 庆 节

国 庆 节

1949年10月1日,毛泽东主席在天安门庄严地向世界宣告中华人民共和国成立,亲手升起第一面五星红旗,标志着新民主主义革命阶段的基本结束和社会主义革命阶段的开始。为纪念中华人民共和国的成立,国家将每年的10月1日,定为国庆节,以示纪念。

嵩山地域的各市县每年和全国一样,都要进行盛大而隆重的庆祝活动。每到国庆节,各单位都要插彩旗,挂红灯,出墙报,举行茶话会及不同形式的纪念活动,组织文艺晚会及各种展览,并按规定放假。自2001年起全国实行7天长假,"黄金周"为人们提供了旅游和休闲的愉悦。

第四节 外来节日

外来节日,即从外国传到我国的节日。

一、情 人 节

每年的2月14日为情人节,也称为"圣瓦伦丁节"。相爱的男女互赠鲜花、糖果,增进彼此感情。20世纪90年代,由于受外来文化的影响,情人节也传入嵩山地域,尤其是青年人格外看重。到了这一天,男女伴侣要互赠玫瑰花、巧克力等礼物,也有年轻人向父母赠送礼物,祝贺他们白头偕老。如今,情人节已是一个充满浪漫色彩的全球性节日。

二、愚 人 节

每年的4月1日为愚人节,在这一天,任何人对亲朋好友都可以以愚弄的语言来交往或愚弄对方。

三、母 亲 节

每年5月的第2个星期日为"母亲节"。17世纪,在英格兰人们为表达对英国母亲们的敬意,乃订四旬斋的第4个星期日为母亲节。随着基督神在欧洲的扩散,许多国家把5月的第2个星期日定为母亲节。20世纪90年代,母亲节的风气传入嵩山地域。到了这一天,子女们以各种方式向母亲表示祝福或赠送礼物,如送康乃馨等。

四、父 亲 节

每年6月的第3个星期日为父亲节。父亲节是在1910年美国华盛顿州的士波肯市(Spokane)由杜德太太(Mrs. JohnBruceDodd)为纪念她的父亲而发起的,6月的第3个星期日,即她的父亲的生日。在父亲节这天,人们也在胸前佩戴特定的花朵,红玫瑰表示对健在父亲的爱戴,白玫瑰则表达对故去父亲的悼念。20世纪90年代,父亲节的风俗传入嵩山地域。这一天,子女们早早起来,动手为父亲做一顿丰盛的早餐,并亲手端到父亲床前,还要制作一些精美的小礼品送给父亲。青年人比较注重父亲节,献给父亲的祝福和礼物也多种多样。

五、光 棍 节

据说设立这个节是上帝的意思。耶稣诞生那天,也就是公元1年1月1日,第一个光棍诞生了。此后每年的这一天都成为一些光棍纪念的日子,可是真正成为节日,则是1000多年以后的1111年11月11日。

也有人说这个节日起源要从四个过着单调生活的单身汉说起。他们没有人结婚,连女朋友都没有,日子过得无精打采,终日打麻将度过。有一天他们打麻将从早上11点打到了晚上11点。奇妙的是,不管谁赢,都赢在了"四条"上。更加巧合的是,这一天正是11月11日。为了纪念这一天,他们给它命名为"光棍节"。

光棍节最先在20世纪90年代的江苏南京各大高校兴起。之所以叫"光棍节"是因为这一天的日子有四个光棍一样的"1"。大学生们毕业了,把这个传统带到了社会上,光棍节就成了时尚青年们的一个特殊节日。

很多单身朋友选择在这一天告别单身,一些人参加相亲会,一些人则在这一天结婚。四个"1"不仅可以代表单身,还可以代表"唯一",这也成了一些人的爱情告白日。

六、圣 诞 节

每年的12月25日是基督教徒纪念耶稣诞生的日子,称为圣诞节。从12月24日于翌年1月6日为圣诞节节期。节日期间,各国基督教徒都举行隆重的纪念仪式。它是一个全民性的节日,是西方国家一年中最盛大的节日,可以和新年相提并论,类似于中国的春节,人们格外重视它。20世纪90年代后期,圣诞节也传入嵩山地域,凡信仰基督教的人们也于这一天举行庆祝活动。商店出售圣诞树等圣诞礼物,年轻人互赠圣诞卡,开圣诞派对。

圣 诞 节

第五节　节日风情传说

一、"过年"的传说

传说远古时代,男耕女织,五谷丰登,生活过得很幸福。

后来,从天上下来一伙强盗,为头的"年"做了国王。他有两个帮凶,一个叫严冬,一个叫盛夏。在"年"的操纵下,他们不是晒死禾苗,便是冻死庄稼。特别是,每到腊月三十日夜晚,总有一头怪兽出现,张开血盆大口,到处行凶吃人。百姓无奈,便向国王"年"求救。"年"借除怪兽为名,大肆搜刮民财,但那个怪兽却依然岁岁为害。

一天,被"年"抢去做妃子的少女——观音逃回村里,告诉乡亲们:那怪兽就是"年"的原形。大家非常气愤,但又无法对付他。少女观音对大家说,"年"怕红、怕火、怕响,并和大家一起订出了和"年"斗争的妙计来。

又到了腊月三十,"年"又来到了村里,正要破门行凶。忽然间,家家挂出红灯笼,人人穿着红衣裳,锣鼓喧天,爆竹齐鸣,吓得"年"拔腿就跑。不论它窜到哪里,都被围追堵截。

"年"一直向西方逃窜,一慌神,掉进地中海里淹死了。后来,潮水把它的尸首冲到尼罗河岸的沙滩上,变成了一座狮身人面石像。

为了纪念这个伟大胜利,每到腊月三十日夜晚,人们穿红戴绿,张灯结彩,鸣放爆竹,敲锣打鼓,载歌载舞。时间一久,成了习俗,大家就把这习俗叫作"过年",并赋予了新的意义:庆贺一年的辛勤劳动,辞旧岁迎新春,祝愿一年强过一年。

二、"年"的来历(一)

年三十守岁,俗名"熬年"。为什么称作"熬年"呢?嵩山地域的民间流传着一个有趣的故事:太古时期,有一种凶猛的怪兽,散居在深山密林中,人们管它们叫"年"。"年"形貌狰狞,生性凶残,专食飞禽走兽、鳞介虫豸,一天换一种口味,从磕头虫一直吃到大活人,让人谈"年"色变。后来人们慢慢地掌握了"年"的活动规律,原来它每隔365天窜到人群聚居的地方尝一次口鲜,出没的时间都是在天黑以后,等到鸡鸣破晓,便返回山林中去了。

"年"的来历

算准了"年"的肆虐日期,男男女女便把这可怕的一夜视为关煞,称作"年关",并且想出了一整套"过年关"的办法,每到这天晚上,家家户户提前做好晚饭,熄火净灶,再把鸡圈牛栏全部拴牢,然后把宅院的大门封住,躲在屋里吃"年夜饭";因为这顿晚餐有凶吉未卜的意味,所以置办得很丰盛,除了要全家老小围在一起用餐表示和睦团圆外,还在吃饭前先供祭祖先,祈求祖先神灵保佑他们平平安安地度过这一夜。吃过晚饭后,谁都不敢睡觉,挤坐在一起闲聊壮胆。

天色渐渐黑了下来,"年"从深山老林里窜了出来,摸进村落,只见家家户户宅门紧闭,门前还堆着芝麻秆,街上瞧不见一个人影儿。转了大半个晚上的"年"毫无所获,只好啃些芝麻秆充饥。又过些时,公鸡啼晓,这些凶残而又愚蠢的怪物只得快快返回。熬过"年关"的人们欣喜不已,感谢天地祖宗的护佑,打开大门,燃放鞭炮,同邻里亲友见面道喜……人们见面互相拱手作揖,祝贺道喜,庆幸没被年兽吃掉。这样过了好多年,没出什么事情,人们对年兽放松了警惕。就在有一年三十晚上,年兽突然窜到一个村子里。一村子人几乎被年兽吃光了,只有一家挂红布帘、穿红衣的新婚小两口平安无事。还有几个儿童,在院里点了一堆竹子在玩耍,火光通红,竹子燃烧后"啪啪"地爆响,年兽转到此处,看见火光吓得掉头逃窜。此后,人们知道年兽怕红、怕光、怕响声,每至年末岁首,家家户户就贴红纸、穿红袍、挂红灯、敲锣打鼓、燃放爆竹,这样年兽就不敢再来了。

可是有的地方,村民不知年兽怕红,常常被年兽吃掉。这事后来传到天上的紫微星那儿,他为了拯救人们,决心消灭年兽。有一年,他在年兽出来时,就用火球将它击倒,再用粗铁链将它锁在石柱上。从此,每到过年,人们总要烧香,请紫微星下界来保平安。这种现象逐渐形成了世代相传的"过年"和"拜年"的习俗。

三、"年"的来历（二）

很早很早以前，人世间的事统统都是天上的玉皇大帝派神仙来管的。那时候，地上的人成天累死累活地干，还是吃不饱穿不暖。看到这种情况，玉皇大帝就对一位神仙说："我派你去管理人间，你必须按我的要求办！"

那位神仙问："圣上的要求是什么呢？"

玉皇大帝捋着胡须说道："很简单，一是天下人都能吃得饱吃得好；二是天下人都能穿得整齐穿得新；三是天下人都能玩得好耍得好又不干活儿。这三条，办好了，我给你加官晋爵，办不好就杀你的头。从春暖花开起，到春暖花开止，我要按时检查，去吧！"

"遵旨。"那位神仙嘴里这么说，心里却敲小鼓，他知道人间的事最难办，最不好管，但又不敢违背玉帝的旨意，只得郁郁不乐地上任去了。

这位管地的神仙为了不至于被杀头，上任以后，一点儿也不敢玩忽职守，整天兢兢业业的，无论大事小事，事必亲躬，真是操碎了心。但是，从春暖花开又到春暖花开，多少日子过去了，却仍然距玉皇大帝的要求差得很远。没办法，只好硬着头皮上灵霄宝殿去复旨。

玉皇大帝金口玉言，说出的话如泼地的水。他知道这位神仙没实现他的要求，二话不说，便命刀斧手推出南天门外砍了头。接着，他又派第二位神仙来管地，要求和以前一样。

这位管地神仙和前任一样操心卖力。从春暖花开又到春暖花开，多少日子过去了，仍然没有达到玉皇大帝的要求，结果又被砍了首级。

玉皇大帝又派来第三位管地神仙。

这第三位是一个没本事的逍遥神仙，但心眼多，他想：二位前任在天上诸神仙之中属于有本事的，都没把人间的事管出个名堂，结果都被砍了头。咱也没多大本事，这不明摆着是个死吗？得想个法子。于是，他天天啥事不干，绞尽脑汁想办法，终于，他想出一个妙计来。

他从春暖花开到春暖花开中间指定了一个日子，给这个日子起名叫"年"，并规定：在"年"的时候，天下人一律都得吃饱吃好，一律都得穿上整整齐齐的新衣服，并且谁也不能干活儿，还得想法玩耍。若谁违背了，就叫谁死。

"年"到了，大家怕惹恼了管地神仙，都把平时舍不得吃的好东西拿出来吃，把平时舍不得穿的新衣服拿出来穿，吃着好的，穿着新的，又不干活儿，都觉无聊，于是就生着法儿玩、耍。

平时，玉皇大帝美酒佳肴吃足喝饱以后，没有事干，因此养成了爱睡觉的毛病。春暖花开时开始睡，一直睡到又是春暖花开才醒。第三位管地神仙给人世间规定的这个叫"年"的日子，恰好是玉皇大帝睁眼的那天。这一天，他睁开眼的头一件事就是检查人世间的事。检查之后，心中大悦，立即把第三位管地神仙传来，当着众神的面夸奖起来。

"我原以为偌大个天上就是没有能神仙了，原来还有啊。大家都向下看看！为了奖罚分明，我要他永远管地，并且享受人间香火，世代沿袭。诸位神仙有什么意见没有？"

诸神仙谁心里都有一本账，可谁也不吱声：一来玉皇大帝正在兴头上，怕说穿了他不高兴；二来怕玉皇大帝万一认真追究了，杀了逍遥神仙，肯定还要另外委派神仙去管地，若派到自己头上，岂不是找死?

玉皇大帝见诸神仙不吱声,以为都同意,十分高兴。

从此,人间有了"年"。

四、老灶爷吃糖瓜

从前,嵩山地域有一种风俗,家家户户都敬老灶爷,说他是老天爷派给下界庶民百姓的"一家之主"。

灶王爷、灶王奶

年年腊月二十三晚上,各家各户都祭灶神,说是老灶爷在下界住了一年,这天晚上要起程上天去朝圣,把一年来家家户户的饥饿寒暖、顺逆善恶,庄稼收成好坏,禀告给老天爷,让他了解下情,好为新的一年安排生计。到新年的正月初一五更,老灶爷从老天爷那里领来一本新的历书带回下界,保佑当年风调雨顺、五谷丰登。因此,人们都恭敬他,一年365天,饭菜做成叫他先吃。到腊月二十三晚上,老灶爷上天朝圣走的时候,给他备下一匹大红马(即一只大红公鸡)让他骑,又给他烙三个烧饼,叫他路上做干粮,还给他一串元宝(即汤面条里煮饺子),路上做盘费。临行前,都为他送行,祈求他"上天言好事,下界保平安"。

起初,老灶爷到天上如实给老天爷汇报下情,所以下界风调雨顺、五谷丰登、国泰民安。后来,老灶爷变得又懒又馋,自认为自己职位虽然不高,可是老天爷钦奉,下界的平民百姓,谁也不敢短缺自己的供食。人们都起早摸黑到地里忙活,老灶爷跟老灶奶却并膀坐在灶房里一动不动,单等着人们从地里干活回来,做成饭端来吃。焦麦炸豆的季节,人们只顾忙活,慢待他一点,他上天朝圣的时候,就在老天爷面前说瞎话。这一年,凡间都是防旱哩,结果是大涝,到了下年,人们又都防涝哩,却又来个大旱,赤地千里,寸草不长。一连三年,旱涝不收。人们猜想,一定是老灶爷上天言坏事,得想办法治治他。这年腊月二十三晚上,老灶爷上天走的时候,家家户户像往常一样,为他送行,但多了一样供食——糖瓜。老灶爷知道糖瓜吃着老甜,但他也知道糖瓜黏得厉害,心里想吃,又怕粘住嘴张不开,不吃吧,又舍不得。到底吃不吃,自己拿不定主意,问老灶奶:"哎,你看这糖瓜咱敢不敢吃?"老灶奶早就流口水了,等不得了,呛白道:"傻瓜!送到嘴边的甜甜儿不吃干啥。"老灶爷说:"吃了粘住嘴张不开咋办?"老灶奶把眼一瞪,说:"撑死胆大的,饿死胆小的,你不吃,我吃。"说着拿起一根糖瓜一折两节,一根递给老灶爷,一根自己吃。这一吃不要紧,嘴被粘住张不开了。这时候天鼓响了,上天朝圣的时候已到,老灶爷慌慌张张装起干粮,藏起元宝,骑上大马走了。人们照常为他送行,但祈求词变了,说:"二十三日去,初一五更回"。

说也真灵,这一年老灶爷的嘴粘住了,没有在天上言坏事,结果这一年风调雨顺、五谷丰登,又过上了好日子。于是,后来就行成了一种风俗,年年腊月二十三日晚上祭灶,都用糖瓜做供食。

五、灶王奶奶的传说

年年农历腊月二十三到三十这几天,嵩山地域的家家户户都要依次地烙灶干粮呀,扫房子呀,熬百岁呀。这些风俗习惯是怎样形成的呢?

传说,玉皇大帝的小闺女贤慧善良,十分同情天下的穷人,她偷偷地爱上了一个给人烧火帮灶的穷小伙子。玉皇大帝得知后,十分恼怒,就把小闺女打下凡间,跟着"穷烧火的"受罪。王母娘娘疼爱女儿,从中讲情,玉皇大帝才勉强给"穷烧火的"封了个灶王的职位,人们就称"穷烧火的"为灶王爷,玉帝的小闺女自然就成了灶王奶奶了。

灶王奶奶深知百姓的疾苦,就常常以回娘家探亲为名,从天上带些好吃的、好喝的分给穷苦百姓们。玉帝本来就嫌弃穷女婿、女儿,察觉此情后,非常恼火,就只准他们每年年底回去一次。

第二年,眼看快过年了,可穷百姓们还缺这少那的,有的户连锅也揭不开了。灶王奶奶看在眼,疼在心。腊月二十三这天,她决定回娘家,给穷百姓们要点吃的。可自己家里连点儿面星也没了,路上没有干粮咋办呀?穷百姓们知道后,便想方设法烙了些馍团,送给灶王奶奶路上做干粮。

灶王奶奶回到天上,向玉帝讲了人间苦情,可玉帝不但不同情,反而嫌女儿带回来一身穷灰,要她当晚就回去。灶王奶奶气得当即就要走。可转念一想,两手空空,回去咋向穷乡亲们交代呀?再说也不能就这样便宜了狠心的父亲。这时,正好王母娘娘也过来说情,她便顺势说:"不走了,明天我要扎把扫帚带回去扫穷灰哩!"

二十四这天,灶王奶奶正在扎扫帚,玉帝来催她回去,她说:"催啥哩,眼看要过年了,家里没豆腐,明天我要磨豆腐哩!"

二十五这天,灶王奶奶正在磨豆腐,玉帝来催她回去,她说:"催啥哩,家里穷得连只鸡也养不起,明天我要杀鸡哩!"

二十七这天,灶王奶奶正在杀鸡,玉帝又来催她回去,她说:"催啥哩,路上要带点干粮,明天我要发面蒸馍哩!"

二十八这天,灶王奶奶正在发面,玉帝又来催她回去,她说:"催啥哩,过年要喝点喜酒,明天我要去灌酒哩!"

二十九这天,灶王奶奶刚刚灌罢酒,玉帝又来催她回去,她说:"催啥哩,俺们一年到头连顿饺子也没吃过,明天我要包饺子!"

三十这天,灶王奶奶正在包饺子。玉帝大动肝火,要她今日必须回去。灶王奶奶的东西已经准备得差不多了,就不再多说话,只是舍不得离开王母娘娘,一直挨到天黑才离开皇宫。这天夜里家家户户都没有睡,坐在火炉边等灶王奶奶。人们见灶王奶奶回来了,都点起香纸,放起鞭炮迎接她,此时已到初一五更了。

人们为了纪念灶王奶奶的恩德,年年腊月二十三都要烙灶干,二十四扫房子,二十五磨豆腐,二十六去割肉,二十七杀年鸡,二十八把面发,二十九去灌酒,三十捏饺子,夜里不睡觉叫"熬百岁",实际上是等着迎接贤慧、善良的灶王奶奶回到人间哩!

六、送大蒸馍的传说

正月初二,出门的闺女走娘家,有给自己爹娘送大蒸馍的规矩。

过去有一家姓陈的,老两口和一个独生闺女。这闺女叫春枣,人品好,又孝顺,二老很疼爱她。春枣长到18岁,这年腊月初十,婆家给娶走了。春枣出嫁没多长时间,二老就病了。

春枣听说了,就用杂面做了些爹娘爱吃的团团,用篮子扯着上路了。

从婆家到娘家有十几里,中间隔着一条河,河上有一座石桥,石桥边有一块石碑。春枣走到这里累了,就坐在石碑旁边歇歇。不一会儿,春枣好像听见桥下有说话的声音:"春枣,春枣,团团太小,没有实心,病不能好。"春枣往桥下看看,见一条鲤鱼翻个浪花跑了,心想八成是自己耳朵出了毛病。她也没在意,来到娘家,瞧罢二老,又回婆家。

过几天,春枣又去瞧二老,又在石碑旁边歇息哩,桥下又说起话来:"春枣,春枣,团团太小,没有实心,病不能好。"这一回,春枣可听清楚了。来到娘家,春枣把两回路上的经过对旁院的一个大娘说了。大娘说:"桥下边不是说团团太小嘛,你做个大的;不是说没有实心嘛,你把团团里包几个石子儿。再从那儿过时,听听还说啥不说啦?"

正月初二,春枣做了几个大团团,里面包上石子儿,把几样好吃的东西放在篮子里,又去瞧二老。走到桥边的石碑旁,她又坐那儿歇歇,再没听到桥下面说啥。这回她来到娘家时,二老的病见轻了,半个月后二老的病全好了。从这以后,每年正月初二,春枣总是做几个大团团给二老送去。

后来,出门的闺女都跟春枣学,正月初二走娘家,给爹娘送大团团。大家觉着团团里面包石子儿不能吃,就把石子儿换成红枣。日子好的人家,也不做杂面团团了,用白面做成大蒸馍,有的大蒸馍一个就有好几斤重。几斤重的大蒸馍能蒸熟吗?有办法,就是把蒸熟的馍包一层面再蒸。这样,包一层面蒸一次,馍就越蒸越大,馍越大越显得闺女有孝心。

七、正月十五十六挂红灯的缘由

传说很久以前,每年正月十五、十六夜里,老天爷总是要下一场雪白雪白的面粉,供天下老百姓充饥度时光。

为了让天下老百姓都有雪面吃,老天爷还给人间定了一个规矩,就是下到谁家地盘的雪面,归谁家所有,由谁家收藏使用。这样时间长了,便逐渐形成了一句俗话:"各人自扫门前雪,休管他人瓦上霜。"

人们为了把天上降下来的雪面很快地收拾起来,不抛撒和浪费一星半点粮食,每年正月十五、十六这两天傍晚,不论城里乡下,家家户户在门上都挂起了他们早已准备好的一盏盏红灯,青年和儿童们手里还打着灯笼火把,在自己的门口庭院,等待着老天爷下雪面。当雪面从天空下完后,各家男女老少一齐出动。他们扫的扫,装的装,抬的抬,一直张罗到深更半夜,把大地上的雪面收拾得一干二净。

当时有个叫王寡妇的,平时贪心十足,爱占小便宜。它把自己宅基上的雪面打扫干净,还要偷偷地去打扫人家的雪面。她家里的缸里、瓮里、坛里、罐里到处都盛满了雪面。雪面吃不完，她就任意糟蹋，用雪面和成面块，垒成烟囱、锅台、桌子、凳子、大床、鸡窝、猪圈等各种家什，更可恶的是，给她儿子擦屎、垫屁股用的也是雪面饼子。

春节民俗画

这天晚上，下罢雪面后，老天爷想察看一下民情，他扮成一个讨饭叫花子，手拄木棍，身穿烂衣，提着一个篮子来到人间。说来也巧，他正好来到王寡妇门前不走了，连声喊道："可怜可怜吧，大嫂行点吃的吧！"一连喊了好几声，里边无人答应，老天爷不免有些着急。他推门一看，只见院内的一切用具，都是雪面做的，顿时火冒三丈。他强压怒火，又用更可怜的腔调喊道："可怜可怜我吧，大嫂给点救命食吧！"王寡妇听到门外的喊叫声，便从屋里跳了出来，黑沉着脸，没好声没好气地说："穷叫花子，没长眼，这哪里有吃的！"老天爷忍气吞声地指着灶房说："好大嫂，那里不是还有几张剩饼子吗？"王寡妇恶狠狠地嚷道："剩饼子！哈哈，还留给小孩子擦屁股呢，快走开！"老天爷再也按捺不住心头怒火，摇头叹道："人间竟有这般无义之人哪！"说罢，他扔掉木棍，摔碎破碗，一气之下上天去了。

从那以后，天上再也不下雪面了，把下雪面改成了下白雪了。人们得知后，个个痛恨到发指，纷纷要用乱棍将王寡妇打死。王寡妇觉得没脸见人，就一头栽进茅池里淹死了。

人们为了纪念老天爷降雪面、救世人之恩，每逢正月十五、十六夜里，家家户户门前仍旧挂起红灯，青年、儿童仍旧打着灯笼火把，这个风俗在民间一直流传到现在。

八、元宵灯节的传说

每年的农历正月十五为元宵灯节，这一天晚上人们都要到街上观灯，热闹非常。你知道这个节是怎样来的吗？

相传公元604年，隋文帝的儿子杨广杀了父亲杨坚和哥哥杨勇，篡夺了王位，当了皇帝，称隋炀帝。他是个历史上的暴君，嫌首都长安"关河悬远，兵不赴急"，认为洛阳地理位置适中，可以控制全国，又有水陆交通方便，便于各地运送贡赋，就把首都迁到洛阳，并大肆兴建显仁宫、汾阳宫、迷楼和西苑，搜罗全国各地的奇材异石、奇花异草、奇禽异兽，运到洛阳供他玩赏，还有众多妃子供他玩乐。

隋炀帝生活奢侈，荒淫无耻。他妹妹杨婵有几分姿色，他也想娶她。但她性格温柔中又很刚烈，对他的作为早看不惯，对他的几次纠缠非常恼怒。

色迷心窍的隋炀帝杨广，一天偷偷溜进妹妹的闺房，欲行不轨。杨婵站起要走，杨广急忙拦住。杨婵想了想，说："好吧，结婚可以，除非正月十五，月落洛河，星撒邙山。"

杨广想：正月十五月儿正圆，高挂天上咋会落入洛河，星星咋会撒上邙山呢？想来想去，没办法。还是一些奸臣给他出主意：十五那天叫百姓准备大量柴草，晚上在京城内外点燃，不得有误。百姓哪敢怠慢！结果，正月十五晚上京城内外，到处点燃柴草，熊熊火光照亮天上地下，天上的星星月亮失去

光辉,京城边的洛河、邙山处处闪亮,真好像月落洛河、星撒邙山一样。杨婵看到这种情况,误以为真是如此。她想:自己的身体真要落到昏庸的哥哥手里了,死也不能落下这样的坏名声!她便开了闺门往外跑,准备去跳洛河,没想到正和跑来的哥哥撞个满怀。原来杨广也看到月落洛河、星撒邙山的情景,正高兴地跑来找妹妹成亲。杨婵看到是哥哥,知道他的来意,脱身闯出宫门,跑出大街,跑到洛河边,不顾天黑河险,河水奔腾咆哮,纵身跳进河里。河水翻着浪涛,打着旋涡,杨婵没入水中。等杨广和一些宫人赶到,只能望河长叹。

百姓们听说杨婵不受哥哥凌辱投河而死,都打着灯笼、举着火把找她,可再也没有找到。然后人们就去观看烟火,回家吃汤圆。

后来,每年的正月十五夜,人们都要以柴燃火或提灯游走,吃汤圆夜饭,慢慢成为节日。

九、灯谜的传说

春节猜谜咋又变成了灯谜呢?这里有个故事。

据传,很早的时候,有个姓胡的财主,家财万贯,横行乡里,看人行事,皮笑肉不笑,人们都叫他"笑面虎"。这笑面虎对人的衣帽穿戴最是认真,只要是比自己穿得好的人,他全是老鼠给猫捋胡子——拼命巴结,而对那些粗衣烂衫的穷人,他却像饿狗啃骨头——恨不得嚼出油来。

那年春节将临,胡家门前一前一后来了两个人,前边那人叫李才,后边那人叫王少。李才衣帽华丽整齐,王少穿得破破烂烂,家丁一见李才,忙回屋禀报,笑面虎慌忙迎出门来,一见来客衣帽华丽,就满脸堆笑,恭敬相让。李才说要借银十两,笑面虎忙取来银两,李才接过银两扬长而去。笑面虎还没回过神来,王少忙上前喊道:"老爷,我借点粮。"笑面虎瞭了一眼,见是衣着破烂的王少,就暴跳如雷地骂道:"你这小子,给我滚!"王少还没来得及辩驳,就被家丁赶出了大门。

回家的路上,王少越想越生气,猛然心生一计,要斗斗这个笑面虎。

转眼间,春节已到,元宵将临,各家各户都忙着做花灯,王少也乐呵呵地忙了一天。到了元宵灯节的晚上,各家各户街头门前都挂上了各式各样的花灯。王少也打出一盏花灯上了街,只见这花灯扎得又大又亮,更为特别的是上面还题着一首诗。王少来到笑面虎门前,把灯挑得高高的,引得好多人围着看。笑面虎正在门前观灯,一见此景,也挤到花灯前,见灯上题着四句诗,他认不全,念不通,就命身后的账房先生念给他听。账房先生摇头晃脑念道:

> 头尖身细白如银,
> 论称没有半毫分。
> 眼睛长在屁股上,
> 光认衣裳不认人。

笑面虎一听,气得面红耳赤,哇哇乱叫:"好小子,胆敢骂老爷!"喊着,他就要命家丁来抢花灯。王少忙挑起花灯笑嘻嘻地说:"老爷,咋见得是骂你的?"笑面虎气哼哼地说:"你那灯上是咋写的?"王少又大声念了一遍。笑面虎狠声说:"这不是骂我是骂谁?"王少仍笑嘻嘻地说:"噢,老爷是犯了猜疑。我这四句诗是个谜,谜底就是'针',你想想是不是?"笑面虎一想,可不是哩,只得干瞪眼没啥说,转身狼狈地溜走了,周围的人直乐得哈哈大笑。

这事传开了,越传越远。第二年灯节,不少人都将谜语写在花灯上,供观灯的人猜测取乐,所以就叫"灯谜"。以后相沿成习,每逢元宵灯节,各地都举行灯谜活动,一直传到现在。

十、二月二的传说

武则天篡夺唐室江山,改国号叫周,自称大周武皇帝。玉帝闻听大怒,命太白金星传谕四海龙王,三年内不得向人间降雨。

这下可苦了老百姓,从立夏到寒露,长达150多天滴雨难下。眼看生路断绝,人们哭干了眼睛,哭哑了嗓子。众雨神听着人们的哭声,虽不忍心,但也不敢违抗玉帝的旨意。

这天,忽然从远处飞来一朵云彩。那云彩越来越大,不一会儿遮住了整个天空。一阵和风吹过,"哗哗哗"下了一阵倾盆大雨。久旱得雨心欢畅,人们不顾衣湿身冷,望空礼拜。

原来,这是司管天河的玉龙行的雨。这些日,它听着人们的哭声,看着饿死人的惨景,便不顾被打下凡间的危险,喝足天河之水,张开巨口行雨。玉帝听说,勃然大怒,把它打下凡来,压在一座山下受罪。山下立通碑,上写着:

玉龙降雨犯天规,
当受人间千秋罪。
要想重登灵霄阁,
除非金豆开花时。

这时候,人们才知道玉龙原来是为老百姓触犯了玉帝。人们为了拯救玉龙,报答它的救命之恩,盼望它重上云天,再降甘霖,急待金豆开花,找啊找,总是找不到金豆开花。到了第二年二月初一,这天街上逢集,一个老婆背着一袋苞谷去卖,一下没招呼好,袋口松开了,金黄金黄的苞谷粒撒了一地。人们心头一亮,心想:这苞谷粒不就是金豆吗?炒炒不就开花了吗?于是一传十,十传百,很快传得这地方人都知道了,大伙商定,到次日家家都炒苞谷豆。

二月二日那天,各家各户把炒好的苞谷用簸箕盛着,供到当院,有的还端着送到玉龙身边。玉龙见人们待它如此好,再也忍不住了,便大声喊道:"太白老头,金豆开花了,还不快快放我出去!"太白金星老花眼,看不真切,便一招手收了拂尘。镇压玉龙那座大山原是太白金星的拂尘变的,随着拂尘升起,玉龙一声长啸,腾身跃上云去,用尽平生力气,对着旱得冒烟的大地"哗哗哗"又喷将起来,转眼之间,沟平河满,地得饱墒。

再说玉帝这时正在灵霄殿看仙女歌舞,值日官禀报,玉龙又违旨降雨。玉帝急唤来太白金星责问。太白金星已知把事办坏了,只得说:"你那时不是说等金豆开花便放它吗?今早我看见金豆都开花了,就收了拂尘。"玉帝气得浑身发抖说:"那是苞谷花呀!"太白金星见玉帝发了火,就一言不发地站在那儿,直到玉帝气消了些,才试探着说:"我想着咱天上的香火全靠老百姓供奉,要是真把他们都饿死了,咱以后咋办哩?"玉帝想了一阵,无可奈何,只得召玉龙回了天庭。

虽然玉龙不被治罪了,但民间形成了习惯,每年二月二那天,人们很早就起来炒苞谷花,有的还炒着唱着:"二月二,龙抬头,大仓满,小仓流。"就这样,二月二炒苞谷花的风俗一直流传到现在。

十一、清明节的来历

很早以前,晋国有个大清官,名叫介子推。他一辈子爱民如命,不贪图荣华富贵。有一年,一伙权奸密谋害死晋国大公子重耳,扶小公子申生继位,介子推知道后,就保着重耳离开了晋国,到处流亡。

有一天,他们在一座大山里迷了路,几天几夜没吃东西,晋公子重耳饿得头昏眼花,再也走不动了。在这荒山野沟里,谁也找不到吃的。重耳坐在一条破席上,绝望地仰天长叹:"重耳一死事小,恐怕将来晋国的百姓就难康乐了。"介子推一听这话,想到重耳苦难中还不忘百姓,只有尽心辅佐。他咬咬牙,跺跺脚,跑到背静处把自己腿上的肉割下一块,用火烤熟送给了重耳。重耳接过,狼吞虎咽,片刻吃了个精光。重耳问:"哪来的肉?还有没有?"介子推把裤腿向上提了提,说:"肉从腿上来,公子喜吃,臣愿再把这个腿肚割下奉君。"重耳望着介子推的腿肚,感动得流着泪,说:"你这样待我,我将以何报答你!"介子推说:"我不求公子的报答,但求公子不忘我割肉奉君的一片丹心。你我君臣流亡在外,饱经风霜,深知民间疾苦,但愿日后你多思治国之方,做一个清明的国君。"

晋公子重耳在外流亡了19年,晋国忠胜奸败,迎他回去做国君。在回国的途中,车将至国都,他望着那条和他流亡作伴的破破烂烂的席子,倒有点不称心,信手用剑挑下车去。车后边的介子推拾起那条烂席,深思了一阵,悄悄地回家去了。

重耳当了国君,把流亡期间跟随他的人都封赏了,却忘记了介子推。有人在重耳面前替介子推叫起屈来,重耳猛然想起旧事,心里很觉惭愧,马上差人去请介子推上朝受赏。差人去了几趟,介子推只是不来。无奈,重耳便亲自去请。当重耳来到介子推的家时,只见门闭锁扣,问起邻人,方知介子推不愿见他,背着老母躲进了绵山。于是,重耳便让他的御林军上绵山搜索。人在前山搜,介子推背着老母去后山,人在后山搜,介子推背着老母去前山。山高路险,树木丛杂,怪石林立,一两个人藏进山里,就像针落海底,米落沙滩,搜来搜去连个影子也没见。这时,有人献计说:不如放火烧山,三面点火,留下一方,大火起时介子推准会自己走出来的。

于是,重耳下令火烧绵山。满山枯木干草,遇火便着,风吹火旺,满山通红,烟雾遮天。前山后山,左山右山,眼看就烧光了,终不见介子推走出绵山。火熄后,只见介子推背着老母靠着一棵烧焦的大柳树死去了。重耳望着介子推的尸体跪拜一阵,又放声大哭起来,哭了一阵,移尸安葬,发现介子推的脊梁堵着柳树树洞,洞里好像有件什么东西,掏出看时,原来是一片衣襟,衣襟上用血写了几行字:

  割肉奉君尽丹心,
  但愿主公常清明。
  柳下作鬼终不见,
  强似伴君做谏臣。
  倘若主公心有我,
  忆我之时常自省。
  臣在九泉心无愧,
  勤政清明复清明。

重耳看罢,把介子推的血书衣襟折叠好藏入袖中,然后把介子推和他的母亲分别安葬在那棵烧得焦枝煳皮的大柳树下。为忌烟火,他就把这一天定为寒食节,晓谕全国,寒食一日。

第二年,重耳领着群臣去绵山祭奠,先在山下寒食一日,第二天素服徒步,登山致哀。行至坟前,只见那棵死柳复活,千万条嫩丝随风漫舞,重耳心有所动,望着复活的老柳树,像看见介子推一样,敬重地走到跟前,珍爱地掐了一丝,编了一个圈儿戴在头上。群臣们见主公戴柳,便也学着折柳插头。君臣们戴柳祭扫后,重耳就把那棵复活的老柳树赐名为清明柳,把这一天定为清明节。

重耳把介子推的血书衣襟经常袖在身边,作为鞭策自己执政的座右铭,他勤政清明,把国家治理得很好,后来成了五霸之一,这就是有名的晋文公。百姓们

清明插柳

能安居乐业,自然对死谏有功的介子推非常感激,为此寒食、清明成了全国百姓的隆重节日。

每逢过节之时,人们喜爱清明柳,有的用柳条编帽戴,有的把柳条带回家插在门头,有的把柳枝插在门前沟边。谁知清明柳挨土就生根,迎风长枝杈,插在哪里,活在哪里,年年行祭,年年插柳,没几年,绵山柳满坡,村村柳成荫。清明节戴柳、插柳的风俗代代相传,直到今天。

十二、端阳插艾的故事

端阳节这天,家家门上插艾草。这是咋回事呢?传说是这样的:

宋朝末年,元人入侵,见到汉人就杀,见到房屋就烧。百姓们携儿带女纷纷逃难,有的逃往深山,有的躲进河湾。

有个中年妇女带着两个孩子也逃到山坡上,她身上背个大的,约摸五六岁,手上扯个小的,约摸三四岁。眼看元兵追赶上了,那妇女很着急,小孩子走不动,只是"哇哇"地哭,越哭那妇女越着急。元兵赶上来要杀她,一个首领模样的人走了过来。看她背个大的,穿戴衣帽整齐;手上扯个小的,穿的破衣烂絮,那首领拿刀指着大的问:"这是你的小孩?"那妇女低头看着小的,说:"这个是。"那首领又问:"奇怪,为什么不背着小的,拉着大的?"妇女说:"大的是我哥嫂家的,哥嫂死后,托我把他收养,我不能亏待他呀,我不能只爱自己的亲生儿子!"

那首领听了,深受感动。"啊,仁义之人,可敬可佩,我不杀你。"他随手拔起一棵艾草,说:"回家吧,把它插在你的门上,我下令:凡见插艾之门,一律不准入内。"

妇女迟疑了一阵,拿着艾,带着孩子下山去了,回到家,便把艾草插在门上。

五月初五这天,元人又来村里,见她家门上插着艾草,连家门也没进。村里逃难的人事后回村,知道了原委,一传十,十传百,家家门上都插起艾来。

因为那天是五月初五端阳节,后来每到这一天都插艾,这便沿用下来,成了风俗。

十三、六月六的传说

"六月六,请姑姑"。每逢农历六月六日一到,农村的各家各户都要请回已出嫁的老少姑娘,好好招待一番再送回去。这个风俗是啥时候兴起的呢?据说是从春秋战国时候兴起的。

相传在春秋战国时期,晋国有个宰相叫狐偃,他是保护和跟随文公重耳流亡列国的功臣,封相后勤理朝政,十分精明能干。晋国上至文公,下至黎民对他都很敬重。每逢六月初六狐偃过生日的时候,总有数不清的人给他拜寿送礼,恭祝他长生不老。就这样捧来敬去,狐偃慢慢地骄傲起来。时间一长,人们对他不满了。但狐偃权高势重,人们都敢怒不敢言。

狐偃的儿女亲家是当时的功臣赵衰。他对狐偃的作为很反感,就直言数落了他许多不是。狐偃听不进苦口良言,当众把亲家责怪一番。赵衰年老体弱,经不起生气,不久竟因气而死。他的儿子恨岳父不讲仁义,决心找机会为父报仇。

第二年,晋国夏粮遭灾,狐偃出京放粮,临走时对家里人说,六月初六一定赶回来过生日。狐偃的女婿得着这个消息,不由心中暗喜。他把几个至亲厚友请到家里商量,决定六月初六大闹寿筵,杀狐偃,报父仇。

人们走后,狐偃女婿回到后堂见了妻子。他试探着问:"像我岳父那样的人,天下老百姓恨不恨?"狐偃的女儿对父亲的作为也很生气,就顺口答道:"连你我都恨他,还用说别人?"她丈夫一听这话,再想起平日夫妻感情深厚,料想无妨,就把他的计划说了出来。妻子听了,脸红一阵白一阵,愣了半天才说:"我是你家的人,顾不得娘家事啦,你看着适合就那样办吧!"

从这以后,狐偃的女儿整天心惊肉跳,她恨自己的父亲不该狂妄自大,对亲家太绝情,但转念想起父亲的许多好处,又觉得杀了太过分,亲生女儿绝不能见死不救。她犹豫了好几天也拿不定主意,一直到六月初五后晌,才趁丈夫忙于准备之机跑回娘家去。她问母亲:"丈夫跟父亲比较,谁亲近些呀?"母亲见女儿匆匆回来,心里怀疑,就答道:"父亲好比你的头,割掉就长不出来了;丈夫好比身上的衣服,脱了这件还能换那件。"女儿一听,就把丈夫的密计说了出来。母亲大惊,急忙差人连夜给狐偃捎信叫早做准备,又吩咐家将严密防备,守护本府。

狐偃的女婿见妻子逃跑了,情知机密败露,吓得浑身筛糠,闷在家中等狐偃来收拾自己。

六月初六一早,狐偃女婿刚吃罢早饭,就见门官惊慌来禀:"老爷!狐相爷亲自来到咱府,说是请你哩!""请?"狐偃的女婿苦笑一声,知道是祸躲不过,硬着头皮出门迎接。谁知狐偃见了女婿,就像没事儿一样,翁婿二人并马回相府去了。

今年的拜寿宴席,狐偃没有老早坐到寿堂上等众人叩拜。他恭恭敬敬地请女儿、女婿坐上席,小夫妻二人苦推不过,只得心惊肉跳地坐下来。

这时,狐偃对众人说:"老夫今年放粮,亲见百姓疾苦,深知我近年来做事有错。今天贤婿设计害我,虽然过于狠毒,但事没办成。他是为民除害,为父报仇,老夫绝不怪罪。女儿救父危难,尽了大孝,理当受我一拜。并望贤婿看我面上,不计仇恨,两相和好!"一席话说得满坐宾客又惊又喜,女儿女婿一齐离坐,跪在父亲面前叩头请罪。狐偃连忙搀起,这才各归座位,给狐偃拜寿贺喜。

从此以后,狐偃真心改过,翁婿比前更加亲近。为了永远记取这个教训,狐偃每年六月初六都要请回闺女、女婿团聚一番。这件事情传扬出去,老百姓个个仿效,也都在六月六接回闺女,应个消仇解怨、免灾去难的吉利。天长日久,相沿成习,流传至今,人们称这天为"姑姑节"。

十四、中秋赏月的来历

每年中秋节的时候,人们都要赏月。这种习惯是怎样形成的呢?

古时候,有个国君后羿,娶了个美貌的妻子,名唤嫦娥。一天,后羿从西王母那里求得长生不老药。嫦娥听说后,半信半疑。

这天晚上,嫦娥来到院中。只见一轮明月挂在中天,那月亮上影影绰绰,似有亭台楼阁。她仔细看时,却又是一片冰轮,洁净无瑕。她想,那上边一定是个纯洁美妙的世界。于是,她想到了那包升天的仙丹。主意拿定之后,她回到茅屋,打开箱子,从首饰匣里取出了那包升仙之药,也来不及倒水,便将仙丹吞了下去。霎时,只觉得头晕目眩,飘飘欲仙,身不由己,升向天空。嫦娥舒展衣袖,天空中立刻出现一团五彩缤纷的天花。那团天花越升越高,终于消逝在月亮四周那片清辉里。嫦娥奔到月宫里去了。

古代中秋赏月图

天上一位神仙见了嫦娥,说:"宝药不该你吃,偷吃更是罪过。"神仙又说:"赎罪,就是要你日日月月为神仙制造桂花酒;受罚,就是将你打入嵩山下的冰井里受冻。你选择吧。"

嫦娥想了想说:"我愿意做酒。"

神仙说:"只是你要注意一条。"

嫦娥问:"哪一条?"

神仙说:"桂花酒乃是金桂之花酿成的,只许仙人享用,不可向凡间有半点滴漏。如让凡人尝到酒或闻到酒气,他们就都变得漂亮起来,那时善恶美丑就难以分辨了。"

嫦娥听了,点头答应。

从此,她起早贪黑,勤恳造酒。不知过了多少年月,嫦娥渐渐思念起人间来,就在一年八月十五日的夜里,私下舀了一瓢酒,遥遥向凡间洒来。那天夜里,大部分男人睡了,没有碰上好运气,女人们在月亮下忙着纺花、干活儿,大都闻到了酒香。她们第二天就变了样:好看的更漂亮了,丑陋的也俊俏起

来。以后,每年八月十五,嫦娥都要洒一次酒。时间久了,人们看出了门道,八月十五坐夜赏月的人就多起来了。

现在漂亮的女人比漂亮的男人要多得多,就是因为很久很久以前,女人们闻到了桂花酒香的缘故。

嵩山下确实有一口冰井,一年四季冰冷,伏天不例外,又叫"伏冰井"。见到这口井,人们就讲起这个故事来。

十五、中秋节的传说

相传很早很早的远古时候,一共有十个太阳一齐出现在天上,只晒得大地冒烟,海水干枯,天下百姓难活下去。这时,有个叫后羿的英雄力大无穷,能开万斤宝弓,能射巨蛇猛兽。他同情受难百姓,就弯宝弓,搭神箭,一口气儿射下九个太阳。最后一个太阳认罪求饶,后羿才息怒收弓,严令太阳按时起落,为民造福。

从此,后羿的名字传遍天下,人人敬仰。后来,他娶了个妻子叫嫦娥。这嫦娥美丽非常,温柔贤惠。夫妻二人相亲相爱,生活非常美满。嫦娥心地善良,常把丈夫射来的猎物接济乡亲们。乡亲们都非常喜爱她,夸后羿取了个好媳妇。

有一天,后羿得了一包不死药,吃了这药,就能长生不老,成仙升天。可后羿舍不得自己心爱的妻子,也舍不得父老乡亲们,不愿自己一人上天,回家后,就把不死药交给了妻子。嫦娥把药藏在了床头首饰匣里。

那时候,因为羡慕后羿的威名,不少人跟着他拜师学艺。其中有个叫蓬蒙的,是个奸佞小人,想偷吃后羿的不死药,自己成仙。

这一年的八月十五日,后羿又带着徒弟们出门射猎去了。天近傍晚,蓬蒙却偷偷溜了回来,闯进嫦娥的住室,威逼嫦娥交出那包不死药。嫦娥在迫不得已的情况下,把不死药全部吃下,立时,身轻似燕,冲出窗口,直上云天。可她一心还恋着心爱的丈夫,就飞到离地面最近的月亮上安了身。

后羿回家后,不见了妻子嫦娥,忙向侍女打听,才知道事情的经过。他焦急地冲出门外,只见天上的月亮比往日格外亮,格外圆,就像心爱的妻子在看着自己。他心似刀绞,拼命朝月亮追去。可他追三步,月亮退三步;他退三步,月亮进三步,咋也到不了跟前。后羿思念心爱的妻子,心痛欲裂,默默流泪,无可奈何,只得命侍女在院内月下摆上供桌,上面供放上嫦娥最爱吃的各种水果,遥祭远去的妻子。乡亲们听说以后,也都在各家院内摆上供桌水果,遥祭善良的嫦娥。

再说嫦娥飞入月宫之后,每日里思念丈夫,思念乡亲,虽有珍馐佳肴,宫女歌舞,仍不能消解愁烦。每年的八月十五晚上,她都要走出宫门。这时,天清气爽,下界景象就在眼前,她默默遥望,此时她那美丽的容颜也使得月亮格外明,格外圆。

到了唐玄宗年间,在一个中秋节的夜里,唐玄宗在宫中赏月,道士罗公远邀玄宗去游月宫,玄宗欣然应允。罗公远将手杖扔向云天,立时化为一道银色长桥。二人走过这桥,眼前现出一座宫院,宫门上方写着"广寒清虚之府"。再看那广寒宫内,水晶为阶,如行镜中,仙山琼阁,引人入胜。嫦娥一见凡间人来,非常高兴,忙将他们邀入宫中,命宫女端出酥甜的仙饼让他们吃,并让数百名宫女在庭院里轻歌曼舞,然后才把他们送出月宫。回人间后唐玄宗暗记下仙女的舞曲,命人整理,成为优美动人的"霓裳羽曲"。他还命人仿造月宫仙饼,因这种饼原是月中之饼,又加形如圆月,所以人们就叫它"月饼"。

自此以后,每年中秋节的晚上,人们都合家团聚,在月光下赏月,还摆出丰硕的果品、月饼祭月。有的人吟诗唱和,表示对月中嫦娥的怀念,对美好生活的向往。年年如是,直传至今。

十六、腊 八 粥

每逢腊八这一天,家家户户都要吃"腊八粥"。这是啥意思呢?

远在北宋年间,八百里伏牛山里,有老两口和一个娃过日月。老头是个勤快人,虽然年过六十,还是天天鸡叫起床,扫地攒粪;天明下地,精心耕耘。八亩地年年五谷丰登,粮食囤年年装得冒尖,还得卖出点儿了。院里呢?树木成林,瓜棚遮天,菜豆鲜果,四季不断。一家除吃喝以外,还能换回不少银两,那日子真是吃甘蔗上山——一步比一步高,一节比一节甜。村里人问他:"你家种有摇钱树,日子过得怎舒坦?"老头笑笑说:"摇钱树,人人有,就是自己两只手。"因为老汉天天早起,人们送他个外号——"打鸣鸡"。

老婆呢? 是个勤俭的治家主。一天三顿饭,精打细算,闲月吃稀,忙月吃稠。平时多把菜,省把面。邻居们说:"一顿省一把,十年买匹马。"饱时想饿时,丰年想欠季,老婆吃穿都俭省。做件衣裳,新三年,旧三年,缝缝补补照样穿,一身粗布棉袄能干干净净穿十几年。老两口和儿子三口人年年丰衣足食,常常拿出余钱剩米周济左邻右舍。又有人问:"您家业不大,咋过得怎滋润,是不是藏个聚宝盆?"老婆说:"聚宝盆不算好,勤俭才是无价宝。"因为老婆不抛米洒面,不轻易花钱,邻居们称她"不漏汤"。

日子一年一年可快了,转眼之间,那娃已经十七八了。这娃儿虽说是长得五大三粗挺壮实,可就是跟爹妈不一样,从小就是槽上吃食,圈里蹭痒,长大了也是饱吃闷睡不干活,街坊送号"瞌睡虫",是个十足的败家子。

有一天,老汉摸摸花白胡子,知道自己老了,就对娃子说:"爹娘只能养你小,不能养你老。要吃饭,得流汗。靠天靠地靠爹娘,都不如靠自己保险哪! 你以后甭光睡了,也得学会种庄稼过日子啊!""瞌睡虫"哼哼两声,这个耳朵听,那个耳朵扔,照样睡他的懒觉。

不久,老两口又给儿子成了家。这个媳妇和儿子一样,也是好吃懒做,日头不落就睡,日出三竿才起,不拿针线,不进灶房,油瓶倒了也不扶,整天扔馍块,泼剩饭,人送外号"没底锅"。

腊 八 粥

有一天,老婆梳着满头白发,自叹土已埋住脖子了,就把满心的话说给儿媳妇:"初一扎针十五拔,强似挨门求人家。家常便饭吃得长,粗布衣服穿最久。嫌吃嫌穿没吃穿,过日子可得会精打细算啊!"儿媳妇只当耳边风,一句也不往心里放。

过了几年,老两口同时身染重病,卧床不起,就把小两口叫到跟前,嘱托再三:"要想日子过得富,

鸡叫三遍离床铺。俭是聚宝盆,勤是摇钱树,男当勤耕耘,女应多织布……"说罢,老两口一同下世去了。小两口看看囤里粮食缸里米,男人说:"吃不愁,穿不愁,何必种地晒日头。"再看看被满床,衣满箱,女人说:"冬有棉,夏有单,何必纺织月西偏。"小两口一唱一和,谁也没把二老的教诲记心上。

转眼又是一年,八亩地成了荒草园,家里柴米油盐一天少一天,衣服鞋袜一天烂一天。树叶一青一黄,燕子飞来飞去,一年一年过去了,地里颗粒没收,家里吃穿将尽。春夏过去,秋冬又来,小两口待在屋里,开始忍饥挨饿了。好心的邻居们看在去世的老两口面上,这家给一块馍,那家端一碗汤。于是,小两口又在想:"这样也能混时光。"

"一九二九不出手,三九四九冰上走",天气越来越冷。到了腊月初八这天,大雪封门,北风呼啸,小两口偎在一起"筛糠",肚里没饭,身上衣单,朝不保夕。他俩眼盯着地,手抠着墙,忽然发现地缝里有几粒米、麦、杂粮,墙缝里塞着几根干菜、玉米秸。这可是宝贝呀,一米救三慌,快放到锅里去煮。他们把最后的一把铺草也拿来填到灶堂里,煮了一锅杂七杂八的米粥,有大米、小米、黄豆、萝卜叶、芝麻叶、红薯叶,凡是能充饥的全丢进了锅里。小两口这时想起了二老的话,可是已经晚了。"腊七腊八,出门冻个大疙瘩。"小两口只得悲悲切切地一人盛了一碗杂七杂八的粥。端起来刚吃了几口,一阵大风刮来,由于房子年久失修,被风刮倒了。等邻居们冒雪赶来,扒开房子一看,小两口已经死了,每人身边放着半碗杂拌饭。

从此,每到腊八这天,人们就熬这样一锅粥让孩子们吃,边吃边讲"瞌睡虫"和"没锅底"饿死这回事。一传十,十传百,越传越远。父传子,子传孙,世代相传,从宋、元、明、清,直到今天。由于熬粥是在腊八这一天,人们就叫它"腊八粥"。

第八章 民间艺术

民间艺术是在社会中下层民众中广泛流行的音乐、舞蹈、美术、戏曲、游艺、体育技巧、小杂耍等具有一定技能的民间娱乐活动。这些艺术活动具有非剧场化、非大舞台化和半职业化等特点。

嵩山地域的民间艺术活动历史悠久,源远流长。从登封汉代石阙上刻的《女子蹴鞠》《幻戏图》《出游图》,古墓葬出土的汉画像砖,陶器上的各种美术、动物、舞蹈、吹奏等艺术图案可知,当时杂耍、游戏、歌舞等类别已在民间广为流传。

嵩山地域的民间艺术项目繁多,如果摒弃专业技能的实用性,单纯就其艺术的审美性和运用的普遍性来看,民间艺术在历史上流传最广而又为人们广泛喜爱的有民间戏剧、民间曲艺、民间音乐、民间歌舞、民间工艺、民间游戏等。

民间艺术

第一节 民间戏剧

在民间艺术门类中,戏剧是历史上最为老百姓喜闻乐见的一种艺术形式。民间戏剧为各种戏剧形式的统称,表演上以唱、念、做、打、舞并重为其主要特点。古时候,封建文人所编的戏剧大多是孝子忠臣及歌颂卫国爱民的英雄,揭露了社会矛盾,贬斥了贪官污吏,在一定程度上起到了抑恶扬善、伸张正义的作用。广大劳动人民没有文化,没有条件读书识字,当时人们的许多知识,特别是历史知识都是从戏剧中得来的,因而人们对戏剧十分热爱,对某些章节能讲得出、背得熟、唱得上口。

民间唱戏基本有三种形式:一是戏台演出;二是地摊演唱;三是唱路戏(学会几段戏,走路时常哼唱),从此也可看出戏剧的普及性。以前民间戏台唱戏的情况多是在赶庙会、还愿、为老人祝寿、父母去世的时候,内容多是与节日农事相关的节令戏,儿女不孝致父母死亡、舅父或族长要求向乡亲们演出的赔情戏等。

历来民众对演戏都很支持，一些缙绅大户也积极资助，这对戏曲的迅速发展奠定了良好的基础。随着社会的发展，人类的进步，民间戏剧也有了很大的提高和变化，呈现出一派繁荣景象。

一、戏剧历史

嵩山民间戏剧的历史可以追溯到古代。从新密市东汉（25～220年）打虎亭壁画墓中发现的"宴饮百戏图"中可以看出，墓主人席地而坐，约有七八名演员在做各种表演。此时的"戏"，是一种娱乐表演，而不同于当今的"戏"，但可以说它是我国戏曲的萌芽，对后世的戏曲形成有着重大的影响。

到了宋代，嵩山地域就有了戏剧表演活动。1978年出土于荥阳市槐西村的宋代杂剧石棺上，清楚地雕刻着杂剧演出的情况。石棺用青石雕凿而成，长1.93米，宽1.02米，后高0.62米。棺盖上面正中刻"大宋绍圣三年（1096年）十一月初八日朱玉翁之灵男朱允建"。棺材右侧板线画自前至后分为三组：第一组为墓主人夫妇在饮宴并欣赏杂剧，夫妇二人身着长袍，端坐椅上，桌上摆满食品和菜肴。桌前4个演员在表演杂剧，左起第一人为末泥色，亦称竹竿色或参军色，第二人为副末净，第三人为事净色，形象滑稽，第四人为贴净。内容是关于宋代诗人李义山的故事。中部一组为侍宴图，后部一组为庖厨图。石棺上刻有"李义山杂剧"文字，是我国较早刻有杂剧表演的形象资料。

金代，嵩山地域已有乐楼和露天演出场所。嵩山脚下中岳庙的《大金承安重修中岳庙图》碑上，刻有一砖构方形高台，台峰砌人身须弥座形，此台即为露台。这些戏楼、露台，多建于寺庙之中，反映了当时歌舞、戏剧活动与宗教活动之间的密切关系。建于元代的新密市洪山庙中，有两根盘龙石柱，上边刻有《窦娥冤》戏曲，殿内梁拱檐壁上，绘有28幅戏画，描绘的是《三国演义》《西游记》《封神榜》等戏剧，可见当时的戏剧活动已趋繁荣。

明清时期，嵩山地方戏剧蓬勃发展。从登封、巩义、荥阳、新密等地流传的"一清、二黄、三越调、梆子戏胡乱套"的俗语，说明嵩山地域在清代已有多类剧种流行于洛阳、偃师、汝州、荥阳、登封、新密、新郑等地。清道光年间，新密的"四大国公"和之后的"十八家老国公"都会唱罗戏、皮黄和越调。至民国八年（1919年），老艺人燕长庚在新密还演出二黄戏《二进宫》《刮王莽》等，与罗戏戏班同台演出过《敬德赶元王》《五龙捧圣》等剧目。清道光、咸丰以来，嵩山地域的各市县的煤矿、商行及社会各界办起了众多的戏曲班社。新密、荥阳、巩义、登封等地的大煤矿都办有戏班，如清同治年间的新密超化煤窑太乙班，清咸丰年间的沙石坡煤窑戏班等；县衙办的戏班，如荥阳的皂班、新密的八班、巩义的城隍庙戏班等；还有乡绅富户办的戏班，如新密周岗马王爷戏班、清道光年间的刘家戏班、清宣统年间的巩义五圣会戏班等。为数众多的戏曲班社，使嵩山地域的戏曲活动呈现出一派繁盛景象。

嵩山地域的民间班社分为五种类型：一是艺人自己组织江湖班；二是衙门的公务人员所办；三是商人、企业家出资办班，艺人掌班；四是官宦富户所办；五是业余班，农忙务农，农闲演出，自娱自乐。这些古老的民间戏曲班社，造就了许多戏曲表演艺术家。如新密乾隆、道光年间的"四大国公"和"四小国公"及道光、咸丰年间的"十八家老国公"等，都是当时在观众中享有盛誉的名艺人。其中，登封的刘荣泰科班、新郑的杨庚寅科班等科班，在嵩山地域的民间最负盛名。

虽说是民间自发而成立的班社，但当时的演员都受过严格的训练，功夫过硬，演技精湛。演悲剧唱到哪个字落泪，可做到一点不差。女旦扮相俊美，甩袖功夫尤其令人叫绝。男旦踩着"拐子"（即低高跷)走起台步,飘飘欲仙,十分逼真。

当时的班社所演剧目相当丰富,常演的剧目有《反冀州》《二龙山》《乐毅伐齐》《韩信拜师》《凤仪亭》《黄鹤楼》《辕门斩子》《下陈州》《黑大寿过阴》《白玉杯》等。这些以外八角为主的袍带戏,很受观众的欢迎。

嵩山地域的戏曲演出场所,在明清之际有很大发展。各市县都建有许多庙宇,如城隍庙、关帝庙、卢医庙、火神庙、龙王庙、三官庙、老君庙、奶奶庙、土地庙等,庙宇中,多建有戏楼。据统计,仅巩义的戏楼即多达40多个。这些戏楼多为砖木结构,一般为面阔三间,分前后台,戏楼前是开阔的空场,供观众看戏。荥阳崔庙、二帝庙《建修戏楼碑记》曰:"又虑非乐楼无以悦神,更与众善约,将历年所余资财,遂为人鸠工破石,石栏石柱,实坚实好,如盘石之安,如苞桑之固……其乐楼屹然而可观。"

嵩山地域的戏剧活动,总是与敬神祭祀有着密切的关系,所以戏楼总与祠庙相联。每遇礼天祭祖、春祈秋报之时,都要在祠庙前演戏,久之形成了庙会,各种庙会又为戏曲演出提供了机会。据史书记载,嵩山地域的市县中,仅新密每年就有450个会。逢会必演戏,人们欣喜若狂,前来看戏的人成千上万,充分体现了戏曲在嵩山地域的深厚社会基础。

戏楼

随着戏剧艺术社会需求的提高,民间过年过节排演戏剧不断,演出场所的戏台、戏楼日趋完善,戏曲社班越来越多,竞争日趋激烈,分类愈细,而表演愈佳。

民国时期,偃师、新密、登封、伊川、临汝、巩义、荥阳等地,先后有许多著名的梆子戏班,如新密的小二班、太乙新班,荥阳的大王庙戏、崔庙街戏,巩义的通津班移风会戏、五圣会戏,新郑的杨庚寅科班,登封的刘荣泰科班等。这些科班拥有众多演员,阵容整齐,戏箱齐全,剧目丰富,为观众所称道。

中华人民共和国成立以后,郑州市于1950年、1951年举办了两次抗美援朝戏曲竞赛活动,参赛的有京剧、梆子、曲剧、越调、坠子、评弹、相声等艺术品种,声势很大。"文化大革命"时,嵩山地域的戏曲事业遭到严重破坏,在批判才子佳人的斗争中,戏曲演唱除了8个革命样板戏外,几乎没有其他内容。"文化大革命"结束以后,民间戏曲才有了新的起色。

改革开放以后,在上演新戏的同时,传统剧目开始上演,民间的演出也逐渐恢复。到了20世纪90年代后,民间戏剧又呈现出繁荣的景象。农户家里办喜事,或小店铺开业,都要请县里的剧团或民间戏曲演唱者,到村里来唱大戏。很多民间的戏曲高手,还踊跃到省、市、县参加戏曲大赛,并获得奖项。

二、戏剧种类

自清朝到现在,嵩山地域流传的主要地方戏剧种类有豫剧、曲剧、越剧、二夹弦、京剧等。

（一）豫剧

豫剧又称河南梆子，亦称河南讴、靠山吼、土梆戏，中华人民共和国成立以后，才正式定名为"豫剧"，是全国四大剧种之一。

豫剧作为戏曲艺术的一个门类，在河南有着悠久的历史和发展历程。豫剧是明末清初在民间的小曲小调、民歌的基础上，吸收了流行的梆子腔、弦索腔、东路秦腔、昆曲、弋阳腔、汉调等声腔，融百家于一体，在长期演变过程中逐渐形成的独具一格的剧种。

嵩山地域的豫剧最初是在扮演高跷、旱船、竹马、小车等节目时，常配以河南梆子唱段。后来发展成为"围鼓圈戏"，或叫"坐板凳头戏"，在地摊演出。演出时三五人围坐一起，每人兼管数种乐器，边打边唱。以后渐渐兴起人数较多的戏班子。清代末叶，嵩山地域从县城到乡镇，到处都有河南梆子班社活动。

明清及民国初期，演出剧目主要是"公案戏""宫廷戏"及"三小戏"。如包公、刘公、施公、海公等都是公案戏中的主角。"三小戏"则以小生、小旦、小丑为主，反映日常家庭生活琐事，以宣扬孝道为主。凡有唐王、宋王等皇帝及后妃宫廷斗争的戏则是宫廷戏。清末民初，演出的剧目逐渐丰富，主要有《白玉桥》《铡陈世美》《宋江杀妻》《曹庄杀妻》《铡吴炎龙》《小姑贤》《状元祭塔》《杀王腾》《洛阳点炮》《香囊记》《双头马》《洪月娥背刀》《秦雪梅》《老羊山》《洛阳桥》《雷公子投亲》《桃花庵》《火龙镖》《梁山伯与祝英台》等。

嵩山地域民间向来有自编自演戏剧的优良传统。抗战时期，曾编写抗战剧目，由当时群众自发组织剧团演出。中华人民共和国成立初期，农村、学校、厂矿结合剿匪反霸、土地改革、抗美援朝、私营商业社会主义改造、农业合作化、大跃进等，自行编演了一些群众喜闻乐见的剧目，这些剧目经过排练，在城镇、农村上演后，很受群众欢迎。嵩山地域在不同的历史时期，都有不同的具有时代特色的戏剧搬上舞台，受到人们的好评。

中华人民共和国成立以后，嵩山地域的各市县都成立了豫剧团，并成立了专业戏校。演出剧目有传统的，也有现代的，并随着时代的发展而不断变化。剧团成立初期，戏曲舞台上出现许多杨家将戏和三国戏。这些剧目中的许多人物形象为人们所喜闻乐见，在群众中影响较大，某些唱段，一些观众可以随口哼出来，成为一部分群众的"路戏"。这一时期，嵩山地域演出的剧目除部分古装戏外，增加了部分现代剧目，其中有《擦亮眼睛》《志愿军的未婚妻》《红色种子》《龙马精神》《夺印》等。

20世纪50年代到60年代前期，戏剧舞台推陈出新，对传统戏剧进行加工整理，去其糟粕，留其精华，在戏曲舞台上出现了新的剧目。其间上演的传统剧目有《穆桂英下山》《杨八姐游春》《三哭殿》《春秋配》《红桃山》《三岔口》《二龙山》《白水滩》等。主要是一大批现代剧目也搬上了舞台，如《刘胡兰》《社长的女儿》《山村疑案》《山乡风云》《江姐》《李双双》《朝阳沟》等。这些戏内容健康向上，充满革命激情，语言流畅通俗，富于生活气息；唱腔上新词用旧调加以创新，使唱腔更加优美动听，将政治与艺术、时代精神与传统表现形式相结合，愈来愈为观众所喜爱。这一时期现代戏在舞台上占有重要位置。

60年代后期至70年代初期，由于极左路线干扰，传统剧、古装剧统统成为"四旧"，只能演"样板戏"。嵩山地域上演的样板戏有《智取威虎山》《沙家浜》《红色娘子军》《红灯记》《白毛女》等8个样板戏。

"文化大革命"结束以后，全国各行各业出现了转机，文艺舞台也随之繁荣起来，传统古装戏开禁了,戏曲剧目多了起来,嵩山地域的各县(市)戏曲舞台上又演起了现代戏、传统古装戏和新编历史剧,先后上演《穆桂英挂帅》《十五贯》《杨门女将》等古装戏。这一时期的现代剧目有《江姐》《苗山颂》《接枪》《红灯照》《红云岗》《沙岗村》《南方在战斗》等,古装剧目有《三凤求凰》《逼婚记》等。

党的十一届三中全会以后,戏剧事业更加繁荣,戏剧舞台出现了不少新编传统戏,如《白奶奶醉酒》《封神榜》《黄鹤楼》《桃李梅》《泪洒相思地》《血溅乌纱》《审子辨奸》等。

豫剧《五世请缨》

嵩山地域最为著名的豫剧剧目为《朝阳沟》。1957年秋天,著名剧作家杨兰春到登封大冶曹村驻队劳动,在深入生活中创作出了豫剧现代戏《朝阳沟》,几经修改提炼加工,由著名作曲家王基笑谱曲后,河南省豫剧三团搬上舞台而一炮走红,并应邀进京演出,受到毛泽东主席等中央领导的接见和肯定。从此《朝阳沟》不仅成了省豫剧三团的保留剧目,而且其主要唱段被乡村戏迷不断传唱。曹村也因朝阳沟的走红而于1974年正式改名为朝阳沟。省豫剧三团也把朝阳沟作为第二故乡不断回访,并作为其体验生活的首选基地。

(二) 曲剧

曲剧,俗称曲子戏、高台曲,是河南地方戏的主要剧种之一。

曲剧是20世纪20年代左右出现的新剧种。曲剧最初是在嵩山地域的汝州、登封、洛阳民间流行的曲艺基础上,从地摊演唱到"高跷曲"而发展起来的。《中国戏剧集》载,1926年,洛阳朱万明的同乐社到辖区颍阳乡李洼村演出,因天下大雨高跷不能踩,群众又不让走,演员第一次甩掉高跷,在用牛车并起的舞台上表演,曲剧由此开始登上舞台。1983年出版的《中国大百科全书》中戏曲曲艺"河南曲剧"条目的释文载,河南曲剧是"由坐班清唱的河南鼓子曲中杂牌小调与民间歌舞踩高跷相结合,于1926年经临汝县农民同乐社搬上高台,发展成为曲剧剧种的"。

河南曲剧是由高跷曲子发展而成的,而高跷曲子则是清朝光绪初年,洛阳王凤桐先生,把当地以舞蹈为主的高跷,和以茶馆、坐班清唱,配以伴奏乐器,以自唱自乐为主的小演唱融为一体而成的。曲剧有一种演出形式,即用一个圆木盘,中间挖一孔,孔下插一木杆,用人扛起来,艺人站于圆盘之上演出。20世纪60年代前期,嵩山地域的曲剧发展进入鼎盛时期,演出的传统剧目有《呼延庆打擂》《状元打更》《忠义与小白龙》等。

曲剧唱腔音乐基本上属于曲牌联缀体,在舞台上经常演唱的曲牌有30多种,如《扬调》《诗篇》《书韵》《剪剪花》《慢垛》《大汉江》《眼扭丝》《小汉江》《潇州》等,除少数曲牌如《石榴花》《打枣杆》有比较特定的联缀法则外,大多数曲牌的联缀和调整并不严格,有较大的可塑性和可变性。唱调委婉缠绵,轻快柔和。曲剧的伴奏乐器主要有坠胡、三弦、京胡、琵琶,后来发展到二胡、笙、筝、唢呐、横笛、黑管、大提琴、小提琴、闷笛等。打击乐原先只有一付手板、小鼓、锣、手钗,后来发展到大鼓、吊钗、小锣等。

河南曲剧分为两大类,一是洛阳曲子,二是南阳曲子。嵩山地域的曲剧都属洛阳小调曲子。曲剧剧目多为三小戏,即小生、小旦、小丑,题材以反映家庭生活、男女爱情的居多,主要剧目有《小姑贤》《小姑恶》《安安送米》《胡三姐开店》《李豁子离婚》等。嵩山地域最为著名的剧目为《卷席筒》。登封民间曾流传过一部古装戏《曹保山中状元》,它是依据登封大冶曹村历史上的真人实事编写的。中华人民共和国成立后由县曲剧团率先把原古装戏改编成《卷席筒》,上演后誉满全省。"文化大革命"结束后由于大剧作家曹禺的首肯,《卷席筒》由郑州市曲剧团重新搬上舞台并摄制成戏曲影片上演,引起轰动并成为河南曲剧久演不衰的经典保留剧目。

嵩山地域的几个市县都有曲剧班社进行演出活动。曲剧首先在洛阳、偃师兴起,后来登封的曲剧班社较多,有石道的上窝班、君召的君召班、颍阳的颍阳班、白坪的西白坪班、大金店的大金店西街班、大冶的大冶班等。巩义常封村的幻而飞曲剧团建于1940年,1941年曾到陕西演出,将曲剧带到了外省。

(三)越调

越调即"四街戏",是河南地方戏的一个主要剧种之一。

越调流行于河南及湖北北部,历史甚为古老,一说源于元明时代南北曲之九宫十三调中的越调,一说为南阳地方小调发展而成。主要伴奏乐器以四股弦为主,辅以三弦、卧笛、月琴等,因此亦有称其为四股弦的。原唱牌子曲,后吸收其他剧种唱法,改以板腔为主。主要唱调有慢板、流水、乱弹、赞子、哭腔、飞板等。常用曲牌有《梅花酒》《玉芙蓉》《新水令》《红绣鞋》等几十种,其中尚保留部分昆曲成分。传统剧目甚为丰富,现在已知的有40多出,分为正装戏、外装戏两种。中华人民共和国成立后整理的传统剧目主要有《收姜维》《诸葛亮吊孝》《李天保招亲》《双灵牌》等。

嵩山地域最早出现这一剧种是在新郑的越调戏班。1915年,新郑越调演员和尚娃曾在郑州演出,红极一时。1932年,四街戏在郑州大坑戏院(旧址在老坟岗附近)连演8个月,深受群众欢迎。紧接着,新郑的店张,登封的唐庄、大金店,新密的樊庄,荥阳的崔庙,巩义的北侯、孝义,伊川等地,以及洛阳、郑州、汝州、荥阳、偃师、登封、伊川、新密、巩义等地的越调班社相继兴起。民间旱船和地摊唱越调者甚多。

从古至今,洛阳市的越调一直久演不衰。特别是民间的越调,由清末至今忙散闲聚,年末春初活动基本上没有间断。有的戏班一直活动到"文化大革命"前夕。"文化大革命"以后,随着戏曲的逐渐恢复,越调也再次在民间兴盛起来。

(四)二夹弦

二夹弦是地方戏曲剧种之一,流行于山东西南部和河南部分地区,因其主要伴奏乐器四胡(四股弦)是以两股分别夹着拉弓上的马尾进行演奏,故名。

二夹弦的唱腔特点是真嗓吐字,假嗓送腔,纯厚朴实,婉转花哨,生动活泼。二夹弦的主要唱腔板式有"大板""北词""娃娃"。伴奏乐器有四弦、京胡、二胡、大胡、琵琶、鼓板、梆子、二锣、手锣等,传统剧目有150多出。

清末以来嵩山地域周边的几个县市都建有二夹弦剧班,但该剧种在嵩山地域的传播面较小,与豫剧、曲剧、越调相比,不普及,唱的人不多。

(五)吕剧

吕剧流行于山东以及江苏、安徽、河南的部分地区,是从说唱的琴书发展而来的,主要伴奏乐器是坠琴、扬琴、三弦、琵琶,合称吕剧四大件。嵩山地域的吕剧,也是从外地引进来的一个品种,演唱的人很少。

(六)柳琴戏

柳琴戏流行于江苏徐州、山东临沂以及安徽的部分地区,曲调粗犷质朴,用柳叶琴伴奏,女声变化特别多,有各种花腔和尾音翻高八度的冒调,也叫拉魂腔。

"文化大革命"时期,嵩山地域县市的许多革命文艺宣传队,曾排演过《全家学毛选》等柳琴节目。

(七)罗戏与卷戏

罗戏古称觋腔、罗腔,也叫罗罗(逻逻)。它曾于豫剧(河南梆子)、卷戏同台演唱,称为"梆罗卷"。它的唱腔音乐为曲牌联缀体,现在保留下来的曲牌有二三十个,传统剧目原有几百出。

卷戏又称为"眷戏",明清时期在嵩山流行。一说是寺庙里的经卷音乐流入民间而形成,一说出自宫廷。在历史上曾与豫剧(河南梆子)、罗戏同台演唱,称为"梆罗卷"。但会唱者已经不多。唱腔、板式、曲调有原板、赞子、飞板、慢板、滚板、哭板、起板。伴奏以锡笛、笙、横笛为主,没有弦乐。打击乐主要有鼓板、锣钗。剧目唱词比较深奥,讲究音韵。

这两个剧种在明末清初由晋、陕一带传入嵩山地域。康熙十八年(1679年),在嵩山的荥阳、新密、登封、巩义一带为演出盛期,清末以后失传。

(八)木偶戏

木偶戏又称长肘偶戏、提偶戏,群众俗称"时吼儿"。木偶戏于清初末期传入嵩山地域。当时,郑州一带有人向外地一木偶戏班学习、仿制,并组建木偶戏班,在本地及附近演出,后逐渐在嵩山地域兴盛起来。嵩山地域的木偶戏班最多时有几十个,演出剧目达百部以上。"文化大革命"时期,木偶戏被禁以后,在嵩山地域的民间没有再复兴。

(九)皮影戏

皮影戏又叫影戏、灯影戏、上影戏。舞台表演主要是操纵皮影,映在面帐上,艺人幕后配合演唱、伴奏。清末兴于嵩山地域的洛阳、郑州、荥阳等地,中华人民共和国成立

皮影戏剧

后,嵩山各市县还有少量的演出,因后继乏人,于20世纪50年代中期逐渐消失。

(十)道情

道情有"五阳调"(五样调)之称,是由民间说唱道情、鼓儿词、莺歌柳相结合并吸收外地戏曲艺术形成的。道情擅演喜剧,以"三小戏"为主,生活气息浓厚,表演细腻,用真嗓演唱,清悠委婉,朴实悦耳。唱腔板式有慢板、铜器垛、二八、小五板、哭腔等,曲牌有《两扯平》《三孔桥》等,唱词多,道白少,有些传统剧目一唱到底,没有道白。伴奏乐器以附琴为主弦。传统剧目近百出。

道情在嵩山地域各县市都有,但"文化大革命"以后,此剧在民间中的演出越来越少。

第二节　民间曲艺

曲艺俗称"说书",是流传较广的一种艺术形式,剧目丰富,曲种繁多。它道具简单,演员人数不限,有单独一人自拉自唱的,有三五结伙各顶一故事中人物对唱轮唱的,和戏剧的不同点就是不定脸谱,不化装,而进行表演,表情加动作。

嵩山地域的说书有河南坠子、河洛大鼓、三弦、锣鼓书、评书、劳花落等表演形式。嵩山地域的民间说书多在元宵节、小满前后、秋庄稼锄过二遍及秋收之后举行。说书一般有神社或村里的主事向曲艺班写定书,曲艺班按时到达指定地点说唱,社里或村子免费负责食宿,付演出费。百姓听书随其自便,但要遵守说书规矩。说书的内容一般有说神书、历史小说。说历史小说如《杨家将》《说岳全书》《七侠五义》等;说神书一般在农历二月,神书一般说三天,正式开本之前,要先说一段请神的"书帽"。一炉香敬苍天,敬请四方众神仙,先请龙王离东海,再请观音离歧山,雷音寺请来如来佛,兜率宫又请老君仙。各路神仙都请到,神棚以内领香烟。请神一书说完毕,保俺四季得平安。书帽说过,将各神童牌位及对联贴好,再燃放鞭炮,此时再唱"安神书",然后开始敬神,敬神后开始言归正传。一般根据所敬之神,艺人说三段神书,曲名多为《八仙祝寿》《五子登科》《王母送子》《张良修仙》等。

曲艺演出形式简单,是既经济又能活跃农村文化生活的民间主要剧种之一,嵩山地域各市县的农村都有流行。

一、曲艺历史

嵩山地域的民间曲艺始于唐宋,当时称"宣讲圣谕"。明末清初,各市县出现讲道的西华堂,宣讲内容以忠、孝、节、义为主,宣讲人多僧道打扮,照本宣科,无乐器伴奏。以后,演出时增加了振铃、醒木、折扇等简单道具。民国以后,三弦书、本弦腿板、鱼鼓道情、河洛大鼓、大鼓京腔、河南坠子、梅花大鼓等曲艺逐渐兴起。曲艺在传授形式上多是随师学徒,口授唱词。

在穷僻的农村,曲艺就是人们生活中最简单的娱乐活动。由于经济条件的限制,人们过去在麦场上、村街的饭市上或庙台上,一张桌子,一个高吊的马灯,一个盲人拉一把二胡,弦子一拉开唱了,他们唱的大都是过去戏曲舞台上流行的才子佳人,帝王将相,公子小姐,男欢女爱等人间情长。大家在干了一天活儿之后,来听听吹拉弹唱,说说笑笑,给沉寂落后的农村生活带来了少有的快乐,纯粹是一种精神上的享受。当地人请人说书的目的也是多种多样。农村一般人家有谢神还愿的,有生孩子庆贺的,有为老者祝寿的,也有过年过节搞娱乐的。

民间曲艺艺人经常活跃于村庄里巷之内,集镇闹市之中。曲艺人员大都多才多艺,既有很强的记忆力,又有洪亮清晰的嗓音,用抑扬顿挫的音调,表达喜怒哀乐的情感。说书人边弹边唱边表演,一会儿使人捧腹大笑,一会儿又使人潸然泪下,如同一个活宝。所以,俗话说:"听说书掉泪,替古人担忧。"听书的人跟着说书的人说哭就哭,说笑就笑,大家全都变成了活宝。

民间曲艺

中华人民共和国成立以后,嵩山地域的各市县在当地文化馆的组织领导下,集中民间闲散艺人,建立了曲艺队,既说传统曲目,也自编自演了一些破除迷信、提倡卫生、勤俭节约等现代曲目,对农村的移风易俗起到了很大的宣传作用。

1958年,嵩山地域周边的各市县先后成立了曲艺协会和曲艺大队,后又成立了说唱团,演出曲种主要有"河洛大鼓""河南坠子""评词""大调曲子""山东快书""数来宝"等。

"文化大革命"时期,这些说唱团被改建成革命文艺宣传队,移植了一些如《红灯记》《沙家浜》等样板戏的新曲目。

改革开放以后,这些地方的革命文艺宣传队又变成了说唱团,开始演出一些传统的曲艺段子,很受民间的喜爱。

二、曲艺种类

(一)大调曲子

大调曲子,原称鼓子曲,为宋代汴梁(今开封市)小曲,清乾隆年间传入南阳,尔后,吸收陕西、湖北等地的民间小调,以及地方戏曲的曲牌,形成了不同于鼓子曲的大调曲子。表演形式多为单口及双口、三口的对唱,唱者手执八角鼓,边唱边表演。以弹拨乐的三弦、琵琶、古筝为主要伴奏乐器。嵩山地域有些地方成立有大调曲子社,主要演唱地方传统节目《李豁子离婚》《卷席筒》《陈三两爬堂》《三顾茅庐》《王小三卖钱》《白帝城托孤》等。曲牌主要有《打枣》《直坡阳》《小桃红》《银纽丝》《上流》《下流》《剪剪花》《落江怨》《书韵》《四股绳》《太平歌》等近30种。

(二)三弦书

三弦书又名"三弦铰子书",是河南流行曲种之一,流入嵩山地域至少已有百余年的历史。经调查,新密第一个唱三弦书的艺人系清道光年间袁庄乡的赵升堂。清道光年间,新郑县的曲艺艺人,除唱渔鼓者外,即唱三弦书。三弦书的演唱形式多为一人,脚踩脚梆击节,自弹三弦演唱。亦有二人合作表演的,唱者手执八角鼓或铰子(小钹)击节而唱,另一个脚踩脚梆,手弹三弦伴奏。三弦书的唱腔高亢激越,粗犷奔放,可分鼓子腔、铰子腔、阴阳腔等演唱板式。曲调多为宫调式,曲式结构属于板腔体。主要唱腔板式有三跳四送、起篇、大寒韵、小寒韵等。其唱词的基本格式为二、二、三的七字句,三、四、三的十字句及三字句等。

(三)河洛大鼓

河洛大鼓是嵩山地域最有代表性的曲种,也是河南四大曲种之一,约有150年的历史。其演出形式多为一人站唱,或一人拉坠胡,一人弹三弦伴奏,俗称单口,也有两人或三人说唱的所谓对口演唱形式。

河洛大鼓在曲艺音乐的类别中,属主曲体的板腔结构体,这是由其唱词结构特点决定的。河洛大鼓的唱词由上下两个乐句构成,唱词中的一、三、五、七等奇数句为上句,二、四、六、八等偶数句为下句,一个上句和一个下句构成一个单元,多单元的连接形成一个乐段,而乐段的连接和任意反复或变化构成大段唱腔,形成一个完整的唱腔体系,这便是河洛大鼓成为板腔体结构的特点。

河洛大鼓在板式的运用上,以平板(又称阴阳板)和稍有变化的中平板、快平板为基本骨干曲调,随着情绪的变化而转换穿插若干其他板式,然后,重新回到基本板式上来。河洛大鼓常用的曲牌有《二八板》《飞板》《叹板》《垛子板》《三眼板》等。可单独演唱一段,也可根据演唱内容穿插连接成整体唱段。整个曲体结构分伴奏和唱腔两大部分,为了适应不同的用场,各部分中又分出若干种板腔。

河洛大鼓后来发展的伴奏有弦乐、打击乐以及醒木、扇子、毛巾等道具。弦乐以三弦、坠琴为主,还有二胡、板胡、琵琶、扬琴等。打击乐有书鼓、简板。击节工具有单板、阴阳板、花板、摇板等。

河洛大鼓音乐根植于地方方言基础,与嵩山地域的语言习惯和发声方法密切相关,其旋律与节奏给人以朴实无华之感。由于地域和艺人自然条件的不同,在发声部位和音域音色上也出现了差异,形成了不同的说唱流派。

(四)锣鼓书

锣鼓书变名"四股弦""铰板书",是流行于嵩山地域各地市县的曲艺曲种之一。据传该书受薄剧影响演变而成,历史无考。早期限以四弦为主乐器,故名四股弦。清朝末年增加锣鼓伴奏,始名"锣鼓书"。唱腔有慢板、飞板、一棰安、慢二性、紧二性、大分手、小分手、哭分手等。弦乐有二胡、板胡、四弦等。打击乐有板鼓、小锭、大锣等。学唱形式通常为三至五人,每人一件乐器,自拉自打自唱。中华人民共和国成立以前,唱者多为盲艺人,活动在山区的农村。

(五)河南坠子

河南坠子以其主要伴奏器坠琴称谓,系河南省的主要说唱曲种之一。据考证,河南坠子是1900年由流行于河南的民间音乐道情、三弦书和莺歌柳结合而成的,不仅流行于嵩山地域,而且还流行于河南全省及全国许多地区和城市。

河南坠子的演唱形式有自拉自唱、一拉一唱和对口唱等形式。演唱者手打简板,边打边唱,对口唱时另一人打单钹或八角鼓。伴奏乐器有坠胡、简胡、脚梆、铰子等。伴奏者拉坠琴踩打脚梆击节拍,也有演唱者使用醒木的。音乐结构为主曲体。唱腔由引子、平腔、大小寒韵、牌子、五字嵌、十字韵、快扎板等几种基本曲调构成，唱腔音乐特点是说唱性比较强，纯朴优美。表演讲究手、眼、身、法、步、闪、炸、移、挪等技巧。早期只有男艺人演唱，20世纪初开始有女艺人登场。

（六）评书

评书也称评词、说书，在嵩山地域的民间非常流行。据载，评书始于唐，宋代已很流行。说评书者面前放一杯茶、一块醒木、一把纸扇，只说不唱，表演时以醒木、纸扇作道具以渲染气氛。说书时语言清晰，声情并茂，讲究对白，善用诗词歌赋。表演文作武打并用，形象逼真感人，动作贴切适度。

河南坠子

（七）闲书

闲书是由识字人按照故事书本唱念的一种曲艺形式。多在庙会上或农闲的晚上，一张桌子，一把椅子，一盏小油灯，一位戴着老花眼镜的老先生，文质彬彬地给人们唱念，内容多以因果报应、善恶报应和民间贤孝传说故事为主。

讲故事

（八）说瞎话

说瞎话俗称"讲故事""说古经"，也是一种曲艺曲种，是劳动人民创造并传诵的、具有假想内容的散文形式的口头文学作品。这种曲艺形式历史悠久，中华人民共和国成立前广泛流行于民间。中华人民共和国成立以后，随着人们生活水平的提高，此种曲艺形式大多局限在家庭或朋友间的聚会上，在大庭广众前的表演已很少见。曲艺艺人把故事搬上了舞台，曲艺演员在整台的表演中，也多有讲故事的节目。

（九）大鼓书

大鼓书也称"鼓词"，也是一种曲艺曲种。约在明末清初，大鼓书已在嵩山地域流行，是古老的曲种之一。它形式简单，早期都是一人演唱。演唱者左手夹两块月牙形铜板互相碰击以示节拍，右手持鼓条打一面直径为八寸的羊皮小鼓伴奏。近代艺人又加上弦乐（多为一名弦手）伴奏，叫"碰鼓弦"。因其唱腔尾音

(拖腔)多用鼻音带"哼"字,所以又叫"鼓儿哼"。它用鼓伴奏,表演洒脱自如,有强烈的戏剧效果。唱腔为板腔体,板式有七字句、十字句、三字嘣、五字嵌和吸收坠子唱腔的叹腔、哭腔、武腔、寒韵等。演唱中常用赞口、白口。赞口用于描景说情,白口用于人物独白及对话。唱词多来自民间,朴实流畅,通俗易懂,感染力强。

(十)山东琴书

山东琴书于20世纪60年代传入嵩山境内,洛阳、临汝、巩义曾办过学习班,演出时断时续,多为外地艺人,每年在春节时偶有演出。此曲种以唱为主,以说为辅,唱词基本为七字句。伴奏乐器以扬琴为主,加以坠胡、软弓、京胡、筝及手板等。演唱分单口、对口、群口;演员少则一人,多则二、三、五人不等。演唱者也是伴奏员,互相跳出跳进角色。男可唱女,女可唱男,唱腔优美动听,给观众以朴实之感。演唱前诵开场诗,内容多是风花雪月、梅兰竹菊。

(十一)相声

相声是一种具有喜剧风格的表演艺术,由象声即传统口技发展而成。它吸取了民间讲故事、说笑话的手法和戏曲中的喜剧因素,讲究说、学、逗、唱,具有幽默风趣的特点。相声分单口、对口及多口等形式,以对口最为常见。

相声源于古代的俳优表演、参军戏、滑稽戏等各种民间艺术,而唐宋以后民间流传的"说话"艺术,更给相声发展以直接的影响。"说话"是一种谈古论今的如行云流水般的语言艺术,它连说带唱,娓娓动听,已具有现代相声的影子。宋代时嵩山地域的洛阳、郑州及嵩山周边的一些闹市中,在庙会、集镇、茶社、酒楼、游乐场所等,都有说唱艺人献艺。明清期间,出现了"象声"技艺,即模拟各种声音和情态的表演,实际上就是今天的口技。开始时,它只是模拟人言鸟语,继而又加入某些人物和故事情节,从而在模拟中增加了幽默风趣的艺术特色。当时,这种表演俗称"隔壁戏",即用东西将演员和观众分隔开来,只听不看。清初《百戏竹竿词》注"口技"曰:俗名"象声"。以青史绫围,隐声其中,以口作多人嘈杂,或像百物声,无不逼真,亦一绝也。晚清时期,隔壁戏日益显示出艺术表现上的弊端。于是,清末艺人开始撤掉围屏,钻出帐子,由"暗相声"发展为"明相声"。

除了说之外,唱也是相声艺术的主要表演手段之一,有正唱和学唱两种。正唱是相声基本功的反映,从秦汉俳优、唐代参军到宋代的滑稽戏,都在语言调笑的同时杂以演唱。清末民初,相声演员为了吸引观众,制造气氛,也往往先以唱来招徕四方。唱也多半唱流行俗曲和小调,且大都为学唱,内容须引人发噱,是模拟唱,需要夸张,既要传神逼真,又要稍加歪曲,以增加演出的艺术效果。

经过漫长的历史演变,到清末民初,具有说(语言的叙述表达)、学(声情模拟)、逗(戏言巧辩、情绪引逗)、唱(声乐表现)四种表演艺术手段的喜剧性曲艺品种——相声,终于最后形成。

(十二)快板书

故事性强的段子称快板书,是由数来宝发展演变而成的。因沿用数来宝的击节乐器两块大竹板儿(大板儿)和五块小竹板儿(节子板儿)而得名。大小竹板儿合称为"七块板儿"。快板书引人入胜的故事,击节铿锵的演唱,火爆热闹的艺术效果,都给观众们留下了深刻的印象。快板书突破了数来宝原来"三、三、七"的句式,在七言对偶的基本句式之外,增添了单字垛、双字垛、三字头、四字联、五字垛等句式,以及重叠、连叠句的长句式。随着句式的丰富,"七块板儿"的运用也有了新的演变。例如大小板儿的混合连奏多用于开书板儿和段落之间的过渡;说书中间的击节和烘托则以节子板儿为主,以大板儿为辅;而大板儿又成为模拟事物、辅助表演的道具。为了提高艺术格调,避免传统数来宝的"江湖气",快板书演员借鉴竹板书、西河大鼓和各种演唱艺术的长处,革新口风语气和表演动作,增强了刻画人物、描述情景的表现能力。快板书的演说形式有单口、对口和快板群之分。快板书表演时,多由一人演唱,一手打竹板,一手击节子,以竹板打节拍,以节子辅助烘托气氛。艺人根据自己的说唱套路,讲究合仄押韵。调门有小口落子和大口落子。小口落子唱紧板,大口落子唱慢板,艺人多唱紧板小口落子。嵩山地域的民间快板书,用普通话者很少,大都用本地方言演说。

快板书

(十三)山东快书

山东快书起源于山东省地方传统曲艺形式,具有一百多年的历史。它最早流行于山东、华北、东北各地,解放后发展遍及中国。演唱者手执竹板或鸳鸯板,以快节奏击板叙唱,故又名竹板快书。山东快书演唱要求语言(山东方言)功夫过硬,不失其"山东味"。它的演出形式轻便灵活,道具是一副月牙形铜板,又叫鸳鸯板,语言通俗易懂,且大众化、口语化、妙趣横生。它属于韵诵类曲种,介乎说唱之间。演唱速度快,节奏感较强。口风可分为"平口""贯口""俏口"。演唱时适当地加一表演动作,很受群众欢迎。

第三节 民间音乐

民间音乐指由广大人民群众在漫长历史过程中,通过口口相传而流传下来的音乐形式和音乐作品。它无论从使用的乐器、演奏的乐谱还是演奏形式,都有着极强的民族性和地域性,是与当地的民俗习惯相融合、与当地的民俗活动相结合的。

嵩山地域的民间音乐源远流长,经久不衰。嵩山地域的人们在继承传统民间音乐的的同时,又与时俱进,赋予其新的内容。

一、历史渊源

嵩山地域的民间音乐可追溯至黄帝时期,早期的民间音乐没有形成完整的形式,歌词也相当地简单,几个字,一句话就被唱成一首歌。如黄帝时期的《弹歌》,全歌只有八个字:"断竹,续竹,飞土,逐肉"。还有大禹时期的《侯人歌》,全诗只有"侯人兮猗!"四个字,其歌唱内容也十分简单。这些音乐主要是为了表达生活中的喜怒哀乐和劳动中的切身感受。春秋战国时期,民间音乐已经发展到了一定的水平。从《诗经》中有关嵩山地域内容的诗歌,可见当时音乐的丰富多彩。从原始社会到奴隶社会再到封建社会,嵩山地域的民间音乐不断有突破性的发展。

新郑市出土的春秋晚期的"饕餮纹"编钟,是战国晚期(前475~前221年)青铜乐钟,说明了当时民间音乐的发展水平。

公元前221年,秦统一六国后,置三川郡于嵩山的荥阳,地据四方之中,雄峙中枢之地,地理位置十分重要,是历代兵家必争之地。中国历史上的西汉(前206~公元8年)到东汉(25~220年)400余年间,其三川郡的辖区均属河南。据《汉书·百官肥卿志》中"乐府令丞"记载,汉承秦制,汉初仍设有乐府机构。汉武帝时,中央集权的封建制度得到了很大的发展,社会安定,经济繁荣,为了进一步完善各种制度,开展音乐教化,加强统治,汉武帝于元鼎五年(前112年)将乐府进行了扩充,增加编制,充实了唱、奏各地民间音乐的人员,使乐府成为采集和表演民间音乐的专门机构,由汉宫内廷音律奉李延年负责。乐府规模很大,汉成帝时有千人之多,哀帝宴乐时有829人。乐府中各类人员分工很细,有鼓员、竽员、瑟员,还有测音、调音的听工,制造和维修乐器的琴工等。

嵩山地域文物考古机构发掘出大量的汉墓,出土了很多空心画像砖,从砖上的画像或纹饰可以了解到两汉时期的政治经济和音乐舞蹈艺术的发展情况。汉砖上有古人排箫、摇鼗与吹篪的图案。排箫,《北堂书钞》陶注:"其形像凤之翼,十管长二尺。"鼗鼓,《诗经·有瞽》注云:"鼗,如鼓而小,有柄,两耳,持其柄而摇之,则旁耳还自击。"就是现代的拨浪鼓。篪,《汉书·礼乐志》师古注云:"篪,以竹为之,七孔,亦笛之类也。"这些以乐舞游艺为内容的画像,以生动的写实与夸张的手法,描绘出婀娜多姿的舞伎、古老朴实的乐器及吹奏方法和耐人寻味的人物形象,真实地再现了两千年前嵩山地域的音乐、舞蹈艺术情状。

嵩山巩义的石窟寺雕像,初建于北魏景明年间(500~503年),此后,东魏、西魏、北齐、隋、唐、宋各代相继凿窟造像,其雕像中的伎乐人弹琵琶、奏箜篌、吹排箫、吹横笛、吹笙和鸣法螺等,再现了北魏时期各种乐器的原型。巩义北窑湾出土的唐宋彩绘乐舞女俑,也有多个乐女和舞女的演出。

据史料记载,唐代武则天即位后,对嵩山情有独钟,经常来此游幸,一次登山途中身体疲惫,遂令乐师奏乐,听后精神大振,一口气登上峻极峰。回宫后她给此曲钦定为《嵩山调》,并拿出十万两白银组建了一支专供她本人享乐的宫廷乐队。在其中岳封禅、祭山大典和石淙会饮大宴群臣时进行演奏,于是大臣们便把这支御用乐队戏称为"十万宫廷乐队"。此后这种乐曲在嵩山地域绵延流传。在当年武则天大宴群臣的石淙河畔的登封大冶刘碑村,至今还流传着"吹歌"古典音乐,和当时东都洛阳田家村"十万宫廷乐队"所流传的曲调《颂升平》《剪剪花》《富贵不断头》等如出一辙,可见刘碑"吹歌"便是"十万宫廷乐队"的一个组成部分。

自春秋编钟到汉唐的乐舞,乃至宋代乐舞伎人的载歌载舞,清代一男二女民乐小合奏的演奏,这一切均说明嵩山地域的民间音乐、舞蹈艺术历史源远流长。

中华人民共和国成立以后,嵩山地域的民间音乐也变得多样化,有民歌、吹歌,还有戏剧音乐和曲艺音乐等。常用传统乐器有板胡、坠胡、二胡、唢呐、笙、笛子等,引进的西洋乐器有大小提琴、黑管、洋号等,土洋结合,主要以伴奏为主,但也有专场音乐演出,只是演出次数较少。

现在活跃于嵩山地域的民间音乐大都以唢呐为主,配为锣、鼓、钗、二胡、坠胡、板胡、笙、梆子等,组成一支人们喜爱的民间乐队,吹奏曲牌很多,内容丰富,应用广泛,是民间喜闻乐见而又经济实用的音乐。

二、音乐种类

嵩山地域的民间音乐以唢呐为主,配以锣、鼓、钗、二胡、坠胡、板胡、笙、梆子等,组成一支人们喜爱的民间乐队,吹奏曲牌很多,内容丰富,在民间广为流传。民间音乐的种类主要包括民歌、嵩山吹歌、锁呐、民间锣鼓、十盘、大铜器、弹奏乐等。

民间音乐

(一)民歌

民歌在嵩山地域最早的文献记载,就是我国最早的诗歌总集《诗经》。它收录了当时15个地区的民歌300多篇,其中《风》160篇,涉及嵩山地域的民歌就有21篇。《郑风》《邶风》《汝风》就是当时汇集在嵩山地域的民歌。其内容有讽刺权贵的,有表现爱国主义精神的,有反对奴役生活的,但更多的是描写人民群众的生活,特别是男女爱情生活的,反映了当时嵩山的民俗民情。

春秋以后,历代劳动人民也创作了大批民歌,据说大部分谱有可唱的曲调,但遗憾的是像《诗经》那样把歌词保留下来的并不多。至于曲谱,保留下来的就更少,成千上万的嵩山民歌大部分都自生自灭,湮灭在历史的长河中了。

中华人民共和国成立之前,嵩山地域流传一些著名的民歌,如《赶集》《我家有个胖娃娃》《高高山上有一家》等,有对生产劳动的歌唱,有对阶级压迫的愤恨,有对丑恶现象的揭露,有对济世救人的赞美,也有对天地自然的解释。

中华人民共和国成立后,民歌真正被赋予了新的生命,民歌的创作和演唱进入到一个崭新的时期,民族歌唱艺术得到了快速的发展。改革开放以后,中央文化部、中国音协要求收集这批文化遗产。经过艰难地搜集与整理,古老的嵩山民歌得以恢复。

按照题材和群众演唱的不同形式,嵩山民歌大致可分为:号子、山歌、田歌、经歌、小调、歌舞小调、叙事和儿歌等。

1. 号子

号子是劳动人民在从事集体协作性繁重体力劳动时所喊唱的一种号歌,它在生产劳动中起着鼓舞精神、增强干劲、统一劳动节奏的作用。其中反映劳动生产的,主要有黄河"船工号子""夯歌""板车号子"等;拉船号子有"揽船号子""撤船号子""推船号子""起锚号子",其旋律高亢激越,起伏跌宕;打夯的号子有"过顶号歌""打夯号子""夯歌"等。号子的演唱形式一般都是由一人领唱,众人合腔。号子的词,除无实意的单纯呼号外,其他往往是即兴创作。如"拉起绳啊!慢慢走啊!慢慢挪啊!襄阳樊城,隔道江啊,隔道河啊!"号子的风趣、乐观情绪,能消除疲劳,提高劳动效率。号子旋律规整,起伏不大,又朗朗上口,便于传唱。

2. 小调

小调泛指在社会上流行于人民群众日常生活中,能独立演唱,抒发人们各种思想感情的自我娱乐所演唱的小曲。小调的内容包括了各个重要历史时期人民生活的各个方面。

嵩山地域各市县的小调,曲词比较完整、稳定,旋律委婉优美,动听悦耳,调式丰富。如《放风筝》《十对花》《四辈上工》等。作为过节喜庆或娱乐的一种演唱形式,小调很为群众所喜欢。

3. 田歌

田歌是民歌的一个类别。它是农民们在田间从事劳动时所唱的一种歌曲。田歌演唱季节性很强,往往在播种、薅草、车水时唱。有栽秧歌、薅草歌、车水歌、打夯歌及各种劳动号子等。演唱形式多半是边劳动边唱,内容包括四季景、对花、对歌、民间传说和爱情故事。田歌主要分布于嵩山地域的洛阳、偃师、巩义等地。

4. 灯歌

灯歌也是民歌的一个类别。嵩山地域的人们在庆贺新春和欢度元宵佳节时,有着传统的群众性文艺活动的习惯,俗称贺新春或闹元宵。表演形式有高跷、旱船、小车、竹马、花灯、地灯、锣鼓曲等,上述各种表演所唱的民歌即为灯歌。灯歌的曲调比较欢快跳跃,热烈轩昂,优美动听。

5. 经歌、山歌、儿歌

经歌、山歌、儿歌都是群众自娱自乐的一种表现形式,立意鲜明,内容丰富,从不同方面反映了劳动人民的生活。有反映妇女劳动生活的,如《纺花歌》《织布歌》等;有反映男女追求自由、幸福、美满爱情婚姻的,如《做兜兜》《心上人》等;有反映夫妻生活的,如《春思歌》等;有控诉阶级剥削的,如《姐妹采茶》《养蚕歌》等;有歌颂劳动与劳动人民的,如《高高山上有一家》等;有揭露政府腐败、抨击吸毒危害、要求戒烟的,如《戒烟文》《劝丈夫》等,还有表现劳动人民的诙谐幽默和乐观的,如自娱自乐的《十八扯》;富有情趣,反映儿童生活的儿歌有《拍豆角》《丢手帕》等。

(二)嵩山吹歌

1. 历史渊源

据史书记载,吹歌是我国十分古老的一种吹奏乐演奏形式,大约起源于商周时期,距今已有4000余年的历史。它是吹奏乐和打击乐的组合,以管子为主奏乐器,辅以笙、笛、箫、韵鼓、大铙、碰铃等乐器,堪称我国古代的交响乐。而辅助乐器鼓、筝、箫、筑等乐器合奏的鼓吹曲则来自于北方少数民族,汉朝时期被用到了守边的军队,来壮军威。后来慢慢地传到宫廷,作为皇帝宴请群臣时用,或者皇帝出行时在路途中演奏。因而吹歌作为传统音乐的一种演奏形式,是宫廷音乐与民间音乐结合的产物,有其独特的演奏形式和风格。

民间吹歌,形式有繁有简,一般以板、管、簧三种乐器为主,大钹、大锣、大号合奏起来,宏亮粗犷,或配以笙、笛,发出柔润、清脆、悦耳的音调,再插入协调的中音锣鼓,演奏起来给人以美的享受。吹歌演奏的曲子,有古曲、民歌和祭祀曲,曲牌有《剪剪花》《双迭翠》《满州调》《凤凰展翅》《打枣杆》《观灯》《神童子》《三宝佛》等,具有浓厚的民族风韵。

20世纪初,吹歌在嵩山地域非常流行,但大多用于节庆或酬神谒庙,献技表演,共同娱乐。中华人民共和国成立以后,由于吹歌要求的乐器和种类较为繁杂,加上表演形式的发展变化,各地的吹歌也随之减少,有的地方仅有一两家,有的地方已无人演奏。

2. 超化吹歌

超化吹歌是嵩山吹歌的一种,又称超化寺吹歌。它起源于北朝,距今已有1500多年的历史。这种鼓吹乐的吹歌形式,以独特的管子吹奏乐,流传了下来,通过寺庙,而流传于民间。当时,由于超化寺供奉着释迦牟尼真身舍利,名震一时,成为香火旺盛的大寺院,吸引着皇亲国戚和达官贵人来此朝拜,其中一位到超化古寺进香参拜的翰林,把流传在皇宫里只用于皇宫或国家祭祀大典的吹歌传给了僧人,与当地的音乐杂糅,形成了地域性比较强的音乐形式。

由于新密的超化吹歌是师承唐宋时期的宫廷音乐,所以它不但有独特的管子吹奏乐,而且记谱还在

嵩山吹歌

超化吹歌

沿用"尺、凡、六、五、上"工尺谱,每次必须有16人同时演奏。

超化吹歌的曲目、曲牌较多,大体上可分为三种类型,分别为古曲即宫廷音乐,民歌即民间小调,寺庙祭祀音乐即庄重曲,另外还有两个部分,是供练习用的调式音乐即练习曲和占子即小段乐曲,它们形成了完整的超化吹歌曲目。超化吹歌保留了中国古代吹奏乐的基本要素,具有独特的个性和风格,有浓厚的民族韵味,是古代宫廷音乐鼓吹曲的遗存,具有较高的历史、学术、实用价值。

(三)民间锣鼓

民间锣鼓为民间打击乐器的总称。作为一种艺术形式,民间锣鼓通常指用锣、鼓、钹等打击乐器演奏的器乐形式,如戏曲锣鼓、秧歌锣鼓、闹年锣鼓等,也指以锣鼓等打击乐器占主要地位的民间器乐合奏形式。

民间锣鼓,是双节或喜庆大事时的演奏乐器。它有大鼓、大锣、大钹、大铙等。演奏的曲牌有四拍

鼓、小得胜、单交、双交、十字戳、大开边、扯锯、呼雷炮、二人照等。演奏起来，音重宏大，振奋人心，催人向上。

中华人民共和国成立初期，嵩山地域大部分村子都有民间锣鼓。"文化大革命"中被当作"四旧"破除，铜器被当作废品卖掉。改革开放后，有些村子重新添置成立锣鼓队。

（四）十盘

十盘，又称管子音乐，因有十个音响不同的云锣组成而得名。主要乐器有管子、十盘、小号、笛子、笙、排鼓、锣、铙、钗等，为农村常见的演奏乐器。一些大的村落中，都成立有十盘队，当地无论谁家婚丧嫁娶，十盘队都去献艺。

（五）唢呐

唢呐

唢呐，是嵩山地域流传最久、最广的吹奏乐。锁呐音色清脆明亮，声音委婉动听。嵩山地域通常说的唢呐，不是单指唢呐，而是指一班唢呐，它配以锣、钹、二胡、坠胡、笙、梆子等，组成一支为人们所喜爱的民间乐队，少者3人，多者10多人，一般4~8人。唢呐演奏的曲牌很多，除曲剧、豫剧外，还有各种歌曲曲牌，常用曲调有《倒春来》《盼三》《溜子》《剪剪花》《接断桥》《云里磨》《喜迎门》《百鸟朝凤》等。锁呐吹奏曲目繁多，属于嵩山地域优秀的民间音乐文化。

中华人民共和国成立以前，唢呐艺人，俗称吹响器的，被称为"下九流"，受人鄙视。中华人民共和国成立以后，他们的地位发生了翻天覆地的变化，被尊为艺人或器乐演奏家。嵩山地域吹锁呐的民间艺人很多，农村各地的三里五村，都成立有一个这样的音乐班子，俗称"唢呐班"。民间谁家有什么红白大事，都要请唢呐班去演出，这是很体面的事。唢呐班根据当地红白事情的要求，演奏适当的曲目。

改革开放以后，人民的生活水平提高了，家庭条件好了，锁呐班在农村就更盛行了，以赢利为主要目的的各类文化专业户遍布城乡。不但民间谁家过生日祝寿、添孩子送米面、丧葬等红白喜事要请锁呐班，就连村子里逢年过节，或学校庆典、工程奠基、饭店开业等之类的大事情，也要请锁呐班。用老百姓的话说，吹吹打打的，凑个热闹，图个吉利。

（六）大铜器

大铜器，亦称大响器，是民间规模最大的打击乐，是社火、狮舞、杂耍等民舞表演时的必备伴奏乐器。大铜器有演奏曲牌多种。大铜器在中华人民共和国成立前一般归各神社所有，中华人民共和国成立后归村部所有。

（七）二胡说唱乐

无论是在独奏、民族器乐合奏，还是在歌舞、声乐伴奏，抑或地方戏曲、说唱音乐中，二胡的身影，总是不可缺少的。一把二胡，最多配以小鼓或梆子，就能把说书的气氛烘托起来，使人在听书的过程中，宛如置身在说书人所说的故事中，与故事的主人公同喜同悲，有着意想不到的艺术感染力。

大铜器

寻根溯源，问及二胡的前身，最早要追溯到唐宋年间的奚琴、嵇琴和胡琴。奚琴的得名出自北方游牧民族奚人。"奚琴本自男人乐，男人弹之双泪落。"出自欧阳修的《试院闻奚琴作》，可见在当时颇有影响。有趣的是，这门本是弹拨演奏的乐器，在历史的发展中渐渐出现了擦弦。陈旸的《乐书》中记载："奚琴本胡乐也，出于弦而形亦类焉。奚部所好之乐也。盖其制，两弦间以竹片轧之，至今民间用焉。"由此，奚琴的形貌发生了很大变化，竹制的琴杆，筒状的琴筒，成为后世二胡的雏形。而胡琴更与二胡有着极大的相似。沈括《梦溪笔谈》中"马尾胡琴随汉车，曲声尤自怨单于"，写出胡琴声音的幽怨；《元史·礼乐志》述其形制："胡琴，制如火不思，卷颈，龙首，二弦，用弓捩之弓之弦以马尾"；到明代，胡琴加上了固定弦长的千斤，已与今日二胡的形制大体相同了。

拉弦乐器的崛起是明末以后，渐渐地，二胡成为音乐活动的主奏乐器，演奏的技巧相当高超，散发着独特的魅力。

嵩山地域的城乡间，在过去20世纪70年代以前，夜晚常有盲人说书，一个木桌上，有盏马灯，一个盲人拉一二胡，伴随着二胡音乐的声响，盲人的所说的故事便开始了。这种民间说书有二人，也有三人的，其伴奏有小鼓的，有二胡的，说起故事来，也算是声情并茂。嵩山地域在相当长的时间内，由二胡乐伴奏的说书，还是给贫乏的农村生活带来了不少的乐趣。

（八）弹奏乐

弹奏乐主要包括三弦、古筝、琵琶。在民间文艺活动中，弹奏乐主要用于说书和曲子戏中，以三弦弹奏较为普遍。特别是一些曲艺队，都配有三弦伴奏。中华人民共和国成立以前，弹奏者多是为谋生而学艺，缺乏名师指教，技艺不高。后来随着人民生活水平的提高和社会的发展，弹奏乐的运用也多了起来，现在的很多民间乐队中都配有三弦、琵琶，且弹奏人员大都经过专门的训练和学习，在演奏艺术上有一定的水平。

第四节　民间工艺

民间工艺是民间艺术中的一个门类，它的特点是通过线条、色彩、可视的形象创造作品，反映社会生活，表现思想感情。嵩山地域的民间工艺种类很多，包括绘画、书法、剪纸、刺绣、烙画、熏画、雕塑等类型。

嵩山地域的民间工艺有着悠久的历史。从嵩山地域挖掘有各种旧石器遗址到新石器遗址，从裴李岗文化遗址和仰韶文化遗址来看，嵩山地域从人类始起，狩猎者要自己制造弓箭和捕机，打鱼者要自己制作舟船和网罟，农耕者要自己制作耒耜和犁耧，甚至窑洞要自己挖，房屋要自己盖，陶器要自己烧造。他们既是生产者，又是劳动的制造者。他们中不乏手艺超群的能人，这种能人即是社会中各类专职的民间艺人，一般是指在民间有着艺术行为的人和从事各种民间艺术专业技能的工匠。比如，为了满足人们住房和生产工具的需要，便产生了泥瓦匠、石匠、木匠、铁匠、篾匠、弹花匠等；为了满足人们家庭日常用品的长期需求和维修，便产生了窑匠（陶匠）、篾匠、焊匠、擀毡匠、箍桶匠、凿磨匠、补锅匠；为了满足人们穿着方面愈来愈高的需求，便产生了织匠、染匠、皮匠、裁缝鞋匠、首饰匠等；为了满足人们宗教信仰和文化生活方面的需要，便产生了画匠、雕塑匠、祭器匠、乐器匠以及专门生产笔、墨、纸、砚的工匠。各类工匠因其劳作性质的不同，有的必须常年流动，走乡串户，登门服务；有的则在市镇摆摊设点，或建立固定的作坊，悬帜出售各自的产品。

民间工艺

嵩山本身位于十三朝古都洛阳京畿地带，历史上，这里的民间工匠许多都是官方记录在案的匠人。一旦朝廷有项目用得着这些匠人的地方，便召去参加。民间工艺匠人的绝技，是他们聪明智慧和灵巧双手相结合的产物，在行当里的绝技都被视为"祖传秘方"。嵩山地域工匠们一直有几个不成文的行规：即工匠们的师承关系大多为师傅的家庭成员或亲戚关系，在工匠的技能传授方面有严格的保密性；很多工匠在做关键性的工艺时，除保密之外，还要求助于神灵的佑护，以便顺利、成功。因此，工匠们技艺的传承，是要通过收徒授艺、言传身教，实践为主的办法来实现。创艺艰辛，得道不易，记之于心，流传于口，代代相传，遂奉为诀而不轻易传人。

嵩山地域的各类专精技能的工匠一般收入不高，大都是凭着自己辛苦的劳动和精湛的手艺，赚取薄利来赡养全家老小，维持生活。但他们在民间中的地位还是很高的，很受人们的尊敬。家中请了工匠来做活儿，除了应有的工钱外，一般都是好吃好喝好招待。旧时，民间流传有"家有良田万顷，不如薄技在身"的俗谚，反映了旧社会劳动大众为了谋生而重视学艺的心态。就是这些普通的工匠们在物质生产劳动中,在饮食、服饰与居住等日常生活中,在岁时节日人生仪礼和民间信仰活动中,以他们精湛的工艺,点缀着人们的生活,发挥着不可替代的作用。

一、绘　　画

嵩山地域的绘画艺术得天独厚,源远流长,最早可追溯到汉三阙上丰富多彩的图案。据史料记载,唐代著名隐士卢鸿在嵩山隐居时,不但以诗画自娱,还收徒传业。卢鸿是一位杰出山水画大师,他自绘其隐居胜景的《草堂十志图》是一套中国画体系成熟的标志性画卷,现藏台北故宫博物院,图录于北京《故宫名画三百种》,卢鸿便成为嵩山地域古代最大且有据可查的大画家,也是开启嵩山地域美术事业的开山祖师。民国时期,登封城关新店人张富成曾奔赴延安,入延安鲁迅艺术学院学习新文化,认识大画家赵望云、石鲁等,并发表文章及美术作品,后回归故里,于"文化大革命"期间居于嵩山"逍遥洞天"中,坚持画七十二峰。中华人民共和国成立以前,美术创作和举办画展极少。中华人民共和国成立以后,党和政府重视文化工作,群众性业余美术事业得到蓬勃发展。

嵩山地域的民间绘画,以素描和水彩色主。素描即先在布料或纸上用线条画出花、草、虫、鸟、鱼等图案,多用作刺绣和剪纸的底稿。水彩是以线条和颜色并用,多用于窗花。因此,绘画和刺绣与剪纸又有着密切的关系。

民间还流行着用字画装饰庭堂、住室的习俗,其形式有条幅、横幅、中堂、四扇屏等,其内容有花卉、鸟兽等。根据不同用途,其表现手法和内容也有所不同。用于窗花的则多为水彩画,内容是花卉虫鸟;用于结婚布置新房的多为水彩画图案或花木;用于布置庭堂的多为水墨画,内容多为花木鸟兽,如松鹤延年、上山虎、下山虎、喜鹊登枝以及山水风景之类,以示庄严;布置客房、书房则多以素雅的水墨山水画为多。

改革开放以后,随着人们生活水平的提高,消费观念的转变,即便是农村也有越来越多的人讲究时尚。很多人从工艺店里买来镶有玻璃镜框的装饰画,或是直接找画家画出自己喜欢的画,拿到装裱店装裱后悬挂在房中,既高雅大方,又美观时尚。这种现代的装饰画很受人们的欢迎,民间美术的市场需求量便逐渐减少,因而民间画师也越来越少,很多人出于养家糊口的考虑,干脆改行干别的了。

二、书　　法

嵩山地域因古迹繁多,碑刻林立,历代书法名家真迹石刻珍品琳琅满目,从汉三阙上的铭文,到被誉为中国魏书鼻祖的嵩高灵庙碑,以及嵩阳书院大唐碑上徐浩的"唐隶",俱是传世书法珍品。从北宋苏黄米蔡四大家,到元代赵孟頫、明代董其昌、近代康有为等名家,俱有真迹存世,真、草、隶、篆各体俱全,这对嵩山民间书法艺术的传承发展起着巨大的推动作用。

中华人民共和国成立以前,嵩山地域因启蒙教育即用毛笔书写,擅书法者众多,但并非为了创作,民间书法也多用于刻碑及写春联的书写等。中华人民共和国成立以后,作为一种艺术门类,业余书法爱好者不断涌现,有关文化部门在重大节庆举办书法展览活动以推动书法创作艺术的繁荣。

三、剪　　纸

嵩山民间剪纸艺术有着悠久的历史,据传说汉三阙上的各种画面都是根据一位巧手花姑的剪纸雕刻的。嵩山地域古时的农村,妇女很时兴穿戴绣花鞋和绣花衣帽。由于当时的经济、文化落后,农村中青年妇女和半大女子又不上学,除做一般的农活外,农闲时最主要的任务就是学习"女红"。因而,一般的家庭妇女几乎都会画花、剪纸、绣花等,将女人针线中的工艺技能运用到缝衣做鞋中去。嵩山地域的每个村庄,都有出名的心灵手巧、精通工艺美术的"巧手"。她们所做的剪纸不仅可美化生活,同时还具有一定的实用价值。因此,剪纸艺术在嵩山一带遍布各个角落,民间庄户比比皆是。

(一)剪纸种类

春耕春种

剪纸在嵩山地域的农村应用普遍,各乡镇群众在四季节令、婚丧嫁娶、刺绣底样、物象装缀时都离不开剪纸,剪纸早已成为嵩山民风民俗的一个重要组成部分,劳动人民的衣、食、住、行都与它有亲密的关系。特别是中华人民共和国成立以后,在党的"百花齐放,推陈出新"的文艺方针指导下,嵩山剪纸在传统的基础上出现了新的为时代服务的内容。所以,剪纸艺术品种繁多,花样万千。

嵩山地域的民间剪纸多以节日、喜庆和服饰剪纸为主要用途。从实用的观点出发,剪纸可分为以下几类:

1. 美化剪纸

为美化室内环境而制作的剪纸有窗花、墙花、门笺、顶棚花等。

◆墙花

墙花是作为装饰贴在屋内墙上的剪纸。墙花的尺寸约25公分左右。有单色的,有彩色的,彩色中又有点色、衬色、分色。墙花题材,多为神话传说、历史故事和民间传说。如墙上贴的"五子登科",圈上贴的"吉庆有余""连年丰收"等等。中华人民共和国成立以后,出现了一些反映社会巨变的新内容,如"人民公社好"等。

◆门笺

门笺,南方叫"门彩",中原叫"吊挂"。在春节、灯节期间用红、黄、绿、紫等五色纸,剪成像锦旗一样的形状,挂于门头,或跨街而挂,衬托节日气氛。内容多为吉祥如意的字样,如"风调雨顺""岁岁平安""大发羊财"等等。如今在舞厅等公共场所悬挂的挂花就是从传统吊挂演变而来的装饰品种。

◆顶棚花

顶棚花是剪纸的一种。千余年来,嵩山一带农村的民居室内多打顶棚,民间叫复棚。人们在顶棚用白纸糊好后,剪出五颜六色的剪纸团花贴于顶棚中央,四角贴角花,边沿剪成二方连续图案,连接起来。内容多用"鲤鱼闹莲""福寿双全""五谷丰登"等吉庆如意之语,烘托得屋内喜气洋洋,一片整洁吉祥。

◆窗花

窗花是广大农村在春节或喜庆的日子里,为烘托节日气氛而在门、窗上贴的剪纸。这样的剪纸篇幅不大,通常几公分至十几公分。窗花的制作,非常注意房间的明暗效果。格式有独幅的单独纹样,也有多幅成套的传统戏剧、故事。有整幅贴在中心的,也有角花贴在窗户四角的。窗花题材广泛,飞禽走兽,花卉草虫,吉祥图案,风景人物,应有尽有,内容都与中华民族的传统吉庆之意有关。

窗　花

2. 喜庆剪纸

农村青年结婚,剪纸艺人们也要用剪纸艺术品来布置洞房。有剪双喜字的,有剪民间吉祥物如喜鹊、梅花、鸳鸯、荷花、百合、石榴的,有的剪花中还包含有"百年好合""双喜临门""榴开百子""花好月圆""天作之合"等字样,这些都为婚礼增加了热烈的喜庆色彩。

为烘托喜庆气氛而制作的剪纸有喜花、礼花、贡花、灯花等。

(1)喜花

喜花是专供嫁娶时贴在日用品上的剪纸花样。喜花的题材,强调生机盎然,吉祥如意,喜气洋洋。如贴在嫁妆上的"鸳鸯戏水",贴在礼品上的"仙鹤长寿",贴在墙上的"欢天喜地"等等,花样很多。

(2)礼花

礼花是向亲朋赠送的礼品上贴的剪纸。如高贵的点心上剪成"麻姑献寿""蟠桃会"等花样。

(3)贡花

贡花是人们祭奠或节日里用来装点供品的剪纸花样。贡花是因供品而剪形,如鸡鸭上剪"锦鸡报晓""凤凰展翅"等。这种艺术品随着人们生活习俗的改变而被淡化,如今已很少见到。

(4)灯花

灯花是年节或喜庆的日子里在灯笼上贴的剪纸花样。内容多以对称图案或戏曲题材为主。如"三岔口""三娘教子""鲤鱼跳龙门"等等。如今在春节灯展中还经常见到。每年正月十五,各村镇每一条街巷的"吊挂"都是剪纸艺术的真实体现,吊挂是用红黄绿几种颜色的纸剪成的彩旗,上有"太平盛世""国泰民安""五谷丰登""风调雨顺""吉庆有余"等字样。灯节期间的花灯,也是剪纸艺术观摩和交流的对象。

3. 服饰剪纸

服饰剪纸是指用于鞋帽、枕头、肚兜、鞋垫等纹样,然后再按照这些纹样扎绣。作为刺绣底样的饰品有鞋花、肚兜花、枕花、衣袖花等。

◆鞋花

鞋花是妇女儿童穿的鞋上用绣花剪成的底样花样。它的主要题材是花草、虫鱼、鸟兽等。如"鲤鱼闹莲""凤戏牡丹"等。

◆肚兜花

肚兜花是在儿童妇女穿的肚兜上刺绣时所用图案的底样。内容多是吉祥图案、花卉翎毛等,特别是农村妇女很喜欢剪制此种底样。这种习俗在乡村仍很盛行,如今古庙会、集市上还有老剪纸艺人出售肚兜花。

肚兜花

◆枕花

枕花是古时农村结婚时在新房枕用的长形枕头两头新娘刺绣的花型底样。它的题材多用吉祥寓意之类,如"石榴多籽""莲生贵子""鸳鸯戏水"等等。如今随着人们生活习惯的改变,枕花已很难见到了。

◆衣袖花

衣袖花是农村妇女袖口上刺绣的剪纸底样。人们在袖口、裤口绣花,使服饰精美、漂亮,因而很具观赏性。清代、民国很盛行,中华人民共和国成立以后有很长时间这种装饰已消迹,只有少数民族的服饰上还保留着此种装饰图案。但进入21世纪以来,随着服装的开放和多样性,作为一种传统保留款式,此种装饰又在市场上悄然兴起。衣袖花的形式有对称、放射、球形、连续等多种,题材有花鸟、鱼虫、走兽、几何图案等等。

人物剪纸

(二)剪纸题材

剪纸题材非常广泛,表现的内容与劳动人民的生活、精神密切相关,大体可分以下四个方面:

1. 表现人物

人物题材,在剪纸中占有相当重要的比重,多表现现实生活中常见的风俗习惯等等。

2. 日常生活

这类剪纸多表现工、农、商、学、兵,男女老少各个方面人物的日常生产、学习、文化、娱乐活动。

3. 戏曲人物

表现戏曲人物的剪纸,大多以反映英雄人物和历史故事为主题。人们通过剪纸作品,对英雄人物表示崇敬的心情,对卖国求荣者给以痛击,讴歌真、善、美,批判假、恶、丑。这类多取材于各地戏剧人

婚俗剪纸

物,如《白蛇传》《秦香莲》《岳飞传》《梁山伯与祝英台》戏中的各主要角色等等。

4. 民间传说

这类剪纸题材来自民间广大群众喜闻乐见的内容,因而市场很广,备受百姓欢迎。如"八仙过海""鹊桥会""鲤鱼跳龙门"等等。

5. 花鸟鱼虫

◆花草类

花草类有牡丹、梅花、兰草、竹子、菊花、荷花等等。瓜果有石榴、桃子、佛手等。以上这些大多寓意某种品格或吉祥如意。如梅、兰、竹、菊,象征气节,比作四君子;荷花象征高洁,出污泥而不染;桃子象征长寿;石榴寓意多子、吉祥;等等。

◆飞鸟类

飞鸟类所寓意的内容多为人所爱。如喜鹊象征喜讯,鸳鸯象征爱情,仙鹤表示长寿,鸽子象征和平,雄鹰象征坚强英武,此外还有孔雀、活跃的小鸟及想象中的凤凰等等。另外,家禽也是剪纸题材表现的主要对象。

◆鱼虫类

在鱼虫类中,"鱼"的谐音"余"和"富"的概念是连在一起的。如把金鱼写成"金余","连年有鱼"写成"连年有余"等等。它反映了广大农村的贫困人们对美好生活的追求。

◆走兽类

走兽类所表现的对象比较广泛,常见的有威武勇猛的老虎,雄健玲珑的狮子,俊秀俏丽的小鹿,灵巧顽皮的猴子、松鼠等等。这类题材表现动物的特征与习性,赋予一定的寓意和向往。如马背上一只猴子在捅马蜂,寓意则是"马上封侯"、封官进位之意。另外,家畜题材表现的有牛、马、羊、猪、狗、骆驼等。猫、鸡、鼠等剪纸从侧面表现了农村生活的一个场面,很受群众欢迎。

◆吉祥图案

吉祥图案是指采用谐音、象征、隐喻等手法把文字、花鸟、动物、器皿等形象巧妙地组织在一起的图案。它托物寄情,概括力强,反映了劳动人民的丰富情感、思想及向往。如"松鹤延年""万象更新""喜上眉梢"等等。把蝙蝠、桃子、双钱组织在一起,象征多福、多寿,名曰"福寿双全";把莲花和鲤鱼组织在一起,以莲谐音"连",以鱼

吉祥图案

谐音"余",称之"连年有余"。在图案上,多以形象的画面表达抽象的含意。

四、刺 绣

刺绣俗称"扎花"。在嵩山地域的民间妇女中,刺绣是一项比较普遍的"女红"技能。

民国以前,嵩山地域妇女的礼服崇尚华丽,每遇探亲访友务必梳妆打扮,穿花衣裳,俗称"花媳妇"。特别是在迎亲、送亲时,更要显得整齐、漂亮,衣裙鞋袜上面都要用五彩丝线绣制成各种美丽的图案。更重要的是闺女出嫁的嫁妆鞋、枕头和小孩子过满月的各种帽子、护巾、肚兜等,做工和绣工尤为精巧。因为在喜庆之日众亲友都要观赏一番,故此一般妇女都要学会描龙绣凤,如有不会者则被人瞧不起,谓之"失教",并以"笨媳妇"耻之。

中华人民共和国成立以后,随着时代的进步,服装逐步向简朴、实用、合体等方面发展,人们不再喜欢华丽的装饰,因此,刺绣这门民间工艺也很少有人学习了。改革开放以后,随着人们服装穿着的多样化,已经消失了的刺绣服装又时兴起来,而且除了服装、鞋帽,刺绣在床上用品、窗帘等方面的用途也很广泛。因此,青年妇女又开始学刺绣,同时也产生了机器刺绣这门新工艺,其工效比用手工刺绣要快几十倍。如今,一家一户的绣女越来越少,扎堆在企业中干的较多。

五、烙画、熏画

烙画古称"火针刺绣",近名"火笔画""烫画"等,是古中国一种极其珍贵的稀有画种。据史料记载,烙画源于西汉、盛于东汉。烙画用火烧热烙铁在木头做成的各种工艺品上,熨出烙痕作画,画面上自然产生不平的肌理变化,具有一定的浮雕效果,色彩呈深、浅褐色乃至黑色。烙画创作在把握火候、力度的同时,注重"意在笔先、落笔成形"。烙画不仅有中国画的勾、勒、点、染、擦、白描等手法,还可以烫出丰富的层次与色调,具有较强的立体感,酷似棕色素描和石版画,刻画出的山水、人物、花鸟、虫鱼等各种图案,形态优美,姿态万千。因此烙画既能保持中国传统绘画的民族风格,又可达到西洋画严谨的写实效果。

嵩山地域所产木质细腻的木材有柏木、冬青木、山枣木、梨木、柿木、槐木、榆木及山杂木等,是制作烙画、熏画工艺美术品的优质原料。久负盛名的嵩山烙画木梳、压尺、插瓶、屏风、烙画挂件等工艺品,是嵩山地域的特色旅游产品,不仅是民间外出探亲访友的礼品,也是外地人来此携带的纪念品。

嵩山烙画对技能的要求较高,那些制作烙画的工匠们,由于技能娴熟,工作时不用图案底稿,随心所欲,构成图案,千遍不逾分毫,技巧之精,令人叹为观止。由于烙画要有高标准的审美眼光,且收入平平,所以民间从事这种行当的人较少,一个县市多则几十个人,少则几个人。但很多艺人一旦从事此种行当,就和大多数搞艺术的人一样,痴心不改,一直到老。

另一种技能熏画,也是旧时民间广为流传的"女红"技能。熏画的创作过程是先用剪纸画面作为熏样,再和白纸叠在一起,放在木板上用清水洒湿,使熏样、白纸和木板紧紧地贴在一起,然后用湿毛巾把其中的水分和水泡挤出,使其平实,接着用煤油灯散发的烟熏,熏时要移动木板或灯,以便黑色匀称合谐。因着烟程度不同,显出浓淡轻重的颜色也不同。熏毕,放在避风处阴干,最后轻轻揭下熏样,现出黑底白花的画面,明快素雅的图纹便跃然眼前。虽技巧不高,但说明很早人们就能掌握和运用这一化学变化的原理及作用。

熏画兼具剪纸和版画的艺术效果,古朴浑厚,结构严谨,手法简练,主次分明,虚实相映,形象夸张,主题鲜明,是中国民间艺苑的一株奇葩。嵩山地域在旧时,逢年过节,当地妇女聚在一起,画的画,剪的剪,熏的熏,家家户户的炕头、墙壁、碗架等处都贴了熏画,五彩纷呈,美不胜收。熏画图案有荣华富贵、喜鹊报喜、雄鸡报晓,还有祥云、莲、松、鸳鸯、鲤鱼、莲花等。

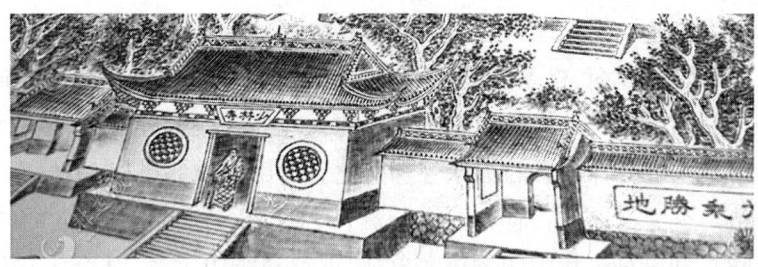

烙画(嵩山少林寺局部)

熏画,来源于剪纸熏样。熏样,是过去民间保存剪纸花样的一种方法,是用烟火把剪纸原样"复印"到纸张上的一种独具特色的民间艺术形式。由于此项工艺制作程序原始落后,对所加工出来的作品的质量也难以把握,所以,在现代化的各种精致的工艺作品面前,这种原始的熏画工艺逐渐消失。

六、雕　　塑

嵩山地域的民间雕塑主要有玉雕、根雕、木雕、竹雕、石雕,但生活运用以木刻木雕和石刻石雕较为普遍,家家户户都要盖房子,凡是有一定经济条件的,木雕、石雕都是必须的。

(一)嵩山石雕

嵩山地域寺、庙、宫、观多如密林,豪华民居鳞次栉比,所以,大凡讲究的门庭之外,上镶有文雅大方的匾额,下立有威风凛凛的石狮,哪个体面的家门都少不了雕塑匠人的雕塑。由此可见,嵩山地域的雕塑有着悠久的历史。

嵩山位于十三朝古都洛阳京畿地带,这里的雕塑工匠许多都是官方记录在案的雕塑匠人。嵩山地域的雕塑匠人在每个市县都有,但规模较大的集中在洛阳、偃师、登封、巩义、新密等地,尤其是新密,集中了很多能工巧匠,出产的作品量也很大,受到周边市县的关注。

嵩山石雕主要是指石雕工匠在石材中雕刻各种立体的人物、花草、鸟兽、树木、楼阁、桥塔、水纹等多种物体的造型。嵩山有着大量的青石资源,匠人们就地取材,将大型的毛坯石头就近加工,然后再雕塑成像,进行出售。嵩山地域的雕塑作品普遍为神像、石马、石狮、石门匾、石门礅等,其雕工精细,线条工整,显示了很高的艺术水平。

嵩山地域还有不少的建筑雕塑匠,他们在建筑的牌坊、屋檐、墙壁上雕刻有各种精美图案的石饰,乃至木饰、竹饰等。

(二)嵩山木雕

木雕主要是指工匠在木材中雕刻各种立体的人物、花草、鸟兽、树木、楼阁、桥塔、水纹等多种物体的造型。木雕工艺,又称小木作,从技法上讲,有线雕、阴雕、浮雕、圆雕、透雕等,从应用及装饰范围上可分为建筑雕刻、家具雕刻、陈设工艺品雕刻、纪念装饰雕刻等。

嵩山木雕因其浓厚的民族特色和浓郁的嵩山地方特色而闻名。在木刻木雕的运用中,建筑雕塑较为普遍。嵩山地域有大量的名胜之地,在历代的园林、民居、公房、庙宇、寺院的建筑中,其梁枋、雀替、藻井、挂面、格扇门窗、神龛、几案等,都需要木雕工艺的装饰。

嵩山木雕一般采用嵩山本地的大叶杨或椴木等材质,多取材嵩山民间传说、历史典故、宗教故事,以及富有吉祥寓意的福禄寿喜文化。嵩山木雕的风格,不仅有北方木雕的粗犷浑厚,又有南方木雕的精巧秀丽,具有布局均匀、线条流畅、造型洗练和纹样化强的特点。嵩山木雕最明显的特征就是"意匠",即充分运用中国传统的象征、寓意和祈望手法,结合中华民族的审美意识,从而使嵩山木雕工艺和审美习惯达到和谐统一的境界。

嵩山木雕的代表作是中岳庙大殿的盘龙藻井,群众俗称老龙盘窝。木雕传世作品还有散落于民间的八仙桌、太师椅、匾额、屏风、佛像等。最杰出的嵩山木雕艺术家是芦会,20世纪在豫西一带享有盛名。2006年8月嵩山木雕被公布为河南省首批非物质文化遗产名录之一。

(三)嵩山根雕

嵩山根雕

嵩山根雕历史悠久。最早的根艺作品利用天然树枝、竹根和蒿根手工制作镶有铜片的旱烟管儿和挠痒刷("如意")等,后来发展为笔筒、笔架、笔挂、镇纸等文房用品及根凳、根椅等家具用品,具有实用价值。随着经济发展和人民生活的逐步提高,嵩山根雕艺术也逐步提高,坚持功法自然、变废为宝的创作理念,发展为群众喜闻乐见的传统艺术。

除上述雕塑以外,嵩山地域的玉雕、竹雕、砖雕等雕塑在中原地区也是赫赫有名。特别是中华人民共和国成立以后,有不少民间匠人的作品在全国民间雕塑大赛中拿过大奖。嵩山周边的各市县,分别办有玉雕厂、竹雕厂等,专门从事雕塑。

第五节 民间歌舞

民间歌曲与舞蹈相结合,构成民间歌舞,在嵩山地域称为民间社火。这种由歌、舞、乐相互交融的艺术形式,在嵩山地域同样经历了漫长岁月的发展。

一、歌舞历史

嵩山地域最早的歌舞记载即是从黄帝部落开始的。古代劳动人民的《田园歌》《弹歌》以及著名的《六代乐舞》,一向被视为歌舞艺术的滥觞。编成于春秋(前770~前476年)的我国最早的一部诗歌总集——《诗经》,其作品全部是配着乐舞演唱的歌词,其中反映嵩山地域的《郑风》《桧风》《汝风》等民间歌舞,反映了嵩山地域歌舞的兴旺景象。郑州汉墓出土的官吏乐舞神话抹角空心砖上,有姿态优美的乐舞图,舞者衣袖极长,表现出汉代舞蹈的显著特点。

民间歌舞

中华人民共和国成立以来,在嵩山地域出土的上万块汉画像砖中,数百块刻有舞蹈动作造型的画面,如鼓舞、盘舞及新密打虎亭汉墓壁画的"宴饮百戏图",都体现了嵩山汉代舞蹈艺术的风采。隋唐以后,歌舞广泛使用于宫廷宴飨、庆典活动。与此同时,以社会底层为土壤的民间歌舞,也在始终不断地开拓着自己的发展天地。特别是明、清以后,在节日喜庆活动中形成的各地各族民间歌舞,更是丰富多彩,久盛不衰。人们用祖先留下来的民间舞蹈文化遗产来点缀生活,愉悦人心。因而,历代劳动人民创造的各种舞蹈形式,如情节舞或情绪舞,历代相传,持续至今。

二、歌舞种类

嵩山地域的民间传统歌舞活动,有踩高跷,扭秧歌、耍龙灯、狮子、灯笼、旱船、猩猩怪等,群众把这种活动叫"耍社火"。社火是古老村社中祭祀娱神活动中的民间表演,嵩山地域各市县都有之。社火中不但有歌舞表演,而且汇集了戏剧、杂技、古乐等民间艺术为一体,其演出特点为形式壮观,规模宏大,内容丰富别致,百姓的参与面更广更大。

在社火的歌舞表演中,有狮子、猩猩、龙等动物类的,主要表现劳动人民的勤劳勇敢以及与兽相斗的智慧和勇气;在高跷、旱船、鬼扳跌、张公背张婆等类节目中,主要表演的是广为流传的民间故事和喜剧;在独角舞、小车舞、花篮舞、笑伞等类节目中,则是用尽情地歌舞来表达人们喜庆欢乐的心情。

嵩山地域中的社火分为文社和武社,文戏属于文社,武戏属于武社,文戏与武戏区别在于文戏表演时,演员之间没有互相交槌,而武戏则有,而文武两社中的表演节目也是有规定的。

(一)文社

嵩山地域文社中常用的文艺节目有踩高跷、撑旱船、扭身歌、挑花篮、腰鼓舞、骑竹马、闹歌等。

1. 踩高跷

踩高跷,也称走高跷或踏高跷,是城乡民众自娱自乐的保留节目,民间常见的娱乐形式之一。

最初的踩高跷,是对神话传说中殊方异人的模仿。据《山海经》记载,西北海外有个长股国,国民的双腿都长3尺,下海捕鱼很方便,有些人因羡慕而生仿效之意,便用木棍绑在脚上以加长腿的高度。据《列子·说符》载,春秋时,宋国有个叫兰子的人,能把两根比自己身体还长一倍的木棍绑在双脚上,当场为宋元公作急走如飞的表演,手上又同时舞弄七把剑,看得元公目瞪口呆,立赐金帛。汉魏时代,踩高跷正式列为宫廷"百戏"节目,虽形式多样,均为双木续足之戏。六朝是踩高跷盛行年代,技术上翻出不少花样。据史料对梁武帝时宫廷表演百戏的节目追述,有一种"掷跷伎",就是踩着高跷翻跟斗,相当惊险。唐宋时,高跷表演已普及民间,出现了许多靠此为生的专业艺人,技艺精湛者还被召进宫廷舞队。明清之际,踩高跷普遍用以民间社火、迎神赛会,因而成为广泛的群众性游艺项目,业余表演者大批产生。

高跷是一种表演工具。两根三四尺长的木棍中间安一个木托即可。一般民间的高跷都为木制的高跷腿,表演时双脚踩在木托上,把木棍绑在腿上,站立行走,并在上面表演一系列的诸如蹦、跳等的舞蹈动作,还可串演一系列的戏剧角色,称为"踩高跷"。

踩高跷

嵩山地域的高跷舞可分为文、武两途。文跷以走唱为主,加以简单的舞蹈动作。武跷则能做倒立、劈叉、独立、跳高桌、叠罗汉等各种惊险动作。踩高跷的艺人乐队与竹马舞相同。表演者化妆扮演八仙过海,也有化妆扮演老生、小生、青衣、小旦、彩旦、花脸、丑角等各色形象,手持折扇、手帕等道具。高跷的表演通常是跟随"社火"队一起行走,边走边唱,舞蹈动作是走、跑、跳、磕腿、单腿蹦等,还可在固定的场子里,表演翻身、鹤立、单叉、双叉等高难度动作。高跷演员表演时多演唱古装戏曲选段,整个表演奇特别致,道白幽默风趣,演唱通俗易懂。

在高跷社火演出中，马窑高跷社以稀有、腿高、节目精彩而出名。据传说，历代帝王祭祀中岳，往返历时较久，文武官员因事上表章奏疏皆送于此，等待皇上批阅。地方官员为讨好朝廷百官欢心，就演起高跷社火来。到了元朝末年，明太祖朱元璋原配夫人马腊梅曾在此操练驻扎，她生性好胜，在操练武艺的同时，十分欣赏高跷社，并拿出银两给以鼓励，村民大悦，加强排练，且高跷腿越来越高，可达四尺有余。大约到明永乐元年，马窑人的祖先从山西洪洞县移民至此，继承了高跷社的传统演法，并编入民间故事，春节灯节，村民们唱起来，跳起来，玩起高跷来，成了周边各县高跷社的佼佼者。表演时有大鼓4面，大镜锣4面，镲铙各4对，领鼓一个，各种社旗24面，男女各30人参加表演，队伍浩浩荡荡。

2. 撑旱船

旱船舞于清代已在嵩山地域流传。

旱船的里面是用竹木或麻杆扎成的，上面是轿子型，下面是船形；轿子外饰以彩绸鲜花，船形外边蒙有绘有水波纹的绸缎。船里有一装扮俏丽的女子，手提旱船，随着艄公的各种动作，通过腿脚的表演，模拟船在水中行走、漂浮、打转等。旧时，船中女子多为男性扮演，如今多为女性。

撑旱船的道具有竹制绸缎彩船

撑旱船

和篙，其他与竹马舞同。表演时配有配打乐器一套。旱船舞的演员一般需要两个，一个船旦，一个撑船须生，着古装，船翁戴草帽，也有多人撑船的，分别称之为"头道篙""二道篙"。表演时，撑船者模仿船在水中行驶的各种动作，表演程序为提锚、张篷、上船、启船、摇橹等行船系列动作，坐船者则要根据撑船人的动作，配合表演各种相应的台步和艺术身段，他们有时跑圆场，有时一字队形行路等，并演唱古装戏曲选段。

3. 闹歌

闹歌于清末已在嵩山地域流传。

闹歌的道具主要有铁架子、古装戏衣，乐器有锣鼓、钗、铙等。演员三、五、九、十人都可，身强力壮的小伙子，扮演古装戏中的老生、须生等不同角色。表演时将铁架子套腰

闹歌

间和肩膀上,从肩膀旁或头顶突出一不同造型的铁棍,如树枝、剑、刀等,上有一个牢固的铁圈,另找10岁以下的男女幼儿,扮作旦、丑、净、生等角色,坐在一铁制的椅上,椅下有一铁棍,将铁棍插在小伙子头顶上的铁圈内,戏衣遮体,下做服肢,好似站立在树枝、刀、剑之上。表演者走圈,走八字等,扭头转腰,生动活泼,逗人发笑,同时锣、鼓伴奏,热闹非凡。

4. 骑竹马

竹马于清代已在嵩山地域流传。

道具有竹马、马鞭。表演者身穿古装戏服,扮生、旦、净、末、丑等角色。表演时配有弦子、锣、鼓、梆子、小号等乐器的伴奏。

竹马一般在春节期间与旱船配套表演,骑马者坐竹马,走圆场、舞步等。马童则依据舞蹈情节发展进行体操表演,或根据某古戏装曲选段进行演唱。

5. 棒棒鞭

棒棒鞭也叫鞭子、霸王鞭。演出时,男演员一人饰相公,手执扇子,女演员两人饰小姐,各执象征性竹鞭,边歌边舞,轻松幽默。女角多为男扮。曲调有《渭调》《满州》《下河》《双叠翠》《剪剪花变新》《剪剪花带垛子》《银扭丝》等,乐器有鼓板、四弦、敲琴、细碟、笛子(或箫)、碰铃等。古时,唱词多为男女调情嬉戏,也有劝夫、劝世内容的。此种艺术形式历史悠久,深受群众喜爱。

6. 挑花篮

挑花篮舞流传于清朝雍正年间,是一项大众化的民间舞蹈,由"挑经担"演化而成。相传五百多年前杨氏的祖先从洪洞县迁居杨庄,年年风调雨顺,五谷丰登,就在村里盖起"天爷庙"。每逢初一、十五,过年过节,村民们都到天爷庙举行焚香叩首,祈祷丰收、感谢天帝恩泽的祭祀活动。为了表示对天帝的虔诚之心,村民们用荆条编起了六棱体的经担(也叫经篮),又配上小鸟、花卉,十分精巧,每逢节日集会,他们玩经担、念经文,好一派热闹气氛。随着时间的推移,玩经担发展成了挑经担,他们肩挑经担,口念经文,唢呐器乐伴奏,变幻多种队形套路。渐渐地,挑花篮这一民间艺术节目形成,多在春节灯节作祝贺演出。演出时人数越多越好,但必须男女人数对称,一般男女青年各4人。男青年扎打头,穿包衣裤、软靴。女青年扎辫子或戴古装发,穿小衣包、彩鞋,每人挑一对花篮。

挑花篮

嵩山地域的花篮舞以登封市唐庄乡杨庄村的最为有名。逢年过节,乡里有重大的文艺活动时,杨庄村的花篮舞都要参加,成了节庆娱乐的保留节目。杨庄村的花篮舞有150余人的表演队伍,其中挑花篮由80名中青年妇女组成,两班唢呐16人,司鼓10人,镲锣伴奏30人,社旗20面。花篮舞从编舞、排练、音乐到确定参加人数,都经过严格的选定,于节日、庙会期间在街头广场演出。演员在街上边走边舞,队形多有变换,挑起花篮来犹如长蛇蜿蜒,颇似巨龙腾飞,跳起来形似老龙盘窝。整个表演在音乐的伴奏下,跌宕起伏,令人看了目不暇接,眼花缭乱。

7. 笑伞

笑伞舞在嵩山荥阳一带流传。传说笑伞舞源于隋末。当时,瓦岗军攻打荥阳屡战不克,他们乘正月十六玩花灯之机,巧扮民间舞蹈艺人,边唱边舞进入城内,里应外合,一举取胜。义军当时表演的节目就是笑伞舞,主角由程咬金扮演。笑伞演出由5个演员配合,一个老人着长衫、执花伞,4个青年着侠士装,男击手鼓,女敲小铜锣,载歌载舞。此舞形式古朴,节奏明快。

8. 扭秧歌

秧歌曾经是直接与耕种有关的祭祀活动之一,是一种传统性的群众性节目,充满着农耕文化的特点。秧歌这一舞蹈,需要参加的演员很多,在欢乐的锣鼓声中,成排成队的扭秧歌的演员边走边扭,加之彩色的服装和手中的红绸在空中任意地舞动着,气氛十分热烈,景象非常壮观。

中华人民共和国成立初期的20世纪50年代,嵩山地域特别流行秧

扭秧歌

歌队,群众节庆活动,一般都要出动秧歌队表演,以表现文化活动的大气和热烈。

9. 律棒鞭

流行于荥阳一带的民间歌舞,起源年代不详。演员只有3人,一男二女。细乐器伴奏,8~10人组成,其节奏轻松、流畅。曲牌有"谓调""剪剪花""剪剪花变新调""满州""双翠翠""下河""对花"等10多种。表演时男演员饰相公,女演员饰小姐,手持竹眼钱。舞蹈动作从曲调过门开始,男演员即右手持扇,载歌载舞,而女演员则手持竹鞭,随节拍上下击鞭。舞蹈反映青年男女踏青相恋。

10. 挑经担

流行于新密、登封一带的民间舞蹈。在庙会期间,妇女们挑着自制的花篮(经担)到庙会神前进香,然后在神前空地上边哼经曲、边挑经担,以示对神灵的虔诚。挑经担的音乐与伴奏主要是经曲,使用的乐曲是木鱼和碰铃,伴唱的是经曲。

11. 摆阵势舞

这是一种大型的民间舞蹈。据传此舞蹈源于三国时期,由诸葛亮摆八卦阵演化而来。演出时由

数十人乃至上百人着古代兵丁服装,在旗帜的指挥下,不断变换队形,列成不同战阵,名曰"摆龙尾""卷白菜""七星阵"等。此舞以打击乐伴奏,一般于节日、庙会或喜庆盛典时演出。但此舞因演出时队伍庞大,人员众多,组织比较困难而很少演出。

12. 打夯舞

打夯舞是根据打夯造型,按照不同内容,进行表演的一种舞蹈。此舞为集体舞,舞蹈以农民打夯为主题,在打夯过程中,不断变幻队形和动作、舞姿,主要表现劳动者打夯时的干劲和精神。打夯舞是嵩山地域最早的劳动舞蹈。

(二)武社

嵩山地域武社中的常见的文艺表演节目有狮子舞、龙舞、玩老虎舞、猩猩怪舞、打铁舞等。

1. 狮子舞

嵩山地域的狮子舞历史悠久。史载,狮子舞为汉代"百戏"之一,称为"狮戏"。早在唐朝,嵩山地域就有了绣球,洛阳都城的大街上,民间有员外家的小姐抛绣球、定姻缘的奇事。到了明代,嵩山地域有了用绣球耍狮子的舞,而且很快就风靡各地。中华人民共和国成立以前,嵩山地域周边的市县各乡镇及一些大的村庄都有狮子舞,且各大村庄的群众中都有技艺高超的表演者。中华人民共和国成立以后,这项文艺活动遍及嵩山各地。改革开放后,一到元宵节,各乡镇狮子舞队伍都要汇集县城进行表演。狮子舞的出现,极大地丰富了嵩山地域人民群众的文化生活。

狮子舞多在春节期间和喜庆日子以及重大的庆祝、娱乐活动时演出,主要道具是狮皮、绣球、枪、刀、梢棍、三股叉、九节鞭、架子和绳索等。有两人表演狮子的,两人披狮皮,一前一后,一人舞狮头,一人舞狮尾,一人拿绣球,前后上下舞动,斗狮起舞,几个回合,狮子做出滚、翻、蹦跳多种架势,威武壮观。也有多人表演狮子的,公狮母狮各二人,狮娃一人,拿绣球一人。打击乐队四人,有鼓、大锣、手锣、小镲、小锣等。另有武士拿刀、枪、棍、鞭等轮流打狮。

演舞方式有地面和登架两种。地面舞狮技艺高超者,舞起来生动逼真,耐人寻味。上高架的动作,更是扣人心弦。表演形式有:《单小打砍》《双小打砍》《大四场》《太子上朝》《双过山》《单下轱辘钱》《扑灯笼》《大探海》《出门式》等12场。整个表演,龙虎旗迎风招展,鼓、钗、铙齐鸣,场面壮观热烈。

登封市的狮舞动作粗犷豪放,英武壮观,具有与少林武术相结合的特点。表演服饰有武士服、大小狮子皮等。道具有刀、枪、哨棍、九节鞭、三股叉、梅花枪、梢子棍、绳鞭、绣球以及桌椅、板凳、长杆、花束、盘果等。表演配乐主要为打击乐,一般是四面大鼓、大锣,两对大铙、大钗,一面镗锣、镗鼓,有时还配上唢呐、笙等吹奏乐器。鼓牌有大挂槌、狗嘶咬、狮子滚绣球、白虎奔山等。表演内容有猛狮下山、狮子抢绣球、上高架、爬绳、过人桥、探井、拿八作、凤凰三点头、刀山架、跑铡等等。演时一般为一武士和一大二小三只狮子出场或一武士和两只大狮子出场。表演方式有地面和登架两种。因为登封的舞狮加入了少林武术的内容,所以在演出时,就多了武士与狮子的打斗,其表演过程更加勇猛激烈,其高架的操作表演也更加惊险动人。

嵩山地域舞狮以登封申家沟狮子社最为有名。嵩山山坳里的申家沟村住着70来户人家,这70来户人家户户都有舞狮人,他们组成了申家沟的狮子社。申家沟狮子社里有2只雄狮和8只幼狮。

雄狮机灵敏捷,动作熟练,形象逼真,当听到鞭炮声,雄狮的威武凶猛立刻表现出来,它要和人决一雌雄。一连几个回合之后,幼狮围绕雄狮学着雄狮的动作给雄狮助威,寓意深长。在狮子架上,雄狮时而仰天大笑,时而平身亲吻,时而抓耳挠腮,时而把腿伸向高空施展威风。当雄狮在地上和人搏斗时,幼狮上到架上时而蹲,时而立,时而跳,时而吻,时而从架中钻来钻去捉迷藏,时而学着雄狮扑向人群,十分逗人。两架狮舞可同时表演70多个动作,充分表现了申家沟人的智慧和创造力。狮子社演出时,旌旗招展,四面门旗上各画一只老虎,八面社旗上各画一只凤凰。相传很久以前,山中野狼成群,经常袭击人畜,危及人的生命财产安全,因老虎为兽中之王,画在门旗上可保一方平安而沿袭下来。凤凰则代表着申家沟人对美好前程的向往,取深山飞出金凤凰之意。申家沟狮子社是从新密市平陌狮舞分化而来,不仅具有平原狮舞的特点,水乡狮舞的气息,而且其中的大刀长矛的武姿是道教武术的组成部分。

嵩山地域非常有名的狮舞还有小相狮舞。巩义市鲁庄乡小相村是享誉省内外的狮舞之乡,这里的狮舞曾参加历次省、市、县各级重要节日庆典和表演赛事,均取得优异成绩,其艺徒更遍布各地,远达新疆,是河南省不可多得的一朵绚丽的民间文艺之花。小相狮子社是全村的组织,狮舞是全村群众的业余文艺活动,是集体艺术。村里负责购置狮皮、大鼓等大件,村负责人帮助内外联络,处理对外事务。大量小件

嵩山狮子舞

物品、器械都是群众分摊,一户一件,自置自管,出社时自带器械集中。狮子出动的一般事务由德高望重、热心服务的老艺人负责,他是自然产生,不用选举,也没人不服从。狮社的人们每年把全村护麦、护秋都包下,挣来报酬交狮社支配。每次外出,许多艺人都是自贴钱物而毫无怨言。狮社无论需用谁家的东西,群众都自愿无偿提供。人们的参与意识极强,无论男女老幼,能舞的舞,不能舞的做服务,全村人团结和睦,愿为自己的狮子舞做贡献,为自己狮子舞的骄傲自豪。

小相村的狮舞起于何时已无可查考,据老艺人相传清初即有,嘉庆年间(1796~1820年)享誉各地,此后越来越兴盛,至20世纪60~70年代达到高峰。嘉庆以来,小相狮舞经历代艺人辛勤钻研不断创新提高,表演愈加生动,难度愈加提高。小相狮舞是由两人共顶一张狮皮,一人演头,一人演尾,协同动作进行表演。地摊表演时,另需一人手持器械舞蹈斗狮,称为"回回"。这是整个狮子社火的主体,雅称"仙狮"。狮子社火以旗队仪仗为前导,仪仗由多种旗帜组成。狮子的前边是4面或8面大鼓和成排的大惊锣、大铙、大镲等铜乐器,与狮子表演同时演奏以壮声威,雅称"雷音"。雷音与旗队之间还有小套锣鼓和疙瘩锣,专在其他表演暂停转移场地时进行演奏。另外,围绕狮子的有许多人,除持器械外,还有好多放炮人、吹海螺号、尖子号造声势者及众多服务人员。狮子是鸣炮起舞,周围所有人在狮舞进行中,都要在鞭炮声中不断挥动器械,呐喊,吹口哨助威。狮社总指挥手持小白旗站在旗队后,负责指挥全社的行止与表演,处理可能的纠纷和对外交涉等。因此狮子社是人数众多的综合性庞大集体。小相村的狮舞,在20世纪中期以地摊为主,即在平地以四回斗狮舞蹈,使用器械有大刀、单

刀、双刀、枪、大镰、三股钗、稍子棍、绣球等,在登封中岳庙会上极负盛名,并享誉豫西广大地区。清末,小相狮舞已发展为高台与地摊并重,一批各怀绝技的高手把小相狮艺推向一个高峰,曾有人独披狮子皮从栏街高架秋千横梁上表演,四方观众均为之惊心而叹服。20世纪30年代,小相狮舞打破原来板凳架的单调表演,创造出狮子揭板凳这一生动活泼、变化多端的新套路,大胆改变原来在板凳架上左肩扛凳倒立而为双臂支撑拿大顶,赢得各地赞扬。此后,他们专注地向高台的高难方面努力,在7米高的架上绑三层凳椅架,前后各斜系两条相距2尺的粗绳,名曰"双绳架",由狮子沿绳上下,借绳弹力做左右甩胯、前甩下吊等各种高难度惊险表演,并创造出双凳双狮绝技。

1950年正月,偃师夏候寺为庆祝穷苦百姓翻身,特邀以小相狮舞为首的各地13路著名狮舞集中表演竞技,在旷野搭建了能供13路狮子同时上台表演的"三棚四顶"式高20余米的可转动巨型老杆,巨型老杆是在普通约7米高的单层狮老杆上创制的,以大圆木为中轴,几节相接,最下边有转动装置,围中轴上段搭三层方形平台,四角各搭表演台,顶端中心表演台最高,老杆四面均以两条大绳牵牢,在旋转中上面13路狮子同时起舞。巩义、偃师、洛阳、登封来的13路劲旅同台献艺,群英荟萃,规模非凡,气派空前,引来百里内外数万观众。自抗战胜利后,小相狮子应邀参加许多重大活动,名声大振。1959年12月赴甘肃平凉参加文艺汇演获一等奖。1976年国家在各省市选拔优秀杂技节目,指定河南省要带狮子舞,省政府调集全省杂技优秀人才,派专人赴小相拜师传艺,结果河南狮舞赴京在全国各路英杰共18路狮舞竞技中,因独树一帜而首先被选中,享誉京华。1983年新疆昌吉回族自治州派干部带着公函来内地访邀舞狮名师,河南省政府以"支持边疆"为由发出指示,小相艺人启程赴疆,在昌吉州以呼图壁县文化馆为基地,办起由全州各县选派的33名学员组成的训练班,并到中央电台设在当地的转播站等处做慰问表演,小相狮舞征服了边疆观众。1992年6月小相中学生"小狮子"参加郑州市首届青少年艺术节,获郊县唯一的一等奖。

小相狮舞不但在外有了大的名气,同时也吸引着全村人,尤其是青少年的兴趣。大家农闲时都来学练,目前十六七岁的娃娃们已能独立熟练地完成除部分高难外的许多套路,小相狮舞在新形势下得到了健康的发展。小相狮舞的传承除与其他村社火有共同之处外,另有自己的特点:第一,腊鼓传承。腊鼓即农历腊月的鼓声。在巩义、偃师一带腊鼓习俗一直保持到中华人民共和国成立以后。冬季是传统农闲季节,一入腊月外出的人都陆续回家,这是练习和传教社火的好时候,所以各村都把大鼓和器械拿出来,集中在一处公共场所娱乐。鼓声"咚咚"可闻数里,即称为腊鼓。小相村也不例外,不过开始得更早,一种过麦便开始教练狮子舞。第二,家庭传承。小相村有条件的狮舞艺人,一入冬便在自己家里夜间教子弟学舞狮。第三,暗地学练。小相村代代都有突然冒出的舞狮人才。大家没见他练过,乍一出现令人惊奇。这些人都是背地独自练习的,群众叫"下闷功"。第四,学校教练。学校教师教学之余组织学生教练狮舞。纵观小相狮舞的历史,自清代以来由地摊为主向高台为主发展,由一般动作向高难动作发展,由一般表演向动作多变发展,他们在探索创新中不断地提高自己。改革开放以来,小相狮舞始终走在创新的前列,把地摊、桌上和高台有机结合搬上舞台,打破一般杂技狮舞模式,走在了嵩山地域狮舞发展最前列。

2. 玩老虎舞

登封市唐庄乡北部的磨沟村的民艺社有玩老虎的习俗。那里民风淳朴,民情剽悍,历代习武成风,至于玩老虎这种文艺形式起源于何年何月,已不得而知,但玩老虎却和其他民间文艺形式一样流传下来,经久不衰,但凡逢年过节,或农村古会,必有玩老虎演出。

玩老虎每演一场，需要三个人配合完成。一名武士，手持枪、刀、剑、戟中任何一种兵器，运用娴熟的武术套路与老虎嬉斗。另外两个人一前一后相互配合扮演老虎，一人舞虎头，一人摆虎尾。虎头是用麻布、桐油之类的东西盔制而成，有鼻子有眼，活灵活现。虎皮则用一幅黄布，在黄布上画上黑色皱纹，形象逼真。虎尾是用两根2米多长的桑条或白蜡木条制成，在条的根部握成两个圆圈，分别套在"虎尾"人的大腿上。上场时，随着屁股的来回摆动，尾巴也就摆动起来，恰似钢鞭一般。围观的人群不由自主地四下躲避，后退丈余，场子也就自然地打开了。开演时，大炮三声，"猛虎"出笼，绕场一周，与武士周旋起来。随着武士的一招一式，老虎左腾右闪，上蹿下跳，或饿虎捕食，或犀牛望月，招招都有名堂。其他未上场的人员，无论年长年少，均会打口哨，打口哨的方式也不一样，有的舌卷小指，有的大拇指与食指指尖相对，放在嘴里，吹出来的声音都高亢嘹亮，数十人吹起来，便此起彼伏，不绝于耳。另外还有鼓乐队（俗称大家私）演奏助威，四面大鼓擂得山响，八面大锣犹如海啸，加上大铙大镲，铿铿锵锵，轰轰嚓嚓，大有排山倒海之势，一时间虎威大震，热闹非凡……演到高潮处，扮演虎威的壮汉，双手将舞虎头之人举过头顶，绕场一周以示该场演出结束。

3. 龙灯舞

龙在中华民族文化意识中的不朽形象深深地扎根于嵩山，龙灯从20世纪初开始在嵩山地域流传。舞龙是嵩山舞蹈文化艺术的代表之一，大小舞龙队遍布嵩山的每一个市县的村落，其中以登封市大冶镇东施村的龙灯最为有名。

龙灯的主要道具有龙皮1张，长约23.3米，红色为火龙，蓝色为水龙，三角龙旗10多面，乐器有鼓、钗、锣、铙等。龙的制作，是用竹篾

龙灯舞

或树条扎成龙架，共9节，长23.3米，外面糊上布或纸，再按需要涂上各种颜色，龙体内装上蜡烛或灯泡。舞龙时每龙9人，另有一人舞球（珠），共19人参舞，并配以大锣、大鼓、大镲、铙、唢呐等乐器伴奏，还有放火鞭、火铳的。

龙灯舞表演最适宜在夜晚进行，其场面灯火辉煌，五彩缤纷，双龙腾跃，锣鼓铿锵，十分引人入胜。舞龙主要表演程序有游龙、滚龙、盘龙、卧龙等，多在地面表演，也有登架表演。演出时锣鼓伴奏，鸣放鞭炮，众多的表演者身穿紧身衣，头扎白毛巾，手举龙灯，先前而后，依次舞动，使之起伏翻转，好似时而入海，时而腾空，表现出人们降龙伏虎的气概。龙灯舞是根据一个动人的神话故事编演的：大海里有一座金碧辉煌的龙门，一条勇敢的小鲤鱼不怕困难，借助波浪的力量跃过龙门，化成神通广大的火龙。后受玉皇大帝差遣，下界救出被蜘蛛精所困的青龙，二龙合力降伏了蜘蛛精。所以龙灯舞表演一般经过鱼跃龙门、火龙下界、青龙被困、二龙戏蛛四个环节，在表演过程中，还要表演出二龙吐须、二龙戏蛛、引龙戏舞、龙打滚、龙脱壳、纵身绞挂等技艺。

龙灯一般在春节和重大节日演出，以此欢腾喜庆。过年的时候，在乡村小镇，最热闹、最有声势、最能调动大伙兴趣的，莫过于玩龙了。初一清晨，由零星响声到此起彼伏之后，继而出现了轰轰烈烈

的鞭炮声时,由远而近"咚咚锵锵"的锣鼓声也开始响起来了,孩子们忍不住欢跳起来:"玩龙的来了——!"于是穿着一新的人们,孙子挽着爷爷,大嫂抱着女儿,丈夫伴着妻子,一齐拥上小镇最繁华的路段。"龙"是由附近村子里的十几个身穿彩衣、头扎彩巾的汉子高擎着"游"来的。见到热情的观众,手执"珠球"的"龙师"一示意,龙身一下翻滚起来,只见那摇动的珠球飞到哪里,那血口若盆的龙头就追到哪里,飞鬃流彩的龙身也跟到哪里。将军踏队,金蝉脱壳,金龙盘玉柱,形式不停地变化,舞龙者越舞越有劲,观赏者边看边欢呼。

中华人民共和国成立前,龙灯有应庙会演出。"文化大革命"中"彩龙"被当四旧烧了。直到十一届三中全会后,出现了更为瑰丽的长龙,长龙一上街,都先"游"一下乡党委、乡政府,说是感谢党委、政府正确贯彻中央精神,带领他们走上致富路,接下来一家家一户户争先恐后地接去,有的甚至在半路上就将彩龙"截"走了。那些富起来的专业大户新建华堂的、想抱儿抱孙的……一个个都亮着眼睛、咧开嘴巴望着。20世纪80年代,较大商号开张剪彩,也有以狮、龙舞助兴的。另外,省市各级文化主管部门经常组织各种舞龙大赛,使人们在传承历史文化遗产的同时,又为传统舞龙注入新的表演内涵,使其更具视觉冲击,更具艺术欣赏价值。

4. 猩猩怪舞

猩猩怪舞于明代已遍及嵩山地域,多在较小村庄舞练。演出人员的特技要求不是太高,主要道具有猩猩怪皮一张,刀、枪、棍等,乐器有鼓、钗、锣等。演出时,一人披猩猩怪皮,跳、蹦、翻、滚,做出不同的动作,逗人欢欣。舞动时,燃放鞭炮,锣鼓齐鸣,以此助兴。多在春节期间或集会时演出。

5. 打铁舞

打铁舞主要流传于嵩山地域的汝州等地的农村。农村五月的傍晚,年轻农民赤臂光脊聚集在打麦场上,围成一圈,每人双手指缝中各夹8根麻秸火或火媒子在燃烧中起舞。舞时各自拍打自身各部位,甩出道道光环,火星飞舞,并伴以激情的打铁歌,表达农民喜迎丰收的心情。此舞无伴奏。

6. 古荥龙舞

郑州市邙山区古荥镇的龙舞,已有近千年的历史。每逢农历正月十五龙灯节,方圆几百里的百姓都拥向古荥观看,据说清乾隆、光绪二帝都曾亲临古荥观看龙舞。1949年后,古荥龙舞得以创新发展,演技日益精湛。它汲取了各种龙舞的特点,又不同于其他龙舞,故事完整生动,情节曲折感人,表演场面宏大,艺术风格独特。整场表演分为鱼跃龙门、金龙出南门、龙蜗玉柱、二龙相戏、解救青龙、二龙戏珠、胜利对舞等10个场面。古荥龙舞流传至今,其影响之大,历史之悠久,在中原地区是不多见的。1988年古荥龙舞应邀参加了北京国际旅游年的龙舞大赛,誉满京城。

7. 独角兽舞

流传于新郑一带的独特民间舞蹈。是古代劳动人民根据刑天舞干戚的故事创造的,反映出对不畏强暴的断头英雄的崇拜。在伴奏中绕场蹦跳翻滚、蹿桌子,并以腰部的夸张表演,表现独角兽暴躁怒吼或温顺平静的表情。后在急迫的"闹台"乐曲伴奏中,斗兽者执鞭出场,与独角兽打斗拼搏。其"击头""击腿""滚翻""蹿桌子""倒立""擒兽"等动作粗犷诙谐,生动有趣,具有独特的艺术风格。

（三）杂耍

1. 拉犟驴

拉犟驴的道具是先用竹、麻秆作身架，用浅灰色纸糊一个毛驴，一装扮为女性的人站在毛驴中空的地方，下身被毛驴身上的布盖住，手挽缰绳，做出骑驴的各种姿势。另有一丑角，与骑驴者扮作夫妻走亲戚，通过赶、拉以及驴的踢、跳、前行、后退等滑稽动作引人发笑。

拉犟驴通常节日、庙会时在街头、广场演出。拉犟驴表演时，骑驴人着古装，留长辫，赶驴人穿包衣包裤，头勒毛巾，瞎打混戴礼帽、胡子。表演时，配有打击乐器，无唱词。

拉犟驴舞蹈从20世纪30年代流传至今。

2. 倒骑驴

倒骑驴舞于民国三十一年（1942年）由陕西传入嵩山地域的登封。

该舞蹈一般4人表演，须生、丑旦各骑一头毛驴，两个赶驴者作丑角打扮。表演舞蹈有转身，单跨，双跨，蹬里藏身、倒蹲、立、盘脚骑驴等。表演过程中，用大型乐器伴奏。演出内容多选自古装戏剧，中华人民共和国成立以后有根据形势编演的一些反映现实生活的新节目。

3. 张公背张婆

张公背张婆之舞于清末已在嵩山地域流传。

表演者只有一人，胸前绑一草人作张公，自扮少妻，趴在张公背上，张公头戴老生面具和帽子，身穿老汉衣，两只假胳膊于身后，少妻两只假腿后跪，身着少妇服饰。乐队与竹马相同。表演时乐队伴奏，张公背着少妻做跪、跳、过河、跌跤动作。表演者时而作张公，时而作少妻，边演边唱，十分滑稽、诙谐。这种舞蹈能以夸张的语言和表演动作，不时地使观众捧腹大笑，是民间最为热闹、可笑的舞蹈。

4. 二鬼扳跌

二鬼扳跌舞于清代已在嵩山地域流传。

二鬼扳跌由单人进行表演。做一个二人相抱摔跤的道具，一个表演者钻进道具中，两臂穿进道具的两条腿和鞋中，使其成为与自己的双腿方向相反的两条腿。表演时，两条真腿和两条假腿绞拌踢碰，牵动上部道具的协调动作，让观众感觉到是两鬼在摔跤。二鬼扳跌的表演可以在舞台上，也可以在场地上进行，有的还在桌子上进行，其动作幽默诙谐，很受群众欢迎。

二鬼扳跌

有的地方则演变为：表演者背上绑一木架，木架上固定着两个身着黑衣、头戴面具、脚着靴、对面而立的草人作鬼,两鬼两臂抱搂,状如撕打。表演者上身用黑衣掩盖,以握二鬼假双腿,使其做出相互绊脚、踢腿、摔倒、站起、争吵等动作,并作二鬼腔,时而争吵,时而说理,逗人哄笑。

5. 独杆轿

独杆轿舞于清代已在嵩山地域流传。

道具为一根轿杆,中间绑一把罗圈椅,配彩绸。表演者有马虎官知县、两个轿夫和两个衙役。乐队有胡琴、铜器和唢呐。表演动作有上轿、起轿、落轿、上坡、下坡、前进、后倒等。表演时知县坐在独杆轿椅上,随着表演动作和节奏时而合扇,时而展扇,边演边唱。演到紧张处,两轿夫汗水淋淋,衙役疲于奔命,知县气喘吁吁。该舞表演有简单的情节,能达到取悦于人,逗笑取乐的目的。

改革开放以后,古装戏恢复上演。农村民间表演的独杆轿舞,多采用古装戏曲《审诰命》中的七品芝麻官坐轿一场。

6. 大头和尚

大头和尚舞蹈是根据民间流传的一个故事改编而成的一种幽默风趣的舞蹈。所用服饰道具有:扮大头和尚的大头假面一个,拂尘一个,僧衣一套,扮女演员的彩旦戏衣、头饰一套,折扇一把。表演分为三个段落:第一段,和尚头戴笑容可掬的大头面具,上场后做开门、扫地等佛事动作;第二段,一男演员扮演的女子上场,表演小跑步去庙院降香、拾金钱、整容等动作技巧;第三段,和尚与女子两人见面后,通过捅耳、敲头、扑、闪、躲、拉等动作,展开戏闹的场面。该舞演出时,无乐队,无唱词,为哑剧。

独脚舞

7. 独脚舞

独脚舞作为民间传统舞蹈项目,原为一个人戴上面具或化装后把两脚绑在一根高跷上进行表演的舞蹈。表演时,扮独脚兽的演员将一黑色大腰棉裤从头部套至腰间,两胳膊分别穿进两条裤筒,举到头部上方,双手各套一长筒黑色靴子,靴尖向上,以代兽角,腹裸露,上画一青面獠牙脸谱,腰绑两只假胳膊,下穿毛皮裤,脚穿五爪鞋,站在方桌上,由四人抬着表演。后来,独脚舞中增加了斗兽者,变为二人合演,并改桌上舞为场地与桌子相结合舞蹈。演员的装饰和造型也有改动,兽角用海绵制成牛角状直套在头部,胳膊作为独脚兽的上肢进行舞蹈。舞蹈动作有滚、倒立、蹿桌子、斗兽、擒兽等,伴以打击乐器,其场面颇为热烈。

独脚舞最早发源于登封市君召乡孟村。传说大禹治伏了水魔,疏通了洪水以后,这里的大块地方成了滩浅水,老百姓称这里为"海子",后人念作海渚。当这滩浅水越来越少时,潭底蹦出一头怪物,它长着龙头狮子尾巴,且只有独腿单爪,从水里一炮一蹿地蹦到泥草丛中,挖沟疏水的百姓看着好玩,就敲打着手中的工具,哐哐当当,大喊大叫,好不热闹。后来,人们为纪念大禹治水有功,逢年过节就扮作独脚兽表演。粮食丰收冬藏之后,百姓们到大禹庙前摆上供品,打起乐器,跳起用木杆做腿的独脚舞。从此以后，每年五谷丰登庆祝大禹治水有功时都要跳，到唐宋时期，孟村的独脚舞就作为民间艺术团体演出于周边郡县，很受欢迎。党的十一届三中全会后，民间艺术精华得到挖掘整理，独脚舞以新的姿态重返人间，表演队伍发展成为 40 多人，木杆做腿杆涂彩花，半腰顶安两把，玩舞者上得干净，下得利索，跳起来能蹦上几个套路，两手甩开玩上好多花样，四周锣鼓震天，彩旗招展，阵势浩大，热闹非凡。

8. 小车舞

小车舞于清末在嵩山地域流传。

推小车的表演形式完全由劳动行为演变而来，动作简便易学，道具随处可取，是丰富群众文化生活最为常见的舞蹈形式之一。

小车舞的服饰道具有木制手推车、蒲扇、烟袋、手巾。小车的制作方法：选择以圆木棍扎成三角架，四周围一彩布，中间空出站一人的位置，车两侧布上画车轮图形，车把上拴一条彩绸让推车人挂在脖子上，

小车舞

车前再拴一彩绸供拉车用。车前端扎一双假腿脚，坐车的演员进入车内后，使人看上去好像盘腿坐在车上一样。车上还要扎彩花彩绸，增加美感。坐车人用的蒲扇往往是没边的烂蒲扇，推车的演员通常是丑角打扮，这些都是为了增强喜剧色彩。

小车舞的演员一般由两人组成，有老头及老婆，或媳妇、小孩，穿民族服装。表演时老人在车内，用小绳系框架于腰间，胸前放两只盘足假腿，年轻人推车。表演程序为圆场和推小车在崎岖的道路上的各种行动动作，表演时演唱古装戏曲选段，以诙谐、滑稽取悦观众。乐器与高跷、竹马同。

中华人民共和国成立以后，小车舞多配合政治宣传，自编节目表演。

9. 鹬蚌舞

流传于新密一带的民间舞蹈。以夸张手法，将鹬蚌拟人化，表现鹬蚌河边争斗，互不相让，结果双双被渔人所获。舞蹈幽默，妙趣横生，富有民间色彩。其乐曲采用打击乐配合演出。鹬蚌舞的故事情节，是根据鹬蚌相争、渔人得利的寓言演变而来。

10. 高跷拉犟驴

流传于偃师、登封一带的民间舞蹈。兴起于清乾隆年间。据传由于登封多山，交通不便，人们多以小毛驴为交通工具，由此便形成这种具有浓郁地方特色的民间舞蹈。高跷拉犟驴的传统演出形式主要是跑圆场、过河、上坡、下坡、卧驴等。音乐采用锣、鼓、镲伴奏。三人参加表演，一个扮老汉拉驴，一个扮老婆送闺女，一个扮闺女手拿芭蕉扇紧跟后边，以各种舞蹈动作配合表演出一个完整的故事情节。

(四) 鼓乐

1. 对花鼓

对花鼓也叫鼓戏，表演者有20人，每人各执一件乐器，边击边舞。乐器为大鼓、大锣、马锣、盆镲各4面。表演者按照不同的鼓牌子做各种表演，表演的形式分文戏、武戏两类。文戏有《小递照》《老常套》《四摆头》《铁曲连》4个牌子，武戏有《诸葛》《秦王点兵》《小虫吵嘴》《狮子滚绣球》等14个牌子。文戏与武戏的区别在于，文戏表演时演员之间没有互相交槌，而武戏则有。

2. 腰鼓舞

腰鼓舞

腰鼓舞流传于中华人民共和国成立前后，通常逢大会、节日、新式结婚、开群众庆祝会时，在街头、农村演出。20世纪60年代，一般初中都成立有腰鼓队。改革开放后，打腰鼓又重新开始兴起，除中小学外，市老干部活动中心也组建有老年腰鼓队，除健身外还参加一些庆典活动。

腰鼓舞属集体舞蹈，用于欢庆、热烈的场面，表达人们欢欣鼓舞的心情和劳动人民的英雄气概。舞者男女都有，均穿彩服，腰间挂一只椭圆形小鼓，双手各持一根鼓槌，鼓槌上扎有红绸，在走跳中敲鼓，鼓点变化丰富，节奏强烈，舞步多变，有跑、跳、蹦、丢单、双叉等舞姿，队形有单列、双列、单人、集体，走五角形，走圆场，走八字形等。打腰鼓随鼓点变换花样，一般舞蹈动作有缠腰、半蹲、飞腿、对打、穿插、跑跳、击鼓边等。开始用锣指挥，每敲三声变换一次表演花样，然后用哨音指挥，吹三声哨变换一次表演花样。腰鼓舞演出时能走出各种队形，变化出复杂美妙的图案，气氛非常喜庆。腰鼓舞有锣手、鼓手、镲手各一人，大军鼓二人，小军鼓二人。腰鼓队少则8~10人，多至几十人甚至上百人。表演时情绪热烈，动作健壮，队列整齐，气势浩大，多用于庆典演出。

3. 大鼓社

大鼓社是一种民间传统的演奏形式，也叫大鼓队，俗称"大水"或"大家什社"，雅称"雷音"。乐器有4面大鼓、8面大镲、4副大铙和12面大旆，按鼓歌演奏，有《歇牌》《鼓帽》《一路姣——六路姣》《老双鼓》《小双鼓》《十字锤》《小单挂》《十样景》《单挂锤》《双挂锤》《双龙戏珠》《小得成》《左右十字稳》《续鼓》《六散场》等。每逢节日庆典，各地出动大鼓社演奏助兴。

(五) 其他舞

嵩山地域除以上民间舞之外，民间还有红绸舞、花伞舞、大头舞、花棍舞、扇子舞、老虎、大头娃、唐僧取经、笑伞、麒麟舞、钉缸、霸王鞭、独角兽、黄河盘鼓、太极功夫扇等。很多舞蹈全部来自于民间，舞时人数不限,动作基本在传统套路下完成。不停地重复、交流,舞者陶醉之时,百跳不厌。有些村庄甚至于通宵达旦,可谓:"歌以咏言,舞以尽意。"

遗憾的是,有些舞种已经看不到真实面目,只能听老人们描述。一些失传的民间舞蹈大都因为在表演形式上不具普遍性,参与者受到一定限制,使它在传承上受到限制。而经过历史沿革长期保存下来的民间舞蹈则更加保持了自娱自乐的舞蹈样式,保持了浓烈的本土民族文化特征。

第六节　大型娱乐观赏

嵩山地域的大型娱乐观赏一般都在节日期间进行。嵩山地域旧时经济条件有限,一般的观赏活动在平素里偶听个说书、玩个游艺,逢到节日里偶然也会唱戏,正月里有社火演出、观赏花灯,庙会娱乐等。中华人民共和国成立以后,在旧时一些民间娱乐的基础上,逐渐有了集体文艺表演,譬如扭秧歌、打腰鼓、看电影等。特别是十一届三中全会以来,民间文艺繁荣昌盛,嵩山地域的每个县(市)在节日期间都要举办大型的娱乐观赏活动,如电影节、正月十五花灯展、大型烟火晚会、大型文艺演出等,通这些娱乐观赏行动,真正地活跃了民间的文化生活,使人们在享受物质文明的同时,在精神方面也得到了极大的愉悦。

一、灯　　展

农历正月十五"元宵节",也称"灯节"。20世纪初,灯节期间,灯展遍及嵩山地域各市县,多以黍秆和泥结合骨架,插上析枝,置无数灯展于其上,曰:"灯山""灯树"。以竹竿上劈尺许,构成笼状,彩纸罩裹,内置蜡烛,树之道旁,名曰:"高照"。旧日,乡人生子许愿,常设泥塑"娃娃"置"灯山"上,称"百子桥",十里八村,观赏者甚众。另有仿照狮、虎、兔、龙、凤、鱼、蛇和牛、羊、鸡、鹅等造型扎糊的彩灯,让儿童嬉戏,大人观赏。更有以灯火为动力的走马灯、抵羊灯、斗牛灯、舞龙灯等。以丝绸制作的

灯展

大小六棱宫灯,瓜型纱灯,各具特色。一年一度的灯节,过去有酬神、娱乐两种意义。

中华人民共和国成立后,民间个人或村庄办的灯展次数少了,而各级政府每年都要拿钱搞灯展,以此来渲染灯节的气氛,为百姓营造一个祥和、娱乐的节日环境。

二、烟　　火

"烟火",是指烟火剂燃放时所发出的各种颜色的火花,有时即指烟火剂本身。有平地小烟火和空中大烟火两类。一般系包扎品,内装药剂。点燃后烟火喷射,呈各种颜色,并幻成各种景象。始于宋代。今又称"礼花",为节日所常用。清朝开始,嵩山地域民间就有人私设炮坊,自制中青炮、八厘炮、寸鞭、大鞭、起花、盘花、天地炮等。每年都要制烟火酬神,在农村正月里的古会上进行燃放。以后相沿成习。有些地方则借每年正月里举办的火神会,在村里唱大戏,在田野里放烟火酬神,使民间的节日更加丰富多彩,有声有色。

中华人民共和国成立以后,民间烟火持续不断。改革开放后,嵩山地域的各市县燃放烟火的规模更大,由过去各乡镇和村庄的烟火燃放发展到各市县政府举办大型的烟火燃放,活动的意义由过去的祭神和娱乐变为单纯的娱乐,各种各样的灯展,象征着国泰民安、五谷丰登的兴旺景象。

进入21世纪以后,燃放烟火的品种也多了起来,由过去当地民间自造烟花,变化到南方湖南等烟火的产地去购进更加多样且有高科技含量的烟花,聘请南方的燃放专家来负责燃放,每个市县在正月里都要进行大型的烟火晚会,这种活动成为嵩山地域各市县的春节期间的保留节目。

三、电　　影

嵩山地域旧时的农村,人们很少看电影,只是郑州、洛阳市区里才有电影院。中华人民共和国成立后,电影逐渐走进农村,每个乡镇都有电影放映站,有专业的电影放映员携带电影放映机到全乡镇各大队放电影,从而使电影普及到了农村。

十一届三中全会以后,郑州、洛阳市和各县(市)的电影公司会在专门的电影院里举办电影节,以农村生活、古装戏剧或改革开放等题材为专场,每天推出一个电影,每天连演四场等,连演一周。对于特别有教育意义的电影,单位还要集体组织观看,寓教于乐,使电影成为人们生活中的一部分。

四、戏　　剧

在嵩山地域的戏剧演出与电影相比,还算是一个传统的文艺项目。解放以前,当地的富裕人家每逢遇到中举、升迁及红白大事,都要请戏班子来唱戏,以此喜庆。中华人民共和国成立以后,唱戏成了集体的专利,节日里每个地方的乡镇或大队都要请县剧团来唱戏,以活跃农村的文化生活。特别是十一届三中全会以后,唱戏更加普及,除集体拿钱唱戏外,农村中的富裕人家遇到生意兴隆、生孩子、孩子考大学、儿子结婚等大事,在乡亲百姓的祝贺欢乐中,请剧团到此来演出,这已经成了当地人喜庆的习俗。

五、文艺专场

嵩山地域自中华人民共和国成立以后,为了某个运动的开展,举办一次专题文艺演出,但每年演出的次数不多。十一届三中全会以后,嵩山地域除郑州、洛阳两个大城市以外,县(市)每年过元旦、春节、三八妇女节、五一劳动节、七一党的生日、八一建军节(拥军活动)、九月老师节、十一国庆节等重大节日,县里都会举办大型文艺专场演出。大型文艺演出,大都代表了本县(市)最高的文艺水平。

乡下演出

第七节 民间艺术传说

一、狮子舞的起源

早在4000年以前,嵩山地域遍地洪水。大禹在两位夫人的帮助下,带领百姓开河导流,治水成功,使百姓能够安居乐业。治水成功以后,禹建立了中国历史上第一个王朝,定都阳城,也就是今登封市告成镇的王城岗。为了纪念禹的两位夫人,百姓们把嵩山的两大主峰分别命名为太室和少室。

不料百姓刚刚免除洪水之灾,却又遭野兽的袭击。对百姓威胁最大的是残忍的野狼,成群的野狼栖息在少室山的深山老林里。此处被人们称为狼窝,即现在的大金店镇狼窝村。狼群常常出来吃人,百姓多有生命之忧。狼群不仅吃人,也吃鹿、兔、猩猩等动物。

一天,百姓们正在地里干活,又有一群野狼出来伤人,人们惊慌失措,纷纷逃跑,突然从少室山丛林中冲出一头黄狮。它来势凶猛,逢狼便咬、便抓,一会儿野狼尸横遍野。狼的首领一看形势不妙,立即带领群狼逃匿深山老林中。猩猩也恨透了野狼,便给黄狮带路,又咬死了不少野狼。

人们当时不知黄狮为何物,便称它为黄神,把黄神居住的山林称作黄岭。每逢遇到狼群,人们便对着黄岭高呼救援,即有黄狮出来。黄岭即今天少室山下的黄岭。

过了许多年,黄狮老死了,狼群又出来伤害百姓。人们想了个办法,用黄麻编织了一张狮子皮和一张猩猩怪皮。野狼来时,由两个人顶上狮子皮,一个人穿上猩猩怪皮,向狼群冲去。狼群一看,黄狮还在,而且还有猩猩引路,吓得调头便跑。

从此以后,舞狮便在嵩山地域流传下来,以后又传到全国各地。随着华侨分布越来越广,近几年舞狮又传遍世界各地,成为华人喜庆节日的传统文娱活动项目之一。

高架狮子舞

二、猴七打疙瘩锣

猴七是乳名,姓姚,鲁庄人。他喜欢打疙瘩锣,每次行社少不了他。特别是向外村行社,他必定前往。有一年,鲁庄村狮子社被缑氏村请去助兴。猴七当然也要随社前往。时值正月,每人穿上新衣、新鞋袜这是很自然的事。那时我们的针织业不发达,大家多是用粗棉布缝制而成,袜筒比较宽且长,袜底是另外做上的,猴七等着随大家去缑氏行社,妻子还没给新袜子缝上袜子底,猴七急了说:"把袜子筒塞在靴子里,有底没底外边看不见,不要袜子底了。"随即穿上袜子筒,把袜子筒塞在靴子里,就出发了。

疙瘩锣,是一种乐器,圆形,直径约50~60公分,中间突起一个疙瘩如鸡蛋大,打锣时,敲这个疙瘩。

打疙瘩锣,一般是伴随着大鼓,用长杆挑起,树在地上,左手扶杆,右手执锤儿打锣。另一种形式,三个人打两面锣,左右各一人,每人双手拿锣,对面站立,相距约一米多远,中间一人手拿锣锤儿(用布缠成很柔软),左一下右一下,锣锤打向哪一边,哪一边的人向前迈一步,将锣迎上去,打后退回。这样边打边走,两边拿锣的人则是侧身行进,走在社火队伍的前边。

猴七这个人很滑稽,在行社开始时,他把上眼皮翻起来,边打边走,兴致很高。一高兴,还要蹦着打锣,这时笑话出来了,塞在靴子里的袜子筒退出来了,转了个头儿一走一忽闪,看社的人发现了,向着猴七指指点点,大笑不止。猴七见人笑他,还以为别人赞扬他打锣打得好,就更加卖力,蹦得更欢,袜子筒也随着猴七的蹦跳,左左右右前前后后忽闪忽闪乱忽闪,有时还转着圈忽闪,简直成了一道景观。

行社结束了,猴七翻上去的眼皮儿下不来了,几个小时过去了也下不来,眼皮上也沾上了灰尘,灰溜溜的,到家后赶紧用温水洗了洗,揉了又揉,潽了又潽,眼皮儿才下来。

猴七打疙瘩锣成了笑谈,至今说起来还让人忍不住哈哈大笑。

三、马窑高跷的来历

提起高跷,并非少见,但登封市送表乡马窑村的高跷却是另一番情趣。他们的高跷腿高度都在1.70米以上,表演起节目来犹如仙女空中飞舞,犹如悟空腾云驾雾,一会儿八戒招亲坐花轿,一会儿芝麻官断案查民情,熙熙攘攘,好不热闹,老远都可以看清楚。马窑高跷社以稀有、腿高、节目精彩而出名,受到10多家国内外电视台的采访。说到马窑高跷的来历,还有一段传说呢。

据说,历代帝王祭祀中岳,因往返历时较长,文武官员因事所上的表章奏疏皆送于此,等待皇上阅批。地方官员为讨好朝廷百官欢心,就演起高跷社来,不过高跷腿都比较低。传说到了元朝末年,贼寇四起占山为王,明太祖朱元璋原配夫人马腊梅曾在此操练驻扎。她生性好胜,在操练武艺的同时,十分欣赏高跷社,高跷腿越高她就越高兴,并拿出银两给以鼓励。村民大悦,加强排练,且高跷腿越来越高,可达四尺有余。大约到明永乐元年(1403年),马窑人的祖先从山西洪洞县移民至此,继承了高跷社的传统演法,并把民间故事编入其中。春节灯节期间,村民们唱起来,跳起来,玩起高跷来,成了周边各县高跷社的佼佼者。后来,他们在与郝寨的一次高跷对社中,把高跷腿提高到5尺以上而取胜,还配上古乐吹歌,十分热闹。

1985年以来,党的"百花齐放、百家争鸣"的文艺方针逐步深入人心,县文化馆整理了高跷社的有关资料,编入新的节目内容,马窑人重整旗鼓,购置服装道具,于1990年形成规模。有大鼓4面、大镜锣4面、钗铙各4对,领鼓一个,各种社旗30面,男女各50人参加表演,队伍浩浩荡荡,十分威风。

四、独脚舞的由来

20世纪90年代中期,登封市文化局举办的灯节文武社会演中,有个很不显眼的小节目。一眼望去,只见几十个少男少女身着鱼、龟之类的戏装,双腿夹住根独木棍子蹦呀、跳呀,很有一番乐趣。这就是全国仅有的民间艺术节目——君召乡孟村的独脚舞。独脚舞原名"独角兽",又名"独角龙"。俗话说:"物以稀为贵。"由于它的稀少而备受关注,被收入《中国民间艺术集成》。

关于"独角舞"的由来,有一个美妙的民间传说故事。很早以前,嵩山地域是一片海洋,太室、少室等山只是海中的几个小岛。每当暴雨过后,小岛被冲淹,百姓们房屋倒塌,流离失所,无家可归,这就是民间传说的"混沌初开,嵩山尖上挂杂草"的年代。为了拯救一方百姓,大禹携妻子涂山氏来到嵩山,决心降龙治水,让百姓过上好日子。大禹先在轩辕关治水,水退露出一些山头,而大地仍是一片汪洋。大禹又率治水人马在分水岭一带安营扎寨,计议治水方案。他们在岭东凿开大河口,岭西扒开龙门口汇入洛河。大禹治水成功,亮出了大片土地,百姓们搬下山来,丰衣足食过上了好日子。为感谢蒙大禹治水的福,又"蒙"与"孟"同音,就定村名叫孟村,在村西盖大禹庙,供奉尧舜禹的盖世功劳。往南不远,发现一片低洼地,三面环水,似海中一小洲,就叫它"海渚"。随着地壳的运动,环绕海"渚"周边的水越来越少了,水中的蛟龙存不住了,就在水中乱蹦乱跳。百姓们认为这里就是海底,直到如今,海渚村人耕地时还常捡到大蛤蟆壳。后来,那蛟龙适者生存,竟能站立起来尾巴着地往前走,上边两腿乱动,很是可笑,人们叫它"独角兽",又名"独角龙"。久而久之,人们好奇地在耕作之余用双腿夹住工具柄学"独角兽"的动作蹦跳起来。这个活动很快传遍千家万户,男女老少都学着跳起来。到粮食丰收冬藏之后,百姓们就到大禹庙前摆上供品,打起乐器,跳起用木杆做腿的"独角舞"。从此以后,每年五谷丰登庆祝大禹治水有功时都要跳,到唐宋时期,孟村的独角舞就作为民间艺术团体演出于周边郡县,很受欢迎。

据说明代有个叫孟龙的年轻人,身高7尺,臂长过膝,玩独脚舞非常出色。他站在独木柄上高足丈余,老远看去就像巨人一般。一天,洛阳府官来登封巡视,知县叫孟龙到大堂表演。他献出绝技,从堂上蹦到堂下,又从堂下蹦到堂上,一会儿双臂展翅飞,一会横脚空中行,花样繁多,舞姿翩翩。府官大喜,当场奖他银牌一个,百姓见之很受鼓舞,奔走相告,都说孟村受封了,该出大人物了。从此以后,学舞者越来越多,独脚舞越跳越好。

党的十一届三中全会后,"百花齐放,百家争鸣"的文艺方针逐步得到落实,独脚舞艺术得到发展,不断以新的姿态重返人间。20世纪末,独脚舞社已发展成为40多人的表演队伍,木制的腿杆上涂彩花,丰腰安柄,顶端有把,使玩舞者上得麻利,下得利索,蹦起来能跳几个套路,两手甩开玩上好多花样,周围锣鼓震天,彩旗招展,阵势浩荡,好不热闹。

五、玩　　龙

过年,在乡村小镇,最热闹、最有声势、最能调动大伙兴趣的,莫过于"玩龙"了。初一清晨,零星而此起彼伏继而轰轰烈烈的鞭炮声后,由远而近"咚咚锵锵"的锣鼓声就响起来了,孩子们忍不住欢跳起来:"玩龙的来了!"于是穿着一新的人们,孙子搀着爷爷,大嫂抱着女儿,丈夫伴着妻子,一齐拥上小镇最繁华的路段。

玩　龙

"龙"是由附近村子里的十几个身穿彩衣、头扎彩巾的汉子高擎着"游"来的。见到热情的观众,手执"珠球"的"龙师"一示意,龙身一下翻滚起来,只见那摇动的珠球飞到哪里,那血口若盆的龙头就追到哪里,飞鬃流彩的龙身也跟到哪里。将军踏队,金蝉脱壳,金龙盘玉柱。舞龙者越舞越有劲,观赏者连看边欢呼,小镇沸腾啦!

"玩龙"是本地的传统项目,"文革"中"彩龙"被当四旧烧了。直到十一届三中全会后,一条更为瑰丽的黄身白须长龙才又出现在小镇上。前些年,春节里长龙一上街,都先"游"一下乡党委、乡政府,说是感谢党委、政府正确贯彻中央精神,带领他们走上致富路。接下来一家家一户户争先恐后地将彩龙接去,有的甚至在半路上就"截"走了。那些富起来的专业大户新建华堂的、想抱儿抱孙的……一个个都亮着眼睛,咧开嘴巴望着。

早些年,舞龙队声望很高,他们不但技艺好,品格也好。新春佳节,人家忙年,他们忙龙,连集体补贴也不要;舞时,主人给些烟糖,欢欢喜喜足矣,从不讲价钱。他们说:"玩龙就是玩的,图个欢快!"近几年,彩龙一下子发展到好多条,还有外乡镇的跨地"开拓"。龙多本可添欢乐,但有些尽盯着人们的口袋"游"。"龙"从你家转一圈,没有一二百元犒赏不出来,且前脚一条龙刚出门,后脚又有一条龙来了。按老习俗,"龙"需主家放鞭炮迎接才肯出动,而今这些"龙",自愿"放下架子","不请而入",在你门前不住地张探,锣鼓不停地敲打,大有威逼之意。一些人家只好在"喂"了一两条龙后,干脆关门上锁,溜之大吉了。

六、杨庄的花篮舞

"花篮舞"又名"挑花篮",它是由"挑经担"演化而成。

登封市唐庄乡杨庄村演出的"花篮舞"由来已久。相传五百多年前,杨氏的祖先从洪洞县迁居杨庄,年年风调雨顺,五谷丰登,就在村里盖起"天爷庙",每逢初一、十五,过年过节,村民们都到天爷庙焚香叩首,举行祈祷丰收、感谢天帝恩泽的祭祀活动。后来,有个号称杨六郎的人到老君洞熟读"经文",并带回杨庄,村民们白天耕作夜里集中在天爷庙念经,使杨庄的民俗文化初步形成。几百年过去了,念经成了杨庄人日常生活中必不可少的一项文化活动。为了表示对天帝的虔诚之心,村民们用蔓荆条编起了六棱体的经担(也叫经篮),又配上小鸟、花卉,十分精巧,每逢节日集会,他们玩经担、念经文,好一派热闹气氛。随着时间的迁移,玩经担发展成了挑经担,他们肩挑经担,口念经文,唢呐器乐伴奏,变幻多种队形套路,大约在晚清时,"挑花篮"这一民俗艺术节目相继形成,但都是在春节灯节或神灵开光之日做祝贺演出。

逢年过节,乡里有重大的文艺活动时,杨庄村的花篮舞都要参加。从编舞、排练、音乐到确定参加人数,都要经过严格的选定。一旦有了这种活动,乡里村里从购置服装道具到安排时间,服务车辆都积极支持。村民们争先恐后到村委报名,丈夫们担起了看孩子、洗碗、喂猪养牛的家务劳动,夫妻更加和睦;老妇老翁跑到村委给媳妇报名自己承担家务,婆媳关系融洽;丈母娘跑到闺女家支持闺女参加演练;媳妇有事请假,婆婆就挑起花篮做替补队员。他们不顾盛夏酷暑,昼披太阳夜伴月光,全力投入排练。

1949年以后,杨庄村的花篮舞在乡村政府的支持下,发展很快,现已经有了自己的班底。一般的情况下,已形成150余人的表演队伍,挑花篮由80多名中青年妇女组成,两班唢呐16人,司鼓10人,钗锣伴奏30余人,社旗20余面。

杨庄村的花篮舞已远近闻名,他们的表演已经成了节庆娱乐的保留节目。表演中,他们挑起花篮犹如长蛇蜿蜒,抛起来颇似巨龙腾飞,跳起来形似老龙盘窝,整个表演在音乐的伴奏下,跌宕起伏,令人看了目不暇接,眼花缭乱,实为一项大众化的民间舞蹈。

第九章　体育游戏

嵩山地域的民间体育游戏，既有许多能增强人们体质、促进身体健康、快乐有趣的体育活动，又有一些智力游戏，还有以扮演小动物打斗为乐的充满情趣的竞技游戏。这些民间游戏，虽然简单，但对开发智力、强健身体和丰富人们的精神生活，有着重要的意义，成为人们快乐的源泉。

嵩山地域旧时由于人们生活水平低下，体育娱乐活动项目很少，即便有一些杂耍，参与的人数也不多。中华人民共和国成立以后，在国家"发展体育运动，增强人民体质"的倡导下，农村的各项体育娱乐活动丰富多彩，从学生到老人，各个年龄段的人群都有相应的体育娱乐活动，其中有很多项目，不需要任何器材，在老百姓中可随时开展。

游　　戏

第一节　体　　育

体育活动，就是用以增强身体素质的各种活动。从广义说，体育活动是指以身体练习为基本手段，以增强人的体质，促进人的全面发展，丰富社会文化生活和促进精神文明为目的的一种有意识、有组织的社会活动。从狭义说，体育活动是一个锻炼身体，增强体质以及传授锻炼身体的知识、技能，培养道德和意志的教育过程；是对人体进行培育和塑造的过程；是培养全面发展的人的一个重要方面。

嵩山地域的体育活动项目除全国城乡普遍开展的田径、篮球、排球、乒乓球、高低杠、跳马、门球、足球、投掷等体育活动项目外，常见的体育活动还有武术、拔河、放风筝、跳绳、踢毽子、跑风车、荡秋千、打面包、推铁环、抖空竹等项目，而闻名于世的少林武术，源起于嵩山少林并已经遍及全世界，也是在本地域民间体育中较为普遍的一个体育项目。

少林武术

被尊为中国北方功夫之源的少林寺,自古至今来学武的人数层出不穷,特别是20世纪80年代以后,一部电影《少林寺》,把少林武术推向了全世界。到了21世纪初,当地有大小规模的少林武校80多所,学员除了有来自国内各省市的学员外,还有许多是来自世界各个国家。

嵩山地域民间习练少林武术的人很多,现在有很多自然村庄,都成为民间少林武术的培训和表演基地。很多农民在田间地头,在逢年过节期间,在招待客人时,都会特意地表演少林武术。

(一)少林武术的源渊和发展

"天下功夫出少林,少林武术甲天下",少林武功是我国著名的武术流派之一。少林武术以实战威猛、博大精深而饮誉天下。

少林武功源于古代嵩山少林寺,并因而得名。北魏孝明帝孝昌三年(527年),印度高僧达摩来到嵩山少林寺传授佛教禅宗,面壁九年,静坐修心。终日静坐不免筋骨疲倦,为了驱倦、防兽、健身、护寺,遂仿效我国劳动人民健身的各种动作,编成健身活动的"健身宝",又名心意拳,传授僧人,这就是少林拳的雏形。后来,他又吸收了鸟、兽、虫、鱼飞翔、腾跃的各种动作和后汉大医学家华佗所发明的"五禽戏"动作,逐渐演变成"罗汉十八手"。到五代十国时,高僧福居特邀十八家著名武术家到少林寺演练武术三年,各取所长,汇集成少林拳谱。到了元代"罗汉十八手"发展为"罗汉七十二手",以后又发展成"罗汉一百三十七手"。少林武术博采百家,逐步发展成为包括有马战、步战、轻功、气功、徒手以及各种兵器的许多种套路的武术流派,它的特点是:刚健有力,朴实无华,套路繁多,技击精练,适用实战。

少林武术扬名始于隋末唐初。寺僧昙宗、志操等十三名棍僧应秦王李世民之邀,讨伐王世充,出师大捷,打败王世充,活捉王世充的侄子王仁则,解救了李世民。李世民登基后,大肆封赏少林寺及其僧众,并特许少林寺保存僧兵队伍,昙宗被封为大将军,其余的人"时危聊作将,事定复为僧"。

少林寺僧兵为国立功最为人乐道的是在明朝,也是少林武术发展鼎盛时期。嘉靖年间,倭寇骚扰我国东南沿海,少林寺僧兵多次应诏出征,威猛骁勇,屡立战功;月空和尚等人,血洒战场,为国捐躯。朝廷为嘉其义烈,在少林寺山门前立旗旌表,遗石尚在,塔林有铭可考。

据历史记载和传说:大宋开国皇帝赵匡胤和抗金名将岳飞,明太祖朱元璋,梁山好汉武松、鲁智深以及中国人民解放军将领许世友等都得过少林真传。赵匡胤还传下"太祖长拳"一套。

民国年间,登封大部分学校开设武术课程,开展武术训练,武术教育在登封蓬勃展开。中华人民共和国成立后,1958年县体委成立业余武术体校,少林寺武僧释德根亲自担任教练,在县城一中和城关小学组织武术队,培养少林武术接班人。

改革开放以后,随着《少林寺》电影的上映,在中外大地又掀起了一股少林武术的热潮,全国要求到少林寺学习武术的青少年人数大增,致使登封各类武术学校如雨后春笋般迅速崛起。20世纪80年代末期,嵩山地域的专业少林武术学校就达60多所,仅登封市就达40多所,历届毕业学员多数被送往公安、武警、部队和各体育队做武术教练等。20世纪末期,少林武术学校的规模越来越大,仅少林寺塔沟武校学员就1万余人,代表国家参加了世界多项武术大赛,均获得了较好的名次。

特别是20世纪90年代以后,少林寺武僧团、少林寺武术馆、少林寺塔沟武校、少林寺鹅坡武校、少林寺释小龙武院等武术团体多次代表我国政府到世界各地演出,在我国外交和旅游方面发挥了巨大的作用。

进入21世纪以后,嵩山地域的少林武术学校进一步发展,全地区达100余家,仅少林寺所在的登封市就达80余家,少林寺塔沟武校、少林寺鹅坡武校、少林寺释小龙武院等武术院校,在全国的重大比赛中都获有很好的名次,特别是少林寺塔沟武校的学员参加了奥运会的闭幕式的演出,多次参加了中央电视台的春节联欢晚会,使少林武术的名气越来越大。这期间,少林寺武术馆、少林寺塔沟武校、少林寺鹅坡武校、少林寺释小龙武院都相继被国家教育部批准为大学专科学校,其培养的人才输送到全国的四面八方,成为一支武术界的生力军。

嵩山地域的武术学校在洛阳、郑州、巩义、偃师、新郑、荥阳、新密、临汝、登封等县市都有,但以登封最为集中。

(二)少林武术项目与特点

少林武术包括的内容很多,它根据不同的项目有不同的特点。

1. 拳法

拳法是少林功夫的基础。少林拳法的历史十分久远,它是在吸取中华传统武术基础上而形成的。在少林功夫的初创时期,寺僧首先开始练习的就是拳法。北魏时期稠禅师的"拳捷骁武",就是少林武僧练习拳法的真实反映。

"拳打一条线",练拳时不受场地的限制,有"拳打卧牛之地"之说。少林拳主要体现一个"硬"字,以攻为主,攻防兼备,拳式没有花架子,只求技击的实用,而步法则稳固而灵活,眼法讲究以目视目,气运丹田,在身段上与拳上,要求手法曲而不曲,直而不直,进退出入,一切自如。还需要刚柔相济,快慢相间,做到"动如风,站如钉,重如山,轻如毛,守之如处女,犯之如猛虎"。其动作的招式,非攻即守,守中寓攻,练拳时身体各部要密切配合,手到腿到,做到协调一致。

少林拳术套路繁多,大体上可以分为以下几种:小洪拳、大洪拳、大通臂拳、小通臂拳、大罗汉拳、小罗汉拳、罗汉十八手、长拳、炮拳、连环拳、梅花拳、朝阳拳、三合拳、六合拳、七星拳、长锤拳、心意拳、龙拳、虎拳、蛇拳、豹拳、鹤拳、护身流星拳、长护心意门、青龙出海拳等共60多套。

2. 棍术

棍是少林功夫中最负盛名的兵器。棍术历史悠久,源远流长。相传,当年少林十三武僧助唐王打败王世充时,用的就是棍,故有"十三棍僧救唐王"之美名流传。在少林功夫形成的早期,最先用的兵器就是棍。"棍打一大片",特别少林武僧舞起棍来,冷风飕飕,苦雨凄凄,节奏紧凑,来势迅猛。

少林棍术套路体系形成比拳术套路体系形成还早。远在元末明初之时,少林棍就开始出现套路的倾向。相传,元末少林寺烧火和尚紧那罗持棍曾与红巾军进行作战。现在少林寺所传的风火棍、烧火棍等据说都是紧那罗传下来的棍法。到了明代末期,完整的棍法体系形成。僧兵也曾持棍参加了抗倭、保卫边关等众多战役,棍法由此而名扬天下,成为最出名的少林功夫。少林棍法在明代就以固定的形式传承下来,程冲斗的《少林棍法阐宗》是明代少林棍法的经典。清朝之后,寺僧习棍仍很盛行,创编的套路也很多,并一直成为少林功夫的旗帜。

少林棍术的套路种类有：少林棍、猿猴棍、眉齐棍、单盘龙棍、双盘龙棍、阴手棍、大夜叉棍、小夜叉棍、烧火棍、风魔棍、排棍、穿梭棍、镇山棍、眉齐对棍、五虎群羊棍、六合棍、劈山棍、小梅花棍、白蛇棍、细女穿线棍、八仙棍、旋风棍、飞龙棍、达摩棍、流星棍、八宝混元棍、上排沙棍、中排沙棍、云阳棍、旗门棍、齐天大圣棍、醉棍、短棍、俞家棍、六合风里夜叉棍、破阵棍、八门棍、阳手棍、十八点齐眉棍、风魔对棍、十二路群兰棍等。

棍　术

3. 刀术

刀原本是民间武术和军事上最常使用的兵器。随着少林功夫的发展及僧兵参战的需要，刀也成了少林武僧经常使用的兵器之一。少林刀法体系形成于明代中后期。明代程绍的"金戈铁棍技层层"中就包含着刀法。在明末的时候，少林寺刀法广泛应用于战场。登封地方武装首领部如城曾从少林寺练习拳棍和大刀，并运用大刀在战场上大显身手。清代之后少林刀术套路逐渐增

刀　术

多，技法也不断提高。少林刀法有"刀如猛虎"之说，就是刀练起来威武勇猛。少林刀多为缠头裹脑、翻转劈扫，再加上刺、撩、砍、拦、抛等构成完整的刀法系统。少林刀法出刀时气要运在两臂中，并随刀而出。少林单刀、双刀和大刀有"单刀看手、双刀看走、大刀看顶手"之说。刀如猛虎，一招一式，威武雄壮，刀法盖世。

少林刀术的套路有：少林单刀、少林双刀、梅花单刀、奋勇单刀、分心刺单刀、滚堂双刀、六合双刀、朴刀、春秋大刀、二合双刀、刀对刀、单刀对双刀、古单刀、老单刀、七星单刀、背旋单刀、一路双刀、关公刀、追风刀、太祖卧龙刀、纵勇刀、提炉大刀、抱月刀、座山刀、八路大刀、马门单刀、燕尾单刀、梅花双刀、地堂刀、五虎追风刀、大朴刀、五虎断刀、劈四方刀、三环九连刀、佛陀大刀、罗王大刀、白猿刀、白马分鬃刀、马削四蹄双刀、连环刀、对臂单刀、双刀破双枪等。

4. 剑术

剑是少林武僧最常使用的兵器之一，也是少林十八般兵器中非常有代表性的一种。明代文翔凤

剑　术

在游少林寺时看到60名武僧练武时不仅有拳法而且有剑术,公鼎在少林寺观武后也看到"复有戈剑光陆离"的场面,这既是明代少林武僧练剑的写照,也证明少林剑法最晚在明代已经形成。进入清朝之后剑术套路不断增多。少林剑练起来优美豪放,故有"剑若游龙"之说。少林剑练起来剑行如飞燕,剑落如停风,剑收如花絮,剑刺如钢钉。

少林剑术的套路种类有:二堂剑、五堂剑、龙形剑、青龙剑、达摩剑、乾坤剑、白猿剑、二堂剑对刺、七星剑、梅花剑、龙泉剑、连环剑、太乙剑、飞龙剑、八仙剑、稠公剑、搜风剑、火龙剑、云阳剑、五法剑、十形剑、三十六剑、风魔剑、九宫剑等。

此外还有对练拳套路和器械类的棍术、枪术、刀术、剑术及少林兵器中的鞭、棍、叉、铲、戟、锤、斧、镰、刺、拐、杖、圈、镖、钩、弩、牌等各项对练套路。

(三)其他武术

少林武术是一个博大精深的武术体系。除了拳法和器械外,少林武僧在长期的练功实践中,形成了众多独特的功法,如坐禅、童子功、轻功、硬功、梅花桩功等都是少林寺非常有名的功法。据记载,少林独特的功法形成的历史比较悠久。远在少林寺初创时期,著名武僧稠禅师能"跃至梁首"和"横踏壁行",这显然就是在练少林轻功。唐代圆净的硬功也是非常过硬的,80岁时数名官兵"使巨力奋锤"都不能折其胫。明代是少林独特功法发展和确立的一个重要时期,这些功法寺僧不仅经常演练,而且形成套路。少林独特的功法每种都有自己独特的一面,并成为少林功夫精华之一。

少林其他武术种类有:坐禅功、硬气功、铁砂掌、倒挂金钟、小武功、梅花桩功、童子功、阴阳气功、弹弓谱、易筋经义、点穴、短打手法、卸骨法、擒拿、七十二艺以及各种用药法、救治法等等。

其他功夫选介:

1. 少林十二段锦

"十二段锦"又称"文八段锦""坐式八段锦",它是由12节动作组合而成的健身运动方法。清代被河南嵩山少林寺僧作为主要练功内容之一,光绪年间,王祖源从少林寺得之,把它收入《内功图说》一书中,此后逐渐被广大练功者采用,作为内功锻炼功法之一。

十二段锦的12段动作采取动静结合:其中,静功锻炼内容包括入静、冥想等,动功锻炼内容包括坐式运用及自我按摩。练习时呼吸、导引、意念相互配合,动作柔和、自然,顺畅,形神兼备。全套动作简单、明了,易学易练。适合不同年龄的人锻炼。长期坚持锻炼可有效地增进身体健康,达到防病强身的作用。

少林十二段锦基本内容和演练方法,概括有歌诀:

闭目冥心坐,握固静思神。叩齿三十六,两手抱昆仑。左右鸣天鼓,二十四度闻。微摆摇天柱,赤龙搅水津。鼓漱三十六,神水满口匀。一口分三咽,龙行虎自奔。闭气搓手热,背摩后精门。尽此一口气,想火烧脐轮。左右辘轳转,两脚放舒伸。叉手双虚托,低头攀足顿。以候神水至,再漱再吞津,如此三度毕,神水九次吞。咽下汩汩响,百脉自调匀。河车搬运毕,想发火烧身。金块十二段,子后午前行。勤行无间断,万疾化为尘。

2. 少林易筋经
名称:韦驮献杵第一式、韦驮献杵第二式、韦驮献杵第三式、摘星换斗式、倒拽九牛尾势、击爪亮翅式、九鬼拔马刀势、三盘落地势、青龙探爪势、卧虎扑食势、打躬势、掉尾势。

3. 少林益寿
名称:采宝得田、玉女穿针、阴阳掌法、灵猫扑鼠、迎风坐禅、金童献茶、二龙戏珠、整衣邻袖、童子拜佛。

4. 少林擒拿十八式
名称:锁法、扣法、切法、压法、拧法、裹法、绕法、点法、拿法、缠法、肘法、踩法、绊法、掐法、踢法、靠法、甩法、撞法。

5. 少林浑元一气功
"浑元一气功",又名"一气浑元功",此功还有一个鲜为人知的名字——"罗汉护体浑元一气功"。浑元一气功乃嵩山少林寺秘传硬气功,由妙兴大师首次外传。《国术名人录》上说妙兴"拳脚器械,无一不精。尤足贵者,则为'浑元一气功',先生之于此也,能铁尺排肋、贯顶开石,盖已登峰造极,而入化境矣"。

何谓浑元一气功"功出嵩山,护体真传;直养横练,抗打排坚;一气贯通,内外浑元",故名。浑元一气功属武功动功范畴,静练极少,重在动练,共分五大功法。一是吞吐功:呼吸吐纳,丹田贯注,积气聚劲。二是散气功:运意导引,周身贯通,布力齐劲。三是排打功:自打自挨,坚实全身,不畏拳脚。四是操硬功:贯劲抗硬,不畏重击,身如铁石。五是调和功:理气顺息,祛火散瘀,清滞除疾。

6. 梅花功夫
梅花功夫亦称梅花武术,其内容博大精深,套路丰富多彩。所谓梅花功夫,它是梅花徒手套路和梅花器械套路等名称的总称。梅花功夫的内容共分三大部分:一是文武理论部分;二是徒手套路部分;三是器械套路部分。其文武理论的内容主要有:梅花经。其徒手套路的内容主要有:梅花操、梅花掌、梅花功、梅花拳、梅花桩等内容。

选录少林梅花桩:

少林梅花桩即梅拳。为演练方便,在地面演练较为广泛,称为落地干枝梅花桩。起源于明末,清乾隆年间流传较广。布桩图形有北斗桩、三星桩、繁星桩、天罡桩、八卦桩等。桩势有大势、顺势、拗势、小势、败势等五势,套路无一定型,其势如行云流水,变化多端,快而不乱。又据《梅花拳根源经》和《梅花拳传承谱》记载:梅花拳第一代为收元老祖(虚拟),第二代张三省,传说在巫山羽化升天。前两代均以开法传道为主,且单一相传。自第三代邹宏义开始,才有文理武功的具体记载。

少林正宗功夫梅花桩歌诀:

少林从师数十冬,梅花桩上练真功。

持之以恒锐意修,定可成名盖群雄。

梅花桩

梅花桩共分三路。第一路梅花拳叫作"大架梅花拳",它是根据孙武子创编的"大梅花拳"改编而成,主要以练习中下盘架子功夫为主。其套路内容又分为三节,第一节是连五捶;第二节是连五掌;第三节是左右肘。第二路梅花拳叫作"小架梅花拳",它是根据孙武子创编的"小梅花拳"改编而成,主要以练习灵活多变的身法和步法为主。其套路内容又分为三节,第一节是两仪拳;第二节是四象拳;第三节是八卦拳。第三路梅花拳叫作"洪式梅花拳",它是根据传统洪拳改编而成,主要以练习蹿蹦跳跃和弧线行步为主。其套路内容又分为三节,第一节是舞花拳;第二节是腾空拳;第三节是劈砸拳。

(四)其他器械

少林的器械有"十八般兵器"之说。除了棍、刀、剑外,还有三股叉、方便铲、单拐、九节鞭、三节棍等等。少林兵器械在少林功夫孕育时期已有,但使用不多,而运用较多的是棍。少林十八般兵器体系也是在明代确立的。程绍的"金戈铁棍技层层"、文翔凤看到少林寺60名武僧在演"掌搏者、剑者、鞭者、戟者……"这都是少林武僧练习十八般兵器的真实写照。自明末开始,少林武僧使用的兵器种类大大增加,远远超过了十八种,而且套路不断增多,并成为少林功夫体系的重要组成部分。

少林其他器械的种类有:绳索、鲁智深大铲、铜锤、梅花拐、风魔杖、双鞭、黄忠箭、八戒耙、宣花斧、双铜、大槊、双锤、狼牙棒、板斧、雁翅锐、飞镖、蛇矛、长槊、峨嵋刺、三股叉、方便铲、达摩杖(单拐)、双拐、虎头钩、双钩、草镰、马牙刺、乾坤圈、套三环、九节鞭、绳鞭、流星锤、三节棍、梢子棍、禅杖、戟、钢鞭、匕首、鸳鸯钺。兵器对练套路有:棍对棍、刀对刀、枪对枪、大刀破枪、单刀破枪、白手夺枪、白手夺刀、白手夺匕首、棍对枪、草镰合枪、梢子棍合枪、双刀破枪、眉齐棍对枪、拐子对枪、拐子对棍、虎头勾合枪、马牙刺对刺、袖圈合枪、方便铲合枪、钢鞭合节鞭、月牙铲合枪、三节棍合枪、朴刀破枪。

1. 少林鞭

少林九节鞭是少林寺著名的软兵器之一,是少林寺历代武僧最喜欢演练的传统武艺。具有发鞭如炮鸣,行鞭如飞龙,回线密如网,声音如雷鸣、势聚节严密等特点。不仅技艺优美,诱人围观、给人以崇高的艺术享受,而且还可以健体抗疫、防身自卫。同时,又能缩身宜藏,携带方便,是人们绝佳的护身之宝。

少林鞭的完整套路有三节鞭、七节鞭、九节鞭、神鞭、钢鞭等。

2. 少林虎头双钩

钩作为兵器使用,有着悠久的历史。相传在古代,戈、矛、戟、钩并用,钩是矛戈戟的混合体。有人说钩在古兵中位列十八般兵器之七,有的则称它不在十八般兵器之列,属冷兵器,说法不一。它其数为双,前有钩,后有钻,四面有刃,除护手之外皆可使用。其用法有"钩、拉、锁、带、掏、拿、捉、提"八字。

钩一般分单钩、双钩两种,由于本身较重且具有杀伤力的尖、角、刃较多,所以对练习者的要求也相应较高。由于本身较重,外形独特,构造较复杂,锻造成本比

少林虎头双钩

刀枪等常见兵器高,所以很少成为军队的制式武器,相反在民间流传较广,并形成相应的武术流派。

少林虎头双钩武术套路主要由勾、搂、锁、挂等技法组成,身随钩走,钩随身活,快速连环、钩挂云转,有翻江倒海之势,威猛中透着凌厉。造型多变,防卫得力。

3. 少林草镰

少林草镰,是少林十八般兵器中的一种重要器械,是少林寺武僧在练拳术的基础上,结合寺外农家用具草镰之长,演练而成的一种常用兵器。宋代少林寺福居和尚与宋太祖故有深交。太祖喜欢练习

少林草镰

武功,调集将士常住少林,和寺僧互教互学、取长补短,使少林武术更加发展。少林草镰也是同期发展起来的。明代少林武僧林悟雷、洪荣、广顺等更精心研练,还使用单、双草镰和对练破枪鞭等套路。清代少林武僧清伦、清真、静梁等对少林草镰技术又有新的发展,练有36招,流传至今。少林草镰既可以割麦、割草,又可以防身护院,保护寺内财产不受盗贼侵犯,还可以抵挡棍枪和匕首等兵器。

少林镰套路有:草镰、角镰、勾镰、坐战镰、虎尾镰、歌合镰、大镰等。

4. 少林棒

少林棒同属棍种而稍短。棒长一般约5尺,棒身两端粗细不一,一端粗可盈把,此端是握手处。往上愈细,顶端粗。俗语有"棒齐胸、棍齐眉"之说。少林棒的套路有钩棒、抓子棒、狼牙棒、杵棒、杆棒、大棒等。在少林棒中,以少林狼牙棒最为有名。

5. 少林乾坤圈

少林乾坤圈又名阴阳刺轮,是最锋利的暗器之一。它的形状像镯,直径八寸,握手处是浑圆的,离一手握住还有一半,居全圈四分之一,它的粗细也只能用手握满。其余四分之三呈扁平圆弯,与浑圆处两端衔接,恰成一个圆圈。扁平处约一寸多宽,四五分厚。靠内缘处较厚,外缘处较薄,但并没有锋

刃。外缘上安上一寸半长锋利无比的三角形尖刺，刺尖弯转，倾向一方，像锯齿一样，弯转处又像狼牙锤上的狼牙，锐尖薄刃，刃两面都有，锋利无比。圈的外缘，除握手的浑圆处外都有刺，每隔五六分就有一枚，共计不下数十枚，像机器上的刺轮。每个圈重约二斤到三斤以上，全看练习者的力量而定，臂力大的分量可以略重，臂力小的分量略轻，但最重不能超过四斤，最轻也不能少于两斤。乾坤圈用大小合适的皮袋携带，大半圈放进去，小半圈握手处露出来以便取用。取圈时要注意轮刺，一不小心就会伤着自己的手。每个皮袋装三个乾坤圈，不宜多带。由于少林乾坤圈不易练习，所以现在的少林武术者中，练的人较少。

少林乾坤圈的套路为：春燕展翅、上格下扣、掏腿劈面、滚身劈圈、上步推圈、撤步连环、转身右架翅、转身左架翅、翻身双砸圈、猛虎张嘴、五花顺圈、撩腿一圈、转身望月、上步摆圈、云顶束身、燕子起飞、双手推圈、舞花坐山。

（五）少林点穴法

少林点穴法，系以星斗山河之象，沙虫猿鸟之形，据其部位，仿其动作，而演变为拳法奇技，渐而丰增武林之彩。少林武僧在长期研练中探讨和创造了很多点穴方法，其中常用的是：鸦嘴、鹤嘴、鸡嘴、金针指、金剪指、三阴指和瓦楞拳等法，这些技法在点穴制敌应用中，起到了决定性作用。

少林拳谱曰：

点穴之法武中精，点抢钻揣其法灵。点者四指牡丹指，抢者四指互并拢。
钻者拳成瓦楞型，揣者平拳箭带风。地利人和选良机，或点或打应风情。

少林点穴式选介：

1. 鸦嘴点穴法

将手的无名指、中指和小指内屈，食指向内屈成勾，向外突出，拇指向内封压在中指屈眼上，五指紧握，用食指突出的部分点击对方要害部位。鸦嘴法主要用于点击对方的颜面、颊侧面和胸腹侧面诸穴，如太阳、下关、医风、关堂、章门、日月等穴。

鸦嘴点穴法歌诀曰：

鸦嘴点穴力量雄，左右点击如雷轰。
交手闪身取太阳，巧点下关和医风。
下取章门并日月，点中暴客即丧生。

2. 鹤嘴点穴法

将食指、中指、无名指和小指先向内屈，中指向外凸形突出，拇指向内封压往中指末节，五指再尽力握紧，用突出中指凸部点击对方要害穴位。鹤嘴法主要用于点击对方头部、胸部和背部的正中线诸穴，如印堂、人中、膻中、中脘、中极、身柱和命门等。

鹤嘴点穴法歌诀曰：

鹤嘴力宏善碰硬,直发如箭点正中。气中丹田一呼出,贯连中指虎力生。
点软宜施螺旋钻,点硬宜施猛崩冲。且记虚实玄憾法,明左玄右取当中。

3. 鸡嘴点穴法

将中指伸直,拇指和食指并紧附于中指的第一节与第二节横纹内侧,无名指小指内屈,形如鸡嘴,用中指尖点刺对方的要害部位。鸡嘴法主要用于点刺对方全身的岐骨凹陷处,如印堂、鹳口、列缺、合谷、阳陪泉、阴陪泉和手足背面诸穴。

鸡嘴点穴法歌诀曰:

鸡嘴勾锥锋锐利,点钻勾刺亦法奇。善点听宫鹳口穴,手足背尾与列缺。
背部诸穴至命门,内外膝眼并肋季。点中成擒鬼哭泣,莫忘勾鼻牵十里。

4. 金针指点穴法

将中指伸直,其余四指内屈,拇指内扣,紧压食指和无名指点刺对方的要害穴位。金针指主要用于点刺人身孔眼和软组织处的诸穴,如:眼、鼻孔、天突、耳道、天枢、气海等穴。

金针指点穴法歌诀曰:

中指亦属五峰第,单出亦称金针指。点中如就针插纸,霎时暴客命即息。
穴选鼻孔双眼珠,耳孔长突与天枢。鸠尾中脘气海穴,左右膝眼并血池。

5. 金剪指点穴法

将食指、中指伸直,间距1寸2分许,形如剪刀,其余三指内屈,拇指扣压在无名指末节上,用中食指插对方要害穴位。金剪指主要用于点插对方的眼、鼻、腋下、肋间和软组织诸穴,如双眼、双鼻孔、腋下、不容、巨阙和诸肋间等。

金剪指点穴法歌诀曰:

金剪指法插加点,剪指入穴如箭穿。透过泉眼可变钩,横剪如绞成红剪。
瞄准眼鼻腋下窝,膈缘时间是插泉。不容巨阙并期间,剪指到处他闭眼。

6. 三阴指点穴法

将食、中、无名三指伸直并拢,小指、拇指内屈,拇指扣压在小指末节上,以三指点挖对方要害部位。三阴指主要用于点插腹部和全身软组织的诸穴,如鸠尾、不容、幽门、三阴交、曲池、曲泉等。

三阴指点穴法歌诀曰:

三阴指点似刀切,点插切转左右掠。斜插直取鸠尾穴,不容幽门并日月。
曲池曲泉三阴交,承山委中不可缺。偷点医风卸下颌,黑虎掏心溅鲜血。

7. 瓦楞拳点穴法

食、中、无名、小指内屈,四指末节急扣掌内,不能超过手掌第一道横纹,拇指封压食指孔眼,使手型如瓦楞形,用拳楞点打对方。瓦楞拳主要用于点打胸部、头部前后诸穴和四肢要害骨络,如百会、上星、印堂、头维、后顶、膻中、乳根、肝俞、膈俞、风市、肩井、肩骨禺等。

瓦楞拳点穴法歌诀曰:

> 瓦楞拳技亦奇形,五指内扣如瓦楞。
> 打点刺砸力无穷,点中暴客即丧生。
> 敏取面会印堂穴,头为后顶并上星。
> 乳根肩骨禺与膻中,诸俞风市连肩井。

8. 肘法点穴法

前臂内屈,形成肘尖,主要点打对方的胸腹肋部要害穴位,如巨阙、中脘、章门、日月、神阙、天枢等。练习,先是打点软物,渐改打点木人,每日300下。

9. 足法点穴法

足法点穴即脚踢。踢出时足面绷平,用力向前或向两侧弹踢。主要用于踢对方脐胯下部位,如中极、气海、曲骨、会阴、阴囊、长强、三里、鹤顶、膝盖、胫骨、环跳、昆仑等。

足法点穴法歌诀曰:

> 少林点穴招法奇,更有足法虎劲踢。撩裆致敌归阴法,破胫致他断下肢。
> 左右双摆昆仑穴,断踝三交向内击。直取曲骨会阴处,阴囊气海与中极。
> 还有长强鹤顶穴,膝盖环跳并三里。手足并用招法全,上下兼施是真机。

10. 碰法点穴法

碰法点穴即用头部碰点对方要害部位。主要用来碰击对方的面部、胸、腹、肋和背部诸穴,如鼻、下关、下颌、膻中、中脘、神阙、章门、膏肓、命门等。

(六)少林气功

少林气功,以静深静,静中求动为宗旨,苦练气沉丹田,调全身之宗气、卫气、元气。静者为内功,可以稳神养性,防治疾病,祛病延年,动者可以迸发虎劲,助生推山之力。内外相兼,独树一帜。

少林气功按性质可分:少林健身气功,包括少林内气功、外气功、四肢功、禅气功、硬气功、轻气功等。

1. 内气功

少林内气功主要用于坐禅、修身养性,对于防治许多慢性疾病,效果尤为显著,如心脏病、神经衰弱、癔病等。久练可以轻身延年,传说还可老返童。

内气功包括坐功、站功、卧功。

坐功:端坐式、双盘式、单坐式、插花式;

站功:三圆式、三合式、伏虎式、螳螂式;

卧功:仰卧式、侧卧式。

2. 外气功

主要用于武术方面,运全身之宗气、真气、精气,贯穿于整个武术之中。拳谱曰:"手足弹处气先到,血为气之盾威力雄"即为此意。

3. 轻气功

少林轻功功法是少林七十二艺中软功内壮功法,是专供练习人身敏捷轻飘的功夫,为传统轻身法术之一,是少林寺历代武僧经常研练的功夫。

少林轻功主要指飞檐走壁,纵身上房,飞毛腿、流星步、扶赶飞、攀崖术等。主要练习腿部手部力量的协调性。

4. 硬气功

硬气功,从硬功上说是绷紧肌肉防止受伤,锻炼某些部位(如手,肘,背,膝,腿)的疼痛忍受能力,做到能够击碎一定程度的硬物和承受一定力量打击的效果。硬气功有单指钻墙、单掌分砖、肉拳粉石、头碰石碎、单手劈材等,另外还有千斤腿、跨绝崖、铁身靠、颅分砖、飞云走等。

5. 桩功

少林桩功是少林武术基本功中最独持的锻炼方式。它是以保持静站姿势,进行以意领气,以气运身锻炼的一种外静内动的内功练习方法。通过桩功锻炼,培植元气,增强力量,从而达到内健外壮的目的。

6. 少林气功法选录:

◆达摩秘功

达摩秘功,顾名思义,是达摩所传,系少林内功之精华,内养浩然之气,外练神风铁骨。它是靠内气行功以意引气,气入丹田后,潜气内转。周流全身。久练此功者,筋骨强壮,内气充盈,精力充沛,一旦运功发劲出手顿足可断砖碎石,用之击人,重如铁石击身,非常人所能承受。与技击相结合,有健体防身的双重作用。达摩秘功十分讲究呼吸方法,即所谓"吐纳法"。

达摩秘功(动功)皆采用口鼻呼吸法,而且大多要配合动作,呼吸时,先将嘴微微张开,把体内废气缓缓呼出,呼尽即把嘴并小,再缓缓吸入新鲜空气,以意引气至丹田,同时鼻中缓缓呼出气体。其要领是,一定要做到缓、匀、深、长、呼尽吸足。

◆少林二指禅功

二指禅功属于轻功一类,是因飞檐走壁,极重指力,而二指禅专门针对手指锻炼。

二指禅功是少林武术传统功法,又称剪子功、大力金刚指、鹰爪擒拿手、点穴手等。以中、食二指为专,练成后手指坚硬如铁,用于技击非常有效。

练法步骤为内功练习、内外兼修、插功、撑功、指功、禅功。辅助练习有俯撑功、侧撑功、扑跳功、引

少林二指禅

体功、倒立功、引体向上等，最后能以单臂中、食两指支撑身体练习10分钟以上。

◆少林阴拳功

阴拳功，又名井拳功，以习者对水井习拳功而得名。习者经长期勤苦习练后，非但一拳击出有数百斤力量，中拳者头破骨折，且可于距敌一丈开外出拳，以内家真气发凌空拳风而及于人体，中拳劲者轻则呕血倒地，重则当场毙命，效验如神。

少林阴拳功练习分为内功、外功、凌空劲三大功法。

（七）少林武术在民间

史料记载：自唐朝以来，嵩山少林寺传承的少林武术在与其他武术流派交融，汲取营养的同时，也随着少林武术的发展不断向民间传播。唐宋时期，少林武术就有了一个全面的基础，唐代出现了十三和尚救唐王的事迹，宋代出现了少林寺福居和尚邀请全国18家武林高手汇聚少林寺，在少林寺演武达三年之久的盛况。明代的少林僧兵抗倭，使得少林功夫名满天下。著名的少林僧兵将领三奇周友，在统兵征战四方时，就广传少林武功，从其习武的僧俗弟子有千余人，分布四省几十个州县。嘉靖时参加抗倭的众多手持棍棒的少林派武僧，遍及东南沿海，使少林武术根植我国东南诸省。明代也有许多俗家弟子进入少林寺习武，如著名少林武术棍法大师程君信、程涵初、程宗猷等，都曾到少林寺习武。程宗猷求学于少林寺十余年后写的《少林棍法阐宗》一书，使少林棍法广播四方。明代玄机传拳法于俗家弟子，使少林拳法广传于世。明末，明王朝将领还多次聘少林武僧为之训练军队，传授少林武功。可以说，明、清、民国时期，原本多局限于在少林寺寺院里传承的少林武术却在民间遍地开花。这些时期的野史、小说、笔记、诗歌中都有对少林武术、少林人物的记载。少林派出现了许多支脉流派，少林武术得以在东北、西北、西南、东南较为偏远的地区广为流传。

这一时期，少林寺所在的嵩山地域有很多民间的少林武术组织及少林武术精英。明代少林武僧偺天发在登封阮村传艺，阮村刮起了少林武术风。据武术界人士评议，阮村世传的少林拳原汁原味地保留了传统少林拳术的风格和特点，与现在大部分武校教授的重表演轻实战的少林拳相比，没有花架子。阮村少林拳是登封西部少林拳的根基和代表。登封磨沟范氏宗族是范仲淹的后裔，明代时范家聘请少林僧人到磨沟范家传艺，磨沟后世出现了许多少林武术名师。明末农民起义军领袖李际遇就是磨沟走出的少林拳高手。今天，磨沟武风仍然很盛。即使在清代官方禁武大环境中，民间的少林武术活动依然没有停止。无论作为一个武术技能，还是作为娱乐节目，还是作为体育健身项目，它都在民间发展得红红火火。

中华人民共和国成立后，少林武术在嵩山地域的民间发展更为普遍，少林寺院的周边地区习武之风更为浓郁。少林寺周边的偃师、巩义、汝州、新密、伊川、禹州、新郑等市县因地利之便练习少林武术的人群更为集中。尤其是在少林寺附近的登封塔沟、郭店、磨沟、阮村、庄王、大金店、书堂沟、雷村、白村、文村、券门、马寺庄、骆驼崖、宋村、杨庄、焦河、告成、八方等几十个少林武术的村庄。在这些武术村中,有很多是少林武术的高手,他们千方百计地通过各种不同的渠道得到了少林寺武僧真传的少林武术。特别是少林寺所在的少林寺村,有很多村民在很多时候都是跟着少林寺僧人一起练武,久而久之,才得到了少林寺武术的真传。甚至可以说,这些少林武术村与少林寺有着千丝万缕的联系,他们设立拳场,练习少林武术,形成了所谓的"教师窝"。大凡少林武术村内,少林武术爱好者们设有专门的练武场地、少林器械房,请有少林武术的高手做教练指导,每年还要在节日期间参加当地的社火演出,或到外乡镇进行少林武术的比赛和交流。这些重点村庄内的少林武术高手不但收有本地或外地的徒弟,甚至还被外地的武术爱好者邀请到外地教练少林武术。

民间的少林习武者虽非专业,但也是从小学起,小则几岁,老则80余岁,1年360天,天天练武,雷打不动,可见少林武术的魅力所在。正是这些武术村培养了许多少林拳师。日本侵华战争爆发后,1937年8月,在登封城东关帝庙成立"嵩山抗日救国会",与会的少林拳师就有500多人。因此,嵩山地域民间的少林武术在历史上都具有相当高的水平,是其他地方所不能相比的。据说,现在少林寺中有些失传的少林武功,还是从民间找人表演后,重新搜集整理而成。

少林武术在民间

特别是开改革开放以后,由于电影《少林寺》的上映,使少林武术似乎一夜之间就走向了全世界,每天来少林寺学武的人像潮水一样从四面八方向少林寺拥来,少林寺武僧和当地民间少林武术高手,一下子成了这些学武者当然的选择。同时,在政府的大力支持下,少林武术学校如雨后春笋般发展,促进了少林武术的普及。到21世纪初,据有关部门统计,全国一万余个武术学校,以少林武术命名的武校就达8000余个,登封域内的少林武术馆校多达80余所。学员来自全国各省、自治区、直辖市,在校人数达6万人以上。登封少林武术学校的创办和发展,不仅培养了大批少林武术人才,而且有力地促进了人们的健康运动。

第二节　民间体育游戏

民间体育游戏是民间游戏中运动类的游戏,是人们生产、生活、心理素质在体育运动中的生动体现。民间体育游戏具有鲜明的民族特点和地方特点,它在民族传统文化和娱乐活动中有大量的遗存,是全民族健康活动的重要组成部分,具有场地随意,运动适中,器械简单,竞技性强,便于参与等特点。民间体育游戏内容丰富易学,寓游戏性、趣味性、教育性于一体。民间体育游戏不仅能锻炼身体,还能使大家在活动中提高生活、交往、竞争、合作、创新的能力,具有健身、健心、健智等功能。挖掘利用民间体育游戏,对继承和发展民族传统文化具有深远的历史意义。

嵩山地域城乡常见的体育游戏有拔河、放风筝、跳绳、踢毽子、跑风车、荡秋千、打面包、推铁环、抖空竹等项目。

一、个体游戏

个体游戏为一个人可以独立进行的体育活动。嵩山地域常见的个体体育游戏有放风筝、打沙包、踢毽子、滚铁钚等项目，都是借助器械等来玩耍的民间体育游戏，在悠久的历史长河里不断地发展、完善，深受人们的喜爱。

（一）放风筝

放风筝是一种民间传统游戏项目，老少咸宜。

风筝，古称为"纸鸢""纸鹞"。不知是哪个朝代，有些聪明的乐工在"纸鹞"的头上或翼下装上笛子和琴弦，于是纸鹞飞上蓝天以后，便会在呼呼的春风中连续不断地发出"琤琤琮琮"的古筝鸣奏之音，十分悦耳动听，传得又十分悠远，因而有的文人墨客便又给它起了个风雅的名字——风筝。

放风筝

放风筝在我国已有十分悠久的历史。古籍《朝野佥载》有如下的记载："鲁班者，肃州敦煌人，莫详年代；巧侔造化，尝作木鸢，乘之而飞。鲁国公输般，亦为木鸢以窥宋城。"这里所说的"木鸢"，就是指最古的风筝。可见早在春秋战国时期的木匠祖师爷鲁班，就已经制作并使用过风筝了，公输般还曾经把风筝巧妙地运用到战略侦察上。至今民间还流传着这样一个故事：楚汉相争时，韩信曾乘坐在一只很大的仙鹤形风筝上，飘飘忽忽飞上蓝天，对已经惨败得只剩下单枪匹马的项羽高声呼喊："楚霸王，归天矣！"那项羽仰天一望，只见空中有一位神采飘逸的将军正乘坐在一只巨大的仙鹤上向他频频招手，还以为天上神仙在招呼他哩，于是仰天长叹道："俺气数尽矣！皇天唤吾胡不归？"接着，他便怆然拔剑自刎而终。

史料记载，古人曾制作和施放一种特大风筝，据说用整根的毛竹做骨架，用八仙桌当车盘。有的还把几只大型风筝联结在一起放，这种联放的风筝重达50余公斤，放的高度可超过5公里。用马车牵引着大型风筝逆风飞奔，风筝就会很快高高地飞起来。

由于春日放风筝得到了人们的广泛喜爱，所以自从风筝产生以后的千百年来，世世代代相传，盛行不衰，而且风筝的制作工艺不断改进，不断创新，造型设计和组画图案也越来越精巧美观，科学性也越来越强。有不少地方和不少城市，曾开设过专门制作和出售风筝的作坊和店堂。《红楼梦》的作者曹雪芹还写了一本有关风筝的专著，题名为《南鹞北鸢考工记》，对各种风筝的制作工艺、设计图样、绘画艺术和风格流派都做了详尽的记载与考证,这为总结前人制作风筝的经验和不断提高风筝制作技术,无疑起了很大的促进作用。

放风筝是一种有益于身心健康的文化娱乐和体育活动,很快就在民间广泛流行开来,并渐渐形成为一种在清明节前后普遍施放风筝的民间习俗。一到清明时节,不仅市镇放,乡间也放;不仅官绅士大夫放,平民百姓也放;不仅白天放,夜里也放。放风筝的场地,大都在城区的广场或农村的山野。

民间风筝的样式繁多,有蝴蝶,有晴蜓,有雄鹰,有金鱼,有手执金箍棒的孙悟空,有婀娜多姿的七仙女……造型美观,神态逼真。有人在风筝下或风筝线挂上一串串彩色的小灯笼,飘上高空,像一颗颗闪烁的明星,被人们称为"神灯"。有的穷苦人家把风筝放上蓝天以后,便剪断牵绳,任凭清风把它们送往天涯海角,据说这样能除病消灾,给自己带来好运。这虽带有浓厚的迷信色彩,但也反映了古代社会劳动人民对邪恶势力的憎恨和对美好生活的向往。

至今,我国劳动人民仍十分喜爱放风筝,嵩山地域的各市县普遍有清明节前后施放风筝的民间习俗。清明节前后,阳光明媚,春风荡漾,正是放风筝的最好时节。特别是孩子们,每年一到东风呼呼的清明节前后,总要缠着大人们给他们糊几只风筝,到广场、郊外去放。风筝一被送上蓝天,就会给孩子们带来无比的欢乐和无穷的遐想。

(二) 跑风车

风车在民间是半大孩子们游戏的主要活动项目。

风车的制作方法有两种:一种是用硬纸折叠剪成两个石榴或桃子的模型,分别粘在约七八寸长的半个秫秆片上,并在秆片中间钻一小孔,再用一带杈竹棒插入二至三尺长的秫秆端头上即成;另一种是用一四方形硬纸,从四角各剪一个口子,取四半角粘在一起,等干后上下钻孔,再穿以竹棒插入柄上即成。

以上两种风车,小巧玲珑,迎风自转,无风时持之向前慢跑,风车也会转动。

(三) 抖空竹

嵩山地域的空竹,是从外地引入的一项体育娱乐项目。抖空竹,即两头以竹筒为之,中贯以柱,以绳拉之作声。玩法是把线绕在轴上,用力一抽,使之高速旋转,"嗡嗡"作响。抖空竹活动看起来容易,玩起来却需要很高的技巧。21世纪以前,玩这种游戏的人少,随着体育游戏的多样化,城区里抖空竹的人多了起来,特别城区公园内,有很多人抖空竹晨练,但农村玩的人仍不多。

(四) 抽陀螺

抽陀螺是一种民间传统游戏项目,嵩山地域极为盛行,原为少年儿童的游戏,20世纪70年代后曾一度消失,20世纪90年代重新兴起,不但青少年和儿童玩,中老年人也玩,并成为中老年人强身健体的重要锻炼项目。无论春秋冬夏,每天早晚广场上都会聚集一大批各个年龄段的游戏爱好者,兴致勃勃地挥鞭打陀螺,形成一道独特的风景。

抽陀螺俗称"打皮牛""打蝶溜",玩具是一陀螺和鞭子。陀螺是用木头削制而成的外形为上圆下尖的实体,是一种古老的儿童玩具。唐人元结曾写过一篇《恶圆》,说是他家的奶妈用"圆转之器"哄婴儿。由此可知,这玩意至少在唐代就有了。宋朝时,"圆转之器"又翻出各色花样,有"打娇惜""千千车""轮盘"等,俱为形制不同的陀螺之类。后来出现了很多出售机制木头陀螺的小商贩,大小都有,

购买者可任意挑选。玩法就是将它旋转起来后,用鞭子不断地抽打,使之不停地旋转。进入21世纪则出现一种新型的"战斗陀螺",少年儿童几近痴迷。

(五)蝎子粘墙

在墙边或麦秸垛边,两手掌按地,两腿蹬起,使身子倒立,脸朝外,脚在上贴在墙上,看谁贴的时间长。

抽陀螺

(六)打车轮

一人或多人游戏。在比较开阔的地方,两手依次按地,两腿从身子一边经正上方到另一边。游戏时,看谁的身子、腿伸得直,看谁能一连打得多。

(七)打水漂

两人或多人游戏。拿扁平的石头或瓦片平行扔向水面,石片或瓦片会在水面跳跃前进。比赛看谁扔的水漂跳起的次数多,并扔得远。

(八)推铁环

推铁环是一项嵩山地域常见的儿童游戏项目,以农村儿童见长。

用粗铁丝一端砸个方曲弯,另一端弯个弯作手柄用手握,一般用旧木桶铁箍当铁环,推时把铁箍放入方曲弯里,用于前推滚动,谁推的距离远且不倒即算赢家。

推铁环

二、双人游戏

双人活游戏即两个人共同进行的体育活动。嵩山地域常见的的双人体育游戏有以下几项:

(一)抓石子

抓石子是一项民间传统体育游戏项目,青少年女子多爱此游戏。嵩山一带广泛流传着王母娘娘在黄河嵩山视察民风时于娘娘山玩抓子儿游戏的故事,因而很早就流行抓子儿游戏。

抓子儿有抓五子儿、七子儿、九子儿、十子儿、十一子儿,这些子儿一般是用砖瓦陶片砸磨成的小圆球儿,也可用现成的圆石子儿,一些孩子也用马赛克制作。游戏时可两人或多人按先后进行,基本方法是将石子儿撒于地上,手中留一子儿为头子儿或曰引子儿,往上抛出头子儿,随即抓取地上的子儿,再翻手接住落下的头子儿。若抛上的石子未接住或地上的石子未拾起,即停止进行,改作他人游戏。在游戏中,还有歌词,边抓边唱。

此种游戏多为女孩儿玩。

(二)砸面包

砸面包是一种嵩山地域儿童常玩的游戏项目。

"面包"是用报纸或其他较硬纸质折叠成的方形纸板,玩时两个以上儿童分别拿出自己的面包砸对方面包,如把对方面包砸翻个,即成自己的面包,谁赢得多为谁胜。

(三)弹皂荚豆

玩具取材于皂荚树的种子,也叫皂皂豆。参加人数2至5人均可。游戏开始,几个围成一圆圈,各伸手握皂荚豆,数目自己保密,待大家共同喊:"更更更更开!"各自亮出手中粒数,由持豆最多的一人将其他人的豆粒统一收在手中,然后撒向地面。由于豆粒之间距离大小不匀,弹豆人先找距离适中的两粒,先用右手小指在其中间轻轻画一条线,再用右手拇指扣住食指量力弹其中一粒使另一粒被击中。击中后用左手拾起,算作战利品,接着再寻找下一个弹豆目标,依次画线,弹中,得豆。如果弹不中,或者弹中后任何一个豆触住了其他豆,则失去机会,让第二个人另撒,另弹。直至轮番数次,将豆弹尽得完,谁的豆多,谁为赢家。

(四)斗鸡

斗鸡既是儿童游戏项目,又是运动健身项目,一般多于冬天在小学校里进行。此项目一般是自愿挑选年龄、体力相近的两个孩子对抗,也有一人对抗多人的。中华人民共和国成立前后,此项活动曾广泛流行。

活动开始时,两个为一对,各将一条腿盘起,只留单足着地,各以膝盖做跳跃式对击。对击中,一方把另一方击得双足着地者为胜,然后再继续和另一对的胜者相击,这样逐步淘汰,直至全场获胜者即为第一名,其余依次为第二名、第三名。

斗 鸡

(五)抄绞

绞的制作很简单,用两尺长的毛线或纳鞋底的线两头接住,圈成一个圈即成。可一个,也可两人玩,多是两人玩。单人玩时,把线圈套在一个手掌上,另一手变化各种花样;两人玩时,一人双掌把线圈撑开,先做出一个花样,另一个人再变出其

他花样,花样有菱花、小桥、五角星、漏斗等。

此种游戏多为女孩儿玩。

(六)崩弹子

弹子即玻璃球,一般是两人或多人游戏。玩时,用猜包(剪、包、锤)决定输家,由输家把自己的弹子放在一定的位置,然后由赢家在画出的线外,用自己的弹子击打预先放好的弹子,如果击中,弹子归自己,如果击不中,由输家击打。多人玩,依次类推。

此游戏多为男孩儿玩。

(七)砸杏核

玩时每人出数目相同的杏核放在一个浅坑内(或砖上、石块上),然后根据猜包决定先后。先者用自己手中的杏核砸坑中的杏核,砸出来就是自己的,如砸不出来,就搭里了,再由他人来砸。

此游戏多为男孩儿玩。

(八)摸鼻子眼儿

通过猜包决出赢家,赢家拉住输家的左手,输家用右手按在自己的鼻子尖上。赢家在输家手背上击打的同时,说出面部五官任何一处的名称,输家立即去摸。摸对了为赢,摸不对继续摸。

(九)背缸背台

两人背靠背站立,相对的胳膊挽起,一个人先把另一个人背起,再放下;另一个也背起,放下,边背边说:"背缸背台,背着娃娃下不来。"重复做动作。

(十)筛箩打转

两人面对面,手拉手,边甩手臂边唱"筛筛,筛麦糠。你打胭脂我搽粉,咱使人俩打个溜溜滚。"唱完,两人拉着的一只胳膊抬起,翻转,成背靠背,然后继续前面的动作。

(十一)挑冰糕棍儿

冰糕棍儿用木制的长方形棍儿。两人面对面,玩儿法如下:一人手握一把冰糕棍儿,竖直提起来后松手,冰糕棍儿散落,溅得横七竖八。小心翼翼地捡起一根冰糕棍儿,用它当工具去挑其他冰糕棍儿。一次只能挑起一根,找好接触点稳稳地探放过去,突然发力,将一支冰糕棍儿挑到别的地方。一根一根地挑,将所有冰糕棍儿都挑出来算是成功。在这个过程中,不能碰动其他的冰糕棍儿。如果全部挑完,算赢,可继续下一盘的挑棍儿。挑飞的冰糕棍儿都可以赢走,一旦失手,轮为对方开始。周而复始,谁手中所赢冰糕棍儿的数量最多谁赢。

三、多人游戏

(一) 跳绳

跳绳是少儿喜爱的游戏,也是民间比较普遍的体育活动项目之一,城乡普遍流行。明清时的普遍叫法是"跳百索"或"跳白索"。有专家推测,它的起源可能同汉代百戏中的"走索"有联系。唐宋时期的跳绳仅有"透索""踏索"等名词记载,被认定是持绳子游戏的延续。明代盛行集体跳绳,"(正月)十六日,儿以一绳长丈许,两儿对牵,飞摆不定,令难凝视,似乎百索,其实一也。群儿乘其动时,轮跳其上,以能过者为胜,否则为索所绊,听掌绳者绳击为罚。"清朝《有益游戏图说》云:"用六尺许麻绳,手执两端,使由头上回转于足下,且转且跃,以为游戏,是为'绳飞'。"明清以后,跳绳习俗一直流传至今。

跳　绳

跳绳的种类有一人跳、双人跳、多人跳等。单人跳绳者,各备绳子一根,两手各持一头,双脚在地上跳跃,绳子在脚下和头上绕动,每绕一次记数一次,脚踩住绳子者为犯规。活动结束,谁跳的数字最多者为胜者。

跳绳的花样技巧丰富多彩。在跳绳的过程中,加前甩、后甩、前交叉、后交叉、双飞、三飞等花样。

少年儿童集体跳绳常配之以歌谣,边跳边唱,很是热闹。20世纪50年代以后,因为跳绳游戏所具有的增强身体协调平衡能力和四肢灵敏性的作用,各中小学校、幼儿园都倡导孩子跳绳,有的还纳入体育课的内容,推动了这项游戏的发展与普及。

(二) 踢毽子

踢毽子是一种极好的游戏,由于运动量大,多在冬天室外进行,民间青年男女多爱此游戏。

据文物专家考证,汉代画像砖上的"百戏"图案中,已有踢毽者的形象。由此推断,踢毽子的历史至少可以追溯到两千年前的汉代。据唐代释道宣《续高僧传》卷十六记载,北朝天竺僧佛陀去洛阳度"有缘"时,见一小儿站在井栏这点极有限的平面上,用脚外侧一口气反踢五百记毽子,足见踢毽子的技巧在南北朝时已有了很大的发展。唐代时,踢毽子益加风行,据说少林寺僧曾把踢毽子作为习练武术的辅助功。两宋时,产生了边走边踢和以膝部、腹部、头部耍弄毽子的诸多技巧花样。明清时代,毽子不仅小儿踢,妇女踢,还出现了"专营踢毽子者",并逐渐发展为具有高度技巧的杂技。中华人民共和国成立以后,踢毽子的活动更为普遍。由于农民生活困苦,加上田间农活繁忙,没时间和精力开展别的体育活动,踢毽子便成了民间最常见的体育活动项目。

嵩山地域的毽子,是由方眼铜钱两枚,用布包好,在上面竖起的鸡管中插有公鸡的彩毛制作而成的。活动开始,以一脚着地,一脚将毽子踢起,等毽子快着地时再用脚接着踢向空中,边踢边记数,毽子落地为犯规,由下一人进行,以踢数多少决定名次。游戏时,有单个踢的,有拼班踢的,以踢多为胜。

踢毽子的花样很多,有平踢、打跳、跪踢、左右单脚踢、膝盖踢等。

踢毽子由于参加人数不限,适应于个人、家庭及单位。20世纪80年代以后,一些中小学校把踢毽子作为锻炼学生身体灵活性和平衡能力的一个体育项目,一部分中老年人则把踢毽子作为强身健体活动,进一步促进了踢毽子游戏的流行发展。

(三) 荡秋千

荡秋千是我国传统的竞技游戏,男女老少皆宜。

秋千游戏已有2000余年的历史,一直盛行不衰。相传荡秋千起源于汉武帝时,是宫人为皇族人祝祷千秋之寿而发明的游戏。因此,当时的用语是千秋,后世讹传为秋千,又写作"秋千"。一说秋千本是古代山戎人用于练习身手轻巧的军训项目,到春秋时代,刘桓公为援救燕国,出兵打败山戎,将此游戏带回,逐渐在中原地区传开来。汉魏时期,秋千已从军训项目演化为游艺,不仅宫人以此游乐,也是民间立春、寒食等传统节日中必不可少的娱乐形式。唐朝王仁裕《开元天宝遗事》中载:"天宝宫中,至寒食节,竞竖秋千,令宫嫔辈戏笑以为宴乐。帝呼为'半仙之戏',都中士民因而呼之。"容貌端丽、衣饰华贵的嫔妃手握两根悬绳,或坐或立在绳下的横板上,凌空荡逸,飘飘欲仙,呼为"半仙之戏",十分准确。两宋时,荡秋千又衍生出专供观赏的"水秋千",即将秋千架子立于船头,表演者借秋千的悠动,使身体凌空而起,在空中完成各种动作后跳入水中。现代跳水运动和杂技表演中的空中飞人等项目,都可在这种水秋千游艺动作里找到原型。辽、金、元、明、清时期,秋千之戏因官方提倡而益加盛行,看似简单的游戏中,变化出更加多的花色名目,一直流传到现在。

荡秋千

嵩山地域民间的秋千很简单,或利用两边的大树,或栽竿连结,因地制宜,非常方便。特别是在农村,农家小院,庙前空地,打麦场上,村头街心等,随便找个地方即可制作。方法是用两条绳子,两头的上端系于大树的枝干交叉处,另外两头连一个脚踏板,两绳相距和离地面皆为二至三尺,荡者借秋千的悠动,使身体凌空而起。荡时或一人独蹬,或两人对蹬,利用惯性作用一来一往,用力愈大蹬得愈高。此活动简便易行,既能锻炼身体,又能增强胆量,还能聚众热闹,故为民间常见的节日活动项目。

打秋千一般在春天进行,据县志书记载,每至春节期间,乡乡村村都要搭起秋千架开展打秋千活动。农村一般自正月初扶秋千架,玩到二月二结束。秋千有单人秋、双人秋、吊秋、杠秋、狗排羊秋、好汉秋等多种形式及八仙过海、四姐下凡、龙腾虎跃多种荡法。

(四) 盘脚盘

两人对坐或多人围坐,伸出双脚,由一人按后面说出的每一个字依次拍脚,"盘脚盘,点三点。三点槁,膏膏油。金簸箩,银簸箩,拿把斧子剁小脚。"最后一个字说出,手指点在谁的脚上,谁的脚要快速地缩回。再继续拍唱,直到脚全部缩回。

(五) 指星星

多人游戏。众人将星星手指放在一人的掌心,此人说道:"红豆,绿豆,咔叽一溜。红萝卜,白萝卜,一捏捏信小老鼠。"说完,迅速把手握住,被握住手指者,如是多人,就用猜包决出一人,用手蒙其眼,其他人做种种动作过其前。每过一个,蒙眼者要说出其所做的动作:"指星星的过去了""捏鼻子的过去了"。最后,被蒙者要猜做各种动作的分别是谁。若连续三次一个没猜中,要受惩罚。惩罚的方式是:众人用手臂扶墙,搭成一个洞,受罚者从洞下钻过,每过一人手臂,此人用手拍其背。罚后重新开始。

(六) 摸树猴

摸树猴是嵩山地域农村常见的儿童游戏项目。一般于农忙放假期间在田间地头进行,而且在大而矮的柿树上玩的居多。

玩时把一儿童双眼用手帕捂住,其余儿童在树上躲藏,捂眼儿童伸手抓住谁,谁便是输家,接替被捂眼,次第进行。此游戏可充分展示农村儿童的灵活跳跃技能。

其他游戏还有各种棋类、球类、猜谜、对对子、酒令、麻将等,多是成人游戏。

四、集体游戏

集体游戏,就是多人的有组织的体育活动。嵩山地域常见的集体体育游戏有拔河、跳绳、跳皮筋、捉迷藏、挤油、老鹰捉小鸡、藏猫狐、丢手帕等项目。

(一) 拔河

拔河,古名牵钩、拖钩、施钩等,是一种传统集体力量的竞技项目,男女老少皆宜,嵩山地域极为盛行。

拔河活动多在单位集体举办,参加人数不限,十几人或二十几人均可。活动开始之前,先将参与人员分为两组,再备适用的长绳子一根,并在绳子中间的场地上画线作为界河,两组人同时做好准备,各拉一头,等到裁判的口令一下,各自用力拉绳,一方把另一方的人拉过界河为胜。拔河主要是力的较量,体重力大就是优势,不过技巧也起一定作用,全队协调一致才能胜利。比赛双方常常组织拉拉队来为自己壮大声势,不仅鼓舞士气,调整比赛节奏,也烘托了活动气氛。

(二) 老鹰捉小鸡

此活动由几个人至十几个人组成,其中一个大孩子扮老鹰,另一个大孩子扮老母鸡,其余孩子皆为小鸡。一个小鸡抓住母鸡后衣,一个连一个排成长串。游戏开始时,老鹰去捉小鸡,老母鸡双手展开,拦挡老鹰,以保护小鸡。双方一闪一躲地争夺,老鹰每抓住一只小鸡,就据为己有,直至把小鸡抓完,再由老鹰改扮母鸡去带领众小鸡,原来的母鸡,改扮老鹰,游戏重新开始,反复进行。

(三)丢手帕

丢手帕,是一项嵩山地域的儿童集体游戏项目,适合十岁左右的儿童玩耍,人数不等,几个至几十人均可,一般在学校课余时间进行。

游戏开始,由孩子们手拉手围成一个圆圈,然后分手原地蹲下,再由一个孩子,拿手帕一条转圈子,并悄悄地把手帕丢在某孩子的身后。如果这孩子早已发现,丢手帕的在前边跑,被丢的孩子拾起手帕在后边追,满一圈之后丢手帕的可蹲在被丢者的空位子上休息,由被丢者继续转圈去丢。如果手帕丢在某孩子身后未被发现,等到第二圈转来被抓住,被丢者则会被罚唱一首歌或讲一个故事,唱完或讲完之后,再由他转圈去丢,游戏继续进行。

(四)捉迷藏

捉迷藏

此游戏多系儿童所为。此游戏有两种形式:

一种是游戏开始前先拼班,把参加游戏的儿童分成两班,即一班找,一班藏。待藏的一班分散藏好后,发一个信号,寻找的一班便开始行动。待藏的一班被一一找到后,便开始更换,寻找的那一班再藏,原藏的那一班再找。

另一种形式是在玩捉迷藏时,将其中一个人的眼睛用手帕蒙住,其余人在固定的范围内藏好后,被蒙的人双臂伸张,作探步觅捕状,其余人或藏树后,或藏墙角,或躲在他身后,或专门顺带喊他逗他。等被蒙眼的捉到其中一人,被蒙眼的就可将手帕传于此人,下一轮活动又开始了。

(五)藏猫狐

藏猫狐是充满儿童情趣的一种游戏项目,在嵩山地域的各地非常普遍,以乡村儿童参与居多。

此游戏由几个人组成,其中一大孩子任老姆。游戏开始,老姆指定一人用手捂住他的眼睛,其余孩子分别躲藏在附近的角落里。等老姆松开手宣布"开始",让他去捉人,此时躲藏之人可趁机跑回老姆身边喊报到,报到后就不得再被捉。捉住了谁,下一次该谁去找;如抓不到人,下一次仍捂他的眼睛,直到捉住了再换,换了再捉,继续进行。

(六)挤油

把参与人员搭配为两组,肩并肩并排靠墙根站定,口令一下,两组人齐心合力一齐朝中间挤,一方把另一方的人员挤溃者为胜。此项活动多为十几岁的大孩子游戏,参与人数以10~20人为宜,多在冬季月夜中玩,可避寒冷。

(七)跳皮筋

跳皮筋是现代兴起的少年儿童游戏,在嵩山地域的民间较为普遍。

准备一根长约5~8米的皮筋,富有一定的弹性,活动开始时由两人拉紧皮筋的两端,一人或多人同时在上面跳各种花样动作并记数,脚踩皮筋或脚勾不住皮筋为犯规。基本动作有跳、勾、踩、挑、点、顶、绕、绊、转、掏、压、踢等,将一些基本动作变化组合,可组成很多动作套路,如"小花猫""小皮球""双脚跳""快飞机"等,一组联合动作,跳"2×8"拍。

跳皮筋

跳出三组以上不同的动作套路后,再将皮筋逐步升高至腿根、腰部、肩部、手举高度。此项活动内容花样繁多,每一轮都以失误少的一方为胜,要求准确熟练,连贯协调,舒展自然。孩童们往往边跳边唱歌谣,以增加游戏的节奏感。

(八)跳大绳

跳大绳是集体活动项目之一。

该活动由两人各拉一条绳的两端,上下甩动,一个人或两个人同时在其中跳跃并记数,脚踏绳子为犯规,被罚下后由下一人或二人进行,最后以跳数多少决定名次。

五、智力游戏

智力游戏,即益智游戏。嵩山地域常见的智力游戏有象棋、摆方、摆老和尚上山等。

(一)象棋

象棋在中国有着悠久的历史,属于二人对抗性游戏的一种。由于用具简单,趣味性强,成为流行极为广泛的棋艺活动,是我国正式开展的78个体育项目之一。在中国古代,象棋被列为士大夫们的修身之艺,现在则被视为怡神益智的一种有益的活动。在棋战中,人们可以从攻与防、虚与实、整体与局部等复杂关系的变化中悟出某种哲理。

象棋中的"楚河汉界"指的是今荥阳市黄河南岸广武山上的鸿沟。沟口宽约800米,深达200米,是古代的一处军事要地。公元前203年,刘邦出兵攻打楚国,项羽粮缺兵乏,被迫提出了"中分天下,割鸿沟以西为汉,以东为楚"的要求,从此就有了楚河汉界的说法。现在鸿沟两边还有当年两军对垒的城址,东边是霸王城,西边是汉王城。

象棋是最古老的棋种,也是竞技项目中在嵩山地域流传最广泛的一种,几乎每个村都能找出几副象棋和棋盘。在嵩山地域各县(市)城镇的街道旁,经常会看到有人在下象棋,周围还有几个旁观者,不时地对棋局进行评议。但下象棋的多为老人,年轻人参与者较少。

(二)摆方

摆方分为六步方和八步方。六步方由横竖各六条线组成,八步方由横竖各八条线组成。摆方由两人玩耍,程序是先摆方,后走方。摆方时,各自选取不同颜色石子或豆粒、玉米粒为各自的子,轮流向方格交叉点上摆放,直到摆满为止。如果各自都有成方,就按成方数取下对方几粒石子。如果都没有成方,则各自自觉取下一至两粒石子,便于开始挪子运行。走方时,在有限的几步路中,各自力争通过挪子使自己的石子构成四点成方。一旦成方,就可以取下对方一粒子。如此轮番,得子多则为胜者。如果石子占了一条直线,叫樘,则要取下对方两个子。摆方的关键是争取自己成方,又要破坏对方成方,既有进攻,又有防守,对开发智力有积极作用。它很有可能是古代象棋的雏形。

(三)摆老和尚上山

摆老和尚上山这项活动也是一种玩石子游戏,适合两人玩耍。先画出老和尚上山地形图,中间放一块大石子代表老和尚,周围摆满小石子代表小卒子。设一方为老和尚,以沿直线在格子上担走两个小卒子为目的。另一方为小卒子,以集中成排逼老和尚上山困死为目的,但每子只能跨一步,尽量防止构成空档让老和尚担去自己的伙伴。

(四)打扑克

打扑克是嵩山地域极为流行的一种民间游戏。田间地头,茶余饭后,没有什么固定的场合和时间,大家聚在一起就能打。

人们打扑克的时候,赏罚分明,输了的人要往自个儿脸上贴纸条。有时,输得多了,输者的脸上会贴满纸条,看上去十分滑稽。

(五)下地棋

下地棋是一项传统民间游戏项目,嵩山地域各地长期流行,在农村,劳动之余,在树荫乘凉之际,经常可以看到三五一伙的人们围在一起下地棋。

下地棋即随地画棋盘,随处拾些土块、石子儿、草梗做棋子的简易棋类游戏。地棋的种类很多,常见的有四棋、五棋、联棋、下连、憋死牛、赶牛角、摆方、炮打洋人、憋茅厕、挑挑夹吃、砍秋秋,等等。一个好的棋手,在周围几个村庄往往是无敌的。

六、动物竞技

嵩山地域各市县的民间在闲暇时候,还流传着一些用动物竞技的游戏,有的是用野生动物,如蛐蛐、鹌鹑等,有的是用家养的动物,如鸡、羊等。这些动物竞技游戏,常常吸引着很多群众围观,妙趣横生。

(一)斗蛐蛐

蛐蛐又称蟋蟀。斗蛐蛐的前身是养蛐蛐,养蛐蛐始于唐朝。宋代《负暄杂录》云:"斗蛩之战始于天宝间。"当时,玩蛐蛐的都是达官贵人,养虫的笼子用象牙镂制而成。最早关于蛐蛐的专著,是南宋贾似道所编的《促织经》,此书被人称之为"蟋蟀的百科全书",可惜已佚亡。到了明清,有关蛐蛐的书不下十多种,有袁宏道的《促织志》、李石孙的《蟋蟀谱》以及《王孙志》《功虫录》《百草虫吟》等。

斗蛐蛐最早原是一种雅事,是怡养性情的有益活动,其胜负不以钱计,多以月饼或果品相博,故古人把养菊与斗蛐蛐二事称为"雅戏"。但后来成为有钱人豪赌玩乐的工具,民间也设有斗场。

蛐蛐要到野外草丛中去捉。捉到的蛐蛐经过挑选后,放进瓦罐中喂养训练。人们在业余时间,拿蛐蛐与别人的蛐蛐去斗。斗场是个大瓦罐,填上半罐土,弄平。双方的蛐蛐放进后,开始争斗。它们之间相互咬架,直到一方把另一方咬败为止。

中华人民共和国成立以前,此游戏多为青少年所爱。中华人民共和国成立以后,斗蛐蛐已不多见。农家人捉到蛐蛐后,编个精巧的笼子,把蛐蛐装在里面,挂在院子里,听听它的叫声,逗逗孩子,以此取乐。

(二)斗鹌鹑

在田野捉到的公鹌鹑,经过一段时间的训练以后,便可以放到斗场上去斗。斗场设在一个大箩圈内或大簸箩中。双方把鹌鹑放进圈内,稍喂几粒谷子后,两个鹌鹑便开始争斗。争斗很激烈,有时撕咬成一团,有时腾空起斗,酣战之态,引人入胜。若一方被啄得头破血流,进行"溜圈",即失败。古时玩鹌鹑的大多是老年人或一些游手好闲之人,个别人斗鹌鹑还下赌注。中华人民共和国成立以后,玩鹌鹑的人,多是一些老年人,仅作为一种娱乐。

(三)斗鸡

唐朝以前,斗鸡是一种体现社会地位、财富和精神境界的博弈,只有达官贵人才有资格参与。遗存的汉代石刻和画像砖上,有不少激烈的斗鸡场面,表现了当时人们对斗鸡的普遍爱好。两汉以后,有关斗鸡的史料记载和诗赋歌咏,不绝于书。自唐开始,斗鸡活动除皇家外,还成为民间百姓广泛参与的竞技活动,并深深地影响了世俗生活。古时人们把斗鸡活动作为一种赌博,后成为体育竞技和民间娱乐活动。

斗鸡是在斗鸡坑进行。所谓斗鸡坑,是因用于斗鸡的场地低于四周地面而得名。每次斗鸡比赛时,斗鸡坑旁观者甚众,热闹异常。

斗鸡只有经过了严格的"训鸡"后才能进行比赛。双方相约各抱一只公鸡,斗到鲜血淋淋还不罢休,直斗得一方溜掉为止。斗鸡有其正规的路数和招式,常见的路数有高头大咬、下刷头、四平头、插花头、跑调和里外磨等,常见的招式有打棚腿、卡冠门腿、海下腿、脑后斜、干脚腿等。特别好的斗鸡,嘴狠腿重,只一两盘,胜负便可分晓。

斗鸡展示的是一种倔强、不服输的精神,能真正领略斗鸡内涵的斗鸡者,依然把斗鸡作为宝贝,保持着宁肯舍弃金钱、也不肯舍弃斗鸡的传统。

(四)羊抵架

羊抵架,是嵩山地域民间的一种杂耍活动。该活动源于何时,无从可考。方法是选两只健康好斗

的公绵羊,让其在空旷地上角斗。两只羊拉开距离,然后相向猛扑,以头相抵。此游戏作为闲暇时的一种娱乐,多为青年人所好。农村的集镇上,逢年过节时总有一些年青人摆开场子,聚众来玩此项游戏。

第三节 体育娱乐民俗传说

一、少林拳的来历

传说,南北朝时期,北周武帝遣返僧道后,第三年有一天,少林破旧的大门前,挨边躺着两个男人,一个30多岁,一个20多岁,整整躺了两天,到第三天下了一场冷雨,两人才睁开了眼。坐起来一看,年轻的喊了声:"师父!"年长的喊了声:"投子!"两人抱头哭起来。那个年轻的说:"师父,你咋也回来啦?"

这两个人,都是被遣散回家的少林寺和尚,被称师父的法名叫还源。还源听徒弟问他,止住哭,揩干了泪,便对徒弟讲起重来少林的经过。

还源从小家里穷,12岁上,就雇给财主放羊。这个财主家业很大,地有千顷,骡马成群,不但雇了男工,还雇了不少丫鬟仆女。其中有个丫鬟,名叫小杏,两人见面多了,便产生了爱情,背地说妥,决计一起逃出财主家门,到远处谋生。两人当即立下盟誓,如果逃跑失散,男不娶,女不嫁,海枯石烂不变心。事情也真应了盟约,出逃那天夜晚,他俩被财主发现了。他们前边跑,财主派了家丁、打手在后边撵。还源跑得快,小杏跑得慢,跑到淮河边,眼看要被财主的打手捉住,小杏大喊一声:"快跑!"她自己"扑通"一声跳到淮河里。还源扭头一看,小杏已沉进水里。于是他扭头又跑开了,打手们看看撵不上他,就拐回去了。天明时还源跑到阜阳,哭了一场,就到少林寺出家来了。北周武帝下令毁佛,还源返回老家,途中又碰到了小杏。原来小杏投淮河后,被一个老艄公救出,从此她女扮男装,贩粮卖米,苦度营生。两人诉说衷肠,结了婚。哪知这事叫老财主知道了,老财主诬告还源霸占他的小老婆,命家丁打手一齐上,把小杏抢走了,小杏当晚就碰死在财主家的砖墙上。县衙贴出告示,缉拿归俗和尚还源。还源走投无路,只好二次出家到少林寺来。他来到山门口,见寺毁神倒,气上加气,头一晕栽倒地下,想不到竟在山寺门口遇到了徒弟投子。

投子听完师父的遭遇,泪水像断线珠子般落下来,边哭边向师父说出自己的遭遇。投子也是穷苦出身,他三岁的时候,母亲就去世了。当时又逢大旱灾年,父亲没办法,把他送到少林寺,指望能讨个活命。他父亲收到寺里几升养子粮,就回家去了。武帝下旨遣僧毁寺,投子便还俗回家了。父亲见儿子回来,十分高兴,从此投子与父亲安心农耕。日子刚刚过得下去,杜洛周、鲜于修礼带领农民起义军杀富济贫、除奸灭霸。投子和父亲知道后,盼星星,盼月亮,日夜盼望农民起义军的到来。这事却被当地一个财主知道了,那个财主派出打手,趁黑夜撞开投子家的门,抓住他父亲,拉到镇上。他父亲被苦打成招,没到三天,砍头示众。那个财主为了斩草除根,声言要逮捕投子,逼得投子没有办法,也只好二次跑到少林寺来,痛苦之下,一头倒在山门外。

还源听投子讲说一遍,替投子擦擦泪说:"天无绝人之路,石板还有翻上下的时候。既然咱师徒俩又走到一块来了,就在这里先干着,以后再说。"从此还源与投子在少林破刹,开荒耕地,住了下来。

还源与投子手持锄头,大干一春天,开了五亩荒地,种下了大豆和玉米。这年雨水充沛,大豆黄,玉米穗子尺把长,庄稼长势喜人,丰收在望,可是山中的狼虫虎豹成群结队地来偷吃他们庄稼。没办法,还源在屋里看门,投子在地里看守庄稼。

少林拳

一次,投子追赶野兽,被一个大石头绊倒,摔伤了胳膊,半年才愈。

这年,他们获得了丰收。打下的粮食,除去吃的,余下的卖了一罐子制钱。一天,投子去买煤,夜里没赶回来,第二天早晨回来一看,师父在院子里躺着。怎么了?原来那天夜里,来了一个强盗,把他们的一罐制钱偷走了。还源出来撵贼,黑夜碰到院中柏树上,碰伤了腿,贼也没撵上。师徒俩气得又是两天没吃饭。他们俩恨野兽恨贼,又想起杀父之仇、夺妻之恨,气没地方出,恨都撒在石头和柏树上。

投子不论是往地里运粪运庄稼,还是耕种锄耙,看见石头就踢。今天踢,明天踢,天天如此,时间长了,脚不但不疼了,竟把石头上踢了个窝,最后能把一百多斤重的大石头踢飞几丈远。

还源呢,早晚看见碰倒他的柏树,就想起了偷钱贼,就上火。火一来,就用拳头在柏树上夯,起初夯树手疼,夯的时间长了,拳头上起厚茧,手不疼胳膊不酸,并且把柏树夯得摇晃半天,吓得麻雀老鸹不敢往柏树上落。

第二年麦收,打麦碾场没石碌,得把原先寺里打麦用的石碌推来。还源对投子说:"走!咱去把老石碌推过来吧!"投子说:"你不用去啦!我把它踢过来吧!"说着,他走到坡下,用脚一踢,大石碌"嗖"一声,飞上岭来。夏天,他们师徒修房子,需砍一棵树,一时缺锯,投子说:"师父!我去拿镢头,咱俩把树刨倒吧!"还源说:"不用费那事,我把它推倒算了!"说着,他一卷袖口,拳头用力向树上一撞,碗粗的大树随即倒下来。

经过几年拳打脚踢的功夫,师徒俩身体结实如铁,拳大胳膊粗,面如枣色,声如洪钟。投子来个扫堂脚,能踢倒三狼四豹。还源来个猛夯拳,打得墙倒树倾。从此野兽强盗,再也不敢欺负他们了。师徒二人知道了武艺管用,就加劲练习,还向其他有武艺的人学习,创出了许多招式、套路。

到周静帝大象年间,朝廷又提倡修复寺院。原来少林寺遣返还俗的和尚,大部分都又回来了,并且又添了许多新僧。大家见还源、投子师徒二人归来得早,又练就一身武艺,就推举他二人为寺庙首领。知府改少林寺为陟古寺,寺里把习拳练武列为修行内容之一。

后来,隋文帝杨坚统一中国,当了皇帝。隋文帝又把陟古寺改为少林寺,并把偃师县柏谷屯的田地,拨给少林寺100顷,以供寺僧们食用的资费,并鼓励他们练武习功。少林寺僧在练武中,多次纳新、充实,逐步形成一套完整的少林拳。

二、少林和尚救秦王

唐朝初年夏季的一天,在登封通往洛阳的大道上,走着13个少林寺的和尚。他们一个个精神抖擞,气宇轩昂,前头走的和尚名叫觉远,他武艺高强,胆识过人。最后边跟的是他们的师父紧那罗和尚。他们师徒13人手提棍棒直奔洛阳而来,他们边走边谈,只听师父紧那罗说道:"徒弟们!现在隋朝灭亡,唐朝建立,唐高祖在长安爱民如子,奖励农耕,黎民百姓安居乐业。王世充为了反对唐朝李渊,在洛阳竖起大旗,自称郑王,又封他的侄儿王仁则为领兵大元帅。这王仁则领着郑军横行霸道,到处烧杀抢掠,逼得百姓有田不能耕种都往陕西逃荒要饭。唐高祖为了统一中国,搭救河南百姓,特派他的儿子秦王李世民乔装改扮来洛阳打探军情,不幸被郑兵元帅王仁则活捉,定为'钦犯',押进监牢。常言说:'国家兴亡,匹夫有责',少林和尚应该除暴安良,搭救李世民。"众和尚听后个个摩拳擦掌,齐声说道:"咱决不能叫王仁则为非作歹残害忠良,救出李世民一为国家立功,二为咱少林和尚争气!"他们走着说着,不由得加快了脚步,天刚黑就赶到洛阳城东门外。13个和尚抬头一看,只见城墙高四丈,两扇城门又高又大,郑兵把守森严,对过往行人个个盘查,没有执照休想进城。紧那罗一看这种情景,心中暗想:何不趁夜晚翻墙进城,见机行事。于是他和觉远二人低声耳语了几句,轻轻把手一挥,13个和尚都钻进了洛阳城东门外的密林里。

黑夜,满天星斗闪闪发光,为了翻越城墙,紧那罗吩咐徒弟们暂且把平时练武的"重身"去掉,和尚们先解了腿上的铁沙袋,又抹下了胳膊上的铁护袖,卸了前后铁护胸,拿了左右铁压肩,每个人身上去掉了几十斤,顿觉身轻似燕。紧那罗带领徒弟们来到城墙没人把守的拐角处,把手一挥说了声"上!"只见众和尚一个个使出练就的"轻功","哧哧溜溜"爬上了城头。城里的郑军还在鼓里装着,对少林和尚的这一举动,他们一点也不知道。进城以后紧那罗和尚对徒弟们说:"洛阳城过去我不断来,这里的大街小巷我都熟悉!听说'钦犯'囚禁在王城里,咱们顺街往西走!"他们师徒来到王城,只见巡逻禁卒来回走动。紧那罗急中生智,低声吩咐觉远道:"你溜着墙根爬过去,抓一个禁卒问问,看'钦犯'到底在哪里?"觉远听了师父的吩咐,顺着墙根爬了过去。正好这时一个禁卒路过这里,觉远使了个猛虎跳涧势,顺手卡住了禁卒的脖子,就像老鹰抓小鸡一样,把他提到偏僻的角落,低声道:"快说'钦犯'囚禁在哪里?如用瞎话诓骗咱家,小心你的狗头!"禁卒一听,扑通往地上一跪,连连求饶:"和尚爷,我说实话,我说实话!'钦犯'囚禁在内监,钥匙百总拿着哩!"

十三武僧救秦王邮票

这时候紧那罗和徒弟们也都动了手,把来往的禁卒都捆了手脚,堵住了口。觉远问明情况同师父商量之后，带领两个和尚直奔内监而来，他们搭起人梯，翻过狱墙来到内监门外，只见门口明灯高挂，两个禁卒持刀把守，四只眼瞪得像灯盏一样。觉远给两个和尚暗递了眼色，他俩点头会意，使了个倒卷珠帘，飞身跃到了房上，两禁卒还没弄清是咋回事儿，俩和尚又来了个蜻蜓点水，双手卡住了两个禁卒的喉咙，提到暗处用绳绑了手脚，塞住了嘴。觉远见除掉了两个禁卒，快步来到了百总门口，使了个倒挂金钩头朝下，用舌尖舔破窗纸往里观看，只见百总独自一人坐在灯下昏昏欲睡，觉远翻身而下冲进门去，一步上前抓住了百总的衣领，厉声问道："内监的钥匙放在那里？"正做升官美梦的百总万万没有想到深更半夜会有人冲进他的房间，睁眼一看眼前站着个大和尚，不由心里吓了一跳，听说要钥匙，心里早明白了八九分，狡猾地说："钥匙我我……没拿！"觉远见他不交钥匙，心里十分恼火，用手照百总脑门上轻轻一点，百总"娘呀"一声跪在了地下，一边叩头一边说："和尚爷饶命，我交钥匙，我交钥匙！"说着，乖乖地把钥匙交了出来。觉远对他说："你在这屋里不准出去，动一动叫你脑浆迸裂！"百总忙说："我不敢动，我不敢动！"

　　觉远拿着钥匙来开了牢房门，留下两个弟兄在门口把守，他独自一人闯进房来，进门又转了两个弯，只见李世民面黄肌瘦，戴着木枷靠墙坐着。李世民忽然见进来一个大汉，还以为是监禁卒来提审他呢！觉远来到他跟前，蹲下身来开了木枷，李世民顿觉浑身轻松舒畅，正要开口问明来由，觉远摆手示意不让他问，蹲下身来背上李世民，走出监房，急匆匆来到大门口。这时紧那罗师父带着9个徒弟也赶来了，他们13个前护后拥保护着李世民边走边战，杀开一条血路，冲出了洛阳城。他们正往前赶，忽然身后赶来一队人马，旗上绣着一个斗大的"郑"字，和尚们一看知道是王世充派兵来追赶李世民来了，眼看着郑军已把他们包围，紧那罗和尚沉着应战，使了个只身穿云计，"叭啦"一声把郑将打下马来，刹那间郑军四下逃散。众和尚牵过马来，把李世民扶到了马上。正往少林寺行走，忽然前面又闪出一彪人马，为首的是一个红脸将军，金盔金甲光明耀眼，骑一匹黄骠大马挡住了去路，众和尚正想退兵之策。忽然红脸大将军开口喊道："主公快过来，我已找你好几天了！"李世民一听高兴万分，忙对众和尚说："众位恩人，这是秦叔宝，特来接我。谢谢你们少林和尚的救命之恩，回京之后，定然犒赏众位恩人。"说罢各奔西东而去。

　　李世民登基以后，降诏到少林寺，这时众和尚才知道那时所救的已是当今皇上。他们对太宗的一切封赐全然不受，每人只领取袈裟一件。唐太宗无奈又二次降下诏书，赐少林和尚"吃酒肉、开杀戒、招僧兵、参政事"四大特权。又立了一座"少林寺主教碑"，唐太宗在碑额上亲笔题写了"世民"二字，这座石碑现在仍完整地保存在少林寺院内，成了少林和尚救唐王的历史见证。

三、鹤　　拳

　　少林寺第十代和尚中，有个人名叫彻空。此人身高八尺，虎背熊腰，头大如斗，掌大如扇，说话如响钟，大喝一声，震得房上掉土。相传他精练一手"鹤拳"。

　　早晨，彻空除练棒习拳以外，还去附近僻静的山林中，面对初升的太阳，吞吐运气，每天至少一个时辰。晚上夜深人静的时候，他点上芝麻油灯，灯焰有半尺长，他张开大嘴"哧——"一吸气能把灯焰吞到嘴里去，闭气的时候，灯焰还不灭。据说这叫一种"气功"。一天早晚两次，春夏秋冬，一年三百六十天不间断。彻空这样练了整整九年，聚精会神时，能够调动周身之气。如果把气使到哪里，哪里的肌肉就会鼓成疙瘩，坚硬如钢，锤砸无痕。有人向彻空请教练"鹤拳"的妙诀在什么地方，彻空常说：

"此拳遇紧事用之为得宜。盖以鹤之精凝神,舒臂运气。所谓神清志暇,心乎相忘,独立华表,壁悬千仞,学者久练精熟时,自能于言外得之,非仓促所能领悟也。"

北宋真宗咸平年间,彻空叔父的大儿子要结婚,捎书带信,请彻空回家为弟弟办喜事,全家好欢聚一堂。彻空老家的隔壁,有座私塾。喜事办完以后,有一天,彻空转游到私塾里来。

先生和学生,都听说彻空在少林寺练就一身武艺,师生又喊又嚷,让彻空演习几招叫他们看看。彻空再三说:"武艺与读书一样,并非一蹴而就。读书人应勤于学问才对,不要因此耽误大家的时间。"不管彻空怎么说,先生和学生坚决请他演习,彻空看推辞不掉,就答应了他们。当时正是中伏天气,私塾距河沟不远,沟里蚊子较多,彻空刚把袖子挽到胳膊上,一只花脚蚊子就"嗡——"一声飞进屋来,落在他的手背上叮起来。

彻空对师生们说:"你们仔细看着。"他聚精会神,把小肚子一收,嘴一紧闭,把气运到手背上,手背霎时像厚了许多。这时只见蚊子"嗡嗡"叫着,腿乱弹动,扇动着翅膀,任凭它怎样挣扎,就是无办法把嘴从肉里拔出来。学生们试着把蚊子取下来,但蚊子嘴还是留在了彻空的手背上。师生们一看,瞠目结舌,一时说不出话来。

私塾先生把彻空请进房房,冲好一杯茶水,递给彻空,尊敬地问道:"师父!没见你身体行动,而力从何来?"

彻空一边喝茶,一边把练功中得来的道理,讲给私塾先生。他说:"力以柔则刚,气以运而实;力从气出,气稳力显。无气则力自何来?俗家之力,其来势猛,多浮而不沉。名家之力,其来如在有意无意之间,全力一吐,沉重如山。由于俗家之力刚,名家之力柔,刚则虚浮,柔则沉实,习之久矣,自能知晓。盖一举或一拳之打击,手一发力,气则有三停,一停于肩穴,二停于拐肘,三停于掌根。一举手则全身之力,奔赴于气之所运处。意到气随,速与声响。精确之功,学者可以悟矣。"

鹤 拳

私塾先生听彻空讲得有理有据,不住点头,称赞彻空的真实功夫。

有一年的冬天,洛阳城里有一家办丧事,特意请少林寺和尚去念经做斋。那时候,世道混乱,土匪横行,到处抢劫杀人。临去洛阳做佛事的时候,方丈召集全寺僧众,议定三条戒律。其中有一条,就是留三十名武艺高强的和尚守寺,这三十名武艺高强的和尚,由彻空在家率领。大家做佛事走后,不管发生什么意外,均由彻空指挥。若有损失,轻则"跑香",重则"燎眉"。

方丈和尚带着众僧去洛阳做佛事的第五天,从西南窜来一股流匪,约百人以上,包围了少林寺,扬言要劫少林寺武器财宝。彻空把三十名武僧,按武艺高低,分配在寺内各要害之处,抗抵土匪。他自己手执长矛,大开山门,立在大门外台阶下边的道上,来对付土匪。起初,土匪见寺门大开,只有一个和尚守门,就满不在乎地手执武器往寺里攻。当他们走近彻空时,彻空打个转身,舞起长矛,三挑两戳,五六个匪徒死于道旁。土匪一看势头不对,便采取了另一招。一开始土匪是一个两个向前去与彻空搏斗,去的不是死就是伤。后来土匪头子见死伤众多,就派十人八人一齐向前与彻空对打,谁知七八杆枪也敌不过彻空一杆枪。头一天,土匪死伤最惨,凡与彻空对打的,囫囵逃走的人寥寥无几。

第二天,土匪见他们没抢到东西,却丢下许多尸首,人人心急。不知他们从哪里搞来一门土炮,炮内装上火药,药中掺入黄豆大小的铁丸,对准彻空,点火就放,只见火光一闪,一声炮响,一股火舌喷向彻空。可彻空像腾空一样,被火药掀起丈余高,又落下来,照样执枪站立于道上。土匪们放过三炮之后,眼见土炮无效,只是高喊"捉活的",但谁也不敢近前。

第三天,土匪又将土炮架起来,把纺棉花用的两头尖铁锭子,装进炮膛里,对准彻空点起炮来。这样一打,彻空不往半空中飞,只是后退了几步。铁锭子射他身上,就像碰到石板上,"当啷啷"跌落在地下。土匪们见此情景,个个吓得浑身打战,纷纷说道:"天神下凡了!天神下凡了!"

去洛阳做佛事的少林僧众,听说寺院被土匪围困,赶回来解围,内外夹击,打得土匪抱头鼠窜,又丢下许多尸体。土匪败走以后,大家慰问彻空时,只见彻空浑身上下,布满了黑紫色疤痕和香头大的红点点,方丈拍着彻空的肩头,称赞说:"真神功也!"

四、"铁膝盖"提敬

从少林寺大门口,朝西北方向走 2 里,有座阜丘,左右有小溪环抱,苍松翠柏中间,有碑碣数座。这里有一处寺院,名曰:初祖庵。是少林僧侣为纪念初祖达摩修建的殿宇。

这座殿宇创建于宋徽宗宣和七年(1125 年)。大殿为一座绿色琉璃瓦覆盖的歇山房,坐北向南,阔、深各为 3 间,门两边有一副砖刻对联,上联是"在西天二十八祖",下联是"过东土初开少林"。这座大殿从宋朝以后,虽然经过历代的多次修补,但主要构件如斗拱、月形梁架、檩条以及石柱、石础等,仍是宋代原物,是河南省现存最古老的砖木结构建筑。传说,建筑初祖庵大殿,烧砖瓦的时候,正是严冬,这一年风雪次数多,落雪大,天冷得很,砖瓦坯子装过两次窑,都没有烧成功。第一次烧窑,土坯仅仅变了变色,第二次烧窑,土坯只烧了半熟。查起原因来,一是天寒,二是煤的质量低。眼看离动土吉日只有 30 多天光景,木工和泥水匠,一天催几次,要当家和尚交砖、瓦。当家和尚看着建殿的木料、石料等一切准备齐全,只有砖瓦烧不成功,愁得直搔头顶,茶饭也咽不下去。

当家和尚心里很清楚,要想把砖瓦按时烧好,必须有好煤。俗话说:烈火炼真金。烧砖瓦也是火里求财。没有好煤,不燃烈火,神仙手也烧不出好砖瓦。

少林寺用煤,在那时候有两个地方。一个是嵩山北麓,下去轩辕关十多里,有个煤矿。这里煤质差,用来做饭,取暖可以,烧砖烧瓦就没有保证,前两窑货就是用北路煤,加上严寒都没有烧成功。再一个地方是嵩山南面的马峪煤矿,这里煤纯,炭大耐火,用来烧砖瓦窑最合适,可就是难运回来,一则少林寺距马峪煤矿 60 多里远,二则主要是中间要经过一道石羊关。

那时候,石羊关林木茂密,奇岭夹峙,一条颍水穿关而过,地势险要是一,关中还住着个财主,此人武艺高强,外号:洪天外。他自己掏钱,在神宗元丰年间,捐了个武举,大门上挂过千顷牌,家里豢养着打手和恶犬,有钱有势,独霸一方。封建社会有"秀才是守户之犬""举人是一县之虎"的说法。外地人到这个县任知县,上任 3 天内就要到武举洪天外家去拜访,如不这样做,县太爷在这个县就坐不稳。

洪天外在宣和年间,立个新规矩,叫拉官煤。不时地派出打手,带上恶犬,蹲在石羊关口上。凡是赶牲口驮煤的,经过石羊关这里,打手们用手一指,恶犬就扑到牲口身上又叫又咬,挡住牲口不能走。打手们上前再喝骂几声,不管有多少牲口驮煤,都得送到洪天外家的煤山院去,把煤向他的煤山上一倒,赶着空牲口车各回各家啦,煤钱两空,算白白给洪天外送一次煤。洪天外家的煤山院从拉官煤起,没过几年,院里的煤堆比煤矿上的煤堆还大。煤堆上面长了几棵椿树,棵棵都有丈把高。就这样他还是继续拉官煤。洪天外对庶民百姓是这样,就是对僧、道两家也不饶恕。因此,少林寺的当家和尚,不敢安排寺僧经过石羊关去驮煤。

那时候,提敬是少林寺管库房和粮钱等事项的和尚。提敬到少林寺出家以后,起初他用斧头劈柴禾,后来他嫌用斧头劈柴太慢,干脆把斧头放下,用两手抓紧树木两端,腿起手落,用力朝膝盖上一磕,柴便折为两段。开始他能折断鸡蛋粗、胳膊粗的柴棒,练的时间长了,凡是能拿得起的树干,只要往膝盖上一磕,同样折为两段。提敬的"少林二十路短拳"练得也很成功。但众僧兵没人表扬他的拳,却佩服他的"铁膝盖。"

这几天,提敬见到当家和尚为运煤的事愁得茶饭难咽,就亲自找当家和尚说,他愿带着一帮牲口去马峪驮煤。起初当家和尚只是摇头,提敬要求的次数多了,当家和尚心一狠,就让他带着一帮牲口,去马峪驮煤了。

去驮煤走以前,他们在寺里商议了两天,决定这次闯关,文武结合,教训教训洪天外这个地头蛇。驮煤去时,过石羊关的时间是正半夜,人不吭声马摘铃,空牲口偷偷走出关去。出石羊关不到两里路,他们没到煤矿上去,就休息起来,人吃干粮,马喂草料。等到天明,提敬在附近老百姓家里买了两袋煤炭,故意用烂口袋装上,让煤炭露在外面,专挑选一匹大马驮上,他前边赶着走。其余的牲口,煤袋里装的净是石头烂砖,驮着在后边走。到入关时,他们来了个人唱高歌马挂铃,故意招摇过关。

洪天外的打手们一看,前边提敬赶着一匹高头大马,马背上驮着两袋明晃晃的大块煤炭,往后又一瞧,一连几十匹大牲口,匹匹满载煤炭,高兴得不得了。带班的打手一挥手,恶犬便扑到大马前面,又咬又叫。马队被挡住不能走了。

提敬走向前问:"这是干什么?"

打手们耀武扬威地说:"送到煤山院去。"

提敬深施一礼说:"这是少林寺运的煤,看在老佛爷情面上,我这一牲口煤送'煤山院'去,让他们把煤运走吧。"

打手们眼一瞪说:"什么老佛爷小佛爷,天王老子也不行,统统送煤山院去。"

"好,好。遵命,遵命。"提敬一挥手,几十匹牲口,浩浩荡荡进了煤山院。

提敬见人马进院以后,故意向打手们说:"老爷,让我们把煤留下一半吧,等着建初祖庵烧砖瓦用呢,那一半让我们运走吧。"

打手们恶狠狠地说:"什么初祖庵二祖庵,你敢犟,再去驮一次。"

打手伸出手,指着洪天外的大门说:"识字看看,不识字摸摸招牌。"

提敬一看,门口上挂着一块金字千顷牌。他走过去,伸手把牌子摘下来,两手一端,右腿一抬,牌子磕到膝盖上,一崩四瓣。

"啊!你……"打手们一看提敬把千顷牌打烂了,一挥手,恶犬朝提敬扑了上去。提敬的两只手,抓住两个狗耳朵,右腿一起,把狗头往膝盖上一磕,把恶狗的下腭骨碰酥了,那狗拖着尾巴窜出关去了。

打手们一见这情况,"嗷嗷"乱叫,带班的骂着往提敬跟前走来,提敬趁机走上前去,带班的还没来得及动手,提敬一手抓住他的脖子,一手抓住他的大腿,两手一举,这小子脸朝天到了半空。提敬的右腿一抬,两手向膝盖上一磕,"咔吧"一下,这小子的脊梁骨一折两段,他"娘呀"一声没叫出来,提敬早把他甩在地上。其他打手们一看,嗷嗷叫着围上来。提敬使出二路短拳的"夜行换马"势,扑扑通通打倒几个,其余没被打倒的抱着头跑进洪天外的院中报信去了。

趁这个工夫,其他赶牲口的僧人,把煤山院的煤炭块儿装满袋子,放在牲口背上,出了石羊关,回少林寺去了。

提敬呢?站在石羊关北口,单等着洪天外到来,约摸有吸袋烟工夫,洪天外的弟弟洪二天,提着60斤重的月牙斧,带着一群人马走出院来。提敬两手叉腰,问:"来者何人?"

洪二天说:"大宋武举洪天外的弟弟洪二天。"

提敬听完,哈哈大笑,说:"不要哄我,刚才一个洪二天被我打败在那里。"

"败在哪里?"

洪二天不知是计,又问。

"败在那里。"提敬伸手往关外一指,洪二天扭头去瞧,提敬飞步向前,伸手把洪二天手中握的月牙斧夺过来。他一手抓住斧脖,一手抓住斧把,用力向膝盖上一磕,胳膊粗的铁制斧把,齐刷刷地折为两段。然后往地上一抛,说:"拿这朽物有何用处!"

"你……"洪二天吓得往后退了几步。提敬和尚往关口处的崖石上一坐,居高临下,吃起馍来。洪二天带的人马,一看二爷的斧把被折断,只是在关上咋唬,谁也不敢近前。提敬将馍吃完了,又等了一会儿,估计驮煤牲口走出十里以外了,他站起来说:"对不起,今日不等了,欢迎您明日到少林寺作客。"说罢,扬长而去。

原来,洪天外去禹州城办事去了。他晚上归来,一听这事,气得一夜没睡好觉,第二天一早,带着武器,领着人马到少林寺来。少林寺里也早有准备,几百僧兵手执棍棒,整整齐齐站在山门以外,当家和尚与管库僧提敬,站在队前。当家和尚见了洪天外,深深施一礼,说:"感谢施主,为建初祖庵施给万斤煤炭,您立下了功德,老佛爷要保佑你福、禄、寿三者俱全。"提敬随着也深施一礼说:"愚僧鲁莽,昨日冒犯施主,实在有罪。"众僧兵也接着说:"感谢洪施主。"

洪天外看着几百僧兵威武雄壮,又看看当家和尚以礼相待,一时弄了个哑巴吃黄连——有苦难诉,只得强笑着说:愚生缺德,愚生缺德,愚生诚心取消拉官煤,万望老佛爷保佑我福、禄、寿三星高照。"

后来,就用这次驮的大煤炭烧出的砖瓦,建造了初祖庵大殿。这个大殿,解放后,还被列为河南省重点文物保护单位呢。

五、觉敏接箭

北宋徽宗年间,汴梁城(今开封)内有一个讨饭孩子,每天他讨饱饭以后,便到相国寺那里,去看卖艺人弄枪、舞剑、耍绳鞭,时候长了,他边看边学,后来也学会了几式武艺。有时候,也想在闹市中玩几式,亮亮他学的本事。许多卖艺的师傅对他说:"要想学武艺,须到少林寺。我们的武艺,比少林寺的和尚还差得远呢!"这个讨饭孩子一听,就下决心到少林寺出家当和尚,去学一身好武艺。

讨饭孩子一路讨饭来到少林寺,真的出家当和尚了。师傅给他起了个法名叫觉敏。他见全寺上下一千多个和尚,天天都舞拳习棒,也向师傅要求学习武艺。师傅交给他一双铁筷子。叫他去夹蝇子。觉敏接过铁筷子,心中很不乐意,但是不敢说出口,因为拜师的时候,就给师傅妙贵立下了"门生帖"。

以后,觉敏就夹起苍蝇来。苍蝇身体小,起飞迅速,用两根铁筷子是不容易夹住的。觉敏整整夹了一年,落在地上的活苍蝇,可以伸出筷子夹住。第二年师傅还叫他夹苍蝇,他又夹了一年,飞的苍蝇也可以伸出筷子就夹住,第三年,师傅又叫夹蚊子、夹麻雀。

夏天又闷又热。一天,趁师傅午睡的时候,觉敏带着铁筷子走出山门,到少溪河里洗澡。河边有一棵杏树,结满了又红又黄的大杏。他伸手摘了几个,脱下衣服,一边吃杏,一边在河里洗起澡来。

杏树是老百姓的,看杏的娃娃们见小和尚摘他们杏吃,就骂起来:"小和尚,背箩筐,拐个弯,我骑上。"觉敏过惯了流浪生活,你骂他,他就敢还骂,几个娃们骂不过他,就打起水仗来,跳河里围了一个圈,向觉敏身上泼水。觉敏也泼水还击他们。几个小孩见用水打不过他,就用小石子往他身上掷。

这时候,觉敏就用铁筷子把掷来的小石子,一个一个地夹住放在身边。小孩们越掷石子越大,觉敏不管他们掷来的大石头,小石子,都用铁筷子夹住,放在身边,到师傅喊他归寺的时候,他身体两边垒起两堆石头了。

"出必告,返必面"。这是当徒弟的一般规矩,觉敏不但背着师傅出门,又摘了俗家的杏吃,还和俗家的孩子吵嘴打架,这是佛门戒规所不允许的,师傅当然很生气,除罚他"跪香"外,又罚他"巡僚"。直等到觉敏认错受罚以后,师傅仍让他夹飞虫,并且比以前要求得更严,不拘飞虫大小,必须是十夹十稳。觉敏又坚持练了一年,前后算起来,整整夹了三年飞虫。

第四年,师傅让他回家探探亲,再回寺来。觉敏走的时候,除带随身行李以外,还带着练了三年的铁筷子。他前边往山门外走,师傅拿着弹弓在后边送他。师傅为了试试他的本事如何,故意慢慢离觉敏远些。等到拉开一定距离的时候,师傅拉开弹弓,对准觉敏的后心窝,"乒"的放了一弹。这一弹弓若没有真本事抵挡,死不了身体也得残废。

觉敏呢?听说师傅让他回家探亲,真是归心似射,一股劲儿往山门外走,走着走着听到"嗖——"一响声,他以为是只苍蝇呢!身子一侧,执起铁筷子,"乒!"把一个青皮核桃大的铁蛋蛋夹住了。师傅走到他跟前,告诉觉敏说:"你功夫成了,放心大胆地回家去吧。"

觉敏路过虎牢关那里,有两支人马正在打仗。他打听后才知道,围关的兵马是金兵,关内被围的兵马是宋朝的官兵。关已经被困了七天。关内率兵的将领是程魁。觉敏在汴梁讨饭的时候,程魁在严冬曾舍给他过衣服。于是,他决心走进关去,见见恩人程魁。

觉敏进关一看,官兵几乎弹尽粮绝,有仓无有粮,有弓无有箭。他拜见率兵将领程魁的时候,自告奋勇,愿替程魁出一臂之力。程魁见他是个小和尚,摇摇头,长叹一口气,说:"外边敌兵如虎,关内少粮缺箭,我们有枪有刀,都用不上,你手无寸铁,助什么力气?"

旁边的卫士们也讲,敌人弓箭凶狠,寨垛不敢站人,若人一露头,敌人箭如飞蝗,嗖嗖射来,十战九败,你歇歇吧,我们只有等援兵来救了。

觉敏向程魁再三请求,让他到关寨上,看看敌人阵势如何。程魁叹口气说:"官兵数千人马,还不敢伸头露面,你去也是白白送死。"连连摇头,不让他登关。觉敏决心已下,最后说出死而无怨的话,程魁才勉强答应他去观观阵势。但必须换上官兵服装,不然让敌人看见一个小和尚把关,有失大宋体面。

觉敏很听话,换罢服装登关的时候,程魁吩咐四个卫士护送,如果敌人射箭,要迅速把觉敏拉下关来。觉敏走上虎牢关寨,刚刚站到寨垛口往下眺望时,金兵的飞箭就嗖嗖射上关来。

觉敏拿出铁筷子,像夹蝇子一样,"叭!叭!叭!……"支支箭都被他夹住,放在寨上。不到一个时辰,寨上收到两大堆箭。

卫士们把这个喜讯报给程魁,程魁起初有点不信,决定登上寨去看看,当他亲眼见到觉敏接箭如夹菜豆一般,拍着双手为觉敏喝彩。等金兵鸣锣收兵以后,程魁摆上酒席,为觉敏庆功。

吃饭中,觉敏说出金兵很骄傲,趁机再接他们一次箭。士兵们也说,敌人太刁,他这样打扮再次上阵,怕敌人识破,不再射箭。觉敏和士兵们商量,共同想出个主意,让他装扮成个姑娘上阵,惹敌人生气,还会捞到一批利箭。

确实如此。金兵看见一个穿红挂绿的女流之辈,在关寨上扭捏着走,即击鼓射箭。觉敏仍旧如此,拿出铁筷子,"叭!叭!叭!……"一支支的利箭都接了下来。他上面接,士兵们下面搬,直到金兵鸣锣收兵,大家数了数,除去残箭,收起来的利箭比头一次多得多。

第三次,敌人又击鼓攻寨了。觉敏穿上自己的灰布僧衣,一手拿着铁筷子,一手拿着佛珠坐在关寨上头,若无其事地在喃喃念经。金兵见是个秃头和尚在摆弄他们,眼都气红了,鼓擂得更响,箭发得更多,如飞蝗似雨点,左中右三方一齐向他射来。觉敏呢?一边口念佛经,一边执筷接箭。从日出开始,直到日过午时,金兵才停止射箭。这一次,比前二次得箭还多。

金兵见几次都上了当,再不敢轻易放箭攻寨了。

程魁见到觉敏的武艺高强,大摆宴席,再次为觉敏庆功,并提出让觉敏做他部下将领。觉敏再三感谢,说出自己是削发僧人,不能随便转行跳业。他只在关内休息了三天,就回汴梁探亲去了。

六、单棍伏倭记

少林僧兵平倭寇时,僧兵中有两个人法名叫"空":一个月空,一个彻空,他俩在平倭中都立过功。现在单讲彻空平倭寇的故事。

彻空身高8尺,虎背熊腰,头大似斗,掌大似扇,说话如响钟,大喝一声,震得房上掉土。武功也练得非常精娴。但他好睡,只要让他睡够,斗打起来如狮子般厉害。嘉靖三十四年(1555年)八月,南江城一战,僧兵消灭倭寇大半,御倭总兵俞大猷,写出手谕,嘉奖僧兵,并令僧兵赴大团镇整休三日。

谁知残匪是霜后茅草心不死,暗地把残兵败将收拢起来,会同汉奸,连夜攻占南桥,企图困守顽抗。少林僧兵呢,人不解甲,马不卸鞍,又连夜开往南桥去。当时彻空负责辎重。大队人马赴南桥以后,他和几个辎重僧兵,慌忙整理器械,鉴理缴获物品,准备尾随队伍赴南桥与倭寇火战一场。

当他们把物资鉴理完毕,彻空提起齐眉棍,刚要走时,从门外进来老少两个农民,扑腾跪在彻空面前连连磕头。彻空把他们扶起来,问:"老大爷?有什么事,请讲。"

老汉落泪说:"我是来搬请僧兵,救我们姜家坎五百口人命呀!"

一个快嘴辎重兵说:"您晚来一步,僧兵奉命刚才开往南桥去了!"

老汉一听,吓得昏倒在地上。彻空问少年:"到底是怎么回事?"

少年流着泪说起来:老汉是我的爷爷,名叫姜春宝,今年69岁,是大团镇南30里姜家坎村的村长。去年秋天的一个深夜,从海岸窜上来六七十个全副武装的倭寇,血洗了姜家坎。临走时,倭寇把

少林棍僧

群众赶到南大场上,一个头目当众宣布,明年这时候他们还要来,要姜家坎每户献粮二担,鱼虾一担,百斤以上猪或肥羊一只,新衣服两套,另外准备12个花姑娘,陪头目们睡一夜,还要酒席款待。如若怠慢,再次血洗姜家坎。5日前倭寇派人送来一封信,说定今晚来姜家坎。村里人没有办法,整整哭了5天啦。昨天听说有勇有谋的少林僧兵在南汇连连获胜,现驻扎在大团镇,今天众人推我们爷俩为代表,来搬僧兵救村中500口人性命。少年说罢又给彻空连连磕头。

这时老汉神志也清醒些,又连连哀求:"师父,救救俺村五百口人性命吧!"

彻空听后胸中冒火,喉中生烟,大手一挥,说:"少林僧兵定设法救您!"接着问:"大爷!姜家坎村的地形如何?说说让咱听听。"姜春宝说:"姜家坎离海岸不远,地势平坦,土质肥沃,百户人家占有50亩地大的地方。村周围有水渠环绕,渠深1丈,宽有1丈2尺,水深5尺,渠水中养有鱼、育有藕,村子里树多竹多,家家鹅鸭成群,猪羊满栏。"

"还有什么?"

"村东头渠水上边架有吊桥,若把吊桥拉起,人进村庄就不容易了。"少年补充了几句。

彻空听罢,说:"好!"又深思一会儿,然后对着老汉耳朵如此这般交代了一番,挥手说:"你现在就回去做准备,僧兵按时前去接应。"

"师父说话当真?"

"军中无戏言!"彻空说着躺在了床上。姜春宝不放心,磨蹭着不想走。当他又想问话时,彻空在床上早打起了呼噜噜的鼾声,如雷响鼓震。几个辎重兵齐给姜老汉使眼色,让他赶快回去准备,说他们师父说话是算数的。那一老一少怀着忐忑不安的心情回姜家坎了。

在繁星缀满天空的时候,彻空肩头用齐眉棍挑着一个包袱来到姜家坎村,当他登上村东头吊桥时,三四个站岗的倭寇,用刀枪"呼"地对准他的胸口,呜哩哇啦问他什么,彻空摇摇手中的拨浪鼓,说是做生意的。倭寇呜哩哇啦指着他挑的包袱,意思要他解开看看。彻空假装害怕的样子,把包袱放在地上,趁倭寇弯腰看包袱的时候,他双手从衣袋内掏出两把早准备好的石灰面,"唰啦"一声甩在倭寇的脸上。倭寇疼得"啊呀啊呀"乱叫,都揉起眼睛来,彻空趁势拿起齐眉棍,像敲石头扫树叶,把4个倭寇打下桥去。倭寇咕嘟咕嘟在渠里喝水时,他双手把吊桥拉了起来,急忙走进村子里。

进了村,见户户大门敞开,屋屋明灯蜡烛,又见南大场那里搭个大布棚儿,周围挂着三盏大鳖灯,灯焰子蹿得一尺多高,灯下一拉溜摆了十几张桌子,桌子上摆满了火锅,酒菜,肥鸡大鱼,桌周围坐满了带武器的倭寇。每张桌子前都有个花姑娘敬酒递烟,棚外聚着一群穿新衣服的男女,在敲锣打鼓,放炮助兴。

从外面看热闹非凡,可在场的男女百姓,从太阳压山就等着少林寺僧兵大队人马到来,直等到倭寇进村,宴席开始,有的倭寇已喝得酩酊大醉了,才走进一个挑包袱卖货郎。大家嘴里没说,但人人都像头上浇水,脚下结冰,凉透啦! 心想,今晚非得让倭寇踩蹋宰割不可啦!

姜春宝见彻空一人到来,心中也像浇了一瓢冷水,但还存着一丝希望,马上站起来迎上去。并把彻空让到倭酋坐的那张桌子上。一个倭酋见来个生人,个大身高,挥起朴刀指着彻空的鼻子,问:"你的,什么的干活?"

姜春宝点头笑着说:"是我的表弟,做小生意的。"

陪倭酋的汉奸,正喝到热闹处,见此状况怕耽误喝酒,忙对倭酋翻译:"表弟! 表弟! 做买卖的!"一边说着一边比划着。

倭酋哈哈一笑:"狡猾的斯拉斯拉的!"

去年这个时候,姜春宝老汉亲眼见到这个刽子手,嘴说了一句"斯拉斯拉的",就杀了4个人。他的大儿媳妇,就是被这个疯狗杀死的。所以他连连点头说:"实话! 实话! 是我表弟!"

彻空还未坐下,另一个倭酋哈哈一阵奸笑,突然用匕首戳起一块肥肉,说声:"你的! 米西!""呼"地一声对着彻空掷了过去。说时迟那时快,只见彻空把嘴一张,用牙咬住了刀尖。接着其他倭寇又一阵奸笑,七八支匕首戳起肥肉,"呼呼呼",一把接一把向着彻空飞来,边掷边说:"你的,大大的米西!"

彻空不慌不忙地张嘴全部咬住,倭酋们顿时大惊,这时彻空牙一咬,嘴一鼓头一低又猛一抬,"呼"地一声,七八把匕首同时飞起来,只听得"啪啪啪"一阵响,支支匕首钉在栅杆上,或树上,有的钉在竹杆上,还有一把匕首打灭了一盏鳖灯。正在吃酒的倭寇们吓得缩头扭脖子,有的吓得往桌子底下钻。陪客的姑娘与助欢的百姓们霎时四处逃避起来。

那个说"斯拉斯拉"的倭酋挥起朴刀,挨刀子似的怪叫一声,七八十个倭寇如梦初醒,挥起刀枪围了上来。彻空一见,一脚把桌子踢翻,提起齐眉棍迎了上去,只听"扑通"一声,怪叫的倭酋头破血流倒在地上。彻空又一个箭步,跳进倭寇群中,一阵左打右扫,前劈后掠,只听"哐当""骨碌"一阵乱响之后,又有七八个倭寇倒地。一倭酋像疯狗似的,扯喉咙怪叫起来,4个倭寇一听,提起火铳对准彻空就要开火。这时候在一旁的姜春宝老头,乒乓把两盏鳖灯也打落在地。一霎时倭寇像无头苍蝇相互撞碰起来。有的想往老百姓家躲,谁知这时候家家闭户,屋屋关门,有几个倭寇被彻空打得头破血流,想过桥逃窜,谁知吊桥早就拉起来,一脚踏空,跌下水去,只听一阵鬼哭狼叫,也一命呜呼! 怎么啦? 姜春宝老汉照彻空的安排,今晚不但把渠水加深,水底又插满竹签,倭寇落下水去,浑身被竹签刺满血窟窿,咋会不一命呜呼呢? 没落水的倭寇听到落水的倭寇怪叫,知道情况不妙,想拼命抵抗。一倭寇吹着哨子刚刚把零散倭寇集合在一起,正要和彻空拼命时,谁知这时家家点火,处处冒烟,烟中带有浓郁的辣椒、皂角、檬树皮味儿,呛得倭寇眼流泪、打喷嚏、喉咙痒、流鼻涕,哪还能顾得厮杀! 这又是怎么回事? 仍是姜春宝根据彻空的安排,让点狼烟助阵。倭寇一时像钻进狼烟洞中,连气也出不来了。彻空呢,和老百姓一样,早把准备好的布单,将头脸包裹严实,只露一双眼睛。大伙挥起棍,拿起锄头,握起镰刀、斧头、剪刀、镢头与倭寇拼杀起来,整整厮杀一个夜晚,被打死的倭寇死尸遍地,没被打死的跳下水渠也被竹签扎死。

东方发亮的时候,三四个躲在背角处和竹丛中的倭寇,举着手走出来,乖乖地做了俘虏。姜家坎村的百姓见到这种情景,欣喜若狂,热泪盈眶,要设宴款待彻空。彻空因军务紧急,再三向姜春宝他们致谢,把俘虏的手绑起来,把缴获的枪炮让俘虏拿上。他提着齐眉棍,押着俘虏直奔大团镇来。

七、铁掌小沙弥

明朝崇祯末年,少林寺的静善和尚,收了一个徒弟,法名叫龙宝。龙宝十二岁年纪,长得眉清目秀,聪明伶俐。师父干什么活儿,他学什么活儿,师父干农活他学农活,师父念经文他学经文,师父习拳练捧,他也跟着学。师父早晨起来,在沙盐石头上磨手掌,他也学着师父的样子,天天磨练手掌。

起初,他在木头上磨,接着又在砖头上磨,后来就能在石头上磨了。开始他一天磨一次,慢慢地增加到一天早晚磨掌两次,最后又增加到一天三餐饭后磨三遍手掌。磨得久了,他也跟师父一样,能在沙盐石头上磨了。天长日久,他的手掌上终于磨起了一层厚厚的茧子。

后来,小龙宝见师父磨罢手掌后,在磨过的地方涂上一层桐油,他也跟着师父学,磨完后,再往手掌上涂一层桐油。这样整整磨了三年半,两只小手简直变成了两扇小磨盘。砸核桃,削树枝,砸钉子,小龙宝不必用家伙,只用一只巴掌就能把事办妥帖。

少林铁掌功

龙宝十五岁那年,师父静善要到西安佛寺去取经学佛,龙宝恳求师父也带他去。那时候,佛门有个规矩,不受戒的沙弥是不准外出参房的。但师父很爱见他,就带龙宝到小庙去游游。他们来到渑池县解冤寺,正赶上县城有个元宵节大会。师父静善要和小庙的师叔们去赶会,让龙宝在寺内看守门户。并再三交代龙宝,来了要较量的人,可先举手作礼;倘是同派,必与之和好;若系外家,则待机而动,非到万不得已之时,不可轻易伤人。

师父和师叔们赶会走后,龙宝拿起扫帚,从后院往前院打扫。当他扫到山门外的时候,只听一阵"嘚嘚嘚"的马蹄声,从东边传来。他抬头一看,从东边大路上飞跑过来一匹海龙马,马上骑着三个人。一个男子,右手向怀里拐着一个少女,左手在身后拉着一个少女,直向山门前奔来。龙宝遵照师父的嘱咐,头也不抬地照样干自己的事。

那人跳下马来,粗声大嗓地问:"小沙弥,你师父呢"?

龙宝停住打扫,转过身来一看,面前站着一个彪形大汉,穿一身青色缎子衣服,除胸前缀着一排密密麻麻扣子外,两只袖口和裤角也缀满了扣子,头上裹块青布巾,腰上系着一条四指宽的枣红板带。细看过来,衣服像箍到身上似的,两只大眼睛直愣愣地盯着龙宝。

龙宝按戒约微言,将右手作掌,举与肩齐,等对方作手势答礼。可对方好像不懂得似的,依然气势汹汹地问道:"你师父呢?"龙宝一看,来者不是同派,便漫不经心地回答说:"我师父赶元宵节大会去了。"说着又扫起地来。

"嘿,晦气。"大汉转身走了几步,又扭回头问:"喂,这个寺为啥叫'解冤寺'?"

龙宝看此人来意不善,他没有抬头,边做活边说:"师父讲过,战国时候,秦国和赵国交战,三年不分胜负。两国和谈以后,收起兵器,埋入寺下,故名'解冤寺'。"

大汉听了,不屑地哼了一声,又转身走了几步,看见墙下放着一个新制成而未刻字的碑坯,就说:"喂,回来告诉你师父,就说:'山东'腾天龙'来访未遇!"说罢,伸出右手中指,在青石碑坯上划起来。划过去就像刀刻斧凿一般,字入碑坯三分深。

龙宝看见了,肚子冒火,气愤地说:"你怎敢这般无礼,把臭字涂到我们的碑坯上!"他扫帚一放,卷起袖口,走过去伸展出右手,像抹黑板上的字一样,三五下子,把彪形大汉在青石碑上划的字擦平了。

"嘿嘿!"大汉冷笑一声,向马前走去。

龙宝也走回来,正要弯腰拾扫帚扫地,大汉拿出绳鞭,对准龙宝后心打去。龙宝只听背后一声响,急忙闪身躲开。"乓!"他伸手接住鞭头,趁机一拉,那彪形大汉打了几个趔趄被拉到他的面前。龙宝随即将夺过手的绳鞭抛扔了。这时,大汉又来个"独龙寻穴",伸出右手来挖龙宝的眼珠,并用左手指直戳龙宝的咽喉。

龙宝呢?忽地闪到大汉背后,双足向上一弹,就势来个"泰山压顶",一巴掌把大汉的脑袋打进肚里,光露出两只眼在打扑闪。大汉趔趄几下倒在地上。这时候,树上拴的海龙马,看见主人倒在地下,咴儿咴儿盘着蹄子叫起来。龙宝急中生智,托起大汉放在马鞍上,捡起绳鞭,紧紧地把他缠在马背上,将马缰绳一解,盘在马脖子上,举起右手,照屁股拍打了一下。马挨这一巴掌,像刀砍一样,疼得它一凹腰,"咴儿"一声,驮着主人向大路上飞奔而去,一会儿就无影无踪了。

这时候,龙宝听见两个少女在大路边水沟中哭泣。他走过去向她们问起原因,两个少女对他说,她们是来赶元宵会的,半道中被大汉抢抓上马。龙宝告诉她们,强贼已经败走了,让她们快回家。两个少女听说后,又惊又喜,向少林寺的小沙弥深深施了一礼,急步走开了。

后来才知道,这个外号"腾天龙"的大汉,在山东曹州一带,武艺出众。他早有心会会少林和尚。昨日他路过渑池城时,听说少林寺来了两个和尚,今天是存心来和少林和尚在武艺上见个高低。不料,却败在小小铁掌沙弥的手下。

八、大刀义静

明朝穆宗隆庆年间,有一年秋天,直下连阴雨。黄河上游,山洪暴发;黄河下游,洪水泛滥。正当高粱吐红的时候,汴梁城以东黄河突然决堤,浪涛滚滚,淹了五州四府一十八县。

少林寺的和尚义静,听说这个消息,愁得几顿没有吃饭。方丈和尚知道义静的心情,就批准他回家探亲。为什么呢?义静十二岁那年,讨饭路过少林寺的时候,父亲就把他舍在寺院里。至今已经十七八年了,义静还没回家探过亲。今年黄河又一次决堤,他定要回家探望探望。

义静探家的时候,什么东西也没带,只带着他平常练武用的一把大刀。义静这把大刀名曰"偃月刀",刀长3尺,把长1丈,从刀身到刀把,纯是钢铁铸成,不多不少48斤。义静还在刀背的鼻上,扣上4个大铜环,拴上一束红缨,早晚练习起刀来,环响缨舞,好像一群蝴蝶绕着他的身体上下翻飞。义静不但学会了七七四十九套刀法,还能一只手把刀打转,使刀站在他的手心里,像陀螺一样滴溜溜旋飞。他的刀术更高的是当刀舞到最激烈的时候,一碗水向他身上泼去,湿不了他的衣裳,一把石灰向他身上撒去,他身上沾不了白点。少林寺召开的僧侣比武大会上,义静的大刀,好几次都被评为"偃月神刀"。师兄师弟们有人称他"大刀义静",也有人称他"神刀义静"。

义静的老家在兰考县城东南,老黄河故道里。这里是有名的盐碱窝地,曾有"风吹起云雾,六月遍地雪"的说法。这次决堤,他们村虽然不是急流处,但也挨着洪水边。义静从少林寺归来,站到黄河故道上一瞧,庄稼秸子半截子淹在水里,半截子露在水外,叶儿秸儿都像害黄病一样,没有绿色。他卷起裤腿,扛着大刀,提着鞋蹚水走进村去。

村里里,狗不叫,鸡不啼,许多人家半掩着门,有的门头上还贴着黄贴子,上边写着"违者治罪"4个字。义静进到家里一看,母亲躺在床上呻吟,父亲两手抱着头哀声叹气,弟弟一只手掂着斧子,一只手叉着腰,骂声不绝:"什么水捐火捐,还不是狼捐狗捐鱼鳖捐,不叫老子活下去,你们也别想囫囵着过日子!"

大刀和尚

义静把大刀向门口一靠,进了屋。父亲、母亲、弟弟见他回家,三个人抱住他大哭起来。义静慢慢地劝说,等父亲、母亲和弟弟止住哭后,他问他们,为什么要哭?弟弟骂着说:"黄河决堤后,县衙下文要在'十月一'前堵住堤口,督官'黄半县'趁火打劫。老百姓除锁门上堤堵口以外,一亩地五百钱,一口人五百钱,限七天交齐,违者要治罪的。村里门上贴黄纸条的,是说了反捐话,把当家人抓走了。"弟弟说罢,拉住义静的手说:"哥哥,水淹得连庄稼秸都收不来,咋能拿出捐款?明天,老虎场是古庙会。'黄半县'要在会上亮刀,亮罢刀就开始收捐款。一天交不到捐款,30大棍,两天交不到捐款,80竹板;三天交不到捐款,就得坐监牢啊!咱交不上捐款,别说30大棍,10大棍就难见爹的活命了。"

义静问:"'黄半县'为什么亮刀?"

他爹说:"还不是耍耍威风,吓唬吓唬老百姓"!

弟弟接着说:"哥哥,咱不如和'黄半县'拚了,把咱爹咱娘都带到西山去,我也到少林寺出家当和尚。"

"住嘴!"爹上去捂住弟弟的嘴,眼泪又吧嗒吧嗒落下来。

义静说:"光咱一家逃走,还有半个县的穷人怎么办?商议商议再说吧。"

夜里,义静和村里老少爷们蹲在屋子里,商议了半夜。第二天,义静去老虎场赶会了。你看他:身高7尺,膀阔3尺,肩宽背厚,肚大腰粗,面如红枣,两道浓眉,一双大眼,翻嘴唇,高颧骨。头上戴一顶崭新青布平顶僧帽,穿一身深灰色僧袍,一巴掌宽青缎子护领相衬,系一条香色丝绦,双垂灯笼穗来回乱摆。穿一双高腰袜,搭于护膝之上。蹬一双鹅黄千层纳底布鞋,走起路来一溜风。义静后边,弟弟和另外一个小伙子,抬着用红布裹着的48斤重的"偃月刀"。大刀后面,跟着一帮年轻人,他们气昂昂地走着,赶会的人们见了,又是羡慕又是胆惊。

他们进入老虎场庙会一看,赶会的真不少,特别是关帝庙前,围的人里三层外三层。义静赶上去一看,"黄半县"坐在一把太师椅上,拿着水烟袋在咕噜咕噜地抽烟,几个打手们,围坐在一张油漆发光的方桌前。"黄半县"的大少爷右手举着一口大刀,刀有3尺半长,4寸多宽,刀上还刻着双线,把上系着一块大红绸子,刀擦得雪亮闪光。大少爷走来走去,拨浪着脑袋,阴阳怪气地说:"我们黄家这口神刀,人称削铁如泥。"说着他拿起一根捅火铁条,"乒!""乒!"磕在刀刃上,果真一截两断。然后又扬扬得意地说:"雁毛碰刃必断!"他又拿起一支雁绒毛,用口一吹,把羽毛吹到刀刃上,羽毛碰到刀刃,断为两截飞去。他把刀一举说:"哼!有人扬言不纳堤捐!怎么,想叫神刀动荤哩。"

"黄半县"的大少爷说到这里,义静挤进人群,拿起他的大刀,对着大少爷说:"你这口刀,我咋看不像神刀?"

大少爷一看,说话的是个和尚,嘿嘿一笑说:"不是神刀,我黄家不收堤捐;要是神刀,你……"

大少爷话还说完,义静截住说:"说话算数吗?"

打手们齐呼呼地站起来,应道:"当然算数!"

义静冷笑一声说:"我看不像神刀。"他说着,两手一扳,把刀折成了秤钩钩。

大少爷指着义静说:"你……你赔我刀"!黄半县和狗腿子们一看,惊得齐呼呼地也站起来。

义静"嘿嘿"又一声冷笑:"赔你什么鸟刀!"他两手一捋,又把刀捋得直立立的。

这样一来,"黄半县"直吓得脸色苍白。"啊啊——"半天说不出话来。

义静气昂昂地说:"来,看看我们的神刀!"他向后面一指,看热闹的人们,闪开一条路,他弟弟和小伙子把"偃月刀"抬到他前面,扯去红布,亮出刀来。义静抓起48斤重的"偃月刀",先放在手心上,拨动刀把,滴溜溜打了几个旋转。然后,他执起大刀,照着方桌旁边长的一棵枣树,扑声砍去。这一刀下去,像切葱一样,枣树"咔吧"一声,变为两段,树头"呼——"地一下倒在了地上。他把刀往方桌上一放,说:"'黄半县'免捐吧!"

这时候,"黄半县"吓得浑身打颤,连连点头说:"免捐……免捐……我免捐!"

九、寂照打擂

清朝同治年间,京城里来了个名叫呼达汗斯的洋人,要在中国立擂比武。他向清廷提出条件:百天之内,若输给中国人,他的国家将向大清帝国称臣纳贡;若中国人败在他手下,清政府必须向他的国家称臣纳贡。当时同治皇帝年龄小,慈禧太后掌握着朝政,她惧怕洋人,对呼达汗斯的条件满口答应。于是,呼达汗斯在校场立下擂台。眼看过了70多天,还没有人将呼达汗斯打下擂台,慈禧太后如坐针毡,火速派人到少林寺挑选武艺高强的和尚打擂。

这天,少林寺的老方丈听说钦差官驾到,慌忙出寺迎接。听完圣旨,老方丈心里怒火万丈,想到清廷曾几次清剿少林寺,有心拒绝不去打擂,但仔细一想,事关国家存亡、百姓安危,不能撒手不管。老方丈说:"钦差大人,平时不养兵,临阵来选将,哪有现成的呢?"钦差一听,也忘了自己的身份,乞求老方丈说:"长老,您无论如何得派一个和尚去打擂,要不,我就交不了差呀!"老方丈看他一副可怜相,不由哈哈大笑说:"好吧,你今晚安安稳稳睡觉吧,明天跟你去一个打擂和尚就是了!"钦差官这才放了心。

钦差官走后,和尚们都埋怨老方丈承当打擂欠思量。老方丈笑笑说:大家不必担心,我已选定你们的寂照师叔,他一定能够打赢。"然后叫了一个小沙弥,让他连夜请回寂照和尚。

再说还俗和尚寂照,家住登封城东25里练术沟。小时候,家境贫困,爹娘送他到少林寺出家当了和尚。他在寺内勤学苦练,成了一个十八般武艺件件精通的名手。后因老娘年迈多病,无人侍候,他向方丈提出还俗。老方丈恋恋不舍地说:"按寺里的规矩,你若能打出山门,就放你走。"那天,从千佛殿到山门外。人挨人一字排开。寂照使出真功,个个较量,一直打出山门。临走时,老方丈拉着寂照的手说:"师弟,你还俗以后,千万记住。一不能忘了少林寺,二不能废了功夫。"寂照也恋恋不舍地说:

"师兄,要不是老娘病重,你就是赶,也赶不走我。以后寺里有事,叫我一声,我即刻就到。"说罢,寂照就离开了少林寺。

这天晚上,寂照侍候老娘睡下,打了几套拳,练了几路棍,正要脱衣睡觉,猛听得有人叫门。他开门一看,见是师侄来了,问道:"你半夜三更赶来干啥?"小沙弥谎称说老方丈得了重病,要他连夜赶去探望。寂照二话没说,留下小和尚照看老娘,掂了一根齐眉棍,三步并作两步,直奔少林寺来。

天刚亮,寂照就来到了少林寺。老方丈和一群小和尚们已经在等他了。寂照把老方丈上上下下打量了一番,问道:"师兄!小徒弟说你有病,我看你不像有病啊!"老方丈拉着寂照说:"我这病跟往常不一样,非你治不可呀!"接着,老方丈把呼达汗斯立擂,朝廷派钦差找人打擂的事说了一遍。寂照听后,犹豫不决。老方丈见状,激他说:"师弟,你常说好钢使在刀刃上,这一回可看你这块钢硬不硬啦。"寂照说:"我去了若能打胜啥话不说,要是有个一差二错,谁给俺老娘养老送终呢?"老方丈说:"嗨!你不敢去算了!我另选别人。"寂照一听,火冒三丈,忽地站起来说:"谁说我不敢去?"老方丈说:"洋人是钢骨铁筋,咱少林寺的和尚是泥捏的?让人家指头一捣就零散了?"这一激果然奏效,寂照啪的一声两拳相击,双脚一踩说:"师兄,你甭说了,我去!家中的老娘您替我侍候几天。"老方丈说:"你的娘也是我的娘,你放心去吧!"说完,老方丈让寂照换去俗衣,穿上僧装,挑了一匹青鬃大马,然后请出钦差官,领着全寺和尚,把他们送出山门外。

寂照来到北京,先到校场察看。校场入口搭了一个彩棚。凡来打擂的人,都要先到彩棚里留名挂号。校场当中是高3丈、宽10丈的擂台。擂台上,一个好汉和呼达汗斯正打得激烈,忽听彩棚内铜锣当当当响了3声,有人喊道:"今日不分胜负,明日再会。"洋人呼达汗斯和打擂好汉都住了手。

寂照等打擂好汉走下擂台,上前施了一礼,问道:"好汉高名大姓?""小生姓李名焕。师父从何而来?"寂照回答:"嵩山少林寺。"打擂好汉惊喜万分:"师父,可把您盼来了!实不相瞒,俺爹就是死在这个洋人手里。我是来为爹报仇的。可惜我武艺不高,打他不过。早听说少林寺师父武艺高强,您一来,咱就能赢了。不过这个洋人确实厉害,您可要当心啊!"寂照点点头,两人道别,各回住处去了。

第二天一早,寂照腰带一紧,掂了禅杖朝校场走去。他先到彩棚留名挂号,号牌上写着:打擂人,嵩山少林寺和尚寂照。寂照走近擂台,一个箭步,"噌"地一下跳了上去。呼达汗斯看寂照相貌平常,就想吓唬寂照,说:"你远道而来,我给你搬个墩,先坐下歇歇。"说罢,跳下擂台,搬起一个500斤重的大制石。打个箭步蹿上擂台,把制石往擂台中间一放,说道:"请坐。"寂照明白呼达汗斯的意思,也说道:"你来中国是客人,哪有主人坐客人站的道理?我再去搬一个。"说着也跳下擂台,把另一个500斤重的制石,举过头顶,走近擂台,身子一蹴,跃了上去,把制石也放在擂台当中,说:"来,咱们都坐这歇歇。"呼达汗斯一看,知道这和尚有本事,问道:"今天比啥?"寂照说:"十八般武艺任你挑拣。"呼达汗斯以为自己拳击得手,说道:"比拳术吧。"寂照说:"中。"呼达汗斯又问:"是按套路比,还是比拳力?"寂照答道:"任你挑。"呼达汗斯说:"比拳力吧!"寂照仍说:"中。"呼达汗斯再问:"是你先打我,还是我先打你?""你是客人,让你先打我。"呼达汗斯暗暗高兴,心里说:哼!你这个和尚活到头了。你让我先打你,我一拳打下去。就叫你回老家!这时候,寂照也暗暗高兴。心里说:哼!你要和我比拳,算你龟孙错打了主意,今日就叫你尝尝嵩山少林拳是啥滋味。寂照往制石上一坐,气贯全身,像一尊铁罗汉。呼达汗斯说:"和尚,我可是来者不善哪!"寂照说:"愿意领教。"呼达汗斯用尽力气,照寂照的脊背通通连打两拳。他以为这两拳就够寂照受了。谁知寂照像没事人一样。他使尽力气打出第三拳。拳头好像打在青石板上,使他自己疼痛难忍。这下他怯了,慌忙说:"和尚,咱不比吧,算我输行不行"?寂照一看呼达汗斯耍滑头,说:"那不行!你是客人,你给我送了礼,我不能不还礼。"呼达汗斯无可奈何,只得坐在制石上。寂照说："咳,你是来者不善,我是善者不来。你好好坐稳当吧!"寂照气贯全身,头一拳打断了呼达汗斯的左臂,第二拳打落了呼达汗斯的右膀。当寂照第三次举起拳头时,吓得呼达汗斯身子一躲,寂照的拳头落到制石上,囫囵囵的大制石,被打得粉碎。寂照骂道:"哟,你龟孙怪精哩,叫制石替你挨了一拳。"呼汗斯吓得面色苍白,慌忙跪下求饶:"和尚爷爷饶命!"寂照说:"饶命可以,但你得答应我一条,回国以后,给你的主子说清楚,以后再敢欺负中国,和尚爷爷决不再饶!"呼达汗斯满口答应:"是,是!"寂照说:"为了两国友好,今天我饶了你。走,我要送客!"说着两个指头一挑,呼达汗斯像个皮球一样,滚下擂台。

这时,校场内有人喊道:"各位听着,今天是打擂的第99天,嵩山少林寺和尚寂照把呼达汗斯打下了擂台!"霎时间,校场内外响起一片掌声和欢呼声。

慈禧太后这时也坐着金辇从皇宫出来,一见寂照便问:"你是要钱呢,还是要官做?"寂照说:"一不要钱把福享,二不做官把民欺,俺回嵩山少林寺,白天种好地,夜晚练武艺。"说罢,也不给慈禧太后行礼,骑上青鬃大马,回嵩山少林寺去了。

寂照打擂

十、放 风 筝

清明节前后,阳光明媚,春风荡漾,正是放风筝的最好时节。无论在城市的广场,或是在郊外的山野,人们到处可以看到一只只各式各样、大小不一的风筝在湛蓝的天空中争艳斗奇,有蝴蝶,有蜻蜓;有雄鹰,有金鱼;有手执金棒的孙悟空,有婀娜多姿的七仙女……造型美观,神态逼真。

风筝,古称为"纸鸢"或"纸鹞"。直到今天,我国有些地方还叫"鹞儿"。不知是哪个朝代了,有些聪明的乐工在"纸鹞"的头上或翼下装上笛子和琴弦,于是纸鹞飞上蓝天以后,便会在呼呼的春风中连续不断地发出"琤琤琮琮"的古筝鸣奏之音,十分悦耳动听,传得又十分悠远,因而有的文人墨客便又给它起了个风雅的名字:风筝。

风筝在我国已有十分悠久的历史。古籍《朝野佥载》有如下的记载:"鲁般者,肃州敦煌人,莫详年代;巧侔造化,尝作木鸢,乘之而飞。鲁国公输般,亦为木鸢以窥宋城。"这里所说的"木鸢",就是指最古的风筝。可见早在春秋战国时期的木匠祖师爷鲁班,就已经制作并使用过风筝了,公输般还曾经把风筝巧妙地运用到战略侦察上。至今民间还流传着这样一个故事:楚汉相争时,韩信曾乘坐在一只很大的仙鹤形风筝上,飘飘飞上蓝天,对已经惨败得只剩下单枪匹马的项羽高声呼喊:"楚霸王,归天

矣！"那项羽仰天一望,只见空中有一位神采飘逸的将军正乘坐在一只巨大的仙鹤上向他频频招手,还以为天上神仙在招呼他哩,于是仰天长叹道："俺气数尽矣！皇天唤吾胡不归？"接着便怆然拔剑自刎而终。我们的祖先,还会制作和施放一种特大风筝,大到什么程度？据说用整根的毛竹做骨架,用八仙桌当车盘。有的还把几只大型风筝联结在一起放,这种联放的风筝重达100余斤,放的高度可超过5公里。那么又是怎样让它飞起来的呢？据说用马车牵引着大型风筝逆风飞奔,风筝就会很快高高地飞起来。

由于放风筝是一种有益于身心健康的文化娱乐和体育活动,因此雅俗共赏,很快就在民间广泛流行开来,并渐渐形成为一种在清明节前后普遍施放风筝的民间习俗。一到清明时节,不仅市镇放,乡间也放；不仅官绅士大夫放,平民百姓也放；不仅白天放,夜里也放。

夜里,人们在风筝下或风筝线挂上一串串彩色的小灯笼,飘上高空,象一颗颗闪烁的明星,被人们称为"神灯"。有的穷苦人把风筝放上蓝天以后,便剪断牵绳,任凭清风把它们送往天涯海角,据说这样能除病消灾,给自己带来好运。这虽带有浓厚的迷信色彩,但也反映了旧社会劳动人民对邪恶势力的憎恨和对美好生活的向往。

由于春日放风筝得到了人们的广泛喜爱,所以自从风筝产生以后的千百年来,世世代代相传,盛行不衰。而且风筝的制作工艺不断改进,不断创新,造型设计和组画图案也越来越精巧美观,科学性也越来越强。有不少地方和不少城市,曾开设过专门制作和出售风筝的作坊和店堂。《红楼梦》的作者曹雪芹还写了一本有关风筝的专著,题名为《南鹞北鸢考工记》,对各种风筝的制作工艺、设计图样、绘画艺术和风格流派都做了详尽的记载与考证,这为总结前人制作风筝的经验和不断提高风筝制作技术,无疑起了很大的促进作用。

现在,我国劳动人民仍十分喜爱放风筝。特别是孩子们,每年一到东风呼呼的清明节前后,总要缠着大人们给他们糊几只风筝,到广场、郊外去放。风筝一被送上蓝天,就会给孩子们带来无比的欢乐和无穷的遐想。

总之,放风筝是一种有益于身心健康的文化娱乐活动和体育活动,又能用来为生产和科研服务；既能消除人们劳动后的疲劳和由于不顺事情带来的烦忧,给人以无穷的乐趣,又能给人一种美的艺术享受；还能给人一种创造的启迪,并激发起人们对大自然的热爱和建设美好未来的信心。所以,对于这样的民间娱乐活动,我们理应大力提倡,并不断赋于它新的、更有意义的内容。

第十章　民间文学

　　法国和国际工人运动的卓越活动家,杰出的马克思主义理论家和宣传家保尔.拉法格说过,民间文学是人们的灵魂的忠实、率真和自发的表现形式,是人民的知己和朋友,也是人民的科学、宗教和天文的备忘录。民间文学是民众集体智慧和创造力的艺术结晶,是民众审美意识的集中表现,是人类文学艺术宝库中最生动活泼的部分。民间文学是民众口传的历史,透过民间文学作品,可以发现民众心理变化的轨迹。

　　人类的文字史至今已有3000余年,3000年以来的历史档案是由文献资料、古代碑刻和民间文学传承下来的,而3000年以前的历史轨迹,则是由纯粹的民间文学流传下来的。因此,探索与发现人类史、自然史、文明史、生产劳动史、宗教史等方面的东西,都要从民间文学的长河中去寻找。民间文学虽然看起来通俗,就是人们口头相传的趣事,没有很深的学问,但我们民族文化的传承也是与此分不开的,既有典籍文献以文字作为载体,又有口头

民间文学

传说以言语口语作为载体,还有相关的民俗生活构成文化行为,才使民间文学的传播在历史上经久不息,源远流长。

　　民间文学的保存,一般有三种形式,即典籍文献(典籍文献记载)、口头传播(民间口头讲述)、文物实证(如出土文物,岩画,民间木刻、版画、编织、装饰等图案,古玩,壁画,等等)。这三者是一个相互联系的整体。很多经典的民间文学在这三种保存形式中,都有相似的内容记载。如著名诗歌《弹歌》,女娲补天、大禹治水的神话民间传说《牛郎织女》《孟姜女》《梁山伯与祝英台》《白蛇传》等。有些神话、传说还有文物,文物是一种具体的民间文学观念的体现——它以直接的、生动的典型形象映现出一定的审美观、价值观、人生观。

　　民间文学的经典作品是一代又一代人民大众共同创造的,其内容包括神话、传说、故事、方言、格

言、谚语、歌谣、叙事诗、谜语、笑话、绕口令、歇后语、对联等。

第一节 神话传说故事

神话是关于神或神化了的古代英雄的故事。它是原始人民对不能理解的自然现象和社会生活所做的一种主观幻想的解释,是用想象和借助想象以征服自然力,支配自然力,把自然力加以形象化的产物。神话与封建迷信故事不同,它具有反抗奴隶制和封建剥削压迫、追求理想的积极浪漫主义精神。神话传说把人民群众的美好愿望及朴素的世界观、道德观具体化、形象化,产生了较强的艺术魅力,对于中华民族千百年来的精神文明建设起了不可忽视的作用。

民间传说是与一定的历史人物、历史事件、地方风物、社会习俗以及某些信仰对象相联系的故事,民间传说对于民众来说具有较强的史实性和可信性。

民间故事常常呈现相似的类型化现象,相似的故事有许多,不过有各种不同的说法。民间故事的娱乐性的特点较强,有一定的教育意义。

一、神　话

马克思有一段精彩的论述:"任何神话都是用想象和借助想象以征服自然力,支配自然力,把自然力加以形象化。"又说,神话是"已经通过人民的幻想,用一种不自觉的艺术方式加工过的自然和社会形式本身"。马克思从文艺的角度正确地揭示了神话的产生和形式。事实上,神话是自然崇拜的结果。

(一)神话时代

女娲补天

所谓神话时代,是按照神话的具体内容所呈现出的社会性质相对划分的。无论这种时代是否在历史上确实存在过,而作为神话对人类进步的足迹所形成的折射,却是非常重要的。

我国著名民间文学学者高有鹏的《中国民间文学史》,将中国的神话时代划分为八个阶段。

1. 盘古时代

这是中国神话时代的开端,标志着天地的生成。盘古神话的主要内涵是天地开辟,这是原始人民对自己的生存背景进行探寻所做的遐想。这个时代其实是说天地形成的阶段,说明盘古神话在我国神话传说中占有相当重要的地位。

2. 女娲时代

它是随着社会的发展而女性占据特殊地位的阶段,关于人类诞生的文化阐释的体现,生育成为这一时期的母题内蕴。女娲是传说中的民族母亲神,其主要业绩在于补天和造人,还要进行琴瑟等文化创造活动。如果说盘古时代是一个开辟的时代,那么女娲时代就是创制的时代。女娲神话集中了中华民族最神圣最亲切的情感。补天,是我们生存的基础;造人,是我们生命的起源。

3. 伏羲时代

它的主要内容是开辟文化(文明),包括渔猎文明的发生。这个神话的意义在于上承盘古对天地的开辟、女娲对人生命的创造,而赋予人以文明的面目,从而使人与动物相区别。《风俗通义》中的《皇霸》引《春秋运斗枢》说:"伏羲、女娲、神农,是三皇也。"古代文化讲究至尊的地位,把伏羲列为"三皇"之首,正是对其开创文明的功业的推崇。通过伏羲画八卦;伏羲化蚕;伏羲做结绳而为网罟,以佃以渔;伏羲正姓氏,通媒妁;伏羲去巢穴之居;伏羲冶金成器,教民炮食;伏羲钻木取火等神话,说明伏羲不仅是一个非凡的文化英雄,而且是一位无与伦比的科技领袖,科学、文化、艺术、冶金、历法包括婚姻礼仪等,所有的文明都沐浴过他的神性光辉。有文献记载,伏羲是"龙身"或"蛇身人首",这都体现出中华民族的龙图腾在伏羲身上的典型体现。历史表明,伏羲氏是千百万劳动者的智慧和勇敢的化身,他代表着中华民族对全人类的贡献。

4. 炎帝神农时代

这是农耕文明的开创时代。炎帝神农的神话时代,是伏羲神话时代之后渔猎文明向农耕文明过渡的一个重要转折时代,炎帝神农开拓了农业,替代了伏羲时代的渔猎生产方式;其中,火神、太阳神、农神三位一体的神性融合,宣告着中国神话时代进入了一个新阶段。农耕时代改变了人类的生存方式,其重要标志就是劳动技术的提高与劳动工具的发明创造。

5. 黄帝时代

这是中国神话的一个重要转折时期,它一方面是原始文明的集大成,一方面第一次以无比辉煌的神性业绩构筑成庞大的神系集团,对中华民族的形成起到至关重要的作用。其核心内容为战争神话(主要有两种内容,一是黄帝对蚩尤的征伐,一是黄帝与炎帝争夺帝位)、治世神话(黄帝统一大业完成后,铸鼎立国,延揽四方贤能之士,保持国家长治久安)和发明创造(两种类型:

黄帝盛世

一是以黄帝名所列,一是以黄帝之后或黄帝之族为名所列,二者从总体上发明创造了衣食住行所依赖的生活用具和生活方式,教会了人们享受生活,创造更多的欢乐和文明,使生活日益丰富多彩起来)。嵩山作为黄帝的故里,在新郑、新密、禹州、登封、汝州等地,有着黄帝时代大量的神话,分布着相当密集的黄帝神话遗址。

6. 颛顼帝喾时代

其神性业绩主要在于绝地通天,这一时代的文化内核是巫成为社会精神的支柱。颛顼和帝喾相处同一个时代,他们的神性特征没有太大的差别。

7. 尧舜时代

其主题是在以禅让为特征的文化背景下,具有民主色彩的古典理想政治在神话传说中得到了热情的颂扬。内容有部族间的争斗、爱情的颂扬、孝、闻名的英雄等,对于中华民族文化性格的生成、培养和发展有着不同寻常的意义。

大禹治水

8. 大禹时代

洪水神话成为大禹神性业绩的基本背景,同时,这一时代也意味着中国神话时代的终结。大禹治水成为中华民族历史上的一座丰碑,其铸鼎、征伐和治世的业绩灿烂辉煌。大禹神话的流传过程,事实上就是中华民族大发展的过程——大禹的英雄形象就是在世世代代神话传说的讲述中构成的民族美德和品格的光辉典型。嵩山地域作为大禹建立夏王朝的所在地,除文献典籍记载之外,这里流传有他大量的神话传说,有非常密集的神话遗址,还有大量的文物和风物。

(二)神话特征

神话是远古人类创造的反映自然界和社会的神秘事象的神圣性故事,神话具有如下的特征:

1. 神话的内容

主要是关于事物的起源、远古的生物、神的行为以及神对于人类关系的叙述。

2. 神知的表现与人们的信仰

神知虽然表现为幻想的,但被人认为是确实的,不仅如此,人们对它有着崇敬的和信仰的态度,它是从中华民族远古的世界观中产生的。

3. 神话中的人物

神话中的人物是超人间的存在形态,包括诸神、部族祖先、远古的英雄(传说中的远古人类发明各种物质文化和精神文化的人物)。但这些超人间的形象都是以人类和人间的环境为原型,即使表现为植物或自然物也是人格化的。

4. 神话中的事件发生的时间

神话中的事件发生的时间对于创造它的原始人类来说也是远古的。

5. 神话功能

神话以远古的事件为神圣的规准,对于日常的事物、行为、自然界和各种社会文化、社会生活具有决定性的说明和证明的功能。

嵩山地域的神话具有以上所说的特征,有很多神话是关于宇宙起源、人类的起源、华夏民族的诞生、神知和神的行为、民间信仰、远古部族的祖先、植物和自然物的人格化、远古事件发生的时间等对后世的影响等。

(三)神话的种类

1. 宇宙起源

关于宇宙起源(开天辟地)的神话,包括创造神独自创造宇宙的神话,创造神与协力者(或反抗者)创造宇宙的神话,两类具体有天地分离的神话,从蛋中产生天地的神话,从尸体中化生世界的神话,世界的末日与救世主的神话,等等。

2. 人类起源

关于人类起源的神话,包括创世造人的神话,从植物和蛋中诞生人类的神话,从天上降临人类的神话,动物祖先产生人类的神话,关于死与生殖如何起源的神话,以及关于神的起源和神的谱系的神话。

3. 文化起源

文化起源的神话,如火的起源的神话,植物起源的神话,各种发明起源的神话,关于文化英雄的神话。

4. 天体(日月星辰)的神话

嵩山地域的神话涉及以上四方面的种类都有,大致有宇宙起源,人类起源,文化起源,火、植物及各种发明起源,英雄创造世界的神话,天体(日月星辰)、自然、阴阳、五行方面的神话种类。

二、民间传说

民间传说由与历史事件、历史人物及地方风物有关的故事组成。民间传说对于民众来说具有较强的史实性和可信性。民间传说的主人公一般有名有姓,其中有的是历史上知名的人物,事件发生有具体的时间和地点,有的还涉及国家民族的重大事件;而人物活动或事件发展的结果也常与某些历史、地理现象及社会风习相附会,因而往往给人以它是真实历史的错觉。但民间传说与严格意义的历史有本质的区别。传说既不是真实人物的传记,也不是历史事件的记录(其中可能包含着真实历史的某些因素),而是人民群众的艺术创作。许多传说把比较广泛的社会生活内容通过艺术概括而依托在某一历史人物、事件或某一自然物、人造物之上,达到历史的因素和历史的方式与文学创作的有机融合,使它成为艺术化的历史,或者是历史化的艺术。

民间传说在流传过程中提炼加工,民间传说往往具有传奇的特色,故事情节既与人间现实有直接的联系,其发展又合乎生活的内在逻辑,

民间传说

同时,通过偶然、巧合、夸张、超人间的情节而使真实情景和奇情异事达到了有机的统一,既富于生活气息,又离奇动人。民间传说的创作特色,为小说、戏剧的创作提供了有益的借鉴。

民间传说的种类主要有以下几种:

(一)自然传说

包括地理传说(山、水、石等),火与水的传说,天变的传说(如地震、天灾、洪水等),气象的传说,矿物的传说(如金银、宝石等传说),动物、植物传说,等等。

(二)历史传说

包括人物传说,事件的传说,地方传说(如村子起源,地名的来源,建筑物的来源,各种地方土特产以及各种古迹和遗迹的传说),各种社会习俗的起源的传说等。

(三)信仰传说

包括有关神仙、精灵、灵魂、妖怪等的传说,以及关于祭祀和各种信仰有关的节日的起源传说。

嵩山地域的民间传说种类以上所说的三个方面都有,但以人物和信仰传说居多。自然传说是说地理、天变、水、火、气象、矿物、动物、植物等方面都有其代表性的东西,而且都是些民间对世界、自然之初的传说。就历史传说而言,嵩山地域有很多历史文化名人,在这里也发生过许多重大的历史事件,留有很多遗迹,所以,这类的传说量很大。在信仰传说方面,因为华夏民族是从嵩山地域起步的,因此,此地神仙、精灵、灵魂、妖怪、祭祀及民间节日等有关信仰方面的民俗传说很多,是探寻中华民族历史的一个重要方面。

三、民间故事

民间故事与神话和传说不同,它不重神圣性或可信性,它的娱乐性的特点较强也有一定的教育意义,因此,民间故事中的时间、地点、人物的确定性并不重要,时间常常是"从前……",地点也经常是"在某一个地方"或"很远的地方"等。人物有时有姓名,有时成为老大、老二或为张三李四等,故事的重点在于表现情节的故事性,或说明一定的道理。

民间故事包括如下几类:

(一) 动物故事

动物故事,以动物为主人公,有些以动物与人为主人公,但不包括人兽互变的故事,主要叙述和说明动物的起源、相互的关系,以及动物与人类的关系等。

(二) 人物故事

以人物为主人公的故事,可分为两类:

1. 幻想故事

幻想故事以现实与奇幻相交织,以普通人物为主人公,故事情节带有浓厚的神奇色彩,往往出现魔法、仙人、宝物等因素。故事中常出现王子、公主等人物,但实际上带有普通人色彩,为非确定的历史人物,主人公也常有人兽互变的情形。较为常见的幻想故事有降魔故事、动物报恩故事、异类婚姻故事(人与动物相婚,如蛇郎故事)、神奇的诞生故事、幸福婚姻的故事、灰姑娘的故事、两兄弟的故事、贫民与富翁的故事、狗耕田的故事等等。

幻想故事的来历大体上是"口口相传"的结果,内容大部分是侠客、清官、贪官等为老百姓所关注的人物。这类故事有一个共同特点,就是幻想所具有的传奇性:一般老百姓做不到的事情,在故事中都能完成。

2. 生活故事

生活故事都是一些小人物的故事,也是现实因素较强的故事,以普通人物为主人公,情节以日常生活事件为主,富于生活气息。较为常见的生活故事有爱情故事、长工地主故事、巧女故事、机智人物故事、哲理故事等等。

第二节 民间歌谣

民间歌谣,是人们口头创作、用以抒发情怀的文学作品,是民间文学语言艺术中一种特殊的语言形式。不同阶段的社会历史,决定着不同时期的民谣。民谣产生于街陌之间,多出于社会下层群众之口,"感于哀乐,缘事而发",直接道出了人民的所爱与所憎,或诵,或唱,或伴以乐舞,因而在民间不胫而走,倍受人民群众的欢迎。民谣能生动而敏锐地反映社会生活,就像社会的晴雨表,对制定方针、政策和推动社会发展起着一定的参考作用。

生活是文学艺术的源泉,一切艺术都产生于生活,来自于生活,都与人民的生活有密切的联系,民谣也是如此。不同时期的社会历史,决定着不同时期的民谣。通过民谣可使人们认识过去的社会,而现代民谣也是如此。嵩山地域的民谣内容极其丰富,涉及政治、经济、军事、风俗、家庭、婚姻、寿命、劳动就业、生活方式、物价变化、民间俗信等方面,它可与历史记载相互印证,是证经订史的辅助手段。不论古代民谣,还是现代民谣,它不仅自身是一种文学样式,而且还以其强大的生命力,向其他文学样式渗透。民谣是人民群众智慧的结晶,创造后在传唱过程中逐渐加工完善,在群众中有深刻影响,它是我国文学宝库中别具一格的瑰宝。但因民谣是口头创作,因而在历史的长河中多有流失。

民间歌谣

为了更清晰地表现嵩山地域的民间歌谣,可以从时代上将其划分为远古歌谣、古代歌谣、传统歌谣。内容包括劳动歌,仪式歌,时政歌(讽刺和抨击时政的歌谣),生活歌(如妇女生活歌、农民生活歌等),情歌,儿歌等。

一、远古歌谣

歌谣是原始先民口头创作的文学作品,是用来抒发情怀的,或诵,或唱,或伴以乐舞。远古时代的生产方式和生活方式,决定了远古人民的思维方式和审美表现方式,因而决定了远古歌谣的存在方式。歌谣自其产生之日就是口耳相传,而文字的出现及其对歌谣的具体记载,十分有限。整个远古的时代都是传说时代,因此,这个时代的歌谣也属华夏民族的幼时记忆保存。

远古歌谣是远古人民生活的简单记录和真实体现,透过字里行间,能深切感受到历史隧洞中幽暗的烛光,正是这烛光,成为浩如瀚海的中华民族文明之滥觞,哺育了无数的华夏子孙。

根据《尚书》《周易》《礼记》《吴越春秋》《山海经》等中的许多语句,都可看作歌谣。

(一)《吴越春秋》选歌

《弹歌》

断竹,续竹,飞土,逐宍(肉)。

(二)《尚书》选歌
◆皋陶谟

股肱喜哉,元首起哉,百工熙哉。

元首明哉,股肱良哉,庶事康哉。

元首丛脞哉,股肱惰哉,万事堕哉。

(三)《周易》选歌

1.《明夷》卦初九爻

明夷于飞,垂其翼。君子于行,三日不食。

2.《离》卦九四爻

突如其来如;焚如,死如,弃如。

3.《屯》卦六二爻

屯如邅如,乘马班如,匪寇婚媾。女子贞不字,十年乃字。

4.《屯》卦六四爻

乘马,班如,求婚媾;往,吉,无不利。

5.《贲》卦六四爻

贲如皤如,白马翰如;匪寇,婚媾。

6.《睽》卦上九爻

睽孤,见豕负涂。载鬼一车,先张之弧,后说之弧,匪寇,婚媾,往遇雨,则吉。

7.《无妄》卦六二爻

不耕,获,不菑,畬。

8.《中孚》卦九二爻

鹤鸣在阴,其子和之;我有好爵,吾与尔靡之。

9.《困》卦六三爻

困于石,据于蒺藜;入于其宫,不见其妻,凶。

10.《履》卦六三爻

眇能视,跛能履,履虎尾,咥人,凶。武人为于大君。

11.《井》卦九三爻

井渫不食,为我心恻,可用汲。王明,并受其福。

(四)《吕氏春秋·音初篇》

《涂山女歌》

禹行功,见涂山之女,禹未之遇而巡省南土。涂山之女乃令其妾候禹于涂山之阳,女乃作歌,歌曰:

候人兮猗!

二、古代民谣

(一)情歌

溱洧情歌

1. 溱洧情歌

溱水流,洧水淌,三月冰融水流畅。

男男女女来游春,手拿兰草驱不祥。

妹说:"咱们去看看?"哥说:"我已去一趟。"

"陪我再去有何妨!"

洧水外,河岸旁,确实好玩又欢畅。男男女女喜洋洋,相互调笑心花放。送支芍药表情长。

2. 过河

你若爱我想着我,提起衣裳过溱河。

你若变心不理我,难道再没多情哥?

看你疯哩傻呵呵!

你若爱我想念我,提起衣裳过洧河。

你若变心不理我,能没多情少年哥?

看你疯哩傻呵呵!

3. 洧畔鸡鸣

女说:"雄鸡叫得欢。"男说:"黎明天还暗。"

"你快起来看夜色,启明星儿光闪闪。"

"我要出去转一转,射点野鸭和飞雁。"

"射中鸭雁野味香,为你做菜给你尝,

就菜下酒相对饮,白头到老百年长。

你弹琴来我鼓瑟,美满和好心欢畅!"

"你的体贴我知道,送你佩饰誓不忘!
你的温情我知道。送你佩饰慰情长!
你的爱恋我知道,送你佩饰表衷肠!"

(二)耕读歌

《大冶李氏耕读歌》
夜读三更学不厌,悬梁刺股有镜鉴。
不失时节庄稼汉,不失人格做人贤。
读书五车悟为径,诸子百家含妙声。
篇章精神事物理,融会贯通在心里。
玉不琢磨不成器,饿死不卖长式地。

三、传统歌谣

嵩山地域的传统歌谣很多,内容包括劳动歌、仪式歌、时政歌、生活歌、情歌、儿歌等。

(一)劳动歌

1. 五谷歌

高粱红,红高粱,田禾数它个最长,高粱酿酒为上品,禾秆编席铺新床。

小谷子,通身黄,石头缝里脱衣裳,庄稼籽粒数它小,细米煮饭喷喷香。

芝麻棵,稀棱棱,开出花儿节节升,麻蒴咧嘴收获到,打出香油清又清。

大豆黄,圆又圆,它的用途实在全,生的豆芽似金钗,磨成豆腐如白莲。

绿豆棵,黑角翘,好比持枪耍大刀,凉粉热凉都好吃,做成粉丝赛银条。

叶儿尖,是小麦,秋种夏收四时节,五谷之尊它为上,粮中魁首待贵客。

劳动歌

2. 纺花歌

嗡、嗡、嗡……一更纺花月儿高,我给儿子把心操。
儿子还说我不好,越思越想越心焦。
嗡、嗡、嗡……二更纺花月正南,我给儿子置庄田。

儿子还说不稀罕,越思越想越作难。
嗡、嗡、嗡……三更纺花月偏西,我给儿子娶了妻。
娶妻不如儿的意,越思越想越生气。
嗡、嗡、嗡……四更纺花汗珠多,浑身累得颤嗦嗦。
儿子还说我不做活,越思越想气死我。
嗡、嗡、嗡……五更纺花明了天,老娘瘫倒纺车前。
判官引路到城垣,阎王面前泪涟涟,冤、冤、冤……

3. 织布歌

桑木弓,羊皮弦,枣木锤,旋得圆。
弹一声,嘚儿噔,弹的花,喧腾腾。
花条条,蓬蓬松,纺的线,细拧拧。
拐子拐,浆子冲,落成圆,地上经。
印子印,称子称,上织机,双脚蹬。
织的布,极净净,染的布,蓝莹莹,
浆的布,展展平,剪子过去齐整整。
钢针别,绒线绷,做成袍子能过冬。
男人穿着去赶集,走到大街支棱棱。

织布

4. 剪子巧

剪子巧,剪子巧,各样布,都会铰。
上铰云,下铰天,铰哩线蛋飞满天。
铰座庙,三尺长,雕花柱子刻花梁。
铰对桌,四方方,铰对腊台在西厢。
这对腊台铰哩能,两边再铰两条龙。
大龙就打空中走,小龙就打水里行。
铰个锁,扣金鼻,两边再铰两对烧香人。

5. 勤人歌

三月里,刮春风,杏树开花红又红。
男女老少齐动手,家家户户忙春耕。
想要庄稼旺,多把粪肥上。
春耕多施肥,秋收多打粮。

6. 纺花车

纺花车,十字连,铁打铰子腊打弦。
起五更,搭黄昏,累得腰疼胳臂酸。
纺成线,拐子缠,先浆后经机上安,

纺花

没有睡过囫囵觉,整天忙得不得闲。
今也织,明也织,指望挣俩花销钱。
卖了布,一到家,一下围个圈圈圆。
老头要钱称烟叶,媳妇要钱撕鞋面,
孩子要钱去赶集,闺女要钱抽扎线。
孙子抱腿他不依,闹着要买糖人玩。
这个要,那个刮,狗撕羊皮光嗒嗒。
老婆气得眼落泪,抓住自己扇耳巴。

7. 一母同胞姊妹仨
杨树叶,哗啦啦,两匹骡子一匹马,骑着三个花姐姐,一母同胞姊妹仨。
大姐学绣鸳鸯枕,二姐学绣牡丹花,剩下三姐没啥学,扛起竹篮去种瓜。

东京东的下个籽,西京西的发个芽,南京南的拖个秧,北京北的结个瓜。
钢刀下去切两半,黑籽红瓤甜沙沙,男子吃了会种地,闺女吃了会绣花。

8. 十子歌
东院里,李大娘,十个儿子有所长。
大郎南京当巡按,二郎北京当宰相。
三郎州里当州官,四郎县衙坐正堂。
五郎学会卖烧饼,六郎店里卖粉汤。
七郎学成拳帮首,八郎串巷锢露匠。
九郎八卦阴阳先,十郎出家当和尚。

9. 我说布谷
布谷,布谷,快点扛锄,家住哪里?南庄大屋;
家有何人?有爹有叔;在家干啥?放群牛犊;
吃的啥饭?面条浇醋;叫俺吃点?管饱你肚;
媳妇多大?正好廿五;在家干啥?点豆种谷;
家里咋样?幸福幸福。

10. 山上泉水养好人
酸枣树,隔了弯,大姐挑水不换肩,一挑挑到太阳山。
山是金,山是银,满山金银聚宝盆,山上泉水养好人。

11. 赶牲口
月亮走,我也走,我趁月亮赶牲口。

一赶赶到九月九,九九树上卧斑鸠。
问问斑鸠吃啥饭,臊子面条煎鸡蛋。
谁擀哩?二妗子。谁扇火?花婆子。
谁念经,小蜜蜂:哼哼咛咛真好听!

(二)仪式歌

1. 女婿走到丈人家
小金孩,骑金马,金马不快金鞭打。
过金桥,到金家,金门楼,金板栅,
烧金锅,配金勺,琉璃井,金蛤蟆,
梧桐树,哗啦啦,女婿走到丈人家。

2. 只因俺的人品好
花媳妇,巧打扮,扎花裤腿镶金边,
骑上马,快加鞭,一跑跑到家门前。
大嫂出来牵住马,二嫂出来揭马鞍;
三嫂忙把板凳搬,四嫂烧茶把锅添;
五嫂烙馍六嫂翻,七嫂斟酒八嫂端;
九嫂铺被等俺睡,十嫂向我请个安。
只因俺的人品好,嫂嫂才这样对待俺。

3. 三姐出嫁
下大了,麦罢了,官家闺女出嫁了。
十二个猪,十二个羊,十二个骆驼排两行。
头里抬着花花轿,后头抬着顶子床。
顶子床上两瓶油,大姐二姐梳油头;
大姐梳的盘龙戏;二姐梳的盘花楼;
掉下三姐没啥梳,梳个狮子滚绣球。
叮咚叮咚水来了,挡住黄河不得流。

4. 典庄卖地要娶她
砂锅沿,砂锅砂,砂锅沿上跑白马。
一跑跑到丈人家,丈人吃酒不在家,
小舅出来拦住马。
大马拴到梧桐树,小马拴到一枝花。
大马吃豌豆,小马吃芝麻。
掉下鞭子没处挂,挂到姑娘窗户下。

隔着窗户望见她,
杏核眼,糯米牙,脸蛋红得像朵花。
俺家还有二亩地,典庄卖地要娶她。
东庄订轿夫,西庄订唢呐,
滴滴答答到俺家。日子过得真得法,
来到俺家三年整,生下一个胖娃娃。

5. 妹子出嫁
小枣树,弯弯枝,婆家看好二十一。
娘,娘,你陪啥? 粗布衣足你拿。
爹,爹,你陪啥? 一匹骡子,一匹马。
嫂,嫂,你陪啥? 红箱子、绿柜子,滴滴答答送妹子。
爹也哭,娘也哭,嫂子美得拍屁股。

6. 骑马马
骑马马,走娘家,
娘家远,骑着骡子打着伞;
娘家近,骑着骡子挂着棍。
人家有伞咱没伞,趁着您那凹斗脸。

7. 木锨把,沉甸甸
其一
木锨把,沉甸甸,俺娘不给打银簪。
打的银簪骨朵小,俺娘不给做花袄;
做的花袄没有门儿,俺娘不给做花裙儿;
做的花裙没有褶儿,俺娘不给缠小脚儿;
缠的小脚咯噔噔,俺娘不给找公公;
找的公公没婆子,俺娘不给买骡子;
买的骡子三条腿儿,骑到后噘着嘴儿。
其二
木锨把,沉甸甸,俺娘给我打银簪。
打哩银簪没有鼻儿,俺娘不给做花裙儿。
做哩花裙没有褶儿,俺娘不给缠小脚儿。
缠哩小脚儿咯噔噔,俺娘不给找公公。
找哩公公没婆子,俺娘不给买骡子。
买哩骡子没有头,俺娘不给请舅舅。
舅家庄,好菊花儿,
大姐撇,二姐戴,三姐婆家送好来。

典庄卖地要娶她

头里抬着花花轿,后头抬着女婿鞋。
女婿鞋上一对鹅,扑棱扑棱过金河。
打开箱,花衣裳;
打开柜,红绫被;打开枕头,莲花石榴;
打开镜匣,两头说话。

(三)时政歌

1. 反对阶级压迫歌谣

◆男人女人两样看
旧社会,太黑暗,男人女人两样看:
男人走到县,女人出来院;
男人吃白面,女人吃糠蛋;
男人穿新衣,女人补破片;
男人瞪瞪眼,女人墙角站。

◆一家富贵百家穷
旧社会,苦死人,一家富贵百家穷,
一家暖来百家冷,一家囤满百家空。
一家吃了百家肉,一人害死千万人。

◆员外郎
霜打槐叶一树黄,俺庄有个员外郎,
员外郎,员外狼,吃肉喝血又抽肠,
剩下骨头旋纽扣,千方百计置田庄。

◆十怕
一怕旱,二怕淹,三怕蚂蚱,四怕捐,
五怕白军凶如虎,六怕衙门评理偏,
七怕征兵八怕打,九怕保长打利钱,
提起怕,实实怕,十怕没吃又没穿。

◆要饭梦
要饭的,住庙中,手里没有半文铜。
庙角一侧歪,做一南柯梦:
高楼大厦起,门楼悬红灯。
身上着紫袍,官帽扎红缨。
玉带腰上圈,朝靴脚上蹬。
员外家中女,洞房把亲成。
头年生金枝,二年生相公,
珠宝箩筐盛。
金鸡一声叫,睁眼一场空。

◆别给地主干活

饿死饿活,别给地主干活。

做活只嫌少,吃饭只嫌多。

清早吃的糠饽饽,响午吃的黑窝窝,

黄昏改个样,烧的稀米汤。

咱们肚子饿得咕咕叫,地主吃得两边晃。

◆抓丁好似割韭菜

豺狼下山要伤人,保长进村要抓丁,

抓丁好似割韭菜,一茬更比一茬勤,

抓走娇儿如剜心。

◆空话再大难充饥

锣是铜来鼓是皮,墙上画马不能骑,

纸扎的龙船难下海,当年的牛娃不能拉犁,

空话再大难充饥。

◆嵩山坡,豺狼多

嵩山坡,豺狼多,官府压,地主剥;

穷人常常不开锅,日子像在刀刃上过!

吃一升籴一升,升升不断,

揭新账还陈账,账账不清!

地主算盘响,农民眼泪淌!

地主的斗,官府的秤。

穷人血汗被榨净!

地主活阎王,狼心狗肚肠,

好地他霸占,女人被他抢,

勾结日、伪、顽,穷人遭祸殃。

地主犯法一瓶酒,穷人无罪把命丢!

保丁敲敲锣,穷人睡不着,

不是派捐税,就是要粮秣。

不怕土匪夜来抢,就怕保长铜锣响!

身无遮体衣,家无隔夜粮;

上无片瓦,下无立足之地!

街死街埋,路死路埋。

狗肚子是棺材!

嵩山苦、嵩山寒,豫西人民受灾难;

水、旱、蝗(虫)、汤(恩伯)逼死了人民万万千!

饿死饿活,不给地主干活,

清早稀汤,响午没馍,

晚上面条,打捞不着。

越穷越穷,越富越富,
虱多不咬,账多不愁,
脑袋割了碗大疤。
人穷胆子大,神鬼都不怕!
人穷骨头硬,敢跟老财碰!
一人不要命,十人不敢动!
头戴破帽"花"朝上,身上烂衣夏天凉,
手执大(打狗)棍如龙杖,腰束草绳胜帝王。

毛主席大救星

◆皇协军
提起皇协军,恨得咬牙根,
一到夜晚出星星,就像老鼠成了精;
抢民财,抓壮丁,
拉妇女,翻箱笼,
天色一发亮,夹着尾巴窜县城。

2. 红色歌谣
◆毛主席,大救星
毛主席,在延安,听说豫西有灾难,
派来大军三十万,一心为了搭救咱!
飞机场,灾难坑,家家男人被抓清,
八月十五日来皮部,皮部来了就放工。
天上挂"银灯",嵩山降"神兵"。
到处打胜仗,喜讯像春风。
毛主席,大救星,派来亲人皮司令,
打鬼子,救百姓,处处为的咱群众。
毛主席,订大法,倒回土地笑哈哈!
◆八路军智慧比天高
什么高?天最高,八路军智慧比天高;
神出鬼没本领大,打得鬼子没处逃!
◆红豆豆
红豆豆,白心心,我妈给我去说亲;
荣华富贵我不爱,我要嫁个八路军。
◆纺花车
纺花车,转得欢,妈妈日日来纺棉;
我问妈妈干啥哩?妈妈笑着告诉俺:
做军衣,做军鞋,支援大军下江南!
◆嫂嫂赶车出了庄
枣红马,肥又壮,嫂嫂赶车出了庄。

嘚儿喔,鞭子响,拉车军鞋送前方。
鞭子响,嘚儿喔,支援刘邓大军过长江。
◆生命
活着为革命,生命赛过金;
活着为个人,如同草一根。
◆小学生打日本歌
小日本,不讲理,杀我同胞夺我地。
小朋友,快快起,打倒日本出口气,
出气,出气,出了这口气。
◆打发哥哥上战场
月奶奶,明晃晃,我给哥哥洗衣裳。
洗得净,捶得光,打发哥哥上战场。
哥哥前方打东洋,我在家里侍候娘。
打败老日回家转,举家欢乐过时光。
月奶奶,明晃晃,开开后门洗衣裳。
洗得净,捶得光。打发哥哥上战场。
左拿刀,右拿枪,手榴弹来别腰上,
叫那日寇发了慌:老子就是共产党!
◆做好鞋袜去支前
月奶奶,圆又圆,
小孩儿,都来玩。
不要在家闹妈妈,叫她快快做针线;
做好裤,做好衫,做好鞋袜去支前!

3. 新社会妇女歌谣
◆自找对象
叫俺扭,俺就扭,一扭扭到十八九,
不要别人寻婆家,找着对象俺就走。
◆小喜鹊
小喜鹊,叫喳喳,新娶嫂嫂来俺家。
剪发头,别银卡,粗眉大眼芝麻牙。
大伙跑去看嫁妆,挑着粪筐带粪叉。
都说哥哥眼力好,生产能手他娶下。
◆俺俩是自主结的婚
小枣树,根连根,丈母娘见她女婿亲。
白蒸馍,配香椿,临走给您俩两条花手巾。
你一条,她一条,省得到家没法分。
丈母娘,你放心,俺俩是自主结的婚。

做好鞋袜去支前

找个对象真称心

吃的统销粮,鸡蛋换煤油。

◆四样人

上工人等人,干活人看人,

下工人撵人,记分不缺人。

◆队长叫

队长叫头声,被窝里边哼;

队长叫二声,才把裤子蹬;

队长叫三声,慢慢去上工。

◆队长有权

队长有权,会计有钱,

撑死保管,饿坏社员。

◆大锅饭

吃着大锅饭,谁也不想干,

干部站,群众看,混得大家没了饭!

◆人民公社成立后

小社只能治山沟,大社就能治山头。

人民公社成立后,万众一心翻地球。

5. 十一届三中全会后歌谣

◆上工

早上工,晚下工,

走时顶月亮,回来见星星。

◆黄土变成金

政策暖住心,联产联住心,

起早贪黑干,黄土变成金。

◆找个对象真称心

剪发头,明晃晃,婚姻自主实在强。

找个对象真称心,两人越活越起劲。

白天干活并肩走,夜里学习手拉手。

不吵架,不斗口,和和气气到白头。

4. 十一届三中全会前歌谣

◆你来我也来

你来我也来,你纳鞋底我打牌;

你走我也走,反正工分七、八、九。

◆东头到西头

东头到西头,户户都发愁,

◆村里不见人
村里不见人,家家锁着门;
除非到田里,才能见到人。
◆东庄到西庄
东庄到西庄,家家有余粮,
户户有存款,破屋换新房。
◆穿着的确良
穿着的确良,住上新瓦房,
骑车去看戏,带着孩他娘。
◆六没少
活也没少干,戏也没少看,
副业没少搞,亲戚没少串,
粮食没少打,钞票没少赚。
◆都不如党的政策恁中听
大闺女唱,新媳妇哼,都不如党的政策恁中听,
撕绫罗,打茶盅,庄寨的唢呐,杨屯的笙,
婴儿叫娘头一声,都不如现在的政策恁中听!
◆一年买个电视机
爹喂羊,娘喂鸡,哥哥种好责任田,
嫂嫂编筐又织席,一年买个电视机。
◆日子赛蜜甜
白面馍,大米饭,豆腐、粉条、肉丝面,
芝麻、花生油儿香,鸡蛋鸭蛋腌儿罐。
多亏党的政策好,日子过得赛蜜甜。
◆只有懒汉不高兴
联产到户是个宝,亿万农民齐夸好;
只有懒汉不高兴,大锅饭从今难吃了。
◆今年月宫娶嫦娥
光棍打到三十多,找不着情妹对情歌。
去年成了冒尖户,今年月宫娶嫦娥。
◆俺家又添"剪发头"
爹也愁,娘也愁,愁得未老先白头。
兄弟四个打光棍,爹娘夜夜把泪流。
自从三中全会后,扔掉窝窝换馒头,
新盖瓦房一片片,爹娘日日笑声稠。
前年大哥娶冬梅,去年二哥娶爱秋。
三哥又领结婚证,俺家又添"剪发头"。

收工图

◆八个壮汉娶老婆

俺村偏僻烂石坡,从前队里光棍多。

年年都栽梧桐树,不见一只凤凰落。

前年实行责任制,石岭变成珍珠坡。

喜事一个挨一个,八个壮汉娶老婆。

◆上官村

上官村,穷变富:电影院,宽银幕;

大街上,柏油路,随进能灌油和醋;

招待客,不想做,包办酒席有饭铺;

有旅社,有澡堂,高音喇叭声悠扬;

有集没集都有菜,瓜瓜果果堆两旁;

工农产品样样有,看不出是城还是乡。

◆联产连着心

联产连着心,一年大翻身。

红薯换白馍,光棍娶老婆。

农家小院

◆联产承包谣

钟声不灵政策灵,责任制调动积极性。

联产连着心,奖罚挂住筋。

包工包产,专门治懒。

两头轻不如一头沉,一头沉不如老农民。

戴眼镜,戴手表,回家先往地里跑,你要不跑老婆吵。

◆社员爱的责任田

鱼恋水来虎恋山,儿女连着娘心肝;

蜂爱鲜花鸟爱树,社员爱的责任田。

◆门前拴着马

门前拴着马,院里堆着瓦,

骑着自行车,穿的是涤卡。

◆威力赞

联产到户威力大:社员身上安"马达",

上工谁等雄鸡叫,收工头顶月儿牙,

胜似万只大喇叭。

◆农家小院满春风

老头子买个"小电影",乐得孩子拍手蹦。

坐家能知天下事,炕头看见马金凤,
农家小院满春风。
◆县长没有俺阔气
两层小楼多整齐,新砖白灰大玻璃;
彩色电视桌上放,高低柜子沙发椅。
县长没有俺阔气!

6. 讽刺歌谣
◆四等人
一等人,送上门;
二等人,走后门;
三等人,人托人;
四等人,没有门。
◆歪风邪气
酒杯一端,政策放宽;
筷子一拿,要啥有啥。
◆支书用钱送到家
支书用钱送到家,队长用钱一句话,
会计用钱笔尖划,保管用钱自己拿。
社员用钱等年下,决算给张纸条条,
辛苦一年没钱花。
◆有个干部善揩油
有个干部善揩油,办事老说"待研究",
你若不解其中意,别想看见他点头。
◆喝酒
能喝八两喝一斤,这样的同志可放心;
能喝一斤喝八两,这样的同志要培养;
能喝白酒喝红酒,这样的同志要调走。
◆现象
翻开杂志美女多,打开电视广告多,
拿起报纸套话多,看篇文章署名多,
买本新书错字多,出门办事收费多,
领导视察小车多,饭庄吃饭公款多,
大街来往时装多,友人聚会名片多,
年头岁尾检查多,下海经商孩子多。
◆还账歌
争你钱,给你钱,后院种了二亩莎草园。
长成树,解成板,摺到河里沤三年。

喝酒

嵩山文化大系

沤成铁,打成镰,削圪针,插路边。
挂羊毛,擀成毡,毡卖了,买老犍。
老犍生牛犊,公鸡孵鸡蛋。
柏叶落,柳叶圆,鸡子尿尿,猴笑给你钱。

◆头字歌
树叶落下怕砸头,迈一步来三回头,
发现矛盾不出头,困难面前缩着头,
碰见小事光摇头,遇到大事推上头,
工作起来少劲头,不像头头像老头。

◆"四话"不除害死人
说大话,厌死人;说假话,哄死人;
说屁话,气死人;说空话,坑死人。

◆懒婆谣
白天游走四方,黑夜灯下补裤裆,
熬了二两油,补丁补到胯骨上。

◆劝娘莫嫁
麻野鹊,尾巴长,娘要改嫁找新郎。
儿女劝娘进娘房,娘呀娘,别胡想。
虽说爹爹下世去,现有儿女侍候娘。
娘的衣裳儿女洗,绫罗绸缎做衣裳。
想吃啥,儿女做,吃香喝辣往街上。
想吃酸,加点醋,想喝辣的放点姜。
儿女给说句知心话,咋能二次拜花堂。
您要真走这条路,儿女有脸站人旁。
贞节女不能再婚配,爹爹知道把心伤。
儿行千里母担忧,娘走千里儿想娘。

◆咱娘见了她不依
这孩子,二十一,娶个囚子才十七。
他娘有病想吃梨,哪有闲心去赶集。
囚子有病想吃梨,三天赶了九趟集。
左手拿着糖烧饼,右手拿着水白梨。
囚子囚子你吃吧,还有哪点不趁意?
饥了吃口糖烧饼,渴了吃口水白梨。
慢慢吃,慢慢咽,吃口大喽噎着你。
吃罢梨核藏到席沿下,咱娘见了她不依。

◆懒妇
懒妇人,懒得惯,从来不拿针和线。
一觉睡到日头出,人家做饭她不见。

爬起来,无事干,抱着孩子把门串。
东家走,西家看,看看人家吃啥饭。
男人把她叫到家,躺在床上不动弹。
裤儿破,不扯线,鞋儿破,十个脚趾露一半。
赶会看戏打头站,能把油馍吃一串。
◆吸大烟
吸大烟,真舒服,蜷着腿,弓着脯,
抱着烟枪呼呼呼,好像神仙驾云雾。
哧哧哧,东西畛(土地),呼呼呼,东西屋,
孩子老婆进了烟葫芦。

(四)生活歌

1. 婚嫁歌谣
◆小媳妇,泪不干
小媳妇,泪不干,找个婆家可不暄,
沟又深,村又偏,旮旮旯旯不临川,
窝窝囊囊穷"搁兑",都怨媒人瞎胡"连儿",
今生敢叫见一面,耳巴子掰她牛肉脸,
滚水烫,油锅煎,看她还瞎编不瞎编。
◆我看女婿长多高儿
小枣树,弯弯腰儿,
我到婆家看看女婿长多高儿,
秤锤鼻子罗锅腰,一脸麻子红眼泡儿,
不要他那小鳖羔儿。
◆好字谣
好男不争庄和地,好女不争嫁妆衣。
好人不怕恶狗咬,好事多磨能顺依。
◆嫂子不死俺不来
小簸箕,簸又簸,扛起毛篮去瞧哥。
哥哥说:去借面。嫂嫂说:没啥还。
哥哥说:去借米。嫂嫂说:还不起。
不吃饭,不喝酒,扛起毛篮俺就走。
一走走到大门口,哥哥问俺啥时来?
桃花开,杏花败,嫂子不死俺不来。
◆劝丈母
小枣树,弯弯枝儿,婆家看好二十七,
爹也哭,娘也哭,女婿进门劝丈母:

闺女大了要嫁郎。到俺家,有福享,
新瓦房,亮堂堂;描金柜,戏鸳鸯;
新铺盖,凤求凰。街上开个卖花铺,
明年春上就开张,就像栽棵摇钱树,
一年四季财源旺。闺女不会把娘忘,
三天两头看望娘。

◆尿床王
说个姑娘本姓王,十八嫁个九岁郎。
女婿生来有点憨,夜里睡觉光尿床。
头更尿湿红绫被,二更尿湿花衣裳。
三更尿得发了水,四更屋内成汪洋。
撑着小船把鱼打,打条鱼儿尺把长。
进贡献给万岁爷,皇封称他尿床王。

◆二姑二姑哭啥哩
小锅拍,咕嘟嘟,我上后院接二姑。
二姑二姑哭啥哩?寻个女婿老撒才,
好赌博,好摸牌,腰里别着水烟袋,
走一步,吸一袋,你看撒才不撒才?

2. 家庭歌谣

◆槐树槐
槐树槐,槐树槐,槐树底下搭戏台。
叫三姐儿看戏来,不知三姐来不来?
扭过脸儿背戏台,只见三姐哭着来,
抱着孩子闪着怀。我问三姐哭啥哩?
寻个女婿不成材,又吃酒,又摸牌,
歪戴帽子趿拉鞋,弄得全家过不来。

◆大女配小郎
十八大姐周岁郎,天天夜晚抱上床;
睡到半夜要吃奶,劈头盖脸几巴掌:
俺是你的妻,不是你的娘!

◆天上下雨地下流
天上下雨地下流,小俩口吵架不记仇,
白天吃的一锅饭,夜里枕的一个枕头。

◆小金姐
小金姐,骑金马,一骑骑到金家塔。
骑到那里去干啥?
骑到那里瞧婆家。哎呀呀,羞死啦,

公公才十九,婆婆才十八,八个月的女婿地上爬。

小金姐,羞答答,骑上金马跑回家,

宁肯寻个要饭的,也不嫁给金家塔。

◆小闺女儿

小桃树,弯弯枝儿,树上坐个小闺女儿,

想吃桃,桃有毛儿,想吃杏,杏老酸。

想吃栗子面丹丹,想吃核桃上嵩山。

掂锨栽棵樱桃树,来年结果蜜样甜。

◆小白鸡

小白鸡,上草垛,俺娘不给找老婆儿。

找个老婆儿不暖脚儿,天黑不给押被窝儿;

想吃啥,她不做,不得吃鸡蛋卷烙馍;

急得爬高儿又上低,咯噔儿咯噔气死我。

◆麻野鹊

麻野鹊,尾巴长,娶个囚子不要娘。

囚子裹进被窝里,把娘背到房坡上。

做中饭,谁先尝?我去上房喊咱娘。

囚子脸上一黑丧,别黑丧,你没想,

家中有你做榜样,以后你也学咱娘,

寻个女婿老撒才(撒才,即没材料)

生个男孩娶儿媳,同样背到房坡上。

屋檐滴水照坑滴,这个道理你想想。

媳妇一听恍然悟,咱俩一块请咱娘。

◆小媳妇

酸枣树,疙疗弯,"上头"那年才十三,睡觉不知颠倒颠,

婆子娘,不待见,二斤棉花撂给俺,叫俺纺花换钱赚着穿。

个老低,腿也短,俩脚够不着机蹬板,哭得眼红泪涟涟。

公鸡叫,头一遍,女婿又拧又掐又蹬俺,催着起床快做饭。

起了床,洗罢脸,急忙去把大锅添,又撅着屁股把火扇。

做中饭,把锅端,个子老低作了难,没法脚下垫块砖。

一吃力,砖蹬翻,咔嚓一声锅扳烂,热饭溅了一手脸。

小媳妇

不敢哭,不敢喊,疼得直挚着两手流热汗,眼泪只能肚里咽。
婆子娘,到跟前,炊帚疙瘩顺手掂,扑哧扑哧就打俺。
女婿他,也看见,伸手抓住俺的小盘篡,拧倒又打又骂差点命归天。
小姑子,也不贤,不拉他还火上把油添,"不屈""活该""狠打"连声喊。
哭声爹,哭声娘,俩钱淹住您的心,叫您闺女受磨难。
爹呀爹,娘呀娘,要想看看您闺女,今黑三更阎王殿。

◆好人家
映山红,十里霞。深山一户好人家。
老头似寿星,婆婆像菩萨;
儿子松柏树,媳妇牡丹花;
闺女赛天仙,孙是银娃娃。

◆丈母娘待她女婿亲
小槐树,根连根。丈母娘待她女婿亲。
白蒸馍,暄腾腾;炒鸡蛋,香喷喷。
还送两条花手巾,妮一根,婿一根,
省得到家有法分。丈母娘,别担心,
您的意思明十分。

◆谁家媳妇不问婆
公鸡叫,战嗦嗦,媳妇起来早添锅。
大锅刷得明似镜,小锅刷得赛铜锣。
燃着火,添上锅,媳妇赶快见公婆。
问声公公和婆婆:今天咱家咋吃喝?
媳妇做啥俺吃啥,一家礼节咋恁多?
山里石头靠山长,河里鱼儿靠水活。
尊老敬贤是本分,谁家媳妇不问婆。

◆女人持家谣
男人是个耙,女人是个匣,
不怕耙没齿儿,就怕匣没底儿。

◆恶继母
秧秧菜,就地黄,三岁孩子没了娘;
跟着爹爹娶后娘。娶了后娘三年整,
生了弟弟比我强;弟弟吃稠我喝汤,
端起饭碗泪汪汪;弟弟花钱像流水,
我想花钱是梦想。

◆移民谣
一问我祖先来何处,山西洪洞大槐树。
二问祖先何处来,滹沱河边有根源。

故土难离

◆老来难

老来难,老来难,人老做事件件难。

白天仅行二里路,夜晚上床如上山。

躺下咳嗽又带喘,下床使劲把鞋穿。

天刮风,眼流泪,鼻涕流出脏衣衫。

耳朵背,眼睛花,孩子说二他听三。

婚礼宴席不敢去,站在人前惹人烦。

人人都会年纪老,千万莫把老人嫌。

◆拐棍歌

一根拐棍一根一,我拄拐棍我得力。

两根拐棍两根两,我拄拐棍比儿强。

三根拐棍三根三,媳妇看见把眼翻。

四根拐棍四根四,我是媳妇眼中刺。

五根拐棍五根五,我置银钱摆满屋。

六根拐棍六根六,我置家园你享受。

七根拐棍七根七,劝子莫把老人弃。

八根拐棍八根八,人老都要眼睛花。

九根拐棍九根九,尊老敬贤美名留。

◆不如在家敬爹娘

一棵白菜三尺高,师父吃根我吃梢。

师父吃根成神去,我给师父背经包。

师父他从金桥过,我从银花水上漂。

神前插上三根香,忽然想起二爹娘。

想起爹,抚养我;想起娘,睡湿床。

千里迢迢去烧香,不如在家敬爹娘。

◆三十年媳妇熬成婆

风箱里住,磨眼里磨,苦辣酸甜都尝过;

熬死公,熬死婆,熬到女婿进南学;

麻绳熬成铁曲练,三十年媳妇熬成婆。

◆春谷谷,槐楝针

猪是猪,羊是羊,猪肉长不到羊身上。

春谷谷,槐楝针,谁家孩子谁家亲。

孩子见后娘,就像见了狼。

亲娘亲儿吃蜜糖,亲爹后娘吃谷糠。

◆孝敬父母歌

一盆菊花满园香,我吃长斋敬爹娘。

一为爹娘很受苦,二为爹娘睡湿床。

好衣先叫爹娘穿,好饭先叫爹娘尝。

强似灵棚扎香幡,强似灵棚摆猪羊。
烧香焚纸一堆灰,死后哭喊白耗腔。

◆瞧公公
星星、月明,扛篮干饼。
干啥哩?瞧瞧大姐公公,
大姐公公咋啦?人家是魁首郎中。
好本事咱学点吧?可是中,老是中,
人家好传艺,愿教徒弟有功名。

3. 情歌
◆纳鞋底
姑娘姑娘坐椅子儿,刺棱刺棱纳底子儿,
纳成底子做鞋子儿,公一对儿,婆一对儿,
留下两双送女婿儿。

◆看女婿
小枣树,弯弯枝儿,顶上坐个小闺女儿,
白脸蛋,红嘴唇儿,绸裤子,绿腰身儿,
抬头看见她女婿儿。你来吧,我不去,
没过门的媳妇多没趣儿。

◆月奶奶
月奶奶,明晃晃,开开后门洗衣裳。
洗得净,捶得光,打发哥哥上学堂。
读四书,写文章,红旗插在咱门上,
你看排场不排场!

◆磕顶针
磕,磕,磕顶针,腰里塞着花手巾;
你丢了,我拾了:要不要,你说话?
你拾啦送你吧,快快去问俺的妈。

◆绣兜兜
姐俩房中绣兜兜,您听小奴说根由;
蓝绫兜兜毛红黑,青丝飘带缀银扣。
一绣高邮响马传,二绣江南绫缎绸;
三绣苏州好美女,四绣杭州小丫头;
五绣情郎出贵州,六绣水烟袋出泗州;
七绣江南景泰蓝,八绣南阳大黄牛;
九绣洛阳大牡丹,十绣情郎戴兜兜。

◆月亮勾
月亮出来月亮勾,打罢金勾挂银勾。

绣兜兜

金勾挂到银勾上,郎心挂到妹心头。

4. 时令与天气歌
◆对托板
俺对托板正月正,正月十五观花灯;
俺对托板二月二,惊蛰已到百虫动;
俺对长板三月三,南瓜葫芦地下钻;
俺对长板四月四,万物繁茂到夏至;
俺对长板五月五,纪念屈原是端午;
俺对长板六月六,萝卜白菜都种够;
俺对长板七月七,天上牛郎会织女;
俺对长板八月八,十五佳节笑哈哈;
俺对长板九月九,重九登高茱萸酒;
俺对长板十月一,追祭亡灵送"寒衣";
俺对长板十一月,冬至家家吃饺子;
俺对长板十二月,腊八、祭灶、除夕节。
◆九九谣
一九二九难出手,三九四九冰上走,
五九和六九,沿河看杨柳,
七九河冻开,八九燕子来,
九九加一九,耕牛遍地走。
◆下雨
黑暗暗,鳖子底;白茫茫,锥子雨。
东一阵,西一阵,下得沟满河平;
南一阵,北一阵,下得墙倒屋塌。
只下得蛐子不叫,蚂蚱不跳,
何况"扁担"(蚱蜢的一种)呼!
◆求天住雨谣
勺子勺子扒扒天,云彩云彩滚西山;
人家那儿下大雨,俺们这儿好晴天。

5. 儿歌
◆求椿树长高谣
椿树椿树你为王,你发粗来我长长。
你发粗了做栋梁,我长长盼娶新娘。
◆小菜籽
小菜籽,一星星,正月发芽二月青,
三月开花黄腾腾,四月结角乍蓬蓬,

五月打籽黑丁丁,熬成油,亮晶晶,
炸得油馍咯嘣嘣。姐姐担,妹妹送,
姐姐妹妹送京城。

◆摘豆角

摘豆角,上南坡,南坡一亩好豆角。
摘一篮,煮一锅。客来了,盖住锅。
客走了,揭开锅,盛到碗里看着锅。

◆小妮快快长

叫小妮,快快长,长大嫁个洋县长;
吃香哩,穿光哩,后头跟着背枪哩。

◆姥娘门前唱大戏

张大锣,拉大锯,姥娘门前唱大戏。
叫闺女,带女婿,小外甥儿跟着去。

◆赶牲口

月亮走,我也走,我跟月亮赶牲口;
一下赶到九月九,开开后门摘石榴。
石榴树下卧斑鸠,问问斑鸠吃啥饭?
大米捞面煮红豆,红萝卜丝里放香油,
不吃不吃几"圪篓"。

◆报娘恩

槐树发芽绿茵茵,我是娘的娇娇人,
吃娘奶,扎娘心,擦屎刮尿把我养成人。
泰山高,河水深,娘的恩情报不尽,
挑银灯,拿钢针,做对花鞋报娘恩。

◆催眠歌

月奶奶,黄巴巴,爹织布娘纺花。
孩子哭着要吃奶,拍拍巴掌哄哄他。

◆鸡治幼童夜起谣

鸡大哥,鸡大哥,拜你三遍你记着,
你们吃食黑夜屙,我儿吃奶要白天屙,
从今不准再挪挪,明早我给你清鸡窝。

◆治婴儿夜哭谣

天皇皇,地皇皇,俺家有个夜哭郎,
行路君子念三遍,一觉睡到大天亮。

◆哄孩歌

其一

小鸡儿嘎嘎,想吃黄瓜;
黄瓜有籽儿,想吃鸡腿儿;

姥姥门前唱大戏

鸡腿有毛儿,想吃樱桃儿;
樱桃有核儿,想吃牛犊儿;
牛犊撒欢儿,撒到天边儿;
天边有井,扑通没影。
其二
小鸡嘎嘎,想吃甜瓜;甜瓜有水,想吃鸡腿;
鸡腿有毛,想吃酸枣;酸枣有核儿,想吃牛犊;
牛犊撒欢,撒到天边;天边打雷,打给鸡贼;
鸡贼告状,告给和尚;和尚念经,念给先生;
先生算卦,算给蛤蟆;蛤蟆凫水,凫给小鬼;
小鬼推车,推给他爹;他爹碾场,碾给他娘;
他娘烧火,烧着孩子胳膊;
奶奶一拨拉,烧着奶奶白头发。

◆小小子
小小子儿,坐门墩儿,
想啥哩？想媳妇儿:
点灯——说话;吹灯——做伴儿。

◆拍孩睡
拍孩睡,娘推碓。
拍孩玩,娘坐船。
拍孩哭,娘杀猪。
拍孩笑,娘坐轿。
拍孩坐,娘推磨。
啊啊啊……
啊啊啊……

◆小白菜
小白菜,就地黄,三生四岁没了娘,
跟着爹爹还好过,跟着爹爹娶后娘。
娶了后娘三年整,生个弟弟比咱强。
弟弟闹人俺挨打,弟弟吃肉咱喝汤,
弟弟吃的细米面,俺呀吃的柿糠面,
弟弟穿的绫罗缎,俺呀穿的麻包片。

◆读书谣
从小读书不用心,不知书中有黄金。
早知书中黄金贵,高照明灯下苦心。

◆甜秫秆
甜秫秆儿,水里漂,我跟姐姐一般高;
姐姐戴只金耳坠,我却戴个车轱轮儿;

哄孩歌

姐姐枕个花枕头,我却枕只花老虎,
翻个身,咬一口!

◆开工歌

早上从那东边来,西边路上一树槐。
槐树上面结槐籽,槐树下面挂招牌。
抡起锣鼓下地来。

干农活儿

◆放羊

手拿羊鞭肩背筐,赶着羊群上山岗。

羊在山上吃青草,咩咩咩咩把歌唱。

小羊小羊快快长,长大卖钱上学堂。

◆放羊歌

马兰花,开山旁,我帮爷爷去放羊。

马兰花,花瓣长,我采马兰喂小羊。

马兰甜,马兰香,小羊吃了不找娘。

马兰绿,马兰黄,秋天小羊变大羊。

◆板凳歌

板凳板凳摞摞,上边坐着大哥。
大哥出来卖菜,上边坐着奶奶。
奶奶出来烧香,上边坐着姑娘。
姑娘出来拜拜,上边坐着秀才。
秀才出来作揖,上边坐着公鸡。
公鸡出来打鸣,上边坐着个小虫(麻雀)。
小虫出来蹦蹦,上边坐着个愣怔。
一愣愣到天大明。

◆馋嘴妮

馋嘴妮,家里坐,门里卖糖来吆喝,
芝麻糖,酥又甜,吃到嘴里甜半年。
馋嘴妮闻听急得挠着头,嘴水嘟噜嘟噜往外流,
慌忙拿瓢挖蜀黍,她娘给她一笤帚。
转身偷偷挖豌豆,她娘给她一砖头。
馋嘴妮,没有法,跑到门外把话答,
卖糖哩,你走吧,俺娘出来没好话,

柳尖鞋,牡丹花,一脚踢你仰八叉。

◆瞎话

瞎话儿,瞎话儿,

后院庙台上种了二亩西瓜。

赤肚孩儿偷西瓜,

偷了一裤裆儿。

瞎子看见了,

瘸子撵上了,

冇胳膊的捞住了。

上桑树,砍柳棍,

打他一百四十八枣木棍儿,

明早去看看一身破鞋印。

◆三朵菊花

其一

咯咯咯,天明了,三朵菊花开成了;

爹一朵,娘一朵,剩下一朵换鹦哥,

换只鹦哥会说话,你说快活不快活。

其二

咯咯咯,天明了,三朵菊花开成了,

爹一朵,娘一朵,剩下一朵拜鹦哥。

鹦哥拜得没毛羽,牵到会上玩把戏;

碰见卖糖的:"卖啥糖?""芝麻糖!"

"掐一疙瘩儿老爷尝!"

粘着老爷牙,疼得就地爬;

粘得老爷嘴,疼得就地搣。

◆抓膝逗乐谣

一抓金,二抓银,

三抓不笑是好人,

四抓不笑是龟孙,

若是五抓你不笑,

一辈子和你不好了。

◆赶牲口

月亮走,我也走,我趁月亮赶牲口,

一赶赶到九月九,九九树上卧斑鸠。

问问斑鸠吃啥饭,臊子面条煎鸡蛋。

谁擀哩?二妗子。谁扇火?花婆子。

谁念经,小蜜蜂:哼哼咛咛真好听!

抓石子

吃鬼肉,喝鬼血,拿起菜刀把鬼切;
大锅炒,小锅熬,乞哩呵叭吃个饱。

◆你看好笑不好笑

梧桐树上结樱桃,杨柳树上结辣椒。
兔敲鼓,猪吹号,四个公鸡抬乘轿。
狗毛绊住车,石头水上漂。
小鸡叨个大老雕,老鼠逮个大黄猫,
你看好笑不好笑。

◆颠倒话

颠倒话,话颠倒,梧桐树上结花椒。
十冬腊月好热天,五黄六月皮袄穿。
八月十五黑咕咚,正月初一好月明。
南北路东西走,路上碰见人咬狗。
掂起狗来打砖头,狗叫砖头咬一口。

◆板凳摞摞

板凳摞摞,摞给大哥;大哥烧香,烧给姑娘;
姑娘拜拜,拜给秀才;秀才作揖儿,作给公鸡儿。
公鸡打鸣儿,打给小虫儿,小虫喳喳,喳给蚂蚱;
蚂蚱蹦蹦,蹦给豆虫;豆虫拱地,拱给野鸡;
野鸡㜽蛋,嘟嘟噜噜一大串。

◆客来杀哪个

麻野鹊,喳喳喳,客来了,吃点儿啥?"捞住小鸡杀了吧!"
那鸡说:"我会打鸣儿催人早起去干活,杀我不胜杀那鹅!"
那鹅说:"伸伸脖子长,我腔大能以把贼防,杀我不胜杀那羊!"

◆抓石子谣

——哎哎,山伯英台;两两海棠,昭君娘娘;
三三沾沾,吕布貂婵;四四摇摇,平贵别窑;
五五节节,屈原爷爷;六六豆豆,嫦娥出走;
七七妮妮,牛郎织女;八八拉拉,黛玉葬花;
九九重阳,登高远望;十十拢拢,又是一轮。

◆说起鬼来俺不怕

金金侠,金金侠,说起鬼来俺不怕;

那羊说:"四只银蹄往前走,杀我不胜杀那狗!"
那狗说:"我是忠臣会看家,杀我不胜杀那马!"
那马说:"我能耩麦会拉耧,杀我不胜杀那牛!"
那牛说:"长身地,叫我犁,杀我不胜杀那驴!"
那驴说:"套上磨,呼噜噜,杀我不胜杀那猪!"
那猪说:"喝您恶水(泔水)吃您糠,只得挨刀见阎王!"

◆小老鼠上灯台

小老鼠,上灯台,偷油喝,下不来。
叫小妮,抱猫来,刺溜刺溜摔下来。

◆小花帽

乖孩子,不要闹,给你做个小花帽。
小花帽,缀红缨,好比朝里一品卿。

◆月奶奶黄巴巴

月奶奶,黄巴巴,爹织布,娘纺花,
孩子闹着要吃奶,买个蒸馍哄娃娃。
爹一口,娘一个,咬住娃的手指头。
娃,娃,你甭哭,明天买个皮老虎。
白天当玩艺儿,晚上吓老鼠。

◆俺到外婆家住一冬

山老鸹,黑洞洞,俺到外婆家住一冬。
外婆见了哈哈笑,妗子瞪眼不吭声。
妗子妗子你别瞅,豌豆开花俺就走。
豆角白,俺再来,一直住到薭(棉)花柴!

◆小老鼠一身灰

小老鼠,一身灰,打着灯笼送妹妹。
送到啦,喝口茶,唧唧咛咛往家爬。
走着走着肚子饿,看见吃的就去抓。
只听咔嚓一声响,夹住它的长尾巴。

小老鼠上灯台

第三节 民间谚语

民间谚语是直接反映人类劳动、生活和斗争经验总结的一种文学形式,被誉为民间的知识总汇,蕴藏着人类社会广博的智慧和经验,是民间文学的重要组成部分。

嵩山人民在长期的生产活动和生活实践中,不断摸索到一些自然变化的规律,积累了一些生产实践经验,虽然没有进行系统的总结和整理使其成为成套的生产理论,但零碎地成为世代口碑相传的谚语,反过来又指导着当时当地人们的生活和农业生产。因而谚语是人民群众的生产经验和生产知识

的总结,许多生产、种植、养殖、气象等方面的民俗知识都用谚语表达出来,人民群众从生活中总结出的许多深刻的道理也多表现在谚语里,这使谚语具有了传授知识和说明生活哲理的认识作用和教育作用。

谚语的特点有三:第一,集体创作,查无作者,富于口语特色,使用时可易字句。第二,从风格特色上看,谚语以俗为本,口语味儿浓。第三,谚语侧重言事言理,其意义蓄于全句。

嵩山地域世代相传的谚语,包括农业生产、林业种植、牲畜管理、季节时令、气象变化、生活修养、习俗风情、节俗礼俗等各个方面。

一、农业生产

(一)季节农时谚语

1. 春

◆正月立春,农乃修田器。

◆雨水,出粪于场。

◆二月惊蛰、春分,耕者毕出,上粪犁地。

◆春寒不算寒,惊蛰寒半年。

◆三月清明及时雨,麦苗勃发,稻秧初种,耩高粱、木棉。谷雨乃耩稙谷、种芝麻。麦始秀。

◆一年两个春,黄牛贵似宝。

◆清明前后,斗鸡走狗。春分在社后,斗米换斗豆。

◆春天人马起得早,秋后人马吃得饱。

◆一年打两春,黄草谷草贵如金。

◆清明早,立夏迟,谷雨种棉正当时。

◆桐花盛开,红薯快栽。

◆三月三,南瓜葫芦结一千。

◆立春三场雨,遍地都是米。

◆春天三场雨,秋后不缺米。

◆一年之计在于春。

◆春种一斗籽,秋收万担粮。

◆立春天气暖,雨水粪送完。

◆小满前后,种瓜种豆。

2. 夏

◆四月立夏,旱田耘草,菜子成熟。小满十日,麦尽登,水田耘草,乃种稙黍稷。

◆立夏不下,高挂犁耙。

立春

◆立夏无雨,碓头无米。

◆五月芒种,及时雨,乃耩晚谷,于麦田种豆。

◆夏至,晚田三四耘,种晚黍稷于麦田。六月小暑,穊谷高粱咸吐穗,稻田亦秀,芝麻出桨子。大暑,大雨时行,谷苗勃发,黍稷吐穗,晚田咸秀。中伏种荞麦、菜子。

◆处暑不出头,砍掉玉米棵喂牛。

◆头伏萝卜二伏菜,三伏里头种白菜。

◆芒种割麦,夏至出蒜。

◆夏至不垄葱,垄葱一场空。

◆夏雨淋透,霜期退后。

◆处暑不带耙,误了来年夏。

3. 秋

◆七月立秋,木棉吐花,穊谷成熟,高粱黍稷皆先登,豆田出荚子。

◆处暑,水稻登场。

◆八月白露,及时雨,上粪犁麦地,晚田成熟,打谷忙,荞麦乃出桨子。

◆秋分,豆田成熟。

◆九月寒露,种宿麦,木棉乃收。

◆霜降,荞麦始登于场。

◆立罢秋,凉飕飕。

◆六月立秋,早收晚不收。七月立秋,早晚都收。

◆秋分早,霜降迟,寒露种麦正当时。

◆立秋摘花椒,秋分打红枣。

◆秋雨透地,降霜来迟。

◆秋雁来得早,霜也来得早。

◆立秋前早一天种早一天收。

◆秋天犁一犁,胜过春天犁十犁。

◆霜降见霜,谷米满仓。

◆寒露抓秋耕,来年粮满囤。

◆有钱难买秋后热。

◆白露早,寒露迟,秋分种麦正当时。

4. 冬

◆十月立冬,小雪,杂粮入于囷囤,乃泥封园,蔬入窖,犁茬地。

◆十一月大雪、冬至,农事毕,填牛羊圈,积粪土,以贮来岁之用。

◆十二月,小寒,腊雪布于野,则蝗蝻入地,宿麦盘根。

◆大寒,新酒初熟,乃碾谷米,以备春耕。

◆立一九,长一手。

◆吃了冬至饭,一天长一线。

◆冬至后十天,阳历过新年。

◆冬至立春四十五,一百零五到清明。

◆好冬好年好收成。

◆好冬好年,必定收田。

◆冰旺来年好收成。

◆大雪年年有,不在三九在四九。

◆地冻萝卜长。

◆地不冻,只管种。

◆冬雪是宝,春雪似草。

◆冬天铲去草,春来害虫少。

◆冬暖多瘟疫,夏冷不收田。

◆冬积一担肥,秋收一石粮。

◆冬雪是麦被,春雪是麦鬼。

◆冬天落雪麦上粪,春天落雪麦害病。

◆冬看果木夏看瓜,十月十五看棉花。

◆立冬不使牛。

◆小雪雪满天,来年是丰年。

◆冬无雪,麦不结。

◆腊七腊八,出门冻煞。

◆冬暖时时冻,春寒日日消。

冬

5. 岁月

(1)岁时

◆牛头羊尾汉如何,转过兔年笑呵呵。

◆羊马年,广收田,防备鸡猴那两年。

◆一年两头春,黄牛贵似金。

◆四季不要甲子雨。

◆冬至十八天,夏至当日回。

◆冷在三九,热在中伏。

◆初二三,月芽尖。

◆初一初二月暗头,初三初四娥眉月。

◆二十争争,月出一更;二十二三,月落正南。

◆二十四五,月亮出来正套牛。

◆属一伏,短一锄,吃了冬至饭,一天长一线。

◆十四十五落黏土,十七十八月落西洼。

◆季节不等人,一刻值千金。

◆春争日,夏争时,五黄六月争回耧。
◆四季地不闲,一年顶两年。
◆夏雨少,秋霜早。
◆春争日夏争时,样样农活不宜迟。
◆一年打两春,黄草谷草贵如金。
◆二月清明不见青,三月清明树满红。
◆立春晴一日,耕田不费力。
◆立春之日雨淋淋,阴阴湿湿到清明。
◆春旱不算旱,秋旱丢一半。
◆返了春,冻断筋。
◆有钱难买五月旱,六月连阴吃饱饭。
◆立罢秋,挂锄钩。
◆天河东西,小孩挤挤;天河南北,小孩不给娘睡。
◆冬走十里不明,夏走十里不黑。

(2)月时
◆春雨惊春清谷天,夏满芒夏暑相连。秋处露秋寒霜降,冬雪雪冬小大寒。
◆每月两节日期定,最多相差一两天。上半年在六廿一,下半年是八廿三。

正月
◆一月小寒接大寒,薯窖保温防腐烂。
◆七谷八黍十收麦。
◆乡下老儿且休舞,立罢春还冷四十五。
◆收豆不收豆,但看正月十六。
◆收花不收花,但看正月二十八。
◆正月十五雪打灯,一个谷穗打半斤。
◆正月二十晴,树芽发两层。

二月
◆立春雨水二月间,顶凌压麦种大蒜。
◆桑润条,麦润苗。
◆春打六九头。
◆二月二,龙抬头,风调雨顺好年头;
◆打好囤,备好梯,丰衣足食无忧愁。
◆二月二,龙抬头,大户小户使耕牛。
◆春分一到昼夜平,耕田保墒要先行。
◆春打六九头,七九、八九就使牛。
◆吃了立春饭,一天暖一天。
◆年前立春过年暖,过年立春二月寒。
◆春分前后怕春霜,一见春霜麦苗伤。
◆雨水有雨庄稼好,大春小春一片宝。

◆雨水前后,植树插柳。

◆杨柳梢青杏花开,白菜萝卜一齐栽。

三月

◆三月惊蛰又春分,整地保墒抓关键。麦收三月雨,还要当年墒。

◆三月不压场,麦子土里扬。

◆一过三月三,歇马就去鞍。

◆春雨满街流,收麦累死牛。

◆节气不等人,春日胜黄金。

◆春雾霜,夏雾雷,秋雾雨,冬雾风。

◆惊蛰有雷鸣,虫蛀多成群。过了惊蛰节,耕地不能歇。

四月

◆三月怕三七,四月怕初一,三七初一都不怕,只怕四月十二下。湿了老鸹毛,麦子水里捞。

◆燕子来在谷雨前,放下生意去种田。

◆四月清明和谷雨,种瓜点豆又种棉。

◆三月雨,贵似油;四月雨,好动锄。

◆春分早立夏迟,清明种田正当行。

◆清明麻谷雨花,立夏点豆种芝麻。清明有雨麦子壮,小满有雨麦头齐。

◆清明前后种瓜点豆。

◆芒种芒种忙忙种,芒种一过白白种。

◆芒种火烧天,夏至雨绵绵。

◆清明玉米谷雨花,谷子抢种至立夏。

◆清明高粱立夏后,小满芝麻芒种黍。

五月

◆五月立夏到小满,查苗补苗浇麦田。

◆麦到芒种生也割,熟也割。

◆麦子上了场,闺女去瞧娘。

◆收谷不收谷,单看五月二十六。

◆五月大,瓜果结不下;五月小,瓜果吃不了。

◆夏至有雨三伏热,重阳无雨一冬晴。

◆大旱不过五月十三。

◆有钱难买五月旱,六月连阴吃饱饭。

六月

◆芒种夏至六月天,除草防雹麦开镰。

◆锄头有水,锄头有火。

◆头伏萝卜二伏菜,三伏还可种荞麦。

◆有钱难买五月旱,六月连阴吃饱饭。

◆六月小,河边不长草。

◆初伏有雨,伏伏有雨。

◆过伏不种秋,种秋也不收。

◆属一伏短一锄。

◆淋伏头,晒伏尾。

◆小暑热,果豆结,小暑不热,五谷不结。

◆小暑起燥风,日夜好天空。

◆小暑一滴雨,遍地是黄金。

七月

◆小暑大暑七月间,追肥授粉种菜园。

◆天河南北,孩子不给娘睡;天河掉角,捞饭豆角;天河东西,收拾冬衣。

◆处暑不露头,是谷割喂牛。

◆过了七月节,夜寒白天热。

◆三伏有雨秋苗壮,三九有雪麦苗强。

◆朝立秋,凉飕飕;暮立秋,热到冬。

◆六月立秋秋后种,七月立秋秋前种。

八月

◆立秋处暑八月天,防治病虫管好棉。

◆秋风凉,光棍着了忙。

◆八月十五云遮月,防备来年雪打灯。

◆十五月亮十六圆。

◆二十八九,月亮出来扭一扭。

◆秋旱如刀刮。

九月

◆九月白露又秋分,秋收种麦夺高产。

◆重阳不雨看十三,十三不雨一冬干。

打场

◆处暑种高山,白露种平川,秋分种门外,寒露种河湾。

◆秋分秋分,昼夜平分。

十月

◆十月寒露和霜降,秋耕进行打场连。

◆参不落地不冻,有籽只管种,今年下琉璃,明年吃稠里。

◆立冬交十月,小雪地封严。

◆入冬麦盖三尺被,来年头枕蒸馍睡。

◆霜降不起葱,越长心越空。

◆寒露种麦正当时。

◆寒露蚕豆霜降麦,种了小麦种大麦。

◆立冬无雨一冬晴。
◆立冬晴,柴米堆得满地剩;立冬落,柴米贵似灵丹药。
◆立冬若遇西北风,定主来年五谷丰。

十一月至二月

◆立冬小雪十一月,备草收菜冻水灌。
◆小雪雪满天,来岁必丰年。
◆小雪下麦麦芒种,大雪下麦勿中用。
◆大雪冬至十二月,总结全年好经验。
◆冬至前头七朝霜,有米无砻糠。
◆冬至多风,寒冷年丰。
◆冬至天晴明,来年歌太平。
◆冬前霜多来年旱,冬后霜多晚禾直。
◆三九不冷夏不收,三伏不热秋不收。
◆小寒节日雾,来年五谷富。
◆大寒不寒,人马不安。
◆寒潮过后天转晴,一朝西风有霜成。
◆冬至雨,除夕晴;冬至晴,除夕地泥泞。
◆一九二九不出手,三九四九冰上走。五九六九,沿河看柳。七九河开,八九燕来。九九加一九,耕牛遍地走。

(二)农事要领谚语

1. 种地

◆七十二行,庄稼为王。
◆事在人为,地在人种。
◆四季地不闲,一年顶两年。
◆夏隔一日,秋晚十天。
◆夏播宜早,越早越好。
◆一季早,季季早,十年庄稼九年好。
◆上早三分壮,一晚三分薄。(早播)
◆人误地一时,地误人一年。
◆春种晚一天,秋收晚十日。
◆有钱买籽,没钱买苗。
◆桃树开花,地里种瓜。
◆榆钱满地,干湿种地。

2. 耕作

◆深耕加一寸,顶上一茬粪。

- ◆只要翻得深,黄土变成金。
- ◆种地不用问,精耕多上粪。
- ◆深耕细耙,天旱不怕。
- ◆麦收一张犁,秋收一张锄。
- ◆一和三不长,一毁三不成。
- ◆麦是虚土,根扎黄泉。
- ◆干犁湿和,不胜在家坐。
- ◆旱天锄地苗发旺,雨后锄地苗健壮。
- ◆七月不晒垡,晒垡打坷垃。

3. 播种

- ◆麦种三年,不换要变。
- ◆要想庄稼好,先把种备好。
- ◆一粒好种,千粒好粮。
- ◆加粪不如勤换种。
- ◆好种出好苗,好树结好桃。
- ◆麦收胎里富,种好一半收。
- ◆能叫饿断肠,不吃种子粮。
- ◆母大子肥,种好苗壮。
- ◆有苗一半收,缺苗三分丢。
- ◆稀谷稠麦吃饱饭,稠谷稀麦饿死人。
- ◆没有十成苗,难得十成收。
- ◆不稀不稠,放下指头。（木耧种麦定仓眼）
- ◆好地稀,赖地密;早播稀,晚播密。
- ◆秋分栽蒜,寒露种麦。
- ◆秋分早,霜降迟,寒露种麦正当时。
- ◆参不落地不冻,有籽只管种。
- ◆(寒露)早十天不早,晚十天不晚。
- ◆寒露到霜降,种麦日夜忙。
- ◆晚播弱,早播旺,适时偏早麦苗壮。
- ◆麦无二旺,冬旺春不旺。
- ◆人活一百,稚(早)谷子早麦。
- ◆种瓜得瓜,种豆得豆。
- ◆榆钱黄,种谷忙。
- ◆清明谷子谷雨花,谷子播种到立夏。
- ◆枣芽发,种棉花。
- ◆清明早,立夏迟,谷雨种棉正当时。
- ◆桃树开花,地里种瓜。

◆头伏萝卜末伏芥,中伏里头种白菜。
◆好种出好苗,好葫芦锯好瓢。

4. 管理

锄 地

◆光种不管,甭想高产。
◆地尽其用田不荒,合理密植多打粮。
◆地是铁来粪是钢,把粪施在刀刃上。
◆牛粪凉来马粪热,羊粪啥地都不错。
◆底肥不足苗不长,追肥不足苗不旺。
◆三分种来七分管,十分收成才保险。
◆秋耕田地地发暄,冬雪渗下不易干。
◆人治水来水利人,人不治水水害人。
◆立秋不耙,枉犁一夏。
◆地耙三遍墒自得(耙糖保墒)。
◆伏天、冻前划破皮,胜过秋后、开冻犁几犁。
◆立夏到小满,定苗锄草不要晚。
◆旱天锄地苗发旺,雨后锄地苗健壮。

◆麦收胎里富,秋收一张锄。
◆干犁莎草湿泥菅;刺蓟就怕连根剡(除顽草法)。
◆锄头有粪,越锄越嫩。
◆锄头底下有三宝:一水,二火,三除草。
◆一遍工夫一遍巧。
◆锄麦不宜深,深了伤苗根。
◆小麦丰产有三宝,肥足、种好、管理巧。
◆春耙麦梳头,麦苗绿油油。
◆地有唇,饿死人。
◆一粒粮食一滴汗,粒粒都是金不换。

5. 病虫防治

◆农药浸拌种,防病又防虫。
◆选得好,晒得干,石灰浸种防黑疸。
◆麦得白粉病,可用"粉锈宁"。
◆麦子黑了头,拔了别喂牛。
◆大寒猪屯湿,三月谷芽烂。
◆大寒牛眠湿,冷到明年三月三。
◆南风送大寒,正月赶狗不出门。

6. 施肥

◆粪是庄稼宝,没粪长不好。

◆伏天能积三圈粪,明年麦子打满囤。

◆马不喂料难爬坡,苗不压粪难发棵。

◆种地不养猪,等于秀才不读书。

◆羊粪当年壮,猪粪年年肥。

◆粪大水勤,不用问人。

◆巧犁耙不如拙上粪。

◆种地不上粪,等于瞎胡混。

◆庄稼一枝花,全靠粪当家。

◆宁放陈粮,不放陈粪。

◆煤渣茅粪泡,敢和麻糁摽。

◆人哄地皮,地哄肚皮。

◆地远不如地近,地近不如上粪。

◆积肥如积粮,粮在肥中藏。

◆扫帚响,粪堆长。

◆玉米最怕搦脖旱,小麦最怕从小贫。

◆清明追麦子,落把黑叶子。

◆人不勤俭不能富,马无夜草不能肥。

7. 雨水

◆麦收靠年墒。

◆麦收八、十、三场雨(八月,十月,来年三月)

◆泥里串,吃饱饭。

◆寸麦不怕尺水,尺麦却怕寸水。

◆麦子返青吃饱饭,谷子返青饿死人。

◆麦怕熟后雨,谷怕老了淋。

◆麦返青有面,谷返青人糠。

◆麦收三月雨,不胜二月下。

◆麦浇小,谷浇老。

◆麦看三月三,谷看七月七。

◆一冬无雪,麦子不结。

◆三月打雷麦堌堆。

◆掏钱难买五月旱,六月连阴吃饱饭。

◆修库筑坝,旱涝不怕。

◆麦盖三场被,小孩搂着蒸馍睡。

◆按时喂奶娃娃胖,合理浇水禾苗壮。

8. 收获

◆九九杨不落,芒种麦不割。

◆清明俩月,要吃新麦。

◆小满不满,芒种不管。

◆麦到芒种青有面。

◆麦熟一晌,蚕老一时。

◆芒种割麦,夏至出蒜。

◆枣花开,乱割麦。

◆麦子火里生金。

◆麦收两怕,风刮雨下。

◆麦不让场,豆不让晌。

◆细收细打,颗粒还家。

(三) 作物种植谚语

1. 小麦

◆白露早、霜降迟,寒露种麦正当时。

◆白露种高山,秋分种平川,寒露种河滩,种麦不过降露关。

◆麦耩黄墒谷露糠,芝麻耩到地皮上。

◆芝麻浅耕豆耕深,谷子、玉米影住身。

◆淤土地秋分前十天不早,沙土地后十天不晚。

◆参星正南,麦子种完。麦是火里生金。

◆麦子夹生割,谷子要熟过。

◆谷三千,麦六十,好收豌豆八个籽。

◆一寸没种少打一捧,一尺没苗少收一瓢。

◆麦收三月雨,不如二月下。

◆麦种不选,产量半减。

◆选好晒干,不生黑疸。

◆播前把种晒,芽子发得快。

◆麦种浸得好,来年乌麦少。

◆麦种毒谷拌,不怕害虫犯。

◆枣花开,乱收麦。

◆麦熟一晌,蚕老一时。

◆麦收三件宝:头多,穗大,籽粒饱。

◆缺垄谷子满垄麦。

◆密植小麦多打粮,又能防风又保墒。

◆太稀长草,太密压倒,不稀不密,合理才好。

◆秋分麦落泥,霜降麦头齐。

◆麦叶一二三,蝼蛄咬得欢。

◆麦子年前分了权,到了年后就不怕。

◆春分麦动根,一刻值千斤。

◆春雪化成河,麦子收成薄。

◆不怕湿冻,就怕干冷。

◆春寒久,麦歉收。

◆立夏到小满,倒伏定减产。

◆麦黄不要风,久风没收成。

◆花见南风,十穗九空。

◆地耙不平,麦出不匀。

◆麦田多敲敲,胜如下肥料。

◆人活一百,稀谷子稠麦。

◆麦收一张犁,秋收一张锄。

◆旱地早,水地晚;山地早,平地晚;薄地早,肥地晚。

◆小雪不出土,大雪不发股。

◆麦要火里秀,还得雨来救。

◆麦子不成行,远望一道墙。

◆一指浅,三指深,过了四寸就要闷。

◆麦收八十三场雨(八月、十月、三月)。

◆清明前后麦坐胎。

◆立夏麦挑旗,小满麦穗齐。

◆九九杨不落,芒种麦不割。

◆豌豆搅大麦,一亩地八布袋。

◆一早三分收,一晚三分丢。

◆春连阴,麦多病。

◆大麦开花水来浇,小麦开花火来烧。

◆谷怕淹,麦怕滩,扬花最怕连阴天。

◆小麦最怕立夏雨。

◆麦花落裂缝,打头准不轻。

◆十月里来小阳春,下场大雪麦盘根。

◆麦盖三床被,头枕蒸馍睡。

◆连年雪打灯,年年好收成。

◆小麦生性怪,不冷熟得快。

◆春暖麦子收,春寒麦子丢。

◆清明到立夏,倒伏最可怕。

◆人怕老来贫,麦怕老来风。

◆四月风,麦落空。

割　麦

◆要想吃白面,耕地牛走遍。
◆干打圪垃如上粪。
◆麦子锄三遍,皮薄多出面。
◆麦锄不宜深,锄深伤苗根。
◆二月小雪,小麦吃苦,旱锄两遍,可以弥补。
◆要想麦子好,冬灌少不了。冬月透,麦苗厚。
◆底肥看茬口,浮粪看麦苗。
◆正月无粪挑,麦子如牛毛。
◆要想吃麦面,碾压砘子串。
◆打春一百,拿镰割麦。
◆三月黄,三月黄,不到四月不得尝。
◆小满不满,芒种不管。
◆九九桃花不落,芒种麦子不割。
◆谷雨麦挑旗,立夏麦秀齐。
◆麦收两怕:风吹、雨打,若要不怕,抓紧镰把。
◆收麦有五忙:割、拉、打、晒、藏。
◆冬锄苗好,春锄草少,不锄收少。
◆种麦不浇水,庄稼就捣鬼。
◆麦怕胎里旱,保墒是关键。
◆夜冻日消,正好冬浇;只冻不消,不如不浇。
◆麦口浇茬,十年九不差。
◆大麦追芽,小麦追秸。
◆清明喂个饱,瘦苗能长好。
◆今年乌麦拔得净,来年麦苗长得横。
◆出九又九九,麦子才到手。
◆小满十八天,生熟都要干。
◆麦过芒种青有面,蒜过芒种分了瓣。
◆麦熟一晌,虎口夺粮。
◆湿麦进仓,烂个净光。
◆夏至不让晌,季节不等人。
◆麦收三月雨,还看当年墒。

2. 蜀黍(玉米)

◆夏至前后种蜀黍。
◆早种收籽,晚种收秆。
◆蜀黍带黄豆,十九年不漏。
◆稀苗密,密苗稀,不稀不密留大的。
◆头遍浅,二遍深,三遍把土壅到根。

◆麦追黄芽谷追节,蜀黍追肥七个叶。

◆蜀黍授了粉,收成准又稳。

◆出穗到成熟,只需四十五。

◆蜀黍地里卧下牛,还嫌蜀黍稠。

◆生根不压粪,长成蒿子根。

◆过了小暑,不种蜀黍。

◆蜀黍锄得嫩,等于上茬粪。

◆旱锄地皮涝锄深,不旱不涝下半寸。

◆蜀黍见了铁(锄),一夜长一叶。

◆小苗小浇,大苗匀浇,抽头大浇。

◆蜀黍抽穗怕刮风,一刮就斜倾。

◆涝收蜀黍,旱收绿豆。

◆蜀黍不上粪,只收一根棍。

◆好钢用在刀刃上,好肥用在攻穗上。

3. 豆类

◆谷雨前后,种瓜种豆。

◆芒种前,种大田;芒种后,忙种豆。

◆芝麻混杂豆,上下三棚楼。

◆豌豆喜欢红薯茬。

◆豌豆不怕旱,就怕出土雨来灌。

◆小满到,豌豆黄;有雨收,无雨丢。

◆扁豆扁,种得浅。

◆扁豆长得掩脚面,一亩能打一两石。

◆立夏种绿豆。

◆蜀黍地里套绿豆,十年九不漏。

◆五月冷,一棵绿豆收一捧。

◆大暑前,小暑后,两暑中间种黄豆。

◆芒种芝麻夏至豆,寒露种麦好时候。

◆入伏不点豆,点豆也难收。

◆小燕来到谷雨后,洼地种黄豆。

◆扁豆好收,黄豆不丑。

◆豆子一条根,只要犁得深。而后锄一回,顶上一次肥。

◆豆子锄三遍,豆角挂成串。

◆豆子难得露头雨。

◆旱收芝麻涝收豆。

◆小麦浇芽,油菜大豆浇花。

◆大豆最怕霜降早。

玉米丰收图

◆黄豆打七遍,还够买针线。

◆黑豆黄豆,寒露齐收。

◆旱豇豆,涝小豆,不旱不涝种扁豆。

◆豆类作物宜种浅,蚕豆、豌豆半边脸。

◆豌豆开花,就怕风打。

◆要得豌豆肥,多施草木灰。

◆三月初,种扁豆,不收一石收八斗。

◆扁豆过立夏,一天发根叉。

◆大暑前,小暑后,庄稼老汉种绿豆。

◆绿豆、绿豆,搁下箩斗。

◆雷打惊蛰后,低田好种豆。

◆槐花稠,豆子收;槐花稀,豆子秕。

◆重茬豆,打不够;豆见豆,必定瘦。

◆雨后锄一回,抵上一次肥。

◆干锄棉花湿锄豆。

◆荞麦豆子是水罐,耐淹不耐旱。

◆干叶湿荚,亩收石八;湿花干荚,有秆白搭。

◆白露豆结顶。

◆麦到芒种豆到秋,寒露才把豆子收。

拖拉机运豆秸

◆麦茬种黑豆,一亩一石六。

◆黑豆不知丑,五月开花结到秋。

4. 谷子

◆榆钱黄,种谷忙。

◆过了三月三,背着孩子拉着锨。

◆清明谷子谷雨花,谷子播种到立夏。

◆八十老头忘不了耩谷子早麦。

◆稠谷子稀麦哄死人。(合理密植)

◆斑鸠哭,耩早谷。

◆能种四月旱,不种五月湿。

◆谷耩一寸,等于上粪。

◆黑豆茬,种谷发;花茬谷,定发富。

◆谷种年年调,产量年年高。

◆稀倒谷子稠倒麦。

◆春天看干劲,秋后看谷穗。

◆养儿多读书,种田多种谷。

◆禾苗勤追肥,谷穗长尺余。

◆不怕土迷苗的眼,就怕谷地锄得晚。
◆二遍锄在夏至后,苗儿一镰割不透。
◆谷锄三遍米无糠,棉锄七遍白如霜。
◆谷锄七遍自成米。(三分种,七分管)
◆鸡娃叫得早,植谷一把草。
◆谷子不定苗,种一胡芦打二瓢。
◆从小干个死,到老一包子。
◆谷秀三场雨,遍地都是米。
◆白露割谷子,霜降摘柿子。
◆秧要抢栽,谷要抢收。
◆六月六,看谷秀,七月七,吃新米。
◆春谷宜晚,夏谷宜早。
◆豆茬种谷,必定有福。
◆重茬谷,坐地哭。
◆稀谷秀大穗,稠谷长秆草。
◆要想植谷饱,多种天星草。
◆谷子要好,犁深粪饱。
◆头遍苗,二遍草,三遍顺垄跑;头遍浅,二遍深,锄到三遍要封根。
◆谷锄七遍,穗长尺半。
◆麦锄三遍没有沟,谷锄三遍园溜溜。
◆麦浇苗,谷浇穗。
◆麦子返青满堂堂,谷子返青一把糠。
◆麦收夹生,谷收顶饱。
◆立秋十日吃早谷,处暑半月吃晚谷。

5. 红薯
◆桐花盛开,红薯快栽。
◆谷雨栽上秧,一棵出一筐。
◆五月栽薯重十斤,六月栽薯一把根。
◆红薯不害丑,一直长到秋后头。
◆砍了黍秆割了谷,瞧瞧红薯有多粗。
◆霜降不回家,霜打叶子垮。
◆红薯地,要深翻,薯块长得才舒坦。
◆别怕土层薄,壅成堌堆收成多。
◆勤翻秧,不扎根,一棵能长好几斤。
◆入窖红薯个个挑,一块有病坏一窖。
◆地窖要修好,通风薯烂掉。

谷子

◆谷雨下薯母,窖口不能堵。
◆暑伏不插秧,插秧光打光。
◆横一脚,竖一脚,一亩三千六百棵。
◆白露秋分,红薯生筋;寒露霜降,红薯生糖。
◆头遍深,二遍浅,三遍四遍如刮脸。
◆做瓦靠坯,种薯靠灰。
◆温度十五六,放到六月六,温度低到九,赶快封窖口。
◆寒露早,立冬迟,霜降收薯正适宜。
◆红薯半年粮,好好来保藏。
◆红薯本是庄稼宝,就看收存好不好。

6. 花生
◆过了谷雨种花生。
◆沙土花生黏土麦。
◆花生齐苗八成收。
◆花生锄花(开花时还锄)。
◆多收花生,讲究锄法:一检二垄三壅四压。
◆花生压蔓,多收一半。
◆花生是个泼辣货,不讲水肥讲土窝。
◆沙土花生,多收两成。
◆花生怕草咬,有草长不好。
◆麦前锄花生,一天顶两工。
◆头道抓,二道挖,三道四道如绣花。

7. 芝麻
◆春种芝麻秋打油。
◆地高土爽,芝麻肯长。
◆好地种棉花,薄地种芝麻。
◆重茬芝麻不用刹。
◆小满种芝麻,节节都开花。
◆芒种芝麻夏至豆。
◆过了芒种,不可强种。
◆立秋种芝麻,老籽不开花。
◆湿锄绿豆干锄花,蒙蒙小雨锄芝麻。
◆芝麻也算怪,既怕淹来又怕晒。
◆大麦茬,种芝麻。
◆高田种芝麻,低田种黄豆。
◆油见油,十年愁(怕重茬)。

◆枣芽发,种芝麻。

◆四月种芝麻,着地就发芽。

◆谷播浅,麦播深,芝麻只要隐住身。

◆夏至种芝麻,当头一蓬花。

◆芝麻怕痒,越锄越长。

◆芝麻不打叶,打叶就不结。

◆麦捆根,谷捆梢,芝麻捆到正当腰。

8. 油菜

◆四月初八晴,油菜好收成。

◆油菜喜欢生茬地。

◆霜打油菜芽,到老都不发。

◆移栽油菜没有巧,一边栽来一边浇。

◆小麦浇芽,油菜浇花。

◆种了油菜肥了田,一年油菜肥三年。

◆七成熟十成收,十成熟七成收。

◆小麦种迟没头,油菜种迟没油。

◆寒露种麦忙,油菜不能忘。

◆油菜移棵,不过小雪。

◆油菜定稀稠,下脚看着留。

◆干不死的芝麻,肥不死的油菜。

◆油菜断花,二十天归家。

9. 高粱

◆高粱黑豆,十种九收。

◆清明种高粱,六月接饥荒。

◆麦子去了头,秫秫埋着牛。

◆两垄高粱一垄豆,高矮作物双丰收。

◆要吃高粱面,带横连锄紧三遍。

◆湿锄芝麻,干锄秫秫。

◆麦旱老,秫秫旱小。

◆多施草木灰,秫秫出大堆。

◆白露砍高粱,寒露打空场。

◆洼地种高粱,家里多修仓。

◆立秋三天遍地红。

◆头遍扒,二遍埋,三遍封土快起来。

◆高粱浇老不浇小。

高 粱

◆高粱扬花怕雨淋。

◆秋苗上回粪,家里支好囤。

10. 荞麦

◆晚秋坏,种荞麦。

◆头伏荞麦一根棍,二伏荞麦一兜穗,三伏荞麦打满囤。

◆天旱种荞麦,必定有收获。

◆头伏萝卜二伏菜,三伏荞麦来得快。

◆七月荞麦八月花,九月荞麦收到家。

◆荞麦绿豆,六十天收。

◆荞麦三不收:风化、水化、焦化。

插秧种稻

11. 稻子

◆稻种两年,不选会变;一年一换,多打几石。

◆没有十成秧,难得十成收。

◆稻芽露嘴,赶快浇水。

◆惊蛰不浸谷,大暑稻不熟。

◆谷雨泡稻种,立夏秧下田。

◆深深耕,细细耙,清明前后把种下。

◆不要问爹问娘,小麦出穗下秧。

◆宁种隔夜地,不插隔夜秧。

◆秧过小满十月种,十月不种一场空。

◆宁可早泡十日田,不可早栽十日秧。

◆行对行,棵对棵,插得匀,收得多。

◆整地早,稻苗好。

◆宁可田等秧,不叫秧等田。

◆稻子长在犁头上,勤耕深耕上得壮。

◆耕得深,种得浅,稻穗长得碰着脸。

◆有草无草,二十天耥稻。

◆养猪靠糠,种稻靠秧。

◆种好三分收,秧好一半谷。

◆催芽注意温,里外翻动勤。

◆热水泡种,低温催芽,扭咀下种。

◆清明浸种,谷雨下秧。

◆二月清明不要慌,三月清明早插秧。
◆三月三,秧下田。
◆插秧嫁女,不避风雨。
◆四月立夏又小满,割罢大麦插秧田。
◆芒种插秧天赶天,夏至插秧时赶时。
◆栽秧栽得嫩,犹如上道粪。
◆要想秧子插得匀,屁股泥巴沾半斤。
◆养秧老,不如春耕早。
◆春分前,犁秧田。
◆要想稻穗长得大,五道犁头五道耙。
◆栽秧田不平,秋来无成。
◆旱天靠井,水田靠埂。

12. 棉花
◆清明早,立夏迟,谷雨种棉正当时。
◆枣芽发,种棉花,谷雨前后把种下。
◆棉花一条根,只要犁得深。
◆豆子收一石,棉花开一遍。
◆麦到立夏死,种花立夏止。
◆十年旱,九年好,就怕棉花苗不好。
◆立夏没棉苗,秋后没棉桃。
◆榆钱落地,棉花出世。
◆棉花培土好处多,抗风排涝结桃多。
◆要想棉桃大,及时打疯杈。
◆棉花出油条,长叶不长桃。
◆要收花,旱五八。
◆陈墙土,草木灰,多往棉花地里推。
◆立罢秋万事休,棉花治虫不能丢。
◆棉花不除虫,叶子一片红。
◆棉花不治虫,到了一场空。
◆棉蚜连成蛋,产量减一半。
◆棉花立了秋,大小一齐揪。
◆棉是秋后草,就怕霜来早。
◆轻霜棉无妨,酷霜棉株僵。
◆早春棉,减产少,夏棉霜早不得了。
◆霜后还有两喷花,摘拾干净把柴拔。
◆棉花不打杈,光长柴禾架;棉花不打杈,光长枝叶不开花。
◆打顶太晚棉花长成圪揽。

◆九九杨絮落,棉花开满坡。

13. 葵花、蓖麻

◆清明种花,谷雨种瓜。
◆春分早,谷雨迟,清明种花正当时。
◆碱地种葵花,沙地种蓖麻。
◆定根水,定根粪,葵花扎根一股劲。
◆井边栽葵花,路边栽蓖麻。
◆生地萝卜熟地麻。
◆蓖麻得了正月土,一个疙瘩二百五。
◆七月十五,割倒麻谷。

二、林业种植

◆要想富,种桐树。
◆晚春栽树自送命,小雪前后最成功。
◆桃三杏四梨五年,枣树栽上就见钱。
◆桃花开,杏花败,李子骨朵跟上来。
◆留有青山在,不怕没柴烧。
◆前人栽树,后人乘凉。
◆村有万棵树,不愁吃穿住。
◆山上多种树,等于修水库。
◆树坑要挖深,栽树坑中心。
◆冬栽桐树春杨柳,松柏栽到雨淋头。
◆沙里栽杨,泥里栽柳。
◆七月十五枣红圈,八月十五晒半干。
◆桃养人,杏伤人,李子树下抬死人。
◆无灾人养树,有灾树养人。
◆家有千棵桐,吃穿不受穷。
◆家有百棵树,变成大财主。
◆吃山不养山,丢了金饭碗。
◆三踏两埋一提苗,幼树栽上活得牢。
◆栽桐树,养母猪,十年发个大财主。
◆春栽杨柳夏栽桑,正月种松好时光。
◆栽树成林,风调雨顺。
◆山上无树坡无草,一遇暴雨全冲跑。
◆旱枣涝梨岗上杨,洼地种柳柳成行。

◆眼下人栽树,日后树养人。
◆远年富,栽树木;近年富,攒粪土。
◆生儿不养难成人,种树不护难成林。
◆能在人下为人,不在树下为树。
◆山怕无林地怕荒。
◆树栽牢不用浇。
◆七月枣,八月梨,九月柿子红了皮。
◆冬天栽树如做梦,春天栽树害场病。

三、饲　　养

◆小猪要游,大猪要囚。
◆老马识途。
◆全膘全吃,半膘半吃。
◆槽口平,吃到明。
◆盆头(猪崽)好吃手。
◆牛不喝水强捺角。
◆有料没料,四角搅到。
◆草膘料力水精神。
◆要想富,多养兔子老母猪。
◆铁打骡子,纸糊马。
◆泥里骡子雪里马,干天还是驴把滑。
◆人无外财不发,马无夜草不肥。
◆瘪牛喂糊糊,一月变成大猛虎。
◆母牛下母牛,三年两犋牛。
◆养猪无巧,窝干食饱。
◆农民不喂猪,等于秀才不读书。
◆三羊二猪一头牛,月月花钱不用愁。
◆寸草铡三刀,没料也上膘。
◆要得肥,五加皮;要得饱,羊膻草。
◆牛怕晨霜,羊怕夜雨。
◆驴不吃夜料没劲,牛不吃夜草不肥。
◆老配早,少配晚,正口配中间(牲畜配种时间)。
◆牛要温饱,马要夜草。
◆春买骨头秋买肉(指牲畜上膘速度,也指买牲口看膘)。
◆渴不急饮,饿不急喂。
◆草驴十年买,叫驴十年卖。

喂牲口

- 卧牛不乏,乏牛不卧。
- 一个猪娃不吃糠,两个猪娃吃得香。
- 养猪养羊,有肉有粮。
- 养鸡养鸭,致富发家。
- 猪吃百样草,无料也上膘。
- 家里养对兔,不缺油盐醋。
- 驴流鼻涕牛咬牙,快请兽医把药拿。
- 喂猪不垫圈,不是庄稼汉。
- 养兔无奇巧,地干不喂露水草。
- 养个鸡鸡兔兔,穿个袄袄裤裤。
- 猪怕吃渣羊怕吃沙。
- 猪多羊多肥多粮多。
- 冬天不喂牛,春天愁白头。
- 多养鸡鸭多下蛋,经常不缺零花钱。
- 冬喂呼啦啦,夏喂扑喳喳。
- 牛怕过冬,马怕受风。
- 驴打嘟噜牛倒沫,庄稼老汉笑呵呵。
- 肺中寒,吐白痰,一吭二吭,肺气不通;一呛二呛,肺经受伤。
- 喂犊勤上圈,不买化肥买彩电。

四、气象变化

- 早烧云不出门,晚烧云晒死人。
- 燕子钻天蛇挡道,不过三天大雨到。
- 常刮东风下大雨,常刮西风天定晴。
- 东虹响雷西虹雨,南虹出来发大水。
- 春雾雨,夏雾热,秋雾凉风,冬雾雪。
- 连阴夜晴没好天。
- 风搅雪,下半月。
- 关门风,开门住,开门不住刮倒树。
- 东北风头大,西北风腰粗。
- 九月雷声发,大旱一百八。
- 八月初一下一阵,旱到来年五月尽。
- 早上冷,下午热,要想下雨等半月。
- 夜里西风掀,明日响晴天。
- 早晨下雨一天晴,夜里下雨到天明。
- 久旱西风雨,久涝东风晴。

◆蜻蜓满天飞,下雨淋透坯。
◆箕山戴帽,长工睡觉。
◆夏天云彩有红边,下雨一定带冰块。
◆大雪年年有,不在三九在四九。
◆四月八,大风刮,十条沟九条挖。
◆北风不过酉(下午六时),南风连夜吼。
◆十雾九晴。
◆晚天西南明,来日必定晴。
◆天上钩钩云,地上雨淋淋;天上瓦块云,地上晒死人。
◆北山雾腾腾,不是下雨便刮风。
◆七阴八下九不晴。
◆干冬湿年下。
◆水缸潮半截,必定踏湿鞋。
◆雨搅雪,下半月。
◆早看东南,晚看西北。
◆落乌云坐,明天好推磨。
◆红云变黑云,必然大雨淋。
◆先下毛雨无大雨,后下毛雨难晴天。
◆东虹呼雷西虹雨。
◆烟扑地,有潮气。
◆热生风,冷生雨。
◆早上出虹是雨天,下午出虹是晴天。
◆黑云白云对着跑,这场冰雹少不了。
◆有风不起雾,十雾九晴天。
◆日落黑云起,半夜三更下大雨。
◆白天东南风,夜晚湿衣衫。
◆一天南风三天暖,三天南风变了脸。
◆东风下雨西风晴,刮了南风下不成。
◆东风送湿西风干,南风吹暖北风寒。
◆日出胭脂红,无雨便是风。
◆霜后南风连夜雨,霜后东风一月晴。
◆一年三季东南雨,独有夏至东风晴。
◆急风易晴,慢雨难开。
◆早晨下雨一天晴,夜里下雨到天明。
◆一场秋雨一场寒,十场秋雨穿上棉。
◆四月八,大风刮,十条沟九条挖。
◆八月十五云遮月,来年十五雪打灯。
◆早烧云不出门,晚烧云晒死人。

◆东虹响雷西虹雨,南虹出来发大水。
◆雷轰天顶,有雨不猛;雷轰天边,大雨涟涟。
◆鸟高飞,晴天报;鸟低飞,雨天到。
◆灶烟往下落,不久大雨泼。
◆燕子低飞泥鳅跳,鸡子晚宿是雨兆。
◆天阴没露水,风大露水稀。
◆蜘蛛上吊,下雨前兆。
◆冬雾连阴夏雾晴。
◆久晴大雾雨,久阴大雾晴。
◆月亮扎天,地皮不干;月靠北坡,有雨不多。
◆烧云烧到顶,大雨下满井。
◆月发红,大风定。
◆南山雾腾腾,不雨就刮风。
◆东北风主寒,西北风主旱。
◆东睁西方暗,有雨等不到吃饭。
◆星星稠,雨点稀。
◆早上烧云沤麻,晚上烧云晒铧。
◆水面起泡,大雨必到。
◆蚂蚁行军,大雨来临。
◆蛤蟆早晨叫,三五天内雨来到。
◆嵩山戴帽,长工睡觉。
◆九月九不下等十三,十三不下一冬干。
◆云彩北,干研墨,云彩东,一场空,云彩西,披蓑衣,云彩南,大水潭。
◆水缸穿裙,大雨来临。
◆雨下惊蛰前,弃商去种田。
◆蚂蚁搬家蛇过道,明日必有大雨到。
◆日落胭脂红,无雨也有风。
◆秋雁当头叫,必有大风到。
◆夏天的阵雨,来得快,去得快。
◆云往东,刮大风;云往南,大水潭;云往北,干研墨;云往西,关爷骑马披蓑衣。
◆太阳一出似月白,大风后面紧跟来。
◆东闪日头西闪雨,南闪火门开,北闪有雨来。
◆早霞不出门,晚霞行千里。
◆星星稀,晒死鸡。
◆小鸡上窝早,明天天气好。
◆旱年冬天爱刮风。

刮大风

◆秋前北风秋后雨,秋后北风干到底。

五、生活修养

(一) 生活

◆千看万看,不如经手一遍。

◆学问学问,不懂就问。

◆不懂装懂,是个饭桶。

◆学会武艺不压身。

◆杀猪杀屁股,各有各的杀法。

◆会看看门道,不会看的看热闹。

◆会者不忙,忙者不会。

◆不见兔子不撒鹰。

◆儿不嫌娘丑,狗不嫌家贫。

◆一物降一物,卤水降豆腐。

◆有智慧不在年老少。

◆树怕没皮,人怕没脸。

◆好鞋不踩臭狗屎。

◆蠓虫过去也有影儿。

◆锣鼓听声,听话听音。

◆一窝老鼠不嫌臊。

◆光敲梆子不卖油。

◆占着茅坑不拉屎。

◆反贴门神不对脸。

◆听风就是雨。

◆不养儿不知报娘恩。

◆天上下雨地上流,小两口打架不记仇。

◆儿大不由娘。

◆人眼是杆秤。

◆好钢使到刀刃上。

◆此地没朱砂,红土也为贵。

◆平地莫大意,下坡要小心。

◆不做亏心事,不怕鬼敲门。

◆要想人不知,除非己莫为。

◆懒病不能害,害了家光败。

◆东西大,人喜欢;架子大,人讨厌。

◆眼看千遍不如经手一遍。

- ◆害人之心不可有,防人之心不可无。
- ◆浇花浇根,交人交心。
- ◆是亲三分向,是灰热起土。
- ◆年年防旱,夜夜防贼。
- ◆小姑贤,婆媳亲;小姑不贤乱了心。
- ◆远亲不如近邻,近邻不如对门。
- ◆不受苦中苦,难得甜上甜。
- ◆不经冬寒,不知春暖。
- ◆明枪好躲,暗箭难防。
- ◆养兵千日,用兵一时。
- ◆鸡窝里飞不出凤凰来。
- ◆狗嘴里吐不出象牙来。
- ◆软刀子杀人不见血。
- ◆外来的和尚会念经。
- ◆娇生惯养,没有好儿郎。
- ◆好女不如好女婿,好儿不如好儿媳。
- ◆千枝连根,十指连心。
- ◆要知父母恩,怀里抱儿孙。
- ◆笑一笑十年少,愁一愁白了头。
- ◆害人终害己,为人为到底。
- ◆仇结仇,没有头。
- ◆他仇我不仇,冤家即了休。
- ◆树老半心空,人老百事通。
- ◆善恶到头终有报,远走高飞也难逃。
- ◆宁走十步远,不走一步险。
- ◆十句好话能成事,一句坏话事不成。
- ◆漫天要价,就地还钱。
- ◆先尝后买,才知好歹。
- ◆不怕虎狼当面坐,只怕人前两面刀。
- ◆宁救百只羊,不救一条狼。
- ◆偷来钱,两三天;血汗钱,万万年。
- ◆猪是猪,羊是羊,猪肉长不到羊身上。
- ◆一瓶子不满,半瓶子晃荡。
- ◆打人不打脸,骂人不揭短。
- ◆论吃还是家常饭,论穿还是粗布衣,知冷知热结发妻。
- ◆饱汉不知饿汉饥,坐轿哪知抬轿苦。

(二)修养

- ◆立多大的志,办多大的事。

◆为人能立三分志,不怕龙门万丈高。
◆玩物丧志。
◆根深叶茂,志壮才高。
◆天下无难事,只要肯登攀。
◆只要意志坚,凡人能成仙。
◆人心坚,嵩山穿。
◆立下愚公志,能把嵩山搬。
◆无志山压顶,有志搬嵩山。
◆男儿十五立父志。
◆雄鹰靠翅膀,做事靠志向。
◆吃不穷,花不穷,人无志气一世穷。
◆宁可穷而有志,不可富而失节。
◆富不癫狂,穷不志短。
◆男人无志纺棉花,女人无志回娘家。
◆人无志,刀无钢,枉活一世徒悲伤。
◆月怕十五年怕半,人怕志短天怕旱。
◆人长精神马长膘,罗锅还想伸直腰。
◆开弓没有回头箭,不到黄河不死心。
◆宁进牢门,不进狗洞。
◆不怕人不敬,就怕己不正。
◆井淘三遍吃甜水,人受教育武艺高。
◆用爱心来做事,用感恩的心做人。
◆有多大的思想,才有多大的能量。
◆成功者绝不给自己软弱的借口。
◆你只有一定要,才一定会得到。
◆决心是成功的开始。
◆成功者绝不放弃。
◆成功永远属于马上行动的人。
◆九十九次的理论不如一次的行动来得实际。
◆一个缺口的杯子,如果换一个角度看它,它仍然是圆的。
◆你要做多大的事情,就该承受多大的压力。
◆天空黑暗到一定程度,星辰就会熠熠生辉。
◆羡慕别人得到的,不如珍惜自己拥有的。
◆一人不说两面话,人前不讨两面光。
◆人怕放荡,铁怕落炉。
◆人怕私,地怕荒。
◆人是实的好,姜是老的辣。
◆不要骑两头马,不要喝两头茶。

从小爱劳动

- ◆只可劝人家圆,不可劝人家离。
- ◆宁可正而不足,不可邪而有余。
- ◆和气生财,忤逆生灾。
- ◆学好三年,学坏三天。
- ◆知足得安宁,贪心易招祸。
- ◆行为不正经,舌头短三分。
- ◆明人不做暗事,真人不说假话。
- ◆学好千日不足,学坏一日有余。
- ◆放虎归山,必有后患。
- ◆刻薄不赚钱,忠厚不折本。
- ◆银钱如粪土,脸面值千金。

(三)治家

- ◆勤是摇钱树,俭是聚宝盆。
- ◆一年锅里不下豆,三年盖个大门楼。
- ◆三年不吸烟,省下买个大老犍。
- ◆新三年,旧三年,缝缝补补又三年。
- ◆三人一条心,黄土变成金。
- ◆早起三光,晚起三慌。
- ◆门庭干净为鸿福,家道安合是好春。
- ◆家贫出孝子,国难出忠臣。
- ◆饿死不吃种子粮,来年下种心不慌。
- ◆养不教,父之过;教不严,师之惰。
- ◆邻居好,吃饱饭;受人挑,抱着瓢。
- ◆饥时给一口,胜过饱时给一斗。
- ◆生子不养父母过,养子不教更为错。
- ◆树枝不剪要长歪,子女不教难成材。
- ◆有错常护短,失足怕已晚。
- ◆一言一行多示范,一点一滴多指点。
- ◆孩子好奇不算奇,父母不理才稀奇。
- ◆要想孩子早懂事,父母需做好教师。

六、习俗风情

(一)习俗

- ◆百里不同风,十里不同俗。
- ◆风土民情,不知不行。

- ◆河东河西不同风,山南山北俗不同。
- ◆一窑炭火一窑砖,一方水土一方人。
- ◆生吃蚂蚱熟吃蛇,一方人信一方邪。
- ◆入乡随风俗,总不坏规矩。
- ◆进村拜土地,入国先问禁。
- ◆乡风不可轻,民风不可违。
- ◆走乡随乡,入土随俗。
- ◆一家门是一个天,到了哪湾是哪湾。
- ◆唱戏的叫戏子,说书的称先生。
- ◆东打鼓,西撞锣,敲盆敲桶救月婆。
- ◆木匠走夜路,锛子扛在肩。
- ◆隔条坳,不同道;隔条江,不同腔。
- ◆村有村规,门有门风。
- ◆初来乍到,摸不着灶。
- ◆门不离五,床不离七。

(二)风情

- ◆南不言北语,北不用南言。
- ◆洛阳精,开封能,抵不住开封一咕哝。
- ◆出差到洛阳,定把水席尝。
- ◆阳城女,翟州小,洛阳秀才文采好。
- ◆河南人待人好,表示亲热叫老表。
- ◆东店萝卜超化蒜,王村姑娘老好看。
- ◆山东响马陕西贼,嵩山尽出溜光锤。
- ◆河南人口头甜,不叫大爷不开言。
- ◆河南四大荒:水、旱、蝗、汤(反动军阀汤恩伯)。
- ◆洛阳花会两大景,日看牡丹夜观灯。
- ◆城里人气粗,乡下人腿粗。
- ◆城里人不往乡下人要地,乡里人不跟城里人斗气。
- ◆城里人到乡下一顿饭,乡里人到城里一顿站。
- ◆城吃乡,理应当;乡吃城,万不能。
- ◆南京到北京,老字是官称。
- ◆李王张刘陈,天下一半人。
- ◆国家有法,江湖有道。
- ◆江湖诀,不对外人说。
- ◆江湖一张纸,点破不值钱。
- ◆尼姑奔庵,江湖奔班。
- ◆亲有三代,族有万年。

七、节俗礼俗

（一）节俗

◆守岁,守岁,增福添贵。
◆年下早开门,元宝往里滚。
◆过大年放花炮,穿新衣戴新帽。
◆过年不放炮,妖魔鬼怪到。
◆初一拜父母,初二走亲戚。
◆破五送穷灰,十字路口堆成堆。
◆正月初五扫穷灰,扫得穷灰倒粪堆。
◆元宵吃罢年过完,准备春耕去种田。
◆二月二,龙抬头。
◆三月三,砍枣杆,砍一斧子打石三。
◆三月三,荠菜馄饨家家端。
◆三月清明雨纷纷,家家户户上祖坟。
◆端阳节,门插艾,五毒虫不敢来侵害。
◆五月端午不戴艾,死了变个老驴驮布袋。
◆六月六,请闺女。
◆七月七,牛郎鹊桥会织女。
◆七月十五鬼门开,烧香化钱免祸灾。
◆八月十五月儿圆,水果月饼摆得全。
◆九月九,都敬老,在外儿女往家跑。

习　俗

粮囤

◆年前剃光头,来年上高楼。

◆冬前十月一,家家把祖祭。
◆冬至不端饺子碗,冻掉耳朵没人管。
◆十月一,烧寒衣。
◆吃了腊八饭,就把年来办,碾米又磨面,赶集又上店。
◆腊月二十三,家家祭灶官。
◆招财进宝,年年都好。
◆老人房门贴福,媳妇房门贴喜。
◆粮囤贴五谷丰登,槽头贴六畜兴旺。
◆年三十,包饺子。
◆大年初一,撅屁股作揖。
◆大年初一,骡马歇一歇。

(二)礼俗

◆选的日子择的期,天下刀子不能移。

◆做姑娘扎辫,做媳妇挽鬏。

◆男人娶亲要剃头,女人结亲要扯脸。

◆闺女出闺房,好事也要哭一场。

◆送客的馄饨,迎客的面条。

◆一把花生,一把枣,生的儿女满院跑。

◆新床四角放枣子,生的娃娃像老子。

◆三天没老少,洞房只管闹。

◆生娃吃红蛋,过生吃喜面。

◆出嫁女不从耳门出,月婆娘不进他人屋。

◆住九住九,七天就走,婆家发财,娘家也有。

◆麦梢黄,女瞧娘;收罢麦,娘瞧女。

◆六十岁做整生,八十岁上做大寿。

◆男守灵,女哭丧。

◆儿子哭丧,惊天动地;女儿哭丧,真心实意;媳妇哭丧,如同唱戏;女婿哭丧,好像放屁。

◆长子摔盆打幡,次子跟在后边。

◆孝子百日不剃头。

◆头周年凄,二周年淡,三周年当红事办。

◆强宾不压主。

◆只兴吃个饱,不兴拿着走。

◆客不离位,主不离席。

◆长辈上席坐,晚辈边上磨。

◆闰月年女送雁,爹娘吃了活一万。

◆人差理不差,小姨子不住姐夫家。

◆穷不挪门,富不挪坟。

八、禁　　忌

◆正月忌头,腊月忌尾。

◆大年三十莫多嘴,大年初一莫挑水。

◆吃斋能成佛,牛马上西天。

◆七不出门八不归,九九出门多是非。

◆三月三,九月九,无事不在河边走。

◆男人病怕三、六、九,女人病怕一、五、七。

◆六月、腊月不成亲,成亲成后婚。

- ◆女人带红拜花堂,小心婚后遭灾殃。
- ◆儿大避母,女大避父。
- ◆男人不参女人行,女人不进男人房。
- ◆正月不剃头,剃头死舅舅。
- ◆早不说梦,晚不梳头。
- ◆早上出门不说嘴,晚上进屋不讲鬼。
- ◆门前栽黄楝,父子不见面。
- ◆黑了不照镜,照镜做恶梦。
- ◆床不顺梁放,顺梁遭祸殃。
- ◆过午不探病,半夜不叫门。
- ◆影子不让别人踩,踩了影子有病灾。
- ◆公是公,婆是婆,公媳不兴同凳坐。
- ◆男人头,女人脚,只许看,不许摸。
- ◆见蛇就打,死了变马。
- ◆扫地莫要朝外扫,莫把财气扫跑了。
- ◆看人宰牛手剪背,牛王神灵不降罪。
- ◆宁与小叔打闹,不与兄长逗笑。
- ◆药锅不兴还,还了惹人烦。

第四节　歇　后　语

歇后语是自古以来产生于劳动人民中的口头文学,具有幽默、风趣、直接的特点,深受人们的喜爱。嵩山地域乡村里的农民,平常说话,都离不开歇后语,有时很生气的事,只要用歇后语一说,就把人逗笑了。因而歇后语能调节气氛,拉近人与人的感情,起到一般语言起不到的作用。

歇后语的特点是多作句子成分,或依附某语言环境,侧重喻形喻情,喻解体若即若离,讲述时可以乃至必须有较长的停歇,其有效成分只在后半句(解体)。

嵩山地域歇后语摘录:

- ◆十五个人吵架——七嘴八舌
- ◆小胡同里赶猪——直来直去
- ◆小秃剃头——省劲
- ◆小葱拌豆腐——一青(清)二白
- ◆一头撞到阎王爷怀里——冒失鬼
- ◆二十亩地一棵草——单根独苗
- ◆九月的甘蔗——节节甜
- ◆八仙过海——各显神通
- ◆老太太纺花——慢慢上劲

老虎尾巴挂"扫帚"——威风扫地

◆石淙河里的鱼——七上八下
◆庄头耍狮子大开口——玩麻哩(古用麻做狮子皮)
◆超化集——算(蒜)事(市)
◆枣核儿解板——冇几句(锯)儿
◆鼻孔里塞软枣——小事(柿)儿
◆吃荆条扁箩头——现编
◆戴礼帽祭灶——排场二十三
◆豁子吃凉粉——利利亮亮
◆犁地淹死牛——伤(墒)透啦
◆纺花车搬到当院里——亮亮小妮的本事
◆剃头带捏眼(吹响器)——一拿二
◆剃头挑子——一头热
◆石碌上点灯——照常(场)
◆买眼镜买个辘轳圈儿——对上眼啦
◆放屁过罗——假二细
◆蚂蚁脖子上戳一刀——不是那出血筒子
◆大腿上冒烟——胯气
◆年三十逮个兔子——有它过年,冇它也过年
◆老鼠拉木锨——大头在后头哩
◆对牛弹琴——一窍不通
◆屎壳螂爬到脚面上——不咬硬膈应(讨厌)
◆扫帚戗门——净叉儿(岔儿)
◆牛犊抹枷板儿——不拘脸儿

◆狗咬刺猬——无处下嘴
◆茅坑里的石头——又臭又硬
◆罗锅腰上树——前(钱)缺
◆云彩里摆手——高招
◆少林寺的和尚——拳(全)是好样的
◆天空中挂灯笼——高明
◆老虎尾巴挂"扫帚"——威风扫地
◆孔夫子放屁——文气
◆飞机上撒牡丹——天花乱坠
◆雨后送伞——过时了
◆宋诗杰告状——走着说着
◆吊死鬼卖俏——死不要脸
◆河里的螃蟹——有家(夹)

对牛弹琴——一窍不通

- 牛犊吃奶——猛一兑(莽撞)
- 屎壳螂碰见冒肚(拉肚子)——囤不成蛋儿啦
- 朝廷爷冒肚(拉肚子)——经(京)里稀(少见)
- 泥塑匠不给神磕头——知道你是哪坑儿里的泥
- 土地爷胳膊——麻缠
- 呱呱鸡上南坡——各顾各
- 河里尿尿——随大流
- 俩哑巴亲嘴——冇啥说
- 蚂蚁尿尿——湿不深(识不了几个字)
- 推小车(独轮车)不用襻儿——玩手劲儿哩
- 墙上挂帘子——冇门儿
- 蒜臼埋到地底下——发不粗也长不长。
- 卖煤的跟个狗——白吃干粮
- 敲锣寻孩子——丢人打家伙
- 南街的火神——甭说闲话
- 头发丝穿豆腐——冇法提
- 猫吃尿脬——瞎喜欢
- 一百个欣球(傻子)来磕头——算个总欣球
- 黄鼠狼播(生)兔娃儿——一窝不胜一窝
- 鼻涕流嘴里——自己吃自己的
- 蚂蚁戴枷板儿——充大牲口哩
- 磨道里找驴蹄——冇事找事
- 碓锤砸磨盘——实(石)打实(石)

铁拐李摆摊——蹩脚货

- 屎壳螂爬到扫帚上——看你会结个啥茧
- 剥花生剥出个羊屎蛋儿——算啥人(仁)哩
- 铁拐李摆摊——蹩脚货
- 秃子跟着月亮走——谁也不沾谁的光
- 剃头扁担——不长
- 菜瓜打锣——一槌交易
- 洗衣裳不拿棒槌——清摆
- 胖婆娘骑瘦驴——肥瘦相搭
- 西瓜皮烧火——不咋着
- 从小嫁给张罗的——背圈一辈子
- 下大雨站到当院里——轮(淋)着了
- 房檐滴水——照坑流
- 闺女穿她娘的鞋——老样儿
- 三眼枪打兔子——没准头儿
- 卖包子敲锅盖——熟透了(糟糕透了)

- ◆磨眼塞套儿(旧棉花)——干轰隆不下
- ◆蛟川(蚯蚓)寻它娘——曲溜拐弯
- ◆头发丝儿提尿罐儿——细襻儿
- ◆买个蒸馍揣怀里——自己哄自己
- ◆恶老雕落到响器棚上——抓响了
- ◆要饭吃的扔了棍儿——懒得给狗下劲儿
- ◆河里的石头——逛(光)蛋儿(淘气)
- ◆瞎子吃粽子——闻枣(趁早)
- ◆"二百五"拾柴禾——啥也不啥
- ◆放屁打彩脚——遮丑儿哩
- ◆大年初一借袍子——你弄啥哩,我弄啥哩
- ◆鸡子叨炮——寻着挨崩哩
- ◆棉花碓锤——摧(骗)死人不偿命
- ◆荞麦皮打糍子——不粘板儿(不顶事)
- ◆一口吃个砂锅——光知道脆,不知道碜
- ◆温罐里的水——不动(冻)
- ◆一百个去掉十七个——都要合着你那八十仨啦
- ◆腰上束葛条——山货(没见过大世面)
- ◆瘸子送客——紧易撑
- ◆靠山红梨——中看不中吃
- ◆山西到河南——两省
- ◆皮筇篱——不漏汤儿
- ◆聋子耳朵——摆设
- ◆仰背角尿尿——流哪算哪
- ◆炊帚骨朵戴帽——充人头哩
- ◆观音菩萨——有求必应
- ◆芝麻秆喂驴——吃不吃让到
- ◆瞎猫逮个死老鼠——冒碰的
- ◆哈巴狗捂住眼——瞎欢儿
- ◆土地爷牵只猴——老玩家
- ◆老母猪过门坎——龇奈皮(恶心人)
- ◆翘腿尿尿——作狗怪哩
- ◆老和尚帽子——平扑塌
- ◆猫舔眵目糊——登鼻子上脸
- ◆闺女穿她娘的鞋——前(钱)窄
- ◆秆草卷老头儿——丢大人
- ◆串街卖红柿——专拣软的捏

观音菩萨——有求必应

- ◆嵩顶上摆手——高招
- ◆剃头匠收摊——冇头了
- ◆榆木疙瘩——不开窍
- ◆戴眼镜揉肚——瞅病
- ◆毛驴戴槽铃——充大牲口哩
- ◆老鼠玩线柱儿——戳戳唧唧
- ◆老鹰叼鳖盖——硬对硬
- ◆哈巴狗撵兔子——要腿没腿,要嘴没嘴
- ◆尖嘴骡子卖个驴价钱——都吃亏在嘴上了
- ◆上鞋不拿锥子——针(真)中
- ◆石狮子屁股——没门儿
- ◆竹篮打水——一场空
- ◆泥菩萨过河——自身难保
- ◆门神里头卷灶爷——画(话)中有画(话)
- ◆老虎拉车——没人赶(敢)
- ◆抱着元宝跳井——舍命不舍钱
- ◆水牛掉在井里头——有力使不上
- ◆赤肚子穿皮袄——凉半截
- ◆三天爬不到河里——晕鳖
- ◆土地爷拐棍——神捣
- ◆小鸡不吃米——喂(为)啥
- ◆头上着火——不救自危

第五节　民俗笑话

民俗笑话也叫民间趣事或滑稽故事,是使人发笑的民间老幼皆知、交口相传的短小故事。体裁较短,多以生活为题材,富有引人深思的幽默感和逗人发笑的趣味性,具有很强的讽刺意义。

农村多在节日村头饭场及夏日乘凉处、冬日取暖处逗乐取笑,以除劳后之疲。流传在嵩山地域的民俗笑话,大都是讽刺和鞭挞那些好逸恶劳、自私自利、贪图富贵的人或旧社会贪赃枉法、为非作歹的贪官污吏。虽然其中也掺杂有少数低级趣味的笑话,但随着社会的进步和发展,大多已被遗弃。

嵩山地域民俗笑话摘录:

一、不　要　命

几个人在一起吃早饭,最好的菜是豆腐,有一个人专拣豆腐吃,别人问他:"你为什么专拣豆腐吃啊?"他答道:"豆腐是我的命啊!"

中午饭菜里又加了一些猪肉片,这人又专拣肉片吃,别人又问:"豆腐不是你的命吗?你为什么又专拣肉片吃?"他说:"我见了肉就不要命了!"

二、比 美

从前有兄弟二人,都觉得自己媳妇长得美。老大说:"天下女人数俺媳妇长得美。"老二不服气地说:"我看地上的娘儿们都没俺媳妇长得美。"二人互不相让,争得脸红脖子粗,只好去找他们爹评理。他爹问明情况后,说:"甭吵了,我看她们都没你娘长得美。"

民俗笑话

三、自病不觉

过去,一个教书先生嫌一个学生写的文章不好,总是嫌他写文章用"了"字太多。一次,这个学生又写了一篇文章,送给先生批阅,先生看了学生的文章后,当即写了一个批语:"了了了,了了了,用的了字太多了,以后不用了这就好了。"写罢,他扔给了学生。学生捡起文章一看批语,数了数光一个批语就用了十个"了"字,禁不住大笑起来。先生一看学生不仅不接受批评,反而笑话自己,便厉声地问道:"笑啥哩?""我笑有个人眼高手低,自病不觉。"学生直爽地回答。先生把眉头一皱,气愤地说:"你这不懂礼貌的学生,气死我了。"

四、置业不知败业难

从前,有个纨绔子弟,他父母死后,不知经营,只知吃、喝、嫖、赌,挥金如土。为了玩乐,他把家里上辈留下来的所有财物都卖完了,无奈又卖房子,卖了房顶,又拆墙卖砖,但砖墙乃石灰垒成,多年多代十分坚固,他拆得满头大汗,筋疲力尽,无奈坐在墙边大哭起来,一边哭一边诉说着:"老年人啊!你们真不会为下辈人着想,你们把砖垒得这么结实,叫我实在难拆,你们真不知道置业没有败业难哪!"

五、哭爹找不着墓谷堆

很早以前,嵩山西麓有个村,村南紧临石河滩。村里有一个脾气倔强的青年小伙子,善于和他父

亲抬杠闹别扭，根本不听父亲之言，叫他往东，他偏往西，叫他打狗，他却撵鸡。其父感到十分生气，一气之下病倒在床，汤水不进，病情渐渐恶化。他父亲想，这小子一辈子就没听我一句话，我死以后，若叫他把我埋高处，他一定会把我埋低处；若叫他把我埋在低处，他一定会把我埋在高处。于是，他临终时对儿子说："我死后，你把我埋在村边最低的地方。"话刚说完，他就咽气了。儿子十分悲痛，埋葬时，他向众人说："我长这么大，就没有听过父亲的一句话，活活把父亲气死了，感到很对不起他老人家。他临终时嘱托我，一定把他埋在村边的最低处，我一定得照此办理。"

这年到了汛期，大雨连绵，山洪暴发，河水猛涨，墓骨堆被冲没了，当他来上坟时，到处找不到父亲的墓谷堆了，便失声哭喊："爹呀，怎么不见你的墓骨堆啊？"从此之后，"哭爹寻不着墓骨堆"便成为民间的一句俗话。

六、贴春联

很早以前，有个村庄，一个院子里住着两户人家，一家姓张一家姓李。姓张的是财主，姓李的卖豆腐。

有一年，张财主收了很多租，过年的时候，很高兴，要儿子研墨写春联，只写了上联，横批也只写了两个字，便叫儿子拿去贴上，儿子看着这一联只觉发愁，没法贴。这时他爹发火道："你不知道大门是两家走的？咱贴一半就够了。"儿子只好贴上，卖豆腐姓李之家看了，频频点头说："对，对，咋能让人家一家写对联，咱得写个下联。"说着，他也叫儿子研墨，正巧这时他喂的驴下了一头小草驴，于是就事抒情，挥笔写下了下联，横批也写了两个字，叫儿子也一起贴上。

大年初一这天，人们对两家写的一副春联颇感兴趣，都围在大门口观赏，只听一人念着张财主写的上联"爹有能，儿有能，代代有能"，另一人马上接着念豆腐李写的下联"老草驴，小草驴，都是草驴"，一齐念两家写的横批"比比""看看"。张财主一见自己吃了亏，但又不好发作，赶紧叫儿子撕下了自己的对联。

七、土地爷看供

某处一妇女，夜梦一巨星落在她的身上，不过数日身怀有孕，后生下一子，以为其出身不凡，益加溺爱，并时常夸口于人前，赞其子之贵。后来，她抱子回娘家，途经一土地庙，发现土地神忙起身而立，待其走远方坐下。后屡经庙前，土地神均慌忙站起。妇人以为土地神是为其子而立，内心十分高兴，但觉得土地神如此恭敬又有点不好意思，便抱其子跪在土地神面前，说道："土地神，就说这孩子是巨星下凡，但还不满周岁，小小年纪，也不劳你老人家如此敬意。"土地神站起哼了一声嚷道："俺是怕你孩子偷了俺的供！"

第六节 绕 口 令

绕口令是人们喜闻乐见的一种语言艺术,是我国语言艺术中一种特殊的语言形式,同民间谜语、谚语和民间故事一样产生于民间,来自于民间,是在民间儿歌的基础上发展起来的。

绕口令是人们将若干双声、叠韵词汇或者发音相同、相近的语汇,有意集中在一起组合成的简单有趣韵语,除具有练习说话能力、矫正发音部位、培养语言能力、训练大脑的灵敏性和别具一格的结构以外,还具有鲜明的生活性、思想性、教育性、形象性和娱乐性的特点。

绕口令虽然篇幅小,但同其他文学作品一样,也是来自民间的日常生活,题材广泛,言简意明,含意深刻,耐人寻味,有一般文艺作品所具有的思想内容,是一种有特殊功能的语言艺术。它有着自己独特的结构特点,在艺术形式中被广泛应用,对刻化人物、深化主题、增加作品的艺术感染力起到了重要的作用。

嵩山地域流传的绕口令分为传统绕口令和新编绕口令两类。

一、传统绕口令

传统绕口令是指流传时间相对较长的绕口令,它是在长期的流传过程中被口述者反复锤炼、加工而逐渐定型的,是广大劳动人民集体智慧的结晶。它节奏简练,用字考究,间韵铿锵,一韵到底,艺术性强,思想性好。

(一)板凳和扁担
板凳宽,扁担长,扁担要绑板凳上;
板凳不让扁担绑,扁担非绑板凳上。

(二)羊尿尿
杨树坑里尿羊尿,不叫羊尿羊要尿。
大羊尿了小羊尿,小羊尿浇大羊尿。

(三)年难过
年难过年难过,年年难过年年过;
事难成事难成,事事难成事事成。

(四)穷人难
穷人难,难过年,债主逼债在年头。
年年欠债年年还,年年还债年年欠。

板凳不让扁担绑在板凳上

债不断,还不完,你看穷人难不难。

(五)王婆卖瓜又卖花
王婆卖瓜又卖花,一边卖来一边夸。
又夸花,又夸瓜,夸瓜大,大夸花,
夸来夸去没人来理他。

(六)凤凰山上凤花香
凤凰山上凤花香,凤凰山上落凤凰。
红凤凰,黄凤凰,粉红凤凰花凤凰。
凤凰落在凤山上,凤凰山上凤花香。

(七)秕谷子与谷秕子
一斗秕谷子,一斗谷秕子,
两斗兑一块,分不清哪是秕谷子,
也分不清哪是谷秕子。

(八)乌鸦与黑猪
乌鸦站在黑猪背上说黑猪黑,
黑猪说乌鸦比黑猪还要黑;
乌鸦说它身比黑猪黑嘴不黑,
黑猪听罢笑得嘿嘿嘿。

(九)铁钉钉铁板
铁钉钉铁板,铁板钉铁钉,
钉钉板,板钉钉。

二、新编绕口令

新编绕口令是人们用现代的生活素材创作的绕口令,其特点是思想好,时代感强,有故事性,题材广泛。

(一)学费
学生上学交学费,
书费本儿费书本儿费。

(二)照葫芦画瓢
照葫芦画瓢,照老虎画猫。

葫芦不像葫芦,瓢不像瓢,
老虎不像老虎,猫不像猫。
还是照葫芦画葫芦,照瓢画瓢,
照老虎画老虎,照猫画猫。

(三)牵牛花
牵牛花,爬篱笆,爬上篱笆开了喇叭花。
喇叭花,不结瓜,花花不要不结瓜的喇叭花。

(四)辣椒与花椒
辣椒辣,花椒麻,
辣椒比花椒辣,
花椒比辣椒麻,
花椒辣椒麻辣麻辣,
辣椒花椒辣麻辣麻。

(五)妞妞扭牛
牛牛要吃河边柳,妞妞赶牛牛不走。
妞妞护柳扭牛头,妞妞扭牛牛更扭。
牛牛要顶小妞妞,妞妞忙捡小石头,
吓得牛牛扭头走。

(六)高高山上一条藤
高高山上一条藤,藤条上面挂铜铃。
风吹藤动铜铃动,风停藤停铜铃停。

(七)房子里有箱子
房子里有箱子,箱子里有盒子,
盒子里有匣子,匣子里有镯子,
镯子外有匣子,匣子外有盒子,
盒子外有箱子,箱子外有房子。

(八)鹅和鸭
鹅变鸭,鸭变鹅。
鹅生鹅蛋鹅变鸭,
鸭生鸭蛋鸭变鹅。

(九)吃葡萄
吃葡萄不吐葡萄皮,

不吃葡萄倒吐葡萄皮儿。

(十)擀面
一块面擀不满案板，
半块面倒擀满案板。

(十一)吃鹅蛋
我吃鹅蛋,我变鹅,
我不吃鹅蛋,我不变鹅。

堆麦垛

(十二)垛麦垛
一群老汉垛麦垛,垛垛麦垛挨云朵。
垛挨云朵云碍垛,云朵碍垛云朵躲。
垛高垛多垛挨垛,老汉们乐得笑呵呵。

(十三)一台拖拉机
一台拖拉机,拉着一张犁。
拖拉机拉犁犁翻地,翻地翻得深又细,
拖拉机出的力,犁翻的地,
你说犁地的是犁还是拖拉机。

(十四)嚓嚓嚓
割麦子,嚓嚓嚓,弹棉花,轧轧轧,
骑战马,哒哒哒,小孩哭,哇哇哇,
张嘴笑,哈哈哈,拍拍手,呱呱呱,
齐步跑,踏踏踏,牛娃叫,哞哞哞,
乌鸦叫,啊——啊——啊。

(十五)白老八
白老八家有八千八百八十八棵芭蕉树,
来了八千八百八十八个八哥,
要在白老八家中八千八百八十八棵芭蕉树上住。
白老八拔了八千八百八十八棵芭蕉树,
不让那八千八百八十八个八哥在八千八百八十八棵芭蕉树上住。

第七节　民间谜语

民间谜语是一种培养和测验人们智能的语言艺术,常常用于游戏和娱乐。嵩山地域常见的民间谜语：

一、物具类

（一）
此枪有长短,装药把火点,
不响光冒烟,害人真不浅。
（打一物）

（二）
头儿大,身子小,地面脏处它常到,
积肥灭病是件宝,爱国卫生离不了。
（打一用具）

（三）
看来很有分寸,满身带着斯文,
可是从不律己,专门衡量别人。
（打一用具）

猜谜语

（四）
小小先生白身体,专会当众讲道理,
帮助大家来学习,宁愿牺牲它自己。
（打一文具）

（五）
四四方方一座城,鸡子不叫它就明。
（打一物）

（六）
从小青,长大黄,束着腰,靠着墙。
（打一物）

（七）

石崖对石崖,雪花飘飘下。

（打一工具）

（八）

弟兄两个一般高,都用铁条束着腰,

你在阳间等着我,我到阴间走一遭。

（打一用具）

（九）

一个老鳖三只脚,不怕火烧就怕敲。

（打一炊具）

（十）

有花不能采,有鸟不能抓,

有果不能摘,有树不能爬。

（打一物）

（十一）

一物生得巧又巧,下面多来上面少,

少的又比多的多,多的倒比少的少。

（打一用具）

（十二）

弟兄十几个,争着往里坐。

（打一物）

（十三）

心直口快,满嘴钢牙；

哑着嗓子,替人分家。

（打一工具）

（十四）

独脚朝天,大口朝地；

被人一敲,惊天动地。

（打一物）

（十五）
一物生来三个口，不论贫富人人有；
虽说不是值钱物，没它不能上街走。
（打一物）

（十六）
姐妹两个一般大，进进出出把手拉，
吃饭时候它先到，做工时候不见它。
（打一用具）

（十七）
独木造小楼，没瓦没砖头，
人在水下走，水在人上流。
（打一用具）

（十八）
有风不动无风动，不动无风动有风，
三冬天冷家中坐，三伏伴你去旅行。
（打一用具）

（十九）
有人不用它，无人要用它，
在家不用它，出门要用它。
（打一物）

（二十）
一件物件如豆大，
三间屋大装不下。
（打一物具）

（二十一）
远看山有色，近听水无声；
春去花还在，人来鸟不惊。
（打一物）

（二十二）
屋子方方，有门没窗，屋外热烘，屋内冰霜。

（打一电器）

（二十三）
人脱衣服,它穿衣服;人脱帽子,它戴帽子。
（打一用具）

谜底
（一）烟袋 （二）扫帚 （三）尺子 （四）粉笔 （五）窗户 （六）扫帚 （七）石磨 （八）木水桶 （九）錾子 （十）画 （十一）算盘 （十二）筷笼 （十三）锯子 （十四）钟 （十五）裤子 （十六）筷子 （十七）伞 （十八）扇子 （十九）锁 （二十）灯焰 （二十一）风景画 （二十二）冰箱 （二十三）衣帽架

二、自然类

（一）
五颜六色一张弓,高高挂在半天空,
雷雨之后常常见,十冬腊月无踪影。
（打一自然现象）

（二）
一个孩子生得妙,衣裳穿了七八套,浑身上下挂珍珠,头上戴顶红缨帽。
（打一植物果实）

（三）
青枝绿叶三尺高,绳捆索绑进监牢,
受尽千刀万刮苦,临死还得用火烧。
（打一植物）

（四）
四四方方一座城,城里城外都是兵,
个个都穿黄衣衫,会飞会跑会做工。
（打一昆虫）

（五）
一物生来很骄傲,趴在树梢唱高调,

彩虹

好像什么都懂得,其实啥也不知道。
(打一昆虫)

(六)
不种田来不做工,夜里出来哼哼哼,
生来专爱吸人血,还唱高调自表功。
(打一昆虫)

(七)
一个小伙走得慌,一脚踩住俺脊梁,
俺还没有说什么,他倒嘴里直嘟囔!
(打一植物)

(八)
乍看白茫茫,细看一条江,
没有鱼儿游,不见船来往。
(打一自然现象)

(九)
身体足有三米高,瘦长身节不长毛,
下身穿条绿绸裤,头戴珍珠红绒帽。
(打一植物)

(十)
一物到处有,睁眼不能瞅,
有它不算富,没它活不久。
(打一自然物体)

(十一)
麻屋子,红帐子,里面睡个白胖子。
(打一庄稼果实)

(十二)
弟兄七八个,围着柱子坐,大家一分手,衣服就撕破。
(打一蔬菜)

(十三)
青石板,板石青,青石板上挂银灯。

(打一天文景象)

(十四)

日近黄昏。

(打一地名)

(十五)

一物生来两头翘,光会屙屎不会尿。

(打一家禽)

(十六)

老张,老张,背个皮箱,钳子两把,筷子四双。

(打一动物)

(十七)

春到它来临,催唤播种人。秋后它返回,遍传丰收音。

(打一动物)

(十八)

小小姑娘满身黑,秋去江南春来归。从小立志除害虫,身带剪刀满天飞。

(打一动物)

(十九)

高高个儿一身青,金黄圆脸喜盈盈。天天对着太阳笑,结的果实数不清。

(打一植物)

(二十)

小时青来老来红,立夏时节招顽童。手舞竹竿请下地,吃完两手红彤彤。

(打一植物)

(二十一)

样子像吊塔,身上布满花,跑路速度快,可惜是哑巴。

(打一动物)

(二十二)

冬天不戴帽儿。

(打大冶镇一村名)

(二十三)

千条线,万条线,落到河里都不见。

(打一自然现象)

谜底

(一)彩虹(二)玉米棒(三)烟叶(四)蜜峰(五)蝉(六)蚊子(七)蒺藜(八)天河(九)高粱(十)空气(十一)花生(十二)大蒜(十三)星星(十四)洛阳(十五)鸡(十六)螃蟹(十七)布谷鸟(十八)燕子(十九)向日葵(二十)桑葚(二十一)长颈鹿(二十一)圳头(二十三)下雨

第八节 方　言

一方水土养一方人。嵩山地域这方人,除了在生产、生活方面有自己的独特习俗之外,在说话上也有自己的语言,我们称这种语言为方言。嵩山地域的语言属于河南省方言的一种,其大部分的语言为河南普通话,另一部分为方言。

嵩山地域各县市的方言也有不同之处,但大同小异。此节摘录嵩山地域中心地带的方言。

方　言

一、一　画

一合手——齐心配合。

一拃——大拇指至中指张开的长度。

一抹拉——撕破脸皮。

一干人——指一群人,这一群人往往互有关系。

一星星儿——亦称一拧拧儿,指一丁点儿。

一目愣子——亦称"一目愣儿",指一会儿。

一圪截儿——亦称"一骨截儿",指一段儿。

一遭——一个来回。

一歇儿——多为30来分钟,半歇是它的一半。

一葡串儿——一嘟噜。

一条船儿——连襟,姐妹之夫的互称。

一筏子——同龄人。

一门——封建家族中先祖为同一父系家庭的。一门血缘关系最亲近者,称"紧门",反之,称"远门"。

一圆圈——四周。

一滴溜儿——一串儿。

一骨抓——一大把。

二、二　　画

二尺五——奉承。

二旦(蛋)——办事粗莽、野张。

二夹板——缺心眼,说话不知高低。

二杆子——指性情不正常,乱说乱闯的人。

二套、大旗——戏中的配角和主角。

二半吊——亦称"二半吊子、半吊子、二百五、半吊",指缺心眼儿,不精明,办事鲁莽而又不恰当的人。

十冬腊月——十月、冬月、腊月等3个月,意指天气严寒。

二不豆儿——指半大,未长成。多用于人。

二衣子——指阴阳人,即同时具有男人与女人生理特征的人。

二球——智力不足。

丁儿们——兄弟相称。

刀客——土匪。

九窝——九个。

人势——艺人专用语,指上座观众。

三、二　　画

三光——吃、穿、住没有指望。

大前儿个——大前天。

大后儿个——大后天。

大限——指疾病和大的灾难。

大道——一般性的道理。

大舅子、小舅子——大舅子,指丈夫称呼妻子的哥哥,也叫大舅哥;小舅子,指妻子的弟弟。

山戴帽——俗指乌云笼罩山顶。例:嵩山戴帽,大雨就到。

大伯——伯父。

大母、大娘——伯母。

大约摸——估计。

大氅——大衣。

大油——亦称板油、花油,均指猪油。

大样——摆架子,不平易近人。

大年下——与"年下"同义,指过年。

大清起——清晨。

大裆裤——一种裤子,其腰大裆宽,故名。其裆不分前后,亦不开口,裆上另缝裤腰,穿着时,因其腰围宽大,需先紧身折叠后,再扎以布制腰带。此裤有单、夹、棉之分,单的称"单裤",双层称"夹裤",内絮棉花者称"棉裤"。20世纪60年代前,流行于嵩山地域,如今乡村中老年人仍有着此服者,但极少。

大裤裆(一种裤子,电影资料图)

大尽、小尽——大尽,指阴历大月;小尽,指阴历小月。

小当家——仆人对家主儿子的称呼。

小年下——正月十六。

马挤尿——知了。

小姨子——妻妹。

小子——泛指男孩子。

小叔子——已嫁妇女称丈夫的弟弟。

小月子——指妇女小产。

小能豆儿——指好卖弄小聪明的儿童。

小磨儿油——亦称香油、芝麻油、麻油。

小抠儿——办事小气。

小虫儿——麻雀。

小心事——心胸不开阔的人。

上头——就是把头发盘到头上。旧规:结了婚的女子要上头。

上冻——结冰。

山脊上——山顶上。

才姜——刚才。

士呕——母牛。

弓脊儿——缩颈弯腰。

马尾鹊——喜鹊的俗称。

门面——面向街道、做生意的房子。

门楼——大门牌楼式的建筑物。

下三儿——指下流、卑劣,多指饮食贪婪,不顾影响。

干饭——指大米干饭。

丈人——亦称老丈人,岳父的旁称。

丈母娘——岳母的旁称。

土木糊——指不高兴,脸上无光。

土骨堆——指土丘或堆积土形成大大小小的隆起处。

土板——棺材用的木料,也称棺材。

土坷垃——田地中的土块。

乞秋儿——指打秋千。

勺子星——北斗星。

上房——堂屋。

上头上脸——不知进退、办事过分。

大喷儿——言过其实的吹牛。

门里大王——在家厉害,出门不行。

勺叨——说话烦琐。

下巴头儿——吃剩下的东西。

四、四　　画

中——行。

云彩话——虚言。

云我——蒙我。

水马——母马。

小马驹儿——幼马。

牙猪——已阉割的公猪。

牙狗——公狗。

木头——棺材。

木什——木头、木材的俗称。

木糊——迟钝、胡涂。

不瓤——指人有本事,很厉害,也指家庭有势力、生活好。

不几个——指没有几个。

不拾闲——指不停顿地做事。

不治事——两个含意:一指人没本事;二指人身体某个部分不管用。

不徐顾——不知道,没看见等。

不啷鼓——拨浪鼓,指幼儿的玩具,也指货郎用以招揽顾客的大型手摇鼓。

不济事——不会办事。

不中吃——不能吃。

不美气——有小病。

不依——不答应。

不甩乎——不把别人放在眼里。

不怯乎——不怕。

不沾板儿——不顶用。

不够数儿——智力不足。

不沾——无能、拙笨。

不出坦——有病,心情不快活。

手脖儿——手腕。

日噘——责骂。

日头儿——太阳。

日头地儿——亦指柔地儿,意为阳光照射的地方。

认门——认亲。

认干亲——认干娘或认干爹。

开脸——也称"净面""绞脸"。女子出嫁前,将其脸上的汗毛拔净,以为婚后的标志,故名。20世纪60年代后,出嫁女子多去理发店盘头化妆,旧法开脸者极少。

毛虼狸——松鼠的土称。

天狗——民间神化了的狗。

牛鼻具儿——为了便于控制牛,穿在它鼻子中的金属圈儿。

牛把——佃户。

心口——胸口。

冇——没有的意思。

冇拗——没有。

引——用针和线将棉絮固定在里子与表子上。例:引被子。

世故——圆滑,有经验。

月明瓜——光脑门。

月子——妇女产期。

月明地儿——月亮地儿。

中——除表示方位外,还表示可以、行、好。

长虫——蛇。

今个儿、明个儿——今天、明天。

历头——均指历书。

五黄六月——阴历六月天气炎热,加上"五黄",意指极热的天气。

见年——意为年年,每年。

见一儿——指天天、每天。

见面熟——指和别人初次见面就能混得很熟的人。

井拔凉水——刚刚从井里汲出来的水。

气道——亦称气、味儿,指不好的气味,多指馊味儿。

木——没有。

毛毛根——甘草。

火神社——民间信仰、祭祀火神的组织,民间香火社形式之一。社首轮流担任,一年一换。负责组织摊派、收集款物,

牛舌头麻糖——一种长条状油条,也有叫破鞋底油馍。

置办供品,搭设神棚,组织和招待文娱活动等。民国时期,此种活动甚盛,古时流行于嵩山各市县,中华人民共和国成立后逐渐消失。

毛下——剩余。

末疙瘩儿——最小的数。

心心门儿——额头。

不老盖儿——膝盖。

方圆圈儿——附近一带。

反性——死而又活。

扎实——老年人身体健康。

为嘴——好吃。

不济干——没本事。

不安生、费手——不安静。

不清渣——不懂道理。

支锅儿——用油炸食的说法。

火神社——民间信仰、祭祀火神的组织

五、五　　画

奶奶——祖母。

奶——乳房。

囚子——意为老婆、妻子。

对么——刚才。

对时——对一昼夜 24 小时的简称。

对方儿——同名。

对嘴——吵嘴,争吵性的辩理。

对半儿——各占一半儿。

末后独儿——也称末后尾儿,指最后。

末底溜儿——到最后,或指排行最小的孩子。

北侉子——北方人的俗称。

南蛮子——南方人的俗称。

叫街——叫花子的一种,沿街高声乞讨。

叫哩起——稍微。

叫叫——皂角树上结的荚子,有去污的效果,可用来洗衣服。

叫驴——公驴。

刌——割、截断。

刘根——给小孩子认刘姓的干亲,取意"留"根。

半大橛子——不成熟的小伙子,一般指15~20岁之间的青少年男子。例:宁找男人在一旬,不要半大橛子气死人。

半掩门子——暗娼。

半拉门子——指作风不正派、与别人私通的女人。

半后晌——下午的一半时分。

半晌午——临近中午的时候。

包吭气——不要说话的意思。

瓦碴——碎瓦片。

皮子——狐狸。

皮脸——指小孩子不听大人劝阻,一味吵闹、玩耍,也指大人不知趣地做事、说话。

出串——蚯蚓,也叫曲蟮。

古古董董——办事不清。

生——修饰怕、疼等生理、心理活动。例:生怕这事不成。

生儿——生日。

白——别。例:白说了。

白脖儿——其一,对某种技术、业务不熟悉的人。其二,不谙事情。

白刺啦的——白得不鲜亮。

白儿——白天。

主贵——两种含义:一是指东西珍贵;二是指人自以为了不起,别人看不惯。

头儿起——指末端。

头头儿起——最末端。

兄弟——弟弟。

汇脓——化脓。

冬凌——冰,冰块。

打场——泛指在场里的各种劳动。

打拐——别人给钱买东西时,买主暗地将钱除下一些,据为己有。

打春——立春。

打吼喽——打呼噜。

打车毂轮儿——双手双脚张开呈车轮形,侧身在地上翻转的动作。

打锅货——没本事。

打发客——嫁女。

打黄昏——晚上干活。

打驹儿——马、驴大牲畜交配。

打盘儿——打算。

打渣子——骂着玩。

打摆子——疟疾,俗称老犍。指热得要死,冷得要命。

出坦——得劲儿,舒服。

出坦户——富裕户。

出树——刨树。

出像——又为出洋相,指出丑或玩弄花招,想新点子。

出出儿——又为蛐蛐儿、蟋蟀。

出殃——出魂。

出花儿——出麻疹。

出九——数九寒天尽。

央先——以前。

尻——骗。

龙抓了——被雷电击了(人被雷电击时,电光如龙,古时候老百姓认为是被龙抓的)。

外婆——母亲的母亲。

外爷——母亲的父亲。

外甥儿——指姐姐妹妹的儿子。

外甥女——指姐姐妹妹的闺女。

古洞儿——胡同

过得儿——过道。

冬凌——水结的冰块。

对摸儿、恁早晚儿——刚才。

外手儿——已婚男子。

生发儿——想想办法。

打发客——嫁女。

母——仆人对家主妻子(女主人)的称呼。

发老犍——疟疾。

发市——第一次成交。

发吃噜——说梦话。

石河爬儿——石河滩。

闪下——剩下。

正门儿——恰到好处。

出门儿——一为闺女出嫁,二为离家外出。

末子——细碎的垃圾。

去球——不行。

古洞儿——胡同。

布个里——碎布头。

布着——抱着。

去胡吧——不可能。

犯塞——讨厌。

左是——总是、老是。

白不权——灰白。

叨菜——夹菜。

扑摁——用力甩动。

六、六　画

老——很、特别、太、非常。如：天气老热。

老奶奶——即曾祖母。

老爷爷——即曾祖爷。

老祖奶奶——即高祖母。

老祖爷爷——即高祖爷。

老老爷——母亲的祖父。

老老娘——母亲的祖母。

老鸹、老哇——乌鸦。

老饥荒——贫穷。

老了——死了。

老当家——仆人对家主的称呼。

老精——小气，不大方。

老磁实——不软活。

老轩——很好。

老八子——豹子。

老丈人——指岳父。

老坟——祖坟。

老呛——亲家。

老生子——老年生的男孩子。

老师儿——对某种技术专长者的通称。

老抠儿——指吝啬的人。

老冤——又称老柞皮、乡瓜子，对乡下老实农民的称呼。

老实头——指踏实肯干、安分守己的人。

老实玄儿——表面上看着老实，实际上并不完全老实。

老婆攒儿——老年妇女将其细少的头发呈尖样悬起的发型。

后把儿——后脑壳。

后半晌——下午。

后晌——下午。

后音儿——后天。

后窝儿——继母所生的子女。

爷——旧时奴仆对家主的称呼。

爷儿们——统称男人。

丢跌——摔跤。

光身汉——无妻的男人。

光棍——1. 聪明人。2. 地痞,有权势的人。3. 未婚男子。

年作——雇工。

年是年——去年。

年头里——上年底。

年根儿该——本年底。

年下——指从腊月三十到正月十六这一段时间,统指春节。

年里——指靠近春节之前的一段时间。

年根儿——临近春节的日子。

过年儿——明年。

过洞——小胡同。

过道儿——小胡同、小巷,有的地方指作穿堂用的房子。

咤——什么。

好家——富家。

好儿——结婚的日子。为取吉利,要选择黄道吉日作为结婚的日子,选择黄道吉日必须看黄历,这叫作"看好儿"。

好天——风和日丽的天气。

红霞霞的——红得不鲜亮。

地占儿——地方。

地出律儿——蜥蜴。

地黄瓜——比一般黄瓜粗,俗称菜瓜。例:生就地黄瓜,上不了高架子。

西门头儿——额头。

囟囟门儿——额头。

囟蛋——有些傻。

囟球——其一,智力不足。其二,又称腾(去声)子、憨子、闷种,指逞能轻率、作事鲁莽的人。

约莫——大概

多咱晚儿——什么时候。

多咱儿——什么时候。

交九——冬至。

耳马——公马。

耳背——耳聋。

耳巴——耳光。

圪老肢——腋下。

圪蹬——单腿跳走。

圪义——膈应,指肮脏。

圪碜——令人生厌、生畏。

圪料——两种含义:一指条状东西弯曲,一指人的脾气怪僻,暴躁,反常,特别。

圪针——指木本植物的刺。

屹羝——公绵羊。

有门儿——有办法、有可能等。

有喜了——怀孕。

芍——十个。

血——特别、非常、太。

血扑门——民间禁忌不满月的女人串门。

当——1.典当。2.做。例:一把椅子轮着做,当了媳妇当婆婆。3.迎。例:乌鸦当头过,无灾也有祸。4.正中。例:当午鹊叫有客来。

当家哩——家长

当面捅——爱当面提意见的人。

当下——相当于马上、立刻。

当院——院子里。

当古住——故意

仰摆脚——仰卧。

仰八叉——背朝下,面朝天,多指四肢向上的跌倒。

忖着——想着、感到。

自己——指同姓同宗的人家,包括"五服"之内和"五服"之外的同姓同宗者。

伙计——过去指长工,现指在一起共过事的人。

连脚裤——又称"带脚裤",幼儿服饰。裤腿较长,下端缝合,穿上后脚不外露,故名。若在裤脚外穿上鞋,幼儿过冬可防寒保暖。

尿脬泡——膀胱。

礼数——礼节。

争——欠缺。

妈儿——其一指乳汁。例:王不留、穿山甲,老太太吃了也有妈儿。其二指乳房。

妈肚儿——又称"兜肚",戴在幼儿肚子上的一种服饰,可保护幼儿肚脐。用绒布和花布制作,其形式似菱形或椭圆形,上部缝一窄布带,中部两侧也缝一窄布带,前面中间置布兜,呈方形或半圆形,上面绣花或绣字。

旮旯——角落,狭窄偏僻的地方。

旮旯——角落

肉——反应迟钝,动作缓慢。

肉蛋——行动迟缓。

艮——指食物坚韧不脆,也指脾气怪僻,说话冲人。

齐整——又称支楞,指整齐、漂亮。

肌脯——胳膊。

胳老只——腋窝

尖——抠索,吝啬小气。

尖酸——很小气。

各对——凑合。

杀——三种含义:一是指用绳子捆。例:用绳子把它杀紧。二是指镰刀砍玉米或谷子秆。例:杀玉米。三是结束。例:杀戏。

杀才——没本事,没用处。例:这人真是杀才货。

欢儿——起劲儿,活跃。例:看他欢儿哩。

扣——关押,拘留。

死——强嘴、嘴硬。例:死嘴粘牙。

讹——讹诈。例:叫人给讹了一下。

吆喝——又称咋呼、嚷嚷,意为大声喊叫。

在行——指对某种技术、业务精通。

夹袄——指两层布的上衣。

夹裤——指两层布的裤子。

安生——指小孩子不乱跑乱闹,听大人的话。如:这妮多安生。

壮实——身体强壮。

兴许——相当于也许、大概的意思。

那一儿——那一天。

约莫——大概。

设急——心情不安、着急。

早办——指起床或其他行动早。例:看他早办成啥。

虫蚁儿——多为小鸟的总称。

阴阳先儿——指旧时以办理丧事中相墓和选择吉日等为业的人。

肋巴扇儿——肋巴骨。

羊羔儿疯——癫痫病。

吃桌——赴宴。

吃才——没本事。

吃——表示方向。例:我脸吃里睡。

吃嘴——两种含义:一指吃零食;一指贪吃东西。

吃巴叉——挨批评,找没趣。

那主儿,那客——那个人。

耳次——耳屎。

老明星——启明星。

老瓢——体弱,办事能力差。

老对——和得来。

老兴——发火、恼怒、厉害。

老炯——指人特别能。

老拽——很阔气。

老上样、老作摆——很过分。

老师儿——对初次见面人的尊称。

厌门儿——刚好儿。

多早晚儿——啥时候。

成天——天天。

耳马——公马。

死犟头——固执。

吃家司——挨批评受惩罚。

丢跌——摔跤。

仰背角——仰卧。

寻五常——自杀。

尖酸——小气、吝啬。

当故儿——故意。

兴是——可能是。

光——单、只有。

应时饭——按时吃饭。

圪增——新鲜不枯。

圪趔——身子歪斜,行走不稳。

圪颤——猛然抖动。

圪蹦——两脚并跳。

七、七　画

每良——昔年。

没啥——贫穷。

没成色儿——没本领,没本事。

没谱儿——没一定的计划。

串亲戚——走亲戚。

估约摸——大约。

冷子——冰雹。

冷不防——指仓促未防备。

擦黑儿——傍晚。

里旮旯儿——房子的套间。

肚不脐儿——肚脐。

肚母脐儿——肚脐。

肚末脐儿——肚脐。

赤巴脚——赤脚。

赤麻肚儿——裸体。

赤耐——也称"圪义、邋遢"，指不干净。

抠索——吝啬。

冻着——感冒。

扯黑喽——打鼾。

扯脸——打耳光。

扯淡——有说无用的话或胡乱说两种意思。

扯扯络络——好拉关系。

汪汪狗——狗尾巴草。

言一声——说一声。

阿渣——脏。

利散——干净利索。

你老——卑幼对尊长的称呼。

饭时——吃饭的时候。

尿——小便。

折——损耗、损失。

论堆——任人处置，耍无赖。

作假——客套、不直爽。

作假儿——指到客人家吃饭或赴宴时不好意思多吃。

牤牛——公牛。

呕犊儿——小牛。

疔子——疮。

抓子儿——一种游戏，用若干石头子儿撒在地上，抓着玩。

驴碍眼——驴拉磨时戴在驴脸上的眼罩。

鸡巴——男性生殖器。

时——一个时辰。

时兴——流行，时髦。

壳篓——半大子猪。

没一哈——不值得一提。

冻凌——冻冰。

低脑——脑袋，头。

抓瞎——办事失手。

抓钩儿——有三个长钩齿用以掘土或刨农作物的工具。

吞吞吐吐——欲言又止。

轩——好。

乱——开玩笑,闹着玩。

伯——即伯父,长于自己父亲的男子。

坑——坑害。

抡——瞎胡吹。

克烦——讨厌。

豆旗儿——将擀好的面片切成菱形,拌以绿豆煮成面食。

这儿——这边儿。

抢白——吵。

龟孙——骂人语,往往用于骂着玩。

应着——冲着,表示方向,相当于朝着、对着、向着。

秦椒——辣椒。

秃拉舌儿——指舌头较长,说话时口齿不清晰。

证见——证人。

材坏——指人或物的某部分伤残。

识玩——指别人跟他闹着玩儿的时候不计较、不生气。

秆草——谷子秆。

㞎怔——两种含义:一指人不精明,痴呆;一指人刚刚睡醒,神志不清,蒙蒙眬眬。

花哨——两种含义:一指穿着花花绿绿,一指人的言语举动乖巧多样,希图讨人喜欢,多含贬义。

花胡哨子——说话不正经,办事不踏实。

兑兑——掺入。

扳——扔掉或婴儿夭折了。

怄气——因意见不一,双方互不答理。

怄人——缠磨人、着急人。

兑——掺。

走家儿——多指女子外嫁。

抓来——有什么事情。

条串——姐夫和妹夫之间的互称。

里手儿——已婚妇女。

赤巴脚儿——赤脚。

冷星明儿——天刚亮。

里旮旯儿——房子的套间。

没糊梨——山楂果。

吝人——让人不舒服。

没啥印儿——不太差,可以。

囫囵衣儿——和衣而眠。

没糊梨——山楂果

抛撒——浪费。

财坏——坏事、坏了。

八、八　画

叔——其一,叔父。其二,仆人对家主儿子的称呼。

姑老娘——母亲的姑姑。

姑老爷——母亲的姑夫。

姑——仆人对家主之女的称呼。

姐——仆人对家主之女的称呼。

妯娌——媳妇之间。

胁火——叫喊。

抵脑盖儿——头盖骨。

郎猪——专供配种的公猪。

郎猫——公猫。

咕咕喵——猫头鹰。

明晃虫儿——荧火虫。

明儿——明天。

明个儿——明天。

狗黑子——熊。

狗尾巴——小儿发型,指幼儿在后脑窝里所留的一小片头发。留至12岁时方可剃掉。

狗穿裤——四只白蹄的狗。例:要得家里富,喂个狗穿裤。

青黄鸡儿——青蛙。

金金花儿——黄花菜。

受症——受罪。

觅——雇用。例:觅长工。

觅人——雇工。

呼歇顶儿——囟脑门。

呼吸顶——脑门子。

咋——亦称啥、啥黄,相当于普通话中的什么。

咋呼——大声说话。

咋咋呼呼——虚张声势。

咋着——怎样、怎么样。

坷台儿——台阶,也指墙上砌的龛。

夜鳖虎儿——蝙蝠。

夜儿个——昨天。

抹耍人——故意使人难堪。

兴了——发脾气了。

怪——特别、非常、太。

单只把儿——专门。

单本儿——专门。

过——给我。

抻——伸展。例:把床单抻展。

该——亦称短、争,指欠、差,用于钱财。例:他该(欠)我的。还可以指活该。

茅厮——亦称茅子、茅司,指厕所。

忽咙系——亦称葫芦系,指食道上段咽喉部分。

卷铺盖——收拾行李离去。比喻被解雇或辞去职务,离开原来工作地点。

油旋儿——指圆饼状的油炸食品。

拐骨——说话不直爽,好绕弯子。

实诚——亦称厚道,对人诚恳、实在。

细发——干活儿细致、考究。

苦不中——相当于根本、全都的意思。

奔楼头——亦称门楼头,指前额过分向外突出的头形。

板跌——摔倒。

担脚儿哩——担着担子为别人运货的力夫。

审实蛋——办事过于认真。

怕扒——怕揭老底。

软蛋——无能。

到了——其一,最终、终归。其二,到达、来到。例:时辰到了。

拉拉流、稀烘稠——分别指面条和凉粉。例:能吃拉拉流,不吃稀烘稠。

杨朴穗——又称杨花。

非得——必须、一定。

刺毛——做事不盖脸,很难对付。

驷牛——母牛。

虎头鞋——绣有虎头形象的童鞋,也称"眉眼鞋"。

虎虎腾腾——雷厉风行。

顶儿上——也称"等儿上",指上边,上面。

拆子——车子。

苦触——起皱。

妻哥儿——妻子的哥哥。

抵脑儿——头。

卷铺盖——收拾行李离去

呼歇门儿——幼儿脑门。

坷廊子——人体前胸。

茅子——厕所。

招招——看看病或看看病人。

抬杠——争论。

股装——蹲下,亦称古堆。

疙蹬——单腿行走。

疙料——倔强古怪,有的称倔头。

受症——受罪。

怪不道——原来如此。

软和——柔软。

炊炊——刷锅刷子。

九、九　　画

姨——母亲的妹妹。

衿子——舅舅的妻子。

闺女——女儿。

孩儿们——尊长对卑幼的称呼。

迷瞪——胡涂。

看美儿——正好,恰巧。

看好儿——其一,亦称正得、掩美儿,相当于正好、恰巧的意思。其二,择吉日。

待见——喜欢。

响呼雷——打雷。

响马——土匪。

响器——唢呐,为民间乐器,也指民间乐队。

胧星明儿——天刚明。

贺上——夜晚。

胡咙——咽喉。

胡计——指土坯,或将较结实的泥土用铁锨铲成块状用来垒墙的土块。

姜姜儿——刚才。

草驴——母驴。

虼蚤——跳蚤。

冒肚——拉稀、拉肚子、腹泻。

骨堆——蹲。

扁——用于卷袖子、裤腿或其他类似的东西。

柿胡兰儿——柿饼。

柯杈燕儿——燕子。

砍刀——螳螂。

怼住——撞在一起。

怼——发生矛盾。

浑个儿——完整。

枯蜷腿——身体弯曲。

哝捏——将就。

鬼——卖弄、炫耀。

姿棱——漂亮、整齐、利索。

差一乎儿——差一点儿。

要不是些——否则。

前儿个——昨天的前一天，即前天。

前半晌——上午。

背锅——驼背。

背阴地儿——阳光照射不到的地方。

袄——又称"袄儿""马墩儿"，均指有里的上衣。也指棉袄。

屋里——指家里。

屋里人——指老婆。

茬子——不好惹的人。例：见啥人说啥话，碰到茬子装哑巴。

钩担——两头带钩的扁担。

疙痨——疥疮。

哕——呕吐。

秋老虎——天气炎热。

秫秫——高粱。

炮客——说话没着落，办事儿没指望。

洋灰——水泥。

洋火——火柴。

骨轮——滚。

枯搐——其一，指物体不平，不光，有皱褶；其二，指物体或人体收缩。

结为——因为。

统共——总共。

相中——亦称样中、楞中，指看着合意。

殇了——青壮年人夭折。

面璞儿——指蒸馒头，擀面条儿或擀饺子皮儿时在案板上所撒的干面。

面剂儿——指蒸馍前经过揉搓的面团。

树圪叉——树叉。

树骨辘——指刨起来的树，去枝叶树根后所剩下的树干。

绝户头——指无子的老头儿。

顺毛捋——指顺着他的意愿说话就高兴从而乐意为人办事的人。

活落——不稳定。

拱挤——暗中挑唆，暗地活动。

说合——中间人为双方牵线搭桥或解决问题。

耐烦——喜欢。

哈水——口水。

柔地儿——太阳照耀的地方。

贴厨——帮厨房干活。

绕耗——搅缠、打扰。

垫害——诬告。

甭凫啊——不要嬉闹了。

呲磨——又称磨兑，指消磨时间，行动不迅速。

哥气——小孩斗气。

急人——惹人讨厌。

神实旦——又称神磨儿，指过于认真。

活色——爱说爱动。

炮客——又称喷壶，指办事不实在。

顺毛驴儿——只听表扬话。

扁食——水饺儿。

觉摸——感觉。

面疙瘩——白面做的稀饭。

十、十　画

爹——父亲。

娘——母亲。

俺——我或我们。

俺们——我们。

害哩——病了。

害病——生病。

唧喳——说话声音嘈杂。

唧唧菜——荠菜。

破上——表示不顾一切后果，不惜付出任何代价，相当于豁出去。

破命——拼命。

破头——疮疤破裂出脓。

脆——不论、无论。例：这件事脆谁都不行。

脆啥——无论什么。

烧——自以为美,自我炫耀。

烧包儿——指喜欢逞能、故意卖弄、炫耀的人。

烧不熟——言行傲慢、轻浮。

拿捏——两种含义:一是强做某种动作,不自然;二是为难。

拿捏人——不好受。

拿大堂——摆架子。

脊娘——脊梁。

脊梁沟——脊椎骨两侧呈沟形处。

秧子——植物藤蔓。

恁——相当于"那"。例:恁咱晚儿,即那时候。有时相当于"那么"。例:恁多,即那么多。

恁咱儿——那时候。

恁咱晚儿——那时候。

饿老雕——老鹰。

臭蚤——臭虫。

家哩——妻子。

家什儿——劳动工具。

窄掐——不宽绰。

捅——以拳打人。

哼哼——呻吟。

拿大堂——摆架子

铁——多种意思:其一,指身体健壮;其二,指人有本事;其三,指生活富裕,例:这家人过得可铁;其四,在一定语言环境里也可以构成反语,例:你老铁?其五,利害,凶猛。例:啥贵不啥,谁铁不理谁。

通——两种含义:一是相当,如:街上人通多哩;二是可,这个人通不是个玩意儿!

恶——令人讨厌。

透——相当于很、非常,多用来修饰人品。例:这人透能,透聪明的。

能豆儿——指聪明而又好逞能的人。

浪——亦称"浪八圈儿",多指女人的行为放荡,好淫。

核蟆——青蛙。

捣鼓——指反复摆弄,有来回翻嘴调舌或背后整人的意思。也有来回搬动或买卖东西的意思。

套裤——其一,指没有裤裆、裤子腰的棉裤。其二,说话随声附和,办事推推拖拖。

烘柿——在树上长红变软,或经日晒、存放变软的柿子,味甜水多。

秫秆——高粱秆。

起先——指刚开始的时候,相当于起初。

热沾皮——指对某人并不熟悉而硬拉关系、硬靠近的人。

热壶——内行。

凉壶——外行。

恋蛋儿——指公狗与母狗交配。

晌午——中午。

倒沫——牲畜反刍。

赶嘴——爱做客,贪吃。

倒插门儿——指男子自愿到女家做入赘女婿。

养老女婿——指有女孩子无男孩子的老人所招的入赘女婿。

浮水——游泳。

蛋耐——顽皮、讨人嫌。

穿靴、戴帽——脚肿、头肿,喻病重将要亡故的征兆。

胳颤——哆嗦、发抖。

流逛——不严肃、儿戏。

莫后肚——最后。

屙——解大便。

厦子——厢房。

窄楞——不稳定。

娘儿们——母女、同族长辈与小辈女子合称,也泛指妇女。

脑后巴儿——后脑勺。

胳膊肘儿——胳膊弯曲时骨骼突出部位。

贼星儿——流星。

晌午错——中午12点以后。

起根儿——原来、开始。

通对哩——很好的关系。

烧烧——挑唆双方闹矛盾、斗殴。

烧不透——言行张狂轻浮。

剜嘴——不着边际的话。

恶水缸——办事遭怨,出力不讨好。

脆咋着——无论怎样。

脆啥——什么事都包括。

捞饭——干米饭。

留——里头、里边。

十、十 一 画

婶子——其一,叔母。其二,仆人对家主儿媳的称呼。

妹子——妹妹。

猛子雨——阵雨。

脚核桃——脚踝骨。

脚价——运输费用。

眼气——嫉妒。

晚几天——过几天。

弹蹬——双脚乱蹬。

混沌语儿——使人听不明白的话。

猪圿餐儿——猪食槽。

蚰子——蝈蝈。

脖儿拐——耳光。

脖儿梗——颈项。

萦记——惦记。

麻利——办事快。

麻糊串儿——指办事马虎。

麻也瞧——喜鹊。

麻墩儿——小棉袄。

麻麻架架——神志不清。

做饭哩——妻子。

啖——指吃食物。

谝——夸耀、显示。

清到起——早上。

清到饭——早饭。

涨——添加。例：给锅里涨点盐。

甜——咸味不浓。

甜汤——用白面搅成糊状，下到开着的水里所做成的汤，也泛指各种不放盐的粥。

甜秫秆——北方的甘蔗，秆高而细，皮青色，有甜汁，形似高粱，故称秫秸、秫秆。

兜儿——亦称"布袋儿"，指衣服上的口袋。

勒礓——砂礓石。

絮叨——语言啰唆。

疵毛——指人的质量或东西的质量坏。例：这人疵毛得很。

掉跌毒——也称掉跌肚，指脱肛。

菜包子——也称"窝囊废"，一般指无能的人。

脸圪蛋儿——脸蛋儿。

粗二糙——干活只有数量，不讲质量。

硌婆——大碗。

偎婆——外祖母。

偎爷——外祖父。

崴——走路脚步不正。例：看你把鞋崴成啥。

死眼子——愚笨、死心眼儿。

脬——量词，同"泡"。例：一脬尿。朋友失了信，不如一脬粪。

趼子——手掌、脚掌上长的硬皮。

膏车——往车轴上抹润滑油。

随——相似、相仿。例：啥身结啥瓜，闺女随她娘。

得济——得力、得益处。

琉璃——冰凌。

甜馍——不加盐的馍。

唱饭儿——午休。

偶——泛指牛。

黄花苗——蒲公英。

麻缠——不讲道理，不好对付。

麻糖——油条。

弹挣——挣扎。

猜枚——划拳。

麻煞人——恶心人。

掉底儿——不保本。

十二、十二画

舅子——舅舅。

黑——指浓云。

黑地——黑夜。

黑老——夜晚。

黑瑟——又称"圪颤"，指因寒冷或害怕而发抖。

黑捞——也称"圪捞"，指用手或用棍拨拉东西。

喷——又称"喷大江东""喷空儿"，指闲谈、聊天。

喷胡——光说大话。

搁上——开始。

搁气——指小孩子打骂、吵架。也指夫妻或兄弟打骂、吵架。

搁兑——凑合。

窝囊废——没才能的人。

窝——五个。

窝缺——指地方窄狭。

窝窝头——嵩山地域缺粮年代用玉米面、红薯面、高粱面蒸制的食品。

煤火台儿——砖垒的烧煤球的灶台。

煤火——炉子。

喝汤——晚饭。

喝罢汤——吃过晚饭。

煤火坷垃——火口周围聚火的部分。

犄羝——公绵羊。

跑羔儿——羊交配。

棘针——酸枣树刺儿。

稀撒——哆嗦。

稀乎——差一点,几乎。

趁势儿——趁机。

趁摩——将就。

趁早儿——早些。

搅泥——搅缠。

猴——也称"鬼"。有多种意思:其一,狡黠;其二,动作或说话伶俐多变,令人喜爱,多用于小孩子;其三,炫耀,例:你猴啥哩?

猴翻——不守本分的人。

蛤子——蜗牛。

缠磨头——坚持不懈的人。

蒸馍——馒头。

寒碜——不体面,窝囊。

溜光锤——二流子,爱开玩笑的人。

揉搓搓——麦硬仁,可以用手揉搓。例:椿花落,揉搓搓。

花菁葵——花蕾。

棉花对锤——光说好听话不办事。

蜀黍——玉米。

骚狐——指性行为不正的人。

掩——折断。

矬——个子矮。

景——指喜欢,可以用于人。例:这孩儿多景人。也可以用于物,带点稀罕味儿。例:这东西俺不景。

掌——相当于"用"。例:我掌钢笔写。

搭膊——一种布制的长袋,中间有袋,可以装钱,两头有带子,可以束在腰间。

滋腻——其一,指吃东西有滋味;其二,指人的皮肤有光泽,耐看。

厨屋——又称灶火,即厨房。

掰化——又称"掰活",两种含义:一是用言语教导、教诲;一是用行动教人某种技能。

富态——指大人或小孩子的身体胖,意为有宝贵之相的体态。

敞棚——多为一面或两三面无墙壁的地方,用以短时间物资交流会时出赁给商家,平时可放柴草、拴牲口等。

铺衬——又称布纥零儿,指旧衣物撕成的布块儿,可以再作别用。

铺底——褥子。

锅盔——烙饼的一种。

锅拍——锅盖。

锅圪巴——锅巴。

锅烟煤——指锅的底部外围或锅台下部内壁的黑灰,旧时穷人往往用它做原料。

越发——相当于"更"。例:他吓得越发不敢承认。

登倒——调换。两种含义:一是把过热的水或汤用两个容器来回倒,使之减温;一是将对象从这里搬到那里。

就弯儿——也称"随当、即晚儿",指随即,实时。

短——欠、不足。

确——哄骗。

喝茶——喝开水。

黑地——晚上。

蛤蟆根头儿——蝌蚪。

搁上——开始。

搁对、掂对——凑合。

联联——缝补。

稀屡皮——没胆量。

骚气——倒霉。

跋——使劲向前方跨跃。

棵子——身上长的小疙瘩。

强巴橛子——固执,不服劝导的人。

十三、十三画

煞戏——结束,戏剧结束。

煞裆裤——指幼儿长到五六岁时将裤裆前后的口子缝起来的裤,也叫"有裆裤"。

榆木疙瘩——头脑不开窍。

摆桌——宴请。

摆治人——刁难人、捉弄人、想法治人。

滚水——开水。

数伏——入伏。

数叨——说话烦琐;数落。

搬藏儿——地老鼠。

碓——以石块等东西击人。

碓臼——也称"碓窑儿",是旧时舂米或粉碎米麦等粮食作物的一套工具。

溢张——慌张,不细心。

路眼——雨后路上可下脚的地方。

鼓捅——挥霍。

满——与普通话的"相当、挺"一样。

满上——主人表示给客人把酒倒满。

暄——三种含义:其一,指物体松软而有弹性。例:这馍蒸哩暄。其二,指兴旺之意,生活富裕。例:现在的生活暄着哩。其三,指东西好。例:这麦长得真暄。

塌——欠。例:塌账。

碍眼——牲口拉磨时的遮眼物,用多层硬布或皮做成,使牲口不辨方向,以免眩晕。

填房——妇女嫁给丧偶的男人,一般称为"填房"。

斟道——也称"拾道",相当于寻找并收拾、拾掇。

锦贵——珍贵。

矮瓜——是南瓜的一个品种。

椿姑姑——椿树上结的籽。

溜须儿——也称"添屁股",指溜须拍马。

馍篓子——用来放馒头的篓子,多用高粱秆编成。

跟儿起——跟前。

锢卢锅哩——用熔化剂堵塞金属锅上的漏洞的匠人。

搦——握。

蒙星雨——小雨。

雾淅——毛毛细雨。

溜冰——冬天地面上冻结的一层冰凌。

歇晌儿——午休。

摆惑——讲道理、劝导、教育。

煞才——没能力。

滚水——开水。

十四、十 四 画

磁耐人——小孩撒娇。

撂天地——野外。

鼻窟窿儿——鼻孔。

鼻圪呆——鼻子。

遭恼人——辱骂人。

厮跟着——相伴、一起。

蝲蛄——蟋蟀。

蜷手——蜷曲、收缩。

腝子——手脚磨出的厚皮。例:腝子是磨的,知识是学的。

鞍鞴——马身上佩戴的驮物或供人骑坐的器具。例:马靠鞍鞴,人靠衣衫。

隔扇——又称箔篱,用秫秆做的,其作用相似于屏风,用于隔离空间。

厮跟着——相伴、一起

㧅——团结协作。例：姊妹好处,妯娌难㧅。
榫——竹、木、石器构件上利用凹凸方式相接处。
嘀嘀咕咕——暗中捣鬼。
精——其一,指人精明。其二,相当于很、非常,用来修饰"松""稀"。例：精稀。
摽——其一,将绳索用短棍向一方扭紧,或绑扎。例：把绳摽紧。其二,指与别人并驾齐驱,不落后。例：他俩摽着劲儿往前跑。
退——指两脚向后面倒着走。
熊——责备、批评。
缰绳——指系在牲口嚼子或辔头上的长绳,用以控制牲口。
膈肢——又称"圪直""膈肘",指用手指搔别人的腋下,使人发笑。
膈老肢儿——又称"膈肘窝儿",指腋下,或肢窝,即上肢和肩膀连接处靠底下的部分。
酵子——指含有酵母的面团。
溇柿子——柿子长红,尚未变软糖化时,把它放在热水或石灰水里放几天,除去涩味的柿子。

十五、十 五 画

糊——用巴掌扇人。
糊弄人——蒙骗人。
镇咱儿——现在。
镇咱儿晚儿——现在。
镇着儿——又称"镇这晚儿""镇着晚儿""镇嚷晚儿",指现在或这时候。
嘝——骂。
嘝人——骂人。
墩儿——凳子。
羯子——阉过的公山羊。
羯羊——山羊。
憋闷——憋窝、别扭。
噎——食道下咽不畅。
噎食病——又称"吃不下的病""细病",指食道癌。
劈头——正对着。
厣门儿——正好。
撒才——没材料。例：这人老撒才。
撵——追。
撮乎——差劲儿。
碾转——又称"碾碾转儿",指在麦子灌浆但尚未成熟的时候,将麦子儿外皮揉掉,放在磨上磨制成的食品,因由磨内出来的时候,麦仁儿水分多,不成面粉而呈条状,且一边转动一边外出,故名。
糊涂饭——粥。

十六、十 六 画

磨动天——大本事。

磨症旦——办事不麻利。

磨齿——石磨上锻刻的壕沟儿。例:磨齿大了不压麸。

磨牙——指争辩、争吵、闹矛盾。

磨道——磨面的地方。旧时的磨房,一般都不是像样的房子,大部分是在破房里安一台石磨,有驴转着拉磨走和箩面的地方,因地方小,即称为磨道。

磨杆——艺人串乡演出。例:江湖磨杆,越磨越喧。

糙——指去污物洗衣物时泡沫多,去污力强。

糙蛋——闹别扭、找盆子。

糙气——不满。

憷——害怕在公共场所讲话、表演,或受到挫折、遇到困难时所产生的畏惧心理。

噼气——指饭、馍、菜、汤等食物因变质而产生的馊味儿。

懒待——懒得。

糖疙瘩——糖块儿。

犟筋头——也称"粘牙头""拧筋头",指喜欢坚持个人意见,不听别人劝告的人。

蹅泥——走泥路。例:晴天铺好路,雨天不蹅泥。

䪨——母鸡生蛋。又指其他动物下蛋。例:清明鱼䪨子,谷雨鸟抱窝。

十七、十 七 画

臊气——倒霉。

臊虎——公山羊。

臊胡儿——公山羊。

篾子——竹子、苇子或高粱秆上劈下的皮儿。例:有多少篾子编多少筐,有多少土和多少泥。

橡眼——船上的漏水小洞。一般指漏洞。例:烂套子(破棉絮)还能塞橡眼。

擦黑儿——也称"傍晚""落黑儿""待黑儿",指傍晚。

糟唧——又称"糟脑",指糟踏、污辱。

糟踏——又称"抛撒",指浪费。

檐蝙忽儿——蝙蝠。

臊胡蛋儿——泛指作风不检点的男人。

撺哩——快点

十八、十八画以上

翻疙瘩——搬弄是非。

翻肠——肚里咕噜响。例:狗肚里翻肠兆天明。

露球能——好炫耀自己,是针对小聪明人的贬义词。

嚣——亦称"害嚣",意为害羞。

戳——挑唆、怂恿。例:你净戳着他办坏事。

癞肚蛤蟆——又称"疥肚蛤蟆""癞蛤蟆",指蟾蜍。

鳖羔儿——又称"王八羔子""杂种",骂人的话。

穰窝儿——如今。

攘晚儿喽——等一会儿。

嚷筋——纠缠。

翻馍劈儿——翻烙馍专用的小扁铁条。

鳖形——骂人话:那样子。

第九节　民间格言

民间格言一般指来自民间的含有教育意义的精炼的定型语句,也是"可为法式"的语录,因为来自民间,故无作者可查。格言的用字讲究,书面语特色较浓,且一字也不可改动。

嵩山地域民间格言摘选:

◆要想人不知,除非己不为。

◆这山看着那山高,其实两山一般高。

◆不做亏心事,不怕鬼叫门。

◆光棍灰心饿死狗。

◆受人劝,吃饱饭,受人调,抱着瓢。

◆先修其身,再修其家。

◆你敬我一尺,我敬你一丈。

◆娇子如杀子,棍头出孝子。

◆墙上画虎不咬人,砂锅和面不胜盆。

◆养儿不教父母过,教育不严师懒惰。

◆勤学习长知懂理,少饮酒少惹是非。

◆穷住大街没人问,富居深山有远亲。

◆在家不打人,出门没人打。

◆浪子回头金不换。

◆好借好还,再借不难。
◆有容德乃大,无欺心自安。
◆教子婴儿,教妇初来。
◆山高不挡太阳,儿大不遮爹娘。
◆生儿育女不需娇,知其冷热和饥饱。
◆樱桃好吃树难栽,不下苦功花不开。
◆不当家不知柴米贵,不养儿不知报娘恩。
◆下山丢拐棍,过河就拆桥。
◆光看人家短,不把自己量。
◆坐井观天,还说天小。
◆坐轿不知抬轿苦。
◆勤父母养的懒孩子。
◆懒父母养的勤孩子。
◆人比人,气死人。
◆小孩勤,坐金盆。
◆不打勤,不打懒,专打你不长眼。
◆惹不起躲得起。
◆天外有天,人外有人。
◆走得慢了穷赶上,走得快了赶上穷。
◆白天点灯灯不明,夜晚走路路不平。
◆吃水不忘打井人。
◆钱财如粪土,仁义值千斤。
◆一个篱笆三个桩,一个好汉三个帮。
◆阎王好见,小鬼难缠。
◆不怕井深,只要绳长。
◆常在河边走,没有不湿鞋。
◆既在江边站,就有望景心。
◆人过留名,雁过留声。
◆打铁先得自身硬。

第十节 对　　联

对联是人们用语言文字来表达思想感情的特殊方式,是中国文学特有的一种形式,它不同于诗歌,也不同于文章。

嵩山地域常见的对联一般包括春联、婚联、挽联、趣对、行业楹联、名胜联、寿联、贺喜联、戏对、俗对、题赠联等。

一、春　联

◆春风浩荡辞旧岁　朝霞绚丽迎新春
◆桃红柳绿千里秀　张灯结彩万家欢
◆背靠嵩山千年固　面对颍河万里长
◆春种满田皆碧玉　秋收遍野尽黄金
◆破旧立新创大业　励精图治展宏图
◆桃花柳绿千里秀　张灯结彩万家欢
◆春前有雨花开早　秋后无霜叶落迟
◆天增岁月人增寿　春满乾坤福满楼
◆万事如意展宏图　心想事成兴伟业
◆五湖四海皆春色　万水千山尽得辉
◆喜居宝地千年旺　福照家门万事兴
◆一帆风顺吉星到　万事如意福临门

写春联

二、婚　联

◆文鸾对舞珍珠树　海燕双栖玳瑁梁
◆花深处鸳鸯并立　枝稀间凤凰共栖
◆关雎笑述好逑句　渭滨喜传佳偶风
◆杯交玉液飞鹦鹉　乐奏瑶笙引凤凰
◆郎才女貌好夫妻　青梅竹马到白头
◆男为乾乾为天天长地久　女为坤坤为地地久天长
◆摇落红梅毡铺地　飘来瑞雪花撒帐
◆桃花人面红相映　杨柳春风绿更多
◆喜鹊喜期报喜讯　新燕新春闹新房
◆双飞黄鹂鸣翠柳　并蒂红莲映碧波
◆眉黛春生杨柳绿　玉楼人映杏花红
◆一世良缘同地久　百年佳偶共天长

三、寿　联

◆福如东海长流水　寿似南山不老松
◆文移北斗成天象　日捧南山入寿杯

- ◆萱花挺秀辉南极　梅萼舒芬绕北堂
- ◆功名成春秋不老　年高尚甲子重新
- ◆面对颍河观鱼跃　北靠嵩山听鹿鸣
- ◆天增岁月人增寿　春满乾坤福满楼
- ◆福与山河共在　寿和日月同辉
- ◆年高喜看花千树　人寿笑敬酒一杯
- ◆堂前燕跳迎春舞　院内莺唱祝寿歌
- ◆彩笔不随年岁老　华章偏映夕阳红

四、挽　联

- ◆美德常与天地在　英灵永垂宇宙间
- ◆一世精神归华表　满堂血泪飞云天
- ◆画地曾传贤母获　引刀谁断教儿机
- ◆想见音容云万里　思听教训月三更
- ◆难忘手泽,永忆天伦　继承遗志,克颂先芬
- ◆灵魂驾鹤去　正气乘风来
- ◆良操美德千秋在　高节亮风万古存
- ◆流芳百世,遗爱千秋　音容宛在,浩气常存
- ◆奋斗为人民精神不死　光荣留青史百事流芳
- ◆陇上犹留芳迹　堂前共仰遗容
- ◆桃花流水杳然去　明月清风几处游
- ◆美德堪称典范　遗训长昭泣人
- ◆一生俭朴留典范　半世勤劳传嘉风

五、戏　联

- ◆舞台方寸悬明镜　优孟衣冠启后人
- ◆借虚事指点实事　托古人提醒今人
- ◆名驰西秦三千里　声震东晋第一家
- ◆有口无口口代口　是人非人人舞人
- ◆三五人千军万马　六七步四海九州
- ◆三五步走遍天下　六七人统领千军
- ◆人生如戏梦里梦外　戏如人生台上台下
- ◆古今人何遽不相及　天下事当作如是观
- ◆文成武就,金榜题名虚福贵

男婚女嫁,洞房花烛假姻缘
◆看我非我,我看我,我亦非我
装谁像谁,谁装谁,谁就像谁
◆人生如戏,爱恨情仇,腻如溪水
戏如人生,悲欢离和,细如流沙
◆既已上台,不怕大家在旁边看戏
自能了局,何劳诸位替古人担忧

◆戏场小天地,演绎仁人义士春风惬意
人生大舞台,歌颂热血激情盛世开心
◆或为君子小人,或为才子佳人,登台便见
有时欢天喜地,有时惊天动地,转眼皆空
◆满场都是闲人,袖手旁观,听戏不知做戏苦
凡事终须结局,从头演起,上台容易下台难

戏曲演出

◆窦娥冤、秦香莲、黛玉葬花、孔雀东南飞,自古女子多薄命
文昭关、野猪林、苏武牧羊、关羽走麦城,从来男儿怀悲愤

六、趣　　联

◆评千古风云探求真知,论世间万象心念故国
◆描万里江山层林尽染,绘纵横历史魂系中华
◆鹊噪鸦啼并立枝头谈祸福　燕来雁往相逢路上话春秋
◆天近山头行到山腰天更远　月浮水面捞到水底月更沉
◆左高山,右流水,一曲千古绝唱　天白云,地绿草,几尺人间仙境
◆一人为大,二人为夫,人心大过天　双木成林,三木见森,深山有神仙
◆安贫守道道无穷,穷中有乐　苦寒修禅禅意深,深藏妙理
◆风送钟声花里过,又响又香　月映萤灯竹下眠,越凉越亮
◆山羊上山,山碰山羊角　水牛下水,水没水牛腰
◆高高下下树叮叮咚咚泉　重重叠叠山曲曲环环路
◆凭栏听风雨,枕石观星云　依窗赏雷电,执卷读文章
◆月朗星稀,今夜怎能有雨　山呼海啸,明朝岂会无风
◆松叶竹叶叶叶翠　秋声雁声声声寒

七、行业楹联

(一) 商店
- 财如晓月腾云起　利似春潮带雨来
- 生意兴隆通四海　财源茂盛达三江
- 三尺柜台传暖意　一张笑脸带春风
- 一点公心平似水　十分生意稳如山
- 东无西有通无有　方与人便人称便
- 我需你求供需求　货招客来客自来
- 文明经商心常乐　名牌誉满三江水
- 经营有术不在店堂大与小　贸易无欺全凭货物美又真
- 晓日腾云财源恰似泉中水　春风送雨生意如同锦上花

(二) 酱菜业
- 金鼎酸咸皆可口　玉缸滋味好充肠
- 以食为天　酱菜为先
- 兄弟七人我在五　酱菜六必居为头
- 兄弟齐心春风得意　酱菜给力锦上添花
- 兄弟齐心事业蒸蒸日上　酱菜给力生活步步高升

(三) 酒店
- 酒壮鸿鹄志　店存仁爱心
- 待客人诚挚百倍　做生意信诺千金
- 酒楼开业逢盛世　贺喜盈门颂吉祥
- 色香味多形雅趣　烹调蒸煮俱清奇
- 美味招来云外客　清香引出洞中仙
- 胜友常临可修食谱　高朋雅会任选山珍
- 件件随心饥有佳肴醉有酒　般般适合冷添汽水热添茶
- 鸿雁传情,四季热忱醇似酒　仁风送爱,八方珠履盛如潮
- 梦醉鸿仁,把盏临风诗入酒　情牵珠履,烹茶赏月客登楼
- 事业龙腾,万里云程添虎翼　酒店文明,一流风味占鳌头
- 老店翻新,剪取兴平春一角　华堂入胜,赊来典雅月三分
- 玉液飘香,入座三杯频竖指　明珠焕彩,离楼一步数回头
- 瑞雪记因缘,屡次登楼寻旧梦　仁和怡俊彦,三更枕月醉新香
- 大志盈怀,烹鲜炙嫩,菜品即为人品　仁心待客,送往迎来,店门就是家门
- 生意诚信,事业龙腾,万里云程添虎翼　酒店文明,声名鹊起,一流风味占鳌头

(四)浴池

- ◆共沐一池水　分享四季春
- ◆洗去满身污垢　增添一派豪情
- ◆金鸡未唱汤先热　旭日初临客早来
- ◆常沐浴精神愉快　讲卫生身体健康
- ◆到此皆洁己之士　相对乃忘形之交
- ◆讲文明莫忘清洁　勤沐浴有利健康
- ◆金鸡未唱汤先热　旭日初临客早来
- ◆石池春暖人宜浴　水阁冬温客更多
- ◆晓日芙蓉新出水　春风豆蔻暖生香
- ◆振衣弹冠遗老语　澡身浴德大儒风
- ◆石池春暖人宜浴　水阁冬温客更多
- ◆池中温泉请君下浴　足下顽疾找我来医
- ◆泥垢自去身适肤爽　洁水涤来心旷神怡
- ◆温凉恰好堪称泉浴　寒暑相均可比天池
- ◆故园水热洗一路风尘　乡人情深暖万里归心
- ◆芙蓉浴水盈盈亭亭启口嫣然妩媚生　松柏洗心堂堂正正举步矫健雄姿生

理发店

(五)理发店

- ◆就我生春色　为君修美容
- ◆推平旧世界　亮出新天地
- ◆虽是毫末技艺　却是顶上功夫
- ◆旧貌一剃了之　新颜从头开始
- ◆进来蓬头垢面　出去容光焕发
- ◆烫发推头除旧貌　吹风修面换新容
- ◆烫就乌云追月　吹出春风满面
- ◆不教白发催人老　更喜春风满面生
- ◆操世上头等大事　理人间万缕青丝
- ◆修就一番新气象　剪去千缕旧东西
- ◆进门来,发长须乱相貌老　出门去,眉清目秀年纪轻
- ◆磨砺以须,问天下头颅几许　及锋而试,看老夫手段如何
- ◆仰天一啸,男儿从来重颜面　系情两好,女子曾经凭青丝
- ◆搔首进门,对镜方知多情应笑我早生华发　举足出店,顾景亦晓妙手复还人少年青春

(六)裁缝店

◆愿将天上云霞服　裁作人间锦绣衣
◆寒衣慰出春风暖　彩线添来瑞日长
◆人受冻寒非我愿　世皆温暖是予心
◆裁成精品贴身更贴心　缝制盛装合目且合意
◆匠心独运花样翻新人人温暖　妙手不停裁剪入时件件称心

(七)书店

◆藏古今学术　聚天地精华
◆东壁图书府　西园翰墨林
◆欲知千古事　须读五车书
◆古今书籍凭君选　中外文章任你观
◆欲知今古千年事　且读中西万本书
◆远求海内珍藏本　快读人间未见书
◆万古流传新教育　千秋根柢大文章
◆知识千门宜先专后博　图书万种须细嚼深研
◆文海放舟健儿要敢顶头上　书山探宝志士哪能空手回
◆读中外图书普及科学知识　研古今典籍提高文化水平
◆万轴列牙签待与琅嬛比富　千秋留玉简任教宛委探奇
◆小小店堂诸子百家皆过客　皇皇寰宇三才万物入奇书

(八)油坊

◆时看梁上端　且涌石边泉
◆入世岂宜如此滑　增辉最爱自然明
◆滴滴滋润飘清馥　啧啧赞许好油坊
◆欲把名声充宇内　先将膏泽布人间
◆好料磨好油质量第一　油香香四季天下无双
◆盛名如油香透大江南北　信誉胜榨响遍万里河山
◆花生芝麻经翻炒醇香四溢　菜籽大豆入压榨福润万家

老油坊

(九)粮店

◆谷乃国之宝　民以食为天
◆常积千仓粟　恒求九牧金
◆生产五谷农无愧　供应三餐我有功

◆开仓有粮济天下　出口成张卖大米
◆食为民天济所不足　粮家乃国本利其余
◆张王李赵刘服务百家餐饭　稻黍稷麦菽供应五谷杂粮

（十）厨房

◆寻常无异味　鲜洁即家珍
◆八珍烹喜气　五味调新香。
◆调羹自有烹羹手　饮酒毋忘酿酒人
◆自愧厨中无盛馔　乃欣堂上有嘉宾
◆幸有名师调美味　只凭巧手煮清羹
◆粒米皆从辛苦得　寸薪不是等闲来
◆高厨巧做三鲜美　妙手熟调五味香
◆名厨饭菜有风味　雅座醇醪滋太和
◆白饭青菜留美味　紫茄红苋有余香
◆又香又甜滋味好　不冷不热情谊长
◆美味只因此间有　名师肯定别处无
◆津津味出名师手　陈陈香腾喜事家
◆园蔬调出千般味　盘食烹来万里香
◆谁说野蔬兼味少　须知名师本事高
◆一粥一饭当思来之不易　寸薪寸木恒念物力维艰

（十一）豆腐坊

◆瓦缶澄来银有影　金刀割处玉无瑕
◆嗅臭岂能却步　品口自会铭心（赞美臭豆腐）
◆豆含乾坤广　腐孕香气长
◆一肩挑日月　双手磨乾坤
◆卫生尚素蔬　健胃远膏粱

豆腐坊

◆用尽磨砻多气力　致令渣滓得消融
◆玉屑凝成精制品　银浆结出豆腐花
◆味超玉液琼浆外　巧在燃箕煮豆中
◆斗柄斡旋移月令　江河鼓荡沸雪花
◆可与松花相媲美　敢同虾酱做竞争
◆石磨飞转涌起滔滔玉液　铁锅沸腾凝成闪闪银砖
◆黄皮大肚历经千磨缠身　四方清白只因一朝顿悟
◆虽不是瑶池美酒却胜过玉液琼浆　也不是世间珍品却上得满汉全席

(十二) 客店

- 栈曲有云皆献瑞　房幽无地不生香
- 喜待东西南北客　献出兄弟姐妹情
- 老少进门都是客　远近到店即为家
- 旅居春夏秋冬客　喜发东西南北财
- 宾至如归声声笑语　客来是喜面面春风
- 春夏秋冬一岁川流不息　东西南北四方宾至如归
- 红日坠西行客身倦堪止步　群鸦噪晚离人马疲可停骖
- 饭香菜美喜供佳宾醉饱　褥净被暖笑迎远客安居
- 门户敞开,迎八方春风入院　房舍洁净,接九州宾客归家

(十三) 船对

- 船头无浪行千里　舵后生风送万程
- 春水船如天上坐　秋山人在画中行
- 海阔天高宜放眼　风生水起好行舟
- 江内行船行内江　河边赛车赛边河
- 月夜行船观社戏　星天守瓜捕野獾
- 春水荡漾船如天上行　秋色斑斓人似画中游
- 破浪南风正,回樯畏日斜　湖光与天远,直欲泛仙槎
- 两船并行,橹速不如帆快　八音齐鸣,笛清难比箫和
- 春天时,湖水涨满,湖天一色,船行湖中,如行天上
- 秋天里,山色斑斓,山景如画,人游山中,如行画中

(十四) 医务所

- 巧心送百病　仁心暖万家
- 妙手回春治百病　济世普传医万年
- 一年四季春常在　万户千门病无踪
- 热情迎来蹒跚友　高兴送归健步人
- 但愿世间人无病　何愁架上药满尘
- 药以四时分表里　脉从六部辨沉浮
- 新春但愿人皆健　岁末何妨药染尘
- 学贯中西活人无算　术精内外济世良多
- 耿耿丹心医伤解痛　双双妙手起死回生
- 一药一性,岂能指鹿为马　百病百方,焉敢以牛易羊
- 春到人间病灾不染清洁地　阳回大地幸福常临健康家
- 古今未见一人服仙丹长生不老　中外已闻万例凭锻炼益寿延年

(十五)药房
- ◆精心炮制　热诚经营
- ◆聚蓄百药　平康兆民
- ◆药圃无凡草　松窗有秘方
- ◆尽是回春妙药　只开逐疾良方
- ◆爆竹几声来吉利　药汤一剂保平安
- ◆但愿世间人无病　何愁架上药生尘
- ◆继承祖国医学遗产　增进人民身体健康
- ◆架上丹丸长生妙药　壶中日月不老仙龄
- ◆望闻问切四法善辨百样病　草木虫鱼一笺妙除十年忧

八、名胜联选

(一)乾隆题联
◆偃师升仙观通天宫
笙音缥缈凌秋月　鹤羽翔回驻岭云
◆乾隆题关林
翊汉表神功,龙门并峻　扶纲伸浩气,伊水同流

(二)中岳庙
◆神州宫
道通天地三教外　德贯阴阳五行中
◆大殿
修身岂为名传世　作事惟思利及人
◆中岳庙行宫
仙馆挥弦调颍水　书岩琢句撷嵩云

(三)嵩阳书院
◆大门
近四旁惟中央统泰华衡恒四塞开河拱神岳　历九朝为都会包伊瀍洛涧三台风雨作高山
◆先圣殿
至圣无域浑天下　盛极有范垂人间
◆道通祠
海纳百川有容乃大　壁立千仞无欲则刚

(四)法王寺
◆山门
佛在何方到此即是天竺国　林开大戒坐时只有上乘禅
◆天王殿
弥勒皮腹容纳三藏　天王挥手风调雨顺
◆大雄宝殿
天雨虽宽不润无根之苗　佛法广大难度无缘之人
◆地藏王殿
金锡振开地狱门　明珠照破铁围城
◆方丈室
发宏愿度众生除一切苦厄　现幻身说佛法结万世因缘

(五)少林寺
◆山门外东石坊
地在中天四海名山为第一　心传言外十方法教是初元
◆山门外西石坊
心传古洞严冬雪拥神光膝　面接高峰静夜风闻子晋笙
◆山门外西石坊
双双玉井,碧澄冷浸千秋月　六六玄峰,翠耸光连万壑云
◆千佛殿
山色溪声涵静照　喜园乐树绕灵台
◆客堂
有心见佛佛不见　无意度生生已度
◆初祖庵大殿
在西天二十八祖　过东土初开少林
◆禅堂
读经当对峰前月　弄杖需借溪边风
◆大雄宝殿
拜佛同登三宝地　报恩愿达九层台
◆少林寺达摩亭
玉岫香云开法界　珠林花雨静禅心
◆少林寺六祖堂
慈云印覆三天竺　宝座香沾六祖衣

(六)观星台
◆大门
石表寓精心氤氲南北变寒暑　星台留古制会合阴阳交雨风

◆观星台

昼参日影　夜观极星

◆周公测景台

道通天地有形外　石蕴阴阳无影中

(七)会善寺

◆会善寺菩萨殿

大地山河归宝掌　中天日月绕金轮

◆会善寺大雄宝殿

一曲香泉应洗钵　千峰花雨不沾衣

(八)三皇寨

◆跳出红尘三界外　入注白云一洞中

◆三皇无穷德配天地初安星辰八卦　皇恩钦命道冠古今合就阴阳九宫

(九)老君洞

◆道典通天摈绝万缘归正觉　峻极障日尽收紫气入三清

◆尊上玄穹步清云而登九五　圣称无极居太上以通三千

(十)安阳宫

◆才分天地人总属一理　教有儒释道终归同途

◆三人三圣蟠天际地昭日月　先觉先知往古来今振纲常

◆儒释道三教并立说理论德流传千秋万古　仁义礼万善同归由体达周包括四海九州

(十一)许由庙

◆远避神尧谢九州岛　至今一冢犹岿然

(十二)卢崖寺

◆嵩山峰峦千秋画　卢崖瀑布万古琴

(十三)登封城隍庙

◆城依嵩偎瞻庙貌巍峨功同岳峻　隍送颍浦睹神威煊赫鉴比波清

◆赏罚无私威灵同金溪水流　聪明不昧庙貌借紫峰悠远

(十四)太子沟石坊

◆过太子驾鹤云游去　栖名山风送笛声来

（十五）永泰寺

◆山门

山前古寺精秀佛陀济世　门内香烟缭绕永泰祝发

◆天王殿

大肚纳雅言闻过则喜　笑面迎大德恭听高明

◆地藏殿

月宫娑罗根天竺嵩山正果　人间菩提历法王永泰繁荫

◆中佛殿

空空实实实实空空加持平安　有有无无无无有有佛法装藏

◆公主殿

永不还宫苦口婆心弘佛旨　泰然削发晨钟暮鼓渡凡人

（十六）荥阳虎牢关

◆关门

南连嵩岳　北接武山　天险扼西东　势压两河鹰猎地

汉拒楚兵　晋阻石众　征战历唐宋　古来三字虎牢关

（十七）康百万庄园

◆志欲光前惟是读书教子　心存裕后莫如勤俭持家

◆见义则为，锄其德色　当仁不让，养此心苗

◆礼为教本，书田菽果皆真味　道以德宏，心地芝兰有异香

◆克俭克勤，思其艰以图其易　是彝是训，言有物而行有恒

◆本道德为文章，春华秋实　寓精明于深厚，智水仁山

◆祖武于今能绳继　人寰自古能纲常

◆处世无他，莫若为善　传家有道，还是读书

◆巢父结友　许由处邻

◆日月光明，冰霜皎洁　嵚原耸峙，洛水澄清

◆竹节松操，河山并寿　芝泥金简，绰楔长新

◆贻厥孙谋，惟忠惟孝　绳其祖武，克俭克勤

◆做数件可留传之事销磨岁月　交几个有学识良友论说古今

康百万庄园

(十八)二程祠堂
◆自古汉唐无双仕　于今伊洛第一家

(十九)杜园
◆酒圣祠

解忧妙品杜康方得千秋句　适性旨号伊川始供万载名

◆溢香堂

异香遍引方外贾　美味成招天下客

◆怡然亭

猛虎一杯山中醉　蛟龙三盏海底眠

(二十)伊川伊尹祠
◆祠门

伊尹耕野几度鸣鹤盘桓九皋去

汤王聘贤五番玉骑奔腾龙门来

◆伊尹塑像两旁

伊水遗婴伊川伊尹成汤五聘造就华夏相

莘野慈母莘地莘氏空桑得婴养成河洛贤

(二十一)洛阳关林
◆孙鸿裕题关林

忠义双垂安社稷　声威并著破奸瞒

◆乾隆题关林

翊汉表神功,龙门并峻　扶纲伸浩气　伊水同流

◆关林石坊门联

允文允武　乃圣乃神

◆关林石坊门联

义参天地　道衍春秋

◆关林石坊柱联

千秋志气光南洛　万古精灵映北邙

◆关林关家联

神游上苑乘仙鹤　骨在天中隐睡龙

(二十二)邵雍祠(安乐窝)
◆托唐虞之际,为天民外王内圣　卜河洛之间,作地主坐啸行歌

◆凤凰楼下逍遥客　郏鄏城中自在人

(二十三)黄大王庙
◆有那其居,夫惟灵修之故也　偏为尔德,能捍大患则祀之

(二十四)北邙山吕祖庙
◆乘白鹿,负青蛇,绕遍天界　寡私欲,清心田,尽在壶中

(二十五)汝州城隍庙
◆庙门
夫妻今世缘　为善缘　为恶缘　有缘即至
儿女前生债　是还债　是讨债　无债不来

临汝风穴寺

(二十六)汝州风穴寺
◆寺内
风动耶　幡动耶　心静风幡俱不动
山无尽　水无尽　觉空山水本来无

(二十七)偃师灵泉寺戏楼
◆演武修文　阐发从前经济　描忠写孝　激扬现在纲常
◆非幻非真　只要留心大结局　是虚是实　当须着眼好排场

(二十八)偃师夷齐庙
◆庙内
几根傲骨头,撑持宇宙　两张饿肚皮,包罗乾坤
◆庙内
竞开宇宙争端　薇蕨馨香　惭对墨诏义士
阅尽沧桑变局　河山带砺　难比雷首佳城

(二十九)洛阳药王庙
◆伏羲氏造八卦才分阴阳　辨南北传后世不迷方向
◆神农氏尝千草救急偏方　分五谷治百病普济群生
◆轩辕氏造成衣才分男女　有君臣制法律治国安邦
◆药王唐代名医称高手　朱熹宋朝理学须知心

(三十)偃师薄姬庙
◆庙内
拜下风其孔殷　西汉后妃　曾传楚苍龙而诞生圣帝

殿凌霄以直起　南陵英爽　尚其驾青鸾而噬步来游

(三十一)洛阳白马寺
◆金人入梦白马驮经　读书台高浮屠地迥
◆年年坐空山门接张待李总见他欢天喜地　日日携空布袋少米无钱却剩得大肚宽怀
◆台洒法雨柏翻风括有清凉气氛　阁衔三光池吞月混是毗卢法身
◆天雨虽大不润无根之草　佛门虽广不度无缘之人
◆大肚能容,容尽天下难容之事　开口便笑,笑尽天下可笑之人
◆事临头三思为妙,怒上心以忍为高　退一步天高地阔,让三分心平气和

(三十二)香山寺
◆寺借香山名振　门从大禹开来

(三十三)白居易墓
◆其一
白傅无私　搜来国恤民瘼　千载流传新乐府
青山有幸　邀得清风明月　一抔长伴老诗人
◆其二
为生民忧,直言极谏　得山水乐,饮酒赋诗

(三十四)伊川半坡
◆石门口
一轴大画真山真水真世界　四扇锦屏日春日夏日秋冬
◆半坡一
半依山半临川山川草木同昌茂　坡前阳坡后阴日月交辉共光明
◆半坡二
半文半武文武英雄聚此地　坡上坡下上下一体育英豪

编 后 记

《嵩山民俗》自 2007 年编著以来，历经七年的时间，现在总算完成了。此书的完成虽然凝聚着编著者的辛苦，但收获更多的是踏实与愉悦，更重要的是搭上了"嵩山文化大系"这班车。

嵩山地域人类活动的历史非常悠久，风俗早定，人人遵守，代代传承。因华夏文化之根的黄帝文化源于嵩山地域，后在夏、商、周三代得以传承与发展，便有了当今丰富多彩的嵩山民俗。嵩山地域的民俗有其深厚久远的历史内涵和文化渊源，从女娲补天、伏羲降龙、二郎担山赶太阳等神话，到后来华夏民族不畏惧鬼神、敢于战天斗地、征服自然的大无畏英雄主义精神；从《古史考》："黄帝始蒸谷为饭，烹谷为粥"、"黄帝始制嫁娶"、《路史·后纪五》罗注："棺椁之作，自黄帝始"，到后来的民间吃穿住行、婚丧嫁娶，丧葬习俗；从"黄帝时期发明的弓、矢、杵、臼、耜、铫、耨、规矩、准绳、衣裳、冕衣、扉履等"，到后来农业生产的农具制造、机械种地、收割的发明进步；从《古今注》：黄帝时期的"短萧铙歌，军乐也，黄帝使岐伯所作也"，到后来民间的嵩山铙歌、戏剧曲艺、音乐舞蹈、民间工艺的民俗风情；从《黄帝·内经》："黄帝筑圆坛以祀天，方坛以示地，则圆丘、方坛之始也"，到后来源源不断的神祇信仰，民间祭祀、黄帝拜祖大典；从《史记·历书·索隐》："黄帝时占日、占月、占星气、造律吕、作甲子、作算数"，到后来已经成为影响了全世界的《周易》太极、阴阳五行、八卦九星的大道之源；从大禹治水精神培育的华夏民族自省、自律，以及嵩山人谦和、礼让、重社会责任的民间文化，到后来长期积淀而形成的君义臣忠、父慈子孝、夫唱妇随以"礼"为核心的民族文化传统；从西周初期的周公在登封告成通测影，以定"天地之中"，到后来成为传承发扬华夏先族尊奉"中文化"的"中央崇拜"……等等，嵩山地域的民风习俗从上古时期延续至今，这是考古界公认的史实。

编写《嵩山民俗》不仅是对传统民间风俗的继承，而且还是改善社会风俗的需要。书写一个地方的民俗风情，仍然需要发挥存史、资政、教化作用。要求编撰者不仅应该科学客观地记录民众的知识，亦应该科学客观地记录民俗风情，辨风正俗，传递正确的价值观念，以使社会更加美好，百姓更加幸福。

民间风俗长期以来被认为与国家治乱兴衰关系重大。宋代苏轼说："人之寿夭在元气，国之长短在风俗。"嵩山地域的民间风俗是老祖宗留给我们的宝贵财富，应当重视。保持发扬优良的民风民俗，有利于家庭美满，社会和谐，促进社会进步。因此，为了国家的繁荣兴盛，我们要把继承下来的好习惯、好风俗，发扬光大，同社会主义政治、经济、文化相结合，在不失本色的基础上，将其总结出来，出版成书，宣传出去，走向世界。在这种思想的指导下，我们对于嵩山地域曾经有过的现在已基本消失的诸如吸毒、赌博、缠足、封建迷信等一些不良的民间陋习，没有编入此书。

在编写此书过程中,有些部分如乡里社会、家族、婚姻、回民葬礼、方言、民间游艺、节日等,除参考书面数据外,我们还多次到嵩山地域的各县(市)的乡村采风,了解了许多鲜为人知的民俗和风土人情,极大丰富了这本书的内容。

在这里,特别需要说明的是,在编写《嵩山民俗》中,我们主要参考了《河南省志·民俗志》《河南大辞典》《郑州大辞典》《登封县志》《登封工商志》《登封历史文化名城基础材料》《大冶镇志》《巩县志》《禹县志》《荥阳县志》《巩义市志》《偃师县志》《密县志》《临汝县志》《伊川县志》《偃师县志》《新郑市志》《洛阳市志》《中州名典》《中州民俗》《中州谚语集成》《河南歌谣》《洛阳村名传说》《河南民俗传说故事》《文化寻根》以及《姓氏源流》(赵均祥编著)、《河南姓氏寻源》、《中国民间文学史》、《河南民间文学三集成》、《中国民间文学三集成(神话、传说、故事)》和嵩山各县(市)民间文学三集成等书和网络资料。书中除部分图片是我们安排专人摄影以外,特别是一些历史性的老照片,大都从网上搜寻而来,因为上面没有标注作者姓名,我们也只是照搬应用。在此,我们一并向这些老照片的作者表示感谢,向所有给于这本书支持的专家、领导、老师、朋友们表示由衷地感谢,真诚地祝愿他们岁岁平安,吉祥好运。

编 者

2013 年 11 月 28 日